本书为国家哲学社会科学基金课题
"十二五"国家重点出版物出版规划项目

中国社会科学院文库
历史考古研究系列
The Selected Works of CASS
History and Archaeology

中国社会科学院创新工程学术出版资助项目

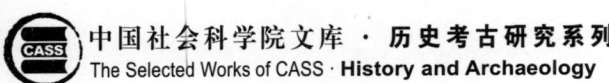

中国社会科学院文库 · 历史考古研究系列
The Selected Works of CASS · History and Archaeology

明代《万历会计录》整理与研究

COLLATION AND RESEARCH ON ACCOUNTING RECORDS OF WANLI IN THE MING DYNASTY

（三）

万 明　徐英凯　著

中国社会科学出版社

图书在版编目(CIP)数据

明代《万历会计录》整理与研究／万明，徐英凯著 . —北京：中国社会科学
出版社，2015.11

ISBN 978 - 7 - 5161 - 6595 - 9

Ⅰ.①明… Ⅱ.①万…②徐… Ⅲ.①经济史—中国—明代 Ⅳ.①F129.48

中国版本图书馆 CIP 数据核字(2015)第 160109 号

出 版 人	赵剑英
责任编辑	黄燕生　姜阿平　何又光
责任校对	王桂芳
责任印制	戴　宽

出　　版	中国社会科学出版社
社　　址	北京鼓楼西大街甲 158 号
邮　　编	100720
网　　址	http://www.csspw.cn
发 行 部	010 - 84083685
门 市 部	010 - 84029450
经　　销	新华书店及其他书店

印刷装订	北京君升印刷有限公司
版　　次	2015 年 11 月第 1 版
印　　次	2015 年 11 月第 1 次印刷

开　　本	880×1230　1/16
印　　张	146.5
字　　数	4018 千字
定　　价	598.00 元(全三册)

《中国社会科学院文库》出版说明

　　《中国社会科学院文库》（全称为《中国社会科学院重点研究课题成果文库》）是中国社会科学院组织出版的系列学术丛书。组织出版《中国社会科学院文库》，是我院进一步加强课题成果管理和学术成果出版的规范化、制度化建设的重要举措。

　　建院以来，我院广大科研人员坚持以马克思主义为指导，在中国特色社会主义理论和实践的双重探索中做出了重要贡献，在推进马克思主义理论创新、为建设中国特色社会主义提供智力支持和各学科基础建设方面，推出了大量的研究成果，其中每年完成的专著类成果就有三四百种之多。从现在起，我们经过一定的鉴定、结项、评审程序，逐年从中选出一批通过各类别课题研究工作而完成的具有较高学术水平和一定代表性的著作，编入《中国社会科学院文库》集中出版。我们希望这能够从一个侧面展示我院整体科研状况和学术成就，同时为优秀学术成果的面世创造更好的条件。

　　《中国社会科学院文库》分设马克思主义研究、文学语言研究、历史考古研究、哲学宗教研究、经济研究、法学社会学研究、国际问题研究七个系列，选收范围包括专著、研究报告集、学术资料、古籍整理、译著、工具书等。

中国社会科学院科研局

2006 年 11 月

目　录

第三篇　《万历会计录》研究篇

附　　录

第三篇

《万历会计录》研究篇

说　明

　　为了还原明朝财政会计的本来面貌，在本篇中我们仅就《会计录》原始数据列表和依据《会计录》原始数据进行统计分析研究，一般不掺杂其他文献进行比较、考证和补充统计。同时在本篇的表格中，除部分宝钞、铜钱单列外，其余均统一以白银计量。

　　此外，由于原书有缺页，使得诸如田赋数据中，湖广岁额与岁入数据残缺，福建省建宁府所属仅存五县数据，其中崇安、政和、寿宁、建安四县数据完整，另有一县有数据，无县名，残缺的三个县应是浦城、松溪、建阳、瓯宁县中的三个县；广东省缺潮阳、揭阳、程乡、饶平、惠来、大埔、澄海、普宁、平远县，雷州府所属海康、遂溪、徐闻县，及琼州府所属琼山、定安、澄迈、文昌县数据；北直隶项下缺保定府蠡县部分数据，以及雄县、安州、高阳县、祁州、深泽县、束鹿县、新安县等州县数据。这些残缺与处理情况，均在相应的章节与表格处给以注明。虽然我们尝试补充了原书卷六的缺失，但原书缺页无法完全恢复原貌，因此研究结果会受影响。

第 一 章

十五省直田赋折银

说　明

　　本章中自丙表 1—丙表 15 是全国十五省直田赋折银明细表。十三省田赋折银明细是各省田赋的折银明细，而原书中两直隶田赋是分别按照所辖各府列出的，故此两直隶田赋折银明细即为所辖各府的田赋折银明细表。

　　本章中各省直的田赋数据来自《会计录》卷二至卷十六的原始记录。由于卷六山东全佚，山东省缺失的田赋数据，依据《会计录》卷一，并以《明会典》中的相应数据补充而成。

　　各项田赋折银标准的确定方法依次如下：

　　1. 原书中各省直田赋已给出折银价格的，按给出的折银标准计算；

　　2. 原书中已给出本省直同类物料的折银价格及其数量，依据所给出的价格与数量，计算出本省直该项物料价格的加权平均值，作为折银标准；

　　3. 依据本省直中同类物料的接收地的价格，作为折银标准；

　　4. 依据原书卷三十《内库供应·商价会估备考》、卷三六《仓场·商价会估备考》给出的价格，以确定折银标准；

　　5. 在福建、陕西、四川、广东、广西、云南及贵州等七个省份的田赋记载中，多数物料无折银标准，并且折银标准以上述四种方法无法确定。为此，我们在对《会计录》中田赋的数字材料进行开发性初级处理的基础上，利用统计学中的系统聚类分析方法，依据十五个省直的田赋水平进行分类，然后再以同类中已知折银价格省直的折银价格的加权平均值，作为折银价格未知省直的相同物料的折银价格，由此确定各省直田赋的折银标准。对于山东省缺失的田赋分项数据，首先以《明会典》中的相应数据补齐，再加入到聚类分析中。聚类的结果如下：福建省与江西省为一类；陕西省与山西省为一类；山东省与南直隶为一类；按照最小距离原则四川、广东两省为一类；广西省为一类；云南、贵州两省为一类。但是由于这五个省份田赋数据均无折银标准，则必须降低分类数，将这五省与山西、河南、陕西归为一类，其田赋折银标准可以由山西、河南两省折银标准的加权平均值确定。

　　各省直田赋项目更具体的折银方法，参见本篇第八章。

丙表 1　　　　　　浙江布政司田赋折银明细（万历六年布政司册报数）

项目	现额	折银标准	折银（两）
田土官民（亩）	46696982.40		
夏税			
麦（石）	152863.73		**46838.30**
起运			
京库麦（石）	80000.00	0.2500	20000.00
存留麦（石）	72863.73	0.3683	26838.30
丝绵并荒丝（两）	2715047.04		**108456.36**
起运京库丝绵（两）	1962144.85	0.0350	68674.90
该折绢（匹）	98107.00		
内（匹）	742.00	0.7000	519.40
余本色（匹）	97365.00	0.7000	68155.50
合罗丝（两）（本色）	8000.00	0.0800	640.00
串伍细丝（两）（本色）	40000.00	0.0800	3200.00
荒丝（两）（本色）	170000.00	0.0800	13600.00
上白棉（斤）（本色）	750.00	0.8800	660.00
中白棉（斤）	5625.00		
内除（斤）	371.00	0.5000	185.50
余本色（斤）	5254.00	0.5000	2627.00
南京库串伍丝（两）（本色）	20000.00	0.0800	1600.00
荒丝（两）（本色）	20000.00	0.0800	1600.00
中白棉（斤）	187.50	0.5000	93.75
存留丝绵（两）	389902.19	0.0399	15575.21
农桑丝折绢（匹）（起运南京库）	3509.00		**2456.30**
折色（匹）	1754.50	0.7000	1228.15
本色（匹）	1754.50	0.7000	1228.15
租钞（锭）（存留）	32588.00		
农桑零丝（两）（存留）	691.89	0.0800	55.35
原额小绢（匹）（存留）	4.00	0.7000	2.80
帑帛绢（匹）（存留）	1.00	0.7000	0.70
秋粮			
米（石）	2369764.04		961707.64
起运京库米（石）	598543.65	0.2500	149635.91
兑军米（石）	600000.00	0.3928	235680.00
供用库白熟粳米（石）（本色）	32000.00	0.7984	28103.13
酒醋面局白熟糯米（石）（本色）	6250.00	0.7984	5488.89
光禄寺白熟粳米（石）（本色）	19000.00	0.7984	16686.23
光禄寺白熟糯米（石）（本色）	8500.00	0.7984	7464.89
南京供用库本色白熟粳米（石）	3500.00	0.7984	3073.78
南京各卫仓米（石）	257409.00	0.6500	167315.85
改兑徐州广运仓本色米（石）	30000.00	0.6000	18000.00
永福仓本色米（石）	15000.00	0.6000	9000.00

项目	现额	折银标准	折银（两）
派剩米（石）	38530.81		
内原拨光禄寺（石）（解太仓银库）	19500.00	0.7000	13650.00
其余米（石）（解太仓银库）	19030.81	0.6000	11418.49
以上共起运米（石）	1615739.47		665517.18
存留米（石）	754024.56	0.3928	296190.46
租钞(锭)（存留）	18779.00		
租丝（两）（存留）	2216.75	0.0800	177.34
租绢（匹）（存留）	59.00	0.7000	41.30
租(分鹿)麻布（匹）（存留）	2.00	0.2000	0.40
租苎布（匹）（存留）	7.00	0.2000	1.40
马草（包）	874491.00	0.0300	26234.73
起运京库草（包）	600000.00	0.0300	18000.00
南京定场草（包）	192650.00	0.0300	5779.50
以上共起运草（包）	792650.00	0.0300	23779.50
存留草（包）	81841.00	0.0300	2455.23
人口（口）	5153005.00		
人户（户）	1542408.00		
户口盐钞银（两）	2317.76	1.0000	2317.76
起运银（两）	1153.17	1.0000	1153.17
存留银（两）	1164.59	1.0000	1164.59
遇闰共加银（两）	123.84	1.0000	123.84

丙表2　　　　江西布政司田赋折银明细（万历六年巡抚册报数）

项目	现额	折银标准	折银（两）
田土官民（亩）	40115127.10		
夏税			
麦米（石）	88072.41	0.2500	22018.10
起运京库麦米（石）	60000.00	0.2500	15000.00
存留麦米（石）	28072.41	0.2500	7018.10
丝绵折绢（匹）（起运）	8025.00	0.7000	5617.50
农桑丝折绢（匹）（起运）	3486.00	0.7000	2440.20
钞（锭）（存留）	6896.00		
本色丝（斤）（存留）	8209.23	0.0800	656.74
苎布（匹）（起运京库）	1341.00	0.2000	268.20
秋粮			
米（石）	2528369.70		786400.79
内除奏豁米（石）	99.74		
实征米(石)	2528269.96		
起运兑军米（石）	400000.00	0.2500	100000.00
淮安常盈仓改兑米（石）	170000.00	0.2500	42500.00
京库米（石）	970000.00	0.2500	242500.00
阔白苎布（匹）	50000.00	0.2000	
内本色布（匹）	47774.00	0.2000	9554.80

项目	现额	折银标准	折银（两）
内折色布（匹）	2226.00	0.2000	445.20
南京库阔白棉布（匹）	100000.00	0.3000	
内本色布（匹）	10000.00	0.3000	3000.00
内折色布（匹）	90000.00	0.3000	27000.00
阔白苎布（匹）	70000.00	0.2000	14000.00
南京各卫仓本色米（石）	369436.71	0.5000	184718.36
派剩米（石）	100563.28		
内拨安庆府仓米（石）	13104.00		
内本色（石）	6552.00	0.5000	3276.00
内折色（石）	6552.00	0.5000	3276.00
九江府原拨安庆府仓米（石）	13105.00	0.6000	7863.00
余米（石）（解太仓银库）	74354.28	0.6000	44612.57
以上共起运米（石）	2194000.00		682745.92
存留米（石）	334269.96	0.3100	103623.69
牛租谷（石）（存留）	201.18	0.1550	31.18
山租钞（锭）（存留）	3123.00		
人户（户）	1341005.00		
人口（口）	5859026.00		
户口盐钞银（两）	14919.09		14919.09
起运南京库银（两）	7459.54		7459.54
存留银（两）	7459.54		7459.54
遇闰共加银（两）	1240.10		1240.10

丙表3　　　　　湖广布政司田赋折银明细（万历六年布政司册报数）

项目	现额	折银标准	折银（两）
田土官民（亩）	221619940.10		
夏税			
米麦（石）	132429.08		
内除德安府摘拨庄田小麦（石）	29.02		
承天府虚报无征小麦（石）	33.90		
围陵地小麦（石）	1.65		
郴州虚报无征米（石）	12.79		
房县错报小麦（石）	13.23		
钟祥县重征大麦（石）	0.63		
合小麦（石）	0.43		
监利县无征小麦（石）	3.28		
万历二年题豁荆岳二府水冲沙压地大麦（石）	263.99		
小麦（石）	93.86		
实征大小麦米（石）（俱留存）	131976.26		46633.85
内米（石）	30982.74	0.3333	10325.57
小麦（石）	62148.12	0.4801	29835.31
大麦（石）	38845.39	0.1666	6472.97
税丝折绢（匹）	22987.00		

内除德安等府摘拨庄田并无征绢（匹）	94.00		
实征绢（匹）（起运京库）	22893.00	0.7000	16025.10
农桑丝折绢（匹）（起运南京库）	4997.00	0.7000	3497.90
棉花折布（匹）（存留）	12.00	0.3000	3.60
秋粮			
米（石）	2036711.66		
内除围陵地米（石）	8.14		
无征米（石）	13.90		
钟祥县重征米（石）	40.77		
荆门州妄报米（石）	2.15		
沔阳州改纳课银米（石）	10.00		
辰州府抛荒米（石）	2.74		
万历二年题豁荆岳二府水冲沙压米（石）	6456.67		
万历七年新增辰州府米（石）	30.43		
实征米（石）	2030207.70		679271.17
起运京库米（石）	72000.00	0.2500	18000.00
兑军米（石）	250000.00	0.3333	83317.08
南京库阔白棉布（匹）	100000.00	0.3000	30000.00
内本色（匹）	10000.00	0.3000	3000.00
折色（匹）	90000.00	0.3000	27000.00
棉花绒（斤）	50000.00	0.0700	3500.00
南京各卫仓米（石）	261035.00	0.3333	86994.69
安庆府仓米（石）	40000.00	0.3333	13330.73
庐州府仓米（石）	5000.00	0.3333	1666.34
广西布政司米（石）	30000.00	0.3500	10500.00
贵州布政司米（石）	102400.00	0.3000	30720.00
派剩米（石）	48965.00		
内留（石）（凑补军饷）	10000.00	0.6000	6000.00
其余（石）（解太仓银库）	38965.00	0.6000	23379.00
共起运米（石）	914400.00		307407.84
存留米（石）	1115807.70	0.3333	371863.34
赁钞（贯）（存留）	175.00		
课程苎麻折米（石）（存留）	551.23	0.3333	183.71
课程棉布（匹）（存留）	533.00	0.3000	159.90
瑶人粗布（匹）（存留）	205.00	0.3000	61.50
地亩棉花绒折米（石）	143.94	0.3333	47.97
人户（户）	541310.00		
人口（口）	4398785.00		
户口盐钞银（两）	21192.75	1.0000	21192.75
起运（两）	8589.23	1.0000	8589.23
存留银（两）	12603.51	1.0000	12603.51
遇闰共加银（两）	1761.64	1.0000	1761.64

丙表4　　　　　**福建布政司田赋折银明细（万历八年清丈田粮数）**

项目	现额	折银标准	折银（两）
田土官民（亩）	13422500.60		
夏税			
麦（石）（存留）	706.94	0.2500	176.74
丝绵折绢（匹）（起运）	280.00	0.7000	196.00
农桑丝折绢（匹）（起运）	319.00	0.7000	223.30
零丝棉（斤）（存留）	12.17	0.0707	0.86
土苎（斤）（存留）	65.82		
钱钞（锭）（存留）	10778.00		
秋粮			
米（石）	850447.77		244798.81
起运京库米（石）	314000.00	0.2500	78500.00
存留米（石）	536447.77	0.3100	166298.81
内折料米（石）	12864.28	0.3100	3987.93
实存留米（石）	523583.48	0.3100	162310.88
鱼课米（石）（存留）	31966.91	0.3100	9909.74
租钞（贯）（存留）	2.00		
人户（户）	515307.00		
人口（口）	1738793.00		
户口盐钞银（两）	26927.12	1.0000	26927.12
起运银（两）	11027.67	1.0000	11027.67
存留银（两）	15899.44	1.0000	15899.44
遇闰共加银（两）	2246.48	1.0000	2246.48

丙表5　　　　　**山东布政司田赋折银明细[1]**

项目	现额	折银标准	折银（两）
田土官民（亩）	61749899.00		
夏税			
麦（石）	855221.47		
内除孔氏奏免麦（石）	49.33		
实征麦(石)	855172.14		721531.56
起运			
京仓小麦（石）	7929.01	0.2500	1982.25
派剩折银小麦（石）	5902.58	1.0000	5902.58
光禄寺小麦（石）	8000.00	0.8810	7048.00
酒醋面局小麦（石）	2350.00	0.8810	2070.35
阔白棉布（匹）（起运京库）	20000.00	0.8810	21144.00
红花（斤）（起运京库）	30000.00	0.8810	660.75
临德二仓小麦（石）	80000.00	0.8810	70480.00
内改拨天津仓	5800.00		
边仓小麦（石）	32800.00	0.8810	28896.80
棉布（匹）	193891.00	0.8810	204981.57

[1] 由于《会计录》卷六《山东布政司田赋》全佚，此表根据《会计录》卷一、《明会典》卷二四至卷二六《户部》十一至十三，《会计》一、二相关数据补充而成。

钞（锭）	1800000.00	0.8810	158580.00
通州通济库阔白棉布（匹）	6000.00	0.3000	1800.00
河间府沧州静海等库阔白棉布（匹）	30416.00	0.3000	9124.80
以上共起运小麦（石）	618099.99		512671.00
存留麦（石）	237072.15	0.8810	208860.56
丝绵折绢（匹）	22165.00		15697.25
起运京库（匹）	22021.00	0.7082	15595.27
存留（匹）	144.00	0.7082	101.98
农桑丝折绢（匹）	32825.00		23246.67
起运京库（匹）	32234.00	0.7082	22828.12
存留（匹）	591.00	0.7082	418.55
本色丝（两）（存留）	326.31	0.0800	26.10
税丝（两）（存留）	33464.81		
内除孔氏奏免丝（两）	27.60		
实征丝（两）	33437.14	0.0800	2674.97
秋粮			
米（石）	1995881.02		
内除孔氏奏免米（石）	116.10		
实征米(石)[1]	1995764.91		1888399.84
京仓米豆（石）	25511.77	0.25	6377.94
派剩折银米（石）	17578.57		
内（石）	10000.00	0.7000	7000.00
内（石）	7578.57	0.6000	4547.14
光禄寺米豆芝麻（石）	33780.00	0.9595	32411.91
供用库芝麻豆（石）	3639.10	0.9595	3491.72
酒醋面局黄豆（石）	2300.00	0.9595	2206.85
司苑局黑豆（石）	700.00	0.9595	671.65
漕运兑军米（石）	280000.00		
内折色	70000.00	0.9595	67165.00
内本色	210000.00	0.9595	201495.00
临德二仓改兑米（石）	95600.00	0.9595	91728.20
边仓米豆（石）	454867.04	0.9595	436444.92
河间府巨盈仓粟米（石）	5000.00	0.6	3000.00
棉花绒（斤）	58035.00	0.9595	5568.46
棉布（匹）	349630.00	0.9595	335469.99
边仓棉花绒（斤）	271500.00	0.9595	26050.43
通州通济库阔白棉布（匹）	2000.00	0.3	600.00
以上共起运米（石）	1303559.98		1224229.21
存留米（石）	692204.93	0.9595	664170.63
牛租米（石）	16.50	0.9595	15.83
地亩棉花绒（斤）	52449.67	0.06	3146.98

---

[1]《会计录》中此值为 1995765.91 石，而总数-孔氏奏免米=1995764.91 石；《明会典》中为 1955764.91 石，据此《会计录》中此值应为笔误。今按 1995764.91 石计。

马草（束）	3819737.00		
内除孔氏奏免草（束）	269.00		
实征草(束)	3819469.00		141335.10
起运			
供用库草（束）	16000.00	0.0392	627.20
司苑局草（束）	10000.00	0.0392	392.00
京库折银草（束）	1997163.00	0.0350	69900.71
京场草（束）	1311826.00	0.0392	51423.58
边场草（束）	443341.00	0.0392	17378.97
以上共起运草（束）	3778330.00		139722.45
存留草（束）	41139.00	0.0392	1612.65
人户（户）	1372206.00		
人口（口）	5664099.00		
户口盐钞银（两）	45170.53	1.0000	45170.53
起运银（两）	18670.77	1.0000	18670.77
存留银（两）	26499.76	1.0000	26499.76

丙表 6　　　　　山西布政司田赋折银明细（万历六年布政司册报数）

项目	现额	折银标准	折银（两）
田土官民（亩）	36803927.20		
夏税			
小麦（石）	591951.31		419365.51
起运			
宣府镇龙门广盈等仓麦（石）	3000.00	1.2000	3600.00
怀来广阜仓麦（石）	1000.00	1.2000	1200.00
宣德等仓麦（石）	6605.00	1.2000	7926.00
新兴仓麦（石）	700.00	1.2000	840.00
广昌仓麦（石）	600.00	1.2000	720.00
万全广盈等仓麦（石）	600.00	1.2000	720.00
广积仓麦（石）	700.00	1.2000	840.00
永宁等仓麦（石）	800.00	1.2000	960.00
新开口堡仓麦（石）	2000.00	1.2000	2400.00
怀来广备仓麦（石）	500.00	1.2000	600.00
阔白棉布（匹）（万全万亿库）	6000.00	0.3000	1800.00
大同镇大有仓麦（石）[1]	19275.00	1.2000	23130.00
平房卫平房仓麦（石）	1500.00	1.2000	1800.00
石井坪堡仓麦（石）	1000.00	1.2000	1200.00
阔白棉布（匹）（银亿库）	42500.00	0.3000	12750.00
偏头关保德仓麦（石）	4000.00	1.2000	4800.00
宁武关万亿库麦（石）	4000.00	1.2000	4800.00

---

[1] 以下 8 项，除去阔白棉布外，账目中原注明：各仓附近三百里者，本色四分，折色六分；五百里者，本色三分，折色七分，其折色俱免征脚价；如系五百里之外者，俱每石折银 1.00 两，外加脚价银 0.20 两。由此无法说明有多少是三百里、五百里内外者。故均采用 1 两/石，外加脚价银 0.20 两计算。

雁门关广济仓麦（石）	4000.00	1.2000	4800.00
代州边储仓麦（石）	4000.00	1.2000	4800.00
以上共起运麦（石）	112480.00		79686.00
存留麦（石）	479471.31	0.7084	339679.51
内拨运三关镇各仓麦（石）	35860.70	0.7084	25405.37
实存留麦（石）	443610.61	0.7084	314274.14
农桑丝折绢（匹）（起运京库）	4771.00		**3339.70**
内本色（匹）（起运京库）	3804.00	0.7000	2662.80
内折色（匹）（起运京库）	967.00	0.7000	676.90
零丝（两）（存留）	822.55	0.0800	65.80
秋粮			
米（石）	1722851.38		**1471743.52**
起运			
宣府宣德等仓粟米（石）[1]	27000.00	1.2000	32400.00
新开口等堡仓粟米（石）	5000.00	1.2000	6000.00
蔚州仓粟米（石）	5000.00	1.2000	6000.00
阔白棉布（匹）（万全万亿库）	102500.00	0.3000	30750.00
棉花绒（斤）	22500.00	1.2000	2700.00
大同大有仓粟米（石）	10530.00	1.2000	12636.00
黑豆（石）	6500.00	1.2000	7800.00
广充仓粟米（石）	17570.00	1.2000	21084.00
广足仓粟米（石）	20000.00	1.2000	24000.00
广备仓粟米（石）	4000.00	1.2000	4800.00
广积仓粟米（石）	30000.00	1.2000	36000.00
广聚仓粟米（石）	66000.00	1.2000	79200.00
朔州仓粟米（石）	24000.00	1.2000	28800.00
黑豆（石）	7000.00	1.2000	8400.00
浑源州广储仓粟米（石）	5000.00	1.2000	6000.00
怀仁县广丰仓粟米（石）	9000.00	1.2000	10800.00
山阴县仓粟米（石）	2000.00	1.2000	2400.00
马邑县仓粟米（石）	1000.00	1.2000	1200.00
平虏卫仓粟米（石）	42000.00	1.2000	50400.00
井坪堡仓粟米（石）	25000.00	1.2000	30000.00
偏头等三关并代州边储仓粟米（石）	65000.00	1.2000	78000.00
黑豆（石）	16000.00	1.2000	19200.00
阔白棉布（匹）（大同银亿库）	140000.00	0.3000	42000.00
棉花绒（斤）	80000.00	1.2000	9600.00
以上共起运米（石）	640350.00		550170.00
存留米（石）	1082501.38	0.8513	921573.52
内拨运三关镇米（石）	84017.20	0.8513	71526.95

---

[1] 以下22项中，除去阔白棉布一项外，账目中原注明：各仓附近三百里者，本色四分，折色六分；五百里者，本色三分，折色七分，其折色俱免征脚价；如系五百里之外者，俱每石折银1.00两，外加脚价银0.20两。 由此无法说明有多少是三百里、五百里内外者。故均采用1两/石，外加脚价银0.20两计算。

项目	现额	折银标准	折银（两）
实存留米（石）	998484.18	0.8513	850046.56
马草（束）	3602991.00		198459.75
起运			
大同在城草场草（束）	429124.00	0.0485	20812.51
云川草场草（束）	200000.00	0.0485	9700.00
玉林草场草（束）	485101.00	0.0485	23527.40
威远草场草（束）	182472.00	0.0485	8849.89
平房草场草（束）	592431.00	0.0485	28732.90
井坪堡草场草（束）	150000.00	0.0485	7275.00
天城草场草（束）	153216.00	0.0485	7430.98
阳和草场草（束）	152504.00	0.0485	7396.44
高山堡草场草（束）	50000.00	0.0485	2425.00
聚落堡草场草（束）	50000.00	0.0485	2425.00
共加脚价银			23715.03
偏头关草场草（束）	160201.00	0.0485	7769.75
八角堡草场草（束）	80000.00	0.0485	3880.00
老营堡草场草（束）	339371.00	0.0485	16459.49
灰沟营草场草（束）	10000.00	0.0485	485.00
水泉营草场草（束）	20000.00	0.0485	970.00
楼子营草场草（束）	10000.00	0.0485	485.00
罗圈堡草场草（束）	10000.00	0.0485	485.00
滑石洞堡草场草（束）	18428.00	0.0485	893.76
保德州草场草（束）	29718.00	0.0485	1441.32
神池堡草场草（束）	26250.00	0.0485	1273.13
五寨堡草场草（束）	26250.00	0.0485	1273.13
三岔堡草场草（束）	10500.00	0.0485	509.25
宁武关草场草（束）	153466.00	0.0485	7443.10
利民堡草场草（束）	58962.00	0.0485	2859.66
阳方堡草场草（束）	79180.00	0.0485	3840.23
土棚堡草场草（束）	30000.00	0.0485	1455.00
雁门关草场草（束）	4341.00	0.0485	210.54
代州草场草（束）	33328.00	0.0485	1616.41
以上共起运草（束）	3544850.00		195639.92
存留草（束）	58141.00	0.0485	2819.84
人户（户）	596097.00		
人口（口）	5319359.00		
户口盐钞银（两）（存留）	23306.05	1.0000	23306.05
遇闰共加银（两）（存留）	2061.62	1.0000	2061.62

丙表 7　　　　河南布政司田赋折银明细（万历六年巡抚册报数）

项目	现额	折银标准	折银（两）
田土官民（亩）	74157951.90		
夏税			

麦（石）	619054.42		
内除崇府插厂等项除穄麦（石）	1731.58		
实征麦（石）	617322.84		381462.34
起运光禄寺小麦（石）	6600.00	1.0000	6600.00
酒醋面局小麦（石）	2000.00	1.2000	2400.00
京库阔白棉布（匹）	3800.00	0.3000	1140.00
御马仓豌豆（石）（准小麦抵斗）	3800.00	1.0000	3800.00
大麦（石）	4100.00	0.8000	3280.00
准小麦（石）			
外象房仓大麦（石）	900.00	0.7000	630.00
临清仓小麦（石）	60000.00	0.8000	48000.00
德州仓小麦（石）	20000.00	0.8000	16000.00
凤阳府仓小麦（石）	8050.00	0.4000	3220.00
宣府镇宣德等3仓并赵川、葛峪堡仓小麦（石）	3850.00	1.2000	4620.00
广昌仓小麦（石）	400.00	1.2000	480.00
永宁县仓并四海冶堡仓小麦（石）	1200.00	1.2000	1440.00
柴沟堡并西阳河堡仓小麦（石）	1200.00	1.2000	1440.00
龙门广盈仓并独石、马营等仓小麦（石）	2900.00	1.2000	3480.00
阔白棉布（匹）（万全万亿库）	4418.00	0.3000	1325.40
大同银亿库小麦（石）	96000.00	0.6000	57600.00
易州镇涿州常盈仓小麦（石）	1700.00	0.7000	1190.00
易州仓小麦（石）	1500.00	0.7000	1050.00
保定府广盈左右2仓小麦（石）	5000.00		3750.00
本色（石）	2500.00	0.8000	2000.00
折色（石）	2500.00	0.7000	1750.00
昌平镇新城仓棉布（匹）	900.00	0.3000	270.00
白羊口仓棉布（匹）	350.00	0.3000	105.00
渤海所仓棉布（匹）	2655.00	0.3000	796.50
真定府丰盈仓小麦（石）	4000.00	0.6000	2400.00
定州永丰仓小麦（石）	700.00	0.6000	420.00
阔白棉布（匹）（通州通济库）	8000.00	0.3000	2400.00
阔白棉布（匹）（静海县库）	5000.00	0.3000	1500.00
陕西延绥料豆（石）（准小麦抵斗）	30000.00	0.7000	21000.00
阔白棉布（匹）	40000.00	0.3000	12000.00
陕西布政司库阔白棉布（匹）	30000.00	0.3000	9000.00
内除中牟等4县坍塌地内布（匹）	21814.00		
实征夏布（匹）	8186.00	0.3000	2455.80
派剩各马房仓小麦（石）	2352.40	1.0000	2352.40
以上共起运麦			
本部原派（石）	367900.00		
该省册开除坍塌地内布麦（石）	26177.54		
实征起运麦（石）	341722.45		207145.10
存留麦（石）	275600.38	0.6325	174317.24

1370

税丝（两）	353832.44		
内除崇府插厂等项除豁丝（两）	930.90		
实征丝（两）	352901.54		13410.40
本部原派起运丝（两）	314026.43		
折绢（疋）	15701.00		
该省册开起运京库丝（两）	283176.57		
折绢（疋）	14158.00	0.7000	9910.60
工部织染局丝（两）	39619.19	0.0800	3169.54
存留丝（两）	30105.77	0.0110	330.26
农桑丝折绢（匹）	9963.00		7074.10
起运京库绢（匹）	8963.00	0.7000	6274.10
蓟州库绢（匹）（改解太仓库转发）	1000.00	0.8000	800.00
秋粮			
米（石）	1769341.60		
内除崇府插厂等项除豁米（石）	5904.49		
实征米（石）	1763437.11		951062.69
起运光禄寺芝麻（石）	2000.00	1.3500	2700.00
细粟米（石）	28500.00	1.0000	28500.00
绿豆（石）	6000.00	1.2000	7200.00
白芝麻（石）	260.00	1.5000	390.00
粟谷（石）	4000.00	0.5500	2200.00
供用库芝麻（石）	2400.00	1.6400	3936.00
本色黑豆（石）	1000.00	0.5500	550.00
酒醋面局黄豆（石）	2400.00	0.7000	1680.00
司苑局黑豆（石）	800.00	0.8000	640.00
京库阔白棉布（匹）	83837.00	0.3000	25151.10
本色（匹）	58837.00	0.3000	17651.10
内备奠靖所支用（匹）	2000.00	0.3000	600.00
折色（匹）	25000.00	0.3000	7500.00
棉花绒（斤）	130000.00	0.0300	3900.00
国子监绿豆（石）	300.00	0.9000	270.00
司牲司黑豆（石）	795.79	0.8000	636.63
牺牲所绿豆（石）	1080.56	1.0000	1080.56
御马仓黑豆（石）	6818.00	0.8000	5454.40
绿豆（石）	4985.00	1.0000	4985.00
坝上仓绿豆（石）	177.00	1.0000	177.00
黑豆（石）	926.00	0.8000	740.80
坝上东马房仓黑豆（石）	266.00	0.8000	212.80
坝上南仓黑豆（石）	223.00	0.8000	178.40
坝上北马房仓黑豆（石）	277.88	0.8000	222.30
湖渠马房仓黑豆（石）	773.80	0.8000	619.04
汗石桥南仓黑豆	238.22	0.8000	190.58
里牛房仓黑豆（石）	1250.00	0.8000	1000.00

吴家驼牛房仓黑豆（石）	164.00	0.8000	131.20
金盏甸仓黑豆（石）	191.85	0.8000	153.48
南石渠仓黑豆（石）	137.04	0.8000	109.63
黄土仓黑豆（石）	668.68	0.8000	534.94
郑家庄马房仓黑豆（石）	544.04	0.8000	435.23
峪口张家庄马房仓黑豆（石）	402.08	0.8000	321.66
蓟州镇喜峰口仓粟米（石）	1150.00	0.9000	1035.00
阔白棉布（匹）（德州常盈库改拨蓟州）	5140.00	0.3000	1542.00
棉花绒（斤）	45621.00	0.0600	2737.26
密云镇龙庆仓粟米（石）	33000.00	0.9000	29700.00
黑豆（石）	3000.00	0.7500	2250.00
古北口仓粟米（石）	21000.00	1.0000	21000.00
黑豆（石）	2000.00	0.8500	1700.00
石匣仓粟米（石）	7500.00	0.9000	6750.00
黑豆（石）	2200.00	0.7500	1650.00
永平镇山海仓粟米（石）	18000.00	0.8000	14400.00
昌平镇横岭口仓粟米（石）	2000.00	1.0000	2000.00
黑豆（石）	172.80	0.8000	138.24
棉花绒（斤）	978.00	0.0600	58.68
延庆卫仓粟米（石）	24508.00	0.8500	20831.80
黑豆（石）	900.00	0.7500	675.00
阔白棉布（疋）	4090.00	0.3000	1227.00
棉花绒（斤）	3082.50	0.0600	184.95
居庸仓黑豆（石）	4000.00	0.7000	2800.00
棉布（匹）	600.00	0.3000	180.00
棉花绒（斤）	450.00	0.0600	27.00
镇边城仓粟米（石）	5000.00	0.9000	4500.00
黑豆（石）	150.00	0.8000	120.00
棉花绒（斤）	1000.00	0.0600	60.00
白羊口仓粟米（石）	6000.00	0.9000	5400.00
巩华城仓黑豆（石）	1000.00	0.7000	700.00
黄花镇仓粟米（石）	3600.00	1.0000	3600.00
棉花绒（斤）	670.50	0.0600	40.23
渤海所仓粟米（石）	7000.00	1.0000	7000.00
棉花绒（斤）	2000.00	0.0600	120.00
易州镇浮图峪口仓粟米（石）	11000.00	0.9000	9900.00
黑豆（石）	245.70	0.8000	196.56
涿州库阔白棉布（匹）	4000.00	0.3000	1200.00
棉花绒（斤）	2995.50	0.0600	179.73
保定府阔白棉布（匹）	20884.00	0.3000	6265.20
棉花绒（斤）	15730.50	0.0700	1101.14
易州库阔白棉布（匹）	9095.00	0.3000	2728.50
棉花绒（斤）	6840.00	0.0700	478.80

1372

唐县库棉布（匹）	4000.00	0.3000	1200.00
棉花绒（斤）	2040.00	0.0600	122.40
又棉花绒（斤）	2650.00	0.0700	185.50
紫荆关新城仓粟米（石）	15000.00	0.9000	13500.00
军储仓粟米（石）	5000.00	0.8000	4000.00
保定府广盈左右二仓粟米（石）	60000.00	0.8000	48000.00
唐县新兴仓粟米（石）	9707.50	0.8000	7766.00
黑豆（石）	800.00	0.8000	640.00
涿州常盈仓粟米（石）	15000.00	0.8000	12000.00
黑豆（石）	100.00	0.8000	80.00
易州仓粟米（石）	8000.00	0.8000	6400.00
良乡丰济仓粟米（石）	6600.00	0.8000	5280.00
派剩改易州仓粟米（石）	5938.51	0.6000	3563.11
（以上各镇民运近题改拨太仓转发）			
宣府镇宣德等3仓粟米（石）	25000.00		
内	15000.00	1.2000	18000.00
太仓改拨	10000.00	1.0000	10000.00
保安州新兴仓粟米（石）	2500.00	1.2000	3000.00
万全广济仓粟米（石）	7500.00	1.2000	9000.00
柴沟堡并西阳河等堡仓粟米（石）	10000.00	1.2000	12000.00
黑豆（石）	5000.00	1.2000	6000.00
怀来广备仓粟米（石）	5000.00	1.2000	6000.00
赵川堡仓并大小白羊二堡仓粟米（石）	5000.00	1.2000	6000.00
葛峪堡并清边常峪二堡仓黑豆（石）	2240.00	1.2000	2688.00
洗马林新河口二堡仓粟米（石）	10000.00	1.2000	12000.00
马营广盈仓粟米（石）	20000.00	1.2000	24000.00
黑豆（石）	5000.00	1.2000	6000.00
赤城广备仓粟米（石）	5000.00	1.2000	6000.00
龙门仓粟米（石）	12000.00	1.2000	14400.00
黑豆（石）	600.00	1.2000	720.00
长安岭堡仓粟米（石）	5400.00	1.2000	6480.00
黑豆（石）	2500.00	1.2000	3000.00
宣府21卫所官旗折俸布（匹）	4000.00	0.2963	1185.20
陕西布政司阔白棉布（匹）	21814.00	0.2963	6463.49
真定府库棉布（匹）	12719.00	0.3000	3815.70
棉花绒（斤）	8672.50	0.0600	520.35
定州库棉布（匹）	7862.00	0.3000	2358.60
棉花绒（斤）	5791.50	0.0600	347.49
真定府丰盈仓粟米（石）	10000.00	0.6000	6000.00
永丰仓粟米（石）	20000.00	0.6000	12000.00
河间府库棉花绒（斤）	12544.50	0.0700	878.12
沧州库棉花绒（斤）	1206.00	0.0700	84.42
静海县库棉花绒（斤）	21554.00	0.0700	1508.78

河间府仓并巨盈仓粟米（石）	30864.48	0.6000	18518.69
通州通济库棉布（匹）	9500.00	0.3000	2850.00
棉花绒（斤）	18000.00	0.0700	1260.00
漕运兑军米（石）	270000.00		
本色（石）	200000.00	0.2963	59260.00
折色（石）	70000.00		
内	50000.00	0.8000	40000.00
内	20000.00	0.6000	12000.00
临清仓改兑米（石）	50000.00	0.7000	35000.00
德州仓改兑米（石）	60000.00	0.7000	42000.00
派剩改拨光禄寺米（石）	28382.69	0.7000	19867.88
派剩米（石）	24458.52	0.6000	14675.11
以上共起运米（石）	1177321.65		777396.68
存留米（石）	586115.46	0.2963	173666.01
枣子易米（石）	26833.32	0.2963	7950.71
地亩棉花绒（斤）	342.00	0.0640	21.89
马草（束）	2288754.00		
内崇府插厂等项除豁草（束）	7216.00		
实征草（束）	2281538.00		111391.30
御马仓草（束）	180000.00	0.0700	12600.00
中府天师庵二场草（束）	360000.00	0.0600	21600.00
里牛房仓草（束）	7600.00	0.0650	494.00
内象房仓草（束）	20000.00	0.0650	1300.00
外象房仓草（束）	37000.00	0.0500	1850.00
司牲司草（束）	6630.00	0.0500	331.50
坝上仓草（束）	22700.00	0.0450	1021.50
坝上南仓草（束）	5920.00	0.0450	266.40
坝上北马房仓草（束）	4029.00	0.0450	181.31
坝上东马房仓草（束）	5200.00	0.0400	208.00
金盏甸仓草（束）	5500.00	0.0400	220.00
北高仓草（束）	6000.00	0.0400	240.00
湖渠马房仓草（束）	6000.00	0.0400	240.00
坝上北仓草（束）	4482.00	0.0400	179.28
南石渠西仓草（束）	4000.00	0.0400	160.00
黄土仓草（束）	25000.00	0.0400	1000.00
台基厂草场草（束）	96000.00	0.0450	4320.00
明智坊草场草（束）	96000.00	0.0450	4320.00
西城坊草场草（束）	107000.00	0.0450	4815.00
北新草场草（束）	96500.00	0.0450	4342.50
安仁坊草场草（束）	100000.00	0.0500	5000.00
供用库草（束）	17000.00	0.0340	578.00
司苑局草（束）	20000.00	0.0500	1000.00
昌平镇居庸仓草（束）	120000.00	0.0500	6000.00

近题改解太仓转发			
宣府镇在城草场草（束）	100000.00	0.0700	7000.00
每银1两加脚价银0.2两			1400.00
太仓银库草（束）	751262.00	0.0350	26294.17
以上共起运草（束）	2203825.00		106961.66
存留草（束）	77713.00	0.0570	4429.64
人户（户）	633067.00		
人口（口）	5193602.00		
户口盐钞银（两）	17031.58	1.0000	17031.58
起运京库银（两）	2962.95	1.0000	2962.95
宣府银（两）	4812.91	1.0000	4812.91
存留银（两）	9255.71	1.0000	9255.71
遇闰共加银（两）	1432.15	1.0000	1432.15

丙表8　　　　陕西布政司田赋折银明细（万历六年布政司册报数）

项目	现额	折银标准	折银（两）
田土官民（亩）[1]	29292385.10		
夏税			
小麦（石）	725796.73		
内除成化、弘治等年题豁土兵抛荒等麦（石）	75048.05		
陆续开垦起课复增麦（石）	39998.56		
实征麦（石）	690747.24	0.7084	489325.34
农桑丝折绢（匹）	9221.00	0.7000	6454.70
本色丝绵（斤）	206.24	0.1200	24.75
秋粮			
米（石）	1203260.52		
内除成化年间题豁抛荒等项米（石）	276105.29		
陆续开垦召佃起课复增米（石）	117787.89		
实征米（石）	1044943.12	0.8513	889560.08
棉花绒（斤）[2]	17208.22	0.1200	2064.99
棉布（匹）[3]	128792.00	0.3000	38637.60
马草（束）	1514751.00		
内除成化年间题豁抛荒地内草（束）	274213.00		
陆续开垦起课复增草（束）	135096.00		
实征草（束）	1375634.00	0.0485	66718.25
人户（户）	394423.00		
人口（口）	4502067.00		
户口盐钞银（两）（存留）	18048.85	1.0000	18048.85
遇闰共加银（两）（存留）	1504.05	1.0000	1504.05

[1]此处数据残缺，依据《明会典》卷一七《户部》四《田土》，陕西布政司项下数据补充，第111页。
[2]此处数据残缺，依据《明会典》卷二五《户部》十二《税粮》二，陕西布政司项下数据补充，第170页。
[3]此处数据残缺，依据《明会典》卷二五《户部》十二《税粮》二，陕西布政司项下数据补充，第170页。

丙表 9　　　　　　　　　　**四川布政司田赋折银明细（万历六年巡抚册报数）**

项目	现额	折银标准	折银（两）
田土官民（亩）	13482767.20		
夏税			
米（石）（本部原派存留本处备用）	309892.16		91985.04
该省分派起运各仓米（石）	272250.41	0.2963	80667.80
折布米（石）	606.50	0.2963	179.71
荒丝米（石）	6640.32	0.2963	1967.53
遇闰加丝（斤）	553.48	0.2963	164.00
存留各州县米（石）	30394.92	0.2963	9006.01
秋粮			
米（石）	718652.96		212936.87
起运贵州布政司米（石）	50000.00	0.2963	14815.00
棉布（匹）	60000.00	0.2963	8889.00
永宁卫仓折银米（石）	5000.00	0.2963	1481.50
棉布（匹）	80000.00	0.2963	11852.00
以上共起运米（石）	125000.00	0.2963	37037.50
存留米（石）	593652.96	0.2963	175899.37
内拨运湖广并本省各仓米（石）	510729.06	0.2963	151329.02
折布米（石）	9547.50	0.2963	2828.92
实存留各州县米（石）	73376.40	0.2963	21741.43
地亩棉花绒（斤）（存留）	70389.00	0.0640	4504.90
差发马（匹）	5.00	4.5560	22.78
人户（户）	262694.00		
人口（口）	3102073.00		
户口盐钞银（两）	14684.27	1.0000	14684.27
遇闰共加银（两）（存留）	1223.68	1.0000	1223.68

丙表 10　　　　　　　　　　**广东布政司田赋折银明细（万历六年布政司册报数）**

项目	现额	折银标准	折银（两）
田土官民（亩）	25686513.60		
夏税			
麦米（石）（存留）	6122.89	0.6325	3872.73
农桑米（石）（存留）	309.89	0.2963	91.82
零丝折米（石）（存留）	0.93	0.2963	0.28
秋粮			
米（石）			301338.34
除肇高雷廉四府属荒粮外实征并停征米（石）	993824.81		
起运京库米本部原派（石）	400000.00		
该省册开米（石）	314317.32	0.2500	100000.00
存留军饷并派发各仓米（石）	666563.75	0.2963	197502.84
内本部原派起运梧州府广备仓米（石）	50000.00	0.2963	14815.00
实存留米（石）	616563.75	0.2963	182687.84

项目	现额	折银标准	折银（两）
停征米（石）	12943.72	0.2963	3835.22
改科丝折米（石）（存留）	0.94	0.2963	0.28
人户（户）	530712.00		
人口（口）	2040655.00		
户口盐钞银（两）（存留）	18538.64	1.0000	18538.64
遇闰共加银（两）（存留）	1486.57	1.0000	1486.57

丙表 11　　　　　广西布政司田赋折银明细（万历六年巡抚册报数）

项目	现额	折银标准	折银（两）
田土官民（亩）	9402074.80		
夏税			
麦米（石）（存留）	2508.73		
内除无征麦米（石）	14.03		
实征麦米（石）（存留）	2494.70	0.6325	1577.90
丝折米（石）（存留）	499.22	0.2963	147.92
丝（两）（存留）	2378.88	0.0800	190.31
秋粮			
米（石）（存留）	432532.44		
内除无征米（石）	59075.78		
兵种米（石）	4717.02		
续清出米（石）（存留）	462.89		
实征米（石）（存留）	369202.52	0.2963	109394.71
花利米（石）（存留）	1888.25	0.2963	559.49
租钞（锭）（存留）	24.00		
茶课钞（锭）（存留）	1183.00		
鱼课钞（锭）（存留）	347.00		
椒课钞（锭）（存留）	42.00		
苎麻（斤）（存留）[1]	1794.88		
麻折米（石）（存留）	3.63	0.2963	1.08
麻钞（锭）（存留）	2.00		
红花（斤）（存留）	11.84	0.1500	1.78
桐油（斤）（存留）	1063.00	0.0420	44.65
税钞（锭）（存留）	160.00		
人户（户）	218712.00		
人口（口）	1186179.00		
户口盐钞银（两）（存留）	1417.01	1.0000	1417.01

丙表 12　　　　　云南布政司田赋折银明细（万历六年巡抚册报数）

项目	现额	折银标准	折银（两）
田土官民（亩）	1799358.80		
夏税			

---

[1] 在《会计录》中查找不到苎麻的价格，加之数量较少，在计算中忽略不计。

项目	现额	折银标准	折银（两）
麦（石）（存留）	35579.21		
内除土官准俸麦（石）	11.94		
实征麦（石）（存留）	35567.26	0.6325	22496.29
秋粮			
米（石）（存留）	107409.86		
内除改入凤栖所没官米（石）	150.07		
并土官准俸米（石）	136.74		
实征米（石）（存留）	107123.03	0.2963	31740.55
差发米（石）	9163.20		6091.67
麦（石）	78.75	0.6000	47.25
金（两）[1]	66.67	7.5000	500.03
银（两）	8487.13	1.0000	8487.13
海肥（索）	272377.00		3264.12
棉绸（匹）	15.00	0.3000	4.50
棉布（段）	1700.00	0.3000	510.00
折色钞（锭）	60.00		
水牛（只）	10.00		35.00
黄牛（只）	26.00		54.60
马（匹）	85.00		677.00
人户（户）	135560.00		
人口（口）	1476692.00		
户口盐钞银（两）（存留）	442.26	1.0000	442.26

丙表 13　　　　　　　**贵州布政司田赋折银明细**（万历六年巡抚册报数）

项目	现额	折银标准	折银（两）
田土官民（亩）	516686.30		
夏税			
麦收（石）（存留）	266.82	0.7000	186.77
洞蛮麻布（条）（存留）	259.00	0.3000	77.70
秋粮			
米（石）（存留）	50541.96	0.2963	14975.58
人户（户）	43405.00		
人口（口）	290972.00		
户口盐钞银（两）	5.83	1.0000	5.83
遇闰共加银（两）（存留）	0.50	1.0000	0.50

丙表 14　　　　　　　**北直隶田赋折银明细**（万历六年巡抚并各府册报数）

顺天府			
项目	现额	折银标准	折银（两）
田土官民（亩）	9958299.90		
夏税			

---

[1] 价格依据彭信威：《中国货币史》第七章《明代的货币·明代金银比价表》，上海人民出版社 2007 年版，第 526 页。

麦（石）	18909.42		
新增玉田县民毕天祥麦（石）	11.63		
内除昌平等县节年奏免麦（石）	117.68		
实征麦（石）	18803.37		16945.67
起运			
御马仓大麦（石）	500.00	1.5000	375.00
豌豆（石）	800.00	1.0500	840.00
内象房仓大麦（石）	390.80	1.1000	214.94
外象房仓大麦（石）	604.20	1.1000	332.31
光禄寺小麦（石）	2280.00		
本色（石）	912.00	1.0000	912.00
折色（石）	1368.00	1.0000	1368.00
大麦（石）	300.00	1.0000	150.00
酒醋面局小麦（石）	650.00	1.1000	715.00
太常寺小麦（石）	50.00	1.0000	50.00
镇边城新城仓棉布（匹）	100.00	0.3000	30.00
白羊口仓棉布（匹）	359.00	0.3000	107.70
良乡丰济仓小麦（石）	500.00	0.7000	350.00
密云驿小麦（石）	120.00	0.7000	84.00
龙庆仓小麦（石）	1500.00	0.7000	1050.00
古北口仓小麦（石）	2000.00	0.8500	1700.00
怀柔县古北口驿小麦（石）	50.00	0.8500	42.50
派剩小麦（石）（解太仓银库）	1501.70	1.0000	1501.70
以上共起运小麦（石）	10900.00		9823.15
存留麦（石）	7903.37	0.9012	7122.52
人丁丝折绢（匹）	2175.00		1557.20
起运密云库（匹）	141.00	0.8000	112.80
起运永平库（匹）	63.00	0.8000	50.40
起运涿州库（匹）	150.00	0.8000	120.00
解京库（匹）	1820.00	0.7000	1274.00
农桑丝折绢（匹）	1763.00	0.7000	
内除昌平州房山县奏免绢（丈）	5.00		
实征绢（匹）（解京库）	1761.00	0.7000	1232.70
秋粮			
米（石）	45443.11		
新增玉田县民毕天祥粟米（石）	27.14		
内除昌平等县节年奏免米（石）	265.45		
实征米（石）	45204.80		38795.47
供用库芝麻（石）	423.01	1.5000	634.52
惜薪司白熟糯米（石）	15.10	1.3000	19.63
光禄寺赤豆（石）	550.00	1.4000	770.00
光禄寺山黄米（石）	70.00	1.2000	84.00
光禄寺白豆(石)	6.00	1.2000	7.20

光禄寺莜麦(石)	50.00	0.7000	35.00
光禄寺大青黄豆（石）	40.00	1.1000	44.00
外鹅房仓粟谷（石）	100.00	1.1000	55.00
御马仓黑豆（石）	1032.00	0.8500	877.20
坝上南仓黑豆（石）	60.18	0.8000	48.14
北草场仓黑豆（石）	358.77	0.8000	287.02
吴家驼牛房仓黑豆（石）	155.92	0.8000	124.74
南石渠仓黑豆（石）	137.00	0.8000	109.60
京库棉花绒（斤）	307.00	0.8000	24.56
唐县库棉花绒（斤）	1500.00	0.8000	120.00
军储仓黑豆（石）	297.00	0.8000	237.60
山海仓粟米（石）	1500.00		
内良乡轻则（石）	541.37	0.2500	135.34
余（石）	958.63	0.8000	766.90
喜峰口仓粟米（石）	5150.00	0.9000	4635.00
喜峰口仓黑豆（石）	1500.00	0.8000	1200.00
密云龙庆仓粟米（石）	4000.00	0.9000	3600.00
密云龙庆仓黑豆（石）	736.37	0.7500	552.28
古北口仓粟米（石）	4000.00	1.0000	4000.00
横岭口仓粟米（石）	1323.00	0.9000	1190.70
镇边城新城仓粟米（石）	1000.00	0.7000	700.00
派剩米（石）（解太仓银库）	3846.14	0.6000	2307.68
以上共起运米（石）	26457.70		22566.11
存留米（石）	18747.10	0.8657	16229.36
地亩棉花绒（斤）	9437.04		
内除昌平州奏免（斤）	12.81		
实征棉花绒（斤）（起运京库）	9424.09	0.0800	**753.93**
牛租谷（石）（存留）	3800.80	1.1000	**4180.88**
马草（束）	1975263.00		
内除昌平等陆州县节年奏免草（束）	16418.00		
实征草（束）	1958845.00		**83788.33**
起运			
御马仓内草场（束）	24000.00	0.0550	1320.00
中府外草场（束）	24000.00	0.0500	1200.00
天师庵外草场（束）	24000.00	0.0500	1200.00
坝上仓草（束）	3000.00	0.0350	105.00
坝上南仓草（束）	1900.00	0.0350	66.50
湖渠马房仓草（束）	4000.00	0.0350	140.00
坝上北仓草（束）	750.00	0.0350	26.25
峪口张家庄马房仓草（束）	4520.00	0.0350	158.20
里牛房仓草不（束）	5000.00	0.0350	175.00
安仁坊草场草（束）	14000.00	0.0350	490.00
西城坊草场草（束）	7500.00	0.0350	262.50

项目	现额	折银标准	折银（两）
北新场草（束）	14000.00	0.0350	490.00
司苑局草（束）	10272.00	0.0350	359.52
外象房仓草（束）	14500.00	0.0350	507.50
延庆卫仓草（束）	6000.00	0.0350	210.00
居庸仓草（束）	60000.00	0.0350	2100.00
巩华城仓草（束）	20000.00	0.0350	700.00
涿州草场草（束）	7500.00	0.0350	262.50
良乡县草场草（束）	1500.00	0.0350	52.50
太仓银库草（束）	291720.00		
内良乡县轻则草（束）	5415.00	0.0150	81.23
余（束）	286305.00	0.0350	10020.68
宣府在城草场草（束）	60000.00	0.0700	4200.00
每草银1两外加脚价银（两）	0.20		4825.48
以上共起运草（束）	598162.00		28952.85
存留草（束）	1360682.00	0.0403	54835.48
人户（户）	101134.00		
人口（口）	706861.00		
户口盐钞银（两）	3919.93	1.0000	**3919.93**
起运银（两）	1959.96	1.0000	1959.96
存留银（两）	1959.96	1.0000	1959.96
遇闰共加银（两）	326.66	1.0000	326.66

保定府[1]

项目	现额	折银标准	折银（两）
田土官民（亩）	9709550.80		
夏税			
麦（石）	18793.82		**22608.54**
起运			
延庆州龙门广盈仓并独石等仓小麦（石）	1350.00		
本色（石）	405.00	1.9000	769.50
折色（石）	945.00	1.2000	1134.00
陆矾仓小麦（石）	3440.00	1.2000	4128.00
派剩小麦（石）（解太仓银库）	360.00	1.0000	360.00
以上共起运麦（石）	5150.00		6391.50
存留麦（石）	13643.82	1.1886	16217.04
人丁丝折绢（匹）	2796.00		**1971.52**
起运京库绢（匹）	1156.00	0.7000	809.20
蓟州库绢（匹）	693.00	0.7000	485.10
涿州库绢（匹）	100.00	0.8000	80.00
存留绢（匹）	847.00	0.7051	597.22
农桑丝折绢（匹）	1611.00	0.7000	**1127.70**
本色丝（两）（起运京库）	3585.12	0.0800	**286.81**

[1] 原书缺54—59页，依据谭其骧《中国历史地图集》第七册《京师（北直隶）》，缺雄县、安州、高阳县、祁州、深泽县、束鹿县六州县数据，第44—45页。

秋粮			
米（石）	42980.30		55487.18
起运			
宣府宣德等仓米（石）	8000.00		
本色（石）	2400.00	1.9000	4560.00
折色（石）	5600.00	1.2000	6720.00
怀米广阜仓米（石）	3000.00		
本色（石）	900.00	1.9000	1710.00
折色（石）	2100.00	1.2000	2520.00
延庆州独石广积仓米（石）	5000.00		
本色（石）	1500.00	1.9000	2850.00
折色（石）	3500.00	1.2000	4200.00
宣府新开口等堡仓米（石）	2020.00		
本色（石）	606.00	1.9000	1151.40
折色（石）	1414.00	1.2000	1696.80
浮图峪口仓米（石）	471.30	1.2000	565.56
陆矾仓米（石）	11688.70	1.2000	14026.44
供用库本色芝麻（石）	530.00	1.3000	689.00
以上共起运米（石）	30710.00		40689.20
存留米（石）	12270.30	1.2060	14797.98
地亩棉花绒（斤）（起运京库）	9574.54	0.0700	**670.22**
枣株课米（石）（存留）	16.29	1.2060	**19.65**
马草（束）	1117520.00		**49671.17**
起运			
御马仓草（束）	40000.00	0.0650	2600.00
天师庵外草场（束）	40000.00	0.0600	2400.00
酒醋面局草（束）	11000.00	0.0600	660.00
中府外草场（束）	40000.00	0.0500	2000.00
牺牲所草（包）	21910.00	0.0500	1095.50
外象房仓草（束）	13200.00	0.0460	607.20
峪口杨家桥马房仓草（束）	4345.00	0.0380	165.11
湖渠马房仓草（束）	3000.00	0.0330	99.00
外牛房仓草（束）	6395.00	0.0400	255.80
坝上仓草（束）	3400.00	0.0400	136.00
坝上南仓草（束）	1146.00	0.0400	45.84
北高仓草（束）	8400.00	0.0400	336.00
坝上北仓草（束）	700.00	0.0400	28.00
台基厂仓草（束）	24200.00	0.0400	968.00
明智坊草场草（束）	24200.00	0.0400	968.00
安仁坊草场草（束）	15000.00	0.0400	600.00
西城坊草场草（束）	12500.00	0.0400	500.00
北新草场草（束）	18000.00	0.0400	720.00
宣府在城草场草（束）	60000.00	0.0700	4200.00

项目	现额	折银标准	折银（两）
每银1两外加脚价银（两）	0.20		3676.89
延庆卫仓草（束）	20000.00	0.0700	1400.00
居庸仓草（束）	80000.00	0.0350	2800.00
巩华城仓草（束）	30000.00	0.0380	1140.00
倒马关新兴仓草	24140.00	0.0150	362.10
良乡县草场草（束）	3000.00	0.0350	105.00
易州镇草（束）	84857.00	0.0350	2970.00
太仓银库草（束）	471946.00	0.0350	16518.11
以上共起运草（束包）	1061340.00		47356.55
存留草（束）	56180.00	0.0412	2314.62
人户（户）	45713.00		
人口（口）	525083.00		
户口盐钞银（两）	1611.17	1.0000	1611.17
起运银（两）	900.46	1.0000	900.46
存留银（两）	710.70	1.0000	710.70
遇闰共加银（两）	134.24	1.0000	134.24

河间府

项目	现额	折银标准	折银（两）
田土官民（亩）	8287219.80		
夏税			
小麦（石）	19718.23		20331.79
起运			
御马仓大麦（石）	600.00	1.2000	360.00
豌豆（石）（准小麦抵斗）	1000.00	1.2000	1200.00
酒醋面局小麦（石）	250.00	1.0000	250.00
光禄寺小麦（石）	2170.00		
本色（石）	868.00	1.0000	868.00
折色（石）	1302.00	1.0000	1302.00
永宁县仓并四海冶堡仓小麦（石）	500.00	1.2000	600.00
保安州宣德并赵州葛峪堡仓小麦（石）	1075.00	1.2000	1290.00
延庆州龙门广盈仓并独石等仓小麦（石）	1500.00	1.2000	1800.00
山海仓小麦（石）	735.00	0.8000	588.00
涿州常盈库仓小麦（石）	500.00		
本色（石）	250.00	0.7000	175.00
折色（石）	250.00	0.7000	175.00
黄花镇仓棉布（匹）	300.00	0.3000	90.00
派剩各马房仓小麦（石）（解太仓银库）	1503.00	1.0000	1503.00
以上共起运麦（石）	9893.00		10201.00
存留麦（石）	9825.23	1.0311	10130.79
人丁丝折绢（匹）	5046.00		3613.83
起运蓟州库绢（匹）	400.00	0.8000	320.00
起运涿州库绢（匹）	400.00	0.8000	320.00
京库绢（匹）	2602.00	0.7000	1821.40

保定府库绢(匹)	1500.00	0.7000	1050.00
存留绢（匹）	143.00	0.7163	102.43
农桑丝折绢（匹）（存留）	889.00	0.7000	**622.30**
秋粮			
米（石）	46087.07		50161.34
起运			
京库棉花绒（斤）	30000.00	0.1000	3000.00
供用库芝麻（石）	350.00	2.0000	700.00
京仓收外鹅房蜀黍（石）	116.00	0.8000	46.40
光禄寺芝麻（石）	600.00		
本色（石）	120.00	1.3500	162.00
折色（石）	480.00	1.3500	648.00
北高仓黑豆（石）	673.04	0.8000	538.43
喜峰口仓米（石）	1620.00		
本色（石）	810.00	0.9000	729.00
折色（石）	810.00	0.9000	729.00
山海仓粟米（石）	700.00		
本色（石）	350.00	0.8000	280.00
折色（石）	350.00	0.8000	280.00
喜峰口仓黑豆（石）	500.00		
本色（石）	250.00	0.8000	200.00
折色（石）	250.00	0.8000	200.00
军储仓粟米（石）	500.00		
本色（石）	250.00	0.8000	200.00
折色（石）	250.00	0.8000	200.00
唐县新兴仓粟米（石）	1000.00		
本色（石）	500.00	0.8000	400.00
折色（石）	500.00	0.8000	400.00
宣府宣德等三仓粟米（石）	8000.00		
本色（石）	2400.00	1.4000	3360.00
折色（石）	5600.00	1.2000	6720.00
新开口等堡仓粟米（石）	1000.00		
本色（石）	300.00	1.4000	420.00
折色（石）	700.00	1.2000	840.00
新开口等堡仓黑豆（石）	4041.00		
本色（石）	1212.30	1.4000	1697.22
折色（石）	2828.70	1.2000	3394.44
派剩内拨易州镇米（石）	473.01	0.6000	283.81
派剩米（石）	2234.95		
内改拨光禄寺米（石）	1687.99	0.7000	1181.59
余米（石）	546.96	0.6000	328.18
以上共起运米（石）	24750.00		26938.07
存留米（石）	21337.07	1.0884	23223.27

项目	现额	折银标准	折银（两）
地亩棉花绒（斤）（起运京库）	4647.84	0.0700	325.35
枣株课米（石）（存留）	37.53	1.0884	40.85
马草（束）	670863.00		30245.06
起运			
御马仓内场草（束）	27000.00	0.0700	1890.00
中府外场草（束）	27000.00	0.0350	945.00
天师庵外场草（束）	27000.00	0.0350	945.00
坝上仓草（束）	5400.00	0.0350	189.00
湖渠马房仓草（束）	4000.00	0.0350	140.00
坝上北仓草（束）	700.00	0.0350	24.50
北草场仓草（束）	10000.00	0.0350	350.00
台基厂草场草（束）	24200.00	0.0350	847.00
明智坊草场草（束）	24200.00	0.0350	847.00
安仁坊草场草（束）	17000.00	0.0350	595.00
西城坊草场草（束）	13500.00	0.0350	472.50
北新草场草（束）	15200.00	0.0350	532.00
酒醋面局草（束）	11000.00	0.0350	385.00
外象房仓草（束）	11110.00	0.0350	388.85
延庆卫仓草（束）	10000.00	0.0460	460.00
巩华城仓草（束）	49060.00	0.0350	1717.10
宣府在城草场草（束）	70000.00	0.0700	4900.00
每银1两外加脚价银（两）	0.20		3125.59
太仓银库草（束）	299630.00	0.0350	10487.05
以上共起运草（束包）	646000.00		29240.59
存留草（束）	24863.00	0.0404	1004.47
人户（户）	45024.00		
人口（口）	419152.00		
户口盐钞银（两）	2361.35	1.0000	2361.35
起运银（两）	507.22	1.0000	507.22
存留银（两）	1854.12	1.0000	1854.12
遇闰共加银（两）	196.78	1.0000	196.78
真定府			
项目	现额	折银标准	折银（两）
田土官民（亩）	10267506.00		
夏税			
麦（石）	34733.49		35431.30
起运			
紫荆关新城仓麦（石）	3372.90	1.2000	4047.48
浮图峪口仓麦（石）	2378.60	1.2000	2854.32
唐县新兴仓麦（石）	3530.30	1.2000	4236.36
阜平县仓麦（石）	1257.00	1.2000	1508.40
万全广积仓麦（石）	730.00		
本色（石）	219.00	1.2000	262.80

折色（石）	511.00	1.2000	613.20
延庆州龙门广盈等仓麦（石）	1040.00		
本色（石）	312.00	1.2000	374.40
折色（石）	728.00	1.2000	873.60
保安州宣德等仓麦（石）	3500.00		
本色（石）	1050.00	1.2000	1260.00
折色（石）	2450.00	1.2000	2940.00
永平府库阔白棉布（匹）	1600.00	0.3000	480.00
派剩麦（石）（解太仓银库）	991.20	1.0000	991.20
以上共起运麦（石）	18720.00		20441.76
存留麦（石）	16013.49	0.9231	14782.05
外有深州安平饶阳三州县屯军麦（石）	224.77	0.9231	207.49
人丁丝折绢（匹）	8548.00		**6038.10**
起运			
京库绢（匹）	7598.00	0.7000	5318.60
涿州库绢（匹）	500.00	0.8000	400.00
存留绢（匹）	450.00	0.7100	319.50
农桑丝折绢（匹）	7000.00		**4902.28**
起运京库绢（匹）（起运）	6632.00	0.7000	4642.40
存留绢（匹）	368.00	0.7062	259.88
秋粮			
米（石）	82349.27		**87933.52**
起运			
供用库芝麻（石）	820.00	1.2000	984.00
浮图峪口仓米（石）	5469.70	1.2000	6563.64
阜平县仓米（石）	4103.40	1.2000	4924.08
陆矾仓米（石）	1312.50	1.2000	1575.00
唐县新兴仓米（石）	11492.50	1.2000	13791.00
紫荆关新城仓米（石）	6220.36	1.2000	7464.43
宣府在城宣德等仓米（石）（系太仓改拨之数）	5000.00		
本色（石）	1500.00	1.0000	1500.00
折色（石）	3500.00	1.0000	3500.00
延庆州广积仓米（石）	7000.00		
本色（石）	2100.00	1.0000	2100.00
折色（石）	4900.00	1.0000	4900.00
龙门广盈仓米（石）	4000.00		
本色（石）	1200.00	1.0000	1200.00
折色（石）	2800.00	1.0000	2800.00
以上共起运米（石）	45418.46		51302.15
存留米（石）	36930.81	0.9780	36118.33
外有深州安平饶阳三州县屯军米（石）	524.58	0.9780	513.04
地亩棉花绒（斤）（起运）	35033.09	0.0700	**2452.32**
马草（束包）	1374157.00		**61855.94**

起运			
御马仓内场草（束）	35000.00	0.0650	2275.00
天师庵外场草（束）	35000.00	0.0600	2100.00
中府外场草（束）	35000.00	0.0550	1925.00
酒醋面局草（束）	11000.00	0.0600	660.00
供用库草（束）	12970.00	0.0340	440.98
司苑局草（束）	15000.00	0.0420	630.00
坝上仓东坝上等马房仓草（束）	18500.00	0.0400	740.00
黄土等五马房仓草（束）	28654.00	0.0380	1088.85
外牛房仓草（束）	9000.00	0.0450	405.00
内象房仓草（束）	7790.00	0.0450	350.55
外象房仓草（束）	37000.00	0.0460	1702.00
牺牲所草（包）	21920.00	0.0500	1096.00
台基厂等五草场草（束）	80900.00	0.0400	3236.00
延庆卫仓草（束）	10000.00	0.0460	460.00
居庸仓草（束）	80000.00	0.0350	2800.00
良乡县草场草（束）	3000.00	0.0350	105.00
紫荆关新城仓草（束）	360.00	0.0150	5.40
倒马关新兴仓草（束）	25000.00	0.0150	375.00
插箭岭军储仓草（束）	9360.00	0.0150	140.40
宣府在城草场草（束）	100000.00	0.0700	7000.00
每银一两外加脚价银（两）	0.20		5507.04
太仓银库草（束）	718071.00	0.0350	25132.49
以上共起运草（束包）	1293526.00		58174.71
存留草（束）	80631.00	0.0407	3281.68
外有深州安平饶阳三州县屯军草（束）	9817.00	0.0407	399.55
人户（户）	74738.00		
人口（口）	1093531.00		
户口盐钞银（两）	2477.36	1.0000	2477.36
起运银（两）	1238.68	1.0000	1238.68
存留银（两）	1238.68	1.0000	1238.68
遇闰共加银（两）	206.44	1.0000	206.44
顺德府			
项目	现额	折银标准	折银（两）
田土官民（亩）	1420404.80		
夏税			
麦（石）	12537.80		12039.56
起运			
御马仓大麦（石）	500.00	1.1000	275.00
豌豆（石）（准小麦抵斗）	400.00	1.1000	440.00
光禄寺小麦（石）	2600.00		
本色（石）	1040.00	1.0000	1040.00
折色（石）	1560.00	1.0000	1560.00

大麦（石）	200.00	1.0000	100.00
豌豆（石）（准小麦抵斗）	75.00	1.0500	78.75
酒醋面局小麦（石）	550.00	1.1000	605.00
山海仓小麦（石）	520.00	0.8000	416.00
黄花镇棉布（匹）	300.00	0.3000	90.00
宣府宣德等仓小麦（石）	3400.00	1.2000	4080.00
龙门广盈等仓小麦（石）	820.00	1.2000	984.00
万全万亿库阔白棉布（匹）	400.00	0.3000	120.00
涿州常盈仓小麦（石）	500.00	0.7000	350.00
真定府阔白棉布（匹）	600.00	0.3000	180.00
派剩小麦（石）（解太仓银库）	705.00	1.0000	705.00
以上共起运麦（石）	11480.00		11023.75
存留麦（石）	1057.80	0.9603	1015.81
人丁丝折绢（匹）（起运京库）	**1548.00**	**0.7000**	**1083.60**
农桑丝折绢（匹）（起运京库）	**351.00**	**0.7000**	**245.70**
秋粮			
米（石）	30461.07		**28865.83**
起运			
光禄寺芝麻(石)	400.00		
本色（石）	80.00	1.3500	108.00
折色（石）	320.00	1.3500	432.00
绿豆(石)	1000.00	1.2000	1200.00
蜀秫(石)	750.00	1.0000	375.00
供用库芝麻(石)	450.00	1.2500	562.50
司苑局黑豆(石)	450.00	0.6500	292.50
京库棉花绒(斤)	350.00	0.0600	21.00
南石渠西仓黑豆(石)	293.31	0.6000	175.99
山海仓粟米(石)	1800.00	0.8000	1440.00
镇边城新城仓粟米(石)	800.00	0.8000	640.00
浮图峪口仓粟米(石)	1659.00	0.9000	1493.10
真定府库阔白棉布(匹)	1200.00	0.3000	360.00
宣府宣德等仓粟米(石)	7000.00		
内（石）	5000.00	1.2000	6000.00
内太仓改拨(石)	2000.00	1.0000	2000.00
新开口等堡仓粟米(石)	2200.00	1.2000	2640.00
黑豆(石)	2959.00	1.2000	3550.80
派剩米(石)	4313.69		
内拨解易州镇(石)（解太仓银库）	2137.67	0.6000	1282.60
内改拨光禄寺(石)（解太仓银库）	1912.01	0.7000	1338.41
余(石)（解太仓银库）	264.01	0.6000	158.41
以上共起运米(石)	24935.00		24070.31
存留米(石)	5526.07	0.8678	4795.52
地亩棉花绒(斤)（起运京库）	**5005.25**	**0.0700**	**350.37**

项目	现额	折银标准	折银（两）
枣株课米(石)（存留）	12.98	0.8678	11.26
马草(束)	545481.00		23092.16
起运			
御马仓内场草(束)	27000.00	0.0300	810.00
中府外场草(束)	27000.00	0.0300	810.00
天师庵外场草(束)	27000.00	0.0300	810.00
外象房仓草(束)	9400.00	0.0300	282.00
坝上仓草(束)	4100.00	0.0300	123.00
坝上东马房仓草(束)	1076.00	0.0300	32.28
义河仓草(束)	12252.00	0.0300	367.56
北高仓草(束)	2768.00	0.0300	83.04
湖渠马房仓草(束)	3000.00	0.0300	90.00
汗石桥南仓草(束)	4644.00	0.0300	139.32
坝上北仓草(束)	700.00	0.0300	21.00
安仁坊草场草(束)	10000.00	0.0300	300.00
西城坊草场草(束)	9000.00	0.0300	270.00
北新草场草(束)	14000.00	0.0300	420.00
居庸仓草(束)	49960.00	0.0350	1748.60
宣府在城草场草(束)	70000.00	0.0700	4900.00
每银1两，外加脚价银(两)	0.20		2241.36
太仓银库草(束)	252098.00	0.0350	8823.43
以上共起运草(束)（俱解太仓银库）	524000.00		22271.59
存留草(束)	21481.00	0.0382	820.57
人户(户)	27633.00		
人口(口)	281957.00		
户口盐钞银(两)	722.82		722.82
遇闰加银(两)	60.29		60.29
广平府			
项目	现额	折银标准	折银（两）
田土官民（亩）	2023838.50		
夏税			
小麦(石)	17842.45		11220.65
起运			
御马仓大麦(石)	700.00	0.7000	245.00
国子监小麦(石)	200.00	0.7000	140.00
酒醋面局小麦(石)	410.00	1.2000	492.00
光禄寺小麦(石)	652.00	1.0000	652.00
大麦(石)	100.00	1.0000	50.00
豌豆(石)	75.00	1.0500	78.75
山海仓小麦(石)	150.00	0.8000	120.00
延庆州龙门广盈独石等仓小麦(石)	1600.00	1.2000	1920.00
保安州宣德等仓小麦(石)	2750.00	1.2000	3300.00
柴沟堡仓并西阳河堡仓小麦(石)	200.00	1.2000	240.00

保定府库阔白棉布(匹)	4300.00		
内解部转发蓟镇(匹)	2671.00	0.3000	801.30
内解保定府库(匹)	1629.00	0.3000	488.70
永平府库阔白棉布(匹)	2700.00	0.3000	810.00
派剩各马房仓小麦(石)（解太仓银库）	346.00	1.0000	346.00
以上共起运麦(石)	15183.00		9683.75
存留麦(石)	2659.45	0.5779	1536.90
人丁丝折绢(匹)	2899.00		**2069.30**
起运密云库绢(匹)	400.00	0.8000	320.00
京库绢(匹)	2499.00	0.7000	1749.30
农桑丝折绢(匹)（起运京库）	654.00	0.7000	**457.80**
秋粮			
米(石)	41479.65		**37847.56**
起运			
供用库芝麻(石)	350.00	1.3000	455.00
神乐观黄豆(石)	346.12	0.7500	259.59
光禄寺芝麻(石)	400.00	1.3500	540.00
镇边城新城仓粟米(石)	1000.00	0.8000	800.00
保定府库阔白棉布(匹)	8000.00	0.3000	2400.00
宣府在城宣德等三名仓粟米(石)	4000.00	1.2000	4800.00
洗马林堡仓并新河口堡仓粟米(石)	5000.00	1.2000	6000.00
永宁仓粟米(石)	5000.00	1.2000	6000.00
新开口等堡仓粟米(石)	1300.00	1.2000	1560.00
黑豆(石)	1000.00	1.2000	1200.00
龙门仓粟米(石)	5000.00	1.2000	6000.00
派剩米(石)	1703.87		
内解易州镇(石)	1103.87	0.6000	662.32
内拨光禄寺米(石)（解太仓银库）	600.00	0.7000	420.00
以上共起运米(石)	33100.00		31096.91
存留米(石)	8379.65	0.8056	6750.65
地亩棉花绒(斤)(起运京库)	14584.99	0.0700	**1020.95**
马草(束)	794093.00		**35571.12**
起运			
御马仓内场草(束)	32000.00	0.0750	2400.00
中府外场草(束)	32000.00	0.0580	1856.00
天师庵外场草(束)	32000.00	0.0580	1856.00
坝上仓草(束)	2080.00	0.0480	99.84
坝上北仓草(束)	700.00	0.0480	33.60
湖渠仓草(束)	4436.00	0.0340	150.82
里牛房仓草(束)	10550.00	0.0340	358.70
外象房仓草(束)	10000.00	0.0340	340.00
台基草场草(束)	20700.00	0.0290	600.30
明智坊草场草(束)	20700.00	0.0290	600.30

项目	现额	折银标准	折银（两）
安仁坊草场草(束)	15000.00	0.0290	435.00
西城坊草场草(束)	17000.00	0.0290	493.00
北新草场草(束)	14000.00	0.0290	406.00
宣府在城草场草(束)	70000.00	0.0700	4900.00
每银一两外加脚价银(两)	0.20		2905.91
太仓银库草(束)	482833.00	0.0350	16899.16
以上共起运草(束)	764000.00		34334.63
存留草(束)	30093.00		
内除内官监草(束)	266.00	0.0400	10.64
实存留草(束)	29826.00	0.0411	1225.85
人户(户)	31420.00		
人口(口)	264898.00		
户口盐钞银(两) （起运）	1335.70	1.0000	1335.70
遇闰加银(两) （起运）	111.30	1.0000	111.30

大名府

项目	现额	折银标准	折银（两）
田土官民（亩）	5619660.80		
夏税			
小麦(石)	44096.35		40232.06
起运			
御马仓豌豆(石)（准小麦抵斗）	1000.00	0.8000	800.00
大麦(石)	800.00	0.5000	400.00
内象房仓大麦(石)	565.00	0.5000	282.50
外象房仓大麦(石)	1400.00	0.5000	700.00
光禄寺小麦(石)	6220.00		
本色（石）	2488.00	1.0000	2488.00
折色（石）	3732.00	1.0000	3732.00
太常寺小麦(石)	100.00	1.0000	100.00
酒醋面局小麦(石)	1090.00	1.0000	1090.00
宣府宣德等仓小麦(石)	2300.00	1.2000	2760.00
龙门广盈等仓小麦(石)	5800.00	1.2000	6960.00
洗马林堡并新开口等堡仓小麦(石)	1300.00	1.2000	1560.00
万全万亿库阔白棉布(匹)	1300.00	0.3000	390.00
山海仓小麦(石)	798.70	0.8000	638.96
横岭口仓棉布(匹)	204.00	0.3000	61.20
镇边城新城仓棉布(匹)	199.00	0.3000	59.70
黄花镇仓棉布(匹)	216.00	0.3000	64.80
良乡丰济仓小麦(石)	500.00	0.7000	350.00
涿州常盈仓小麦(石)	500.00	0.7000	350.00
保定广盈左右二仓小麦(石)	1500.00		
本色（石）	750.00	0.8000	600.00
折色（石）	750.00	0.7000	525.00
定州永丰仓小麦(石)	688.00	0.7000	481.60

真定府阔白棉布(匹)	1600.00	0.3000	480.00
派剩各马房仓小麦(石)（解太仓银库）	6440.70	1.0000	6440.70
以上共起运麦(石)	33842.70		31314.46
存留麦(石)	10253.65	0.8697	8917.60
人丁丝折绢(匹)（起运京库）	6893.00	0.7000	**4825.10**
农桑丝折绢(匹)（起运京库）	810.00	0.7000	**567.00**
钞(锭)	1.00		
秋粮			
米(石)	103080.72		106981.05
起运			
光禄寺白芝麻(石)	260.00	1.7500	455.00
芝麻(石)	600.00		
本色(石)	120.00	1.4000	168.00
折色(石)	480.00	1.3500	648.00
黄豆(石)	1600.00	1.0000	1600.00
绿豆(石)	1000.00	1.2000	1200.00
黑豆(石)	1250.00	0.7000	875.00
供用库芝麻(石)	700.00	1.8000	1260.00
绿豆(石)	1103.10	1.0000	1103.10
黄豆(石)	154.93	1.0000	154.93
御马仓绿豆(石)	330.00	1.0000	330.00
黑豆(石)	1032.00	0.7000	722.40
里牛房仓黑豆(石)	624.25	0.7000	436.98
外牛房仓黑豆(石)	692.79	0.7000	484.95
峪口杨家桥马房仓黑豆(石)	158.36	0.7000	110.85
北草场仓黑豆(石)	420.00	0.7000	294.00
牺牲所黄豆(石)	85.26	0.9000	76.73
酒醋面局黑豆(石)	1800.00	0.8000	1440.00
绿豆(石)	700.00	1.2000	840.00
宣府宣德等三仓粟米(石)	28000.00	1.2000	33600.00
保安州葛峪堡等仓粟米(石)	4000.00	1.2000	4800.00
永宁县永宁仓粟米(石)	2000.00	1.2000	2400.00
延庆州独石广积仓粟米(石)	8000.00	1.2000	9600.00
新开口等堡仓粟米(石)	5500.00	1.2000	6600.00
黑豆(石)	2000.00	1.2000	2400.00
宣府等二十一卫所官旗折俸布(匹)	2000.00	0.3000	600.00
浮图峪口仓粟米(石)	1400.00		
本色（石）	700.00	0.8000	560.00
折色（石）	700.00	0.9000	630.00
军储仓粟米(石)	500.00	0.8000	400.00
唐县库棉花绒(斤)	1499.00	0.0700	104.93
喜峰口仓黑豆(石)	500.00	0.8000	400.00
古北口仓粟米(石)	4000.00	1.0000	4000.00

渤海所仓粟米(石)	2000.00	1.0000	2000.00
黄花镇仓粟米(石)	1465.00		
本色（石）	732.50	0.9000	659.25
折色（石）	732.50	1.0000	732.50
河间府仓粟米(石)	9000.00	1.0000	9000.00
真定府库阔白棉布(匹)	900.00	0.3000	270.00
派剩改拨易州镇粟米(石)	2001.93	0.6000	1201.16
派剩米(石)	4422.47		
内改拨光禄寺米(石)（解太仓银库）	1800.00	0.7000	1260.00
内米(石)（解太仓银库）	2622.47	0.6000	1573.48
以上共起运米(石)	90350.00		94991.26
存留米(石)	12730.72	0.9418	11989.79
地亩棉花绒(斤)（起运）	25125.42	0.0700	**1758.78**
枣株课米(石)（存留）	2111.52	0.9418	**1988.63**
马草(束)	1869838.00		**69735.38**
起运			
御马仓内场草(束)	35000.00	0.0340	1190.00
中府外场草(束)	35000.00	0.0340	1190.00
天师庵外场草(束)	35000.00	0.0340	1190.00
外象房仓草(束)	38000.00	0.0300	1140.00
里牛房仓草(束)	10000.00	0.0300	300.00
坝上仓草(束)	5500.00	0.0300	165.00
义河仓草(束)	12400.00	0.0300	372.00
湖渠马房仓草(束)	3000.00	0.0300	90.00
坝上北仓草(束)	700.00	0.0300	21.00
汗石桥仓草(束)	10690.00	0.0300	320.70
郑家庄马房仓草(束)	10799.00	0.0300	323.97
北草场仓草(束)	8267.00	0.0300	248.01
牺牲所草(包)	21917.00	0.0200	438.34
供用库草(束)	12000.00	0.0390	468.00
酒醋面局草(束)	11000.00	0.0400	440.00
北新草场草(束)	18300.00	0.0300	549.00
安仁坊草场草(束)	15000.00	0.0300	450.00
台基草场草(束)	24200.00	0.0300	726.00
西城坊草场草(束)	16000.00	0.0280	448.00
明智坊草场草(束)	24200.00	0.0280	677.60
司苑局草(束)	15000.00	0.0350	525.00
宣府在城草场草(束)	70000.00	0.0700	4900.00
每银1两，外加脚价银(两)	0.20		3234.52
延庆卫草(束)	13940.00	0.0350	487.90
太仓银库草(束)	1418867.00	0.0350	49660.35
以上共起运草(束包)	1864782.00		69555.39
存留草(束)	5056.00	0.0356	179.99

项目	现额	折银标准	折银（两）
人户(户)	71180.00		
人口(口)	692058.00		
户口盐钞银(两)（起运）	3610.15	1.0000	3610.15
遇闰加银(两)（起运）	381.41	1.0000	381.41
本府盐钞银(两)（起运）	1.00	1.0000	1.00
遇闰加银(两)（起运）	0.10	1.0000	0.10
永平府			
项目	现额	折银标准	折银（两）
田土官民（亩）	1833946.50		
夏税			
麦（石）	9996.19		8806.64
起运太常寺小麦（石）	50.00	0.8810	44.05
存留麦（石）	9946.19	0.8810	8762.59
人丁丝折绢（匹）	2050.00		1451.81
起运京库绢（匹）	174.00	0.7082	123.23
存留绢（匹）	1876.00	0.7082	1328.58
农桑丝折绢（匹）（存留）	243.00	0.7000	170.10
秋粮			
米（石）（存留）	23353.11	0.9595	22407.31
地亩棉花绒（斤）（起运辽东库）	345.83	0.0710	24.55
马草（束）	303742.00		11906.69
起运草（束）	1820.00	0.0392	71.34
存留草（束）	301922.00	0.0392	11835.34
人户（户）	25094.00		
人口（口）	255646.00		
户口盐钞银（两）	925.01		925.01
起运银（两）（辽东广宁库）	911.16		911.16
存留银（两）	13.85		13.85
遇闰共加银（两）	82.08		82.08
延庆州			
项目	现额	折银标准	折银（两）
田土官民（亩）	105942.40		
夏税			
小麦(石)	1713.75	0.8810	1509.81
秋粮			
米(石)	3937.04	0.9595	3777.59
马草（束）	73441.00	0.0392	2878.89
人户（户）	2755.00		
人口(口)	19267.00		
户口盐钞银(两)（存留）	60.87		60.87
保安州			
项目	现额	折银标准	折银（两）
田土官民（亩）	30472.70		

夏税			
小麦(石)	408.29	0.8810	359.70
秋粮			
米(石)	1053.26	0.9595	1010.60
马草(束)（存留）	18699.00	0.0392	733.00
人户(户)	772.00		
人口(口)	6445.00		

丙表 15　　　　　　南直隶田赋折银明细(万历六年各府册报数)

应天府			
项目	现额	折银标准	折银（两）
田土官民（亩）	6940514.00		
夏税			
小麦（石）	11654.76		5928.48
起运			
光禄寺小麦(石)	408.00	1.0000	408.00
南京光禄寺小麦(石)	161.00	1.0000	161.00
麦稳(石)	13.20	0.1000	1.32
南京孝陵神宫监小麦(石)	45.00	0.5076	22.84
南京酒醋面局小麦(石)	500.00	0.8100	405.00
麦稳(石)	150.00	0.0810	12.15
南京各卫仓小麦(石)	6000.00	0.4000	2400.00
派剩小麦(石)（解太仓银库）	449.68	1.0000	449.68
以上共起运麦(石)	7580.00		3859.99
存留麦(石)	4074.76	0.5076	2068.49
丝绵折绢(匹)（起运南京库）	1214.00		849.80
本色（匹）	607.00	0.7000	424.90
折色（匹）	607.00	0.7000	424.90
农桑丝折绢(匹)（起运南京库）	143.00		100.10
本色（匹）	71.50	0.7000	50.05
折色（匹）	71.50	0.7000	50.05
秋粮			
米(石)	215159.84		132985.05
起运			
南京孝陵神宫监芝麻(石)	20.00	1.4000	28.00
白熟糯米(石)	50.00	1.3000	65.00
黄豆(石)	200.00	0.5300	106.00
稻谷(石)	400.00	0.6164	123.29
绿豆(石)	60.00	0.7100	42.60
南京酒醋面局绿豆(石)	30.00	0.7100	21.30
稻皮(石)	200.00	0.6164	6.16
南京供用库黑豆(石)	130.00	0.4400	57.20
黄豆(石)	20.00	0.5300	10.60

项目	现额	折银标准	折银（两）
南京牺牲所黄豆(石)	200.00	0.5300	106.00
南京光禄寺芝麻(石)	60.00	1.3000	78.00
稻谷(石)	330.00	0.6164	101.71
黄豆(石)	432.40	0.5300	229.17
南京各卫仓米(石)	11855.00	0.7000	8298.50
黑豆(石)	2691.00	0.4600	1237.86
南京长安四门仓米(石)	6000.00	0.6164	3698.59
漕运兑军米(石)	100000.00	0.6164	61643.23
淮安仓改兑米(石)	28000.00	0.6164	17260.10
派剩改拨淮安府仓米(石)	5000.00	0.6164	3082.16
安庆府仓米(石)	523.00	0.6164	322.39
派剩米(石)	22516.60		
内改拨光禄寺米(石)	3700.00	0.7000	2590.00
内解太仓银库米(石)	18816.60	0.6000	11289.96
以上共起运米(石)	178518.00		110397.84
存留米(石)	36641.84	0.6164	22587.21
马草(包)	376458.00		**10585.03**
起运			
京库草(包)	307900.00	0.0300	9237.00
南京户部定场草(包)	57292.00	0.0180	1031.26
以上共起运草(包)	365192.00		10268.26
存留草(包)	11266.00	0.0281	316.77
人户(户)	143597.00		
人口(口)	790513.00		
户口盐钞银(两)	1857.19	1.0000	1857.19
遇闰加银(两)	158.46	1.0000	158.46

苏州府

项目	现额	折银标准	折银（两）
田土官民（亩）	9295950.50		
夏税			
小麦（石）	53665.43		**19838.17**
起运京库小麦(石)	30000.00		
内改留崇明县小麦(石)	10073.19	0.2500	2518.30
实解京库小麦(石)	19926.80	0.2500	4981.70
镇江府仓小麦(石)	5000.00	0.4000	2000.00
凤阳府仓小麦(石)	5700.00	0.4000	2280.00
南京各卫仓小麦(石)	10000.00	0.4000	4000.00
以上共起运小麦(石)	40626.80		13261.70
存留麦(石)	13038.62	0.3112	6576.47
税丝折绢(匹)(本色)	12555.00	0.7000	**8788.50**
农桑丝折绢(匹)	640.00		**448.00**
本色（匹）	320.00	0.7000	224.00
折色（匹）	320.00	0.7000	224.00

税丝(两)	102478.04	0.0800	**8198.24**
税钞(锭)	4392.00		
秋粮			
米(石)	2038894.74		**1006937.14**
起运			
京库米(石)	764826.88	0.2500	191206.72
兑军米(石)	655000.00	0.6771	443490.27
淮安府仓改兑米(石)	42000.00	0.6771	28437.54
光禄寺白熟粳米(石)	15000.00	0.9754	16094.72
白熟糯米(石)	2500.00	0.9754	2682.45
酒醋面局白熟糯米(石)	3150.00	0.9754	3379.89
供用库白熟糯米(石)	15900.00	0.9754	17060.40
内官监白熟糯米(石)	4250.00	0.9754	4560.17
北京公侯驸马伯并公主岁支禄米(石)	8516.00		
内小麦(石)	218.00	0.4000	87.20
内米(石)	8298.00	0.7000	5808.60
泾府养赡禄白粳米(石)	500.00	1.0730	536.51
汝府养赡禄白粳米(石)	1000.00	1.0730	1073.02
景府养赡禄白粳米(石)	750.00	1.0730	804.76
德府禄米(石)	1000.00		
内糙粳米(石)	716.80	0.9755	699.22
白熟粳米(石)	283.20	0.9755	303.88
府部院寺等衙门并神乐观糙粳米(石)	24491.00		
本色（石）	19592.80	1.0000	19592.80
折色（石）	4898.20	1.0000	4898.20
京库阔白棉布(匹)	190000.00		
内(匹)	50000.00	0.3000	15000.00
余本色(匹)	140000.00	0.3000	42000.00
南京酒醋面局白熟糯米(石)	700.00	0.9754	751.09
南京光禄寺白熟粳米(石)	68.00	0.9754	72.96
次等白熟粳米(石)	6000.00	0.9754	6437.89
白熟糯米(石)	127.00	0.9754	136.27
南京牺牲所绿豆(石)	600.00	0.6800	408.00
南京会同馆次等白粳米(石)	225.00	0.9754	241.42
南京神乐观糙粳米(石)	640.00		
本色（石）	320.00	0.6000	192.00
折色（石）	320.00	0.6000	192.00
南京公侯驸马伯府部院寺俸米(石)	19692.00	0.7000	13784.40
禄米(石)	4000.00	0.7000	2800.00
南京各卫仓米(石)	28757.00	0.6771	19470.92
凤阳府仓米(石)	8000.00	0.6000	4800.00
扬州府仓米(石)	12185.00	0.6000	7311.00
宗人府等衙门派剩米(石)（太仓银库）	35909.03	0.7000	25136.32

项目	现额	折银标准	折银（两）
以上共起运米(石)	1850607.23		879450.61
存留米(石)	188287.50	0.6771	127486.53
马草(包)	538414.00		**14131.52**
起运			
京库草(包)	350000.00	0.0300	10500.00
南京内官监稻草(束)	1000.00	0.0320	32.00
南京户部定场草(包)	160000.00	0.0180	2880.00
以上共起运草(包)	511000.00		13412.00
存留草(包)	27414.00	0.0262	719.52
人户(户)	600755.00		
人口(口)	2011985.00		
户口盐钞银(两)	11197.44		11197.44
起运银(两)	5598.72	1.0000	5598.72
存留银(两)	5598.72	1.0000	5598.72
松江府			
项目	现额	折银标准	折银（两）
田土官民（亩）	4247703.30		
夏税			
大小麦（石）	92260.41		**27436.16**
起运			
京库小麦(石)	60000.00	0.2500	15000.00
凤阳府仓小麦(石)	12700.00	0.4000	5080.00
南京各卫仓小麦(石)	15000.00	0.4000	6000.00
以上共起运麦(石)	87700.00		26080.00
存留麦(石)	4560.41	0.2974	1356.16
丝绵折绢(匹)（存留）	697.00	0.7000	**487.90**
农桑丝折绢(匹)（起运南京库）	179.00		**125.30**
本色（匹）	89.50	0.7000	62.65
折色（匹）	89.50	0.7000	62.65
税钞(锭)（存留）	3267.00		
秋粮			
米(石)	939226.23		**457781.97**
起运			
京库米(石)	274687.26	0.2500	68671.82
光禄寺白熟粳米(石)	13600.00	0.9518	12944.58
白熟糯米(石)	2200.00	0.9518	2093.98
酒醋面局白熟糯米(石)	2100.00	0.9518	1998.80
供用库白熟粳米(石)	17352.04	0.9518	16515.80
北京公侯驸马伯并公主岁支禄米(石)	8535.00		
内小麦(石)	218.00	0.7000	152.60
余米（石）	8317.00	0.7000	5821.90
府部院寺等衙门并神乐观糙粳米(石)	17857.00		
本色（石）	14285.60	1.0000	14285.60

项目	现额	折银标准	折银（两）
折色（石）	3571.40	1.0000	3571.40
两京库阔白三梭棉布(匹)	33000.00	0.7000	23100.00
阔白棉布(匹)	142000.00		
内折色(匹)	42226.00	0.3000	12667.80
内本色(匹)	99774.00	0.3000	29932.20
南京光禄寺次等白粳米(石)	6000.00	0.9518	5710.84
南京会同馆次等白粳米(石)	225.00	0.9518	214.16
南京神乐观糙粳米(石)	489.23	0.6000	293.54
南京公侯驸马伯府部院寺等俸米(石)	12104.29	0.7000	8473.00
禄米(石)	3000.00	0.7000	2100.00
兑军米(石)	203000.00	0.6770	137435.10
淮安仓改兑米(石)	29950.00	0.6770	20276.75
徐州仓米(石)	15000.00	0.6770	10155.30
扬州府仓米(石)	15000.00	0.6000	9000.00
南京各卫仓米(石)	9466.00	0.6770	6408.67
宗人府等衙门派剩米(石)（太仓银库）	26853.38	0.7000	18797.37
以上共起运米(石)	869566.92		410621.21
存留米(石)	69659.31	0.6770	47160.76
马草(包)	316251.00		**8642.70**
起运			
京库草(包)	220000.00	0.0300	6600.00
南京户部定场草(包)	63000.00	0.0180	1134.00
以上共起运草(包)	283000.00		7734.00
存留草(包)	33251.00	0.0273	908.70
人户(户)	218359.00		
人口(口)	484414.00		
户口盐钞银(两)	1907.48		**1907.48**
起运银(两)	774.05	1.0000	774.05
存留银(两)	1133.43	1.0000	1133.43

常州府

项目	现额	折银标准	折银（两）
田土官民（亩）	6425595.10		
夏税			
小麦（石）	154393.38		48257.35
起运京库小麦(石)	90000.00	0.2500	22500.00
凤阳府仓小麦(石)	15500.00	0.4000	6200.00
扬州府仓小麦(石)	4000.00	0.4000	1600.00
淮安府仓小麦(石)（本色）	7000.00	0.4000	2800.00
镇江府仓小麦(石)（本色）	5000.00	0.4000	2000.00
寿州仓小麦(石)（本色，可纳折色）	10000.00	0.4000	4000.00
亳州仓小麦(石)（本色，可纳折色）	10000.00	0.4000	4000.00
南京山川坛籍田祠祭署小麦(石)	160.00	0.4000	64.00
南京各卫仓小麦(石)	10000.00	0.4000	4000.00

以上共起运麦(石)	151660.00		47164.00
存留麦(石)	2733.38	0.4000	1093.35
丝绵折绢(匹)	1573.00	0.7000	1101.10
农桑丝折绢(匹)	324.00	0.7000	226.80
麻布(匹)	2077.00	0.2000	415.40
秋粮			
米(石)	606954.03		290451.86
起运京库米(石)	253934.50	0.2500	63483.63
光禄寺白熟粳米(石)	5400.00	0.7000	4158.00
白熟糯米(石)	800.00	0.7000	616.00
供用库白熟粳米(石)	17200.00	0.7000	13244.00
内官监白熟粳米(石)	1700.00	0.7000	1309.00
白熟粳米(石)	6875.00	0.7000	5293.75
牺牲所糯稻谷(石)	250.00	0.6913	86.41
景府白粳米(石)	750.00	0.7000	577.50
泾府白粳米(石)	500.00	0.7000	385.00
北京公侯驸马伯并公主岁支禄米(石)	7119.00		
内小麦(石)	164.00	0.4000	65.60
内米(石)	6955.00	0.7000	4868.50
府部院寺等衙门米(石)	8230.00		
本色（石）	6584.00	1.0000	6584.00
折色（石）	1646.00	1.0000	1646.00
南京库阔白棉布(匹)	50000.00		
内折色(匹)	10000.00	0.3000	3000.00
内本色(匹)	40000.00	0.3000	12000.00
南京内官监白熟细粳米(石)	44.00	0.7000	33.88
南京光禄寺次等白粳米(石)	5000.00	0.7000	3850.00
南京长安四门仓糙粳米(石)（本色）	4000.00	0.7000	2800.00
南京国子监糙粳米(石)	1000.00	0.7000	700.00
白熟粳米(石)	1000.00	0.7000	770.00
黄豆(石)（本色）	100.00	0.5300	53.00
南京公侯驸马伯府部院寺俸米(石)	11724.70	0.7000	8207.29
禄米(石)	3000.00	0.7000	2100.00
兑军米(石)	175000.00	0.6913	120979.06
扬州府仓米(石)	10000.00	0.6000	6000.00
南京各卫仓米(石)	1649.00	0.7000	1154.30
宗人府等衙门派剩米(石)（太仓银库）	24918.06	0.7000	17442.64
以上共起运米(石)	593871.16		281407.56
存留米(石)	13082.86	0.6913	9044.30
租钞(锭)（存留）	24.00		
马草(包)	714369.00		19557.12
起运京库草(包)	531080.00	0.0300	15932.40
南京供用库细稻草(包)	4320.00	0.0320	138.24

项目	现额	折银标准	折银（两）
南京酒醋面局细稻草(包)	2520.00	0.0325	81.90
南京户部定场草(包)	152080.00	0.0180	2737.44
以上共起运草(包)	690000.00		18889.98
存留草(包)	24369.00	0.0274	667.14
人户(户)	254460.00		
人口(口)	1002779.00		
户口盐钞银(两)	3465.35		**3465.35**
起运	3465.35	1.0000	3465.35

镇江府

项目	现额	折银标准	折银（两）
田土官民（亩）	3381713.80		
夏税			
小麦（石）	54010.91		**54010.91**
起运淮安府小麦(石)	4000.00	1.0000	4000.00
凤阳府小麦(石)	9955.00	1.0000	9955.00
派剩小麦(石)（解太仓银库）	395.00	1.0000	395.00
以上共起运麦(石)	14350.00		14350.00
存留麦(石)	39660.91	1.0000	39660.91
丝绵折绢(匹)（起运京库）	205.00	0.7000	**143.50**
农桑丝折绢(匹)（起运京库）	13.00	0.7000	**9.10**
秋粮			
米(石)	143252.25		**85951.35**
起运			
兑军米(石)	80000.00	0.6000	48000.00
徐州仓改兑米(石)	12000.00	0.6000	7200.00
淮安仓改兑米(石)	10000.00	0.6000	6000.00
扬州府仓米(石)	10000.00	0.6000	6000.00
南京各卫仓米(石)	4925.00	0.6000	2955.00
派剩米(石)（解太仓银库）	75.00	0.6000	45.00
以上共起运米(石)	117000.00		70200.00
存留米(石)	26252.25	0.6000	15751.35
马草(包)	120784.00		**3098.25**
起运			
京库草(包)	71000.00	0.0300	2130.00
南京户部定场草(包)	37000.00	0.0180	666.00
以上共起运草(包)	108000.00		2796.00
存留草(包)	11670.00	0.0259	302.25
人户(户)	69039.00		
人口(口)	165589.00		
户口盐钞银(两)	496.73		**496.73**
起运银(两)	305.05	1.0000	305.05
存留银(两)	191.67	1.0000	191.67

庐州府

项目	现额	折银标准	折银（两）
田土官民（亩）	6838911.00		
夏税			
小麦（石）	9885.13		6123.28
起运			
光禄寺小麦(石)	1390.00	1.0000	1390.00
凤阳府仓小麦(石)	2000.00	0.4000	800.00
扬州府仓小麦(石)	401.00	0.4000	160.40
派剩小麦(石)（解太仓银库）	209.00	1.0000	209.00
以上共起运麦(石)	4000.00		2559.40
存留麦(石)	5885.13	0.6056	3563.88
农桑丝折绢(匹)（起运京库）	687.00	0.7000	480.90
秋粮			
米(石)	67045.52		40227.31
起运			
兑军米(石)	10000.00	0.6000	6000.00
凤阳府仓米(石)	25000.00	0.6000	15000.00
以上共起运米(石)	35000.00		21000.00
存留米(石)	32045.52	0.6000	19227.31
马草(包)	98337.00		2507.59
起运			
京库草(包)	50000.00	0.0300	1500.00
南京户部定场草(包)	30000.00	0.0180	540.00
以上共起运草(包)	80000.00		2040.00
存留草(包)	18337.00	0.0255	467.59
人户(户)	47373.00		
人口(口)	622698.00		
户口盐钞银(两)	1381.46		1381.46
起运银(两)	740.79	1.0000	740.79
存留银(两)	640.67	1.0000	640.67
遇闰共加银(两)	115.17	1.0000	115.17

凤阳府			
项目	现额	折银标准	折银（两）
田土官民（亩）	6019196.70		
夏税			
小麦（石）	99237.75		99237.75
起运			
光禄寺小麦(石)	1680.00	1.0000	1680.00
徐州仓小麦(石)（本色）	10000.00	1.0000	10000.00
本府定仓小麦(石)（本色）	7600.00	1.0000	7600.00
派剩小麦(石)（解太仓银库）	720.00	1.0000	720.00
以上共起运麦(石)	20000.00		20000.00
存留麦(石)	79237.75	1.0000	79237.75

项目	现额	折银标准	折银（两）
税丝折绢(匹)	1380.00	0.7000	966.00
农桑丝折绢(匹)（起运京库）	1035.00	0.7000	724.50
秋粮			
米(石)	113503.02		74880.75
起运兑军米(石)	30000.00	0.6597	19791.74
徐州仓改兑米(石)	30300.00	0.6597	19989.66
以上共起运米(石)	60300.00		39781.40
存留米(石)	53203.02	0.6597	35099.35
马草(包)	234293.00		5808.63
起运京库草(包)	118000.00	0.0300	3540.00
南京户部定场草(包)（本色）	90000.00	0.0180	1620.00
以上共起运草(包)	208000.00		5160.00
存留草(包)	26293.00	0.0248	648.63
人户(户)	111070.00		
人口(口)	1203349.00		
户口盐钞银(两)	4404.06		4404.06
起运银(两)	1868.39	1.0000	1868.39
存留银(两)	2535.67	1.0000	2535.67
遇闰共加银(两)	369.98	1.0000	369.98

淮安府			
项目	现额	折银标准	折银（两）
田土官民（亩）	13082636.80		
夏税			
小麦（石）	228872.29		94522.51
起运			
扬州府仓小麦(石)	1589.00	1.0000	1589.00
南京仓小麦(石)	598.68	0.4000	239.47
本府常盈仓小麦(石)	55600.00	0.4000	22240.00
凤阳府仓小麦(石)	38000.00	0.4000	15200.00
寿州仓小麦(石)	2000.00	0.4000	800.00
亳州仓小麦(石)	1000.00	0.4000	400.00
派剩小麦(石)（解太仓银库）	562.32	1.0000	562.32
以上共起运麦(石)	99350.00		41030.79
存留麦(石)	129522.29	0.4130	53491.72
农桑丝折绢(匹)（起运京库）	1461.00	0.7000	1022.70
秋粮			
米(石)	166423.50		100454.10
起运			
兑军米(石)	25000.00	0.6000	15000.00
徐州仓改兑米(石)	69000.00	0.6000	41400.00
淮安仓改兑米(石)	10150.00	0.6000	6090.00
凤阳府仓米(石)	28000.00	0.6000	16800.00
光禄寺稻谷(石)	2000.00	0.6000	1200.00

项目	现额	折银标准	折银（两）
派剩米(石)（解太仓银库）	525.00	0.6000	315.00
以上共起运米(石)	133675.00		80805.00
存留米(石)	32748.50	0.6000	19649.10
马草(包)	454720.00		**11401.93**
起运			
京库草(包)	237000.00	0.0300	7110.00
南京户部定场草(包)（本色）	165000.00	0.0180	2970.00
以上共起运草(包)	402000.00		10080.00
存留草(包)	52720.00	0.0251	1321.93
人户(户)	109205.00		
人口(口)	906033.00		
户口盐钞银(两)	3981.58		3981.58
起运银(两)	1990.79	1.0000	1990.79
存留银(两)	1990.79	1.0000	1990.79
遇闰共加银(两)	341.09	1.0000	341.09
扬州府			
项目	现额	折银标准	折银（两）
田土官民（亩）	6108499.70		
夏税			
小麦（石）	39925.73		**15970.29**
起运			
淮安府仓小麦(石)（本色）	10000.00	0.4000	4000.00
凤阳府亳州仓小麦(石)	309.00	0.4000	123.60
以上共起运麦(石)	10309.00		4123.60
存留麦(石)	29616.73	0.4000	11846.69
农桑丝折绢(匹)（起运京库）	842.24	0.7000	**589.57**
零丝(两)	47.50	0.0800	**3.80**
秋粮			
米(石)	206327.91		**123796.75**
起运兑军米(石)（本色）	60000.00	0.6000	36000.00
徐州仓改兑米(石)（本色）	37000.00	0.6000	22200.00
凤阳府仓米(石)	54000.00	0.6000	32400.00
本府仓米(石)	100.00	0.6000	60.00
以上共起运米(石)	151100.00		90660.00
存留米(石)	55227.91	0.6000	33136.75
牛租米(石)	2.50	0.6000	**1.50**
租钞(贯)	5408.00		
马草(包)	348465.00		**8965.03**
起运			
京库草(包)	206000.00	0.0300	6180.00
南京光禄寺细稻草(包)	4000.00	0.0320	128.00
南京户部定场草(包)	117080.00	0.0180	2107.44
以上共起运草(包)	327080.00		8415.44

项目	现额	折银标准	折银（两）
存留草(包)	21385.00	0.0257	549.59
人户(户)	147216.00		
人口(口)	817856.00		
户口盐钞银(两)	3094.16		3094.16
起运银(两)	1465.31	1.0000	1465.31
存留银(两)	1628.85	1.0000	1628.85
遇闰共加银(两)	258.64	1.0000	258.64

徽州府

项目	现额	折银标准	折银（两）
田土官民（亩）	2547827.50		
夏税			
小麦（石）	51785.40		14871.81
起运			
京库小麦(石)	22000.00	0.2500	5500.00
南京各卫仓小麦(石)	2300.00	0.4000	920.00
南京阔白苧布(匹)	30000.00	0.2000	6000.00
派剩小麦(石)	600.00	1.0000	600.00
以上共起运麦(石)	45900.00		13020.00
存留麦(石)	5885.40	0.3146	1851.81
人丁丝折绢(匹)（起运南京库）	8779.00		6145.30
内折色(匹)	4389.50	0.7000	3072.65
内本色(匹)	4389.50	0.7000	3072.65
农桑丝折绢(匹)（起运南京库）	15.00		10.50
内折色(匹)	7.50	0.7000	5.25
内本色(匹)	7.50	0.7000	5.25
秋粮			
米(石)	120602.20		51854.18
起运			
京库米(石)	71000.00	0.2500	17750.00
南京各卫仓米(石)	27834.00	0.7000	19483.80
南京供用库芝麻(石)	650.00	1.3000	845.00
安庆府仓米(石)	2300.00	0.5000	1150.00
派剩米(石)	2016.00	0.6000	1209.60
以上共起运米(石)	103800.00		40438.40
存留米(石)	16802.20	0.6794	11415.78
人户(户)	118943.00		
人口(口)	566948.00		
户口盐钞银(两)	785.54	1.0000	785.54
遇闰共加银(两)（起运）	65.35	1.0000	65.35

宁国府

项目	现额	折银标准	折银（两）
田土官民（亩）	3033078.40		
夏税			

项目	现额	折银标准	折银（两）
小麦（石）	29060.54		11624.22
起运			
南京各卫仓小麦(石)	10000.00	0.4000	4000.00
南京国子监小麦(石)	100.00	0.4000	40.00
拨运庐州府仓小麦(石)	10000.00	0.4000	4000.00
凤阳府仓小麦(石)	4000.00	0.4000	1600.00
扬州府仓小麦(石)	4000.00	0.4000	1600.00
以上共起运麦(石)	28100.00		11240.00
存留麦(石)	960.54	0.4000	384.22
农桑丝折绢(匹)（起运南京库）	30.00		21.00
内折色(匹)	15.00	0.7000	10.50
内本色(匹)	15.00	0.7000	10.50
税丝(两)（存留）	5507.38	0.0800	440.59
农桑零丝(两)（存留）	33.30	0.0800	2.66
秋粮			
米(石)	74191.79		45982.30
起运			
兑军米(石)	30000.00	0.6419	19255.82
南京供用库芝麻(石)	550.00	1.3000	715.00
南京各卫仓米(石)	9607.00	0.7000	6724.90
黑豆(石)	11000.00	0.4600	5060.00
拨运滁州永宁仓米(石)	10000.00		
内拨南京太仆寺米(石)	540.00	0.6000	324.00
余米(石)	9460.00	0.6000	5676.00
派剩米(石)（解太仓银库）	3343.00	0.6000	2005.80
以上共起运米(石)	64500.00		39761.52
存留米(石)	9691.79	0.6419	6220.78
马草(包)	798632.00		21469.72
起运			
京库草(包)	570000.00	0.0300	17100.00
南京户部定场草(包)	200000.00	0.0180	3600.00
以上共起运草(包)	770000.00		20700.00
存留草(包)	28632.00	0.0269	769.72
人户(户)	52148.00		
人口(口)	387019.00		
户口盐钞银(两)	1262.14		1262.14
起运银(两)	1140.53	1.0000	1140.53
存留银(两)	121.60	1.0000	121.60
遇闰共加银(两)	94.96	1.0000	94.96
池州府			
项目	现额	折银标准	折银（两）
田土官民（亩）	908922.70		
夏税			

项目	现额	折银标准	折银（两）
小麦（石）	6906.48		3376.78
起运			
南京神乐观小麦(石)	278.00	0.4000	111.20
南京各卫仓小麦(石)	492.00	0.4000	196.80
扬州府仓小麦(石)	4000.00	0.4000	1600.00
派剩麦(石)（解太仓银库）	830.00	1.0000	830.00
以上共起运麦(石)	5600.00		2738.00
存留麦(石)	1306.48	0.4889	638.78
税丝折绢(匹)（起运京库）	16.00	0.7000	11.20
农桑丝折绢(匹)（起运京库）	199.00	0.7000	139.30
税丝零丝（两）（存留）	1.19	0.0800	0.10
农桑零丝（两）（存留）	49.76	0.0800	3.98
秋粮			
米(石)	62154.06		38220.14
起运			
兑军米(石)	25000.00	0.6643	16606.68
南京各卫仓米(石)	11142.00	0.7000	7799.40
黑豆(石)	9707.00	0.4600	4465.22
飞熊卫仓黑豆(石)	983.00	0.4600	452.18
安庆府仓米(石)	7800.00	0.5000	3900.00
派剩米(石)（解太仓银库）	4668.00		
内光禄寺改拨米(石)	3000.00	0.7000	2100.00
余米(石)	1668.00	0.6000	1000.80
以上共起运米(石)	59300.00		36324.28
存留米(石)	2854.06	0.6643	1895.86
山租钞(贯)	265.00		
马草(包)	98306.00		2564.50
起运			
京库草(包)	62000.00	0.0300	1860.00
南京户部定场草(包)	30000.00	0.0180	540.00
以上共起运草(包)	92000.00		2400.00
存留草(包)	6306.00	0.0261	164.50
人户(户)	18377.00		
人口(口)	84851.00		
户口盐钞银(两)	569.85		569.85
起运银(两)	227.94	1.0000	227.94
存留银(两)	341.91	1.0000	341.91
遇闰共加银(两)	47.48	1.0000	47.48
太平府			
项目	现额	折银标准	折银（两）
田土官民（亩）	1287053.30		
夏税			
小麦（石）	16752.87		7079.81

起运			
南京各卫仓小麦(石)	1900.00	0.4000	760.00
南京酒醋面局小麦(石)	150.00	0.4000	60.00
扬州府仓小麦(石)	6000.00	0.4000	2400.00
凤阳府仓小麦(石)	6000.00	0.4000	2400.00
派剩小麦(石)（解太仓银库）	550.00	1.0000	550.00
以上共起运麦(石)	14600.00		6170.00
存留麦(石)	2152.87	0.4226	909.81
丝绵折绢(匹)（起运京库）	102.00	0.7000	**71.40**
农桑丝折绢(匹)（起运南京库）	116.00		**81.20**
内折色(匹)	58.00	0.7000	40.60
内本色(匹)	58.00	0.7000	40.60
秋粮			
熟荒米(石)	91418.59		**48337.80**
起运			
兑军米(石)（本色）	17000.00	0.5268	8956.34
南京各卫仓米(石)			
本色（石）	2110.64	0.5000	1055.32
折色(石)	1658.36	0.5000	829.18
黑豆(石)	1180.00	0.4600	542.80
南京神乐观黄豆(石)	122.50	0.7500	91.88
南京国子监绿豆(石)	100.00	0.9000	90.00
南京光禄寺绿豆(石)	20.00	1.2000	24.00
南京供用库芝麻(石)	300.00	1.3000	390.00
派剩米(石)（解太仓银库）	608.50	0.6000	365.10
以上共起运米(石)	23100.00		12344.61
存留米(石)	68318.59	0.5268	35993.19
马草(包)	355449.00		**9283.49**
起运			
京库草(包)	230000.00	0.0300	6900.00
南京户部定场草(包)	110000.00	0.0180	1980.00
以上共起运草(包)	340000.00		8880.00
存留草(包)	15449.00	0.0261	403.49
人户(户)	33262.00		
人口(口)	176085.00		
户口盐钞银(两)	685.98		**685.98**
起运银(两)	308.69	1.0000	308.69
存留银(两)	377.28	1.0000	377.28
遇闰共加银(两)	57.16	1.0000	57.16
安庆府			
项目	现额	折银标准	折银（两）
田土官民（亩）	2190530.80		
夏税			

项目	现额	折银标准	折银（两）
小麦（石）	18909.30		7563.72
起运			
庐州府仓小麦(石)	5000.00	0.4000	2000.00
凤阳府仓小麦(石)	10000.00	0.4000	4000.00
以上共起运麦(石)	15000.00		6000.00
存留麦(石)	3909.30	0.4000	1563.72
农桑丝折绢(匹)（起运京库）	353.00	0.7000	247.10
秋粮			
米(石)	112039.72		68602.83
起运			
兑军米(石)	60000.00	0.6000	36000.00
凤阳府仓米(石)	25000.00	0.6000	15000.00
南京各卫仓米(石)	13790.00	0.7000	9653.00
派剩米(石)（解太仓银库）	210.00	0.6000	126.00
以上共起运米(石)	99000.00		60779.00
存留米(石)	13039.72	0.6000	7823.83
马草(包)	191973.00		5049.41
起运			
京库草(包)	126000.00	0.0300	3780.00
南京光禄寺草(包)	4000.00	0.0240	96.00
南京户部定场草(包)	55000.00	0.0180	990.00
以上共起运草(包)	185000.00		4866.00
存留草(包)	6973.00	0.0263	183.41
人户(户)	46609.00		
人口(口)	543476.00		
户口盐钞银(两)	1356.41		1356.41
起运银(两)	550.44	1.0000	550.44
存留银(两)	805.97	1.0000	805.97
遇闰共加银(两)	113.03	1.0000	113.03
广德州			
项目	现额	折银标准	折银（两）
田土官民（亩）	2167244.50		
夏税			
小麦（石）	3636.39		1454.56
起运			
扬州府仓小麦(石)	1000.00	0.4000	400.00
南京各卫仓小麦(石)	2500.00	0.4000	1000.00
以上共起运麦(石)	3500.00		1400.00
存留麦(石)	136.39	0.4000	54.56
税丝(两)(本色)	1856.29	0.0800	148.50
农桑丝折绢(匹)	19.00		13.30
内折色(匹)	9.50	0.7000	6.65
内本色(匹)	9.50	0.7000	6.65

秋粮			
米(石)	14066.29		8522.59
起运			
淮安仓改兑米(石)	8000.00	0.6000	4800.00
南京各卫仓米(石)	1884.00	0.7000	1318.80
黑豆(石)	1060.00	0.4600	487.60
南京供用库绿豆(石)	300.00	0.6900	207.00
南京神乐观芝麻(石)	22.60	1.3000	29.38
安庆府仓米(石)	2204.00	0.6000	1322.40
派剩米(石)（解太仓银库）	159.40	0.6000	95.64
以上共起运米(石)	13630.00		8260.82
存留米(石)	436.29	0.6000	261.77
马草(包)	303045.00		8528.89
起运			
京库草(包)	231295.00	0.0300	6938.85
南京光禄寺细稻草(包)（本色）	1385.00	0.0281	38.98
南京户部定场草(包)（本色）	42320.00	0.0180	761.76
以上共起运草(包)	275000.00		7739.59
存留草(包)	28045.00	0.0281	789.30
人户(户)	45296.00		
人口(口)	221053.00		
户口盐钞银(两)	1694.74		1694.74
起运银(两)	1682.74	1.0000	1682.74
存留银(两)	12.00	1.0000	12.00
遇闰共加银(两)	141.22	1.0000	141.22
徐州			
项目	现额	折银标准	折银（两）
田土官民（亩）	2016716.40		
夏税			
小麦（石）	67158.00		33091.14
起运			
亳州仓小麦(石)	941.00	0.4000	376.40
扬州府仓小麦(石)	3000.00	0.4000	1200.00
徐州仓小麦(石)(本色)	18150.00	0.4000	7260.00
派剩小麦(石)（解太仓银库）	1059.00	1.0000	1059.00
以上共起运麦(石)	23150.00		9895.40
存留麦(石)	44008.00	0.5271	23195.74
税丝折绢(匹)	3025.00	0.7000	2117.50
农桑丝折绢(匹)	2538.00	0.7000	1776.60
秋粮			
米（石）	79858.14		52684.39
起运			
兑军米(石)	30000.00	0.6597	19791.74

项目	现额	折银标准	折银（两）
本州仓改兑米(石)	18000.00	0.6597	11875.05
以上共起运米(石)	48000.00		31666.79
存留米(石)	31858.14	0.6597	21017.60
马草(包)	100000.00		**3000.00**
起运			
京库草(包)	50000.00	0.0300	1500.00
存留草(包)	50000.00	0.0300	1500.00
人户(户)	37841.00		
人口(口)	345766.00		
户口盐钞银(两)	2059.85		**2059.85**
起运银(两)	1029.92	1.0000	1029.92
存留银(两)	1029.92	1.0000	1029.92
遇闰共加银(两)	171.58	1.0000	171.58
滁州			
项目	现额	折银标准	折银（两）
田土官民（亩）	280996.00		
夏税			**961.83**
小麦（石）	2611.29		
起运			
凤阳府仓小麦(石)	2000.00	0.3683	736.67
存留麦(石)	611.29	0.3683	225.16
农桑丝折绢(匹)	217.00	0.7000	151.90
秋粮			
米(石)	5985.35		**3807.52**
起运			
南京牺牲所米(石)	580.00	0.6597	382.64
糯稻谷(石)	50.00	0.6597	16.49
南京各卫仓黑豆(石)	452.00	0.4600	207.92
南京酒醋面局黄豆(石)	408.00	0.5350	218.28
以上共起运米(石)	1465.00		825.33
存留米(石)	4520.35	0.6597	2982.19
马草(包)	56441.00		**1370.71**
起运			
京库草(包)	11000.00	0.0300	330.00
南京牺牲所细稻草(包)	15000.00	0.0243	364.29
南京户部定场草(包)	10000.00	0.0180	180.00
以上共起运草(包)	36000.00		874.29
存留草(包)	20441.00	0.0243	496.42
人户(户)	6717.00		
人口(口)	67277.00		
户口盐钞银(两)	255.94		**255.94**
起运银(两)	105.39	1.0000	105.39
存留银(两)	150.55	1.0000	150.55

项目	现额	折银标准	折银（两）
遇闰共加银(两)	21.30	1.0000	21.30
和州			
项目	现额	折银标准	折银（两）
田土官民（亩）	621579.60		
夏税			
小麦（石）	1435.66	0.3683	528.80
农桑丝折绢(匹)	99.00	0.7000	69.30
秋粮			
米(石)	9499.99		6267.36
起运			
南京牺牲所米(石)(本色)	720.00	0.6597	475.00
滁州永盈仓米(石)(本色)	8000.00	0.6597	5277.80
以上共起运米(石)	8720.00		5752.80
存留米(石)	779.99	0.6597	514.56
马草(包)	26238.00		750.69
起运			
京库草(包)	11000.00	0.0300	330.00
南京户部定场草(包)	1440.00	0.0180	25.92
以上共起运草(包)	12440.00		355.92
存留草(包)	13798.00	0.0286	394.77
人户(户)	8800.00		
人口(口)	104960.00		
户口盐钞银(两)	272.59		272.59
起运银(两)	109.01	1.0000	109.01
存留银(两)	163.58	1.0000	163.58
遇闰共加银(两)	22.79	1.0000	22.79

第 二 章

十五省直分府田赋折银

说 明

本章中自丙表 16—丙表 19、丙表 21—丙表 28—1、丙表 29—丙表 30，这是根据丙表 1—丙表 4、丙表 6—丙表 15 所确定的折银价格，对由《会计录》卷二至卷一六所载十四省直所辖各府州及其他分属的田赋折银列表。

由于在《会计录》中，某些州是在省直辖下的府一级的州，如北直隶的延庆州、保安州等；而某些州是在府辖下的县一级的州，如四川省成都府的简州、崇庆州等。此外还有省直辖下的其他田赋征收单位，如四川省辖下的东川军民府、乌蒙军民府等；以及府辖下的其他田赋征收单位，如广西省庆远府辖下的永顺长官司、永定长官司等。

为了更清晰地表述上述信息，本章中的表格使用了"□□布政司分府州及其他分属田赋折银明细"的标题；而在下一章的表格中，则使用了"□□府分州县及其他分属田赋折银明细"的标题。

这些表中，各府州及其他分属的

$$各项田赋折银数 = \frac{该府该项田赋实物数}{全省该项田赋实物数} \times 全省该项田赋折银数。$$凡有起运、存留分项的项目，其起运、存留分项折银数可能有误差。但是各府州及其他分属的该项田赋起运、存留两项折银数之和 = 各府州及其他分属的该项田赋折银总数；各府州及其他分属的田赋折银总数之和 = 全省田赋折银总数。

同时对于各项田赋，在表中列出了全省直该项田赋的实物总数，折银数；以及所辖各府州及其他分属的该项田赋总数、折银数及其在全省直中所占的百分比。例如北直隶夏税麦共计 178868.51 石，折银 169485.72 两；其中顺天府夏税麦 18803.37 石，折银 16945.67 两，其占北直隶夏税麦总数的百分比为 10.51%。

同时在表格的最后三行，分别列出了各省直与所辖各府州及其他分属的田赋折银后，以白银所表示的该项田赋总数、起运总数、存留总数以及该项田赋在全省中所占的百分比。

丙表 20 是山东省分府州及其他分属田赋折银明细。由于《会计录》卷六的遗失，对于山东省田赋数据的处理方法如下：在此表中山东全省田赋的总数使用了《明会典》的数据，而各府州及其他分属的田赋数据由嘉靖《山东通志》算出。其折银标准是根据丙表 5 所确定的折银价格计算的。

丙表 28—2 是湖广、四川协济银粮折银明细。由于这部分协济银粮在《会计录》中是单独列出的，故此单独列表表示。

此外，由于原书有缺页，丙表 19 中福建省项下建宁府所属仅存五县数据，其中崇安、政和、寿宁、建安四县数据完整，另有一县有数据，无县名，残缺的三个县应是浦城、松溪、建阳、瓯宁县中的三个县；丙表 25 中广东省项下缺潮阳、揭阳、程乡、饶平、惠来、大埔、澄海、普宁、平远县，雷州府所属海康、遂溪、徐闻县，及琼州府所属琼山、定安、澄迈、文昌县数据；这些残缺情况，均在相应的表格处给以注明。

丙表16

浙江布政司分府州及其分属田赋折银明细

（单位：两/银）

项目	总计 实物	总计 折银	总计 %	杭州府 实物	杭州府 折银	杭州府 %	嘉兴府 实物	嘉兴府 折银	嘉兴府 %	湖州府 实物	湖州府 折银	湖州府 %
夏税												
小麦（石）	152863.73	46838.30	100.00	5572.04	1707.3	3.65	27628.35	8465.48	18.07	13596.73	4166.11	8.89
起运麦（石）	80000.00	20000.00	100.00	3599.43	1109.75		17889.51	5502.56		8804.14	2707.97	
存留麦（石）	72863.73	26838.30	100.00	1972.61	597.56		9738.84	2962.92		4792.59	1458.14	
丝绵并荒丝（两）	2715047.04	108456.36	100.00	684694.89	27351.1	25.22	70114.32	2800.81	2.58	826262.60	33006.22	30.43
起运京库丝绵（两）	1962144.85	68674.90	100.00	505351.41	20239.81		15460.91	616.18		396586.85	15842.98	
合罗丝（两）	8000.00	640.00	100.00							8000.00	320.16	
串伍细丝（两）	40000.00	3200.00	100.00							40000.00	1597.50	
荒丝（两）	170000.00	13600.00	100.00							170000.00	6789.38	
上白棉（斤）	750.00	660.00	100.00							750.00	478.59	
中白棉（斤）	5625.00	2812.50	100.00							5625.00	3594.38	
南京库串伍丝（两）	20000.00	1600.00	100.00							20000.00	798.75	
荒丝（两）	20000.00	1600.00	100.00							20000.00	798.75	
中白棉（斤）	187.50	93.75	100.00							187.50	118.82	
存留丝绵（两）	389902.19	15575.21	100.00	179343.48	7111.29	5.90	54653.41	2184.64	18.04	66675.74	2663.60	
农桑丝折绢（匹）	3509.00	2456.30	100.00	296	207.2		633.00	443.10		2.00	1.40	0.06
租钞（锭）(存留)	32588.00		100.00	63			1391.00		4.27	16012.00		49.13
农桑零丝（两）(存留)	691.89	55.35	100.00									
原额小绢（匹）(存留)	4.00	2.80	100.00							4.00	2.80	100.00%
帑甯绢（匹）(存留)	1.00	0.70	100.00									
秋粮												
米（石）	2369764.04	961707.64	100.00	234071.23	94991.77	4.01	629208.13	255347.90	26.55	469119.62	190380.10	19.80

秋粮（续）

项目	总计 实物	总计 折银	总计 %	绍兴府 实物	绍兴府 折银	绍兴府 %	台州府 实物	台州府 折银	台州府 %	金华府 实物	金华府 折银	金华府 %
起运米（石）	1615739.47	665517.18	100.00	191006.98	77893.25		586172.75	237473.54		447284.49	180861.10	42.09
存留米（石）	754024.56	296190.46	100.00	43064.24	17098.52		43035.38	17874.35		21835.12	9519.01	
租钞（锭）（存留）	18779.00		100.00	40								
租丝（两）（存留）	2216.75	177.34	100.00	131.47	10.52	0.47						
租绢（匹）（存留）	59.00	41.30	100.00	2	0.4	20.00					0.83	
租（分鹿）麻布（匹）（存留）	2.00	0.40	100.00								0.17	
租苎布（匹）（存留）	7.00	1.40	100.00									
马草（包）	874491.00	26234.73	100.00				506427.00	15192.81	57.91	368064.00	11041.92	
起运草（包）	792650.00	23779.50	100.00				487215.00	14585.10		305435.00	9164.79	
存留草（包）	81841.00	2455.23	100.00				19212.00	607.71	10.43	62629.00	1877.13	
户口盐钞银（两）	2317.76	2317.76	100.00	305.99	305.99	13.20	241.77	241.77		153.09	153.09	6.61
起运银（两）	1153.17	1153.17	100.00	152.99	152.99		115.17	115.17		76.54	76.54	
存留银（两）	1164.59	1164.59	100.00	152.99	152.99		126.59	126.59		76.54	76.54	
遇闰共加银（两）	123.84	123.84	100.00							12.75	12.75	10.30
起运		805911.14			99603.00			258735.65			223163.87	
存留		342503.08			24971.28			23756.21			15597.21	
总计	1148414.22	1148414.22	100.00		124574.28	10.85		282491.87	24.60		238764.40	20.79

项目	宁波府 实物	宁波府 折银	宁波府 %	绍兴府 实物	绍兴府 折银	绍兴府 %	台州府 实物	台州府 折银	台州府 %	金华府 实物	金华府 折银	金华府 %
夏税												
小麦（石）	16969.48	5199.54	11.10	12826.17	3930.01	8.39	31483.35	9646.67	20.60	15515.65	4754.08	10.15
起运麦（石）	10986.90	3379.70		8303.29	2554.51		20385.62	6270.34		10031.10	3090.15	
存留麦（石）	5982.58	1819.84	0.01	4522.88	1375.50	0.02	11097.73	3376.34		5484.55	1663.93	1.30
丝绵并荒丝（两）	169.15	6.76	0.04	535.60	21.40	0.14				5084.39	203.10	0.19
存留丝绵（两）	169.15	6.76		535.60	21.40					5084.39	203.10	

项目	衢州府 实物	衢州府 折银	衢州府 %	严州府 实物	严州府 折银	严州府 %	温州府 实物	温州府 折银	温州府 %	处州府 实物	处州府 折银	处州府 %
农桑丝折绢（匹）	1976.00		6.06	81.00	56.70	2.31	500.00	350.00	14.25	214.00	149.80	6.10
租钞（锭）（存留）				4429.00		13.59	5021.00		15.41	56.00		0.17
农桑零丝（两）（存留）	691.89	55.35	100.00									
苎帛绢（匹）（存留）				1.00	0.70	100.00						
秋粮												
米（石）	174558.72	70840.16	7.37	319822.08	129791.55	13.50	126065.95	51160.62	5.32	173919.55	70580.77	7.34
起运米（石）	44900.00	18418.44		126729.73	51916.62		29112.21	11766.94		116290.16	47289.11	
存留米（石）	129658.72	52421.72	15.13	193092.34	77874.93		96953.74	39393.67		57629.38	23291.65	
租钞（锭）（存留）	2841.00			13755.00		73.25	1560.00		8.31			
租丝（两）（存留）	6.29	0.50	0.28									
户口盐钞银（两）	302.10	151.04	13.03	219.68	219.68	9.48	169.44	169.44	7.31	189.67	189.67	8.18
起运银（两）	151.04	151.04		109.83	109.83		84.71	84.71		94.83	94.83	
存留银（两）	151.04	151.04		110.17	110.17		84.71	84.71		94.83	94.83	
遇闰共加银（两）	25.16	25.16	20.32				13.66	13.66	11.03	15.90	15.90	12.84
起运		21974.34			54637.65			18485.65			50639.80	
存留		54455.21			79382.70			42854.72			25253.51	
总计		76278.51	6.64		134020.03	11.67		61340.39	5.34		75893.32	6.61
夏税												
小麦（石）	168720.71	6739.79	6.21	959465.38	38327.19	35.34	22318.86	6838.62	14.60	6953.07	2130.46	4.55
存留麦（石）	118982.47	4785.25		925763.19	36794.10		22318.86	6838.62		6953.07	2130.46	
丝绵并荒丝（两）	49738.23	1954.54		33702.19	1533.09							
起运京库丝绵（两）												
存留丝绵（两）												

1416

江西布政司分府州及其分属州县田赋折银明细表（续）

项目	实物	折银	%	实物	折银	%	实物	折银	%	实物	折银	%
农桑丝折绢（匹）	200.00	140.00	5.70	1184.00	828.80	33.74	122.00	85.40	3.48	273.00	191.10	7.78
租钞（锭）（存留）				2025.00		6.21	2.65	0.21	0.38	1612.00		4.95
农桑零丝（两）（存留）									3.09			
秋粮												
米（石）	92260.00	37441.34	3.89	11481.65	4659.53	0.48	81476.27	33065.04	3.44	57780.79	23448.84	2.44
起运米（石）	71749.98	29204.25		2493.13	1025.10		81476.27	33065.04	10.81			
存留米（石）	20510.01	8237.10		8988.51	3634.43		580.00		3.09	57780.79	23448.84	
租钞（锭）（存留）												
租丝（两）（存留）	166.32		93.79	59.00	41.30	100.00						
租绢（匹）（存留）				7.00	1.40	100.00						
租苎布（匹）（存留）												
户口盐钞银（两）	114.93	114.93	4.96	55.66	55.66	2.40	337.87	337.87	14.58	227.52	227.52	9.82
起运银（两）	57.46	57.46		27.83	27.83		168.93	168.93		113.75	113.75	
存留银（两）	57.46	57.46		27.83	27.83		168.93	168.93		113.75	113.75	
遇闰共加粮（两）	9.63	9.63	7.78				27.75	27.75	22.41	18.94	18.94	15.29
起运	34196.58			38675.83			282.08			323.79		
存留	10415.41			5238.05			40072.81			25693.05		
总计	44612.01		3.88	43913.88		3.82	40354.90		3.51	26016.86		2.27

丙表17　江西布政司分府州及其分属州县田赋折银明细

（单位：两/银）

项目	总计			南昌府			饶州府			广信府		
	实物	折银	%	实物	折银	%	实物	折银	%	实物	折银	%
夏税												
麦米（石）	88072.41	22018.10	100.00	1503.54	375.88	1.71	36491.12	9122.78	41.43			
起运京库麦米（石）	60000.00	15000.00	100.00				18342.57	4561.39				

1417

项目	南康府 实物	南康府 折银	南康府 %	九江府 实物	九江府 折银	九江府 %	建昌府 实物	建昌府 折银	建昌府 %	抚州府 实物	抚州府 折银	抚州府 %
存留麦米（石）	28072.41	7018.10	100.00	1503.54	375.88	14.06	18148.55	4561.39	1.32	7919.00	5543.30	98.68
丝绢折绢（匹）（起运）	8025.00	5617.50	100.00				106.00	74.20	5.71	152.00	106.40	4.36
农桑丝折绢（匹）（起运）	3486.00	2440.20	100.00	490.00	343.00		199.00	139.30	0.38	4155.00	4155.00	60.25
钞（锭）（起运）	6896.00		100.00				26.00					
本色丝（两）（存留）	131347.68	656.74	100.00				1676.65	8.38	1.28	129671.06	648.36	98.72
苎布（匹）（起运）	1341.00	268.20	100.00				12.00	2.40	0.89	1328.00	265.60	99.03
秋粮												
米（石）	2528269.96	786369.61	100.00	481164.93	149657.07	19.03	194397.42	60463.57	7.69	134037.82	41689.88	5.30
起运米（石）	2194000.00	682745.92	100.00	421506.25	131698.22		174514.51	54417.21		116736.38	36270.19	
存留米（石）	334269.96	103623.69	100.00	59658.68	17958.85		19882.90	6046.36		17301.44	5419.68	
牛租谷（石）（存留）	201.18	31.18	100.00	201.18	31.18	100.00						
山租钞（锭）（存留）	3123.00		100.00	16.00		0.51						
户口盐钞银（两）	14919.09	14919.09	100.00	2505.12	2505.12	16.79	1650.61	1650.61	11.06	660.07	660.07	4.42
起运南京军银（两）	7459.54	7459.54	100.00	1252.56	1252.56		825.30	825.30		330.03	330.03	
存留军银（两）	7459.54	7459.54	100.00	1252.56	1252.56		825.30	825.30		330.03	330.03	
遇闰共加粮（两）	1240.10	1240.10	100.00	209.63	209.63	16.90	137.54	137.54	11.09	55.14	55.14	4.45
起运		714771.46			133503.41			60157.34			42570.66	
存留		118789.25			19618.47			11441.43			6398.07	
总计		833560.72	100.00		153121.89	18.37		71598.78	8.59	71598.78	48968.75	5.87

项目	南康府 实物	南康府 折银	南康府 %	九江府 实物	九江府 折银	九江府 %	建昌府 实物	建昌府 折银	建昌府 %	抚州府 实物	抚州府 折银	抚州府 %
夏税												
麦米（石）	6624.30	1656.07	7.52	3733.91	933.48	4.24				352.64	88.16	0.40
起运京库麦米（石）	4654.78	1159.25		500.00	121.35					157.43	39.67	
存留麦米（石）	1969.52	496.82		3233.91	812.13					195.21	48.49	

项目	临江府			吉安府			瑞州府			袁州府		
	实物	折银	%	实物	折银	%	实物	折银	%	实物	折银	%
丝绢折绢（匹）（起运）	136.00	95.20	3.90	389.00	272.30	11.16	197.00	137.90	5.65	85.00	59.50	2.44
农桑丝折绢（匹）（起运）												
秋粮												
米（石）	76062.27	23657.70	3.01	41916.76	13037.40	1.66	95592.66	29732.25	3.78	303275.08	94327.86	12.00
起运米（石）	67944.79	21055.35		32919.33	10299.55		76568.59	23785.80		251820.37	78292.13	
存留米（石）	8117.48	2602.35		8997.42	2737.85		19024.07	5946.45		51454.70	16035.74	
户口盐钞银（两）	486.64	486.64	3.26	140.21	140.21	0.94	1004.67	1004.67	6.73	2281.86	2281.86	15.29
起运南京库银（两）	243.32	243.32		70.10	70.10		502.33	502.33		1140.93	1140.93	
存留银（两）	243.32	243.32		70.10	70.10		502.33	502.33		1140.93	1140.93	
遇闰共加银（两）	40.56	40.56	3.27	11.68	11.68	0.94	81.72	81.72	6.59	190.15	190.15	15.33
起运		22593.69			10774.98			24507.75			79722.38	
存留		3342.49			3620.08			6448.78			17225.15	
总计		25936.18	3.11		14395.07	1.73		30956.54	3.71		96947.53	11.63

项目	临江府			吉安府			瑞州府			袁州府		
	实物	折银	%	实物	折银	%	实物	折银	%	实物	折银	%
夏税												
麦米（石）				17445.36	4361.34	19.81				21790.19	5447.55	24.74
起运京库麦米（石）				14555.01	3619.91					21790.19	5447.55	
存留麦米（石）				2890.34	741.43	25.07						
农桑丝折绢（匹）（起运）	59.00	41.30	1.69	874.00	611.80	14.46	281.00	196.70	8.06	415.00	290.50	
钞（锭）（存留）	997.00											
秋粮												
米（石）	229586.22	71408.37	9.08	431815.88	134308.00	17.08	224441.12	69808.08	8.88	217145.09	67538.79	8.59
起运米（石）	214246.58	66409.78		391527.19	122220.28		202351.77	62827.27		193852.61	60109.53	
存留米（石）	15339.64	4998.59		40288.69	12087.72		22089.34	6980.81		23292.47	7429.27	

南安府表（续）上接各府合计部分：

项目	折银	%	折银	%	折银	%	折银	%
山租钞（锭）（存留）			3107.00		99.49			
户口盐钞银（两）	853.71	5.72	3064.96	20.54	726.95	4.87	765.23	5.13
起运南京库银（两）	426.85		1532.48		363.47		382.61	
存留银（两）	426.85		1532.48		363.47		382.61	
遇闰共加银（两）	71.13	5.74	255.40	20.60	60.57	4.88	63.77	5.14
起运	66949.06		128239.87		63448.01		66293.95	
存留	5425.44		14361.63		7344.28		7811.88	
总计	72374.51	8.68	142601.50	17.11	70792.30	8.49	74105.84	8.89

项目	赣州府			南安府¹		
	实物	折银	%	实物	折银	%
夏税						
麦米（石）	131.31	32.83	0.15			
存留麦米（石）	131.31	32.83				
丝绵折绢（匹）（起运）						
农桑丝折绢（匹）（起运）	141.00	98.70	4.04	63.00	44.10	1.81
钞（锭）（存留）	1717.00		24.90			
秋粮						
米（石）	70883.08	22046.81	2.80	27882.24	8672.23	1.10
起运米（石）	39668.01	12346.22		10276.51	3208.73	
存留米（石）	31215.06	9700.60		17605.72	5463.51	
户口盐钞银（两）	672.98	672.98	4.51	106.04	106.04	0.71
起运南京库银（两）	336.49	336.49		53.02	53.02	
存留银（两）	336.49	336.49		53.02	53.02	
遇闰共加银（两）	53.94	53.94	4.35	8.81	8.81	0.71

¹南安府米麦值缺损，依所属属各县值补齐。

	起运	存留	总计
	12835.35		3314.66
	10037.09		5549.35
2.74	22872.43	1.06	8864.01

丙表 18 湖广布政司分府州及其分属田赋折银明细

（单位：两/银）

项目	总计 实物	折银	%	武昌府 实物	折银	%	汉阳府 实物	折银	%	承天府 实物	折银	%
夏税												
米麦（石）	131976.26	46633.85	100.00	10305.12	3641.32	7.81	5400.49	1908.26	4.09	9699.99	3427.49	7.35
存留米麦（石）	131976.26	46633.85		10305.12	3641.32		5400.49	1908.26	2.59	9699.99	3427.49	0.45
税丝折绢（匹）（起运）	22893.00	16025.10	100.00	8083.00	5658.10	35.31	592.00	414.40		104.00	72.80	
农桑丝折绢（匹）（起运）	4997.00	3497.90	100.00	489.00	342.30	9.79	96.00	67.20	1.92	107.00	74.90	2.14
棉花折布（匹）（存留）	12.00	3.60	100.00									
秋粮												
米（石）	2030207.70	679271.17	100.00	164629.95	55082.24	8.11	24620.96	8237.73	1.21	96806.24	32389.64	4.77
起运米（石）	914400.00	307407.84		78512.78	26439.47		13723.01	4613.13		42622.30	14251.44	
存留米（石）	1115807.70	371863.34		86117.16	28642.76		10897.95	3624.60		54183.94	18138.20	
赁钞（贯）（存留）	175.00		100.00							175.00		100.00
课程苎麻折米（石）（存留）	551.23	183.71	100.00									
课程棉布（匹）（存留）	533.00	159.90	100.00									
瑶人粗布（匹）（存留）	205.00	61.50	100.00									
地亩棉花绒折米（石）（存留）	143.94	47.97	100.00									
户口盐钞银（两）	21192.75	21192.75	100.00	1335.69	1335.69	6.30	224.56	224.56	1.06	1268.69	1268.69	5.99
起运银（两）	8589.23	8589.23	100.00	546.91	546.91		91.94	91.94		491.00	491.00	
存留银（两）	12603.51	12603.51	100.00	788.78	788.78		132.61	132.61		777.69	777.69	

（续上页）

项目	实物	折银	%	实物	折银	%	实物	折银	%	实物	折银	%
遇闰共加银（两）	1761.64	1761.64	100.00	111.31	111.31	6.32	18.71	18.71	1.06	102.26	102.26	5.80
起运		337281.71			33098.09			5205.38			14992.40	
存留		431557.38			33072.86			5665.48			22343.38	
总计		768839.09	100.00		66170.95	8.61		10870.87	1.41		37335.78	4.86

项目	襄阳府 实物	襄阳府 折银	%	郧阳府 实物	郧阳府 折银	%	德安府 实物	德安府 折银	%	黄州府 实物	黄州府 折银	%
夏税												
米麦（石）	23220.13	8204.84	17.59	3572.94	1262.50	2.71	1787.05	631.45	1.35	3875.03	1369.24	2.94
存留米麦（石）	23220.13	8204.84		3572.94	1262.50		1787.05	631.45		3875.03	1369.24	
税丝折绢（匹）（起运）							1127.00	788.90	4.92	2992.00	2094.40	13.07
农桑丝折绢（匹）（起运）	295.00	206.50	5.90	55.00	38.50	1.10	32.00	22.40	0.64	122.00	85.40	2.44
秋粮												
米（石）	40805.55	13652.81	2.01	10962.53	3667.87	0.54	41015.51	13723.06	2.02	252719.98	84555.58	12.45
起运米（石）	5000.00	1638.34					18611.80	6175.38		136187.60	45660.02	
存留米（石）	35805.55	12014.47		10962.53	3667.87		22403.71	7547.68		116532.38	38895.57	
户口盐钞银（两）	945.94	945.94	4.46	1232.76	1232.76	5.82	987.73	987.73	4.66	2011.24	2011.24	9.49
起运银（两）	381.31	381.31		504.76	504.76		404.43	404.43		771.29	771.29	
存留银（两）	564.63	564.63		728.00	728.00		583.29	583.29		1239.95	1239.95	
遇闰共加银（两）	77.60	77.60	4.40	102.73	102.73	5.83	82.31	82.31	4.67	167.77	167.77	9.52
起运		2303.75			645.99			7473.42			48778.88	
存留		20783.94			5658.37			8762.43			41504.76	
总计		23087.69	3.00		6304.36	0.82		16235.85	2.11		90283.64	11.74

项目	荆州府 实物	荆州府 折银	%	岳州府 实物	岳州府 折银	%	长沙府 实物	长沙府 折银	%	宝庆府 实物	宝庆府 折银	%
夏税												

项目	衡州府 实物	折银	%	常德府 实物	折银	%	辰州府 实物	折银	%	永州府 实物	折银	%
米麦（石）	39167.25	13839.76	29.68	2125.75	751.13	1.61	47.91	16.93	0.04	2920.72	1032.04	2.21
存留米麦（石）	39167.25	13839.76		2125.75	751.13		47.91	16.93		2920.72	1032.04	
税丝折绢（匹）（起运）	94.00	65.80	0.41	2466.00	1726.20	10.77	6627.00	4638.90	28.95	112.00	78.40	2.24
农桑丝折绢（匹）（起运）	29.00	20.30	0.58	704.00	492.80	14.09	981.00	686.70	19.63			
米	122454.55	40971.10	6.03	183890.35	61526.42	9.06	586958.76	196385.90	28.91	52148.42	17447.93	2.57
起运米（石）	57306.78	19256.42		60157.57	20303.72		376051.59	125686.98				
存留米（石）	65147.76	21714.68	16.67	123732.77	41222.70	6.76	210907.17	70698.92	14.71	52148.42	17447.93	3.53
户口盐钞银（两）	3532.29	3532.29		1433.64	1433.64		3117.23	3117.23		747.47	747.47	
起运银（两）	1446.73	1446.73		585.83	585.83		1276.37	1276.37		306.05	306.05	
存留银（两）	2085.56	2085.56	16.71	847.80	847.80	6.79	1840.86	1840.86	14.75	441.41	441.41	3.54
遇闰共加银（两）	294.44	294.44		119.64	119.64		259.76	259.76		62.28	62.28	
起运		21083.69			23228.19			132548.71			446.73	
存留		37640.00			42821.64			72556.71			18921.38	
总计	58723.69	58723.69	7.64	66049.84	66049.84	8.59	205105.42	205105.42	26.68		19368.12	2.52

项目	衡州府 实物	折银	%	常德府 实物	折银	%	辰州府[1] 实物	折银	%	永州府 实物	折银	%
夏税												
米麦（石）	11039.73	3900.89	8.36	2121.36	749.58	1.61	648.60	229.18	0.49	8112.44	2866.53	6.15
存留米麦（石）	11039.73	3900.89		2121.36	749.58		648.60	229.18		8112.44	2866.53	
税丝折绢（匹）（起运）	1472.00	1030.40	29.46	804.00	562.80	3.51						
农桑丝折绢（匹）（起运）				50.00	35.00	1.00	37.00	25.90	0.74	155.00	108.50	3.10
棉花折布（匹）（存留）							12.00	3.60	100.00			
秋粮												
米（石）	211270.01	70687.17	10.41	69666.37	23309.12	3.43	50957.72	17049.54	2.51	62016.92	20749.75	3.05

[1] 湖广田赋夏税"棉花折布"一项在所属辰州府田赋项目中为"课程棉布"；秋粮"课程棉布"一项，为"洞蛮土布"；今依省项目名称标出。

项目	实物	折银	%	实物	折银	%	实物	折银	%	辰州卫镇溪军民千户所 实物	折银	%
起运米（石）	87546.90	28981.74		16295.94	5361.10		9819.65	3239.41		10153.58	3319.96	
存留米（石）	123723.11	41705.43		53370.42	17948.02		41138.07	13810.13		51863.34	17429.79	
课程苎麻折米（石）（存留）							62.94	20.98	11.42			
课程棉布（匹）（存留）							533.00	159.90	100.00			
瑶人租布（匹）（存留）							205.00	61.50	100.00			
户口盐钞银（两）	1141.47	1141.47	5.39	508.67	508.67	2.40	794.27	794.27	3.75	1074.64	1074.64	5.07
起运银（两）	467.38	467.38		208.27	208.27		325.22	325.22		440.02	440.02	
存留银（两）	674.08	674.08		300.39	300.39		469.05	469.05		634.62	634.62	
遇闰共加银（两）	95.12	95.12	5.40	42.38	42.38	2.41	66.18	66.18	3.76	89.55	89.55	5.08
起运		30574.64			6209.55			3656.71			3958.03	
存留		46280.40			18998.00			14754.34			20930.94	
总计		76855.05	10.00		25207.55	3.28		18411.05	2.39		24888.97	3.24

项目	靖州 实物	折银	%	郴州[1] 实物	折银	%	施州卫军民宣抚使司 实物	折银	%	辰州卫镇溪军民千户所 实物	折银	%
夏税												
米麦（石）	135.02	47.71	0.10	7515.44	2655.58	5.69	281.20	99.36	0.21			
存留米麦（石）	135.02	47.71		7515.44	2655.58		281.20	99.36				
农桑丝折绢（匹）（起运）	15.00	10.50	0.30	238.00	166.60	4.76						
秋粮												
米（石）	19135.09	6402.26	0.94	36093.08	12076.10	1.78	862.41	288.55	0.04	73.65	73.65	0.004
起运米（石）	547.38	192.07		1863.08	603.80					24.64	24.64	
存留米（石）	18587.71	6210.19		34230.00	11472.29		862.41	288.55		24.64	24.64	
课程苎麻折米（石）（存留）				488.29	162.73	88.58						
地亩棉花绒折米（石）（存留）				143.94	47.97	100.00						

[1] 郴州田赋存留有"课程棉布折米（存留）"一项，计24.65石。但是湖广及所属其他府州田赋项目中均无此项，且其数值很小，故略去不计。

项目	五寨蛮夷长官司	%	九溪卫桑植安抚司	%	永顺等处军民宣慰使司 实物	折银	%	镇远卫臻剖临洞赂横玻等处长官司 实物	折银	%
户口盐钞银（两）	393.45	1.86	442.93	2.09						
起运银（两）	161.10		180.54							
存留银（两）	232.35		262.38							
通闰共加银（两）	32.78	1.86	36.75	2.09						
起运	396.45		987.69							
存留	6490.25		14600.96			387.91			24.64	
总计	6886.70	0.90	15588.67	2.03		387.91	0.05		24.64	0.003

项目	五寨蛮夷长官司 实物	折银	%	九溪卫桑植安抚司 实物	折银	%	永顺等处军民宣慰使司 实物	折银	%
秋粮									
米（石）	155.22	51.93	0.01	27.20	9.10	0.001	1610.00	538.68	0.08
存留米（石）	155.22	51.93		27.20	9.10		1610.00	538.68	
存留		51.93			9.10			538.68	
总计		51.93	0.01		9.10	0.001		538.68	0.07

项目	保靖军民宣慰使司 实物	折银	%	筸子坪长官司 实物	折银	%	镇远卫臻剖临洞赂横玻等处长官司 实物	折银	%
秋粮									
米（石）	1219.00	407.86	0.06	28.12	9.41	0.001	80.00	26.77	0.004
存留米（石）	1219.00	407.86		28.12	9.41		80.00	26.77	
存留		407.86			9.41			26.77	
总计		407.86	0.05		9.41	0.001		26.77	0.003

丙表 19

福建布政司分府州及其分属田赋折银明细

（单位：两/银）

项目	总计			福州府			泉州府			建宁府[1]		
	实物	折银	%	实物	折银	%	实物	折银	%	实物	折银	%
夏税[2]												
麦（石）（存留）	706.94	176.74	100.00							706.94	176.74	100.00
丝绵折绢（匹）（起运）	280	196	100.00							280	196.00	100.00
农桑丝折绢（匹）（起运）	319	223.3	100.00							319	223.30	100.00
零丝绵（两）（存留）	194.72	0.86	100.00							170.75	0.75	87.69
钱钞（锭）（存留）	10778		100.00							10778		
秋粮												
米（石）[3]	850447.77	244798.81	100.00	139090.53	40036.79	16.35	109735.26	31586.96	12.90	158907.43	45741.02	18.69
起运京库米（石）	326864.28	82487.93		57648.22	16415.08		27072.53	7896.74		65824.24	18753.82	
存留米（石）	523583.48	162310.88		81442.31	23621.70		82662.73	23690.22		93083.18	26987.20	
鱼课米（石）（存留）	31966.91	9909.74	100.00	7322.97	2270.12	22.91	4072.88	1262.59	12.74	3885.37	1204.46	12.15
租钞（贯）（存留）	2											
户口盐钞银（两）	26927.12	26927.12	100.00	3972.63	3972.63	14.75	2391.76	2391.76	8.88	5274.67	5274.67	19.59
起运银（两）	11027.67	11027.67	100.00	1587.87	1587.87		1039.85	1039.85		2129.5	2129.5	
存留银（两）	15899.44	15899.44	100.00	2384.76	2384.76		1351.9	1351.9		3145.16	3145.16	
遇闰共加银（两）	2246.48	2246.48	100.00	332.1	332.10	14.78	200.82	200.82	8.94	440.19	440.19	19.59
起运		96181.38			18335.05			9137.41			21742.81	
存留		188297.66			28276.58			26304.71			31514.32	
总计		284479.05	100.00		46611.64	16.38		35442.13	12.46		53257.14	18.72

[1] 建宁府下辖浦城、松溪、崇安、建阳、政和、寿宁、建安、瓯宁等8州县；现存5县数据，4县县名。
[2] 福建夏税有土丝（存留）65.82斤，（起留）89.36石，为福宁州田赋，查《会计录》中无土丝价格的记录，且数量很少，故略去不计。
[3] 各府合计米数比全省数少89.36石，起运米数相同，仅存留米数差89.36石。原书在本省数据最后注明：新增永福等24县各人口自行首报，续垦升课米425.31石，内除万历六年册报已经增入各县米336.00石，实该米89.31石。

项目	延平府			汀州府			兴化府			邵武府		
	实物	折银	%	实物	折银	%	实物	折银	%	实物	折银	%
夏税												
零丝绵（两）（存留）	5.48	0.02	2.81	2.00	0.01	1.03						
秋粮												
米（石）	83945.42	24163.43	9.87	84597.87	24351.24	9.95	67295.44	19370.79	7.91	62357	17949.17	7.33
起运京库米（石）	34813.16	9907.01		35066.64	9984.01		25056.3	7167.19		25768	7359.16	
存留米（石）	49132.25	14256.43		49531.23	14367.23		42239.13	12203.60		36589	10590.01	
鱼课米（石）（存留）	10109.91	3134.07	31.63	73.08	22.65	0.23	3056.64	947.56	9.56	1433.9	444.50	4.49
户口盐钞银（两）	3661.75	3661.75	13.60	3317.64	3317.64	12.32	1675.16	1675.16	6.22	1922.2	1922.21	7.14
起运盐银（两）	1316.31	1316.31		1222.95	1222.95		983.73	983.73		748.29	748.29	
存留银（两）	2345.43	2345.43		2094.69	2094.69		691.42	691.42		1173.9	1173.91	
遇闰共加银（两）	307.46	307.46	13.69	268.85	268.85	11.97	140.8	140.80	6.27	160.83	160.83	7.16
起运		11530.78			11475.81			8291.72			8268.28	
存留		19735.95			16484.59			13842.57			12208.41	
总计		31266.74	10.99		27960.39	9.83		22134.31	7.78		20476.70	7.20

项目	漳州府			福宁州		
	实物	折银	%	实物	折银	%
夏税						
零丝绵（两）（存留）	5.65	0.02	2.90	10.71	0.05	5.50
秋粮						
米（石）	115916.65	33366.26	13.63	28513.18	8207.43	3.35
起运京库米（石）	47228.29	13680.16		8387.35	2380.16	
存留米（石）	68688.36	19686.09		20125.83	5827.28	
鱼课米（石）（存留）	1033.98	320.53	3.23	978.18	303.24	3.06

项目	总计	%	济南府	%
租钞（贯）（存留）	2.00	100.00		
户口盐钞银（两）	3705.39	13.76	1005.88	3.74
起运银（两）	1590.18		408.95	
存留银（两）	2115.2		596.92	
遇闰共加银（两）	311.21	13.85	84.19	3.75
起运	15581.55		2873.30	
存留	22121.85		6727.48	
总计	37703.41	13.25	9600.79	3.37

丙表20　山东布政司分府州及其分属田赋折银明细[1]

（单位：两/银）

项目	总计 实物	总计 折银	%	济南府 实物	济南府 折银	%	兖州府 实物	兖州府 折银	%	东昌府 实物	东昌府 折银	%
夏税												
麦（石）	855172.14	721531.56	100.00	255867.50	215882.24	29.92	134860.65	113785.53	15.77	95608.25	80667.23	11.18
起运麦（石）	618099.99	512671.00		184224.60	155435.21		97099.67	81925.58		68837.94	58080.40	
存留麦（石）	237072.15	208860.56		71642.90	60447.03		37760.98	31859.95		26770.31	22586.82	
丝绵折绢（匹）	22165.00	15697.25	100.00	5299.65	3753.21	23.91	3743.67	2651.27	16.89	2675.32	1894.66	12.07
起运京库（匹）	22021.00	15595.27		5246.65	3715.68		3706.23	2624.75		2648.56	1875.71	
存留（匹）	144.00	101.98		53.00	37.53		37.44	26.51		26.75	18.95	
农桑丝折绢（匹）	32825.00	23246.67	100.00	11600.36	8215.37	35.34	10264.38	7269.23	31.27	1477.13	1046.10	4.50
起运京库（匹）	32234.00	22828.12		11368.35	8051.07		10059.09	7123.85		1447.58	1025.18	
存留（匹）	591.00	418.55		232.01	164.31		205.29	145.38		29.54	20.92	
本色丝（两）（存留）	326.31	26.10	100.00	295.44	23.63	90.54						

---

[1] 此表"总计"项为《明会典》数据，其余由嘉靖《山东通志》算出，折银标准是根据丙表5所确定的折银价格计算的。山东田赋数据的处理与计算细节见徐英凯、朱勇华：《聚类分析和回归分析：明代万历初年山东田赋数据的补充》，*Applied Social Science*, Vol. IV, Information Engineering Research Institute, USA, 2011.

项目	数量	折银（两）	百分比	数量	折银（两）	百分比	数量	折银（两）	百分比	数量	折银（两）	百分比
	总数			青州府			登州府			莱州府		
税丝（两）（存留）	33437.14	2674.97	100.00	33437.14	2674.97	100.00						
秋粮												
米（石）	1995764.91	1888399.84		596334.56	564253.87	29.88	315330.86	298367.17	15.80	223126.52	211123.10	11.18
起运米（石）	1303559.98	1224229.21		387617.46	366765.02		204965.06	193938.66		145032.24	137230.02	
存留米（石）	692204.93	664170.63		208717.09	197488.86		110365.80	104428.51		78094.28	73893.09	
牛租米（石）	16.50	15.83	100.00									
地亩棉花绒（斤）	52449.67	3146.98	100.00	14067.00	844.02	26.82	17067.12	1024.03	32.54	15703.43	942.21	29.94
马草（束）	3819469.00	141335.10	100.00	1114521.05	41241.58	29.18	731046.37	27051.54	19.14	479343.36	17737.56	12.55
起运草（束）	3778330.00	139722.45		1102516.69	40797.37		723151.07	26759.38		474166.45	17545.99	
存留草（束）	41139.00	1612.65		12004.36	444.21		7895.30	292.16		5176.91	191.57	
户口盐钞银（两）	45170.53	45170.53	100.00	12918.77	12918.77	28.60	8641.12	8641.12	19.13	2994.81	2994.81	6.63
起运银（两）	18670.77	18670.77		5339.84	5339.84		3571.38	3571.38		1237.75	1237.75	
存留银（两）	26499.76	26499.76		7578.93	7578.93		5069.75	5069.75		1757.05	1757.05	
其他¹												
药物（两）	138585.90		100.00	19589.90		14.14	25364.00		18.30	8864.00		6.40
皮张（张）	25848.00		100.00	8504.00		32.90	4101.00		15.87	2601.00		10.06
禽畜（只、口）	7494.00		100.00	1200.00		16.01	1310.00		17.48	1388.00		18.52
杂色湖（根）	32681.00		100.00									
杂料银（两）	24167.00	24167.00	100.00	8411.20	8411.20	34.80	4536.00	4536.00	18.77	1540.00	1540.00	6.37
课钞（锭）	1171699.00		100.00	252695.00		21.57	145287.00		12.40	475728.00		40.60
起运		1936879.63			580948.21			316967.63			217937.26	
存留		904365.20			268859.46			141822.26			98468.40	
总计		2841244.83	100.00		849807.66	29.91		458789.89	16.15		316405.67	11.14

¹ 其他项内，除杂料银计入折银后的总数外，其余项仅罗列于此表中，供参考。

	实物	折银	%	实物	折银	%	实物	折银	%
夏税									
麦（石）	200965.45	169559.92	23.50	70979.29	59887.12	8.30	96891.00	81749.53	11.33
起运麦（石）	144695.13	122083.14		51105.09	43118.73		69761.52	58859.66	
存留麦（石）	56270.33	47476.78		19874.20	16768.39		27129.48	22889.87	
丝绵折销（匹）	5771.77	4087.56	26.04	1974.90	1398.62	8.91	2699.70	1911.93	12.18
起运京库（匹）	5714.05	4046.69		1955.15	1384.64		2672.70	1892.81	
存留（匹）	57.72	40.88		19.75	13.99		27.00	19.12	
农桑丝折绢（匹）	4789.17	3391.69	14.59	2639.13	1869.03	8.04	2051.56	1452.92	6.25
起运京库（匹）	4693.38	3323.86		2586.35	1831.65		2010.53	1423.86	
存留（匹）	95.78	67.83		52.78	37.38		41.03	29.06	
本色丝（两）（存留）	30.87	2.47	9.46						
秋粮									
米（石）	469204.33	443962.80	23.51	165648.49	156737.19	8.30	226120.16	213955.70	11.33
起运米（石）	304982.81	288575.82		107671.52	101879.17		146978.11	139071.21	
存留米（石）	164221.52	155386.98		57976.97	54858.02		79142.06	74884.50	
地亩棉花绒（斤）	2795.57	167.73	5.33	860.17	51.61	1.64	1961.62	117.70	3.74
马草（束）	874658.40	32365.74	22.90	269654.51	9978.26	7.06	350245.31	12960.43	9.17
起运草（束）	865212.09	32016.19		266742.24	9870.49		346462.66	12820.46	
存留草（束）	9446.31	349.55		2912.27	107.77		3782.65	139.97	
户口盐钞银（两）	10307.91	10307.91	22.82	4833.25	4833.25	10.70	5474.67	5474.67	12.12
起运银（两）	4260.26	4260.26		1997.58	1997.58		2262.68	2262.68	
存留银（两）	6047.65	6047.65		2835.67	2835.67		3211.99	3211.99	
药物（两）	53584.00		38.66	8768.00		6.33	20816.00		15.02
皮张（张）	4443.00		17.19	2599.00		10.05	1962.00		7.59

项目	太原府 实物	太原府 折银	太原府 %	平阳府 实物	平阳府 折银	平阳府 %	大同府 实物	大同府 折银	大同府 %
禽畜（只、口）	1198.00		15.99	1198.00		15.99	1198.00		15.99
杂色翎（根）	128083.00			89298.00					
杂料银（两）	5545.40		22.95	1846.20		7.64	2288.20		9.47
课钞（锭）	188230.00		16.06	42571.00		3.63	67185.00		5.73
起运		454473.69			160133.87			216448.37	
存留		209372.14			74621.22			101174.50	
总计		663845.82	23.36		234755.08	8.26		317622.88	11.18

丙表21　山西布政司分府州及其分属田赋折银明细

（单位：两/银）

项目	总计 实物	总计 折银	总计 %	太原府 实物	太原府 折银	太原府 %	平阳府 实物	平阳府 折银	平阳府 %	大同府 实物	大同府 折银	大同府 %
夏税												
小麦（石）	591951.31	419365.51	100.00	164020.90	116199.94	27.71	266127.92	188537.25	44.96	49133.71	34808.58	8.30
起运麦（石）	112480.00	79686.00	100.00	56749.40	40203.88		60358.00	42760.38				
存留麦（石）	479471.31	339679.51	100.00	107271.50	75996.06		205769.92	145776.87		49133.71	34808.58	
农桑丝折绢（匹）（起运）	4771.00	3339.70	100.00	1892.00	1324.40	39.66	866.00	606.20	18.15	1.00	0.70	0.02
零丝（两）（存留）	822.55	65.80	100.00	250.19	20.01	30.42	341.30	27.30	41.49	14.00	1.12	1.70
秋粮												
米（石）	1722851.38	1471743.52	100.00	382088.23	326398.37	22.18	812186.19	693808.98	47.14	59890.12	51161.06	3.48
起运米（石）	640350.00	550170.00	100.00	180704.70	154366.75		364421.90	311306.93				
存留米（石）	1082501.38	921573.52	100.00	201383.53	172031.62		447764.29	382502.05		59890.12	51161.06	
马草（束）	3602991.00	198459.75	100.00	771745.00	42509.22	21.42	1624783.00	89496.21	45.10	267052.00	14709.74	7.41
起运草（束）	3544850.00	195639.92	100.00	749183.00	41266.46		1594161.00	87809.49		267052.00	14709.74	
存留草（束）	58141.00	2819.84	100.00	22562.00	1242.76		30622.00	1686.72				
户口盐钞银（两）（存留）	23306.05	23306.05	100.00	5440.67	5440.67	23.34	8142.49	8142.49	34.94	1097.12	1097.12	4.71

下表为上接表的延续部分（页面上方）：

项目	潞安府 实物	折银	%	汾州 实物	折银	%	辽州 实物	折银	%	沁州 实物	折银	%
遇闰共加银（两）（存留）	2061.62	2061.62	100.00	482.42	482.42	23.40	722.00	722.00	35.02	92.36	92.36	4.48
起运		828835.62			237161.49			442483.00			14710.44	
存留		1289506.34			255213.54			538857.43			87160.24	
总计		2118341.95	100.00		492375.03	23.24		981340.43	46.33		101870.68	4.81

项目	潞安府 实物	折银	%	汾州 实物	折银	%	辽州 实物	折银	%	沁州 实物	折银	%
夏税												
小麦（石）	40854.62	28943.29	6.90	25516.97	18077.39	4.31	8367.39	5927.84	1.41	9741.92	6901.62	1.65
起运麦（石）	10309.20	7303.51		9165.50	6493.26		2518.70	1784.36		2836.50	2009.51	
存留麦（石）	30545.42	21639.78	6.02	16351.47	11584.13	3.44	5848.69	4143.48	0.50	6905.42	4892.12	1.87
农桑丝折绢（匹）（起运）	287.00	200.90	6.02	164.00	114.80		24.00	16.80		89.00	62.30	
零丝（两）（存留）	71.95	5.76	8.75	35.40	2.83	4.30	38.00	3.04	4.62	30.21	2.42	3.67
秋粮												
米（石）	162817.36	139086.52	9.45	123014.11	105084.64	7.14	19106.56	16321.75	1.11	39115.75	33414.58	2.27
起运米（石）	58974.90	50379.23		58950.30	50358.22		7524.40	6427.71		15114.00	12911.11	
存留米（石）	103842.46	88707.28	9.06	64063.81	54726.43	6.85	11582.16	9894.04	1.06	24001.75	20503.46	2.17
马草（束）	326343.00	17975.61		246727.00	13590.20		38333.00	2111.46		78270.00	4311.26	
起运草（束）	326343.00	17975.61		244965.00	13493.15		38166.00	2102.26		78270.00	4311.26	
存留草（束）				1761.00	97.00		166.00	9.14				
户口盐钞银（两）（存留）	3280.30	3280.30	14.07	1288.42	1288.42	5.53	450.03	450.03	1.93	417.13	417.13	1.79
遇闰共加银（两）（存留）	290.86	290.86	14.11	114.24	114.24	5.54	39.90	39.90	1.94	36.98	36.98	1.79
起运		75859.25			70459.43			10331.13			19294.18	
存留		113923.98			67813.05			14539.63			25852.11	
总计		189783.24	8.96		138272.52	6.53		24870.82	1.17		45146.29	2.13

项目	泽州		
	实物	折银	%
夏税			
小麦（石）	28187.84	19969.56	4.76
起运麦（石）	6403.40	4536.46	
存留麦（石）	21784.44	15433.10	
农桑丝折绢（匹）（起运）	1448.00	1013.60	30.35
零丝（两）（存留）	41.50	3.32	5.05
秋粮			
米（石）	124633.02	106467.59	7.23
起运米（石）	38677.00	33039.78	
存留米（石）	85956.02	73427.82	
马草（束）	249735.00	13755.89	6.93
起运草（束）	246656.00	13586.29	
存留草（束）	3079.00	169.60	
户口盐钞银（两）（存留）	3189.84	3189.84	13.69
遇闰共加银（两）（存留）	282.84	282.84	13.72
起运		52176.13	
存留		92506.52	
总计		144682.64	6.83

丙表22

河南布政司分府州及其分属田赋折银明细

(单位：两/银)

项目[1]	总计			开封府			归德府			彰德府		
	实物	折银	%	实物	折银	%	实物	折银	%	实物	折银	%
夏税												
麦（石）	617322.84	381462.34	100.00	214150.18	132329.83	34.69	20222.56	12496.13	3.28	55826.58	34496.92	9.04
起运麦（石）	341722.45	207145.10	100.00	125631.83	78074.60		12338.65	7622.64		28139.60	17389.90	
存留麦（石）	275600.38	174317.24	100.00	88518.35	54255.23		7883.90	4873.49		27686.98	17107.02	
税丝（两）	352901.54	13410.40	100.00	124603.88	4735.00	35.31	12016.59	456.64	3.41	31900.53	1212.23	9.04
起运丝（两）	283176.57	9910.60	100.00	113631.63	4308.85		12016.59	456.64		31900.53	1212.23	
工部织染局丝（两）[2]	39619.19	3169.54	100.00	6210.65	236.75							
存留丝（两）	30105.77	330.26	100.00	4761.59	189.40							
农桑丝折绢（匹）（起运）	9963.00	7074.10	100.00	4252.00	3019.08	42.68	1115.00	791.69	11.19	663.00	470.75	6.65
秋粮												
米（石）	1763437.11	951062.69	100.00	505134.46	272430.77	28.64	47454.25	25593.18	2.69	196129.09	105776.98	11.12
起运米（石）	1177321.65	777396.68	100.00	356516.56	193425.85		33866.28	18171.16		141748.20	76159.43	
存留米（石）	586115.46	173666.01	100.00	148617.89	79004.92		13587.97	7422.02		54380.89	29617.56	
枣子易米（石）（存留）	26833.32	7950.71	100.00	8723.25	2584.70	32.51	205.40	60.86	0.77	2319.74	687.34	8.64
地亩棉花绒（斤）[3]	342.03	21.89	100.00									
草（束）	2281538.00	111391.30	100.00	678835.00	33142.69	29.75	67652.00	3302.97	2.97	256466.00	12521.41	11.24
起运草（束）	2203825.00	106961.66	100.00	664105.00	32479.84		62603.00	3071.76		247973.00	12145.77	
存留草（束）	77713.00	4429.64	100.00	14730.00	662.85		5049.00	231.21		8493.00	375.64	
户口盐钞银（两）	17031.58	17031.58	100.00	7370.51	7370.51	43.28	1506.58	1506.58	8.85	1227.83	1227.83	7.21

[1] 河南省秋粮中"地亩棉花绒"342.00斤，折银21.89两；此项目在陈州、项城、商水、西华、沈丘五县的账目中，均以税丝注明。
[2] 此项目在各府县田赋中没有记录，因其数量很少，在分府县统计时略去不计。
[3] 此项地亩棉花绒只在全省田赋数据中有记录，并未标明属于哪一个府。

1434

项目	卫辉府 实物	卫辉府 折银	%	怀庆府 实物	怀庆府 折银	%	河南府 实物	河南府 折银	%	南阳府 实物	南阳府 折银	%
起运京库银（两）	7775.86	7775.86	100.00	3416.42	3416.42		745.48	745.48		491.32	491.32	
存留银（两）	9255.71	9255.71	100.00	3954.08	3954.08		761.09	761.09		736.50	736.50	
遇闰共加银（两）	1432.15	1432.15	100.00	626.81	626.81	43.77	125.54	125.54	8.77	107.81	107.81	7.53
起运		1128838.29			315588.20			30984.90			107977.22	
存留	361998.86	361998.86		140651.19	140651.19		13348.67	13348.67		48524.06	48524.06	
总计	1490837.16	1490837.16	100.00	456239.39	456239.39	30.60	44333.58	44333.58	2.97	156501.29	156501.29	10.50
夏税												
麦（石）	35699.38	22059.72	5.78	89605.15	55369.72	14.52	86946.95	53727.13	14.08	43131.27	26652.11	6.99
起运麦（石）	16870.40	10368.07		39932.20	24916.37		40837.59	25251.75		32861.60	20255.60	
存留麦（石）	18828.98	11691.65	5.80	49672.95	30453.34	14.79	46109.36	28475.38	14.26	10269.67	6396.51	7.19
税丝（两）	20462.12	777.57		52208.23	1983.93		50324.08	1912.34		25386.29	964.69	
起运丝（两）	20462.12	777.57		52208.23	1983.93		31125.12	1185.65		25386.29	964.69	
工部织染局丝（两）							19198.95	726.69				
存留丝												
农桑丝折绢（匹）（起运）	279.00	198.10	2.80	778.00	552.41	7.81	742.00	526.85	7.45	281.00	199.52	2.82
秋粮												
米（石）	110050.50	59352.80	6.24	241017.02	129986.09	13.67	394421.22	212720.55	22.37	71375.47	38494.45	4.05
起运米（石）	77086.08	41546.96		154277.00	83191.10		227117.00	123377.92		54996.10	29640.73	
存留米（石）	32964.42	17805.84		86740.02	46794.99		167304.22	89342.63		16379.37	8853.72	
枣子易米（石）（存留）	2305.80	683.21	8.59	3850.24	1140.83	14.35	6190.73	1834.31	23.07	1144.45	339.10	4.27
草（束）	135706.00	6625.56	5.95	299155.00	14605.61	13.11	492145.00	24027.95	21.57	92263.00	4504.55	4.04
起运草（束）	126423.00	6161.77		279071.00	13583.22		487066.00	23787.67		91169.00	4459.50	
存留草（束）	9283.00	463.79		20084.00	1022.39		5079.00	240.28		1094.00	45.05	

项目	汝宁府 实物	汝宁府 折银	%	汝州 实物	汝州 折银	%	实物	折银	%	实物	折银	%
户口盐钞银（两）	731.33	731.33	4.29	976.04	976.04	5.73	1959.88	1959.88	11.51	1352.74	1352.74	7.94
起运京库银（两）	292.54	292.54		390.42	390.42		822.93	822.93		676.37	676.37	
存留库银（两）	438.79	438.79		585.62	585.62		1136.95	1136.95		676.37	676.37	
遇闰共加银（两）	61.02	61.02	4.26	77.99	77.99	5.45	161.79	161.79	11.30	111.53	111.53	7.79
起运		59406.03			124695.44			175114.55			56307.94	
存留		31083.28			79997.17			121756.24			16310.75	
总计		90489.30	6.07		204692.62	13.73		296870.79	19.91		72618.69	4.87

项目	汝宁府 实物	汝宁府 折银	%	汝州 实物	汝州 折银	%
夏税						
麦（石）	23577.62	14569.32	3.82	48163.11	29761.43	7.80
起运麦（石）	18725.00	11509.76		26385.57	16368.79	
存留麦（石）	4852.62	3059.56		21777.54	13392.65	
税丝（两）	8022.23	304.85	2.27	27977.49	1063.16	7.93
起运丝				21832.26	829.26	
工部织染局丝（两）	8022.23	304.85				
存留丝				6145.22	233.89	
农桑丝折绢（匹）（起运）	785.00	557.38	7.88	1066.00	756.90	10.70
秋粮						
米（石）	98210.79	52967.37	5.57	99644.27	53740.47	5.65
起运米（石）	73730.00	39725.52		57984.42	31169.48	
存留米（石）	24480.79	13241.84		41659.85	22571.00	
枣子易米（石）（存留）	1298.22	384.66	4.84	796.41	235.98	2.97
草（束）	125357.00	6120.29	5.49	133954.00	6540.02	5.87
起运草（束）	122800.00	5997.89		122615.00	6016.82	

	折银	%		折银	实物	折银	%
存留草（束）	2557.00					523.20	
户口盐钞银（两）	1775.66	10.43		11339.00	130.96	130.96	0.77
起运京库银（两）	887.83			52.51	52.51		
存留银（两）	887.83	10.53		78.44	78.44		
遇闰共加银（两）	150.84	10.77		10.77			0.75
起运	59134.07				55204.53		
存留	17696.30				37035.16		
总计	76830.37	5.15			92239.69		6.19

丙表23　陕西布政司分府州及其分属田赋折银明细

（单位：两/银）

项目	总计 实物	总计 折银	西安府 实物	西安府 折银	西安府 %	延安府 实物	延安府 折银	延安府 %	平凉府 实物	平凉府 折银	平凉府 %
夏税											
小麦（石）	690747.24	489325.34	391373.66	277249.10	56.66	33163.89	23493.30	4.80	37164.73	26327.49	5.38
农桑丝折绢（匹）	9221.00	6454.70	6183.00	4328.10	67.05	1139.00	797.30	12.35	173.00	121.10	1.88
本色丝绵（斤）	206.24	24.75	162.98	19.56	79.02				6.88	0.83	3.34
秋粮											
米（石）	1044943.12	889560.08	461526.20	392897.25	44.17	151407.87	128893.52	14.49	121517.23	103447.62	11.63
棉花绒（斤）¹	17208.22	2064.99	15431.95	1851.84	89.68						
棉布（匹）²	128792.00	38637.60	114807.00	34442.10	89.14						
马草（束）³	1375634.00	66718.25	575490.00	27911.27	41.83	237694.00	11528.16	17.28	151748.00	7359.78	11.03
户口盐钞银（两）（存留）	18048.85	18048.85	9108.81	9108.81	50.47	1932.05	1932.05	10.70	754.46	754.46	4.18

¹此处数据残缺，依据《明会典》卷二五《户部》十二《税粮》二，陕西布政司项下数据补充，第170页。
²此处数据残缺，依据《明会典》卷二五《户部》十二《税粮》二，陕西布政司项下数据补充，第170页。
³陕西马草总数比各府数之和少193束。

项目	庆阳府			临洮府			巩昌府			凤翔府		
	实物	折银	%	实物	折银	%	实物	折银	%	实物	折银	%
遇闰共加银（两）（存留）	1504.05	1504.05	100.00	763.58	763.58	50.77	161.02	161.02	10.71	62.87	62.87	4.18
起运		1492785.71			738699.21			164712.28			137256.82	
存留		19552.90			9872.39			2093.07			817.33	
总计		1512338.61	100.00		748571.60	49.50		166805.35	11.03		138074.15	9.13

项目	庆阳府			临洮府			巩昌府			凤翔府		
	实物	折银	%	实物	折银	%	实物	折银	%	实物	折银	%
夏税												
小麦（石）	34579.47	24496.10	5.01	25586.26	18125.31	3.70	62633.90	44369.85	9.07	85533.78	60592.13	12.38
农桑丝折绢（匹）	199.00	139.30	2.16	26.00	18.20	0.28	392.00	274.40	4.25	716.00	501.20	7.76
本色丝绵（斤）	74.52	74.52	4.95							37.38	4.49	18.12
秋粮												
米（石）	74526.59	63444.49	7.13	17508.61	14905.08	1.68	76951.87	65509.13	7.36	107115.89	91187.76	10.25
棉花绒（斤）										1776.25	213.15	10.32
棉布（匹）										13388.00	4016.40	10.40
马草（束）	109661.00	5318.56	7.97	21902.00	1062.25	1.59	95411.00	4627.43	6.94	134066.00	6502.20	9.75
户口盐钞银（两）（存留）	941.05	941.05	5.21	105.40	105.40	0.58	1494.08	1494.08	8.28	1931.92	1931.92	10.70
遇闰共加银（两）（存留）	74.52	74.52	4.95	3.20	3.20	0.21	120.50	120.50	8.01	169.19	169.19	11.25
起运		93398.44			34110.83			114780.81			163017.32	
存留		1015.57			108.60			1614.58			2101.11	
总计		94414.01	6.24		34219.43	2.26		116395.39	7.70		165118.43	10.92

项目	汉中府[1]		三十七卫所	
	实物	折银	折银	%
夏税				

[1] 根据汉中府府夏税麦、秋粮米以及草的总数，开山驿、青桥驿、黄沙驿、柏林驿、青阳驿、草凉楼驿、梁山驿、三岔驿、安山驿、武关驿、凉山楼驿等十一驿的夏税麦、秋粮米以及草的数量应计入汉中府府内。

项目	实物	折银	%	实物	折银	%	实物	折银	%	实物	折银	%
小麦（石）	12534.29	8879.29	1.81								5782.48	1.18
衣桑丝折绢（匹）	378.00	264.60	4.10								8.40	0.13
秋粮												
米（石）	21600.11	18388.17	2.07								10890.40	1.22
棉布（匹）	596.00	178.80	0.46									
马草（束）	29971.00	1453.59	2.18								964.37	1.45
户口盐钞银（两）（存留）	1781.05	1781.05	9.87									
遇闰共加银（两）（存留）	149.14	149.14	9.92									
起运		29164.46									17645.66	
存留		1930.19										
总计	31094.65		2.06								17645.66	1.17

丙表24　四川布政司分府州及其分属田赋折银明细

（单位：两/银）

项目	总计			成都府			保宁府			顺庆府		
	实物	折银	%	实物	折银	%	实物	折银	%	实物	折银	%
夏税												
米（石）（本部原派存留本处备用）	310445.63	91985.04	100.00	48548.91	14385.04	15.64	9581.45	2838.98	3.09	23421.15	6939.69	7.54
该省分派起运各仓（石）	272250.41	80667.80		41321.37	12243.11		6754.94	2001.48		21044.48	6235.31	
折布米（石）	606.50	179.71										
荒丝米（石）	6640.32	1967.53		755.18	224.41		671.84	199.07		775.56	229.70	
遇闰加丝折米（石）	553.48	164.00		62.93	18.70		56.01	16.61		64.63	19.43	
存留各州县米（石）	30394.92	9006.01		6409.43	1898.83		2098.66	621.82		1536.48	455.24	
秋粮												
米（石）	718652.96	212936.87	100.00	109768.19	32524.31	15.27	9681.87	2868.74	1.35	49122.77	14555.08	6.84
起运米（石）	645276.56	191195.44		93003.39	27557.85		6642.71	1968.24		45269.25	13413.96	

项目	叙州府 实物	叙州府 折银	叙州府 %	重庆府 实物	重庆府 折银	重庆府 %	夔州府 实物	夔州府 折银	夔州府 %	马湖府 实物	马湖府 折银	马湖府 %
存留米（石）	73376.40	21741.43		16764.80	4966.46		3039.15	900.50		3853.51	1141.12	
地亩棉花绒（斤）（存留）	70389.00	4504.90	100.00	12873.57	823.91	18.29				3209.30	205.40	4.56
差发马（匹）	5.00	22.78	100.00									
户口盐钞银（两）（存留）	14684.27	14684.27	100.00	3075.33	3075.33	20.94	801.95	801.95	5.46	1147.91	1147.91	7.82
遇闰共加银（两）（存留）	1223.68	1223.68	100.00	256.27	256.27	20.94	66.82	66.82	5.46	95.66	95.66	7.82
起运	274197.26			40044.07			4185.40			19898.40		
存留	51160.29			11020.80			2391.09			3045.33		
总计	325357.54	325357.54	100.00	51064.87	51064.87	15.69	6576.49	6576.49	2.02	22943.73	22943.73	7.05

项目	叙州府 实物	叙州府 折银	叙州府 %	重庆府 实物	重庆府 折银	重庆府 %	夔州府 实物	夔州府 折银	夔州府 %	马湖府 实物	马湖府 折银	马湖府 %
夏税												
米（石）（本部原派存留本处备用）	32950.35	9763.19	10.61	109944.92	32576.68	35.42	8787.74	2603.81	2.83	833.12	246.85	0.27
该省分派起运各仓米（石）	29616.52	8775.35		102660.63	30420.10		7029.60	2082.86				
折布米（石）				606.50	179.17							
荒丝米（石）	756.50	224.16		1340.43	397.44		330.77	98.01				
遇闰加丝折米（石）	63.04	18.65		111.70	32.58		27.63	8.18				
存留各州县米（石）	2514.29	745.03		5225.66	1547.39		1399.74	414.73		833.12	246.85	
秋粮												
米（石）	85542.13	25346.13	11.90	248021.41	73488.74	34.51	21805.27	6460.90	3.03	2102.98	623.11	0.29
起运米（石）	79669.84	23606.12		237936.78	70497.75		16652.09	4934.19				
存留米（石）	5872.29	1740.01		10084.62	2990.99		5153.17	1526.71		2102.98	623.11	
地亩棉花绒（斤）（存留）	7437.70	476.01	10.57	25071.34	1604.57	35.62	1254.13	80.26	1.78			
户口盐钞银（两）（存留）	1643.68	1643.68	11.19	3279.13	3279.13	22.33	588.45	588.45	4.01			
遇闰共加银（两）（存留）	136.96	136.96	11.19	273.26	273.26	22.33	49.03	49.03	4.01			
起运		32624.28			101527.04			7123.24				

表（上接前页）

项目	龙安府 实物	龙安府 折银	龙安府 %	镇雄府 实物	镇雄府 折银	镇雄府 %	乌撒军民府 实物	乌撒军民府 折银	乌撒军民府 %	东川军民府 实物	东川军民府 折银	东川军民府 %
存留		4741.69			9695.34			2659.19			869.97	
总计		37365.97	11.48		111222.38	34.18		9782.45	3.01		869.97	0.27
夏税												
米（石）（本部原派存留本处备用）	2218.53	657.35	0.71									
该省分派起运各仓米（石）	792.76	234.87										
荒丝米（石）	45.85	13.61										
遇闰加丝折米（石）	3.81	1.12										
存留各州县米（石）	1376.11	407.75										
秋粮												
米（石）	7013.17	2078.00	0.98	4184.85	1239.97	0.58	10000.00	2963.00	1.39	3000.00	888.90	0.42
起运米（石）	1316.89	390.25		4092.42	1212.57		9400.00	2785.22		2900.00	859.30	
存留米（石）	5696.28	1687.75	2.02	92.43	27.40		600.00	177.78		100.00	29.60	
户口盐钞银（两）（存留）	295.90	295.90										
遇闰共加银（两）（存留）	24.65	24.65	2.01									
起运		639.84			1212.57			2785.22			859.30	
存留		2416.06			27.40			177.78			29.60	
总计		3055.90	0.94		1239.97	0.38		2963.00	0.91		888.90	0.27

项目	乌蒙军民府 实物	乌蒙军民府 折银	乌蒙军民府 %	潼川州 实物	潼川州 折银	潼川州 %	眉州[1] 实物	眉州[1] 折银	眉州[1] %	嘉定州 实物	嘉定州 折银	嘉定州 %
夏税												
米（石）（本部原派存留本处备用）				11101.70	3289.43	3.58	9808.43	2906.24	3.16	10871.67	3221.28	3.50
该省分派起运各仓米（石）				8480.87	2512.80		8134.25	2410.14		9197.60	2725.20	

[1] 原书此州州名残缺，依据谭其骧《中国历史地图集》第七册《四川》，第62－63页补上。且本州"存留米"项，数值部分残缺，依据眉州总数补齐。

表一

项目	邛州 实物	邛州 折银	邛州 %	泸州 实物	泸州 折银	泸州 %	雅州 实物	雅州 折银	雅州 %	永宁宣抚司 实物	永宁宣抚司 折银	永宁宣抚司 %
折布米（石）												
荒丝米（石）				581.23	172.23		277.00	81.96		359.00	106.30	
遇闰加丝折米（石）				48.44	14.34		23.12	6.97		29.92	9.02	
存留各州县米（石）				1991.16	589.99		1374.06	407.16		1285.15	380.75	
秋粮												
米（石）	4300.00	1274.09	0.60	15878.73	4704.87	2.21	22327.81	6615.73	3.11	30429.44	9016.24	4.23
起运米（石）	4150.00	1229.62		13661.39	4048.07		21374.00	6333.24		27971.62	8287.73	
存留米（石）	150.00	44.47		2217.33	656.80		953.81	282.49		2457.82	728.51	
地亩棉花绒（斤）（存留）				2870.70	183.72	4.08	2881.30	184.40	4.09	8332.00	533.25	11.84
户口盐钞银（两）（存留）				1288.96	1288.96	8.78	536.72	536.72	3.66	816.51	816.51	5.56
遇闰共加银（两）（存留）				107.41	107.41	8.78	44.72	44.72	3.65	68.04	68.04	5.56
起运		1229.62			6747.44			8832.31			11128.25	
存留		44.47			2826.89			1455.50			2527.07	
总计		1274.09	0.39		9574.40	2.94		10287.81	3.16		13655.32	4.20

表二

项目	邛州 实物	邛州 折银	邛州 %	泸州 实物	泸州 折银	泸州 %	雅州 实物	雅州 折银	雅州 %	永宁宣抚司 实物	永宁宣抚司 折银	永宁宣抚司 %
夏税												
米（石）（本部原派存留本处备用）	6129.61	1816.20	1.97	31506.42	9335.35	10.15	2313.97	685.63	0.75	636.86	188.70	0.21
该省分派起运各仓米（石）	5525.72	1637.31		30332.50	8987.14		669.00	198.22				
荒丝米（石）	149.00	44.13		472.93	140.03		125.00	37.02				
遇闰加丝折米（石）	12.42	3.63		39.41	12.14		10.42	3.09				
存留各州县米（石）	442.47	131.13		661.58	196.04		1509.55	447.30		636.86	188.70	
秋粮												
米（石）	18374.54	5444.38	2.56	59571.98	17651.18	8.29	7147.70	2117.86	0.99	1219.92	361.46	0.17
起运米（石）	17173.61	5088.31		56906.99	16862.17		5714.30	1693.23				

项目	实物	折银	%	实物	折银	%	实物	折银	%	实物	折银	%
存留米（石）	1200.92	356.06		2664.99	789.01		1433.39	424.63		1219.92	361.46	
地亩棉花钱（斤）（存留）	3052.00	195.33	4.34	3406.98	218.05	4.84						
户口盐钞银（两）（存留）	442.24	442.24	3.01	510.39	510.39	3.48	257.05	257.05	1.75			
遇闰共加银（两）（存留）	36.85	36.85	3.01	42.53	42.53	3.48	21.42	21.42	1.75			
起运		6773.39			2601.48			1931.56				
存留		1161.61			1756.02			1150.41			550.16	
总计		7935.00	2.44		27757.50	8.53		3081.96	0.95		550.16	0.17

项目	九姓长官司 实物	折银	%	太平长官司 实物	折银	%	黎安抚司 实物	折银	%	建昌卫所属威龙普济渭昌州长官司 实物	折银	%
夏税												
米（石）（本部原派存留本处备用）	925.90	274.34	0.30	161.38	47.82	0.05	9.47	2.81	0.003	257.89	76.41	0.08
该省分派起运各仓米（石）	678.53	201.04								11.60	3.44	
存留各州县米（石）	247.37	73.30		161.38	47.82		9.47	2.81		246.29	72.97	
秋粮												
米（石）	1018.37	301.74	0.14	407.80	120.83	0.06	163.86	48.55	0.023	2992.00	886.53	0.42
起运米（石）	783.33	232.10								657.88	194.95	
存留米（石）	235.04	69.64		407.80	120.83		163.86	48.55		2334.11	691.58	
起运		433.14									198.39	
存留		142.95			168.65			51.36			764.56	
总计		576.09	0.18		168.65	0.05		51.36	0.02		962.94	0.30

项目	越嶲卫所属邛部长官司 实物	折银	%	宁番卫 实物	折银	%	会川卫 实物	折银	%	盐井卫所属马喇长官司 实物	折银	%
夏税												
米（石）（本部原派存留本处备用）				52.88	15.67		236.72	70.14		146.39	43.38	0.05
存留各州县米（石）				52.88	15.67		236.72	70.14		146.39	43.38	

秋粮	实物	折银	%	实物	折银	%	实物	折银	%	实物	折银	%
米（石）	222.52	65.93	0.03	218.02	64.60	0.03	3642.20	1079.18	0.51	495.35	146.77	0.07
存留米（石）	222.52	65.93	0.03	218.02	64.60	0.03	3642.20	1079.18	0.51	495.35	146.77	0.07
差发马（匹）										5.00	22.78	100.00
起运											22.78	
存留		65.93			80.27			1149.32			190.15	
总计		65.93	0.02		80.27	0.02		1149.32	0.35		212.93	0.07

丙表25 广东布政司分府州及其分属田赋折银明细

（单位：两/银）

项目	总计			广州府			韶州府			南雄府		
	实物	折银	%	实物	折银	%	实物	折银	%	实物	折银	%
夏税												
麦米（存留）	6122.89	3872.73	100.00	873.77	552.66	14.27	243.20	153.82	3.97	44.87	28.38	0.73
农桑米（石）（存留）	309.89	91.82	100.00	24.20	7.17	7.81	30.86	9.14	9.96	80.00	23.70	25.82
零丝折米（石）（存留）	0.93	0.28	100.00									
秋粮												
米（石）	999824.81	301338.06	100.00	313658.33	95104.48	31.56	49688.62	15066.11	5.00	34918.01	10587.51	3.51
起运京库米（石）	364317.32	114815.00		90231.21	27358.71	7.81	8053.44	2441.91		12397.44	3758.99	
存留米（石）	616563.75	182687.84		223427.12	67745.77		41635.17	12624.19		22520.57	6828.52	
停征米（石）	12943.72	3835.22	100.00									
改科丝折米（石）（存留）	0.94	0.28	100.00									
户口盐钞银（两）（存留）	18538.64	18538.64	100.00	7171.21	7171.21	38.68	616.57	616.57	3.33	185.29	185.29	1.00
遇闰共加银（两）（存留）	1486.57	1486.57	100.00	596.01	596.01	40.09	35.29	35.29	2.37	14.47	14.47	0.97
起运		118650.22			27358.71			2441.91			3758.99	
存留		206678.16			76072.83			13439.02			7080.36	

项目	惠州府 实物	折银	%	潮州府 实物	折银	%	肇庆府 实物	折银	%	高州府 实物	折银	%	总计	%
总计					103431.53	31.79		15880.94	4.88		10839.35	3.33	325328.38	100.00
夏税														
麦米（石）（存留）	235.48	148.94	3.85	4208.41	2661.82	68.73	104.21	65.91	1.70	83.77	52.98	1.37		
农桑米（石）（存留）	58.00	17.19	18.72	53.01	15.71	17.11	14.39	4.26	4.64	36.00	10.67	11.62		
零丝折米（石）（存留）	0.93	0.28	100.00											
秋粮														
米（石）	67329.31	20414.95	6.77	161288.66	48904.41	16.23	140117.11	42484.97	14.10	52785.75	16005.19	5.31		
起运京库米（石）	16287.12	4938.38		91298.47	27682.83		41001.05	12431.95		9997.81	3031.38			
存留米（石）	51042.19	15476.57		69990.19	21221.58		97353.09	29518.56		42787.93	12973.81			
停征米（石）							1762.96	534.46						
改科丝折米（石）（存留）										0.02	0.01	2.13		
户口盐钞银（两）（存留）	1263.40	1263.40	6.81	4342.27	4342.27	23.42	2583.46	2583.46	13.94	427.48	427.48	2.31		
遇闰共加银（两）（存留）	106.92	106.92	7.19	361.84	361.84	24.34	172.20	172.20	11.58	34.52	34.52	2.32		
起运		4938.38			27682.83			12966.41			3031.38			
存留		17013.30			28603.22			32344.39			13499.46			
总计		21951.68	6.75		56286.04	17.30		45310.81	13.93		16530.85	5.08		

项目	廉州府 实物	折银	%	琼州府[1] 实物	折银	%	罗定州 实物	折银	%	残缺数据之和[2] 实物	折银	%
夏税												
麦米（石）（存留）	108.71	68.76	1.78	105.90	66.98	1.73	6.63	4.19	0.11	107.94	68.27	1.76

[1] 因原书缺第三十五至三十八页，据谭其骧《中国历史地图集》第七册《广东》第72－73页，此处缺雷州府及琼州府属定安、澄迈、文昌县数据，琼州府总数为现存各县数据的加和。

[2] 因原书中雷州府及琼州府属定安、澄迈、文昌县数据残缺，今据广东数据总数补齐，此项为雷州府及琼州府属定安、澄迈、文昌县数据之和。

项目	实物	折银	%	实物	折银	%	实物	折银	%	实物	折银	%
农桑米（石）（存留）	4.12			3.78			1.41			12.77	0.42	0.46
秋粮												
米（石）	26522.57	8041.92	2.67	32961.11	9994.15	3.32	19877.25	6026.99	2.00	94678.09	28707.39	9.53
起运京库米（石）	2816.37	853.97		12972.57	3933.40		2728.09	827.20		76533.75	23205.90	
存留米（石）	15336.67	4650.24		19988.53	6060.75		14337.92	4347.39		18144.37	5501.48	
停征米（石）	8369.52	2537.71		2810.63	852.22							
改科丝折米（石）（存留）	0.77	0.23	81.91	0.14	0.04	14.89	0.01	0.003	1.06	0.61	0.29	
户口盐钞银（两）（存留）	635.21	635.21	3.43	213.27	213.27	1.15	172.45	172.45	0.93	928.03	928.03	5.01
遇闰共加银（两）（存留）	52.93	52.93	3.56	20.81	20.81	1.40	12.60	12.60	0.85	78.98	78.98	5.31
起运		3391.68			3933.40			1679.42			23206.19	
存留		5407.14			6365.83			4537.09			6576.77	
总计		8798.82	2.70		10299.23	3.17		6216.69	1.91		29782.67	9.15

丙表26　广西布政司分府州及其分属田赋折银明细

（单位：两/银）

项目	总计			桂林府			柳州府			庆远府		
	实物	折银	%	实物	折银	%	实物	折银	%	实物	折银	%
夏税												
麦米（石）（存留）	2494.70	1577.90	100.00	1328.33	840.17	53.25	284.93	180.22	11.42	7.68	4.86	0.31
丝折米（石）（存留）	499.22	147.92	100.00	352.87	104.56	70.68						
丝（两）（存留）	2378.88	190.31	100.00	1148.96	91.92	48.30	172.00	13.76	7.23			
秋粮												
米（石）（存留）	369202.52	109394.71	100.00	113526.97	33638.04	30.75	40498.08	11999.58	10.97	14476.78	4289.47	3.92
花利米（石）（存留）	1888.25	559.49	100.00									
麻折米（石）（存留）	3.63	1.08	100.00									
红花（斤）（存留）	11.84	1.78	100.00									

项目	平乐府			梧州府			浔州府			南宁府[2]		
	实物	折银	%	实物	折银	%	实物	折银	%	实物	折银	%
桐油（斤）（存留）	1063.00	44.65								1065.00	44.73	100.19
苎麻（斤）（存留）[1]	1794.88		100.00									
户口盐钞银（两）（存留）	1417.01		100.00	232.34		100.00	232.34	216.80	15.30	216.80		
存留		113334.85			34951.76			12410.36			4294.33	
总计		113334.85	100.00		34951.76	30.84		12410.36	10.95		4294.33	3.79
租钞（锭）（存留）	24.00		100.00									
茶课钞（锭）（存留）	1183.00		100.00	46.00		3.89	586.00					
鱼课钞（锭）（存留）	347.00		100.00									
椒课钞（锭）（存留）	42.00		100.00	42.00		100.00						
麻钞（锭）（存留）	2.00		100.00									
税钞（锭）（存留）	160.00		100.00	160.00		100.00						
钞总计（存留）	1758.00		100.00	248.00		14.11	586.00		33.33			
夏税												
麦米（石）（存留）	44.17	27.94	1.77	50.62	32.02	2.03	119.55	75.62	4.79	414.02	261.87	16.60
丝折米（石）（存留）				146.34	43.36	29.31						
丝（两）（存留）	213.92	17.11	8.99	739.84	59.19	31.10	44.00	3.52	1.85	60.32	4.83	2.54
秋粮												
米（石）（存留）	25238.24	7478.09	6.84	76698.44	22725.75	20.77	33090.32	9804.66	8.96	38324.55	11355.56	10.38
花利米（石）（存留）							1888.25	559.49	100.00			
麻折米（石）（存留）	3.63	1.08	100.00									
红花（斤）（存留）										11.84	1.78	100.00

[1] 在《会计录》中查找不到苎麻的价格，加之数量较少，在计算中忽略不计。
[2] 原文中南宁府租钞数值缺失，但所属隆安县有租钞 3 锭 903 文，今依隆安县额补齐。

（顶部表，续表）

项目	实物	折银	%	实物	折银	%	实物	折银	%	实物	折银	%
苎麻（斤）（存留）				27.44		1.53	1767.44		98.47			
户口盐钞银（两）（存留）	159.31	159.31	11.24	282.90	282.90	19.96	186.90	186.90	13.19	338.73	338.73	23.90
存留		7682.45	6.78		23144.29	20.42		10630.19	9.38		11962.77	10.56
总计		7682.45	20.42		23144.29			10630.19			11962.77	
租钞（锭）（存留）	2.00						23.00					
茶课钞（锭）（存留）	355.00						196.00					
鱼课钞（锭）（存留）							347.00			3.00		
钞总计（存留）	359.00			2.00		0.11	566.00		32.20	3.00		0.17

（中部表）

项目	太平府			思恩军民府			直隶土司衙门		
	实物	折银	%	实物	折银	%	实物	折银	%
夏税 麦米（石）（存留）	11.05	6.99	0.44	230.81	145.99	9.25	3.50	2.21	0.14
秋粮 米（石）（存留）	3225.57	955.74	0.87	13051.91	3867.28	3.54	11071.61	3280.52	3.00
存留		962.73			4013.27	3.00		3282.73	3.00
总计		962.73	0.85		4013.27	3.54		3282.73	2.90

丙表27 云南布政司分府州及其分属田赋折银明细

（单位：两/银）

项目	总计			云南府			大理府			临安府		
	实物	折银	%	实物	折银	%	实物	折银	%	实物	折银	%
夏税 麦（石）（存留）	35567.26	22496.29	100.00	8404.74	5316.00	23.63	9173.47	5802.22	25.79	1330.74	841.69	3.74
秋粮 米（石）（存留）	107123.03	31740.55	100.00	25845.27	7657.95	24.13	15652.92	4637.96	14.61	14774.61	4377.72	13.79
差发米（石）	9163.20	6091.67	100.00							1142.40	799.68	12.47

Table (top)

项目	实物	%	折银	实物	折银	%	实物	折银	%	实物	折银	%
麦（石）	78.75	100.00	47.25									3.65
金（两）¹	66.67	100.00	500.03	56.12	56.12	0.66				310.00	310.00	
银（两）	8487.13	100.00	8487.13								2622.22	81.15
海肥（索）	272377.00	100.00	3264.12							221025.00		
棉布（匹）	15.00	100.00	4.50	15.00	4.50	100.00						
棉布（段）	1700.00	100.00	510.00	1700.00	510.00	100.00						
水牛（只）	10.00	100.00	35.00	5.00	10.50	19.23						
黄牛（只）	26.00	100.00	54.60	2.00	26.00	2.35						
马（匹）	85.00	100.00	677.00							134.96	134.96	30.52
户口盐钞银（两）（存留）	442.26	100.00	442.26		607.12						3731.90	
起运			19671.30		12973.95			10440.18			5354.37	
存留			54679.10									
总计		100.00	74350.40		12973.95	17.45		11047.30	14.86		9086.27	12.22
折色钞（锭）	60.00	100.00										
钞总计	60.00	100.00										

Table (bottom)

项目	楚雄府 实物	折银	%	澂江府 实物	折银	%	景东府 实物	折银	%	广南府 实物	折银	%
夏税												
麦（石）（存留）	1854.70	1173.10	5.21	2172.27	1373.96	6.11						
秋粮												
米（石）（存留）	7183.90	2128.59	6.71	5044.42	1494.66	4.71	1150.39	340.86	1.07	1005.61	297.96	0.94
差发米（石）	1471.69	842.73	16.06				788.75	552.13	8.61	718.00	502.60	7.84
银（两）	241.70	241.70	2.85				300.00	300.00	3.53			
海肥（索）				14972.00	187.15	5.50						

¹价格依据彭信威《中国货币史》第七章《明代的货币·明代金银比价表》，上海人民出版社 2007 年版，第 526 页。

表（续）

项目	实物	折银	%	实物	折银	%	实物	折银	%	实物	折银	%
黄牛（只）	10.00									21.00		38.46
马（匹）	2.00									26.00		2.35
起运		1131.43			187.15			852.13			502.60	
存留		3301.69			2868.62			340.86			297.96	
总计		4433.12			3055.77			1192.99			800.56	
%		5.96			4.11			1.60			1.08	

项目	广西府 实物	折银	%	镇沅府 实物	折银	%	永宁府 实物	折银	%	顺宁府 实物	折银	%
夏税												
麦（石）（存留）	114.84	72.64	0.32									
秋粮												
米（石）（存留）	3186.58	944.18	2.97									
差发米（石）	2154.41	1508.09	23.51	100.00	70.00	1.09						
银（两）				650.00	650.00	7.66					450.00	5.30
水牛（只）	10.00	35.00	100.00				5.00	35.00	5.88			
马（匹）												
起运					1543.09			720.00			450.00	
存留					1016.82							
总计				60.00	2559.91	3.44		720.00	0.97	450.00	450.00	0.61
折色钞（锭）				60.00								
钞总计				60.00		100.00						

项目	曲靖军民府 实物	折银	%	姚安军民府 实物	折银	%	鹤庆军民府 实物	折银	%	武定军民府 实物	折银	%
夏税												
麦（石）（存留）	1329.45	840.88	3.74	1596.67	1009.89	4.49	3355.86	2122.58	9.44	430.28	272.15	1.21
秋粮												

元江军民府所属因远罗必甸长官司

项目	寻甸军民府			丽江军民府			元江军民府所属因远罗必甸长官司			蒙化府		
	实物	折银	%	实物	折银	%	实物	折银	%	实物	折银	%
米（石）（存留）	6500.99	1926.24	6.07	2042.04	605.06	1.91	3985.39	1180.87	3.72	3003.07	889.81	2.80
差发米（石）	796.21	557.35	8.69	1162.71	689.79	12.69	510.61	357.43	5.57	105.00	73.50	1.15
麦（两）							78.75	47.25	100.00			
银（两）							90.00	90.00	1.06			
马（匹）										20.00	160.00	23.53
户口盐钞银（两）（存留）				307.3	307.3	69.48						
起运		557.35			689.79			494.68			233.50	
存留		2767.12			1922.25			3303.45			1161.96	
总计		3324.47	4.47		2612.04	3.51		3798.13	5.11		1395.46	1.88

项目	永昌军民府			北胜州			新化州			滇冀州		
	实物	折银	%	实物	折银	%	实物	折银	%	实物	折银	%
夏税 麦（石）（存留）	606.60	383.67	1.71	1639.56	1037.02	4.61	1940.32	1227.25	5.46			
秋粮 米（石）（存留）	2142.24	634.75	2.00	774.13	229.37	0.72	2911.52	862.68	2.72	1930.21	571.92	1.80
差发米（石）	31.50	11.03	0.34	166.16	116.31	1.81						
银（两）										102.40	102.40	1.21
海肥（索）										36380.00	454.75	13.36
马（匹）	10.00	40.00	11.76	31.00	217.00	36.47						
起运		51.03			333.31						557.15	
存留		1018.42			1266.40						571.92	
总计		1069.45	1.44		1599.71	2.15	2089.94	2089.94	2.81		1129.07	1.52

夏税

项目	者乐甸长官司 实物	折银	%	威远州 实物	折银	%	干崖宣抚司 实物	折银	%	南甸宣抚司 实物	折银	%
麦（石）（存留）	554.61	350.79	1.56	1063.07	672.39	2.99						
秋粮												
米（石）（存留）	7871.79	2332.41	7.35	1542.6	457.07	1.44	504.89	149.60	0.47			
差发米（石）	15.75	11.03	0.17									
银（两）	542.70	542.70	6.39	352.20	352.20	4.15	450.00	450.00	5.30	60.00	60.00	0.71
黄牛（只）	11.00	23.10	42.31									
马（匹）	11.00	133.00	12.94									
起运		709.83			352.20			149.60				
存留		2683.20			1129.46			450.00			60.00	
总计		3393.03	4.56		1481.66	1.99		599.60	0.81		60.00	0.08

项目	本邦宣慰司 实物	折银	%	陇川宣抚司 实物	折银	%	芒市长官司 实物	折银	%	孟定府 实物	折银	%
秋粮												
米（石）	70.35	20.84	0.07									
银（两）	240.00	240.00	2.83	400.00	400.00	4.71	100.00	100.00	1.18	600.00	600.00	7.07
起运		240.00			400.00			100.00			600.00	
存留		20.84						100.00				
总计		260.84	0.35		400.00	0.54		100.00	0.13		600.00	0.81

项目	潞江安抚司 实物	折银	%	湾甸州 实物	折银	%	大候州 实物	折银	%	孟琏长官司 实物	折银	%
秋粮												
银（两）	1400.00	1400.00	16.50									
起运		1400.00										
存留												
总计		1400.00	1.88									

秋粮（镇康州、车里宣慰司、孟养宣慰司、孟良府）

项目	镇康州 实物	折银	%	车里宣慰司 实物	折银	%	孟养宣慰司 实物	折银	%	孟良府 实物	折银	%
秋粮												
银（两）	142.00	142.00	1.67	150.00	150.00	1.77	200.00	200.00	2.36		200.00	2.36
起运		142.00			150.00			200.00			200.00	
总计		142.00	0.19		150.00	0.20		200.00	0.27		200.00	0.27

秋粮（纽兀长官司等）

项目	实物	折银	%	实物	折银	%	实物	折银	%	实物	折银	%
秋粮												
金（两）				50.00	375.00	75.00		375.00		16.67	125.03	25.00
银（两）	100.00	100.00	1.18				750.00	750.00	8.84		125.03	
起运		100.00			375.00			750.00			125.03	
总计		100.00	0.13		375.00	0.50		750.00	1.01		125.03	0.17

秋粮（马）

项目	实物	折银	%
秋粮			
马（匹）	4.00	40.00	4.71
起运		40.00	
总计		40.00	0.05

丙表28-1 贵州布政司分府州及其分属田赋折银明细

（单位：两/银）

项目	总计 实物	折银	%	贵阳府 实物	折银	%	思南府 实物	折银	%	石阡府 实物	折银	%
夏税												
麦收（石）（存留）	266.82	186.77	100.00	6.95	4.86	2.60						
洞蛮麻布（条）（存留）	259.00	77.70	100.00									

思州府 · 铜仁府 · 镇远府 · 都匀府

项目	思州府 实物	思州府 折银	思州府 %	铜仁府 实物	铜仁府 折银	铜仁府 %	镇远府 实物	镇远府 折银	镇远府 %	都匀府 实物	都匀府 折银	都匀府 %
秋粮												
米（石）（存留）	50541.96	14975.58	100.00	6912.95	2048.31	13.68	1859.11	550.85	3.68	851.79	252.39	1.69
户口盐钞银（两）（存留）	5.83	5.83	100.00	0.27	0.27	4.63	1.74	1.74	29.85	0.36	0.36	6.17
遇闰共加银（两）（存留）	0.50	0.50	100.00	0.02	0.02	4.00	0.14	0.14	28.00	0.03	0.03	6.00
存留		15246.38			2053.46			552.73			252.78	
总计		15246.38	100.00		2053.46	13.47		552.73	3.63		252.78	1.66

黎平府 · 安顺州 · 镇宁州 · 永宁州

项目	黎平府 实物	黎平府 折银	黎平府 %	安顺州 实物	安顺州 折银	安顺州 %	镇宁州 实物	镇宁州 折银	镇宁州 %	永宁州 实物	永宁州 折银	永宁州 %
夏税												
洞锦麻布（条）（存留）	259.00	77.70	100.00									
秋粮												
米（石）（存留）	840.51	249.04	1.66	1188.68	352.21	2.35	807.67	239.31	1.60	5007.87	1483.83	9.91
户口盐钞银（两）（存留）	0.16	0.16	2.74	0.90	0.90	15.44	0.21	0.21	3.60	0.14	0.14	2.40
遇闰共加银（两）（存留）	0.03	0.03	6.00	0.07	0.07	14.00	0.01	0.01	2.00	0.01	0.01	2.00
存留		249.23			430.88			239.53			1483.98	
总计		249.23	1.63		430.88	2.83		239.53	1.57		1483.98	9.73

普安州 · 贵州宣慰司 · 龙里卫大平伐长官司 · 新添卫

项目	普安州 实物	普安州 折银	普安州 %	贵州宣慰司 实物	贵州宣慰司 折银	贵州宣慰司 %	龙里卫大平伐长官司 实物	龙里卫大平伐长官司 折银	龙里卫大平伐长官司 %	新添卫 实物	新添卫 折银	新添卫 %
秋粮												
米（石）（存留）	2621.99	776.90	5.19	5247.80	1554.92	10.38	2606.44	772.29	5.16	2294.46	679.85	4.54
户口盐钞银（两）（存留）	0.43	0.43	7.38	0.10	0.10	1.72	0.07	0.07	1.20	0.10	0.10	1.72
遇闰共加银（两）（存留）	0.03	0.03	6.00	0.01	0.01	1.80	0.01	0.01	1.20	0.01	0.01	1.80
存留		777.36			1555.03			772.36			679.96	
总计		777.36	5.10		1555.03	10.20		772.36	5.07		679.96	4.46

项目	平越卫			清平凯里安抚司			贵州等21卫所					
	实物	折银	%	实物	折银	%	实物	折银	%	实物	折银	%
夏税												
麦收（石）（存留）	232.75	162.92	87.23	25.51	17.86	9.56						
秋粮												
米（石）（存留）	3167.81	938.62	6.27	8203.53	2430.71	16.23	438.50	129.93	0.87	937.56	277.80	1.86
户口盐钞银（两）（存留）	1.06	1.06	18.18	0.25	0.25	4.29						
遇闰共加银（两）（存留）	0.08	0.08	16.00	0.02	0.02	4.00						
存留		1102.68			2448.83			129.93			277.80	
总计		1102.68	7.23		2448.83	16.06		129.93	0.85		277.80	1.82

湖广四川协济银粮折银明细

（单位：两/银）

丙表28-2

项目	总计			湖广长沙衡州贰府郴州壹州			四川叙州重顺等府		
	实物	折银	%	实物	折银	%	实物	折银	%
秋粮									
内征解贵州司库折银米（石）	152400.00	45720.00	100.00	102400.00	30720.00	67.19	50000.00	15000.00	32.81
棉布（匹）	60000.00	9000.00	100.00				60000.00	9000.00	100.00
水宁卫仓折银米（石）	5000.00	1500.00	100.00				5000.00	1500.00	100.00

	实物	折银	%	实物	折银	%	实物	折银	%
棉布（匹）	80000.00	12000.00	100.00	80000.00	12000.00	100.00	80000.00	12000.00	100.00
起运		68220.00			30720.00			37500.00	
总计		68220.00	100.00		30720.00	45.03		37500.00	54.97

丙表29　北直隶分府州及其分属田赋折银明细

（单位：两/银）

项目	总计 实物	总计 折银	总计 %	顺天府 实物	顺天府 折银	顺天府 %	保定府 实物	保定府 折银	保定府 %	河间府 实物	河间府 折银	河间府 %
夏税												
麦（石）	178868.51	169485.72	100.00	18803.37	16945.67	10.51	18793.82	22608.54	10.51	19718.23	20331.79	11.02
起运（石）	105443.47	99130.91		10900.00	9823.15		5150.00	6391.50		9893.00	10201.00	
存留（石）	73425.04	70354.81		7903.37	7122.52		13643.82	16217.04		9825.23	10130.79	
人丁丝折绢（匹）	31955.00	22610.46	100.00	2175.00	1557.20	6.81	2796.00	1971.52	8.75	5046.00	3613.83	15.79
起运（匹）	28638.00	20262.73		2175.00	1557.20		1949.00	1374.30		4902.00	3511.40	
存留（匹）	3316.00	2347.73					847.00	597.22		143.00	102.43	
农桑丝折绢（匹）	13319.00	9325.58	100.00	1761.00	1232.70	13.22	1611.00	1127.70	12.10	889.00	622.30	6.67
起运（匹）	11819.00	8273.30		1761.00	1232.70		1611.00	1127.70		889.00	622.30	
存留（匹）	1500.00	1052.28										
本色丝（两）（起运）	3585.12	286.81	100.00				3585.12	286.81	100.00			
秋粮												
米（石）	420510.87	433267.45	100.00	45204.80	38795.47	10.75	42980.30	55487.18	10.22	46087.07	50161.34	10.96
起运（石）	276245.74	292167.05		26457.70	22566.11		30710.00	40689.20		24750.00	26938.07	
存留（石）	144265.13	141100.40		18747.10	16229.36		12270.30	14797.98		21337.07	23223.27	
地亩棉花绒（斤）（起运）	103741.05	7356.47	100.00	9424.09	753.93	9.08	9574.54	670.22	9.23	4647.84	325.35	4.48
牛租谷（石）（存留）	3800.80	4180.88	100.00	3800.80	4180.88	100.00						
枣株课米（石）（存留）	2178.32	2060.39	100.00				16.29	19.65	0.75	37.53	40.85	1.72

项目	真定府 实物	折银	%	顺德府 实物	折银	%	广平府 实物	折银	%	大名府¹ 实物	折银	%
马草（束）	8736496.00	369477.74	100.00	1958845.00	83788.33	22.42	1117520.00	49671.17	12.79	670863.00	30245.06	7.68
起运	6763713.00	290367.84		598162.00	28952.85		1061340.00	47356.55		646000.00	29240.59	
存留	1972781.00	79109.89		1360682.00	54835.48		56180.00	2314.62		24863.00	1004.47	
户口盐钞银（两）	17025.36	17025.36	100.00	3919.93	3919.93	23.02	1611.17	1611.17	9.46	2361.35	2361.35	13.87
起运	11187.15	11187.15		1959.96	1959.96		900.46	900.46		507.22	507.22	
存留	5838.18	5838.18		1959.96	1959.96		710.70	710.70		1854.12	1854.12	
通国共加银（两）	1499.30	1499.30	100.00	326.66	326.66	21.79	134.24	134.24	8.95	196.78	196.78	13.12
起运		730531.56			67172.56			98930.98			70920.41	
存留		306044.56			84328.20			34657.21			36978.23	
总计		1036576.16	100.00		151500.77	14.62		133588.20	12.89		107898.65	10.41

项目	真定府 实物	折银	%	顺德府 实物	折银	%	广平府 实物	折银	%	大名府¹ 实物	折银	%
夏税												
麦（石）	34958.26	35431.30	19.54	12537.80	12039.56	7.01	17842.45	11220.65	9.98	44096.35	40232.06	24.65
起运	18944.77	20649.25		11480.00	11023.75		15183.00	9683.75		33842.70	31314.46	
存留	16013.49	14782.05		1057.80	1015.81		2659.45	1536.90		10253.65	8917.60	
人丁丝折绢（匹）	8548.00	6038.10	26.75	1548.00	1083.60	4.84	2899.00	2069.30	9.07	6893.00	4825.10	21.57
起运	8098.00	5718.60		1548.00	1083.60		2899.00	2069.30		6893.00	4825.10	
存留	450.00	319.50										
农桑丝折绢（匹）	7000.00	4902.28	52.56	351.00	245.70	2.64	654.00	457.80	4.91	810.00	567.00	6.08
起运	6632.00	4642.40		351.00	245.70		654.00	457.80		810.00	567.00	
存留	368.00	259.88										
秋粮												
米（石）	82873.85	87933.52	19.71	30461.07	28865.83	7.24	41479.65	37847.56	9.86	103080.72	106981.05	24.51

¹ 大名府夏税有钞9贯275文，由于数量过少，今略去不计。

1457

表（上）：

项目	实物	折银	%	实物	折银	%	实物	折银	%	实物	折银	%
起运（石）	45943.04	51815.19		24935.00	24070.31		33100.00	31096.91		90350.00	9491.26	
存留（石）	36930.81	36118.33		5526.07	4795.52		8379.65	6750.65		12730.72	11989.79	
地亩棉花绒（斤）（起运）	35033.09	2452.32	33.77	5005.25	350.37	4.82	14584.99	1020.95	14.06	25125.42	1758.78	24.22
牛租谷（石）（存留）												
寒株课米（石）（存留）				12.98	11.26	0.60				2111.52	1988.63	96.93
马草（束）	1383974.00	61855.94	15.84	545481.00	23092.16	6.24	794093.00	35571.12	9.09	1869838.00	69735.38	21.40
起运（束）	1303343.00	58574.26		524000.00	22271.59		764266.00	34345.27		1864782.00	69555.39	
存留（束）	80631.00	3281.68		21481.00	820.57		29826.00	1225.85		5056.00	179.99	
户口盐钞银（两）	2477.36	2477.36	14.55	722.82	722.82	4.25	1335.70	1335.70	7.85	3611.15	3611.15	21.21
起运（两）	1238.68	1238.68		722.82	722.82		1335.70	1335.70		3611.15	3611.15	
存留（两）	1238.68	1238.68		722.82	722.82		1335.70	1335.70		3611.15	3611.15	
遇闰共加银（两）	206.44	206.44	13.77	60.29	60.29	4.02	111.30	111.30	7.42	381.51	381.51	25.45
起运		145297.14			59828.43			80120.98			207004.65	
存留		56000.12			6643.16			9513.40			23076.01	
总计		201297.26	19.42		66471.59	6.41		89634.38	8.65		230080.66	22.20

表（下）：

项目	永平府			延庆州			保安州		
	实物	折银	%	实物	折银	%	实物	折银	%
夏税									
麦（石）	9996.19	8806.64	5.59	1713.75	1509.81	0.96	408.29	359.70	0.23
起运（石）	50.00	44.05							
存留（石）	9946.19	8762.59		1713.75	1509.81		408.29	359.70	
人丁丝折绢（匹）	2050.00	1451.81	6.42						
起运（匹）	174.00	123.23							
存留（匹）	1876.00	1328.58							
农桑丝折绢（匹）	243.00	170.10	1.82						

存留（匹）	243.00	170.10										
秋粮												
米（石）	23353.11	22407.31	5.55	3937.04	3777.59	0.94	1053.26	1010.60	0.25			
存留（石）	23353.11	22407.31		3937.04	3777.59		1053.26	1010.60				
地亩棉花绒（斤）（起运）	345.83	24.55	0.33									
马草（束）	303742.00	11906.69	3.48	73441.00	2878.89	0.84	18699.00	733.00	0.21			
起运（束）	1820.00	71.34										
存留（束）	301922.00	11835.34		73441.00	2878.89		18699.00	733.00				
户口盐钞银（两）	925.01	925.01	5.43	60.87	60.87	0.36						
起运（两）	911.16	911.16										
存留（两）	13.85	13.85		60.87	60.87							
遇闰共加银（两）	82.08	82.08	5.47									
起运		1256.41										
存留		44517.77			8227.16			2103.30				
总计		45774.19	4.42		8227.16	0.79		2103.30	0.20			

丙表30

南直隶分府州及其分属田赋折银明细

（单位：两/银）

项目	总数			应天府			苏州府			松江府		
	实物	折银	%	实物	折银	%	实物	折银	%	实物	折银	%
夏税												
小麦（石）	942161.72	451877.57	100.00	11654.76	5928.48	1.24	53665.43	19838.17	5.70	92260.41	27436.16	9.79
起运(石)	573425.80	223629.55		7580.00	3859.99		40626.80	13261.70		87700.00	26080.00	
存留(石)	368735.91	228248.02		4074.76	2068.49		13038.62	6576.47		4560.41	1356.16	
丝绵折绢(匹)	12570.00	8799.00	100.00	1214.00	849.80	9.66				697.00	487.90	5.54
起运（匹）	11873.00	8311.10		1214.00	849.80	10.22						

项目												
存留（匹）	697.00	487.90								697.00	487.90	
税丝折绢（匹）（起运）	16976.00	11883.20	100.00			12555.00	73.96	8788.50				
农桑丝折绢（匹）（起运）	8910.24	6237.17	100.00	143.00	1.60	640.00	7.18	448.00		179.00	125.30	2.01
税丝（两）	109776.17	8782.09	100.00			102478.04	93.32	8198.24				
起运（两）	1856.16	148.49										
存留（两）	107920.01	8633.60	100.00			102478.04		8198.24				
零丝（两）	130.56	10.44	100.00									
起运（两）	47.50	3.80										
存留（两）	83.06	6.64										
麻布（匹）（起运）	2077.00	415.40	100.00									
税钞（锭）（存留）	7659.00		100.00			4392.00	57.34			3267.00		42.66
秋粮												
米（石）	5066399.97	2638239.35	100.00	214956.64	4.24	2038894.74	40.24	1006937.14	132985.05	939226.23	457781.97	18.54
起运（石）	4411153.31	2220477.17		178518.00		1850607.23		879450.61	110397.84	869566.92	410621.21	
存留（石）	655246.64	417762.18		36438.64		188287.50		127486.53	22587.21	69659.31	47160.76	
牛租米（石）（起运）	2.50	1.50	100.00									
租钞（锭）	1159.00		100.00									
起运（锭）	1136.00		100.00									
存留（锭）	24.00											
马草（包）	5129316.00	136715.21	100.00	374865.00	7.31	538414.00	10.50	14131.52		316251.00	8642.70	6.17
起运（包）	4734712.00	126111.48		365192.00		511000.00		13412.00		283000.00	7734.00	
存留（包）	394610.00	10603.73		9673.00		27414.00		719.52		33251.00	908.70	
户口盐钞银（两）	40728.49	40728.49	100.00	1857.19	4.56	11197.44	27.49	11197.44		1907.48	1907.48	4.68
起运（两）	22148.65	22148.65				5598.72		5598.72		774.05	774.05	
存留（两）	18579.80	18579.80		1857.19		5598.72		5598.72		1133.43	1133.43	

项目	常州府			镇江府			庐州府			凤阳府		
	实物	折银	%	实物	折银	%	实物	折银	%	实物	折银	%
遇闰加银（两）	1978.21	1978.21	100.00									
起运（两）	1819.75	1819.75										
存留（两）	158.46	158.46		158.46	158.46	8.01						
起运		2621187.27			125475.99			920959.53			445334.56	
存留		684480.33			26988.12			148579.48			51046.95	
总计		3305667.59	100.00		152464.11	4.61		1069539.01	32.35		496381.51	15.02
夏税												
小麦（石）	154393.38	48257.35	16.39	54010.91	54010.91	5.73	9885.13	6123.28	1.05	99237.75	99237.75	10.53
起运（石）	151660.00	47164.00		14350.00	14350.00		4000.00	2559.40		20000.00	20000.00	
存留（石）	2733.38	1093.35		39660.91	39660.91		5885.13	3563.88		79237.75	79237.75	
丝绵折绢（匹）	1573.00	1101.10	12.51	205.00	143.50	1.63						
起运（匹）	1573.00	1101.10		205.00	143.50							
税丝折绢（匹）（起运）	324.00	226.80	3.64							1380.00	966.00	8.13
农桑丝折绢（匹）（起运）	2077.00	415.40	100.00				687.00	480.90	7.71	1035.00	724.50	11.62
麻布（匹）（起运）				13.00	9.10	0.15						
秋粮												
米（石）	606954.03	290451.86	11.98	143252.25	85951.35	2.83	67045.52	40227.31	1.32	113503.02	74880.75	2.24
起运（石）	593871.16	281407.56		117000.00	70200.00		35000.00	21000.00		60300.00	39781.40	
存留（石）	13082.86	9044.30		26252.25	15751.35		32045.52	19227.31		53203.02	35099.35	
租钞（锭）	24.00		2.07									
存留（锭）	24.00											
马草（包）	714369.00	19557.12	13.93	119670.00	3098.25	2.33	98337.00	2507.59	1.92	234141.00	5808.63	4.56
起运（包）	690000.00	18889.98		108000.00	2796.00		80000.00	2040.00		208000.00	5160.00	

项目	淮安府 实物	淮安府 折银	淮安府 %	扬州府 实物	扬州府 折银	扬州府 %	徽州府 实物	徽州府 折银	徽州府 %	宁国府 实物	宁国府 折银	宁国府 %
存留（包）	24369.00	667.14	8.51	11670.00	302.25	1.22	18337.00	467.59	3.39	26147.00	648.63	10.81
户口盐钞银（两）	3465.35	3465.35		496.73	496.73		1381.46	1381.46		4404.06	4404.06	
起运（两）	3465.35	3465.35		305.05	305.05		740.79	740.79		1868.39	1868.39	
存留（两）				191.67	191.67		640.67	640.67		2535.67	2535.67	
遇闰加银（两）							115.17	115.17	5.82	369.98	369.98	18.70
起运（两）							115.17	115.17		369.98	369.98	
起运		352670.19			87803.65			26936.26			68870.27	
存留		10804.79	11.00		55906.18	4.35		23899.45	1.54		117521.40	
总计		363474.98			143709.84			50835.71			186391.67	5.64
夏税												
小麦（石）	228872.29	94522.51	24.29	39925.73	15970.29	4.24	51785.40	14871.81	5.50	29060.54	11624.22	3.08
起运（石）	99350.00	41030.79		10309.00	4123.60		45900.00	13020.00		28100.00	11240.00	
存留（石）	129522.29	53491.72		29616.73	11846.69		5885.40	1851.81		960.54	384.22	
丝绵折绢（匹）							8779.00	6145.30	69.84			
起运（匹）							8779.00	6145.30				
税桑丝折绢（匹）（起运）	1461.00	1022.70	16.40	842.24	589.57	9.45						
农桑丝折绢（匹）（起运）							15.00	10.50	0.17	30.00	21.00	0.34
税丝（两）										5474.08	437.93	4.99
存留（两）										5474.08	437.93	
零丝（两）				47.50	3.80	36.38				33.30	2.66	25.51
起运（两）				47.50	3.80					33.30	2.66	
存留（两）												
秋粮												

米(石)	166423.50	100454.10	3.28	206327.91	123796.75	4.07	120602.20	51854.18	2.38	74191.79	45982.30	1.46
起运(石)	133675.00	80805.00		151100.00	90660.00		103800.00	40438.40		64500.00	39761.52	
存留(石)	32748.50	19649.10		55227.91	33136.75		16802.20	11415.78		9691.79	6220.78	
牛租米(石)(起运)				2.50	1.50	100.00						
租钞(锭)				1082.00		93.36						
起运(锭)				1082.00								
马草(包)	454720.00	11401.93	8.87	348465.00	8965.03	6.79				798632.00	21469.72	15.57
起运(包)	402000.00	10080.00		327080.00	8415.44					770000.00	20700.00	
存留(包)	52720.00	1321.93		21385.00	549.59					28632.00	769.72	
户口盐钞银(两)	3981.58	3981.58	9.78	3094.16	3094.16	7.60	785.54	785.54	1.93	1262.14	1262.14	3.10
起运(两)	1990.79	1990.79		1465.31	1465.31		785.54	785.54		1140.53	1140.53	
存留(两)	1990.79	1990.79		1628.85	1628.85					121.60	121.60	
遇闰加银(两)	341.09	341.09	17.24	258.64	258.64	13.07	65.35	65.35	3.30	94.96	94.96	4.80
起运(两)	341.09	341.09		258.64	258.64		65.35	65.35		94.96	94.96	
起运		135270.37			105517.86			60465.09			72958.01	
存留		76453.54			47161.88			13267.59			7936.91	
总计		211723.91	6.40		152679.74	4.62		73732.68	2.23		80894.93	2.45
项目	池州府			太平府			安庆府			广德州		
	实物	折银	%	实物	折银	%	实物	折银	%	实物	折银	%
夏税												
小麦(石)	6906.48	3376.78	0.73	16752.87	7079.81	1.78	18909.30	7563.72	2.01	3636.39	1454.56	0.39
起运(石)	5600.00	2738.00		14600.00	6170.00		15000.00	6000.00		3500.00	1400.00	
存留(石)	1306.48	638.78		2152.87	909.81		3909.30	1563.72		136.39	54.56	
丝绵折绢(匹)				102.00	71.40	0.81						
起运(匹)				102.00	71.40							

项目												
税丝折绢（匹）（起运）	16.00	11.20	0.09	116.00	81.20	1.30	353.00	247.10	3.96	19.00	13.30	0.21
农桑丝折绢（匹）（起运）	199.00	139.30	2.23							1856.29	148.50	1.69
税丝（两）	1.19	0.10										
起运（两）	1.19	0.10	0.001							1856.29	148.50	
存留（两）												
零丝（两）	49.76	3.98										
存留（两）	49.76	3.98	38.11									
秋粮												
米（石）	62154.06	38220.14	1.23	91418.59	48337.80	1.80	112039.72	69096.79	2.21	14066.29	8522.59	0.28
起运（石）	59300.00	36324.28		23100.00	12344.61		99000.00	60779.00		13630.00	8260.82	
存留（石）	2854.06	1895.86		68318.59	35993.19		13039.72	8317.79		436.29	261.77	
租钞（锭）	53.00											
起运（锭）			4.57									
存留（锭）	53.00											
马草（包）	98306.00	2564.50	1.92	355449.00	9283.49	6.93	191973.00	5049.41	3.74	303045.00	8528.89	5.91
起运（包）	92000.00	2400.00		340000.00	8880.00		185000.00	4866.00		275000.00	7739.59	
存留（包）	6306.00	164.50		15449.00	403.49		6973.00	183.41		28045.00	789.30	
户口盐钞银（两）	569.85	569.85	1.40	685.98	685.98	1.68	1356.41	1356.41	3.33	1694.74	1694.74	4.16
起运（两）	227.94	227.94		308.69	308.69		550.44	550.44		1682.74	1682.74	
存留（两）	341.91	341.91		377.28	377.28		805.97	805.97		12.00	12.00	
遇闰加银（两）	47.48	47.48	2.40	57.16	57.16	2.89	113.03	113.03	5.71	141.22	141.22	7.14
起运（两）	47.48	47.48		57.16	57.16		113.03	113.03		141.22	141.22	
起运		41888.20			27913.06			72555.57			19386.17	
存留		3045.13			37683.77			10870.89			1117.63	
总计		44933.33	1.36		65596.84	1.98		83426.46	2.52		20503.80	0.62

项目	徐州			滁州			和州		
	实物	折银	%	实物	折银	%	实物	折银	%
夏税									
小麦（石）	67158.00	33091.14	7.13	2611.29	961.83	0.28	1435.66	528.80	0.15
起运（石）	23150.00	9895.40		2000.00	736.67				
存留（石）	44008.00	23195.74		611.29	225.16		1435.66	528.80	
税丝折绢（匹）（起运）	3025.00	2117.50	17.82						
农桑丝折绢（匹）（起运）	2538.00	1776.60	28.48	217.00	151.90	2.44	99.00	69.30	1.11
秋粮									
米（石）	79858.14	52684.39	1.58	5985.35	3807.52	0.12	9499.99	6267.36	0.19
起运（石）	48000.00	31666.79		1465.00	825.33		8720.00	5752.80	
存留（石）	31858.14	21017.60	1.95	4520.35	2982.19	1.10	779.99	514.56	0.51
马草（包）	100000.00	3000.00		56441.00	1370.71		26238.00	750.69	
起运（包）	50000.00	1500.00		36000.00	874.29		12440.00	355.92	
存留（包）	50000.00	1500.00	5.06	20441.00	496.42	0.63	13798.00	394.77	0.67
户口盐钞银（两）	2059.85	2059.85		255.94	255.94		272.59	272.59	
起运（两）	1029.92	1029.92		105.39	105.39		109.01	109.01	
存留（两）	1029.92	1029.92	8.67	150.55	150.55	1.08	163.58	163.58	1.15
遇闰加银（两）	171.58	171.58		21.30	21.30		22.79	22.79	
起运（两）	171.58	171.58		21.30	21.30		22.79	22.79	
起运		48157.79			2714.88			6309.82	
存留		46743.26			3854.32			1601.71	
总计		94901.06	2.87		6569.20	0.20		7911.53	0.24

第 三 章

十五省直分县田赋折银(上)

说 明

本说明包括第三章十五省直分县田赋折银（上）、第四章十五省直分县田赋折银（中）、第五章十五省直分县田赋折银（下）的全部内容。

其中的表格使用了"□□府分州县及其他分属田赋折银明细"的标题，其原因见上一章的说明。

其中自丙表 31—丙表 232，这是根据丙表 1—丙表 4、丙表 6—丙表 15 所确定的折银价格，对由《会计录》卷二至卷一六所载十四省直各府分州县及其他分属的田赋折银列表。

这些表中，各州县及其他分属的各项田赋折银 $= \dfrac{该县该项田赋实物数}{全府该项田赋实物数} \times$ 全府该项田赋折银数。因此凡有起运、存留分项的项目，其起运、存留分项折银数有误差。但是各县该项田赋起运、存留两项折银数之和＝各县该项田赋折银总数；各县田赋折银总数之和＝全府田赋折银总数。

同时对于各项田赋，在表中列出了全府该项田赋的实物总数、折银数，以及所辖各州县及其他分属的该项田赋总数、折银数及其在全府中所占的百分比。例如杭州府夏税麦共计 5572.04 石，折银 1707.30 两；其中仁和县夏税麦 2598.54 石，折银 796.21 两，其占杭州府夏税麦总数的百分比为 46.64％。

同时在表格的最后三行，分别列出了各府与所辖各州县及其他分属的田赋折银后，以白银所表示的该项田赋总数、起运总数、存留总数以及该项田赋在全府中所占的百分比。

丙表 232 是山东各府分州县及其分属田赋折银估计，故此放在最后。山东布政司所辖 6 府共领 15 州、89 县，共计 104 个县级单位。而《会计录》中这部分数据完全缺失。不仅如此，《会计录》中除了"积谷"外，没有任何一项目包含有全部 104 个县的内容。

为此我们在对全国十五省直田赋数据聚类分析的基础上，对南直隶与山东的田赋与积谷进行再次聚类分析，得到效果较好的聚类结果。

根据此结果，按田赋为因变量，积谷为预测变量，对于所分的四类分别进行线性回归分析，在显著性水平 $\alpha=0.01$ 下，模型回归效果显著。由此预测出山东省所辖 104 个县的田赋数据。

由回归效果分析表可见，误差百分比较小，模型的拟合度 R 方较高，回归效果较为理想。

丙表 203 是贵州等二十一卫所官军旗舍买种夷民田土照例认纳起科粮米折银明细。本不属于贵州布政司所辖府县田赋项目，但是在原书中，这一部分内容列在贵州布政司项下，故此在列表时，放在贵州所属府州县田赋项目的最后。

此外，由于原书有缺页，故此在丙表 75 中福建宁府所属仅存 5 县数据，其中崇安、政和、寿宁、建安 4 县数据完整，另有一县有数据，无县名，残缺的 3 个县应是浦城、松溪、建阳、瓯宁县中的 3 个县；丙表 129 中潮州府缺潮阳、揭阳、程乡、饶平、惠来、大埔、澄海、普宁、平远县数据；雷州府所属海康、遂溪、徐闻县，丙表 133 中琼州府缺琼山、定安、澄迈、文昌县数据；丙表 205 中保定府缺蠡县部分数据，以及雄县、安州、高阳县、祁州、深泽县、束鹿县、新安县等州县数据。这些残缺情况，均在相应的表格处给以注明。

浙江各府分州县及其分属田赋折银

丙表 31　杭州府分州县及其分属田赋折银明细

（单位：两/银）

项目	杭州府			仁和县			钱塘县			海宁县		
	实物	折银	%	实物	折银	%	实物	折银	%	实物	折银	%
夏税												
小麦（石）	5572.04	1707.30	100.00	2398.54	796.21	46.64	840.88	257.65	15.09	1411.41	432.46	25.33
起运麦（石）	3599.43	1109.75	100.00	1695.10	517.53		544.36	167.47		921.62	281.10	
存留麦（石）	1972.61	597.56	100.00	903.44	278.67		296.52	90.18		489.79	151.36	
丝绢并荒丝（两）	684694.89	27351.10	100.00	76820.07	3068.69	11.22	49295.35	1969.17	7.20	185072.20	7392.97	27.03
起运（两）	505351.41	20239.81	100.00	52180.18	2086.71		33288.28	1339.04		129768.62	5175.08	
存留（两）	179343.48	7111.29	100.00	24639.88	981.98		16007.06	630.14		55303.58	2217.89	
农桑丝折绢（匹）（起运）	296.00	207.20	100.00	23.00	16.10	7.77	2.00	1.40	0.68	41.00	28.70	13.85
租钞（锭）（存留）	63.00		100.00	4.00		6.35	14.00		22.22	43.00		68.25
秋粮			100.00									
米（石）	234071.23	94991.77	100.00	76482.55	31038.47	32.67	32790.84	13307.32	14.01	74523.85	30243.58	31.84
起运米（石）	191006.98	77893.25	100.00	58831.47	23899.62		27779.86	11311.22		68545.84	27824.10	
存留米（石）	43064.24	17098.52	100.00	17651.07	7138.85		5010.97	1996.10		5978.01	2419.49	
租钞（锭）（存留）	40.00		100.00	36.00		90.00						
租丝（两）（存留）	131.47	10.52	100.00	131.47	10.52	100.00						
租（分摊）麻布（匹）（存留）	2.00	0.40	100.00	2.00	0.40	100.00						
户口盐钞银（两）¹	305.99	305.99	100.00	76.42	76.42	24.97	137.98	137.98	45.09	29.83	29.83	9.75
起运银（两）	152.99	152.99		38.21	38.21		68.99	68.99		14.91	14.91	
存留银（两）	152.99	152.99		38.21	38.21		68.99	68.99		14.91	14.91	
起运	99603.00		100.00	26558.17			12888.12			33323.88		

¹户口盐钞银银总数=各县户口盐钞银之和+本府银4.27两，起运（存留）银总数=各县起运（存留）银之和+2.13两。

项目	富阳县 实物	富阳县 折银	富阳县 %	余杭县 实物	余杭县 折银	余杭县 %	临安县 实物	临安县 折银	临安县 %	於潜县 实物	於潜县 折银	於潜县 %
存留		24971.28			8448.63			2785.40			4803.65	
总计		124574.28	100.00		35006.80	28.10		15673.52	12.58		38127.54	30.61
夏税												
小麦（石）	546.13	167.34	9.80	128.68	39.43	2.31	17.81	5.46	0.32	14.60	4.47	0.26
起运麦（石）	356.20	108.77		82.14	25.23		17.81	5.46		14.60	4.47	
存留麦（石）	189.93	58.57		46.54	14.19							
丝绵井荒丝（两）	146807.79	5864.44	21.44	34146.43	1364.03	4.99	110416.70	4410.75	16.13	33756.03	1348.43	4.93
起运（两）	120624.73	4808.84		24593.37	982.10		89504.49	3572.71		21878.06	876.48	
存留（两）	26183.05	1055.60		9553.05	381.93		20912.21	838.04		11877.97	471.95	
农桑丝折绢（匹）（起运）	17.00	11.90	5.74	30.00	21.00	10.14	125.00	87.50	42.23	15.00	10.50	5.07
秋粮												
米（石）	14331.68	5816.14	6.12	18569.76	7536.06	7.93	7090.95	2877.68	3.03	3565.68	1447.04	1.52
起运米（石）	11190.79	4536.59		14772.62	6028.85		4812.66	1956.82		1825.02	737.99	
存留米（石）	3140.88	1279.55		3797.14	1507.21		2278.29	920.86		1740.66	709.05	
租钞（锭）（存留）	3.00		7.50									
户口盐钞银（两）	22.36	22.36	7.31	21.72	21.72	7.10	5.50	5.50	1.80	3.24	3.24	1.06
起运银（两）	11.18	11.18		10.86	10.86		2.75	2.75		1.62	1.62	
存留银（两）	11.18	11.18		10.86	10.86		2.75	2.75		1.62	1.62	
起运		9477.28			7068.04			5619.78			1626.59	
存留		2404.90			1914.19			1767.11			1187.09	
总计		11882.18	9.54		8982.23	7.21		7386.89	5.93		2813.68	2.26

项目	新城县 实物	新城县 折银	新城县 %	昌化县 实物	昌化县 折银	昌化县 %

项目	实物	折银	%	实物	折银	%
夏税						
小麦（石）	9.13	2.80	0.16	4.81	1.47	0.09
存留麦（石）	9.13	2.80		4.81	1.47	1.47
丝绵并荒丝（两）	28903.64	1154.60	4.22	19476.70	778.02	2.84
起运	20971.36	842.86		12542.32	497.94	
存留	7932.27	311.74		6934.37	280.09	
农桑丝折绢（匹）（起运）	21.00	14.70	7.09	16.00	11.20	5.41
秋粮						
米（石）	4221.84	1713.32	1.80	2494.04	1012.14	1.07
起运米（石）	2065.86	839.53		1182.83	475.71	
存留米（石）	2155.98	873.80		1311.21	536.44	
户口盐钞银（两）	3.25	3.25	1.06	1.39	1.39	0.45
起运银（两）	1.62	1.62		0.69	0.69	
存留银（两）	1.62	1.62		0.69	0.69	
起运		1698.70			985.53	
存留		1189.96			818.68	
总计	2888.67		2.32	1804.23		1.45

丙表32　嘉兴府分州县及其分属田赋折银明细

（单位：两/银）

项目	嘉兴府			嘉兴县			秀水县			嘉善县		
	实物	折银	%	实物	折银	%	实物	折银	%	实物	折银	%
夏税												
小麦（石）	27628.35	8465.48	100.00	4402.29	1348.89	15.93	4765.18	1460.08	17.25	2929.85	897.72	10.60
起运麦（石）	17889.51	5502.56		2850.49	876.78		3085.46	949.05		1897.08	583.52	
存留麦（石）	9738.84	2962.92		1551.80	472.11		1679.72	511.03		1032.77	314.20	

项目	海盐县 实物	海盐县 折银	海盐县 %	崇德县 实物	崇德县 折银	崇德县 %	平湖县 实物	平湖县 折银	平湖县 %	桐乡县 实物	桐乡县 折银	桐乡县 %
丝绵并荒丝（两）	70114.32	2800.81	100.00	9617.98	380.21	13.57	5982.64	238.98	8.53	2859.82	114.24	4.08
起运京库丝绵（两）	15460.91	616.18		2146.46	87.45		1303.66	52.58		637.84	25.13	
存留丝绵（两）	54653.41	2184.64		7371.52	292.76		4678.98	186.41		2221.98	89.11	
农桑丝折绢（匹）（起运）	633.00	443.10	100.00	129.00	90.30	20.38	95.00	66.50	15.01	61.00	42.70	9.64
租钞（锭）（存留）	1391.00		100.00	50.00		3.59	90.00		6.47	53.00		3.81
秋粮												
米（石）	629208.13	255347.90	100.00	124884.48	50681.15	19.85	108985.58	44228.99	17.32	131252.31	53265.37	20.86
起运米（石）	586172.75	237473.54		118692.72	48147.09		102690.01	41575.25		119665.58	48471.48	
存留米（石）	43035.38	17874.35		6191.76	2534.06		6295.57	2653.74		11586.73	4793.88	
马草（包）	506427.00	15192.81	100.00	105342.00	3160.26	20.80	74610.00	2238.30	14.73	68762.00	2062.86	13.58
起运草（包）	487215.00	14585.10		100170.00	3002.25		69010.00	2059.24		66285.00	1980.35	
存留草（包）	19212.00	607.71		5172.00	158.01		5600.00	179.06		2477.00	82.51	
户口盐钞银（两）[1]	241.77	241.77	100.00	51.87	51.87	21.45	61.75	61.75	25.54	36.99	36.99	15.30
起运银（两）	115.17	115.17		25.93	25.93		30.87	30.87		12.78	12.78	
存留银（两）	126.59	126.59		25.93	25.93		30.87	30.87		24.20	24.20	
起运		258735.65			52229.79			44733.48			51115.96	
存留		23756.21			3482.87			3561.11			5303.91	
总计		282491.87			55712.67			48294.60			56419.88	
夏税												
小麦（石）	3355.37	1028.10	12.14	3927.81	1203.50	14.22	3599.68	1102.96	13.03	4648.13	1424.21	16.82
起运麦（石）	2172.60	668.27		2543.26	782.28		2330.94	716.93		3009.67	925.74	
存留麦（石）	1182.76	359.84		1384.55	421.23		1268.74	386.04		1638.46	498.47	

[1]户口盐钞银总数=各县户口盐钞银之和+本府银4.22两，起运（存留）银总数=各县起运（存留）银之和+本府银+2.11两。

项目	实物	折银	%	实物	折银	%	实物	折银	%	实物	折银	%
丝绵并荒丝（两）	14516.39	579.88	20.70	10680.69	426.65	15.23	13793.68	551.01	19.67	12763.12	509.84	18.20
起运京库丝绵（两）	3220.39	127.57		2332.61	93.86		3039.04	121.22		2780.91	112.16	
存留库丝绵（两）	11296.00	452.30		8348.08	332.79		10754.64	429.79		9982.21	397.68	
农桑丝折绢（匹）（起运）	38.00	26.60	6.00	167.00	116.90	26.38	50.00	35.00	7.90	90.00	63.00	14.22
租钞（锭）（存留）	532.00		38.25	8.00		0.58	641.00		46.08	15.00		1.08
秋粮												
米（石）	66909.00	27153.29	10.63	62505.99	25366.44	9.93	80552.98	32690.35	12.80	54118.26	21962.50	8.60
起运米（石）	64564.74	26067.16		60997.96	24859.12		67342.98	27459.89		52218.73	21084.00	
存留米（石）	2344.25	1086.13		1508.03	507.33		13210.00	5230.46		1899.52	878.50	
马草（包）	80824.00	2424.72	15.96	59256.00	1777.68	11.70	57686.00	1730.58	11.39	59944.00	1798.32	11.84
起运草（包）	78180.00	2351.98		58100.00	1742.13		56570.00	1695.97		58900.00	1762.35	
存留草（包）	2644.00	72.74		1156.00	35.55		1116.00	34.61		1044.00	35.97	
户口盐钞银（两）	57.67	57.67	23.85	7.87	7.87	3.26	7.03	7.03	2.91	14.35	14.35	5.94
起运银（两）	28.83	28.83		3.93	3.93		3.51	3.51		7.17	7.17	
存留银（两）	28.83	28.83		3.93	3.93		3.51	3.51		7.17	7.17	
起运		29270.41			27598.21			30032.52			23954.43	
存留		1999.84			1300.83			6084.40			1817.79	
总计		31270.26			28899.05			36116.93			25772.22	

丙表33　湖州府分州县及其分属田赋折银明细

（单位：两/银）

项目	湖州府 实物	折银	%	乌程县 实物	折银	%	归安县 实物	折银	%	长兴县 实物	折银	%
夏税												
小麦（石）	13596.73	4166.11	100.00	188.74	57.83	1.39				8552.83	2620.63	62.90
起运麦（石）	8804.14	2707.97		122.29	37.59					5537.95	1703.41	

存留麦（石）	4792.59	1458.14		66.53	20.24					3014.87	917.22	12.90
丝绵并荒丝（两）	826262.60	33006.22	100.00	256015.99	10226.92	30.98	229134.70	27.73	9153.11	106592.17	4257.97	
起运京库丝绵（两）	396586.85	15842.98		125397.00	5009.14		104587.00		4177.48	52500.00	2097.05	
合罗丝（两）	8000.00	320.16					5600.00		223.34			
串伍细丝（两）	40000.00	1597.50		14304.00	571.68		8960.00		357.89	5428.00	216.73	
荒丝（两）	170000.00	6789.38		72740.00	2905.47		17980.00		718.52	32080.00	1281.65	
上白棉（两）	12000.00	478.59					8400.00		335.92			
中白棉（两）	90000.00	3594.38		11060.00	441.80		49160.00		1963.34	3420.00	136.68	
南京库串伍丝（两）	20000.00	798.75		6950.00	277.15		4550.00		182.15	3080.00	123.06	
荒丝（两）	20000.00	798.75		6240.00	249.54		5600.00		223.34	2550.00	101.77	
中白绵（两）	3000.00	118.82					2080.00		83.29			
存留丝绵（两）	66675.74	2663.60		19324.99	772.13		22217.70		887.85	7534.17	301.04	
农桑丝折绢（匹）（起运）	2.00	1.40	100.00							2.00	1.40	100.00
租钞（锭）（存留）	16012.00		100.00	2741.00		17.12	1423.00	8.89		5148.00		32.15
原额小绢（匹）（存留）	4.00	2.80	100.00	1.00	0.70	25.00	1.00	25.00	0.70			
秋粮												
米（石）	469119.62	190380.10	100.00	152688.50	61964.69	32.55	130358.57	27.79	52902.66	74745.50	30333.53	15.93
起运米（石）	447284.49	180861.10	100.00	149302.79	60725.40		126688.22		51315.58	69412.04	28210.19	
存留米（石）	21835.12	9519.01	100.00	3385.75	1239.29		3670.35		1587.08	5333.46	2123.35	
租绢（匹）（存留）	0.83		100.00									
租（分鹿）麻布（匹）（存留）	0.17		100.00									
马草（包）	368064.00	11041.92	100.00	93691.00	2810.73	25.46	82422.00	22.39	2472.66	84290.00	2528.70	22.90
起运草（包）	305435.00	9164.79		77675.00	2332.91		68450.00		2052.31	70010.00	2098.82	
存留草（包）	62629.00	1877.13		16016.00	477.82		13972.00		420.35	14280.00	429.88	

项目	安吉州			孝丰县			德清县			武康县		
	实物	折银	%	实物	折银	%	实物	折银	%	实物	折银	%
户口盐钞银（两）¹		153.09	100.00		46.38	30.30		43.82	28.62		6.36	4.15
起运银（两）		76.54			23.19			21.91			3.18	
存留银（两）		76.54			23.19			21.91			3.18	
遇闰共加银（两）		12.75	100.00		3.86	30.27		3.65	28.63		0.53	4.16
起运		223163.86	100.00		72577.73			61658.71			35974.46	
存留		15597.22			2533.38			2917.89			3774.67	
总计		238764.39	100.00		75111.11	31.46		64576.60	27.05		39749.13	16.65
夏税												
小麦（石）	2692.43	824.97	19.80	2162.71	662.67	15.91						
起运麦（石）	1743.34	536.23	19.80	1400.62	430.73							
存留麦（石）	949.09	288.74	19.80	762.09	231.93							
丝绵并荒丝（两）	32134.38	1283.65	3.89	29973.49	1197.33	3.63	100128.23	3999.76	12.12	72283.63	2887.47	8.75
起运京库丝绵（两）	15860.00	633.61		14668.00	585.97		48040.00	1919.09		35534.85	1419.48	
合罗丝（两）							2400.00	95.99				
串伍细丝（两）	1690.00	67.52		1490.00	59.51		4128.00	164.79		4000.00	159.68	
荒丝（两）	9670.00	386.25		8940.00	357.16		7810.00	311.98		20780.00	830.15	
上白棉（两）							3600.00	143.99				
中白棉（两）	1030.08	41.21		950.08	37.96		21440.00	856.35		2940.00	117.52	
南京库串伍丝（两）	840.00	33.50		710.00	28.38		1940.00	77.60		1930.00	77.10	
荒丝（两）	770.00	30.81		680.00	27.18		2400.00	95.99		1760.00	70.17	
中白棉（两）							920.00	36.80				
存留丝绵（两）	2274.38	90.88		2535.49	101.29		7450.23	297.58		5338.77	213.38	

¹户口盐钞银总数=各县户口盐钞银之和+本府银2.92两，起运（存留）银总数=各县起运（存留）银之和+本府银1.46两，遇闰加银总数=各县遇闰加银之和+0.24两。

项目	宁波府 实物	折银	%	鄞县 实物	折银	%	慈溪县 实物	折银	%	奉化县 实物	折银	%
租钞（锭）（存留）	925.00		5.78	589.00		3.68	454.00		2.84	4729.00		29.53
原额小绢（匹）（存留）							2.00	1.40	50.00			
秋粮												
米（石）	12272.87	4980.63	2.62	10962.62	4448.90	2.3	72190.25	29296.55	15.39	15901.27	6453.12	3.39
起运米（石）	11398.41	4631.98		5273.06	2135.47		70145.58	28417.65		15064.35	6130.46	
存留米（石）	874.46	348.64		5689.56	2313.43		2044.67	878.90		836.91	322.66	
马草（包）	20439.00	613.17	5.55	18260.00	547.80	4.96	52403.00	1572.09	14.24	16556.00	496.68	4.50
起运草（包）	16630.00	496.67		14900.00	449.20		43840.00	1320.56		13930.00	417.21	
存留草（包）	3809.00	116.50		3360.00	98.60		8563.00	251.53		2626.00	79.47	
户口盐钞银（两）	11.04	11.04	7.21	3.06	3.06	2.00	10.20	10.20	6.66	29.28	29.28	19.13
起运银（两）	5.52	5.52		1.53	1.53		5.10	5.10		14.64	14.64	
存留银（两）	5.52	5.52		1.53	1.53		5.10	5.10		14.64	14.64	
遇闰夫加银（两）	0.92	0.92	7.22	0.25	0.25	1.96	0.85	0.85	6.67	2.44	2.44	19.14
起运		6864.22			4113.34			33446.74			9238.84	
存留		850.29			2746.79			1434.51			630.15	
总计		7714.39	3.23		6860.01	2.87		34880.85	14.61		9868.99	4.13

丙表34　宁波府分州县及其分属田赋折银明细

（单位：两/银）

项目	宁波府 实物	折银	%	鄞县 实物	折银	%	慈溪县 实物	折银	%	奉化县 实物	折银	%
夏税												
小麦（石）	16969.48	5199.54	100	2719.58	833.29	16.03	2112.76	647.36	12.45	5124.93	1570.31	30.20
起运麦（石）	10986.90	3379.70		1760.92	541.64		1367.99	420.78		3318.39	1020.70	
存留麦（石）	5982.58	1819.84		958.65	291.65		744.77	226.58		1806.53	549.61	
丝绢并荒丝（两）	169.15	6.76	100	45.44	1.82	26.86	123.71	4.94	73.14			

项目	总数 实物	总数 折银	％	实物	折银	％	实物	折银	％	实物	折银	％
存留丝绵（两）	169.15		100	45.44	1.82	26.86			19.43	123.71	4.94	73.14
租钞（锭）（存留）	1976.00	6.76	100	642.00			384.00		22.74	384.00	384.00	19.43
农桑零丝（两）（存留）	691.89	55.35	100	55.46	4.44	8.02	157.36	12.59	22.74	299.17	23.93	43.24
秋粮												
米（石）	174558.72	70840.16	100	78595.20	31895.84	45.03	36638.84	14868.93	20.99	26442.32	10730.93	15.15
起运米（石）	44900.00	1818.44		33259.00	13396.25	32.49	3480.00	1338.20		3285.00	1287.71	19.43
存留米（石）	129658.72	52421.72	100	45336.20	18499.59	22.25	33158.84	13530.73	23.79	23157.32	9443.22	
租钞（锭）（存留）	2841.00	0.50	100	632.00			676.00			885.00		31.15
租丝（两）（存留）	6.29		100									
户口盐钞银（两）[1]	302.10	302.10		187.27	187.27	61.99	42.40	42.40	14.04	17.25	17.25	5.71
起运银（两）	151.04	151.04		93.63	93.63		21.20	21.20		8.62	8.62	
存留银（两）	151.04	151.04		93.63	93.63		21.20	21.20		8.62	8.62	
遇闰共加银（两）	25.16	25.16		15.60	15.60	62.00	3.53	3.53	14.03	1.43	1.43	5.68
起运		21974.34			14047.12			1783.72			2318.46	
存留		54455.21			18891.12			13791.09			10030.33	
总计		76429.57	100		32938.25	43.10		15574.81	20.38		12348.80	16.16

项目	定海县 实物	定海县 折银	％	象山县 实物	象山县 折银	％
夏税						
小麦（石）	1552.57	475.72	9.15	5459.62	1672.86	32.17
起运麦（石）	1004.99	309.22	19.74	3534.58	1087.36	
存留麦（石）	547.57	166.50	6.75	1925.04	585.50	8.76
租钞（锭）（存留）	390.00			173.00		
农桑零丝（两）（存留）	46.70	3.74		133.20	10.66	19.25

[1] 户口盐钞银总数＝各县户口盐钞银之和＋本府银 3.43，起运（存留）银总数＝各县起运（存留）银之和＋本府银之和＋1.71 两，遇闰加银总数＝各县遇闰加银之和＋0.28 两。

秋粮	实物	折银	%		实物	折银	%
米（石）	27569.35	11188.31	15.79		5312.99	2156.14	3.04
起运米（石）	4026.00	1678.25			850.00	344.98	
存留米（石）	235543.35	9510.06			4462.99	1811.16	
租钞（锭）（存留）	244.00		8.59		402.00		14.15
租丝（两）（存留）	6.29	0.50	100.00				
户口盐钞银（两）	17.66	17.66	5.85		34.06	34.06	11.27
起运银（两）	8.83	8.83			17.03	17.03	
存留银（两）	8.83	8.83			17.03	17.03	
通闰共加银（两）	1.47	1.47	5.84		2.83	2.83	11.25
起运		1997.76				1452.20	
存留		9689.63				2424.34	
总计		11687.39	15.29			3876.54	5.07

丙表35　绍兴府分州县及其分属田赋折银明细

（单位：两/银）

项目	绍兴府 实物	折银	%	山阴县 实物	折银	%	会稽县 实物	折银	%	萧山县 实物	折银	%
夏税												
小麦（石）	12826.17	3930.01	100.00	1696.73	519.89	13.23	1012.72	310.30	7.90	1578.43	483.64	12.31
起运麦（石）	8303.29	2554.51		1098.63	337.93		654.48	201.70		1022.04	314.37	
存留麦（石）	4522.88	1375.50		598.10	181.96		358.23	108.61		556.39	169.27	
丝绵并荒丝（两）	535.60	21.40	100.00									
存留丝绵（两）	535.60	21.40										
农桑丝折绢（匹）（起运）	81.00	56.70	100.00	21.00	14.70	25.93	6.00	4.20	7.41	6.00	4.20	7.41
租钞（锭）（存留）	4429.00		100.00	330.00		7.45	325.00		7.34	260.00		5.87

秋粮（上接表）

项目	总数 实物	总数 折银	总数 %	实物	折银	%	实物	折银	%	实物	折银	%
帛萱绢（匹）（存留）	1.00	0.70										
秋粮												
米（石）	319822.08	129791.55	100.00	82706.59	33564.34	25.86	53277.28	21621.21	16.66	36564.65	14838.82	11.43
起运米（石）	126729.73	51916.62	100.00	33418.27	13425.74		20965.42	8432.27		14878.47	6083.92	
存留米（石）	193092.34	77874.93	100.00	49288.31	20138.60		32311.85	13188.94		21686.17	8754.90	
租钞（锭）（存留）	13755.00		100.00	5527.00		40.18	1947.00		14.15	682.00		4.96
户口盐钞银（两）¹	219.68	219.68	100.00	33.52	33.52	15.26	17.42	17.42	7.93	83.54	83.54	38.03
起运银（两）	109.83	109.83		16.76	16.76		8.71	8.71		41.77	41.77	
存留银（两）	109.83	109.83		16.76	16.76		8.71	8.71		41.77	41.77	
起运		54637.65	100.00		13795.12			8646.88			6444.25	
存留		79382.70	100.00		20337.32			13306.25			8965.95	
总计		134020.03	100.00		34132.45	25.47		21953.13	16.38		15410.20	11.50

项目	诸暨县 实物	折银	%	余姚县 实物	折银	%	上虞县 实物	折银	%	嵊县 实物	折银	%
夏税												
小麦（石）	2109.40	646.33	16.45	2755.35	844.25	21.48	1739.86	533.10	13.56	872.74	267.41	6.80
起运麦（石）	1365.84	420.12		1784.09	548.77		1126.56	346.52		564.69	173.82	
存留麦（石）	743.56	226.22		971.26	295.49		613.30	186.59		308.04	93.59	
丝绵并荒丝（两）	535.60	21.40	100.00									
存留丝绵（两）	535.60	21.40	100.00									
农桑丝折绢（匹）（起运）	13.00	9.10	16.05	2.00	1.40		2.00	1.40	2.47	7.00	4.90	8.64
租钞（锭）（存留）	1308.00		29.53	1353.00		30.55	485.00		10.95	171.00		3.86
秋粮												
米（石）	33271.69	13502.46	10.40	50972.91	20686.04	15.94	36418.36	14779.45	11.39	19519.54	7921.50	6.10

¹ 户口盐钞银总数=各县户口盐钞银之和+本府银 2.52 两，起运（存留）银总数=各县起运（存留）银之和+本府银之和+1.26 两。

项目	实物	折银	%	实物	折银	%	实物	折银	%	实物	折银	%
起运米（石）	13015.37	5265.96		20721.35	8481.28		14380.88	5763.99		7817.39	3168.60	
存留米（石）	20256.32	8236.50		30251.56	12204.76		22037.48	9015.47		11702.14	4752.90	
租钞（锭）（存留）	241.00		1.75	1014.00		7.37	2542.00		18.48	1697.00		12.34
户口盐钞银（两）	8.44	8.44	3.84	32.77	32.77	14.92	10.34	10.34	4.71	6.90	6.90	3.14
起运银（两）	4.22	4.22		16.38	16.38		5.17	5.17		3.45	3.45	
存留银（两）	4.22	4.22		16.38	16.38		5.17	5.17		3.45	3.45	
起运		5699.39			9047.82			6117.07			3350.77	
存留		8466.94			12516.63			9207.22			4849.95	
总计	14166.33	14166.33	10.57	21564.47	21564.47	16.09	15324.30	15324.30	11.43	8200.71	8200.71	6.12

项目	新昌县		
	实物	折银	%
夏税			
小麦（石）	1060.91	325.07	8.27
起运麦（石）	686.94	211.29	
存留麦（石）	373.97	113.77	
农桑丝折绢（匹）（起运）	21.00	14.70	25.93
租钞（锭）（存留）	195.00		4.40
秋粮			
米（石）	7091.04	2877.72	2.22
起运米（石）	1532.55	633.10	
存留米（石）	5558.49	2244.62	
租钞（锭）（存留）	102.00		0.74
户口盐钞银（两）	24.19	24.19	11.01
起运银（两）	12.09	12.09	
存留银（两）	12.09	12.09	

起运					871.18	
存留					2370.48	
总计					3241.67	2.42

（单位：两/银）

丙表36　台州府分州县及其分属田赋折银明细

项目	台州府			临海县			黄岩县			天台县		
	实物	折银	%	实物	折银	%	实物	折银	%	实物	折银	%
夏税												
小麦（石）	31483.35	9646.67	100.00	8229.47	2521.55	26.14	3736.12	1144.77	11.87	6485.77	1987.28	20.60
起运麦（石）	20385.62	6270.34		5328.59	1639.01		2406.19	732.65		4199.53	1291.73	
存留麦（石）	11097.73	3376.34		2900.88	882.54		1329.93	412.12		2286.23	695.55	
农桑丝折绢（匹）（起运）	500.00	350.00	100.00	286.00	200.20	57.20	21.00	14.70	4.20	67.00	46.90	13.40
租钞（锭）（存留）	5021.00		100.00	1282.00		25.53	651.00		12.97	524.00		10.44
秋粮												
米（石）	126065.95	51160.62	100.00	32299.85	13108.06	25.62	34696.72	14080.77	27.52	15192.09	6165.32	12.05
起运米（石）	29112.21	11766.94		7571.18	3014.85		7778.71	3097.77		3911.66	1602.98	
存留米（石）	96953.74	39993.67		24728.67	10093.21		26918.00	10983.00		11280.43	4562.34	
租钞（锭）（存留）	1560.00		100.00	559.00		35.83	398.00		25.51	36.00		2.31
户口盐钞银（两）[1]	169.44	169.44	100.00	47.43	47.43	27.99	23.43	23.43	13.83	12.39	12.39	7.31
起运银（两）	84.71	84.71		23.71	23.71		11.71	11.71		6.19	6.19	
存留银（两）	84.71	84.71		23.71	23.71		11.71	11.71		6.19	6.19	
闰耳共加银（两）	13.66	13.66	100.00	3.95	3.95	28.92	1.95	1.95	14.28	1.01	1.01	7.39
起运		18485.65			4881.72			3858.78			2948.81	
存留		42854.72			10999.46			11406.83			5264.07	

[1] 户口盐钞银总数=各县户口盐钞银之和+本府银1.94两，起运（存留）银总数=各县起运（存留）银之和+0.97两，遇闰加银总数=各县遇闰加银之和+0.16两。

项目	仙居县 实物	折银	%	宁海县 实物	折银	%	太平县 实物	折银	%	总计	
总计		61340.39	100.00		15881.20	25.89		15265.62	24.89	8212.89	13.39
夏税											
小麦（石）	5486.49	1681.09	17.43	4351.10	1333.20	13.82	3194.37	978.77	10.15		
起运麦（石）	3552.64	1092.71		2817.33	866.58		2081.32	636.20			
存留麦（石）	1933.85	588.38		1533.77	466.62		1113.05	342.57			
农桑丝折绢（匹）（起运）	69.00	48.30	13.80	38.00	26.60	7.60	17.00	11.90	3.40		
租钞（锭）（存留）	574.00		11.43	1458.00		29.04	529.00		10.54		
秋粮											
米（石）	9325.54	3784.53	7.40	14063.63	5707.36	11.16	20488.10	8314.57	16.25		
起运米（石）	1986.18	794.75		3621.41	1483.91		4243.04	1746.06			
存留米（石）	7339.35	2989.78		10442.21	4223.45		16245.05	6568.51			
租钞（锭）（存留）	3.00		0.19				563.00		36.09		
户口盐钞银（两）	21.12	21.12	12.46	41.98	41.98	24.78	21.12	21.12	12.46		
起运银（两）	10.56	10.56		20.99	20.99		10.56	10.56			
存留银（两）	10.56	10.56		20.99	20.99		10.56	10.56			
遇闰共加银（两）	1.32	1.32	9.66	3.49	3.49	25.55	1.76	1.76	12.88		
起运		1947.64			2401.57			2406.48			
存留		3588.72			4711.06			6921.64			
总计		5536.36	9.03		7112.63	11.60		9328.12	15.21		

丙表37

金华府分州县及其分属田赋折银明细

（单位：两/银）

项目	金华府 实物	折银	%	金华县 实物	折银	%	兰溪县 实物	折银	%	东阳县 实物	折银	%
夏税												
小麦（石）	15515.65	4754.08	100.00	3841.61	1177.09	24.76	2033.92	623.20	13.11	2348.48	719.59	15.14
起运麦（石）	10031.10	3090.15		2472.22	753.34		1316.96	405.08		1520.43	467.73	
存留麦（石）	5484.55	1663.93		1369.39	423.75		716.96	218.12		828.04	251.86	
丝绵并荒丝（两）	5084.39	203.10	100.00									
存留丝绵（两）	5084.39	203.10	100.00									
农桑丝折绢（匹）（起运）	214.00	149.80	100.00	35.00	24.50	16.36	42.00	29.40	19.63	35.00	24.50	16.36
租钞（锭）（存留）	56.00		100.00									
秋粮												
米（石）	173919.55	70580.77	100.00	37944.87	15398.95	21.82	27558.68	11183.98	15.85	24428.75	9913.78	14.05
起运米（石）	116290.16	47289.11		27145.35	11087.24		19531.65	7940.63		15993.71	6443.96	
存留米（石）	57629.38	23291.65		10799.52	4311.71		8027.03	3243.35		8435.04	3469.82	
户口盐钞银（两）[1]	189.67	189.67	100.00	30.42	30.42	16.04	55.90	55.90	29.47	13.92	13.92	7.34
起运银（两）	94.83	94.83		15.21	15.21		27.95	27.95		6.96	6.96	
存留银（两）	94.83	94.83		15.21	15.21		27.95	27.95		6.96	6.96	
遇闰共加银（两）	15.90	15.90	100.00	2.53	2.53	15.91	4.65	4.65	29.25	1.03	1.03	6.48
起运		50639.80			11882.82			8407.71			6944.18	
存留		25253.51			4750.67			3489.43			3728.64	
总计		75893.32	100.00		16633.49	21.92		11897.13	15.68		10672.82	14.06

项目	义乌县 实物	折银	%	永康县 实物	折银	%	武义县 实物	折银	%	浦江县 实物	折银	%

1 户口盐钞银总数=各县户口盐钞银之和+本府银0.96两，起运（存留）银总数=各县起运（存留）银之和+本府银0.48两，遇闰加银总数=各县遇闰加银之和+0.08两。

1482

项目	实物	折银	%	实物	折银	%	实物	折银	%	实物	折银	%
夏税												
小麦（石）	2117.54	648.83	13.65	1388.19	425.35	8.95	1496.83	458.64	9.65	1318.01	403.85	8.49
起运麦（石）	1371.11	421.74		898.86	276.48		969.33	298.11		853.42	262.50	
存留麦（石）	746.43	227.09		489.33	148.87		527.50	160.52		464.59	141.35	
农桑丝折绢（匹）（起运）	26.00	18.20	12.15	22.00	15.40	10.28	17.00	11.90	7.94	19.00	13.30	8.88
秋粮												
米（石）	21200.83	8603.81	12.19	18845.51	7647.96	10.84	17469.89	7089.70	10.04	13666.85	5546.34	7.86
起运米（石）	13641.37	5506.44		11118.15	4512.30		11573.69	4679.21		9485.20	3826.97	
存留米（石）	7559.46	3097.37		7727.36	3135.67		5896.20	2410.50		4181.65	1719.37	
户口盐钞银（两）	10.44	10.44	5.50	11.76	11.76	6.20	18.20	18.20	9.60	14.94	14.94	7.88
起运银（两）	5.22	5.22		5.88	5.88		9.10	9.10		7.47	7.47	
存留银（两）	5.22	5.22		5.88	5.88		9.10	9.10		7.47	7.47	
遇闰共加银（两）	0.87	0.87	5.47	2.13	2.13	13.40	0.81	0.81	5.09	1.05	1.05	6.60
起运		5952.47			4812.19			4999.13			4111.29	
存留		3329.68			3290.42			2580.12			1868.18	
总计		9282.15	12.23		8102.60	10.68		7579.25	9.99		5979.47	7.88

项目	实物	折银	%
汤溪县			
夏税			
小麦（石）	971.03	297.53	6.26
起运麦（石）	628.74	193.39	
存留麦（石）	342.29	104.14	
丝绵并荒丝（两）	5084.30	203.10	100.00
存留丝绵（两）	5084.30	203.10	100.00
农桑丝折绢（匹）（起运）	16.00	11.20	7.48

项目	实物	折银	%
租钞（锭）（存留）	56.00		100.00
秋粮			
米（石）	12804.14	5196.23	7.36
起运米（石）	7801.04	3169.70	
存留米（石）	5003.09	2026.53	
户口盐钞银（两）	33.10	33.10	17.45
起运银（两）	16.55	16.55	
存留银（两）	16.55	16.55	
遇闰共加银（两）	2.73	2.73	17.17
起运		3393.57	
存留		2350.31	
总计		5743.89	7.57

丙表 38　衢州府分州县及其分属田赋折银明细

（单位：两/银）

项目	衢州府			西安县			龙游县			常山县		
	实物	折银	%	实物	折银	%	实物	折银	%	实物	折银	%
夏税												
丝绵并荒丝（两）	168720.71	6739.79	100.00	44098.67	1761.58	26.14	42079.90	1680.94	24.94	25817.07	1031.30	15.30
起运京库丝绵（两）	118982.47	4785.25		31101.86	1250.72		28790.13	1143.04		18518.19	742.54	
存留丝绵（两）	49738.23	1954.54		12996.80	510.86		13289.77	537.90		7298.88	288.76	
农桑丝折绢（匹）（起运）	200.00	140.00	100.00	55.00	38.50	27.50	50.00	35.00	25.00	26.00	18.20	13.00
秋粮		100.00										
米（石）	92260.00	37441.34	100.00	25911.97	10515.70	28.09	19273.64	7821.71	20.89	16798.47	6817.23	18.21
起运米（石）	71749.98	29204.25		20916.10	8517.72		15019.05	6100.93		14487.57	5862.81	
存留米（石）	20510.01	8237.10		4995.87	1997.98		4254.59	1720.78		2310.90	954.41	

项目	实物	折银	%	实物	折银	%	实物	折银	%	实物	折银	%
租丝（两）（存留）	2078.99	166.32	100.00	36.00	2.88	1.73				1485.30	118.82	71.44
户口盐钞银（两）[1]	114.93	114.93	100.00	41.08	41.08	35.74	21.56	21.56	18.76	13.94	13.94	12.13
起运银（两）	57.46	57.46		20.54	20.54		10.78	10.78		6.97	6.97	
存留银（两）	57.46	57.46		20.54	20.54		10.78	10.78		6.97	6.97	
遇闰共加银（两）	9.63	9.63	100.00	3.42	3.42	35.51	1.80	1.80	18.69	1.15	1.15	11.94
起运		34196.58			9830.91			7291.55			6631.67	
存留		10415.41			2532.26			2269.46			1368.97	
总计		44612.01	100.00		12363.17	27.71		9561.01	21.43		8000.64	17.93

项目	江山县			开化县		
	实物	折银	%	实物	折银	%
夏税						
丝绵并荒丝（两）	36341.19	1451.70	21.54	20383.88	814.26	12.08
起运京库丝绵（两）	26054.96	1045.22		14517.33	578.13	
存留丝绵（两）	10286.23	406.48		5866.54	236.14	
农桑丝折绢（匹）（起运）	42.00	29.40	21.00	24.00	16.80	12.00
秋粮						
米（石）	20751.63	8421.51	22.49	9524.27	3865.18	10.32
起运米（石）	15764.26	6400.35		5563.00	2241.80	
存留米（石）	4987.37	2021.16	5.11	3961.27	1623.38	
租丝（两）（存留）	106.20	8.50		451.49	36.12	21.72
户口盐钞银（两）	23.91	23.91	20.80	11.52	11.52	10.02
起运银（两）	11.95	11.95		5.76	5.76	
存留银（两）	11.95	11.95		5.76	5.76	
遇闰加银（两）	1.99	1.99	20.66	0.96	0.96	9.97

[1] 户口盐钞银总数=各县户口盐钞银之和+本府银 2.90 两，起运（存留）银总数=各县起运（存留）银之和+1.45 两，遇闰加银总数=各县遇闰加银之和+0.29 两。

	实物	折银	%		实物	折银	%
起运		2843.45				7488.91	
存留		1901.39				2448.09	
总计		4744.84	10.64			9937.01	22.27

丙表39 严州府分州县及其分属田赋折银明细

（单位：两/银）

项目	严州府 实物	折银	%	建德县 实物	折银	%	淳安县 实物	折银	%	桐庐县 实物	折银	%
夏税												
丝绵并荒丝（两）	959465.38	38327.19	100.00	181882.02	7265.53	18.96	333858.35	13336.44	34.80	169988.04	6790.41	17.72
起运京库丝绵（两）	925763.19	36794.10		176022.00	7047.57		323520.82	12936.35		163083.65	6518.79	
存留丝绵（两）	33702.19	1533.09		5858.02	217.97		10337.53	400.09		6904.39	271.62	
农桑丝折绢（匹）（起运）	1184.00	828.80	100.00	165.00	115.50	13.94	326.00	228.20	27.53	85.00	59.50	7.18
秋粮												
米（石）	11481.65	4659.53	100.00	2507.98	1017.80	21.84	3882.91	1575.78	33.82	536.71	217.81	4.67
起运京库米（石）	2493.13	1025.10		645.84	264.63		999.88	409.70				
存留米（石）	8988.51	3634.43		1862.13	753.17		2883.02	1166.08		536.71	217.81	
租苎布（匹）（存留）	59.00	41.30	100.00									
租绢（匹）（存留）	7.00	1.40	100.00									
户口盐钞银（两）[1]	55.66	55.66	100.00	15.20	15.20	100.00	14.62	14.62	26.27	7.64	7.64	13.73
起运盐钞银（两）	27.83	27.83		7.60	7.60		7.31	7.31		3.82	3.82	
存留盐银（两）	27.83	27.83		7.60	7.60		7.31	7.31		3.82	3.82	
起运		38675.83			7435.29			13581.56			6582.11	
存留		5238.05			978.74			1573.48			493.25	
总计		43913.88	100.00		8414.03	19.16		15155.04	34.51		7075.36	16.11

[1] 户口盐钞银总数=各县户口盐钞银之和+本府银 1.34 两，起运（存留）银总数=各县起运（存留）银之和+0.67 两。

项目	遂安县			寿昌县			分水县		
	实物	折银	%	实物	折银	%	实物	折银	%
夏税									
丝绵并荒丝（两）	114870.83	4588.68	11.97	103156.92	4120.75	10.75	55711.22	2225.46	5.81
起运京库丝绵（两）	110663.80	4405.13		99982.92	3997.13		52490.00	2091.94	
存留丝绵（两）	4207.03	183.55		3174.00	123.62		3221.22	133.53	
农桑丝折绢（匹）（起运）	305.00	213.50	25.76	243.00	170.10	20.52	57.00	39.90	4.81
秋粮									
米（石）	1685.80	684.14	14.68	1604.82	651.27	13.98	1263.40	512.72	11.00
起运米（石）	434.13	177.88		413.27	169.33				
存留米（石）	1251.67	506.26		1191.55	481.94		1263.40	512.72	
租绢（匹）（存留）	59.00	41.30	100.00						
租苎布（匹）（存留）	7.00	1.40	100.00						
户口盐钞银（两）	4.06	4.06	7.29	7.80	7.80	14.01	4.98	4.98	8.95
起运银（两）	2.03	2.03		3.90	3.90		2.49	2.49	
存留银（两）	2.03	2.03		3.90	3.90		2.49	2.49	
起运		4798.54			4340.46			2134.33	
存留		734.54			609.47			648.74	
总计		5533.07	12.60		4949.92	11.27		2783.06	6.34

丙表 40　温州府分州县及其分属田赋折银明细

（单位：两/银）

项目	温州府			永嘉县			乐清县			平阳县		
	实物	折银	%	实物	折银	%	实物	折银	%	实物	折银	%
夏税												
小麦（石）	22318.86	6838.62	100.00	6163.42	1888.51	27.62	2679.81	821.11	12.01	8478.62	2597.90	37.99

（续表，数据按原表旋转排版整理）

项目	总数											
	实物	折银	%	实物	折银	%	实物	折银	%	实物	折银	%
存留麦（石）	22318.86	6838.62		6163.42	1888.51		2679.81	821.11		8478.62	2597.90	
农桑丝折绢（匹）（起运）	122.00	85.40	100.00	69.00	48.30	56.56	34.00	23.80	27.87	9.00	6.30	7.38
租钞（锭）（存留）	2025.00		100.00	496.00		24.49	319.00		15.75	644.00		31.80
农桑零丝（两）（存留）	2.65	0.21	100.00				2.65	0.21	100.00			
秋粮												
米（石）	81476.27	33065.04	100.00	19438.50	7888.61	23.86	12491.96	5069.54	15.33	26468.74	1071.65	32.49
存留米（石）	81476.27	33065.04		19438.50	7888.61		12491.96	5069.54		26468.74	1071.65	
租钞（锭）（存留）	580.00		100.00	94.00			386.00		66.55	37.00		6.38
户口盐钞银（两）[1]	337.87	337.87	100.00	178.95	178.95	52.96	75.16	75.16	22.25	22.58	22.58	6.68
起运银（两）	168.93	168.93		89.47	89.47		37.58	37.58		11.29	11.29	
存留银（两）	168.93	168.93		89.47	89.47		37.58	37.58		11.29	11.29	
遇闰共加银（两）	27.75	27.75	100.00	14.91	14.91	53.73	6.26	6.26	22.56	1.48	1.48	5.33
起运		282.08			152.68			67.64			19.07	
存留		40072.81			9866.59			5928.44			13350.84	
总计		40354.90	100.00		10019.28	24.83		5995.87	14.86		13369.91	33.13

项目	瑞安县			泰顺县		
	实物	折银	%	实物	折银	%
夏税						
小麦（石）	4239.06	1298.87	18.99	757.93	232.23	3.40
存留麦（石）	4239.06	1298.87		757.93	232.23	
农桑丝折绢（匹）（起运）	10.00	7.00	8.20			
租钞（锭）（存留）	520.00		25.68	43.00		2.12
秋粮						
米（石）	21239.05	8619.32	26.07	1838.01	745.91	2.26

---

[1] 户口盐钞银总数=各县户口盐钞银之和+本府银2.54两，起运（存留）银总数=各县起运（存留）银之和+1.27两，遇闰加银总数=各县遇闰加银之和+0.21两。

项目	实物	折银	%	实物	折银	%
存留米（石）	21239.05	8619.32		1838.01	745.91	
租钞（锭）（存留）	58.00		10.00	3.00		0.52
户口盐钞银（两）	50.43		14.93	8.18	8.18	2.42
起运银（两）	25.21			4.09	4.09	
存留银（两）	25.21			4.09	4.09	
遇闰共加银（两）	4.20		15.14	0.68	0.68	2.45
起运		36.41			4.77	
存留		9943.40			982.23	
总计		9979.82	24.73		987.00	2.45

丙表 41　处州府分属田赋折银明细

（单位：两/银）

项目	处州府 实物	处州府 折银	处州府 %	丽水县 实物	丽水县 折银	丽水县 %	青田县 实物	青田县 折银	青田县 %	缙云县 实物	缙云县 折银	缙云县 %
夏税												
小麦（石）	6953.07	2130.46	100.00	1935.75	593.12	27.84	206.26	63.20	2.97	1057.63	324.06	15.21
存留麦（石）	6953.07	2130.46	100.00	1935.75	593.12	27.84	206.26	63.20	2.97	1057.63	324.06	15.21
农桑丝折绢（匹）（起运）	273.00	191.10	100.00	33.00	23.10	12.09	43.00	30.10	15.75	29.00	20.30	10.62
租钞（锭）（存留）	1612.00		100.00	30.00		1.86	94.00		5.83	344.00		21.34
秋粮												
米（石）	57780.79	23448.84	100.00	8933.60	3625.47	15.46	3734.36	1515.49	6.46	7012.49	2845.84	12.14
存留米（石）	57780.79	23448.84	100.00	8933.60	3625.47	15.46	3734.36	1515.49	6.46	7012.49	2845.84	12.14
户口盐钞银（两）[1]	227.52	227.52	100.00	21.15	21.15	9.30	24.08	24.08	10.58	19.09	19.09	8.39
起运银（两）	113.75	113.75	100.00	10.57	10.57		12.04	12.04		9.54	9.54	
存留银（两）	113.75	113.75	100.00	10.57	10.57		12.04	12.04		9.54	9.54	

[1] 户口盐钞银总数=各县户口盐钞银之和+本府银 2.90 两，起运（存留）银总数=各县起运（存留）银之和+1.45 两，遇闰加银总数=各县遇闰加银之和+0.23 两。

[续上页 / 顶部接续]

项目	合计 实物	合计 折银	合计 %	实物	折银	%	实物	折银	%	实物	折银	%
遇闰共加银（两）	18.94			1.76		9.29	2.00		10.56	1.59		8.39
起运		323.79			35.43			44.14			31.43	
存留		25693.05			4229.17			1590.73			3179.44	
总计		26016.86	100.00		4264.61	16.39		1634.87	6.28		3210.88	12.34

项目	松阳县 实物	松阳县 折银	松阳县 %	遂昌县 实物	遂昌县 折银	遂昌县 %	龙泉县 实物	龙泉县 折银	龙泉县 %	庆元县 实物	庆元县 折银	庆元县 %
夏税												
小麦（石）	903.40	276.81	12.99	773.26	236.93	11.12	970.88	297.48	13.96	300.22	91.99	4.32
存留麦（石）	903.40	276.81		773.26	236.93		970.88	297.48		300.22	91.99	
农桑丝折绢（匹）（起运）	31.00	21.70	11.36	22.00	15.40	8.06	48.00	33.60	17.58	15.00	10.50	5.49
租钞（锭）（存留）	326.00		20.22	308.00		19.11	302.00		18.73	80.00		4.96
秋粮												
米（石）	10319.87	4188.05	17.86	5943.69	2412.09	10.29	11534.93	4681.15	19.96	3083.51	1251.36	5.34
存留米（石）	10319.87	4188.05		5943.69	2412.09		11534.93	4681.15		3083.51	1251.36	
户口盐钞银（两）	20.65	20.65	9.08	42.86	42.86	18.84	42.36	42.36	18.62	11.70	11.70	5.14
起运银（两）	10.32	10.32		21.43	21.43		21.18	21.18		5.85	5.85	
存留银（两）	10.32	10.32		21.43	21.43		21.18	21.18		5.85	5.85	
遇闰共加银（两）	1.72	1.72	9.08	3.57	3.57	18.85	3.53	3.53	18.64	0.97	0.97	5.12
起运		33.74			40.40			58.31			17.32	
存留		4475.18			2670.45			4999.82			1349.20	
总计		4508.93	17.33		2710.85	10.42		5058.13	19.44		1366.52	5.25

项目	云和县 实物	云和县 折银	云和县 %	宣平县 实物	宣平县 折银	宣平县 %	景宁县 实物	景宁县 折银	景宁县 %
夏税									
小麦（石）	331.81	101.67	4.77	381.65	116.94	5.49	92.16	28.24	1.33

项目	实物	折银	%	实物	折银	%	实物	折银	%
存留麦（石）	331.81	101.67		381.65	116.94		92.16	28.24	
农桑丝折绢（匹）（起运）	15.00	10.50	5.49	17.00	11.90	6.23	16.00	11.20	5.86
租钞（锭）（存留）	7.00		0.43	30.00		1.86	87.00		5.40
秋粮									
米（石）	2704.57	1097.58	4.68	3407.75	1382.95	5.90	1105.95	448.82	1.91
存留米（石）	2704.57	1097.58		3407.75	1382.95		1105.95	448.82	
户口盐钞银（两）	13.50	13.50	5.93	12.12	12.12	5.33	17.08	17.08	7.51
起运银（两）	6.75	6.75		6.06	6.06		8.54	8.54	
存留银（两）	6.75	6.75		6.06	6.06		8.54	8.54	
遇闰共加银（两）	1.12	1.12	5.91	1.01	1.01	5.33	1.42	1.42	7.50
起运		18.37			18.97			21.16	
存留		1206.00			1505.95			485.60	
总计		1224.37	4.71		1524.92	5.86		506.76	1.95

江西各府分州县及其分属田赋折银

丙表42　南昌府分州县及其分属田赋折银明细

（单位：两/银）

项目	南昌府 实物	折银	%	南昌县 实物	折银	%	新建县 实物	折银	%	丰城县 实物	折银	%
夏税												
麦米（石）	1503.54	375.88	100.00	267.91	66.98	17.82	31.31	7.83	2.08	780.87	195.21	51.94
存留麦米（石）	1503.54	375.88	100.00	267.91	66.98		31.31	7.83		780.87	195.21	
农桑丝折绢（匹）（起运）	490.00	343.00	100.00	42.00	29.40	8.57	29.00	20.30	5.92	196.00	137.20	40.00
秋粮												
米（石）	481164.93	149657.07		126275.32	39275.50	26.24	63632.00	19791.51	13.22	121858.89	37901.86	25.33
起运米（石）	421506.25	131698.22		105059.92	32598.67		52131.53	16229.04		111118.81	34490.69	

表（续一）

项目	进贤县			奉新县			靖安县			武宁县		
	实物	折银	%	实物	折银	%	实物	折银	%	实物	折银	%
存留米（石）	59658.68	17958.85		21215.40	6676.84		11500.46	3562.47		10740.08	3411.17	
牛租谷（石）（存留）	201.18	31.18	100.00							122.92	19.05	61.10
山租钞（锭）（存留）	16.00		100.00									
户口盐钞银（两）	2505.12	2505.12	100.00	657.81	657.81	26.26	288.41	288.41	11.51	580.59	580.59	23.18
起运南京库银（两）	1252.56	1252.56		328.90	328.90		144.20	144.20		290.29	290.29	
存留银（两）	1252.56	1252.56	100.00	328.90	328.90		144.20	144.20		290.29	290.29	
遇闰共加银（两）	209.63	209.63	100.00	54.81	54.81	26.15	24.04	24.04	11.47	48.38	48.38	23.08
起运		133503.41	100.00		33011.78	26.26		16417.58			34966.56	
存留		19618.47	100.00		7072.71			3714.50			3915.72	
总计		153121.89	100.00		40084.50	26.18		20132.08	13.15		38882.29	25.39

项目	进贤县			奉新县			靖安县			武宁县		
	实物	折银	%	实物	折银	%	实物	折银	%	实物	折银	%
夏税												
麦米（石）	130.22	32.55	8.66	80.48	20.12	5.35	11.06	2.76	0.74	201.66	50.41	13.41
存留麦米（石）	130.22	32.55		80.48	20.12		11.06	2.76		201.66	50.41	
农桑丝折绢（匹）（起运）	24.00	16.80	4.90	49.00	34.30	10.00	46.00	32.20	9.39	48.00	33.60	9.80
秋粮												
米（石）	48178.07	14984.86	10.01	52989.79	16481.45	11.01	14274.16	4439.70	2.97	22567.45	7019.17	4.69
起运米（石）	43394.06	13486.37		48803.31	15162.94		12860.94	3995.73		19998.96	6247.06	
存留米（石）	4784.00	1498.49		4186.48	1318.52		1413.22	443.97		2568.49	772.11	
牛租谷（石）（存留）	78.26	12.13	38.90	16.00		100.00						
山租钞（锭）（存留）												
户口盐钞银（两）	466.43	466.43	18.62	124.49	124.49	4.97	41.34	41.34	1.65	183.89	183.89	7.34
起运南京库银（两）	233.21	233.21		62.24	62.24		20.67	20.67		91.94	91.94	
存留银（两）	233.21	233.21		62.24	62.24		20.67	20.67		91.94	91.94	

项目	折银	%	折银	%	折银	%	折银	%
退闰共加银（两）								
起运	13775.24	38.86	15270.71	11.23	4052.04	3.44	6387.92	15.32
存留	1776.38	18.54	1400.88	5.36	467.41	1.64	914.46	7.31
总计	15551.63	10.16	16671.59	10.89	4519.45	2.95	7302.39	4.77

宁州

项目	实物	折银	%
夏税			
农桑丝折绢（匹）（起运）	53.00	37.10	10.82
秋粮			
米（石）	31389.21	9763.01	6.52
起运米（石）	28138.70	8786.71	
存留米（石）	3250.51	976.30	6.47
户口盐钞银（两）	162.13	162.13	
起运南京库银（两）	81.06	81.06	
存留银（两）	81.06	81.06	6.44
遇闰共加银（两）	13.51	13.51	
起运		8918.38	
存留		1057.36	6.51
总计		9975.75	

丙表 43　饶州府分州县及其分属田赋折银明细

（单位：两/银）

项目	饶州府			鄱阳县			余干县			乐平县		
	实物	折银	%	实物	折银	%	实物	折银	%	实物	折银	%
夏税												
麦米（石）	36491.12	9122.78	100.00	10964.66	2741.17	30.05	4973.13	1243.28	13.63	7327.25	1831.81	20.08

项目	浮梁县 实物	浮梁县 折银	浮梁县 %	德兴县 实物	德兴县 折银	德兴县 %	安仁县 实物	安仁县 折银	安仁县 %	万年县 实物	万年县 折银	万年县 %
起运京库麦米（石）	18342.57	4561.39		4601.62	1151.29		2427.22	609.21		4139.54	1025.82	
存留麦米（石）	18148.55	4561.39		6363.04	1589.88		2545.90	634.07		3187.71	806.00	
丝绵折绢（匹）（起运）	106.00	74.20	100.00	44.00	30.80	22.11	29.00	20.30	20.30	48.00	33.60	24.12
农桑丝折绢（匹）（起运）	199.00	139.30	100.00									
钞（锭）（存留）	26.00		100.00									
本色丝（两）（存留）	1676.65	8.38	100.00									
苎布（匹）（起运）	12.00	2.40	100.00									
秋粮												
米（石）	194397.42	60463.57	100.00	46414.59	14436.36	23.88	35378.67	11003.85	18.20	33706.02	10483.61	17.34
起运米（石）	174514.51	54417.21		40183.17	12559.64		32387.30	10123.55		30192.42	9435.25	
存留米（石）	19882.90	6046.36		6231.41	1876.73		2991.37	880.31		3513.59	1048.36	
户口盐钞银（两）	1650.61	1650.61	100.00	465.96	465.96	28.23	238.78	238.78	14.47	330.07	330.07	20.00
起运南京库银（两）	825.30	825.30		232.98	232.98		119.39	119.39		165.03	165.03	
存留银（两）	825.30	825.30		232.98	232.98		119.39	119.39		165.03	165.03	
遇闰共加银（两）	137.54	137.54	100.00	38.82	38.82	28.22	19.89	19.89	14.46	27.50	27.50	19.99
起运		60157.34			14013.53			10892.33			10687.19	
存留		11441.43			3699.58			1633.77			2019.39	
总计		71598.78	100.00		17713.11	24.74		12526.11	17.49		12706.59	17.75

项目	浮梁县 实物	浮梁县 折银	浮梁县 %	德兴县 实物	德兴县 折银	德兴县 %	安仁县 实物	安仁县 折银	安仁县 %	万年县 实物	万年县 折银	万年县 %
夏税												
麦米（石）	4330.76	1082.69	11.87	2918.58	729.65	8.00	3233.71	808.43	8.86	2743.00	685.75	7.52
起运京库麦米（石）	2000.00	498.04		1500.00	372.12		2342.57	582.07		1331.61	336.02	
存留麦米（石）	2330.76	584.65		1418.58	357.53		891.14	226.36		1411.39	349.73	
丝绵折绢（匹）（起运）										106.00	74.20	100.00

项目	实物	折银	%	实物	折银	%	实物	折银	%	实物	折银	%
农桑丝折绢（匹）（起运）	40.00	28.00	20.10	19.00	13.30	9.55	6.00	4.20	3.02	10.00	7.00	5.03
钞（锭）（存留）	1.00		3.85							24.00		92.31
本色丝（两）（存留）										1676.65	8.38	100.00
苎布（匹）（起运）										12.00	2.40	100.00
秋粮												
米（石）	20479.34	6369.70	10.53	17645.26	5488.22	9.08	19894.52	6187.81	10.23	20878.99	6494.01	10.74
起运米（石）	18500.40	5732.73		15906.03	4939.40		18473.09	5754.66		18872.07	5844.61	
存留米（石）	1978.94	636.97		1739.23	548.82		1421.43	433.15		2006.91	649.40	
户口盐钞银（两）	282.32	282.32	17.10	113.92	113.92	6.90	122.36	122.36	7.41	97.17	97.17	5.89
起运南京库银（两）	141.16	141.16		56.96	56.96		61.18	61.18		48.58	48.58	
存留银（两）	141.16	141.16		56.96	56.96		61.18	61.18		48.58	48.58	
遇闰共加银（两）	23.52	23.52	17.10	9.49	9.49	6.90	10.19	10.19	7.41	8.09	8.09	5.88
起运		6423.45			5391.27			6412.30			6320.89	
存留		1362.78			963.31			720.69			1056.09	
总计		7786.23	10.87		6354.57	8.88		7132.98	9.96		7377.00	10.30

丙表 44　广信府分州县及其分属田赋折银明细

（单位：两/银）

项目	广信府			上饶县			玉山县			弋阳县		
	实物	折银	%	实物	折银	%	实物	折银	%	实物	折银	%
夏税												
丝绵折绢（匹）（起运）	7919.00	5543.30	100.00	1738.00	1216.60	21.95	1816.00	1271.20	22.93	890.00	623.00	11.24
农桑丝折绢（匹）（起运）	152.00	106.40	100.00	27.00	18.90	17.76	5.00	3.50	3.29	44.00	30.80	28.95
钞（锭）（存留）	4155.00		100.00	1191.00		28.66	767.00		18.46	290.00		6.98
本色丝（两）（存留）	129671.06	648.36	100.00	28474.54	142.37	21.96	29650.29	148.25	22.87	14650.80	73.25	11.30
苎布（匹）（起运）	1328.00	265.60	100.00	331.00	66.20	24.92	139.00	27.80	10.47	220.00	44.00	16.57

秋粮

秋粮	贵溪县 实物	折银	%	铅山县 实物	折银	%	永丰县 实物	折银	%	兴安县 实物	折银	%
米（石）	134037.82	41689.88	100.00	20926.84	6508.89	15.61	21179.70	6587.54	15.80	13217.35	4111.00	9.86
起运米（石）	116736.38	36270.19		17851.07	5532.56		18434.15	5731.16		10610.31	3288.80	
存留米（石）	17301.44	5419.68		3075.77	976.33		2745.55	856.38		2607.04	822.20	
户口盐钞银（两）	660.07	660.07	100.00	147.16	147.16	22.29	105.11	105.11	15.92	87.08	87.08	13.19
起运南京库银（两）	330.03	330.03		73.58	73.58		52.55	52.55		43.54	43.54	
存留银（两）	330.03	330.03		73.58	73.58		52.55	52.55		43.54	43.54	
遇闰共加银（两）	55.14	55.14	100.00	11.28	11.28	20.46	8.75	8.75	15.87	7.25	7.25	13.15
起运		42570.66			6919.12			7094.96			4037.39	
存留		6398.07			1192.29			1057.18			938.99	
总计		48968.75	100.00	8111.40	8111.40	16.56	8152.15	8152.15	16.65	4976.39	4976.39	10.16

项目	贵溪县 实物	折银	%	铅山县 实物	折银	%	永丰县 实物	折银	%	兴安县 实物	折银	%
夏税												
丝绵折绢（匹）（起运）	1328.00	929.60	16.77	578.00	404.60	7.30	1203.00	842.10	15.19	364.00	254.80	4.60
农桑丝折绢（匹）（起运）	40.00	28.00	26.32	22.00	15.40	14.47	4.00	2.80	2.63	8.00	5.60	5.26
钞（锭）（存留）	613.00		14.75	503.00		12.11	547.00		13.16	241.00		5.80
本色丝（两）（存留）	21698.63	108.49	16.73	9552.94	47.77	7.37	19677.50	98.39	15.17	5966.35	29.83	4.60
苎布（匹）（起运）	166.00	33.20	12.50	251.00	50.20	18.90	139.00	27.80	10.47	80.00	16.00	6.02
秋粮												
米（石）	37592.00	11692.27	28.05	20059.56	6239.14	14.97	16977.17	5280.42	12.67	4085.13	1270.60	3.05
起运米（石）	34193.68	10639.96		17599.93	5490.44		14748.05	4593.97		3299.15	1029.19	
存留米（石）	3398.32	1052.30	23.24	2459.63	748.70	12.11	2229.12	686.45	14.17	785.98	241.41	4.48
户口盐钞银（两）	153.37	153.37		44.22	44.22	6.70	93.51	93.51		29.59	29.59	
起运南京库银（两）	76.68	76.68		22.11	22.11		46.75	46.75		14.79	14.79	

项目	实物	折银	%	实物	折银	%	实物	折银	%	实物	折银	%
存留银（两）	76.68	76.68		22.11	22.11		46.75	46.75		14.79	14.79	
遇闰共加银（两）	12.78	12.78	23.18	3.68	3.68	6.67	7.79	7.79	14.13	3.58	3.58	6.49
起运		11720.22			5986.43			5521.21			1323.96	
存留		1237.48			818.57			831.59			286.04	
总计		12957.71	26.46		6805.00	13.90		6352.81	12.97		1610.00	3.29

丙表 45　南康府分州县及其分属田赋折银明细

（单位：两/银）

项目	南康府 实物	折银	%	星子县 实物	折银	%	都昌县 实物	折银	%	建昌县 实物	折银	%
夏税												
麦米（石）	6624.30	1656.07	100.00	827.43	206.86	12.49	1969.52	492.38	29.73	2312.81	578.20	34.91
起运京库麦米（石）	4654.78	1159.25		581.41	144.80		1383.95	344.66		1625.18	404.74	
存留麦米（石）	1969.52	496.82		246.02	62.06		585.57	147.71		687.63	173.46	
农桑丝折绢（匹）（起运）	136.00	95.20	100.00	8.00	5.60	5.88	77.00	53.90	56.62	28.00	19.60	20.59
秋粮												
米（石）	76062.27	23657.70	100.00	4951.55	1540.08	6.51	23585.31	7335.76	31.01	28608.97	8898.27	37.61
起运米（石）	67944.79	21055.35		2616.58	816.24		21444.61	6675.54		26223.92	8186.41	
存留米（石）	8117.48	2602.35		2334.97	723.84		2140.69	660.22		2385.05	711.86	
户口盐钞银（两）	486.64	486.64	100.00	48.72	48.72	10.01	182.68	182.68	37.54	159.23	159.23	32.72
起运南京库银（两）	243.32	243.32		24.36	24.36		91.34	91.34		79.61	79.61	
存留银（两）	243.32	243.32		24.36	24.36		91.34	91.34		79.61	79.61	
遇闰共加银（两）	40.56	40.56	100.00	4.06	4.06	10.01	15.23	15.23	37.55	13.27	13.27	37.55
起运		22593.69			995.06			7180.67			8703.63	
存留		3342.49			810.26			899.27			964.93	
总计		25936.18	100.00		1805.32	6.96		8079.94	31.15		9668.57	37.28

项目	安义县		
	实物	折银	%
夏税			
麦米（石）	1514.53	378.63	22.86
起运京库麦米（石）	1064.24	265.04	
存留麦米（石）	450.29	113.59	
农桑丝折绢（匹）（起运）	21.00	14.70	15.44
秋粮			
米（石）	18916.42	5883.59	24.87
起运米（石）	17659.66	5471.74	
存留米（石）	1256.75	411.85	
户口盐钞银（两）	96.00	96.00	19.73
起运南京库银（两）	48.00	48.00	
存留银（两）	48.00	48.00	
遇闰共加银（两）	8.00	8.00	19.72
起运		5807.48	
存留		573.44	
总计		6380.92	24.60

丙表 46　九江府分州县及其分属田赋折银明细

（单位：两/银）

项目	九江府			德化县			德安县			瑞昌县		
	实物	折银	%	实物	折银	%	实物	折银	%	实物	折银	%
夏税												
麦米（石）	3733.91	933.48	100.00	565.43	141.36	15.14	619.98	155.00	16.60	567.45	141.86	15.20
起运京库麦米（石）	500.00	121.35										

1498

存留麦米（石）	3233.91	812.13		565.43	141.36		619.98	155.00		567.45	141.86	
农桑丝折绢（匹）（起运）	389.00	272.30	100.00	61.00	42.70	15.68	29.00	20.30	7.46	60.00	42.00	15.42
秋粮												
米（石）	41916.76	13037.40	100.00	6021.65	1872.92	14.37	6413.43	1994.77	15.30	6000.85	1866.45	14.32
起运米（石）	32919.33	10299.55		4701.66	1460.88		4959.94	1535.98		4622.96	1437.17	
存留米（石）	8997.42	2737.85		1319.98	412.04		1453.49	458.80		1377.89	429.28	
户口盐钞银（两）	140.21	140.21	100.00	34.50	34.50	24.61	22.04	22.04	15.72	20.70	20.70	14.76
起运南京库银（两）	70.10	70.10		17.25	17.25		11.02	11.02		10.35	10.35	
存留银（两）	70.10	70.10		17.25	17.25		11.02	11.02		10.35	10.35	
遇闰共加银（两）	11.68	11.68	100.00	2.87	2.87	24.57	1.83	1.83	15.67	1.72	1.72	14.73
起运		10774.98			1523.70			1569.13			1491.24	
存留		3620.08			570.65			624.81			581.50	
总计		14395.07	100.00		2094.35	14.55		2193.94	15.24		2072.73	14.40
项目	**湖口县**			**彭泽县**								
	实物	折银	%	实物	折银	%						
夏税												
麦米（石）	919.19	229.80	24.62	1061.85	265.46	28.44						
起运京库麦米（石）				500.00	121.35	100.00						
存留麦米（石）	919.19	229.80		561.85	141.10	17.37						
农桑丝折绢（匹）（起运）	81.00	56.70	20.82	156.00	109.20	40.10						
秋粮												
米（石）	11271.72	3505.85	26.89	12209.09	3797.40	29.13						
起运米（石）	8939.65	2769.62		9695.11	2999.95							
存留米（石）	2332.07	736.23		2513.97	797.45							
户口盐钞银（两）	30.31	30.31	21.62	32.65	32.65	23.29						

项目	实物	折银	%	实物	折银	%
起运南京库银（两）	15.15	15.15		16.32	16.32	
存留银（两）	15.15	15.15		16.32	16.32	
遇闰共加银（两）	2.52	2.52	21.58	2.72	2.72	23.29
起运		2843.99			3249.54	
存留		981.18			954.87	
总计		3825.18	26.57		4207.44	29.23

丙表 47　建昌府分州县及其分属田赋折银明细

（单位：两/银）

项目	建昌府			南城县			新城县			南丰县		
	实物	折银	%	实物	折银	%	实物	折银	%	实物	折银	%
夏税												
农桑丝折绢（匹）（起运）	197.00	137.90	100.00	56.00	39.20	28.43	9.00	6.30	4.57	122.00	85.40	61.93
秋粮												
米（石）	95592.66	29732.25	100.00	36604.21	11385.03	38.29	23855.82	7419.89	24.96	22262.38	6924.28	23.29
起运米（石）	76568.59	23785.80	100.00	30593.41	9563.43		20570.21	6381.11		18231.88	5677.91	
存留米（石）	19024.07	5946.45		6010.80	1821.61	67.94	3285.61	1038.78		4030.50	1246.37	18.55
户口盐钞银（两）	1004.67	1004.67	100.00	682.60	682.60		69.54	69.54	6.92	186.35	186.35	
起运南京库银（两）	502.33	502.33		341.30	341.30		34.77	34.77		93.17	93.17	
存留银（两）	502.33	502.33		341.30	341.30		34.77	34.77		93.17	93.17	
遇闰共加银（两）	81.72	81.72	100.00	56.88	56.88	69.60	5.79	5.79	7.09	15.52	15.52	18.99
起运		24507.75			10000.81			6427.97			5872.00	
存留		6448.78			2162.91			1073.55			1339.54	
总计		30956.54	100.00		12163.71	39.29		7501.52	24.23		7211.55	23.30

项目	广昌县		
	实物	折银	%

1500

夏税			
农桑丝折绢（匹）（起运）	9.00	6.30	4.57
秋粮			
米（石）	12870.24	4003.04	13.46
起运米（石）	7173.09	2241.70	
存留米（石）	5697.15	1761.34	
户口盐钞银（两）	66.16	66.16	6.59
起运南京库银（两）	33.08	33.08	
存留银（两）	33.08	33.08	
递闰共加银（两）	3.51	3.51	4.30
起运		2284.59	
存留		1794.42	
总计		4079.01	13.18

丙表48　抚州府分州县及其分属田赋折银明细

（单位：两/银）

项目	抚州府			临川县			崇仁县			金溪县		
	实物	折银	%	实物	折银	%	实物	折银	%	实物	折银	%
夏税												
麦米（石）	352.64	88.16	100.00									
起运京库麦（石）	157.43	39.67										
存留麦米（石）	195.21	48.49										
农桑丝折绢（匹）（起运）	85	59.5	100.00	18.00	12.60	21.18	2.00	1.40	2.35	19.00	13.30	22.35
秋粮												
米（石）	303275.08	94327.86	100.00	73558.22	22878.86	24.25	46649.38	14509.39	15.38	38992.61	12127.90	12.86
起运米（石）	251820.37	78292.13		64791.61	20133.40		37988.43	11752.61		34664.99	10793.83	

存留米（石）	51454.7	16035.74		8766.61	2745.46		8660.95	2756.78		4327.62	1334.07	
户口盐钞银（两）	2281.86	2281.86	100.00	840.03	840.02		421.41	421.41	18.47	416.79	416.79	18.27
起运南京库银（两）	1140.93	1140.93		420.01	420.01		210.70	210.70		208.39	208.39	
存留银（两）	1140.93	1140.93		420.01	420.01		210.70	210.70		208.39	208.39	
遇闰共加银（两）	190.15	190.15	100.00	70.00	70.00	36.81	35.11	35.11	18.46	34.73	34.73	18.26
起运		79722.38			20636.01			11999.82			11050.25	
存留		17225.15			3165.47			2967.48			1542.46	
总计		96947.53	100.00		23801.48	24.55		14967.31	15.44		12592.72	12.99
项目	**宜黄县**			**乐安县**			**东乡县**					
	实物	折银	%	实物	折银	%	实物	折银	%			
夏税												
麦米（石）							352.64	88.16	100.00			
起运京库麦米（石）							157.43	39.67	100.00			
存留麦米（石）							195.21	48.49	100.00			
农桑丝折绢（匹）（起运）	25.00	17.50	29.41	11.00	7.70	12.94	8.00	5.60	9.41			
秋粮												
米（石）	49932.57	15530.56	16.46	59950.00	18646.29	19.77	34192.28	10634.85	11.27			
起运米（石）	37671.42	11647.92		48668.90	15103.50		28035.02	8720.58				
存留米（石）	12261.14	3882.64		11281.10	3542.80		6157.26	1914.27				
户口盐钞银（两）	120.00	120.00	5.26	240.00	240.00	10.52	243.60	243.60	10.68			
起运南京库银（两）	60.00	60.00		120.00	120.00		121.80	121.80				
存留银（两）	60.00	60.00		120.00	120.00		121.80	121.80				
遇闰共加银（两）	12.00	12.00	6.31	20.00	20.00	10.52	20.30	20.30	10.68			
起运		11737.42			15251.20			8907.95				
存留		3942.64			3662.80			2084.56				

丙表49

临江府分州县及其分属田赋折银明细

（单位：两/银）

总计		15680.06	16.17		18913.99	19.51		10992.51	11.34

项目	临江府 实物	折银	%	清江县 实物	折银	%	新淦县 实物	折银	%	峡江县 实物	折银	%
夏税												
农桑丝折绢（匹）（起运）	59.00	41.30	100.00	7.00	4.90	11.86	15.00	10.50	25.42	14.00	9.80	23.73
秋粮												
米（石）	229586.22	71408.37	100.00	54083.78	16821.72	23.56	53448.20	16624.03	23.28	49851.91	15505.48	21.71
起运米（石）	214246.58	66409.78		50020.41	15475.98		49732.81	15460.35		47384.99	14730.20	
存留米（石）	15339.64	4998.59		4063.36	1345.74		3715.39	1163.68		2466.91	775.27	
户口盐钞银（两）	853.71	853.71	100.00	372.15	372.15	43.59	121.44	121.44	14.22	119.69	119.69	14.02
起运南京库银（两）	426.85	426.85		186.07	186.07		60.72	60.72		59.84	59.84	
存留银（两）	426.85	426.85		186.07	186.07		60.72	60.72		59.84	59.84	
通闰共加银（两）	71.13	71.13	100.00	31.01	31.01	43.60	10.12	10.12	14.23	9.97	9.97	14.02
起运		66949.06			15697.96			15541.69			14809.81	
存留		5425.44			1531.81			1224.40			835.11	
总计		72374.51	100.00		17229.78	23.81		16766.09	23.17		15644.94	21.62

项目	新喻县 实物	折银	%
夏税			
农桑丝折绢（匹）（起运）	21.00	14.70	35.59
秋粮			
米（石）	72202.32	22457.14	31.45
起运米（石）	67108.35	20885.14	

1503

存留米（石）	5093.97	1572.00
户口盐钞银（两）	240.41	28.16
起运南京库银（两）	120.20	
存留银（两）	120.20	120.20
遇闰共加银（两）	20.03	28.16
起运	21040.07	
存留	1692.20	
总计	22732.28	31.41

丙表 50　吉安府分州县及其分属县田赋折银明细

（单位：两/银）

项目	吉安府			庐陵县			泰和县			吉水县		
	实物	折银	%	实物	折银	%	实物	折银	%	实物	折银	%
夏税												
麦（石）	17445.36	4361.34	100.00	6884.56	1721.14	39.46	2204.82	551.21	12.64	1206.13	301.53	6.91
起运京库麦米（石）	14555.01	3619.91		4729.75	1187.59		2204.82	551.21		1206.13	301.53	
存留麦米（石）	2890.34	741.43		2154.81	533.55							
农桑丝折绢（匹）（起运）	874.00	611.80	100.00	33.00	23.10	3.78	407.00	284.90	46.57	41.00	28.70	4.69
钞（锭）（存留）	997.00		100.00	666.00		66.80						
秋粮												
米（石）	431815.88	134308.00	100.00	84531.89	26292.01	19.58	52376.18	16290.60	12.13	61170.98	19026.05	14.17
起运米（石）	391527.19	122220.28		78850.80	24451.57		48921.78	15150.26		56700.83	17694.23	
存留米（石）	40288.69	12087.72		5681.09	1840.44		3454.39	1140.34		4470.15	1331.82	
户口盐钞银（两）	3064.96	3064.96	100.00	746.18	746.18	24.35	373.03	373.03	12.17	829.70	829.70	27.07
起运南京库银（两）	1532.48	1532.48		373.09	373.09		186.51	186.51		414.85	414.85	
存留银（两）	1532.48	1532.48		373.09	373.09		186.51	186.51		414.85	414.85	

项目	永丰县 实物	永丰县 折银	永丰县 %	安福县 实物	安福县 折银	安福县 %	龙泉县 实物	龙泉县 折银	龙泉县 %	万安县 实物	万安县 折银	万安县 %
遇闰共加银（两）	255.40	255.40		62.18	62.18	24.35	31.08	31.08	12.17	69.14	69.14	27.07
起运		128239.87			26097.53			16203.95			18508.45	
存留		14361.63			2747.08			1326.85			1746.67	
总计		142601.50	100.00		28844.61	20.23		17530.82	12.29		20255.13	14.20
夏税												
麦米（石）	1754.54	438.64	10.06	2935.52	733.88	16.83	506.35	126.59	2.90	884.75	221.19	5.07
起运京库麦米（石）	1754.54	438.64		2200.00	550.41		506.35	126.59		884.75	221.19	
存留麦米（石）				735.52	183.47							
农桑丝折绢（匹）（起运）	11.00	7.70	1.26	210.00	147.00	24.03	63.00	44.10	7.21	25.00	17.50	2.86
钞（锭）（存留）	68.00		6.82	227.00		22.77						
秋粮												
米（石）	52426.60	16306.28	12.14	59063.42	18370.54	13.68	27507.18	8555.58	6.37	25462.12	7919.50	5.90
起运米（石）	50472.45	15654.03		53811.24	16717.19		25528.47	7956.69		23311.25	7285.94	
存留米（石）	1954.15	652.25		5252.18	1653.35		1978.71	598.89		2150.87	633.56	
户口盐钞银（两）	447.65	447.65	14.61	294.17	294.17	9.60	48.71	48.71	1.59	140.90	140.90	4.60
起运南京库银（两）	223.82	223.82		147.08	147.08		24.35	24.35		70.45	70.45	
存留银（两）	223.82	223.82		147.08	147.08		24.35	24.35		70.45	70.45	
遇闰共加银（两）	37.30	37.30	14.60	24.50	24.50	9.59	4.05	4.05	1.59	11.74	11.74	4.60
起运		16361.49			17586.18			8155.77			7606.82	
存留		876.07			1983.90			623.24			704.01	
总计		17237.57	12.09		19570.09	13.72		8779.03	6.16		8310.83	5.83

项目	永新县 实物	永新县 折银	永新县 %	永宁县 实物	永宁县 折银	永宁县 %

夏税

项目	实物	折银	%	实物	折银	%
麦米（石）	939.82	234.96	5.39	128.82	32.21	0.74
起运京库麦米（石）	939.82	234.96		128.82	32.21	
存留麦米（石）						
农桑丝折绢（匹）（起运）	55.00	38.50	6.29	26.00	18.20	2.97
钞（锭）（存留）	28.00		2.81	6.00		0.60
秋粮						
米（石）	58892.31	18317.32	13.64	10385.16	3230.10	2.40
起运米（石）	46078.62	14287.51		7851.73	2454.88	
存留米（石）	12813.69	4029.81		2533.43	775.22	
户口盐钞银（两）	121.54	121.54	3.97	63.03	63.03	2.06
起运南京库银（两）	60.77	60.77		31.51	31.51	
存留银（两）	60.77	60.77		31.51	31.51	
遇闰共加银（两）	10.12	10.12	3.96	5.25	5.25	2.06
起运		14631.85			2542.04	
存留		4090.58			806.73	
总计		18722.43	13.13		3348.79	2.35

丙表 51　瑞州府分州县及其分属田赋折银明细

（单位：两/银）

项目	瑞州府			高安县			上高县			新昌县		
	实物	折银	%	实物	折银	%	实物	折银	%	实物	折银	%
夏税												
农桑丝折绢（匹）（起运）	281.00	196.70	100.00	97.00	67.90	34.52	109.00	76.30	38.79	74.00	51.80	26.33
秋粮												
米（石）	224441.12	69808.08	100.00	118709.88	36922.42	52.89	49600.13	15427.16	22.10	56131.10	17458.50	25.01

项目	实物	折银	%	实物	折银	%	实物	折银	%	实物	折银	%
起运米（石）	202351.77	62827.27		106954.38	33230.18		44455.43	13884.45		50941.95	15887.23	
存留米（石）	22089.34	6980.81		11755.50	3692.24		5144.69	1542.72		5189.14	1571.26	
山租钞（锭）（存留）	3107.00		100.00	2256.00		72.61	216.00		6.95	633.00		20.37
户口盐钞银（两）	726.95	726.95	100.00	341.02	341.02	46.91	193.50	193.50	26.62	192.41	192.41	26.47
起运南京库银（两）	363.47	363.47		170.51	170.51		96.75	96.75		96.20	96.20	
存留银（两）	363.47	363.47		170.51	170.51		96.75	96.75		96.20	96.20	
通闰共加银（两）	60.57	60.57	100.00	28.41	28.41	46.90	16.12	16.12	26.61	16.03	16.03	26.47
起运		63448.01			33497.00			14073.62			16051.26	
存留		7344.28			3862.75			1639.47			1667.46	
总计		70792.30	100.00		37359.75	52.77		15713.08	22.20		17718.74	25.03

（单位：两/银）

丙表 52 袁州府分州县及其分属田赋折银明细

项目	袁州府			宜春县			分宜县			萍乡县[1]		
	实物	折银	%	实物	折银	%	实物	折银	%	实物	折银	%
夏税												
麦（石）	21790.19	5447.55	100.00	6845.46	1711.37	31.42	4118.74	1029.69	18.90	5581.29	1395.32	25.61
起运京库麦米（石）	21790.19	5447.55		6845.46	1711.37		4118.74	1029.69		5581.29	1395.32	
农桑丝折绢（匹）（起运）	415	290.5	100.00	197.00	137.90	47.47	26.00	18.20	6.27	121.00	84.70	29.16
秋粮												
米（石）	217145.09	67538.79	100.00	68301.74	21243.94	31.45	40974.98	12744.48	18.87	56070.64	17439.69	25.82
起运京库米（石）	193852.61	60109.53		61140.31	19119.54		36580.03	11342.58		49944.05	15521.32	
存留米（石）	23292.47	7429.27		7161.42	2124.39		4394.94	1401.89		6126.59	1918.37	
户口盐钞银（两）	765.23	765.23	100.00	206.02	206.02	26.92	174.77	174.77	22.84	233.94	233.94	30.57
起运南京库银（两）	382.61	382.61		103.01	103.01		87.38	87.38		116.97	116.97	

1 萍乡县秋粮起运米记录似有误，原记录 49994.04 石，应为 **49944.05** 石。

下表（接上页，续某县数据）

项目	实物	折银	%	实物	折银	%	实物	折银	%	实物	折银	%
存留银（两）	382.61	382.61		103.01	103.01		87.38	87.38		116.97	116.97	
遇闰共加银（两）	63.77	63.77	100.00	17.16	17.16	26.91	14.56	14.56	22.83	19.49	19.49	30.56
起运		66293.95			21088.98			12492.41			17137.81	
存留		7811.88			2227.40			1489.27			2035.34	
总计		74105.84	100.00		23316.38	31.46		13981.69	18.87		19173.14	25.87

项目	万鞓县 实物	折银	%
夏税			
麦米（石）	5244.69	1311.17	24.07
起运京库麦米（石）	5244.69	1311.17	
农桑丝折绢（匹）（起运）	70.00	49.00	16.87
秋粮			
米（石）	51797.72	16110.68	23.85
起运京库米（石）	46188.21	14338.51	
存留米（石）	5609.50	1772.17	
户口盐钞银（两）	150.48	150.48	19.66
起运南京京库银（两）	75.24	75.24	
存留银（两）	75.24	75.24	
遇闰共加银（两）	12.54	12.54	19.66
起运		15786.46	
存留		1847.41	
总计		17633.87	23.80

丙表 53

赣州府分属州县及其分属田赋折银明细

（单位：两/银）

项目	赣州府 实物	赣州府 折银	赣州府 %	赣县 实物	赣县 折银	赣县 %	雩都县 实物	雩都县 折银	雩都县 %	信丰县 实物	信丰县 折银	信丰县 %
夏税												
农桑丝折绢（匹）（起运）	141.00	98.70	100.00	33.00	23.10	23.40	34.00	23.80	24.11	2.00	1.40	1.42
钞（锭）（存留）	1717.00		100.00	388.00			82.00		4.78	44.00		2.56
秋粮												
米（石）	70883.08	22046.81	100.00	18343.53	5705.40	25.88	4315.36	1342.21	6.09	1929.53	600.14	2.72
起运米（石）	39668.01	12346.22		14531.45	4507.27		1370.84	429.51				
存留米（石）	31215.06	9700.60		3812.08	1198.13	21.56	2944.51	912.70		1929.53	600.14	3.57
户口盐钞银（两）	672.98	672.98	100.00	145.08	145.08		48.00	48.00	7.13	24.00	24.00	
起运南京库银（两）	336.49	336.49		72.54	72.54		24.00	24.00		12.00	12.00	
存留银（两）	336.49	336.49		72.54	72.54		24.00	24.00		12.00	12.00	
遇闰共加银（两）	53.94	53.94	100.00	12.09	12.09	22.41	2.04	2.04	3.78	1.54	1.54	2.86
起运		12835.35			4615.00			479.35			14.94	
存留		10037.09			1270.67			936.70			612.14	
总计		22872.43	100.00		5885.67	25.73		1416.05	6.19		627.08	2.74

项目	兴国县 实物	兴国县 折银	兴国县 %	会昌县 实物	会昌县 折银	会昌县 %	安远县 实物	安远县 折银	安远县 %	宁都县 实物	宁都县 折银	宁都县 %
夏税												
农桑丝折绢（匹）（起运）	8.00	5.60	5.67				1.00	0.70	0.71	39.00	27.30	27.66
钞（锭）（存留）	266.00		15.49	17.00		0.99	11.00		0.64	537.00		31.28
秋粮												
米（石）	13148.48	4089.58	18.55	835.26	259.79	1.18	473.09	147.15	0.67	21143.81	6576.37	29.83
起运米（石）	4202.42	1308.67								16850.62	5261.10	

1509

表一（续）

项目	瑞金县 实物	瑞金县 折银	瑞金县 %	龙南县 实物	龙南县 折银	龙南县 %	石城县 实物	石城县 折银	石城县 %	定南县 实物	定南县 折银	定南县 %
存留米（石）	8946.05	2780.91		835.26	259.79		473.09	147.15		4293.19	1315.27	
户口盐钞银（两）	71.99	71.99	10.70	18.00	18.00	2.67	22.33	22.33	3.32	247.55	247.55	36.78
起运南京库银（两）	35.99	35.99		9.00	9.00		11.16	11.16		123.77	123.77	
存留银（两）	35.99	35.99		9.00	9.00		11.16	11.16		123.77	123.77	
遇闰共加银（两）	5.99	5.99	11.10	1.50	1.50	2.78	2.13	2.13	3.95	20.62	20.62	38.23
起运		1356.25			10.50			13.99			5432.79	
存留		2816.90			268.79			158.31			1439.04	
总计		4173.16	18.25		279.29	1.22		172.31	0.75		6871.84	30.04

项目	瑞金县 实物	瑞金县 折银	瑞金县 %	龙南县 实物	龙南县 折银	龙南县 %	石城县 实物	石城县 折银	石城县 %	定南县 实物	定南县 折银	定南县 %
夏税												
农桑丝折绢（匹）（起运）	15.00	10.50	10.64				5.00	3.50	3.55			
钞（锭）（存留）	63.00		3.67	94.00		5.47	210.00		12.23			
秋粮												
米（石）	1544.59	480.41	2.18	3665.63	1140.12	5.17	4572.37	1422.15	6.45	677.91	210.85	0.96
起运米（石）				1141.99	353.44		1570.68	483.53				
存留米（石）	1544.59	480.41	2.67	2523.64	786.69	4.46	3001.69	938.62	5.57	677.91	210.85	
户口盐钞银（两）	18.00	18.00		30.00	30.00		37.46	37.46				
起运南京库银（两）	9.00	9.00		15.00	15.00		18.73	18.73				
存留银（两）	9.00	9.00		15.00	15.00		18.73	18.73				
遇闰共加银（两）	1.50	1.50	2.78	2.50	2.50	4.63	3.12	3.12	5.78			
起运		21.00			370.94			508.88				
存留		489.41			801.69			957.35			210.85	
总计		510.41	2.23		1172.62	5.13		1466.23	6.41		210.85	0.92

丙表54

南安府分州县及其分属田赋折银明细

（单位：两/银）

项目	南安府 实物	南安府 折银	%	大庾县 实物	大庾县 折银	%	南康县 实物	南康县 折银	%	上犹县 实物	上犹县 折银	%
夏税												
麦米（石）[1]	131.31	32.83	100.00	49.63	12.41	37.80	81.68	20.42	62.20			
存留麦米（石）	131.31	32.83		49.63	12.41		81.68	20.42				
农桑丝折绢（匹）（起运）	63.00	44.10	100.00	8.00	5.60	12.70	38.00	26.60	60.32	6.00	4.20	9.52
秋粮												
米（石）	27882.24	8672.23	100.00	5771.26	1795.04	20.70	15301.54	4759.25	54.88	3037.92	944.89	10.90
起运米（石）	10276.51	3208.73		2426.58	753.92		5096.06	1570.55		1401.03	434.65	
存留米（石）	17605.72	5463.51		3344.67	1041.12		10205.47	3188.70		1636.88	510.24	
户口盐钞银（两）	106.04	106.04	100.00	23.77	23.77	22.42	44.28	44.28	41.76	24.00	24.00	22.63
起运南京库银（两）	53.02	53.02		11.88	11.88		22.14	22.14		12.00	12.00	
存留银（两）	53.02	53.02		11.88	11.88		22.14	22.14		12.00	12.00	
遇闰共加银（两）	8.81	8.81	100.00	1.98	1.98	22.47	3.69	3.69	41.88	2.00	2.00	22.70
起运		3314.66			773.38			1622.98			452.85	
存留		5549.35			1065.41			3231.26			522.24	
总计		8864.01	100.00		1838.80	20.74		4854.24	54.76		975.09	11.00

项目	崇义县 实物	折银	%
夏税			
农桑丝折绢（匹）（起运）	9.00	6.30	14.29
秋粮			
米（石）	3771.50	1173.05	13.53

[1]原书南安府麦米值缺失，今依所属各县值补齐。

起运米（石）	1352.82				
存留米（石）	2418.68		422.30	750.75	
户口盐钞银（两）	13.99	13.19	13.99		
起运南京库银（两）	6.99		6.99		
存留银（两）	6.99		6.99		
遇闰共加银（两）	1.14	12.94	1.14		
起运			436.73		
存留			757.74		
总计			1194.48	13.48	

湖广各府分州县及其分属田赋折银

武昌府分州县及其分属田赋折银明细

丙表 55

（单位：两/石）

项目	武昌府			江夏县			武昌县			嘉鱼县		
	实物	折银	%	实物	折银	%	实物	折银	%	实物	折银	%
夏税												
米麦（石）	10305.12	3641.32	100.00	2028.92	716.92	19.69	3674.61	1298.43	35.66	453.32	160.18	4.40
存留米麦（石）	10305.12	3641.32		2028.92	716.92		3674.61	1298.43		453.32	160.18	
税丝折绢（匹）（起运）	8083.00	5658.10	100.00	1745.00	1221.50	21.59	1421.00	994.70	17.58	454.00	317.80	5.62
农桑丝折绢（匹）（起运）	489.00	342.30	100.00	154.00	107.80	31.49	32.00	22.40	6.54	109.00	76.30	22.29
秋粮												
米（石）	164629.95	55082.24	100.00	34579.60	11569.72	21.00	24615.90	8236.04	14.95	6296.09	2106.56	3.82
起运米（石）	78512.78	26439.47		13153.52	4396.49		12040.18	4035.66		1754.31	589.84	
存留米（石）	86117.16	28642.76		21426.07	7173.22		12575.71	4200.38		4541.77	1516.72	
户口盐钞银（两）	1335.69	1335.69	100.00	379.52	379.52	28.41	61.70	61.70	4.62	106.02	106.02	7.94
起运	546.91	546.91		155.40	155.40		25.26	25.26		43.41	43.41	

项目	蒲圻县 实物	折银	%	咸宁县 实物	折银	%	崇阳县 实物	折银	%	通城县 实物	折银	%
存留银（两）	788.78	788.78		224.12	224.12		36.44	36.44		62.61	62.61	
遇闰共加银（两）	111.31	111.31	100.00	31.62	31.62	28.41	5.14	5.14	4.62	8.83	8.83	7.93
起运		33098.09			5912.81			5083.16			1036.18	
存留		33072.86			8114.26			5535.25			1739.51	
总计		66170.96	100.00		14027.08	21.20		10618.41	16.05		2775.69	4.19

项目	蒲圻县 实物	折银	%	咸宁县 实物	折银	%	崇阳县 实物	折银	%	通城县 实物	折银	%
夏税												
米麦（石）	1178.10	416.28	11.43	704.70	249.01	6.84	812.61	287.14	7.89	1143.98	404.23	11.10
存留米麦（石）	1178.10	416.28		704.70	249.01		812.61	287.14		1143.98	404.23	
税丝折绢（匹）（起运）	1076.00	753.20	13.31	590.00	413.00	7.30	699.00	489.30	8.65	963.00	674.10	11.91
农桑丝折绢（匹）（起运）	27.00	18.90	5.52	63.00	44.10	12.88	43.00	30.10	8.79	14.00	9.80	2.86
秋粮												
米（石）	15949.76	5336.50	9.69	10458.63	3499.27	6.35	8665.61	2899.36	5.26	12182.34	4075.99	7.40
起运米（石）	7450.04	2508.16		5470.89	1819.62		5582.49	1855.59		7056.29	2364.08	
存留米（石）	8499.71	2828.35		4987.73	1679.65		3083.12	1043.77		5126.04	1711.92	
户口盐钞银（两）	221.48	221.48	16.58	107.07	107.07	8.02	75.04	75.04	5.62	61.02	61.02	4.57
起运	90.68	90.68		43.84	43.84		30.72	30.72		24.98	24.98	
存留银（两）	130.79	130.79		63.23	63.23		44.31	44.31		36.03	36.03	
遇闰共加银（两）	18.45	18.45	16.58	8.92	8.92	8.01	6.25	6.25	5.61	5.08	5.08	4.56
起运		3389.39			2329.48			2411.96			3078.04	
存留		3375.42			1991.89			1375.22			2152.17	
总计		6764.82	10.22		4321.37	6.53		3787.18	5.72		5230.22	7.90

项目	兴国州 实物	折银	%	大冶县 实物	折银	%	通山县 实物	折银	%

项目	实物	折银	%	实物	折银	%	实物	折银	%
夏税									
米麦（石）	251.62	88.91	2.44	52.37	18.50	0.51	4.83	1.71	0.05
存留米麦（石）	251.62	88.91	2.44	52.37	18.50		4.83	1.71	
税丝折绢（匹）（起运）	600.00	420.00	7.42	417.00	291.90	5.16	114.00	79.80	1.41
农桑丝折绢（匹）（起运）	28.00	19.60	5.73	10.00	7.00	2.04	3.00	2.10	0.61
秋粮									
米（石）	28518.08	9541.64	17.32	18492.88	6187.39	11.23	4871.01	1629.75	2.96
起运米（石）	14478.35	4866.24		9099.20	3031.82		2427.44	814.88	
存留米（石）	14039.72	4675.40		9393.68	3155.57		2443.56	814.88	
户口盐钞银（两）	163.28	163.28	12.22	97.11	97.11	7.27	63.41	63.41	4.75
起运（两）	66.85	66.85		39.76	39.76		25.96	25.96	
存留（两）	96.42	96.42		57.34	57.34		37.44	37.44	
遇闰共加银（两）	13.60	13.60	12.22	8.09	8.09	7.27	5.28	5.28	4.74
起运		5386.29			3378.57			928.02	
存留		4860.73			3231.41			854.02	
总计		10247.03	15.49		6609.99	9.99		1782.05	2.69

丙表56　汉阳府分州县及其分属田赋折银明细

（单位：两/银）

项目	汉阳府			汉阳县			汉川县		
	实物	折银	%	实物	折银	%	实物	折银	%
夏税									
米麦（石）	5400.49	1908.26	100.00	4463.14	1577.05	82.64	937.34	331.21	17.36
存留米麦（石）	5400.49	1908.26	100.00	4463.14	1577.05	89.36	937.34	331.21	10.47
税丝折绢（匹）（起运）	592.00	414.40	100.00	529.00	370.30	73.96	62.00	43.40	26.04
农桑丝折绢（匹）（起运）	96.00	67.20	100.00	71.00	49.70		25.00	17.50	

秋粮	实物	折银	%	实物	折银	%	实物	折银	%
米（石）	24620.96	8237.73	100.00	17164.61	5742.97	69.72	7456.35	2494.76	30.28
起运米（石）	13723.01	4613.13		9751.78	3273.49		3971.22	1322.22	
存留米（石）	10897.95	3624.60		7412.83	2469.48		3485.12	1172.54	
户口盐钞银（两）	224.56	224.56	100.00	155.81	155.81	69.38	68.74	68.74	30.61
起运银（两）	91.94	91.94		63.80	63.80		28.14	28.14	
存留银（两）	132.61	132.61		92.01	92.01		40.59	40.59	
遇闰共加银（两）	18.71	18.71	100.00	12.98	12.98	69.37	5.72	5.72	30.57
起运		5205.38			3770.27			1416.98	
存留		5665.47			4138.53			1544.34	
总计		10870.86	100.00		7908.81	72.75		2961.33	27.24

丙表 57　承天府县及其分属州县田赋折银明细

（单位：两/银）

项目	承天府			钟祥县			京山县			潜江县		
	实物	折银	%	实物	折银	%	实物	折银	%	实物	折银	%
夏税												
米麦（石）	9699.99	3427.49	100.00	2545.63	899.50	26.24	1680.36	593.75	17.32	1053.85	372.38	10.86
存留米麦（石）	9699.99	3427.49	100.00	2545.63	899.50		1680.36	593.75		1053.85	372.38	
税丝折绢（匹）（起运）	104.00	72.80	100.00	2.00	1.40	1.92		1.40				
农桑丝折绢（匹）（起运）	107.00	74.90	100.00	23.00	16.10	21.50	31.00	21.70	28.97	2.00	1.40	1.87
秋粮												
米（石）	96806.24	32389.64	100.00	6302.21	2108.61	6.51	11262.18	3768.12	11.63	9977.35	3338.24	10.31
起运米（石）	42622.30	14251.44	100.00	269.35	84.34		453.91	150.72		4676.91	1568.97	
存留米（石）	54183.94	18138.20	100.00	6032.85	2024.26		10808.26	3617.40		5300.43	1769.27	
黄钞（贯）（存留）	175.00		100.00	92.00		52.57	83.00		47.43			

项目	沔阳州			景陵县			荆门州			当阳县		
	实物	折银	%	实物	折银	%	实物	折银	%	实物	折银	%
户口盐钞银（两）	1268.69	1268.69	100.00	161.74	161.74	12.75	209.33	209.33	16.50	90.70	90.70	7.15
起运银（两）	491.00	491.00		66.22	66.22		85.71	85.71		37.14	37.14	
存留银（两）	777.69	777.69		95.51	95.51		123.62	123.62		53.56	53.56	
遇闰共加银（两）	102.26	102.26	100.00	13.47	13.47	13.17	17.44	17.44	17.05	7.55	7.55	7.38
起运		14992.40			181.53			275.57			1615.06	
存留		22343.38			3019.27			4334.77			2195.21	
总计		37335.78	100.00		3200.81	8.57		4610.35	12.35		3810.27	10.21

项目	沔阳州			景陵县			荆门州			当阳县		
	实物	折银	%	实物	折银	%	实物	折银	%	实物	折银	%
夏税												
米麦（石）	785.00	277.38	8.09	417.85	147.65	4.31	2410.67	851.81	24.85	806.60	285.01	8.32
存留米麦（石）	785.00	277.38		417.85	147.65		2410.67	851.81		806.60	285.01	
税丝折绢（匹）（起运）	36.00	25.20	33.64	87.00	60.90	83.65	2.00	1.40	1.92	12.00	8.40	11.54
农桑丝折绢（匹）（起运）				11.00	7.70	10.28	2.00	1.40	1.87			
秋粮												
米（石）	18128.51	6065.48	18.73	22404.84	7496.26	23.14	26592.05	8897.23	27.47	2139.08	715.70	2.21
起运米（石）	8687.83	2911.43		12174.90	4047.98		14915.05	4982.45		1444.31	486.67	
存留米（石）	9440.68	3154.05		10229.93	3448.28		11676.99	3914.78		694.77	229.02	
户口盐钞银（两）	353.28	353.28	27.85	182.56	182.56	14.39	202.50	202.50	15.96	68.55	68.55	5.40
起运银（两）	119.78	119.78		74.75	74.75		79.31	79.31		28.06	28.06	
存留银（两）	233.50	233.50		107.81	107.81		123.18	123.18		40.48	40.48	
遇闰共加银（两）	26.71	26.71	26.12	15.21	15.21	14.87	16.14	16.14	15.78	5.71	5.71	5.58
起运		3083.12			4206.54			5080.70			528.84	
存留		3664.93			3703.74			4889.77			554.52	
总计		6748.05	18.07		7910.28	21.19		9970.48	26.70		1083.37	2.90

丙表 58

襄阳府分州县及其分属田赋折银明细

（单位：两/银）

项目	襄阳府			襄阳县			宜城县			南漳县		
	实物	折银	%	实物	折银	%	实物	折银	%	实物	折银	%
夏税												
米麦（石）	23220.13	8204.84	100.00	10435.26	3687.30	44.94	1636.20	578.15	7.05	253.16	89.45	1.09
存留米麦（石）	23220.13	8204.84	100.00	10435.26	3687.30		1636.20	578.15		253.16	89.45	
农桑丝折绢（匹）（起运）	295.00	206.50	100.00	6.00	4.20	2.03	19.00	13.30	6.44	13.00	9.10	4.41
秋粮												
米（石）	40805.55	13652.81	100.00	7899.08	2642.89	19.36	3151.92	1054.58	7.72	6675.13	2233.38	16.36
起运米（石）	5000.00	1638.34		1058.00	343.58		489.00	168.73		1024.20	335.01	
存留米（石）	35805.55	12014.47	100.00	6841.08	2299.32		2662.92	885.84		5650.93	1898.37	
户口盐钞银（两）	945.94	945.94	100.00	187.48	187.48	19.82	94.38	94.38	9.98	108.03	108.03	11.42
起运银（两）	381.31	381.31		76.76	76.76		38.64	38.64		44.23	44.23	
存留银（两）	564.63	564.63		110.71	110.71		55.73	55.73		63.79	63.79	
遇闰共加银（两）	77.60	77.60	100.00	15.62	15.62	20.13	7.86	7.86	10.13	9.00	9.00	11.60
起运		2303.75			440.16			228.53			397.34	
存留		20783.94			6097.33			1519.73			2051.62	
总计		23087.69	100.00		6537.49	28.32		1748.27	7.57		2448.96	10.61

项目	枣阳县			谷城县			光化县			均州		
	实物	折银	%	实物	折银	%				实物	折银	%
夏税							*光化县			均州		
米麦（石）	1358.66	480.08	5.85	4975.19	1757.98	21.43				3740.75	1321.80	16.11
存留米麦（石）	1358.66	480.08		4975.19	1757.98					3740.75	1321.80	
农桑丝折绢（匹）（起运）	102.00	71.40	34.58	116.00	81.20	39.32				16.00	11.20	5.42
秋粮										820.89	290.06	3.54
										820.89	290.06	
										21.00	14.70	7.12

1517

项目	实物	折银	%	实物	折银	%	实物	折银	%	实物	折银	%
米（石）	4055.39	1356.86	9.94	12151.70	4065.74	29.78	2225.01	744.45	5.45	4647.29	1554.90	11.39
起运米（石）	711.60	244.24		1175.80	406.57		541.40	178.67			1554.90	
存留米（石）	3343.79	1112.63		10975.90	3659.17		1683.61	565.78		4647.29		
户口盐钞银（两）	205.12	205.12	21.68	147.02	147.02	15.54	72.48	72.48	7.66	131.41	131.41	13.89
起运银（两）	84.81	84.81		53.36	53.36		29.67	29.67		53.80	53.80	
存留银（两）	120.31	120.31		93.65	93.65		42.80	42.80		77.60	77.60	
遇闰共加银（两）	17.26	17.26	22.24	10.86	10.86	13.99	6.04	6.04	7.78	10.95	10.95	14.11
起运	417.71			551.99			225.58			79.45		
存留	1713.02			5510.80			1930.38			1922.56		
总计	2130.72		9.23	6062.81		26.26	2155.96		9.34	2002.02		8.67

丙表59　郧阳府分州县及其分属田赋折银明细

（单位：两/银）

项目	郧阳府			郧县			房县			竹山县		
	实物	折银	%	实物	折银	%	实物	折银	%	实物	折银	%
夏税												
米麦（石）	3572.94	1262.50	100.00	1146.27	405.04	32.08	350.20	123.74	9.80	691.48	244.33	19.35
存留米麦（石）	3572.94	1262.50		1146.27	405.04		350.20	123.74		691.48	244.33	
农桑丝折绢（匹）（起运）	55.00	38.50	100.00	23.00	16.10	41.82	5.00	3.50	9.09	7.00	4.90	12.73
秋粮												
米（石）	10962.53	3667.87	100.00	4061.65	1358.96	37.05	2701.29	903.80	24.64	1218.33	407.63	11.11
存留米（石）	10962.53	3667.87		4061.65	1358.96		2701.29	903.80		1218.33	407.63	
户口盐钞银（两）	1232.76	1232.76	100.00	412.88	412.88	33.49	120.26	120.26	9.76	183.91	183.91	14.92
起运银（两）	504.76	504.76		169.06	169.06		49.24	49.24		75.30	75.30	
存留银（两）	728.00	728.00		243.82	243.82		71.01	71.01		108.61	108.61	
遇闰共加银（两）	102.73	102.73	100.00	34.40	34.40	33.49	10.02	10.02	9.75	15.32	15.32	14.91

项目	上津县 实物	折银	%	竹溪县 实物	折银	%	保康县 实物	折银	%	郧西县 实物	折银	%
起运		645.99			219.56			62.76			95.52	
存留		5658.37			2007.81			1098.56			760.58	
总计		6304.36	100.00		2227.37	35.33		1161.33	18.42		856.10	13.58
夏税												
米麦（石）	433.45	153.16	12.13	361.13	127.61	10.11	102.49	36.21	2.87	487.89	172.40	13.66
存留米麦（石）	433.45	153.16		361.13	127.61		102.49	36.21		487.89	172.40	
农桑丝折绢（匹）（起运）	9.00	6.30	16.36	5.00	3.50	9.09	2.00	1.40	3.64	2.00	1.40	3.64
秋粮												
米（石）	700.15	234.26	6.39	1088.06	364.05	9.93	601.93	201.40	5.49	591.10	197.77	5.39
存留米（石）	700.15	234.26		1088.06	364.05		601.93	201.40		591.10	197.77	
户口盐钞银（两）	136.67	136.67	11.09	185.80	185.80	15.07	110.43	110.43	8.96	82.78	82.78	6.72
起运银（两）	55.96	55.96		76.08	76.08		45.21	45.21		33.89	33.89	
存留银（两）	80.71	80.71		109.72	109.72		65.21	65.21		48.88	48.88	
遇闰共加银（两）	11.38	11.38	11.08	15.48	15.48	15.07	9.20	9.20	8.96	6.89	6.89	6.71
起运		73.64			95.06			55.81			42.18	
存留		468.13			601.37			302.82			419.05	
总计		541.77	8.59		696.43	11.05		358.64	5.69		461.24	7.32

丙表60

德安府分州县及其分属田赋折银明细

（单位：两/银）

项目	德安府 实物	折银	%	安陆县 实物	折银	%	云梦县 实物	折银	%	孝感县 实物	折银	%
夏税												
米麦（石）	1787.05	631.45	100.00	3.77	1.33	0.21				5.41	1.91	0.30

项目	实物	折银	%	实物	折银	%	实物	折银	%	实物	折银	%
存留米麦（石）	1787.05	631.45		3.77	1.33	10.29	76.00	53.20	6.74	5.41	1.91	
税丝折销（匹）（起运）	1127.00	788.90	100.00	116.00	81.20	15.63	1.00	0.70	3.13	467.00	326.90	41.44
农桑丝折销（匹）（起运）	32.00	22.40	100.00	5.00	3.50	15.63				7.00	4.90	21.88
秋粮												
米（石）	41015.51	13723.06	100.00	3944.50	1319.76	9.62	2912.80	974.57	7.10	15436.21	5164.68	37.64
起运米（石）	18611.80	6175.38		1642.37	554.30		1519.63	506.78		6559.29	2169.17	
存留米（石）	22403.71	7547.68		2302.12	765.46		1393.16	467.79		8876.92	2995.52	
户口盐钞银（两）	987.73	987.73	100.00	85.34	85.34	8.64	48.15	48.15	4.87	102.96	102.96	10.42
起运银（两）	404.43	404.43		34.94	34.94		19.71	19.71		42.15	42.15	
存留银（两）	583.29	583.29		50.40	50.40		28.44	28.44		60.80	60.80	
遇闰共加银（两）	82.31	82.31	100.00	7.11	7.11	8.64	4.01	4.01	4.87	8.58	8.58	10.42
起留		7473.42			681.05			584.40			2551.70	
存留		8762.42			817.19			496.23			3058.23	
总计		16235.85	100.00		1498.24	9.23		1080.63	6.66		5609.93	34.55

项目	应城县			随州			应山县		
	实物	折银	%	实物	折银	%	实物	折银	%
夏税									
米麦（石）				963.45	340.43	53.91	814.40	287.77	45.57
存留米麦（石）				963.45	340.43		814.40	287.77	
税丝折销（匹）（起运）	128.00	89.60	11.36	207.00	144.90	18.37	131.00	91.70	11.62
农桑丝折销（匹）（起运）	3.00	2.10	9.38	11.00	7.70	34.38	4.00	2.80	12.50
秋粮									
米（石）	5381.93	1800.70	13.12	7873.55	2634.35	19.20	5466.50	1828.99	13.33
起运米（石）	2812.43	936.36		3222.42	1080.08		2855.63	951.08	
存留米（石）	2569.49	864.34		4651.12	1554.27		2610.87	877.92	

项目	实物	折银	%	实物	折银	%	实物	折银	%
户口盐钞银（两）	116.40	116.40	11.78	560.12	560.12	56.71	74.73	74.73	7.57
起运银（两）	47.66	47.66		229.34	229.34		30.60	30.60	
存留银（两）	68.74	68.74		330.77	330.77		44.13	44.13	
遇闰共加银（两）	9.70	9.70	11.78	46.67	46.67	56.70	6.22	6.22	7.56
起运		1102.94			1508.69			1064.88	
存留		1234.42			2225.47			908.47	
总计		2337.36	14.40		3734.17	23.00		1973.35	12.15

丙表61　黄州府分州县及其分属田赋折银明细

（单位：两/银）

项目	黄州府			黄岗县			黄安县			蕲水县		
	实物	折银	%	实物	折银	%	实物	折银	%	实物	折银	%
夏税												
米麦（石）	3875.03	1369.24	100.00	2009.39	710.02	51.85	97.43	34.43	2.51	66.65	23.55	1.72
存留米麦（石）	3875.03	1369.24	100.00	2009.39	710.02		97.43	34.43		66.65	23.55	
税丝折销（匹）（起运）	2992.00	2094.40	100.00	1011.00	707.70	33.79	381.00	266.70	12.73	40.00	28.00	1.34
农桑丝折销（匹）（起运）	122.00	85.40	100.00	40.00	28.00	32.79	10.00	7.00	8.20	10.00	7.00	8.20
秋粮												
米（石）	252719.98	84555.58	100.00	41503.58	13886.35	16.42	17744.24	5936.90	7.02	45155.68	15108.28	17.87
起运米（石）	136187.60	45660.02		23974.87	8054.09		11919.15	3977.73		21452.25	7251.98	
存留米（石）	116532.38	38895.57		17528.70	5832.27		5825.09	1959.18		23703.42	7856.31	
户口盐钞银（两）	2011.24	2011.24	100.00	192.73	192.73	9.58	147.44	147.44	7.33	132.40	132.40	6.58
起运银（两）	771.29	771.29		77.73	77.73		60.37	60.37		54.21	54.21	
存留银（两）	1239.95	1239.95		115.00	115.00		87.07	87.07		78.19	78.19	
遇闰共加银（两）	167.77	167.77	100.00	16.22	16.22	9.67	12.28	12.28	7.32	11.03	11.03	6.57
起运		48778.88			8883.74			4324.08			7352.22	

项目	罗田县 实物	罗田县 折银	罗田县 %	麻城县 实物	麻城县 折银	麻城县 %	黄陂县 实物	黄陂县 折银	黄陂县 %	蕲州 实物	蕲州 折银	蕲州 %
存留		41504.76			6657.29			2080.68			7958.05	
总计		90283.63	100.00		15541.02	17.21		6404.75	7.09		15310.26	16.96
夏税												
米麦（石）	176.20	62.26	4.55	102.34	36.16	2.64	56.24	19.87	1.45	242.71	85.76	6.26
存留米麦（石）	176.20	62.26		102.34	36.16		56.24	19.87		242.71	85.76	
税丝折绢（匹）（起运）	64.00	44.80	2.14	489.00	342.30	16.34	470.00	329.00	15.71	106.00	74.20	3.54
农桑丝折绢（匹）（起运）	3.00	2.10	2.46	23.00	16.10	18.85	10.00	7.00	8.20	6.00	4.20	4.92
秋粮												
米（石）	11163.70	3735.17	4.42	24131.99	8074.13	9.55	17473.52	5846.33	6.91	28145.59	9417.01	11.14
起运米（石）	5991.20	2016.99		17574.72	5894.12		8471.78	2806.24		14003.77	4708.51	
存留米（石）	5172.50	1718.18		6557.27	2180.02		9001.73	3040.09		14141.82	4708.51	
户口盐钞银（两）	115.06	115.06	5.72	220.92	220.92	10.98	265.04	265.04	13.18	483.84	483.84	24.06
起运银（两）	47.11	47.11		90.45	90.45		108.52	108.52		147.06	147.06	
存留银（两）	67.95	67.95		130.46	130.46		156.51	156.51		336.77	336.77	
遇闰共加银（两）	9.58	9.58	5.71	18.41	18.41	10.97	22.08	22.08	13.16	40.32	40.32	24.03
起运		2120.58			6361.38			3272.84			4974.29	
存留		1848.39			2346.64			3216.47			5131.04	
总计		3968.97	4.40		8708.02	9.65		6489.32	7.19		10105.33	11.19

项目	广济县 实物	广济县 折银	广济县 %	黄梅县 实物	黄梅县 折银	黄梅县 %
夏税						
米麦（石）	625.42	220.99	16.14	498.61	176.18	12.87
存留米麦（石）	625.42	220.99		498.61	176.18	

税丝折绢（匹）（起运）	205.00	143.50	6.85		219.00	153.30	7.32
农桑丝折绢（匹）（起运）	12.00	8.40	9.84		4.00	2.80	3.28
秋粮							
米（石）	30882.51	10332.73	12.22		36519.13	12218.65	14.45
起运米（石）	15306.41	5166.37			17493.41	5864.95	
存留米（石）	15576.09	5166.37			19025.72	6353.70	
户口盐钞银（两）	179.37	179.37	8.92		274.40	274.40	13.64
起运银（两）	73.44	73.44			112.35	112.35	
存留银（两）	105.93	105.93			162.04	162.04	
遇闰共加银（两）	14.94	14.94	8.91		22.86	22.86	13.63
起运		5406.65				6156.26	
存留		5493.29				6691.92	
总计		10899.94	12.07			12848.19	14.23

丙表62　荆州府分州县及其分属田赋折银明细

（单位：两/银）

项目	荆州府			江陵县			公安县			石首县		
	实物	折银	%	实物	折银	%	实物	折银	%	实物	折银	%
夏税												
米麦（石）	39167.25	13839.76	100.00	22074.73	7800.11	56.36	2017.51	712.89	5.15	2295.28	811.04	5.86
存留米麦（石）	39167.25	13839.76	100.00	22074.73	7800.11	47.87	2017.51	712.89	4.26	2295.28	811.04	6.38
税丝折绢（匹）（起运）	94.00	65.80	100.00	45.00	31.50		4.00	2.80	4.20	6.00	4.20	13.79
农桑丝折绢（匹）（起运）	29.00	20.30	100.00	5.00	3.50	17.24	1.00	0.70	3.45	4.00	2.80	
秋粮												
米（石）	122454.55	40971.10	100.00	39462.38	13203.41	32.23	19014.23	6361.82	15.53	17507.14	5857.58	14.30
起运米（石）	57306.78	19256.42		21913.77	7393.91		10233.92	3435.38		8925.33	2987.36	

Table 1（汇总）

项目	实物	折银	%	实物	折银	%	实物	折银	%	实物	折银	%
											总计	
存留米（石）	8581.80	2870.21		8780.31	2926.44		17548.60	5809.50		65147.76	21714.68	
户口盐钞银（两）	398.27	398.27	11.28	414.22	414.22	11.73	1283.80	1283.80	36.34	3532.29	3532.29	100.00
起运银（两）	163.07	163.07		169.60	169.60		525.66	525.66		1446.73	1446.73	
存留银（两）	235.19	235.19		244.62	244.62		758.14	758.14		2085.56	2085.56	
遇闰共加银（两）	33.18	33.18	11.27	34.51	34.51	11.72	106.98	106.98	36.33	294.44	294.44	100.00
起运		3190.61			3642.99			8061.55			21083.69	
存留		3916.44			3883.95			14367.75			37640.00	
总计		7107.06	12.10		7526.94	12.82		22429.30	38.19		58723.69	100.00

Table 2（分县）

项目	监利县 实物	折银	%	松滋县 实物	折银	%	枝江县 实物	折银	%	夷陵州 实物	折银	%
夏税												
米麦（石）	4954.21	1750.57	12.65	1927.59	681.11	4.92	2023.33	714.94	5.17	1613.01	569.96	4.12
存留米麦（石）	4954.21	1750.57		1927.59	681.11		2023.33	714.94		1613.01	569.96	
税丝折绢（匹）（起运）	9.00	6.30	9.57	9.00	6.30	9.57	18.00	12.60	19.15			
农桑丝折绢（匹）（起运）	2.00	''1.40	6.90	2.00	1.40	6.90	3.00	2.10	10.34	1.00	0.70	3.45
秋粮												
米（石）	20377.46	6817.93	16.64	12544.36	4197.12	10.24	2764.04	924.80	2.26	2186.48	731.56	1.79
起运米（石）	8830.78	2931.71		6469.82	2182.50		762.46	258.94		40.59	14.63	
存留米（石）	11546.68	3886.22		6074.53	2014.62		2001.57	665.85		2145.88	716.93	
户口盐钞银（两）	418.51	418.51	11.85	281.97	281.97	7.98	118.08	118.08	3.34	112.77	112.77	3.19
起运银（两）	171.36	171.36		115.45	115.45		48.34	48.34		46.17	46.17	
存留银（两）	247.14	247.14		166.51	166.51		69.73	69.73		66.60	66.60	
遇闰共加银（两）	34.87	34.87	11.84	23.49	23.49	7.98	9.84	9.84	3.34	9.39	9.39	3.19
起运		3145.64			2329.14			331.82			70.89	
存留		5883.93			2862.24			1450.53			1353.48	

项目	长阳县 实物	长阳县 折银	长阳县 %	宜都县 实物	宜都县 折银	宜都县 %	远安县 实物	远安县 折银	远安县 %	归州 实物	归州 折银	归州 %
总计		9029.58	15.38		5191.39	8.84		1782.36	3.04		1424.37	2.43
夏税												
米麦（石）	947.60	334.83	2.42	226.61	80.07	0.58	137.66	48.64	0.35	200.83	70.96	0.51
存留米麦（石）	947.60	334.83		226.61	80.07		137.66	48.64		200.83	70.96	
税丝折绢（匹）（起运）												
农桑丝折绢（匹）（起运）	1.00	0.70	3.45	2.00	1.40	3.45	2.00	1.40	6.90	1.00	0.70	3.45
秋粮												
米（石）	1003.77	335.84	0.82	2371.26	793.38	1.94	559.24	187.11	0.46	1902.29	636.47	1.55
起运米（石）	6.04	3.36		30.95	7.93		42.37	14.97		8.79		
存留米（石）	997.72	332.49		2340.31	785.45		516.86	172.14		1893.50	636.47	
户口盐钞银（两）	127.17	127.17	3.60	86.89	86.89	2.46	63.99	63.99	1.81	60.44	60.44	1.71
起运银（两）	52.07	52.07		35.58	35.58		26.20	26.20		25.15	25.15	
存留银（两）	75.10	75.10		51.31	51.31		37.79	37.79		35.28	35.28	
遇闰共加银（两）	10.59	10.59	3.60	7.24	7.24	3.60	5.33	5.33	2.46	5.12	5.12	1.74
起运		66.72			52.15			47.90			30.97	
存留		742.42			916.83			258.57			742.72	
总计		809.14	1.38		968.98	1.65		306.47	0.52		773.70	1.32

项目	兴山县 实物	兴山县 折银	兴山县 %	巴东县 实物	巴东县 折银	巴东县 %
夏税						
米麦（石）	95.50	33.74	0.24	653.34	230.86	1.67
存留米麦（石）	95.50	33.74		653.34	230.86	
农桑丝折绢（匹）（起运）	1.00	0.70	3.45			

秋粮					
米（石）	540.25	0.44	180.76	2221.59	743.30	1.81
起运米（石）	26.93		9.04	14.96	7.43	
存留米（石）	513.32	1.80	171.72	2206.63	735.87	
户口盐钞银（两）	63.56		63.56	102.55	102.55	2.90
起运银（两）	26.02		26.02	41.99	41.99	
存留银（两）	37.53	1.80	37.53	60.56	60.56	2.90
遇闰共加银（两）	5.29		5.29	8.54	8.54	
起运			41.05		57.96	
存留	243.00		243.00	1027.29	1027.29	
总计	284.05	0.48	284.05	1085.25	1085.25	1.85

丙表 63　岳州府分州县及其分属田赋折银明细

（单位：两/银）

项目	岳州府			巴陵县			临湘县			华容县		
	实物	折银	%	实物	折银	%	实物	折银	%	实物	折银	%
夏税												
米麦（石）	2125.75	751.13	100.00	941.48	332.67	44.29	65.36	23.09	3.07	323.01	114.14	15.20
存留米麦（石）	2125.75	751.13	100.00	941.48	332.67		65.36	23.09		323.01	114.14	
税丝折绢（匹）（起运）	2466.00	1726.20	100.00	929.00	650.30	37.67	239.00	167.30	9.69	358.00	250.60	14.52
农桑丝折绢（匹）（起运）	704.00	492.80	100.00	194.00	135.80	27.56	20.00	14.00	2.84	3.00	2.10	0.43
秋粮												
米（石）	183890.35	61526.42	100.00	47882.75	16020.71	26.04	11930.37	3991.69	6.49	24186.97	8092.53	13.15
起运米（石）	60157.57	20303.72		21234.44	7049.11		6185.74	2075.68		11260.37	3803.49	
存留米（石）	123732.77	41222.70		26648.30	8971.60		5744.62	1916.01		12926.60	4289.04	
户口盐钞银（两）	1433.64	1433.64	100.00	196.32	196.32	13.69	83.37	83.37	5.82	34.24	34.24	2.39

项目	平江县 实物	平江县 折银	平江县 %	澧州 实物	澧州 折银	澧州 %	石门县 实物	石门县 折银	石门县 %	慈利县 实物	慈利县 折银	慈利县 %
起运银（两）		585.83			80.38			34.14			14.02	
存留银（两）		847.80			115.93			49.22			20.22	
遇闰共加银（两）		119.64	100.00		16.36	13.67		6.94	5.80		2.85	2.38
起运		23228.19			7931.95			2298.06			4073.06	
存留		42821.63			9420.20			1988.33			4423.39	
总计		66049.83	100.00		17352.16	26.27		4286.39	6.49		8496.45	12.86

项目	平江县 实物	平江县 折银	平江县 %	澧州 实物	澧州 折银	澧州 %	石门县 实物	石门县 折银	石门县 %	慈利县 实物	慈利县 折银	慈利县 %
夏税												
米麦（石）	149.06	52.67	7.01	125.56	44.37	5.91	164.55	58.14	7.74	259.92	91.84	12.23
存留米麦（石）	149.06	52.67		125.56	44.37		164.55	58.14		259.92	91.84	
税丝折绢（匹）（起运）	587.00	410.90	23.80	120.00	84.00	4.87	84.00	58.80	3.41	75.00	52.50	3.04
农桑丝折绢（匹）（起运）	445.00	311.50	63.21	19.00	13.30	2.70	9.00	6.30	1.28	4.00	2.80	0.57
秋粮												
米（石）	40330.22	13493.77	21.93	20218.20	6764.65	10.99	15236.66	5097.91	8.29	13269.20	4439.64	7.22
起运米（石）	18578.01	6207.13		1766.84	608.82		146.65	50.98		220.89	88.79	
存留米（石）	21752.21	7286.64		18451.35	6155.83		15090.01	5046.93		13048.31	4350.84	
户口盐钞银（两）	217.66	217.66	15.18	383.64	383.64	26.76	146.74	146.74	10.24	284.98	284.98	19.88
起运银（两）	89.12	89.12		157.08	157.08		60.08	60.08		115.50	115.50	
存留银（两）	128.53	128.53		226.55	226.55		86.66	86.66		169.47	169.47	
遇闰共加银（两）	18.13	18.13	15.15	31.97	31.97	26.72	12.22	12.22	10.21	23.91	23.91	19.98
起运		7036.78			895.17			188.38			283.50	
存留		7467.84			6426.75			5191.74			4612.16	
总计		14504.63	24.96		7321.92	11.09		5380.12	8.15		4895.67	7.41

	实物	折银	%
夏税			
米麦（石）	96.77	34.19	4.55
存留米麦（石）	96.77	34.19	
税丝折绢（匹）（起运）	71.00	49.70	2.88
农桑丝折绢（匹）（起运）	7.00	4.90	0.99
秋粮			
米（石）	10835.94	3625.51	5.89
起运米（石）	764.59	253.79	
存留米（石）	10071.34	3371.73	
户口盐钞银（两）	86.65	86.65	6.04
起运银（两）	35.48	35.48	
存留银（两）	51.17	51.17	
遇闰共加银（两）	7.22	7.22	6.03
起运		351.09	
存留		3457.09	
总计		3808.18	5.77

1528

丙表64　长沙府分州县及其分属田赋折银明细

（单位：两/银）

项目	长沙府			长沙县			善化县			湘潭县		
	实物	折银	%	实物	折银	%	实物	折银	%	实物	折银	%
夏税												
米麦（石）	47.91	16.93	100.00	47.91	16.93	100.00						
存留米麦（石）	47.91	16.93		47.91	16.93							
税丝折绢（匹）（起运）	6627.00	4638.90	100.00	473.00	331.10	7.14	241.00	168.70	3.64	340.00	238.00	5.13

（上接表，续湘阴县等）

项目	实物	折银	%	实物	折银	%	实物	折银	%	实物	折银	%
农桑丝折绢（匹）（起运）	981.00	686.70	100.00	89.00	62.30	9.07	36.00	25.20	3.67	31.00	21.70	3.16
秋粮												
米（石）	586958.76	196385.90	100.00	49035.38	16406.36	8.35	24829.23	8307.42	4.23	35848.03	11994.11	6.11
起运米（石）	376051.59	125686.98		32451.54	10828.20		17481.72	5815.19		23879.21	8036.05	
存留米（石）	210907.17	70698.92		16583.83	5578.16		7347.51	2492.22		11968.82	3958.06	
户口盐钞银（两）	3117.23	3117.23	100.00	260.47	260.47	8.36	238.89	238.89	7.66	218.45	218.45	7.01
起运银（两）	1276.37	1276.37		106.65	106.65		97.81	97.81		89.44	89.44	
存留银（两）	1840.86	1840.86		153.81	153.81		141.07	141.07		129.00	129.00	
遇闰共加银（两）	259.76	259.76	100.00	21.70	21.70	8.35	19.90	19.90	7.66	18.20	18.20	7.01
起运		132548.71			11349.95			6126.80			8403.39	
存留		72556.71			5748.90			2633.29			4087.06	
总计		205105.42	100.00		17098.86	8.34		8760.11	4.27		12490.46	6.09

项目	湘阴县 实物	折银	%	宁乡县 实物	折银	%	浏阳县 实物	折银	%	醴陵县 实物	折银	%
夏税												
税丝折绢（匹）（起运）	740.00	518.00	11.17	323.00	226.10	4.87	1004.00	702.80	15.15	524.00	366.80	7.91
农桑丝折绢（匹）（起运）	176.00	123.20	17.94	60.00	42.00	6.12	170.00	119.00	17.33	29.00	20.30	2.96
秋粮												
米（石）	76930.82	25739.68	13.11	32441.76	10854.43	5.53	81130.89	27144.94	13.82	33908.05	11345.03	5.78
起运米（石）	60768.20	20334.34		22108.79	7381.01		44642.10	14929.72		20024.09	6693.57	
存留米（石）	16162.62	5405.33		10332.96	3473.42		36488.79	12215.22		13883.95	4651.46	
户口盐钞银（两）	339.11	339.11	10.88	197.08	197.08	6.32	536.44	536.44	17.21	168.08	168.08	5.39
起运银（两）	138.85	138.85		80.69	80.69		219.64	219.64		68.82	68.82	
存留银（两）	200.25	200.25		116.38	116.38		316.79	316.79		99.26	99.26	
遇闰共加银（两）	28.25	28.25	10.88	16.42	16.42	6.32	44.70	44.70	17.21	14.00	14.00	5.39

项目	盐阳县 实物	折银	%	湘乡县 实物	折银	%	攸县 实物	折银	%	安化县 实物	折银	%
起运		21142.64			7746.22			16015.86			7163.49	
存留		5605.58			3589.80			12532.01			4750.72	
总计		26748.24	13.04		11336.03	5.53		28547.88	13.92		11914.21	5.81
夏税												
税丝折绢（匹）（起运）	352.00	246.40	5.31	1029.00	720.30	15.53	758.00	530.60	11.44	194.00	135.80	2.93
农桑丝折绢（匹）（起运）	38.00	26.60	3.87	203.00	142.10	20.69	38.00	26.60	3.87	26.00	18.20	2.65
秋粮												
米（石）	35879.66	12004.69	6.11	104073.95	34821.28	17.73	50275.65	16821.33	8.57	19939.29	6671.33	3.40
起运米（石）	23733.35	7923.10		69661.40	23330.26		27335.66	9083.52		6860.82	2268.25	
存留米（石）	12146.31	4081.60		34412.54	11491.02		22939.98	7737.81		13078.47	4403.08	
户口盐钞银（两）	339.91	339.91	10.90	271.15	271.15	8.70	316.53	316.53	10.15	81.74	81.74	2.62
起运银（两）	139.18	139.18		111.02	111.02		129.60	129.60		33.47	33.47	
存留银（两）	200.73	200.73		160.12	160.12		186.93	186.93		48.27	48.27	
遇闰共加银（两）	28.32	28.32	10.90	22.59	22.59	8.70	26.37	26.37	10.15	6.81	6.81	2.62
起运		8363.60			24326.27			9796.69			2462.53	
存留		4282.33			11651.14			7924.74			4451.35	
总计		12645.92	6.17		35977.42	17.54		17721.43	8.64		6913.88	3.37

项目	茶陵州 实物	折银	%
夏税			
税丝折绢（匹）（起运）	643.00	450.10	9.70
农桑丝折绢（匹）（起运）	80.00	56.00	8.15
秋粮			

项目	实物	折银	%
米（石）	42666.01	14275.28	7.27
起运米（石）	27104.66	9136.18	
存留米（石）	15561.35	5139.10	4.79
户口盐钞银（两）	149.33	149.33	4.79
起运银（两）	61.14	61.14	
存留银（两）	88.19	88.19	
遇闰共加银（两）	12.44	12.44	4.79
起运		9715.86	
存留		5227.29	
总计		14943.15	7.29

丙表65

宝庆府分州县及其分属田赋折银明细

（单位：两/银）

项目	宝庆府			邵阳县			城步县			新化县		
	实物	折银	%	实物	折银	%	实物	折银	%	实物	折银	%
夏税												
米麦（石）	2920.72	1032.04	100.00	377.73	133.47	12.93	133.08	47.02	4.56	411.41	145.37	14.09
存留米麦（石）	2920.72	1032.04	100.00	377.73	133.47	100.00	133.08	47.02		411.41	145.37	
农桑丝折绢（匹）（起运）	112.00	78.40	100.00	40.00	28.00	35.71	1.00	0.70	0.89	37.00	25.90	33.04
秋粮												
米（石）	52148.42	17447.93	100.00	18975.78	6348.96	36.39	2116.62	708.18	4.06	9980.62	3339.34	19.14
存留米（石）	52148.42	17447.93		18975.78	6348.96		2116.62	708.18		9980.62	3339.34	
户口盐钞银（两）	747.47	747.47	100.00	286.22	286.22	38.29	20.26	20.26	2.71	142.77	142.77	19.10
起运银（两）	306.05	306.05		117.19	117.19		8.29	8.29		58.45	58.45	
存留银（两）	441.41	441.41		169.02	169.02		11.97	11.97		84.31	84.31	
遇闰共加银（两）	62.28	62.28	100.00	23.85	23.85	38.29	1.68	1.68	2.70	11.89	11.89	19.09

项目	武冈州 实物	武冈州 折银	武冈州 %	新宁县 实物	新宁县 折银	新宁县 %	折银	%	折银	%	折银	%	合计 折银	%
夏税														
米麦（石）	1656.46	585.31	56.71	342.02	120.85	11.71								
存留米麦（石）	1656.46	585.31		342.02	120.85									
农桑丝折绢（匹）（起运）	15.00	10.50	13.39	17.00	11.90	15.18								
秋粮														
米（石）	17246.91	5770.51	33.07	3828.48	1280.94	7.34								
存留米（石）	17246.91	5770.51		3828.48	1280.94									
户口盐钞银（两）	276.79	276.79	37.03	21.41	21.41	2.86								
起运银（两）	113.33	113.33		8.76	8.76									
存留银（两）	163.45	163.45		12.64	12.64									
遇闰共加银（两）	23.06	23.06	37.03	1.78	1.78	2.86								
起运		146.89			22.44		169.04		10.67		96.24		446.73	
存留		6519.27			1414.43		6651.45		767.18		3569.02		18921.38	
总计		6666.17	34.42		1436.88	7.42	6820.50	35.22	777.85	4.02	3665.27	18.92	19368.12	100.00

衡州府分属各州县及其分属田赋折银明细

丙表66

（单位：两／银）

项目	衡州府 实物	衡州府 折银	衡州府 %	衡阳县 实物	衡阳县 折银	衡阳县 %	衡山县 实物	衡山县 折银	衡山县 %	耒阳县 实物	耒阳县 折银	耒阳县 %
夏税												
米麦（石）	11039.73	3900.89	100.00	2280.47	805.80	20.66	986.61	348.62	8.94	1025.04	362.20	9.29

项目	常宁县 实物	常宁县 折银	常宁县 %	安仁县 实物	安仁县 折银	安仁县 %	酃县 实物	酃县 折银	酃县 %	桂阳州 实物	桂阳州 折银	桂阳州 %
存留米麦（石）	11039.73	3900.89		2280.47	805.80		986.61	348.62		1025.04	362.20	
农桑丝折绢（匹）（起运）	1472.00	1030.40	100.00	203.00	142.10	13.79	31.00	21.70	2.11	476.00	333.20	32.34
秋粮												
米（石）	211270.01	70687.17	100.00	66121.86	22123.19	31.30	30392.68	10168.85	14.39	30836.07	10317.20	14.60
起运米（石）	87546.90	28981.74		34900.23	11725.29		17491.75	5897.93		17438.67	5880.80	
存留米（石）	123723.11	41705.43		31221.63	10397.90		12900.93	4270.92		13397.40	4436.40	
户口盐钞银（两）	1141.47	1141.47	100.00	266.59	266.59	23.35	138.10	138.10	12.10	137.42	137.42	12.04
起留银（两）	467.38	467.38		109.16	109.16		56.54	56.54		56.26	56.26	
存留银（两）	674.08	674.08		157.43	157.43		81.55	81.55		81.15	81.15	
遇闰共加银（两）	95.12	95.12	100.00	22.21	22.21	23.35	11.50	11.50	12.09	11.45	11.45	12.04
起运		30574.64			11998.76			5987.67			6281.71	
存留		46280.40			11361.13			4701.08			4879.74	
总计	76855.05	76855.05	100.00	23359.90	23359.90	30.39	10688.77	10688.77	13.91	11161.47	11161.47	14.52
夏税												
米麦（石）	315.79	111.58	2.86	697.20	246.36	6.32	454.36	160.55	4.12	2907.43	1027.34	26.34
存留米麦（石）（起运）	315.79	111.58		697.20	246.36		454.36	160.55		2907.43	1027.34	
农桑丝折绢（匹）（起运）	33.00	23.10	2.24	212.00	148.40	14.40	73.00	51.10	4.96	336.00	235.20	22.83
秋粮												
米（石）	9294.56	3109.79	4.40	23718.88	7935.91	11.23	14120.23	4724.38	6.68	18281.77	6116.75	8.65
起运米（石）	6515.87	2176.86		4125.45	1349.11		1655.56	566.93		1589.98	550.51	
存留米（石）	2778.68	932.94		19593.42	6586.81		12464.67	4157.45		16691.78	5566.25	
户口盐钞银（两）	70.04	70.04	6.14	142.28	142.28	12.46	43.73	43.73	3.83	235.35	235.35	20.62
起运银（两）	28.68	28.68		58.25	58.25		17.90	17.90		96.36	96.36	

项目	实物	折银	%	实物	折银	%	实物	折银	%	实物	折银	%
存留银（两）	41.36	41.36		84.02	84.02		25.83	25.83		138.98	138.98	
遇闰共加银（两）	5.83	6.13		11.85	12.46		3.64	3.83		19.61	20.62	
起运		2234.47			1567.61			639.57			901.68	
存留		1085.88			6917.18			4343.83			6732.57	
总计		3320.35	4.32		8484.80	11.04		4983.39	6.48		7634.25	9.93

项目	临武县 实物	临武县 折银	%	蓝山县 实物	蓝山县 折银	%
夏税						
米麦（石）	740.34	261.60	6.71	1632.46	576.83	14.79
存留米麦（石）	740.34	261.60		1632.46	576.83	
农桑丝折绢（匹）（起运）	79.00	55.30	5.37	26.00	18.20	1.77
秋粮						
米（石）	10316.27	3451.64	4.88	8187.65	2739.44	3.88
起运米（石）	2715.08	897.43		1114.27	383.52	
存留米（石）	7601.18	2554.21	4.78	7073.38	2355.92	4.68
户口盐钞银（两）	54.54	54.54		53.38	53.38	
起运银（两）	22.33	22.33		21.85	21.85	
存留银（两）	32.21	32.21		31.52	31.52	
遇闰共加银（两）	4.54	4.54	4.77	4.44	4.44	4.67
起运		979.60			428.01	
存留		2848.02			2964.27	
总计		3827.62	4.98		3392.29	4.41

丙表67　常德府分州县及其分属田赋折银明细

（单位：两/银）

项目	常德府			武陵县			桃源县			龙阳县		
	实物	折银	%	实物	折银	%	实物	折银	%	实物	折银	%
夏税												
米麦（石）	2121.36	749.58	100.00	1004.25	354.85	47.34	406.88	143.77	19.18	710.23	250.96	33.48
存留米麦（石）	2121.36	749.58		1004.25	354.85		406.88	143.77		710.23	250.96	
税丝折绢（匹）（起运）	804.00	562.80	100.00	377.00	263.90	46.89	237.00	165.90	29.48	161.00	112.70	20.02
农桑丝折绢（匹）（起运）	50.00	35.00	100.00	21.00	14.70	42.00	15.00	10.50	30.00	7.00	4.90	14.00
秋粮												
米（石）	69666.37	23309.12	100.00	31342.61	10486.68	44.99	22731.38	7605.51	32.63	13339.13	4463.03	19.15
起运米（石）	16295.94	5361.10		7079.35	2411.94		5478.74	1825.32		3160.00	1071.13	
存留米（石）	53370.42	17948.02		24263.26	8074.74		17252.63	5780.19		10179.13	3391.91	
户口盐钞银（两）	508.67	508.67	100.00	204.63	204.63	40.23	116.31	116.31	22.87	87.11	87.11	17.13
起运银（两）	208.27	208.27		83.78	83.78		47.62	47.62		35.66	35.66	
存留银（两）	300.39	300.39		120.84	120.84		68.68	68.68		51.44	51.44	
遇闰共加银（两）	42.38	42.38	100.00	17.05	17.05	40.23	9.69	9.69	40.23	7.25	7.25	17.11
起运		6209.55			2791.37			2059.03			1231.64	
存留		18997.99			8550.43			5992.64			3694.30	
总计		25207.55	100.00		11341.81	44.99		8051.68	31.94		4925.95	19.54

项目	沅江县		
	实物	折银	%
夏税			
税丝折绢（匹）（起运）	27.00	18.90	-3.36
农桑丝折绢（匹）（起运）	6.00	4.20	12.00
秋粮			

米（石）	2253.23	753.89	3.23
起运米（石）	577.85	196.01	
存留米（石）	1675.38	557.88	
户口盐钞银（两）	100.61	100.61	19.78
起运银（两）	41.19	41.19	
存留银（两）	59.41	59.41	
遇闰共加银（两）	8.38	8.38	19.77
起运		268.68	
存留		617.29	
总计		885.98	3.51

丙表 68 辰州府分属州县及其分属田赋折银明细

（单位：两/银）

项目	辰州府			沅陵县			泸溪县			辰溪县		
	实物	折银	%	实物	折银	%	实物	折银	%	实物	折银	%
夏税												
米麦（石）	648.60	229.18	100.00	210.55	74.40	32.46	54.98	19.43	8.48	75.11	26.54	11.58
存留米麦（石）	648.60	229.18		210.55	74.40		54.98	19.43		75.11	26.54	
农桑丝折绢（匹）（起运）	37.00	25.90	100.00	4.00	2.80	10.81	3.00	2.10	8.11	7.00	4.90	18.92
棉花折布（匹）（存留）[1]	12.00	3.60	100.00							12.00	3.60	100.00
秋粮												
米（石）	50957.72	17049.54	100.00	14068.71	4707.14	27.61	3119.66	1043.78	6.12	4678.98	1565.50	9.18
起运米（石）	9819.65	3239.41		1659.64	564.86		1862.52	626.27		36.04	15.66	
存留米（石）	41138.07	13810.13		12409.07	4142.28		1257.14	417.51		4642.93	1549.85	
课程苎麻折米（石）（存留）	62.94	20.98	100.00							44.80	14.93	71.18

[1] 湖广田赋夏税 "棉花折布" 一项在所属辰州府田赋项目中为 "课程棉布"；秋粮 "课程棉布" 一项，为 "洞蛮土布"；今依省省项目名称标出。

项目	溆浦县 实物	溆浦县 折银	溆浦县 %	沅州 实物	沅州 折银	沅州 %	黔阳县 实物	黔阳县 折银	黔阳县 %	麻阳县 实物	麻阳县 折银	麻阳县 %
课程棉布（匹）（存留）	533.00	159.90	100.00				533.00	159.90	100.00			
瑶人粗布（匹）（存留）	205.00	61.50	100.00				205.00	61.50	100.00			
户口盐钞银（两）	794.27	794.27	100.00	145.98	145.98	18.38	36.13	36.13	4.55	62.10	62.10	7.82
起运银（两）	325.22	325.22		59.77	59.77		14.79	14.79		25.42	25.42	
存留银（两）	469.05	469.05		86.21	86.21		21.33	21.33		36.67	36.67	
遇闰共加银（两）	66.18	66.18	100.00	12.16	12.16	18.37	3.01	3.01	4.55	5.17	5.17	7.81
起运		3656.71			639.59			646.17			51.15	
存留		14754.34			4302.89			679.67			1631.59	
总计		18411.05	100.00		4942.48	26.85		1325.85	7.20		1682.75	9.14

项目	溆浦县 实物	溆浦县 折银	溆浦县 %	沅州 实物	沅州 折银	沅州 %	黔阳县 实物	黔阳县 折银	黔阳县 %	麻阳县 实物	麻阳县 折银	麻阳县 %
夏税												
米麦（石）	47.09	16.64	7.26	151.45	53.51	23.35	82.96	29.31	12.79	26.43	9.34	4.07
存留米麦（石）	47.09	16.64		151.45	53.51		82.96	29.31		26.43	9.34	
农桑丝折绢（匹）（起运）	5.00	3.50	13.51	9.00	6.30	24.32	4.00	2.80	10.81	4.00	2.80	10.81
秋粮												
米（石）	15515.22	5191.11	30.45	6683.38	2236.14	13.12	5362.22	1794.10	10.52	1529.51	511.75	3.00
起运米（石）	2451.12	830.58		2071.06	693.20		1569.44	520.29		169.79	56.29	
存留米（石）	13064.09	4360.54		4612.32	1542.94		3792.78	1273.81		1359.71	455.45	
课程苎麻折米（石）（存留）							5.86	1.95		12.27	4.09	19.49
户口盐钞银（两）	234.24	234.24	29.49	151.77	151.77	19.11	117.51	117.51	14.79	46.51	46.51	5.86
起运银（两）	95.91	95.91		62.14	62.14		48.11	48.11		19.04	19.04	
存留银（两）	138.33	138.33		89.63	89.63		69.39	69.39		27.46	27.46	
遇闰共加银（两）	19.52	19.52	29.50	12.64	12.64	19.10	9.79	9.79	14.79	3.87	3.87	5.85
起运		949.51			774.28			580.99			82.00	

丙表69　永州府分州县及其分属田赋折银明细

（单位：两/银）

项目	永州府 实物	折银	%	零陵县 实物	折银	%	祁阳县 实物	折银	%	东安县 实物	折银	%
夏税												
米麦（石）	8112.44	2866.53	100.00	693.69	245.12	8.55	439.99	155.47	5.42	280.70	99.19	3.46
存留米麦（石）	8112.44	2866.53	100.00	693.69	245.12	8.55	439.99	155.47	5.42	280.70	99.19	3.46
农桑丝折绢（匹）（起运）	155.00	108.50	100.00	68.00	47.60	43.87	24.00	16.80	15.48	13.00	9.10	8.39
秋粮												
米（石）	62016.92	20749.75	100.00	13750.77	4600.76	22.17	7795.91	2608.37	12.57	5072.21	1697.07	8.18
起运米（石）	10153.58	3319.96		2348.28	782.13		4507.60	1512.86		414.83	135.77	
存留米（石）	51863.34	17429.79		11402.48	3818.63		3288.31	1095.52		4657.37	1561.30	
户口盐钞银（两）	1074.64	1074.64	100.00	167.84	167.84	15.62	193.91	193.91	18.04	80.23	80.23	7.47
起运银（两）	440.02	440.02		68.72	68.72		79.40	79.40		32.85	32.85	
存留银（两）	634.62	634.62		99.11	99.11		114.51	114.51		47.38	47.38	
遇闰共加银（两）	89.55	89.55	100.00	13.98	13.98	15.61	16.15	16.15	18.03	6.68	6.68	7.46
起运		3958.03			912.43			1625.21			184.40	
存留		20930.94			4162.86			1365.50			1707.87	
总计		24888.97	100.00		5075.30	20.39		2990.70	12.02		1892.27	7.60

项目	道州 实物	折银	%	宁远县 实物	折银	%	永明县 实物	折银	%	江华县 实物	折银	%
存留		496.34			1374.47			1686.08			4515.51	
总计		578.36	3.14		1955.47	10.62		2460.36	13.36		5465.01	29.68
夏税												
米麦（石）	1820.08	643.13	22.44	3619.88	1279.08	44.62	1061.70	375.15	13.09	196.38	69.39	2.42

项目	实物	折银	%	实物	折银	%	实物	折银	%	实物	折银	%
存留米麦（石）	1820.08	643.13	7.74	3619.88	1279.08	18.06	1061.70	375.15	3.23	196.38	69.39	1.29
农桑丝折绢（匹）（起运）	12.00	8.40		28.00	19.60		5.00	3.50		2.00	1.40	
秋粮												
米（石）	9360.33	3131.80	15.09	19437.80	6503.54	31.34	5535.84	1852.19	8.93	1064.03	356.01	1.72
起运米（石）	2882.85			2882.85	975.53							
存留米（石）	9360.33	3131.80		16554.95	5528.01		5535.84	1852.19		1064.03	356.01	
户口盐钞银（两）	247.30	247.30	23.01	258.15	258.15	24.02	83.57	83.57	7.78	43.61	43.61	4.06
起运银（两）	101.26	101.26		105.70	105.70		34.22	34.22		17.85	17.85	
存留银（两）	146.04	146.04		152.45	152.45		49.35	49.35		25.75	25.75	
遇闰共加银（两）	20.60	20.60	23.00	21.51	21.51	24.02	6.96	6.96	7.77	3.63	3.63	4.05
起运		130.26			1122.34			44.68			22.88	
存留		3920.96			6959.54			2276.69			451.15	
总计		4051.22	16.28		8081.88	32.47		2321.37	9.33		474.04	1.90

丙表70　靖州分州县及其分属田赋折银明细

（单位：两/银）

项目	靖州			本州			会同县			通道县		
	实物	折银	%	实物	折银	%	实物	折银	%	实物	折银	%
夏税												
米麦（石）	135.02	47.71	100.00									
存留米麦（石）	135.02	47.71	100.00									
农桑折绢（匹）（起运）	15.00	10.50	100.00	4.00	2.80	26.67	4.00	2.80	26.67	2.00	1.40	13.33
秋粮												
米（石）	19135.09	6402.26	100.00	6312.67	2112.11	32.99	7452.12	2493.35	38.94	895.97	299.78	4.68
起运米（石）	547.38	192.07					304.80	99.73		59.22	20.98	
存留米（石）	18587.71	6210.19		6312.67	2112.11		7147.32	2393.61		836.75	278.79	

项目	实物	折银	%	实物	折银	%	实物	折银	%	实物	折银	%
户口盐钞银（两）	393.45	393.45	100.00	115.71	115.71	29.41	67.45	67.45	17.14	64.43	64.43	16.38
起运银（两）	161.10	161.10		47.38	47.38		27.61	27.61		26.38	26.38	
存留银（两）	232.35	232.35		68.33	68.33		39.83	39.83		38.05	38.05	
遇闰共加银（两）	32.78	32.78	100.00	9.64	9.64	29.41	5.62	5.62	17.14	5.36	5.36	16.35
起运		396.45			59.82			135.76			54.12	
存留		6490.25			2180.44			2433.44			316.84	
总计		6886.70	100.00		2240.26	32.53		2569.22	37.31		370.97	5.39

项目	实物	折银	%
绥宁县			
夏税			
米麦（石）	135.02	47.71	100.00
存留米麦（石）	135.02	47.71	
农桑丝折绢（匹）（起运）	3.00	2.10	20.00
秋粮			
米（石）	4474.31	1497.02	23.38
起运米（石）	183.35	59.88	
存留米（石）	4290.95	1437.14	
户口盐钞银（两）	145.84	145.84	37.07
起运银（两）	59.71	59.71	
存留银（两）	86.13	86.13	
遇闰共加银（两）	12.15	12.15	37.07
起运		133.84	
存留		1570.98	
总计		1704.82	24.76

丙表71 郴州分州县及其分属田赋折银明细

（单位：两/银）

项目	郴州[1]			本州			永兴县			桂阳县		
	实物	折银	%	实物	折银	%	实物	折银	%	实物	折银	%
夏税												
米麦（石）	7515.44	2655.58	100.00	1502.20	530.80	19.99	1564.42	552.79	20.82	1542.11	544.90	20.52
存留米麦（石）	7515.44	2655.58	100.00	1502.20	530.80		1564.42	552.79		1542.11	544.90	
农桑丝折绢（匹）（起运）	238.00	166.60	100.00	56.00	39.20	23.53	78.00	54.60	32.77	13.00	9.10	5.46
秋粮												
米（石）	36093.08	12076.10	100.00	8040.57	2690.23	22.28	7260.13	2429.11	20.12	7207.09	2411.36	19.97
起运米（石）	1863.08	603.80		380.93	134.51		194.53	72.87		311.82	96.45	
存留米（石）	34230.00	11472.29		7659.63	2555.72		7065.60	2356.24		6895.27	2314.91	
课程苎麻折米（石）（存留）	488.29	162.73	100.00	54.22	18.07	11.10	82.70	27.56	16.94			
地苗棉花绒折米（石）（存留）	143.94	47.97	100.00	1.08	0.36	0.75	46.85	15.61	32.55			
户口盐钞银（两）	442.93	442.93	100.00	90.62	90.62	20.46	147.24	147.24	33.24	51.85	51.85	11.71
起运银（两）	180.54	180.54		36.96	36.96		60.14	60.14		21.22	21.22	
存留银（两）	262.38	262.38		53.66	53.66		87.10	87.10		30.62	30.62	
遇闰共加银（两）	36.75	36.75	100.00	7.52	7.52	20.46	12.24	12.24	33.31	4.33	4.33	11.78
起运		987.69			218.19			199.85			131.10	
存留		14600.95			3158.61			3039.30			2890.43	
总计		15588.66	100.00		3376.80	21.66		3239.15	20.78		3021.55	19.38

项目	宜章县			兴宁县			桂东县		
	实物	折银	%	实物	折银	%	实物	折银	%
夏税									
米麦（石）	909.53	321.38	12.10	1446.31	511.05	19.24	550.84	194.64	7.33

[1] 郴州田赋有"课程楮布折米（存留）"一项，计 **24.65** 石。但是湖广及所属其他府州田赋项目中均无此项，且其数值很小，故略去不计。

1541

	数量	折银	%	数量	折银	%	数量	折银	%
存留米麦（石）	909.53	321.38		1446.31	511.05		550.84	194.64	
农桑丝折绢（匹）（起运）	29.00	20.30	12.18	47.00	32.90	19.75	12.00	8.40	5.04
秋粮									
米（石）	3955.40	1323.41	10.96	7057.65	2361.36	19.55	2572.22	860.62	7.13
起运米（石）	101.88	39.70		651.55	212.52		222.33	77.46	
存留米（石）	3853.51	1283.70		6406.09	2148.84		2349.88	783.16	
课程苎麻折米（石）（存留）	141.06	47.01	28.89	210.29	70.08	43.07			
地亩棉花绒折米（石）（存留）	32.44	10.81	22.54	63.55	21.18	44.15			
户口盐钞银（两）	36.32	36.32	8.20	101.07	101.07	22.82	15.80	15.80	3.57
起运银（两）	14.73	14.73		41.38	41.38		6.09	6.09	
存留银（两）	21.59	21.59		59.68	59.68		9.71	9.71	
遇闰共加银（两）	2.99	2.99	8.14	8.42	8.42	22.91	1.24	1.24	3.37
起运		77.72			295.22			93.19	
存留		1684.50			2810.84			987.51	
总计		1762.22	11.30		3106.07	19.93		1080.70	6.93

丙表72

其他分属田赋折银明细

项目	总数			施州卫军民指挥使司			辰州卫镇溪军民千户所		
	实物	折银	%	实物	折银	%	实物	折银	%
夏税									
米麦（石）	281.20	281.20	100.00	281.20	281.20	99.36			
存留米麦（石）	281.20	281.20	100.00	281.20	281.20	99.36			
秋粮									
米（石）	4129.25	1381.58	100.00	862.41	288.55	20.89	73.65	24.64	1.78
存留米（石）	4129.25	1381.58	100.00	862.41	288.55	20.89	73.65	24.64	1.78

项目							永顺等处军民宣慰使司			镇远卫瘗荆荷洞横坡等处长官司		
存留	1480.94				387.91					24.64		
总计	1480.94		100.00		387.91	26.19				24.64		1.66

项目	五寨蛮夷长官司			九溪卫秦安抚司			永顺等处军民宣慰使司			镇远卫瘗荆荷洞横坡等处长官司		
	实物	折银	%	实物	折银	%	实物	折银	%	实物	折银	%
秋粮												
米（石）	155.22	51.93	3.76	27.20	9.10	0.66	1610.00	538.68	38.99	80.00	26.77	1.94
存留米（石）	155.22	51.93		27.20	9.10		1610.00	538.68		80.00	26.77	
存留		51.93			9.10			538.68			26.77	
总计		51.93	3.51		9.10	0.61		538.68	36.37		26.77	1.81

项目	保靖军民宣慰使司			筹子坪长官司		
	实物	折银	%	实物	折银	%
秋粮						
米（石）	1219.00	407.86	29.52	28.12	9.41	0.68
存留米（石）	1219.00	407.86		28.12	9.41	
存留		407.86			9.41	
总计		407.86	27.54		9.41	0.64

福建各府分州县及其分属田赋折银[1]

福州府分州县及其分属田赋折银明细

（单位：两/银）

丙表73

项目	福州府			闽县			侯官县			怀安县		
	实物	折银	%	实物	折银	%	实物	折银	%	实物	折银	%
秋粮												
米（石）	139090.53	40036.79	100.00	20491.36	5898.38	14.73	17779.84	5117.87	12.78	12641.63	3638.86	9.09

[1] 各府合计米数比全省数少 89.36 石，起运米数、起运米数差 89.36 石。原书在本省数据后注：新增永福等 24 县各县人口自行首报，续垦升课米 425.31 石，内除万历 6 年册报已经增入各县升其课米 336。00 石，实该米 89.31 石（补足弘治原额）。

（夏税）

项目	古田县			福清县			连江县			罗源县		
	实物	折银	%	实物	折银	%	实物	折银	%	实物	折银	%
起运京库米（石）	57648.22	16415.08		8496.55	2418.33		7372.25	2098.33		5241.73	1491.93	
存留米（石）	81442.31	23621.70		11994.80	3480.04		10407.58	3019.55		7399.90	2146.92	
鱼课米（石）（存留）	7322.97	2270.12	100.00	977.90	303.15	13.35	584.66	181.24	7.98	316.59	98.14	4.32
户口盐钞银（两）	3972.63	3972.63	100.00	799.14	799.14	20.12	385.44	385.44	9.70	295.98	295.98	7.45
起运银（两）	1587.87	1587.87		344.36	344.36		145.56	145.56		107.61	107.61	
存留银（两）	2384.76	2384.76		454.77	454.77		239.88	239.88		188.37	188.37	
遇闰共加银（两）	332.10	332.10	100.00	67.32	67.32	20.27	32.39	32.39	9.75	24.87	24.87	7.49
起运		18335.05			2830.01			2276.28			1624.41	
存留		28276.58			4237.96			3440.67			2433.44	
总计		46611.64	100.00		7067.99	15.16		5716.95	12.27		4057.85	8.71

秋粮

项目	古田县			长乐县			福清县			罗源县			永福县	闽清县
	实物	折银	%	实物	折银	%	实物	折银	%	实物	折银	%		
米（石）	12751.29	3670.42	9.17	32456.59	9342.53	23.33	12291.24	3538.00	8.84	5007.57	1441.41	3.60		
起运京库米（石）	5287.21	1504.87		13457.83	3830.44		5096.45	1450.58		2076.28	590.98			
存留米（石）	7464.07	2165.55		18998.75	5512.09		7194.78	2087.42		2931.28	850.43			
鱼课米（石）（存留）	674.10	208.97	9.21	3298.14	1022.42	45.04	888.17	275.33	12.13	583.39	180.85	7.97		
户口盐钞银（两）	683.15	683.15	17.20	1051.73	1051.73	26.47	229.22	229.22	5.77	106.01	106.01	2.67		
起运银（两）	289.81	289.81		402.66	402.66		98.84	98.84		36.55	36.55			
存留银（两）	393.34	393.34		649.07	649.07		130.37	130.37		69.45	69.45			
遇闰共加银（两）	57.42	57.42	17.29	88.40	88.40	26.62	17.35	17.35	5.22	8.91	8.91	2.68		
起运		1852.10			4321.50			1566.77			636.44			
存留		2767.86			7183.59			2493.12			1100.74			
总计		4619.96	9.91		11505.08	24.68		4059.90	8.71		1737.18	3.73		

	实物	折银	%	实物	折银	%	实物	折银	%
秋粮									
米（石）	14201.01	4087.72	10.21	7351.85	2116.21	5.29	4118.12	1185.39	2.96
起运京库米（石）	5877.42	1675.96		3048.34	867.65		1694.11	486.01	
存留米（石）	8323.59	2411.75	7.83	4303.50	1248.56		2424.00	699.38	
户口盐钞银（两）	311.14	311.14		45.54	45.54	1.15	65.22	65.22	1.64
起运银（两）	120.17	120.17		16.62	16.62		25.65	25.65	
存留银（两）	190.97	190.97		28.92	28.92		39.57	39.57	
遇闰共加银（两）	26.15	26.15	7.87	3.82	3.82	1.15	5.43	5.43	1.64
起运		1822.28			888.09			517.09	
存留		2602.72			1277.48			738.95	
总计		4425.01	9.49		2165.57	4.65		1256.04	2.69

丙表 74　泉州府分州县及其分属田赋折银明细

（单位：两/银）

项目	泉州府			晋江县			南安县			惠安县		
	实物	折银	%	实物	折银	%	实物	折银	%	实物	折银	%
秋粮												
米（石）	109735.26	31586.96	100.00	30745.74	8850.07	28.02	23043.57	6633.02	21.00	15748.73	4533.22	14.35
起运京库米（石）	27072.53	7896.74		7604.21	2212.52		5702.25	1658.26		3878.03	1133.31	
存留米（石）	82662.73	23690.22	100.00	23141.53	6637.55		17341.32	4974.77		11870.69	3399.92	
鱼课米（石）（存留）	4072.88	1262.59	100.00	2248.52	697.04	55.21	197.28	61.16	4.84	927.00	287.37	22.76
户口盐钞银（两）	2391.76	2391.76	100.00	823.39	823.39	34.43	396.98	396.98	16.60	348.06	348.06	14.55
起运银（两）	1039.85	1039.85		373.41	373.41		147.95	147.95		177.06	177.06	
存留银（两）	1351.90	1351.90		449.97	449.97		249.03	249.03		170.99	170.99	
遇闰共加银（两）	200.82	200.82	100.00	69.20	69.20	34.46	33.36	33.36	16.61	29.25	29.25	14.57

	同安县		安溪县		永春县		德化县	
起运	9137.41		2655.13		1839.57		1339.62	
存留	26304.71		7784.56		5284.95		3858.28	
总计	35442.13	100.00	10439.70	29.46	7124.52	20.10	5197.90	14.67

秋粮

项目	同安县 实物	折银	%	安溪县 实物	折银	%	永春县 实物	折银	%	德化县 实物	折银	%
米（石）	17152.58	4937.32	15.63	7996.78	2301.85	7.29	9437.11	2716.44	8.60	5610.72	1615.03	5.11
起运京库米（石）	4230.78	1234.33		1970.21	575.46		2329.31	679.11		1357.71	387.61	
存留米（石）	12921.79	3702.99		6026.56	1726.39		7107.80	2037.33		4253.01	1227.42	
鱼课米（石）（存留）	700.08	217.02	17.19									
户口盐钞银（两）	468.79	468.79	19.60	170.99	170.99	7.15	108.86	108.86	4.55	74.65	74.65	3.12
起运银（两）	219.28	219.28		56.09	56.09		34.54	34.54		31.49	31.49	
存留银（两）	249.50	249.50		114.89	114.89		74.32	74.32		43.16	43.16	
遇闰共加银（两）	39.19	39.19	19.51	14.37	14.37	7.16	9.15	9.15	4.56	6.27	6.27	3.12
起运		1492.80			645.92			722.80			425.37	
存留		4169.51			1841.28			2111.65			1270.58	
总计		5662.32	15.98		2487.21	7.02		2834.45	8.00		1695.95	4.79

丙表 75　建宁府分州县及其分属田赋折银明细

（单位：两/银）

项目	建宁府[1] 实物	折银	%	建安县[2] 实物	折银	%	□□县[3] 实物	折银	%	政和县 实物	折银	%
夏税												

1 建宁府下辖浦城、松溪、崇安、建阳、政和、寿宁、建安、瓯宁等8州县；现存5县数据，4县县名。
2 原书缺第十五、十六页，建安县存留银数值为总数减去现存各县数得出。
3 此县县名书中残缺。

1546

项目	总计 实物	总计 折银	总计 %	崇安县 实物	崇安县 折银	崇安县 %	寿宁县 实物	寿宁县 折银	寿宁县 %	本府缺页值[1] 实物	本府缺页值[1] 折银	本府缺页值[1] %
麦（石）（存留）	706.94	176.74	100.00	142.43	35.61	20.15	75.80	18.95	10.72	26.26	6.57	3.71
丝绵折绢（匹）（起运）	280.00	196.00	100.00	156.00	109.20	55.71						
农桑丝折绢（匹）（起运）	319.00	223.30	100.00	319.00	223.30	100.00						
零丝绢（两）（存留）	170.75	0.75	100.00				150.69	0.66	88.25			
钱钞（锭）（存留）	10778.00		100.00				10388.00		96.38			
秋粮												
米（石）	158907.43	45741.02	100.00	27220.37	7835.30	17.13	9408.49	2708.21	5.92	7282.42	2096.22	4.58
起运京库米（石）	65824.24	18753.82		11286.67	3212.47		3895.92	1110.36		3007.52	859.45	
存留米（石）	93083.18	26987.20		15933.70	4622.83		5512.56	1597.84		4274.90	1236.77	
鱼课米（石）（存留）	3885.37	1204.46	100.00	898.91	278.66	23.14	100.10	31.03	2.58	44.82	13.89	1.15
户口盐钞银（两）	5274.67	5274.67	100.00	738.70	738.70	14.00	549.16	549.16	10.41	305.64	305.64	5.79
起运银（两）	2129.50	2129.50		290.14	290.14		179.19	179.19		124.76	124.76	
存留银（两）	3145.16	3145.16		448.56	448.56		369.97	369.97		180.88	180.88	
遇闰共加银（两）	440.19	440.19	100.00				46.15	46.15	10.48	25.69	25.69	5.84
起运		21742.81			3835.11			1335.70			1009.90	
存留		31514.31			5385.66			2018.45			1438.11	
总计		53257.13	100.00		9220.77	17.31		3354.16	6.30		2448.01	4.60

项目	崇安县 实物	崇安县 折银	崇安县 %	寿宁县 实物	寿宁县 折银	寿宁县 %	本府缺页值[1] 实物	本府缺页值[1] 折银	本府缺页值[1] %
夏税									
麦（石）（存留）	80.00	56.00	28.57				462.45	115.62	65.42
丝绵折绢（匹）（起运）							44.00	30.80	15.71
零丝绢（两）（存留）							20.06	0.09	11.75
钱钞（锭）（存留）							390.00		3.62

[1] 原书缺第十五、十六页，此值为总数减去现存各县数得出。

秋粮											
米（石）	21312.14	6134.63	13.41		2383.86	686.19	1.50		91300.15	26280.47	57.45
起运京库米（石）	8808.81	2515.20			985.55	281.34			37839.77	10774.99	
存留米（石）	12503.33	3619.43			1398.31	404.85			53460.38	15505.48	
鱼课米（石）（存留）	438.64	135.98	11.29						2402.90	744.90	61.84
户口盐钞银（两）	654.98	654.98	12.42		182.64	182.64	3.46		2843.55	2843.55	53.91
起运银（两）	238.85	238.85			59.92	59.92			1236.64	1236.64	
存留银（两）	416.13	416.13			122.71	122.71			1606.91	1606.91	
遇闰共加银（两）	55.05	55.05	12.51		12.19	12.19	2.77		301.11	301.11	68.40
起运		2865.10				353.45				12343.54	
存留		4171.54				527.56				17972.99	
总计		7036.64	13.21			881.02	1.65			30316.53	56.92

丙表 76　延平府分州县及其分属田赋折银明细

（单位：两/银）

项目	延平府			南平县			沙县			将乐县		
	实物	折银	%	实物	折银	%	实物	折银	%	实物	折银	%
夏税												
零丝绵（两）（存留）	5.48	0.02	100.00			100.00						
秋粮												
米（石）	83945.42	24163.43	100.00	16209.00	4665.71	19.31	17102.07	4922.78	20.37	11762.92	3385.92	14.01
起运京库米（石）	34813.16	9907.01		6720.91	1912.94		7086.00	2018.34		4871.56	1388.23	
存留米（石）	49132.25	14256.43		9488.08	2752.77		10016.06	2904.44		6891.35	1997.69	
鱼课米（石）（存留）	10109.91	3134.07	100.00	2328.10	721.71	23.03	4262.10	1321.25	42.16	707.86	219.44	7.00
户口盐钞银（两）	3661.75	3661.75	100.00	820.06	820.06	22.40	785.70	785.70	21.46	533.77	533.77	14.58
起运银（两）	1316.31	1316.31		319.98	319.98		172.78	172.78		195.24	195.24	

项目	尤溪县 实物	尤溪县 折银	%	顺昌县 实物	顺昌县 折银	%	永安县 实物	永安县 折银	%	大田县 实物	大田县 折银	%
存留银（两）	2345.43	2345.43		500.08	500.08		612.91	612.91		338.53	338.53	
遇闰共加银（两）	307.46	307.46	100.00	68.92	68.92	22.42	66.04	66.04	21.48	44.86	44.86	14.59
起运		11530.78			2301.84			2257.16			1628.33	
存留		19735.95			3974.56			4838.60			2555.66	
总计	31266.73	31266.73	100.00	6276.40	6276.40	20.07	7095.77	7095.77	22.69	4183.99	4183.99	13.38
夏税												
零丝绵（两）（存留）										5.48	0.02	
秋粮												
米（石）	10619.76	3056.87	12.65	13832.39	3981.61	16.48	7473.39	2151.19	8.90	6945.87	1999.35	8.27
起运京库米（石）	4376.72	1253.31		5735.48	1632.46		3215.36	925.01		2807.09	799.74	
存留米（石）	6243.03	1803.55		8096.90	2349.15		4258.03	1226.18		4138.77	1199.61	
鱼课米（石）（存留）	376.39	116.68	3.72	831.66	257.81	8.23	1491.88	462.48	14.76	111.90	34.69	1.11
户口盐钞银（两）	414.56	414.56	11.32	439.69	439.69	12.01	429.97	429.97	11.74	237.97	237.97	6.50
起运银（两）	193.12	193.12		173.95	173.95		146.02	146.02		115.19	115.19	
存留银（两）	221.43	221.43		265.74	265.74		283.94	283.94		122.77	122.77	
遇闰共加银（两）	34.84	34.84	11.33	36.64	36.64	11.92	36.14	36.14	11.75	20.00	20.00	6.50
起运		1481.27			1843.05			1107.17			934.93	
存留		2141.66			2872.70			1972.60			1357.09	
总计		3622.95	11.59		4715.76	15.08		3079.78	9.85		2292.03	7.33

丙表 77

汀州府分州县及其分属田赋折银明细

（单位：两/银）

项目	汀州府 实物	折银	%	长汀县 实物	折银	%	清流县 实物	折银	%	归化县 实物	折银	%
夏税												
零丝绵（两）（存留）	2.00	0.01	100.00	2.00	0.01	100.00						
秋粮												
米（石）	84597.87	24351.24	100.00	24100.96	6937.39	28.49	5147.02	1481.55	6.08	9730.36	2800.85	11.50
起运京库米（石）	35066.64	9984.01		9993.34	2844.33		2133.88	607.44		4034.60	1148.35	
存留米（石）	49531.23	14367.23		14107.62	4093.06		3013.13	874.12		5695.76	1652.50	
鱼课米（石）（存留）	73.08	22.65	100.00							73.08	22.65	100.00
户口盐钞银（两）	3317.64	3317.64	100.00	543.50	543.50	16.38	433.93	433.93	13.08	430.68	430.68	12.98
起运银（两）	1222.95	1222.95		219.36	219.36		173.55	173.55		158.58	158.58	
存留银（两）	2094.69	2094.69		324.13	324.13		260.38	260.38		272.09	272.09	
遇闰共加银（两）	268.85	268.85	100.00	45.68	45.68	16.99	36.47	36.47	13.57	26.18	26.18	9.74
起运		11475.81			3109.37			817.46			1333.11	
存留		16484.58			4417.20			1134.50			1947.24	
总计		27960.39	100.00		7526.58	26.92		1951.95	6.98		3280.36	11.73

项目	上杭县 实物	折银	%	连城县 实物	折银	%	宁化县 实物	折银	%	武平县 实物	折银	%
秋粮												
米（石）	10133.50	2916.90	11.98	7697.42	2215.68	9.10	14853.40	4275.51	17.56	7078.60	2037.55	8.37
起运京库米（石）	3771.97	1079.25		3191.62	908.43		6158.80	1752.96		2935.07	835.40	
存留米（石）	6361.53	1837.65		4505.80	1307.25		8694.60	2522.55		4143.53	1202.16	
户口盐钞银（两）	443.25	443.25	13.36	447.68	447.68	13.49	551.28	551.28	16.62	208.58	208.58	6.29
起运银（两）	134.16	134.16		161.83	161.83		220.48	220.48		82.95	82.95	

1550

(上接表，四州县续部分)

项目	折银	%	折银	%	折银	%	折银	%
存留银（两）	309.09		285.85		330.80		125.62	
遇闰共加银（两）	37.25	13.86	37.62	13.99	46.35	17.24	17.53	6.52
起运	1250.66		1107.88		2019.79		935.88	
存留	2146.74		1593.10		2853.35		1327.78	
总计	3397.40	12.15	2700.98	9.66	4873.14	17.43	2263.66	8.10

永定县

项目	实物	折银	%
秋粮			
米（石）	5856.56	1685.79	6.92
起运京库米（石）	2847.32	826.04	
存留米（石）	3009.24	859.75	7.80
户口盐钞银（两）	258.71	258.71	
起运银（两）	72.01	72.01	
存留银（两）	186.69	186.69	8.09
遇闰共加银（两）	21.74	21.74	
起运		919.79	
存留		1046.44	
总计		1966.24	7.03

丙表 78　兴化府分州县及其分属田赋折银明细

（单位：两/银）

项目	兴化府 实物	折银	%	莆田县 实物	折银	%	仙游县 实物	折银	%
秋粮									
米（石）	67295.44	19370.79	100.00	48327.08	13910.80	71.81	18968.36	5459.99	28.19
起运京库米（石）	25056.30	7167.19		17995.39	5147.00		7060.90	2020.19	

项目	实物	折银	%	实物	折银	%	实物	折银	%
存留米（石）	42239.13			30331.68			11907.45	3439.79	
鱼课米（石）（存留）	3056.64	947.56	100.00	2939.38	911.21	96.16	117.26	36.35	3.84
户口盐钞银（两）	1675.16	1675.16	100.00	1519.68	1519.68	90.72	155.48	155.48	9.28
起运银（两）	983.73	983.73		902.64	902.64		81.08	81.08	
存留银（两）	691.42	691.42		617.03	617.03		74.39	74.39	
遇闰共加银（两）	140.80	140.80	100.00	127.73	127.73	90.72	13.06	13.06	9.28
起运		8291.72			6177.37			2114.33	
存留		13842.58			10292.05			3550.53	
总计		22134.31	100.00		16469.42	74.41		5664.88	25.59

丙表79 邵武府分州县及其分属田赋折银明细

（单位：两/银）

项目	邵武府			邵武县			光泽县			泰宁县		
	实物	折银	%	实物	折银	%	实物	折银	%	实物	折银	%
秋粮												
米（石）	62356.63	17949.17	100.00	30377.60	8744.10	48.72	12991.89	3739.68	20.83	7681.75	2211.17	12.32
起运京库米（石）	25767.52	7359.16		12517.94	3585.08		5381.02	1533.27		3183.32	906.58	
存留库米（石）	36589.11	10590.01		17859.65	5159.02		7610.87	2206.41		4498.42	1304.59	
鱼课（石）（存留）	1433.86	444.50	100.00	951.43	294.95	66.35	254.73	78.97	17.77	145.76	45.19	10.17
户口盐钞银（两）	1922.21	1922.21	100.00	881.00	881.00	45.83	347.01	347.01	18.05	405.06	405.06	21.07
起运银（两）	748.29	748.29		329.16	329.16		145.87	145.87		150.00	150.00	
存留银（两）	1173.91	1173.91		551.83	551.83		201.13	201.13		255.06	255.06	
遇闰共加银（两）	160.83	160.83	100.00	72.71	72.71	45.21	29.16	29.16	18.13	34.04	34.04	21.17
起运		8268.28			3986.95			1708.30			1090.62	
存留		12208.42			6005.80			2486.51			1604.84	
总计		20476.71	100.00		9992.76	48.80		4194.81	20.49		2695.45	13.16

项目	建宁县		
	实物	折银	%
秋粮			
米（石）	11305.38	3254.22	18.13
起运京库米（石）	4685.22	1334.23	
存留库米（石）	6620.15	1919.99	
鱼课米（石）（存留）	81.93	25.40	5.71
户口盐钞银（两）	289.12	289.12	15.04
起运银（两）	123.24	123.24	
存留银（两）	165.88	165.88	
遇闰共加银（两）	24.90	24.90	15.48
起运		1482.37	
存留		2111.27	
总计		3593.64	17.55

丙表 80　漳州府分州县及其分属田赋折银明细

（单位：两/银）

项目	漳州府			龙溪县			南靖县			长泰县		
	实物	折银	%	实物	折银	%	实物	折银	%	实物	折银	%
夏税												
零丝绵（两）（存留）	5.65	0.02	100.00									
秋粮												
米（石）	115916.65	33366.26	100.00	29207.81	8407.38	25.20	15809.05	4550.59	13.64	11945.56	3438.49	10.31
起运京库米（石）	47228.29	13680.16	100.00	12146.12	3531.10		6403.76	1865.74		4892.83	1409.78	
存留库米（石）	68688.36	19686.09		17061.68	4876.28		9405.28	2684.85		7052.72	2028.71	
鱼课米（石）（存留）	1033.98	320.53	100.00	393.35	121.94	38.04	4.10	1.27	0.40			

夏税

项目	漳浦县 实物	漳浦县 折银	漳浦县 %	龙岩县 实物	龙岩县 折银	龙岩县 %	漳平县 实物	漳平县 折银	漳平县 %	平和县 实物	平和县 折银	平和县 %
租钞（贯）（存留）	2.00		100.00									
户口盐钞银（两）	3705.39	3705.39	100.00	984.73	984.73	26.58	270.00	270.00	7.29	229.67	229.67	6.20
起运银（两）	1590.18	1590.18		467.67	467.67		101.11	101.11		93.08	93.08	
存留银（两）	2115.20	2115.20		517.05	517.05		168.88	168.88		136.59	136.59	
遇闰共加银（两）	311.21	311.21	100.00	82.76	82.76	26.59	22.95	22.95	7.37	19.13	19.13	6.15
起运		15581.55			4081.53			1989.80			1521.99	
存留		22121.84			5515.27			2855.00			2165.30	
总计		37703.41	100.00		9596.81	25.45		4844.81	12.85		3687.29	9.78

项目	漳浦县 实物	漳浦县 折银	漳浦县 %	龙岩县 实物	龙岩县 折银	龙岩县 %	漳平县 实物	漳平县 折银	漳平县 %	平和县 实物	平和县 折银	平和县 %
夏税												
零丝绵（两）（存留）				5.65	0.02	100.00						
秋粮												
米（石）	15458.10	4449.57	13.34	9549.21	2748.71	8.24	5164.07	1486.46	4.45	4079.88	1174.38	3.52
起运京库米（石）	6105.90	1735.33		3893.02	1126.97		2135.77	609.45		1651.64	469.75	
存留米（石）	9352.20	2714.24		5656.18	1621.74		3028.29	877.01		2428.23	704.63	
鱼课米（石）（存留）	279.26	86.57	27.01							0.40	0.12	0.04
户口盐钞银（两）	532.04	532.04	14.36	444.32	444.32	11.99	201.13	201.13	5.43	182.34	182.34	4.92
起运银（两）	232.72	232.72		173.24	173.24		141.11	141.11		91.53	91.53	
存留银（两）	299.31	299.31		271.08	271.08		60.01	60.01		90.81	90.81	
遇闰共加银（两）	44.71	44.71	14.37	37.02	37.02	11.90	16.90	16.90	5.43	15.32	15.32	4.92
起运		2012.76			1337.23			767.46			576.60	
存留		3100.12			1892.84			937.02			795.56	
总计		5112.89	13.56		3230.07	8.57		1704.49	4.52		1372.17	3.64

项目	诏安县			海澄县			宁洋县		
	实物	折银	%	实物	折银	%	实物	折银	%
秋粮									
米（石）	9310.41	2679.97	8.03	12638.29	3637.89	10.90	2754.23	792.80	2.38
起运京库米（石）	3954.23	1125.59		5008.08	1455.16		1036.88	301.26	
存留米（石）	5356.17	1554.38	17.29	7630.21	2182.74		1717.34	491.53	
鱼课米（石）（存留）	178.80	55.43	7.46	134.36	41.65	12.99	43.68	13.54	4.22
户口盐钞银（两）	276.59	276.59		473.39	473.39	12.78	111.14	111.14	3.00
起运银（两）	109.15	109.15		113.86	113.86		66.68	66.68	
存留银（两）	167.44	167.44	7.47	359.53	359.53		44.45	44.45	
遇闰共加银（两）	23.24	23.24		39.78	39.78	12.78	9.34	9.34	3.00
起运		1257.98			1608.80			377.28	
存留		1777.25			2583.92			549.52	
总计		3035.23	8.05		4192.71	11.12		926.82	2.46

丙表 81　福宁州分州县及其分属田赋折银明细

（单位：两／银）

项目	福宁州			本州			宁德县			福安县		
	实物	折银	%	实物	折银	%	实物	折银	%	实物	折银	%
夏税												
零丝绢（两）（存留）	10.71	0.05	100.00	10.71	0.05	100.00						
秋粮												
米（石）	28513.18	8207.43	100.00	11873.11	3417.64	41.64	10069.15	2898.37	35.31	6570.91	1891.42	23.05
起运京库米（石）	8387.35	2380.16	100.00	3493.49	991.11		2962.69	840.53		1931.16	548.51	
存留米（石）	20125.83	5827.28		8379.62	2426.52		7106.45	2057.85		4639.75	1342.91	
鱼课米（石）（存留）	978.18	303.24	100.00	595.87	184.72	60.92	298.56	92.55	30.52	83.75	25.96	8.56
户口盐钞银（两）	1005.88	1005.88	100.00	266.57	266.57	26.50	393.47	393.47	39.12	345.83	345.83	34.38

山西各府分州县及其分属田赋折银

项目	实物	折银	%	实物	折银	%	实物	折银	%	实物	折银	%
起运银（两）	408.95	408.95		106.30	106.30		130.21	130.21		172.44	172.44	
存留银（两）	596.92	596.92		160.27	160.27		263.25	263.25		173.39	173.39	
遇闰共加银（两）	84.19	84.19	100.00	22.05	22.05	26.19	33.07	33.07	39.28	29.06	29.06	34.52
起运		2873.30			1119.46			1003.81			750.01	
存留		6727.49			2771.52			2413.70			1542.26	
总计		9600.79	100.00		3890.98	40.53		3417.52	35.60		2292.27	23.88

太原府分州县及其分属田赋折银明细

丙表 82

（单位：两/银）

项目	太原府			阳曲县			太原县			榆次县		
	实物	折银	%	实物	折银	%	实物	折银	%	实物	折银	%
夏税												
麦（石）	164020.90	116199.94	100.00	12931.37	9161.18	7.88	8923.99	6322.16	5.44	12111.09	8580.05	7.38
起运麦（石）	56749.40	40203.88		4692.00	3298.02		3244.00	2275.98		4171.20	2917.22	
存留麦（石）	107271.50	75996.06		8239.37	5863.15		5679.99	4046.19		7939.89	5662.83	
农桑丝折绢（匹）（起运）	1892.00	1324.40	100.00	50.00	35.00	2.64	51.00	35.70	2.70	230.00	161.00	12.16
零丝（两）（存留）	250.19	20.01	100.00	11.70	0.94	4.68	17.50	1.40	6.99	18.80	1.50	7.51
秋粮												
米（石）	382088.23	326398.37	100.00	30626.18	26162.37	8.02	20964.14	17908.59	5.49	28116.81	24018.75	7.36
起运米（石）	180704.70	154366.75		14923.20	12819.56		9604.20	8237.95		13571.30	11529.00	
存留米（石）	201383.53	172031.62		15702.98	13342.81		11359.94	9670.64		14545.51	12489.75	
马草（束）	771745.00	42509.22	100.00	63792.00	3513.79	8.27	41867.00	2306.12	5.42	56373.00	3105.13	7.30
起运草（束）	749183.00	41266.46		63130.00	3478.65		41861.00	2305.79		55898.00	3074.08	
存留草（束）	22562.00	1242.76		662.00	34.79		5.00	0.27		474.00	31.05	
户口盐钞银（两）（存留）	5440.67	5440.67	100.00	569.46	569.46	10.47	325.46	325.46	5.98	443.49	443.49	8.15

太谷县 / 祁县 / 徐沟县 / 清源县（续前表）

项目	太谷县 折银	%	祁县 折银	%	徐沟县 折银	%	清源县 折银	%
遇闰共加银（两）（存留）	482.42	8.15	50.49	10.47	28.85	5.98	39.32	2.54
起运	237161.49		19631.24		12855.42		17681.30	
存留	255213.54		19861.64		14072.81		18667.95	
总计	492375.03	100.00	39493.22	8.02	26928.28	5.47	36349.25	7.38

项目	太谷县 实物	太谷县 折银	%	祁县 实物	祁县 折银	%	徐沟县 实物	徐沟县 折银	%	清源县 实物	清源县 折银	%
夏税												
麦（石）	8407.06	5955.95	5.13	7890.43	5589.94	4.81	4730.71	3351.45	2.88	4173.75	2956.88	2.54
起运麦（石）	2918.00	2084.58		2929.40	2068.28		1747.00	1240.04		1481.30	1034.91	
存留麦（石）	5489.06	3871.37		4961.03	3521.66		2983.71	2111.41		2692.45	1921.97	
农桑丝折绢（匹）（起运）	120.00	84.00	6.34	98.00	68.60	5.18	22.00	15.40	1.16	47.00	32.90	2.48
零丝（两）（存留）	16.60	1.33	6.63	9.60	0.77	3.84	6.30	0.50	2.52	7.70	0.62	3.08
秋粮												
米（石）	19583.00	16728.75	5.13	16930.24	14462.64	4.43	10994.16	9391.75	2.88	9568.05	8173.49	2.50
起运米（石）	9601.40	8197.09		8333.20	7086.69		5227.00	4508.04		4849.60	4168.48	
存留米（石）	9981.60	8531.66		8597.04	7375.94		5767.16	4883.71		4718.45	4005.01	
马草（束）	39167.00	2157.39	5.08	34220.00	1884.90	4.43	22388.00	1233.17	2.90	19136.00	1054.05	2.48
起运草（束）	37397.00	2049.53		33828.00	1866.06		22030.00	1208.51		18607.00	1022.43	
存留草（束）	1770.00	107.87		391.00	18.85		358.00	24.66		528.00	31.62	
户口盐钞银（两）（存留）	348.33	348.33	6.40	240.25	240.25	4.42	147.74	147.74	2.72	155.57	155.57	2.86
遇闰共加银（两）（存留）	30.88	30.88	6.40	21.30	21.30	4.42	13.10	13.10	2.72	13.79	13.79	2.86
起运		12415.20			11089.63			6971.99			6258.72	
存留		12891.44			11178.78			7181.13			6128.58	
总计		25306.63	5.14		22268.40	4.52		14153.12	2.87		12387.29	2.52

项目	交城县	文水县	寿阳县	临县

项目	盂县 实物	折银	%	静乐县 实物	折银	%	河曲县 实物	折银	%	平定州 实物	折银	%
夏税												
麦（石）	3899.99	2762.93	2.38	14743.75	10445.15	8.99	4887.64	3462.63	2.98	4337.44	3072.84	2.64
起运麦（石）	1272.50	911.77		4784.00	3342.45		1726.00	1222.78		1579.80	1119.20	
存留麦（石）	2627.49	1851.16		9959.75	7102.70		3161.64	2239.85		2757.64	1953.64	
农桑丝折绢（匹）（起运）	59.00	41.30	3.12	102.00	71.40	5.39	25.00	17.50	1.32	106.00	74.20	5.60
零丝（两）（存留）	7.20	0.58	2.88	0.20	0.02	0.08	4.00	0.32	1.60	14.90	1.19	5.96
秋粮												
米（石）	9074.48	7751.86	2.37	34285.37	29288.23	8.97	11573.12	9886.32	3.03	10149.85	8670.50	2.66
起运米（石）	4036.00	3410.82		16187.10	13765.47		5419.50	4646.57		5200.60	4442.61	
存留米（石）	5038.48	4341.04		18098.27	15522.76		6153.62	5239.75		4949.25	4227.89	
马草（束）	18148.00	999.63	2.35	68570.00	3776.97	8.89	23176.00	1276.58	3.00	20299.00	1118.11	2.63
起运草（束）	16270.00	899.66		61433.00	3399.27		22481.00	1238.28		20299.00	1118.11	
存留草（束）	1878.00	99.96		7136.00	377.70		694.00	38.30				
户口盐钞银（两）（存留）	269.57	269.57	4.95	285.52	285.52	5.25	314.81	314.81	5.79	126.39	126.39	2.32
遇闰共加银（两）（存留）	23.90	23.90	4.95	24.87	24.87	5.16	27.91	27.91	5.79	11.20	11.20	2.32
起运		5263.55			20578.59			7125.13			6754.12	
存留		6586.22			23313.57			7860.94			6320.31	
总计		11849.77	2.41		43892.16	8.91		14986.07	3.04		13074.43	2.66

项目	盂县 实物	折银	%	静乐县 实物	折银	%	河曲县 实物	折银	%	平定州 实物	折银	%
夏税												
麦（石）	4323.14	3062.71	2.64	3821.75	2707.50	2.33	532.41	377.18	0.32	4379.42	3102.58	2.67
起运麦（石）	1534.00	1086.76		1398.40	1001.78		293.10	207.45		1598.30	1116.93	
存留麦（石）	2789.14	1975.95		2423.35	1705.73		239.31	169.73		2781.12	1985.65	

项目	乐平县			忻州			定襄县			代州		
	实物	折银	%	实物	折银	%	实物	折银	%	实物	折银	%
农桑丝折绢（匹）(起运)	89.00	62.30	4.70				2.00	1.40	0.11	220.00	154.00	11.63
零丝（两）(存留)	2.40	0.19	0.96				12.20	0.98	4.88	11.00	0.88	4.40
秋粮												
米（石）	10075.72	8607.17	2.64	9157.87	7823.10	2.40	1243.65	1062.39	0.33	10277.15	8779.24	2.69
起运米（石）	4760.10	4066.31		4414.50	3755.09					4622.10	3950.66	
存留米（石）	5315.62	4540.86		4743.37	4068.01		1243.65	1062.39		5655.05	4828.58	
马草（束）	20351.00	1120.97	2.64	18455.00	1016.54	2.39	2487.00	136.99	0.32	20584.00	1133.81	2.67
起运草（束）	19772.00	1089.08		18455.00	1016.54		2487.00	136.99		20060.00	1099.79	
存留草（束）	579.00	31.89								523.00	34.01	
户口盐钞银（两）(存留)	78.82	78.82	1.45	107.32	107.32	1.97	54.47	54.47	1.00	208.22	208.22	3.83
遇闰共加银（两）(存留)	6.98	6.98	1.45	9.51	9.51	1.97	4.83	4.83	1.00	18.46	18.46	3.83
起运		6304.44			5773.40			345.84			6321.38	
存留		6634.70			5890.57			1292.39			7075.81	
总计		12939.15	2.63		11663.97	2.37		1638.23	0.33		13397.19	2.72

项目	乐平县			忻州			定襄县			代州		
	实物	折银	%	实物	折银	%	实物	折银	%	实物	折银	%
夏税												
麦（石）	2199.54	1558.26	1.34	11715.35	8299.69	7.14	4350.39	3082.02	2.65	7306.53	5176.28	4.45
起运麦（石）	791.00	560.97		3922.30	2738.90		905.00	647.22		2328.00	1656.41	
存留麦（石）	1408.54	997.28		7793.05	5560.79		3445.39	2434.79		4978.53	3519.87	
农桑丝折绢（匹）(起运)	48.00	33.60	2.54	101.00	70.70	5.34	213.00	149.10	11.26	51.00	35.70	2.70
零丝（两）(存留)	13.00	1.04	5.20	14.80	1.18	5.92	4.64	0.37	1.85	7.50	0.60	3.00
秋粮												
米（石）	5394.77	4608.48	1.41	27634.94	23607.11	7.23	10025.11	8563.94	2.62	17288.93	14769.05	4.52
起运米（石）	2740.50	2350.32		12176.70	10387.13		4833.60	4110.69		8819.70	7532.21	

项目	五台县 实物	五台县 折银	五台县 %	繁峙州 实物	繁峙州 折银	繁峙州 %	崞县 实物	崞县 折银	崞县 %	岢岚州 实物	岢岚州 折银	岢岚州 %
存留米（石）	2654.27	2258.15		15458.24	13219.98		5191.51	4453.25		8469.23	7236.83	
马草（束）	10989.00	605.30	1.42	55770.00	3071.92	7.23	20050.00	1104.39	2.60	35577.00	1959.65	4.61
起运草（束）	10653.00	587.14		50812.00	2795.45		19535.00	1071.26		34615.00	1900.86	
存留草（束）	335.00	18.16		4957.00	276.47		515.00	33.13		961.00	58.79	
户口盐钞银（两）（存留）	96.97	96.97	1.78	297.85	297.85	5.47	146.49	146.49	2.69	177.50	177.50	3.26
遇闰共加银（两）（存留）	8.59	8.59	1.78	26.41	26.41	5.47	12.98	12.98	2.69	15.73	15.73	3.26
起运		3532.03			15992.17			5978.27			11125.18	
存留		3380.19			19382.69			7081.01			11009.32	
总计		6912.23	1.40		35374.87	7.18		13059.29	2.65		22134.51	4.50
项目	五台县 实物	五台县 折银	五台县 %	繁峙州 实物	繁峙州 折银	繁峙州 %	崞县 实物	崞县 折银	崞县 %	岢岚州 实物	岢岚州 折银	岢岚州 %
夏税												
麦（石）	4100.22	2904.78	2.50	3816.43	2703.73	2.33	9480.26	6716.25	5.78	1978.53	1401.68	1.21
起运麦（石）	999.00	697.15		1387.00	973.34		3295.00	2350.69		784.50	560.67	
存留麦（石）	3101.22	2207.64		2429.43	1730.39		6185.26	4365.56		1194.03	841.01	
农桑丝折绢（匹）（起运）	12.00	8.40	0.63				68.00	47.60	3.59	1.00	0.70	0.05
零丝（两）（存留）	18.20	1.46	7.27				15.80	1.26	6.32	2.50	0.20	1.00
秋粮												
米（石）	9628.24	8224.91	2.52	8475.09	7239.83	2.22	21992.41	18786.99	5.76	4651.27	3973.34	1.22
起运米（石）	4655.10	3947.96		4185.10	3547.52		9227.00	7890.53		2014.00	1708.54	
存留米（石）	4973.14	4276.95		4289.99	3692.32		12765.41	10896.45		2637.27	2264.80	
马草（束）	19252.00	1060.44	2.49	16992.00	935.95	2.20	45179.00	2488.55	5.85	9700.00	534.29	1.26
起运草（束）	19252.00	1060.44		16992.00	935.95		44537.00	2463.66		9700.00	534.29	
存留草（束）							642.00	24.89				
户口盐钞银（两）（存留）	127.92	127.92	2.35	111.52	111.52	2.05	298.77	298.77	5.49	41.22	41.22	0.76

项目	岚县 实物	岚县 折银	%	兴县 实物	兴县 折银	%	保德州 实物	保德州 折银	%	永宁州 实物	永宁州 折银	%
遇闰共加银（两）（存留）	11.34	11.34	2.35	9.88	9.88	2.05	26.49	26.49	5.49	3.65	3.65	0.76
起运		5713.94			5456.82			12752.48			2804.20	
存留		6625.31			5544.11			15613.43			3150.88	
总计		12339.25	2.51		11000.92	2.23		28365.91	5.76		5955.09	1.21

项目	岚县 实物	岚县 折银	%	兴县 实物	兴县 折银	%	保德州 实物	保德州 折银	%	永宁州 实物	永宁州 折银	%
夏税												
麦（石）	4744.65	3361.33	2.89	2274.19	1611.14	1.39	642.60	455.25	0.39	8130.96	5760.35	4.96
起运麦（石）	1725.00	1210.08		837.00	596.12		272.00	191.20		2978.80	2131.33	
存留麦（石）	3019.65	2151.25		1437.19	1015.02		370.60	264.04		5152.16	3629.02	
农桑丝折绢（匹）（起运）	38.00			38.00	26.60	2.01	12.00	8.40	0.63	51.00	35.70	2.70
零丝（两）（存留）	5.25			5.25	0.42	2.10	0.10	0.01	0.04	14.00	1.12	5.60
秋粮												
米（石）	11070.85	9457.26	2.90	5306.46	4533.04	1.39	1611.27	1376.43	0.42	18952.24	16189.93	4.96
起运米（石）	5448.00	4634.06		2866.00	2447.84			1376.43		9251.20	7933.06	
存留米（石）	5622.85	4823.20		2440.46	2085.20		1611.27	1376.43		9701.04	8256.86	
马草（束）	2141.00	1219.57	2.87	10612.00	584.53	1.38	3223.00	177.53	0.42	38365.00	2113.22	4.97
起运草（束）	2141.00	1219.57		10612.00	584.53		3223.00	177.53		38253.00	2107.09	
存留草（束）										112.00	6.13	
户口盐钞银（两）（存留）	51.69	51.69	0.95	81.21	81.21	1.49	78.03	78.03	1.43	199.83	199.83	3.67
遇闰共加银（两）（存留）	4.58	4.58	0.95	7.20	7.20	1.49	6.91	6.91	1.43	17.01	17.01	3.53
起运		7063.70			3655.09			377.13			12207.18	
存留		7030.72			3189.05			1725.42			12109.97	
总计		14094.43	2.86		6844.14	1.39		2102.55	0.43		24317.15	4.94

宁乡县

项目

项目						实物	折银	%
夏税								
麦（石）						3187.16	2257.93	1.94
起运麦（石）						1155.80	812.85	
存留麦（石）						2031.36	1445.08	
农桑丝折绢（匹）（起运）						76.00	53.20	4.02
零丝（两）（存留）						14.30	1.14	5.72
秋粮								
米（石）						7436.72	6352.81	1.95
起运米（石）						3738.00	3176.40	
存留米（石）						3698.72	3176.40	1.93
马草（束）						14870.00	819.07	
起运草（束）						14838.00	817.27	
存留草（束）						32.00	1.80	
户口盐钞银（两）（存留）						61.11	61.11	1.12
遇闰共加银（两）（存留）						5.41	5.41	1.12
起运							4859.73	
存留							4690.95	
总计							9550.67	1.94

丙表83

平阳府分州县及其分属田赋折银明细

（单位：两/银）

项目	平阳府			临汾县			襄陵县			洪洞县		
	实物	折银	%	实物	折银	%	实物	折银	%	实物	折银	%
夏税												
小麦（石）	266127.92	188537.25	100.00	8352.23	5917.10	3.14	3363.63	2382.95	1.26	3491.04	2473.21	1.31

表（上半部，接上页；县名见上页表头）

项目	实物	折银	%	实物	折银	%	实物	折银	%	实物	折银	%
起运麦（石）	60358.00	42760.38		2291.40	1597.62		977.70	691.06		1074.20	766.70	
存留麦（石）	205769.92	145776.87		6060.83	4319.49		2385.93	1691.89		2416.84	1706.52	
农桑丝折绢（匹）（起运）	866.00	606.20	100.00	22.00	15.40	2.54	51.00	35.70	5.89	7.00	4.90	0.81
零丝（两）（存留）	341.30	27.30	100.00	4.80	0.38	1.41	19.40	1.55	5.68	19.30	1.54	5.65
秋粮												
米（石）	812186.19	693808.98	100.00	48449.96	41388.31	5.97	28603.23	24434.27	3.52	33288.64	28436.78	4.10
起运米（石）	364421.90	311306.93		21254.40	18210.86		12859.60	10995.42		15408.40	13080.92	
存留米（石）	447764.29	382502.05		27195.56	23177.46		15743.63	13438.85		17880.24	15355.86	
马草（束）	1624783.00	89496.21	100.00	97199.00	5353.91	5.98	57218.00	3151.68	3.52	66669.00	3672.26	4.10
起运草（束）	1594161.00	87809.49		96030.00	5300.37		55800.00	3088.65		66086.00	3635.54	
存留草（束）	30622.00	1686.72		1169.00	53.54		1418.00	63.03		582.00	36.72	
户口盐钞银（两）（存留）	8142.49	8142.49	100.00	582.71	582.71	7.16	357.79	357.79	4.39	457.67	457.67	5.62
遇闰共加银（两）（存留）	722.00	722.00	100.00	51.66	51.66	7.16	31.72	31.72	4.39	40.58	40.58	5.62
起运		442483.00			25124.25			14810.82			17488.05	
存留		538857.43			28185.23			15584.84			17598.89	
总计		981340.43	100.00		53309.48	5.43		30395.66	3.10		35086.94	3.58

表（下半部）

项目	浮山县 实物	折银	%	赵城县 实物	折银	%	太平县 实物	折银	%	岳阳县 实物	折银	%
夏税												
小麦（石）	668.76	473.78	0.25	8191.36	5803.14	3.08	16052.37	11372.24	6.03	807.90	572.35	0.30
起运麦（石）	197.40	142.13		2451.80	1740.94		5063.60	3639.12		221.70	154.54	
存留麦（石）	471.36	331.65		5739.56	4062.20		10988.77	7733.12		586.20	417.82	
农桑丝折绢（匹）（起运）	32.00	22.40	3.70	28.00	19.60	3.23	17.00	11.90	1.96	19.00	13.30	2.19
零丝（两）（存留）	16.20	1.30	4.75	2.70	0.22	0.79	2.80	0.22	0.82	19.80	1.58	5.80
秋粮												

项目	曲沃县 实物	曲沃县 折银	曲沃县 %	翼城县 实物	翼城县 折银	翼城县 %	汾西县 实物	汾西县 折银	汾西县 %	蒲县 实物	蒲县 折银	蒲县 %
米（石）	16107.17	13759.53	1.98	14903.09	12730.94	1.83	27842.03	23784.02	3.43	10221.81	8731.97	1.26
起运米（石）	7328.10	6191.79		7085.60	6110.85		12888.30	10940.65		3948.20	3405.47	
存留米（石）	8779.07	7567.74	1.98	7817.49	6620.09	1.83	14953.73	12843.37	3.43	6273.61	5326.50	1.26
马草（束）	32214.00	1774.41		29806.00	1641.77		55684.00	3067.18		20443.00	1126.04	
起运草（束）	32150.00	1770.86	1.41	29642.00	1625.35	2.70	55672.00	3066.57	2.95	17915.00	990.92	0.72
存留草（束）	63.00	3.55	1.41	163.00	16.42	2.70	11.00	0.61	2.94	2528.00	135.12	0.72
户口盐钞银（两）（存留）	114.53	114.53		220.20	220.20		239.81	239.81		58.60	58.60	
遇闰共加银（两）（存留）	10.15	10.15		19.53	19.53		21.26	21.26		5.19	5.19	
起运		8127.18			9496.75			17658.23			4564.22	
存留		8028.91			10938.65			20838.40			5944.82	
总计		16156.09	1.65		20435.40	2.08		38496.63	3.92		10509.04	1.07
项目	曲沃县 实物	折银	%	翼城县 实物	折银	%	汾西县 实物	折银	%	蒲县 实物	折银	%
夏税												
小麦（石）	10463.49	7412.82	3.93	5398.28	3824.39	2.03	731.50	518.23	0.27	1225.57	868.25	0.46
起运麦（石）	3736.00	2668.61		1407.20	994.34		169.80	119.19		252.70	182.33	
存留麦（石）	6727.49	4744.20		3991.08	2830.05		561.70	399.04		972.87	685.92	
农桑丝折绢（匹）（起运）	6.00	4.20	0.69	68.00	47.60	7.85	22.00	15.40	2.54	10.00	7.00	1.15
零丝（两）（存留）	5.20	0.42	1.52	3.30	0.26	0.97	16.10	1.29	4.72	10.80	0.86	3.16
秋粮												
米（石）	32874.81	28083.26	4.05	31733.84	27108.59	4.05	15218.81	13000.65	1.87	10772.92	9202.75	1.33
起运米（石）	15830.40	13479.97		14759.10	12741.04		6938.10	5980.30		4734.50	4049.21	
存留米（石）	17044.41	14603.30		16974.74	14367.55		8280.71	7020.35		6038.42	5153.54	
马草（束）	65789.00	3623.79	4.05	63460.00	3495.50	3.91	30437.00	1676.53	1.87	21544.00	1186.69	1.33
起运草（束）	65728.00	3620.52		62794.00	3460.55		30195.00	1659.76		21270.00	1174.82	

蒲州府（上接表）

项目	蒲州 实物	蒲州 折银	蒲州 %	临晋县 实物	临晋县 折银	临晋县 %	荥河县 实物	荥河县 折银	荥河县 %	猗氏县 实物	猗氏县 折银	猗氏县 %
存留草（束）	61.00	3.26		665.00	34.96		242.00	16.77		274.00	11.87	
户口盐钞银（两）（存留）	558.63	558.63	6.86	411.38	411.38	5.05	106.98	106.98	1.31	57.26	57.26	0.70
遇闰共加银（两）（存留）	49.53	49.53	6.86	36.47	36.47	5.05	9.48	9.48	1.31	5.07	5.07	0.70
起运		19773.31			17243.52			7774.65			5413.36	
存留		19959.34			17680.67			7553.90			5914.52	
总计		39732.64	4.05		34924.19	3.56		15328.55	1.56		11327.88	1.15

项目	蒲州 实物	蒲州 折银	蒲州 %	临晋县 实物	临晋县 折银	临晋县 %	荥河县 实物	荥河县 折银	荥河县 %	猗氏县 实物	猗氏县 折银	猗氏县 %
夏税												
小麦（石）	12456.19	8824.54	4.68	11944.14	8461.78	4.49	6937.59	4914.91	2.61	8141.18	5767.59	3.06
起运麦（石）	3088.00	2206.13		1672.40	1184.65		1261.90	884.68		899.50	634.43	
存留麦（石）	9368.19	6618.40		10271.74	7277.13		5675.69	4030.22		7241.68	5133.15	
农桑丝折绢（匹）（起运）	9.00	6.30	1.04	12.00	8.40	1.39	5.00	3.50	0.58	5.00	3.50	0.58
零丝（两）（存留）	13.10	1.05	3.84	9.80	0.78	2.87	5.30	0.42	1.55	0.80	0.06	0.23
秋粮												
米（石）	49522.32	42304.38	6.10	47013.14	40160.91	5.79	27559.74	23542.87	3.39	32486.18	27751.28	4.00
起运米（石）	22627.20	19460.01		23918.60	20482.07		11741.70	10123.43		13821.10	11933.05	
存留米（石）	26895.12	22844.36		23094.54	19678.85		15818.04	13419.44		18665.08	15818.23	
马草（束）	99084.00	5457.74	6.10	94046.00	5180.24	5.79	55119.00	3036.06	3.39	64763.00	3567.27	3.99
起运草（束）	98685.00	5435.91		94046.00	5180.24		52840.00	2914.62		63506.00	3495.93	
存留草（束）	399.00	21.83					2279.00	121.44		1257.00	71.35	
户口盐钞银（两）（存留）	343.74	343.74	4.22	251.97	251.97	3.09	262.78	262.78	3.23	211.85	211.85	2.60
遇闰共加银（两）（存留）	30.48	30.48	4.22	22.34	22.34	3.09	23.30	23.30	3.23	18.78	18.78	2.60
起运		27108.36			26855.35			13926.24			16066.91	
存留		29859.87			27231.07			17857.61			21253.42	

项目	万泉县 实物	万泉县 折银	万泉县 %	河津县 实物	河津县 折银	河津县 %	解州 实物	解州 折银	解州 %	安邑县 实物	安邑县 折银	安邑县 %
总计		56968.22	5.81		54086.42	5.51		31783.84	3.24		37320.33	3.80
夏税												
小麦（石）	5693.85	4033.79	2.14	6214.26	4402.47	2.34	6885.62	4878.09	2.59	20326.99	14400.57	7.64
起运麦（石）	838.80	605.07		1191.70	836.47		1405.50	975.62		4233.80	3024.12	
存留麦（石）	4855.05	3428.72	0.69	5022.56	3566.00	3.46	5480.12	3902.47	0.58	16093.19	11376.45	
农桑丝折绢（匹）（起运）	6.00	4.20		30.00	21.00		5.00	3.50		6.00	4.20	0.69
零丝（两）（存留）	4.50	0.36	1.32	6.00	0.48	1.76	11.30	0.90	3.31	2.60	0.21	0.76
秋粮												
米（石）	22799.03	19476.04	2.81	24453.32	20889.22	3.01	12704.20	10852.55	1.56	33262.06	28414.07	4.10
起运米（石）	9875.10	8374.70		10790.60	9191.26		5920.00	5100.70		14921.60	12786.33	
存留米（石）	12923.93	11101.34	2.81	13662.72	11697.96	3.01	6784.20	5751.85	1.56	18340.46	15627.74	4.10
马草（束）	45598.00	2511.63		48906.00	2693.84		25408.00	1399.52		66544.00	3665.37	
起运草（束）	44473.00	2461.39		48325.00	2666.90		25369.00	1397.42		65192.00	3592.07	
存留草（束）	1124.00	50.23		580.00	26.94		39.00	2.10		1351.00	73.31	
户口盐钞银（两）（存留）	138.54	138.54	1.70	250.87	250.87	3.08	90.18	90.18	1.11	470.29	470.29	5.78
遇闰共加银（两）（存留）	12.28	12.28	1.70	22.24	22.24	3.08	7.99	7.99	1.11	41.70	41.70	5.78
起运		11445.36			12715.62			7477.24			19406.72	
存留		14731.47			15564.49			9755.49			27589.70	
总计		26176.83	2.67		28280.11	2.88		17232.73	1.76		46996.42	4.79

项目	夏县 实物	夏县 折银	夏县 %	闻喜县 实物	闻喜县 折银	闻喜县 %	平陆县 实物	平陆县 折银	平陆县 %	芮城县 实物	芮城县 折银	芮城县 %
夏税												
小麦（石）	27040.10	19156.45	10.16	21497.71	15229.97	8.08	7929.06	5617.31	2.98	10881.35	7708.85	4.09

（接上页）

项目	实物	折银	%	实物	折银	%	实物	折银	%	实物	折银	%
起运麦（石）	8230.00	5746.93		3503.00	2436.79		1301.00	898.77		1963.40	1387.59	
存留麦（石）	18810.10	13409.51		17994.71	12793.17		6628.06	4718.54		8917.95	6321.26	
农桑丝折绢（匹）（起运）	44.00	30.80	5.08	42.00	29.40	4.85	26.00	18.20	3.00	20.00	14.00	2.31
零丝（两）（存留）	10.80	0.86	3.16	3.90	0.31	1.14	6.00	0.48	1.76	4.40	0.35	1.29
秋粮												
米（石）	18113.96	15473.83	2.23	33461.57	28584.50	4.12	18425.53	15739.98	2.27	16073.84	13731.06	1.98
起运米（石）	8209.50	6963.22		13388.10	11433.80		8116.10	6925.59		7301.10	6178.98	
存留米（石）	9904.46	8510.60		20073.47	17150.70		10309.43	8814.39		8772.74	7552.08	
马草（束）	36227.00	1995.45	2.23	66943.00	3687.35	4.12	36851.00	2029.82	2.27	32147.00	1770.72	1.98
起运草（束）	34739.00	1915.64		63317.00	3502.98		35992.00	1989.23		32033.00	1764.52	
存留草（束）	1488.00	79.82		3625.00	184.37		858.00	40.60		114.00	6.20	
户口盐钞银（两）（存留）	425.53	425.53	5.23	380.82	380.82	4.68	151.24	151.24	1.86	198.64	198.64	2.44
遇闰共加银（两）（存留）	37.73	37.73	5.23	33.76	33.76	4.68	13.41	13.41	1.86	17.61	17.61	2.44
起运		14656.59			17402.98			9831.79			9345.09	
存留		22464.06			30543.13			13738.66			14096.14	
总计		37120.65	3.78		47946.11	4.89		23570.45	2.40		23441.23	2.39

项目	绛州			稷山县			绛县			垣曲县		
	实物	折银	%	实物	折银	%	实物	折银	%	实物	折银	%
夏税												
小麦（石）	15799.28	11192.94	5.94	13497.25	9562.07	5.07	8196.79	5806.98	3.08	3320.95	2352.71	1.25
起运麦（石）	4304.10	3022.09		1356.50	956.21		1738.20	1219.47		799.70	564.65	
存留麦（石）	11495.18	8170.84		12140.75	8605.87		6458.59	4587.52		2521.25	1788.06	
农桑丝折绢（匹）（起运）	66.00	46.20	7.62	32.00	22.40	3.70	34.00	23.80	3.93	21.00	14.70	2.42
零丝（两）（存留）	6.60	0.53	1.93	18.80	1.50	5.51	6.00	0.48	1.76	11.50	0.92	3.37
秋粮												

项目	吉州 实物	吉州 折银	吉州 %	乡宁县 实物	乡宁县 折银	乡宁县 %	隰州 实物	隰州 折银	隰州 %	大宁县 实物	大宁县 折银	大宁县 %
米（石）	26351.68	22510.89	3.24	40515.85	34610.61	4.99	20874.44	17831.96	2.57	13263.31	11330.17	1.63
起运米（石）	11796.50	10129.90		16427.50	14190.35		9285.10	7846.06		6148.10	5211.88	
存留米（石）	14555.18	12380.99		24088.35	20420.26		11589.34	9985.90		7115.21	6118.29	
马草（束）	52703.00	2902.98	3.24	81031.00	4463.35	4.99	41748.00	2299.56	2.57	26526.00	1461.10	1.63
起运草（束）	52398.00	2873.95		74793.00	4106.28		41651.00	2294.27		26484.00	1458.77	
存留草（束）	305.00	29.03		6237.00	357.07		97.00	5.29		41.00	2.34	
户口盐钞银（两）（存留）	524.71	524.71	6.44	267.78	267.78	3.29	204.31	204.31	2.51	99.63	99.63	1.22
遇闰共加银（两）（存留）	46.52	46.52	6.44	23.74	23.74	3.29	18.11	18.11	2.51	8.83	8.83	1.22
起运		16072.15			19275.24			11383.60			7249.99	
存留		21152.62			29676.22			14801.60			8018.07	
总计		37224.77	3.79		48951.45	4.99		26185.21	2.67		15268.06	1.56

项目	吉州 实物	吉州 折银	吉州 %	乡宁县 实物	乡宁县 折银	乡宁县 %	隰州 实物	隰州 折银	隰州 %	大宁县 实物	大宁县 折银	大宁县 %
夏税												
小麦（石）	2562.14	1815.14	0.96	4334.38	3070.67	1.63	4382.64	3104.86	1.65	2203.52	1561.07	0.83
起运麦（石）	471.60	326.72		640.00	460.60		1277.70	900.41		601.00	421.49	
存留麦（石）	2090.54	1488.41		3694.38	2610.07		3104.94	2204.45		1602.52	1139.58	
农桑丝折绢（匹）（起运）	29.00	20.30	3.35	23.00	16.10	2.66	21.00	14.70	2.42	25.00	17.50	2.89
零丝（两）（存留）	9.40	0.75	2.75	17.50	1.40	5.13	16.20	1.30	4.75	16.70	1.34	4.89
秋粮												
米（石）	12744.38	10886.87	1.57	17736.38	15151.28	2.18	16146.53	13793.15	1.99	8346.93	7130.35	1.03
起运米（石）	6042.60	5116.83		7701.80	6515.05		7054.00	6068.99		3851.80	3279.96	
存留米（石）	6701.78	5770.04		10034.58	8636.23		9092.53	7724.17		4495.13	3850.39	
马草（束）	25492.00	1404.15	1.57	35472.00	1953.87	2.18	32293.00	1778.76	1.99	16693.00	919.48	1.03
起运草（束）	24992.00	1376.07		35472.00	1953.87		30951.00	1707.61		16645.00	916.82	

项目	实物	折银	%	实物	折银	%	实物	折银	%	实物	折银	%
存留草（束）	500.00	28.08	0.58	54.70	54.70	0.67	1341.00	71.15	1.77	48.00	2.67	0.77
户口盐钞银（两）（存留）	47.63	47.63	0.58				143.93	143.93	1.77	62.63	62.63	0.77
遇闰共加银（两）（存留）	4.22	4.22	0.58	4.85	4.85	0.67	12.76	12.76		5.55	5.55	
起运		6839.92			8945.62			8691.71			4635.77	
存留		7339.14			11307.25			10157.75			5062.16	
总计		14179.06	1.44		20252.87	2.06		18849.46	1.92		9697.93	0.99

项目	石楼县 实物	折银	%	永和县 实物	折银	%	霍州 实物	折银	%	灵石县 实物	折银	%
夏税												
小麦（石）	3189.74	2259.76	1.20	2884.64	2043.61	1.08	932.37	2043.61	1.08	129.88	92.01	0.05
起运麦（石）	900.80	632.73		499.70	347.41		336.20	735.70				
存留麦（石）	2288.94	1627.03		2384.94	1696.20		596.17	1307.91		129.88	92.01	
农桑丝折绢（匹）（起运）	15.00	10.50	1.73	14.00	9.80	1.62	67.00	9.80	1.62	27.00	18.90	3.12
零丝（两）（存留）	5.40	0.43	1.58	16.50	1.32	4.83	6.00	1.32	4.83	11.10	0.89	3.25
秋粮												
米（石）	13329.74	11386.91	1.64	10123.69	8648.15	1.25	13999.52	8648.15	1.25	12862.36	10987.65	1.58
起运米（石）	5967.10	5124.11		4049.80	3459.26		6433.10	3978.15		5999.10	5164.20	
存留米（石）	7362.64	6262.80		6073.89	5188.89		7566.42	4670.00		6863.26	5823.46	
马草（束）	26659.00	1468.43	1.64	20247.00	1115.24	1.25	28039.00	1115.24	1.25	25764.00	1419.13	1.59
起运草（束）	25597.00	1409.69		19765.00	1092.94		27843.00	1104.09		25754.00	1418.56	
存留草（束）	1061.00	58.74		481.00	22.30		195.00	11.15		10.00	0.57	
户口盐钞银（两）（存留）	113.17	113.17	1.39	42.43	42.43	0.52	106.27	42.43	0.52	133.13	133.13	1.64
遇闰共加银（两）（存留）	10.03	10.03	1.39	3.76	3.76	0.52	9.42	3.76	0.52	11.80	11.80	1.63
起运		7177.04			4909.41			5827.74			6601.66	
存留		8072.20			6954.90			6036.57			6061.86	

丙表84 大同府分州县及其分属田赋折银明细

（单位：两/银）

总计	15249.23	1.55	11864.31	1.21	11864.31	1.21	12663.52	1.29

项目	大同府			大同县			怀仁县			浑源州		
	实物	折银	%	实物	折银	%	实物	折银	%	实物	折银	%
夏税												
小麦（石）	49133.71	34808.58	100.00	8756.83	6203.74	17.82	3212.60	2275.95	6.54	4218.12	2988.31	8.58
存留麦（石）	49133.71	34808.58		8756.83	6203.74		3212.60	2275.95		4218.12	2988.31	
农桑丝折绢（匹）（起运）	1.00	0.70	100.00									
零丝（两）（存留）	14.00	1.12	100.00									
秋粮												
米（石）	59890.12	51161.06	100.00	10865.61	9281.93	18.14	4443.26	3795.65	7.42	6228.32	5320.53	10.40
存留米（石）	59890.12	51161.06		10865.61	9281.93		4443.26	3795.65		6228.32	5320.53	
马草（束）	267052.00	14709.74	100.00	46752.00	2575.19	17.51	20788.00	1145.04	7.78	27794.00	1530.95	10.41
起运草（束）	267052.00	14709.74		46752.00	2575.19		20788.00	1145.04		27794.00	1530.95	
户口盐钞银（两）（存留）	1097.12	1097.12	100.00	153.41	153.41	13.98	80.51	80.51	7.34	112.41	112.41	10.25
酒醋共加银（两）（存留）	92.36	92.36	100.00	7.38	7.38	7.99	24.57	24.57	26.60	6.90	6.90	7.47
起运		14710.44			2575.19			1145.04			1530.95	
存留		87160.24			15646.46			6176.68			8428.15	
总计		101870.68	100.00		18221.66	17.89		7321.73	7.19		9959.10	9.78

项目	应县			山阴县			朔州			马邑县		
	实物	折银	%	实物	折银	%	实物	折银	%	实物	折银	%
夏税												
小麦（石）	8435.91	5976.39	17.17	3016.64	2137.13	6.14	5373.33	3806.71	10.94	3324.64	2355.33	6.77
存留麦（石）	8435.91	5976.39		3016.64	2137.13		5373.33	3806.71		3324.64	2355.33	

秋粮

秋粮	蔚州 实物	蔚州 折银	蔚州 %	广灵县 实物	广灵县 折银	广灵县 %	广昌县 实物	广昌县 折银	广昌县 %	灵丘县 实物	灵丘县 折银	灵丘县 %
米（石）	12597.81	10761.66	21.03	2914.56	2489.76	4.87	3559.41	3040.62	5.94	2550.51	2178.77	4.26
存留米（石）	12597.81	10761.66	19.50	2914.56	2489.76	4.51	3559.41	3040.62	5.48	2550.51	2178.77	3.99
马草（束）	52087.00	2869.05	16.01	12031.00	662.69	7.88	14623.00	805.46	4.77	10651.00	586.68	4.32
起运草（束）	52087.00	2869.05	15.85	12031.00	662.69	6.46	14623.00	805.46		10651.00	586.68	
户口盐钞银（两）（存留）	175.68	175.68		86.41	86.41		52.36	52.36		47.37	47.37	
遇闰共加银（两）（存留）	14.64	14.64		5.97	5.97					6.42	6.42	6.95
起运		2869.05			662.69			805.46			586.68	
存留		16928.37			4719.27			6899.70			4587.89	
总计		19797.42	19.43		5381.96	5.28		7705.16	7.56		5174.57	5.08

项目	蔚州 实物	蔚州 折银	蔚州 %	广灵县 实物	广灵县 折银	广灵县 %	广昌县 实物	广昌县 折银	广昌县 %	灵丘县 实物	灵丘县 折银	灵丘县 %
夏税												
小麦（石）	7985.36	5657.20	16.25	1996.98	1414.75	4.06	1103.09	781.48	2.25	1710.16	1211.56	3.48
存留麦（石）	7985.36	5657.20		1996.98	1414.75		1103.09	781.48		1710.16	1211.56	
农桑丝折绢（匹）（起运）				1.00	0.70	100.00						
零丝（两）（存留）				14.00	1.12	100.00						
秋粮												
米（石）	7165.19	6120.85	11.96	3597.35	3073.03	6.01	1858.83	1587.90	3.10	4109.22	3510.30	6.86
存留米（石）	7165.19	6120.85		3597.35	3073.03		1858.83	1587.90		4109.22	3510.30	
马草（束）	34042.00	1875.10	12.75	17584.00	968.56	6.58	9886.00	544.54	3.70	20807.00	1146.09	7.79
起运草（束）	34042.00	1875.10		17584.00	968.56		9886.00	544.54		20807.00	1146.09	
户口盐钞银（两）（存留）	120.55	120.55	10.99	82.60	82.60	7.53	92.69	92.69	8.45	93.09	93.09	8.48
遇闰共加银（两）（存留）	9.41	9.41	10.19	0.81	0.81	0.88	7.68	7.68	8.32	8.54	8.54	9.25
起运		1875.10			968.56			545.24			1146.09	

丙表85　潞安府分州县及其分属田赋折银明细

（单位：两/银）

项目	潞安府 实物	折银	%	长治县 实物	折银	%	长子县 实物	折银	%	屯留县 实物	折银	%
夏税												
小麦（石）	40854.62	28943.29	100.00	8425.75	5969.19	20.62	6528.27	4624.93	15.98	6011.25	4258.65	14.71
起运麦（石）	10309.20	7303.51		2328.50	1671.37		1837.90	1294.98		1006.70	723.97	
存留麦（石）	30545.42	21639.78	100.00	6097.25	4297.82		4690.37	3329.95		5004.55	3534.68	
皮棉丝折绢（匹）（起运）	287.00	200.90	100.00	21.00	14.70	7.32	52.00	36.40	18.12	23.00	16.10	8.01
零丝（两）（存留）	71.95	5.76	100.00	1.35	0.11	1.88	12.10	0.97	16.82	10.90	0.87	15.15
秋粮												
米（石）	162817.36	139086.52	100.00	33704.07	28791.66	20.70	26163.07	22349.77	16.07	24105.02	20591.68	14.80
起运米（石）	58974.90	50379.23		12798.10	10940.83		10593.10	8939.91		7074.20	5971.59	
存留米（石）	103842.46	88707.28		20905.97	17850.83		15569.97	13409.86		17030.82	14620.09	
马草（束）	326343.00	17975.61	100.00	67405.00	3712.80	20.65	52466.00	2889.93	16.08	48334.00	2662.33	14.81
起运草（束）	326343.00	17975.61	100.00	67405.00	3712.80		52466.00	2889.93		48334.00	2662.33	
户口盐钞银（两）（存留）	3280.30	3280.30	100.00	1105.60	1105.60	33.70	542.55	542.55	16.54	251.25	251.25	7.66
遇闰共加银（两）（存留）	290.86	290.86	100.00	98.03	98.03	33.70	48.10	48.10	16.54	22.27	22.27	7.66
起运		75859.25			16339.70			13161.22			9373.99	
存留		113923.98			23352.38			17331.43			18429.16	
总计		189783.24	100.00		39692.08	20.91		30492.64	16.07		27803.15	14.65

项目	襄垣县 实物	折银	%	潞城县 实物	折银	%	壶关县 实物	折银	%	平顺县 实物	折银	%
存留		11908.01	13.53		4571.19	5.44		2470.87	2.96		4823.48	5.86
总计		13783.11			5539.75			3016.11			5969.57	

项目	实物	折银	%	实物	折银	%	实物	折银	%	实物	折银	%
夏税												
小麦（石）	4526.46	3206.75	11.08	5913.50	4189.40	14.47	4803.27	3402.86	11.76	1510.79	1070.31	3.70
起运麦（石）	884.40	641.35		1537.00	1089.24		1235.00	884.74		557.30	396.02	
存留麦（石）	3642.06	2565.40		4376.50	3100.15		3568.27	2518.11		953.49	674.30	
农桑丝折绢（匹）（起运）	27.00	18.90	9.41	8.00	5.60	2.79	66.00	46.20	23.00	7.00	4.90	2.44
零丝（两）（存留）	19.80	1.59	27.52	13.60	1.09	18.90	2.95	0.24	4.10	0.75	0.06	1.04
秋粮												
米（石）	17840.55	15240.27	10.96	23654.10	20206.48	14.53	19213.09	16412.76	11.80	6043.17	5162.37	3.71
起运米（石）	4777.10	4114.87		7573.80	6466.08		6591.90	5580.34		4356.50	3716.91	
存留米（石）	13063.45	11125.39		16080.30	13740.41		12621.19	10832.42		1686.67	1445.46	
马草（束）	35794.00	1971.60	10.97	46909.00	2583.84	14.37	38426.00	2116.58	11.77	12086.00	665.72	3.70
起运草（束）	35794.00	1971.60		46909.00	2583.84		38426.00	2116.58		12086.00	665.72	
户口盐钞银（两）（存留）	271.88	271.88	8.29	366.07	366.07	11.16	365.32	365.32	11.14	140.57	140.57	4.29
递闰共加银（两）（存留）	24.10	24.10	8.29	32.45	32.45	11.16	32.39	32.39	11.14	12.46	12.46	4.28
起运		6746.73			10144.76			8627.86			4783.54	
存留		13988.36			17240.17			13748.48			2272.85	
总计		20735.09	10.93		27384.93	14.43		22376.34	11.79		7056.39	3.72

项目	实物	折银	%
黎城县			
夏税			
小麦（石）	3135.30	2221.19	7.67
起运麦（石）	922.40	644.15	
存留麦（石）	2212.90	1577.05	
农桑丝折绢（匹）（起运）	83.00	58.10	28.92
零丝（两）（存留）	10.50	0.84	14.59

	实物	折银	%
秋粮			
米（石）	12094.25	10331.50	7.43
起运米（石）	5210.20	4442.54	
存留米（石）	6884.05	5888.95	
马草（束）	24919.00	1372.59	7.64
起运草（束）	24919.00	1372.59	
户口盐钞银（两）（存留）	237.02	237.02	7.23
遇闰共加银（两）（存留）	21.01	21.01	7.22
起运		6517.38	
存留		7724.87	
总计		14242.25	7.50

1574

丙表86 汾州分州县及其分属田赋田折银明细

（单位：两/银）

项目	汾州			本州			孝义县			平遥县		
	实物	折银	%	实物	折银	%	实物	折银	%	实物	折银	%
夏税												
小麦（石）	25516.97	18077.39	100.00	15701.76	11123.85	61.53	5162.40	3657.28	20.23	3705.73	2625.31	14.52
起运麦（石）	9165.50	6493.26		5587.40	4004.58		1863.10	1316.62		1367.80	971.36	
存留麦（石）	16351.47	11584.13		10114.36	7119.26		3299.30	2340.66		2337.93	1653.94	
农桑丝折绢（匹）（起运）	164.00	114.80	100.00	33.00	23.10	20.12	20.00	14.00	12.20	79.00	55.30	48.17
零丝（两）（存留）	35.40	2.83	100.00	4.30	0.34	12.15	5.50	0.44	15.54	13.30	1.06	37.57
秋粮												
米（石）	123014.11	105084.64	100.00	31529.45	26933.99	25.63	19866.80	16971.19	16.15	47081.14	40219.00	38.27
起运米（石）	58950.30	50358.22		15033.20	12928.32		9545.20	8146.17		22848.20	19707.31	
存留米（石）	64063.81	54726.43		16496.25	14005.68		10321.60	8825.02		24232.94	20511.69	

项目	实物	折银	%	实物	折银	%	实物	折银	%	实物	折银	%
马草（束）	246727.00	13590.20	100.00	63417.00	3493.13	25.70	39733.00	2188.57	16.10	94362.00	5197.64	38.25
起运草（束）	244965.00	13493.15		62988.00	3458.20		39660.00	2184.63		94299.00	5194.00	
存留草（束）	1761.00	97.00		429.00	34.93		73.00	3.94		62.00	3.64	
户口盐钞银（两）（存留）	1288.42	1288.42	100.00	517.17	517.17	40.14	132.82	132.82	10.31	284.02	284.02	22.04
遇闰共加银（两）（存留）	114.24	114.24	100.00	45.85	45.85	40.13	11.77	11.77	10.30	25.18	25.18	22.04
起运		70459.43			20414.20			11661.42			25927.98	
存留		67813.05			21723.23			11314.65			22479.54	
总计		138272.52	100.00		42137.43	30.47		22976.07	16.62		48407.51	35.01

介休县

项目	实物	折银	%
夏税			
小麦（石）	947.06	670.94	3.71
起运麦（石）	347.20	248.25	
存留麦（石）	599.86	422.69	19.51
农桑丝折绢（匹）（起运）	32.00	22.40	
零丝（两）（存留）	12.30	0.98	34.75
秋粮			
米（石）	24536.70	20960.44	19.95
起运米（石）	11523.70	9851.41	
存留米（石）	13013.00	11109.03	19.95
马草（束）	49213.00	2710.75	
起运草（束）	48017.00	2656.53	
存留草（束）	1195.00	54.21	
户口盐钞银（两）（存留）	354.40	354.40	27.51
遇闰共加银（两）（存留）	31.42	31.42	27.50

丙表87　辽州分州县及其分属田赋折银明细

（单位：两/银）

项目	辽州 实物	辽州 折银	辽州 %	本州 实物	本州 折银	本州 %	榆社县 实物	榆社县 折银	榆社县 %	和顺县 实物	和顺县 折银	和顺县 %
夏税												
小麦（石）	8367.39	5927.84	100.00	2024.85	1434.50	24.20	3242.92	2297.43	38.76	3099.61	2195.90	37.04
起运麦（石）	2518.70	1784.36		738.70	516.42		768.00	551.38		1012.00	724.65	
存留麦（石）	5848.69	4143.48		1286.15	918.08		2474.92	1746.05		2087.61	1471.26	
农桑丝折绢（匹）（起运）	24.00	16.80	100.00	11.00	7.70	45.83	10.00	7.00	41.67	3.00	2.10	12.50
零丝（两）（存留）	38.00	3.04	100.00	16.50	1.32	43.42	6.50	0.52	17.11	15.00	1.20	39.47
秋粮												
米（石）	19106.56	16321.75	100.00	4347.41	3713.77	22.75	7749.45	6619.96	40.56	7009.69	5988.02	36.69
起运米（石）	7524.40	6427.71		1905.40	1634.06		3212.00	2714.18		2407.00	2035.93	
存留米（石）	11582.16	9894.04		2442.01	2079.71		4537.45	3905.77		4602.69	3952.09	
马草（束）	38333.00	2111.46	100.00	8814.00	485.49	22.99	15498.00	853.66	40.43	14019.00	772.20	36.57
起运草（束）	38166.00	2102.26		8648.00	475.78		15498.00	853.66		14019.00	772.20	
存留草（束）	166.00	9.14		166.00	9.71							
户口盐钞银（两）（存留）	450.03	450.03	100.00	215.16	215.16	47.81	118.78	118.78	26.39	116.08	116.08	25.79
遇闰共加银（两）（存留）	39.90	39.90	100.00	19.07	19.07	47.79	10.53	10.53	26.39	10.29	10.29	25.79
起运		10331.13			2633.96			4126.23			3534.87	
存留		14539.63			3243.05			5781.65			5550.92	
总计	24870.82	24870.82	100.00	5877.01	5877.01	23.63	9907.88	9907.88	39.84	9085.79	9085.79	36.53

起运		12778.59	
存留		11972.75	
总计		24751.33	17.90

丙表88 沁州分州县及其分属田赋折银明细 (单位：两/银)

项目	沁州			本州			沁源县			武乡县		
	实物	折银	%	实物	折银	%	实物	折银	%	实物	折银	%
夏税												
小麦（石）	9741.92	6901.62	100.00	3105.27	2199.91	31.88	2395.48	1697.07	24.59	4241.16	3004.63	43.54
起运麦（石）	2836.50	2009.51		772.30	549.98		874.80	627.91		1189.40	841.30	
存留麦（石）	6905.42	4892.12	100.00	2332.97	1649.94	31.46	1520.68	1069.15		3051.76	2163.33	42.70
农桑丝折绢（匹）（起运）	89.00	62.30	100.00	28.00	19.60	31.46	23.00	16.10	25.84	38.00	26.60	42.70
零丝（两）（存留）	30.21	2.42	100.00	10.42	0.83	34.49				19.79	1.59	65.51
秋粮												
米（石）	39115.75	33414.58	100.00	12537.22	10709.90	32.05	9553.89	8161.40	24.42	17024.64	14543.28	43.52
起运米（石）	15114.00	12911.11		4381.10	3748.47		4624.10	3917.47		6108.80	5235.58	
存留米（石）	24001.75	20503.46	100.00	8156.12	6961.44		4929.79	4243.93		10915.84	9307.70	
马草（束）	78270.00	4311.26	100.00	25294.00	1393.24	32.32	19107.00	1052.45	24.41	33868.00	1865.51	43.27
起运草（束）	78270.00	4311.26		25294.00	1393.24		19107.00	1052.45		33868.00	1865.51	
户口盐钞银（两）（存留）	417.13	417.13	100.00	119.38	119.38	28.62	147.29	147.29	35.31	150.45	150.45	36.07
遇闰共加银（两）（存留）	36.98	36.98	100.00	10.58	10.58	28.61	13.06	13.06	35.32	13.34	13.34	36.07
起运		19294.18			5711.29			5613.94			7968.99	
存留		25852.11			8742.17			5473.43			11636.41	
总计		45146.29	100.00		14453.46	32.01		11087.37	24.56		19605.40	43.43

丙表89 泽州分州县及其分属田赋折银明细 (单位：两/银)

项目	泽州			本州			高平县			阳城县		
	实物	折银	%	实物	折银	%	实物	折银	%	实物	折银	%
夏税												

项目	实物	折银	%	实物	折银	%	实物	折银	%	实物	折银	%
小麦（石）	9229.94	6538.91	32.74	2723.65	1929.56	9.66	8778.59	6219.16	31.14	28187.84	19969.56	100.00
起运麦（石）	1753.40	1242.39		996.00	713.94		1727.90	1243.83		6403.40	4536.46	
存留麦（石）	7476.54	5296.52		1727.65	1215.62		7050.69	4975.32		21784.44	15433.10	
农桑丝折绢（匹）（起运）	147.00	102.90	10.15	360.00	252.00	24.86	374.00	261.80	25.83	1448.00	1013.60	100.00
零丝（两）（存留）	8.10	0.65	19.52	9.20	0.74	22.17	0.70	0.06	1.69	41.50	3.32	100.00
秋粮												
米（石）	21292.77	18189.32	17.08	33297.86	28444.65	26.72	38448.36	32844.46	30.85	124633.02	106467.59	100.00
起运米（石）	4760.00	4001.65		13685.30	11662.31		10494.70	8868.00		38677.00	33039.78	
存留米（石）	16532.77	14187.67		19612.56	16782.34		27953.66	23976.46		85956.02	73427.82	
马草（束）	42585.00	2345.66	17.05	66635.00	3670.39	26.68	77326.00	4259.27	30.96	249735.00	13755.89	100.00
起运草（束）	42548.00	2343.55		65467.00	3596.98		75846.00	4174.08		246656.00	13586.29	
存留草（束）	37.00	2.11		1168.00	73.41		1480.00	85.19		3079.00	169.60	
户口盐钞银（两）（存留）	591.01	591.01	18.53	826.51	826.51	25.91	975.73	975.73	30.59	3189.84	3189.84	100.00
遇闰共加银（两）（存留）	52.40	52.40	18.53	73.28	73.28	25.91	86.51	86.51	30.59	282.84	282.84	100.00
起运		7690.50			16225.22			14547.72			52176.13	
存留		20130.36			18971.90			30099.26			92506.52	
总计		27820.86	19.23		35197.12	24.33		44646.98	30.86		144682.64	

项目	沁水县 实物	折银	%	陵川县 实物	折银	%
夏税						
小麦（石）	6504.97	4608.42	23.08	950.67	673.50	3.37
起运麦（石）	1646.10	1152.10		280.00	195.31	
存留麦（石）	4858.87	3456.31		670.67	478.18	
农桑丝折绢（匹）（起运）	181.00	126.70	12.50	386.00	270.20	26.66
零丝（两）（存留）	15.40	1.23	37.11	8.10	0.65	19.52

河南各府分州县及其分属田赋折银

秋粮	实物	折银	%	实物	折银	%
米（石）	18204.20	15550.91	14.61	13389.81	11438.23	10.74
起运米（石）	5602.00	4820.78		4135.00	3545.85	
存留米（石）	12602.20	10730.13		9254.81	7892.38	
马草（束）	36408.00	2005.42	14.58	26779.00	1475.04	10.72
起运草（束）	36154.00	1985.37		26640.00	1460.29	
存留草（束）	254.00	20.05		138.00	14.75	
户口盐钞银（两）（存留）	502.08	502.08	15.74	294.49	294.49	9.23
通闰共加银（两）（存留）	44.51	44.51	15.74	26.11	26.11	9.23
起运		7271.67			6284.94	
存留		11775.61			11685.27	
总计		19047.27	13.16		17970.22	12.42

丙表90　开封府分州县及其分属田赋折银明细

（单位：两/银）

项目	开封府			祥符县			陈留县			杞县		
	实物	折银	%	实物	折银	%	实物	折银	%	实物	折银	%
夏税												
麦（石）	214150.18	132329.83	100.00	17197.99	10627.15	8.03	10378.21	6413.01	4.85	17813.12	11007.26	8.32
起运麦（石）	125631.83	78074.60		9520.40	5844.94		6491.60	4040.19		14535.37	9025.95	
存留麦（石）	88518.35	54255.23		7677.59	4782.22		3886.61	2372.81		3277.75	1981.31	
税丝（两）	124603.88	4735.00	100.00	10421.23	396.01	8.36	6120.91	232.60	4.91	10762.39	408.98	8.64
起运丝（两）	113631.63	4308.85		10421.23	396.01		6120.91	232.60		10762.39	408.98	
工部织染局丝（两）[1]	6210.65	236.75										

[1] 原书中此项目在陈州、商水、西华、项城、沈丘五县的账目中，均以"税丝"注明。

项目	通许县 实物	折银	%	太康县 实物	折银	%	蔚氏县 实物	折银	%	淯川县 实物	折银	%
存留丝（两）	4761.59	189.40										
农桑丝折绢（匹）（起运）	4252.00	3019.08	100.00	50.00	35.50	1.18	136.00	96.57	3.20	626.00	444.48	14.72
秋粮¹												
米（石）	505134.46	272430.77	100.00	56788.21	30627.20	11.24	22175.22	11959.61	4.39	40929.49	22074.23	8.10
起运米（石）	356516.56	193425.85		41752.00	22664.13		17048.00	9208.90		32997.00	17880.12	
存留米（石）	148617.89	79004.92		15036.21	7963.07		5127.22	2750.71		7932.49	4194.10	
枣子易米（石）（存留）	8723.25	2584.70	100.00	244.44	72.43	2.80	140.67	41.68	1.61	377.77	111.93	4.33
草（束）	678835.00	33142.69	100.00	71679.00	3499.58	10.56	27984.00	1366.26	4.12	51829.00	2530.44	7.63
起运草（束）	664105.00	32479.84		71000.00	3464.58		27900.00	1362.16		49670.00	2429.22	
存留草（束）	14730.00	662.85		679.00	35.00		84.00	4.10		2159.00	101.22	
户口盐钞银（两）	7370.51	7370.51	100.00	1040.90	1040.90	14.12	264.28	264.28	3.59	768.24	768.24	10.42
起运京库银（两）	3416.42	3416.42		520.45	520.45		105.31	105.71		384.12	384.12	
存留银（两）	3954.08	3954.08		520.45	520.45		157.96	158.57		384.12	384.12	
遇闰共加银（两）	626.81	626.81	100.00	86.74	86.74	13.84	21.94	21.94	3.50	64.02	64.02	10.21
起运		315588.20			33012.35			15068.07			30636.90	
存留		140651.18			13373.17			5327.87			6772.68	
总计		456239.39	100.00		46385.51	10.17		20395.94	4.47		37409.58	8.20

项目	通许县 实物	折银	%	太康县 实物	折银	%	蔚氏县 实物	折银	%	淯川县 实物	折银	%
夏税												
麦（石）	5063.87	3129.12	2.36	4165.55	2574.02	1.95	6279.90	3880.54	2.93	4943.62	3054.81	2.31
起运麦（石）	3238.00	2002.64		2712.80	1673.11		2870.40	1785.05		3079.40	1893.98	
存留麦（石）	1825.87	1126.48		1452.75	900.91		3409.50	2095.49		1864.22	1160.83	
税丝（两）	2925.50	111.17	2.35	2342.86	89.03	1.88	3644.66	138.50	2.92	2836.67	107.79	2.28

¹河南省秋粮中"地亩棉花绒"342.00斤，折银21.89两；此项目在各府县田赋中没有记录，因其数量很少，在分府县统计时略去不计。

项目	鄢陵县 实物	折银	%	扶沟县 实物	折银	%	中牟县 实物	折银	%	阳武县 实物	折银	%
起运丝（两）	2925.50	111.17	2.94	2342.86	89.03	3.08	3644.66	138.50	1.18	2836.67	107.79	3.22
农桑丝折绢（匹）（起运）	125.00	88.75	2.37	131.00	93.01	1.70	50.00	35.50	1.82	137.00	97.28	2.34
秋粮												
米（石）	11994.69	6469.02		8592.65	4634.22		9175.26	4948.43		11810.62	6369.74	
起运米（石）	8915.00	4787.07		6093.00	3290.29		7164.00	3859.78		8968.00	4841.00	
存留米（石）	3079.69	1681.94		2499.65	1343.92		2011.26	1088.65		2842.62	1528.74	
枣子易米（石）（存留）	173.52	51.41	1.99	127.80	37.87	1.47	400.72	118.73	4.59	544.49	161.33	6.24
草（束）	15071.00	735.81	2.22	11928.00	582.36	1.76	11529.00	562.88	1.70	17866.00	872.27	2.63
起运草（束）	15000.00	732.35		11800.00	576.54		11529.00	562.88		17700.00	863.55	
存留草（束）	71.00	3.46		128.00	5.82					166.00	8.72	
户口盐钞银（两）	70.81	70.81	0.96	183.31	183.31	2.49	157.24	157.24	2.13	131.49	131.49	1.78
起运京库银（两）	28.32	28.32		91.65	91.65		62.90	62.90		52.59	52.59	
存留银（两）	42.48	42.48		91.65	91.65		94.34	94.34		78.89	78.89	
遇闰共加银（两）	5.90	5.90	0.94	15.27	15.27	2.44	13.10	13.10	2.09	12.95	12.95	2.07
起运		7756.20			5828.91			6457.70			7869.14	
存留		2905.78			2380.17			3397.22			2938.51	
总计		10661.99	2.34		8209.09	1.80		9854.92	2.16		10807.67	2.37
夏税												
麦（石）	4248.57	2625.32	1.98	3179.53	1964.73	1.48	10004.43	6182.04	4.67	15091.91	9325.74	7.05
起运麦（石）	2173.80	1338.91		1486.40	923.42		5830.89	3585.58		6292.80	3916.81	
存留麦（石）	2074.77	1286.41		1693.13	1041.31		4173.54	2596.46		8799.11	5408.93	
税丝（两）	2447.15	92.99	1.96	1823.42	69.29	1.46	5719.14	217.33	4.59	8635.68	328.16	6.93
起运丝（两）	2447.15	92.99		1823.42	69.29		5719.14	217.33		8635.68	328.16	

项目	原武县			封丘县			延津县			兰阳县		
	实物	折银	%	实物	折银	%	实物	折银	%	实物	折银	%
农桑丝折绢（匹）（起运）	92.00	65.32	2.16	41.00	29.11	0.96	55.00	39.05	1.29	46.00	32.66	1.08
秋粮												
米（石）	11849.58	6390.75	2.35	5606.00	3023.45	1.11	18781.34	10129.21	3.72	20258.64	10925.96	4.01
起运米（石）	9446.00	5112.60		3985.00	2146.65		12779.91	6887.87		10926.00	5900.02	
存留米（石）	2403.58	1278.15		1621.00	876.80		6001.43	3241.35		9332.64	5025.94	
枣子易米（石）（存留）	200.43	59.39	2.30	187.38	55.52	2.15	137.70	40.80	1.58	123.52	36.60	1.42
草（束）	16632.00	812.02	2.45	8223.00	401.47	1.21	23609.00	1152.66	3.48	28371.00	1385.15	4.18
起运草（束）	15900.00	779.54		8100.00	397.46		21200.00	1037.39		28200.00	1371.30	
存留草（束）	732.00	32.48		123.00	4.01		2409.00	115.27		171.00	13.85	
户口盐钞银（两）	188.31	188.31	2.55	140.02	140.02	1.90	277.04	277.04	3.76	141.12	141.12	1.91
起运京库银（两）	94.15	94.15		70.01	70.01		110.81	110.81		56.45	56.45	
存留银（两）	94.15	94.15		70.01	70.01		166.22	166.22		84.67	84.67	
遇闰共加银（两）	15.69	15.69	2.50	11.66	11.66	1.86	23.08	23.08	3.68	14.26	14.26	2.28
起运		7499.21			3647.60			11901.11			11619.66	
存留		2750.58			2047.65			6160.09			10569.99	
总计		10249.80	2.25		5695.25	1.25		18061.21	3.96		22189.66	4.86

项目	原武县			封丘县			延津县			兰阳县		
	实物	折银	%	实物	折银	%	实物	折银	%	实物	折银	%
夏税												
麦（石）	4757.70	2939.93	2.22	8061.53	4981.46	3.76	6620.81	4091.20	3.09	3518.64	2174.27	1.64
起运麦（石）	3291.20	2028.55		3451.20	2142.03		2209.20	1350.10		3214.73	1978.59	
存留麦（石）	1466.50	911.38		4610.33	2839.43		4411.61	2741.10		303.91	195.68	
税丝（两）	2912.12	110.66	2.34	4605.54	175.01	3.70	3752.73	142.61	3.01	1983.14	75.36	1.59
起运丝（两）	2912.12	110.66		4605.54	175.01		3752.73	142.61		1983.14	75.36	
农桑丝折绢（匹）（起运）	17.00	12.07	0.40	218.00	154.79	5.13	38.00	26.98	0.89	430.00	305.32	10.11

秋粮	仪封县 实物	折银	%	陈州 实物	折银	%	商水县 实物	折银	%	西华县 实物	折银	%
米（石）	8282.57	4466.98	1.64	25361.16	13677.86	5.02	12671.24	6833.89	2.51	12891.54	6952.71	2.55
起运米（石）	5483.00	2948.21		14204.00	7659.60		4916.00	2665.22		12322.20	6674.60	
存留米（石）	2799.57	1518.77		11157.16	6018.26		7755.24	4168.68		569.34	278.11	
枣子易米（石）（存留）	529.96	157.03	6.08				241.82	71.65	2.77	121.14	35.89	1.39
草（束）	10488.00	512.05	1.54	35498.00	1733.12	5.23	19136.00	934.27	2.82	16228.00	792.30	2.39
起运草（束）	10400.00	506.93		35360.00	1726.36		19000.00	924.93		15500.00	760.61	
存留草（束）	88.00	5.12		138.00	6.76		136.00	9.34		728.00	31.69	
户口盐钞银（两）	110.31	110.31	1.50	189.07	189.07	2.57	116.37	116.37	1.58	170.82	170.82	2.32
起运库银（两）	44.12	44.12		75.63	75.63		46.54	46.54		68.33	68.33	
存留银（两）	66.18	66.18		113.44	113.44		69.82	69.82		102.49	102.49	
遇闰共加银（两）	9.19	9.19	1.47	15.75	15.75	2.51	9.69	9.69	1.55	14.23	14.23	2.27
起运		5659.73			11949.17			5166.06			9877.03	
存留		2658.48			8977.89			7060.59			643.87	
总计		8318.22	1.82		20927.06	4.59		12226.67	2.68		10520.90	2.31

项目	仪封县 实物	折银	%	陈州 实物	折银	%	商水县 实物	折银	%	西华县 实物	折银	%
夏税												
麦（石）	4269.05	2637.97	1.99	2839.19	1754.42	1.33	3285.51	2030.22	1.53	3669.71	2267.62	1.71
起运麦（石）	4130.56	2558.84		1976.80	1228.09		2290.00	1421.15		2398.40	1473.96	
存留麦（石）	138.48	79.14		862.39	526.33		995.51	609.06		1271.31	793.67	
税丝（两）	2439.24	92.69	1.96	1650.06	62.70	1.32	1918.93	72.92	1.54	2142.32	81.41	1.72
起运丝（两）	2439.24	92.69		1136.64	43.27		1918.93	72.92		2142.32	81.41	
工部织染局丝（两）				513.42	19.44							
农桑丝折绢（匹）（起运）	160.00	113.61	3.76	91.00	64.61	2.14	59.00	41.89	1.39	239.00	169.70	5.62

秋粮	项城县			沈丘县			许州			临颍县		
项目	实物	折银	%	实物	折银	%	实物	折银	%	实物	折银	%
米（石）	7317.32	3946.40	1.45	10593.38	5713.26	2.10	5562.63	3000.06	1.10	9230.16	4978.04	1.83
起运米（石）	6985.45	3749.08		7873.00	4227.81		4146.00	2250.04		6796.00	3683.75	
存留米（石）	331.87	197.32		2720.38	1485.45		1416.63	750.01		2434.16	1294.29	
枣子易米（石）（存留）	6.75	2.00	0.08	50.31	14.91	0.58				378.54	112.16	4.34
草（束）	11107.00	542.28	1.64	17313.00	845.27	2.55	7059.00	344.64	1.04	11872.00	579.63	1.75
起运草（束）	10100.00	493.47		17260.00	842.65		7016.00	341.19		11800.00	573.83	
存留草（束）	1007.00	48.80		53.00	2.62		43.00	3.45		72.00	5.80	
户口盐钞银（两）	110.92	110.92	1.50	178.88	178.88	2.43	106.18	106.18	1.44	243.10	243.10	3.30
起运京库银（两）	44.37	44.37		89.44	89.44		53.09	53.09		121.55	121.55	
存留银（两）	66.55	66.55		89.44	89.44		53.09	53.09		121.55	121.55	
遇闰共加银（两）	9.24	9.24	1.47	14.90	14.90	2.38	8.84	8.84	1.41	20.25	20.25	3.23
起运		7061.30			6530.21			4189.13			6124.44	
存留		393.81			2118.74			1415.61			2327.47	
总计		7455.11	1.63		8648.95	1.90		5604.74	1.23		8451.91	1.85

夏税	项城县			沈丘县			许州			临颍县		
项目	实物	折银	%	实物	折银	%	实物	折银	%	实物	折银	%
麦（石）	2767.79	1710.30	1.29	440.41	272.14	0.21	7620.10	4708.69	3.56	3780.20	2335.90	1.77
起运麦（石）	1620.00	1009.08		250.00	155.12		4530.00	2778.13		3553.17	2195.75	
存留麦（石）	1147.79	701.22		190.41	117.02		3090.10	1930.56		227.03	140.15	
税丝（两）	1577.73	59.95	1.27	58.23	2.21	0.05	4332.86	164.65	3.48	2188.30	83.16	1.76
起运丝（两）							4332.86	164.65		2188.30	83.16	
工部织染局丝（两）												
存留丝（两）	1577.73	59.95		58.23	2.21							

项目	襄城县 实物	襄城县 折银	襄城县 %	郾城县 实物	郾城县 折银	郾城县 %	长葛县 实物	长葛县 折银	长葛县 %	禹州 实物	禹州 折银	禹州 %
农桑丝折绢（匹）（起运）	56.00	39.76	1.32	6.00	4.26	0.14	253.00	179.64	5.95	73.00	51.83	1.72
秋粮												
米（石）	6118.40	3299.80	1.21	2404.65	1296.88	0.48	19407.37	10466.85	3.84	7789.44	4201.03	1.54
起运米（石）	4544.00	2441.85		1843.00	998.60		15290.00	8268.81		6085.00	3276.80	
存留米（石）	1574.40	857.95	0.19	561.65	298.28	0.01	4117.37	2198.04	5.35	1704.44	924.23	2.18
枣子易米（石）（存留）	16.42	4.87	1.18	1.26	0.37	0.69	466.29	138.16	4.51	189.94	56.28	1.61
草（束）	7980.00	389.61		4692.00	229.08		30596.00	1493.79		10929.00	533.59	
起运草（束）	7900.00	385.71	0.59	4600.00	224.50	0.46	30200.00	1478.85	7.09	10900.00	532.14	3.54
存留草（束）	80.00	3.90		92.00	4.58		396.00	14.94		29.00	1.44	
户口盐钞银（两）	43.44	43.44	1.91	33.58	33.58	0.42	522.91	522.91	6.95	260.78	260.78	3.47
起运京库银（两）	21.72	21.72		12.79	12.79		261.45	261.45		130.39	130.39	
存留银（两）	21.72	21.72		20.78	20.78		261.45	261.45		130.39	130.39	
通闰共加银（两）	12.00	12.00		2.66	2.66		43.57	43.57		21.73	21.73	
起运		3970.07			1400.14			13175.09			6291.80	
存留		1589.65			441.04			4543.15			1252.49	
总计		5559.72	1.22		1841.19	0.40		17718.25	3.88		7544.29	1.65
夏税												
麦（石）	6936.73	4286.41	3.24	4153.97	2566.86	1.94	5588.86	3453.52	2.61	15918.58	9836.57	7.43
起运麦（石）	6702.88	4157.82		3652.80	2258.84		2454.80	1519.55		5660.40	3541.16	
存留麦（石）	233.84	128.59		501.17	308.02		3134.06	1933.97		10258.18	6295.40	
税丝（两）	4182.73	158.95	3.36	2383.38	90.57	1.91	3300.32	125.41	2.65	9155.00	347.89	7.35
起运丝（两）	4182.73	158.95		2383.38	90.57		3300.32	125.41		5065.11	191.34	
工部织染局丝（两）												

项目	新郑县			密县			郑州			荥阳县		
	实物	折银	%	实物	折银	%	实物	折银	%	实物	折银	%
存留丝（两）	104.00	73.84	2.45	107.00	75.97	2.52	103.00	73.13	2.42	4089.89	156.55	8.94
农桑丝折绢（匹）（起运）										380.00	269.81	8.79
秋粮												
米（石）	15130.57	8160.27	3.00	9018.96	4864.14	1.79	13040.98	7033.30	2.58	44404.36	23948.30	8.79
起运米（石）	12425.00	6691.42		6631.00	3599.46		10496.00	5626.64		18174.00	9818.80	
存留米（石）	2705.57	1468.85		2387.96	1264.68		2544.98	1406.66		26230.36	14129.50	
寒子易米（石）（存留）	236.76	70.15	2.71	224.10	66.40	2.57	341.10	101.07	3.91	1048.45	310.66	12.02
草（束）	19179.00	936.37	2.83	11357.00	554.48	1.67	18278.00	892.38	2.69	55851.00	2726.81	8.23
起运草（束）	19100.00	932.54		11300.00	548.94		18200.00	888.55		55700.00	2719.45	
存留草（束）	79.00	3.84		57.00	5.54		78.00	3.84		151.00	7.36	
户口盐钞银（两）	457.66	457.66	6.21	291.61	291.61	3.96	207.70	207.70	2.87	211.83	211.83	2.87
起运京库银（两）	228.83	228.83		145.80	145.80		83.08	83.08		84.73	84.73	
存留银（两）	228.83	228.83		145.80	145.80		124.62	124.62		127.09	127.09	
遇闰共加银（两）	38.13	38.13	6.08	24.18	24.18	3.86	17.30	17.30	2.76	17.65	17.65	2.82
起运		12281.53			6743.76			8333.67			16642.95	
存留		1900.26			1790.44			3570.16			21026.56	
总计		14181.79	3.11		8534.21	1.87		11903.83	2.61		37669.53	8.26

项目	新郑县			密县			郑州			荥阳县		
	实物	折银	%	实物	折银	%	实物	折银	%	实物	折银	%
夏税												
麦（石）	5787.46	3576.25	2.70	5306.16	3278.84	2.48	8569.74	5295.50	4.00	3296.17	2036.80	1.54
起运麦（石）	3162.20	1966.93		3324.80	2065.67		4016.00	2488.88		1590.00	977.67	
存留麦（石）	2625.26	1609.31		1981.36	1213.17		4553.74	2806.61		1706.17	1059.14	
税丝（两）	3356.33	127.54	2.69	3060.05	116.28	2.46	5056.22	192.14	4.06	1887.43	71.72	1.51
起运丝（两）	3356.33	127.54		2388.35	90.70		5056.22	192.14		1887.43	71.72	

秋粮・折银部分（接上页，四县分列：实物 / 折银 / %）

项目	泰泽县 实物	折银	%	河阴县 实物	折银	%	泡水县 实物	折银	%	实物	折银	%
存留丝（两）	73.00	51.83	1.72	671.69	25.58	4.75	42.00	29.82	0.99	42.00	29.82	0.99
农桑丝折绢（匹）（起运）				202.00	143.43							
秋粮												
米（石）	15340.57	8273.53	3.04	14117.86	7614.09	2.79	20507.98	11060.43	4.06	7617.42	4108.25	1.51
起运米（石）	10299.00	5543.26		10147.00	5482.15		16900.00	9069.55		6480.00	3492.01	
存留米（石）	5041.57	2730.26		3970.86	2131.95		3607.98	1990.88		1137.42	616.24	
枣子易米（石）（存留）	255.37	75.67	2.93	829.80	245.87	9.51	163.93	48.57	1.88	369.00	109.33	4.23
草（束）	23234.00	1134.35	3.42	17729.00	865.58	2.61	26009.00	1269.83	3.83	12100.00	590.76	1.78
起运草（束）	23000.00	1123.01		14470.00	709.78		25300.00	1231.74		12000.00	584.85	
存留草（束）	234.00	11.34		3259.00	155.80		709.00	38.10		100.00	5.91	
户口盐钞银（两）	88.12	88.12	1.20	129.34	129.34	1.75	262.90	262.90	3.57	94.38	94.38	1.28
起运京库银（两）	35.25	35.25		51.73	51.73		131.45	131.45		37.75	37.75	
存留银（两）	52.87	52.87		77.60	77.60		131.45	131.45		56.62	56.62	
遇闰共加银（两）	7.34	7.34	1.17	10.77	10.77	1.72	21.90	21.90	3.49	7.84	7.84	1.25
起运		8855.17			8554.22			13165.49			5201.66	
存留		4479.45			3849.97			5015.61			1847.24	
总计		13334.62	2.92		12404.20	2.72		18181.10	3.98		7048.91	1.55

夏税

项目	泰泽县 实物	折银	%	河阴县 实物	折银	%	泡水县 实物	折银	%
夏税									
麦（石）	3517.45	2173.54	1.64	1359.43	840.03	0.63	3718.12	2297.54	1.74
起运麦（石）	1481.60	912.89		838.40	520.82		1600.80	987.94	
存留麦（石）	2035.85	1260.65		521.03	319.21		2117.32	1309.60	
税丝（两）	2073.85	78.81	1.66	795.99	30.25	0.64	2111.56	80.24	1.69
起运丝（两）	2073.85	78.81		795.99	30.25		2111.56	80.24	

农桑丝折绢（匹）（起运）	8.00	5.68	0.19	3.00	2.13	0.07	41.00	29.11	0.96
秋粮									
米（石）	8965.16	4835.12	1.77	4213.29	2272.33	0.83	7185.55	3875.33	1.42
起运米（石）	6066.00	3287.88		3330.00	1795.14		5007.00	2712.73	
存留米（石）	2899.16	1547.24		883.29	477.19		2178.55	1162.60	
枣子易米（石）（存留）	222.57	65.95	2.55	70.92	21.01	0.81	300.33	88.99	3.44
草	11303.00	551.85	1.67	5303.00	258.91	0.78	10858.00	530.12	1.60
起运草（束）	11200.00	546.33		5000.00	243.37		10800.00	524.82	
存留草（束）	103.00	5.52		303.00	15.53		58.00	5.30	
户口盐钞银（两）	86.07	86.07	1.17	21.88	21.88	0.30	70.75	70.75	0.96
起运京库银（两）	34.42	34.42		8.75	8.75		28.31	28.31	
存留银（两）	51.64	51.64		13.13	13.13		42.44	42.44	
遇闰共加银（两）	7.17	7.17	1.14	1.82	1.82	0.29	5.88	5.88	0.94
起运		4873.17			2602.28			4369.03	
存留		2931.00			846.08			2608.93	
总计		7804.18	1.71		3448.36	0.76		6977.96	1.53

丙表 91　归德府分州县及其分属田赋折银明细

（单位：两/银）

项目	归德府			商丘县			宁陵县			鹿邑县		
	实物	折银	%	实物	折银	%	实物	折银	%	实物	折银	%
夏税												
麦（石）	20222.56	12496.13	100.00	2746.77	1697.31	13.58	1082.80	669.09	5.35	2543.25	1571.55	12.58
起运麦（石）	12338.65	7622.64		1104.40	678.92		730.00	448.29		1779.60	1100.09	
存留麦（石）	7883.9	4873.49	100.00	1642.37	1018.39	13.04	352.80	220.80	5.12	763.65	471.47	
税丝（两）（起运）	12016.59	456.64		1566.81	59.54		615.09	23.37		1410.80	53.61	11.74

项目	夏邑县			永城县			虞城县			睢州		
	实物	折银	%	实物	折银	%	实物	折银	%	实物	折银	%
农桑丝折绢（匹）（起运）	1115	791.69	100.00	178.00	126.39	15.96	47.00	33.37	4.22	152.00	107.93	13.63
秋粮												
米（石）	47454.25	25593.18	100.00	4471.10	2411.37	9.42	1914.01	1032.27	4.03	4593.36	2477.31	9.68
起运米（石）	33866.28	18171.16		3415.00	1832.64		1367.00	732.91		3390.00	1833.21	
存留米（石）	13587.97	7422.02		1056.10	578.73		547.01	299.36		1203.36	644.10	
枣子易米（石）（存留）	205.4	60.86	100.00	131.94	39.09	64.24				27.57	8.17	13.42
草（束）	67652	3302.97	100.00	6529.00	318.77	9.65	2587.00	126.30	3.82	7500.00	366.17	11.09
起运草（束）	62603	3071.76	100.00	6000.00	293.26		2550.00	125.04		7450.00	362.51	
存留草（束）	5049	231.21		529.00	25.50		37.00	1.26		50.00	3.66	
户口盐钞银（两）	1506.58	1506.58	100.00	421.92	421.92	28.01	41.76	41.76	2.77	217.96	217.96	14.47
起运京库银（两）	745.48	745.48		210.96	210.96		16.70	16.70		108.98	108.98	
存留银（两）	761.09	761.09		210.96	210.96		25.05	25.05		108.98	108.98	
遇闰共加银（两）	125.54	125.54	100.00	35.16	35.16	28.01	3.48	3.48	2.77	18.16	18.16	14.47
起运		30984.91			3236.87			1383.17			3584.48	
存留		13348.67			1872.67			546.47			1236.38	
总计		44333.59	100.00		5109.55	11.53		1929.66	4.35		4820.85	10.87

项目	夏邑县			永城县			虞城县			睢州		
	实物	折银	%	实物	折银	%	实物	折银	%	实物	折银	%
夏税												
麦（石）	2612.98	1614.64	12.92	3357.25	2074.55	16.60	1855.60	1146.63	9.18	4085.60	2524.62	20.20
起运麦（石）	1570.80	968.78		2091.20	1286.22		1050.40	653.58		2611.60	1615.75	
存留麦（石）	1042.18	645.86		1266.05	788.33		805.20	493.05		1474.00	908.86	
税丝（两）（起运）	1982.13	75.32	16.49	1930.37	73.36	16.06	1042.60	39.62	8.68	2388.48	90.76	19.88
农桑丝折绢（匹）（起运）	167.00	118.58	14.98	53.00	37.63	4.75	192.00	136.33	17.22	224.00	159.05	20.09
秋粮												

项目	实物	折银	%	实物	折银	%	实物	折银	%	实物	折银	%
米（石）	5406.69	2915.95	11.39	11248.25	6066.44	23.70	4591.67	2476.39	9.68	11727.97	6325.17	24.71
起运米（石）	3745.00	2012.01		8088.00	4367.84		3040.00	1634.42		8289.00	4490.87	
存留米（石）	1661.69	903.95		3160.25	1698.60		1551.67	841.97		3438.97	1834.30	
枣子易米（石）（存留）			11.77			24.62			9.52	40.54	12.01	19.74
草（束）	7964.00	388.83	11.09	16658.00	813.29		6440.00	314.42		14814.00	723.26	21.90
起运草（束）	7900.00	384.94		14703.00	715.70		6400.00	311.28		13000.00	636.47	
存留草（束）	64.00	3.89		1955.00	97.60		40.00	3.14		1814.00	86.79	
户口盐钞银（两）	167.08	167.08	11.09	226.89	226.89	15.06	95.74	95.74	6.35	262.40	262.40	17.42
起运京库银（两）	83.51	83.51		113.44	113.44		47.87	47.87		131.20	131.20	
存留银（两）	83.57	83.57		113.44	113.44		47.87	47.87		131.20	131.20	
遇闰共加银（两）	13.92	13.92	11.09	18.90	18.90	15.05	7.97	7.97	6.35	21.86	21.86	17.41
起运		3657.06			6613.08			2831.06			7145.97	
存留		1637.26			2697.97			1386.04			2973.16	
总计		5294.32	11.94		9311.06	21.00		4217.10	9.51		10019.13	22.82

项目	考城县			柘城县		
	实物	折银	%	实物	折银	%
夏税						
麦（石）	1334.12	824.39	6.60	604.15	373.32	2.99
起运麦（石）	1100.65	684.25		300.00	185.39	
存留麦（石）	233.47	140.15		304.15	187.93	
税丝（两）（起运）	753.73	28.64	6.27	326.54	12.41	2.72
农桑丝折绢（匹）（起运）	59.00	41.89	5.29	39.00	27.69	3.50
秋粮						
米（石）	1930.04	1040.92	4.07	1571.12	847.34	3.31
起运米（石）	1592.28	853.55		940.00	508.40	

项目	实物	折银	%	实物	折银	%
存留米（石）	337.75	187.36		631.12	338.94	
枣子易米（束）（存留）	5.35	1.59	2.60			
草（束）	2915.00	142.32	4.31	2240.00	109.36	3.31
起运草（束）	2400.00	116.70		2200.00	107.18	
存留草（束）	515.00	25.62		40.00	2.19	
户口盐钞银（两）	36.16	36.16	2.40	36.72	36.72	2.44
起运京库银（两）	14.44	14.44		18.36	18.36	
存留银（两）	21.71	21.71		18.36	18.36	
遇闰共加银（两）	3.01	3.01	2.40	3.06	3.06	2.44
起运		1742.48			862.49	
存留		376.42			547.41	
总计		2118.92	4.78		1409.91	3.18

丙表 92

彰德府分州县及其分属田赋折银明细

（单位：两/银）

项目	彰德府 实物	折银	%	安阳县 实物	折银	%	汤阴县 实物	折银	%	临漳县 实物	折银	%
夏税												
麦（石）	55826.58	34496.92	100.00	16519.38	10207.82	29.59	10032.80	6199.57	17.97	9395.02	5805.46	16.83
起运麦（石）	28139.60	17389.90		6269.20	3873.97		5182.40	3202.39		5355.60	3309.41	
存留麦（石）	27686.98	17107.02		10250.18	6333.85		4850.40	2997.18		4039.42	2496.06	
税丝（起运）	31900.53	1212.23	100.00	9454.12	359.26	29.64	5673.38	215.59	17.78	5341.12	202.96	16.74
农桑丝折绢（匹）（起运）	663.00	470.75	100.00	132.00	93.72	19.91	89.00	63.19	13.42	172.00	122.13	25.94
秋粮												
米（石）	196129.09	105776.98	100.00	56259.79	30342.21	28.69	30732.23	16574.61	15.67	26503.48	14293.94	13.51
起运米（石）	141748.20	76159.43		38675.70	20936.13		21374.00	11602.22		19033.00	10291.64	

表（续）

项目	林县 实物	林县 折银	林县 %	磁州 实物	磁州 折银	磁州 %	武安县 实物	武安县 折银	武安县 %	涉县 实物	涉县 折银	涉县 %
存留米（石）	54380.89	29617.56	100.00	17584.09	9406.09	27.62	9358.23	4972.38	7.77	7470.48	4002.30	9.72
枣子易米（石）（存留）	2319.74	687.34		640.80	189.87		180.13	53.37		225.54	66.83	
草（束）	256466.00	12521.41	100.00	77356.00	3776.74	30.16	37512.00	1831.44	14.63	32755.00	1599.19	12.77
起运草（束）	247973.00	12145.77		74000.00	3625.67		37400.00	1825.97		30000.00	1471.26	
存留草（束）	8493.00	375.64		3356.00	151.07		112.00	5.48		2755.00	127.94	
户口盐钞库银（两）	1227.83	1227.83	100.00	396.21	396.21	32.27	160.90	160.90	13.10	246.57	246.57	20.08
起运京库银（两）	491.32	491.32		158.48	158.48		64.36	64.36		98.63	98.63	
存留银（两）	736.50	736.50		237.72	237.73		96.53	96.54		147.94	147.94	
遇闰共加银（两）	107.81	107.81	100.00	32.97	32.97	30.58	13.40	13.40	12.43	26.54	26.54	24.62
起运		107977.21			29080.21			16987.12			15522.56	
存留		48524.06			16318.60			8124.95			6841.07	
总计		156501.27	100.00		45398.81	29.01		25112.07	16.05		22363.63	14.29

项目	林县 实物	林县 折银	林县 %	磁州 实物	磁州 折银	磁州 %	武安县 实物	武安县 折银	武安县 %	涉县 实物	涉县 折银	涉县 %
夏税												
麦（石）	7981.56	4932.05	14.30	5122.40	3165.28	9.18	4621.21	2855.58	8.28	2154.17	1331.13	3.86
起运麦（石）	4717.20	2914.89		2080.40	1285.55		3226.00	1993.45		1308.80	808.75	
存留麦（石）	3264.36	2017.16	14.34	3042.00	1879.74	9.10	1395.21	862.13	8.60	845.37	522.37	3.80
税丝（两）（起运）	4574.30	173.82	13.73	2902.42	110.29	9.65	2743.71	104.26	10.56	1211.45	46.04	6.33
农桑丝折销（匹）（起运）	91.00	64.61	12.98	64.00	45.44	14.13	70.00	49.70	10.38	42.00	29.82	4.65
秋粮												
米（石）	25461.24	13731.84		27709.58	14944.42		20352.43	10976.54		9110.31	4913.40	
起运米（石）	19000.00	10298.88		22599.00	12254.43		15035.50	8122.64		6031.00	3242.85	
存留米（石）	6461.24	3432.96		5110.58	2690.00		5316.93	2853.90		3079.31	1670.56	
枣子易米（石）（存留）	386.36	114.48	16.66	286.74	84.96	12.36	413.50	122.52	17.83	186.66	55.31	8.05

草（束）	37873.00	14.77	35287.00	13.76	24427.00	9.52	11253.00	4.39
起运草（束）	37873.00		34300.00		24400.00		10000.00	
存留草（束）			987.00		27.00		1253.00	
户口盐钞银（两）	102.00	8.31	192.88	15.71	90.90	7.40	38.35	3.12
起运京库银（两）	40.98		77.15		36.36		15.34	
存留银（两）	61.01		115.73		54.54		23.01	
遇闰加银（两）	8.98	8.33	15.11	14.02	7.59	7.04	3.19	2.96
起运	15351.23		15459.10		11505.28		4634.95	
存留	5625.61		4822.11		3894.41		2331.68	
总计	20976.85	13.40	20281.20	12.96	15399.69	9.84	6966.64	4.45

（单位：两/银）

丙表93　卫辉府分州县及其分属田赋折银明细

项目	卫辉府			汲县			胙城县			新乡县		
	实物	折银	%	实物	折银	%	实物	折银	%	实物	折银	%
夏税												
麦（石）	35699.38	22059.72	100.00	5581.79	3449.16	15.64	3685.79	2277.56	10.32	8701.60	5376.98	24.37
起运麦（石）	16870.4	10368.07		2723.60	1690.09		1346.00	842.70		3584.00	2204.56	
存留麦（石）	18828.98	11691.65		2858.19	1759.07		2339.79	1434.86		5117.60	3172.42	
税丝（两）（起运）	20462.12	777.57	100.00	3235.57	122.95	15.81	2119.06	80.53	10.36	4929.73	187.33	24.09
农桑丝折绢（匹）（起运）	279.00	198.10	100.00	32.00	22.72	11.47	32.00	22.72	11.47	54.00	38.34	19.35
秋粮												
米（石）	110050.50	59352.8	100.00	19648.49	10596.89	17.85	12126.62	6540.17	11.02	25794.16	13911.39	23.44
起运米（石）	77086.08	41546.96		12650.08	6782.01		5281.00	2877.67		19116.00	10294.43	
存留米（石）	32964.42	17805.84		6998.41	3814.88		6845.62	3662.49		6678.16	3616.96	
寒子易米（石）（存留）	2305.80	683.21	100.00	295.02	87.41	12.79	344.29	102.01	14.93	717.25	212.52	31.11

项目	合计 实物	合计 折银	%	裴嘉县 实物	裴嘉县 折银	%	淇县 实物	淇县 折银	%	辉县 实物	辉县 折银	%
草（束）	135706.00	6625.56	100.00	24248.00	1183.86	17.87	15137.00	739.03	11.15	31831.00	1554.08	23.46
起运草（束）	126423.00	6161.77		22321.00	1089.15		10000.00	487.76		30850.00	1507.46	
存留草（束）	9283.00	463.79		1927.00	94.71		5137.00	251.27		981.00	46.62	
户口盐钞银（两）	731.33	731.33	100.00	77.25	77.25	10.56	100.93	100.93	13.80	183.99	183.99	25.16
起运京库银（两）	292.54	292.54		30.90	30.90		40.37	40.37		73.59	73.59	
存留银（两）	438.79	438.79		46.35	46.35		60.56	60.56		110.39	110.39	
退闰共加银（两）	61.02	61.02	100.00	6.44	6.44	10.55	8.50	8.50	13.93	15.33	15.33	25.12
起运		59406.03			9744.26			4360.25			14321.04	
存留		31083.28			5802.42			5511.20			7158.91	
总计		90489.31	100.00		15546.68	17.18		9871.45	10.91		21479.97	23.74

项目	裴嘉县 实物	裴嘉县 折银	%	淇县 实物	淇县 折银	%	辉县 实物	辉县 折银	%
夏税									
麦（石）	4243.50	2622.19	11.89	4918.95	3039.57	13.78	8567.72	5294.25	24.00
起运麦（石）	2472.00	1520.87		2177.60	1337.41		4567.20	2805.95	
存留麦（石）	1771.50	1101.32		2741.35	1702.16		4000.52	2488.30	
税丝（两）（起运）	2409.00	91.54	11.77	2843.89	108.07	13.90	4924.87	187.15	24.07
农桑丝折绢（匹）（起运）	36.00	25.56	12.90	39.00	27.69	13.98	83.00	58.93	29.75
秋粮									
米（石）	14267.96	7695.04	12.96	10814.33	5832.42	9.83	27398.92	14776.88	24.90
起运米（石）	10931.00	5925.18		8110.00	4374.32		20998.00	11378.19	
存留米（石）	3336.96	1769.86		2704.33	1458.11		6400.92	3398.68	
寨子易米（石）（存留）	410.76	121.71	17.81	258.23	76.51	11.20	280.22	83.03	12.15
草（束）	17581.00	858.36	12.96	13134.00	641.24	9.68	33774.00	1648.94	24.89
起运草（束）	17500.00	854.41		13100.00	639.57		32652.00	1599.48	

项目	实物	折银	%	实物	折银	%	实物	折银	%
存留草（束）	81.00		1.67	34.00			1122.00	81.00	49.47
户口盐钞银（两）	145.99	145.99	3.95	96.33		13.17	126.82	126.82	17.34
起运京库银（两）	58.40	58.40		38.53	38.53		50.73	50.73	
存留银（两）	87.59	87.59		57.79	57.79		76.09	76.09	
遇闰共加银（两）	12.16	12.16	19.96	8.02	8.02	13.14	10.54	10.54	17.27
起运		8488.12			6533.61			16090.97	
存留		3084.43			3296.23			6095.57	
总计		11572.55	12.79		9829.85	10.86		22186.54	24.52

丙表94　怀庆府分属州县及其分属田赋折银明细

（单位：两/银）

项目	怀庆府 实物	怀庆府 折银	%	河内县 实物	河内县 折银	%	济源县 实物	济源县 折银	%	修武县 实物	修武县 折银	%
夏税												
麦（石）	89605.15	55369.72	100.00	23571.39	14565.47	26.31	14730.28	9102.28	16.44	14250.64	8805.90	15.90
起运麦（石）	39932.20	24916.37		8992.20	5534.88		7385.20	4563.88		5700.60	3522.36	
存留麦（石）	49672.95	30453.34	100.00	14579.19	9030.59		7345.08	4538.40		8550.04	5283.54	
税丝（两）（起运）	52208.23	1983.93	100.00	13737.73	522.04	26.31	8776.50	333.51	16.81	8098.11	307.73	15.51
农桑丝折绢（匹）（起运）	778.00	552.41	100.00	314.00	222.95	40.36	104.00	73.84	13.37	171.00	121.42	21.98
秋粮												
米（石）	241017.02	129986.09	100.00	65738.40	35454.25	27.28	41283.20	22264.99	17.13	38663.25	20851.99	16.04
起运米（石）	154277.00	83191.10		45245.00	24463.43		26810.00	14472.24		19819.00	10634.52	
存留米（石）	86740.02	46794.99	100.00	20493.40	10990.82		14473.20	7792.75		18844.25	10217.48	
寒子易米（石）（存留）	3850.24	1140.83	100.00	1665.76	493.57	43.26	286.74	84.96	7.45	691.51	204.90	17.96
草（束）	299155.00	14605.61	100.00	81481.00	3978.14	27.24	51499.00	2514.33	17.21	47785.00	2333.00	15.97
起运草（束）	279071.00	13583.22		81300.00	3969.39		51441.00	2511.56		38340.00	1866.40	

项目	武陟县 实物	折银	%	孟县 实物	折银	%	温县 实物	折银	%	总计 实物	折银	%
存留草（束）	20084.00	1022.39		181.00	8.75		58.00	2.77		9445.00	466.60	
户口盐钞银（两）	976.04	976.04	100.00	298.53	298.53	30.59	124.56	124.56	12.76	169.89	169.89	17.41
起运京库银（两）	390.42	390.42		119.41	119.41		49.82	49.82		67.95	67.95	
存留银（两）	585.62	585.62		179.11	179.11		74.73	74.73		101.93	101.93	
遇闰共加银（两）	77.99	77.99	100.00	24.87	24.87	31.89	9.34	9.34	11.98	14.15	14.15	18.14
起运		124695.44			34856.97			22014.21			16534.52	
存留		79997.17			20702.84			12493.60			16274.44	
总计		204692.62	100.00		55559.82	27.14		34507.82	16.86		32808.97	16.03

项目	武陟县 实物	折银	%	孟县 实物	折银	%	温县 实物	折银	%
夏税 麦（石）	16979.54	10492.17	18.95	10489.34	6481.68	11.71	9583.95	5922.21	10.70
起运麦（石）	8004.00	4931.32		4759.80	2916.76		5090.40	3138.77	
存留麦（石）	8975.54	5560.85		5729.54	3564.92		4493.55	2783.44	
税丝（两）（起运）	9891.27	375.87	18.95	6105.18	232.00	11.69	5595.44	212.63	10.72
农桑丝折绢（匹）（起运）	84.00	59.64	10.80	27.00	19.17	3.47	75.00	53.25	9.64
秋粮 米（石）	41092.06	22161.90	17.05	30879.51	16654.04	12.81	23360.59	12598.91	9.69
起运米（石）	26372.00	14183.62		20813.00	11158.21		15218.00	8189.29	
存留米（石）	14720.06	7978.29		10066.51	5495.83		8142.59	4409.62	
寒子易米（石）（存留）	479.25	142.00	12.45	351.81	104.24	9.14	375.16	111.16	9.74
草（束）	50965.00	2488.26	17.04	38315.00	1870.65	12.81	29109.00	1421.19	9.73
起运草（束）	40990.00	1990.61		37980.00	1851.94		29020.00	1416.78	
存留草（束）	9975.00	497.65		335.00	18.71		89.00	4.41	
户口盐钞银（两）	168.75	168.75	17.29	144.60	144.60	14.81	69.70	69.70	7.14

起运京库银（两）	67.50	67.50		57.84	57.84		27.88	27.88	
存留银（两）	101.25	101.25		86.76	86.76		41.82	41.82	
通国共加银（两）	14.06	14.06	18.03	9.74	9.74	12.49	5.80	5.80	7.44
起运	21622.62			16245.65			13044.40		
存留	14280.04			9270.46			7350.44		
总计	35902.66		17.54	25516.12		12.47	20394.85		9.96

丙表 95　河南府分州县及其属田赋田折银明细

（单位：两/银）

项目	河南府			洛阳县			偃师县			巩县		
	实物	折银	%	实物	折银	%	实物	折银	%	实物	折银	%
夏税												
麦（石）	86946.95	53727.13	100.00	16601.86	10258.79	19.09	6634.13	4099.43	7.63	3906.26	2413.80	4.49
起运麦（石）	40837.59	25251.75		6676.80	4103.52		3208.00	1967.73		2274.40	1400.00	
存留麦（石）	46109.36	28475.38		9925.06	6155.27		3426.13	2131.70		1631.86	1013.79	
税丝（两）	50324.08	1912.34	100.00	9602.89	364.91	19.08	3806.78	144.66	7.56	2285.50	86.85	4.54
起运丝（两）	31125.12	1185.65		4801.44	182.46		2284.07	86.80		1605.85	60.80	
存留丝（两）	19198.95	726.69		4801.44	182.46		1522.71	57.86		679.65	26.06	
农桑丝折绢（匹）（起运）	742.00	526.85	100.00	112.00	79.52	15.09	76.00	53.96	10.24	60.00	42.60	8.09
秋粮												
米（石）	394421.22	212720.55	100.00	74996.37	40447.29	19.01	30369.55	16379.01	7.70	17153.69	9251.38	4.35
起运米（石）	227117.00	123377.92		32700.00	17796.81		15704.00	8517.08		11358.00	6105.91	
存留米（石）	167304.22	89342.63		42296.37	22650.48		14665.55	7861.92		5795.69	3145.47	
枣子易米（石）（存留）	6190.73	1834.31	100.00	1216.83	360.55	19.66	734.58	217.66	11.87	1797.22	532.52	29.03
草（束）	492145.00	24027.95	100.00	94198.00	4599.02	19.14	39015.00	1904.83	7.93	21344.00	1042.08	4.34
起运草（束）	487066.00	23787.67		92886.00	4553.03		38970.00	1902.54		21200.00	1031.66	

项目	孟津县			宜阳县			登封县			永宁县		
	实物	折银	%	实物	折银	%	实物	折银	%	实物	折银	%
存留草（束）	5079.00	240.28		1312.00	45.99		45.00	2.29		144.00	10.42	
户口盐钞银（两）	1959.88	1959.88	100.00	389.73	389.73	19.89	241.74	241.74	12.33	71.10	71.10	3.63
起运京库银（两）	822.93	822.93		194.86	194.86		96.69	96.69		28.44	28.44	
存留库银（两）	1136.95	1136.95	100.00	194.86	194.86	20.07	145.04	145.04	12.15	42.66	42.66	3.70
遇闰共加银（两）	161.79	161.79		32.47	32.47		19.66	19.66		5.99	5.99	
起运		175114.56			26942.66			12644.46			8675.40	
存留		121756.24			29589.61			10416.47			4770.92	
总计		296870.80	100.00		56532.28	19.04		23060.94	7.77		13446.31	4.53
夏税												
麦（石）	3807.75	2352.92	4.38	7547.11	4663.59	8.68	5688.37	3515.01	6.54	7785.55	4810.93	8.95
起运麦（石）	1651.60	1011.76		3073.60	1912.07		1776.80	1089.65		3959.70	2453.57	
存留麦（石）	2156.15	1341.17		4473.51	2751.52		3911.57	2425.36		3825.85	2357.35	
税丝（两）	2202.32	83.69	4.38	4431.44	168.40	8.81	3257.05	123.77	6.47	4480.15	170.25	8.90
起运丝（两）	1101.16	41.84		2658.86	101.04		1628.52	61.88		3136.11	119.17	
存留丝（两）	1101.15	41.84		1772.57	67.36		1628.52	61.88		1344.04	51.07	
农桑丝折绢（匹）（起运）	15.00	10.65	2.02	59.00	41.89	7.95	94.00	66.74	12.67	115.00	81.65	15.50
秋粮												
米（石）	17208.78	9281.10	4.36	33919.22	18293.43	8.60	25963.84	14002.90	6.58	35399.93	19092.01	8.98
起运米（石）	7479.00	3990.87		20000.00	10793.12		14380.00	7701.60		23435.00	12600.72	
存留米（石）	9729.78	5290.22		13919.22	7500.30		11583.84	6301.31		11964.93	6491.28	
枣子易米（石）（存留）	154.29	45.72	2.49	118.62	35.15	1.92	415.11	123.00	6.71	278.14	82.41	4.49
草（束）	21365.00	1043.10	4.34	42136.00	2057.20	8.56	32193.00	1571.76	6.54	43972.00	2146.84	8.93
起运草（束）	20500.00	1001.38		42050.00	2053.09		32090.00	1566.73		43850.00	2140.83	

项目	新安县 实物	新安县 折银	%	渑池县 实物	渑池县 折银	%	嵩县 实物	嵩县 折银	%	卢氏县 实物	卢氏县 折银	%
存留草（束）	865.00			86.00			103.00			122.00		
户口盐钞银（两）		71.93	3.67		168.07	8.58		143.73	7.33		156.36	7.98
起运京库银（两）		28.77			67.23			57.49			62.54		
存留银（两）		43.16			100.84			86.23			93.81		
遇闰共加银（两）		2.44	1.51		14.00	8.65		11.97	7.40		13.00	8.04
起运		6087.71			14982.44			10556.07			17471.49		
存留		6803.84			10459.28			9002.81			9081.94		
总计		12891.55	4.34		25441.72	8.57		19558.88	6.59		26553.45	8.94
夏税												
麦（石）	2801.97	1731.42	3.22	3407.26	2105.45	3.92	5039.90	3114.31	5.80	3072.74	1898.74	3.53
起运麦（石）	1188.40	727.20		1099.80	673.74		2390.00	1463.72		1867.29	1158.23	
存留麦（石）	1613.57	1004.22	3.37	2307.46	1431.70	3.94	2649.90	1650.58	5.78	1205.44	740.51	
税丝（两）	1695.10	64.41		1982.04	75.32		2910.90	110.60		1759.81	66.87	3.50
起运丝（两）	847.55	32.21		991.02	37.66		1746.33	66.36		1407.84	53.50	
存留丝（两）	847.55	32.21		991.02	37.66		1164.22	44.24		351.96	13.37	
农桑丝折绢（匹）（起运）	47.00	33.37	6.33	28.00	19.88	3.77	76.00	53.96	10.24	14.00	9.94	1.89
秋粮												
米（石）	12381.72	6677.75	3.14	15243.12	8220.97	3.86	22757.16	12273.47	5.77	14213.96	7665.92	3.60
起运米（石）	7500.00	4073.43		7125.00	3863.86		14378.00	7732.28		9900.00	5366.14	
存留米（石）	4881.72	2604.32		8118.12	4357.11		8379.16	4541.18		4313.96	2299.78	
枣子易米（石）（存留）	226.71	67.17	3.66	83.74	24.81	1.35	828.66	245.53	13.39	9.67	2.87	0.16
草（束）	15462.00	754.90	3.14	18939.00	924.66	3.85	28203.00	1376.95	5.73	17624.00	860.45	3.58
起运草（束）	15200.00	739.80		18860.00	920.77		27400.00	1335.64		16480.00	808.83	

项目	陕州 实物	陕州 折银	%	灵宝县 实物	灵宝县 折银	%	闵乡县 实物	闵乡县 折银	%	总计 实物	总计 折银	%
存留草（束）	262.00	15.10		79.00			803.00			1144.00	51.63	
户口盐钞银（两）	17.38	17.38	0.89	53.66	53.66	2.74	67.76	67.76	3.46	56.34	56.34	2.87
起运京库银（两）	6.95	6.95		21.46	21.46		27.10	27.10		22.53	22.53	
存留银（两）	10.43	10.43		32.20	32.20		40.66	40.66		33.80	33.80	
遇闰共加银（两）	1.42	1.42	0.88	4.47	4.47	2.76	5.64	5.64	3.49	4.69	4.69	2.90
起运		5614.38			5541.84			10684.72			7423.86	
存留		3733.46			5887.37			6563.51			3141.95	
总计		9347.83	3.15		11429.22	3.85		17248.22	5.81		10565.82	3.56

项目	陕州 实物	陕州 折银	%	灵宝县 实物	灵宝县 折银	%	闵乡县 实物	闵乡县 折银	%
夏税									
麦（石）	5754.02	3555.58	6.62	10510.93	6495.02	12.09	4389.05	2712.13	5.05
起运麦（石）	3174.80	1955.57		6200.40	3832.06		2296.00	1410.31	
存留麦（石）	2579.22	1600.01		4310.53	2662.96		2093.05	1301.82	
税丝（两）	3285.76	124.86	6.53	6119.42	232.54	12.16	2505.19	95.20	4.98
起运丝（两）	2628.61	99.89		4283.59	162.78		2004.10	76.16	
存留丝（两）	657.15	24.97		1835.82	69.76		501.09	19.04	
农桑丝折绢（匹）（起运）	17.00	12.07	2.29	6.00	4.26	0.81	14.00	9.94	1.89
秋粮									
米（石）	26295.93	14182.01	6.67	48376.69	26090.68	12.27	20141.16	10862.60	5.11
起运米（石）	17808.00	9643.77		31416.00	16958.94		13934.00	7495.19	
存留米（石）	8487.93	4538.24		16960.69	9131.74		6207.16	3367.40	
枣子易米（石）（存留）	135.94	40.28	2.20	95.23	28.22	1.54	95.95	28.43	1.55
草（束）	32609.00	1592.07	6.63	60100.00	2934.26	12.21	24979.00	1219.55	5.08
起运草（束）	32550.00	1589.20		60100.00	2934.26		24930.00	1217.11	

项目	南阳府 实物	折银	%	南阳县 实物	折银	%	镇平县 实物	折银	%	唐县 实物	折银	%
存留草（束）	59.00	2.87					49.00				2.44	
户口盐钞银（两）	147.22	147.22	7.51	242.31	242.31	12.36	132.49	132.49	6.76			
起运京库银（两）	58.89	58.89		96.92	96.92		52.99	52.99				
存留银（两）	88.33	88.33		145.38	145.38		79.49	79.49				
遇闰共加银（两）	12.27	12.27	7.58	22.68	22.68	14.02	11.04	11.04	6.82			
起运		13371.65			24011.90			10272.73				
存留		6294.70			12038.05			4798.62				
总计		19666.36	6.62		36049.96	12.14		15071.37	5.08			

丙表96 南阳府分州县及其分属田赋折银明细

（单位：两/银）

项目	南阳府 实物	折银	%	南阳县 实物	折银	%	镇平县 实物	折银	%	唐县 实物	折银	%
夏税												
麦（石）	43131.27	26652.11	100.00	3320.89	2052.08	7.70	1280.00	790.95	2.97	1733.10	1070.93	4.02
起运麦（石）	32861.60	20255.60	100.00	2500.00	1539.06		930.00	577.39		1080.00	663.98	
存留麦（石）	10269.67	6396.51	100.00	820.89	513.02		350.00	213.56		653.10	406.96	
税丝（两）（解工部）	25386.29	964.69	100.00	2119.80	80.55	8.35	719.92	27.36	2.84	1117.00	42.45	4.40
农桑丝折绢（匹）（起运）	281.00	199.52	100.00	24.00	17.04	8.54	15.00	10.65	5.34	27.00	19.17	9.61
秋粮												
米（石）	71375.47	38494.45	100.00	4516.96	2436.10	6.33	2816.51	1519.01	3.95	2530.92	1364.98	3.55
起运米（石）	54996.10	29640.73		3400.00	1827.08		2000.00	1078.50		1800.00	969.14	
存留米（石）	16379.37	8853.72		1116.96	609.03		816.51	440.51		730.92	395.85	
枣子易米（石）（存留）	1144.45	339.10	100.00	81.16	24.05	7.09	86.35	25.59	7.55	60.21	17.84	5.26
草（束）	92263.00	4504.55	100.00	5736.00	280.05	6.22	3600.00	175.76	3.90	3480.00	169.90	3.90
起运草（束）	91169.00	4459.50	100.00	5700.00	277.25		3570.00	174.00		3450.00	168.20	3.77

项目	泌阳县 实物	折银	%	桐柏县 实物	折银	%	南召县 实物	折银	%	邓州 实物	折银	%
存留草（束）	1094.00	45.05		36.00	2.80		30.00	1.76		30.00	1.70	
户口盐钞银（两）	1352.74	1352.74	100.00	134.87	134.87	9.97	47.12	47.12	3.48	51.87	51.87	3.83
起运京库银（两）	676.37	676.37		67.43	67.43		23.56	23.56		25.93	25.93	
存留银（两）	676.37	676.37		67.43	67.43		23.56	23.56		25.93	25.93	
遇闰共加银（两）	111.53	111.53	100.00	11.23	11.23	10.07	2.71	2.71	2.43	4.32	4.32	3.87
起运		56307.94			3819.64			1894.17			1893.19	
存留		16310.75			1216.32			704.97			848.27	
总计		72618.69	100.00		5035.97	6.93		2599.15	3.58		2741.47	3.78

项目	泌阳县 实物	折银	%	桐柏县 实物	折银	%	南召县 实物	折银	%	邓州 实物	折银	%
夏税												
麦（石）	2595.23	1603.67	6.02	679.17	419.68	1.57	1490.02	920.73	3.45	1580.72	976.77	3.66
起运麦（石）	2000.00	1234.83		500.00	310.56		1150.00	708.96		1000.00	615.37	
存留麦（石）	595.23	368.84		179.17	109.12		340.02	211.77		580.72	361.41	
税丝（两）（解工部）	1491.39	56.67	5.87	383.58	14.58	1.51	918.13	34.89	3.62	923.35	35.09	3.64
农桑丝折绢（匹）（起运）	40.00	28.40	14.23	12.00	8.52	4.27	11.00	7.81	3.91	21.00	14.91	7.47
秋粮												
米（石）	4749.89	2561.73	6.65	1187.69	640.55	1.66	1893.20	1021.05	2.65	4729.60	2550.78	6.63
起运米（石）	3600.00	1946.91		850.00	461.20		1390.00	745.36		3800.00	2040.63	
存留米（石）	1149.89	614.81		337.69	179.35		503.20	275.68		929.60	510.16	
寨子易米（石）（存留）	161.37	47.81	14.10	29.83	8.84	2.61	32.41	9.60	2.83	51.93	15.39	4.54
草（束）	6782.00	331.12	7.35	1566.00	76.46	1.70	2471.00	120.64	2.68	6380.00	311.49	6.92
起运草（束）	6750.00	329.56		1500.00	73.40		2450.00	119.44		6300.00	308.38	
存留草（束）	32.00	1.56		66.00	3.06		21.00	1.21		80.00	3.11	
户口盐钞银（两）	59.65	59.65	4.41	24.01	24.01	1.77	33.31	33.31	2.46	39.70	39.70	2.93

项目	内乡县			新野县			淅川县			裕州		
	实物	折银	%	实物	折银	%	实物	折银	%	实物	折银	%
起运京库银（两）	29.82	29.82		12.00	12.00		16.65	16.65		19.85	19.85	
存留银（两）	29.82	29.82		12.00	12.00		16.65	16.65		19.85	19.85	
通闰共加银（两）	4.98	4.98	4.47	2.00	2.00	1.79	2.77	2.77	2.48	3.31	3.31	2.97
起运		3631.17			882.25			1635.88			3037.53	
存留		1062.85			312.37			514.91			909.91	
总计		4694.03	6.46		1194.63	1.65		2150.80	2.96		3947.44	5.44
夏税												
麦（石）	3880.94	2398.15	9.00	1880.25	1161.86	4.36	2944.57	1819.54	6.83	4032.92	2492.06	9.35
起运麦（石）	2600.00	1606.76		1350.20	836.54		2100.00	1291.87		3400.00	2093.33	
存留麦（石）	1280.94	791.39		530.05	325.32		844.57	527.67		632.92	398.73	
税丝（两）（解工部）	2211.04	84.02	8.71	1137.26	43.22	4.48	1711.33	65.03	6.74	2390.20	90.83	9.42
农桑丝折绢（匹）（起运）	22.00	15.62	7.83	14.00	9.94	4.98	17.00	12.07	6.05	13.00	9.23	4.63
秋粮												
米（石）	7369.25	3974.41	10.32	4020.58	2168.39	5.63	5105.09	2753.29	7.15	5236.56	2824.20	7.34
起运米（石）	5800.00	3139.78		3200.00	1734.71		4000.00	2147.57		3467.00	1863.97	
存留米（石）	1569.25	834.63		820.58	433.68		1105.09	605.72		1769.56	960.23	
寒子易米（石）（存留）	86.40	25.60	7.55	52.92	15.68	4.62	46.95	13.91	4.10	88.38	26.19	7.72
草（束）	9490.00	463.33	10.29	5321.00	259.79	5.77	7293.00	356.07	7.90	6937.00	338.68	7.52
起运草（束）	9450.00	461.38		5300.00	258.77		7200.00	352.50		6900.00	335.30	
存留草（束）	40.00	1.95		21.00	1.01		93.00	3.56		37.00	3.39	
户口盐钞银（两）	132.01	132.01	9.76	120.33	120.33	8.90	95.09	95.09	7.03	228.36	228.36	16.88
起运京库银（两）	66.00	66.00		60.16	60.16		47.54	47.54		114.18	114.18	
存留银（两）	66.00	66.00		60.16	60.16		47.54	47.54		114.18	114.18	

项目	舞阳县			叶县						
	实物	折银	%	实物	折银	%	折银	%	折银	%
	11.00	11.00	9.86	10.02	10.02	8.98	7.92	7.10	19.03	17.06
遇闰共加银（两）										
起运		5384.57			2953.37		3924.51		4525.87	
存留		1719.56			835.85		1198.40		1502.71	
总计		7104.14	9.78		3789.23	5.22	5122.92	7.05	6028.58	8.30
夏税										
麦（石）	8694.58	5372.64	20.16	9018.84	5573.01	20.91				
起运麦（石）	6550.00	4029.48		7701.40	4737.06					
存留麦（石）	2144.58	1343.16		1317.44	835.95					
税丝（两）（解工部）	5099.44	193.78	20.09	5163.79	196.23	20.34				
农桑丝折绢（匹）（起运）	34.00	24.14	12.10	24.00	17.04	8.54				
秋粮										
米（石）	14180.14	7647.68	19.87	13039.01	7032.24	18.27				
起运米（石）	11289.10	6118.14		10400.00	5625.79					
存留米（石）	2891.04	1529.54		2639.01	1406.45					
寒子易米（石）（存留）	196.29	58.16	17.15	170.23	50.44	14.87				
草（束）	17181.00	838.83	18.62	16021.00	782.19	17.36				
起运草（束）	17160.00	837.82		15439.00	750.90					
存留草（束）	21.00	1.01		582.00	31.29					
户口盐钞库银（两）	183.99	183.99	13.60	202.38	202.38	14.96				
起运京库银（两）	91.99	91.99		101.19	101.19					
存留银（两）	91.99	91.99		101.19	101.19					
遇闰共加银（两）	15.32	15.32	13.74	16.88	16.88	15.13				
起运		11310.68			11445.10					

丙表 97 　　　　汝宁府分州县及其分属田赋折银明细

（单位：两/银）

项目	汝宁府 实物	折银	%	汝阳县 实物	折银	%	真阳县 实物	折银	%	上蔡县 实物	折银	%
存留		3023.85			2425.32							
总计		14334.54	19.74		13870.41	19.10						
夏税												
麦（石）	23577.62	14569.32	100.00	1550.17	957.90	6.57	407.60	251.87	1.73	3117.96	1926.68	13.22
起运麦（石）	18725.00	11509.76		1073.76	660.95		326.24	201.49		2500.00	1541.34	
存留麦（石）	4852.62	3059.56		476.41	296.95		81.36	50.37		617.96	385.34	
税丝（两）（解工部）	8022.23	304.85	100.00	823.72	31.30	10.27	247.98	9.42	3.09	1748.38	66.44	21.79
农桑丝折绢（匹）（起运）	785.00	557.38	100.00	63.00	44.73	8.03	2.00	1.42	0.25	199.00	141.30	25.35
秋粮												
米（石）	98210.79	52967.37	100.00	5893.61	3178.56	6.00	1660.69	895.65	1.69	14474.36	7806.36	14.74
起运米（石）	73730.00	39725.52		3956.00	2129.64		1364.00	734.43		10770.00	5776.71	
存留米（石）	24480.79	13241.84		1937.61	1048.93		296.69	161.22		3704.36	2029.65	
枣子易米（石）（存留）	1298.22	384.66	100.00	35.01	10.37	2.70	2.34	0.69	0.18	362.38	107.37	27.91
草（束）	125357.00	6120.29	100.00	7952.00	388.24	6.34	2748.00	134.17	2.19	16183.00	790.10	12.91
起运草（束）	122800.00	5997.89		7923.00	386.84		2727.00	132.82		16100.00	782.20	
存留草（束）	2557.00	122.41		29.00	1.40		21.00	1.34		83.00	7.90	
户口盐钞银（两）	1775.66	1775.66	100.00	104.31	104.31	5.87	39.45	39.45	2.22	66.97	66.97	3.77
起运京库银（两）	887.83	887.83		52.15	52.15		19.72	19.72		33.48	33.48	
存留银（两）	887.83	887.83		52.15	52.15		19.72	19.72		33.48	33.48	
遇闰共加银（两）	150.84	150.84	100.00	8.67	8.67	5.75	3.28	3.28	2.17	5.59	5.59	3.71
起运		59134.07			3314.28			1102.59			8347.06	

项目	新蔡县 实物	折银	%	西平县 实物	折银	%	遂平县 实物	折银	%	信阳州 实物	折银	%
存留	17696.30			1409.79			233.35			2563.74		
总计	76830.37		100.00	4724.09		6.15	1335.95		1.74	10910.81		14.20
夏税												
麦（石）	543.26	335.70	2.30	2612.57	1614.39	11.08	3181.78	1966.12	13.49	993.75	614.07	4.21
起运麦（石）	400.00	248.42		2100.00	1291.51		2600.00	1612.22		700.00	429.85	
存留麦（石）	143.26	87.28	3.80	512.57	322.88	18.65	581.78	353.90	22.29	293.75	184.22	6.95
税丝（两）（解工部）	304.63	11.58		1496.36	56.86		1788.17	67.95		557.24	21.18	
农桑丝折绢（匹）（起运）	20.00	14.20	2.55	127.00	90.17	16.18	97.00	68.87	12.36	19.00	13.49	2.42
秋粮												
米（石）	2913.80	1571.48	2.97	11932.09	6435.25	12.15	7605.76	4101.96	7.74	3210.57	1731.54	3.27
起运米（石）	1960.00	1052.89		9280.00	5019.50		5650.00	3035.45		2150.00	1160.13	
存留米（石）	953.80	518.59		2652.09	1415.76		1955.76	1066.51		1060.57	571.41	
枣子易米（石）（存留）	151.20	44.80	11.65	180.39	53.45	13.90	256.62	76.04	19.77			
草（束）	3553.00	173.47	2.83	12505.00	610.53	9.98	8843.00	431.74	7.05	4659.00	227.47	3.72
起运草（束）	3500.00	171.73		12390.00	604.42		8800.00	429.63		4600.00	225.19	
存留草（束）	53.00	1.73		115.00	6.11		43.00	2.12		59.00	2.27	
户口盐钞银（两）	59.00	59.00	3.32	87.39	87.39	4.92	155.12	155.12	8.74	49.30	49.30	2.78
起运京库银（两）	29.50	29.50		43.69	43.69		77.56	77.56		24.65	24.65	
存留银（两）	29.50	29.50		43.69	43.69		77.56	77.56		24.65	24.65	
遇闰共加银（两）	4.91	4.91	3.26	7.28	7.28	4.83	12.92	12.92	8.57	6.97	6.97	4.62
起运		1533.23			7113.44			5304.60			1881.45	
存留		681.90			1841.88			1576.12			782.55	
总计		2215.13	2.88		8955.33	11.66		6880.72	8.96		2664.01	3.47

项目	罗山县			确山县			光州			光山县		
	实物	折银	%	实物	折银	%	实物	折银	%	实物	折银	%
夏税												
麦（石）	334.48	206.69	1.42	1531.42	946.31	6.50	1439.99	889.81	6.11	256.57	158.54	1.09
起运麦（石）	220.00	136.41		1440.00	889.53		1180.00	729.65		100.00	61.83	
存留麦（石）	114.48	70.27		91.42	56.78		259.99	160.17		156.57	96.71	
税丝（两）（解工部）	194.11	7.38	2.42	861.60	32.74	10.74	33.00	23.43	4.20			
农桑丝折绢（匹）（起运）	12.00	8.52	1.53	84.00	59.64	10.70				27.00	19.17	3.44
秋粮												
米（石）	6326.64	3412.10	6.44	7375.04	3977.53	7.51	6569.58	3543.13	6.69	9244.94	4986.01	9.41
起运米（石）	4850.00	2627.32		6070.00	3261.58		4740.00	2551.05		6970.00	3739.51	
存留米（石）	1476.64	784.78		1305.04	715.96		1829.58	992.08		2274.94	1246.50	
枣子易米（石）（存留）				304.65	90.27	23.47						
草（束）	8885.00	433.79	7.09	8759.00	427.64	6.99	9213.00	449.81	7.35	12691.00	619.61	10.12
起运草（束）	8850.00	432.10		8700.00	423.36		9160.00	445.31		12650.00	617.63	
存留草（束）	35.00	1.69		59.00	4.28		53.00	4.50		41.00	1.98	
户口盐钞银（两）	133.84	133.84	7.54	69.78	69.78	3.93	96.98	96.98	5.46	222.93	222.93	12.55
起运京库银（两）	66.92	66.92		34.89	34.89		48.49	48.49		111.46	111.46	
存留京库银（两）	66.92	66.92		34.89	34.89		48.49	48.49		111.46	111.46	
遇闰共加银（两）	11.15	11.15	7.39	5.81	5.81	3.85	8.08	8.08	5.36	18.57	18.57	12.31
起运		3289.80			4707.56			3806.01			4568.17	
存留		923.67			902.17			1205.23			1456.66	
总计		4213.47	5.48		5609.72	7.30		5011.24	6.52		6024.84	7.84

项目	固始县			息县			商城县		
	实物	折银	%	实物	折银	%	实物	折银	%

夏税									
麦（石）	2674.20	1652.47	11.34	4135.40	2555.39	17.54	798.42	493.37	3.39
起运麦（石）	2050.00	1272.40		3485.00	2146.53		550.00	340.42	
存留麦（石）	624.20	380.07		650.40	408.86		248.42	152.94	
税丝（两）（解工部）									
农桑丝折绢（匹）（起运）	47.00	33.37	5.99	13.00	9.23	1.66	33.00	23.43	4.20
秋粮									
米（石）	8172.41	4407.57	8.32	2092.90	1128.75	2.13	10738.34	5791.44	10.93
起运米（石）	6080.00	3261.60		1330.00	722.40		8560.00	4633.15	
存留米（石）	2092.41	1145.97		762.90	406.35		2178.34	1158.29	
枣子易米（石）（存留）				5.62	1.67	0.43			
草（束）	11446.00	558.83	9.13	2950.00	144.03	2.35	14964.00	730.59	11.94
起运草（束）	11400.00	556.59		2900.00	141.15		13100.00	642.92	
存留草（束）	46.00	2.24		50.00	2.88		1864.00	87.67	
户口盐钞银（两）	311.05	311.05	17.52	159.69	159.69	8.99	219.79	219.79	12.38
起运京库银（两）	155.52	155.52		79.84	79.84		109.89	109.89	
存留银（两）	155.52	155.52		79.84	79.84		109.89	109.89	
遇闰共加银（两）	25.92	25.92	17.18	13.30	13.30	8.82	18.31	18.31	12.14
起运		5305.41			3112.44			5768.12	
存留		1683.79			899.60			1508.79	
总计		6989.21	9.10		4012.05	5.22		7276.92	9.47

丙表98

汝州分州县及其分属田赋折银明细

（单位：两/银）

项目	汝州			本州			鲁山县			郏县		
	实物	折银	%	实物	折银	%	实物	折银	%	实物	折银	%
夏税												
麦（石）	48163.11	29761.43	100.00	15760.94	9739.16	32.72	7666.32	4737.25	15.92	10601.31	6550.87	22.01
起运麦（石）	26385.57	16368.79		6985.07	4285.23		4488.40	2794.98		7431.20	4585.61	
存留麦（石）	21777.54	13392.65		8775.87	5453.93		3177.92	1942.27		3170.11	1965.26	
税丝（两）	27977.49	1063.16	100.00	9123.75	346.71	32.61	4441.06	168.76	15.87	6299.54	239.39	22.52
起运丝（两）	21832.26	829.26		5474.25	208.02		4000.95	151.89		6110.56	232.20	
存留丝（两）	6145.22	233.89		3649.50	138.68		440.10	16.88		188.98	7.18	
农桑丝折绢（匹）（起运）	1066.00	756.90	100.00	385.00	273.36	36.12	151.00	107.22	14.17	310.00	220.11	29.08
秋粮												
米（石）	99644.27	53740.47	100.00	29539.79	15931.50	29.65	13588.98	7328.85	13.64	23997.73	12942.53	24.08
起运米（石）	57984.42	31169.48		14083.00	7647.12		10249.00	5496.64		14351.52	7765.52	
存留米（石）	41659.85	22571.00		15456.79	8284.38		3339.98	1832.21		9646.21	5177.01	
寒子易米（石）（存留）	796.41	235.98	100.00	159.57	47.28	20.04	104.67	31.01	13.14	215.22	63.77	27.02
草（束）	133954.00	6540.02	100.00	37833.00	1847.12	28.24	16578.00	809.39	12.38	38395.00	1874.55	28.66
起运草（束）	122615.00	6016.82		36780.00	1791.70		14921.00	728.45		38100.00	1855.81	
存留草（束）	11339.00	523.20		1053.00	55.41		1657.00	80.94		295.00	18.75	
户口盐钞银（两）	130.96	130.96	100.00	14.98	14.98	11.44	32.50	32.50	24.82	49.93	49.93	38.13
起运京库银（两）	52.51	52.51	100.00	5.99	5.99		13.00	13.00		19.97	19.97	
存留银（两）	78.44	78.44	100.00	8.99	8.99		19.50	19.50		29.96	29.96	
遇闰共加银（两）	10.77	10.77	100.00	1.24	1.24	11.51	2.89	2.89	26.83	4.16	4.16	38.63
起运		55204.53			14212.67			9295.06			14683.38	
存留		37035.16			13988.67			3922.81			7261.93	

项目	宝丰县			伊阳县								
	实物	折银	%	实物	折银	%						
总计	92239.69	100.00		28201.34	30.57		13217.87	14.33		21945.31	23.79	
夏税												
麦（石）	10691.52	6606.61	22.20	3442.99	2127.53	7.15						
起运麦（石）	5915.80	3633.64		1565.10	957.39							
存留麦（石）	4775.72	2972.97	21.77	1877.89	1170.14							
税丝（两）	6091.07	231.46		2022.04	76.84	7.23						
起运丝（两）	4872.80	185.17		1373.69	52.25							
存留丝（两）	1218.27	46.29		648.34	24.59							
农桑丝折绢（匹）（起运）	151.00	107.22	14.17	67.00	47.57	6.29						
秋粮												
米（石）	20758.28	11195.42	20.83	11759.51	6342.18	11.80						
起运米（石）	12180.00	6605.30		7120.90	3868.73							
存留米（石）	8578.28	4590.12		4638.61	2473.45							
枣子易米（石）（存留）	99.24	29.41	12.46	217.71	64.51	27.34						
草（束）	26384.00	1288.14	19.70	14763.00	720.77	11.02						
起运草（束）	22414.00	1094.92		10400.00	504.54							
存留草（束）	3970.00	193.22		4363.00	216.23							
户口盐钞银（两）	11.58	11.58	8.84	21.95	21.95	16.76						
起运京库银（两）	4.63	4.63		8.91	8.91							
存留银（两）	6.94	6.94		13.04	13.04							
遇闰共加银（两）	0.96	0.96	8.91	1.50	1.50	13.93						
起运		11631.83			5440.89							
存留		7838.96			3961.96							
总计		19470.80	21.11		9402.85	10.19						

第 四 章

十五省省直分县田赋折银（中）

陕西各府分州县及其分属田赋折银

丙表 99　西安府分州县及其分属田赋折银明细

（单位：两/银）

项目	西安府			长安县			咸宁县			咸阳县		
	实物	折银	%	实物	折银	%	实物	折银	%	实物	折银	%
夏税												
小麦（石）	391373.66	277249.10	100.00	12270.90	8692.71	3.14	10465.08	7413.46	2.67	3793.36	2687.22	0.97
农桑丝折绢（匹）	6183.00	4328.10	100.00	76.00	53.20	1.23	49.00	34.30	0.79	67.00	46.90	1.08
本色丝绵（斤）	162.98	19.56	100.00									
秋粮												
米（石）	461526.20	392897.25	100.00	14586.68	12417.64	3.16	12552.06	10685.57	2.72	3230.57	2750.18	0.70
棉花绒（斤）¹	15431.95	1851.84	100.00									
棉布（匹）²	114807.00	34442.10	100.00	524.00	157.20	0.46	469.00	140.70	0.41	1142.00	342.60	0.99
马草（束）	575490.00	27911.27	100.00	17602.00	853.70	3.06	15426.00	748.16	2.68	4035.00	195.70	0.70
户口盐钞银（两）（存留）	9108.81	9108.81	100.00	347.79	347.79	3.82	412.44	412.44	4.53	121.09	121.09	1.33
遇闰共加银（两）（存留）	763.58	763.58	100.00	28.98	28.98	3.80	34.37	34.37	4.50	10.09	10.09	1.32
起运		738699.22			22174.44			19022.19			6022.60	
存留		9872.39			376.77			446.81			131.18	
总计		748571.61	100.00		22551.21	3.01		19469.00	2.60		6153.78	0.82

¹ 西安府棉花绒数据残缺，依据《明会典》卷二五《户部》十二《税粮》二，陕西布政司项下数据补充，第170页。
² 西安府棉布数据残缺，依据《明会典》卷二五《户部》十二《税粮》二，陕西布政司项下数据补充，第170页。

项目	兴平县 实物	折银	%	临潼县 实物	折银	%	高陵县 实物	折银	%	户县 实物	折银	%
夏税												
小麦（石）	10659.42	7551.13	2.72	22713.61	16090.32	5.80	9794.78	6938.62	2.50	5179.60	3669.23	1.32
农桑丝折绢（匹）	57.00	39.90	0.92	172.00	120.40	2.78	80.00	56.00	1.29	305.00	213.50	4.93
本色丝绵（斤）				14.81	1.78	9.09				0.01	0.001	0.01
秋粮												
米（石）	6363.50	5417.25	1.38	24219.47	20618.03	5.25	6545.91	5572.53	1.42	7598.30	6468.43	1.65
棉花绒（斤）				2493.16	299.18	16.16						
棉布（匹）	1834.00	550.20	1.60	3563.00	1068.90	3.10	2203.00	660.90	1.92	1746.00	523.80	1.52
马草（束）	7954.00	385.77	1.38	30284.00	1468.77	5.26	8182.00	396.83	1.42	9432.00	457.45	1.64
户口盐钞银（两）（存留）	330.74	330.74	3.63	369.37	369.37	4.06	91.26	91.26	1.00	122.01	122.01	1.34
遇闰共加银（两）（存留）	27.56	27.56	3.61	30.78	30.78	4.03	7.60	7.60	1.00	10.16	10.16	1.33
起运		13944.25			39667.39			13624.88			11332.41	
存留		358.30			400.15			98.86			132.17	
总计		14302.55	1.91		40067.54	5.35		13723.74	1.83		11464.58	1.53

项目	蓝田县 实物	折银	%	泾阳县 实物	折银	%	三原县 实物	折银	%	周至县 实物	折银	%
夏税												
小麦（石）	5944.39	4211.01	1.52	16082.71	11392.99	4.11	14390.05	10193.91	3.68	11102.57	7865.06	2.84
农桑丝折绢（匹）	214.00	149.80	3.46	424.00	296.80	6.86	97.00	67.90	1.57	150.00	105.00	2.43
本色丝绵（斤）										11.00	1.32	6.75
秋粮												
米（石）	5452.37	4641.60	1.18	15603.14	13282.95	3.38	12119.64	10317.45	2.63	14333.27	12201.91	3.11
棉花绒（斤）	560.00	168.00	0.49							17.50	2.10	0.11
棉布（匹）				23445.00	7033.50	20.42	6940.00	2082.00	6.04	2238.00	671.40	1.95

山阳县 · 商州 · 镇安县 · 洛南县等县税粮表（续）

项目	渭南县 实物	渭南县 折银	渭南县 %	商州 实物	商州 折银	商州 %	镇安县 实物	镇安县 折银	镇安县 %	洛南县 实物	洛南县 折银	洛南县 %
马草（束）	6738.00	326.79	1.17	19512.00	946.33	3.39	15230.00	738.66	2.65	17360.00	841.96	3.02
户口盐钞银（两）（存留）	189.66	189.66	2.08	486.24	486.24	5.34	299.59	299.59	3.29	242.49	242.49	2.66
遇闰共加银（两）（存留）	15.80	15.80	2.07	40.52	40.52	5.31	24.96	24.96	3.27	27.28	27.28	3.57
起运		9497.20			32952.58			23399.92			21688.75	
存留		205.46			526.76			324.55			269.77	
总计		9702.66	1.30		33479.34	4.47		23724.47	3.17		21958.52	2.93

夏税

项目	山阳县 实物	山阳县 折银	山阳县 %	商南县 实物	商南县 折银	商南县 %	同州 实物	同州 折银	同州 %	朝邑县 实物	朝邑县 折银	朝邑县 %
小麦（石）	32616.80	23105.74	8.33	2850.72	2019.45	0.73	696.05	493.08	0.18	3855.87	2731.50	0.99
农桑丝折绢（匹）	231.00	161.70	3.74	62.00	43.40	1.00				63.00	44.10	1.02
本色丝绢（斤）										2.16	0.26	1.33
秋粮												
米（石）	29062.03	24740.51	6.30	3282.08	2794.03	0.71	536.80	456.98	0.12	3905.79	3325.00	0.85
棉花绒（斤）	9376.00	2812.80	8.17	24.00	7.20	0.02						
棉布（匹）	36328.00	1761.91	6.31	4129.00	200.26	0.72	723.00	35.07	0.13			
马草（束）										4886.00	236.97	0.85
户口盐钞银（两）（存留）	446.62	446.62	4.90	91.28	91.28	1.00	70.32	70.32	0.77	97.88	97.88	1.07
遇闰共加银（两）（存留）	37.21	37.21	4.87	7.60	7.60	1.00	9.46	9.46	1.24	8.15	8.15	1.07
起运		52582.66			5064.34			985.13				
存留		483.83			98.88			79.78				
总计		53066.49	7.09		5163.22	0.69		1064.91	0.14		6443.86	0.86

夏税

下表（上半，接上页）

项目	邻阳县 实物	邻阳县 折银	邻阳县 %	澄城县 实物	澄城县 折银	澄城县 %	白水县 实物	白水县 折银	白水县 %	韩城县 实物	韩城县 折银	韩城县 %
小麦（石）	561.64	397.87	0.14	373.08	264.29	0.10	10360.22	7339.18	2.65	16256.28	11515.95	4.15
农桑丝折绢（匹）	10.00	7.00	0.16	7.00	4.90	0.11	132.00	92.40	2.13	182.00	127.40	2.94
本色丝绵（斤）										6.70	0.80	4.11
秋粮												
米（石）	539.96	459.67	0.12	491.85	418.71	0.11	7180.44	6112.71	1.56	6359.70	5414.01	1.38
棉花绒（斤）	110.00	33.00	0.10	72.00	21.60	0.06	1785.00	214.20	11.57	2083.20	249.98	13.50
棉布（匹）	715.00	34.68	0.12	642.00	31.14	0.11	7426.00	2227.80	6.47	9733.00	2919.90	8.48
马草（束）							9025.00	437.71	1.57	7949.00	385.53	1.38
户口盐钞加银（两）（存留）	11.89	11.89	0.13	6.14	6.14	0.07	263.95	263.95	2.90	353.68	353.68	3.88
遇闰共加银（两）（存留）	0.99	0.99	0.13	0.51	0.51	0.07	21.99	21.99	2.88	29.47	29.47	3.86
起运		932.21			740.64			16424.00			20613.58	
存留		12.88			6.65			285.94			383.15	
总计		945.09	0.13		747.29	0.10		16709.94	2.23		20996.73	2.80

下表（下半）

项目	邻阳县 实物	邻阳县 折银	邻阳县 %	澄城县 实物	澄城县 折银	澄城县 %	白水县 实物	白水县 折银	白水县 %	韩城县 实物	韩城县 折银	韩城县 %
夏税												
小麦（石）	10485.69	7428.06	2.68	16017.10	11346.51	4.09	9571.66	6780.56	2.45	10925.87	7739.89	2.79
农桑丝折绢（匹）	259.00	181.30	4.19	295.00	206.50	4.77	169.00	118.30	2.73	483.00	338.10	7.81
本色丝绵（斤）	14.88	1.79	9.13				6.56	0.79	4.03	19.63	2.36	12.04
秋粮												
米（石）	21874.77	18621.99	4.74	25001.47	21283.75	5.42	11396.28	9701.65	2.47	13508.90	11500.13	2.93
棉花绒（斤）	4553.25	546.39	29.51	37.50	4.50	0.24	305.63	36.68	1.98	591.38	70.97	3.83
棉布（匹）	11564.00	3469.20	10.07	182.00	54.60	0.1	395.00	118.50	0.34	2165.00	649.50	1.89
马草（束）	27350.00	1326.48	4.75	31251.00	1515.67	5.43	14245.00	690.88	2.48	16886.00	818.97	2.93
户口盐钞银（两）（存留）	400.10	400.10	4.39	444.17	444.17	4.88	244.00	244.00	2.68	376.42	376.42	4.13

华州等州县（续）夏税、秋粮、户口盐钞等银数表

项目	实物	折银	%	实物	折银	%	实物	折银	%	实物	折银	%
遇闰共加银（两）（存留）	33.34	33.34	4.37	37.01	37.01	4.85	20.33	20.33	2.66	31.36	31.36	4.11
起运		31575.21			34411.54			17447.36			21119.91	
存留		433.44			481.18			264.33			407.78	
总计		32008.65	4.28		34892.72	4.66		17711.69	2.37		21527.69	2.88

项目	华州 实物	折银	%	华阴县 实物	折银	%	蒲城县 实物	折银	%	耀州 实物	折银	%
夏税												
小麦（石）	7780.72	5511.86	1.99	8262.10	5852.87	2.11	23032.85	16316.47	5.89	8053.15	5704.85	2.06
农桑丝折绢（匹）	287.00	200.90	4.64	235.00	164.50	3.80	267.00	186.90	4.32	67.00	46.90	1.08
本色丝绵（斤）	10.94	1.31	6.71	6.56	0.79	4.03	5.69	0.68	3.49			
秋粮												
米（石）	16536.21	14077.28	3.58	9717.63	8272.62	2.11	54533.42	46424.30	11.82	9879.86	8410.72	2.14
棉花绒（斤）	1866.59	223.99	12.10	644.25	77.31	4.17	1035.50	124.26	6.71			
棉布（匹）	12556.00	3766.80	10.94	3625.00	1087.50	3.16	5066.00	1519.80	4.41	31.00	9.30	0.03
马草（束）	20714.00	1004.63	3.60	12173.00	590.39	3.60	68136.00	3304.60	11.84	12384.00	600.62	2.15
户口盐钞银（两）（存留）	259.57	259.57	2.85	207.07	207.07	2.27	510.16	510.16	5.60	207.04	207.04	2.27
遇闰共加银（两）（存留）	21.63	21.63	2.83	15.25	15.25	2.00	42.51	42.51	5.57	17.25	17.25	2.26
起运		24786.77			16045.98			67877.01			14772.40	
存留		281.20			222.32			552.67			224.29	
总计		25067.97	3.35		16268.30	2.17		68429.68	9.14		14996.69	2.00

项目	同官县 实物	折银	%	富平县 实物	折银	%	乾州 实物	折银	%	醴泉县 实物	折银	%
夏税												
小麦（石）	4002.37	2835.28	1.02	34662.52	24554.93	8.86	14479.78	10257.48	3.70	11412.11	8084.34	2.92
农桑丝折绢（匹）	112.00	78.40	1.81	654.00	457.80	10.58	96.00	67.20	1.55	148.00	103.60	2.39

项目	武功县			永寿县			邠州¹			三水县		
	实物	折银	%	实物	折银	%	实物	折银	%	实物	折银	%
本色丝绵（斤）	2.88	0.35	1.77				13.31	1.60	8.17			
秋粮												
米（石）	9323.05	7936.71	2.02	25266.66	21509.51	5.47	12811.52	10906.45	2.78	8980.93	7645.47	1.95
棉花绒（斤）							19.00	2.28	0.12			
棉布（匹）				3767.00	1130.10	3.28	1052.00	315.60	0.92	1588.00	476.40	1.38
马草（束）	11654.00	565.22	2.03	31573.00	1531.29	5.49	15871.00	769.74	2.76	11195.00	542.96	1.95
户口盐钞银（两）（存留）	234.42	234.42	2.57	558.59	558.59	6.13	278.31	278.31	3.06	154.83	154.83	1.70
遇闰共加银（两）（存留）	19.53	19.53	2.56	46.54	46.54	6.09	23.19	23.19	3.04	12.90	12.90	1.69
起运		11415.96			49183.63			22320.34			16852.76	
存留		253.95			605.13			301.50			167.73	
总计		11669.91	1.56		49788.76	6.65		22621.84	3.02		17020.49	2.27

项目	武功县			永寿县			邠州¹			三水县		
	实物	折银	%	实物	折银	%	实物	折银	%	实物	折银	%
夏税												
小麦（石）	7861.65	5569.19	2.01	5410.99	3833.15	1.38	13412.20	9501.20	3.43	7218.19	5113.37	1.84
农桑丝折绢（匹）	191.00	133.70	3.09	78.00	54.60	1.26	182.00	127.40	2.94	143.00	100.10	2.31
本色丝绵（斤）	23.44	2.81	14.38	0.38	0.05	0.23	15.94	1.91	9.78	3.63	0.44	2.23
秋粮												
米（石）	3547.54	3020.02	0.77	6141.98	5228.67	1.33	27844.11	23703.69	6.03	18954.56	16136.02	4.11
棉布（匹）	1350.00	405.00	1.18	46.00	13.80	0.04						
马草（束）	4414.00	214.08	0.77	7677.00	372.33	1.33	34804.00	1687.99	6.05	23693.00	1149.11	4.12
户口盐钞银（两）（存留）	178.63	178.63	1.96	138.76	138.76	1.52	266.32	266.32	2.92	135.16	135.16	1.48
遇闰共加银（两）（存留）	14.88	14.88	1.95	11.56	11.56	1.51	22.18	22.18	2.90	11.26	11.26	1.47
起运		9344.81			9502.59			35022.20			22499.03	

¹原书此处县名残缺，依据谭其骧《中国历史地图集》第七册《陕西》补，第 59—60 页。

项目	淳化县 实物	折银	%								
夏税											
小麦（石）	8816.18	6245.38	2.25								
农桑丝折绢（匹）	123.00	86.10	1.99								
本色丝绵（斤）	3.88	0.47	2.38								
秋粮											
米（石）	12239.84	10419.78	2.65								
棉花绒（斤）											
棉布（匹）											
马草（束）	15299.00	742.00	2.66								
户口盐钞银（两）（存留）	160.68	160.68	1.76								
遇闰共加银（两）（存留）	13.39	13.39	1.75								
起运		17493.72									
存留		174.07		193.51			150.32			288.50	146.42
总计		17667.79	2.36	9538.32	1.27		9652.91	1.29		35310.70 4.72	22645.45 3.03

延安府分州县及其分属田赋折银明细

（单位：两/银）

丙表 100

项目	延安府 实物	折银	%	肤施县 实物	折银	%	安塞县 实物	折银	%	甘泉县 实物	折银	%
夏税												
小麦（石）	33163.89	23493.30	100.00	1149.23	814.11	3.47	851.20	602.99	2.57	1389.55	984.36	4.19
农桑丝折绢（匹）	1139.00	797.30	100.00	53.00	37.10	4.65	21.00	14.70	1.84	41.00	28.70	3.60

1617

安定县、保安县、宜川县、延川县

项目	安定县 实物	折银	%	保安县 实物	折银	%	宜川县 实物	折银	%	延川县 实物	折银	%
秋粮												
米（石）	151407.87	128893.52	100.00	7008.85	5966.63	4.63	2839.24	2417.05	1.88	7698.78	6553.97	5.08
马草（束）	237694.00	11528.16	100.00	13109.00	635.79	5.52	5812.00	281.88	2.45	12887.00	625.02	5.42
户口盐钞银（两）（存留）	1932.05	1932.05	100.00	31.88	31.88	1.65	32.30	32.30	1.67	58.27	58.27	3.02
遇闰共加银（两）（存留）	161.02	161.02	100.00	2.65	2.65	1.65	2.69	2.69	1.67	4.85	4.85	3.01
起运		164712.28			7453.64			3316.62			8192.05	
存留		2093.07			34.53			34.99			63.12	
总计		166805.35	100.00		7488.17	4.49		3351.61	2.01		8255.17	4.95
夏税												
小麦（石）												
农桑丝折绢（匹）	77.00	53.90	6.76	13.00	9.10	1.14	102.00	71.40	8.96	102.00	71.40	8.96

延长县、清涧县、鄜州、洛川县

项目	延长县 实物	折银	%	清涧县 实物	折银	%	鄜州 实物	折银	%	洛川县 实物	折银	%
秋粮												
米（石）	6121.17	5210.95	4.04	2262.91	1926.42	1.49	18590.48	15826.08	12.28	5648.60	4808.65	3.73
马草（束）	10219.00	495.62	4.30	4174.00	202.44	1.76	28102.00	1362.95	11.82	8485.00	411.52	3.57
户口盐钞银（两）（存留）	76.70	76.70	3.97	34.12	34.12	1.77	195.17	195.17	10.10	43.95	43.95	2.27
遇闰共加银（两）（存留）	6.39	6.39	3.97	2.84	2.84	1.76	16.23	16.23	10.08	3.66	3.66	2.27
起运		7151.32			2579.36			19749.75			6765.03	
存留		83.09			36.96			211.40			47.61	
总计		7234.41	4.34		2616.32	1.57		19961.15	11.97		6812.64	4.08
夏税												
小麦（石）	1324.60	938.35	3.99	2308.76	1635.53	6.96	3213.65	2276.55	9.69	3320.67	2352.36	10.01

项目	中部县 实物	中部县 折银	%	宜君县 实物	宜君县 折银	%	绥德州 实物	绥德州 折银	%	米脂县 实物	米脂县 折银	%
夏税												
农桑丝折绢（匹）	43.00	30.10	3.78	58.00	40.60	5.09	88.00	61.60	7.73	182.00	127.40	15.98
秋粮												
米（石）	6034.44	5137.12	3.99	5528.00	4705.99	3.65	12182.44	10370.91	8.05	35278.40	30032.50	23.30
马草（束）	9056.00	439.22	3.81	8878.00	430.58	3.74	19234.00	932.85	8.09	42014.00	2037.68	17.68
户口盐钞银（两）（存留）	69.26	69.26	3.58	115.11	115.11	5.96	156.31	156.31	8.09	222.74	222.74	11.53
遇闰共加银（两）（存留）	5.77	5.77	3.58	9.59	9.59	5.96	13.02	13.02	8.09	18.56	18.56	11.53
起运		6544.78			6812.70			13641.91			34549.94	
存留		75.03			124.70			169.33			241.30	
总计		6619.81	3.97		6937.40	4.16		13811.24	8.28		34791.24	20.86

项目	鄜州 实物	鄜州 折银	%	吴堡县 实物	吴堡县 折银	%	神木县 实物	神木县 折银	%	府谷县 实物	府谷县 折银	%
夏税												
小麦（石）	1383.17	979.84	4.17	4924.63	3488.61	14.85	1871.11	1325.49	5.64	1601.93	1134.81	4.83
农桑丝折绢（匹）	54.00	37.80	4.74	35.00	24.50	3.07	80.00	56.00	7.02	68.00	47.60	5.97
秋粮												
米（石）	6131.41	5219.67	4.05	13117.50	11166.93	8.66	6269.49	5337.22	4.14	6083.86	5179.19	4.02
马草（束）	12309.00	596.99	5.18	21176.00	1027.04	8.91	9997.00	484.85	4.21	12009.00	582.44	5.05
户口盐钞银（两）（存留）	142.50	142.50	7.38	214.84	214.84	11.12	171.52	171.52	8.88	99.06	99.06	5.13
遇闰共加银（两）（存留）	11.87	11.87	7.37	17.90	17.90	11.12	14.29	14.29	8.87	8.25	8.25	5.12
起运		6834.29			15707.07			7203.57			6944.03	
存留		154.37			232.74			185.81			107.31	
总计		6988.66	4.19		15939.81	9.56		7389.38	4.43		7051.34	4.23

项目	实物	折银	%	实物	折银	%	实物	折银	%	实物	折银	%
小麦（石）	1032.72	731.58	3.11	369.17	261.52	1.11	168.49	119.36	0.51	74.40	52.70	0.22
农桑丝折绢（匹）	42.00	29.40	3.69	39.00	27.30	3.42	20.00	14.00	1.76	13.00	9.10	1.14
秋粮												
米（石）	5377.25	4577.65	3.55	1534.29	1306.14	1.01	1586.02	1350.18	1.05	2114.42	1800.01	1.40
马草（束）	10184.00	493.92	4.28	2582.00	125.23	1.09	3350.00	162.48	1.41	4107.00	199.19	1.73
户口盐钞银（两）（存留）	156.39	156.39	8.09	15.64	15.64	0.81	53.01	53.01	2.74	43.64	43.64	2.26
遇闰共加银（两）（存留）	13.03	13.03	8.09	1.30	1.30	0.81	4.41	4.41	2.74	3.65	3.65	2.27
起运		5832.56			1720.19			1646.01			2061.00	
存留		169.42			16.94			57.42			47.29	
总计		6001.98	3.60		1737.13	1.04		1703.43	1.02		2108.29	1.26

丙表101 平凉府分州县及其分属田赋折银明细

（单位：两／银）

项目	平凉府			平凉县			崇信县			华亭县		
	实物	折银	%	实物	折银	%	实物	折银	%	实物	折银	%
夏税												
小麦（石）	37164.73	26327.49	100.00	3846.22	2724.66	10.35	1736.39	1230.06	4.67	2230.05	1579.77	6.00
农桑丝折绢（匹）	173.00	121.10	100.00				14.00	9.80	8.09			
本色丝绵（斤）	6.88	0.83	100.00									
秋粮												
米（石）	121517.23	103447.62	100.00	17116.42	14571.21	14.09	4578.60	3897.76	3.77	7842.72	6676.51	6.45
马草（束）	151748.00	7359.78	100.00	21393.00	1037.56	14.10	5784.00	280.52	3.81	9816.00	476.08	6.47
户口盐钞银（两）（存留）	754.46	754.46	100.00	64.38	64.38	8.53	29.16	29.16	3.87	29.44	29.44	3.90
遇闰共加银（两）（存留）	62.87	62.87	100.00	5.36	5.36	8.53	2.43	2.43	3.87	2.45	2.45	3.90
起运		137256.82			18333.43			5418.14			8732.35	
存留		817.33			69.74			31.59			31.89	

项目	总计 折银	总计 %	镇原县 实物	镇原县 折银	镇原县 %	固原州 实物	固原州 折银	固原州 %	泾州 实物	泾州 折银	泾州 %	灵台县 实物	灵台县 折银	灵台县 %
夏税														
小麦（石）	8764.24	6.35	5553.69	3934.23	14.94	1700.75	1204.81	4.58	6271.79	4442.94	16.88	6634.75	4700.06	17.85
农桑丝折绢（匹）			22.00	15.40	12.72				53.00	37.10	30.64	82.00	57.40	47.40
本色丝绵（斤）			2.53	0.31	36.77				1.61	0.19	23.40	2.75	0.33	39.97
秋粮														
米（石）			28840.63	24552.03	23.73	2462.80	2096.58	2.03	18826.67	16027.14	15.49	23779.50	20243.49	19.57
马草（束）			36056.00	1748.72	23.76	3138.00	152.19	2.07	23521.00	1140.77	15.50	29557.00	1433.51	19.48
户口盐钞银（两）（存留）			120.37	120.37	15.95	6.03	6.03	0.80	145.17	145.17	19.24	127.81	127.81	16.94
遇闰共加粮（两）（存留）			10.03	10.03	15.95	0.50	0.50	0.80	12.09	12.09	19.23	10.65	10.65	16.94
起运				30250.68			3453.59			21648.14			26434.79	
存留				130.40			6.53			157.26			138.46	
总计	138074.15	100.00		30381.08	22.00		3460.12	2.51		21805.40	15.79		26573.25	19.25

项目	静宁州 实物	静宁州 折银	静宁州 %	庄浪县 实物	庄浪县 折银	庄浪县 %	隆德县 实物	隆德县 折银	隆德县 %
夏税									
小麦（石）	4993.56	3537.44	13.44	2433.67	1724.01	6.55	1763.80	1249.48	4.75
秋粮									
米（石）	12725.55	10833.26	10.47	3348.44	2850.53	2.76	1995.82	1699.04	1.64
马草（束）	15906.00	771.44	10.48	4082.00	197.98	2.69	2491.00	120.81	1.64
户口盐钞银（两）（存留）	123.15	123.15	16.32	34.34	34.34	4.55	74.58	74.58	9.89
遇闰共加粮（两）（存留）	10.26	10.26	16.32	2.86	2.86	4.55	6.21	6.21	9.88
起运		15142.14			4772.52			3069.33	

存留		133.41	11.06	37.20	3.48	80.79	2.28	
总计		15275.55		4809.72		3150.12		

丙表102　庆阳府分州县及其分属田赋折银明细

（单位：两/银）

项目	庆阳府 实物	折银	%	安化县 实物	折银	%	合水县 实物	折银	%	环县 实物	折银	%
夏税												
小麦（石）	34579.47	24496.10	100.00	5393.02	3820.42	15.60	1101.06	779.99	3.18	544.73	385.89	1.58
农桑丝折绢（匹）	199.00	139.30	100.00	20.00	14.00	10.05	18.00	12.60	9.05	9.00	6.30	4.52
秋粮												
米（石）	74526.59	63444.49	100.00	25860.16	22014.76	34.70	3651.54	3108.56	4.90	1484.07	1263.39	1.99
马草（束）	109661.00	5318.56	100.00	39634.00	1922.25	36.14	6643.00	322.19	6.06	3212.00	155.78	2.93
户口盐钞银（两）（存留）	941.05	941.05	100.00	196.34	196.34	20.86	136.54	136.54	14.51	64.14	64.14	6.82
遇闰共加银（两）（存留）	74.52	74.52	100.00	16.36	16.36	21.95	11.37	11.37	15.26	1.44	1.44	1.93
起运		93398.45			27771.42			4223.33			1811.36	
存留		1015.57			212.70			147.91			65.58	
总计		94414.02	100.00		27984.12	29.64		4371.24	4.63		1876.94	1.99

项目	宁州 实物	折银	%	真宁县 实物	折银	%
夏税						
小麦（石）	23451.97	16613.38	67.82	4088.66	2896.41	11.82
农桑丝折绢（匹）	107.00	74.90	53.77	43.00	30.10	21.61
秋粮						
米（石）	37306.59	31759.10	50.06	6224.20	5298.66	8.35
马草（束）	50503.00	2449.40	46.05	9667.00	468.85	8.82

项目	实物	折银	%	实物	折银	%
户口盐钞银（两）（存留）	423.72	423.72	45.03	120.30	120.30	12.78
遇闰共加银（两）（存留）	35.31	35.31	47.38	10.20	10.20	13.69
起运		50896.78			8694.02	
存留		459.03			130.50	
总计		51355.81	54.39		8824.52	9.35

丙表103　临洮府分州县及其分属田赋折银明细

（单位：两/银）

项目	临洮府 实物	临洮府 折银	临洮府 %	狄道县 实物	狄道县 折银	狄道县 %	渭源县 实物	渭源县 折银	渭源县 %	兰州 实物	兰州 折银	兰州 %
夏税												
小麦（石）	25586.26	18125.31	100.00	4041.51	2863.01	15.80	1691.89	1198.54	6.61	1268.76	898.79	4.96
农桑丝折绢（匹）	26.00	18.20	100.00			100.00				21.00	14.70	80.77
秋粮												
米（石）	17508.61	14905.08	100.00	5279.13	4494.12	30.15	2754.17	2344.62	15.73	1668.18	1420.12	9.53
马草（束）	21902.00	1062.25	100.00	6619.00	321.02	30.22	3428.00	166.26	15.65	2093.00	101.51	9.56
户口盐钞银（两）（存留）	105.40	105.40	100.00	48.63	48.63	46.14	11.61	11.61	11.02	6.66	6.66	6.32
遇闰共加银（两）（存留）	3.20	3.20	100.00									
起运		34110.84			7678.15			3709.42			2435.12	
存留		108.60			48.63			11.61			11.61	6.66
总计		34219.44	100.00		7726.78	22.58		3721.03	10.87		2441.78	7.14

项目	金县 实物	金县 折银	%	河州 实物	河州 折银	%
夏税						
小麦（石）	3979.02	2818.74	15.55	14605.06	10346.23	57.08
农桑丝折绢（匹）	4.00	2.80	15.38			

（续上表）

项目	实物	折银	%	实物	折银	%
秋粮						
米（石）	4900.99	4172.21	27.99	2906.12	2473.98	16.60
马草（束）	6129.00	297.26	27.98	3632.00	176.15	16.58
户口盐钞银（两）（存留）	38.49	38.49	36.52			
遇闰共加银（两）（存留）	3.20	3.20	100.00			
起运		7291.01			12996.36	
存留		41.69				
总计		7332.70	21.43		12996.36	37.98

丙表104　巩昌府分州县及其分属田赋折银明细

（单位：两/银）

项目	巩昌府			陇西县			安定县			会宁县		
	实物	折银	%	实物	折银	%	实物	折银	%	实物	折银	%
夏税												
小麦（石）	62633.90	44369.85	100.00	11007.50	7797.73	17.57	6201.00	4392.81	9.90	4197.70	2973.67	6.70
农桑丝折绢（匹）	392.00	274.40	100.00									
秋粮												
米（石）	76951.87	65509.13	100.00	12887.60	10971.21	16.75	10567.20	8995.89	13.73	4481.70	3815.29	5.82
马草（束）	95411.00	4627.43	100.00	16360.00	793.46	17.15	13209.00	640.64	13.84	5602.00	271.70	5.87
户口盐钞银（两）（存留）	1494.08	1494.08	100.00	151.80	151.76	10.16	137.60	137.55	9.21	109.40	109.44	7.32
遇闰共加银（两）（存留）	120.50	120.50	100.00	12.60	12.64	10.49	11.50	11.46	9.51	9.10	9.12	7.57
起运		114780.81			19562.39			14029.34			7060.66	
存留		1614.58			164.40			149.01			118.56	
总计		116395.39	100.00		19726.79	16.95		14178.35	12.18		7179.22	6.17
项目	通渭县			漳县			宁远县			伏羌县		
	实物	折银	%	实物	折银	%	实物	折银	%	实物	折银	%

项目	西和县 实物	西和县 折银	西和县 %	成县 实物	成县 折银	成县 %	秦州 实物	秦州 折银	秦州 %	秦安县 实物	秦安县 折银	秦安县 %
夏税												
小麦（石）	5194.00	3679.45	8.29	1700.90	1204.93	2.72	4821.30	3415.37	7.70	4149.30	2939.38	6.62
农桑丝折绢（匹）	13.00	9.10	3.32				10.00	7.00	2.55	17.00	11.90	4.34
秋粮												
米（石）	8505.80	7241.00	11.05	2267.60	1930.38	2.95	4614.50	3928.34	6.00	5216.30	4440.63	6.78
马草（束）	10632.00	515.65	11.14	2809.00	136.24	2.94	5525.00	267.96	5.79	5689.00	275.92	5.96
户口盐钞银（两）（存留）	167.80	167.84	11.23	26.10	26.14	1.75	134.70	134.66	9.01	64.40	64.41	4.31
遇闰共加银（两）（存留）	14.00	13.98	11.60	2.20	2.17	1.80	11.20	11.22	9.31	5.40	5.36	4.45
起运		11445.21			3271.55			7618.68			7667.82	
存留		181.82			28.31			145.88			69.77	
总计		11627.03	9.99		3299.86	2.84		7764.56	6.67		7737.59	6.65

项目	清水县 实物	清水县 折银	清水县 %	礼县 实物	礼县 折银	礼县 %	阶州 实物	阶州 折银	阶州 %	文县 实物	文县 折银	文县 %
夏税												
小麦（石）	2779.00	1968.64	4.44	1581.40	1120.23	2.52	6876.80	4871.52	10.98	2661.50	1885.41	4.25
农桑丝折绢（匹）	67.00	46.90	17.09	22.00	15.40	5.61	32.00	22.40	8.16	66.00	46.20	16.84
秋粮												
米（石）	2338.30	1990.55	3.04	1457.30	1240.56	1.89	9625.10	8193.87	12.51	3812.80	3245.87	4.95
马草（束）	3016.00	146.28	3.16	1836.00	89.05	1.92	12031.00	583.50	12.61	4766.00	231.15	5.00
户口盐钞银（两）（存留）	77.30	77.32	5.18	48.50	48.48	3.24	151.10	151.07	10.11	92.40	92.35	6.18
遇闰共加银（两）（存留）	6.40	6.44	5.34	4.00	4.04	3.35	12.60	12.58	10.44	7.70	7.69	6.38
起运		4152.37			2465.23			13671.29			5408.64	
存留		83.76			52.52			163.65			100.04	
总计		4236.13	3.64		2517.75	2.16		13834.94	11.89		5508.68	4.73

项目	实物	折银	%	实物	折银	%	实物	折银	%	实物	折银	%
夏税												
小麦（石）	1670.00	1183.03	2.67	3489.80	2472.16	5.57	3337.90	2364.55	5.33	1049.90	743.75	1.68
农桑丝折绢（匹）	3.00	2.10	0.77	27.00	18.90	6.89	49.00	34.30	12.50	46.00	32.20	11.73
秋粮												
米（石）	2335.20	1987.92	3.03	2139.90	1821.71	2.78	3771.60	3210.76	4.90	851.00	724.49	1.11
马草（束）	2918.00	141.52	3.06	2674.00	129.69	2.80	4726.00	229.21	4.95	1064.00	51.60	1.12
户口盐钞银（两）（存留）	61.50	61.53	4.12	70.00	70.02	4.69	68.10	68.10	4.56	30.90	30.94	2.07
遇闰共加银（两）（存留）	5.10	5.12	4.25	5.80	5.83	4.84	5.70	5.67	4.71	2.60	2.57	2.13
起运		3314.58			4442.45			5838.83			1552.04	
存留		66.65			75.85			73.77			33.51	
总计		3381.23	2.90		4518.30	3.88		5912.60	5.08		1585.55	1.36

项目	徽州 实物	折银	%	两当县[1] 实物	折银	%
夏税						
小麦（石）	1235.40	875.16	1.97	680.90	482.36	1.09
农桑丝折绢（匹）	21.00	14.70	5.36	13.00	9.10	3.32
秋粮						
米（石）	1384.20	1178.34	1.80	695.70	592.27	0.90
马草（束）	1673.00	81.14	1.75	873.00	42.34	0.91
户口盐钞银（两）（存留）	79.70	79.71	5.34	22.7	22.70	1.52
遇闰共加银（两）（存留）	6.60	6.64	5.51	1.90	1.89	1.57
起运		2149.33			1126.06	
存留		86.35			24.59	

[1] 原书此处县名残缺，依据谭其骧《中国历史地图集》第七册《陕西》，第59—60页补上。

（单位：两/银）

丙表105　凤翔府分州县及其分属田赋折银明细

项目	凤翔府			凤翔县			宝鸡县			扶风县		
	实物	折银	%	实物	折银	%	实物	折银	%	实物	折银	%
夏税												
小麦（石）¹	85533.78	60592.13	100.00	14681.43	10400.33	17.16	14847.50	10517.97	17.36	16606.22	11763.85	19.41
农桑丝折绢（匹）	716.00	501.20	100.00	48.00	33.60	6.70	111.00	77.70	15.50	260.00	182.00	36.31
本色丝绵（斤）	37.38	4.49	100.00	7.44	0.89	19.90	3.75	0.45	10.03	17.47	2.10	46.74
秋粮												
米（石）	107115.89	91187.76	100.00	19438.47	16547.97	18.15	22181.88	18883.44	20.71	20588.95	17527.37	19.22
棉花绒（斤）²	1776.25	213.15	100.00	140.25	16.83	7.90	472.75	56.73	26.62	944.25	113.31	53.16
棉布（匹）³	13388.00	4016.40	100.00	338.00	101.40	2.52	4672.00	1401.60	34.90	3265.00	979.50	24.39
马草（束）	134066.00	6502.20	100.00	24348.00	1180.88	18.16	27790.00	1347.81	20.73	25743.00	1248.54	19.20
户口盐钞银（两）（存留）	1931.92	1931.92	100.00	397.12	397.12	20.56	384.87	384.87	19.92	320.68	320.68	16.60
遇闰共加银（两）（存留）	169.19	169.19	100.00	33.09	33.09	19.56	32.07	32.07	18.96	39.72	39.72	23.48
起运		163017.33			28281.90			32285.70			31816.66	
存留		2101.11			430.21			416.94			360.40	
总计		165118.44	100.00		28712.11	17.39		32702.64	19.81		32177.06	19.49

项目	岐山县			眉县			麟游县			陇州		
	实物	折银	%	实物	折银	%	实物	折银	%	实物	折银	%
夏税												

¹ 凤翔府小麦总数比各县数之和多 163.29 石。

² 此处数据残缺，依据《明会典》卷二五《户部》十二《税粮》三，陕西布政司项下数据补充，第 170 页。

³ 此处数据残缺，依据《明会典》卷二五《户部》十三《税粮》三，陕西布政司项下数据补充，第 170 页。

Table 1

项目	实物	折银	%	实物	折银	%	实物	折银	%	实物	折银	%
小麦（石）	13375.94	9475.52	15.64	6344.46	4494.42	7.42	7887.88	5587.77	9.22	5982.46	4237.97	6.99
农桑丝折绢（匹）	76.00	53.20	10.61	54.00	37.80	7.54	47.00	32.90	6.56	79.00	55.30	11.03
本色丝绵（斤）	1.63	0.20	4.36	0.75	0.09	2.01	5.78	0.69	15.46	0.56	0.07	1.50
秋粮												
米（石）	14376.94	12239.09	13.42	7185.52	6117.03	6.71	8334.40	7095.07	7.78	8812.81	7502.35	8.23
棉花绒（斤）	106.50	12.78	6.00	112.13	13.46	6.31						
棉布（匹）	1512.00	453.60	11.29	3599.00	1079.70	26.88						
马草（束）	17971.00	871.59	13.40	9034.00	438.15	6.74	10314.00	500.23	7.69	11086.00	537.67	8.27
户口盐钞银（两）（存留）	263.18	263.18	13.62	143.56	143.56	7.43	168.56	168.56	8.72	149.08	149.08	7.72
遇闰共加银（两）（存留）	21.83	21.83	12.90	11.96	11.96	7.07	14.04	14.04	8.30	12.42	12.42	7.34
起运		23105.97			12180.64			13216.67			12333.36	
存留		285.01			155.52			182.60			161.50	
总计		23390.98	14.17		12336.16	7.47		13399.27	8.11		12494.86	7.57

沂阳县

项目	实物	折银	%
夏税			
小麦（石）	5644.60	3998.63	6.60
农桑丝折绢（匹）	38.00	26.60	5.31
秋粮			
米（石）	6197.09	5275.58	5.79
马草（束）	7775.00	377.09	5.80
户口盐钞银（两）（存留）	115.22	115.22	5.96
遇闰共加银（两）（存留）	4.04	4.04	2.39
起运		9677.90	
存留		119.26	

丙表106

汉中府分州县及其分属田赋折银明细

（单位：两/银）

项目	汉中府[1]			南郑县			褒城县			城固县		
	实物	折银	%	实物	折银	%	实物	折银	%	实物	折银	%
夏税												
小麦（石）	12534.29	8879.29	100.00	381.25	270.08	3.04	308.87	218.80	2.46	1727.31	1223.63	13.78
农桑丝折绢（匹）	378.00	264.60	100.00	15.00	10.50	3.97	17.00	11.90	4.50	67.00	46.90	17.72
秋粮												
米（石）	21600.11	18388.17	100.00	1982.44	1687.65	9.18	1145.28	974.98	5.30	3376.21	2874.17	15.63
棉布（匹）	596.00	178.80	100.00	39.00	11.70	6.54	15.00	4.50	2.52	146.00	43.80	24.50
马草（束）	29971.00	1453.59	100.00	2861.00	138.76	9.55	1638.00	79.44	5.47	4700.00	227.95	15.68
户口盐钞银（两）（存留）	1781.05	1781.05	100.00	97.14	97.14	5.45	56.11	56.11	3.15	123.45	123.45	6.93
遇闰共加银（两）（存留）	149.14	149.14	100.00	8.09	8.09	5.42	4.67	4.67	3.13	10.28	10.28	6.89
起运		29164.45			2118.69			1289.62			4416.44	
存留		1930.19			105.23			60.78			133.73	
总计		31094.64	100.00		2223.92	7.15		1350.40	4.34		4550.17	14.63

项目	洋县			西乡县			凤县			宁羌州		
	实物	折银	%	实物	折银	%	实物	折银	%	实物	折银	%
夏税												
小麦（石）	3317.37	2350.02	26.47	858.47	608.14	6.85	2501.88	1772.33	19.96	121.77	86.26	0.97
农桑丝折绢（匹）	138.00	96.60	36.51	18.00	12.60	4.76	26.00	18.20	6.88	1.00	0.70	0.26
秋粮												

[1] 根据汉中府府夏税麦、秋粮米以及草的总数，开山驿、青桥驿、黄沙驿、柏林驿、菁阳驿、草凉楼驿、梁山驿、三岔驿、安山驿、武关驿、凉山楼驿等十一驿的夏税麦、秋粮米以及草的数量应计入汉中府内。这十一驿一驿的详表见丙表107。

项目

项目	沔县			略阳县			金州			平利县		
	实物	折银	%	实物	折银	%	实物	折银	%	实物	折银	%
米（石）	3902.06	3321.82	18.07	948.84	807.75	4.39	2529.98	2153.77	11.71	279.13	237.62	1.29
棉布（匹）	245.00	73.50	41.11	17.00	5.10	2.85	3222.00	156.27	10.75	2.00	0.60	0.34
马草（束）	5092.00	246.96	16.99	1289.00	62.52	4.30	136.69	136.69	7.67	501.00	24.30	1.67
户口盐钞银（两）（存留）	348.02	348.02	19.54	110.72	110.72	6.22	12.11	12.11	8.12	34.75	34.75	1.95
遇闰共加银（两）（存留）	29.00	29.00	19.44	9.22	9.22	6.18				2.89	2.89	1.94
起运		6088.91			1496.10			4100.57			349.48	
存留		377.02			119.94			148.80			37.64	
总计		6465.93	20.79		1616.04	5.20		4249.37	13.67		387.12	1.24

项目

项目	石泉县			洵阳县			紫阳县			汉阴县		
	实物	折银	%	实物	折银	%	实物	折银	%	实物	折银	%
夏税												
小麦（石）	343.28	243.18	2.74	292.82	207.43	2.34	740.98	524.91	5.91	117.79	83.44	0.94
农桑丝折绢（匹）	10.00	7.00	2.65	13.00	9.10	3.44	29.00	20.30	7.67	5.00	3.50	1.32
秋粮												
米（石）	908.63	773.52	4.21	492.44	419.21	2.28	2241.72	1908.38	10.38	418.87	356.58	1.94
棉布（匹）	27.00	8.10	4.53				57.00	17.10	9.56	3.00	0.90	0.50
马草（束）	1362.00	66.06	4.54	755.00	36.62	2.52	3269.00	158.55	10.91	554.00	26.87	1.85
户口盐钞银（两）（存留）	40.74	40.74	2.29	53.89	53.89	3.03	205.80	205.80	11.55	90.88	90.88	5.10
遇闰共加银（两）（存留）	3.39	3.39	2.27	4.49	4.49	3.01	17.80	17.80	11.94	7.57	7.57	5.08
起运		1097.85			672.37			2629.23			471.30	
存留		44.13			58.38			223.60			98.45	
总计		1141.98	3.67		730.75	2.35		2852.83	9.17		569.75	1.83

项目	实物	折银	%
夏税			

白河县

项目	实物	折银	%	实物	折银	%	实物	折银	%	实物	折银	%
小麦（石）	237.79	168.45	1.90	438.58	310.69	3.50	121.03	85.74	0.97	340.12	240.94	2.71
农桑丝折绢（匹）	6.00	4.20	1.59	18.00	12.60	4.76				10.00	7.00	2.65
秋粮												
米（石）	322.80	274.80	1.49	1056.33	899.25	4.89	220.01	187.29	1.02	608.69	518.18	2.82
棉布（匹）	6.00	1.80	1.01	28.00	8.40	4.70				6.00	1.80	1.01
马草（束）	528.00	25.61	1.76	1550.00	75.17	5.17				859.00	41.66	2.87
户口盐钞银（两）（存留）	86.61	86.61	4.86	141.28	141.28	7.93	47.28	47.28	2.65	104.89	104.89	5.89
遇闰共加银（两）（存留）	7.21	7.21	4.83	11.77	11.77	7.89	3.94	3.94	2.64	8.74	8.74	5.86
起运		474.86			1306.12			273.03			809.58	
存留		93.82			153.05			51.22			113.63	
总计		568.68	1.83		1459.17	4.69		324.25	1.04		923.21	2.97

十一驿

项目	实物	折银	%	实物	折银	%
夏税 小麦（石）	425.99	301.77	3.40	258.91	183.41	2.07
秋粮						
米（石）	476.34	405.51	2.21	690.70	587.99	3.20
马草（束）	924.00	44.81	3.08	856.00	41.52	2.86
户口盐钞银（两）（存留）	103.54	103.54	5.81			
遇闰共加银（两）（存留）	8.62	8.62	5.78			
起运		752.09			812.92	
存留		112.16				
总计		864.25	2.78		812.92	2.61

丙表 107

陕西布政司分属十一驿站田赋折银明细

（单位：两/银）

项目		总数 实物	总数 折银	总数 %	开山驿 实物	开山驿 折银	开山驿 %	青桥驿 实物	青桥驿 折银	青桥驿 %	黄沙驿 实物	黄沙驿 折银	黄沙驿 %
夏税	麦（石）	258.91	183.41	100.00	53.94	38.21	20.83						
秋粮	米（石）	690.70	587.99	100.00	189.87	161.64	27.49	16.30	13.88	2.36	195.42	166.36	28.29
	马草（束）	856.00	41.52	100.00	243.00	11.79	28.39	20.00	0.97	2.34	235.00	11.40	27.45
起运			812.92			211.63			14.85			177.76	
总计			812.92	100.00		211.63	26.03		14.85	1.83		177.76	21.87

项目		柏林驿 实物	柏林驿 折银	柏林驿 %	菁阳驿 实物	菁阳驿 折银	菁阳驿 %	草凉楼驿 实物	草凉楼驿 折银	草凉楼驿 %	梁山驿 实物	梁山驿 折银	梁山驿 %
夏税	麦（石）	14.22	10.07	5.49	15.46	10.95	5.97				74.25	52.60	28.68
秋粮	米（石）	64.50	54.91	9.34	108.56	92.42	15.72	22.55	19.20	3.26	49.70	42.31	7.20
	马草（束）	80.00	3.88	9.35	135.00	6.55	15.77	28.00	1.36	3.27	62.00	3.01	7.24
起运			68.86			109.92			20.55			97.91	
总计			68.86	8.47		109.92	13.52		20.55	2.53		97.91	12.04

项目		三岔驿 实物	三岔驿 折银	三岔驿 %	安山驿 实物	安山驿 折银	安山驿 %	武关驿 实物	武关驿 折银	武关驿 %	凉山楼驿 实物	凉山楼驿 折银	凉山楼驿 %
夏税	麦（石）	40.10	28.41	15.49	17.20	12.18	6.64	6.27	4.44	2.42	37.47	26.54	14.47
秋粮	米（石）	18.30	15.58	2.65	17.50	14.90	2.53	8.00	6.81	1.16			

1632

丙表108 陕西布政司分属三十七卫所田赋折银明细

（单位：两/银）

（接上表）

项目	实物	折银	%	实物	折银	%	实物	折银	%	实物	折银	%
马草（束）	22.00		1.07	21.00		2.57	10.00	2.45	1.02	21.00	0.49	1.17
起运		45.05			28.10			11.74			26.54	
总计		45.05	5.54		28.10	3.46		11.74	1.44		26.54	3.27

项目	总数			岷州卫			洮州卫			西固城军民千户所		
	实物	折银	%	实物	折银	%	实物	折银	%	实物	折银	%
夏税												
小麦（石）	8162.74	5782.48	100.00	2784.12	1972.27	34.11	220.36	156.10	2.70	300.87	213.14	3.69
农桑丝折绢（匹）	12.00	8.40	100.00	6.00	4.20	50.00				5.00	3.50	41.67
秋粮												
米（石）	12792.67	10890.40	100.00	113.28	96.44	0.89				372.57	317.17	2.91
马草（束）	19884.00	964.37	100.00	141.00	6.84	0.71				465.00	22.55	2.34
起运		17645.65			2079.74			156.10			556.36	
总计		17645.65	100.00		2079.74	11.79		156.10	0.88		556.36	3.15

项目	庆阳卫前千户所			山城驿			山城递运所			本秋递运所		
	实物	折银	%	实物	折银	%	实物	折银	%	实物	折银	%
夏税												
小麦（石）	969.51	686.80	11.88	41.08	29.10	0.50	44.93	31.83	0.55	28.24	20.01	0.35
秋粮												
米（石）	2157.36	1836.56	16.86	82.16	69.94	0.64	89.86	76.50	0.70	56.48	48.08	0.44
马草（束）	2697.00	130.80	13.56	100.00	4.85	0.50	58.00	2.81	0.29	68.00	3.30	0.34
起运		2654.17			103.89			111.14			71.38	
总计		2654.17	15.04		103.89	0.59		111.14	0.63		71.38	0.40
项目	青平驿			青平递运所			阜城递运所			宁夏卫经历司		

下表为各驿站、千户所夏税秋粮征收情况（单位：石／束，折银，%）：

灵州

项目	实物	折银	%
夏税			
小麦（石）	19.25	13.64	0.24
秋粮			
米（石）	38.51	32.78	0.30
马草（束）	45.00	2.18	0.23
起运		48.60	
总计		48.60	0.28

灵州千户所

项目	实物	折银	%
夏税			
小麦（石）	48.78	34.56	0.60
秋粮			
米（石）	97.80	83.26	0.76
马草（束）	118.00	5.72	0.59
起运		123.54	
总计		123.54	0.70

石沟驿

项目	实物	折银	%
夏税			
小麦（石）	1487.70	1053.89	18.23
秋粮			
米（石）	1613.53	1373.60	12.61
马草（束）	2016.00	97.78	10.14
起运		2525.26	
总计		2525.26	14.31

石沟儿递运所

项目	实物	折银	%
夏税			
小麦（石）	78.30	55.47	0.96
秋粮			
米（石）	155.28	132.19	1.21
马草（束）	194.00	9.41	0.98
起运		197.07	
总计		197.07	1.12

小盐池驿

项目	实物	折银	%
夏税			
小麦（石）	23.17	16.41	0.28
秋粮			
米（石）	46.21	39.34	0.36
马草（束）	45.00	2.18	0.23
起运		57.93	
总计		57.93	0.33

小盐池递运所

项目	实物	折银	%
夏税			
小麦（石）	90.01	63.76	1.10
秋粮			
米（石）	139.87	119.07	1.09
马草（束）	174.00	8.44	0.88
起运		191.27	
总计		191.27	1.08

萌城驿

项目	实物	折银	%
夏税			
小麦（石）	83.44	59.11	1.02
秋粮			
米（石）	166.88	142.06	1.30
马草（束）	208.00	10.09	1.05
起运		211.26	
总计		211.26	1.20

小盐池驿

项目	实物	折银	%
夏税			
小麦（石）	52.63	37.28	0.64
秋粮			
米（石）	105.26	89.61	0.82
马草（束）	131.00	6.35	0.66
起运		133.24	

小盐池递运所

项目	实物	折银	%
夏税			
小麦（石）	65.43	46.35	0.80
秋粮			
米（石）	130.96	111.49	1.02
马草（束）	163.00	7.91	0.82
起运		165.74	

萌城驿

项目	实物	折银	%
夏税			
小麦（石）	74.39	52.70	0.91
秋粮			
米（石）	143.78	122.40	1.12
马草（束）	179.00	8.68	0.90
起运		183.78	

萌城递运所

项目	实物	折银	%
夏税			
小麦（石）	123.75	87.66	1.52
秋粮			
米（石）	248.02	211.14	1.94
马草（束）	310.00	15.04	1.56
起运		313.84	

第一组

项目	大沙井递运所 实物	折银	%	绥德卫 实物	折银	%	延安卫 实物	折银	%	庆阳卫 实物	折银	%
夏税												
小麦（石）	35.43	25.10	0.43									
秋粮												
米（石）	70.34	59.88	0.55	468.23	398.60	3.66	369.15	314.26	2.89	594.57	506.16	4.65
马草（束）	87.00	4.22	0.44	945.00	45.83	4.75	744.00	36.08	3.74	1021.00	49.52	5.13
起运		89.20			444.44			350.34			555.68	
总计		89.20	0.51		444.44	2.52		350.34	1.99		555.68	3.15
总计		133.24	0.76		165.74	0.94		183.78	1.04		313.84	1.78

第二组

项目	高家堡 实物	折银	%	榆林城 实物	折银	%	波罗堡 实物	折银	%	怀远堡 实物	折银	%
秋粮												
米（石）	101.90	86.75	0.80	2043.49	1739.62	15.97	137.79	117.30	1.08	54.48	46.38	0.43
马草（束）	205.00	9.94	1.03	4128.00	200.21	20.76	278.00	13.48	1.40	110.00	5.34	0.55
起运		96.69			1939.83			130.78			51.71	
总计		96.69	0.55		1939.83	10.99		130.78	0.74		51.71	0.29

第三组

项目	威武堡 实物	折银	%	清平堡 实物	折银	%	龙州城 实物	折银	%	靖边营 实物	折银	%
秋粮												
米（石）	479.84	408.49	3.75	156.42	133.16	1.22	60.14	51.20	0.47	249.34	212.26	1.95
马草（束）	969.00	47.00	4.87	316.00	15.33	1.59	121.00	5.87	0.61	503.00	24.40	2.53
起运		455.48			148.49			57.07			236.66	
总计		455.48	2.58		148.49	0.84		57.07	0.32		236.66	1.34

项目	宁塞堡	永济堡	安边营	新兴堡

四川各府分州县及其分属田赋折银

项目	实物	折银	%	实物	折银	%	实物	折银	%	实物	折银	%
秋粮												
米（石）	107.31	91.35	0.84	79.27	67.48	0.62	261.89	222.95	2.05	43.89	37.36	0.34
马草（束）	126.00	6.11	0.63	135.00	6.55	0.68	592.00	28.71	2.98	86.00	4.17	0.43
起运		97.46	0.55		74.03	0.42		251.66	1.43		41.53	
总计		97.46	0.55		74.03	0.42		251.66	1.43		41.53	0.24

项目	定边营			双山堡		
	实物	折银	%	实物	折银	%
秋粮						
米（石）	120.41	102.51	0.94	11.55	9.83	0.09
马草（束）	529.00	25.66	2.66	33.00	1.60	0.17
起运		128.16	0.73		11.43	0.06
总计		128.16	0.73		11.43	0.06

成都府分州县及其分属田赋折银明细

（单位：两/银）

丙表 109

项目	成都府			成都县			华阳县			双流县		
	实物	折银	%	实物	折银	%	实物	折银	%	实物	折银	%
夏税												
米（石）	48548.91	14385.04	100.00	3152.50	934.09	6.49	949.85	281.44	1.96	1535.30	454.91	3.16
该省分派起运各仓米（石）	41321.37	12243.11		3101.90	919.05		705.00	208.89	1.71	1420.11	420.79	
荒丝米（石）	755.18	224.41		34.62	10.27		23.25	6.90	3.08	21.41	6.32	
遇闰加丝折米（石）	62.93	18.70		2.89	0.84		1.94	0.56	3.08	1.78	0.55	
存留各州县米（石）	6409.43	1898.83		13.08	3.83		219.66	65.10	3.43	92.00	27.25	
秋粮												

項目（續表）

項目	溫江縣 實物	溫江縣 折銀	%	新繁縣 實物	新繁縣 折銀	%	金堂縣 實物	金堂縣 折銀	%	仁壽縣 實物	仁壽縣 折銀	%
米（石）	109768.19	32524.31	100.00	6770.91	2006.22	6.17	3810.08	1128.93	3.47	3950.88	1170.65	3.60
起運米（石）	93003.39	27557.85		6424.00	1903.50		3669.75	1087.38		3527.88	1045.27	
存留米（石）	16764.80	4966.46		346.91	102.72		140.33	41.54		423.00	125.38	
地畝棉花絨（斤）（存留）	12873.57	823.91	100.00									
戶口鹽鈔銀（兩）（存留）	3075.33	3075.33	100.00	129.60	129.60	4.21	105.48	105.48	3.43	86.65	86.65	2.82
遇閏加派銀（兩）（存留）	256.27	256.27	100.00	10.80	10.80	4.21	8.79	8.79	3.43	7.22	7.22	2.82
起運	40044.07											
存留		11020.80		2833.66	246.95		1303.73	220.91		1472.93	246.50	
總計		51064.86	100.00	3080.71		6.03	1524.64		2.99	1719.42		3.37

項目	溫江縣 實物	溫江縣 折銀	%	新繁縣 實物	新繁縣 折銀	%	金堂縣 實物	金堂縣 折銀	%	仁壽縣 實物	仁壽縣 折銀	%
夏稅												
米（石）	2598.17	769.84		1703.57	504.77	5.35	2234.30	662.02	4.60	2029.12	601.23	4.18
該省分派起運各倉米（石）	2565.00	759.98		1556.53	461.21		1894.00	561.19		1798.95	533.03	
荒絲米（石）	30.62	9.08		21.41	6.36		30.96	9.18		47.85	14.18	
遇閏加絲折米（石）	2.55	0.77		1.78	0.50		2.58	0.76		3.99	1.18	
存留各州縣米（石）				123.81	36.70		306.76	90.90		178.33	52.84	
秋糧												
米（石）	7143.19	2116.53		3896.35	1154.49	6.51	3916.95	1160.59	3.55	4439.56	1315.44	3.57
起運米（石）	6633.19	1965.41		3540.17	1048.97		3753.70	1112.20		4087.90	1211.26	
存留米（石）	510.00	151.12		356.18	105.52		163.24	48.40		351.66	104.18	
地畝棉花絨（斤）（存留）										1456.83	93.24	11.32
戶口鹽鈔銀（兩）（存留）	103.51	103.51	3.37	39.42	39.42		90.37	90.37	2.94	288.05	288.05	9.37
遇閏共加銀（兩）（存留）	8.62	8.62	3.36	3.28	3.28	1.28	7.53	7.53	2.94	24.00	24.00	9.37
起運	2735.24			1517.04			1683.32			1759.65		

项目	新都县 实物	折银	%	井研县 实物	折银	%	郫县 实物	折银	%	资县 实物	折银	%
存留		263.25	5.87		184.92	3.33		237.19	3.76		562.31	4.55
总计		2998.49			1701.96			1920.52			2321.96	
夏税												
米（石）	2847.17	843.62	5.86	508.73	150.74	1.05	2651.91	785.76	5.46	1838.38	544.71	3.79
该省分派起运各仓米（石）	2810.76	832.83		420.00	124.45		2571.30	761.87		1618.00	479.41	
荒丝米（石）	33.61	9.95		15.88	4.70		37.30	11.06		49.56	14.69	
遇闰丝折米（石）	2.80	0.83		1.32	0.39		3.11	0.92		4.13	1.23	
存留各州县米（石）				71.52	21.19		40.20	11.91		166.69	49.39	
秋粮												
米（石）	5512.04	1633.22	5.02	1431.13	424.04	1.30	6295.26	1865.29	5.74	3565.12	1056.34	3.25
起运米（石）	5032.04	1490.96		1052.65	311.88		5855.47	1734.90		3216.81	953.14	
存留米（石）	480.00	142.25		378.47	112.16		439.79	130.38		348.30	103.20	
地亩棉花绒（斤）（存留）										2669.18	170.83	20.73
户口盐钞银（两）（存留）	50.70	50.70	1.65	112.71	112.71	3.66	138.76	138.76	4.51	90.97	90.97	2.96
遇闰共加银（两）（存留）	4.22	4.22	1.65	9.39	9.39	3.66	11.56	11.56	4.51	7.58	7.58	2.96
起运		2334.57			441.43			2508.75			1448.46	
存留		197.17			255.45			292.62			421.97	
总计		2531.75	4.96		696.88	1.36		2801.37	5.49		1870.43	3.66

项目	灌县 实物	折银	%	彭县 实物	折银	%	安县 实物	折银	%	内江县 实物	折银	%
夏税												
米（石）	2619.20	776.07	5.39	2301.81	682.03	4.74	1360.87	403.23	2.80	3308.65	980.35	6.82
该省分派起运各仓米（石）	1980.00	586.68		2095.00	620.75		1093.59	324.03		2947.50	873.35	

项目	崇宁县 实物	折银	%	资阳县 实物	折银	%	简州 实物	折银	%	崇庆州 实物	折银	%
荒丝米（石）	26.05	7.72		25.62	7.59		15.95	4.73		81.27	24.08	
遇闰加丝折米（石）	2.17	0.64		2.14	0.63		1.33	0.40		6.77	2.01	
存留各州县米（石）	610.98	181.03		179.05	53.05		250.00	74.08		273.10	80.92	
秋粮												
米（石）	6136.52	1818.25	5.59	4310.53	1277.21	3.93	2009.99	595.56	1.83	8008.04	2372.78	7.30
起运米（石）	1187.50	351.83		4009.59	1188.06		850.00	251.86		7701.15	2281.90	
存留米（石）	4949.01	1466.42		300.94	89.15		1159.99	343.70		306.89	90.88	
地亩棉花绒（斤）（存留）										3706.93	237.24	28.79
户口盐钞银（两）（存留）	43.63	43.63	1.42	95.61	95.61	3.11	40.10	40.10	1.30	155.80	155.80	5.07
遇闰共加银（两）（存留）	3.63	3.63	1.42	7.96	7.96	3.11	3.34	3.34	1.30	12.98	12.98	5.06
起运		946.87			1817.03			581.02			3181.34	
存留		1694.71			245.77			461.21			577.82	
总计		2641.58	5.17		2062.81	4.04		1042.23	2.04		3759.16	7.36

项目	崇宁县 实物	折银	%	资阳县 实物	折银	%	简州 实物	折银	%	崇庆州 实物	折银	%
夏税												
米（石）	915.47	271.25	1.89	1712.72	507.48	3.53	1665.96	493.62	3.43	1793.16	531.31	3.69
该分派起运各仓米（石）	753.96	223.40		1200.84	355.81		1354.82	401.43		1687.07	499.88	
荒丝米（石）	10.62	3.15		24.80	7.35		31.67	9.38		36.92	10.94	
遇闰加丝折米（石）	0.89	0.26		2.07	0.61		2.64	0.78		3.08	0.91	
存留各州县米（石）	150.00	44.44		485.00	143.71		276.82	82.02		66.07	19.58	
秋粮												
米（石）	2034.79	602.91	1.85	4166.30	1234.47	3.80	3565.26	1056.39	3.25	7191.00	2130.69	6.55
起运米（石）	1664.79	493.30		4166.30	1234.47		3102.08	919.16		6382.13	1890.99	
存留米（石）	370.00	109.61					463.18	137.22		808.87	239.70	

（上表）

项目	新津县			汉州			什邡县			绵竹县		
	实物	折银	%	实物	折银	%	实物	折银	%	实物	折银	%
地亩棉花绒（斤）（存留）				2942.61	188.33	22.86	2098.04	134.27	16.30			
户口盐钞银（两）（存留）	28.06	28.06	0.91	180.23	180.23	5.86	287.29	287.29	9.34	274.60	274.60	8.93
遇闰共加银（两）（存留）	2.33	2.33	0.91	15.01	15.01	5.86	23.94	23.94	9.34	22.88	22.88	8.93
起运		720.11			1598.25			1330.76			2402.72	
存留		184.44			527.28			664.75			556.76	
总计		904.55	1.77		2125.52	4.16		1995.52	3.91		2959.49	5.80

（下表）

项目	德阳县			绵州			彰明县			罗江县		
	实物	折银	%	实物	折银	%	实物	折银	%	实物	折银	%
夏税												
米（石）	1584.20	469.40	3.26	2499.21	740.52	5.15	1003.12	297.22	2.07	1747.53	517.79	3.60
该省分派起运各仓米（石）	1481.56	438.99		1997.80	591.95		685.39	203.08		1443.00	427.56	
荒丝米（石）	26.75	7.93		42.51	12.60		15.95	4.73		21.10	6.25	
遇闰丝折米（石）	2.23	0.66		3.54	1.05		1.33	0.40		1.76	0.52	
存留各州县米（石）	73.66	21.83		455.36	134.92		300.45	89.02		281.67	83.46	
秋粮												
米（石）	3746.83	1110.19	3.41	5380.67	1594.29	4.90	2058.18	609.84	1.88	2748.14	814.27	2.50
起运米（石）	3328.50	986.29		4956.03	1468.50		1905.41	564.59		2129.82	631.06	
存留米（石）	418.33	123.90	2.44	424.63	125.79	5.27	152.76	45.25		618.32	183.21	2.00
户口盐钞银（两）（存留）	74.97	74.97	2.44	162.16	162.16	5.27	57.15	57.15	1.86	61.43	61.43	2.00
遇闰共加银（两）（存留）	6.24	6.24	2.43	13.51	13.51	5.27	4.76	4.76	1.86	5.11	5.11	1.99
起运		1433.86			2074.10			772.79			1065.40	
存留		226.93			436.38			196.18			333.21	
总计		1660.79	3.25		2510.48	4.92		968.97	1.90		1398.61	2.74

夏税

项目	茂州 实物	茂州 折银	茂州 %	汶川县 实物	汶川县 折银	汶川县 %	威州 实物	威州 折银	威州 %	保县 实物	保县 折银	保县 %
米（石）	799.44	236.87	1.65	645.60	191.29	1.33	679.73	201.40	1.40	465.80	138.02	0.96
该省分派起运各仓米（石）	712.56	211.13		427.90	126.79		619.33	183.51		379.44	112.43	
荒丝米（石）	16.01	4.74		10.67	3.16		15.88	4.70		6.86	2.03	
遇闰加丝折米（石）	1.33	0.39		0.89	0.26		1.32	0.39		0.57	0.17	
存留各州县米（石）	69.54	20.61		206.14	61.08		43.19	12.80		78.92	23.38	
秋粮												
米（石）	2452.94	726.81	2.23	852.04	252.46	0.78	1476.80	437.58	1.35	681.07	201.80	0.62
起运米（石）	2052.49	608.12		578.18	171.32		1100.00	325.95		300.00	88.89	
存留米（石）	400.45	118.69		273.85	81.14		376.80	111.63		381.07	112.91	
户口盐钞银（两）（存留）	185.61	185.61	6.04	74.01	74.01	2.41	37.90	37.90	1.23	77.77	77.77	2.53
遇闰共加银（两）（存留）	15.46	15.46	6.03	6.16	6.16	2.40	3.15	3.15	1.23	6.48	6.48	2.53
起运		824.39			301.53			514.55			203.52	
存留		340.36			222.39			165.47			220.54	
总计		1164.75	2.28		523.92	1.03		680.03	1.33		424.07	0.83

项目	茂州 实物	茂州 折银	茂州 %	汶川县 实物	汶川县 折银	汶川县 %	威州 实物	威州 折银	威州 %	保县 实物	保县 折银	保县 %
夏税												
米（石）	425.67	126.13	0.88	137.91	40.86	0.28	833.75	247.04	1.72	414.41	122.79	0.38
存留各州县米（石）	425.67	126.13		137.91	40.86		833.75	247.04		414.41	122.79	
秋粮												
米（石）	523.28	155.05	0.48	143.16	42.42	0.13						
存留米（石）	523.28	155.05		143.16	42.42							
存留		281.17			83.28			247.04			122.79	
总计		281.17	0.55		83.28	0.16		247.04	0.48		122.79	0.24

项目	静州长官司			岳溪蓬长官司			陇木头长官司			松潘卫		
	实物	折银	%	实物	折银	%	实物	折银	%	实物	折银	%
秋粮												
米（石）	283.83	84.10	0.26	184.78	54.75	0.17	327.14	96.93	0.30	136.37	40.41	0.12
起运米（石）	283.83	84.10		184.78	54.75		327.14	96.93				
存留米（石）										136.37	40.41	
起运		84.10			54.75			96.93				
存留											40.41	
总计		84.10	0.16		54.75	0.11		96.93	0.19		40.41	0.08

叠溪千户所并所属叠溪爵即三长官司

项目	实物	折银	%
秋粮			
米（石）	204.48	60.59	0.19
存留米（石）	204.48	60.59	
存留		60.59	
总计		60.59	0.12

保宁府分州县及其分属田赋折银明细

丙表110

（单位：丙/银）

项目	保宁府			阆中县			苍溪县			南部县		
	实物	折银	%	实物	折银	%	实物	折银	%	实物	折银	%
夏税												
米（石）	9581.45	2838.98	100.00	1675.38	496.41	17.49	884.56	262.09	9.23	1586.08	469.95	16.55
该省分派起运各仓米（石）	6754.94	2001.48		1296.41	384.13		470.32	139.36		1309.34	387.96	
荒丝米（石）	671.84	199.07		110.00	32.59		78.00	23.11		100.00	29.63	
遇闰加丝折米（石）	56.01	16.61		9.17	2.72		6.50	1.93		8.33	2.47	

项目	广元县 实物	广元县 折银	广元县 %	昭化县 实物	昭化县 折银	昭化县 %	巴州 实物	巴州 折银	巴州 %	通江县 实物	通江县 折银	通江县 %
存留各州县米（石）	2098.66	621.82		259.80	76.98		329.73	97.70		168.41	49.90	
秋粮												
米（石）	9681.87	2868.74	100.00	1147.80	340.09	11.86	935.46	277.18	9.66	1516.18	449.24	15.66
起运米（石）	6642.71	1968.24		1047.60	310.40		775.20	229.69		1144.59	339.14	
存留米（石）	3039.15	900.50		100.20	29.69		160.26	47.49		371.58	110.10	
户口盐钞银（两）（存留）	801.95	801.95	100.00	69.08	69.08	8.61	28.72	28.72	3.58	213.24	213.24	26.59
遇闰加增银（两）（存留）	66.82	66.82	100.00	5.75	5.75	8.61	2.39	2.39	3.58	17.77	17.77	26.59
起运		4185.40			729.84			394.08			759.20	
存留		2391.09			181.50			176.29			391.01	
总计		6576.49	100.00		911.34	13.86		570.38	8.67		1150.21	17.49

项目	广元县 实物	广元县 折银	广元县 %	昭化县 实物	昭化县 折银	昭化县 %	巴州 实物	巴州 折银	巴州 %	通江县 实物	通江县 折银	通江县 %
夏税												
米（石）	371.97	110.21	3.88	318.35	94.33	3.32	2038.47	604.00	21.28	1004.86	297.74	10.49
该省分派起运各仓米（石）	200.00	59.26		85.00	25.19		1630.70	483.17		699.86	207.37	
荒丝米（石）	30.00	8.89		25.00	7.41		151.00	44.74		77.43	22.94	
遇闰加丝折（石）	2.50	0.74		2.08	0.62		12.58	3.73		6.45	1.91	
存留各州县米（石）	139.47	41.32		206.27	61.12		244.19	72.35		221.11	65.51	
秋粮												
米（石）	691.10	204.77	7.14	530.44	157.17	5.48	2025.69	600.21	20.92	719.94	213.32	7.44
起运米（石）	300.00	88.89		315.00	93.34		1557.89	461.61		451.05	133.65	
存留米（石）	391.10	115.88		215.44	63.83		467.80	138.61		268.88	79.67	
户口盐钞银（两）（存留）	8.98	8.98	1.12	13.60	13.60	1.70	144.18	144.18	17.98	132.96	132.96	16.58
遇闰加增银（两）（存留）	0.74	0.74	1.11	1.13	1.13	1.69	12.01	12.01	17.97	11.08	11.08	16.58
起运		157.78			126.54			993.25			365.87	

丙表110（续）

项目	南江县 实物	南江县 折银	南江县 %	剑州 实物	剑州 折银	剑州 %	梓潼县 实物	梓潼县 折银	梓潼县 %	实物	折银	%
存留		166.93			139.68			367.15			289.22	
总计		324.71	4.94		266.23	4.05		1360.40	20.69		655.10	9.96
夏税												
米（石）	669.29	198.31	6.99	603.59	178.84	6.30	428.84	127.07	4.48			
该省分派起运各仓米（石）	560.29	166.01		300.00	88.89		203.00	60.15				
荒丝米（石）	49.00	14.52		28.37	8.41		23.03	6.82				
遇闰加丝折米（石）	4.08	1.21		2.36	0.70		1.94	0.57				
存留各州县米（石）	55.92	16.57		272.86	80.84		200.87	59.52				
秋粮												
米（石）	702.44	208.13	7.26	686.79	203.50	7.09	725.99	215.11	7.50			
起运米（石）	320.36	94.92		300.00	88.89		431.00	127.70				
存留米（石）	382.08	113.21		386.79	114.61		294.99	87.41				
户口盐钞银（两）（存留）	43.66	43.66	5.44	102.51	102.51	12.78	44.98	44.98	5.61			
遇闰共加银（两）（存留）	3.63	3.63	5.43	8.54	8.54	12.78	3.74	3.74	5.60			
起运		276.66			186.88			195.25				
存留		177.07			306.50			195.64				
总计		453.73	6.90		493.39	7.50		390.90	5.94			

丙表111 顺庆府分州县及其分属田赋折银明细

（单位：两/银）

项目	顺庆府 折银	顺庆府 %	南充县 实物	南充县 折银	南充县 %	西充县 实物	西充县 折银	西充县 %	蓬州 实物	蓬州 折银	蓬州 %
夏税											
米（石）	6939.69	100.00	2319.82	687.36	9.90	3088.52	915.13	13.19	707.03	209.49	3.02

项目	营山县			仪陇县			广安州			渠县		
	实物	折银	%	实物	折银	%	实物	折银	%	实物	折银	%
该省分派起运各仓米（石）	21044.48	6235.31		2259.15	669.39		3026.77	896.84		330.85	98.03	
荒运米（石）	775.56	229.70		56.00	16.59		57.00	16.89		28.00	8.30	
遇闰加丝折米（石）	64.63	19.43		4.67	1.38		4.75	1.41		2.33	0.69	
存留各州县米（石）	1536.48	455.24								345.85	102.48	
秋粮												
米（石）	49122.77	14555.08	100.00	2442.00	723.56	4.97	1554.87	460.71	3.17	1080.14	320.05	2.20
起运米（石）	45269.25	13413.96		2082.00	616.90		1074.87	318.48		706.00	209.19	
存留米（石）	3853.51	1141.12		360.00	106.67		480.00	142.23		374.14	110.86	
地亩桶花绒（斤）（存留）	3209.30	205.40	100.00	300.49	19.23	9.36	30.75	1.97	0.96	70.38	4.50	2.19
户口盐钞银（两）（存留）	1147.91	1147.91	100.00	190.80	190.80	16.62	60.22	60.22	5.25	185.23	185.23	16.14
遇闰共加银（两）（存留）¹	95.66	95.66	100.00	15.90	15.90	16.62	5.01	5.01	5.24	15.43	15.43	16.13
起运		19898.40			1304.26			1233.62			316.21	
存留		3045.33			332.60			209.42			418.50	
总计		22943.74	100.00		1636.86	7.13		1443.04	6.29		734.70	3.20

项目	营山县			仪陇县			广安州			渠县		
	实物	折银	%	实物	折银	%	实物	折银	%	实物	折银	%
夏税												
米（石）	665.11	197.07	2.84	1661.72	492.37	7.09	4701.72	1393.12	20.07	1978.02	586.09	8.45
该省分派起运各仓米（石）	500.00	148.15		1505.14	445.97		4237.00	1255.42		1907.00	565.05	
荒运米（石）	21.00	6.22		43.00	12.74		166.00	49.19		65.56	19.42	
遇闰加丝折米（石）	1.75	0.52		3.58	1.06		13.21	3.91		5.46	1.62	
存留各州县米（石）	142.36	42.18		110.00	32.59		285.51	84.59				
秋粮												
米（石）	1091.34	323.36	2.22	1563.48	463.26	3.18	13061.46	3870.11	26.59	4973.81	1473.74	10.13

¹ 原书渠县"遇闰加银"项，数值部分残缺，依据顺庆府总数补齐。

项目	实物	折银	%	实物	折银	%	实物	折银	%	实物	折银	%
起运米（石）	793.71	235.18		1233.48	365.48		12326.97	3652.50		4493.81	1331.51	
存留米（石）	297.63	88.19		330.00	97.78		734.48	217.62		480.00	142.23	
地亩棉花绒（斤）（存留）	88.00	5.63	2.74	112.00	7.17	3.49	434.29	27.80	13.53	1472.00	94.21	45.87
户口盐钞银（两）（存留）	26.06	26.06	2.27	65.86	65.86	5.74	155.19	155.19	13.52	101.05	101.05	8.80
遇闰共加银（两）（存留）	2.17	2.17	2.27	5.48	5.48	5.73	12.93	12.93	13.52	8.42	8.42	8.80
起运		390.07			825.25			4961.03			1917.60	
存留		164.23			208.88			498.12			345.91	
总计		554.30	2.42		1034.14	4.51		5459.15	23.79		2263.51	9.87

项目	大竹县			岳池县			邻水县		
	实物	折银	%	实物	折银	%	实物	折银	%
夏税									
米（石）	2439.45	722.81	10.42	3775.95	1118.81	16.12	2083.13	617.23	8.89
该省分派起运各仓米（石）	2014.00	596.75		3306.00	979.57		1958.55	580.32	
荒米（石）	115.00	34.07		109.00	32.30		115.00	34.08	
遇闰加丝折米（石）	9.58	2.84		9.08	2.69		9.58	2.84	
存留各州县米（石）	300.87	89.15		351.87	104.26				
秋粮									
米（石）	5963.28	1766.92	12.14	10127.15	3000.68	20.62	7265.20	2152.68	14.79
起运米（石）	5804.16	1719.78		9979.02	2956.78		6775.20	2007.50	
存留米（石）	159.12	47.14		148.12	43.90		490.00	145.18	
地亩棉花绒（斤）（存留）	142.33	9.11	4.43	442.71	28.33	13.79	116.35	7.45	3.63
户口盐钞银（两）（存留）	93.99	93.99	8.19	165.74	165.74	14.44	103.73	103.73	9.04
遇闰共加银（两）（存留）	7.83	7.83	8.19	13.81	13.81	14.44	8.64	8.64	9.03
起运		2353.44			3971.33			2624.74	
存留		247.22			356.05			264.99	

丙表112 　叙州府分州县及其分属田赋折银明细

（单位：两/银）

项目	叙州府 实物	折银	%	宜宾县 实物	折银	%	庆符县 实物	折银	%	富顺县 实物	折银	%
夏税												
米（石）	32950.35	9763.19	100.00	3949.01	1170.09	11.98	2637.31	781.44	8.00	14885.08	4410.45	45.17
该省分派起运各仓米（石）	29616.52	8775.35		3836.21	1136.67		2609.68	773.25		14388.58	4263.32	
荒丝米（石）	756.50	224.16		104.12	30.86		25.50	7.56		458.31	135.80	
遇闰加丝折米（石）	63.04	18.65		8.68	2.57		2.13	0.63		38.19	11.33	
存留各州县米（石）	2514.29	745.03										
秋粮												
米（石）	85542.13	25346.13	100.00	8214.41	2433.93	9.60	2622.00	776.90	3.07	33170.78	9828.50	38.78
起运米（石）	79669.84	23606.12		7854.41	2336.57		2150.00	637.06		32510.78	9631.93	
存留米（石）	5872.29	1740.01		360.00	97.36		472.00	139.84		660.00	196.57	
地亩棉花绒（斤）（存留）	7437.70	476.01	100.00	881.48	56.41	11.85	267.89	17.14	3.60	3512.63	224.81	47.23
户口盐钞银（两）（存留）	1643.68	1643.68	100.00	60.10	60.10	100.00	15.51	15.51	0.94	1235.30	1235.30	75.15
遇闰共加银（两）（存留）	136.96	136.96	100.00	5.00	5.00	100.00	0.87	0.87	0.64	102.94	102.94	75.16
起运		32624.28			3506.68			1418.49			14042.38	
存留		4741.69			218.87			173.37			1759.62	
总计		37365.97	100.00		3725.54	9.97		1591.86	4.26		15802.00	42.29

项目	南溪县 实物	折银	%	长宁县 实物	折银	%	高县 实物	折银	%	筠连县 实物	折银	%
总计		2600.66	11.33		4327.37	18.86		2889.73	12.59			
夏税												
米（石）	4087.96	1211.26	12.41	1766.22	523.33	5.36	978.49	289.93	2.97	605.53	179.42	1.84

该省分派起运各仓米（石）	3991.95	1182.81		1700.68	503.91		58.08	17.21				
荒丝米（石）	88.62	26.26		60.50	17.92							
遇闰加丝折米（石）	7.39	2.19		5.04	1.49							
存留各州县米（石）							920.41	272.72		605.53	179.42	
秋粮												
米（石）	9477.32	2808.13	11.08	7275.00	2155.58	8.50	2858.91	847.09	3.34	801.81	237.58	0.94
起运米（石）	8942.32	2639.64		6788.00	2004.69		2858.91	847.09				
存留米（石）	535.00	168.49		487.00	150.89					801.81	237.58	
地亩棉花绒（斤）（存留）	614.68	39.34	8.26	288.36	18.45	3.88						
户口盐钞银（两）（存留）	165.09	165.09	10.04	15.85	15.85	0.96	29.79	29.79	1.81	3.69	3.69	0.22
遇闰共加银（两）（存留）	13.75	13.75	10.04	1.32	1.32	0.96	2.48	2.48	1.81	0.30	0.30	0.22
起运		3850.90			2528.02			864.30				
存留		386.67			186.52			304.99			420.98	
总计		4237.57	11.34		2714.54	7.26		1169.29	3.13		420.98	1.13
项目	**珙县**			**兴文县**			**隆昌县**					
	实物	折银	%	实物	折银	%	实物	折银	%			
夏税												
米（石）	421.63	124.93	1.28	615.23	182.29	1.87	3003.84	890.04	9.12			
该省分派起运各仓米（石）				161.38	47.82		2869.92	850.36				
荒丝米（石）							19.44	5.76				
遇闰加丝折米（石）							1.62	0.48				
存留各州县米（石）	421.63	124.93		453.85	134.48		112.86	33.44				
秋粮												
米（石）	1212.35	359.22	1.42	1401.91	415.39	1.64	18507.60	5483.80	21.64			
起运米（石）				407.80	120.46		18157.60	5374.13				

（续表）

项目	实物	折银	%	实物	折银	%	实物	折银	%
存留米（石）	1212.35	359.22		994.11	294.92		350.00	109.68	
地亩棉花绒（斤）（存留）	2.88	0.18					1872.66	119.85	25.18
户口盐钞银（两）（存留）	0.24	0.24	0.18	2.73	2.73	0.17	117.72	117.72	7.16
遇闰共加银（两）（存留）	0.24	0.24	0.18	0.22	0.22	0.16	9.81	9.81	7.16
起运	179.17			168.28			6230.72		
存留	487.27			432.35			390.49		
总计	487.27		1.30	600.63		1.61	6621.22		17.72

丙表113   重庆府分州县及其分属田赋折银明细

（单位：两/银）

项目	重庆府			巴县			江津县			长寿县		
	实物	折银	%	实物	折银	%	实物	折银	%	实物	折银	%
夏税												
米（石）	109944.92	32576.68	100.00	17065.23	5056.43	15.52	10217.19	3027.35	9.29	7118.19	2109.12	6.47
该省分派起运各仓米（石）	102660.63	30420.10		16700.02	4948.22		9783.90	2898.96		6942.39	2057.02	
折布米（石）	606.50	179.17										
荒丝米（石）	1340.43	397.44		248.96	73.77		141.50	41.93		102.00	30.22	
遇闰加丝折米（石）	111.70	32.58		20.75	6.17		11.79	3.48		8.50	2.51	
存留各州县米（石）	5225.66	1547.39		95.50	28.32		280.00	82.95		65.30	19.34	
秋粮												
米（石）	248021.41	73488.74	100.00	43262.81	12818.77	17.44	24963.67	7396.74	10.07	22912.48	6788.97	9.24
起运米（石）	237936.78	70497.75		42558.31	12562.39		24603.67	7322.77		22427.79	6653.19	
存留米（石）	10084.62	2990.99		704.50	256.38		360.00	73.97		484.69	135.78	
地亩棉花绒（斤）（存留）	25071.34	1604.57	100.00	1959.82	125.43	7.82	712.39	45.59	2.84	1820.00	116.48	7.26
户口盐钞银（两）（存留）	3279.13	3279.13	100.00	695.97	695.97	21.22	162.18	162.18	4.95	132.44	132.44	4.04
遇闰共加银（两）（存留）	273.26	273.26	100.00	57.99	57.99	21.22	13.51	13.51	4.94	11.03	11.03	4.04

（续表）

项目	折银	%	折银	%	折银	%	折银	%
起运	101527.04		17590.56		10267.14		8742.95	
存留	9695.34		1164.08		378.20		415.07	
总计	111222.38	100.00	18754.59	16.86	10645.37	9.57	9158.04	8.23

项目	大足县			永川县			荣昌县			綦江县		
	实物	折银	%	实物	折银	%	实物	折银	%	实物	折银	%
夏税												
米（石）	11410.62	3380.97	10.38	12355.16	3660.83	11.24	8991.93	2664.31	8.18	908.96	269.32	0.83
该省分派起运各仓米（石）	10946.30	3243.40		11900.00	3525.97		8500.57	2518.73		400.00	118.52	
荒米（石）	139.06	41.21		93.43	27.68		82.56	24.46		11.06	3.28	
遇闰加丝折米（石）	11.59	3.45		7.79	2.31		6.88	2.05		0.92	0.27	
存留各州县米（石）	313.67	92.94		353.94	104.88		401.92	119.09		496.98	147.26	
秋粮												
米（石）	21251.36	6296.78	8.57	23260.66	6892.13	9.38	11385.50	3373.52	4.59	2033.42	602.50	0.82
起运米（石）	21025.03	6233.81		23084.60	6823.21		11360.29	3366.07		2010.41	596.48	
存留米（石）	226.32	62.97		176.06	68.92		25.21	7.46		23.01	6.03	
地亩棉花绒（斤）（存留）	4403.94	281.85	17.57	2778.14	177.80	11.08	2240.54	143.39	8.94	248.51	15.90	0.99
户口盐钞银（两）（存留）	428.40	428.40	13.06	258.39	258.39	7.88	242.83	242.83	7.41	16.84	16.84	0.51
遇闰共加银（两）（存留）	35.70	35.70	13.06	21.53	21.53	7.88	20.23	20.23	7.40	1.40	1.40	0.51
起运		9521.87			10379.16			5911.31			718.55	
存留		901.86			631.53			533.01			187.43	
总计		10423.70	9.37		11010.69	9.90		6444.29	5.79		905.97	0.81

项目	南川县			黔江县			安居县			璧山县		
	实物	折银	%	实物	折银	%	实物	折银	%	实物	折银	%
夏税												
米（石）	1305.21	386.73	1.19	350.00	103.71	0.32	1392.89	412.71	1.27	6582.38	1950.36	5.99

合州 / 铜梁县 / 定远县 / 忠州（续前表）

项目	合州 实物	合州 折银	合州 %	铜梁县 实物	铜梁县 折银	铜梁县 %	定远县 实物	定远县 折银	定远县 %	忠州 实物	忠州 折银	忠州 %
该省分派起运各仓米（石）	1216.00	360.30					1115.70	330.58		6050.00	1792.61	
荒丝米（石）	10.37	3.07					21.19	6.28		70.03	20.75	
遇闰加丝折米（石）	0.86	0.26					1.77	0.52		5.84	1.74	
存留各州县米（石）	77.98	23.11		350.00	103.71		254.23	75.33		456.51	135.26	
秋粮												
米（石）	3451.36	1022.64	1.39	39.54	11.72	0.02	3561.61	1055.30	1.44	13099.81	3881.47	5.28
起运米（石）	3049.35	899.92					3335.66	991.99		13066.32	3871.54	
存留米（石）	402.01	122.72		39.54	11.72		225.94	63.32		33.48	9.94	
地亩棉花绒（斤）（存留）	310.64	19.88	1.24				645.93	41.34	2.58	950.29	60.82	3.79
户口盐钞银（两）（存留）	59.95	59.95	1.83	12.99	12.99	0.40	144.63	144.63	4.41	120.24	120.24	3.67
遇闰共加银（两）（存留）	4.99	4.99	1.83	1.08	1.08	0.40	12.05	12.05	4.41	10.02	10.02	3.67
起运		1263.55						1329.37			5686.64	
存留		230.64			129.49			336.67			336.27	
总计		1494.19	1.34		129.49	0.12		1666.04	1.50		6022.91	5.42

项目	合州 实物	合州 折银	合州 %	铜梁县 实物	铜梁县 折银	铜梁县 %	定远县 实物	定远县 折银	定远县 %	忠州 实物	忠州 折银	忠州 %
夏税												
米（石）	7663.58	2270.72	6.97	7507.18	2224.38	6.83	2354.65	697.68	2.14	1093.60	324.03	0.99
该省分派起运各仓米（石）	7395.52	2191.29		7190.00	2130.40		1230.52	364.60		776.00	229.93	
折布米（石）	151.37	44.85		100.00	29.63		606.50	179.71		20.12	5.96	
荒丝米（石）	12.62	3.75		8.33	2.47		35.87	10.63		1.68	0.50	
遇闰加丝折米（石）												
存留各州县米（石）	104.07	30.84		208.85	61.88		478.77	141.86		295.80	87.64	
秋粮												
米（石）	20278.21	6008.43	8.18	14782.72	4380.12	5.96	5785.90	1714.36	2.33	2785.20	825.25	1.12

项目	郫都县 实物	折银	%	垫江县 实物	折银	%	涪州 实物	折银	%	武隆县 实物	折银	%
起运米（石）	19622.28	5828.18		14451.58	4292.52		5754.68	1697.22		1541.00	453.89	
存留米（石）	655.93	180.25		331.14	87.60		31.22	17.14		1244.20	371.36	
地亩棉花绒（斤）（存留）	3135.78	200.69	12.51	1727.89	110.59	6.89	1332.60	85.29	5.32	142.38	9.11	0.57
户口盐钞银（两）（存留）	448.30	448.30	13.67	104.40	104.40	3.18	198.43	198.43	6.05	42.94	42.94	1.31
遇闰共加银（两）（存留）	37.35	37.35	13.67	8.70	8.70	3.18	16.53	16.53	6.05	3.57	3.57	1.31
起运		8068.06			6455.01			2253.04			690.28	
存留		897.43			373.17			459.25			514.63	
总计		8965.49	8.06		6828.18	6.14		2712.29	2.44		1204.91	1.08

项目	郫都县 实物	折银	%	垫江县 实物	折银	%	涪州 实物	折银	%	武隆县 实物	折银	%
夏税												
米（石）	1297.58	384.47	1.18	4253.48	1260.31	3.87	5019.30	1487.22	4.57	267.29	79.20	0.24
该省分派起运各仓米（石）	1022.01	302.82		4217.59	1249.67		4739.72	1404.38				
荒丝米（石）	14.37	4.26		33.13	9.82		50.18	14.87				
遇闰加丝折米（石）	1.20	0.35		2.76	0.82		4.18	1.23				
存留各州县米（石）	260.00	77.04		225.22	66.73		225.22	66.73		267.29	79.20	
秋粮												
米（石）	1168.50	346.23	0.47	10348.91	3066.38	4.17	9876.38	2926.37	3.98	548.99	162.67	0.22
起运米（石）	998.50	294.29		9848.91	2913.06		9299.86	2750.79		416.28	123.63	
存留米（石）	170.00	51.93		500.00	153.32		576.51	175.58		132.70	39.04	
地亩棉花绒（斤）（存留）	38.79	2.48	0.15	1811.50	115.94	7.23	635.73	40.69	2.54	89.52	5.73	0.36
户口盐钞银（两）（存留）	34.05	34.05	1.04	98.94	98.94	3.02	29.98	29.98	0.91	8.01	8.01	0.24
遇闰共加银（两）（存留）	2.83	2.83	1.04	8.24	8.24	3.02	2.49	2.49	0.91	0.66	0.66	0.24
起运		601.72			4173.37			4171.28			123.63	
存留		168.33			376.44			315.47			132.64	

总计	彭水县			播州宣慰司			播州长官司			黄平安抚司		
		770.06	0.69		4549.80	4.09		4486.75	4.03		256.26	0.23
项目	实物	折银	%	实物	折银	%	实物	折银	%	实物	折银	%
夏税												
米（石）	715.40	211.97	0.65	424.13	125.67	0.39	907.44	268.87	0.83	591.85	175.37	0.54
该省分派起运各仓米（石）	459.40	136.12		424.13	125.67		907.44	268.87		591.85	175.37	
荒丝米（石）	15.17	4.49										
遇闰加丝折米（石）	1.26	0.37										
存留各州县米（石）	239.57	70.99										
秋粮												
米（石）	1076.00	318.82	0.43	4393.72	1301.86	1.77	4500.68	1333.55	1.81	100.00	29.63	0.04
起运米（石）	892.33	264.62		1984.79	585.84		4500.68	1333.55				
存留米（石）	183.67	54.20	0.35	2408.92	716.02					100.00	29.63	
地亩棉花绒（斤）（存留）	87.00	5.57										
户口盐钞银（两）（存留）	39.15	39.15	1.19									
遇闰共加银（两）（存留）	3.26	3.26	1.19									
起运		405.61			711.51			1602.43				
存留		173.16			716.02						29.63	
总计		578.77	0.52		1427.53	1.28		1602.43	1.44		205.00	0.18

项目	草塘安抚司			余庆长官司			白泥长官司			容山长官司		
	实物	折银	%	实物	折银	%	实物	折银	%	实物	折银	%
夏税												
米（石）	11.12	3.29	0.01				65.82	19.50	0.06	12.45	3.69	0.01
该省分派起运各仓米（石）	11.12	3.29					65.82	19.50		12.45	3.69	
秋粮												

真州长官司

项目	实物	折银	%
米（石）	677.19	200.65	0.27
起运米（石）	677.19	200.65	
存留米（石）			
起运		203.95	
存留			
总计		203.95	0.18

重安长官司

项目	实物	折银	%
米（石）	230.72	68.36	0.09
起运米（石）	230.72	68.36	
存留米（石）			
起运		68.36	
存留			
总计		68.36	0.06

酉阳宣抚司

项目	实物	折银	%
米（石）	412.56	122.24	0.17
起运米（石）		122.24	
存留米（石）	412.56	122.24	
起运		19.50	
存留		122.24	
总计		141.74	0.13

吕梅洞长官司

项目	实物	折银	%
米（石）	101.83	30.17	0.04
起运米（石）		30.17	
存留米（石）	101.83	30.17	
起运		3.69	
存留		30.17	
总计		33.86	0.03

平茶洞长官司

项目	实物	折银	%
夏税			
米（石）	57.64	17.08	0.05
该省分派起运各仓米（石）	57.64	17.08	
秋粮			
米（石）	353.80	104.83	0.14
起运米（石）	353.80	104.83	
存留米（石）	353.80	104.83	
起运		17.08	
存留		104.83	
总计		121.91	0.11

天坝于等寨

项目	实物	折银	%
秋粮			
米（石）	82.50	24.44	0.10
起运米（石）	82.50	24.44	
起运		24.44	
总计		24.44	0.07

项目	实物	折银	%
秋粮			
米（石）	250.00	74.07	0.10
起运米（石）	250.00	74.07	
起运		74.07	
总计		74.07	0.07

丙表114

夔州府分州县及其分属田赋折银明细

（单位：两/银）

项目	夔州府 实物	夔州府 折银	夔州府 %	奉节县 实物	奉节县 折银	奉节县 %	巫山县 实物	巫山县 折银	巫山县 %	大昌县 实物	大昌县 折银	大昌县 %
夏税												
米（石）	8787.74	2603.81	100.00	1360.31	403.06	15.48	477.02	141.34	5.43	176.17	52.20	2.00
该省分派起运各仓米（石）	7029.60	2082.86		1347.13	399.15		333.97	98.96		84.90	25.16	
荒丝米（石）	330.77	98.01		6.00	1.78		12.00	3.56		6.00	1.78	
遇闰加丝折米（石）	27.63	8.18		0.50	0.15		1.00	0.30		0.50	0.15	
存留各州县米（石）	1399.74	414.73		6.68	1.98		130.05	38.53		84.77	25.12	
秋粮												
米（石）	21805.27	6460.90	100.00	365.31	108.24	1.68	888.94	263.39	4.08	365.22	108.21	1.67
起运米（石）	16652.09	4934.19		250.00	73.60		539.00	160.67				
存留米（石）	5153.17	1526.71		115.31	34.64		349.94	102.72		365.22	108.21	
地亩棉花绒（斤）（存留）	1254.13	80.26	100.00									
户口盐钞银（两）（存留）	588.45	588.45	100.00	33.73	33.73	5.73	43.83	43.83	7.45	15.62	15.62	2.65
遇闰共加银（两）（存留）	49.03	49.03	100.00	2.81	2.81	5.73	3.65	3.65	7.44	1.30	1.30	2.65
起运		7123.24			474.69			263.48			27.08	
存留		2659.18			73.16			188.74			150.25	
总计		9782.45	100.00		547.84	5.60		452.21	4.62		177.33	1.81

项目	云阳县 实物	云阳县 折银	云阳县 %	大宁县 实物	大宁县 折银	大宁县 %	万县 实物	万县 折银	万县 %	开县 实物	开县 折银	开县 %
夏税												
米（石）	560.57	166.10	6.38	544.30	161.28	6.19	563.71	167.03	6.41	1214.71	359.92	13.82
该省分派起运各仓米（石）	242.00	71.70		417.22	123.62		317.69	94.13		1104.88	327.38	
荒丝米（石）	53.00	15.70		25.00	7.41		22.12	6.55		18.00	5.33	

1655

下表（承前页，县名见前页）：

项目	实物	折银	%	实物	折银	%	实物	折银	%	实物	折银	%
遇闰加丝折米（石）	4.42	1.31		2.08	0.62		1.83	0.54		1.50	0.44	
存留各州县米（石）	261.15	77.38		100.00	29.63		222.07	65.80		90.33	26.76	
秋粮												
米（石）	1553.86	460.41	7.13	904.12	267.89	4.15	1866.92	553.17	8.56	2782.66	824.50	12.76
起运米（石）	1255.01	372.93		554.12	163.41		1508.00	448.07		2423.00	717.32	
存留米（石）	298.84	87.48		350.00	104.48		358.92	105.10		359.66	107.19	
地亩棉花绒（斤）（存留）										655.84	41.97	52.29
户口盐钞银（两）（存留）	85.60	85.60	14.55	25.18	25.18	4.28	70.34	70.34	11.95	53.64	53.64	9.12
遇闰共加银（两）（存留）	7.13	7.13	14.54	2.09	2.09	4.26	5.86	5.86	11.95	4.47	4.47	9.12
起运		461.65			295.06			549.29			1050.47	
存留		257.59			161.38			247.10			234.03	
总计		719.24	7.35		456.44	4.67		796.40	8.14		1284.50	13.13

项目	新宁县			梁山县			建始县			达州		
	实物	折银	%	实物	折银	%	实物	折银	%	实物	折银	%
夏税												
米（石）	869.73	257.70	9.90	1395.10	413.37	15.88	481.96	142.80	5.48	846.28	250.75	9.63
该省分派起运各仓米（石）	822.06	243.58		1331.12	394.41		370.25	109.71		619.00	183.41	
荒丝（石）	44.00	13.04		59.00	17.48		19.93	5.90		42.15	12.49	
遇闰加丝折米（石）	3.67	1.09		4.98	1.48		1.66	0.49		3.51	1.04	
存留各州县米（石）	450.00	129.39		480.00	138.69		90.12	26.70		181.62	53.81	
秋粮												
米（石）	2729.22	808.67	12.52	4680.80	1386.92	21.47	1623.87	481.15	7.45	2635.59	780.93	12.09
起运米（石）	2279.22	679.28		4200.80	1248.23		1264.00	375.30		1597.21	476.36	
存留米（石）	450.00	129.39		480.00	138.69		359.87	105.85		1038.37	304.56	
地亩棉花绒（斤）（存留）	99.47	6.37	7.93	438.25	28.05	34.94	21.00	1.34	1.67	27.20	1.74	2.17

项目	实物	折银	%	实物	折银	%	实物	折银	%	实物	折银	%
户口盐钞银（两）（存留）	39.87	39.87	6.78	97.20	97.20	16.52	47.93	47.93	8.15	47.88	47.88	8.14
遇闰共加银（两）（存留）	3.32	3.32	6.77	8.10	8.10	16.52	3.99	3.99	8.14	3.99	3.99	8.14
起运		936.98			1661.60			491.40			673.31	
存留		178.94			272.04			185.82			411.99	
总计		1115.92	11.41		1933.64	19.77		677.22	6.92		1085.29	11.09

项目	东乡县 实物	东乡县 折银	东乡县 %	大平县 实物	大平县 折银	大平县 %	石柱（柱）宣抚司 实物	石柱（柱）宣抚司 折银	石柱（柱）宣抚司 %
夏税									
米（石）	177.91	52.71	2.02	97.17	28.79	1.11	22.68	6.72	0.26
该省分派起运各仓米（石）	16.65	4.93					22.68	6.72	
荒丝米（石）	18.73	5.55		4.82	1.43				
遇闰加丝折米（石）	1.56	0.46		0.41	0.12				
存留各州县米（石）	140.97	41.77		91.94	27.24				
秋粮									
米（石）	1070.13	317.08	4.91	237.56	70.39	1.09	101.00	29.93	0.46
起运米（石）	761.11	225.13		20.59	6.34				
存留米（石）	309.02	91.95		216.97	64.05		101.00	29.93	
地亩棉花绒（斤）（存留）	12.38	0.79	0.99						
户口盐钞银（两）（存留）	22.50	22.50	3.82	5.11	5.11	0.87			
遇闰共加银（两）（存留）	1.87	1.87	3.81	0.42	0.42	0.86			
起运		236.07			7.88			6.72	
存留		158.88			96.83			29.93	
总计		394.96	4.04		104.71	1.07		36.65	0.37

马湖府分州县及其分属田赋折银明细

丙表115

（单位：两/银）

项目	马湖府 实物	折银	%	本府荥簦雷坡县并宁戎巡检司 实物	折银	%	泥溪长官司 实物	折银	%	平夷长官司 实物	折银	%
夏税												
米（石）	833.12	246.85	100.00	1.09	0.32	0.13	152.85	45.29	18.35	107.75	31.93	12.93
存留各州县米（石）	833.12	246.85		1.09	0.32		152.85	45.29		107.75	31.93	
秋粮												
米（石）	2102.98	623.11	100.00	57.54	17.05	2.74	405.21	120.06	19.27	290.01	85.93	13.79
存留米（石）	2102.98	623.11		57.54	17.05		405.21	120.06		290.01	85.93	
存留		869.96			17.37			165.35			117.86	
总计		869.96			17.37	2.00		165.35	19.01		117.86	13.55

项目	蛮夷长官司 实物	折银	%	沐川长官司 实物	折银	%
夏税						
米（石）	40.82	12.09	4.90	530.59	157.21	63.69
存留各州县米（石）	40.82	12.09		530.59	157.21	
秋粮						
米（石）	119.85	35.51	5.70	1230.34	364.55	58.50
存留米（石）	119.85	35.51		1230.34	364.55	
存留		47.61			521.76	
总计		47.61	5.47		521.76	59.98

1658

丙表116　　龙安府分州县及其分属田赋折银明细

（单位：两/银）

项目	龙安府			本府			江油县			石泉县		
	实物	折银	%	实物	折银	%	实物	折银	%	实物	折银	%
夏税												
米（石）	2218.53	657.35	100.00	890.00	263.71	40.12	660.06	195.58	29.75	668.47	198.07	30.13
该省分派起运各仓米（石）	792.76	234.87					477.76	141.56		315.00	93.34	
流丝（石）	45.85	13.61					28.37	8.41		17.47	5.18	
遇闰加丝折米（石）	3.81	1.12					2.36	0.70		1.46	0.43	
存留各州县米（石）	1376.11	407.75		890.00	263.71		151.57	44.91		334.54	99.12	
秋粮												
米（石）	7013.17	2078.00	100.00	5362.23	1588.83	76.46	876.07	259.58	12.49	774.86	229.59	11.05
起运米（石）	1316.89	390.25		5362.23	1588.83		842.03	249.20		474.86	140.05	
存留米（石）	5696.28	1687.75					34.04	10.38		300.00	89.54	
户口盐钞银（两）（存留）	295.90	295.90	100.00	165.51	165.51	55.93	130.39	130.39	44.07			
遇闰共加银（两）（存留）	24.65	24.65	100.00	13.79	13.79	55.94	10.86	10.86	44.06			
起运		639.85			2031.83			399.86			238.99	
存留		2416.05						196.54			188.67	
总计		3055.90	100.00		2031.83	66.49		596.40	19.52		427.66	13.99

丙表117　　镇雄等四府田赋折银明细

（单位：两/银）

项目	总数			镇雄府			乌撒军民府			东川军民府		
	实物	折银	%	实物	折银	%	实物	折银	%	实物	折银	%
秋粮												
米（石）	21484.85	6365.96	100.00	4184.85	1239.97	19.48	10000.00	2963.00	46.54	3000.00	888.90	13.96
起运米（石）	20542.42	6086.71		4092.42	1212.57		9400.00	2785.22		2900.00	859.30	

项目	实物	折银	%	实物	折银	%	实物	折银	%	实物	折银	%
存留米（石）	942.43	279.25		92.43	27.4		600.00	177.78		100.00	29.60	
起运		6086.71			1212.57			2785.22			859.30	
存留		279.25			27.4			177.78			29.60	
总计		6365.96	100.00		1239.97	19.48		2963.00	46.54		888.90	13.96

乌蒙军民府

项目	实物	折银	%
秋粮			
米（石）	4300.00	1274.09	20.01
起运米（石）	4150.00	1229.62	
存留米（石）	150.00	44.47	
起运		1229.62	
存留		44.47	
总计		1274.09	20.01

丙表118　潼川分州县及其分属田赋田赋折银明细

（单位：两/银）

项目	潼川州			本州			射洪县			盐亭县		
	实物	折银	%	实物	折银	%	实物	折银	%	实物	折银	%
夏税												
米（石）	11101.70	3289.43	100.00	1014.44	300.58	9.14	769.71	228.06	6.93	368.50	109.19	3.32
该省分派起运各仓米（石）	8480.87	2512.80		788.00	233.48		468.13	138.71		340.00	100.74	
荒米（石）	581.23	172.23		70.56	20.91		29.75	8.81		26.31	7.80	
遇闰加丝折米（石）	48.44	14.34		5.88	1.74		2.48	0.73		2.19	0.65	
存留各州县米（石）	1991.16	589.99		150.00	44.44		269.35	79.81				
秋粮												

1660

表（上半部分，接上页）

项目	中江县 实物	中江县 折银	中江县 %	遂宁县 实物	遂宁县 折银	遂宁县 %	蓬溪县 实物	蓬溪县 折银	蓬溪县 %	安岳县 实物	安岳县 折银	安岳县 %
米（石）	15878.73	4704.87	100.00	1146.30	339.65	7.22	408.14	120.93	2.57	709.14	210.12	4.47
起运米（石）	13661.39	4048.07		532.00	156.24		207.50	61.68		179.14	52.53	
存留米（石）	2217.33	656.80		614.30	183.41		200.64	59.26		530.00	157.59	
地亩棉花绒（斤）（存留）	2870.70	183.72	100.00	4.88			0.31	0.31	0.17	64.00	4.10	2.23
户口盐钞银（两）（存留）	1288.96	1288.96	100.00	163.02	163.02	12.65	87.44	87.44	6.78	74.08	74.08	5.75
遇闰共加银（两）（存留）	107.41	107.41	100.00	13.58	13.58	12.64	7.28	7.28	6.78	6.17	6.17	5.74
起运		6747.44			412.37			209.93			161.72	
存留		2826.88			404.45			234.10			241.93	
总计		9574.39	100.00		816.83	8.53		444.03	4.64		403.65	4.22

项目	中江县 实物	中江县 折银	中江县 %	遂宁县 实物	遂宁县 折银	遂宁县 %	蓬溪县[1] 实物	蓬溪县[1] 折银	蓬溪县[1] %	安岳县 实物	安岳县 折银	安岳县 %
夏税												
米（石）	752.09	222.84	6.77	2630.33	779.37	23.69	1656.16	490.72	14.92	3190.29	945.28	28.74
该省分派起运各仓米（石）	310.00	91.85		2221.44	658.21		1110.29	328.98		2665.00	789.64	
荒丝米（石）	124.70	36.95		55.00	16.30		84.62	25.07		155.57	46.09	
遇闰加丝折米（石）	10.39	3.08		4.58	1.36		7.05	2.09		12.96	3.84	
存留各州县米（石）	307.00	90.96		349.31	103.50		454.20	134.58		356.76	105.71	
秋粮												
米（石）	1305.56	386.84	8.22	4631.84	1372.41	29.17	643.00	190.52	4.05	5471.39	1621.17	34.46
起运米（石）	1082.56	321.08		4491.16	1331.24		643.00	190.52		5308.16	1572.54	
存留米（石）	223.00	65.76		140.68	41.17					163.23	48.64	
地亩棉花绒（斤）（存留）	648.92	41.53	22.60	1066.25	68.24	37.14	130.05	8.32	4.53	719.44	46.04	25.06
户口盐钞银（两）（存留）	128.55	128.55	9.97	318.52	318.52	24.71	115.74	115.74	8.98	299.93	299.93	23.27
遇闰共加银（两）（存留）	10.71	10.71	9.97	26.54	26.54	24.71	9.64	9.64	8.97	24.99	24.99	23.27

[1] 原书此县县名残缺，依据谭其骧《中国历史地图集》第七册《四川》，第62—63页补上。

项目	乐至县 实物	折银	%						
起运		452.95		2007.11		546.66		2412.11	
存留		337.52		557.97		268.28		525.31	
总计		790.47	8.26	2565.08	26.79	814.94	8.51	2937.42	30.68
夏税									
米（石）	720.11	213.37	6.49						
该省分派起运各仓米（石）	578.00	171.26							
荒丝米（石）	34.70	10.28							
遇闰加丝折米（石）	2.89	0.86							
存留各州县基米（石）	104.52	30.97							
秋粮									
米（石）	1563.34	463.22	9.85						
起运米（石）	1217.86	361.31							
存留米（石）	345.47	101.91							
地亩棉花绒（斤）（存留）	237.18	15.18	8.26						
户口盐钞银（两）（存留）	101.64	101.64	7.89						
遇闰共加银（两）（存留）	8.47	8.47	7.89						
起运		543.71							
存留		258.17							
总计		801.88	8.38						

丙表119

眉州分州县及其分属田赋折银明细

（单位：两/银）

项目	眉州[1] 实物	折银	%	本州 实物	折银	%	彭山县 实物	折银	%	丹棱县 实物	折银	%
夏税												
米（石）	9808.43	2906.24	100.00	6462.49	1914.84	65.89	944.02	279.71	9.62	1431.11	424.04	14.59
该分派起运各仓米（石）	8134.25	2410.14		5750.00	1703.73		763.00	226.08		1038.25	307.64	
荒丝米（石）	277.00	81.96		182.32	54.02		25.42	7.53		39.56	11.72	
遇闰加丝折米（石）	23.12	6.97		15.19	4.50		2.15	0.64		3.30	0.98	
存留各州县米（石）	1374.06	407.16		514.98	152.59		153.45	45.47		350.00	103.71	
秋粮												
米（石）	22327.81	6615.73	100.00	14154.80	4194.07	63.40	2578.33	763.96	11.55	2924.73	866.60	13.10
起运米（石）	21374.00	6333.24		13820.00	4110.19		2245.00	664.64		2796.00	831.93	
存留米（石）2	953.81	282.49		334.80	83.88		333.33	99.31		128.73	34.66	
地亩棉花绒（斤）（存留）	2881.30	184.40	100.00	1225.30	78.42	42.53	1012.00	64.77	35.12	184.00	11.78	6.39
户口盐钞银（两）（存留）	536.72	536.72	100.00	347.58	347.58	64.76	67.57	67.57	64.76	55.69	55.69	10.38
遇闰共加银（两）（存留）	44.72	44.72	100.00	28.96	28.96	64.76	5.63	5.63	64.76	4.64	4.64	10.38
起运		8832.31			5872.43			898.89			1152.27	
存留		1455.49			691.43			282.75			210.48	
总计		10287.81	100.00		6563.86	63.80		1181.64	11.49		1362.74	13.25

项目	青神县 实物	折银	%
夏税			
米（石）	970.76	287.64	9.90

1 原书此州州名残缺，依据谭其骧《中国历史地图集》第七册《四川》，第62—63页补上。
2 原书本州"存留米"项，数值部分残缺，依据眉州总数补齐。

1663

项目	实物	折银	%
该省分派起运各仓米（石）	583.00	172.74	
荒丝米（石）	29.67	8.79	
遇闰加丝折米（石）	2.47	0.73	
存留各州县米（石）	355.62	105.37	
秋粮			
米（石）	2669.93	791.10	11.96
起运米（石）	2513.00	743.63	
存留米（石）	156.93	47.47	
地亩棉花绒（斤）（存留）	460.00	29.44	15.97
户口盐钞银（两）（存留）	65.88	65.88	12.27
遇闰共加银（两）（存留）	5.49	5.49	12.28
起运		925.90	
存留		253.65	
总计		1179.55	11.47

丙表120 嘉定州分州县及其分属田赋折银明细

（单位：两/银）

项目	嘉定州			本州			峨眉县			洪雅县		
	实物	折银	%	实物	折银	%	实物	折银	%	实物	折银	%
夏税												
米（石）	10871.67	3221.28	100.00	1977.32	585.88	18.19	2190.77	649.13	20.15	1271.84	376.85	11.70
该省分派起运各仓（石）	9197.60	2725.20		1847.00	547.27		1793.00	531.26		1077.44	319.25	
荒丝（石）	359.00	106.30		68.00	20.15		51.00	15.11		55.00	16.29	
遇闰加丝折米（石）	29.92	9.02		5.67	1.68		4.25	1.26		4.58	1.36	
存留各州县米（石）	1285.15	380.75		56.65	16.79		342.52	101.49		134.82	39.95	
秋粮												

夏税

项目	夹江县 实物	夹江县 折银	夹江县 %	犍为县 实物	犍为县 折银	犍为县 %	荣县 实物	荣县 折银	荣县 %	威远县 实物	威远县 折银	威远县 %
夏税												
米（石）	30429.44	9016.24	100.00	5772.91	1710.51	18.97	6444.39	1909.47	21.18	3561.74	1055.34	11.70
起运米（石）	27971.62	8287.73		5009.90	1488.15		6329.00	1871.28		3223.17	949.81	
存留米（石）	2457.82	728.51		763.01	222.37		115.39	38.19		338.57	105.53	
地亩棉花绒（斤）（存留）	8332.00	533.25	100.00	2596.00	166.14	31.16	264.00	16.90	3.17			
户口盐钞银（两）（存留）	816.51	816.51	100.00	220.05	220.05	26.95	68.63	68.63	8.41	77.58	77.58	9.50
遇闰共加银（两）（存留）	68.04	68.04	100.00	18.33	18.33	26.94	5.71	5.71	8.39	6.46	6.46	9.49
起运		11128.25			2057.24			2418.92			1286.71	
存留		2527.06			643.68			230.92			229.52	
总计		13655.32	100.00		2700.92	19.78		2649.83	19.41		1516.23	11.10

项目	夹江县 实物	夹江县 折银	夹江县 %	犍为县 实物	犍为县 折银	犍为县 %	荣县 实物	荣县 折银	荣县 %	威远县 实物	威远县 折银	威远县 %
夏税												
米（石）	1440.24	426.74	13.25	2007.48	594.82	18.47	1155.83	342.47	10.63	826.16	244.79	7.60
该省分派起运各仓米（石）	1374.16	407.16		1487.00	440.60		1119.00	331.56		500.00	149.32	
荒丝米（石）	61.00	18.07		65.00	19.26		34.00	10.08		25.00	7.34	
遇闰加丝折（石）	5.08	1.51		5.42	1.61		2.83	0.84		2.08	0.49	
存留各州县米（石）				450.06	133.35					301.08	88.12	
秋粮												
米（石）	5044.56	1494.70	16.58	3407.18	1009.55	11.20	3906.45	1157.48	12.84	2292.19	679.18	7.53
起运米（石）	4554.56	1345.23		3261.54	969.17		3453.80	1018.58		2139.64	631.63	
存留米（石）	490.00	149.47	19.11	145.64	40.38		452.65	138.90		152.55	47.54	
地亩棉花绒（斤）（存留）				852.00	54.53	10.23	2048.00	131.07	24.58	2572.00	164.61	30.87
户口盐钞银（两）（存留）	156.07	156.07	19.11	101.93	101.93	12.48	127.96	127.96	15.67	64.27	64.27	7.87
遇闰共加银（两）（存留）	13.00	13.00	19.11	8.49	8.49	12.48	10.66	10.66	15.67	5.35	5.35	7.86
起运		1771.98			1430.63			1361.06			788.79	

项目	邛州 实物	邛州 折银	邛州 %	本州 实物	本州 折银	本州 %	大邑县 实物	大邑县 折银	大邑县 %	蒲江县 实物	蒲江县 折银	蒲江县 %
存留	318.54			338.68			408.59			369.90		
总计	2090.52		15.31	1769.31		12.96	1769.65		12.96	1158.20		8.48

邛州分州县及其分属田赋折银明细

丙表121 （单位：两/银）

项目	邛州 实物	邛州 折银	邛州 %	本州 实物	本州 折银	本州 %	大邑县 实物	大邑县 折银	大邑县 %	蒲江县 实物	蒲江县 折银	蒲江县 %
夏税												
米（石）	6129.61	1816.20	100.00	2912.38	862.94	47.51	1920.83	569.14	31.34	1296.26	384.08	21.15
该省分派起运各仓米（石）	5525.72	1637.31		2845.34	843.07		1423.11	421.67		1257.26	372.52	
荒丝米（石）	149.00	44.13		62.00	18.37		51.00	15.11		36.00	10.67	
遇闰加丝折米（石）	12.42	3.63		5.04	1.49		4.25	1.26		3.00	0.89	
存留各州县米（石）	442.47	131.13					442.47	131.10				
秋粮												
米（石）	18374.54	5444.38	100.00	7996.09	2369.24	43.52	5537.01	1640.62	30.13	4841.44	1434.52	26.35
起运米（石）	17173.61	5088.31		7319.45	2179.70		5490.62	1624.21		4363.53	1291.07	
存留米（石）	1200.92	356.06		676.63	189.54		46.38	16.41		477.90	143.45	
地苗棉花绒（斤）（存留）	3052.00	195.33	100.00	1484.00	94.98	48.62	860.00	55.04	28.18	708.00	45.31	23.20
户口盐钞银（两）（存留）	442.24	442.24	100.00	170.96	170.96	38.66	131.95	131.95	29.84	139.32	139.32	31.50
遇闰共加银（两）（存留）	36.85	36.85	100.00	14.24	14.24	38.64	10.99	10.99	29.82	11.61	11.61	31.51
起运		6773.38			3042.64			2062.24			1675.14	
存留		1161.61			469.72			345.49			339.69	
总计		7935.00	100.00		3512.36	44.26		2407.74	30.34		2014.84	25.39

丙表122　　**泸州分州县及其分属田赋折银明细**

（单位：两/银）

项目	泸州			本州			纳溪县			合江县		
	实物	折银	%	实物	折银	%	实物	折银	%	实物	折银	%
夏税												
米（石）	31506.42	9335.35	100.00	20651.29	6118.98	65.55	705.99	209.18	2.24	6286.00	1862.54	19.95
该省分派起运各仓米（石）	30332.50	8987.14		20166.50	5975.30		186.00	55.11		6251.00	1852.17	
荒丝米（石）	472.93	140.03		316.62	93.80		13.81	4.09		32.31	9.57	
遇闰加丝折米（石）	39.41	12.14		26.39	7.83		1.15	0.34		2.69	0.80	
存留各州县米（石）	661.58	196.04		141.78	42.04		505.03	149.64				
秋粮												
米（石）	59571.98	17651.18	100.00	46828.43	13875.27	78.61	1775.57	526.10	2.98	1302.16	385.83	2.19
起运米（石）	56906.99	16862.17		45769.99	13597.76		1417.00	420.88		720.00	212.21	
存留米（石）	2664.99	789.01		1058.43	277.51		358.57	105.22		582.16	173.62	
地亩棉花绒（斤）（存留）	3406.98	218.05	100.00	2658.20	170.13	78.02	81.15	5.19	2.38	199.43	12.76	5.85
户口盐钞银（两）（存留）	510.39	510.39	100.00	241.20	241.20	47.26	7.93	7.93	1.55	68.94	68.94	13.51
遇闰共加银（两）（存留）	42.53	42.53	100.00	20.10	20.10	47.26	0.66	0.66	1.55	5.74	5.74	13.50
起运		26001.48			19674.70			480.43			2074.75	
存留		1756.02			750.97			268.64			261.07	
总计		27757.50	100.00		20425.67	73.59		749.07	2.70		2335.82	8.42

项目	汇安县		
	实物	折银	%
夏税			
米（石）	3863.12	1144.64	12.26
该省分派起运各仓米（石）	3729.00	1104.90	
荒丝米（石）	110.18	32.65	

项目	实物	折银	%
遇闰加丝折米（石）	9.18	2.72	
存留各州县米（石）	14.76	4.37	
秋粮			
米（石）	9665.81	2863.98	16.23
起运米（石）	9000.00	2663.50	
存留米（石）	665.81	200.48	
地亩棉花绒（斤）（存留）	468.20	29.97	13.74
户口盐钞银（两）（存留）	192.31	192.31	37.68
遇闰共加银（两）（存留）	16.02	16.02	37.67
起运		3803.77	
存留		443.15	
总计		4246.92	15.30

丙表123　雅州分州县及其分属田赋折银明细

（单位：两/银）

项目	雅州			本州			名山县			荥经县		
	实物	折银	%	实物	折银	%	实物	折银	%	实物	折银	%
夏税												
米（石）	2313.97	685.63	100.00	978.73	290.00	42.30	597.12	176.93	25.81	373.21	110.58	16.13
该省分派起运各仓米（石）	669.00	198.22		500.00	148.15		118.00	34.96		51.00	15.11	
荒丝米（石）	125.00	37.02		44.00	13.04		25.50	7.55		20.50	6.07	
遇闰加丝折米（石）	10.42	3.09		3.67	1.09		2.12	0.63		1.71	0.51	
存留各州县米（石）	1509.55	447.30		431.06	127.72		451.50	133.78		300.00	88.89	
秋粮												
米（石）	7147.70	2117.86	100.00	2269.17	672.35	31.75	1633.58	484.03	22.85	1300.60	385.37	18.20
起运米（石）	5714.30	1693.23		1640.00	484.09		1574.30	464.67		1000.00	296.73	

Table (continued):

项目	实物	折银	％	实物	折银	％	实物	折银	％	实物	折银	％
存留米（石）	1433.39	424.63	100.00	629.17	188.26	41.65	59.27	19.36	24.66	300.60	88.63	11.90
户口盐钞银（两）（存留）	257.05	257.05	100.00	107.06	107.06	41.64	63.39	63.39	24.65	30.60	30.60	11.90
遇闰共加银（两）（存留）	21.42	21.42	100.00	8.92	8.92		5.28	5.28		2.55	2.55	
起运		1931.56			646.37			507.81			318.42	
存留		1150.40			431.96			221.81			210.67	
总计		3081.96	100.00		1078.33	34.99		729.63	*23.67		529.10	17.17

芦山县

项目	实物	折银	％
夏税			
米（石）	364.90	108.12	15.77
荒丝米（石）	35.00	10.37	
遇闰加丝折米（石）	2.92	0.86	
存留各州县米（石）	326.98	96.88	
秋粮			
米（石）	1944.33	576.10	27.20
起运米（石）	1500.00	443.60	
存留米（石）	444.33	132.50	21.78
户口盐钞银（两）（存留）	55.99	55.99	21.76
遇闰共加银（两）（存留）	4.66	4.66	
起运		454.84	
存留		290.04	
总计		744.87	24.17

丙表124

永宁等九司田赋折银明细

（单位：两/银）

项目	总数			永宁宣抚司			九姓长官司			太平长官司		
	实物	折银	%	实物	折银	%	实物	折银	%	实物	折银	%
夏税												
米（石）	2427.49	719.27	100.00	636.86	188.70	26.24	925.9	274.34	38.14	161.38	47.82	6.65
该省分派起运各仓米（石）	690.13	204.48					678.53	201.04				
存留各州县米（石）	1737.36	514.79		636.86	188.70		247.37	73.30		161.38	47.82	
秋粮												
米（石）	10380.04	3075.59	100.00	1219.92	361.46	11.75	1018.37	301.74	9.81	407.80	120.83	3.93
起运（石）	1441.21	427.05					783.33	232.10				
存留米（石）	8938.82	2648.54		1219.92	361.46		235.04	69.64		407.80	120.83	
差发马（匹）	5.00	22.78	100.00									
起运		654.31						433.14				
存留		3163.33			550.16			142.94			168.65	
总计		3817.64	100.00		550.16	14.41		576.08	15.09		168.65	4.42

项目	黎州安抚司			建昌卫井所属威龙普济昌州等长官司			越嶲卫井所属邛部长官司			宁番卫		
	实物	折银	%	实物	折银	%	实物	折银	%	实物	折银	%
夏税												
米（石）	9.47	2.81	0.39	257.89	76.41	10.62				52.88	15.67	2.18
该省分派起运各仓米（石）				11.60	3.44							
存留各州县米（石）	9.47	2.81		246.29	72.97					52.88	15.67	
秋粮												
米（石）	163.86	48.55	1.58	2992	886.53	28.82	222.52	65.93	2.14	218.02	64.6	2.10
起运（石）				657.88	194.95							
存留米（石）	163.86	48.55		2334.11	691.58		222.52	65.93		218.02	64.60	

广东各府分属州县及其他分属田赋折银（原书缺雷州府数据）

（上接前页，续四川卫所田赋折银）

项目	折银	%	折银	%	折银	%	折银	%
起运	198.39							
存留	764.55		51.36		65.93		80.27	
总计	962.94	25.22	51.36	1.35	65.93	1.73	80.27	2.10

项目	会川卫 实物	折银	%	盐井卫所属马喇长官司 实物	折银	%
夏税						
米（石）	236.72	70.14	9.75	146.39	43.38	6.03
存留各州县米（石）	236.72	70.14	9.75	146.39	43.38	6.03
秋粮						
米（石）	3642.20	1079.18	35.09	495.35	146.77	4.77
存留米（石）	3642.20	1079.18	35.09	495.35	146.77	4.77
差发马（匹）	5.00				22.78	100.00
起运					22.78	
存留		1149.32	100.00		190.15	
总计		1149.32	30.11		212.93	5.58

丙表 125　广州府分属州县及其分属田赋折银明细

（单位：两/银）

项目	广州府 实物	折银	%	南海县 实物	折银	%	番禺县 实物	折银	%	顺德县 实物	折银	%
夏税												
麦米（石）（存留）	873.77	552.66	100.00	169.56	107.25	19.41	316.83	200.40	36.26	0.03	0.02	0.003
农桑米（石）（存留）	24.20	7.17	100.00	7.53	2.23	31.12	3.04	0.90	12.56	0.65	0.19	2.69
秋粮												
米（石）	313658.33	95104.48	100.00	52570.32	15939.87	16.76	40706.22	12342.55	12.98	34689.67	10518.27	11.06

起运米（石）	90231.21	27358.71		11862.95	3666.17		15990.40	4813.59		12572.70	3786.58	
存留米（石）	223427.12	67745.77		40707.36	12273.70		24715.81	7528.96		22116.96	6731.69	
户口盐钞银（两）（存留）	7171.21	7171.21	100.00	1699.23	1699.23	23.70	680.49	680.49	9.49	748.33	748.33	10.44
遇闰共加银（两）（存留）	596.01	596.01	100.00	141.60	141.60	23.76	56.70	56.70	9.51	62.36	62.36	10.46
起运		27358.71			3666.17			4813.59			3786.58	
存留		76072.82			14224.01			8467.44			7542.59	
总计		103431.53	100.00		17890.18	17.30		13281.04	12.84		11329.17	10.95
项目	东莞县			从化县			龙门县			新宁县		
	实物	折银	%	实物	折银	%	实物	折银	%	实物	折银	%
夏税												
麦米（石）（存留）	32.00	20.24	3.66							0.19	0.12	0.02
农桑米（石）（存留）	1.52	0.45	6.28				0.40	0.12	1.65			
秋粮												
米（石）	35799.04	10854.64	11.41	3554.68	1077.82	1.13	7981.90	2420.20	2.54	8037.90	2437.18	2.56
起运米（石）	11915.91	3582.03		876.17	269.45		1641.90	508.24		1101.71	341.20	
存留米（石）	23883.13	7272.61		2678.50	808.36		6339.99	1911.95		6936.18	2095.97	
户口盐钞银（两）（存留）	905.28	905.28	12.62	187.77	187.77	2.62	114.31	114.31	1.59	183.43	183.43	2.56
遇闰共加银（两）（存留）	75.44	75.44	12.66	15.49	15.49	2.60	9.52	9.52	1.60	15.28	15.28	2.56
起运		3582.03			269.45			508.24			341.20	
存留		8274.02			1011.62			2035.90			2294.80	
总计		11856.05	11.46		1281.08	1.24		2544.14	2.46		2636.01	2.55
项目	增城县			香山县			新会县			三水县		
	实物	折银	%	实物	折银	%	实物	折银	%	实物	折银	%
夏税												
麦米（石）（存留）	185.24	117.16	21.20	16.10	10.18	1.84	4.97	3.14	0.57	13.98	8.84	1.60

清远县、连州、阳山县、连山县

项目	清远县			连州			阳山县			连山县		
	实物	折银	%	实物	折银	%	实物	折银	%	实物	折银	%
农桑米（石）（存留）	1.39	0.41	5.74	0.49	0.15	2.02	1.60	0.47	6.61			
秋粮												
米（石）	24987.10	7576.35	7.97	22847.32	6927.55	7.28	36709.33	11130.65	11.70	15111.20	4581.87	4.82
起运米（石）	8250.17	2500.20		6791.68	2078.26		9766.47	3005.28		3061.57	916.37	
存留米（石）	16736.93	5076.15		16055.63	4849.28		26942.86	8125.38		12049.63	3665.50	
户口盐钞银（两）（存留）	774.41	774.41	10.80	387.27	387.27	5.40	524.05	524.05	7.31	394.97	394.97	5.51
遇闰共加银（两）（存留）	64.53	64.53	10.83	32.27	32.27	5.41	43.66	43.66	7.33	32.91	32.91	5.52
起运		2500.20			2078.26			3005.28			916.37	
存留		6032.67			5279.15			8696.70			4102.22	
总计		8532.87	8.25		7357.41	7.11		11701.98	11.31		5018.60	4.85

新安县、连州、阳山县、连山县

项目	新安县			连州			阳山县			连山县		
	实物	折银	%	实物	折银	%	实物	折银	%	实物	折银	%
夏税												
麦米（石）（存留）	6.44	4.07	0.74	46.60	29.47	5.33	7.51	4.75	0.86	69.99	44.27	8.01
农桑米（石）（存留）	2.00	0.59	8.26	3.44	1.02	14.21	0.88	0.26	3.64	1.00	0.30	4.13
秋粮												
米（石）	10433.57	3163.57	3.33	5522.82	1674.58	1.76	2725.63	826.44	0.87	1288.85	390.79	0.41
起运米（石）	1511.24	442.90		1025.99	318.17		404.91	123.97		196.12	58.62	
存留米（石）	8922.32	2720.67		4496.82	1356.41		2320.71	702.47		1092.73	332.17	
户口盐钞银（两）（存留）	79.70	79.70	1.11	209.62	209.62	2.92	62.93	62.93	0.88	26.71	26.71	0.37
遇闰共加银（两）（存留）	6.64	6.64	1.11	17.46	17.46	2.93	5.24	5.24	0.88	0.80	0.80	0.13
起运		442.90			318.17			123.97			58.62	
存留		2811.67			1613.98			775.65			404.25	
总计		3254.57	3.15		1932.15	1.87		899.62	0.87		462.87	0.45

											实物	折银	%
夏税													
麦米（石）（存留）											4.28	2.71	0.49
农桑米（石）（存留）											0.25	0.07	1.03
秋粮													
米（石）											10692.72	3242.14	3.41
起运米（石）											3261.24	972.64	
存留米（石）											7431.47	2269.50	
户口盐钞银（两）（存留）											192.67	192.67	2.69
遇闰共加银（两）（存留）											16.05	16.05	2.69
起运												972.64	
存留												2481.00	
总计												3453.65	3.34

丙表126 韶州府分州县及其分属田赋折银明细

（单位：两/银）

项目	韶州府			曲江县			乐昌县			仁化县		
	实物	折银	%	实物	折银	%	实物	折银	%	实物	折银	%
夏税												
麦米（石）（存留）	243.20	153.82	100.00	122.30	77.35	50.29	106.81	67.56	43.92	0.90	0.57	0.37
农桑米（石）（存留）	30.86	9.14	100.00	4.00	1.18	12.96	13.57	4.02	43.97	4.04	1.20	13.09
秋粮												
米（石）	49688.62	15066.11	100.00	15664.78	4749.73	31.53	6442.73	1953.50	12.97	3228.32	978.86	6.50
起运米（石）	8053.44	2441.91		2584.29	759.96		1205.68	371.17		594.11	176.19	
存留米（石）	41635.17	12624.19		13080.49	3989.77		5237.04	1582.34		2634.21	802.67	
户口盐钞银（两）（存留）	616.57	616.57	100.00	161.97	161.97	26.27	49.50	49.50	8.03	69.58	69.58	11.29

项目	实物	折银	%	实物	折银	%	实物	折银	%	实物	折银	%
退闰共加银（两）（存留）	35.29	35.29	100.00	0.60	0.60	1.70	1.81	1.81	5.13	5.40	5.40	15.30
起运		2441.91			759.96			371.17			176.19	
存留		13439.01			4230.88			1705.22			879.41	
总计		15880.93	100.00		4990.83	31.43		2076.39	13.07		1055.61	6.65

项目	乳源县			婺源县			英德县		
	实物	折银	%	实物	折银	%	实物	折银	%
夏税									
麦米（石）（存留）	2.90	1.83	1.19	2.81	1.78	1.16	7.46	4.72	3.07
农桑米（石）（存留）	6.84	2.03	22.16	2.41	0.71	7.81			
秋粮									
米（石）	2572.21	779.92	5.18	7092.98	2150.67	14.27	14687.57	4453.43	29.56
起运米（石）	519.42	155.98		980.89	301.09		2169.03	668.01	
存留米（石）	2052.78	623.94		6112.08	1849.57		12518.54	3785.41	
户口盐钞银（两）（存留）	117.13	117.13	19.00	45.01	45.01	7.30	173.35	173.35	28.12
退闰共加银（两）（存留）	9.64	9.64	27.32	3.36	3.36	9.52	14.44	14.44	40.92
起运		155.98			301.09			668.01	
存留		754.57			1900.43			3977.92	
总计		910.55	5.73		2201.53	13.86		4645.93	29.25

丙表127　南雄府分州县及其分属田赋折银明细

（单位：两/银）

项目	南雄府			保昌县			始兴县		
	实物	折银	%	实物	折银	%	实物	折银	%
夏税									
麦米（石）（存留）	44.87	28.38	100.00	44.87	28.38	100.00			
农桑米（石）（存留）	80.00	23.70	100.00	50.00	14.81	62.50	30.00	8.89	37.50

秋粮	实物	折银	%	实物	折银	%	实物	折银	%
米（石）	34918.01	10587.51	100.00	30037.04	9107.55	86.02	4880.97	1479.96	13.98
起运米（石）	12297.44	3758.99		11531.22	3460.87		866.21	266.39	
存留米（石）	22520.57	6828.52		18505.81	5646.68		4014.76	1213.57	
户口盐钞银（两）（存留）	185.29	185.29	100.00	151.14	151.14	81.57	34.15	34.15	18.43
遇闰共加银（两）（存留）	14.47	14.47	100.00	11.31	11.31	78.16	3.16	3.16	21.84
起运		3758.99			3460.87			266.39	
存留		7080.36			5852.32			1259.77	
总计		10839.35	100.00		9313.19	85.92		1526.16	14.08

丙表128　惠州府分州县及其分属田赋折银明细

（单位：两/银）

项目	惠州府			归善县			博罗县			长宁县		
	实物	折银	%	实物	折银	%	实物	折银	%	实物	折银	%
夏税												
麦米（石）（存留）	235.48	148.94	100.00	28.24	17.86	11.99	48.22	30.50	20.48	0.12	0.08	0.05
农桑米（石）（存留）	58.00	17.19	100.00	4.83	1.43	8.33	26.00	7.71	44.83	0.45	0.13	0.78
零丝折米（石）（存留）	0.93	0.28	100.00	0.45	0.14	48.39						
秋粮												
米（石）	67329.31	20414.95	100.00	12553.36	3806.31	18.64	18973.31	5752.91	28.18	3094.68	938.34	4.60
起运米（石）	16287.12	4938.38	100.00	3913.00	1179.96		6101.37	1840.93		495.41	150.13	
存留米（石）	51042.19	15476.57	100.00	8640.35	2626.35		12871.93	3911.98		2599.26	788.21	
户口盐钞银（两）（存留）	1263.40	1263.40	100.00	323.14	323.14	25.58	168.94	168.94	13.37	55.44	55.44	4.39
遇闰共加银（两）（存留）	106.92	106.92	100.00	26.91	26.91	25.17	15.71	15.71	14.69	4.62	4.62	4.32
起运		4938.38			1179.96			1840.93			150.13	
存留		17013.30			2995.83			4134.83			848.47	

夏秋税粮表

永安、海丰、河源、龙川等县

项目	总计 折银	总计 %	永安县 实物	永安县 折银	永安县 %	海丰县 实物	海丰县 折银	海丰县 %	河源县 实物	河源县 折银	河源县 %	龙川县 实物	龙川县 折银	龙川县 %
合计	21951.68	100.00					4175.79	19.02		5975.76	27.22		998.61	4.55
夏税														
麦米（石）（存留）			2.76	1.75	1.17	147.66	93.39	62.71	4.59	2.90	1.95	0.06	0.04	0.03
农桑米（石）（存留）			0.71	0.21	1.22				20.00	5.93	34.48			
秋粮														
米（石）			3935.31	1193.23	5.84	5991.88	1816.80	8.90	5934.59	1799.43	8.81	4203.18	1274.45	6.24
起运米（石）			657.53	202.85		1329.22	399.70		717.46	215.93		755.99	229.40	
存留米（石）			3277.77	990.38	7.86	4662.65	1417.10	13.48	5217.13	1583.50		3447.18	1045.05	10.94
户口盐钞银（两）（存留）			99.31	99.31	7.73	170.30	170.30	13.27	82.10	82.10	6.50	138.21	138.21	10.77
遇闰共加银（两）（存留）			8.27	8.27		14.19	14.19		6.84	6.84	6.40	11.51	11.51	
起运				202.85			399.70			215.93			229.40	
存留				1099.91			1694.99			1681.27			1194.81	
总计				1302.76	5.93		2094.68	9.54		1897.20	8.64		1424.21	6.49

长乐、兴宁、和平等县

项目	长乐县 实物	长乐县 折银	长乐县 %	兴宁县 实物	兴宁县 折银	兴宁县 %	和平县 实物	和平县 折银	和平县 %
夏税									
麦米（石）（存留）	0.40	0.25	0.17	3.11	1.97	1.32	0.27	0.17	0.11
农桑米（石）（存留）	4.00	1.19	6.90	2.00	0.59	3.45			
零丝折米（石）（存留）				0.48	0.14	51.61			
秋粮									
米（石）	4719.41	1430.97	7.01	5208.33	1579.22	7.74	2715.22	823.28	4.03
起运米（石）	988.97	300.50		935.45	284.26		392.67	115.26	
存留米（石）	3730.44	1130.47	5.93	4272.88	1294.96		2322.54	708.02	

1678

（续上表，单位：两/银）

项目	实物	折银	%	实物	折银	%	实物	折银	%
户口盐钞银（两）(存留)	95.18	95.18	7.53	93.45	93.45	7.78	37.30	37.30	2.95
遇闰共加银（两）(存留)	7.88	7.88	7.37	7.78	7.78	7.28	3.18	3.18	2.97
起运		300.50			284.26			115.26	
存留		1234.97			1398.89			748.67	
总计		1535.47	6.99		1683.15	7.67		863.93	3.94

丙表129　潮州府分属州县及其分属田赋折银明细

（单位：两/银）

项目	潮州府[1]			海阳县			平远等9县		
	实物	折银	%	实物	折银	%	实物	折银	%
夏税									
麦米（石）(存留)	4208.41	2661.82	100.00	1681.33	1063.44	39.95	2527.08	1598.38	60.05
农桑米（石）(存留)	53.01	15.71	100.00	8.71	2.58	16.43	44.30	13.13	83.57
秋粮									
米（石）	161288.66	48904.41	100.00	26969.19	8177.34	16.72	134319.47	40727.07	83.28
起运米（石）	91298.47	27682.83		12743.00	3843.35		78555.47	23621.70	
存留米（石）	69990.19	21221.58		14226.19	4333.99		55764.00	17105.37	
户口盐钞银（两）(存留)	4342.27	4342.27	100.00				4342.27	4342.27	100.00
遇闰共加银（两）(存留)	361.84	361.84	100.00				361.84	361.84	100.00
起运		27682.83			3843.35			23621.70	
存留		28603.22			5400.01			23420.99	
总计		56286.05	100.00		9243.36	16.42		47042.69	83.58

[1]原书缺第二十一至二十四页，缺少平远县、大埔县、程乡、饶平县、揭阳县、普宁县、惠来县、澄海县、潮阳县等九县数据，今据谭其骧《中国历史地图集》第七册《广东》朴，第72—73页。

丙表130

肇庆府分州县及其分属田赋折银明细

（单位：两/银）

项目	肇庆府 实物	折银	%	高要县 实物	折银	%	四会县 实物	折银	%	新兴县 实物	折银	%
夏税												
麦米（石）（存留）	104.21	65.91	100.00	51.30	32.45	49.23	11.94	7.55	11.46	4.20	2.66	4.03
农桑米（石）（存留）	14.39	4.26	100.00	1.79	0.53	12.44	2.24	0.66	15.57	1.30	0.38	9.03
秋粮												
米（石）	140117.11	42484.97	100.00	30300.86	9187.54	21.63	14509.76	4399.51	10.36	18676.72	5662.98	13.33
起运米（石）	41001.05	12431.95		6639.29	2021.26		9245.12	2815.69		2465.22	736.19	
存留米（石）	97353.09	29518.56		23661.57	7166.28		5264.63	1583.82		16211.49	4926.79	
停征米（石）	1762.96	534.46										
户口盐钞银（两）（存留）	2583.46	2583.46	100.00	470.00	470.00	18.19	597.67	597.67	23.13	241.68	241.68	9.35
遇闰共加银（两）（存留）	172.20	172.20	100.00				49.80	49.80	28.92	33.17	33.17	19.26
起运		12966.41			2021.26			2815.69			736.19	
存留		32344.39			7669.25			2239.51			5204.68	
总计		45310.80	100.00		9690.51	21.39		5055.20	11.16		5940.87	13.11

项目	阳春县 实物	折银	%	阳江县 实物	折银	%	高明县 实物	折银	%	恩平县 实物	折银	%
夏税												
麦米（石）（存留）	5.03	3.18	4.83	3.75	2.37	3.60				1.33	0.84	1.28
农桑米（石）（存留）				2.14	0.63	14.87	0.44	0.13	3.06	0.65	0.19	4.52
秋粮												
米（石）	7334.86	2224.01	5.23	16254.70	4928.59	11.60	10871.21	3296.26	7.76	12135.51	3679.61	8.66
起运米（石）	2097.38	644.96		4975.77	1527.86		2441.64	725.18		2537.31	772.72	
存留米（石）	5237.47	1579.04		11278.92	3400.73		8429.57	2571.09		9598.20	2906.89	

项目	广宁县 实物	折银	%	德庆州 实物	折银	%	封川县 实物	折银	%	开建县 实物	折银	%
户口盐钞银（两）（存留）	192.88	192.88	7.47	219.97	219.97	8.51	280.35	280.35	10.85	88.12	88.12	3.41
遇闰共加银（两）（存留）	16.07	16.07	9.33	18.33	18.33	10.64	11.68	11.68	6.78	7.34	7.34	4.26
起运		644.96			1527.86			725.18			772.72	
存留		1791.18			3642.04			2863.25			3003.39	
总计		2436.14	5.38		5169.90	11.41		3588.42	7.92		3776.11	8.33

项目	广宁县 实物	折银	%	德庆州 实物	折银	%	封川县 实物	折银	%	开建县 实物	折银	%
夏税												
麦米（石）（存留）				4.00	2.53	3.84	19.46	12.31	18.67	3.16	2.00	3.03
农桑米（石）（存留）				1.25	0.37	8.69	4.44	1.31	30.85	0.12	0.04	0.83
秋粮												
米（石）	8453.83	2563.29	6.03	14408.05	4368.67	10.28	5058.46	1533.78	3.61	2113.10	640.71	1.51
起运米（石）	4997.89	1512.34		3298.28	1004.79		1698.97	521.48		604.13	185.81	
存留米（石）	3455.93	1050.95		9346.81	2839.64		3359.49	1012.29		1508.97	454.91	
停征米（石）				1762.96	524.24							
户口盐钞银（两）（存留）	90.72	90.72	3.51	342.27	342.27	13.25	30.00	30.00	1.16	29.77	29.77	1.15
遇闰共加银（两）（存留）	7.56	7.56	4.39	28.22	28.22	16.39						
起运		1512.34			1529.03			521.48			185.81	
存留		1149.23			3213.03			1055.92			486.71	
总计		2661.57	5.87		4742.06	10.47		1577.40	3.48		672.52	1.48

丙表 131　高州府分州县及其分属田赋折银明细

（单位：丙/银）

项目	高州府 实物	折银	%	茂名县 实物	折银	%	电白县 实物	折银	%	信宜县 实物	折银	%
夏税												

（续上页表）

项目	实物	折银	%	实物	折银	%	实物	折银	%	实物	折银	%
麦米（石）（存留）	83.77	52.98	100.00	39.89	25.23	47.62	15.98	10.11	19.08	14.96	9.46	17.86
农桑米（石）（存留）	36.00	10.67	100.00	8.00	2.37	22.22	4.00	1.19	11.11	2.00	0.59	5.56
秋粮												
米（石）	52785.75	16005.19	100.00	14050.20	4260.17	26.62	9987.98	3028.46	18.92	5812.07	1762.28	11.01
起运米（石）	9997.81	3031.38		1208.19	383.42		1961.48	605.69		710.23	211.47	
存留米（石）	42787.93	12973.81		12842.00	3876.75		8026.50	2422.77		5101.83	1550.81	
改科丝折米（石）（存留）	0.02	0.01	100.00				0.02	0.01	100.00			
户口盐钞银（两）（存留）	427.48	427.48	100.00	98.48	98.48	23.04	39.49	39.49	9.24	42.68	42.68	9.98
遇闰共加银（两）（存留）	34.52	34.52	100.00	8.20	8.20	23.75	3.06	3.06	8.86	2.53	2.53	7.33
起运		3031.38			383.42			605.69			211.47	
存留		13499.47			4011.03			2476.62			1606.07	
总计		16530.85	100.00		4394.45	26.58		3082.31	18.65		1817.54	10.99

项目	化州 实物	折银	%	吴川县 实物	折银	%	石城县 实物	折银	%
夏税									
麦米（石）（存留）	2.77	1.75	3.31	10.15	6.42	12.12			
农桑米（石）（存留）	8.00	2.37	22.22	6.00	1.78	16.67	8.00	2.37	22.22
秋粮									
米（石）	8065.15	2445.44	15.28	8772.91	2660.04	16.62	6097.41	1848.80	11.55
起运米（石）	954.88	293.45		3550.40	1064.02		1612.61	480.69	
存留米（石）	7110.27	2151.99		5222.51	1596.02		4484.79	1368.11	
改科丝折米（石）（存留）									
户口盐钞银（两）（存留）	106.00	106.00	24.80	80.85	80.85	18.91	59.96	59.96	14.03
遇闰共加银（两）（存留）	9.49	9.49	27.49	6.23	6.23	18.05	4.99	4.99	14.46
起运		293.45			1064.02			480.69	

（续上表）

项目	折银	%		折银		折银	
存留			1435.43		2271.60		1691.30
总计	1916.12	11.59		2565.05	15.52	2755.32	16.67

丙表132　廉州府分州县及其分属田赋折银明细

（单位：两/银）

项目	廉州府			合浦县			钦州			灵山县		
	实物	折银	%	实物	折银	%	实物	折银	%	实物	折银	%
夏税												
麦米（石）（存留）	108.71	68.76	15.52	74.99	47.43	68.98	14.05	8.89	12.92	19.66	12.44	18.08
秋粮												
米（石）	26522.57	8041.92	100.00	16579.55	5027.09	62.51	2927.59	887.68	11.04	7015.42	2127.15	26.45
起运米（石）	2816.37	853.97		1098.34	333.04		370.03	112.19		1348.00	408.73	
存留米（石）	15336.67	4650.24		7532.58	2283.96		2136.65	647.85		5667.42	1718.42	
停征米（石）	8369.52	2537.71		7948.62	2410.09		420.90	127.62				
户口盐钞银（两）（存留）	635.21	635.21	100.00	321.42	321.42	50.60				313.78	313.78	49.40
遇闰共加银（两）（存留）	52.93	52.93	100.00	26.78	26.78	50.60				26.14	26.14	49.39
起运		3391.68			2743.13			239.81			408.73	
存留		5407.14			2679.59			656.74			2070.77	
总计		8798.82	100.00		5422.72	61.63		896.56	10.19		2479.50	28.18

丙表133　琼州府分州县及其分属田赋折银明细

（单位：两/银）

项目	琼州府[1]			乐会县			临高县			儋州		
	实物	折银	%	实物	折银	%	实物	折银	%	实物	折银	%
夏税												
麦米（石）（存留）	105.90	66.98	100.00	54.79	34.65	51.74	24.00	15.18	22.66	24.74	15.65	23.36

[1]因原书缺第三十五至三十八页，据谭其骧《中国历史地图集》第七册《广东》补，第72—73页。此处缺琼州府属定安、澄迈、文昌县数据，琼州府总数为现存各县数据的加和。

项目（昌化县）

项目	昌化县 实物	昌化县 折银	昌化县 %	万州 实物	万州 折银	万州 %	陵水县 实物	陵水县 折银	陵水县 %	崖州 实物	崖州 折银	崖州 %
农桑丝米（石）（存留）	12.77	3.78	100.00				8.77	2.60	68.68			
秋粮												
米（石）	32961.11	9994.15	100.00	1649.91	500.27	5.01	7646.92	2318.63	23.20	9208.46	2792.10	27.94
起运米（石）	12972.57	3933.40	100.00	197.00	60.03		2489.00	765.15		4109.43	1256.45	
存留米（石）	19988.53	6060.75	100.00	1452.91	440.24	13.37	5157.92	1553.48		5099.02	1535.66	
改科丝折米（石）（存留）	0.77	0.23	100.00				0.77	0.23	100.00			
户口盐钞粮（两）（存留）	213.27	213.27	100.00	28.52	28.52	10.91	37.66	37.66	17.66	26.15	26.15	12.26
遇闰共加银（两）（存留）	20.81	20.81	100.00	2.27	2.27		2.93	2.93	14.08	1.99	1.99	9.56
起运		3933.40			60.03			765.15			1256.45	
存留		6365.82			505.68			1612.07			1579.44	
总计		10299.22	100.00		565.71	5.49		2377.22	23.08		2835.89	27.53

项目（感恩县）

项目	实物	折银	%	万州 实物	万州 折银	万州 %	陵水县 实物	陵水县 折银	陵水县 %	崖州 实物	崖州 折银	崖州 %
夏税												
麦（石）（存留）	1.85	1.17	1.75	0.25	0.16	0.24	0.27	0.17	0.25			
秋粮												
米（石）	1743.01	528.50	5.29	6328.81	1918.96	19.20	1503.67	455.93	4.56	3992.68	1210.62	12.11
起运米（石）	943.56	285.39		2887.00	882.72		764.00	232.52		1190.58	363.19	
存留米（石）	799.45	243.11		3441.81	1036.24		739.67	223.40		2802.10	847.44	
户口盐钞银（两）（存留）	4.87	4.87	2.28	57.57	57.57	26.99	37.77	37.77	17.71	16.57	16.57	7.77
遇闰共加银（两）（存留）	0.40	0.40	1.92	8.58	8.58	41.23	3.18	3.18	15.28	1.40	1.40	6.73
起运		285.39			882.72			232.52			363.19	
存留		249.55			1102.55			264.53			865.41	
总计		534.94	5.19		1985.27	19.28		497.05	4.83		1228.59	11.93

	实物	折银	%
夏税			
农桑米（石）（存留）	4.00	1.18	31.32
秋粮			
米（石）	887.65	269.14	2.69
起运米（石）	392.00	118.42	
存留米（石）	495.65	150.72	
户口盐钞银（两）（存留）	4.16	4.16	1.95
遇闰共加银（两）（存留）	0.06	0.06	0.29
起运		118.42	
存留		156.13	
总计		274.55	2.67

丙表134 罗定州分州县及其分属田赋折银明细

（单位：两/银）

项目	罗定州			本州			东安县			西宁县		
	实物	折银	%	实物	折银	%	实物	折银	%	实物	折银	%
夏税												
麦米（石）（存留）	6.63	4.19	100.00	4.01	2.53	60.48	1.27	0.80	19.16	1.35	0.85	20.36
农桑米（石）（存留）	1.41	0.42	100.00	0.66	0.20	46.81	0.35	0.10	24.82	0.40	0.12	28.37
秋粮												
米（石）	19877.25	6026.99	100.00	11245.03	3409.61	56.57	5868.14	1779.28	29.52	2764.07	838.09	13.91
起运米（石）	2728.09	827.2		1271.89	375.06		963.33	292.09		492.86	150.86	
存留米（石）	14337.92	4347.39		8328.15	2523.11		4596.82	1393.80		1412.94	427.43	
停征米（石）	2810.63	852.22		1644.98	511.44		307.99	93.39		857.66	259.81	
改科丝折米（石）（存留）	0.14	0.04	100.00	0.14		100.00		0.04	100.00			

项目	实物	折银	%	实物	折银	%	实物	折银	%	实物	折银	%
户口盐钞银（两）（存留）	172.45	172.45	100.00	54.31	54.31	31.49	62.73	62.73	36.38	55.40	55.40	32.13
遇闰共加银（两）（存留）	12.6	12.6	100.00	4.42	4.42	35.08	3.56	3.56	28.25	4.61	4.61	36.59
起运		1679.42			886.50			385.48			410.67	
存留		4537.09			2584.57			1461.04			488.41	
总计		6216.69	100.00		3471.07	55.83		1846.52	29.70		899.08	14.46

广西各府分州县及其分属田赋折银

丙表135 桂林府分州县及其分属田赋折银明细

（单位：两/石/银）

项目	桂林府			临桂县			兴安县			灵川县		
	实物	折银	%	实物	折银	%	实物	折银	%	实物	折银	%
夏税												
麦米（石）（存留）	1328.33	840.17	100.00							75.08	47.49	5.65
丝折米（石）（存留）	352.87	104.56	100.00				153.70	45.54	43.56	32.39	9.60	9.18
丝（两）（存留）	1148.96	91.92	100.00									
秋粮												
米（石）（存留）	113526.97	33638.04	100.00	30013.54	8893.01	26.44	13855.96	4105.52	12.20	19598.74	5807.11	17.26
桐油（斤）（存留）	1065.00	44.73	100.00									
户口盐钞银（两）（存留）	232.34	232.34	100.00	23.64	23.64	10.17	14.75	14.75	6.35	112.14	112.14	48.27
存留		34951.76			8916.65			4165.81			5976.33	
总计		34951.76	100.00		8916.65	25.51		4165.81	11.92		5976.33	17.10
茶课钞（锭）（存留）	46.00						4.00			8.00		
椒课钞（锭）（存留）	42.00											
税钞（锭）（存留）	160.00											
钞总计（存留）	248.00		100.00				4.00		1.61	8.00		3.23
项目	阳朔县			永宁州			永福县			义宁县		

全州

项目	实物	折银	%	实物	折银	%	实物	折银	%	实物	折银	%
夏税												
麦米（石）（存留）				27.14	17.17	2.04				31.96	20.21	2.41
丝（两）（存留）	1008.32	80.67	87.76	98.88	7.91	8.61				41.92	3.35	3.65
秋粮												
米（石）（存留）	5339.48	1582.09	4.70	3041.23	901.12	2.68	2030.98	601.78	1.79	6239.49	1848.76	5.50
户口盐钞银（两）（存留）	18.90	18.90	8.13	8.00	8.00	3.44				22.00	22.00	9.47
存留		1681.66			934.19			601.78			1894.33	
总计		1681.66	4.81		934.19	2.67		601.78	1.72		1894.33	5.42
税钞（锭）（存留）				160.00								
钞总计（存留）				160.00		64.52						

灌阳县

项目	实物	折银	%	实物	折银	%
夏税						
麦米（石）（存留）	1194.13	755.29	89.90			
丝折米（石）（存留）	167.07	49.51	47.35			
秋粮						
米（石）（存留）	27285.05	8084.56	24.03	6122.47	1814.09	5.39
桐油（斤）（存留）	1065.00	44.73	100.00			
户口盐钞银（两）（存留）	29.35	29.35	12.63	3.56	3.56	1.53
存留		8963.43			1817.65	
总计		8963.43	25.65		1817.65	5.20
茶课钞（锭）（存留）	33.00					
椒课钞（锭）（存留）	42.00					
钞总计（存留）	75.00		30.24			

丙表 136

柳州府分州县及其分属田赋折银明细

（单位：两/银）

项目	柳州府 实物	折银	%	马平县 实物	折银	%	洛容县 实物	折银	%	罗城县 实物	折银	%
夏税												
麦米（石）（存留）	284.93	180.22	100.00	15.69	9.92	5.51	18.49	11.70	6.49			
丝（两）（存留）	172.00	13.76	100.00				4.48	0.36	2.60	66.08	5.29	38.42
秋粮												
米（石）（存留）	40498.08	11999.58	100.00	1026.58	304.18	2.53	979.56	290.24	2.42	2825.81	837.29	6.98
户口盐钞银（两）（存留）	216.80	216.80	100.00				4.50	4.50	2.08	0.65	0.65	0.30
存留		12410.36			314.10			306.80			843.22	
总计		12410.36	100.00		314.10	2.53		306.80	2.47		843.22	6.79
茶课钞（锭）（存留）	586.00											
钞总计（存留）	586.00											

项目	柳城县 实物	折银	%	怀远县 实物	折银	%	融县 实物	折银	%	来宾县 实物	折银	%
夏税												
麦米（石）（存留）	162.75	102.94	57.12	43.52	3.48	25.30	30.80	19.48	10.81	57.60	4.61	33.49
丝（两）（存留）												
秋粮												
米（石）（存留）	3803.26	1126.91	9.39	483.80	143.35	9.39	6957.33	2061.46	17.18	684.56	202.84	1.69
户口盐钞银（两）（存留）	32.00	32.00	14.76				102.67	102.67	47.36	0.68	0.68	0.31
存留		1261.85			146.83			2183.61			208.12	
总计		1261.85	10.17		146.83	1.18		2183.61	17.60		208.12	1.68

项目	象州 实物	折银	%	武宣县 实物	折银	%	宾州 实物	折银	%	迁江县 实物	折银	%

项目	实物	折银	%	实物	折银	%	实物	折银	%	实物	折银	%
夏税												
麦米（石）（存留）	2.40	1.52	0.84	1.16	0.73	0.41	19.02	10.55	7.53		4.76	2.64
秋粮												
米（石）（存留）	3000.37	889.01	7.41	1405.23	416.37	3.47	11778.46	3489.96	29.08	1235.10	365.96	3.05
户口盐钞银（两）（存留）							76.29	76.29	35.19			
存留		890.53			417.10			3585.27			370.72	
总计		890.53	7.18		417.10	3.36		3585.27	28.89		370.72	2.99
茶课钞（锭）（存留）	528.00											
钞总计（存留）	528.00		90.10									

上林县

项目	实物	折银	%
夏税			
麦米（石）（存留）	15.99	10.11	5.61
秋粮			
米（石）（存留）	6317.98	1872.02	15.60
存留		1882.13	15.17
总计		1882.13	15.17
茶课钞（锭）（存留）	58.00		
钞总计（存留）	58.00		9.90

丙表137 庆远府分州县及其分属田赋折银明细

（单位：两/银）

项目	庆远府			宜山县			天河县			河池州		
	实物	折银	%	实物	折银	%	实物	折银	%	实物	折银	%
夏税												
麦米（石）（存留）	7.68	4.86	100.00				4.31	2.73	56.12	1.66	1.05	21.61

秋粮等赋税折银统计表（一）

项目	思恩县 实物	折银	%	荔波县 实物	折银	%	东兰州 实物	折银	%	那地州 实物	折银	%
秋粮　米（石）（存留）	14476.78	4289.47	100.00	4902.34	1452.56	33.86	1559.45	473.92	11.05	1686.51	499.71	11.65
存留		4294.33	100.00		1452.56			476.64	11.10		500.76	
总计		4294.33	100.00		1452.56	33.83		476.64	11.10		500.76	11.66

秋粮等赋税折银统计表（二）

项目	南丹州 实物	折银	%	忻城县 实物	折银	%	永顺长官司 实物	折银	%	永定长官司 实物	折银	%
夏税　麦米（石）（存留）	1.46	0.92	19.01	0.24	0.15	3.13						
秋粮　米（石）（存留）	2328.31	689.88	16.08	729.27	216.08	5.04	1013.54	300.31	7.00	735.11	217.81	5.08
存留		689.88			216.08			300.46			217.81	
总计		689.88	16.06		216.08	5.03		300.46	7.00		217.81	5.07

秋粮等赋税折银统计表（三）

项目	实物	折银	%	实物	折银	%	实物	折银	%	实物	折银	%
秋粮　米（石）（存留）	393.37	116.56	2.72	319.34	94.62	2.21	359.48	106.51	2.48	410.00	121.48	2.83
存留		116.56			95.54			106.51			121.48	
总计		116.56	2.71		95.54	2.22		106.51	2.48		121.48	2.83

丙表138

平乐府分州县及其分属田赋折银明细

（单位：两/银）

项目	平乐府 实物	平乐府 折银	平乐府 %	平乐县 实物	平乐县 折银	平乐县 %	恭城县 实物	恭城县 折银	恭城县 %	富川县 实物	富川县 折银	富川县 %
夏税												
麦米（石）（存留）	44.17	27.94	100.00	13.14	8.31	29.75				1.05	0.66	2.38
丝（两）（存留）	213.92	17.11	100.00				176.64	14.13	82.57	19.68	1.57	9.20
秋粮												
米（石）（存留）	25238.24	7478.09	100.00	2993.56	886.99	11.86	1757.55	520.76	6.96	3330.47	986.82	13.20
户口盐钞银（两）（存留）	159.31	159.31	100.00	46.87	46.87	29.42	12.24	12.24	7.68	38.97	38.97	24.46
存留		7682.45			942.17			547.13			1028.03	
总计		7682.45	100.00		942.17	12.26		547.13	7.12		1028.03	13.38
租钞（锭）（存留）	2.00											
茶课钞（锭）（存留）	355.00											
麻钞（锭）（存留）	2.00											
钞总计（存留）	359.00		100.00							2.00		0.56

项目	贺县 实物	贺县 折银	贺县 %	荔浦县 实物	荔浦县 折银	荔浦县 %	修仁县 实物	修仁县 折银	修仁县 %	永安州 实物	永安州 折银	永安州 %
夏税												
麦米（石）（存留）	10.94	6.92	24.77	9.24	5.84	20.92	1.80	1.14	4.08	0.39	0.25	0.88
丝（两）（存留）							17.76	1.42	8.30			
秋粮												
米（石）（存留）	10514.08	3115.32	41.66	2162.28	640.68	8.57	442.63	131.15	1.75	750.19	222.28	2.97
户口盐钞银（两）（存留）	50.00	50.00	31.39	9.28	9.28	5.83	1.95	1.95	1.22			
存留		3172.24			655.81			135.66			222.53	
总计		3172.24	41.29		655.81	8.54		135.66	1.77		222.53	2.90

1690

昭平县（续）

项目			
租钞（锭）（存留）	1.00		
茶课钞（锭）（存留）	354.00		98.61
钞总计（存留）	1.00 / 354.00		0.28

项目	实物	折银	%
夏税			
麦米（石）（存留）	7.58	4.79	17.16
秋粮			
米（石）（存留）	3287.43	974.07	13.03
存留		978.86	
总计		978.86	12.74

丙表 139　梧州府分州县及其分属田赋折银明细

（单位：两/银）

项目	梧州府			苍梧县			藤县			容县		
	实物	折银	%	实物	折银	%	实物	折银	%	实物	折银	%
夏税												
麦米（石）（存留）	50.62	32.02	100.00				0.19	0.12	0.38	38.89	24.60	76.83
丝折米（石）（存留）	146.34	43.36	100.00				9.80	2.90	6.70			
丝（两）（存留）	739.84	59.19	100.00	138.88	11.11	18.77				220.16	17.61	29.76
秋粮												
米（石）（存留）	76698.44	22725.75	100.00	14910.67	4418.03	19.44	11216.73	3323.52	14.62	5439.32	1611.67	7.09
麻折米（石）（存留）	3.63	1.08	100.00									
苎麻（斤）（存留）[1]	27.44		100.00	27.44		100.00						
户口盐钞银（两）（存留）	282.90	282.90	100.00	33.23	33.23	11.75	20.55	20.55	7.26	26.04	26.04	9.20

[1] 在《会计录》中查不到苎麻的价格，加之数量较少，在计算中忽略不计。

（接上页）

项目	折银	%	折银	%	折银	%	折银（总计）	%（总计）
存留	1679.92	7.26	3347.09	14.46	4462.37	19.28	23144.30	100.00
总计	1679.92	7.26	3347.09	14.46	4462.37	19.28	23144.30	100.00
租钞（锭）（存留）	2.00							
钞总计（存留）	2.00							100.00

项目	岑溪县 实物	岑溪县 折银	岑溪县 %	怀集县 实物	怀集县 折银	怀集县 %	博白县 实物	博白县 折银	博白县 %	郁林州 实物	郁林州 折银	郁林州 %
夏税												
丝折米（石）（存留）	2.38	0.71	1.63	7.76	2.30	5.30	38.91	11.53	26.59	68.97	20.44	47.13
秋粮												
米（石）（存留）	2043.01	605.34	2.66	5713.73	1692.98	7.45	6471.96	1917.64	8.44	10402.23	3082.18	13.56
麻折米（石）（存留）				0.29	0.09	7.99						
户口盐钞银（两）（存留）	7.00	7.00	2.47	71.61	71.61	25.31	19.73	19.73	6.97	35.52	35.52	12.56
存留		613.05	2.65		1766.97	7.63		1948.90	8.42		3138.14	13.56
总计		613.05	2.65		1766.97	7.63		1948.90	8.42		3138.14	13.56
租钞（锭）（存留）										2.00		
钞总计（存留）										2.00		100.00

项目	北流县 实物	北流县 折银	北流县 %	陆川县 实物	陆川县 折银	陆川县 %	兴业县 实物	兴业县 折银	兴业县 %
夏税									
麦米（石）（存留）	11.53	7.29	22.78	18.49	5.48	12.63			
丝折米（石）（存留）									
丝（两）（存留）	309.28	24.74	41.80				71.52	5.72	9.67
秋粮									
米（石）（存留）	8728.48	2586.25	11.38	6646.23	1969.28	8.67	5126.02	1518.84	6.68
麻折米（石）（存留）							3.34	0.99	92.01

项目	实物	折银	%	实物	折银	%	实物	折银	%
户口盐钞银（两）（存留）	27.49	27.49	9.72	15.11	15.11	5.34	26.61	26.61	9.41
存留		2645.78			1989.87			1552.17	
总计		2645.78	11.43		1989.87	8.60		1552.17	6.71

丙表140　浔州府分属州县及其分属田赋折银明细

（单位：两/银）

项目	浔州府			桂平县			平南县			贵县		
	实物	折银	%	实物	折银	%	实物	折银	%	实物	折银	%
夏税												
麦米（石）（存留）	119.55	75.62	100.00				119.55	75.62	100.00			
丝（两）（存留）	44.00	3.52	100.00				44.00	3.52	100.00			
秋粮												
米（石）（存留）	33090.32	9804.66	100.00	9236.91	2736.90	27.91	7140.44	2115.71	21.58	15607.85	4624.61	47.17
花利米（石）（存留）	1888.25	559.49	100.00	1888.25	559.49	100.0						
苎麻（斤）（存留）¹	1767.44		100.00	627.73		35.52	59.50		3.37	1080.21		61.12
户口盐钞银（两）（存留）	186.90	186.90	100.00	60.84	60.84	32.55	50.57	50.57	27.06	75.49	75.49	40.39
存留		10630.19			3357.23			2245.42			4700.10	
总计		10630.19	100.00		3357.23	31.58		2245.42	21.12		4700.10	44.21
租钞（锭）（存留）	23.00			23.00		100.00						
茶课钞（锭）（存留）	196.00						196.00		100.00	214.00		61.67
鱼课钞（锭）（存留）	347.00			104.00		29.97	29.00		8.36			
钞总计（存留）	566.00		100.00	127.00		22.44	225.00		39.75	214.00		37.81

项目	武靖州		
	实物	折银	%
秋粮			

¹ 在《会计录》中查找不到苎麻的价格，加之数量较少，在计算中忽略不计。

	实物	折银	%
米（石）（存留）	1105.11	327.44	3.34
存留		327.44	
总计		327.44	3.08

丙表141　南宁府分州县及其分属田赋折银明细

（单位：两/银）

项目	南宁府[1] 实物	折银	%	宣化县 实物	折银	%	新宁州 实物	折银	%	横州 实物	折银	%
夏税												
麦米（石）（存留）	414.02	261.87	100.00	130.37	82.46	31.49	4.74	3.00	1.14	23.25	14.71	5.62
丝（两）（存留）	60.32	4.83	100.00							44.80	3.59	74.27
秋粮												
米（石）（存留）	38324.55	11355.56	100.00	18510.33	5484.61	48.30	1051.61	311.59	2.74	8525.49	2526.10	22.25
红花（斤）（存留）	11.84	1.78	100.00	11.53	1.73	97.38	0.02	0.003	0.17			
户口盐钞银（两）（存留）	338.73	338.73	100.00	103.50	103.50	30.56				184.59	184.59	54.49
存留		11962.77			5672.30			314.59			2728.98	
总计		11962.77	100.00		5672.30	47.42		314.59	2.63		2728.98	22.81
租钞（锭）（存留）	3.00											
钞总计（存留）	3.00		100.00									

项目	永淳县 实物	折银	%	上思州 实物	折银	%	隆安县 实物	折银	%	归德州 实物	折银	%
夏税												
麦米（石）（存留）	8.92	5.64	2.15				230.95	146.08	55.78	15.78	9.98	3.81
丝（两）（存留）	15.52	1.24	25.73									
秋粮												

1 原文中南宁府租钞数值缺，但所属隆安县有租钞3锭903文，今依隆安县额补齐。

项目	果化州			忠州			下雷峒			湖润寨		
	实物	折银	%	实物	折银	%	实物	折银	%	实物	折银	%
米（石）（存留）	3489.59	1033.97	9.11	67.00	19.85	0.17	5821.33	1724.86	15.19	433.18	128.35	1.13
红花（斤）（存留）							0.29	0.04	2.45			
户口盐钞银（两）（存留）	34.64	34.64	10.23				16.00	16.00	4.72			
存留		1075.49			19.85			1886.98			138.33	
总计		1075.49	8.99		19.85	0.17		1886.98	15.77		138.33	1.16
租钞（锭）（存留）							3.00					
钞总计（存留）							3.00		100.00			

项目	果化州			忠州			下雷峒			湖润寨		
	实物	折银	%	实物	折银	%	实物	折银	%	实物	折银	%
秋粮												
米（石）（存留）	140.00	41.48	0.37	150.00	44.44	0.39	100.00	29.63	0.26	36.00	10.67	0.09
存留		41.48			44.44			29.63			10.67	
总计		41.48	0.35		44.44	0.37		29.63	0.25		10.67	0.09

丙表142 太平府分州县及其分属田赋折银明细

（单位：两/银）

项目	大平府			太平州			镇远州			茗盈州		
	实物	折银	%	实物	折银	%	实物	折银	%	实物	折银	%
夏税												
麦米（石）（存留）	11.05	6.99	100.00	1.90	1.20	17.19						
秋粮												
米（石）（存留）	3225.57	955.74	100.0	237.10	70.25	7.35	99.20	29.39	3.08	103.00	30.52	3.19
存留		962.73			71.45			29.39			30.52	
总计		962.73	100.00		71.45	7.42		29.39	3.05		30.52	3.17

项目	安平州			思同州			养利州			万承州		
	实物	折银	%	实物	折银	%	实物	折银	%	实物	折银	%

结安州 一带（信伦州、龙英州、全茗州）

项目	全茗州 实物	折银	%	结安州 实物	折银	%	龙英州 实物	折银	%	信伦州 实物	折银	%
夏税												
麦米（石）（存留）	0.40	0.25	3.62							2.00	1.27	18.10
秋粮												
米（石）（存留）	190.30	56.39	5.90	88.25	26.15	2.74	148.15	43.90	4.59	500.00	148.15	15.50
存留		56.64			26.15			43.90			149.42	
总计		56.64	5.88		26.15	2.72		43.90	4.56		149.42	15.52

项目	都结州 实物	折银	%	上下冻州 实物	折银	%	思城州 实物	折银	%	左州 实物	折银	%
秋粮												
米（石）（存留）	120.40	35.67	3.73	78.46	23.25	2.43	375.75	111.34	11.65	100.15	29.67	3.10
存留		35.67			23.25			111.34			29.67	
总计		35.67	3.71		23.25	2.41		111.34	11.56		29.67	3.08

项目	崇善县 实物	折银	%	罗阳县 实物	折银	%	陀陵县 实物	折银	%	永康县 实物	折银	%
夏税												
麦米（石）（存留）	0.25	0.16	2.26									
秋粮												
米（石）（存留）	98.02	29.04	3.04	102.85	30.47	3.19	186.90	55.38	5.79	232.50	68.89	7.21
存留		29.20			30.47			55.38			68.89	
总计		29.20	3.03		30.47	3.17		55.38	5.75		68.89	7.16

项目	实物	折银	%
夏税			
麦米（石）（存留）	6.50	4.11	58.82
秋粮			

项目												
米（石）（存留）	201.26	59.63	6.24	155.80	46.16	4.83	167.17	49.53	5.18	40.30	11.94	1.25
存留		63.75			46.16			49.53			11.94	
总计		63.75	6.62		46.16	4.80		49.53	5.15		11.94	1.24

（单位：两/银）

丙表143 　思恩军民府分州县及其分属田赋折银明细

项目	思恩军民府			思恩军民府九土司			武缘县[1]		
	实物	折银	%	实物	折银	%	实物	折银	%
夏税									
麦米（石）（存留）	230.81	145.99	100.00	109.85	69.48	47.59	120.95	76.50	52.40
秋粮									
米（石）（存留）	13051.91	3867.28	100.00	5665.68	1678.74	43.41	7386.23	2188.54	56.59
存留		4013.27			1748.22			2265.04	
总计		4013.27	100.00		1748.22	43.56		2265.04	56.44

（单位：两/银）

丙表144 　思明府分州县及其分属田赋折银明细

项目	思明府			凭祥州	思明州			上石西州			下石西州		
	实物	折银	%	实物	实物	折银	%	实物	折银	%	实物	折银	%
秋粮													
米（石）（存留）	246.50	73.04	100.00		61.00	18.07	24.74	30.00	8.89	12.17	25.00	7.41	10.15
存留		73.04				18.07			8.89			7.41	
总计		73.04	100.00			18.07	0.55		8.89	0.27		7.41	0.23
项目	折银	%			折银	%							
秋粮													

[1]原书此县县名残缺，依据谭其骧《中国历史地图集》第七册《广西》补，第74—75页。

（续上表）

项目	实物	折银	%
米（石）（存留）	130.50	38.67	52.94
存留	130.50	38.67	
总计	130.50	38.67	1.49

丙表 145　镇安府等府州县及其分属田赋折银明细

（单位：两/银）

项目	总数			镇安府			向武州			奉议州		
	实物	折银	%	实物	折银	%	实物	折银	%	实物	折银	%
夏税												
麦米（石）（存留）	3.50	2.21	100.00			100.00						
秋粮												
米（石）（存留）	10544.11	3124.24	100.00	1100.00	325.93	10.43	654.12	193.82	6.20	286.00	84.74	2.71
存留		3124.24			325.93			193.82			84.74	
总计		3124.24	100.00		325.93	10.43		193.82	6.20		84.74	2.71

项目	总数			归顺州			都康州			富劳县			辽州		
	实物	折银	%	实物	折银	%	实物	折银	%	实物	折银	%	实物	折银	%
夏税															
麦米（石）（存留）	3.50	2.21	100.00			100.00									
秋粮															
米（石）（存留）	237.00	70.22	2.25	150.00	44.45	1.42	30.00			214.80	63.65	2.04	220.00	65.19	2.09
存留		72.43			44.45						63.65			65.19	
总计		72.43	2.32		44.45	1.42					63.65	2.04		65.19	2.09

项目	龙州			恩陵州			利州			迁隆峒		
	实物	折银	%	实物	折银	%	实物	折银	%	实物	折银	%
秋粮												
米（石）（存留）	462.15	136.94	4.38	30.00	8.89	0.28	100.00	29.63	0.95	35.55	10.53	0.34

项目	上林长官司			安隆长官司			泗城州			田州		
	实物	折银	%	实物	折银	%	实物	折银	%	实物	折银	%
存留		136.94			8.89			29.63			10.53	
总计		136.94	4.38		8.89	0.28		29.63	0.95		10.53	0.34
秋粮												
米（石）（存留）	400.00	118.52	3.79	141.60	41.96	1.34	1646.90	487.98	15.62	4865.99	1441.79	46.15
存留		118.52			41.96			487.98			1441.79	
总计		118.52	3.79		41.96	1.34		487.98	15.62		1441.79	46.15

云南各府分州县及其分属田赋折银

丙表 146

云南府分州县及其分属田赋折银明细

（单位：两/银）

项目	云南府			昆明县			富民县			宜良县		
	实物	折银	%	实物	折银	%	实物	折银	%	实物	折银	%
夏税												
麦（石）（存留）	8404.74	5316.00	100.00	1834.55	1160.35	21.83	517.89	327.57	6.16	649.84	411.02	7.73
秋粮												
米（石）（存留）	25845.27	7657.95	100.00	5371.49	1591.57	20.78	864.93	256.28	3.35	1384.06	410.10	5.36
存留		12973.95			2751.93			583.84			821.12	
总计		12973.95	100.00		2751.93	21.21		583.84	4.50		821.12	6.33

项目	嵩明州			晋宁州			归化县			呈贡县		
	实物	折银	%	实物	折银	%	实物	折银	%	实物	折银	%
夏税												
麦（石）（存留）	1851.00	1170.76	22.02	879.33	556.18	10.46	355.90	225.11	4.23	613.44	388.00	7.30
秋粮												
米（石）（存留）	5459.69	1617.71	21.12	1881.42	557.46	7.28	911.79	270.16	3.53	1752.98	519.41	6.78

项目	安宁县 实物	折银	%	罗次县 实物	折银	%	禄丰县 实物	折银	%	昆阳州 实物	折银	%
存留		2788.46			1113.64			495.27			907.41	
总计		2788.46	21.49		1113.64	8.58		495.27	3.82		907.41	6.99

项目	安宁县 实物	折银	%	罗次县 实物	折银	%	禄丰县 实物	折银	%	昆阳州 实物	折银	%
夏税 麦（石）（存留）	358.21	226.57	4.26	180.90	114.42	2.15	248.49	157.17	2.96	577.91	365.53	6.88
秋粮 米（石）（存留）	2890.21	856.37	11.18	1202.10	356.18	4.65	804.02	238.23	3.11	1787.04	529.50	6.91
存留	3248.42	1082.94			470.60			395.40			895.03	
总计	3248.42	1082.94	8.35		470.60	3.63		395.40	3.05		895.03	6.90

项目	三泊县 实物	折银	%	易门县 实物	折银	%
夏税 麦（石）（存留）	202.93	128.35	2.41	134.29	84.94	1.60
秋粮 米（石）（存留）	614.24	182.00	2.38	921.25	272.97	3.56
存留		310.35			357.90	
总计		310.35	2.39		357.90	2.76

丙表 147　大理府分州县及其分属田赋折银明细

（单位：两/银）

项目	大理府 实物	折银	%	太和县 实物	折银	%	赵州 实物	折银	%	云南县 实物	折银	%
夏税 麦（石）（存留）	9173.47	5802.22	100.00	2714.21	1716.74	29.59	1344.58	850.45	14.66	1849.39	1169.74	20.16
秋粮												

大理府（各州）赋税表（单位：石／两／匹／段／只；折银：两；%）

项目	邓川州 实物	邓川州 折银	邓川州 %	浪穹县 实物	浪穹县 折银	浪穹县 %	宾川州 实物	宾川州 折银	宾川州 %	云龙州 实物	云龙州 折银	云龙州 %
米（石）（存留）	15652.92	4637.96	100.00	5070.61	1502.42	32.39	2057.19	609.55	13.14	2709.37	802.79	17.31
银（两）	56.12	56.12	100.00				15.00	4.50	100.00			
棉绸（匹）	15.00	4.50	100.00									
棉布（段）	1700.00	510.00	100.00									
黄牛（只）	5.00	10.50	100.00				5.00	10.50	100.00			
马（匹）	2.00	26.00	100.00				2.00	26.00	100.00			
起运		607.12						41.00				
存留		10440.18			3219.16			1459.99			1972.53	
总计		11047.30	100.00		3219.16	29.14		1500.99	13.59		1972.53	17.86

项目	邓川州 实物	邓川州 折银	邓川州 %	浪穹县 实物	浪穹县 折银	浪穹县 %	宾川州 实物	宾川州 折银	宾川州 %	云龙州 实物	云龙州 折银	云龙州 %
夏税												
麦（石）（存留）	988.31	625.11	10.77	1229.02	777.36	13.40	1041.70	658.88	11.36			
秋粮												
米（石）（存留）	1426.11	422.56	9.11	2598.67	769.99	16.60	1776.15	526.27	11.35	56.12	56.12	100.00
银（两）												
棉布（段）	500.00			500.00	150.00	29.41				1200.00	360	70.59
起运					150.00						360	
存留		1047.66			1547.34			1185.15			416.12	
总计	1047.66	1047.66	9.48		1697.34	15.36	1185.15	1185.15	10.73		416.12	3.77

十二关长官司

项目	实物	折银	%
夏税			
麦（石）（存留）	6.22	3.93	0.07
秋粮			

项目	实物	折银	%
米（石）（存留）	14.81	4.39	0.09
存留		8.32	
总计		8.32	0.08

丙表148　临安府分州县及其分属田赋折银明细

（单位：两/银）

项目	临安府 实物	折银	%	建水州 实物	折银	%	石屏州 实物	折银	%	阿迷州 实物	折银	%
夏税												
麦（石）（存留）	1330.74	841.69	100.00	240.52	152.13	18.07	95.73	60.55	7.19	27.33	17.29	2.05
秋粮												
米（石）（存留）	14774.61	4377.72	100.00	2663.33	789.15	18.03	2183.02	646.83	14.78	1159.58	343.58	7.85
差发米（石）	1142.40	799.68	100.00							449.40	314.58	39.34
银（两）	310.00	310.00	100.00									
海肥（索）	221025.00	2622.22	100.00	13610.00	170.13	6.16	16000.00	133.33	7.24			
户口盐钞银（两）（存留）	134.96	134.96	100.00	12.98	12.98	9.62	15.98	15.98	11.84	16.61	16.61	12.31
起运		3731.90			170.13			133.33			314.58	
存留		5354.37			954.25			723.36			377.48	
总计		9086.27	100.00		1124.38	12.37		856.69	9.43		692.06	7.62

项目	宁州 实物	折银	%	通海县 实物	折银	%	河西县 实物	折银	%	嶍峨县 实物	折银	%
夏税												
麦（石）（存留）	203.93	128.99	15.32	249.26	157.66	18.73	281.95	178.33	21.19	203.28	128.57	15.28
秋粮												
米（石）（存留）	1395.59	413.51	9.45	424.94	125.91	2.88	1631.88	483.53	11.05	1963.49	581.78	13.29
海肥（索）	7740.00	64.5	3.50	5303.00	66.29	2.40	9028.00	112.85	4.08	17130.00	214.13	7.75

（上接表）

项目	蒙自县 实物	蒙自县 折银	蒙自县 %	纳楼茶甸长官司 实物	纳楼茶甸长官司 折银	纳楼茶甸长官司 %	教化三部长官司 实物	教化三部长官司 折银	教化三部长官司 %	溪处甸长官司 实物	溪处甸长官司 折银	溪处甸长官司 %
户口盐钞银（两）（存留）	8.15	8.15	6.04	4.20	4.20	3.11	8.08	8.08	5.99	16.77	16.77	12.43
起运		64.50			66.29			112.85			214.13	
存留		550.65			287.77			669.94			727.13	
总计		615.15	6.77		354.06	3.90		782.79	8.62		941.26	10.36

项目	蒙自县 实物	蒙自县 折银	蒙自县 %	纳楼茶甸长官司 实物	纳楼茶甸长官司 折银	纳楼茶甸长官司 %	教化三部长官司 实物	教化三部长官司 折银	教化三部长官司 %	溪处甸长官司 实物	溪处甸长官司 折银	溪处甸长官司 %
夏税												
麦（石）（存留）	28.71	18.16	2.16									
秋粮												
米（石）（存留）	1565.97	464.00	10.60	199.96	59.25	1.35	231.00	68.45	1.56	424.20	125.69	2.87
差发米（石）	42.00	29.40	3.68	331.80	232.26	29.04	189.00	132.3	16.54			
银（两）	50.00	50.00	16.13	200.00	200.00	64.52						
海肥（索）	33705.00	421.31	15.25	11.12	11.12	8.24	3.39	3.39	2.51	79008.00	987.60	35.75
户口盐钞银（两）（存留）	22.06	22.06	16.35							7.89	7.89	5.85
起运		500.71			432.26			132.30			987.60	
存留		504.22			70.37			71.84			133.58	
总计		1004.93	11.06		502.63	5.53		204.14	2.25		1121.18	12.34

项目	左能寨长官司 实物	左能寨长官司 折银	左能寨长官司 %	王弄山长官司 实物	王弄山长官司 折银	王弄山长官司 %	亏容甸长官司 实物	亏容甸长官司 折银	亏容甸长官司 %	思陀甸长官司 实物	思陀甸长官司 折银	思陀甸长官司 %
秋粮												
米（石）（存留）	55.20	16.36	0.37	686.68	203.46	4.65	98.28	29.12	0.67	41.10	12.18	0.28
差发米（石）				130.20	91.14	11.40						
海肥（索）	9000.00	112.5	4.07				10000.00	83.33	4.52	15000.00	187.5	6.79
户口盐钞银（两）（存留）	0.96	0.96	0.71	3.59	3.59	2.66	0.78	0.78	0.58	1.29	1.29	0.96
起运		112.50			91.14			83.33			187.50	

表（续）

项目	实物	折银	%	实物	折银	%	实物	折银	%
存留	17.32	129.82	1.43	29.90	113.23	1.25	13.47	200.97	2.21
总计	207.05	298.19	3.28						

落恐甸长官司

项目	实物	折银	%
秋粮			
米（石）（存留）	20.33	6.02	0.14
银（两）			
海肥（索）	5500.00	68.75	2.49
户口盐钞银（两）（存留）	1.05	1.05	0.78
起运		68.75	
存留		7.07	
总计		75.82	0.83

本府代管车人寨改设纳更山巡检司

项目	实物	折银	%
米（石）（存留）	30.00	8.89	0.20
银（两）	60.00	60.00	19.35
起运		60.00	
存留		8.89	
总计		68.89	0.76

丙表 149　楚雄府分州县及其分属田赋折银明细

（单位：两/银）

项目	楚雄府		楚雄县			定边县			广通县		
	实物	折银	实物	折银	%	实物	折银	%	实物	折银	%
夏税											
麦（石）（存留）	1854.70	1173.10	645.62	408.36	34.81	87.15	55.12	4.70	349.56	221.10	18.85
秋粮											
米（石）（存留）	7183.90	2128.59	2835.30	840.10	39.47	358.23	106.14	4.99	1023.57	303.28	14.25
差发米（石）	1471.69	842.73	404.88	202.44	27.51	315.00	157.5	21.40	138.07	96.65	9.38
银（两）	241.70	241.70	161.70	161.70	66.90						
黄牛（只）	10.00	21.00									
马（匹）	2.00	26.00									
起运		1131.43		364.14			157.50			96.65	

县级合计（以定远县为基数）

项目	定远县	碉蕖县	南安州	镇南州
存留（折银）	3301.69	1248.45	161.27	524.38
总计（折银）	4433.12	1612.59	318.77	621.03
%（以定远县为100.00）	100.00	36.38	7.19	14.01

项目	定远县 实物	定远县 折银	定远县 %	碉蕖县 实物	碉蕖县 折银	碉蕖县 %	南安州 实物	南安州 折银	南安州 %	镇南州 实物	镇南州 折银	镇南州 %
夏税												
麦（石）（存留）	351.19	222.13	18.94			1.41	97.38	61.59	5.25	323.77	204.78	17.46
秋粮												
米（石）（存留）	1079.50	319.86	15.03	101.17	29.98		626.80	185.72	8.73	1159.30	343.50	16.14
差发米（石）	217.35	108.68	14.77			24.82	221.55	155.09	15.05	174.83	122.38	11.88
银（两）				60.00	60.00					20.00	20.00	8.27
黄牛（只）										10.00	21.00	100.00
马（匹）										2.00	26.00	100.00
起运		108.68			60.00			155.09			189.38	
存留		541.98			29.98			247.31			548.29	
总计		650.66	14.68		89.98	2.03		402.40	9.08		737.67	16.64

丙表150 澂江府分州县及其分属田赋折银明细

（单位：两/银）

项目	澂江府 实物	澂江府 折银	澂江府 %	河阳县 实物	河阳县 折银	河阳县 %	江川县 实物	江川县 折银	江川县 %	阳宗县 实物	阳宗县 折银	阳宗县 %
夏税												
麦（石）（存留）	2172.27	1373.96	100.00	930.52	588.55	42.84	217.48	137.56	10.01	218.43	138.16	10.06
秋粮												
米（石）（存留）	5044.42	1494.66	100.00	1952.97	578.66	38.72	679.93	201.46	13.48	550.79	163.20	10.92
海肥（素）	14972.00	187.15	100.00	1764.00	22.05	11.78	1730.00	21.63	11.55	600.00	7.50	4.01
起运		187.15			22.05			21.63			7.50	

项目							
存留		2868.62		1167.22		339.02	301.36
总计		3055.77	100.00	1189.27	38.92	360.64	308.86
					11.80	10.11

项目	新兴州			路南州		
	实物	折银	%	实物	折银	%
夏税						
麦（石）（存留）	504.41	319.04	23.22	301.40	190.64	13.87
秋粮						
米（石）（存留）	1117.75	331.19	22.16	742.95	220.14	14.73
海贰米（索）	1758.00	21.98	11.74	9120.00	114.00	60.91
起运		21.98			114.00	
存留		650.23			410.77	
总计		672.20	22.00		524.77	17.17

丙表151　景东府田赋折银明细

（单位：两/银）

项目	景东府		
	实物	折银	%
秋粮			
米（石）（存留）	1150.39	340.86	100.00
差发米（石）	788.75	552.13	100.00
银（两）	300.00	300.00	100.00
起运		852.13	
存留		340.86	
总计		1192.99	100.00

丙表 152

广南府分州县及其分属田赋折银明细

（单位：两/银）

项目	广南府 实物	折银	%	本府代征 实物	折银	%	富州 实物	折银	%			
秋粮												
米（石）（存留）	1005.61	297.96	100.00	758.34	224.69	75.41	247.27	73.27	24.59			
差发米（石）	718.00	502.60	100.00	277.50	194.25	38.65	440.50	308.35	61.35			
起运		502.60			194.25			308.35				
存留		297.96			224.69			73.27				
总计		800.56	100.00		418.94	52.33		381.62	47.67			

丙表 153

广西府分州县及其分属田赋折银明细

（单位：两/银）

项目	广西府 实物	折银	%	本府代征 实物	折银	%	师宗州 实物	折银	%	弥勒州 实物	折银	%
夏税												
麦（石）（存留）	114.84	72.64	100.00				76.61	48.46	66.71	38.22	24.18	33.28
秋粮												
米（石）（存留）	3186.58	944.18	100.00	152.00	45.04	4.77	1274.00	377.48	39.98	1181.67	350.13	37.08
差发米（石）	2154.41	1508.09	100.00				1104.41	773.09	51.26	1050.00	735.00	48.74
水牛（只）	10.00	35.00	100.00				10.00	35.00	100.00			
起运		1543.09			45.04			808.09			735.00	
存留		1016.82			45.04			425.94			374.30	
总计		2559.91	100.00		45.04	1.76		1234.03	48.21		1109.30	43.33

项目	锥糇州 实物	折银	%									
秋粮												

米（石）（存留）	578.90	171.53	18.17
存留		171.53	
总计		171.53	6.70

丙表 154 镇沅府田赋折银明细

（单位：两/银）

项目	镇沅府 实物	折银	%
秋粮			
差发米（石）	100.00	70.00	100.00
银（两）	650.00	650.00	100.00
起运		720.00	
总计		720.00	100.00
折色钞（锭）	60.00		
钞总计	60.00		100.00

丙表 155 永宁府田赋折银明细

（单位：两/银）

项目	永宁府 实物	折银	%
秋粮			
马（匹）	5.00	35.00	100.00
起运		35.00	
总计		35.00	100.00

丙表 156

顺宁府田赋折银明细

（单位：两/银）

项目	顺宁府 实物	折银	%
秋粮			
银（两）	450.00	450.00	100.00
起运		450.00	
总计	450.00	450.00	100.00

丙表 157

曲靖军民府分州县及其分属田赋折银明细

（单位：两/银）

项目	曲靖军民府 实物	折银	%	南宁县 实物	折银	%	亦左县 实物	折银	%	霑益州 实物	折银	%
夏税												
麦（石）（存留）	1329.45	840.88	100.00	453.08	286.57	34.08	65.94	41.71	4.96	344.48	217.88	25.91
秋粮												
米（石）（存留）	6500.99	1926.24	100.00	1320.88	391.38	20.32	92.63	27.45	1.42	3374.20	999.77	51.90
差发米（石）	796.21	557.35	100.00				380.31	266.22	47.77	56.70	39.69	7.12
起运		557.35						266.22			39.69	
存留		2767.12			677.95			69.15			1217.66	
总计		3324.47	100.00		677.95	20.39		335.37	10.09		1257.35	37.82

项目	陆凉州 实物	折银	%	马龙州 实物	折银	%	罗雄州 实物	折银	%
夏税									
麦（石）（存留）	167.69	106.06	12.61	155.70	98.48	11.71	142.55	90.16	10.72
秋粮									
米（石）（存留）	633.85	187.81	9.75	690.84	204.70	10.63	388.57	115.13	5.98

项目	实物	折银	%	实物	折银	%	实物	折银	%
差发米（石）	48.30	33.81	6.07	27.72	19.40	3.48	283.18	198.23	35.57
起运		33.81			19.40			198.23	
存留		293.87			303.18			205.30	
总计		327.68	9.86		322.58	9.70		403.52	12.14

丙表158　姚安军民府分属州县及其田赋折银明细

（单位：两/银）

项目	姚安军民府			姚州			大姚县		
	实物	折银	%	实物	折银	%	实物	折银	%
夏税									
麦（石）（存留）	1596.67	1009.89	100.00	961.24	607.98	60.20	635.42	401.90	39.80
秋粮									
米（石）（存留）	2042.04	605.06	100.00	1185.85	351.37	58.07	856.19	253.69	41.93
差发米（石）	1162.71	689.79	100.00	620.48	310.24	53.36	542.22	379.55	46.63
户口盐钞银（两）（存留）	307.30	307.30	100.00	166.84	166.84	54.29	140.45	140.45	45.70
起运		689.79			310.24			379.55	
存留		1922.25			1126.19			796.04	
总计		2612.04	100.00		1436.43	54.99		1175.59	45.01

丙表159　鹤庆军民府分属州县及其田赋折银明细

（单位：两/银）

项目	鹤庆军民府			本府代征			剑川州			顺州		
	实物	折银	%	实物	折银	%	实物	折银	%	实物	折银	%
夏税												
麦（石）（存留）	3355.86	2122.58	100.00	1589.87	1005.59	47.38	1706.16	1079.15	50.84	59.83	37.84	1.78
秋粮												
米（石）（存留）	3985.39	1180.87	100.00	1273.16	377.24	31.95	2630.39	779.38	66.00	81.83	24.25	2.05

（接上表）

项目												
	实物	折银	%	实物	折银	%	实物	折银	%	实物	折银	%
差发米（石）	510.61			226.80			283.81					
麦（石）		357.43	100.00		158.76	44.42		198.67	55.58	78.75	47.25	100.00
银（两）		90.00	100.00							90.00	90.00	100.00
起运		494.68			158.76			198.67			137.25	
存留		3303.45			1382.83			1858.53			62.09	
总计		3798.13	100.00		1541.59	40.59		2057.20	54.16		199.34	5.25

丙表 160　武定军民府分州县及其分属田赋折银明细

（单位：两/银）

项目	武定军民府			和曲州			元谋县			禄劝州		
	实物	折银	%	实物	折银	%	实物	折银	%	实物	折银	%
夏税												
麦（石）（存留）	430.28	272.15	100.00	130.66	82.64	30.37	58.24	36.84	13.54	241.37	152.67	56.10
秋粮												
米（石）（存留）	3003.07	889.81	100.00	890.03	263.72	29.64	961.70	284.95	32.02	1151.33	341.14	38.34
差发米（石）	105.00	73.50	100.00				105.00	73.50	100.00			
马（匹）	20.00	160.00	100.00	4.00	32.00	20.00				16.00	128.00	80.00
起运		233.50			32.00			73.50			128.00	
存留		1161.96			346.36			321.79			493.80	
总计		1395.46	100.00		378.36	27.11		395.29	28.33		621.80	44.56

丙表 161　寻甸军民府田赋折银明细

（单位：两/银）

项目	寻甸军民府		
	实物	折银	%
夏税			
麦（石）（存留）	606.60	383.67	100.00

丙表162

丽江军民府分州县及其分属田赋折银明细

（单位：两/银）

秋粮	实物	折银	%
米（石）（存留）	2142.24	634.75	100.00
差发米（石）	31.50	11.03	100.00
马（匹）	10.00	40.00	100.00
起运		51.03	
存留		1018.42	
总计		1069.45	100.00

项目	丽江军民府			通安州			宝山州			兰州		
	实物	折银	%	实物	折银	%	实物	折银	%	实物	折银	%
夏税												
麦（石）（存留）	1639.56	1037.02	100.00	992.29	627.62	60.52	127.78	80.82	7.79	228.74	144.68	13.95
秋粮												
米（石）（存留）	774.13	229.37	100.00	351.52	104.15	45.41	93.87	27.81	12.13	63.50	18.81	8.20
差发米（石）	166.16	116.31	100.00	166.16	116.31	100.00						
马（匹）	31.00	217.00	100.00	9.00	63.00	29.03	7.00	49.00	22.58	7.00	49.00	22.58
起运		333.31			179.31			49.00			49.00	
存留		1266.39			731.78			108.63			163.49	
总计		1599.70	100.00		911.09	56.95		157.63	9.85		212.49	13.28

项目	巨津州			临西县		
	实物	折银	%	实物	折银	%
夏税						
麦（石）（存留）	267.85	169.41	16.34	22.89	14.48	1.40
秋粮						

米（石）（存留）	232.63	68.93	30.05	32.60	9.66	4.21
马（匹）	5.00	35.00	16.13	3.00	21.00	9.68
起运		35.00			21.00	
存留		238.34			24.14	
总计		273.34	17.09		45.14	2.82

丙表 163　元江军民府所属因远罗必甸长官司田赋折银明细

（单位：两/银）

项目	元江军民府所属因远罗必甸长官司		
	实物	折银	%
秋粮			
米（石）（存留）	1930.21	571.92	100.00
银（两）	102.40	102.40	100.00
海肥（索）	36380.00	454.75	100.00
起运		557.15	
存留		571.92	
总计		1129.07	100.00

丙表 164　蒙化府田赋折银明细

（单位：两/银）

项目	蒙化府		
	实物	折银	%
夏税			
麦（石）（存留）	1940.32	1227.25	100.00
秋粮			
米（石）（存留）	2911.52	862.68	100.00
存留		2089.93	

丙表165 永昌军民府分州县及其分属田赋折银明细

（单位：两/银）

项目	永昌军民府 实物	折银	%	保山县 实物	折银	%	永平县 实物	折银	%	腾越州 实物	折银	%
夏税												
麦（石）（存留）	554.61	350.79	100.00	315.87	199.79	56.95	131.99	83.48	23.80			
秋粮												
米（石）（存留）	7871.79	2332.41	100.00	2442.04	723.58	31.02	927.42	274.79	11.78	3846.65	1139.76	48.87
差发米（石）	15.75	11.03	100.00									
银（两）	542.70	542.70	100.00							434.70	434.70	80.10
黄牛（只）	11.00	23.10	100.00	9.00	18.90	81.82						
马（匹）	11.00	133.00	100.00									
起运		709.83			18.90						434.70	
存留		2683.20			923.36			358.28			1139.76	
总计		3393.03	100.00		942.26	27.77		358.28	10.56		1574.46	46.40

项目	施甸长官司 实物	折银	%	凤溪长官司 实物	折银	%	永昌所 实物	折银	%
夏税									
麦（石）（存留）	81.12	51.31	14.63	25.62	16.20	4.62			
秋粮									
米（石）（存留）	454.73	134.74	5.78	200.94	59.54	2.55			
差发米（石）	15.75	11.03	100.00						
银（两）							108.00	108.00	19.90
黄牛（只）	2.00	4.20	18.18						

总计		
	2089.93	100.00

项目						
马（匹）	11.00		133.00	100.00		
起运					108.00	
存留	148.23	186.04			75.74	
总计	334.27		9.85	108.00	75.74	2.23	3.18

（单位：两/银）

北胜州田赋折银明细

丙表 166

项目	北胜州		
	实物	折银	%
夏税			
麦（石）（存留）	1063.07	672.39	100.00
秋粮			
米（石）（存留）	1542.60	457.07	100.00
银（两）	352.20	352.20	100.00
起运		352.20	
存留		1129.46	
总计		1481.66	100.00

（单位：两/银）

新化州田赋折银明细

丙表 167

项目	新化州		
	实物	折银	%
秋粮			
米（石）（存留）	504.89	149.60	100.00
银（两）	450.00	450.00	100.00
起运		450.00	
存留		149.60	

| 总计 | | 599.60 | 100.00 |

丙表 168　滇襄州田赋折银明细

（单位：两/银）

项目	实物	折银	%
滇襄州			
秋粮			
银（两）	60.00	60.00	100.00
起运		60.00	
总计		60.00	100.00

丙表 169　者乐甸长官司田赋折银明细

（单位：两/银）

项目	实物	折银	%
者乐甸长官司			
秋粮			
米（石）（存留）	70.35	20.84	100.00
银（两）	240.00	240.00	100.00
起运		240.00	
存留		20.84	
总计		260.84	100.00

丙表 170　威远州田赋折银明细

（单位：两/银）

项目	实物	折银	%
威远州			
秋粮			
银（两）	400.00	400.00	100.00

起运		
总计	400.00	100.00

（单位：两/银）

丙表171　干崖宣抚司田赋折银明细

项目	干崖宣抚司		
	实物	折银	%
秋粮	100.00		
银（两）		100.00	100.00
起运		100.00	
总计		100.00	100.00

（单位：两/银）

丙表172　南甸宣抚司田赋折银明细

项目	南甸宣抚司		
	实物	折银	%
秋粮	100.00		
银（两）		100.00	100.00
起运		100.00	
总计		100.00	100.00

（单位：两/银）

丙表173　本邦宣慰司田赋折银明细

项目	本邦宣慰司		
	实物	折银	%
秋粮	1400.00		
银（两）		1400.00	100.00
起运		1400.00	

总计	1400.00	100.00

丙表 174

陇川宣抚司田赋折银明细

（单位：两/银）

项目	陇川宣抚司		
	实物	折银	%
秋粮			
银（两）	400.00	400.00	100.00
起运		400.00	
总计		400.00	100.00

丙表 175

芒市长官司田赋折银明细

（单位：两/银）

项目	芒市长官司		
	实物	折银	%
秋粮			
银（两）	100.00	100.00	100.00
起运		100.00	
总计		100.00	100.00

丙表 176

孟定府田赋折银明细

（单位：两/银）

项目	孟定府		
	实物	折银	%
秋粮			
银（两）	600.00	600.00	100.00
起运		600.00	
总计		600.00	100.00

丙表 177　潞江安抚司田赋折银明细　（单位：两/银）

项目		潞江安抚司	
	实物	折银	%
秋粮			
银（两）	142.00	142.00	100.00
起运		142.00	
总计		142.00	100.00

丙表 178　湾甸州田赋折银明细　（单位：两/银）

项目		湾甸州	
	实物	折银	%
秋粮			
银（两）	150.00	150.00	100.00
起运		150.00	
总计		.150.00	100.00

丙表 179　大候州田赋折银明细　（单位：两/银）

项目		大候州	
	实物	折银	%
秋粮			
银（两）	200.00	200.00	100.00
起运		200.00	
总计		200.00	100.00

丙表 180

孟琏长官司田赋折银明细

（单位：两/银）

项目	孟琏长官司		
	实物	折银	%
秋粮			
银（两）	200.00	200.00	100.00
起运		200.00	
总计		200.00	100.00

丙表 181

镇康州田赋折银明细

（单位：两/银）

项目	镇康州		
	实物	折银	%
秋粮			
银（两）	100.00	100.00	100.00
起运		100.00	
总计		100.00	100.00

丙表 182

车里宣慰司田赋折银明细

（单位：两/银）

项目	车里宣慰司		
	实物	折银	%
秋粮			
金（两）[1]	50.00	375.00	100.00
起运		375.00	
总计		375.00	100.00

1 价格依据彭信威：《中国货币史》第七章《明代的货币·明代金银比价表》，上海人民出版社 2007 年版，第 526 页。

丙表 183　孟养宣慰司田赋折银明细　（单位：两/银）

项目	孟养宣慰司		
	实物	折银	%
秋粮			
银（两）	750.00	750.00	100.00
起运		750.00	
总计		750.00	100.00

丙表 184　孟艮府田赋折银明细　（单位：两/银）

项目	孟艮府		
	实物	折银	%
秋粮			
金（两）[1]	16.67	125.03	100.00
起运		125.03	
总计		125.03	100.00

丙表 185　钮兀长官司田赋折银明细　（单位：两/银）

项目	钮兀长官司		
	实物	折银	%
秋粮			
马（匹）	4.00	40.00	100.00
起运		40.00	
总计		40.00	100.00

[1] 价格依据彭信威：《中国货币史》第七章《明代的货币·明代金银比价表》，上海人民出版社 2007 年版，第 526 页。

贵州各府分州县及其分属田赋折银

贵阳府分州县及其分属田赋折银明细

（单位：两/银）

丙表186

项目	贵阳府			本官寨长官司			通州寨长官司			金筑安抚司		
	实物	折银	%	实物	折银	%	实物	折银	%	实物	折银	%
夏税												
麦收（石）（存留）	6.95	4.86	100.00									
秋粮												
米（石）（存留）	6912.95	2048.31	100.00	15.83	4.69	0.23	15.00	4.44	0.22	2471.80	732.40	35.76
户口盐钞银（两）（存留）	0.27	0.27	100.00									
遇闰共加银（两）（存留）	0.02	0.02	100.00									
存留		2053.46			4.69			4.44			732.40	
总计		2053.46	100.00		4.69	0.23		4.44	0.22		732.40	35.67

项目	程番长官司			上马桥长官司			小程番长官司			庐番长官司		
	实物	折银	%	实物	折银	%	实物	折银	%	实物	折银	%
秋粮												
米（石）（存留）	643.52	190.68	9.31	153.43	45.46	2.22	202.12	59.89	2.92	179.82	53.28	2.60
存留		190.68			45.46			59.89			53.28	
总计		190.68	9.29		45.46	2.21		59.89	2.92		53.28	2.59

项目	方番长官司			韦番长官司			洪番长官司			卧龙番长官司		
	实物	折银	%	实物	折银	%	实物	折银	%	实物	折银	%
秋粮												
米（石）（存留）	283.16	83.90	4.10	283.16	83.90	4.10	254.04	75.27	3.67	473.19	140.21	6.84
存留		83.90			83.90			75.27			140.21	
总计		83.90	4.09		83.90	4.09		75.27	3.67		140.21	6.83

项目	大龙番长官司	小龙番长官司	金石番长官司	罗番长官司

1722

（接上表）

项目	卢山长官司			木瓜长官司			大华长官司		
	实物	折银	%	实物	折银	%	实物	折银	%
秋粮									
米（石）（存留）	270.33	80.10	3.91	261.49	77.48	3.78	241.29	71.49	3.49
存留		80.10			77.48			71.49	
总计		80.10	3.90		77.48	3.77		71.49	3.48

项目	贵竹长官司			麻响长官司														
	实物	折银	%	实物	折银	%	实物	折银	%	实物	折银	%	实物	折银	%	实物	折银	%
秋粮																		
米（石）（存留）	245.33	72.69	3.55	70.62	20.92	1.02	323.50	95.85	4.68	96.33	28.54	1.39	36.38	10.78	0.53	241.00	71.41	3.49
存留		72.69			20.92			95.85			28.54			10.78			71.41	
总计		72.69	3.54		20.92	1.02		95.85	4.67		28.54	1.39		10.78	0.52		71.41	3.48

项目	平伐长官司		
	实物	折银	%
夏税			
麦攺（石）（存留）	6.95	4.86	100.00
秋粮			
米（石）（存留）	151.53	44.90	2.19
存留		49.76	
总计		49.76	2.42

丙表 187　思南府分州县及其分属田赋折银明细

（单位：两/银）

项目	思南府			水德江长官司			蛮夷长官司			沿河祐溪长官司		
	实物	折银	%	实物	折银	%	实物	折银	%	实物	折银	%
秋粮												
米（石）（存留）	1859.11	550.85	100.00	629.85	186.62	33.88	308.46	91.40	16.59	187.62	55.59	10.09

（上接表，朗溪蛮夷长官司·印江县·黎川县）

项目	朗溪蛮夷长官司 折银	%	印江县 实物	折银	%	黎川县 实物	折银	%	实物	折银	%
户口盐钞银（两）（存留）	1.74	100.00									
遇闰共加银（两）（存留）	0.14	100.00									
存留	552.73		186.62			91.40			55.59		
总计	552.73	100.00	186.62	33.76		91.40	16.54		55.59	55.59	10.06

项目	朗溪蛮夷长官司 实物	折银	%	印江县 实物	折银	%	黎川县 实物	折银	%
秋粮									
米（石）（存留）	61.25	18.15	3.29	321.41	95.23	17.29	350.51	103.86	18.85
存留		18.15			95.23			103.86	
总计		18.15	3.28		95.23	17.23		103.86	18.79

丙表188

石阡府分州县及其分属田赋田折银明细

（单位：两/银）

项目	石阡府 实物	折银	%	石阡长官司 实物	折银	%	龙泉坪长官司 实物	折银	%	葛彰葛商长官司 实物	折银	%
秋粮												
米（石）（存留）	851.79	252.39	100.00	292.63	86.71	34.35	212.84	63.07	24.99	186.81	55.35	21.93
户口盐钞银（两）（存留）	0.36	0.36	100.00									
遇闰共加银（两）（存留）	0.03	0.03	100.00									
存留		252.78			86.71			63.07			55.35	
总计		252.78	100.00		86.71	34.30		63.07	24.95		55.35	21.90

项目	苗民长官司 实物	折银	%
秋粮			
米（石）（存留）	159.51	47.26	18.73
存留		47.26	

丙表189　思州府分州县及其分属田赋折银明细

（单位：两/银）

项目	思州府 实物	折银	%	都坪峩异溪蛮夷长官司 实物	折银	%	黄道溪长官司 实物	折银	%	都素蛮夷长官司 实物	折银	%
总计											47.26	18.70
秋粮												
米（石）（存留）	840.51	249.04	100.00	281.66	83.45	33.51	322.58	95.58	38.38	134.28	39.79	15.98
户口盐钞银（两）（存留）	0.16	0.16	100.00									
遇闰共加银（两）（存留）	0.03	0.03	100.00									
存留		249.23			83.45			95.58			39.79	
总计		249.23	100.00		83.45	33.49		95.58	38.35		39.79	15.96

项目	施溪长官司 实物	折银	%
秋粮			
米（石）（存留）	101.98	30.22	12.13
存留		30.22	
总计		30.22	12.12

丙表190　铜仁府分州县及其分属田赋折银明细

（单位：两/银）

项目	铜仁府 实物	折银	%	铜仁长官司 实物	折银	%	省溪长官司 实物	折银	%	提溪长官司 实物	折银	%
夏税												
洞蛮麻布（条）（存留）	259.00	77.70	100.00	259.00	77.70	100.00						
秋粮												
米（石）（存留）	1188.68	352.21	100.00	489.64	145.08	41.19	251.00	74.37	21.12	110.75	32.82	9.32

项目	大万山长官司			乌罗长官司			平头著可长官司		
	实物	折银	%	实物	折银	%	实物	折银	%
户口盐钞银（两）（存留）	0.90	0.90	100.00				32.82	32.82	7.62
遇闰共加银（两）（存留）	0.07	0.07	100.00						
存留		430.88	100.00	222.78	222.78	51.70		74.37	17.26
总计		430.88	100.00		222.78	17.26		74.37	17.26
秋粮									
米（石）（存留）	9.90	2.93	0.83	235.55	69.79	19.82	91.83	27.21	7.73
存留		2.93			69.79			27.21	
总计		2.93	0.68		69.79	16.20		27.21	6.31

丙表 191　镇远府分州县及其分属田赋折银明细

（单位：两/银）

项目	镇远府			邛水一十五洞蛮夷长官司			偏桥长官司			镇远县		
	实物	折银	%	实物	折银	%	实物	折银	%	实物	折银	%
秋粮												
米（石）（存留）	807.67	239.31	100.00	249.69	73.98	30.91	243.11	72.03	30.10	253.98	75.25	31.45
户口盐钞银（两）（存留）	0.21	0.21	100.00									
遇闰共加银（两）（存留）	0.01	0.01	100.00									
存留		239.53	100.00		73.98			72.03			75.25	
总计		239.53	100.00		73.98	30.89		72.03	30.07		75.25	31.42

项目	施秉县		
	实物	折银	%
秋粮			
米（石）（存留）	60.88	18.04	7.54
存留		18.04	

丙表192

都匀府分州县及其分属田赋折银明细

（单位：两/银）

	总计		
	18.04	7.53	

都匀府 / 都匀长官司 / 邦水长官司 / 平浪长官司

项目	都匀府			都匀长官司			邦水长官司			平浪长官司		
	实物	折银	%	实物	折银	%	实物	折银	%	实物	折银	%
秋粮												
米（石）（存留）	5007.87	1483.83	100.00	847.00	250.97	16.91	279.50	82.82	5.58	516.00	152.89	10.30
户口盐钞银（两）（存留）	0.14	0.14	100.00									
遇闰共加银（两）（存留）	0.01	0.01	100.00									
存留		1483.98	100.00		250.97	16.91		82.82	5.58		152.89	10.30
总计		1483.98	100.00		250.97	16.91		82.82	5.58		152.89	10.30

平州六洞长官司 / 麻哈州 / 平定长官司 / 乐平长官司

项目	平州六洞长官司			麻哈州			平定长官司			乐平长官司		
	实物	折银	%	实物	折银	%	实物	折银	%	实物	折银	%
秋粮												
米（石）（存留）	665.00	197.04	13.28	311.85	92.40	6.23	263.00	77.93	5.25	266.42	78.94	5.32
存留		197.04	13.28		92.40	6.23		77.93	5.25		78.94	5.32
总计		197.04	13.28		92.40	6.23		77.93	5.25		78.94	5.32

独山州 / 丰宁长官司 / 合江州陈蒙烂土长官司 / 清平县

项目	独山州			丰宁长官司			合江州陈蒙烂土长官司			清平县		
	实物	折银	%	实物	折银	%	实物	折银	%	实物	折银	%
秋粮												
米（石）（存留）	764.20	226.43	15.26	450.00	133.33	8.99	439.00	130.08	8.77	205.89	61.01	4.11
存留		226.43	15.26		133.33	8.99		130.08	8.77		61.01	4.11
总计		226.43	15.26		133.33	8.98		130.08	8.77		61.01	4.11

1727

丙表193

黎平府分州县及其分属田赋折银明细

（单位：两/银）

项目	黎平府			潭溪蛮夷长官司			八舟蛮夷长官司			洪州泊里长官司		
	实物	折银	%	实物	折银	%	实物	折银	%	实物	折银	%
秋粮												
米（石）（存留）	2621.99	776.9	100.00	436.00	129.19	16.63	198.17	58.72	7.56	397.40	117.75	15.16
户口盐钞银（两）（存留）	0.43	0.43	100.00									
退闰共加银（两）（存留）	0.03	0.03	100.00									
存留		777.36			129.19			58.72			117.75	
总计		777.36	100.00		129.19	16.62		58.72	7.55		117.75	15.15

项目	古州蛮夷长官司			曹滴洞蛮夷长官司			新化蛮夷长官司			欧阳蛮夷长官司		
	实物	折银	%	实物	折银	%	实物	折银	%	实物	折银	%
秋粮												
米（石）（存留）	260.00	77.04	9.92	363.84	107.81	13.88	117.58	34.84	4.48	63.04	18.68	2.40
存留		77.04			107.81			34.84			18.68	
总计		77.04	9.91		107.81	13.87		34.84	4.48		18.68	2.40

项目	亮寨蛮夷长官司			中林验洞蛮夷长官司			龙里蛮夷长官司			湖耳蛮夷长官司		
	实物	折银	%	实物	折银	%	实物	折银	%	实物	折银	%
秋粮												
米（石）（存留）	149.49	44.29	5.70	64.00	18.96	2.44	135.43	40.13	5.17	45.00	13.33	1.72
存留		44.29			18.96			40.13			13.33	
总计		44.29	5.70		18.96	2.44		40.13	5.16		13.33	1.72

项目	赤溪湳洞长官司			永从县		
	实物	折银	%	实物	折银	%
秋粮						
米（石）（存留）	20.00	5.93	0.76	372.02	110.23	14.19

存留		5.93			110.23							
总计		5.93	0.76		110.23	14.18						

丙表 194

安顺州分州县及其分属田赋折银明细

（单位：两/银）

项目	安顺州			本州管下五起十三枝等寨			宁古寨长官司			西堡长官司		
	实物	折银	%	实物	折银	%	实物	折银	%	实物	折银	%
秋粮												
米（石）（存留）	5247.80	1554.92	100.00	1787.64	529.68	34.06	1738.16	515.02	33.12	1722.00	510.23	32.81
户口盐钞银（两）（存留）	0.10	0.10	100.00									
遇闰共加银（两）（存留）	0.01	0.01	100.00									
存留		1555.03			529.68			515.02			510.23	
总计		1555.03	100.00		529.68	34.06		515.02	33.12		510.23	32.81

丙表 195

镇宁州分州县及其分属田赋折银明细

（单位：两/银）

项目	镇宁州			本州管下火烘寨			十二营长官司			康佐长官司		
	实物	折银	%	实物	折银	%	实物	折银	%	实物	折银	%
秋粮												
米（石）（存留）	2606.44	772.29	100.00	554.50	164.30	21.27	1695.44	502.36	65.05	356.50	105.63	13.68
户口盐钞银（两）（存留）	0.07	0.07	100.00									
遇闰共加银（两）（存留）	0.01	0.01	100.00									
存留		772.37			164.30			502.36			105.63	
总计		772.37	100.00		164.30	21.27		502.36	65.04		105.63	13.68

丙表196

永宁州分州县及其分属田赋折银明细

（单位：两/银）

项目	永宁州			本州管下打罕等寨			顶替长官司			慕役长官司		
	实物	折银	%	实物	折银	%	实物	折银	%	实物	折银	%
秋粮												
米（石）（存留）	2294.46	679.85	100.00	821.69	243.47	35.81	720.00	213.34	31.38	752.76	223.04	32.81
户口盐钞银（两）（存留）	0.10	0.10	100.00									
遇闰共加银（两）（存留）	0.01	0.01	100.00									
存留		679.96			243.47			213.34			223.04	
总计		679.96	100.00		243.47	35.81		213.34	31.37		223.04	32.80

丙表197

普安州田赋折银明细

（单位：两/银）

项目	普安州											
	实物	折银	%									
夏税												
麦夽（石）（存留）	232.75	162.92	100.00									
秋粮												
米（石）（存留）	3167.81	938.62	100.00									
户口盐钞银（两）（存留）	1.06	1.06	100.00									
遇闰共加银（两）（存留）	0.08	0.08	100.00									
存留		1102.68										
总计		1102.68	100.00									

丙表198

贵州宣慰使司分州县及其分属田赋折银明细

（单位：两/银）

项目	贵州宣慰使司			本司目下			水东长官司			龙里长官司		
	实物	折银	%	实物	折银	%	实物	折银	%	实物	折银	%
夏税												
麦收（石）（存留）	25.51	17.86	100.00	3.33	2.33	13.05				4.83	3.38	18.93
秋粮												
米（石）（存留）	8203.53	2430.71	100.00	6858.82	2032.27	83.61	465.43	137.91	5.67	150.00	44.45	1.83
户口盐钞银（两）（存留）	0.25	0.25	100.00									
通国共加银（两）（存留）	0.02	0.02	100.00									
存留		2448.84			2034.60			137.91			47.83	
总计		2448.84	100.00		2034.60	83.08		137.91	5.63		47.83	1.95

项目	底寨长官司			乖西蛮夷长官司			茶龙坑长官司			青山长官司		
	实物	折银	%	实物	折银	%	实物	折银	%	实物	折银	%
夏税												
麦收（石）（存留）	3.00	2.10	11.76				2.50	1.75	9.80	6.00	4.20	23.52
秋粮												
米（石）（存留）	73.65	21.82	0.90	161.00	47.70	1.96	65.00	19.26	0.79	123.38	36.56	1.50
存留		23.92			47.70			21.01			40.76	
总计		23.92	0.98		47.70	1.95		21.01	0.86		40.76	1.66

项目	剳佐长官司			白纳长官司			中曹夷长官司					
	实物	折银	%	实物	折银	%	实物	折银	%			
夏税												
麦收（石）（存留）	5.85	4.10	22.93									
秋粮												
米（石）（存留）	68.50	20.30	0.84	165.84	49.14	2.02	71.90	21.30	0.88			

		实物	折银	%	实物	折银	%	实物	折银	%
存留			24.39			49.14			21.30	
总计			24.39	1.00		49.14	2.01		21.30	0.87

（单位：两/银）

丙表199　龙里卫大平伐长官司田赋折银明细

项目	龙里卫大平伐长官司		
	实物	折银	%
秋粮			
米（石）（存留）	438.50	129.93	100.00
存留		129.93	100.00
总计		129.93	100.00

丙表200　新添卫分属州县及其分属田赋折银明细

（单位：两/银）

项目	新添卫			新添长官司			小平伐长官司			把平寨长官司		
	实物	折银	%	实物	折银	%	实物	折银	%	实物	折银	%
秋粮												
米（石）（存留）	937.56	277.80	100.00	480.74	142.44	51.28	182.52	54.08	19.47	81.30	24.09	8.67
存留		277.80	100.00		142.44	51.28		54.08	19.47		81.30	24.09
总计		277.80	100.00		142.44	51.28		54.08	19.47		81.30	24.09

项目	丹行长官司			丹平长官司								
	实物	折银	%	实物	折银	%						
秋粮												
米（石）（存留）	60.00	17.78	6.40	133.00	39.41	14.19						
存留		17.78	6.40		39.41	14.19						
总计		17.78	6.40		39.41	14.19						

丙表 201

平越卫分州县及其分属田赋折银明细

（单位：两/银）

项目	平越卫			本卫管下高平兼军人奉整下			杨义长官司		
	实物	折银	%	实物	折银	%	实物	折银	%
秋粮									
米（石）（存留）	780.60	231.29	100.00	150.00	44.44	19.22	630.60	186.85	80.78
存留		231.29	100.00		44.44	19.22		186.85	80.78
总计		231.29	100.00		44.44	19.22		186.85	80.78

丙表 202

清平凯里安抚司田赋折银明细

（单位：两/银）

项目	清平凯里安抚司		
	实物	折银	%
秋粮			
米（石）（存留）	62.14	18.41	100.00
存留		18.41	100.00
总计		18.41	100.00

丙表 203

贵州卫所起科粮米折银明细

贵州等二十一卫所官军旗舍买种夷和夷民田土照例认纳起科粮米折银明细

（单位：两/银）

项目	总数			贵州卫			贵州前卫			毕节卫		
	实物	折银	%	实物	折银	%	实物	折银	%	实物	折银	%
夏税												
麦菽（石）	1.60	1.12	100.00			100.00						
秋粮												
米（石）（存留）	6712.46	1988.90	100.00	442.16	131.01	6.59	261.61	77.51	3.90	1115.71	330.58	16.62
存留		1990.02	100.00		131.01			77.51			330.58	

表（续）

乌罗卫[1]、赤水卫、永宁卫、威清卫

项目	乌罗卫[1] 实物	折银	%	赤水卫 实物	折银	%	永宁卫 实物	折银	%	威清卫 实物	折银	%
总计		1990.02	100.00		131.01	6.58		77.51	3.90		330.58	16.61
秋粮												
米（石）（存留）	405.40	120.12	6.04	674.19	199.76	10.04	286.86	85.00	4.27	199.16	59.01	2.97
存留		120.12			199.76			85.00			59.01	
总计	405.40	120.12	6.04	674.19	199.76	10.04	286.86	85.00	4.27	199.16	59.01	2.97

平坝卫、普定卫、安庄卫、安南卫

项目	平坝卫 实物	折银	%	普定卫 实物	折银	%	安庄卫 实物	折银	%	安南卫 实物	折银	%
秋粮												
米（石）（存留）	162.24	48.07	2.42	798.32	236.54	11.89	182.03	53.94	2.71	497.14	147.30	7.41
存留		48.07			236.54			53.94			147.30	
总计	162.24	48.07	2.42	798.32	236.54	11.89	182.03	53.94	2.71	497.14	147.30	7.40

普安卫、龙里卫、新添卫、平越卫

项目	普安卫 实物	折银	%	龙里卫 实物	折银	%	新添卫 实物	折银	%	平越卫 实物	折银	%
秋粮												
米（石）（存留）	1095.05	324.46	16.31	71.87	21.30	1.07	161.28	47.79	2.40	34.15	10.12	0.51
存留		324.46			21.30			47.79			10.12	
总计	1095.05	324.46	16.30	71.87	21.30	1.07	161.28	47.79	2.40	34.15	10.12	0.51

清平卫、兴隆卫、都匀卫、黄平卫

项目	清平卫 实物	折银	%	兴隆卫 实物	折银	%	都匀卫 实物	折银	%	黄平卫 实物	折银	%
秋粮												
米（石）（存留）	8.07	2.39	0.12	71.03	21.05	1.06	189.46	56.14	2.82	7.98	2.36	0.12
存留		2.39			21.05			56.14			2.36	

[1] 原书所载为乌口卫，查谭其骧《中国历史地图集》第七册《贵州》，仅有"乌罗所"，暂补，第80—81页。

项目	普市卫			平夷千户所军人帅谅下		
	实物	折银	%	实物	折银	%
总计		2.39	0.12		21.05	1.06
		56.14	2.82		2.36	0.12
夏税						
麦收（石）（存留）				1.60	1.12	100.00
秋粮						
米（石）（存留）	48.68	14.42	0.73			
存留		14.42			1.12	
总计		14.42	0.72		1.12	0.06

第 五 章

十五省省直分县田赋折银（下）

北直隶各府分州县及其分属田赋折银

丙表 204　顺天府分州县及其分属田赋折银明细

（单位：两/银）

项目	顺天府			大兴县			宛平县			良乡县		
	实物	折银	%	实物	折银	%	实物	折银	%	实物	折银	%
夏税												
麦（石）	18803.37	16945.67	100.00	505.02	455.13	2.69	398.21	358.87	2.12	774.48	697.96	4.12
起运（石）	10900.00	9823.15		297.80	268.38		241.50	218.91		448.00	404.82	
存留（石）	7903.37	7122.52		207.22	186.75		156.71	139.96		326.48	293.15	
人丁丝折绢（匹）	2175.00	1557.20	100.00	77.00	55.13	3.54	100.00	71.60	4.60	46.00	32.93	2.11
起运（匹）	2175.00	1557.20		77.00	55.13		100.00	71.60		46.00	32.93	
农桑丝折绢（匹）	1761.00	1232.70	100.00	33.00	23.10	1.87	9.00	6.30	0.51	36.00	25.20	2.04
起运（匹）	1761.00	1232.70		33.00	23.10		9.00	6.30		36.00	25.20	

项目	固安县			永清县			东安县			香河县		
	实物	折银	%	实物	折银	%	实物	折银	%	实物	折银	%
秋粮												
米（石）	45204.80	38795.47	100.00	1120.20	961.37	2.48	1011.68	868.24	2.24	1821.20	1562.98	4.03
起运（石）	26457.70	22566.11		658.70	561.81		598.40	512.26		1066.90	922.16	
存留（石）	18747.10	16229.36		461.50	399.52		413.28	355.98		754.30	640.82	
地亩糖花绒（斤）（起运）	9424.09	753.93	100.00	176.13	14.09	1.87	63.63	5.09	0.68	377.25	30.18	4.00
牛租谷（石）（存留）	3800.80	4180.88	100.00									
马草（束）	1958845.00	83788.33	100.00	53997.00	2309.69	2.76	102859.00	4399.73	5.25	60330.00	2580.58	3.08
起运（束）	598162.00	28952.85		7747.00	323.36		12118.00	527.97		19415.00	825.78	
存留（束）	1360682.00	54835.48		46250.00	1986.33		90741.00	3871.76		40915.00	1754.79	
户口盐钞银（两）	3919.93	3919.93	100.00	168.40	168.40	4.30	209.92	209.92	5.36	101.40	101.40	2.59
起运（两）	1959.96	1959.96		84.20	84.20		104.96	104.96		50.70	50.70	
存留（两）	1959.96	1959.96		84.20	84.20		104.96	104.96		50.70	50.70	
遇闰共加银（两）	326.66	326.66	100.00	14.03	14.03	4.29	17.49	17.49	5.35	8.45	8.45	2.59
起运		67172.56			1344.10			1464.58			2300.22	
存留		84328.20			2656.80			4472.66			2739.46	
总计		151500.77	100.00		4000.93	2.64		5937.23	3.92		5039.69	3.33
夏税												
麦（石）	713.23	642.77	3.79	547.92	493.79	2.91	691.77	623.43	3.68	443.32	399.52	2.36
起运（石）	412.40	372.80		317.00	286.40		400.20	361.59		256.10	231.72	
存留（石）	300.83	269.96		230.92	207.39		291.57	261.84		187.22	167.80	
人丁丝折绢（匹）	23.00	16.47	1.06	47.00	33.65	2.16	71.00	50.83	3.26	46.00	32.93	2.11
起运（匹）	23.00	16.47		47.00	33.65		71.00	50.83		46.00	32.93	
农桑丝折绢（匹）	213.00	149.10	12.10	29.00	20.30	1.65	276.00	193.20	15.67	8.00	5.60	0.45

项目	通州			三河县			武清县			宝坻县		
	实物	折银	%	实物	折银	%	实物	折银	%	实物	折银	%
起运（匹）	213.00	149.10		29.00	20.30		276.00	193.20		8.00	5.60	
秋粮												
米（石）	1679.41	1441.30	3.72	1279.61	1098.18	2.83	1748.51	1500.60	3.87	1212.51	1040.60	2.68
起运（石）	982.10	835.95		748.70	647.93		1022.80	870.35		709.30	603.55	
存留（石）	697.31	605.34		530.91	450.25		725.71	630.25		503.21	437.05	
地亩棉花绒（斤）（起运）	1265.00	101.20	13.42	226.75	18.14	2.41	1378.38	110.27	14.63	45.50	3.64	0.48
牛租谷（石）（存留）	101.20											
马草（束）	157439.00	6734.35	8.04	76639.00	3278.18	3.91	106361.00	4549.52	5.43	23523.00	1006.18	1.20
起运（束）	50670.00	2154.99		24665.00	1049.02		34230.00	1455.85		7570.00	321.98	
存留（束）	106769.00	4579.36		51974.00	2229.16		72131.00	3093.68		15953.00	684.20	
户口盐钞银（两）	173.11	173.11	4.42	171.14	171.14	4.37	317.04	317.04	8.09	66.72	66.72	1.70
起运（两）	86.55	86.56		85.57	85.57		158.52	158.52		33.36	33.36	
存留（两）	86.55	86.56		85.57	85.57		158.52	158.52		33.36	33.36	
遇闰共加银（两）	14.42	14.42	4.41	14.26	14.26	4.37	26.42	26.42	8.09	5.56	5.56	1.70
起运		3731.49			2155.26			3227.02			1238.34	
存留		5541.22			2972.38			4144.29			1322.41	
总计		9272.71	6.12		5127.64	3.38		7371.31	4.87		2560.75	1.69
项目	通州 实物	折银	%	三河县 实物	折银	%	武清县 实物	折银	%	宝坻县 实物	折银	%
夏税												
麦（石）	965.23	869.87	5.13	664.89	599.20	3.54	917.96	827.27	4.88	670.18	603.97	3.56
起运（石）	558.10	504.52		384.70	347.54		531.00	479.82		387.60	350.30	
存留（石）	407.13	365.34		280.19	251.66		386.96	347.45		282.58	253.67	
人丁丝折绢（匹）	130.00	93.07	5.98	44.00	31.50	2.02	124.00	88.78	5.70	83.00	59.42	3.82
起运（匹）	130.00	93.07		44.00	31.50		124.00	88.78		83.00	59.42	

项目	涿县 实物	涿县 折银	涿县 %	昌平州 实物	昌平州 折银	昌平州 %	顺义县 实物	顺义县 折银	顺义县 %	密云县 实物	密云县 折银	密云县 %
农桑丝折绢（匹）	52.00	36.40	2.95	95.00	66.50	5.39	42.00	29.40	2.39	163.00	114.10	9.26
起运（匹）	52.00	36.40		95.00	66.50		42.00	29.40		163.00	114.10	
秋粮												
米（石）	2268.97	1947.27	5.02	1567.05	1344.87	3.47	2136.84	1833.87	4.73	1623.17	1393.03	3.59
起运（石）	1327.30	1129.41		916.60	780.02		1250.00	1063.64		949.40	807.96	
存留（石）	941.67	817.85		650.45	564.84		886.84	770.23		673.77	585.07	
地亩棉花绒（斤）（起运）	260.88	20.87	2.77	426.50	34.12	4.53	214.38	17.15	2.27	343.94	27.52	3.65
牛租谷（石）（存留）												
马草（束）	84313.00	3606.43	4.30	90655.00	3877.71	4.63	90492.00	3870.74	4.62	70206.00	3003.02	3.58
起运（束）	27130.00	1154.06		29170.00	1240.87		29125.00	1238.64		22590.00	960.97	
存留（束）	57183.00	2452.38		61485.00	2636.84		61367.00	2632.10		47616.00	2042.05	
户口盐钞银（两）	138.76	138.76	3.54	133.41	133.41	3.40	200.64	200.64	5.12	205.51	205.51	5.24
起运（两）	69.38	69.38		66.70	66.71		100.32	100.32		102.75	102.76	
存留（两）	69.38	69.38		66.70	66.71		100.32	100.32		102.75	102.76	
遇闰共加银（两）	11.56	11.56	3.54	11.11	11.11	3.40	16.72	16.72	5.12	17.12	17.12	5.24
起运		3019.28			2578.36			3034.47			2440.13	
存留		3704.95			3520.06			3850.10			2983.55	
总计		6724.23	4.44		6098.42	4.03		6884.56	4.54		5423.68	3.58
项目	实物	折银	%	实物	折银	%	实物	折银	%	实物	折银	%
夏税												
麦（石）	694.95	626.29	3.70				549.18	494.92	2.92	797.04	718.30	4.24
起运（石）	402.00	363.25					317.60	287.06		461.00	416.61	
存留（石）	292.95	263.04					231.58	207.87		336.04	301.68	
人丁丝折绢（匹）	61.00	43.67	2.80	14.00	10.02	0.64	31.00	22.19	1.43	35.00	25.06	1.61

项目	怀柔县 实物	怀柔县 折银	怀柔县 %	涿州 实物	涿州 折银	涿州 %	房山县 实物	房山县 折银	房山县 %	霸州 实物	霸州 折银	霸州 %
起运（匹）	61.00	43.67		14.00	10.02		31.00	22.19		35.00	25.06	
农桑丝折绢（匹）												
起运（匹）	8.00	5.60	0.45	37.00	25.90	2.10	17.00	11.90	0.97	78.00	54.60	4.43
存留（匹）	8.00	5.60		37.00	25.90		17.00	11.90		78.00	54.60	
秋粮												
米（石）	1962.23	1684.02	4.34				1275.28	1094.47	2.82	2245.38	1927.02	4.97
起运（石）	1147.80	976.73					745.80	634.79		1313.30	1117.67	
存留（石）	814.43	707.29					529.48	459.68		932.08	809.35	
地亩棉花绒（斤）（起运）	38.50	3.08	0.41	464.25	37.14	4.93	311.75	24.94	3.31	374.19	29.94	3.97
牛租谷（石）（存留）				622.08	684.29	16.37						
马草（束）	43534.00	1862.14	2.22	129429.00	5536.24	6.61	88366.00	3779.80	4.51	104818.00	4483.52	5.35
起运（束）	14010.00	595.88		40069.00	1716.23		28435.00	1209.54		33727.00	1434.73	
存留（束）	29524.00	1266.25		89360.00	3820.01		59931.00	2570.26		71091.00	3048.80	
户口盐钞银（两）	73.96	73.96	1.89	156.36	156.36	3.99	137.59	137.59	3.51	102.96	102.96	3.51
起运（两）	36.98	36.98		78.18	78.18		68.79	68.80		51.48	51.48	
存留（两）	36.98	36.98		78.18	78.18		68.79	68.80		51.48	51.48	
遇闰共加银（两）	6.16	6.16	1.89	13.03	13.03	3.99	11.46	11.46	3.51	8.58	8.58	2.63
起运		2031.35			1880.51			2270.67			3138.67	
存留		2273.56			4582.47			3306.60			4211.31	
总计		4304.92	2.84		6462.98	4.27		5577.27	3.68		7349.97	4.85
项目	怀柔县 实物	怀柔县 折银	%	涿州 实物	涿州 折银	%	房山县 实物	房山县 折银	%	霸州 实物	霸州 折银	%
夏税												
麦（石）	525.80	473.85	2.80	953.20	859.03	5.07	420.27	378.75	2.24	748.87	674.88	3.98
起运（石）	304.30	274.83		558.10	506.83		244.00	219.67		433.10	391.43	
存留（石）	221.50	199.02		395.10	352.20		176.27	159.07		315.77	283.45	

项目	文安县			大城县			保定县			蓟州		
	实物	折银	%	实物	折银	%	实物	折银	%	实物	折银	%
人丁丝折绢（匹）	47.00	33.65	2.16	162.00	115.98	7.45	7.00	5.01	0.32	90.00	64.44	4.14
起运（匹）	47.00	33.65		162.00	115.98		7.00	5.01		90.00	64.44	
农桑丝折绢（匹）	16.00	11.20	0.91	285.00	199.50	16.18	141.00	98.70	8.01	29.00	20.30	1.65
起运（匹）	16.00	11.20		285.00	199.50		141.00	98.70		29.00	20.30	
秋粮												
米（石）	1310.47	1124.67	2.90	2253.81	1934.26	4.99	982.51	843.21	2.17	1766.77	1516.27	3.91
起运（石）	766.60	652.31		1320.20	1141.21		576.80	497.49		1034.60	894.60	
存留（石）	543.87	472.36		933.61	793.04		405.71	345.71		732.17	621.67	
地亩棉花绒（斤）（起运）	197.50	15.80	2.10	1430.19	114.42	15.18	709.50	56.76	7.53	156.56	12.52	1.66
牛租谷（石）（存留）				3178.72	3496.59	83.63						
马草（束）	48522.00	2075.50	2.48	103213.00	4414.87	5.27	59543.00	2546.91	3.04	71893.00	3075.18	3.67
起运（束）	15616.00	664.16		33215.00	1412.76		19225.00	815.01		23135.00	984.06	
存留（束）	32906.00	1411.34		69998.00	3002.11		40318.00	1731.90		48758.00	2091.12	
户口盐钞银（两）	68.16	68.16	1.74	172.70	172.70	4.41	57.64	57.64	1.47	246.57	246.57	6.29
起运（两）	34.08	34.08		86.35	86.35		28.82	28.82		123.28	123.29	
存留（两）	34.08	34.08		86.35	86.35		28.82	28.82		123.28	123.29	
遇闰共加银（两）	5.68	5.68	1.74	14.39	14.39	4.41	4.80	4.80	1.47	20.54	20.54	6.29
起运		1691.71			3591.43			1726.27			2511.18	
存留		2116.80			7730.30			2265.51			3119.53	
总计		3808.51	2.51		11321.73	7.47		3991.78	2.63		5630.70	3.72
项目	实物	折银	%	实物	折银	%	实物	折银	%	实物	折银	%
夏税												
麦（石）	2059.27	1855.82	10.95	1212.33	1092.56	6.45	115.86	104.41	0.62	752.31	677.98	4.00
起运（石）	1191.00	1076.38		701.10	633.68		67.10	60.56		435.00	393.23	

项目	玉田县 实物	折银	%	丰润县 实物	折银	%	遵化县 实物	折银	%	平谷县 实物	折银	%
存留（石）	868.27	779.45		511.23	458.87		48.76	43.85		317.31	284.75	
人丁丝折绢（匹）	268.00	191.88	12.32	249.00	178.27	11.45	22.00	15.75	1.01	66.00	47.25	3.03
起运（匹）	268.00	191.88		249.00	178.27		22.00	15.75		66.00	47.25	
农桑丝折绢（匹）	26.00	18.20	1.48	18.00	12.60	1.02	24.00	16.80	1.36	20.00	14.00	1.14
起运（匹）	26.00	18.20		18.00	12.60		24.00	16.80		20.00	14.00	
秋粮												
米（石）	4804.05	4122.91	10.63	2806.31	2408.42	6.21	272.35	233.74	0.60	1752.58	1504.09	3.88
起运（石）	2810.00	2391.29		1641.30	1396.88		158.30	135.57		1025.40	887.41	
存留（石）	1994.05	1731.62		1165.01	1011.54		114.05	98.17		727.18	616.68	
地亩棉花绒（斤）（起运）	317.06	25.36	3.36	97.88	7.83	1.04	71.25	5.70	0.76	55.13	4.41	0.58
马草（束）	125236.00	5356.89	6.39	42640.00	1823.90	2.18	14956.00	639.73	0.76	46968.00	2009.03	2.40
起运（束）	40230.00	1714.20		13720.00	583.65		4810.00	204.71		15110.00	642.89	
存留（束）	85006.00	3642.68		28920.00	1240.25		10146.00	435.02		31858.00	1366.14	
户口盐钞银（两）	268.70	268.70	6.85	206.90	206.90	5.28	50.30	50.30	1.28	116.42	116.42	2.97
起运（两）	134.35	134.35		103.45	103.45		25.15	25.15		58.21	58.21	
存留（两）	134.35	134.35		103.45	103.45		25.15	25.15		58.21	58.21	
遇闰共加银（两）	22.39	22.39	6.85	17.24	17.24	5.28	4.19	4.19	1.28	9.70	9.70	2.97
起运		5574.05			2933.60			468.43			2057.10	
存留		6288.10			2814.11			602.19			2325.78	
总计		11862.15	7.83		5747.72	3.79		1070.62	0.71		4382.89	2.89
项目	玉田县 实物	折银	%	丰润县 实物	折银	%	遵化县 实物	折银	%	平谷县 实物	折银	%
夏税												
麦（石）	551.43	496.95	2.93	835.91	753.33	4.45	1009.63	909.88	5.37	284.97	256.82	1.52
起运（石）	318.70	288.23		483.60	436.93		584.00	527.73		165.00	148.95	

存留（石）	232.73	208.72		352.31	316.40		425.63	382.15		119.97	107.86	
人丁丝折绢（匹）	84.00	60.14	3.86	68.00	48.68	3.13	139.00	99.52	6.39	31.00	22.19	1.43
起运（匹）	84.00	60.14		68.00	48.68		139.00	99.52		31.00	22.19	
农桑丝折绢（匹）	26.00	18.20	1.48	15.00	10.50	0.85	50.00	35.00	2.84	7.00	4.90	0.40
起运（匹）	26.00	18.20		15.00	10.50		50.00	35.00		7.00	4.90	
秋粮												
米（石）	1326.52	1138.44	2.93	1956.21	1678.85	4.33	2360.58	2025.89	5.22	660.46	566.82	1.46
起运（石）	776.00	660.30		1144.20	973.73		1380.80	1175.01		386.40	334.42	
存留（石）	550.52	478.14		812.01	705.12		979.78	850.87		274.06	232.40	
地亩棉花绒（斤）（起运）	71.94	5.76	0.76	158.88	12.71	1.69	173.56	13.88	1.84	17.63	1.41	0.19
马草（束）	23938.00	1023.93	1.22	70558.00	3018.07	3.60	46032.00	1968.99	2.35	22384.00	957.46	1.14
起运（束）	7704.00	327.66		22708.00	965.78		14814.00	630.08		7204.00	306.39	
存留（束）	16234.00	696.27		47850.00	2052.29		31218.00	1338.91		15180.00	651.07	
户口盐钞银（两）	122.20	122.20	3.12	58.60	58.60	1.49	114.28	114.28	2.92	80.44	80.44	2.05
起运（两）	61.10	61.10		29.30	29.30		57.14	57.14		40.22	40.22	
存留（两）	61.10	61.10		29.30	29.30		57.14	57.14		40.22	40.22	
遇闰共加银（两）	10.18	10.18	3.12	4.88	4.88	1.49	9.52	9.52	2.91	6.70	6.70	2.05
起运	1431.56			2482.52			2547.89			865.18		
存留	1444.24			3103.10			2629.08			1031.55		
总计	2875.80		1.90	5585.62		3.69	5176.96		3.42	1896.74		1.25

丙表205

保定府分州县及其分属田赋折银明细

（单位：两/银）

项目	保定府[1]			清苑县			满城县			安肃县		
	实物	折银	%	实物	折银	%	实物	折银	%	实物	折银	%
夏税												
麦（石）	18793.82	22608.54	100.00	1379.87	1659.95	7.34	863.08	1038.27	4.59	1095.45	1317.80	5.83
起运（石）	5150.00	6391.50		353.00	431.59		265.00	321.86		280.00	342.63	
存留（石）	13643.82	16217.04		1026.87	1228.36		598.08	716.40		815.45	975.17	
人丁丝折绢（匹）	2796.00	1971.52	100.00	169.00	119.17	6.04	54.00	38.08	1.93	110.00	77.56	3.93
起运（匹）	1949.00	1374.30		169.00	119.17		54.00	38.08		110.00	77.56	
存留（匹）	847.00	597.22										
农桑丝折绢（匹）	1611.00	1127.70	100.00	97.00	67.90	6.02	31.00	21.70	1.92	60.00	42.00	3.72
起运（匹）	1611.00	1127.70		97.00	67.90		31.00	21.70		60.00	42.00	
本色丝（两）（起运）	3585.12	286.81	100.00									
秋粮												
米（石）	42980.30	55487.18	100.00	2807.18	3624.04	6.53	1632.21	2107.17	3.80	2597.86	3353.81	6.04
起运（石）	30710.00	40689.20		1867.00	2428.11		1273.00	1643.59		1728.00	2247.06	
存留（石）	12270.30	14797.98		940.19	1195.93		359.21	463.58		869.86	1106.76	
地亩棉花绒（斤）（起运）	9574.54	670.22	100.00	829.46	58.06	8.66	155.07	10.85	1.62	399.97	28.00	4.18
枣株课米（石）（存留）	16.29	19.65	100.00									
马草（束）	1117520.00	49671.17	100.00	65219.00	2898.83	5.84	37140.00	1650.79	3.32	56338.00	2504.09	5.04
起运（束）	1061340.00	47356.55		60849.00	2695.91		35780.00	1584.76		52570.00	2328.81	
存留（束）	56180.00	2314.62		4370.00	202.92		1360.00	66.03		3768.00	175.29	
户口盐钞银（两）	1611.17	1611.17	100.00	75.61	75.61	4.69	33.13	33.13	2.06	61.55	61.55	3.82

[1]原书缺第五十四至五十九页，自蠡县秋粮米以下数据缺失。依据谭其骧《中国历史地图集》第七册《京师（北直隶）》（第44-45页），缺雄县、安州、高阳县、祁州、深泽县、束鹿县、新安县七州县数据。今将所缺数据一并补充在本表的最后一栏。

项目	定兴县 实物	折银	%	新城县 实物	折银	%	唐县 实物	折银	%	博野县 实物	折银	%
起运（两）	900.46	900.46		42.25	42.25		18.51	18.51		34.40	34.40	
存留（两）	710.70	710.70		33.35	33.35		14.61	14.61		27.15	27.15	
遇闰共加银（两）	134.24	134.24	100.00	6.29	6.29	4.69	2.76	2.76	2.06	5.13	5.13	3.82
起运		98930.98			5849.28			3642.11			5105.58	
存留		34657.21			2660.57			1260.62			2284.37	
总计		133588.20	100.00		8509.86	6.37		4902.74	3.67		7389.95	5.53
项目	定兴县 实物	折银	%	新城县 实物	折银	%	唐县 实物	折银	%	博野县 实物	折银	%
夏税												
麦（石）	272.86	328.24	1.45	617.14	742.41	3.28	1467.57	1765.45	7.81	1188.47	1429.70	6.32
起运（石）	84.00	101.76		158.00	193.03		451.00	547.29		304.00	371.72	
存留（石）	188.86	226.49		459.14	549.38		1016.57	1218.16		884.47	1057.98	
人丁丝折绢（匹）	8.00	5.64	0.29	126.00	88.85	4.51	251.00	176.99	8.98	247.00	174.17	8.83
起运（匹）	8.00	5.64		126.00	88.85					100.00	69.67	
存留（匹）							251.00	176.99		147.00	104.50	
农桑丝折绢（匹）	76.00	53.20	4.72	132.00	92.40	8.19	288.00	201.60	17.88	88.00	61.60	5.46
起运（匹）	76.00	53.20		132.00	92.40		288.00	201.60		88.00	61.60	
本色丝（两）（起运）	1228.80	98.30	34.28									
秋粮												
米（石）	749.78	967.96	1.74	933.54	1205.19	2.17	4398.95	5679.00	10.23	3112.03	4017.60	7.24
起运（石）	585.00	755.01		621.00	807.48		3431.00	4429.62		2070.00	2691.79	
存留（石）	164.78	212.95		312.54	397.71		967.95	1249.38		1042.03	1325.81	
地亩棉花绒（斤）（起运）	671.83	47.03	7.02	627.78	43.94	6.56	1424.67	99.73	14.88	183.00	12.81	1.91
枣株课米（石）（存留）	3.51	4.23	21.55	12.78	15.42	78.45						
马草（束）	83864.00	3727.56	7.50	89607.00	3982.82	8.02	95192.00	4231.06	8.52	57307.00	2547.16	5.13

项目	庆都县 实物	庆都县 折银	庆都县 %	容城县 实物	容城县 折银	容城县 %	完县 实物	完县 折银	完县 %	蠡县 实物	蠡县 折银	蠡县 %
起运（束）	80800.00	3578.46	5.51	83602.00	3704.03	8.86	91720.00	4061.82	7.26	53467.00	2368.86	4.48
存留（束）	3064.00	149.10		6005.00	278.80		3472.00	169.24		3840.00	178.30	
户口盐钞银（两）	88.84	88.84	5.51	142.82	142.82	8.86	116.99	116.99	7.26	72.14	72.14	4.48
起运（两）	49.66	49.66		79.82	79.82		65.38	65.38		40.32	40.32	
存留（两）	39.18	39.18		62.99	62.99		51.60	51.60		31.82	31.82	
遇闰共加银（两）	7.40	7.40		11.89	11.89		9.75	9.75		6.01	6.01	
起运		4696.45			5021.43			9415.19			5622.78	
存留		631.96			1304.30			2865.37			2698.41	
总计		5328.41	3.99		6325.74	4.74		12280.57	9.19		8321.19	6.23
夏税												
麦（石）	857.06	1031.02	4.56	253.06	304.43	1.35	1314.23	1580.99	6.99	2081.68	2504.21	11.08
起运（石）	219.00	268.07		65.00	79.15		404.00	490.11		639.00	776.31	
存留（石）	638.06	762.96		188.06	225.27		910.23	1090.88		1442.68	1727.91	
人丁丝折绢（匹）	160.00	112.82	5.72	50.00	35.26	1.79	280.00	196.00	17.38	268.00	188.97	9.59
起运（匹）	160.00	112.82		50.00	35.26		280.00	196.00		268.00	188.97	
存留（匹）												
农桑丝折绢（匹）	18.00	12.60	1.12	11.00	7.70	0.68				104.00	72.80	6.46
起运（匹）	18.00	12.60		11.00	7.70					104.00	72.80	
秋粮												
米（石）	2101.18	2712.60	4.89	558.99	721.65	1.30	3593.69	4639.42	8.36			
起运（石）	1397.00	1790.32		372.00	483.51		2803.00	3618.75				
存留（石）	704.18	922.29		186.99	238.14		790.69	1020.67				
地亩棉花绒（斤）（起运）	88.28	6.18	0.92	55.63	3.89	0.58	1022.83	71.60	10.68			

项目	易州 实物	易州 折银	易州 %	涞水县 实物	涞水县 折银	涞水县 %	所缺6州县数据之和 实物	所缺6州县数据之和 折银	所缺6州县数据之和 %	折银	%
马草（束）	20509.00	911.58	1.84	13140.00	584.04	1.18	88529.00	3934.91	7.92		
起运（束）	19140.00	847.77		12260.00	543.16		85300.00	3777.51			
存留（束）	1369.00	63.81		880.00	40.88		3229.00	157.40			
户口盐钞银（两）	71.17	71.17	4.42	32.27	32.27	2.00	67.44	67.44	4.19		
起运（两）	39.78	39.78		18.03	18.03		37.69	37.69			
存留（两）	31.39	31.39		14.23	14.23		29.74	29.74			
遇闰共加银（两）	5.93	5.93	4.42	2.68	2.68	2.00	5.62	5.62	4.19		
起运		2970.64			1173.38			8197.28		1038.08	
存留		1893.26			518.53			2298.69		1727.91	
总计		4863.90	3.64		1691.92	1.27		10495.98	7.86	2765.99	2.07
夏税											
麦（石）	658.24	791.85	3.50	238.91	287.40	1.27	6506.20	7826.81	34.62		
起运（石）	202.00	245.47		73.00	89.10		1653.00	1956.70			
存留（石）	456.24	546.37		165.91	198.31		4853.20	5870.11			
人丁丝折绢（匹）	84.00	59.23	3.00	35.00	24.68	1.25	1234.00	870.12	44.13		
起运（匹）	84.00	59.23		35.00	24.68		980.00	687.39			
存留（匹）							254.00	182.73			
农桑丝折绢（匹）							426.00	298.20	26.44		
起运（匹）							426.00	298.20			
本色丝（两）（起运）	1344.16	107.53	37.49	1012.16	80.97	28.23					
秋粮											
米（石）	1419.05	1831.98	3.30	523.01	675.20	1.22	18552.83	23951.54	43.17		
起运（石）	1107.00	1428.94		408.00	526.66		13048.00	16766.08			

项目	实物	折银	%	实物	折银	%	实物	折银	%
存留（石）	312.05	403.04		115.01	148.54		5504.82	7185.46	
地苗棉花绒（斤）（起运）	336.45	23.55	3.51	263.85	18.47	2.76	3515.72	246.10	36.72
马草（束）	103409.00	4596.29	9.25	70796.00	3146.72	6.34	336470.00	14955.31	30.11
起运（束）	99640.00	4412.44		68210.00	3020.85		318002.00	14207.54	
存留（束）	3769.00	183.85		2586.00	125.87		18468.00	747.77	
户口盐钞银（两）	175.41	175.41	10.89	99.81	99.81	6.19	573.99	573.99	35.63
起运（两）	98.03	98.03		55.78	55.78		320.81	320.81	
存留（两）	77.37	77.37		44.02	44.02		253.25	253.25	
遇闰共加银（两）	14.51	14.51	10.81	8.30	8.30	6.18	47.97	47.97	35.73
起运		6389.71			3800.12			34530.80	
存留		1210.63			541.42			14239.31	
总计		7600.35	5.69		4341.55	3.25		48770.04	36.51

丙表206 河间府分州县及其分属田赋折银明细

（单位：两/银）

项目	河间府			河间县			献县			阜城县		
	实物	折银	%	实物	折银	%	实物	折银	%	实物	折银	%
夏税												
麦（石）	19718.23	20331.79	100.00	1690.40	1743.00	100.00	1974.90	2036.35	10.02	980.46	1010.97	4.97
起运（石）	9893.00	10201.00		848.00	871.50		990.00	1020.21		498.00	515.59	
存留（石）	9825.23	10130.79		842.40	871.50		984.90	1016.14		482.46	495.37	
人丁丝折绢（匹）	5046.00	3613.83	100.00	432.00	309.39	100.00	505.00	361.67	10.01	250.00	179.04	4.95
起运（匹）	4902.00	3511.40		432.00	309.39		505.00	361.67		250.00	179.04	
存留（匹）	143.00	102.43										
农桑丝折绢（匹）	889.00	622.30	100.00	40.00	28.00	100.00	87.00	60.90	9.79	20.00	14.00	2.25
存留（匹）	889.00	622.30		40.00	28.00		87.00	60.90		20.00	14.00	

秋粮

项目	合计 实物	合计 折银	%	实物	折银	%	实物	折银	%	实物	折银	%
米（石）	46087.07	50161.34	100.00	3944.27	4292.96	8.56	4607.45	5014.77	10.00	2281.18	2482.84	4.95
起运（石）	24750.00	26938.07		1972.00	2146.48		2304.00	2507.88		1141.00	1241.92	
存留（石）	21337.07	23223.27	100.00	1972.27	2146.48	4.93	2303.45	2506.88	5.26	1140.18	1240.93	5.67
地亩棉花绒（斤）（起运）	4647.84	325.35	100.00	229.00	16.03		244.50	17.12		263.35	18.43	
寒株课米（石）（存留）	37.53	40.85	100.00									
马草（束）	670863.00	30245.06	100.00	56430.00	2544.08	8.41	69251.00	3122.10	10.32	15279.00	688.84	2.28
起运（束）	646000.00	29240.59		54000.00	2442.32		67500.00	3028.44		13900.00	626.84	
存留（束）	24863.00	1004.47	100.00	2430.00	101.76	8.19	1751.00	93.66	9.47	1379.00	62.00	
户口盐钞银（两）	2361.35	2361.35	100.00	193.50	193.50	8.19	223.52	223.52	9.47	103.57	103.57	4.39
起运（两）	507.22	507.22		43.09	42.57		51.37	51.41		22.02	21.75	
存留（两）	1854.12	1854.12	100.00	150.41	150.93	8.19	172.15	172.11	9.46	81.55	81.82	
遇闰共加银（两）	196.78	196.78	100.00	16.12	16.12	8.19	18.62	18.62	9.46	8.63	8.63	4.39
起运		70920.41			5844.40			7005.35			2612.21	
存留		36978.23			3298.67			3849.69			1894.12	
总计		107898.65	100.00		9143.08	8.47		10855.04	10.06		4506.33	4.18

项目	肃宁县			任丘县			交河县			菁县		
夏税	实物	折银	%	实物	折银	%	实物	折银	%	实物	折银	%
麦（石）	752.43	775.84	3.82	1666.77	1718.63	8.45	998.17	1029.23	5.06	1120.52	1155.39	5.68
起运（石）	377.00	388.70		841.00	867.91		506.00	524.91		562.00	580.00	
存留（石）	375.43	387.15	3.80	825.77	850.72	8.44	492.17	504.32	5.05	558.52	575.38	5.67
人丁丝折绢（匹）	192.00	137.51		426.00	305.09		255.00	182.63		286.00	204.83	
起运（匹）	192.00	137.51		426.00	305.09		255.00	182.63		286.00	204.83	
农桑丝折绢（匹）	32.00	22.40	3.60	29.00	20.30	3.26	33.00	23.10	3.71	35.00	24.50	3.94

项目	兴济县 实物	折银	%	静海县 实物	折银	%	宁津县 实物	折银	%	景州 实物	折银	%
存留（匹）	32.00	22.40		29.00	20.30		33.00	23.10		35.00	24.50	
秋粮												
米（石）	1755.46	1910.65	3.81	3888.24	4231.98	8.44	2325.31	2530.88	5.05	2657.42	2892.35	5.77
起运（石）	1111.00	1203.71		2461.00	2666.14		1472.00	1594.45		1682.00	1822.18	
存留（石）	644.46	706.94		1427.24	1565.83		853.31	936.42		975.42	1070.17	
地亩棉花绒（斤）（起运）	278.00	19.46	5.98	415.95	29.12	8.95	251.75	17.62	5.42	84.00	5.88	1.81
枣株课米（石）（存留）							1.26	1.37	3.36			
马草（束）	24950.00	1124.84	3.72	59824.00	2697.09	8.92	39807.00	1794.65	5.93	46588.00	2100.36	6.94
起运（束）	23900.00	1079.85		58500.00	2643.15		38500.00	1740.81		44800.00	2016.35	
存留（束）	1050.00	44.99		1324.00	53.94		1307.00	53.84		1788.00	84.01	
户口盐钞银（两）	89.69	89.69	3.80	233.71	233.71	9.90	155.72	155.72	6.59	103.30	103.30	4.37
起运（两）	19.37	19.73		52.96	53.75		34.21	34.26		22.31	22.73	
存留（两）	70.31	69.96		180.74	179.96		121.51	121.46		80.98	80.57	
遇闰共加银（两）	7.47	7.47	3.80	19.47	19.47	9.89	12.97	12.97	6.59	8.60	8.60	4.37
起运		2856.42			6584.64			4107.65			4660.56	
存留		1231.44			2670.75			1640.52			1834.64	
总计		4087.86	3.79		9255.39	8.58		5748.17	5.33		6495.20	6.02

项目	兴济县 实物	折银	%	静海县 实物	折银	%	宁津县 实物	折银	%	景州 实物	折银	%
夏税												
麦（石）	445.37	459.23	2.26	1132.46	1167.70	5.74	1529.96	1577.57	7.76	1332.81	1374.28	6.76
起运（石）	170.00	174.51		571.00	588.52		773.00	804.56		676.00	700.88	
存留（石）	275.37	284.72		561.46	579.18		756.96	773.01		656.81	673.40	
人丁丝折绢（匹）	113.00	80.93	2.24	289.00	206.98	5.73	391.00	280.03	7.75	341.00	244.22	6.76
起运（匹）	17.00	12.14		289.00	206.98		391.00	280.03		341.00	244.22	

项目	吴桥县			东光县			故城县			沧州		
	实物	折银	%	实物	折银	%	实物	折银	%	实物	折银	%
存留（匹）	96.00	68.79	0.22	36.00	25.20	4.05	161.00	112.70	18.11	57.00	39.90	6.41
农桑丝折绢（匹）	2.00	1.40		36.00	25.20		161.00	112.70		57.00	39.90	
存留（匹）	2.00	1.40										
秋粮												
米（石）	1043.30	1135.53	2.26	2645.16	2879.00	5.74	3567.76	3883.16	7.74	3109.89	3384.82	6.75
起运（石）	418.00	454.21		1059.00	1151.60		1784.00	1941.70		1969.00	2132.43	
存留（石）	625.30	681.32	0.97	1586.16	1727.40	5.27	1783.76	1941.47	16.05	1140.89	1252.38	3.24
地亩棉花绒（斤）（起运）	45.00	3.15		244.88	17.14		745.79	52.21		150.75	10.55	3.48
马草（束）	8240.00	371.49	1.23	39246.00	1769.36	5.85	64440.00	2905.20	9.61	23370.00	1053.61	9.75
起运（束）	7000.00	315.77		38460.00	1733.97		62500.00	2818.04		22700.00	1022.00	
存留（束）	1240.00	55.72		786.00	35.39		1940.00	87.16		670.00	31.61	
户口盐钞银（两）	47.22	47.22	2.00	119.62	119.62	5.07	152.62	152.62	6.46	230.22	230.22	
起运（两）	6.33	6.14		27.28	27.51		30.77	30.52		47.82	48.35	
存留（两）	40.89	41.08		92.33	92.11		121.84	122.10		182.40	181.87	
遇闰共加银（两）	3.93	3.93	2.00	9.96	9.96	5.06	12.71	12.71	6.46	19.18	19.18	9.75
起运		969.84			3735.68			5939.77			4177.61	
存留		1133.03			2459.27			3036.42			2179.16	
总计		2102.88	1.95		6194.96	5.74		8976.19	8.32		6356.78	5.89
项目	实物	折银	%	实物	折银	%	实物	折银	%	实物	折银	%
夏税												
麦（石）	537.10	553.81	2.72	419.03	432.07	2.13	799.24	824.11	4.05	1397.74	1441.23	7.09
起运（石）	276.00	282.44		216.00	224.68		406.00	420.30		701.00	722.78	
存留（石）	261.10	271.37		203.03	207.39		393.24	403.81		696.74	718.45	
人丁丝折绢（匹）	137.00	98.12	2.72	107.00	76.63	2.12	204.00	146.10	4.04	357.00	255.68	7.07

项目	南皮县 实物	南皮县 折银	%	盐山县 实物	盐山县 折银	%	庆云县 实物	庆云县 折银	%	实物	折银	%
起运（匹）	137.00	98.12		107.00	76.63		204.00	146.10		357.00	255.68	
农桑丝折绢（匹）	67.00	46.90	7.54	10.00	7.00	1.12	66.00	46.20	7.42	32.00	22.40	3.60
存留（匹）	67.00	46.90		10.00	7.00		66.00	46.20		32.00	22.40	
秋粮												
米（石）	1256.20	1367.25	2.73	977.73	1064.17	2.12	1864.90	2029.76	4.05	3291.48	3582.46	7.14
起运（石）	795.00	861.37		619.00	670.42		1181.00	1278.75		1646.00	1791.59	
存留（石）	461.20	505.88		358.73	393.74		683.90	751.01		1645.48	1790.87	
地亩棉花绒（斤）（起运）	205.73	14.40	4.43	147.25	10.31	3.17	199.25	13.95	4.29	331.38	23.20	7.13
枣株课米（石）（存留）	1.08	1.18	2.88				1.08	1.18	2.88	2.19	2.38	5.84
马草（束）	21934.00	988.87	3.27	17857.00	805.06	2.66	25854.00	1165.60	3.85	35465.00	1598.90	5.29
起运（束）	21000.00	949.31		16500.00	740.66		24500.00	1107.32		34300.00	1550.93	
存留（束）	934.00	39.55		1357.00	64.40		1354.00	58.28		1165.00	47.97	
户口盐钞银（两）	107.22	107.22	4.54	71.93	71.93	3.05	130.02	130.02	5.51	83.60	83.60	3.54
起运（两）	26.24	25.73		14.98	15.11		21.92	22.10		15.12	15.05	
存留（两）	80.98	81.49		56.94	56.82		108.10	107.92		68.47	68.55	
遇闰共加银（两）	8.93	8.93	4.54	5.99	5.99	3.04	10.83	10.83	5.50	6.96	6.96	3.54
起运		2240.31			1743.79			2999.35			4366.18	
存留		946.37			729.36			1368.40			2650.63	
总计		3186.68	2.95		2473.15	2.29		4367.74	4.05		7016.80	6.50
项目	南皮县 实物	折银	%	盐山县 实物	折银	%	庆云县 实物	折银	%			
夏税												
麦（石）	708.72	730.77	3.59	1480.55	1526.62	7.51	751.52	774.90	3.81			
起运（石）	361.00	372.69		743.00	766.36		378.00	389.78				
存留（石）	347.72	358.08		737.55	760.26		373.52	385.13				

人丁丝折绢（匹）	181.00	129.63	3.59	378.00	270.71	7.49	192.00	137.51	3.80
起运（匹）	135.00	97.22		378.00	270.71		192.00	137.51	
存留（匹）	46.00	32.41							
农桑丝折绢（匹）	27.00	18.90	3.04	45.00	31.50	5.06	102.00	71.40	11.47
存留（匹）	27.00	18.90		45.00	31.50		102.00	71.40	
秋粮									
米（石）	1660.62	1807.43	3.60	3451.79	3756.94	7.49	1758.82	1914.31	3.82
起运（石）	1051.00	1138.68		1381.00	1502.78		704.00	765.72	
存留（石）	609.62	668.75		2070.79	2254.16		1054.82	1148.58	
地亩棉花绒（斤）（起运）	186.54	13.06	4.01	257.25	18.01	5.53	367.44	25.72	7.91
枣株课米（石）（存留）				0.36	0.39	0.96	31.56	34.35	84.09
马草（束）	27766.00	1251.80	4.14	61980.00	2794.29	9.24	32575.00	1468.61	4.86
起运（束）	26840.00	1214.24		60000.00	2710.47		31100.00	1395.17	
存留（束）	926.00	37.55		1980.00	83.83		1475.00	73.43	
户口盐钞银（两）	76.32	76.32	3.23	135.10	135.10	5.72	104.41	104.41	4.42
起运（两）	19.57	19.84		29.20	29.72		22.60	22.97	
存留（两）	56.74	56.48		105.89	105.38		81.80	81.44	
遇闰并加银（两）	6.36	6.36	3.23	11.25	11.25	5.72	8.70	8.70	4.42
起运		2862.10			5309.30			2745.57	
存留		1172.16			3235.52			1794.33	
总计	4034.26		3.74	8544.82		7.92	4539.90		4.21

丙表207

真定府分州县及其分属田赋折银明细

（单位：两/银）

项目	真定府			真定县			井陉县			获鹿县		
	实物	折银	%	实物	折银	%	实物	折银	%	实物	折银	%
夏税												
麦（石）	34958.26	35431.30	100.00	1194.83	1211.00	3.42	758.18	768.44	2.17	893.99	906.09	2.56
起运（石）	18944.77	20649.25		645.80	653.94		423.60	445.69		488.10	498.35	
存留（石）	16013.49	14782.05		549.03	557.06		334.58	322.74		405.89	407.74	
人丁丝折绢（匹）	8548.00	6038.10	100.00	174.00	122.91	2.04	250.00	176.59	2.92	273.00	192.84	3.19
起运（匹）	8098.00	5718.60		174.00	122.91		250.00	176.59		273.00	192.84	
存留（匹）	450.00	319.50										
农桑丝折绢（匹）	7000.00	4902.28	100.00	213.00	149.17	3.04	218.00	152.67	3.11	232.00	162.48	3.31
起运（匹）	6632.00	4642.40		213.00	149.17		150.00	105.34		232.00	162.48	
存留（匹）	368.00	259.88					68.00	47.33				
秋粮												
米（石）	82873.85	87933.52	100.00	2676.87	2840.30	3.23	1643.75	1744.11	1.98	1914.66	2031.56	2.31
起运（石）	45943.04	51815.19		1461.80	1562.17		937.60	994.14		1066.10	1137.67	
存留（石）	36930.81	36118.33		1215.07	1278.14		706.15	749.97		848.56	893.88	
地亩棉花绒（斤）（起运）	35033.09	2452.32	100.00	1069.91	74.89	3.05	1092.77	76.49	3.12	1160.06	81.20	3.31
马草（束）	1383974.00	61855.94	100.00	48884.00	2184.84	3.53	30167.00	1348.30	2.18	35549.00	1588.84	2.57
起运（束）	1303343.00	58574.26		44436.00	1988.21		28646.00	1280.88		32951.00	1477.62	
存留（束）	80631.00	3281.68		4448.00	196.64		1521.00	67.41		2598.00	111.22	
户口盐钞银（两）	2477.36	2477.36	100.00	62.22	62.22	2.51	60.57	60.57	2.44	69.15	69.15	2.79
起运（两）	1238.68	1238.68		31.11	31.11		30.28	30.29		34.58	34.58	
存留（两）	1238.68	1238.68		31.11	31.11		30.28	30.29		34.57	34.58	
遇闰共加银（两）	206.44	206.44	100.00	5.18	5.18	2.51	5.04	5.04	2.44	5.76	5.76	2.79

项目	元氏县			灵寿县			藁城县			栾城县		
	实物	折银	%	实物	折银	%	实物	折银	%	实物	折银	%
起运		145297.14			4587.57			3114.47			3590.50	
存留		56000.12			2062.94			1217.74			1447.42	
总计		201297.26	100.00		6650.51	3.30		4332.21	2.15		5037.92	2.50
夏税												
麦（石）	1168.24	1184.05	3.34	1276.41	1293.68	3.65	1002.64	1016.21	2.87	701.17	710.66	2.01
起运（石）	652.20	663.07		712.60	724.46		457.90	467.46		391.40	397.97	
存留（石）	516.04	520.98		563.81	569.22		544.74	548.75		309.77	312.69	
人丁丝折绢（匹）	255.00	180.13	2.98	210.00	148.34	2.46	298.00	210.50	3.49	162.00	114.43	1.90
起运（匹）	255.00	180.13		210.00	148.34		248.00	174.71		162.00	114.43	
存留（匹）							50.00	35.78				
农桑丝折绢（匹）	277.00	193.99	3.96	329.00	230.41	4.70	152.00	106.45	2.17	90.00	63.03	1.29
起运（匹）	277.00	193.99		329.00	230.41		152.00	106.45		90.00	63.03	
秋粮												
米（石）	2667.94	2830.82	3.22	2793.79	2964.36	3.37	2257.27	2395.08	2.72	1592.15	1689.36	1.92
起运（石）	1521.80	1613.57		1593.60	1689.68		1044.60	1101.74		908.10	962.93	
存留（石）	1146.14	1217.25		1200.19	1274.67		1212.67	1293.34		684.05	726.42	
地亩棉花绒（斤）（起运）	1385.29	96.97	3.95	1647.16	115.30	4.70	762.74	53.39	2.18	450.58	31.54	1.29
马草（束）	47051.00	2102.92	3.40	46582.00	2081.96	3.37	41533.00	1856.29	3.00	29594.00	1322.69	2.14
起运（束）	44670.00	1997.77		44235.00	1977.86		32057.00	1429.35		28103.00	1256.55	
存留（束）	2381.00	105.15		2347.00	104.10		9476.00	426.95		1491.00	66.13	
户口盐钞银（两）	90.18	90.18	3.64	55.83	55.83	2.25	69.33	69.33	2.80	36.96	36.96	1.49
起运（两）	45.09	45.09		27.91	27.92		34.66	34.67		18.48	18.48	
存留（两）	45.09	45.09		27.91	27.92		34.66	34.67		18.48	18.48	

项目	无极县 实物	无极县 折银	无极县 %	平山县 实物	平山县 折银	平山县 %	阜平县 实物	阜平县 折银	阜平县 %	定州 实物	定州 折银	定州 %
遇闰共加银（两）		7.51	3.64		4.65	2.25		5.77	2.80		3.08	1.49
起运		4798.10			4918.62			3373.53			2848.02	
存留		1888.47			1975.91			2339.49			1123.73	
总计		6686.57	3.32		6894.52	3.43		5713.03	2.84		3971.74	1.97
夏税												
麦（石）	960.67	973.67	2.75	1303.90	1321.54	3.73	857.81	869.42	2.45	2632.20	2667.82	7.53
起运（石）	496.90	506.31		727.90	740.06					1469.50	1493.98	
存留（石）	463.77	467.36		576.00	581.48		857.81	869.42		1162.70	1173.84	
人丁丝折绢（匹）	257.00	181.54	3.01	377.00	266.30	4.41	152.00	107.37	1.78	650.00	459.14	7.60
起运（匹）	257.00	181.54		377.00	266.30		152.00	107.37		650.00	459.14	
农桑丝折绢（匹）	219.00	153.37	3.13	306.00	214.30	4.37	98.00	68.63	1.40	652.00	456.61	9.31
起运（匹）	219.00	153.37		306.00	214.30		98.00	68.63		552.00	388.12	
存留（匹）										100.00	68.49	
秋粮												
米（石）	2122.21	2251.78	2.56	2860.79	3035.45	3.45	1895.33	2011.04	2.29	5781.17	6134.13	6.98
起运（石）	1116.40	1193.44		1631.80	1730.21					3297.60	3496.45	
存留（石）	1005.81	1058.33		1228.99	1305.24		1895.33	2011.04		2483.57	2637.67	
地亩棉花绒（斤）（起运）	1091.43	76.40	3.12	1566.00	109.62	4.47	490.67	34.35	1.40	3261.92	228.33	9.31
马草（束）	38102.00	1702.95	2.75	47793.00	2136.08	3.45	33120.00	1480.28	2.39	106237.00	4748.20	7.68
起运（束）	33460.00	1498.59		45385.00	2029.28		33120.00	1480.28		100883.00	4510.79	
存留（束）	4642.00	204.35		2408.00	106.80					5354.00	237.41	
户口盐钞银（两）	71.35	71.35	2.88	93.06	93.06	3.76	57.61	57.61	2.33	193.82	193.82	7.82
起运（两）	35.67	35.68		46.53	46.53		28.80	28.81		96.91	96.91	

项目	新乐县 实物	折银	%	曲阳县 实物	折银	%	行唐县 实物	折银	%	冀州 实物	折银	%
存留（两）	35.67	35.68	2.88	46.53	46.53	3.75	28.80	28.81	2.33	96.91	96.91	7.82
遇闰共加银（两）	5.94	5.94		7.75	7.75		4.80	4.80		16.15	16.15	
起运		3651.27			5144.05			1724.23			10689.88	
存留		1765.72			2040.06			2909.27			4214.33	
总计		5416.99	2.69		7184.11	3.57		4633.50	2.30		14904.21	7.40
夏税												
麦（石）	906.98	919.25	2.59	2275.23	2306.02	6.51	1935.84	1962.03	5.54	1344.34	1362.53	3.85
起运（石）	506.30	514.78		1270.20	1291.37		1080.70	1098.74		750.50	763.02	
存留（石）	400.68	404.47		1005.03	1014.65		855.14	863.30		593.84	599.51	
人丁丝折绢（匹）	180.00	127.15	2.11	404.00	285.38	4.73	351.00	247.94	4.11	243.00	171.65	2.84
起运（匹）	180.00	127.15		404.00	285.38		351.00	247.94		243.00	171.65	
存留（匹）												
农桑丝折绢（匹）	178.00	124.66	2.54	596.00	417.39	8.51	465.00	325.65	6.64	153.00	107.15	2.19
起运（匹）	178.00	124.66		496.00	346.44		465.00	325.65		153.00	107.15	
存留（匹）				100.00	70.96							
秋粮												
米（石）	2016.69	2139.81	2.43	4968.55	5271.89	6.00	4266.75	4527.25	5.15	3949.89	4191.04	4.77
起运（石）	1150.30	1219.69		2834.00	3004.98		2433.70	2580.53		2253.00	2388.89	
存留（石）	866.39	920.12		2134.55	2266.91		1833.05	1946.72		1696.89	1802.15	
地亩棉花绒（斤）（起运）	891.61	62.41	2.55	2984.86	208.94	8.52	2327.34	162.91	6.64	770.37	53.93	2.20
马草（束）	36816.00	1645.47	2.66	81100.00	3624.72	5.86	67674.00	3024.65	4.89	58088.00	2596.21	4.20
起运（束）	34961.00	1563.20		77013.00	3443.48		64263.00	2873.42		55161.00	2466.40	
存留（束）	1855.00	82.27		4087.00	181.24		3411.00	151.23		2927.00	129.81	

项目	南宫县			新河县			枣强县			武邑县		
	实物	折银	%	实物	折银	%	实物	折银	%	实物	折银	%
户口盐钞银（两）	55.92	55.92	2.26	129.58	129.58	5.23	126.50	126.50	5.11	56.78	56.78	2.29
起运（两）	27.96	27.96		64.79	64.79		63.25	63.25		28.39	28.39	
存留（两）	27.96	27.96		64.79	64.79		63.25	63.25		28.39	28.39	
遇闰共加银（两）	4.66	4.66	2.26	10.79	10.79	5.23	10.55	10.55	5.11	4.73	4.73	2.29
起运		3644.51			8656.17			7362.99			5984.16	
存留		1434.82			3598.54			3024.49			2559.86	
总计		5079.34	2.52		12254.71	6.09		10387.49	5.16		8544.02	4.24
夏税												
麦（石）	949.96	962.81	2.72	868.71	880.47	2.48	1195.71	1211.89	3.42	1087.08	1101.79	3.11
起运（石）	530.30	539.18		485.00	493.06		667.50	678.66		606.90	617.00	
存留（石）	419.66	423.64		383.71	387.40		528.21	533.23		480.18	484.79	
人丁丝折绢（匹）	361.00	255.00	4.22	138.00	97.48	1.61	348.00	245.82	4.07	378.00	267.01	4.42
起运（匹）	361.00	255.00		138.00	97.48		348.00	245.82		278.00	197.59	
存留（匹）										100.00	69.42	
农桑丝折绢（匹）	181.00	126.76	2.59	115.00	80.54	1.64	207.00	144.97	2.96	168.00	117.65	2.40
起运（匹）	131.00	91.27		115.00	80.54		157.00	110.18		168.00	117.65	
存留（匹）	50.00	35.49					50.00	34.79				
秋粮												
米（石）	2119.39	2248.78	2.56	1957.29	2076.79	2.36	2820.56	2992.76	3.40	2555.42	2711.44	3.08
起运（石）	1208.90	1281.81		1116.40	1183.77		1608.80	1705.87		1457.60	1545.52	
存留（石）	910.49	966.98		840.89	893.02		1211.76	1286.89		1097.82	1165.92	
地苗棉花绒（斤）（起运）	908.64	63.60	2.59	575.89	40.31	1.64	1036.81	72.58	2.96	843.74	59.06	2.41
马草（束）	32817.00	1466.74	2.37	36605.00	1636.04	2.64	50009.00	2235.12	3.61	45045.00	2013.26	3.25

项目	晋州 实物	晋州 折银	晋州 %	安平县 实物	安平县 折银	安平县 %	饶阳县 实物	饶阳县 折银	饶阳县 %	武强县 实物	武强县 折银	武强县 %
起运（束）	31163.00	1393.40		34761.00	1554.24		47489.00	2123.37		42775.00	1912.60	
存留（束）	1654.00	73.34		1844.00	81.80		2520.00	111.76		2270.00	100.66	
户口盐钞银（两）	133.50	133.50	5.39	54.37	54.37	2.19	81.55	81.55	3.29	103.11	103.11	4.16
起运（两）	66.75	66.75		27.18	27.19		40.77	40.78		51.55	51.56	
存留（两）	66.75	66.75		27.18	27.19		40.77	40.78		51.55	51.56	
遇闰共加银（两）	11.12	11.12	5.39	4.53	4.53	2.19	6.79	6.79	3.29	8.59	8.59	4.16
起运		3702.13			3481.11			4984.04			4509.57	
存留		1566.20			1389.41			2007.44			1872.35	
总计		5268.32	2.62		4870.52	2.42		6991.48	3.47		6381.91	3.17
夏税												
麦（石）	942.75	955.51	2.70	1014.12	1027.84	2.90	1232.69	1249.37	3.53	973.75	986.93	2.79
起运（石）	526.30	535.08		602.53	606.43		674.91	687.15		543.60	552.68	
存留（石）	416.45	420.42		411.59	421.42		557.78	562.22		430.15	434.25	
人丁丝折绢（匹）	334.00	235.93	3.91	234.00	165.29	2.74	350.00	247.23	4.09	200.00	141.28	2.34
起运（匹）	234.00	165.15		234.00	165.29		250.00	175.53		200.00	141.28	
存留（匹）	100.00	70.78					100.00	71.70				
农桑丝折绢（匹）	212.00	148.47	3.03	240.00	168.08	3.43	219.00	153.37	3.13	99.00	69.33	1.41
起运（匹）	212.00	148.47		240.00	168.08		219.00	153.37		99.00	69.33	
秋粮												
米（石）	2126.96	2256.82	2.57	2239.80	2376.55	2.70	2755.08	2923.28	3.32	2295.01	2435.13	2.77
起运（石）	1213.20	1286.39		1360.24	1449.69		1539.33	1637.04		1309.10	1388.02	
存留（石）	913.76	970.43		879.56	926.85		1215.75	1286.25		985.91	1047.10	
地亩棉花绒（斤）（起运）	1061.52	74.31	3.03	1200.19	84.01	3.43	1096.62	76.76	3.13	498.61	34.90	1.42

项目	赵州 实物	赵州 折银	%	柏乡县 实物	柏乡县 折银	%	隆平县 实物	隆平县 折银	%	高邑县 实物	高邑县 折银	%
马草（束）	36030.00	1610.34	2.60	40820.00	1824.43	2.95	39833.00	1780.31	2.88	37559.00	1678.68	2.71
起运（束）	34214.00	1529.82		38944.00	1733.21		37704.00	1691.30		35667.00	1594.74	
存留（束）	1816.00	80.52		1876.00	91.22		2129.00	89.02		1892.00	83.93	
户口盐钞银（两）	97.42	97.42	3.93	81.68	81.68	3.30	91.62	91.62	3.70	69.03	69.03	2.79
起运（两）	48.71	48.71		40.84	40.84		45.81	45.81		34.52	34.52	
存留（两）	48.71	48.71		40.84	40.84		45.81	45.81		34.52	34.52	
遇闰共加银（两）	8.11	8.11	3.93	6.80	6.80	3.29	7.63	7.63	3.70	5.75	5.75	2.79
起运		3796.04			4254.35			4474.60			3821.22	
存留		1590.86			1480.33			2054.98			1599.80	
总计		5386.90	2.68		5734.68	2.85		6529.59	3.24		5421.02	2.69
夏税												
麦（石）	808.21	819.15	2.31	556.95	564.49	1.59	934.91	947.56	2.67	531.99	539.19	1.52
起运（石）	451.20	458.72		310.90	316.11		521.90	530.63		297.00	301.95	
存留（石）	357.01	360.42		246.05	248.37		413.01	416.93		234.99	237.24	
人丁丝折绢（匹）	235.00	166.00	2.75	145.00	102.42	1.70	162.00	114.43	1.90	136.00	96.07	1.59
起运（匹）	235.00	166.00		145.00	102.42		162.00	114.43		136.00	96.07	
农桑丝折绢（匹）	103.00	72.13	1.47	89.00	62.33	1.27	39.00	27.31	0.56	91.00	63.73	1.30
起运（匹）	103.00	72.13		89.00	62.33		39.00	27.31		91.00	63.73	
秋粮												
米（石）	1842.30	1954.78	2.22	1252.98	1329.48	1.51	2161.19	2293.14	2.61	1195.97	1268.99	1.44
起运（石）	1050.80	1114.22		714.70	757.80		1232.70	1307.09		682.20	723.32	
存留（石）	791.50	840.55		538.28	571.68		928.49	986.05		513.77	545.66	
地亩棉花绒（斤）（起运）	517.71	36.24	1.48	446.34	31.24	1.27	198.32	13.88	0.57	459.28	32.15	1.31

项目	临城县 实物	折银	%	赞皇县 实物	折银	%	宁晋县 实物	折银	%	深州 实物	折银	%
马草（束）	34139.00	1525.82	2.47	22983.00	1027.21	1.66	40266.00	1799.67	2.91	22366.00	999.64	1.62
起运（束）	32418.00	1449.53		21824.00	975.85		38237.00	1709.68		21239.00	949.65	
存留（束）	1721.00	76.29		1159.00	51.36		2029.00	89.98		1127.00	49.98	
户口盐钞银（两）	64.03	64.03	2.58	31.24	31.24	1.26	47.28	47.28	1.91	48.68	48.68	1.96
起运（两）	32.01	32.02		15.62	15.62		23.64	23.64		24.34	24.34	
存留（两）	32.01	32.02		15.62	15.62		23.64	23.64		24.34	24.34	
遇闰共加银（两）	5.33	5.33	2.58	2.60	2.60	1.26	3.94	3.94	1.91	4.05	4.05	1.96
起运		3334.19			2263.98			3730.61			2195.26	
存留		1309.28			887.03			1516.60			857.23	
总计		4643.48	2.31		3151.01	1.57		5247.21	2.61		3052.49	1.52

项目	临城县 实物	折银	%	赞皇县 实物	折银	%	宁晋县 实物	折银	%	深州 实物	折银	%
夏税												
麦（石）	712.20	721.84	2.04	717.71	727.42	2.05	916.84	929.25	2.62	1645.86	1668.13	4.71
起运（石）	397.60	404.23		400.70	407.36		511.90	520.38		976.52	984.20	
存留（石）	314.60	317.61		317.01	320.07		404.94	408.87		669.34	683.93	
人丁丝折绢（匹）	191.00	134.92	2.23	170.00	120.08	1.99	294.00	207.67	3.44	475.00	335.53	5.56
起运（匹）	191.00	134.92		170.00	120.08		294.00	207.67		375.00	265.07	
存留（匹）										100.00	70.46	
农桑丝折绢（匹）	167.00	116.95	2.39	164.00	114.85	2.34	216.00	151.27	3.09	361.00	252.82	5.16
起运（匹）	167.00	116.95		164.00	114.85		216.00	151.27		361.00	252.82	
秋粮												
米（石）	1569.86	1665.70	1.89	1605.97	1704.02	1.94	3707.46	3933.81	4.47	5721.24	6070.54	6.90
起运（石）	895.40	949.45		916.00	971.29		2114.70	2242.27		3394.25	3581.62	
存留（石）	674.46	716.25		689.97	732.73		1592.76	1691.54		2326.99	2488.92	

衡水县

项目	实物	折银	%	实物	折银	%	实物	折银	%	实物	折银	%
地亩棉花绒（斤）（起运）	838.84	58.72	2.39	821.71	57.52	2.35	1081.97	75.74	3.09	1805.68	126.40	5.15
马草（束）	29001.00	1296.18	2.10	28950.00	1293.90	2.09	40319.00	1802.04	2.91	71699.00	3204.55	5.18
起运	27539.00	1231.37		27491.00	1229.21		38287.00	1711.93		68373.00	3044.32	
存留	1462.00	64.81		1459.00	64.70		2032.00	90.10		3326.00	160.23	
户口盐钞银（两）	50.04	50.04	2.02	43.06	43.06	1.74	93.10	93.10	3.76	124.28	124.28	5.02
起运（两）	25.02	25.02		21.53	21.53		46.55	46.55		62.14	62.14	
存留（两）	25.02	25.02		21.53	21.53		46.55	46.55		62.14	62.14	
遇闰共加银（两）	4.17	4.17	2.02	3.58	3.58	1.73	7.75	7.75	3.75	10.35	10.35	5.01
起运		2924.84			2925.42			4963.57			8326.91	
存留		1123.69			1139.02			2237.06			3465.68	
总计		4048.53	2.01		4064.44	2.02		7200.62	3.58		11792.59	5.86

项目	实物	折银	%
夏税			
麦（石）	656.23	665.11	1.88
起运（石）	366.40	372.46	
存留（石）	289.83	292.65	
人丁丝折绢（匹）	158.00	111.61	1.85
起运（匹）	158.00	111.61	
农桑丝折绢（匹）	138.00	96.64	1.97
起运（匹）	138.00	96.64	
秋粮			
米（石）	1539.43	1633.42	1.86
起运（石）	878.10	931.05	
存留（石）	661.33	702.37	

项目	实物	折银	%
地亩棉花绒（斤）（起运）	694.05		1.98
马草（束）	27229.00	48.58	1.97
起运（束）	25857.00	1156.14	
存留（束）	1372.00	60.85	
户口盐钞银（两）	34.40	34.40	1.39
起运（两）	17.20	17.20	
存留（两）	17.20	17.20	
遇闰共加银（两）	2.86	2.86	1.39
起运		2736.54	
存留		1073.07	
总计		3809.61	1.89

丙表208　顺德府分州县及其分属田赋折银明细

（单位：两/银）

项目	顺德府			邢台县			广宗县			巨鹿县		
	实物	折银	%	实物	折银	%	实物	折银	%	实物	折银	%
夏税												
麦（石）	12537.80	12039.56	100.00	2528.56	2428.08	20.17	936.83	899.60	7.47	1141.88	1096.50	9.11
起运（石）	11480.00	11023.75		2315.25	2233.83		883.85	845.63		1075.53	1030.71	
存留（石）	1057.80	1015.81		213.31	194.25		52.98	53.98		66.35	65.79	
人丁丝折绢（匹）	1548.00	1083.60	100.00	316.00	221.20	20.41	135.00	94.50	8.72	188.00	131.60	12.14
起运（匹）	1548.00	1083.60		316.00	221.20		135.00	94.50		188.00	131.60	
农桑丝折绢（匹）	351.00	245.70	100.00	60.00	42.00	17.09	27.00	18.90	7.69	26.00	18.20	7.41
起运（匹）	351.00	245.70		60.00	42.00		27.00	18.90		26.00	18.20	
秋粮												
米（石）	30461.07	28865.83	100.00	5885.20	5576.99	19.32	2208.52	2092.86	7.25	3036.64	2877.61	9.97

项目	平乡县			南和县			任县			唐山县		
	实物	折银	%	实物	折银	%	实物	折银	%	实物	折银	%
起运（石）	24935.00	24070.31		4817.54	4573.13		1873.92	1778.93		2654.63	2503.52	
存留（石）	5526.07	4795.52		1067.65	1003.86		334.59	313.93		382.00	374.09	
地亩棉花绒（斤）（起运）	5005.25	350.37	100.00	1007.00	70.49	20.12	235.63	16.49	4.71	432.13	30.25	8.63
枣株课米（石）（存留）	12.98	11.26	100.00	1.42	1.23	10.94	1.27	1.10	9.78	5.35	4.64	41.22
马草（束）	545481.00	23092.16	100.00	109280.00	4626.21	20.03	40692.00	1722.64	7.46	49992.00	2116.34	9.16
起运（束）	524000.00	22271.59		104977.00	4441.16		39090.00	1653.73		48024.00	2031.69	
存留（束）	21481.00	820.57		4303.00	185.05		1602.00	68.91		1968.00	84.65	
户口盐钞银（两）	722.82	722.82	100.00	151.28	151.28	20.93	68.64	68.64	9.50	117.22	117.22	16.22
起运（两）	722.82	722.82		151.28	151.28		68.64	68.64		117.22	117.22	
遇闰共加银（两）	60.29	60.29	100.00	12.65	12.65	20.98	5.78	5.78	9.59	9.76	9.76	16.19
起运		59828.43			11745.75			4482.60			5872.95	
存留		6643.16			1384.39			437.91			529.17	
总计		66471.59	100.00		13130.14	19.75		4920.52	7.40		6402.12	9.63
夏税												
麦（石）	954.78	916.84	7.62	1134.64	1089.55	9.05	1243.78	1194.35	9.92	1121.21	1076.65	8.94
起运（石）	874.18	843.49	8.98	1068.92	1024.18		1138.78	1098.81		1056.68	1012.05	
存留（石）	80.60	73.35		65.72	65.37		105.00	95.55		64.53	64.60	
人丁丝折绢（匹）	139.00	97.30	14.81	132.00	92.40	8.53	126.00	88.20	8.14	182.00	88.20	11.76
起运（匹）	139.00	97.30		132.00	92.40		126.00	88.20		182.00	127.40	
农桑丝折绢（匹）	52.00	36.40		42.00	29.40	11.97	77.00	53.90	21.94	15.00	53.90	4.27
起运（匹）	52.00	36.40		42.00	29.40		77.00	53.90		15.00	10.50	
秋粮												
米（石）	2337.85	2215.42	7.67	2926.34	2773.09	9.61	3299.15	3126.37	10.83	2644.67	2506.17	8.68

项目	实物	折银	%	实物	折银	%	实物	折银	%	实物	折银	%
起运（石）	1972.49	1860.95		2542.35	2412.59		2866.85	2719.95		2306.63	2180.37	
存留（石）	365.35	354.47		383.99	360.50		432.30	406.43		338.04	325.80	
地亩棉花绒（斤）（起运）	485.25	33.97	9.69	802.00	56.14	16.02	546.50	38.26	10.92	402.00	28.14	8.03
枣株课米（石）（存留）	2.42	2.10	18.64	0.22	0.19	1.69	0.92	0.80	7.09	0.17	0.15	1.31
马草（束）	41623.00	1762.05	7.63	49789.00	2107.75	9.13	54799.00	2319.84	10.05	48736.00	2063.17	8.93
起运（束）	39984.00	1691.57		47829.00	2023.44		52641.00	2227.04		46817.00	1980.64	
存留（束）	1639.00	70.48		1960.00	84.31		2158.00	92.79		1919.00	82.53	
户口盐钞银（两）	56.10	56.10	7.76	67.56	67.56	9.35	53.13	53.13	7.35	42.80	42.80	5.92
起运（两）	56.10	56.10		67.56	67.56		53.13	53.13		42.80	42.80	
遇闰共加银（两）	4.67	4.67	7.75	5.63	5.63	9.34	4.42	4.42	7.33	3.56	3.56	5.90
起运		4624.45			5711.33			6283.70			5385.46	
存留		500.40			510.38			595.57			473.08	
总计		5124.84	7.71		6221.71	9.36		6879.27	10.35		5858.54	8.81

项目	内丘县			沙河县		
	实物	折银	%	实物	折银	%
夏税						
麦（石）	1687.75	1620.68	13.46	1788.33	1717.26	14.26
起运（石）	1545.34	1491.03		1521.47	1459.67	
存留（石）	142.41	129.65		266.86	257.59	
人丁丝折绢（匹）	154.00	107.80	9.95	176.00	123.20	11.37
起运（匹）	154.00	107.80		176.00	123.20	
农桑丝折绢（匹）	13.00	9.10	3.70	35.00	24.50	9.97
起运（匹）	13.00	9.10		35.00	24.50	
秋粮						
米（石）	3939.48	3733.17	12.93	4183.19	3964.12	13.73

起运（石）	3224.83			2675.72	2537.04	
存留（石）	714.64	671.97		1507.47	1427.08	
地亩棉花绒（斤）（起运）	339.50	23.77	6.78	755.25	52.87	15.09
枣株课米（石）（存留）	0.35	0.30	2.70	0.84	0.73	6.47
马草（束）	73359.00	3105.55	13.45	77207.00	3268.45	14.15
起运（束）	70470.00	2981.33		74167.00	3137.71	
存留（束）	2889.00	124.22		3040.00	130.74	
户口盐钞银（两）	90.28	90.28	12.49	75.78	75.78	10.48
起运（两）	90.28	90.28		75.78	75.78	
遇闰共加银（两）	7.52	7.52	12.47	6.26	6.26	10.38
起运		7772.02			7417.03	
存留		926.15			1816.14	
总计		8698.17	13.09		9233.17	13.89

丙表209 广平府分州县及其分属田赋折银明细

（单位：两/银）

项目	广平府			永年县			邯郸县			成安县		
	实物	折银	%	实物	折银	%	实物	折银	%	实物	折银	%
夏税												
麦（石）	17842.45	11220.65	100.00	3275.58	2059.93	18.36	2598.18	1633.93	14.56	1983.47	1247.35	11.12
起运（石）	15183.00	9683.75		2780.00	1750.94		2192.00	1372.50		1642.00	1035.30	
存留（石）	2659.45	1536.90		495.58	308.99		406.18	261.43		341.47	212.05	
人丁丝折绢（匹）	2899.00	2069.30	100.00	844.00	602.45	29.11	61.00	43.54	2.10	410.00	292.66	14.14
起运（匹）	2899.00	2069.30		844.00	602.45		61.00	43.54		410.00	292.66	
农桑丝折绢（匹）	654.00	457.80	100.00	153.00	107.10	23.39	157.00	109.90	24.01	37.00	25.90	5.66
起运（匹）	654.00	457.80		153.00	107.10		157.00	109.90		37.00	25.90	

秋粮

项目	肥乡县 实物	肥乡县 折银	肥乡县 %	广平县 实物	广平县 折银	广平县 %	曲周县 实物	曲周县 折银	曲周县 %	鸡泽县 实物	鸡泽县 折银	鸡泽县 %
米（石）	41479.65	37847.56	100.00	7348.48	6705.02	17.72	6062.76	5531.89	14.62	4628.48	4223.20	11.16
起运	33100.00	31096.91		5863.95	5364.02		4837.77	4425.51		3693.65	3378.56	
存留	8379.65	6750.65		1484.52	1341.00		1224.98	1106.38		934.83	844.64	
地亩棉花绒（斤）（起运）	14584.99	1020.95	100.00	3340.81	233.86	22.91	2827.19	197.90	19.38	1448.15	101.37	9.93
马草（束）	794093.00	35571.12	100.00	139567.00	6251.86	17.58	113547.00	5086.30	14.30	87785.00	3932.30	11.05
起运	764266.00	34345.27		134321.00	6001.78		109278.00	4882.85		84495.00	3775.01	
存留	29826.00	1225.85		5246.00	250.07		4269.00	203.45		3290.00	157.29	
户口盐钞银（两）	1335.70	1335.70	100.00	246.91	246.91	18.49	202.28	202.28	15.14	172.38	172.38	12.91
起运	1335.70	1335.70		246.91	246.91		202.28	202.28		172.38	172.38	
遇闰共加银（两）	111.30	111.30	100.00	20.57	20.57	18.48	16.85	16.85	15.14	14.36	14.36	12.90
起运		80120.98			14327.62			11251.33			8795.53	
存留		9513.40			1900.07			1571.26			1213.98	
总计		89634.38	100.00		16227.69	18.10		12822.59	14.31		10009.51	11.17

夏税

项目	肥乡县 实物	肥乡县 折银	肥乡县 %	广平县 实物	广平县 折银	广平县 %	曲周县 实物	曲周县 折银	曲周县 %	鸡泽县 实物	鸡泽县 折银	鸡泽县 %
麦（石）	3469.34	2181.78	19.44	1993.20	1253.47	11.17	2707.43	1702.63	15.17	629.96	396.17	3.53
起运	2968.60	1876.33		1719.60	1077.99		2330.00	1464.26		525.00	328.82	
存留	500.74	305.45		273.60	175.49		377.43	238.37		104.96	67.35	
人丁丝折绢（匹）	460.00	328.35	15.87	250.00	178.45	8.62	438.00	312.64	15.11	145.00	103.50	5.00
起运	460.00	328.35		250.00	178.45		438.00	312.64		145.00	103.50	
农桑丝折绢（匹）	128.00	89.60	19.57	38.00	26.60	5.81	58.00	40.60	8.87	17.00	11.90	2.60
起运	128.00	89.60		38.00	26.60		58.00	40.60		17.00	11.90	
秋粮												

项目	实物	折银	%	实物	折银	%	实物	折银	%	实物	折银	%
米（石）	8095.58	7386.71	19.52	4698.93	4287.48	11.33	6404.03	5843.27	15.44	1465.50	1337.18	3.53
起运（石）	6460.12	5909.36		3749.66	3429.98		5110.29	4674.62		1169.44	1069.74	
存留（石）	1635.46	1477.34		949.27	857.50		1293.73	1168.65		296.05	267.44	
地亩棉花绒（斤）（起运）	2329.73	163.08	15.97	472.94	33.11	3.24	2757.09	193.00	18.90	902.80	63.20	6.19
马草（束）	161627.00	7240.03	20.35	90697.00	4062.74	11.42	120104.00	5380.02	15.12	27595.00	1236.11	3.48
起运（束）	156562.00	7022.82		87729.00	3940.86		116145.00	5218.62		26111.00	1174.30	
存留（束）	5064.00	217.20		2967.00	121.88		3958.00	161.40		1484.00	61.81	
户口盐钞银（两）	146.59	146.59	10.97	113.47	113.47	8.50	217.76	217.76	16.30	80.86	80.86	6.05
起运（两）	146.59	146.59		113.47	113.47		217.76	217.76		80.86	80.86	
闰月共加银（两）	12.21	12.21	10.97	9.45	9.45	8.49	18.14	18.14	16.30	6.73	6.73	6.05
起运		15548.35			8809.90			12139.64			2839.05	
存留		1999.99			1154.86			1568.42			396.59	
总计		17548.34	19.58		9964.76	11.12		13708.06	15.29		3235.64	3.61

项目	威县			清河县		
	实物	折银	%	实物	折银	%
夏税						
麦（石）	790.47	497.11	4.43	394.78	248.27	2.21
起运（石）	690.00	432.48		335.80	211.03	
存留（石）	100.47	64.62		58.98	37.24	
人丁丝折绢（匹）	170.00	121.35	5.86	114.00	81.37	3.93
起运（匹）	170.00	121.35		114.00	81.37	
农桑丝折绢（匹）	38.00	26.60	5.81	23.00	16.10	3.52
起运（匹）	38.00	26.60		23.00	16.10	
秋粮						
米（石）	1854.64	1692.24	4.47	921.21	840.55	2.22

	实物	折银	%	实物	折银	%
起运（石）	1479.97	1353.79		735.11	672.44	
存留（石）	374.67	338.45		186.10	168.11	
地亩棉花绒（斤）（起运）	417.49	29.22	2.86	88.83	6.22	0.61
马草（束）	35855.00	1606.11	4.52	17313.00	775.53	2.18
起运（束）	33958.00	1525.81		15664.00	697.98	
存留（束）	1896.00	80.31		1649.00	77.55	
户口盐钞银（两）	97.62	97.62	7.31	57.81	57.81	4.33
起运（两）	97.62	97.62		57.81	57.81	
遇闰共加银（两）	8.13	8.13	7.30	4.81	4.81	4.32
起运		3595.00			1747.75	
存留		483.38			282.90	
总计	4078.38	4078.38	4.55	2030.65	2030.65	2.27

丙表 210

大名府分州县及其分属田赋折银明细

（单位：两/银）

项目	大名府[1]			元城县			大名县			南乐县		
	实物	折银	%	实物	折银	%	实物	折银	%	实物	折银	%
夏税												
麦（石）	44096.35	40232.06	100.00	3228.10	2945.21	7.32	969.30	884.36	2.20	2736.02	2496.25	6.20
起运（石）	33842.70	31314.46		2477.47	2267.81		743.92	680.96		2099.82	1922.12	
存留（石）	10253.65	8917.60		750.63	677.40		225.38	203.40		636.20	574.14	
人丁丝折绢（匹）	6893.00	4825.10	100.00	572.00	400.40	8.30	148.00	103.60	2.15	293.00	205.10	4.25
起运（匹）	6893.00	4825.10		572.00	400.40		148.00	103.60		293.00	205.10	
农桑丝折绢（匹）	810.00	567.00	100.00	53.00	37.10	6.54	30.00	21.00	3.70	36.00	25.20	4.44
起运（匹）	810.00	567.00		53.00	37.10		30.00	21.00		36.00	25.20	

1 大名府夏税有钞 9 贯 275 文，由于数量过少，今略去不计。

项目	魏县			清丰县			内黄县			浚县		
	实物	折银	%	实物	折银	%	实物	折银	%	实物	折银	%
秋粮												
米（石）	103080.72	106981.05	100.00	7249.25	7523.54	7.03	2265.14	2350.85	2.20	6227.57	6463.21	6.04
起运（石）	90350.00	94991.26		6353.80	6620.72		1985.40	2068.75		5459.30	5687.62	
存留（石）	12730.72	11989.79		895.45	902.83		279.74	282.10		768.27	775.58	
地亩棉花绒（斤）（起运）	25125.42	1758.78	100.00	2050.88	143.56	8.16	285.88	20.01	1.14	681.75	47.72	2.71
枣株课米（石）（存留）	2111.52	1988.63	100.00	367.35	345.97	17.40	236.70	222.92	11.21	36.20	34.09	1.71
马草（束）	1869838.00	69735.38	100.00	134812.00	5027.80	7.21	41137.00	1534.20	2.20	114830.00	4282.57	6.14
起运（束）	1864782.00	69555.39		134812.00	5027.80		41137.00	1534.20		114830.00	4282.57	
存留（束）	5056.00	179.99										
户口盐钞银（两）	3611.15	3611.15	100.00	128.31	128.31	3.55	110.33	110.33	3.06	167.70	167.70	4.64
起运（两）	3611.15	3611.15		128.31	128.31		110.33	110.33		167.70	167.70	
遇闰共加银（两）	381.51	381.51	100.00	13.55	13.55	3.55	11.65	11.65	3.05	17.71	17.71	4.64
起运		207004.65			14639.25			4550.49			12355.74	
存留		23076.01			1926.19			708.43			1383.82	
总计		230080.66	100.00		16565.45	7.20		5258.92	2.29		13739.56	5.97
夏税												
麦（石）	4480.26	4087.64	10.16	3849.09	3511.78	8.73	2305.87	2103.80	5.23	5152.14	4700.64	11.68
起运（石）	3438.47	3147.48		2954.07	2704.07		1769.69	1619.93		3954.12	3619.50	
存留（石）	1041.79	940.16		895.02	807.71		536.18	483.87		1198.02	1081.15	
人丁丝折绢（匹）	601.00	420.70	8.72	449.00	314.30	6.51	299.00	209.30	4.34	622.00	435.40	9.02
起运（匹）	601.00	420.70		449.00	314.30		299.00	209.30		622.00	435.40	
农桑丝折绢（匹）	36.00	25.20	4.44	92.00	64.40	11.36	45.00	31.50	5.56	69.00	48.30	8.52
起运（匹）	36.00	25.20		92.00	64.40		45.00	31.50		69.00	48.30	

秋粮

项目	滑县 实物	滑县 折银	滑县 %	东明县 实物	东明县 折银	东明县 %	开州 实物	开州 折银	开州 %	长垣县 实物	长垣县 折银	长垣县 %
米（石）	10408.44	10802.27	10.10	9484.83	9843.71	9.20	5282.83	5482.72	5.12	11979.25	12432.52	11.62
起运（石）	9124.45	9506.00		8313.50	8662.47		4630.70	4824.79		10499.78	10940.61	
存留（石）	1283.99	1296.27		1171.33	1181.25		652.13	657.93		1479.47	1491.90	
地亩棉花绒（斤）（起运）	5558.25	389.08	22.12	908.44	63.59	3.62	1217.38	85.22	4.85	3053.89	213.77	12.15
寒株课米（石）（存留）	101.40	95.50	4.80	33.27	31.33	1.58	188.65	177.67	8.93	409.20	385.38	19.38
马草（束）	193379.00	7212.05	10.34	164323.00	6128.41	8.79	96902.00	3613.95	5.18	218240.00	8139.23	11.67
起运（束）	193379.00	7212.05		164323.00	6128.41		96902.00	3613.95		218240.00	8139.23	
户口盐钞银（两）	317.75	317.75	8.80	282.85	282.85	7.83	181.74	181.74	5.03	291.71	291.71	8.08
起运（两）	317.75	317.75		282.85	282.85		181.74	181.74		291.71	291.71	
遇闰共加银（两）	33.57	33.57	8.80	29.88	29.88	7.83	19.20	19.20	5.03	30.71	30.71	8.05
起运		21051.83			18249.97			10585.62			23719.24	
存留		2331.93			2020.29			1319.47			2958.43	
总计		23383.75	10.16		20270.26	8.81		11905.10	5.17		26677.67	11.59

项目	滑县 实物	滑县 折银	滑县 %	东明县 实物	东明县 折银	东明县 %	开州 实物	开州 折银	开州 %	长垣县 实物	长垣县 折银	长垣县 %
夏税												
麦（石）	8845.15	8070.02	20.06	1346.83	1228.80	3.05	6591.62	6013.98	14.95	4591.93	4189.53	10.41
起运（石）	6788.40	6213.92		1033.66	946.18		5058.90	4630.76		3524.18	3225.93	
存留（石）	2056.75	1856.11		313.17	282.62		1532.72	1383.21		1067.75	963.59	
人丁丝折绢（匹）	1137.00	795.90	16.49	554.00	387.80	8.04	1408.00	985.60	20.43	806.00	564.20	11.69
起运（匹）	1137.00	795.90		554.00	387.80		1408.00	985.60		806.00	564.20	
农桑丝折绢（匹）	255.00	178.50	31.48	21.00	14.70	2.59	86.00	60.20	10.62	83.00	58.10	10.25
起运（匹）	255.00	178.50		21.00	14.70		86.00	60.20		83.00	58.10	
秋粮												

项目	实物	折银	%	实物	折银	%	实物	折银	%	实物	折银	%
米（石）	21074.43	21871.84	20.44	3143.42	3262.36	3.05	15027.67	15596.28	14.58	10937.84	11351.70	10.61
起运（石）	18471.70	19247.22		2755.60	2870.88		13170.47	13724.73		9585.30	9989.50	
存留（石）	2602.73	2624.62		387.82	391.48		1857.20	1871.55		1352.54	1362.20	
地亩棉花绒（斤）（起运）	6169.38	431.86	24.55	428.06	29.96	1.70	2156.09	150.93	8.58	2615.44	183.08	10.41
枣株课米（石）（存留）	367.35	345.97	17.40	68.40	64.42	3.24	204.84	192.92	9.70	98.16	92.45	4.65
马草（束）	377323.00	14072.22	20.18	56787.00	2117.86	3.04	277584.00	10352.46	14.85	194517.00	7254.49	10.40
起运（束）	377323.00	14072.22		56787.00	2117.86		275056.00	10259.29		191989.00	7160.18	
存留（束）							2528.00	93.17		2528.00	94.31	
户口盐钞银（两）	592.77	592.77	16.41	231.48	231.48	6.41	839.03	839.03	23.23	466.43	466.43	12.92
起运（两）	592.77	592.77		231.48	231.48		839.03	839.03		466.43	466.43	
遇闰共加银（两）	62.62	62.62	16.41	24.45	24.45	6.41	88.64	88.64	23.23	49.27	49.27	12.91
起运		41595.00			6623.31			30739.18			21696.69	
存留		4826.70			738.53			3540.86			2512.55	
总计		46421.69	20.18		7361.84	3.20		34280.03	14.90		24209.24	10.52

丙表211　永平府分州县及其分属田赋折银明细

（单位：两/银）

项目	永平府 实物	折银	%	卢龙县 实物	折银	%	迁安县 实物	折银	%	抚宁县 实物	折银	%
夏税												
麦（石）	9996.19	8806.64	100.00	707.73	623.51	7.08	1436.53	1265.58	14.37	841.87	741.69	8.42
起运（石）	50.00	44.05										
存留（石）	9946.19	8762.59	100.00	707.73	623.51		1436.53	1265.58		841.87	741.69	
人丁丝折绢（匹）	2050.00	1451.81	100.00	94.00	66.57	4.59	316.00	223.79	15.41	176.00	124.64	8.59
起运（匹）	174.00	123.23		8.00	5.99		27.00	20.14		15.00	11.22	
存留（匹）	1876.00	1328.58		86.00	60.58		289.00	203.65		161.00	113.43	

项目

秋粮 / 其他（续上）

项目	昌黎县 实物	昌黎县 折银	昌黎县 %	滦州 实物	滦州 折银	滦州 %	乐亭县 实物	乐亭县 折银	乐亭县 %	本府并合属仓学驿所 实物	本府并合属仓学驿所 折银	本府并合属仓学驿所 %
农桑丝折绢（匹）	243.00	170.10	100.00	18.00	12.60	7.41	33.00	23.10	13.58	14.00	9.80	5.76
存留（匹）	243.00	170.10	100.00	18.00	12.60		33.00	23.10		14.00	9.80	
秋粮												
米（石）	23353.11	22407.31	100.00	1651.28	1584.40	7.07	3361.37	3225.23	14.39	1963.89	1884.35	8.41
存留（石）	23353.11	22407.31		1651.28	1584.40		3361.37	3225.23		1963.89	1884.35	
地亩棉花绒（斤）（起运）	345.83	24.55	100.00	15.00	1.06	4.34	39.00	2.77	11.28			
马草（束）	303742.00	11906.69	100.00	26501.00	1038.84	8.72	45545.00	1785.36	14.99	22424.00	879.02	7.38
起运（束）	1820.00	71.34					800.00	35.71				
存留（束）	301922.00	11835.34		26501.00	1038.84		44745.00	1749.66		22424.00	879.02	
户口盐钞银（两）	925.01	925.01	100.00	46.93	46.93	5.07	103.39	103.39	11.18	95.95	95.95	10.37
起运（两）	911.16	911.16		46.93	46.93		103.03	103.03		95.95	95.95	
存留（两）	13.85	13.85					0.36	0.36				
遇闰共加银（两）	82.08	82.08	100.00	4.26	4.26	5.19	8.58	8.58	10.45	9.07	9.07	11.05
起运		1256.41			58.25			170.23			116.24	
存留		44517.77			3319.93			6467.58			3628.29	
总计		45774.19	100.00		3378.18	7.38		6637.81	14.50		3744.52	8.18

夏税

项目	昌黎县 实物	昌黎县 折银	昌黎县 %	滦州 实物	滦州 折银	滦州 %	乐亭县 实物	乐亭县 折银	乐亭县 %	本府并合属仓学驿所 实物	本府并合属仓学驿所 折银	本府并合属仓学驿所 %
夏税												
麦（石）	1438.84	1267.62	14.39	3777.08	3327.61	37.79	1794.12	1580.62	17.95			
起运（石）				50.00	33.28							
存留（石）	1438.84	1267.62		3727.08	3294.33		1794.12	1580.62				
人丁丝折绢（匹）	272.00	192.63	13.27	844.00	597.72	41.17	347.00	245.75	16.93			
起运（匹）	23.00	15.41		72.00	53.79		29.00	19.66				
存留（匹）	249.00	177.22		772.00	543.93		318.00	226.09				

项目	实物	折银	%	实物	折银	%	实物	折银	%	
农桑丝折绢（匹）	28.00	19.60	11.52	90.00	63.00	37.04	58.00	40.60	23.87	0.70
存留（匹）	28.00	19.60		90.00	63.00		58.00	40.60		
秋粮										
米（石）	3357.31	3221.34	14.38	8832.69	8474.97	37.82	4186.55	4016.99	17.93	
存留（石）	3357.31	3221.34		8832.69	8474.97		4186.55	4016.99		
地亩棉花绒（斤）（起运）	54.00	3.83	15.61	196.81	13.97	56.91	41.00	2.91	11.86	0.72
马草（束）	37916.00	1486.31	12.48	109280.00	4283.78	35.98	62074.00	2433.30	20.44	
起运（束）				1020.00	42.84					
存留（束）	37916.00	1486.31		108260.00	4240.94		62074.00	2433.30		
户口盐钞银（两）	162.40	162.40	17.56	332.69	332.69	35.97	177.15	177.15	19.15	6.45
起运（两）	155.96	155.90		325.65	325.64		177.15	177.15		6.45
存留（两）	6.44	6.50		7.04	7.05					
遇闰共加银（两）	12.99	12.99	15.83	27.13	27.13	33.05	19.44	19.44	23.68	0.59
起运		188.14			496.65			219.16		7.04
存留		6178.58			16624.22			8297.60		
总计		6366.72	13.91		17120.86	37.40		8516.76	18.61	0.02

丙表212 延庆州分州县及其分属田赋折银明细

（单位：两/银）

项目	延庆州			本州			永宁县		
	实物	折银	%	实物	折银	%	实物	折银	%
夏税									
麦（石）（存留）	1713.75	1509.81	100.00	1325.62	1167.87	77.35	388.13	341.94	22.65
秋粮									
米（石）（存留）	3937.04	3777.59	100.00	3096.62	2971.21	78.65	840.42	806.38	21.35
马草（束）（存留）	73441.00	2878.89	100.00	59929.00	2349.22	81.60	13512.00	529.67	18.40

	户口盐钞银（两）（存留）¹					
存留	60.87	100.00		6488.29	78.86	1678.00
总计	8227.16	100.00		6488.29		1678.00
						20.40

（单位：两/银）

保安州田赋折银明细

丙表213

项目	保安州		
	实物	折银	%
夏税			
麦（石）	408.29	359.70	
起运（石）	408.29	359.70	100.00
米（石）	1053.26	1010.60	
起运（石）	1053.26	1010.60	100.00
马草（束）	18699.00	733.00	
存留（束）	18699.00	733.00	100.00
起运		1370.30	
存留		733.00	
总计		2103.30	

南直隶各府分州县及其分属田赋折银

应天府分州县及其分属田赋折银明细

（单位：两/银）

丙表214

项目	应天府			上元县			江宁县			句容县		
	实物	折银	%	实物	折银	%	实物	折银	%	实物	折银	%
夏税												
小麦（石）	11654.76	5928.48	100.00	1487.01	756.40	12.76	1924.27	978.83	16.51	731.75	372.22	6.28

¹延庆州户口盐钞银60.87两，在各县数据中没有记录。

项目	溧阳县			溧水县			高淳县			江浦县		
	实物	折银	%	实物	折银	%	实物	折银	%	实物	折银	%
起运(石)	7580.00			979.50	499.23		1293.50	655.81		372.00	189.83	
存留(石)	4074.76			507.51	257.18		630.77	323.01		359.75	182.39	
丝绵折绢(匹)(起运)	1214.00	849.80	100.00	211.00	147.70	17.38	84.00	58.80	6.92	254.00	177.80	20.92
农桑丝折绢(匹)(起运)	143.00	100.10	100.00	23.00	16.10	16.08	15.00	10.50	10.49			
秋粮												
米(石)	214956.64	132985.05	100.00	27559.34	17049.86	12.82	25828.16	15978.85	12.02	41801.24	25860.75	19.45
起运(石)	178518.00	110397.84		22480.55	13980.88		21006.06	12942.87		34428.47	21205.82	
存留(石)	36438.64	22587.21		5078.79	3068.97		4822.10	3035.98		7372.77	4654.94	
马草(包)	374865.00	10585.03	100.00	53030.00	1497.40	14.15	41011.00	1158.02	10.94	68670.00	1939.03	18.32
起运(包)	365192.00	10268.26		51650.00	1452.48		39947.00	1123.28		66919.00	1880.86	
存留(包)	9673.00	316.77		1380.00	44.92		1064.00	34.74		1751.00	58.17	
户口盐钞银(两)(存留)	1857.19	1857.19	100.00	419.04	419.04	22.56	201.83	201.83	10.87	463.50	463.50	24.96
通间加银(两)(存留)	158.46	158.46	100.00	34.92	34.92	22.04	16.81	16.81	10.61	38.62	38.62	24.37
起运		125475.99			16096.39			14791.26			23454.31	
存留		26988.12			3825.03			3612.37			5397.61	
总计		152464.11	100.00		19921.43	13.07		18403.64	12.07		28851.92	18.92

项目	溧阳县			溧水县			高淳县			江浦县		
	实物	折银	%	实物	折银	%	实物	折银	%	实物	折银	%
夏税												
小麦(石)	3520.22	1790.65	30.20	724.80	368.69	6.22	1108.73	563.98	9.51	1726.23	878.09	14.81
起运(石)	2219.50	1128.11		460.50	235.96		703.00	355.31		1241.00	632.22	
存留(石)	1300.72	662.54		264.30	132.73		405.73	208.67		485.23	245.87	
丝绵折绢(匹)(起运)	293.00	205.10	24.14	266.00	186.20	21.91	104.00	72.80	8.57	32.00	22.40	22.38
农桑丝折绢(匹)(起运)	37.00	25.90	25.87	2.00	1.40	1.40	1.00	0.70	0.70			
秋粮												

项目	实物	折银	%	实物	折银	%	实物	折银	%	实物	折银	%
米（石）	56751.95	35110.15	26.40	24437.22	15118.33	11.37	29956.00	18532.58	13.94	6475.27	4005.99	3.01
起运（石）	47808.94	29492.53		22148.57	13757.68		24634.32	15196.71		4677.94	2884.31	
存留（石）	8943.01	5617.62		2288.65	1360.65		5321.68	3335.86		1797.33	1121.68	
马草（包）	91602.00	2586.56	24.44	57175.00	1614.45	15.25	40833.00	1153.00	10.89	15555.00	439.23	4.15
起运（包）	89260.00	2508.96		55686.00	1566.01		39768.00	1118.41		15150.00	426.05	
存留（包）	2342.00	77.60		1489.00	48.43		1065.00	34.59		405.00	13.18	
户口盐钞银（两）（存留）	422.28	422.28	22.74	209.52	209.52	11.28	57.79	57.79	3.11	41.04	41.04	2.21
遇闰加银（两）（存留）	39.02	39.02	24.62	17.46	17.46	11.02	4.76	4.76	3.00	3.42	3.42	2.16
起运		33360.60			15747.25			16743.93			3964.99	
存留		6819.06			1768.79			3641.68			1425.18	
总计		40179.66	26.35		17516.04	11.49		20385.61	13.37		5390.16	3.54

项目 六合县	实物	折银	%
夏税			
小麦（石）	431.73	219.61	3.70
起运（石）	311.00	158.12	
存留（石）	120.73	61.49	
农桑丝折绢（匹）（起运）	30.00	21.00	20.98
秋粮			
米（石）	2147.46	1328.55	1.00
起运（石）	1333.15	823.70	
存留（石）	814.31	504.85	
马草（包）	6989.00	197.35	1.86
起运（包）	6812.00	191.43	
存留（包）	177.00	5.92	

项目						实物	折银	%
户口盐钞银（两）（存留）							42.19	2.27
遇闰加银（两）（存留）							3.43	2.16
起运							1194.25	
存留							617.88	
总计							1812.13	1.19

丙表 215　苏州府分州县及其分属田赋折银明细

（单位：两/银）

项目	苏州府			吴县			长洲县			昆山县		
	实物	折银	%	实物	折银	%	实物	折银	%	实物	折银	%
夏税												
小麦（石）	53665.43	19838.17	100.00	3400.65	1257.10	100.00	1898.43	701.78	3.54	1511.36	558.70	2.82
起运（石）	40626.80	13261.70	100.00	3400.19	1256.92	100.00	1898.10	701.66		1511.36	558.70	
存留（石）	13038.62	6576.47	100.00	0.46	0.18	100.00	0.33	0.12				
税丝折绢（匹）（起运）	12555.00	8788.50	100.00	1339.00	937.30	100.00	2681.00	1876.70	21.35	1318.00	922.60	10.50
农桑丝折绢（匹）（起运）	640.00	448.00	100.00	205.00	143.50	100.00	113.00	79.10	17.66	9.00	6.30	1.41
税丝（两）（存留）	102478.04	8198.24	100.00	10915.09	873.21	100.00	21836.78	1746.94	21.31	11879.08	950.33	11.59
税钞（锭）（存留）	4392.00		100.00	284.00		100.00	756.00		17.21	351.00		7.99
秋粮												
米（石）	2038894.74	1006937.14	100.00	130412.92	64406.27	100.00	412731.91	203833.52	6.40	293654.40	145025.40	14.40
起运（石）	1850607.23	879450.61		120156.43	59253.77		379158.10	187526.84		269534.11	133423.37	
存留（石）	188287.50	127486.53		10256.49	5152.50		33573.80	16306.68		24120.29	11602.03	
马草（包）	538414.00	14131.52	100.00	31853.00	836.03	100.00	78761.00	2067.21	5.92	67383.00	1768.57	12.52
起运（包）	511000.00	13412.00		31846.00	835.86		68755.00	1798.47		67383.00	1768.57	
存留（包）	27414.00	719.52		6.00	0.17		10006.00	268.74				
户口盐钞银（两）	11197.44	11197.44	100.00	1295.55	1295.55	100.00	2629.51	2629.51	11.57	577.55	577.55	5.16

项目	常熟县 实物	常熟县 折银	常熟县 %	吴江县 实物	吴江县 折银	吴江县 %	嘉定县 实物	嘉定县 折银	嘉定县 %	太仓州 实物	太仓州 折银	太仓州 %
起运(两)	5598.72	5598.72		647.77	647.78		1314.75	1314.76		288.77	288.78	
存留(两)	5598.72	5598.72		647.77	647.78		1314.75	1314.76		288.77	288.78	
起运		920959.53			63075.13			193297.52			136968.31	
存留		148579.48			6673.83			19637.23			12841.13	
总计		1069539.01	100.00		69748.96	6.52		212934.76	19.91		149809.44	14.01
夏税												
小麦(石)	4026.96	1488.62	7.50	2905.17	1073.94	5.41	5176.63	1913.61	9.65	21709.10	8025.07	40.45
起运(石)	4026.23	1488.35		2905.17	1073.94		5176.63	1913.61		21709.10	8025.07	
存留(石)	0.72	0.27										
税丝折销(匹)(起运)	2409.00	1686.30	19.19	1735.00	1214.50	13.82	1679.00	1175.30	13.37	1394.00	975.80	11.10
农桑丝折销(匹)(起运)	19.00	13.30	2.97	248.00	173.60	38.75	1.00	0.70	0.16	7.00	4.90	1.09
税丝(两)(存留)	19887.29	1590.98	19.41	14116.06	1129.28	13.77	13941.30	1115.30	13.60	9902.41	792.19	9.66
税钞(锭)(存留)	788.00	11.66	17.94	136.00		3.10	1844.00		41.99	230.00		5.24
秋粮												
米(石)	300190.77	148253.48	14.72	387710.81	191476.49	19.02	284974.44	140738.68	13.98	204767.17	101127.18	10.04
起运(石)	272886.74	134910.66		359128.05	178073.14		263068.37	129479.58		186675.40	92025.73	
存留(石)	27304.03	13342.81		28582.76	13403.35		21906.07	11259.09		18091.77	9101.45	
马草(包)	111083.00	2915.55	20.63	78908.00	2071.06	14.66	82784.00	2172.80	15.38	58642.00	1539.15	10.89
起运(包)	110639.00	2903.89		78908.00	2071.06		82784.00	2172.80		58642.00	1539.15	
存留(包)	444.00	11.66										
户口盐钞银(两)	514.95	514.95	4.60	1266.82	1266.82	11.31	2820.46	2820.46	25.19	1862.70	1862.70	16.64
起运(两)	257.47	257.48		633.41	633.41		1410.23	1410.23		931.35	931.35	
存留(两)	257.47	257.48		633.41	633.41		1410.23	1410.23		931.35	931.35	

崇明县

项目	实物	折银	%		%		%		%
起运		141259.98		183239.65		136152.22		103502.00	
存留		15203.20		15166.05		13784.63		10824.99	
总计		156463.18	14.63	198405.70	18.55	149936.85	14.02	114326.99	10.69
夏税									
小麦（石）	13037.10	4819.34	24.29						
存留（石）	13037.10	4819.34							
农桑丝折绢（匹）（起运）	34.00	23.80	5.31						
秋粮									
米（石）	24452.27	12076.10	1.20						
存留（石）	24452.27	12076.10							
马草（包）	28997.00	761.07	5.39						
起运（包）	12039.00	319.65							
存留（包）	16957.00	441.42							
户口盐钞银（两）	229.87	229.87	2.05						
起运（两）	114.93	114.94							
存留（两）	114.93	114.94							
起运		458.39							
存留		17451.80							
总计		17910.19	1.67						

丙表216 松江府分州县及其分属田赋折银明细

（单位：两/银）

项目	松江府			华亭县			上海县			青浦县		
	实物	折银	%	实物	折银	%	实物	折银	%	实物	折银	%
夏税												
麦（石）	92260.41	27436.16	100.00	45354.70	13487.46	49.16	29849.83	8876.66	32.35	17055.88	5072.03	18.49
起运（石）	87700.00	26080.00		43050.00	12813.09		28100.00	8344.06		16550.00	4919.87	
存留（石）	4560.41	1356.16		2304.70	674.37		1749.83	532.60		505.88	152.16	
丝绢折绢（匹）（存留）	697.00	487.90	100.00	340.00	238.00	48.78	250.00	175.00	35.87	107.00	74.90	15.35
农桑丝折绢（匹）（起运）	179.00	125.30	100.00	88.00	61.60	49.16	58.00	40.60	32.40	33.00	23.10	18.44
税钞（锭）（存留）	3267.00		100.00	1550.00		47.44	1065.00		32.60	652.00		19.96
秋粮												
米（石）	939226.23	457781.97	100.00	463465.19	225894.47	49.35	302347.56	147365.20	32.19	173413.47	84522.30	18.46
起运（石）	869566.92	410621.21		426247.79	207822.91		282316.24	137049.64		161002.88	78605.74	
存留（石）	69659.31	47160.76		37217.40	18071.56		20031.32	10315.56		12410.59	5916.56	
马草（包）	316251.00	8642.70	100.00	155800.00	4257.80	49.26	102300.00	2795.72	32.35	58151.00	1589.19	18.39
起运（包）	283000.00	7734.00		140000.00	3832.02		91400.00	2488.19		51600.00	1414.38	
存留（包）	33251.00	908.70		15800.00	425.78		10900.00	307.53		6551.00	174.81	
户口盐钞银（两）	1907.48	1907.48	100.00	863.00	863.00	45.24	669.48	669.48	35.10	375.00	375.00	19.66
起运（两）	774.05	774.05		323.00	323.00		270.05	270.05		181.00	181.00	
存留（两）	1133.43	1133.43		540.00	540.00		399.43	399.43		194.00	194.00	
起运		445334.56			224852.62			148192.54			85144.09	
存留		51046.95			19949.71			11730.12			6512.43	
总计		496381.51	100.00		244802.33	49.32		159922.66	32.22		91656.52	18.46

1781

丙表217

常州府分州县及其分属田赋折银明细

（单位：两/银）

项目	常州府 实物	折银	%	武进县 实物	折银	%	无锡县 实物	折银	%	江阴县 实物	折银	%
夏税												
小麦（石）	154393.38	48257.35	100.00	52722.83	16479.10	34.15	37368.95	11680.08	24.20	26594.78	8312.49	17.23
起运（石）	151660.00	47164.00		51913.87	16149.52		36730.02	11446.48		26126.31	8146.24	
存留（石）	2733.38	1093.35		808.96	329.58		638.92	233.60		468.47	166.25	
丝绵折绢（匹）（起运）	1573.00	1101.10	100.00									
农桑丝折绢（匹）（起运）	324.00	226.80	100.00	41.00	28.70	12.65	4.00	2.80	1.23	262.00	183.40	80.86
麻布（匹）（起运）	2077.00	415.40	100.00									
秋粮												
米（石）	606954.03	290451.86	100.00	172098.14	82355.87	28.35	144808.75	69296.80	23.86	100410.75	48050.57	16.54
起运（石）	599871.16	281407.56		168214.04	80708.75		141925.32	67910.86		98069.65	47089.56	
存留（石）	13082.86	9044.30		3884.09	1647.12		2883.43	1385.94		2341.09	961.01	
租钞（锭）（存留）	24.00	667.14	100.00			100.00	7.00		29.17	16.00		66.67
马草（包）	714369.00	19557.12	100.00	202747.00	5550.56	28.38	153608.00	4205.29	21.50	152082.00	4163.51	21.29
起运（包）	690000.00	18889.98		199878.00	5495.05		149755.00	4079.13		149740.00	4080.24	
存留（包）	24369.00	667.14		2869.00	55.51		3853.00	126.16		2342.00	83.27	
户口盐钞银（两）（起运）	3465.35	3465.35	100.00	1251.10	1251.10	36.10	701.15	701.15	20.23	748.80	748.80	21.61
起运		352670.19			103633.12			84140.42			60248.25	
存留		10804.79			2032.20			1745.70			1210.53	
总计		363474.98	100.00		105665.33	29.07		85886.12	23.63		61458.78	16.91

项目	宜兴县 实物	折银	%	靖江县 实物	折银	%
夏税						

项目	实物	折银	%	实物	折银	%
小麦（石）	22774.39	7118.39		14932.41	4667.29	9.67
起运（石）	22096.85	6904.83		14792.94	4620.62	
存留（石）	677.54	213.55		139.47	46.67	
丝绵折绢（匹）（起运）	1573.00	1101.10	100.00			
农桑丝折绢（匹）（起运）	15.00	10.50	4.63			
麻布（匹）（起运）	2077.00	415.40	100.00			
秋粮						
米（石）	161830.48	77442.38	26.66	27805.89	13306.23	4.58
起运（石）	158795.11	75893.53		26867.02	12907.05	
存留（石）	3035.37	1548.85		938.86	399.19	
马草（包）	167733.00	4591.99	23.48	38197.00	1045.71	5.35
起运（包）	165055.00	4500.15		25572.00	700.63	
存留（包）	2678.00	91.84		12625.00	345.08	
户口盐钞银（两）（起运）	666.62	666.62	19.24	97.67	97.67	2.82
起运		89492.13			18325.96	
存留		1854.24			790.94	
总计		91346.37	25.13		19116.90	5.26

丙表 218　镇江府分州县及其分属田赋折银明细

（单位：两/银）

项目	镇江府			丹徒县			丹阳县			金坛县		
	实物	折银	%	实物	折银	%	实物	折银	%	实物	折银	%
夏税												
小麦（石）	54010.91	54010.91	100.00	32214.39	32214.39	59.64	11940.58	11940.58	22.11	9855.94	9855.94	18.25
起运（石）	14350.00	14350.00		8412.00	8375.74		3364.80	3343.36		2573.02	2562.54	
存留（石）	39660.91	39660.91		23802.39	23838.65		8575.78	8597.22		7282.74	7293.40	

项目	实物	折银	%	实物	折银	%	实物	折银	%	实物	折银	%
丝绵折绢（匹）（起运）	205.00	143.50	100.00	97.00	67.90	47.32	88.00	61.60	42.93	20.00	14.00	9.76
农桑丝折绢（匹）（起运）	13.00	9.10	100.00	4.00	2.80	30.77	2.00	1.40	15.38	7.00	4.90	53.85
秋粮												
米（石）	143252.25	85951.35	100.00	60643.24	36385.94	42.33	31049.81	18629.89	21.67	51559.20	30935.52	35.99
起运（石）	117000.00	70200.00		53419.00	32019.63		28962.00	17325.79		34619.00	20726.80	
存留（石）	26252.25	15751.35		7224.24	4366.31		2087.81	1304.09		16940.20	10208.72	
马草（包）	119670.00	3098.25	100.00	51924.00	1344.31	43.39	30024.00	777.32	25.09	37722.00	976.62	31.52
起运（包）	108000.00	2796.00		46392.00	1196.44		26998.00	699.59		34610.00	898.49	
存留（包）	11670.00	302.25		5532.00	147.87		3026.00	77.73		3112.00	78.13	
户口盐钞银（两）	496.73	496.73	100.00	130.65	130.65	26.30	194.12	194.12	39.08	171.95	171.95	34.62
起运银（两）	305.05	305.05		80.40	80.40		118.84	118.84		105.81	105.81	
存留银（两）	191.67	191.67		50.25	50.25		75.28	75.28		66.13	66.13	
起运		87803.65			41742.91			21550.58			24312.54	
存留		55906.18			28403.09			10054.32			17646.38	
总计		143709.84	100.00		70145.99	48.81		31604.91	21.99		41958.93	29.20

丙表219　庐州府分州县及其分属田赋折银明细

（单位：两/银）

项目	庐州府		合肥县			庐江县			舒城县		
	实物	折银	实物	折银	%	实物	折银	%	实物	折银	%
夏税											
小麦（石）	9885.13	6123.28	3376.68	2091.66	34.16	515.65	319.42	5.22	936.88	580.34	9.48
起运（石）	4000.00	2559.40	1350.00	836.67		240.00	150.13		400.00	249.55	
存留（石）	5885.13	3563.88	2026.68	1255.00		275.65	169.29		536.88	330.80	
农桑丝折绢（匹）（起运）	687.00	480.90	221.00	154.70	32.17	49.00	34.30	7.13	62.00	43.40	9.02
秋粮											

项目	无为县 实物	折银	%	巢县 实物	折银	%	六安州 实物	折银	%	英山县 实物	折银	%
米(石)	67045.52	40227.31	100.00	17194.50	10316.70	25.65	6660.36	3996.22	9.93	6678.84	4007.30	9.96
起运(石)	35000.00	21000.00		8900.00	5364.68		3500.00	2117.99		3500.00	2083.80	
存留(石)	32045.52	19227.31		8294.50	4952.02		3160.36	1878.22		3178.84	1923.51	
马草(包)	98337.00	2507.59	100.00	28951.00	738.25	29.44	12632.00	322.12	12.85	11102.00	283.10	11.29
起运(包)	80000.00	2040.00		23600.00	605.36		10200.00	260.91		9000.00	229.31	
存留(包)	18337.00	467.59		5351.00	132.88		2432.00	61.20		2102.00	53.79	
户口盐钞银(两)	1381.46	1381.46	100.00	345.10	345.10	24.98	146.32	146.32	10.59	134.72	134.72	9.75
起运(两)	740.79	740.79		184.93	184.93		78.48	78.48		72.26	72.26	
存留(两)	640.67	640.67		160.16	160.16		67.83	67.83		62.45	62.45	
遇闰共加银(两)	115.17	115.17	100.00	28.81	28.81	25.02	12.19	12.19	10.58	11.22	11.22	9.74
起运		26936.26			7175.15			2654.00			2689.54	
存留		23899.45			6500.06			2176.54			2370.54	
总计		50835.71	100.00		13675.22	26.90		4830.56	9.50		5060.09	9.95

项目	无为县 实物	折银	%	巢县 实物	折银	%	六安州 实物	折银	%	英山县 实物	折银	%
夏税												
小麦(石)	1146.54	710.22	11.60	614.98	380.95	6.22	2045.21	1266.89	20.69	619.68	383.86	6.27
起运(石)	360.00	220.17		230.00	140.95		1000.00	620.78		220.00	138.19	
存留(石)	786.54	490.05	13.36	384.98	240.00	9.02	1045.21	646.11	5.24	399.68	245.67	
农桑丝折绢(匹)(起运)	181.00	126.70	26.35	62.00	43.40		36.00	25.20		52.00	36.40	7.57
秋粮												
米(石)	14842.22	8905.33	22.14	5505.00	3303.00	8.21	7974.89	4784.93	11.89	5765.13	3459.08	8.60
起运(石)	7600.00	4541.72		2800.00	1684.53		4450.00	2679.56		2900.00	1739.99	
存留(石)	7242.22	4363.61		2705.00	1618.47		3524.89	2105.37		2865.13	1719.09	
马草(包)	17775.00	453.26	18.08	8803.00	224.48	8.95	10486.00	267.39	10.66	5817.00	148.33	5.92

项目	实物	折银	%	实物	折银	%	实物	折银	%	实物	折银	%
起运 (包)	12500.00	317.28		6200.00	157.13		10200.00	259.37		5700.00	145.37	
存留 (包)	5275.00	135.98		2603.00	67.34		286.00	8.02		117.00	2.97	
户口盐钞银 (两)	265.56	265.56	19.22	156.68	156.68	11.34	202.88	202.88	14.69	42.84	42.84	3.10
起运 (两)	142.39	142.39		84.04	84.04		108.83	108.83		22.98	22.98	
存留 (两)	123.16	123.16		72.64	72.64		94.05	94.05		19.86	19.86	
遇闰共加银 (两)	22.13	22.13	19.22	13.05	13.05	11.33	16.90	16.90	14.67	3.56	3.56	3.09
起运		5370.39			2123.10			3710.64			2086.48	
存留		5112.80			1998.45			2853.56			1987.59	
总计	10483.20	10483.20	20.62	4121.55	4121.55	8.11	6564.20	6564.20	12.91	4074.07	4074.07	8.01

霍山县

项目	实物	折银	%
夏税			
小麦 (石)	629.46	389.91	6.37
起运 (石)	200.00	124.77	
存留 (石)	429.46	265.14	
农桑丝折绢 (匹)（起运）	21.00	14.70	3.06
秋粮			
米 (石)	2424.06	1454.44	3.62
起运 (石)	1350.00	814.48	
存留 (石)	1074.06	639.95	
马草 (包)	2768.00	70.58	2.81
起运 (包)	2600.00	66.35	
存留 (包)	168.00	4.24	
户口盐钞银 (两)	87.33	87.33	6.32
起运 (两)	46.84	46.84	

项目	凤阳府		
	实物	折银	%
存留(两)	40.48	40.48	
遇闰共加银(两)	7.27	7.27	6.31
起运		1074.42	
存留		949.81	
总计		2024.23	3.98

丙表220　凤阳府分州县及其分属田赋折银明细

（单位：两/银）

项目	凤阳府			凤阳县			临淮县			怀远县		
	实物	折银	%	实物	折银	%	实物	折银	%	实物	折银	%
夏税												
小麦(石)	99237.75	99237.75	100.00	3226.90	3226.90	3.25	2277.59	2277.59	2.30	4963.47	4963.47	5.00
起运(石)	20000.00	20000.00		2636.85	2646.06		1784.17	1776.52		405.05	397.08	
存留(石)	79237.75	79237.75	100.00	590.05	580.84		493.42	501.07		4558.42	4566.39	
税丝折绢(匹)(起运)	1380.00	966.00	100.00									
农桑丝折绢(匹)(起运)	1035.00	724.50	100.00	9.00	6.30	0.87	11.00	7.70	1.06	19.00	13.30	1.84
秋粮												
米(石)	113503.02	74880.75	100.00	6626.46	4371.64	5.84	5588.92	3687.15	4.92	9724.66	6415.60	8.57
起运(石)	60300.00	39781.40		1556.00	1005.48		2705.00	1769.83		4261.30	2822.86	
存留(石)	53203.02	35099.35		5070.46	3366.16		2883.92	1917.32		5463.36	3592.74	
马草(包)	23141.00	5808.63	100.00	11728.00	290.95	5.01	9752.00	241.93	4.17	17039.00	422.71	7.28
起运(包)	208000.00	5160.00		10138.00	250.22		9152.00	227.41		16039.00	397.35	
存留(包)	26147.00	648.63		1590.00	40.73		599.00	14.52		1000.00	25.36	
户口盐钞银(两)	4404.06	4404.06	100.00	151.22	151.22	3.43	163.61	163.61	3.71	394.98	394.98	8.97
起运(两)	1868.39	1868.39		62.27	62.27		66.39	66.39		160.28	160.28	
存留(两)	2535.67	2535.67		88.95	88.95		97.22	97.22		234.70	234.70	

下表（接上页）：夏税、秋粮各项，单位折银，定远县、五河县、虹县、寿州

项目	定远县 实物	定远县 折银	定远县 %	五河县 实物	五河县 折银	五河县 %	虹县 实物	虹县 折银	虹县 %	寿州 实物	寿州 折银	寿州 %
遇闰共加银（两）	369.98	369.98		12.60	12.60	3.41	16.28	16.28	4.40	32.91	32.91	8.90
起运		68870.27			3982.92			3864.14			3823.78	
存留		117521.40			4076.69			2530.12			8419.19	
总计		186391.67	100.00		8059.61	4.32		6394.26	3.43		12242.97	6.57

项目	定远县 实物	定远县 折银	定远县 %	五河县 实物	五河县 折银	五河县 %	虹县 实物	虹县 折银	虹县 %	寿州 实物	寿州 折银	寿州 %
夏税												
小麦（石）	3582.72	3582.72	3.61	2629.67	2629.67	2.65	7964.24	7964.24	8.03	4766.39	4766.39	4.80
起运（石）	681.37	680.72		227.89	236.67		112.90	79.64		1207.53	1191.60	
存留（石）	2901.35	2902.00		2401.77	2393.00		7851.33	7884.60		3558.86	3574.79	
农桑丝折绢（匹）（起运）	20.00	14.00	1.93	72.00	50.40	6.96	118.00	82.60	11.40	76.00	53.20	7.34
秋粮												
米（石）	5780.61	3813.61	5.09	4380.46	2889.90	3.86	3470.39	2289.50	3.06	4762.61	3142.01	4.20
起运（石）	4156.10	2745.80		1000.00	664.68		1459.00	961.59		2851.75	1885.21	
存留（石）	1624.51	1067.81		3380.46	2225.22		2011.39	1327.91		1910.86	1256.80	
马草（包）	7847.00	194.67	3.35	6887.00	170.85	2.94	6460.00	160.26	2.76	28458.00	705.99	12.15
起运（包）	7847.00	194.67		6887.00	170.85		6460.00	160.26		28458.00	705.99	
户口盐钞银（两）	210.22	210.22	4.77	102.25	102.25	2.32	234.22	234.22	5.32	663.65	663.65	15.07
起运（两）	83.69	83.69		41.49	41.49		95.04	95.04		269.31	269.31	
存留（两）	126.53	126.53		60.76	60.76		139.17	139.17		394.33	394.33	
遇闰共加银（两）	16.43	16.43	4.44	3.40	3.40	0.92	19.51	19.51	5.27	55.30	55.30	14.95
起运		3735.31			1167.49			1398.64			4160.61	
存留		4096.34			4678.98			9351.68			5225.92	
总计		7831.65	4.20		5846.47	3.14		10750.33	5.77		9386.54	5.04

项目	霍丘县 实物	霍丘县 折银	霍丘县 %	蒙城县 实物	蒙城县 折银	蒙城县 %	泗州 实物	泗州 折银	泗州 %	盱眙县 实物	盱眙县 折银	盱眙县 %

项目	天长县 实物	天长县 折银	天长县 %	宿州 实物	宿州 折银	宿州 %	灵璧县 实物	灵璧县 折银	灵璧县 %	颍州 实物	颍州 折银	颍州 %
夏税												
小麦（石）	1376.89	1376.89	1.39	2469.26	2469.26	2.49	15133.04	15133.04	15.25	4591.99	4591.99	4.63
起运（石）	79.91	82.61		852.86	864.24		2120.19	2118.63		56.00	45.92	
存留（石）	1296.98	1294.28		1616.40	1605.02		13012.84	13014.41		4535.99	4546.07	
农桑丝折绢（匹）（起运）	19.00	13.30	1.84	56.00	39.20	5.41	52.00	36.40	5.02	38.00	26.60	3.67
秋粮												
米（石）	3643.21	2403.52	3.21	764.00	504.03	0.67	17184.82	11337.25	15.14	4685.16	3090.92	4.13
起运（石）	2800.15	1850.71		598.00	393.14		8570.31	5654.00		2910.85	1916.37	
存留（石）	843.06	552.81		166.00	110.89		8614.51	5683.25		1774.31	1174.55	
马草（包）	14330.00	355.50	6.12	4508.00	111.84	1.93	31070.00	770.79	13.27	7646.00	189.68	3.27
起运（包）	14330.00	355.50		4508.00	111.84		16012.00	400.81		7646.00	189.68	
存留（包）							15058.00	369.98				
户口盐钞银（两）	354.21	354.21	8.04	152.72	152.72	3.47	137.58	137.58	3.12	144.57	144.57	3.28
起运（两）	144.21	144.21		61.97	61.97		137.58	137.58		58.67	58.67	
存留（两）	210.00	210.00		90.75	90.75					85.90	85.90	
遇闰共加银（两）	34.23	34.23	9.25	13.62	13.62	3.68	11.46	11.46	3.10	12.04	12.04	3.25
起运		2480.56			1484.01			8358.88			2249.28	
存留		2057.09			1806.65			19067.65			5806.52	
总计		4537.65	2.43		3290.67	1.77		27426.52	14.71		8055.80	4.32

项目	天长县 实物	天长县 折银	天长县 %	宿州 实物	宿州 折银	宿州 %	灵璧县 实物	灵璧县 折银	灵璧县 %	颍州 实物	颍州 折银	颍州 %
夏税												
小麦（石）	780.65	780.65	0.79	20948.52	20948.52	21.11	12708.49	12708.49	12.81	5411.81	5411.81	5.45
起运（石）	50.00	46.84		8344.62	8379.41		420.94	381.25		290.46	270.59	

续表（上接前页，四县分项统计）

项目	实物	折银	%	实物	折银	%	实物	折银	%	实物	折银	%
存留（石）	730.65	733.81		12603.89	12569.11		12287.54	12327.24		5121.35	5141.22	
税丝折绢（匹）（起运）	12.00	8.40	1.16	799.00	559.30	57.90	546.00	382.20	39.57	61.00	42.70	5.89
农桑丝折绢（匹）（起运）			1.87	292.00	204.40	28.21	111.00	77.70	10.72			3.86
秋粮												
米（石）	2122.20	1400.07		17389.42	11472.23	15.32	15989.71	10548.81	14.09	4382.84	2891.47	
起运（石）	1830.64	1204.06		10743.00	7112.78		5943.05	3903.06		3685.28	2428.83	
存留（石）	291.56	196.01		6646.42	4359.45		10046.66	6645.75		697.56	462.63	
马草（包）	6142.00	152.37	2.62	31648.00	785.13	13.52	28967.00	718.62	12.37	10023.00	248.65	4.28
起运（包）	6142.00	152.37		31648.00	785.13		21067.00	524.59		10023.00	248.65	
存留（包）							7900.00	194.03				
户口盐钞银（两）	81.23	81.23	1.84	448.98	448.98	10.19	240.27	240.27	5.46	490.34	490.34	11.13
起运（两）	32.31	32.31		182.19	182.19		97.02	97.02		198.98	198.98	
存留（两）	48.92	48.92		266.78	266.78		143.24	143.24		291.36	291.36	
遇闰共加银（两）	6.77	6.77	1.83	37.37	37.37	10.10	20.11	20.11	5.44	41.21	41.21	11.14
起运		1450.75			17260.58			5385.94			3230.97	
存留		978.74			17195.34			19310.25			5895.21	
总计		2429.49	1.30		34455.93	18.49		24696.20	13.25		9126.18	4.90

项目	颖上县			太和县			亳州		
	实物	折银	%	实物	折银	%	实物	折银	%
夏税									
小麦（石）	1885.32	1885.32	1.90	2406.52	2406.52	2.43	2114.28	2114.28	2.13
起运（石）	88.25	94.27		113.26	120.33		527.68	528.57	
存留（石）	1797.07	1791.05		2293.25	2286.19		1586.59	1585.71	
税丝折绢（匹）（起运）	14.00	9.80	1.35	31.00	21.70	3.00	34.00	23.80	2.46
农桑丝折绢（匹）（起运）							15.00	10.50	1.45

秋粮									
米(石)	1207.90	796.88	1.06	2403.68	1585.77	2.12	3395.90	2240.36	2.99
起运(石)	723.54	478.13		1662.33	1094.18		2843.70	1881.90	
存留(石)	484.36	318.75		741.35	491.59		552.20	358.46	
马草(包)	2416.00	59.94	1.03	4472.00	110.94	1.91	4748.00	117.79	2.03
起运(包)	2416.00	59.94		4472.00	110.94		4748.00	117.79	
存留(包)									
户口盐钞银(两)	53.12	53.12	1.21	102.73	102.73	2.33	278.09	278.09	6.31
起运(两)	22.12	22.12		41.68	41.68		113.10	113.10	
存留(两)	31.00	31.00		61.04	61.04		164.98	164.98	
遇闰共加银(两)	3.34	3.34	0.90	10.17	10.17	2.75	23.17	23.17	6.26
起运		667.59			1399.00			2698.83	
存留		2140.81			2838.82			2109.15	
总计		2808.40	1.51		4237.83	2.27		4807.99	2.58

丙表221　淮安府分州县及其分属田赋折银明细

（单位：两/银）

项目	淮安府			山阳县			盐城县			清河县		
	实物	折银	%	实物	折银	%	实物	折银	%	实物	折银	%
夏税												
小麦(石)	228872.29	94522.51	100.00	23273.27	9611.68	10.17	5182.46	2140.32	2.26	14320.20	5914.13	6.26
起运(石)	99350.00	41030.79		11300.00	4709.72		1350.00	556.48		6200.00	2543.08	
存留(石)	129522.29	53491.72		11973.27	4901.96		3832.46	1583.83		8120.20	3371.06	
农桑丝折绢(匹)(起运)	1461.00	1022.70	100.00	48.00	33.60	3.29	48.00	33.60	3.29	47.00	32.90	3.22
秋粮												
米(石)	166423.50	100454.10	100.00	23460.47	14160.86	14.10	36521.37	22044.49	21.94	8097.36	4887.61	4.87

项目	安东县			桃源县			沭阳县			海州		
	实物	折银	%	实物	折银	%	实物	折银	%	实物	折银	%
起运（石）	133675.00	135270.37		19500.00	11753.52		29145.55	17635.59		6251.99	3763.46	
存留（石）	32748.50	19649.10		3960.47	2407.35		7375.81	4408.90		1845.37	1124.15	
马草（包）	454720.00	11401.93	100.00	60667.00	1521.20	13.34	100905.00	2530.15	22.19	22465.00	563.30	4.94
起运（包）	402000.00	10080.00		55000.00	1384.29		92000.00	2302.44		18500.00	461.91	
存留（包）	52720.00	1321.93		5667.00	136.91		8905.00	227.71		3965.00	101.39	
户口盐钞银（两）	3981.58	3981.58	100.00	308.90	308.90	7.76	393.28	393.28	9.88	169.56	169.56	4.26
起运（两）	1990.79	1990.79		154.45	154.45		196.64	196.64		84.78	84.78	
存留（两）	1990.79	1990.79		154.45	154.45		196.64	196.64		84.78	84.78	
通闰共加银（两）	341.09	341.09	100.00	25.74	25.74	7.55	32.77	32.77	9.61	25.83	25.83	7.57
起运		135270.37			18061.32			20757.53			6911.95	
存留		76453.54			7600.66			6417.09			4681.38	
总计		211723.91	100.00		25661.99	12.12		27174.61	12.83		11593.33	5.48

项目	安东县			桃源县			沭阳县			海州		
	实物	折银	%	实物	折银	%	实物	折银	%	实物	折银	%
夏税												
小麦（石）	8723.74	3602.84	3.81	19994.54	8257.59	8.74	22383.51	9244.22	9.78	23161.74	9565.62	10.12
起运（石）	4200.00	1729.36		10100.00	4211.37		9100.00	3790.13		3300.00	1339.19	
存留（石）	4523.74	1873.48		9894.54	4046.22		13283.51	5454.09		19861.74	8226.43	7.05
农桑丝折绢（匹）（起运）	55.00	38.50	3.76	378.00	264.60	25.87	263.00	184.10	18.00	103.00	72.10	
秋粮												
米（石）	20879.78	12603.15	12.55	12962.55	7824.26	7.79	16561.08	9996.36	9.95	23694.14	14301.91	14.24
起运（石）	16771.09	10082.52		10411.80	6259.41		14150.00	8496.90		17850.00	10726.43	
存留（石）	4108.68	2520.63		2550.75	1564.85		2411.08	1499.45		5844.14	3575.48	
马草（包）	57515.00	1442.17.	12.65	52964.00	1328.05	11.65	44085.00	1105.41	9.69	64697.00	1622.25	14.23
起运（包）	54000.00	1355.64		48000.00	1208.53		37000.00	928.55		61500.00	1541.14	

（续表）

项目	实物	折银	%	实物	折银	%	实物	折银	%	实物	折银	%
存留（包）	3515.00	86.53		4964.00	119.52		7085.00	176.87		3197.00	81.11	
户口盐钞银（两）	410.54	410.54	10.31	325.10	325.10	8.17	421.68	421.68	10.59	546.64	546.64	13.73
起运（两）	205.27	205.27		162.55	162.55		210.84	210.84		273.32	273.32	
存留（两）	205.27	205.27		162.55	162.55		210.84	210.84		273.32	273.32	
遇闰共加银（两）	34.21	34.21	10.03	27.09	27.09	7.94	33.14	33.14	9.72	45.55	45.55	13.35
起运		13445.49			12133.55			13643.66			13997.73	
存留		4685.90			5893.15			7341.25			12156.34	
总计		18131.40	8.56		18026.70	8.51		20984.91	9.91		26154.07	12.35

项目	赣榆县			邳州			宿迁县			睢宁县		
	实物	折银	%	实物	折银	%	实物	折银	%	实物	折银	%
夏税												
小麦（石）	15822.86	6534.72	6.91	44058.96	18196.01	19.25	29366.05	12127.95	12.83	22584.73	9327.32	9.87
起运（石）	5300.00	2156.46		25400.00	10553.69		13300.00	5457.58		9800.00	4010.75	
存留（石）	10522.86	4378.26		18658.96	7642.33		16066.05	6670.38		12784.73	5316.57	
农桑丝折绢（匹）（起运）	123.00	86.10	8.42	176.00	123.20	12.05	149.00	104.30	10.20	65.00	45.50	4.45
秋粮												
米（石）	11037.63	6662.37	6.63	3307.12	1996.20	1.99	7766.47	4687.88	4.67	2135.48	1288.99	1.28
起运（石）	8800.00	5329.90		2656.35	1596.96		6238.20	3750.31		1900.00	1147.20	
存留（石）	2237.63	1332.47		650.77	399.24		1528.27	937.58		235.48	141.79	
马草（包）	28753.00	720.97	6.32	5734.00	143.78	1.26	13002.00	326.02	2.86	3927.00	98.47	0.86
起运（包）	22000.00	555.15		3000.00	74.76		9500.00	237.99		1500.00	37.42	
存留（包）	6753.00	165.82		2734.00	69.01		3502.00	88.03		2427.00	61.05	
户口盐钞银（两）	321.49	321.49	8.07	441.26	441.26	11.08	392.86	392.86	9.87	250.22	250.22	6.28
起运（两）	160.74	160.75		220.63	220.63		196.43	196.43		125.11	125.11	
存留（两）	160.74	160.75		220.63	220.63		196.43	196.43		125.11	125.11	

项目	扬州府 折银	%	江都县 折银	%	仪真县 折银	%	泰兴县 折银	%
通闰共加银（两）	26.79	7.85	36.77	10.78	32.33	9.48	20.85	6.11
起运	8315.14		12606.01		9778.94		5386.82	
存留	6037.31		8331.21		7892.41		5644.52	
总计	14352.44	6.78	20937.22	9.89	17671.35	8.35	11031.35	5.21

丙表 222　　**扬州府分州县及其分属田赋折银明细**

（单位：两/银）

项目	扬州府 实物	折银	%	江都县 实物	折银	%	仪真县 实物	折银	%	泰兴县 实物	折银	%
夏税												
小麦（石）	39925.73	15970.29	100.00	12415.20	4966.08	31.10	379.63	151.85	0.95	7705.84	3082.34	19.30
起运（石）	10309.00	4123.60		3392.17	1340.84		104.26	41.00		1763.29	708.94	
存留（石）	29616.73	11846.69		9023.03	3625.24		275.37	110.85		5942.55	2373.40	
农桑丝折绢（匹）（起运）	842.24	589.57	100.00	30.00	21.00	3.56	37.00	25.90	4.39	155.00	108.50	18.40
零丝（两）（起运）	47.50	3.80	100.00	0.30	0.02	0.63				17.00	1.36	35.79
秋粮												
米（石）	206327.91	123796.75	100.00	19242.08	11545.25	9.33	2426.10	1455.66	1.18	14825.55	8895.33	7.19
起运（石）	151100.00	90660.00		13568.39	8197.13		1670.22	1004.41		5342.66	3202.32	
存留（石）	55227.91	33136.75		5673.69	3348.12		755.88	451.25		9482.89	5693.01	
牛租米（黄）（起运）	2.50	1.50	100.00				2.50	1.50	100.00			
租钞（黄）（起运）	5408.00		100.00									
马草（包）	348465.00	8965.03	100.00	20596.00	529.88	5.91	2510.00	64.58	0.72	30869.00	794.17	8.86
起运（包）	327080.00	8415.44		19915.00	513.98		2427.00	62.64		29848.00	770.35	
存留（包）	21385.00	549.59		681.00	15.90		83.00	1.94		1020.00	23.83	
户口盐钞银（两）（起运）	3094.16	3094.16	100.00	335.91	335.91	10.86	62.03	62.03	2.00	198.06	198.06	6.40
起运（两）	1465.31	1465.31	100.00	168.29	168.29		29.83	29.83		95.05	95.05	

项目	高邮州			兴化县			宝应县			泰州		
	实物	折银	%	实物	折银	%	实物	折银	%	实物	折银	%
存留（两）	1628.85	1628.85		167.62	167.62		32.20	32.20		103.01	103.01	
遇闰共加银（两）	258.64	258.64	100.00	27.99	27.99	10.82	5.15	5.15	1.99	16.50	16.50	6.38
起运		105517.86			10269.25			1170.42			4903.02	
存留		47161.88			7156.88			596.24			8193.24	
总计		152679.74	100.00		17426.13	11.41		1766.67	1.16		13096.26	8.58
夏税												
小麦（石）	297.14	118.86	0.74	1527.05	610.82	3.82	1379.25	551.70	3.45	6498.55	2599.42	16.28
起运（石）	81.61	32.09		419.38	164.92		378.79	148.96		1893.23	753.83	
存留（石）	215.53	86.76	9.38	1107.67	445.90	7.01	1000.46	402.74	8.55	4605.32	1845.59	21.25
农桑丝折绢（匹）（起运）	79.00	55.30		59.00	41.30		72.00	50.40		179.00	125.30	
零丝（两）（起运）							12.00	0.96	25.26			
秋粮												
米（石）	13301.35	7980.81	6.45	51277.06	30766.24	24.85	12462.68	7477.61	6.04	65066.00	39039.60	31.54
起运（石）	11689.46	7023.11		45826.72	27381.95		9303.69	5608.21		50989.33	30450.89	
存留（石）	1611.89	957.70	9.38	5450.34	3384.29	28.66	3158.99	1869.40	7.69	14076.67	8588.71	27.28
马草（包）	22240.00	572.17	6.38	99869.00	2569.35		26813.00	689.82		95056.00	2445.53	
起运（包）	21504.00	555.01		96567.00	2492.27		25926.00	669.13		91909.00	2372.16	
存留（包）	735.00	17.17	9.14	3302.00	77.08	8.80	886.00	20.69	8.99	3147.00	73.37	32.40
户口盐钞银（两）	282.93	282.93		272.33	272.33		278.02	278.02		1002.60	1002.60	
起运（两）	141.82	141.82		136.73	136.73		95.72	95.72		480.20	480.20	
存留（两）	141.10	141.10	9.42	135.60	135.60	8.77	182.30	182.30	8.95	522.39	522.39	32.30
遇闰共加银（两）	24.36	24.36		22.69	22.69		23.16	23.16		83.55	83.55	
起运		7831.69			30239.86			6596.53			34265.93	

项目	如皋县 实物	如皋县 折银	如皋县 %	通州 实物	通州 折银	通州 %	海门县 实物	海门县 折银	海门县 %	合计 折银	合计 %
夏税											
小麦（石）	3213.84	1285.54	8.05	4318.28	1727.31	10.82	2190.89	876.36	5.49		
起运（石）	955.15	385.66		1205.13	483.65		115.99	43.82			
存留（石）	2258.69	899.88		3113.15	1243.66		2074.90	832.54			
农桑丝折绢（匹）（起运）	185.00	129.50	21.97	29.00	20.30	3.44	16.00	11.20	1.90		
零丝（两）（起运）				9.80	0.78	20.63	8.40	0.67	17.68		
秋粮											
米（石）	11573.15	6943.89	5.61	10667.51	6400.51	5.17	5486.37	3291.82	2.66		
起运（石）	5907.55	3541.38		5835.17	3520.28		966.81	592.53			
存留（石）	5665.60	3402.51		4832.34	2880.23		4519.56	2699.29			
租钞（贯）（起运）				4379.00		80.97	1028.00		19.01		
马草（包）	11704.00	301.11	3.36	25839.00	664.77	7.42	12964.00	333.53	3.72		
起运（包）	11317.00	292.08		24984.00	644.82		2677.00	70.04			
存留（包）	387.00	9.03		854.00	19.94		10286.00	263.49			
户口盐钞银（两）	182.62	182.62	5.90	444.95	444.95	14.38	34.65	34.65	1.12		
起运（两）	87.62	87.62		213.25	213.25		16.76	16.76			
存留（两）	95.00	95.00		231.69	231.69		17.89	17.89			
遇闰共加银（两）	15.21	15.21	5.88	37.07	37.07	14.33	2.91	2.91	1.13		
起运		4451.45			4920.15			737.93			
存留		4406.42			4375.53			3813.21			
总计		8857.87	5.80		9295.69	6.09		4551.14	2.98		
存留		1202.73			4042.87			2475.14		11030.06	
总计		9034.43	5.92		34282.73	22.45		9071.67	5.94	45296.00	29.67

丙表223

徽州府分州县及其分属田赋折银明细

（单位：两/银）

项目	徽州府 实物	折银	%	歙县 实物	折银	%	休宁县 实物	折银	%	婺源县 实物	折银	%
夏税												
小麦（石）	51785.40	14871.81	100.00	11514.32	3306.70	22.23	11223.35	3223.14	21.67	11952.58	3432.56	23.08
起运（石）	45900.00	13020.00		10193.10	2942.96		9950.40	2868.59		10616.00	3054.98	
存留（石）	5885.40	1851.81	100.00	1321.22	363.74		1272.95	354.55		1336.58	377.58	
人丁丝折绢（匹）（起运）	8779.00	6145.30	100.00	8779.00	6145.30	100.00	1.00	0.70	6.67			
农桑丝折绢（匹）（起运）	15.00	10.50	100.00	2.00	1.40	13.33						
秋粮												
米（石）	120602.20	51854.18	100.00	31110.13	13376.13	25.80	25509.75	10968.18	21.15	27106.70	11654.81	22.48
起运（石）	103800.00	40438.40		26846.70	11503.47		21835.30	9432.64		23308.00	10023.14	
存留（石）	16802.20	11415.78	100.00	4263.43	1872.66		3674.45	1535.55		3798.70	1631.67	
户口盐钞银（两）（起运）	785.54	785.54	100.00	240.70	240.70	30.64	204.57	204.57	26.04	182.46	182.46	23.23
遇闰共加银（两）（起运）	65.35	65.35	100.00	20.06	20.06	30.70	16.95	16.95	25.94	15.19	15.19	23.24
起运		60465.09			20853.89			12523.45			13275.76	
存留		13267.59			2236.39			1890.09			2009.25	
总计		73732.68	100.00		23090.29	31.32		14413.54	19.55		15285.02	20.73

项目	祁门县 实物	折银	%	绩溪县 实物	折银	%	黟县 实物	折银	%
夏税									
小麦（石）	4854.92	1394.24	9.38	6162.76	1769.83	11.90	6077.44	1745.33	11.74
起运（石）	4307.50	1240.88		5456.60	1575.15		5376.40	1535.89	
存留（石）	547.42	153.37		706.16	194.68		701.04	209.44	
农桑丝折绢（匹）（起运）	8.00	5.60	53.33	4.00	2.80	26.67			

秋粮

项目	实物	折银	%		实物	折银	%		实物	折银	%
米（石）	11393.19	4898.62	9.45		10999.59	4729.39	9.12		14482.81	6227.04	12.01
起运（石）	9825.30	4212.81			9419.40	4067.27			12565.30	5417.52	
存留（石）	1567.89	685.81			1580.19	662.11			1917.51	809.51	
户口盐钞银（两）（起运）	97.49	97.49	12.41		36.11	36.11	4.60		24.19	24.19	3.08
遇闰共加银（两）（起运）	8.12	8.12	12.43		3.00	3.00	4.59		2.01	2.01	3.08
起运		5564.90				5684.33				6979.61	
存留		839.17				856.80				1018.95	
总计		6404.07	8.69			6541.13	8.87			7998.56	10.85

1798

丙表 224　宁国府分州县及其分属田赋折银明细

（单位：两/银）

项目	宁国府 实物	折银	%	宣城县 实物	折银	%	南陵县 实物	折银	%	泾县 实物	折银	%
夏税												
小麦（石）	29060.54	11624.22	100.00	10176.36	4070.55	35.02	5280.83	2112.33	18.17	6051.76	2420.70	20.82
起运（石）	28100.00	11240.00		9929.00	3989.13		5107.00	2048.96		5773.00	2299.67	
存留（石）	960.54	384.22		247.36	81.41		173.83	63.37		278.76	121.04	
农桑丝折绢（匹）（起运）	30.00	21.00	100.00				30.00	21.00	100.00			
税丝（两）（存留）	5474.08	437.93	100.00	670.88	53.67	12.26	416.96	33.36	7.62	1800.32	144.03	32.89
农桑零丝（两）（存留）	33.30	2.66	100.00	19.90	1.59	59.76						
秋粮												
米（石）	74191.79	45982.30	100.00	35660.66	22101.63	48.07	12618.49	7820.64	17.01	10393.06	6441.37	14.01
起运（石）	64500.00	39761.52		31252.00	19449.43		11021.00	6803.96		9020.00	5603.99	
存留（石）	9691.79	6220.78		4408.66	2652.20		1597.49	1016.68		1373.06	837.38	
马草（包）	798632.00	21469.72	100.00	363957.00	9784.30	45.57	154302.00	4148.12	19.32	104895.00	2819.90	13.13

项目	宁国县 实物	宁国县 折银	%	旌德县 实物	旌德县 折银	%	太平县 实物	太平县 折银	%	实物	折银	%
起运（包）	770000.00	20700.00		350963.00	9392.93		148752.00	3982.19		101127.00	2707.11	
存留（包）	28632.00	769.72		12993.00	391.37		5550.00	165.92		3767.00	112.80	16.41
户口盐钞银（两）	1262.14	1262.14	100.00	666.21	666.21	52.78	139.52	139.52	11.05	207.12	207.12	
起运（两）	1140.53	1140.53		544.60	546.29		139.52	139.52		207.12	207.12	
存留（两）	121.60	121.60		121.60	119.92							
通甲共加银（两）	94.96	94.96	100.00	45.38	45.38	47.79	11.62	11.62	12.24	17.26	17.26	18.18
起运		72958.01			33423.16			13007.25			10835.15	
存留		7936.91			3300.16			1279.33			1215.24	
总计		80894.93	100.00		36723.32	45.40		14286.59	17.66		12050.39	14.90

项目	宁国县 实物	宁国县 折银	%	旌德县 实物	旌德县 折银	%	太平县 实物	太平县 折银	%
夏税									
小麦（石）	3227.25	1290.90	11.11	2710.74	1084.30	9.33	1613.57	645.43	5.55
起运（石）	3116.00	1252.17		2619.00	1051.77		1556.00	619.61	
存留（石）	111.25	38.73	4.49	91.74	32.53		57.57	25.82	
税丝（两）（存留）	245.92	19.67	40.24	1036.80	82.94	18.94	1302.56	104.21	23.80%
农桑零丝（两）（存留）	13.40	1.07							
秋粮									
米（石）	5896.76	3654.67	7.95	4401.00	2727.63	5.93	5221.80	3236.35	7.04
起运（石）	4921.00	3033.38		3750.00	2318.49		4536.00	2815.62	
存留（石）	975.76	621.29		651.00	409.15		685.80	420.73	
马草（包）	84775.00	2279.02	10.62	64673.00	1738.61	8.10	26029.00	699.74	3.26
起运（包）	81742.00	2187.86		62323.00	1669.07		25092.00	671.75	
存留（包）	3033.00	91.16		2349.00	69.54		937.00	27.99	
户口盐钞银（两）	105.30	105.30	8.34	90.37	90.37		53.59	53.59	4.25

项目	实物	折银	%	实物	折银	%	实物	折银	%
起运（两）	105.30	105.30		90.37	90.37		53.59	53.59	
遇闰共加银（两）	8.69	8.69	9.15	7.53	7.53	7.93	4.46	4.46	4.70
起运		6587.40			5137.22			4165.03	
存留		771.93			594.16			578.74	
总计		7359.32	9.10		5731.39	7.08		4743.77	5.86

丙表 225　池州府分州县及其分属田赋折银明细

（单位：两/银）

项目	池州府			贵池县			铜陵县			青阳县		
	实物	折银	%	实物	折银	%	实物	折银	%	实物	折银	%
夏税												
小麦（石）	6906.48	3376.78	100.00	1570.21	767.72	22.74	1267.29	619.62	18.35	692.39	338.53	10.03
起运（石）	5600.00	2738.00		1277.00	621.85		1019.00	495.69		563.00	274.21	
存留（石）	1306.48	638.78		293.21	145.87		248.29	123.92		129.39	64.32	
税丝折销（匹）（起运）	16.00	11.20	100.00									
农桑丝折销（匹）（起运）	199.00	139.30	100.00	86.00	60.20	43.22	59.00	41.30	29.65	28.00	19.60	14.07
税丝零绢（两）（存留）	1.19	0.10	100.00									
农桑零丝（两）（存留）	49.76	3.98	100.00	26.56	2.12	53.38				17.92	1.43	36.01
秋粮												
米（石）	62154.06	38220.14	100.00	19106.06	11748.81	30.74	12600.56	7748.41	20.27	12579.70	7735.58	20.24
起运（石）	59300.00	36324.28		18344.43	11278.86		12026.45	7360.99		12066.07	7426.16	
存留（石）	2854.06	1895.86		761.63	469.95		574.11	387.42		513.63	309.42	
山租钞（贯）	265.00		100.00									
马草（包）	98306.00	2564.50	100.00	31006.00	808.85	31.54	20915.00	545.61	21.28	19593.00	511.12	19.93
起运（包）	92000.00	2400.00		29059.00	760.32		19458.00	507.42		18370.00	480.45	
存留（包）	6306.00	164.50		1947.00	48.53		1457.00	38.19		1223.00	30.67	

（续表）

项目	实物	折银	%	实物	折银	%	实物	折银	%	实物	折银	%
户口盐钞银（两）	569.85	569.85	100.00	148.56	148.56	26.07	122.44	122.44	21.49	117.91	117.91	20.69
起运（两）	227.94	227.94		59.42	59.42		48.97	48.97		47.16	47.16	
存留（两）	341.91	341.91		89.13	89.13		73.46	73.46		70.74	70.74	
遇闰共加银（两）	47.48	47.48	100.00	12.38	12.38	26.07	10.20	10.20	21.48	9.82	9.82	20.68
起运		41888.20			12793.03			8464.57			8257.40	
存留		3045.13			755.61			623.00			476.58	
总计		44933.33	100.00		13548.65	30.15		9087.57	20.22		8734.00	19.44

项目	石埭县 实物	石埭县 折银	石埭县 %	东流县 实物	东流县 折银	东流县 %	建德县 实物	建德县 折银	建德县 %
夏税									
小麦（石）	813.89	397.93	11.78	986.59	482.37	14.28	1576.09	770.60	22.82
起运（石）	661.00	322.33		798.00	390.72		1282.00	624.18	
存留（石）	152.89	75.61		188.59	91.65		294.09	146.41	
税丝折绢（匹）（起运）	16.00	11.20	100.00						
农桑丝折绢（匹）（起运）	2.00	1.40	1.01	10.00	7.00	5.03	14.00	9.80	7.04
税丝零丝（两）（存留）	1.19	0.10	100.00						
农桑零丝（两）（存留）				5.28	0.42	10.61			
秋粮									
米（石）	5590.87	3437.97	9.00	5030.82	3093.58	8.09	7246.02	4455.77	11.66
起运（石）	5211.70	3197.31		4701.57	2877.03		6949.78	4277.53	
存留（石）	379.17	240.66		329.25	216.55		296.24	178.23	
山租钞（贯）							265.00	265.00	100.00
马草（包）	8808.00	229.77	8.96	6717.00	175.23	6.83	11265.00	293.87	11.46
起运（包）	8255.00	215.99		6296.00	164.71		10562.00	276.24	
存留（包）	553.00	13.79		421.00	10.51		703.00	17.63	

项目	折银	%	实物	折银	%	实物	折银	%
户口盐钞银（两）	66.37	66.37	11.65	66.84	66.84	11.73	47.71	47.71	8.37
起运（两）	26.55	26.55		26.73	26.73		19.08	19.08	
存留（两）	39.82	39.82		40.10	40.10		28.62	28.62	
遇闰共加银（两）	5.53	5.53	11.65	5.57	5.57	11.73	3.97	3.97	8.36
起运		3780.31			3471.76			5210.80	
存留		369.97			359.24			370.90	
总计		4150.28	9.24		3831.01	8.53		5581.71	12.42

丙表226　太平府分州县及其分属田赋折银明细

（单位：两/银）

项目	太平府			当涂县			芜湖县			繁昌县		
	实物	折银	%	实物	折银	%	实物	折银	%	实物	折银	%
夏税												
小麦（石）	16752.87	7079.81	100.00	12688.27	5362.10	75.74	2623.18	1108.56	15.66	1441.41	609.14	8.60
起运（石）	14600.00	6170.00		11063.11	4665.03		2281.58	964.45		1255.30	529.96	
存留（石）	2152.87	909.81		1625.16	697.07		341.59	144.11		186.11	79.19	
丝绵折绢（匹）（起运）	102.00	71.40	100.00	101.00	70.70	99.02	1.00	0.70	0.98			
农桑丝折绢（匹）（起运）	116.00	81.20	100.00	12.00	8.40	10.34	69.00	48.30	59.48	34.00	23.80	29.31
秋粮												
米（石）	91418.59	48337.80	100.00	60082.36	31768.69	65.72	19715.38	10424.55	21.57	11620.83	6144.54	12.71
起运（石）	23100.00	12344.61		14520.30	7624.49		5403.71	2814.63		3175.98	1659.03	
存留（石）	68318.59	35993.19		45562.05	24144.21		14311.67	7609.92		8444.85	4485.52	
马草（包）	355449.00	9283.49	100.00	234259.00	6118.29	65.91	70343.00	1837.19	19.79	50847.00	1328.00	14.31
起运（包）	340000.00	8880.00		224076.00	5873.56		67286.00	1763.71		48638.00	1274.88	
存留（包）	15449.00	403.49		10183.00	244.73		3057.00	73.49		2209.00	53.12	
户口盐钞银（两）	685.98	685.98	100.00	492.52	492.52	71.80	143.26	143.26	20.88	50.18	50.18	7.32

丙表227 安庆府分州县及其分属田赋折银明细

（单位：两/银）

项目	安庆府 实物	安庆府 折银	安庆府 %	怀宁县 实物	怀宁县 折银	怀宁县 %	桐城县 实物	桐城县 折银	桐城县 %	潜山县 实物	潜山县 折银	潜山县 %
夏税												
小麦（石）[1]	18909.30	7563.72	100.00	3087.98	1235.19	16.33	3610.49	1444.20	19.09	2704.31	1081.72	14.30
起运（石）	15000.00	6000.00		2449.57	975.80		2864.06	1140.91		2145.22	854.56	
存留（石）	3909.30	1563.72		638.41	259.39		746.43	303.28		559.09	227.16	
农桑丝折绢（匹）（起运）	353.00	247.10	100.00	57.00	39.90	16.15	67.00	46.90	18.98	50.00	35.00	14.16
秋粮												
米（石）	112039.72	69096.79	100.00	18405.77	11351.15	16.43	21522.84	13273.50	19.21	15933.90	9826.71	14.22
起运（石）	99000.00	60779.00		16276.97	9989.01		19031.09	11680.68		14072.55	8647.50	
存留（石）	13039.72	8317.79		2128.80	1362.14		2491.75	1592.82		1861.35	1179.20	
马草（包）[2]	191973.00	5049.41	100.00	31351.00	824.62	16.33	36654.00	964.10	19.09	27453.00	722.09	14.30
起运（包）	185000.00	4866.00		30212.00	791.63		35323.00	925.54		26456.00	693.20	
存留（包）	6973.00	183.41		1139.00	32.98		1331.00	38.56		997.00	28.88	
起运（两）	308.69	308.69		221.63	221.63		64.47	64.47		22.58	22.58	
存留（两）	377.28	377.28		270.89	270.89		78.79	78.79		27.60	27.60	
遇闰共加银（两）	57.16	57.16	100.00	41.04	41.04	71.80	11.93	11.93	20.87	4.18	4.18	7.31
起运		27913.06			18504.84			5668.19			3514.43	
存留		37683.77			25356.90			7906.32			4645.42	
总计		65596.84	100.00		43861.74	66.87		13574.50	20.69		8159.85	12.44

[1] 原书中安庆一府所属各县在夏税小麦项下，皆注为"小麦起运□□石，余存留"。故此按各县起运小麦占府起运总数的百分比，补上各县的小麦存留数。同时补上各县小麦的总数＝起运数＋存留数。

[2] 原书中安庆一府所属各县在秋粮马草项下，皆注为"小麦起运□□包，余存留"。故此按各县起运马草占府起运总数的百分比，补上各县的马草存留数。同时补上各县马草的总数＝起运数＋存留数。

项目	合计 实物	合计 折银	合计 %	太湖县 实物	太湖县 折银	太湖县 %	宿松县 实物	宿松县 折银	宿松县 %	望江县 实物	望江县 折银	望江县 %
户口盐钞银 (两)	1356.41	1356.41	100.00	207.51	207.51	15.30	242.99	242.99	17.91	203.99	203.99	15.04
起运 (两)	550.44	550.44		89.89	89.89		105.10	105.10		78.72	78.72	
存留 (两)	805.97	805.97		117.62	117.62		137.89	137.89		125.26	125.26	
遇闰共加银 (两)	113.03	113.03	100.00	17.29	17.29	15.30	20.25	20.25	17.92	16.99	16.99	15.03
起运		72555.57			11903.52			13919.38			10325.98	
存留		10870.89			1772.13			2072.55			1560.51	
总计		83426.46	100.00		13675.66	16.39		15991.93	19.17		11886.50	14.25

项目	太湖县 实物	太湖县 折银	太湖县 %	宿松县 实物	宿松县 折银	宿松县 %	望江县 实物	望江县 折银	望江县 %
夏税									
小麦 (石)	3682.59	1473.04	19.48	3589.26	1435.70	18.98	2234.65	893.86	11.82
起运 (石)	2921.25	1163.70		2847.22	1134.21		1772.66	706.15	
存留 (石)	761.34	309.34		742.04	301.50		461.99	187.71	
农桑丝折绢 (匹) (起运)	68.00	47.60	19.26	67.00	46.90	18.98	41.00	28.70	11.61
秋粮									
米 (石)	21704.90	13385.78	19.37	21156.58	13047.62	18.88	13315.69	8212.01	11.88
起运 (石)	19163.01	11779.49		18677.48	11481.91		11778.90	7226.57	
存留 (石)	2541.89	1606.29		2479.10	1565.71		1536.79	985.44	
马草 (包)	37387.00	983.38	19.48	36441.00	958.50	18.98	22687.00	596.73	11.82
起运 (包)	36029.00	944.04		35117.00	920.16		21863.00	572.86	
存留 (包)	1358.00	39.34		1324.00	38.34		824.00	23.87	
户口盐钞银 (两)	280.15	280.15	20.65	273.46	273.46	20.16	148.29	148.29	10.93
起运 (两)	107.19	107.19		104.48	104.48		65.05	65.05	
存留 (两)	172.96	172.96		168.97	168.97		83.24	83.24	
遇闰共加银 (两)	23.34	23.34	20.65	22.78	22.78	20.15	12.35	12.35	10.93

项目	广德州 折银	广德州 %	本州 折银	本州 %	建平县 折银	建平县 %
起运	14065.36		13710.43		8611.68	
存留	2127.93		2074.52		1280.26	
总计	16193.28	19.41	15784.96	18.92	9891.94	11.86

（单位：两/银）

丙表 228　广德州分州县及其分属田赋折银明细

项目	广德州 实物	广德州 折银	广德州 %	本州 实物	本州 折银	本州 %	建平县 实物	建平县 折银	建平县 %
夏税									
小麦（石）	3636.39	1454.56	100.00	1844.61	737.85	50.73	1791.77	716.71	49.27
起运（石）	3500.00	1400.00		1768.00	708.33		1732.00	695.21	
存留（石）	136.39	54.56		76.61	29.51		59.77	21.50	
税丝（两）（起运）	1856.29	148.50	100.00	1607.04	128.56	86.57	249.12	19.93	13.42
农桑丝折绢（匹）（起运）	19.00	13.30	100.00	10.00	7.00	52.63	9.00	6.30	47.37
秋粮									
米（石）	14066.29	8522.59	100.00	8562.44	5187.88	60.87	5503.85	3334.71	39.13
起运（石）	13630.00	8260.82		8278.00	5032.24		5352.00	3234.67	
存留（石）	436.29	261.77		284.44	155.64		151.85	100.04	
马草（包）	303045.00	8528.89	100.00	186090.00	5237.31	61.41	116955.00	3291.58	38.59
起运（包）	275000.00	7739.59		168600.00	4765.95		106400.00	2995.34	
存留（包）	28045.00	789.30		17490.00	471.36		10555.00	296.24	
户口盐钞银（两）	1694.74	1694.74	100.00	1094.55	1094.55	64.59	600.19	600.19	35.41
起运（两）	1682.74	1682.74	100.00	1082.55	1082.55	64.59	600.19	600.19	35.41
存留（两）	12.00	12.00	100.00	12.00	12.00				
遇闰共加银（两）	141.22	141.22	100.00	91.21	91.21	64.59	50.01	50.01	35.41
起运	141.22	19386.17		91.21	11815.85		50.01	7601.65	

（接上表）

项目	徐州 折银	%	本州 折银	%	萧县 折银	%
存留	1117.63		668.50		417.78	
总计	20503.80	100.00	12484.35	60.89	8019.43	39.11

丙表229　徐州分州县及其分属田赋折银明细

（单位：两/银）

项目	徐州 实物	徐州 折银	%	本州 实物	本州 折银	%	萧县 实物	萧县 折银	%	沛县 实物	沛县 折银	%
夏税												
小麦（石）	67158.00	33091.14	100.00	36966.31	18214.62	55.04	11827.82	5827.99	17.61	11539.86	5686.10	17.18
起运	23150.00	9895.40		11377.22	5646.53		4605.49	2272.92		4424.89	2160.72	
存留	44008.00	23195.74		25589.08	12568.09		7222.33	3555.07		7114.97	3525.38	
税丝折绢（匹）（起运）	3025.00	2117.50	100.00	1666.00	1166.20	55.07	528.00	369.60	17.45	520.00	364.00	17.19
农桑丝折绢（匹）（起运）	2538.00	1776.60	100.00	767.00	536.90	30.22	837.00	585.90	32.98	427.00	298.90	16.82
秋粮												
米（石）	79858.14	52684.39	100.00	33149.19	21869.34	41.51	20033.94	13216.89	25.09	11760.90	7758.96	14.73
起运	48000.00	31666.79		19936.00	13121.60		12032.00	7930.13		7072.00	4655.37	
存留	31858.14	21017.60		13213.19	8747.74		8001.94	5286.75		4688.90	3103.58	
马草（包）	100000.00	3000.00	100.00	41528.00	1245.84	41.53	25096.00	752.88	25.10	14680.00	440.40	14.68
起运（包）	50000.00	1500.00		20764.00	622.92		12548.00	376.44		7340.00	220.20	
存留（包）	50000.00	1500.00		20764.00	622.92		12548.00	376.44		7340.00	220.20	
户口盐钞银（两）	2059.85	2059.85	100.00	651.13	651.13	31.61	433.90	433.90	21.06	440.78	440.78	21.40
起运（两）	1029.92	1029.92		325.56	325.56		216.95	216.95		220.39	220.39	
存留（两）	1029.92	1029.92		325.56	325.56		216.95	216.95		220.39	220.39	
遇闰共加银（两）	171.58	171.58	100.00	55.08	55.08	32.10	36.15	36.15	21.07	37.90	37.90	22.09
起运		48157.79			21474.80			11788.09			7957.48	
存留		46743.26			22264.31			9435.22			7069.55	

项目	砀山县 实物	砀山县 折银	%	丰县 实物	丰县 折银	%	总计 折银	%				
总计		94901.06	100.00		43739.11	46.09	21223.30	22.36	15027.04	15.83		
夏税												
小麦（石）	3494.65	1721.94	5.20	3329.34	1640.48	4.96						
起运（石）	1398.16	688.78		1344.22	656.19							
存留（石）	2096.49	1033.16		1985.10	984.29							
税丝折绢（匹）（起运）	154.00	107.80	5.09	155.00	108.50	5.12						
农桑丝折绢（匹）（起运）	384.00	268.80	15.13	120.00	84.00	4.73						
秋粮												
米（石）	9385.07	6191.56	11.75	5529.00	3647.62	6.92						
起运（石）	5632.00	3714.94		3328.00	2188.57							
存留（石）	3753.07	2476.63		2201.00	1459.05							
马草（包）	11698.00	350.94	11.70	6998.00	209.94	7.00						
起运（包）	5849.00	175.47		3499.00	104.97							
存留（包）	5849.00	175.47		3499.00	104.97							
户口盐钞银（两）	281.49	281.49	13.67	252.52	252.52	12.26						
起运（两）	140.74	140.74		126.26	126.26							
存留（两）	140.74	140.74		126.26	126.26							
遇闰共加银（两）	21.39	21.39	12.47	21.04	21.04	12.26						
起运		5117.92			3289.53							
存留		3826.00			2674.57							
总计		8943.92	9.42		5964.10	6.28						

丙表230

滁州分州县及其分属田赋折银明细

（单位：两/银）

项目	滁州			本州			全椒县			来安县		
	实物	折银	%	实物	折银	%	实物	折银	%	实物	折银	%
夏税												
小麦（石）	2611.29	961.83	100.00	1109.97	408.84	42.51	856.60	315.52	32.80	644.71	237.47	24.69
起运（石）	2000.00	736.67		837.00	306.63		663.00	242.95		500.00	185.23	
存留（石）	611.29	225.16		272.97	102.21		193.60	72.57		144.71	52.24	
农桑丝折绢（匹）（起运）	217.00	151.90	100.00	79.00	55.30	36.41	83.00	58.10	38.25	54.00	37.80	24.88
秋粮												
米（石）	5985.35	3807.52	100.00	2245.41	1428.39	37.52	1796.59	1142.88	30.02	1943.34	1236.24	32.47
起运（石）	1465.00	825.33		548.65	342.81		441.48	285.72		474.87	296.70	
存留（石）	4520.35	2982.19		1696.76	1085.58		1355.11	857.16		1468.47	939.54	
马草（包）	56441.00	1370.71	100.00	24753.00	601.14	43.86	12225.00	296.89	21.66	19463.00	472.67	34.48
起运（包）	36000.00	874.29		15682.00	378.72		7801.00	190.01		12517.00	302.51	
存留（包）	20441.00	496.42		9071.00	222.42		4424.00	106.88		6946.00	170.16	
户口盐钞银（两）	255.94	255.94	100.00	77.92	77.92	30.44	97.60	97.60	38.13	80.41	80.41	31.42
起运（两）	105.39	105.39		32.08	32.08		40.18	40.18		33.11	33.11	
存留（两）	150.55	150.55		45.84	45.84		57.41	57.41		47.30	47.30	
遇闰共加银（两）	21.30	21.30	100.00	6.49	6.49	30.47	8.10	8.10	38.03	6.70	6.70	31.46
起运		2714.88			1122.04			825.06			862.04	
存留		3854.32			1456.05			1094.02			1209.25	
总计		6569.20	100.00		2578.09	39.25		1919.09	29.21		2071.29	31.53

1808

丙表 231

和州分州县及其分属田赋折银明细

（单位：两/银）

项目	和州			本州			含山县		
	实物	折银	%	实物	折银	%	实物	折银	%
夏税									
小麦（石）（存留）	1435.66	528.80	100.00	1199.46	441.80	83.55	236.19	87.00	16.45
农桑丝折绢（匹）（起运）	99.00	69.30	100.00	66.00	46.20	66.67	33.00	23.10	33.33
秋粮									
米（石）	9499.99	6267.36	100.00	7113.05	4692.64	74.87	2386.94	1574.72	25.13
起运（石）	8720.00	5752.80		6618.00	4364.16		2102.00	1385.75	
存留（石）	779.99	514.56		495.05	328.48		284.94	188.97	
马草（包）	26238.00	750.69	100.00	20549.00	587.92	78.32	5688.00	162.74	21.68
起运（包）	12440.00	355.92		9850.00	282.20		2590.00	74.86	
存留（包）	13798.00	394.77		10699.00	305.72		3098.00	87.88	
户口盐钞银（两）	272.59	272.59	100.00	206.86	206.86	75.89	65.73	65.73	24.11
起运（两）	109.01	109.01		82.74	82.74		26.26	26.26	
存留（两）	163.58	163.58		124.11	124.11		39.46	39.46	
遇闰共加银（两）	22.79	22.79	100.00	17.27	17.27	75.78	5.52	5.52	24.22
起运		6309.82			4792.57			1515.49	
存留		1601.71			1200.11			403.30	
总计		7911.53	100.00		5992.69	75.75		1918.80	24.25

山东各府分州县及其分属田赋折银估计

丙表 232　　　　　　　　山东各府分州县及其分属田赋折银估计值[1]

	全年总计		起运		存留	
济南府	883031.14	100	603640.09	68.36	279391.05	31.64
历城县	41417.97	100	28313.32	68.36	13104.65	31.64
章丘县	49701.57	100	33975.99	68.36	15725.58	31.64
邹平县	33134.38	100	22650.66	68.36	10483.72	31.64
淄川县	33134.38	100	22650.66	68.36	10483.72	31.64
长山县	33134.38	100	22650.66	68.36	10483.72	31.64
新城县	16567.19	100	11325.33	68.36	5241.86	31.64
齐河县	18223.91	100	12457.86	68.36	5766.05	31.64
齐东县	33134.38	100	22650.66	68.36	10483.72	31.64
济阳县	24850.78	100	16987.99	68.36	7862.79	31.64
禹城县	41417.97	100	28313.32	68.36	13104.65	31.64
临邑县	24850.78	100	16987.99	68.36	7862.79	31.64
长清县	33134.38	100	22650.66	68.36	10483.72	31.64
肥城县	24850.78	100	16987.99	68.36	7862.79	31.64
青城县	24850.78	100	16987.99	68.36	7862.79	31.64
陵县	24850.78	100	16987.99	68.36	7862.79	31.64
泰安县	41417.97	100	28313.32	68.36	13104.65	31.64
新泰县	11597.03	100	7927.73	68.36	3669.30	31.64
莱芜县	24850.78	100	16987.99	68.36	7862.79	31.64
德州	33134.38	100	22650.66	68.36	10483.72	31.64
德平县	24850.78	100	16987.99	68.36	7862.79	31.64
平原县	33134.38	100	22650.66	68.36	10483.72	31.64
武定州	41417.97	100	28313.32	68.36	13104.65	31.64
阳信县	41417.97	100	28313.32	68.36	13104.65	31.64
海丰县	16567.19	100	11325.33	68.36	5241.86	31.64
乐陵县	33134.38	100	22650.66	68.36	10483.72	31.64
商河县	33134.38	100	22650.66	68.36	10483.72	31.64
滨州	33134.38	100	22650.66	68.36	10483.72	31.64
利津县	16567.19	100	11325.33	68.36	5241.86	31.64
霑化县	16567.19	100	11325.33	68.36	5241.86	31.64
蒲台县	24850.78	100	16987.99	68.36	7862.79	31.64
兖州府	452327.47	100	312513.05	69.09	139814.42	30.91
滋阳县	15472.45	100	10689.92	69.09	4782.53	30.91
曲阜县	9428.52	100	6514.16	69.09	2914.36	30.91
宁阳县	19340.57	100	13362.40	69.09	5978.17	30.91
邹县	19340.57	100	13362.40	69.09	5978.17	30.91
泗水县	9428.52	100	6514.16	69.09	2914.36	30.91

---

[1] 参考徐英凯、朱勇华：《聚类分析和回归分析：明代万历初年山东田赋数据的补充》，*Applied Social Science*, Vol. IV, Information Engineering Research Institute, USA, 2011.

滕县	18131.78	100	12527.25	69.09	5604.53	30.91
峄县	14505.43	100	10021.80	69.09	4483.63	30.91
金乡县	10999.94	100	7599.86	69.09	3400.08	30.91
鱼台县	10999.94	100	7599.86	69.09	3400.08	30.91
单县	24175.71	100	16703.00	69.09	7472.71	30.91
城武县	19340.57	100	13362.40	69.09	5978.17	30.91
曹州	30219.63	100	20878.74	69.09	9340.89	30.91
曹县	24175.71	100	16703.00	69.09	7472.71	30.91
定陶县	15714.20	100	10856.94	69.09	4857.26	30.91
济宁州	21153.75	100	14615.13	69.09	6538.62	30.91
嘉祥县	9428.52	100	6514.16	69.09	2914.36	30.91
巨野县	16922.99	100	11692.09	69.09	5230.90	30.91
郓城县	19340.57	100	13362.40	69.09	5978.17	30.91
东平州	19340.57	100	13362.40	69.09	5978.17	30.91
汶上县	19340.57	100	13362.40	69.09	5978.17	30.91
东阿县	15472.45	100	10689.92	69.09	4782.53	30.91
平阴州	10999.94	100	7599.86	69.09	3400.08	30.91
阳谷县	19340.57	100	13362.40	69.09	5978.17	30.91
寿张县	12571.37	100	8685.56	69.09	3885.81	30.91
沂州	18131.78	100	12527.25	69.09	5604.53	30.91
郯城县	14505.43	100	10021.80	69.09	4483.63	30.91
费县	14505.43	100	10021.80	69.09	4483.63	30.91
东昌府	303333.68	100	208936.24	68.88	94397.44	31.12
聊城县	16919.01	100	11653.81	68.88	5265.20	31.12
堂邑县	12085.01	100	8324.15	68.88	3760.86	31.12
博平县	12085.01	100	8324.15	68.88	3760.86	31.12
茌平县	16919.01	100	11653.81	68.88	5265.20	31.12
清平县	12085.01	100	8324.15	68.88	3760.86	31.12
莘县	12085.01	100	8324.15	68.88	3760.86	31.12
冠县	19336.01	100	13318.64	68.88	6017.37	31.12
临清州	20544.52	100	14151.07	68.88	6393.45	31.12
丘县	19336.01	100	13318.64	68.88	6017.37	31.12
馆陶县	19336.01	100	13318.64	68.88	6017.37	31.12
高唐州	20544.52	100	14151.07	68.88	6393.45	31.12
恩县	20544.52	100	14151.07	68.88	6393.45	31.12
夏津县	24170.01	100	16648.30	68.88	7521.71	31.12
武城县	15710.51	100	10821.40	68.88	4889.11	31.12
濮州	24170.01	100	16648.30	68.88	7521.71	31.12
范县	12085.01	100	8324.15	68.88	3760.86	31.12
观城县	9668.00	100	6659.32	68.88	3008.68	31.12
朝城县	15710.51	100	10821.40	68.88	4889.11	31.12
青州府	748712.07	100	512568.28	68.46	236143.79	31.54
益都县	95988.73	100	65713.88	68.46	30274.85	31.54

临淄县	44794.74	100	30666.48	68.46	14128.26	31.54
博兴县	44794.74	100	30666.48	68.46	14128.26	31.54
高苑县	38395.49	100	26285.55	68.46	12109.94	31.54
乐安县	44794.74	100	30666.48	68.46	14128.26	31.54
寿光县	95988.73	100	65713.88	68.46	30274.85	31.54
昌乐县	44794.74	100	30666.48	68.46	14128.26	31.54
临朐县	95988.73	100	65713.88	68.46	30274.85	31.54
安丘县	38395.49	100	26285.55	68.46	12109.94	31.54
诸城县	44794.74	100	30666.48	68.46	14128.26	31.54
蒙阴州	38395.49	100	26285.55	68.46	12109.94	31.54
莒州	44794.74	100	30666.48	68.46	14128.26	31.54
沂水县	38395.49	100	26285.55	68.46	12109.94	31.54
日照县	38395.49	100	26285.55	68.46	12109.94	31.54
登州府	**235511.31**	**100**	**160642.26**	**68.21**	**74869.05**	**31.79**
蓬莱县	21806.60	100	14874.28	68.21	6932.32	31.79
黄县	26167.92	100	17849.14	68.21	8318.78	31.79
福山县	17445.28	100	11899.43	68.21	5545.85	31.79
栖霞县	17445.28	100	11899.43	68.21	5545.85	31.79
招远县	26167.92	100	17849.14	68.21	8318.78	31.79
莱阳县	65419.81	100	44622.85	68.21	20796.96	31.79
宁海州	34890.56	100	23798.85	68.21	11091.71	31.79
文登县	26167.92	100	17849.14	68.21	8318.78	31.79
莱州府	**302349.46**	**100**	**206051.16**	**68.15**	**96298.30**	**31.85**
掖县	37778.67	100	25746.16	68.15	12032.51	31.85
平度州	61923.38	100	42200.78	68.15	19722.60	31.85
潍县	39160.08	100	26687.59	68.15	12472.49	31.85
昌邑县	42343.34	100	28856.99	68.15	13486.35	31.85
胶州	42343.34	100	28856.99	68.15	13486.35	31.85
高密县	40061.00	100	27301.57	68.15	12759.43	31.85
即墨县	38739.65	100	26401.07	68.15	12338.58	31.85

第 六 章

边镇粮饷货币化统计

说　明

　　以白银作为统一的计量单位，统计各边镇粮饷的货币化分布。本章由丙表233—丙表245，为十三镇粮饷的折银明细。除了官军人数及马骡等牲畜的匹数外，在表中按照不同的项目，分为现额、折银标准与合计银三栏。原书中已经注明折银标准的项目，其折银标准附在该项目之下；原书中没有标明折银标准的项目，其折银标准列在"折银标准"一栏中，并且在脚注中注明了出处。

　　丙表246为十三边镇粮饷货币化统计。分别列出了辽东等十三边镇粮饷折银后，以白银表示的粮饷总数、各镇已经折银粮饷项目的白银数、未折银粮饷项目折银数以及它们在粮饷总数中所占的百分比。

　　综合来看，十三镇粮饷总数折合白银8267512.80两；粮饷数量排在前三位的是宣府、大同、延绥三镇，这三镇的粮饷占了全部粮饷的40.45％。各边镇粮饷的货币化程度很高，超过85％的有八个镇，其平均值为83.16％。最高的是山西镇，其货币化程度为97.63％；最低的是大同镇为52.65％，也超过半数以上。

丙表233

辽东镇折银明细

	现额	折银标准	合计银（两）
主兵官军（员名）	83324.00		
马骡（匹）	41830.00		
屯粮（石）	279212.31	0.2982	83261.11
荒田粮折银（两）	431.94		431.94
民运银（两）	159842.59		159842.59
内山东布运二司银（两）	147119.17		
永平府户口盐钞地亩花绒银（两）	935.37		
本镇金复海盖草豆鱼革银（两）	11080.05		
课程银（两）	708.00		
共银（两）（径解该镇）	12723.42		
两淮山东盐（引）	111402.00		
该银（两）	39076.05		39076.05
京运年例银（两）	163998.52		
节年陆续加添新增加丁月粮赏赐墩夜月粮官员俸粮两守军土月粮共增银（两）	45277.29		
万历八年又增铁岭军土粮赏料草银（两）	16740.00		
九年又加折饷银（两）	81909.60		
以上通共加银（两）	307925.41		307925.41
客兵（调遣不常，无定数）			
京运年例银（两）	40000.00		
节年陆续加添游兵防工家丁行粮料草银（两）	62058.95		
共发银（两）	102058.95		102058.95
总计（两）			692596.05

1814

丙表 234

蓟州镇折银明细

	现额	折银标准	合计银（两）
官军（员名）	34659.00		
马（匹）	6399.00		
民运银（两）	9731.49		9731.49
漕粮（石）	50000.00	0.74	37000.00
京运年例银（两）	216126.10		216126.10
客兵			
屯粮料（石）	53568.63	0.2982	15974.17
折色地亩马草银（两）	16448.63		16448.63
民运银（两）	18024.85		18024.85
山东民兵工食银（两）	56000.00		56000.00
遵化营民壮工食银（两）	4464.00		4464.00
盐引银（两）	13581.35		13581.35
京运年例银（两）	174165.05		174165.05
抚夷银（两）	15000.00		15000.00
赏军银（两）	13800.00		13800.00
总计（两）			590315.60

丙表 235

永平镇折银明细

	现额	折银标准	合计银（两）
官军（员名）	39940.00		
马骡（匹）	15008.00		
南兵官军（名）	2931.00		
马骡（匹）	83.00		
屯粮料（石）	33521.04	0.2982	9995.97
民运粮料（石）	27713.40	0.7888	21860.33
折色银（两）	28090.47		28090.47

	合计银（两）	折银标准	现额
民壮工食银(两)	12618.00		12618.00
京运年例银(两)	122721.67		122721.67
屯草折银(两)	3229.56		3229.56
民运本色草(束)	6189.40	0.0205	301922.00
京运银(两)	119136.93		119136.93
总计（两）	323842.33		

密云镇折银明细

丙表236

	现额	折银标准	合计银（两）
官军（员名）	33569.00		
马骡(匹)	13120.00		
屯粮(石)	6646.75	0.2982	1982.06
屯粮料(石)	6646.75		
地亩银(两)	290.24		290.24
民运银(两)	10953.16		10953.16
漕粮(石)	104810.80	0.74	77559.99
京运年例银(两)	155069.19		
外加添兴州中后卫粮俸布花银(两)	4964.30		
平谷县儒学三河驿廪粮银(两)	42.00		
共该银(两)	160075.49		160075.49
客兵			
民运税粮改征黑豆银(两)	16345.66		16345.66
归农民壮工食银(两)	918.00		918.00
漕粮(石)	50000.00	0.74	37000.00
京运银(两)	233961.69		233961.69
总计（两）	539086.29		

昌平镇折银明细

	现额	折银标准	合计银（两）
官军(员名)	19039.00		
马骡(匹)	5625.00		
屯粮折色银(两)	2428.46		2428.46
漕粮(石)	39272.50	0.74	29061.65
隆庆六年添拨漕粮(石)	150000.00		
地苗银(两)	557.69		557.69
秋青草折银(两)	128.08		128.08
民运银(两)	20704.90		20704.90
京运年例银(两)	96373.54		96373.54
客兵			
京运年例银(两)	79167.27		
扣发蓟镇饷银(两)	32101.23		
今止发银(两)	47066.04		47066.04
总计（两）			196320.36

易州镇折银明细

	现额	折银标准	合计银（两）
官军(员名)	34697.00		
马骡(匹)	4791.00		
屯粮料(石)	23077.83	0.7888	18203.79
地苗银(两)	664.70		664.70
民运银(两)	327129.13		
内除河南山东扣送太仓粮价银(两)	20832.04		
实该民运银(两)	306297.09		306297.09
京运银(两)	59000.00		59000.00
总计（两）			384165.58

丙表239

宣府镇折银明细

	现额	折银标准	合计银（两）
官军（员名）	79258.00		
马骡驼驴（匹）	33147.00		
屯粮（石）	132038.20	0.2982	39373.79
折色银	22826.17		22826.17
民运折色银（两）	787233.28		787233.28
淮芦盐（引）	145113.00		
该银（两）	58299.12		58299.12
河东运司盐价银（两）	76778.56		76778.56
京运年例银（两）	125000.00		125000.00
客兵			
淮芦盐（引）	70000.00		
该银（两）	26600.00		26600.00
京运年例银（两）	205000.00		
内除改拨大同镇银（两）	34000.00		
发发银（两）	171000.00		171000.00
总计（两）			1307110.92

丙表240

大同镇折银明细

	现额	折银标准	合计银（两）
主兵官军（名）	85311.00		
马骡驴（匹）	35870.00		
屯粮（石）	126744.59	0.2982	37795.24
内本色（石）	70917.33		
内折色（石）	55827.26		
该银（两）	16648.61		

牛具银(两)	8332.51		8332.51
户口盐钞银(两)	1079.00		1079.00
草(束)	5151.53	0.0205	251296.00
内本色屯草(束)			199782.00
内折色牛具地苗草(束)			51514.00
该银(两)			1056.03
秋青草(束)			191960.00
折银(两)	5758.80		5758.80
运民粮（石）	462608.16	0.7888	586475.50
内本色米(石)			7274.50
内折色米(石)			579002.50
该银(两)			456713.50
草(束)	50119.43	0.0205	2444850.00
荒草银(两)	21600.00		21600.00
淮芦盐(引)	17521.60	0.40	43804.00
京运年例银(两)	269638.00		269638.00
客兵			
京运银(两)	181000.00		181000.00
内年例银(两)	140000.00		140000.00
宣府改拨银(两)	34000.00		34000.00
山西改拨银(两)	7000.00		7000.00
淮芦盐(引)	28000.00	0.40	70000.00
总计（两）	1269604.27		1269604.27

丙表 241

山西镇折银明细

项目	现额	折银标准	合计银（两）
主兵官军(名)	55295.00		
马骡(匹)	24764.00		
屯粮(石)			
内本色(石)	28592.85	0.2982	8526.39
折色银	1030.43		1030.43
民运本色米豆(石)	21522.24	0.25	5380.56
折色银(两)	362120.55		362120.55
准浙山东盐(引)	164391.00		
该银(两)	57832.06		57832.06
盐课银(两)	64259.20		64259.20
京运银(两)	123300.00		133300.00
客兵数内改拨银(两)	15000.00		
内除补宣府准盐银(两)	5000.00		
实发银(两)	133300.00		
秋青草(束)	95086.00	0.03	2852.58
客兵			
京运银(两)	110000.00		
内除改拨主兵银(两)	15000.00		
额扣民壮银(两)	10000.00		
兑留蓟镇义兵银(两)	5000.00		
实发银(两)	80000.00		
又除改拨大同镇银(两)	7000.00		
实发银(两)	73000.00		73000.00
总计（两）			708301.77

丙表 242

延绥镇折银明细

	现额	折银标准	合计银（两）
主兵官军(名)	53254.00		
马骡(匹)	32133.00		
屯粮料(石)	56487.38	0.2982	16844.54
草(束)	61505.00	0.0205	1260.85
地亩银(两)	1046.16		
民运粮(石)	97826.89	0.7888	77165.85
草(束)	7942.00	0.0205	162.81
折色银(两)	197433.00		197433.00
淮浙盐(引)	156482.00		
该银(两)	67625.52		67625.52
京运年例银(两)	217265.21		
节年陆续加增银(两)	140000.00		
共该银(两)	357265.21		357265.21
客兵			
淮浙盐(引)	70000.00		
该银(两)	29750.00		29750.00
京运年例银(两)	20250.00		20250.00
总计（两）			767757.78

丙表 243

宁夏镇折银明细

	现额	折银标准	合计银（两）
主兵官军(名)	27934.00		
马(匹)	14657.00		
屯粮料(石)	148303.80	0.2982	44224.19
草(束)	1807358.00	0.0205	37050.84
折色粮草银(两)	1745.04		1745.04

项目	现额	折银标准	合计银（两）
地亩银(两)	1290.17		1290.17
民运本色粮(石)	1349.29	0.7888	1064.32
本色草(束)	25295.00	0.0205	518.55
折色粮草银(两)	108719.52		108719.52
准浙盐(引)	196994.00		
该银(两)	81694.90		81694.90
京运年例银(两)	25000.00		20705.13
改拨固原盐(引)	7271.00		
将固原年例内扣发银(两)	4294.87		
客兵			
京运年例银(两)	10000.00		10000.00
总计（两）			307012.66

甘肃镇折银明细

丙表244

项目	现额	折银标准	合计银（两）
主兵官军(名)	46901.00		
马（匹）	21680.00		
屯粮料(石)	232434.23	0.2982	69311.89
草(束)	1753292.00	0.0205	35942.49
秋青草(束)	1797545.00	0.03	53926.35
折色草价银(两)	2194.79		2194.79
湖荡草(束)	759413.00	0.025	18985.33
屯草(束)			
民运粮(石)			
民运粮布折银(两)	294959.58		294959.58
京运银(两)	51497.81		51497.81
盐(引)			
准浙盐(引)	277000.00		

该银（两）	102150.00
总计（两）	628968.23

丙表 245

固原镇折银明细

主兵官员军丁（员名）	现额	折银标准	合计银（两）
主兵官员军丁（员名）	90412.00		
马骡牛(匹)	33842.00		
屯粮料(石)	319406.55	0.2982	95247.03
屯草束(束)	186002.00	0.0205	3813.04
秋青草(束)	14227.00	0.03	426.81
粮折布(匹)	105.00		
折色粮料草银(两)	41240.59		41240.59
地亩银(两)	7000.30		7000.30
牛具银(两)	196.15		196.15
民运本色粮料(石)	45325.20	0.7888	35752.52
草(束)	8063.00	0.0205	165.29
折色粮料布花银(两)	279296.61		279296.61
淮浙盐(引)	60856.00		
该银(两)	25371.65		25371.65
京运银(两)	63721.82		63721.82
犒赏银(两)	199.13		199.13
总计(两)	552430.94		552430.94

丙表 246

边镇粮饷货币化统计

	总数（两）	%	实银（两）	%	未折项目折银（两）	%
辽东镇	692596.05	100.00	609334.94	87.98	83261.11	12.02
蓟州镇	590315.60	100.00	537341.47	91.03	52974.17	8.97
永平镇	323842.33	100.00	285796.63	88.25	38045.70	11.75

密云镇	539086.29	100.00	422544.24	78.38	116542.05	21.62
昌平镇	196320.36	100.00	167258.71	85.20	29061.65	14.80
易州镇	384165.58	100.00	365961.79	95.26	18203.79	4.74
宣府镇	1307110.92	100.00	1267737.13	96.99	39373.79	3.01
大同镇	1269604.27	100.00	668408.31	52.65	601195.96	47.35
山西镇	708301.77	100.00	691542.24	97.63	16759.53	2.37
延绥镇	767757.78	100.00	672323.73	87.57	95434.05	12.43
宁夏镇	307012.66	100.00	224154.76	73.01	82857.90	26.99
甘肃镇	628968.23	100.00	450802.18	71.67	178166.06	28.33
固原镇	552430.94	100.00	417026.25	75.49	135404.69	24.51
合计	8267512.78	100.00	6780232.38	82.01	1487280.45	17.99

第 七 章

全国各省田赋货币化统计

说　明

　　本章中以白银作为统一的计量单位，改变了《会计录》所载田赋项目的繁多与庞杂不便统计分析，或将各种不同计量单位项目作简单加和的状况，探讨全国田赋货币化的分布与结构。原书残缺的田赋数据，在各省、府、州、县田赋的折银明细中（丙表 1—丙表 232）都已经作了相应的处理，本章使用其结果。

　　丙表 247—丙表 261 为除了山东省以外的各省直分州县及分属的田赋货币化统计。其中陕西布政司分属三十七卫所数量较大，故单独列表表示。丙表 262 是山东布政司分州县及分属田赋货币化的估计值。

　　由于宝钞的折银价格不易确定，故此在这些表格中将宝钞单独列出。分为宝钞与白银两栏，并且分别列出起运、存留与总计数。同时标出各个府、县田赋起运、存留在总数中所占的百分比。例如，浙江布政司所辖杭州府的田赋总数为白银 124574.28 两，其中起运 99603.00 两，存留 24971.28 两，分别占总数的 79.95％和 20.05％。而杭州府下辖的九县田赋数据显示，如仁和县田赋总数为白银 35006.80 两，其中起运 26558.17 两，存留 8448.63 两，分别占总数的 75.87％和 24.13％。

　　丙表 263 是分别对十五省直所属最基层田赋征收单位征收的田赋数量，以白银作为统一的计量单位，由大到小的排比田赋货币征收额。而丙表 264 是将全国所有最基层的田赋征收单位，依所征收的田赋数量，以白银作为统一的计量单位，进行由大到小的排比。为了便于应用，在此两表中，对十五省直编码如下：V1：浙江；V2：江西；V3：湖广；V4：福建；V5：山东；V6：山西；V7：河南；V8：陕西；V9：四川；V10：广东；V11：广西；V12：云南；V13：贵州；V14：北直隶；V15：南直隶。并且在表中列出了"全国编码"一项。由丙表 264 中可见，全国田赋征收额排在前十位的，除了山东省的益都县排在第十位之外，排在前九名都是南直隶所辖的州县。

　　进而，我们探讨了全国田赋税率。

　　需要特别说明的是，这里依据的全国田土、人口、人户数字，均为明朝户部掌握的财政税收数字，不是实际意义上的全国田土、人口、人户数字。丙表 265 为全国十五省直的田赋税率。将全国十五省直的田赋都由统一的计量单位白银来表示，结合《会计录》中所记录的全国各省直的田土数、人口数与人户数，分别计算出万历初年全国十五省直的亩均税率、口均税率以及户均税率。就亩均税率来看，排在前三位的是山西、陕西和山东省，全国除湖广外，其余十四省直的亩均税率基本上在 0.012 两/亩到 0.058 两/亩之间，唯有湖广一省的亩均税率最少，为 0.003 两/亩，是其他省直亩均税率的 5％到 25％。口均税率排在前三位的是山东、山西和陕西省，分别为 0.50 两/口、0.40 两/口和 0.34 两/口；最少的省份是四川、广西、云南和贵州，其中四川、广西两省的口均税率为 0.10 两/口，云南、贵州两省为 0.05 两/口；分别是口均税率最多的山东省的 20％和 10％。户均税率最多的是陕西、山西和北直隶，分别为 3.83 两/户、3.55 两/户和 2.44 两/户；最少的四个省份是云南、福建、广西和贵州，这四省的户均税率均低于 0.55 两/户。亩均税率与口均税率都排在前三位的山东省的户均税率排在了第五位。

《会计录》中所载的湖广田土数为 221619940.10 亩，是十五省直中田亩数最多的，它比排在第二位的南直隶，高出近三倍。何炳棣先生在其《中国古今土地数字的考释和评价》中提出，湖广的田土数据应为 21619940.10 亩，而《万历会计录》中所记录的 221619940.10 亩，是在第一位上多写了一个 2。据此我们作出了丙表 266，即将湖广田土数调整为 21619940.10 亩后，求得全国十五省直的亩均税率、口均税率及户均税率。湖广田土数据调整后，各省的亩均税率值均在 0.012 两/亩到 0.058 两/亩之间，差别不再巨大，数据较为合理，因此我们认为何炳棣先生的看法应该是对的。

《会计录》对于两直隶的田土、人口与人户数据记录至所辖府州一级，较其他十三省直详细，故以丙表 267 与丙表 268 单独列出两直隶所属各府州的亩均税率、口均税率及户均税率值。

在丙表 267 中，北直隶所辖十府州中，亩均税率排在前三位的是延庆州 0.08 两/亩、保安州 0.07 两/亩和顺德府 0.05 两/亩；口均税率排在前三位的是延庆州 0.43 两/口、广平府 0.34 两/口和大名府 0.33 两/口以及与其并列第三位的保安州；户均税率排在前三位的是大名府 3.32 两/户、延庆州 2.99 两/户和保定府 2.92 两/户。

在丙表 268 中，南直隶所辖十八府州中，亩均税率排在前三位的是苏州府 0.12 两/亩、松江府 0.12 两/亩和常州府 0.06 两/亩；口均税率排在前三位的是松江府 1.02 两/口、镇江府 0.87 两/口和苏州府 0.53 两/口以及与其并列第三位的池州府；户均税率排在前三位的是徐州 2.51 两/户、池州府 2.45 两/户和松江府 2.27 两/户。

此外，由于原书有缺页，故此在丙表 250 中福建省项下建宁府所属仅存五县数据，其中崇安、政和、寿宁、建安四县数据完整，另有一县有数据，无县名，残缺的三个县应是浦城、松溪、建阳、瓯宁县中的三个县；丙表 256 中广东省项下缺潮阳、揭阳、程乡、饶平、惠来、大埔、澄海、普宁、平远县，雷州府所属海康、遂溪、徐闻县，及琼州府所属琼山、定安、澄迈、文昌县数据；丙表 260 中北直隶项下缺保定府蠡县部分数据，以及雄县、安州、高阳县、祁州、深泽县、束鹿县、新安县等州县数据。这些残缺情况，均在相应的表格处给以注明。

浙江布政司分州县及其分属田赋货币化统计

地区	钞(锭) 起运	%	存留	%	总计	%	银(两) 起运	%	存留	%	总计	%
杭州府			103.00	100.00	103.00	100.00	99603.00	79.95	24971.28	20.05	124574.28	100.00
1 仁和县			40.00	100.00	40.00	100.00	26558.17	75.87	8448.63	24.13	35006.80	100.00
2 钱塘县			14.00	100.00	14.00	100.00	12888.12	82.23	2785.40	17.77	15673.52	100.00
3 海宁县			43.00	100.00	43.00	100.00	33323.88	87.40	4803.65	12.60	38127.54	100.00
4 富阳县			3.00	100.00	3.00	100.00	9477.28	79.76	2404.90	20.24	11882.18	100.00
5 余杭县							7068.04	78.69	1914.19	21.31	8982.23	100.00
6 临安县							5619.78	76.08	1767.11	23.92	7386.89	100.00
7 於潜县							1626.59	57.81	1187.09	42.19	2813.68	100.00
8 新城县							1698.70	58.81	1189.96	41.19	2888.67	100.00
9 昌化县							985.53	54.62	818.68	45.38	1804.23	100.00
嘉兴府			1391.00	100.00	1391.00	100.00	238735.65	91.59	23756.21	8.41	282491.87	100.00
1 嘉兴县			50.00	100.00	50.00	100.00	52229.79	93.75	3482.87	6.25	55712.67	100.00
2 秀水县			90.00	100.00	90.00	100.00	44733.48	92.63	3561.11	7.37	48294.60	100.00
3 嘉善县			53.00	100.00	53.00	100.00	51115.96	90.60	5303.91	9.40	56419.88	100.00
4 海盐县			532.00	100.00	532.00	100.00	29270.41	93.60	1999.84	6.40	31270.26	100.00
5 崇德县			8.00	100.00	8.00	100.00	27598.21	95.50	1300.83	4.50	28899.05	100.00
6 平湖县			641.00	100.00	641.00	100.00	30032.52	83.15	6084.40	16.85	36116.93	100.00
7 桐乡县			15.00	100.00	15.00	100.00	23954.43	92.95	1817.79	7.05	25772.22	100.00
湖州府			16012.00	100.00	16012.00	100.00	223163.86	93.47	15597.22	6.53	238764.39	100.00
1 乌程县			2741.00	100.00	2741.00	100.00	72577.73	96.63	2533.38	3.37	75111.11	100.00
2 归安县			1423.00	100.00	1423.00	100.00	61658.71	95.48	2917.89	4.52	64576.60	100.00
3 长兴县			5148.00	100.00	5148.00	100.00	35974.46	90.50	3774.67	9.50	39749.13	100.00
4 安吉州			925.00	100.00	925.00	100.00	6864.22	88.98	850.29	11.02	7714.39	100.00
5 孝丰县			589.00	100.00	589.00	100.00	4113.34	59.96	2746.79	40.04	6860.01	100.00
6 德清县			454.00	100.00	454.00	100.00	33446.74	95.89	1434.51	4.11	34880.85	100.00

7	武康县	4729.00	100.00	4729.00	100.00	9238.84	93.61	630.15	6.39	9868.99	100.00
	宁波府	4817.00	100.00	4817.00	100.00	21974.34	28.75	54455.21	71.25	76429.57	100.00
1	鄞县	1274.00	100.00	1274.00	100.00	14047.12	42.65	18891.12	57.35	32938.25	100.00
2	慈溪县	1060.00	100.00	1060.00	100.00	1783.72	11.45	13791.09	88.55	15574.81	100.00
3	奉化县	1269.00	100.00	1269.00	100.00	2318.46	18.77	10030.33	81.23	12348.80	100.00
4	定海县	634.00	100.00	634.00	100.00	1997.76	17.09	9689.63	82.91	11687.39	100.00
5	象山县	575.00	100.00	575.00	100.00	1452.20	37.46	2424.34	62.54	3876.54	100.00
	绍兴府	18184.00	100.00	18184.00	100.00	54637.65	40.77	79382.70	59.23	134020.03	100.00
1	山阴县	5857.00	100.00	5857.00	100.00	13795.12	40.42	20337.32	59.58	34132.45	100.00
2	会稽县	2272.00	100.00	2272.00	100.00	8646.88	39.39	13306.25	60.61	21953.13	100.00
3	萧山县	942.00	100.00	942.00	100.00	6444.25	41.82	8965.95	58.18	15410.20	100.00
4	诸暨县	1549.00	100.00	1549.00	100.00	5699.39	40.23	8466.94	59.77	14166.33	100.00
5	余姚县	2367.00	100.00	2367.00	100.00	9047.82	41.96	12516.63	58.04	21564.47	100.00
6	上虞县	3027.00	100.00	3027.00	100.00	6117.07	39.92	9207.22	60.08	15324.30	100.00
7	嵊县	1868.00	100.00	1868.00	100.00	3350.77	40.86	4849.95	59.14	8200.71	100.00
8	新昌县	297.00	100.00	297.00	100.00	871.18	26.87	2370.48	73.13	3241.67	100.00
	台州府	6581.00	100.00	6581.00	100.00	18485.65	30.14	42854.72	69.86	61340.39	100.00
1	临海县	1841.00	100.00	1841.00	100.00	4881.72	30.74	10999.46	69.26	15881.20	100.00
2	黄岩县	1049.00	100.00	1049.00	100.00	3858.78	25.28	11406.83	74.72	15265.62	100.00
3	天台县	560.00	100.00	560.00	100.00	2948.81	35.90	5264.07	64.10	8212.89	100.00
4	仙居县	577.00	100.00	577.00	100.00	1947.64	35.18	3588.72	64.82	5536.36	100.00
5	宁海县	1458.00	100.00	1458.00	100.00	2401.57	33.76	4711.06	66.24	7112.63	100.00
6	太平县	1092.00	100.00	1092.00	100.00	2406.48	25.80	6921.64	74.20	9328.12	100.00
	金华府	56.00	100.00	56.00	100.00	50639.80	66.72	25253.51	33.28	75893.32	100.00
1	金华县					11882.82	71.44	4750.67	28.56	16633.49	100.00
2	兰溪县					8407.71	70.67	3489.43	29.33	11897.13	100.00
3	东阳县					6944.18	65.06	3728.64	34.94	10672.82	100.00
4	义乌县					5952.47	64.13	3329.68	35.87	9282.15	100.00

#	县名											
5	永康县	100.00	8102.60	40.61	3290.42	59.39	4812.19					
6	武义县	100.00	7579.25	34.04	2580.12	65.96	4999.13					
7	浦江县	100.00	5979.47	31.24	1868.18	68.76	4111.29					
8	汤溪县	100.00	5743.89	40.92	2350.31	59.08	3393.57	100.00	56.00	100.00	56.00	
1	衢州府	100.00	44612.01	23.35	10415.41	76.65	34196.58					
1	西安县	100.00	12363.17	20.48	2532.26	79.52	9830.91					
2	龙游县	100.00	9561.01	23.74	2269.46	76.26	7291.55					
3	常山县	100.00	8000.64	17.11	1368.97	82.89	6631.67					
4	江山县	100.00	9937.01	24.64	2448.09	75.36	7488.91					
5	开化县	100.00	4744.84	40.07	1901.39	59.93	2843.45					
	严州府	100.00	43913.88	11.93	5238.05	88.07	38675.83					
1	建德县	100.00	8414.03	11.63	978.74	88.37	7435.29					
2	淳安县	100.00	15155.04	10.38	1573.48	89.62	13581.56					
3	桐庐县	100.00	7075.36	6.97	493.25	93.03	6582.11					
4	遂安县	100.00	5533.07	13.28	734.54	86.72	4798.54					
5	寿昌县	100.00	4949.92	12.31	609.47	87.69	4340.46					
6	分水县	100.00	2783.06	23.31	648.74	76.69	2134.33					
	温州府	100.00	40354.90	99.30	40072.81	0.70	282.08	100.00	2605.00	100.00	2605.00	
1	永嘉县	100.00	10019.28	98.48	9866.59	1.52	152.68	100.00	590.00	100.00	590.00	
2	乐清县	100.00	5995.87	98.88	5928.44	1.13	67.64	100.00	705.00	100.00	705.00	
3	平阳县	100.00	13369.91	99.86	13350.84	0.14	19.07	100.00	681.00	100.00	681.00	
4	瑞安县	100.00	9979.82	99.64	9943.40	0.36	36.41	100.00	578.00	100.00	578.00	
5	泰顺县	100.00	987.00	99.52	982.23	0.48	4.77	100.00	46.00	100.00	46.00	
	处州府	100.00	26016.86	98.76	25693.05	1.24	323.79	100.00	1612.00	100.00	1612.00	
1	丽水县	100.00	4264.61	99.17	4229.17	0.83	35.43	100.00	30.00	100.00	30.00	
2	青田县	100.00	1634.87	97.30	1590.73	2.70	44.14	100.00	94.00	100.00	94.00	
3	缙云县	100.00	3210.88	99.02	3179.44	0.98	31.43	100.00	344.00	100.00	344.00	
4	松阳县	100.00	4508.93	99.25	4475.18	0.75	33.74	100.00	326.00	100.00	326.00	

（上接表）

序号	地区	钞（锭）起运	%	存留	%	总计	%	银（两）起运	%	存留	%	总计	%
5	遂昌县			308.00	100.00	308.00	100.00	40.40	1.49	2670.45	98.51	2710.85	100.00
6	龙泉县			302.00	100.00	302.00	100.00	58.31	1.15	4999.82	98.85	5058.13	100.00
7	庆元县			80.00	100.00	80.00	100.00	17.32	1.27	1349.20	98.73	1366.52	100.00
8	云和县			7.00	100.00	7.00	100.00	18.37	1.50	1206.00	98.50	1224.37	100.00
9	宣平县			30.00	100.00	30.00	100.00	18.97	1.24	1505.95	98.76	1524.92	100.00
10	景宁县			87.00	100.00	87.00	100.00	21.16	4.18	485.60	95.82	506.76	100.00

丙表248

江西布政司分州县及其分属田赋货币化统计

序号	地区	钞（锭）起运	%	存留	%	总计	%	银（两）起运	%	存留	%	总计	%
	南昌府			16.00	100.00	16.00	100.00	133503.41	87.19	19618.47	12.81	153121.89	100.00
1	南昌县							33011.78	82.36	7072.71	17.64	40084.50	100.00
2	新建县							16417.58	81.55	3714.50	18.45	20132.08	100.00
3	丰城县							34966.56	89.93	3915.72	10.07	38882.29	100.00
4	进贤县							13775.24	88.58	1776.38	11.42	15551.63	100.00
5	奉新县			16.00	100.00	16.00	100.00	15270.71	91.60	1400.88	8.40	16671.59	100.00
6	靖安县							4052.04	89.66	467.41	10.34	4519.45	100.00
7	武宁县							6387.92	87.48	914.46	12.52	7302.39	100.00
8	宁州							8918.38	89.40	1057.36	10.60	9975.75	100.00
	饶州府			26.00	100.00	26.00	100.00	60157.34	84.02	11441.43	15.98	71598.78	100.00
1	鄱阳县							14013.53	79.11	3699.58	20.89	17713.11	100.00
2	余干县							10892.33	86.96	1633.77	13.04	12526.11	100.00
3	乐平县							10687.19	84.11	2019.39	15.89	12706.59	100.00
4	浮梁县			1.00	100.00	1.00	100.00	6423.45	82.50	1362.78	17.50	7786.23	100.00
5	德兴县							5391.27	84.84	963.31	15.16	6354.57	100.00
6	安仁县							6412.30	89.90	720.69	10.10	7132.98	100.00
7	万年县			24.00	100.00	24.00	100.00	6320.89	85.68	1056.09	14.32	7377.00	100.00
	广信府			4155.00	100.00	4155.00	100.00	42570.66	86.93	6398.07	13.07	48968.75	100.00

#												
1	上饶县	1191.00	100.00	1191.00	100.00		6919.12	85.30	1192.29	14.70	8111.40	100.00
2	玉山县	767.00	100.00	767.00	100.00		7094.96	87.03	1057.18	12.97	8152.15	100.00
3	弋阳县	290.00	100.00	290.00	100.00		4037.39	81.13	938.99	18.87	4976.39	100.00
4	贵溪县	613.00	100.00	613.00	100.00		11720.22	90.45	1237.48	9.55	12957.71	100.00
5	铅山县	503.00	100.00	503.00	100.00		5986.43	87.97	818.57	12.03	6805.00	100.00
6	永丰县	547.00	100.00	547.00	100.00		5521.21	86.91	831.59	13.09	6352.81	100.00
7	兴安县	241.00	100.00	241.00	100.00		1323.96	82.23	286.04	17.77	1610.00	100.00
	南康府						22593.69	87.11	3342.49	12.89	25936.18	100.00
1	星子县						995.06	55.12	810.26	44.88	1805.32	100.00
2	都昌县						7180.67	88.87	899.27	11.13	8079.94	100.00
3	建昌县						8703.63	90.02	964.93	9.98	9668.57	100.00
4	安义县						5807.48	91.01	573.44	8.99	6380.92	100.00
	九江府						10774.98	74.85	3620.08	25.15	14395.07	100.00
1	德化县						1523.70	72.75	570.65	27.25	2094.35	100.00
2	德安县						1569.13	71.52	624.81	28.48	2193.94	100.00
3	瑞昌县						1491.24	71.95	581.50	28.05	2072.73	100.00
4	湖口县						2843.99	74.35	981.18	25.65	3825.18	100.00
5	彭泽县						3249.54	77.23	954.87	22.69	4207.44	100.00
	建昌府						24507.75	79.17	6448.78	20.83	30956.54	100.00
1	南城县						10000.81	82.22	2162.91	17.78	12163.71	100.00
2	新城县						6427.97	85.69	1073.55	14.31	7501.52	100.00
3	南丰县						5872.00	81.42	1339.54	18.57	7211.55	100.00
4	广昌县						2284.59	56.01	1794.42	43.99	4079.01	100.00
	抚州府						79722.38	82.23	17225.15	17.77	96947.53	100.00
1	临川县						20636.01	86.70	3165.47	13.30	23801.48	100.00
2	崇仁县						11999.82	80.17	2967.48	19.83	14967.31	100.00
3	金溪县						11050.25	87.75	1542.46	12.25	12592.72	100.00
4	宜黄县						11737.42	74.86	3942.64	25.14	15680.06	100.00

5	乐安县	100.00	18913.99	19.37	3662.80	80.63	15251.20					
6	东乡县	100.00	10992.51	18.96	2084.56	81.04	8907.95					
	临江府	100.00	72374.51	7.50	5425.44	92.50	66949.06					
1	清江县	100.00	17229.78	8.89	1531.81	91.11	15697.96					
2	新淦县	100.00	16766.09	7.30	1224.40	92.70	15541.69					
3	峡江县	100.00	15644.94	5.34	835.11	94.66	14809.81					
4	新喻县	100.00	22732.28	7.44	1692.20	92.56	21040.07					
	吉安府	100.00	142601.50	10.07	14361.63	89.93	128239.87	100.00	997.00	100.00	997.00	
1	庐陵县	100.00	28844.61	9.52	2747.08	90.48	26097.53	100.00	666.00	100.00	666.00	
2	泰和县	100.00	17530.82	7.57	1326.85	92.43	16203.95					
3	吉水县	100.00	20255.13	8.62	1746.67	91.38	18508.45					
4	永丰县	100.00	17237.57	5.08	876.07	94.92	16361.49	100.00	68.00	100.00	68.00	
5	安福县	100.00	19570.09	10.14	1983.90	89.86	17586.18	100.00	227.00	100.00	227.00	
6	龙泉县	100.00	8779.03	7.10	623.24	92.90	8155.77					
7	万安县	100.00	8310.83	8.47	704.01	91.53	7606.82					
8	永新县	100.00	18722.43	21.85	4090.58	78.15	14631.85	100.00	28.00	100.00	28.00	
9	永宁县	100.00	3348.79	24.09	806.73	75.91	2542.04	100.00	6.00	100.00	6.00	
	瑞州府	100.00	70792.30	10.37	7344.28	89.63	63448.01	100.00	3107.00	100.00	3107.00	
1	高安县	100.00	37359.75	10.34	3862.75	89.66	33497.00	100.00	2256.00	100.00	2256.00	
2	上高县	100.00	15713.08	10.43	1639.47	89.57	14073.62	100.00	216.00	100.00	216.00	
3	新昌县	100.00	17718.74	9.41	1667.46	90.59	16051.26	100.00	633.00	100.00	633.00	
	袁州府	100.00	74105.84	10.54	7811.88	89.46	66293.95					
1	宜春县	100.00	23316.38	9.55	2227.40	90.45	21088.98					
2	分宜县	100.00	13981.69	10.65	1489.27	89.35	12492.41					
3	萍乡县	100.00	19173.14	10.62	2035.34	89.38	17137.81					
4	万载县	100.00	17633.87	10.48	1847.41	89.52	15786.46	100.00	1717.00	100.00	1717.00	
	赣州府	100.00	22872.43	43.88	10037.09	56.12	12835.35					
1	赣县	100.00	5885.67	21.59	1270.67	78.41	4615.00	100.00	388.00	100.00	388.00	

	地区	钞（锭）						银（两）					
		起运	%	存留	%	总计	%	起运	%	存留	%	总计	%
2	零都县			82.00	100.00	82.00	100.00	479.35	33.85	936.70	66.15	1416.05	100.00
3	信丰县			44.00	100.00	44.00	100.00	14.94	2.38	612.14	97.62	627.08	100.00
4	兴国县			266.00	100.00	266.00	100.00	1356.25	32.50	2816.90	67.50	4173.16	100.00
5	会昌县			17.00	100.00	17.00	100.00	10.50	3.76	268.79	96.24	279.29	100.00
6	安远县			11.00	100.00	11.00	100.00	13.99	8.12	158.31	91.88	172.31	100.00
7	宁都县			537.00	100.00	537.00	100.00	5432.79	79.06	1439.04	20.94	6871.84	100.00
8	瑞金县			63.00	100.00	63.00	100.00	21.00	4.11	489.41	95.89	510.41	100.00
9	龙南县			94.00	100.00	94.00	100.00	370.94	31.63	801.69	68.37	1172.62	100.00
10	石城县			210.00	100.00	210.00	100.00	508.88	34.71	957.35	65.29	1466.23	100.00
11	定南县									210.85	100.00	210.85	100.00
	南安府							3314.66	37.39	5549.35	62.61	8864.01	100.00
1	大庾县							773.38	42.06	1065.41	57.94	1838.80	100.00
2	南康县							1622.98	33.43	3231.26	66.57	4854.24	100.00
3	上犹县							452.85	46.44	522.24	53.56	975.09	100.00
4	崇义县							436.73	36.56	757.74	63.44	1194.48	100.00

丙表 249　湖广布政司分州县及其分属田赋货币化统计

	地区	钞（锭）						银（两）					
		起运	%	存留	%	总计	%	起运	%	存留	%	总计	%
	武昌府							33098.09	50.02	33072.86	49.98	66170.96	100.00
1	江夏县							5912.81	42.15	8114.26	57.85	14027.08	100.00
2	武昌县							5083.16	47.87	5535.25	52.13	10618.41	100.00
3	嘉鱼县							1036.18	37.33	1739.51	62.67	2775.69	100.00
4	蒲圻县							3389.39	50.10	3375.42	49.90	6764.82	100.00
5	咸宁县							2329.48	53.91	1991.89	46.09	4321.37	100.00
6	崇阳县							2411.96	63.69	1375.22	36.31	3787.18	100.00
7	通城县							3078.04	58.85	2152.17	41.15	5230.22	100.00
8	兴国州							5386.29	52.56	4860.73	47.44	10247.03	100.00

序号	县名							钞	%	银	%	合计	%
9	大冶县							3378.57	51.11	3231.41	48.89	6609.99	100.00
10	通山县							928.02	52.08	854.02	47.92	1782.05	100.00
	汉阳府							5205.38	47.88	5665.47	52.12	10870.86	100.00
1	汉阳县					100.00	100.00	3770.27	47.67	4138.53	52.33	7908.81	100.00
2	汉川县							1416.98	47.85	1544.34	52.15	2961.33	100.00
	承天府¹	175.00		175.00		100.00		14992.40	40.16	22343.38	59.84	37335.78	100.00
1	钟祥县	92.00		92.00		100.00		181.53	5.67	3019.27	94.33	3200.81	100.00
2	京山县	83.00		83.00		100.00		275.57	5.98	4334.77	94.02	4610.35	100.00
3	潜江县							1615.06	42.39	2195.21	57.61	3810.27	100.00
4	沔阳州							3083.12	45.69	3664.93	54.31	6748.05	100.00
5	景陵县							4206.54	53.18	3703.74	46.82	7910.28	100.00
6	荆门州							5080.70	50.96	4889.77	49.04	9970.48	100.00
7	当阳县							528.84	48.81	554.52	51.18	1083.37	100.00
	襄阳府							2303.75	9.98	20783.94	90.02	23087.69	100.00
1	襄阳县							440.16	6.73	6097.33	93.27	6537.49	100.00
2	宜城县							228.53	13.07	1519.73	86.93	1748.27	100.00
3	南漳县							397.34	16.22	2051.62	83.78	2448.96	100.00
4	枣阳县							417.71	19.60	1713.02	80.40	2130.72	100.00
5	谷城县							551.99	9.10	5510.80	90.90	6062.81	100.00
6	光化县							225.58	10.46	1930.38	89.54	2155.96	100.00
7	均州							79.45	3.97	1922.56	96.03	2002.02	100.00
	郧阳府							645.99	10.25	5658.37	89.75	6304.36	100.00
1	郧县							219.56	9.86	2007.81	90.14	2227.37	100.00
2	房县							62.76	5.40	1098.56	94.59	1161.33	100.00
3	竹山县							95.52	11.16	760.58	88.84	856.10	100.00
4	上津县							73.64	13.59	468.13	86.41	541.77	100.00

¹承天府钞的单位为：贯。

序号	地区							数值	比例	数值	比例	合计	比例
5	竹溪县							95.06	13.65	601.37	86.35	696.43	100.00
6	保康县							55.81	15.56	302.82	84.44	358.64	100.00
7	郧西县							42.18	9.14	419.05	90.85	461.24	100.00
	德安府							7473.42	46.03	8762.42	53.97	16235.85	100.00
1	安陆县							681.05	45.46	817.19	54.54	1498.24	100.00
2	云梦县							584.40	54.08	496.23	45.92	1080.63	100.00
3	孝感县							2551.70	45.49	3058.23	54.51	5609.93	100.00
4	应城县							1064.88	53.96	908.47	46.04	1973.35	100.00
5	随州							1508.69	40.40	2225.47	59.60	3734.17	100.00
6	应山县							1102.94	47.19	1234.42	52.81	2337.36	100.00
	黄州府							48778.88	54.03	41504.76	45.97	90283.63	100.00
1	黄冈县							8883.74	57.16	6657.29	42.84	15541.02	100.00
2	黄安县							4324.08	67.51	2080.68	32.49	6404.75	100.00
3	蕲水县							7352.22	48.02	7958.05	51.98	15310.26	100.00
4	罗田县							2120.58	53.43	1848.39	46.57	3968.97	100.00
5	麻城县							6361.38	73.05	2346.64	26.95	8708.02	100.00
6	黄陂县							3272.84	50.43	3216.47	49.57	6489.32	100.00
7	蕲州							4974.29	49.22	5131.04	50.78	10105.33	100.00
8	广济县							5406.65	49.60	5493.29	50.40	10899.94	100.00
9	黄梅县							6156.26	47.92	6691.92	52.08	12848.19	100.00
	荆州府							21083.69	35.90	37640.00	64.10	58723.69	100.00
1	江陵县							8061.55	35.94	14367.75	64.06	22429.30	100.00
2	公安县							3642.99	48.40	3883.95	51.60	7526.94	100.00
3	石首县							3190.61	44.89	3916.44	55.11	7107.06	100.00
4	监利县							3145.64	34.84	5883.93	65.16	9029.58	100.00
5	松滋县							2329.14	44.87	2862.24	55.13	5191.39	100.00
6	枝江县							331.82	18.62	1450.53	81.38	1782.36	100.00
7	夷陵州							70.89	4.98	1353.48	95.02	1424.37	100.00

8	长阳县				66.72	8.25	742.42	91.75	809.14	100.00
9	宜都县				52.15	5.38	916.83	94.62	968.98	100.00
10	远安县				47.90	15.63	258.57	84.37	306.47	100.00
11	归州				30.97	4.00	742.72	96.00	773.70	100.00
12	兴山县				41.05	14.45	243.00	85.55	284.05	100.00
13	巴东县				57.96	5.34	1027.29	94.66	1085.25	100.00
	岳州府				23228.19	35.17	42821.63	64.83	66049.83	100.00
1	巴陵县				7931.95	45.71	9420.20	54.29	17352.16	100.00
2	临湘县				2298.06	53.61	1988.33	46.39	4286.39	100.00
3	华容县				4073.06	47.94	4423.39	52.06	8496.45	100.00
4	平江县				7036.78	48.51	7467.84	51.49	14504.63	100.00
5	澧州				895.17	12.23	6426.75	87.77	7321.92	100.00
6	石门县				188.38	3.50	5191.74	96.50	5380.12	100.00
7	慈利县				283.50	5.79	4612.16	94.21	4895.67	100.00
8	安乡县				351.09	9.22	3457.09	90.78	3808.18	100.00
	长沙府				132548.71	64.62	72556.71	35.38	205105.42	100.00
1	长沙县				11349.95	66.38	5748.90	33.62	17098.86	100.00
2	善化县				6126.80	69.94	2633.29	30.06	8760.11	100.00
3	湘潭县				8403.39	67.28	4087.06	32.72	12490.46	100.00
4	湘阴县				21142.64	79.04	5605.58	20.96	26748.24	100.00
5	宁乡县				7746.22	68.33	3589.80	31.67	11336.03	100.00
6	浏阳县				16015.86	56.10	12532.01	43.90	28547.88	100.00
7	醴陵县				7163.49	60.13	4750.72	39.87	11914.21	100.00
8	益阳县				8363.60	66.14	4282.33	33.86	12645.92	100.00
9	湘乡县				24326.27	67.62	11651.14	32.38	35977.42	100.00
10	攸县				9796.69	55.28	7924.74	44.72	17721.43	100.00
11	安化县				2462.53	35.62	4451.35	64.38	6913.88	100.00
12	茶陵州				9715.86	65.02	5227.29	34.98	14943.15	100.00

	地区						
	宝庆府	446.73	2.31	18921.38	97.69	19368.12	100.00
1	邵阳县	169.04	2.48	6651.45	97.52	6820.50	100.00
2	城步县	10.67	1.37	767.18	98.63	777.85	100.00
3	新化县	96.24	2.63	3569.02	97.37	3665.27	100.00
4	武冈州	146.89	2.20	6519.27	97.80	6666.17	100.00
	衡州府	30574.64	39.78	46280.40	60.22	76855.05	100.00
1	衡阳县	11998.76	51.36	11361.13	48.64	23359.90	100.00
2	衡山县	5987.67	56.02	4701.08	43.98	10688.77	100.00
3	耒阳县	6281.71	56.28	4879.74	43.72	11161.47	100.00
4	常宁县	2234.47	67.30	1085.88	32.70	3320.35	100.00
5	安仁县	1567.61	18.48	6917.18	81.52	8484.80	100.00
6	酃县	639.57	12.83	4343.83	87.17	4983.39	100.00
7	桂阳州	901.68	11.81	6732.57	88.19	7634.25	100.00
8	临武县	979.60	25.59	2848.02	74.41	3827.62	100.00
9	蓝山县	428.01	12.62	2964.27	87.38	3392.29	100.00
	常德府	6209.55	24.63	18997.99	75.37	25207.55	100.00
1	武陵县	2791.37	24.61	8550.43	75.39	11341.81	100.00
2	桃源县	2059.03	25.57	5992.64	74.43	8051.68	100.00
3	龙阳县	1231.64	25.00	3694.30	75.00	4925.95	100.00
4	沅江县	268.68	30.33	617.29	69.67	885.98	100.00
	辰州府	3656.71	19.86	14754.34	80.14	18411.05	100.00
1	沅陵县	639.59	12.94	4302.89	87.06	4942.48	100.00
2	泸溪县	646.17	48.74	679.67	51.26	1325.85	100.00
3	辰溪县	51.15	3.04	1631.59	96.96	1682.75	100.00
4	溆浦县	949.51	17.37	4515.51	82.63	5465.01	100.00
5	沅州	774.28	31.47	1686.08	68.53	2460.36	100.00
6	黔阳县	580.99	29.71	1374.47	70.29	1955.47	100.00
7	麻阳县	82.00	14.18	496.34	85.82	578.36	100.00

序号	地名						
	永州府	100.00	24888.97	84.10	20930.94	15.90	3958.03
1	零陵县	100.00	5075.30	82.02	4162.86	17.98	912.43
2	祁阳县	100.00	2990.70	45.66	1365.50	54.34	1625.21
3	东安县	100.00	1892.27	90.26	1707.87	9.74	184.40
4	道州	100.00	4051.22	96.78	3920.96	3.22	130.26
5	宁远县	100.00	8081.88	86.11	6959.54	13.89	1122.34
6	永明县	100.00	2321.37	98.08	2276.69	1.92	44.68
7	江华县	100.00	474.04	95.17	451.15	4.83	22.88
	靖州	100.00	6886.70	94.24	6490.25	5.76	396.45
1	本州	100.00	2240.26	97.33	2180.44	2.67	59.82
2	会同县	100.00	2569.22	94.72	2433.44	5.28	135.76
3	通道县	100.00	370.97	85.41	316.84	14.59	54.12
4	绥宁县	100.00	1704.82	92.15	1570.98	7.85	133.84
	郴州	100.00	15588.66	93.66	14600.95	6.34	987.69
1	本州	100.00	3376.80	93.54	3158.61	6.46	218.19
2	永兴县	100.00	3239.15	93.83	3039.30	6.17	199.85
3	桂阳县	100.00	3021.55	95.66	2890.43	4.34	131.10
4	宜章县	100.00	1762.22	95.59	1684.50	4.41	77.72
5	兴宁县	100.00	3106.07	90.50	2810.84	9.50	295.22
6	桂东县	100.00	1080.70	91.38	987.51	8.62	93.19
	九卫所总数	100.00	1480.94	100.00	1480.94		
1	施州卫军民指挥使司	100.00	387.91	100.00	387.91		
2	辰州卫镇溪军民千户所	100.00	24.64	100.00	24.64		
3	辰州卫镇溪军民千户所	100.00	24.64	100.00	24.64		
4	五寨蛮夷长	100.00%	51.93	100.00%	51.93		

序号	官司				
5	九溪卫桑植安抚司	9.10	100.00%	9.10	100.00%
6	永顺等处军民宣慰使司	538.68	100.00%	538.68	100.00%
7	镇远卫臻剽陆洞横坡等处长官司	26.77	100.00%	26.77	100.00%
8	保靖军民宣慰使司	407.86	100.00%	407.86	100.00%
9	筸子坪长官司	9.41	100.00%	9.41	100.00%

丙表250　福建布政司分州县及其分属田赋货币化统计

地区	钞（贯）						银（两）					
	起运	%	存留	%	总计	%	起运	%	存留	%	总计	%
福州府							18835.05	39.34	28276.58	60.66	46611.64	100.00
1 闽县							2830.01	40.04	4237.96	59.96	7067.99	100.00
2 侯官县							2276.28	39.82	3440.67	60.18	5716.95	100.00
3 怀安县							1624.41	40.03	2433.44	59.97	4057.85	100.00
4 长乐县							1852.10	40.09	2767.86	59.91	4619.96	100.00
5 福清县							4321.50	37.56	7183.59	62.44	11505.08	100.00
6 连江县							1566.77	38.59	2493.12	61.41	4059.90	100.00
7 罗源县							636.44	36.64	1100.74	63.36	1737.18	100.00
8 古田县							1822.28	41.18	2602.72	58.82	4425.01	100.00
9 闽清县							888.09	41.01	1277.48	58.99	2165.57	100.00
10 永福县							517.09	41.17	738.95	58.83	1256.04	100.00
泉州府							9137.41	25.78	26304.71	74.22	35442.13	100.00

序号	县名								
1	晋江县			2655.13	25.43	7784.56	74.57	10439.70	100.00
2	南安县			1839.57	25.82	5284.95	74.18	7124.52	100.00
3	惠安县			1339.62	25.77	3858.28	74.23	5197.90	100.00
4	同安县			1492.80	26.36	4169.51	73.64	5662.32	100.00
5	安溪县			645.92	25.97	1841.28	74.03	2487.21	100.00
6	永春县			722.80	25.50	2111.65	74.50	2834.45	100.00
7	德化县			425.37	25.08	1270.58	74.92	1695.95	100.00
	建宁府[1]	10778.00	100.00	21742.81	40.83	31514.31	59.17	53257.13	100.00
1	建安县[2]	10388.00	100.00	3835.11	41.59	5385.66	58.41	9220.77	100.00
2	□□县[3]			1335.70	39.82	2018.45	60.18	3354.16	100.00
3	政和县			1009.90	41.25	1438.11	58.75	2448.01	100.00
4	崇安县			2865.10	40.72	4171.54	59.28	7036.64	100.00
5	寿宁县			353.45	40.12	527.56	59.88	881.02	100.00
6	本府缺页补值[4]	390.00	100.00	12343.54	40.72	17972.99	59.28	30316.53	100.00
	延平府			11530.78	36.88	19735.95	63.12	31266.73	100.00
1	南平县			2301.84	36.67	3974.56	63.33	6276.40	100.00
2	沙县			2257.16	31.81	4838.60	68.19	7095.77	100.00
3	将乐县			1628.33	38.92	2555.66	61.08	4183.99	100.00
4	尤溪县			1481.27	40.89	2141.66	59.11	3622.95	100.00
5	顺昌县			1843.05	39.08	2872.70	60.92	4715.76	100.00
6	永安县			1107.17	35.95	1972.60	64.05	3079.78	100.00
7	大田县			934.93	40.79	1357.09	59.21	2292.03	100.00
	汀州府			11475.81	41.04	16484.58	58.96	27960.39	100.00

[1] 建宁府下辖浦城、松溪、崇安、建阳、政和、寿宁、建安、瓯宁等八州县；现存五县数据，四县县名。

[2] 原书缺第十五、十六页，建安县存留银数值为总数减去现存各县数得出。

[3] 此县县名第十五、十六页中残缺。

[4] 原书缺第十五、十六页，此值为总数减去现存各县数得出。

序号	县名			数值	比例	数值	比例	合计	占比
1	长汀县			3109.37	41.31	4417.20	58.69	7526.58	100.00
2	清流县			817.46	41.88	1134.50	58.12	1951.95	100.00
3	归化县			1333.11	40.64	1947.24	59.36	3280.36	100.00
4	上杭县			1250.66	36.81	2146.74	63.19	3397.40	100.00
5	连城县			1107.88	41.02	1593.10	58.98	2700.98	100.00
6	宁化县			2019.79	41.45	2853.35	58.55	4873.14	100.00
7	武平县			935.88	41.34	1327.78	58.66	2263.66	100.00
8	永定县			919.79	46.78	1046.44	53.22	1966.24	100.00
	兴化府			8291.72	37.46	13842.58	62.54	22134.31	100.00
1	莆田县			6177.37	37.51	10292.05	62.49	16469.42	100.00
2	仙游县			2114.33	37.32	3550.53	62.68	5664.88	100.00
	邵武府	2.00	100.00%	8268.28	40.38	12208.42	59.62	20476.71	100.00
1	邵武县			3986.95	39.90	6005.80	60.10	9992.76	100.00
2	光泽县			1708.30	40.72	2486.51	59.28	4194.81	100.00
3	泰宁县			1090.62	40.46	1604.84	59.54	2695.45	100.00
4	建宁县			1482.37	41.25	2111.27	58.75	3593.64	100.00
	漳州府¹	2.00	100.00%	15581.55	41.33	22121.84	58.67	37703.41	100.00
1	龙溪县			4081.53	42.53	5515.27	57.47	9596.81	100.00
2	南靖县			1989.80	41.07	2855.00	58.93	4844.81	100.00
3	长泰县			1521.99	41.28	2165.30	58.72	3687.29	100.00
4	漳浦县			2012.76	39.37	3100.12	60.63	5112.89	100.00
5	龙岩县			1337.23	41.40	1892.84	58.60	3230.07	100.00
6	漳平县			767.46	45.03	937.02	54.97	1704.49	100.00
7	平和县			576.60	42.02	795.56	57.98	1372.17	100.00
8	诏安县			1257.98	41.45	1777.25	58.55	3035.23	100.00
9	海澄县			1608.80	38.37	2583.92	61.63	4192.71	100.00

¹漳州府钞的单位为：贯。

	地区	起运	%	存留	%	总计	%
10	宁洋县	377.28	40.71	549.52	59.29	926.82	100.00
	福宁州	2873.30	29.93	6727.49	70.07	9600.79	100.00
1	本州	1119.46	28.77	2771.52	71.23	3890.98	100.00
2	宁德县	1003.81	29.37	2413.70	70.63	3417.52	100.00
3	福安县	750.01	32.72	1542.26	67.28	2292.27	100.00

丙表 251

山西布政司分州县及其分属田赋货币化统计

	地区	钞（锭）						银（两）					
		起运	%	存留	%	总计	%	起运	%	存留	%	总计	%
	太原府							237161.49	48.17	255213.54	51.83	492375.03	100.00
1	阳曲县							19631.24	49.71	19861.64	50.29	39493.22	100.00
2	太原县							12855.42	47.74	14072.81	52.26	26928.28	100.00
3	榆次县							17681.30	48.64	18667.95	51.36	36349.25	100.00
4	太谷县							12415.20	49.06	12891.44	50.94	25306.63	100.00
5	祁县							11089.63	49.80	11178.78	50.20	22268.40	100.00
6	徐沟县							6971.99	49.26	7181.13	50.74	14153.12	100.00
7	清源县							6258.72	50.53	6128.58	49.47	12387.29	100.00
8	交城县							5263.55	44.42	6586.22	55.58	11849.77	100.00
9	文水县							20578.59	46.88	23313.57	53.12	43892.16	100.00
10	寿阳县							7125.13	47.55	7860.94	52.45	14986.07	100.00
11	临县							6754.12	51.66	6320.31	48.34	13074.43	100.00
12	孟县							6304.44	48.72	6634.70	51.28	12939.15	100.00
13	静乐县							5773.40	49.50	5890.57	50.50	11663.97	100.00
14	河曲县							345.84	21.11	1292.39	78.89	1638.23	100.00
15	平定州							6321.38	47.18	7075.81	52.82	13397.19	100.00
16	乐平县							3532.03	51.10	3380.19	48.90	6912.23	100.00
17	忻州							15992.17	45.21	19382.69	54.79	35374.87	100.00
18	定襄县							5978.27	45.78	7081.01	54.22	13059.29	100.00

			数值	%	数值	%	数值	%
19	代州		11125.18	50.26	11009.32	49.74	22134.51	100.00
20	五台县		5713.94	46.31	6625.31	53.69	12339.25	100.00
21	繁峙州		5456.82	49.60	5544.11	50.40	11000.92	100.00
22	崞县		12752.48	44.96	15613.43	55.04	28365.91	100.00
23	岢岚州		2804.20	47.09	3150.88	52.91	5955.09	100.00
24	岚县		7063.70	50.12	7030.72	49.88	14094.43	100.00
25	兴县		3655.09	53.40	3189.05	46.60	6844.14	100.00
26	保德州		377.13	17.94	1725.42	82.06	2102.55	100.00
27	永宁州		12207.18	50.20	12109.97	49.80	24317.15	100.00
28	宁乡县		4859.73	50.88	4690.95	49.12	9550.67	100.00
	平阳府		442483.00	45.09	538857.43	54.91	981340.43	100.00
1	临汾县		25124.25	47.13	28185.23	52.87	53309.48	100.00
2	襄陵县		14810.82	48.73	15584.84	51.27	30395.66	100.00
3	洪洞县		17488.05	49.84	17598.89	50.16	35086.94	100.00
4	浮山县		8127.18	50.30	8028.91	49.70	16156.09	100.00
5	赵城县		9496.75	46.47	10938.65	53.53	20435.40	100.00
6	太平县		17658.23	45.87	20838.40	54.13	38496.63	100.00
7	岳阳县		4564.22	43.43	5944.82	56.57	10509.04	100.00
8	曲沃县		19773.31	49.77	19959.34	50.23	39732.64	100.00
9	翼城县		17243.52	49.37	17680.67	50.63	34924.19	100.00
10	汾西县		7774.65	50.72	7553.90	49.28	15328.55	100.00
11	蒲县		5413.36	47.79	5914.52	52.21	11327.88	100.00
12	蒲州		27108.36	47.59	29859.87	52.41	56968.22	100.00
13	临晋县		26855.35	49.65	27231.07	50.35	54086.42	100.00
14	荣河县		13926.24	43.82	17857.61	56.18	31783.84	100.00
15	猗氏县		16066.91	43.05	21253.42	56.95	37320.33	100.00
16	万泉县		11445.36	43.72	14731.47	56.28	26176.83	100.00
17	河津县		12715.62	44.96	15564.49	55.04	28280.11	100.00

序号	名称						
18	解州	7477.24	43.39	9755.49	56.61	17232.73	100.00
19	安邑县	19406.72	41.29	27589.70	58.71	46996.42	100.00
20	夏县	14656.59	39.48	22464.06	60.52	37120.65	100.00
21	闻喜县	17402.98	36.30	30543.13	63.70	47946.11	100.00
22	平陆县	9831.79	41.71	13738.66	58.29	23570.45	100.00
23	芮城县	9345.09	39.87	14096.14	60.13	23441.23	100.00
24	绛州	16072.15	43.18	21152.62	56.82	37224.77	100.00
25	稷山县	19275.24	39.38	29676.22	60.62	48951.45	100.00
26	绛县	11383.60	43.47	14801.60	56.53	26185.21	100.00
27	垣曲县	7249.99	47.48	8018.07	52.52	15268.06	100.00
28	吉州	6839.92	48.24	7339.14	51.76	14179.06	100.00
29	乡宁县	8945.62	44.17	11307.25	55.83	20252.87	100.00
30	隰州	8691.71	46.11	10157.75	53.89	18849.46	100.00
31	大宁县	4635.77	47.80	5062.16	52.20	9697.93	100.00
32	石楼县	7177.04	47.06	8072.20	52.94	15249.23	100.00
33	永和县	4909.41	41.38	6954.90	58.62	11864.31	100.00
34	霍州	5827.74	49.12	6036.57	50.88	11864.31	100.00
35	灵石县	6601.66	52.13	6061.86	47.87	12663.52	100.00
	大同府	14710.44	14.44	87160.24	85.56	101870.68	100.00
1	大同县	2575.19	14.13	15646.46	85.87	18221.66	100.00
2	怀仁县	1145.04	15.64	6176.68	84.36	7321.73	100.00
3	浑源州	1530.95	15.37	8428.15	84.63	9959.10	100.00
4	应州	2869.05	14.49	16928.37	85.51	19797.42	100.00
5	山阴县	662.69	12.31	4719.27	87.69	5381.96	100.00
6	朔州	805.46	10.45	6899.70	89.55	7705.16	100.00
7	马邑县	586.68	11.34	4587.89	88.66	5174.57	100.00
8	蔚州	1875.10	13.60	11908.01	86.40	13783.11	100.00
9	广灵县	968.56	17.48	4571.19	82.52	5539.75	100.00

序	地名										100.00			
10	广昌县										100.00	3016.11	81.92	2470.87	18.08	545.24
11	灵丘县										100.00	5969.57	80.80	4823.48	19.20	1146.09
	潞安府										100.00	189783.24	60.03	113923.98	39.97	75859.25
1	长治县										100.00	39692.08	58.83	23352.38	41.17	16339.70
2	长子县										100.00	30492.64	56.84	17331.43	43.16	13161.22
3	屯留县										100.00	27803.15	66.28	18429.16	33.72	9373.99
4	襄垣县										100.00	20735.09	67.46	13988.36	32.54	6746.73
5	潞城县										100.00	27384.93	62.95	17240.17	37.05	10144.76
6	壶关县										100.00	22376.34	61.44	13748.48	38.56	8627.86
7	平顺县										100.00	7056.39	32.21	2272.85	67.79	4783.54
8	黎城县										100.00	14242.25	54.24	7724.87	45.76	6517.38
	汾州										100.00	138272.52	49.04	67813.05	50.96	70459.43
1	本州										100.00	42137.43	51.55	21723.23	48.45	20414.20
2	孝义县										100.00	22976.07	49.25	11314.65	50.75	11661.42
3	平遥县										100.00	48407.51	46.44	22479.54	53.56	25927.98
4	介休县										100.00	24751.33	48.37	11972.75	51.63	12778.59
	辽州										100.00	24870.82	58.46	14539.63	41.54	10331.13
1	本州										100.00	5877.01	55.18	3243.05	44.82	2633.96
2	榆社县										100.00	9907.88	58.35	5781.65	41.65	4126.23
3	和顺县										100.00	9085.79	61.09	5550.92	38.91	3534.87
	沁州										100.00	45146.29	57.26	25852.11	42.74	19294.18
1	本州										100.00	14453.46	60.48	8742.17	39.52	5711.29
2	沁源县										100.00	11087.37	49.37	5473.43	50.63	5613.94
3	武乡县										100.00	19605.40	59.35	11636.41	40.65	7968.99
	泽州										100.00	144682.64	63.94	92506.52	36.06	52176.13
1	本州										100.00	44646.98	67.42	30099.26	32.58	14547.72
2	高平县										100.00	35197.12	53.90	18971.90	46.10	16225.22
3	阳城县										100.00	27820.86	72.36	20130.36	27.64	7690.50

	地区	起运	%	存留	%	总计	%
4	陵川县	7271.67	38.18	11775.61	61.82	19047.27	100.00
5	沁水县	6284.94	34.97	11685.27	65.03	17970.22	100.00

丙表252

河南布政司分州县及其分属田赋货币化统计

	地区	钞（锭）						银（两）					
		起运	%	存留	%	总计	%	起运	%	存留	%	总计	%
	开封府							315588.20	69.17	140651.18	30.83	456239.39	100.00
1	祥符县							33012.35	71.17	13373.17	28.83	46385.51	100.00
2	陈留县							15068.07	73.88	5327.87	26.12	20395.94	100.00
3	杞县							30636.90	81.90	6772.68	18.10	37409.58	100.00
4	通许县							7756.20	72.75	2905.78	27.25	10661.99	100.00
5	太康县							5828.91	71.01	2380.17	28.99	8209.09	100.00
6	尉氏县							6457.70	65.53	3397.22	34.47	9854.92	100.00
7	洧川县							7869.14	72.81	2938.51	27.19	10807.67	100.00
8	鄢陵县							7499.21	73.16	2750.58	26.84	10249.80	100.00
9	扶沟县							3647.60	64.05	2047.65	35.95	5695.25	100.00
10	中牟县							11901.11	65.89	6160.09	34.11	18061.21	100.00
11	阳武县							11619.66	52.37	10569.99	47.63	22189.66	100.00
12	原武县							5659.73	68.04	2658.48	31.96	8318.22	100.00
13	封丘县							11949.17	57.10	8977.89	42.90	20927.06	100.00
14	延津县							5166.06	42.25	7060.59	57.75	12226.67	100.00
15	兰阳县							9877.03	93.88	643.87	6.12	10520.90	100.00
16	仪封县							7061.30	94.72	393.81	5.28	7455.11	100.00
17	陈州							6530.21	75.50	2118.74	24.50	8648.95	100.00
18	商水县							4189.13	74.74	1415.61	25.26	5604.74	100.00
19	西华县							6124.44	72.46	2327.47	27.54	8451.91	100.00
20	项城县							3970.07	71.41	1589.65	28.59	5559.72	100.00
21	沈丘县							1400.14	76.05	441.04	23.95	1841.19	100.00

序号	地名						数值1	%	数值2	%	合计	合计%
22	许州						13175.09	74.36	4543.15	25.64	17718.25	100.00
23	临颍县						6291.80	83.40	1252.49	16.60	7544.29	100.00
24	襄城县						12281.53	86.60	1900.26	13.40	14181.79	100.00
25	郾城县						6743.76	79.02	1790.44	20.98	8534.21	100.00
26	长葛县						8333.67	70.01	3570.16	29.99	11903.83	100.00
27	禹州						16642.95	44.18	21026.56	55.82	37669.53	100.00
28	新郑县						8855.17	66.41	4479.45	33.59	13334.62	100.00
29	密县						8554.22	68.96	3849.97	31.04	12404.20	100.00
30	郑州						13165.49	72.41	5015.61	27.59	18181.10	100.00
31	荥阳县						5201.66	73.79	1847.24	26.21	7048.91	100.00
32	荥泽县						4873.17	62.44	2931.00	37.56	7804.18	100.00
33	河阴县						2602.28	75.46	846.08	24.54	3448.36	100.00
34	汜水县						4369.03	62.61	2608.93	37.39	6977.96	100.00
	归德府						30984.91	69.89	13348.67	30.11	44333.59	100.00
1	商丘县						3236.87	63.35	1872.67	36.65	5109.55	100.00
2	宁陵县						1383.17	71.68	546.47	28.32	1929.66	100.00
3	鹿邑县						3584.48	74.35	1236.38	25.65	4820.85	100.00
4	夏邑县						3657.06	69.08	1637.26	30.92	5294.32	100.00
5	永城县						6613.08	71.02	2697.97	28.98	9311.06	100.00
6	虞城县						2831.06	67.13	1386.04	32.87	4217.10	100.00
7	睢州						7145.97	70.62	2973.16	29.38	10119.13	100.00
8	考城县						1742.48	82.23	376.42	17.76	2118.92	100.00
9	柘城县						862.49	61.17	547.41	38.83	1409.91	100.00
	彰德府						107977.21	68.99	48524.06	31.01	156501.27	100.00
1	安阳县						29080.21	64.06	16318.60	35.94	45398.81	100.00
2	汤阴县						16987.12	67.65	8124.95	32.35	25112.07	100.00
3	临漳县						15522.56	69.41	6841.07	30.59	22363.63	100.00
4	林县						15351.23	73.18	5625.61	26.82	20976.85	100.00

5	磁州	15459.10	76.22	4822.11	23.78	20281.20	100.00
6	武安县	11505.28	74.71	3894.41	25.29	15399.69	100.00
7	涉县	4634.95	66.53	2331.68	33.47	6966.64	100.00
	卫辉府	59406.03	65.65	31083.28	34.35	90489.31	100.00
1	汲县	9744.26	62.68	5802.42	37.32	15546.68	100.00
2	胙城县	4360.25	44.17	5511.20	55.83	9871.45	100.00
3	新乡县	14321.04	66.67	7158.91	33.33	21479.97	100.00
4	获嘉县	8488.12	73.35	3084.43	26.65	11572.55	100.00
5	淇县	6533.61	66.47	3296.23	33.53	9829.85	100.00
6	辉县	16090.97	72.53	6095.57	27.47	22186.54	100.00
	怀庆府	124695.44	60.92	79997.17	39.08	204692.62	100.00
1	河内县	34856.97	62.74	20702.84	37.26	55559.82	100.00
2	济源县	22014.21	63.79	12493.60	36.21	34507.82	100.00
3	修武县	16534.52	50.40	16274.44	49.60	32808.97	100.00
4	武陟县	21622.62	60.23	14280.04	39.77	35902.66	100.00
5	孟县	16245.65	63.67	9270.46	36.33	25516.12	100.00
6	温县	13044.40	63.96	7350.44	36.04	20394.85	100.00
	河南府	175114.56	58.99	121756.24	41.01	296870.80	100.00
1	洛阳县	26942.66	47.66	29589.61	52.34	56532.28	100.00
2	偃师县	12644.46	54.83	10416.47	45.17	23060.94	100.00
3	巩县	8675.40	64.52	4770.92	35.48	13446.31	100.00
4	孟津县	6087.71	47.22	6803.84	52.78	12891.55	100.00
5	宜阳县	14982.44	58.89	10459.28	41.11	25441.72	100.00
6	登封县	10556.07	53.97	9002.81	46.03	19558.88	100.00
7	永宁县	17471.49	65.80	9081.94	34.20	26553.45	100.00
8	新安县	5614.38	60.06	3733.46	39.94	9347.83	100.00
9	渑池县	5541.84	48.49	5887.37	51.51	11429.22	100.00
10	嵩县	10684.72	61.95	6563.51	38.05	17248.22	100.00

11	卢氏县					7423.86	70.26	3141.95	29.74	10565.82	100.00
12	陕州					13371.65	67.99	6294.70	32.01	19666.36	100.00
13	灵宝县					24011.90	66.61	12038.05	33.39	36049.96	100.00
14	阌乡县					10272.73	68.16	4798.62	31.84	15071.37	100.00
	南阳府					56307.94	77.54	16310.75	22.46	72618.69	100.00
1	南阳县					3819.64	75.85	1216.32	24.15	5035.97	100.00
2	镇平县					1894.17	72.88	704.97	27.12	2599.15	100.00
3	唐县					1893.19	69.06	848.27	30.94	2741.47	100.00
4	泌阳县					3631.17	77.36	1062.85	22.64	4694.03	100.00
5	桐柏县					882.25	73.85	312.37	26.15	1194.63	100.00
6	南召县					1635.88	76.06	514.91	23.94	2150.80	100.00
7	邓州					3037.53	76.95	909.91	23.05	3947.44	100.00
8	内乡县					5384.57	75.79	1719.56	24.21	7104.14	100.00
9	新野县					2953.37	77.94	835.85	22.06	3789.23	100.00
10	淅川县					3924.51	76.61	1198.40	23.39	5122.92	100.00
11	裕州					4525.87	75.07	1502.71	24.93	6028.58	100.00
12	舞阳县					11310.68	78.91	3023.85	21.09	14334.54	100.00
13	叶县					11445.10	82.51	2425.32	17.49	13870.41	100.00
	汝宁府					59134.07	76.97	17696.30	23.03	76830.37	100.00
1	汝阳县					3314.28	70.16	1409.79	29.84	4724.09	100.00
2	真阳县					1102.59	82.53	233.35	17.47	1335.95	100.00
3	上蔡县					8347.06	76.50	2563.74	23.50	10910.81	100.00
4	新蔡县					1533.23	69.22	681.90	30.78	2215.13	100.00
5	西平县					7113.44	79.43	1841.88	20.57	8955.33	100.00
6	遂平县					5304.60	77.09	1576.12	22.91	6880.72	100.00
7	信阳州					1881.45	70.62	782.55	29.37	2664.01	100.00
8	罗山县					3289.80	78.08	923.67	21.92	4213.47	100.00
9	确山县					4707.56	83.92	902.17	16.08	5609.72	100.00

							%
10	光州	3806.01	75.95	1205.23	24.05	5011.24	100.00
11	光山县	4568.17	75.82	1456.66	24.18	6024.84	100.00
12	固始县	5305.41	75.91	1683.79	24.09	6989.21	100.00
13	息县	3112.44	77.58	899.60	22.42	4012.05	100.00
	商城县	5768.12	79.27	1508.79	20.73	7276.92	100.00
	汝州	55204.53	59.85	37035.16	40.15	92239.69	100.00
1	本州	14212.67	50.40	13988.67	49.60	28201.34	100.00
2	鲁山县	9295.06	70.32	3922.81	29.68	13217.87	100.00
3	郏县	14683.38	66.91	7261.93	33.09	21945.31	100.00
4	宝丰县	11631.83	59.74	7838.96	40.26	19470.80	100.00
5	伊阳县	5440.89	57.86	3961.96	42.14	9402.85	100.00

丙表 253

陕西布政司分州县及其分属田赋货币化统计

		钞（锭）						银（两）					
	地区	起运	%	存留	%	总计	%	起运	%	存留	%	总计	%
	西安府							738699.22	98.68	9872.39	1.32	748571.61	100.00
1	长安县							22174.44	98.33	376.77	1.67	22551.21	100.00
2	咸宁县							19022.19	97.71	446.81	2.29	19469.00	100.00
3	咸阳县							6022.60	97.87	131.18	2.13	6153.78	100.00
4	兴平县							13944.25	97.49	358.30	2.51	14302.55	100.00
5	临潼县							39667.39	99.00	400.15	1.00	40067.54	100.00
6	高陵县							13624.88	99.28	98.86	0.72	13723.74	100.00
7	户县							11332.41	98.85	132.17	1.15	11464.58	100.00
8	蓝田县							9497.20	97.88	205.46	2.12	9702.66	100.00
9	泾阳县							32952.58	98.43	526.76	1.57	33479.34	100.00
10	三原县							23399.92	98.63	324.55	1.37	23724.47	100.00
11	周至县							21688.75	98.77	269.77	1.23	21958.52	100.00
12	渭南县							52582.66	99.09	483.83	0.91	53066.49	100.00

序号	县名							数值	百分比	数值	百分比	合计	百分比
13	商州							5064.34	98.08	98.88	1.92	5163.22	100.00
14	镇安县							985.13	92.51	79.78	7.49	1064.91	100.00
15	洛南县							6337.83	98.35	106.03	1.65	6443.86	100.00
16	山阳县							932.21	98.64	12.88	1.36	945.09	100.00
17	商南县							740.64	99.11	6.65	0.89	747.29	100.00
18	同州							16424.00	98.29	285.94	1.71	16709.94	100.00
19	朝邑县							20613.58	98.18	383.15	1.82	20996.73	100.00
20	郃阳县							31575.21	98.65	433.44	1.35	32008.65	100.00
21	澄城县							34411.54	98.62	481.18	1.38	34892.72	100.00
22	白水县							17447.36	98.51	264.33	1.49	17711.69	100.00
23	韩城县							21119.91	98.11	407.78	1.89	21527.69	100.00
24	华州							24786.77	98.88	281.20	1.12	25067.97	100.00
25	华阴县							16045.98	98.63	222.32	1.37	16268.30	100.00
26	蒲城县							67877.01	99.19	552.67	0.81	68429.68	100.00
27	耀州							14772.40	98.50	224.29	1.50	14996.69	100.00
28	同官县							11415.96	97.82	253.95	2.18	11669.91	100.00
29	富平县							49183.63	98.78	605.13	1.22	49788.76	100.00
30	乾州							22320.34	98.67	301.50	1.33	22621.84	100.00
31	礼泉县							16852.76	99.01	167.73	0.99	17020.49	100.00
32	武功县							9344.81	97.97	193.51	2.03	9538.32	100.00
33	永寿县							9502.59	98.44	150.32	1.56	9652.91	100.00
34	邠州							35022.20	99.18	288.50	0.82	35310.70	100.00
35	三水县							22499.03	99.35	146.42	0.65	22645.45	100.00
36	淳化县							17493.72	99.01	174.07	0.99	17667.79	100.00
	延安府							164712.28	98.75	2093.07	1.25	166805.35	100.00
1	肤施县							7453.64	99.54	34.53	0.46	7488.17	100.00
2	安塞县							3316.62	98.96	34.99	1.04	3351.61	100.00
3	甘泉县							8192.05	99.24	63.12	0.76	8255.17	100.00

4	安定县				7151.32	98.85	83.09	1.15	7234.41	100.00
5	保安县				2579.36	98.59	36.96	1.41	2616.32	100.00
6	宜川县				19749.75	98.94	211.40	1.06	19961.15	100.00
7	延川县				6765.03	99.30	47.61	0.70	6812.64	100.00
8	延长县				6544.78	98.87	75.03	1.13	6619.81	100.00
9	清涧县				6812.70	98.20	124.70	1.80	6937.40	100.00
10	鄜州				13641.91	98.77	169.33	1.23	13811.24	100.00
11	洛川县				34549.94	99.31	241.30	0.69	34791.24	100.00
12	中部县				6834.29	97.79	154.37	2.21	6988.66	100.00
13	宜君县				15707.07	98.54	232.74	1.46	15939.81	100.00
14	绥德州				7203.57	97.49	185.81	2.51	7389.38	100.00
15	米脂县				6944.03	98.48	107.31	1.52	7051.34	100.00
16	葭州				5832.56	97.18	169.42	2.82	6001.98	100.00
17	吴堡县				1720.19	99.02	16.94	0.98	1737.13	100.00
18	神木县				1646.01	96.63	57.42	3.37	1703.43	100.00
19	府谷县				2061.00	97.76	47.29	2.24	2108.29	100.00
	平凉府				137256.82	99.41	817.33	0.59	138074.15	100.00
1	平凉县				18333.43	99.62	69.74	0.38	18403.17	100.00
2	崇信县				5418.14	99.42	31.59	0.58	5449.73	100.00
3	华亭县				8732.35	99.64	31.89	0.36	8764.24	100.00
4	镇原县				30250.68	99.57	130.40	0.43	30381.08	100.00
5	固原州				3453.59	99.81	6.53	0.19	3460.12	100.00
6	泾州				21648.14	99.28	157.26	0.72	21805.40	100.00
7	灵台县				26434.79	99.48	138.46	0.52	26573.25	100.00
8	静宁州				15142.14	99.13	133.41	0.87	15275.55	100.00
9	庄浪县				4772.52	99.23	37.20	0.77	4809.72	100.00
10	隆德县				3069.33	97.44	80.79	2.56	3150.12	100.00
	庆阳府				93398.45	98.92	1015.57	1.08	94414.02	100.00

1	安化县	27771.42	99.24	212.70	0.76	27984.12	100.00
2	合水县	4223.33	96.62	147.91	3.38	4371.24	100.00
3	环县	1811.36	96.51	65.58	3.49	1876.94	100.00
4	宁州	50896.78	99.11	459.03	0.89	51355.81	100.00
5	真宁县	8694.02	98.52	130.50	1.48	8824.52	100.00
	临洮府	34110.84	99.68	108.60	0.32	34219.44	100.00
1	狄道县	7678.15	99.37	48.63	0.63	7726.78	100.00
2	渭源县	3709.42	99.69	11.61	0.31	3721.03	100.00
3	兰州	2435.12	99.73	6.66	0.27	2441.78	100.00
4	金县	7291.01	99.43	41.69	0.57	7332.70	100.00
5	河州	12996.36	100.00			12996.36	100.00
	巩昌府	114780.81	98.61	1614.58	1.39	116395.39	100.00
1	陇西县	19562.39	99.17	164.40	0.83	19726.79	100.00
2	安定县	14029.34	98.95	149.01	1.05	14178.35	100.00
3	会宁县	7060.66	98.35	118.56	1.65	7179.22	100.00
4	通渭县	11445.21	98.44	181.82	1.56	11627.03	100.00
5	漳县	3271.55	99.14	28.31	0.86	3299.86	100.00
6	宁远县	7618.68	98.12	145.88	1.88	7764.56	100.00
7	伏羌县	7667.82	99.10	69.77	0.90	7737.59	100.00
8	西和县	4152.37	98.02	83.76	1.98	4236.13	100.00
9	成县	2465.23	97.91	52.52	2.09	2517.75	100.00
10	秦州	13671.29	98.82	163.65	1.18	13834.94	100.00
11	秦安县	5408.64	98.18	100.04	1.82	5508.68	100.00
12	清水县	3314.58	98.03	66.65	1.97	3381.23	100.00
13	礼县	4442.45	98.32	75.85	1.68	4518.30	100.00
14	阶州	5838.83	98.75	73.77	1.25	5912.60	100.00
15	文县	1552.04	97.89	33.51	2.11	1585.55	100.00
16	徽州	2149.33	96.14	86.35	3.86	2235.68	100.00

序号	县名						
17	两当县	1126.06	97.86	24.59	2.14	1150.65	100.00
	凤翔府	163017.33	98.73	2101.11	1.27	165118.44	100.00
1	凤翔县	28281.90	98.50	430.21	1.50	28712.11	100.00
2	宝鸡县	32285.70	98.73	416.94	1.27	32702.64	100.00
3	扶风县	31816.66	98.88	360.40	1.12	32177.06	100.00
4	岐山县	23105.97	98.78	285.01	1.22	23390.98	100.00
5	眉县	12180.64	98.74	155.52	1.26	12336.16	100.00
6	麟游县	13216.67	98.64	182.60	1.36	13399.27	100.00
7	陇州	12333.36	98.71	161.50	1.29	12494.86	100.00
8	汧阳县	9677.90	98.78	119.26	1.22	9797.16	100.00
	汉中府	29164.45	93.79	1930.19	6.21	31094.64	100.00
1	南郑县	2118.69	95.27	105.23	4.73	2223.92	100.00
2	褒城县	1289.62	95.50	60.78	4.50	1350.40	100.00
3	城固县	4416.44	97.06	133.73	2.94	4550.17	100.00
4	洋县	6088.91	94.17	377.02	5.83	6465.93	100.00
5	西乡县	1496.10	92.58	119.94	7.42	1616.04	100.00
6	凤县	4100.57	96.50	148.80	3.50	4249.37	100.00
7	宁羌州	349.48	90.28	37.64	9.72	387.12	100.00
8	沔县	1097.85	96.14	44.13	3.86	1141.98	100.00
9	略阳县	672.37	92.01	58.38	7.99	730.75	100.00
10	金州	2629.23	92.16	223.60	7.84	2852.83	100.00
11	平利县	471.30	82.72	98.45	17.28	569.75	100.00
12	石泉县	474.86	83.50	93.82	16.50	568.68	100.00
13	旬阳县	1306.12	89.51	153.05	10.49	1459.17	100.00
14	紫阳县	273.03	84.20	51.22	15.80	324.25	100.00
15	汉阴县	809.58	87.69	113.63	12.31	923.21	100.00
16	白河县	752.09	87.02	112.16	12.98	864.25	100.00

					100.00	812.92	100.00	812.92			100.00

陕西布政司分属卫所田赋货币化统计

丙表254

地区	钞（锭）						银（两）					
	起运	%	存留	%	总计	%	起运	%	存留	%	总计	%
三十七卫所总数							17645.65	100.00			17645.65	100.00
1 洮州卫							156.10	100.00			156.10	100.00
2 岷州卫							2079.74	100.00			2079.74	100.00
3 西固城军民千户所							556.36	100.00			556.36	100.00
4 庆阳卫前千户所							2654.17	100.00			2654.17	100.00
5 山城驿							103.89	100.00			103.89	100.00
6 本钵递运所							71.38	100.00			71.38	100.00
7 山城递运所							111.14	100.00			111.14	100.00
8 青平驿							48.60	100.00			48.60	100.00
9 菁平递运所							123.54	100.00			123.54	100.00
10 阜城递运所							57.93	100.00			57.93	100.00
11 宁夏卫经历司							2525.26	100.00			2525.26	100.00
12 灵州							2601.06	100.00			2601.06	100.00
13 灵州千户所							191.27	100.00			191.27	100.00
14 石沟儿递运所							211.26	100.00			211.26	100.00

[1]根据汉中府夏税麦、秋粮米以及草的总数，开山驿、青桥驿、黄沙驿、柏林驿、菁阳驿、草凉楼驿、梁山驿、三岔驿、安山驿、武关驿、凉山楼驿等11驿的夏税麦、秋粮米以及草的数量应计入汉中府内。

序号	名称		值				值	
15	石沟驿		100.00				197.07	100.00
16	小盐池驿		100.00				133.24	100.00
17	小盐池递运所		100.00				165.74	100.00
18	萌城驿		100.00				183.78	100.00
19	萌城递运所		100.00				313.84	100.00
20	大沙井递运所		100.00				89.20	100.00
21	绥德卫		100.00				444.44	100.00
22	延安卫		100.00				350.34	100.00
23	庆阳卫		100.00				555.68	100.00
24	高家堡		100.00				96.69	100.00
25	榆林城		100.00				1939.83	100.00
26	波罗堡		100.00				130.78	100.00
27	怀远堡		100.00				51.71	100.00
28	威武堡		100.00				455.48	100.00
29	清平堡		100.00				148.49	100.00
30	龙州城		100.00				57.07	100.00
31	靖边营		100.00				236.66	100.00
32	宁塞堡		100.00				97.46	100.00
33	永济堡		100.00				74.03	100.00
34	安边营		100.00				251.66	100.00
35	新兴堡		100.00				41.53	100.00
36	定边营		100.00				128.16	100.00
37	双山堡		100.00				11.43	100.00

1856

丙表 255

四川布政司分州县及其分属田赋货币化统计

	地区	钞（锭）						银（两）					
		起运	%	存留	%	总计	%	起运	%	存留	%	总计	%
	成都府							40044.07	78.42	11020.80	21.58	51064.86	100.00
1	成都县							2833.66	91.98	246.95	8.02	3080.71	100.00
2	华阳县							1303.73	85.51	220.91	14.49	1524.64	100.00
3	双流县							1472.93	85.66	246.50	14.34	1719.42	100.00
4	温江县							2735.24	91.22	263.25	8.78	2998.49	100.00
5	新繁县							1517.04	89.13	184.92	10.87	1701.96	100.00
6	金堂县							1683.32	87.65	237.19	12.35	1920.52	100.00
7	仁寿县							1759.65	75.78	562.31	24.22	2321.96	100.00
8	新都县							2334.57	92.21	197.17	7.79	2531.75	100.00
9	井研县							441.43	63.34	255.45	36.66	696.88	100.00
10	郫县							2508.75	89.55	292.62	10.45	2801.37	100.00
11	资县							1448.46	77.44	421.97	22.56	1870.43	100.00
12	灌县							946.87	35.84	1694.71	64.16	2641.58	100.00
13	彭县							1817.03	88.09	245.77	11.91	2062.81	100.00
14	安县							581.02	55.75	461.21	44.25	1042.23	100.00
15	内江县							3181.34	84.63	577.82	15.37	3759.16	100.00
16	崇宁县							720.11	79.61	184.44	20.39	904.55	100.00
17	资阳县							1598.25	75.19	527.28	24.81	2125.52	100.00
18	简州							1330.76	66.69	664.75	33.31	1995.52	100.00
19	崇庆州							2402.72	81.19	556.76	18.81	2959.49	100.00
20	新津县							1433.86	86.34	226.93	13.66	1660.79	100.00
21	汉州							2074.10	82.62	436.38	17.38	2510.48	100.00
22	什邡县							772.79	79.75	196.18	20.25	968.97	100.00
23	绵竹县							1065.40	76.18	333.21	23.82	1398.61	100.00
24	德阳县							824.39	70.78	340.36	29.22	1164.75	100.00

序号	地名						
25	绵州	100.00	523.92	42.45	222.39	57.55	301.53
26	彰明县	100.00	680.03	24.33	165.47	75.67	514.55
27	罗江县	100.00	424.07	52.01	220.54	47.99	203.52
28	茂州	100.00	281.17	100.00	281.17		
29	汶川县	100.00	83.28	100.00	83.28		
30	威州	100.00	247.04	100.00	247.04		
31	保县	100.00	122.79	100.00	122.79		
32	静州长官司	100.00	84.10			100.00	84.10
33	岳溪蓬长官司	100.00	54.75			100.00	54.75
34	陇木头长官司	100.00	96.93			100.00	96.93
35	松潘卫	100.00	40.41	100.00	40.41		
36	叠溪千户所并所属叠溪爵即三长官司	100.00	60.59	100.00	60.59		
	保宁府	100.00	6576.49	36.36	2391.09	63.64	4185.40
1	阆中县	100.00	911.34	19.92	181.50	80.08	729.84
2	苍溪县	100.00	570.38	30.91	176.29	69.09	394.08
3	南部县	100.00	1150.21	33.99	391.01	66.01	759.20
4	广元县	100.00	324.71	51.41	166.93	48.59	157.78
5	昭化县	100.00	266.23	52.47	139.68	47.53	126.54
6	巴州	100.00	1360.40	26.99	367.15	73.01	993.25
7	通江县	100.00	655.10	44.15	289.22	55.85	365.87
8	南江县	100.00	453.73	39.03	177.07	60.97	276.66
9	剑州	100.00	493.39	62.12	306.50	37.88	186.88
10	梓潼县	100.00	390.90	50.05	195.64	49.95	195.25

	1	2	3	4	5	6
顺庆府	19898.40	86.73	3045.33	13.27	22943.74	100.00
1 南充县	1304.26	79.68	332.60	20.32	1636.86	100.00
2 西充县	1233.62	85.49	209.42	14.51	1443.04	100.00
3 蓬州	316.21	43.04	418.50	56.96	734.70	100.00
4 营山县	390.07	70.37	164.23	29.63	554.30	100.00
5 仪陇县	825.25	79.80	208.88	20.20	1034.14	100.00
6 广安州	4961.03	90.88	498.12	9.12	5459.15	100.00
7 渠县	1917.60	84.72	345.91	15.28	2263.51	100.00
8 大竹县	2353.44	90.49	247.22	9.51	2600.66	100.00
9 岳池县	3971.33	91.77	356.05	8.23	4327.37	100.00
10 邻水县	2624.74	90.83	264.99	9.17	2889.73	100.00
叙州府	32624.28	87.31	4741.69	12.69	37365.97	100.00
1 宜宾县	3506.68	94.13	218.87	5.87	3725.54	100.00
2 庆符县	1418.49	89.11	173.37	10.89	1591.86	100.00
3 富顺县	14042.38	88.86	1759.62	11.14	15802.00	100.00
4 南溪县	3850.90	90.88	386.67	9.12	4237.57	100.00
5 长宁县	2528.02	93.13	186.52	6.87	2714.54	100.00
6 高县	864.30	73.92	304.99	26.08	1169.29	100.00
7 筠连县			420.98	100.00	420.98	100.00
8 珙县			487.27	100.00	487.27	100.00
9 兴文县	168.28	28.02	432.35	71.98	600.63	100.00
10 隆昌县	6230.72	94.10	390.49	5.90	6621.22	100.00
重庆府	101527.04	91.28	9695.34	8.72	111222.38	100.00
1 巴县	17590.56	93.79	1164.08	6.21	18754.59	100.00
2 江津县	10267.14	96.45	378.20	3.55	10645.37	100.00
3 长寿县	8742.95	95.47	415.07	4.53	9158.04	100.00
4 大足县	9521.87	91.35	901.86	8.65	10423.70	100.00
5 永川县	10379.16	94.26	631.53	5.74	11010.69	100.00

序号	地名										
6	柴昌县					5911.31	91.73	533.01	8.27	6444.29	100.00
7	綦江县					718.55	79.31	187.43	20.69	905.97	100.00
8	南川县					1263.55	84.56	230.64	15.44	1494.19	100.00
9	黔江县							129.49	100.00	129.49	100.00
10	安居县					1329.37	79.79	336.67	20.21	1666.04	100.00
11	璧山县					5686.64	94.42	336.27	5.58	6022.91	100.00
12	合州					8068.06	89.99	897.43	10.01	8965.49	100.00
13	铜梁县					6455.01	94.53	373.17	5.47	6828.18	100.00
14	定远县					2253.04	83.07	459.25	16.93	2712.29	100.00
15	忠州					690.28	57.29	514.63	42.71	1204.91	100.00
16	丰都县					601.72	78.14	168.33	21.86	770.06	100.00
17	垫江县					4173.37	91.73	376.44	8.27	4549.80	100.00
18	涪州					4171.28	92.97	315.47	7.03	4486.75	100.00
19	武隆县					123.63	48.24	132.64	51.76	256.26	100.00
20	彭水县					405.61	70.08	173.16	29.92	578.77	100.00
21	播州宣慰司					711.51	49.84	716.02	50.16	1427.53	100.00
22	播州长官司					1602.43	100.00			1602.43	100.00
23	黄平安抚司					175.37	85.55	29.63	14.45	205.00	100.00
24	草塘安抚司					203.95	100.00			203.95	100.00
25	余庆长官司					68.36	100.00			68.36	100.00
26	白泥长官司					19.50	13.76	122.24	86.24	141.74	100.00
27	容山长官司					3.69	10.90	30.17	89.10	33.86	100.00
28	黄州长官司					17.08	14.01	104.83	85.99	121.91	100.00
29	重安长官司					1.33	2.42	53.72	97.58	55.05	100.00
30	酉阳宣抚司					241.82	100.00			241.82	100.00
31	邑梅洞长官司					14.16	100.00			14.16	100.00
32	平茶洞长官司					74.07	100.00			74.07	100.00

序号	地名										
33	天坝干等寨						24.44	100.00		24.44	100.00
	夔州府						7123.24	72.82	2659.18	27.18	9782.45	100.00
1	奉节县						474.69	86.65	73.16	13.35	547.84	100.00
2	巫山县						263.48	58.26	188.74	41.74	452.21	100.00
3	大昌县						27.08	15.27	150.25	84.73	177.33	100.00
4	云阳县						461.65	64.19	257.59	35.81	719.24	100.00
5	大宁县						295.06	64.64	161.38	35.36	456.44	100.00
6	万县						549.29	68.97	247.10	31.03	796.40	100.00
7	开县						1050.47	81.78	234.03	18.22	1284.50	100.00
8	新宁县						936.98	83.96	178.94	16.04	1115.92	100.00
9	梁山县						1661.60	85.93	272.04	14.07	1933.64	100.00
10	建始县						491.40	72.56	185.82	27.44	677.22	100.00
11	达州						673.31	62.04	411.99	37.96	1085.29	100.00
12	东乡县						236.07	59.77	158.88	40.23	394.96	100.00
13	太平县						7.88	7.53	96.83	92.47	104.71	100.00
14	石柱宣抚司						6.72	18.34	29.93	81.66	36.65	100.00
	马湖府								869.96	100.00	869.96	100.00
1	本府亲管雷坡县并宁戎巡检司								17.37	100.00	17.37	100.00
2	泥溪长官司								165.35	100.00	165.35	100.00
3	平夷长官司								117.86	100.00	117.86	100.00
4	蛮夷长官司								47.61	100.00	47.61	100.00
5	沐川长官司								521.76	100.00	521.76	100.00
	龙安府						639.85	20.94	2416.05	79.06	3055.90	100.00
1	本府								2031.83	100.00	2031.83	100.00
2	江油县						399.86	67.05	196.54	32.95	596.40	100.00

序号									
3	石泉县			238.99	55.88	188.67	44.12	427.66	100.00
	镇雄等四府总数			6086.71	95.61	279.25	4.39	6365.96	100.00
1	镇雄府			1212.57	97.79	27.40	2.21	1239.97	100.00
2	乌撒军民府			2785.22	94.00	177.78	6.00	2963.00	100.00
3	东川军民府			859.30	96.67	29.60	3.33	888.90	100.00
4	乌蒙军民府			1229.62	96.51	44.47	3.49	1274.09	100.00
	潼川州			6747.44	70.47	2826.88	29.53	9574.39	100.00
1	本州			412.37	50.48	404.45	49.51	816.83	100.00
2	射洪县			209.93	47.28	234.10	52.72	444.03	100.00
3	盐亭县			161.72	40.06	241.93	59.94	403.65	100.00
4	中江县			452.95	57.30	337.52	42.70	790.47	100.00
5	遂宁县			2007.11	78.25	557.97	21.75	2565.08	100.00
6	蓬溪县			546.66	67.08	268.28	32.92	814.94	100.00
7	安岳县			2412.11	82.12	525.31	17.88	2937.42	100.00
8	乐至县			543.71	67.80	258.17	32.20	801.88	100.00
	眉州			8832.31	85.85	1455.49	14.15	10287.81	100.00
1	本州			5872.43	89.47	691.43	10.53	6563.86	100.00
2	彭山县			898.89	76.07	282.75	23.93	1181.64	100.00
3	丹棱县			1152.27	84.56	210.48	15.45	1362.74	100.00
4	青神县			925.90	78.50	253.65	21.50	1179.55	100.00
	嘉定州			11128.25	81.49	2527.06	18.51	13655.32	100.00
1	本州			2057.24	76.17	643.68	23.83	2700.92	100.00
2	峨眉县			2418.92	91.29	230.92	8.71	2649.83	100.00
3	洪雅县			1286.71	84.86	229.52	15.14	1516.23	100.00
4	夹江县			1771.98	84.76	318.54	15.24	2090.52	100.00
5	健为县			1430.63	80.86	338.68	19.14	1769.31	100.00
6	荣县			1361.06	76.91	408.59	23.09	1769.65	100.00

序号	地名						
7	威远县	100.00	1158.20	31.94	369.90	68.10	788.79
	邛州	100.00	7935.00	14.64	1161.61	85.36	6773.38
1	本州	100.00	3512.36	13.37	469.72	86.63	3042.64
2	大邑县	100.00	2407.74	14.35	345.49	85.65	2062.24
3	蒲江县	100.00	2014.84	16.86	339.69	83.14	1675.14
	泸州	100.00	27757.50	6.33	1756.02	93.67	26001.48
1	本州	100.00	20425.67	3.68	750.97	96.32	19674.70
2	纳溪县	100.00	749.07	35.86	268.64	64.14	480.43
3	合江县	100.00	2335.82	11.18	261.07	88.82	2074.75
4	江安县	100.00	4246.92	10.43	443.15	89.57	3803.77
	雅州	100.00	3081.96	37.33	1150.40	62.67	1931.56
1	本州	100.00	1078.33	40.06	431.96	59.94	646.37
2	名山县	100.00	729.63	30.40	221.81	69.60	507.81
3	荣经县	100.00	529.10	39.82	210.67	60.18	318.42
4	芦山县	100.00	744.87	38.94	290.04	61.06	454.84
	永宁等九司 总数	100.00	3817.64	82.86	3163.33	17.14	654.31
1	永宁宣抚司	100.00	550.16	100.00	550.16		
2	九姓长官司	100.00	576.08	24.81	142.94	75.19	433.14
3	太平长官司	100.00	168.65	100.00	168.65		
4	黎州安抚司	100.00	51.36	100.00	51.36		
5	建昌卫并所 属威龙普济 昌州等长官 司	100.00	962.94	79.40	764.55	20.60	198.39
6	越嶲卫并所 属邛部长官 司	100.00	65.93	100.00	65.93		

								80.27	100.00	80.27	100.00
7	宁番卫										
8	会川卫							1149.32	100.00	1149.32	100.00
9	盐井卫并所属马喇长官司					22.78	10.70	190.15	89.30	212.93	100.00

丙表 256　广东布政司分州县及其分属田赋货币化统计（原书缺雷州府数据）

地区	钞（锭）						银（两）					
	起运	%	存留	%	总计	%	起运	%	存留	%	总计	%
广州府							27358.71	26.45	76072.82	73.55	103431.53	100.00
1 南海县							3666.17	20.49	14224.01	79.51	17890.18	100.00
2 番禺县							4813.59	36.24	8467.44	63.76	13281.04	100.00
3 顺德县							3786.58	33.42	7542.59	66.58	11329.17	100.00
4 东莞县							3582.03	30.21	8274.02	69.79	11856.05	100.00
5 从化县							269.45	21.03	1011.62	78.97	1281.08	100.00
6 龙门县							508.24	19.98	2035.90	80.02	2544.14	100.00
7 新宁县							341.20	12.94	2294.80	87.06	2636.01	100.00
8 增城县							2500.20	29.30	6032.67	70.70	8532.87	100.00
9 香山县							2078.26	28.25	5279.15	71.75	7357.41	100.00
10 新会县							3005.28	25.68	8696.70	74.32	11701.98	100.00
11 三水县							916.37	18.26	4102.22	81.74	5018.60	100.00
12 清远县							442.90	13.61	2811.67	86.39	3254.57	100.00
13 连州							318.17	16.47	1613.98	83.53	1932.15	100.00
14 阳山县							123.97	13.78	775.65	86.22	899.62	100.00
15 连山县							58.62	12.66	404.25	87.34	462.87	100.00
16 新安县							972.64	28.16	2481.00	71.84	3453.65	100.00
韶州府							2441.91	15.38	13439.01	84.62	15880.93	100.00
1 曲江县							759.96	15.23	4230.88	84.77	4990.83	100.00

序	县名								
2	乐昌县			371.17	17.88	1705.22	82.12	2076.39	100.00
3	仁化县			176.19	16.69	879.41	83.31	1055.61	100.00
4	乳源县			155.98	17.13	754.57	82.87	910.55	100.00
5	翁源县			301.09	13.68	1900.43	86.32	2201.53	100.00
6	英德县			668.01	14.38	3977.92	85.62	4645.93	100.00
	南雄府			3758.99	34.68	7080.36	65.32	10839.35	100.00
1	保昌县			3460.87	37.16	5852.32	62.84	9313.19	100.00
2	始兴县			266.39	17.45	1259.77	82.55	1526.16	100.00
	惠州府			4938.38	22.50	17013.30	77.50	21951.68	100.00
1	归善县			1179.96	28.26	2995.83	71.74	4175.79	100.00
2	博罗县			1840.93	30.81	4134.83	69.19	5975.76	100.00
3	长宁县			150.13	15.03	848.47	84.97	998.61	100.00
4	永安县			202.85	15.57	1099.91	84.43	1302.76	100.00
5	海丰县			399.70	19.08	1694.99	80.92	2094.68	100.00
6	河源县			215.93	11.38	1681.27	88.62	1897.20	100.00
7	龙川县			229.40	16.11	1194.81	83.89	1424.21	100.00
8	长乐县			300.50	19.57	1234.97	80.43	1535.47	100.00
9	兴宁县			284.26	16.89	1398.89	83.11	1683.15	100.00
10	和平县			115.26	13.34	748.67	86.66	863.93	100.00
	潮州府[1]			27682.83	49.18	28603.22	50.82	56286.05	100.00
1	海阳县			3843.35	41.58	5400.01	58.42	9243.36	100.00
2	平远等9县			23621.7	50.21	23420.99	49.79	47042.69	100.00
	肇庆府			12966.41	28.62	32344.39	71.38	45310.80	100.00
1	高要县			2021.26	20.86	7669.25	79.14	9690.51	100.00
2	四会县			2815.69	55.70	2239.51	44.30	5055.20	100.00

[1]原书缺第二十一至二十二页，缺少平远县、大埔县、程乡、饶平县、揭阳县、普宁县、惠来县、澄海县、潮阳县等9县数据，今据谭其骧《中国历史地图集》第七册《广东》（第72—73页）补在最后一栏。

序号	县名									
3	新兴县					736.19	12.39	5204.68	87.61	5940.87	100.00
4	阳春县					644.96	26.47	1791.18	73.53	2436.14	100.00
5	阳江县					1527.86	29.55	3642.04	70.45	5169.90	100.00
6	高明县					725.18	20.21	2863.25	79.79	3588.42	100.00
7	恩平县					772.72	20.46	3003.39	79.54	3776.11	100.00
8	广宁县					1512.34	56.82	1149.23	43.18	2661.57	100.00
9	德庆州					1529.03	32.24	3213.03	67.76	4742.06	100.00
10	封川县					521.48	33.06	1055.92	66.94	1577.40	100.00
11	开建县					185.81	27.63	486.71	72.37	672.52	100.00
	高州府					3031.38	18.34	13499.47	81.66	16530.85	100.00
1	茂名县					383.42	8.73	4011.03	91.27	4394.45	100.00
2	电白县					605.69	19.65	2476.62	80.35	3082.31	100.00
3	信宜县					211.47	11.63	1606.07	88.37	1817.54	100.00
4	化州					293.45	11.44	2271.60	88.56	2565.05	100.00
5	吴川县					1064.02	38.62	1691.30	61.38	2755.32	100.00
6	石城县					480.69	25.09	1435.43	74.91	1916.12	100.00
	廉州府					3391.68	38.55	5407.14	61.45	8798.82	100.00
1	合浦县					2743.13	50.59	2679.59	49.41	5422.72	100.00
2	钦州					239.81	26.75	656.74	73.25	896.56	100.00
3	灵山县					408.73	16.48	2070.77	83.52	2479.50	100.00
	琼州府[1]					3933.40	38.19	6365.82	61.81	10299.22	100.00
1	乐会县					60.03	10.61	505.68	89.39	565.71	100.00
2	临高县					765.15	32.19	1612.07	67.81	2377.22	100.00
3	儋州					1256.45	44.31	1579.44	55.69	2835.89	100.00
4	昌化县					285.39	53.35	249.55	46.65	534.94	100.00
5	万州					882.72	44.46	1102.55	55.54	1985.27	100.00

[1]因原书缺第三十五至三十八页，此处缺琼州府属定安、澄迈、文昌县数据，琼州府总数为现存各县数据的加和。

序号	地区	起运	%	存留	%	总计	%
6	陵水县	232.52	46.78	264.53	53.22	497.05	100.00
7	崖州	363.19	29.56	865.41	70.44	1228.59	100.00
8	感恩县	118.42	43.13	156.13	56.87	274.55	100.00
1	罗定州	1679.42	27.01	4537.09	72.98	6216.69	100.00
2	木州	886.50	25.54	2584.57	74.46	3471.07	100.00
3	东安县	385.48	20.88	1461.04	79.12	1846.52	100.00
	西宁县	410.67	45.68	488.41	54.32	899.08	100.00

丙表 257　广西布政司分州县及其分属田赋货币化统计

序号	地区	钞（锭）起运	%	存留	%	总计	%	银（两）起运	%	存留	%	总计	%
	桂林府			248.00	100.00	248.00	100.00			34951.76	100.00	34951.76	100.00
1	临桂县									8916.65	100.00	8916.65	100.00
2	兴安县			4.00	100.00	4.00	100.00			4165.81	100.00	4165.81	100.00
3	灵川县			8.00	100.00	8.00	100.00			5976.33	100.00	5976.33	100.00
4	阳朔县									1681.66	100.00	1681.66	100.00
5	永宁州									601.78	100.00	601.78	100.00
6	永福县			160.00	100.00	160.00	100.00			934.19	100.00	934.19	100.00
7	义宁县									1894.33	100.00	1894.33	100.00
8	全州			75.00	100.00	75.00	100.00			8963.43	100.00	8963.43	100.00
9	灌阳县									1817.65	100.00	1817.65	100.00
	柳州府			586.00	100.00					12410.36	100.00	12410.36	100.00
1	马平县									314.10	100.00	314.10	100.00
2	洛容县									306.80	100.00	306.80	100.00
3	罗城县									843.22	100.00	843.22	100.00
4	柳城县									1261.85	100.00	1261.85	100.00
5	怀远县									146.83	100.00	146.83	100.00
6	融县									2183.61	100.00	2183.61	100.00

序号	地名												
7	来宾县									208.12	100.00	208.12	100.00
8	象州			528.00	100.00	528.00	100.00			890.53	100.00	890.53	100.00
9	武宣县									417.10	100.00	417.10	100.00
10	宾州									3585.27	100.00	3585.27	100.00
11	迁江县									370.72	100.00	370.72	100.00
12	上林县			58.00	100.00	58.00	100.00			1882.13	100.00	1882.13	100.00
	庆远府									4294.33	100.00	4294.33	100.00
1	宜山县									1452.56	100.00	1452.56	100.00
2	天河县									476.64	100.00	476.64	100.00
3	河池州									500.76	100.00	500.76	100.00
4	思恩县									689.88	100.00	689.88	100.00
5	荔波县									116.56	100.00	116.56	100.00
6	东兰州									300.46	100.00	300.46	100.00
7	那地州									121.48	100.00	121.48	100.00
8	南丹州									216.08	100.00	216.08	100.00
9	忻城县									95.54	100.00	95.54	100.00
10	永顺长官司									106.51	100.00	106.51	100.00
11	永定长官司									217.81	100.00	217.81	100.00
	平乐府			359.00	100.00	359.00	100.00			7682.45	100.00	7682.45	100.00
1	平乐县									942.17	100.00	942.17	100.00
2	恭城县									547.13	100.00	547.13	100.00
3	富川县			2.00	100.00	2.00	100.00			1028.03	100.00	1028.03	100.00
4	贺县			1.00	100.00	1.00	100.00			3172.24	100.00	3172.24	100.00
5	荔浦县									655.81	100.00	655.81	100.00
6	修仁县			354.00	100.00	354.00	100.00			135.66	100.00	135.66	100.00
7	永安州									222.53	100.00	222.53	100.00
8	昭平县									978.86	100.00	978.86	100.00
	梧州府			2.00	100.00	2.00	100.00			23144.30	100.00	23144.30	100.00

序号	地名												
1	苍梧县									4462.37	100.00	4462.37	100.00
2	藤县									3347.09	100.00	3347.09	100.00
3	容县									1679.92	100.00	1679.92	100.00
4	岑溪县									613.05	100.00	613.05	100.00
5	怀集县									1766.97	100.00	1766.97	100.00
6	郁林州		2.00	100.00	2.00	100.00				3138.14	100.00	3138.14	100.00
7	博白县									1948.90	100.00	1948.90	100.00
8	北流县									2645.78	100.00	2645.78	100.00
9	陆川县									1989.87	100.00	1989.87	100.00
10	兴业县									1552.17	100.00	1552.17	100.00
	浔州府		566.00	100.00	566.00	100.00				10630.19	100.00	10630.19	100.00
1	桂平县		127.00	100.00	127.00	100.00				3357.23	100.00	3357.23	100.00
2	平南县		225.00	100.00	225.00	100.00				2245.42	100.00	2245.42	100.00
3	贵县		214.00	100.00	214.00	100.00				4700.10	100.00	4700.10	100.00
4	武宣州									327.44	100.00	327.44	100.00
	南宁府		3.00	100.00	3.00	100.00				11962.77	100.00	11962.77	100.00
1	宣化县									5672.30	100.00	5672.30	100.00
2	新宁州									314.59	100.00	314.59	100.00
3	横州									2728.98	100.00	2728.98	100.00
4	永淳县									1075.49	100.00	1075.49	100.00
5	上思州									19.85	100.00	19.85	100.00
6	隆安县		3.00	100.00	3.00	100.00				1886.98	100.00	1886.98	100.00
7	归德州									138.33	100.00	138.33	100.00
8	果化州									41.48	100.00	41.48	100.00
9	忠州									44.44	100.00	44.44	100.00
10	下雷峒									29.63	100.00	29.63	100.00
11	湖润寨									10.67	100.00	10.67	100.00
	太平府									962.73	100.00	962.73	100.00

序号	名称		100.00		100.00
1	太平州	71.45	100.00	71.45	100.00
2	镇远州	29.39	100.00	29.39	100.00
3	茗盈州	30.52	100.00	30.52	100.00
4	安平州	56.64	100.00	56.64	100.00
5	思同州	26.15	100.00	26.15	100.00
6	养利州	43.90	100.00	43.90	100.00
7	万承州	149.42	100.00	149.42	100.00
8	全茗州	35.67	100.00	35.67	100.00
9	结安州	23.25	100.00	23.25	100.00
10	龙英州	111.34	100.00	111.34	100.00
11	佶伦州	29.67	100.00	29.67	100.00
12	都结州	29.20	100.00	29.20	100.00
13	上下冻州	30.47	100.00	30.47	100.00
14	思城州	55.38	100.00	55.38	100.00
15	左州	68.89	100.00	68.89	100.00
16	崇善县	63.75	100.00	63.75	100.00
17	罗阳县	46.16	100.00	46.16	100.00
18	陀陵县	49.53	100.00	49.53	100.00
19	永康县	11.94	100.00	11.94	100.00
	思恩军民府	4013.27	100.00	4013.27	100.00
1	思恩军民府九土司	1748.22	100.00	1748.22	100.00
2	武缘县	2265.04	100.00	2265.04	100.00
	思明府	83.26	100.00	83.26	100.00
1	思明州	18.07	100.00	18.07	100.00
2	上石西州	8.89	100.00	8.89	100.00
3	下石西州	7.41	100.00	7.41	100.00
4	凭祥州	48.89	100.00	48.89	100.00

直隶土司衙门								
					3126.45	100.00	3126.45	100.00
1	镇安府				325.93	100.00	325.93	100.00
2	向武州				193.82	100.00	193.82	100.00
3	奉议州				84.74	100.00	84.74	100.00
4	都康州				72.43	100.00	72.43	100.00
5	归顺州				44.45	100.00	44.45	100.00
6	富劳县				63.65	100.00	63.65	100.00
7	江州				65.19	100.00	65.19	100.00
8	龙州				136.94	100.00	136.94	100.00
9	思陵州				8.89	100.00	8.89	100.00
10	利州				29.63	100.00	29.63	100.00
11	迁隆峒				10.53	100.00	10.53	100.00
12	上林长官司				118.52	100.00	118.52	100.00
13	安隆长官司				41.96	100.00	41.96	100.00
14	泗城州				487.98	100.00	487.98	100.00
15	田州				1441.79	100.00	1441.79	100.00

丙表258　云南布政司分州县及其分属田赋货币化统计

	地区	钞（锭）						银（两）					
		起运	%	存留	%	总计	%	起运	%	存留	%	总计	%
	云南府									12973.95	100.00	12973.95	100.00
1	昆明县									2751.93	100.00	2751.93	100.00
2	富民县									583.84	100.00	583.84	100.00
3	宜良县									821.12	100.00	821.12	100.00
4	嵩明州									2788.46	100.00	2788.46	100.00
5	晋宁州									1113.64	100.00	1113.64	100.00
6	归化县									495.27	100.00	495.27	100.00

7	呈贡县	100.00	907.41	100.00	907.41		
8	安宁县	100.00	1082.94	100.00	1082.94		
9	罗次县	100.00	470.60	100.00	470.60		
10	禄丰县	100.00	395.40	100.00	395.40		
11	昆阳州	100.00	895.03	100.00	895.03		
12	三泊县	100.00	310.35	100.00	310.35		
13	易门县	100.00	357.90	100.00	357.90		
	大理府	100.00	11047.30	94.50	10440.18	5.50	607.12
1	太和县	100.00	3219.16	100.00	3219.16		
2	赵州	100.00	1500.99	97.27	1459.99	2.73	41.00
3	云南县	100.00	1972.53	100.00	1972.53		
4	邓川州	100.00	1047.66	100.00	1047.66		
5	浪穹县	100.00	1697.34	91.16	1547.34	8.84	150.00
6	宾川州	100.00	1185.15	100.00	1185.15		
7	云龙州	100.00	416.12			100.00	416.12
8	十二关长官司	100.00	8.32	100.00	8.32		
	临安府	100.00	9086.27	58.93	5354.37	41.07	3731.90
1	建水州	100.00	1124.38	84.87	954.25	15.13	170.13
2	石屏州	100.00	856.69	84.44	723.36	15.56	133.33
3	阿迷州	100.00	692.06	54.54	377.48	45.46	314.58
4	宁州	100.00	615.15	89.51	550.65	10.49	64.50
5	通海县	100.00	354.06	81.28	287.77	18.72	66.29
6	河西县	100.00	782.79	85.58	669.94	14.42	112.85
7	嶍峨县	100.00	941.26	77.25	727.13	22.75	214.13
8	蒙自县	100.00	1004.93	50.17	504.22	49.83	500.71
9	纳楼茶甸长官司	100.00	502.63	14.00	70.37	86.00	432.26

序号	名称									
10	教化三部长官司	132.30	64.81	71.84	35.19	204.14	100.00			
11	溪处甸长官司	987.60	88.09	133.58	11.91	1121.18	100.00			
12	左能寨长官司	112.50	86.66	17.32	13.34	129.82	100.00			
13	王弄山长官司	91.14	30.56	207.05	69.44	298.19	100.00			
14	亏容甸长官司	83.33	73.59	29.90	26.41	113.23	100.00			
15	思陀甸长官司	187.50	93.30	13.47	6.70	200.97	100.00			
16	落恐甸长官司	68.75	90.68	7.07	9.32	75.82	100.00			
17	本府代管车人寨改设纳更山巡检司	60.00	87.10	8.89	12.90	68.89	100.00			
	楚雄府	1131.43	25.52	3301.69	74.48	4433.12	100.00			
1	楚雄县	364.14	22.58	1248.45	77.42	1612.59	100.00			
2	定边县	157.50	49.41	161.27	50.59	318.77	100.00			
3	广通县	96.65	15.56	524.38	84.44	621.03	100.00			
4	定远县	108.68	16.70	541.98	83.30	650.66	100.00			
5	嵚嘉县	60.00	66.68	29.98	33.32	89.98	100.00			
6	南安州	155.09	38.54	247.31	61.46	402.40	100.00			
7	镇南州	189.38	25.67	548.29	74.33	737.67	100.00			
	澂江府	187.15	6.12	2868.62	93.88	3055.77	100.00			
1	河阳县	22.05	1.85	1167.22	98.15	1189.27	100.00			

序号	地名								
2	江川县	100.00	360.64	94.01	339.02	6.00	21.63		
3	阳宗县	100.00	308.86	97.57	301.36	2.43	7.50		
4	新兴州	100.00	672.20	96.73	650.23	3.27	21.98		
5	路南州	100.00	524.77	78.28	410.77	21.72	114.00		
	景东府	100.00	1192.99	28.57	340.86	71.43	852.13		
	广南府	100.00	800.56	37.22	297.96	62.78	502.60		
1	本府代征	100.00	418.94	53.63	224.69	46.37	194.25		
2	富州	100.00	381.62	19.20	73.27	80.80	308.35		
	广西府	100.00	2559.91	39.72	1016.82	60.28	1543.09		
1	本府代征	100.00	45.04	100.00	45.04				
2	师宗州	100.00	1234.03	34.52	425.94	65.48	808.09		
3	弥勒州	100.00	1109.30	33.74	374.30	66.26	735.00		
4	维摩州	100.00	171.53	100.00	171.53			100.00	100.00
	镇沅府	100.00	720.00			100.00	720.00	60.00	60.00
	永宁府	100.00	35.00			100.00	35.00		
	顺宁府	100.00	450.00			100.00	450.00		
	曲靖军民府	100.00	3324.47	83.23	2767.12	16.77	557.35		
1	南宁县	100.00	677.95	100.00	677.95		677.95		
2	亦佐县	100.00	335.37	20.62	69.15	79.38	266.22		
3	罗益州	100.00	1257.35	96.84	1217.66	3.16	39.69		
4	陆凉州	100.00	327.68	89.68	293.87	10.32	33.81		
5	马龙州	100.00	322.58	93.99	303.18	6.01	19.40		
6	罗雄州	100.00	403.52	50.88	205.30	49.13	198.23		
	姚安军民府	100.00	2612.04	73.59	1922.25	26.41	689.79		
1	姚州	100.00	1436.43	78.40	1126.19	21.60	310.24		
2	大姚县	100.00	1175.59	67.71	796.04	32.29	379.55		
	鹤庆军民府	100.00	3798.13	86.98	3303.45	13.02	494.68		
1	本府代征	100.00	1541.59	89.70	1382.83	10.30	158.76		

序号	地名						
2	剑川州	198.67	9.66	1858.53	90.34	2057.20	100.00
3	顺州	137.25	68.85	62.09	31.15	199.34	100.00
	武定军民府	233.50	16.73	1161.96	83.27	1395.46	100.00
1	和曲州	32.00	8.46	346.36	91.54	378.36	100.00
2	元谋县	73.50	18.59	321.79	81.41	395.29	100.00
3	禄劝州	128.00	20.59	493.80	79.41	621.80	100.00
	寻甸军民府	51.03	4.77	1018.42	95.23	1069.45	100.00
	丽江军民府	333.31	20.84	1266.39	79.16	1599.70	100.00
1	通安州	179.31	19.68	731.78	80.32	911.09	100.00
2	宝山州	49.00	31.09	108.63	68.91	157.63	100.00
3	兰州	49.00	23.06	163.49	76.94	212.49	100.00
4	巨津州	35.00	12.80	238.34	87.20	273.34	100.00
5	临西县	21.00	46.52	24.14	53.48	45.14	100.00
	元江军民府所属因远罗必甸长官司	557.15	49.35	571.92	50.65	1129.07	100.00
	蒙化府			2089.93	100.00	2089.93	100.00
	永昌军民府	709.83	20.92	2683.20	79.08	3393.03	100.00
1	保山县	18.90	2.01	923.36	97.99	942.26	100.00
2	永平县			358.28	100.00	358.28	100.00
3	腾越州	434.70	27.61	1139.76	72.39	1574.46	100.00
4	施甸长官司	148.23	44.34	186.04	55.66	334.27	100.00
5	凤溪长官司			75.74	100.00	75.74	100.00
6	永昌所	108.00	100.00			108.00	100.00
	北胜州	352.20	23.77	1129.46	76.23	1481.66	100.00
	新化州	450.00	75.05	149.60	24.95	599.60	100.00
	渡溪州	60.00	100.00			60.00	100.00
	者乐甸长官司	240.00	92.01	20.84	7.99	260.84	100.00

地区						总计	%		%
威远州				400.00	100.00			400.00	100.00
干崖宣抚司				100.00	100.00			100.00	100.00
南甸宣抚司				100.00	100.00			100.00	100.00
本邦宣慰司				1400.00	100.00			1400.00	100.00
陇川宣抚司				400.00	100.00			400.00	100.00
芒市长官司				100.00	100.00			100.00	100.00
孟定府				600.00	100.00			600.00	100.00
潞江安抚司				142.00	100.00			142.00	100.00
湾甸州				150.00	100.00			150.00	100.00
大候州				200.00	100.00			200.00	100.00
孟琏长官司				200.00	100.00			200.00	100.00
镇康州				100.00	100.00			100.00	100.00
车里宣慰司				375.00	100.00			375.00	100.00
孟养宣慰司				750.00	100.00			750.00	100.00
孟艮府				125.03	100.00			125.03	100.00
钮兀长官司				40.00	100.00			40.00	100.00

丙表259

贵州布政司分州县及其分属田赋货币化统计

	地区	钞（锭）						银（两）					
		起运	%	存留	%	总计	%	起运	%	存留	%	总计	%
	贵阳府									2053.46	100.00	2053.46	100.00
1	本司寨长官司									4.69	100.00	4.69	100.00
2	通州寨长官司									4.44	100.00	4.44	100.00
3	金筑安抚司									732.40	100.00	732.40	100.00
4	程番长官司									190.68	100.00	190.68	100.00

5	上马桥长官司		45.46	100.00	45.46	100.00
6	小程番长官司		59.89	100.00	59.89	100.00
7	庐番长官司		53.28	100.00	53.28	100.00
8	方番长官司		83.90	100.00	83.90	100.00
9	韦番长官司		83.90	100.00	83.90	100.00
10	洪番长官司		75.27	100.00	75.27	100.00
11	卧龙番长官司		140.21	100.00	140.21	100.00
12	大龙番长官司		80.10	100.00	80.10	100.00
13	小龙番长官司		77.48	100.00	77.48	100.00
14	金石番长官司		95.85	100.00	95.85	100.00
15	罗番长官司		71.49	100.00	71.49	100.00
16	卢山长官司		72.69	100.00	72.69	100.00
17	木瓜长官司		28.54	100.00	28.54	100.00
18	麻响长官司		10.78	100.00	10.78	100.00
19	大华长官司		20.92	100.00	20.92	100.00
20	贵竹长官司		49.76	100.00	49.76	100.00
21	平伐长官司		71.41	100.00	71.41	100.00
	思南府		552.73	100.00	552.73	100.00
1	水德江长官司		186.62	100.00	186.62	100.00
2	蛮夷长官司		91.40	100.00	91.40	100.00
3	沿河祐溪长官司		55.59	100.00	55.59	100.00

						100.00		100.00		100.00
4	朗溪蛮夷长官司					18.15	100.00	18.15		100.00
5	印江县					95.23	100.00	95.23		100.00
6	务川县					103.86	100.00	103.86		100.00
	石阡府					252.78	100.00	252.78		100.00
1	石阡长官司					86.71	100.00	86.71		100.00
2	龙泉坪长官司					63.07	100.00	63.07		100.00
3	葛彰葛商长官司					55.35	100.00	55.35		100.00
4	苗民长官司					47.26	100.00	47.26		100.00
	思州府					249.23	100.00	249.23		100.00
1	都坪峨异溪蛮夷长官司					83.45	100.00	83.45		100.00
2	黄道溪长官司					95.58	100.00	95.58		100.00
3	都素蛮夷长官司					39.79	100.00	39.79		100.00
4	施溪长官司					30.22	100.00	30.22		100.00
	铜仁府					430.88	100.00	430.88		100.00
1	铜仁长官司					222.78	100.00	222.78		100.00
2	省溪长官司					74.37	100.00	74.37		100.00
3	提溪长官司					32.82	100.00	32.82		100.00
4	大万山长官司					2.93	100.00	2.93		100.00
5	乌罗长官司					69.79	100.00	69.79		100.00
6	平头著可长官司					27.21	100.00	27.21		100.00

	名称												
	镇远府	100.00	239.53								100.00	239.53	
1	邛水一十五洞蛮夷长官司	100.00	73.98								100.00	73.98	
2	偏桥长官司	100.00	72.03								100.00	72.03	
3	镇远县	100.00	75.25								100.00	75.25	
4	施秉县	100.00	18.04								100.00	18.04	
	都匀府	100.00	1483.98								100.00	1483.98	
1	都匀长官司	100.00	250.97								100.00	250.97	
2	邦水长官司	100.00	82.82								100.00	82.82	
3	平浪长官司	100.00	152.89								100.00	152.89	
4	平州六洞长官司	100.00	197.04								100.00	197.04	
5	麻哈州	100.00	92.40								100.00	92.40	
6	平定长官司	100.00	77.93								100.00	77.93	
7	乐平长官司	100.00	78.94								100.00	78.94	
8	独山州	100.00	226.43								100.00	226.43	
9	丰宁长官司	100.00	133.33								100.00	133.33	
10	合江州陈蒙烂土长官司	100.00	130.08								100.00	130.08	
11	清平县	100.00	61.01								100.00	61.01	
	黎平府	100.00	777.36								100.00	777.36	
1	潭溪蛮夷长官司	100.00	129.19								100.00	129.19	
2	八舟蛮夷长官司	100.00	58.72								100.00	58.72	
3	洪州泊里长官司	100.00	117.75								100.00	117.75	

4	古州蛮夷长官司		77.04	100.00	77.04	100.00
5	曹滴洞蛮夷长官司		107.81	100.00	107.81	100.00
6	新化蛮夷长官司		34.84	100.00	34.84	100.00
7	欧阳蛮夷长官司		18.68	100.00	18.68	100.00
8	亮寨蛮夷长官司		44.29	100.00	44.29	100.00
9	中林验洞蛮夷长官司		18.96	100.00	18.96	100.00
10	龙里蛮夷长官司		40.13	100.00	40.13	100.00
11	湖耳蛮夷长官司		13.33	100.00	13.33	100.00
12	赤溪湳洞长官司		5.93	100.00	5.93	100.00
13	永从县		110.23	100.00	110.23	100.00
	安顺州		1555.03	100.00	1555.03	100.00
1	本州管下五起十三枝等寨		529.68	100.00	529.68	100.00
2	宁古寨长官司		515.02	100.00	515.02	100.00
3	西堡长官司		510.23	100.00	510.23	100.00
	镇宁州		772.37	100.00	772.37	100.00

序号	名称									
1	本州管下火烘寨	100.00	164.30	100.00	164.30					
2	十二营长官司	100.00	502.36	100.00	502.36					
3	康佐长官司	100.00	105.63	100.00	105.63					
	永宁州	100.00	679.96	100.00	679.96					
1	本州管下打罕等寨	100.00	243.47	100.00	243.47					
2	顶营长官司	100.00	213.34	100.00	213.34					
3	慕役长官司	100.00	223.04	100.00	223.04					
	普安州	100.00	1102.68	100.00	1102.68					
	贵州宣慰使司	100.00	2448.84	100.00	2448.84					
1	本司目下	100.00	2034.60	100.00	2034.60					
2	水东长官司	100.00	137.91	100.00	137.91					
3	龙里长官司	100.00	47.83	100.00	47.83					
4	底寨长官司	100.00	23.92	100.00	23.92					
5	乖西蛮夷长官司	100.00	47.70	100.00	47.70					
6	莱龙坑长官司	100.00	21.01	100.00	21.01					
7	青山长官司	100.00	40.76	100.00	40.76					
8	剖佐长官司	100.00	24.39	100.00	24.39					
9	白纳长官司	100.00	49.14	100.00	49.14					
10	中曹蛮夷长官司	100.00	21.30	100.00	21.30					
	龙里卫大平伐长官司	100.00	129.93	100.00	129.93					

	新添卫	277.80	100.00	277.80	100.00
1	新添长官司	142.44	100.00	142.44	100.00
2	小平伐长官司	54.08	100.00	54.08	100.00
3	把平寨长官司	24.09	100.00	24.09	100.00
4	丹平长官司	39.41	100.00	39.41	100.00
5	丹行长官司	17.78	100.00	17.78	100.00
	平越卫	231.29	100.00	231.29	100.00
1	本卫管下高平寨军人李整下	44.44	100.00	44.44	100.00
2	杨义长官司	186.85	100.00	186.85	100.00
	清平凯里安抚司	18.41	100.00	18.41	100.00
	贵州等21卫所总数[1]	1990.02	100.00	1990.02	100.00
1	贵州卫	131.01	100.00	131.01	100.00
2	贵州前卫	77.51	100.00	77.51	100.00
3	毕节卫	330.58	100.00	330.58	100.00
4	乌罗卫	120.12	100.00	120.12	100.00
5	赤水卫	199.76	100.00	199.76	100.00
6	永宁卫	85.00	100.00	85.00	100.00
7	威清卫	59.01	100.00	59.01	100.00
8	平坝卫	48.07	100.00	48.07	100.00
9	普定卫	236.54	100.00	236.54	100.00

1 贵州等二十一卫所官军旗舍丁种夷民田土照例认纳起科粮米。

序号	地区	起运	%	存留	%	总计	%
10	安庄卫			53.94	100.00	53.94	100.00
11	安南卫			147.30	100.00	147.30	100.00
12	普安卫			324.46	100.00	324.46	100.00
13	龙里卫			21.30	100.00	21.30	100.00
14	新添卫			47.79	100.00	47.79	100.00
15	平越卫			10.12	100.00	10.12	100.00
16	清平卫			2.39	100.00	2.39	100.00
17	兴隆卫			21.05	100.00	21.05	100.00
18	都匀卫			56.14	100.00	56.14	100.00
19	黄平卫			2.36	100.00	2.36	100.00
20	普市卫			14.42	100.00	14.42	100.00
21	平夷千户所			1.12	100.00	1.12	100.00
	军人帅谅下湖广四川协济银粮总计	68220.00	100.00			68220.00	100.00
1	湖广长沙衡州武府郴州壹州	30720.00	100.00			30720.00	100.00
2	四川叙州重顺等府	37500.00	100.00			37500.00	100.00

丙表 260

北直隶分州县及其分属田赋货币化统计

地区	钞（锭）						银（两）					
	起运	%	存留	%	总计	%	起运	%	存留	%	总计	%
顺天府							67172.56	44.34	84328.20	55.66	151500.77	100.00
1 大兴县							1344.10	33.59	2656.80	66.40	4000.93	100.00
2 宛平县							1464.58	24.67	4472.66	75.33	5937.23	100.00
3 良乡县							2300.22	45.64	2739.46	54.36	5039.69	100.00

4	固安县				3731.49	40.24	5541.22	59.76	9272.71	100.00
5	永清县				2155.26	42.03	2972.38	57.97	5127.64	100.00
6	东安县				3227.02	43.78	4144.29	56.22	7371.31	100.00
7	香河县				1238.34	48.36	1322.41	51.64	2560.75	100.00
8	通州				3019.28	44.90	3704.95	55.10	6724.23	100.00
9	三河县				2578.36	42.28	3520.06	57.72	6098.42	100.00
10	武清县				3034.47	44.08	3850.10	55.92	6884.56	100.00
11	宝坻县				2440.13	44.99	2983.55	55.01	5423.68	100.00
12	滦县				2031.35	47.19	2273.56	52.81	4304.92	100.00
13	昌平州				1880.51	29.10	4582.47	70.90	6462.98	100.00
14	顺义县				2270.67	40.71	3306.60	59.29	5577.27	100.00
15	密云县				3138.67	42.70	4211.31	57.30	7349.97	100.00
16	怀柔县				1691.71	44.42	2116.80	55.58	3808.51	100.00
17	涿州				3591.43	31.72	7730.30	68.28	11321.73	100.00
18	房山县				1726.27	43.25	2265.51	56.75	3991.78	100.00
19	霸州				2511.18	44.60	3119.53	55.40	5630.70	100.00
20	文安县				5574.05	46.99	6288.10	53.01	11862.15	100.00
21	大城县				2933.60	51.04	2814.11	48.96	5747.72	100.00
22	保定县				468.43	43.75	602.19	56.25	1070.62	100.00
23	蓟州				2057.10	46.93	2325.78	53.06	4382.89	100.00
24	玉田县				1431.56	49.78	1444.24	50.22	2875.80	100.00
25	丰润县				2482.52	44.44	3103.10	55.56	5585.62	100.00
26	遵化县				2547.89	49.22	2629.08	50.78	5176.96	100.00
27	平谷县				865.18	45.61	1031.55	54.39	1896.74	100.00
	保定府[1]				98930.98	74.06	34657.21	25.94	133588.20	100.00

[1] 原书缺第五十四至五十九页，白蠡县秋粮米以下数据缺失，依据谭其骧《中国历史地图集》第七册《京师（北直隶）》（第44—45页），缺雄县、安州、高阳县、祁州、深泽县、束鹿县新安县七州县数据。今将所缺数据一并补充在本表的最后一栏。

1	清苑县						5849.28	68.74	2660.57	31.26	8509.86	100.00
2	满城县						3642.11	74.29	1260.62	25.71	4902.74	100.00
3	安肃县						5105.58	69.09	2284.37	30.91	7389.95	100.00
4	定兴县						4696.45	88.14	631.96	11.86	5328.41	100.00
5	新城县						5021.43	79.38	1304.30	20.62	6325.74	100.00
6	唐县						9415.19	76.67	2865.37	23.33	12280.57	100.00
7	博野县						5622.78	67.57	2698.41	32.43	8321.19	100.00
8	庆都县						2970.64	61.08	1893.26	38.92	4863.90	100.00
9	容城县						1173.38	69.35	518.53	30.65	1691.92	100.00
10	完县						8197.28	78.10	2298.69	21.90	10495.98	100.00
11	蠡县						1038.08	37.53	1727.91	62.47	2765.99	100.00
12	易州						6389.71	84.07	1210.63	15.93	7600.35	100.00
13	涞水县						3800.12	87.53	541.42	12.47	4341.55	100.00
14	所缺6州县数据之和						34530.80	70.80	14239.31	29.20	48770.04	100.00
	河间府						70920.41	65.73	36978.23	34.27	107898.65	100.00
1	河间县						5844.40	63.92	3298.67	36.08	9143.08	100.00
2	献县						7005.35	64.54	3849.69	35.46	10855.04	100.00
3	阜城县						2612.21	57.97	1894.12	42.03	4506.33	100.00
4	肃宁县						2856.42	69.88	1231.44	30.12	4087.86	100.00
5	任丘县						6584.64	71.14	2670.75	28.86	9255.39	100.00
6	交河县						4107.65	71.46	1640.52	28.54	5748.17	100.00
7	青县						4660.56	71.75	1834.64	28.25	6495.20	100.00
8	兴济县						969.84	46.12	1133.03	53.88	2102.88	100.00
9	静海县						3735.68	60.30	2459.27	39.70	6194.96	100.00
10	宁津县						5939.77	66.17	3036.42	33.83	8976.19	100.00
11	景州						4177.61	65.72	2179.16	34.28	6356.78	100.00
12	吴桥县						2240.31	70.30	946.37	29.70	3186.68	100.00

序号	名称							
13	东光县	1743.79	70.51	729.36	29.49	2473.15	100.00	
14	故城县	2999.35	68.67	1368.40	31.33	4367.74	100.00	
15	沧州	4366.18	62.22	2650.63	37.78	7016.80	100.00	
16	南皮县	2862.10	70.94	1172.16	29.06	4034.26	100.00	
17	盐山县	5309.30	62.13	3235.52	37.87	8544.82	100.00	
18	庆云县	2745.57	60.48	1794.33	39.52	4539.90	100.00	
	真定府	145297.14	72.18	56000.12	27.82	201297.26	100.00	
1	真定县	4587.57	68.98	2062.94	31.02	6650.51	100.00	
2	井陉县	3114.47	71.89	1217.74	28.11	4332.21	100.00	
3	获鹿县	3590.50	71.27	1447.42	28.73	5037.92	100.00	
4	元氏县	4798.10	71.76	1888.47	28.24	6686.57	100.00	
5	灵寿县	4918.62	71.34	1975.91	28.66	6894.52	100.00	
6	襄城县	3373.53	59.05	2339.49	40.95	5713.03	100.00	
7	栾城县	2848.02	71.71	1123.73	28.29	3971.74	100.00	
8	无极县	3651.27	67.40	1765.72	32.60	5416.99	100.00	
9	平山县	5144.05	71.60	2040.06	28.40	7184.11	100.00	
10	阜平县	1724.23	37.21	2909.27	62.79	4633.50	100.00	
11	定州	10689.88	71.72	4214.33	28.28	14904.21	100.00	
12	新乐县	3644.51	71.75	1434.82	28.25	5079.34	100.00	
13	曲阳县	8656.17	70.64	3598.54	29.36	12254.71	100.00	
14	行唐县	7362.99	70.88	3024.49	29.12	10387.49	100.00	
15	冀州	5984.16	70.04	2559.86	29.96	8544.02	100.00	
16	南宫县	3702.13	70.27	1566.20	29.73	5268.32	100.00	
17	新河县	3481.11	71.47	1389.41	28.53	4870.52	100.00	
18	枣强县	4984.04	71.29	2007.44	28.71	6991.48	100.00	
19	武邑县	4509.57	70.66	1872.35	29.34	6381.91	100.00	
20	晋州	3796.04	70.47	1590.86	29.53	5386.90	100.00	
21	安平县	4254.35	74.19	1480.33	25.81	5734.68	100.00	

	县名						
22	饶阳县	4474.60	68.53	2054.98	31.47	6529.59	100.00
23	武强县	3821.22	70.49	1599.80	29.51	5421.02	100.00
24	赵州	3334.19	71.80	1309.28	28.20	4643.48	100.00
25	柏乡县	2263.98	71.85	887.03	28.15	3151.01	100.00
26	隆平县	3730.61	71.10	1516.60	28.90	5247.21	100.00
27	高邑县	2195.26	71.92	857.23	28.08	3052.49	100.00
28	临城县	2924.84	72.24	1123.69	27.76	4048.53	100.00
29	赞皇县	2925.42	71.98	1139.02	28.02	4064.44	100.00
30	宁晋县	4963.57	68.93	2237.06	31.07	7200.62	100.00
31	深州	8326.91	70.61	3465.68	29.39	11792.59	100.00
32	衡水县	2736.54	71.83	1073.07	28.17	3809.61	100.00
	顺德府	59828.43	90.01	6643.16	9.99	66471.59	100.00
1	邢台县	11745.75	89.46	1384.39	10.54	13130.14	100.00
2	广宗县	4482.60	91.10	437.91	8.90	4920.52	100.00
3	巨鹿县	5872.95	91.73	529.17	8.27	6402.12	100.00
4	平乡县	4624.45	90.24	500.40	9.76	5124.84	100.00
5	南和县	5711.33	91.80	510.38	8.20	6221.71	100.00
6	任县	6283.70	91.34	595.57	8.66	6879.27	100.00
7	唐山县	5385.46	91.92	473.08	8.08	5858.54	100.00
8	内丘县	7772.02	89.35	926.15	10.65	8698.17	100.00
9	沙河县	7417.03	80.33	1816.14	19.67	9233.17	100.00
	广平府	80120.98	89.39	9513.40	10.61	89634.38	100.00
1	永年县	14327.62	88.29	1900.07	11.71	16227.69	100.00
2	邯郸县	11251.33	87.75	1571.26	12.25	12822.59	100.00
3	成安县	8795.53	87.87	1213.98	12.13	10009.51	100.00
4	肥乡县	15548.35	88.60	1999.99	11.40	17548.34	100.00
5	广平县	8809.90	88.41	1154.86	11.59	9964.76	100.00
6	曲周县	12139.64	88.56	1568.42	11.44	13708.06	100.00

序号	县名						
7	鸡泽县	2839.05	87.74	396.59	12.26	3235.64	100.00
8	威县	3595.00	88.15	483.38	11.85	4078.38	100.00
9	清河县	1747.75	86.07	282.90	13.93	2030.65	100.00
	大名府	207004.65	89.97	23076.01	10.03	230080.66	100.00
1	元城县	14639.25	88.37	1926.19	11.63	16565.45	100.00
2	大名县	4550.49	86.53	708.43	13.47	5258.92	100.00
3	南乐县	12355.74	89.93	1383.82	10.07	13739.56	100.00
4	魏县	21051.83	90.03	2331.93	9.97	23383.75	100.00
5	清丰县	18249.97	90.03	2020.29	9.97	20270.26	100.00
6	内黄县	10585.62	88.92	1319.47	11.08	11905.1	100.00
7	浚县	23719.24	88.91	2958.43	11.09	26677.67	100.00
8	滑县	41595	89.60	4826.7	10.40	46421.69	100.00
9	东明县	6623.31	89.97	738.53	10.03	7361.84	100.00
10	开州	30739.18	89.67	3540.86	10.33	34280.03	100.00
11	长垣县	21696.69	89.62	2512.55	10.38	24209.24	100.00
	永平府	1256.41	2.74	44517.77	97.26	45774.19	100.00
1	卢龙县	58.25	1.72	3319.93	98.28	3378.18	100.00
2	迁安县	170.23	2.56	6467.58	97.44	6637.81	100.00
3	抚宁县	116.24	3.10	3628.29	96.90	3744.52	100.00
4	昌黎县	188.14	2.96	6178.58	97.04	6366.72	100.00
5	滦州	496.65	2.90	16624.22	97.10	17120.86	100.00
6	乐亭县	219.16	2.57	8297.60	97.43	8516.76	100.00
7	本府并各属仓学驿所	7.04	100.00			7.04	100.00
	延庆州			8227.16	100.00	8227.16	100.00
1	木州			6488.29	100.00	6488.29	100.00
2	永宁县			1678.00	100.00	1678.00	100.00
	保安州	1370.30	65.15	733.00	34.85	2103.30	100.00

丙表 261

南直隶分州县及其分属田赋货币化统计

	地区	钞（锭）						银（两）					
		起运	%	存留	%	总计	%	起运	%	存留	%	总计	%
	应天府							125475.99	82.30	26988.12	17.70	152464.11	100.00
1	上元县							16096.39	80.80	3825.03	19.20	19921.43	100.00
2	江宁县							14791.26	80.37	3612.37	19.63	18403.64	100.00
3	句容县							23454.31	81.29	5397.61	18.71	28851.92	100.00
4	溧阳县							33360.60	83.03	6819.06	16.97	40179.66	100.00
5	溧水县							15747.25	89.90	1768.79	10.10	17516.04	100.00
6	高淳县							16743.93	82.14	3641.68	17.86	20385.61	100.00
7	江浦县							3964.99	73.56	1425.18	26.44	5390.16	100.00
8	六合县							1194.25	65.90	617.88	34.10	1812.13	100.00
	苏州府			4392.00	100.00	4392.00	100.00	920959.53	86.11	148579.48	13.89	1069539.01	100.00
1	吴县			284.00	100.00	284.00	100.00	63075.13	90.43	6673.83	9.57	69748.96	100.00
2	长洲县			756.00	100.00	756.00	100.00	193297.52	90.78	19637.23	9.22	212934.76	100.00
3	昆山县			351.00	100.00	351.00	100.00	136968.31	91.43	12841.13	8.57	149809.44	100.00
4	常熟县			788.00	100.00	788.00	100.00	141259.98	90.28	15203.20	9.72	156463.18	100.00
5	吴江县			136.00	100.00	136.00	100.00	183239.65	92.36	15166.05	7.64	198405.70	100.00
6	嘉定县			1844.00	100.00	1844.00	100.00	136152.22	90.81	13784.63	9.19	149936.85	100.00
7	太仓州			230.00	100.00	230.00	100.00	103502.00	90.53	10824.99	9.47	114326.99	100.00
8	崇明县							458.39	2.56	17451.80	97.44	17910.19	100.00
	松江府			3267.00	100.00	3267.00	100.00	445334.56	89.72	51046.95	10.28	496381.51	100.00
1	华亭县			1550.00	100.00	1550.00	100.00	224852.62	91.85	19949.71	8.15	244802.33	100.00
2	上海县			1065.00	100.00	1065.00	100.00	148192.54	92.67	11730.12	7.33	159922.66	100.00
3	青浦县			652.00	100.00	652.00	100.00	85144.09	92.89	6512.43	7.11	91656.52	100.00
	常州府			24.00	100.00	24.00	100.00	352670.19	97.03	10804.79	2.97	363474.98	100.00
1	武进县							103633.12	98.08	2032.20	1.92	105665.33	100.00
2	无锡县			7.00	100.00	7.00	100.00	84140.42	97.97	1745.70	2.03	85886.12	100.00

序号	州县										
3	江阴县	16.00	100.00	16.00	100.00	60248.25	98.03	1210.53	1.97	61458.78	100.00
4	宜兴县					89492.13	97.97	1854.24	2.03	91346.37	100.00
5	靖江县					18325.96	95.86	790.94	4.14	19116.90	100.00
	镇江府					87803.65	61.10	55906.18	38.90	143709.84	100.00
1	丹徒县					41742.91	59.51	28403.09	40.49	70145.99	100.00
2	丹阳县					21550.58	68.19	10054.32	31.81	31604.91	100.00
3	金坛县					24312.54	57.94	17646.38	42.06	41958.93	100.00
	庐州府					26936.26	52.99	23899.45	47.01	50835.71	100.00
1	合肥县					7175.15	52.47	6500.06	47.53	13675.22	100.00
2	庐江县					2654.00	54.94	2176.54	45.06	4830.56	100.00
3	舒城县					2689.54	53.15	2370.54	46.85	5060.09	100.00
4	无为县					5370.39	51.23	5112.80	48.77	10483.20	100.00
5	巢县					2123.10	51.51	1998.45	48.49	4121.55	100.00
6	六安州					3710.64	56.53	2853.56	43.47	6564.20	100.00
7	英山县					2086.48	51.21	1987.59	48.79	4074.07	100.00
8	霍山县					1074.42	53.08	949.81	46.92	2024.23	100.00
	凤阳府					68870.27	36.95	117521.40	63.05	186391.67	100.00
1	凤阳县					3982.92	49.42	4076.69	50.58	8059.61	100.00
2	临淮县					3864.14	60.43	2530.12	39.57	6394.26	100.00
3	怀远县					3823.78	31.23	8419.19	68.77	12242.97	100.00
4	定远县					3735.31	47.70	4096.34	52.30	7831.65	100.00
5	五河县					1167.49	19.97	4678.98	80.03	5846.47	100.00
6	虹县					1398.64	13.01	9351.68	86.99	10750.33	100.00
7	寿州					4160.61	44.33	5225.92	55.67	9386.54	100.00
8	霍丘县					2480.56	54.67	2057.09	45.33	4537.65	100.00
9	蒙城县					1484.01	45.10	1806.65	54.90	3290.67	100.00
10	泗州					8358.88	30.48	19067.65	69.52	27426.52	100.00
11	盱眙县					2249.28	27.92	5806.52	72.08	8055.80	100.00

12	天长县			1450.75	59.71	978.74	40.29	2429.49	100.00
13	宿州			17260.58	50.09	17195.34	49.91	34455.93	100.00
14	灵璧县			5385.94	21.81	19310.25	78.19	24696.20	100.00
15	颍州			3230.97	35.40	5895.21	64.60	9126.18	100.00
16	颍上县			667.59	23.77	2140.81	76.23	2808.40	100.00
17	太和县			1399.00	33.01	2838.82	66.99	4237.83	100.00
18	亳州			2698.83	56.13	2109.15	43.87	4807.99	100.00
	淮安府			135270.37	63.89	76453.54	36.11	211723.91	100.00
1	山阳县			18061.32	70.38	7600.66	29.62	25661.99	100.00
2	盐城县			20757.53	76.39	6417.09	23.61	27174.61	100.00
3	清河县			6911.95	59.62	4681.38	40.38	11593.33	100.00
4	安东县			13445.49	74.16	4685.90	25.84	18131.40	100.00
5	桃源县			12133.55	67.31	5893.15	32.69	18026.70	100.00
6	沐阳县			13643.66	65.02	7341.25	34.98	20984.91	100.00
7	海州			13997.73	53.52	12156.34	46.48	26154.07	100.00
8	赣榆县			8315.14	57.94	6037.31	42.06	14352.44	100.00
9	邳州			12606.01	60.21	8331.21	39.79	20937.22	100.00
10	宿迁县			9778.94	55.34	7892.41	44.66	17671.35	100.00
11	睢宁县			5386.82	48.83	5644.52	51.17	11031.35	100.00
	扬州府¹	5408.00	100.00	105517.86	69.11	47161.88	30.89	152679.74	100.00
1	江都县			10269.25	58.93	7156.88	41.07	17426.13	100.00
2	仪真县			1170.42	66.25	596.24	33.75	1766.67	100.00
3	泰兴县			4903.02	37.44	8193.24	62.56	13096.26	100.00
4	高邮州			7831.69	86.69	1202.73	13.31	9034.43	100.00
5	兴化县			30239.86	88.21	4042.87	11.79	34282.73	100.00
6	宝应县			6596.53	72.72	2475.14	27.28	9071.67	100.00

¹扬州府钞的单位为：贯。

序号	地名								
7	泰州			34265.93	75.65	11030.06	24.35	45296.00	100.00
8	如皋县			4451.45	50.25	4406.42	49.75	8857.87	100.00
9	通州	4379.00	100.00	4920.15	52.93	4375.53	47.07	9295.69	100.00
10	海门县	1028.00	100.00	737.93	16.21	3813.21	83.79	4551.14	100.00
	徽州府			60465.09	82.01	13267.59	17.99	73732.68	100.00
1	歙县			20853.89	90.31	2236.39	9.69	23090.29	100.00
2	休宁县			12523.45	86.89	1890.09	13.11	14413.54	100.00
3	婺源县			13275.76	86.85	2009.25	13.15	15285.02	100.00
4	祁门县			5564.90	86.90	839.17	13.10	6404.07	100.00
5	黟县			5684.33	86.90	856.80	13.10	6541.13	100.00
6	绩溪县			6979.61	87.26	1018.95	12.74	7998.56	100.00
	宁国府			72958.01	90.19	7936.91	9.81	80894.93	100.00
1	宣城县			33423.16	91.01	3300.16	8.99	36723.32	100.00
2	南陵县			13007.25	91.05	1279.33	8.95	14286.59	100.00
3	泾县			10835.15	89.92	1215.24	10.08	12050.39	100.00
4	宁国县			6587.40	89.51	771.93	10.49	7359.32	100.00
5	旌德县			5137.22	89.63	594.16	10.37	5731.39	100.00
6	太平县			4165.03	87.80	578.74	12.20	4743.77	100.00
	池州府¹	265.00	100.00	41888.20	93.22	3045.13	6.78	44933.33	100.00
1	贵池县			12793.03	94.42	755.61	5.58	13548.65	100.00
2	铜陵县			8464.57	93.14	623.00	6.86	9087.57	100.00
3	青阳县			8257.40	94.54	476.58	5.46	8734.00	100.00
4	石埭县			3780.31	91.09	369.97	8.91	4150.28	100.00
5	东流县			3471.76	90.62	359.24	9.38	3831.01	100.00
6	建德县	265.00	100.00	5210.80	93.35	370.90	6.64	5581.71	100.00
	太平府			27913.06	42.55	37683.77	57.45	65596.84	100.00

¹池州府钞的单位为：贯。该府钞未标明起运、存留，今依扬州府，记为"起运"。

序号	地名								
1	当涂县	18504.84	42.19	25356.90	57.81	43861.74	100.00
2	芜湖县	5668.19	41.76	7906.32	58.24	13574.50	100.00
3	繁昌县	3514.43	43.07	4645.42	56.93	8159.85	100.00
	安庆府	72555.57	86.97	10870.89	13.03	83426.46	100.00
1	怀宁县	11903.52	87.04	1772.13	12.96	13675.66	100.00
2	桐城县	13919.38	87.04	2072.55	12.96	15991.93	100.00
3	潜山县	10325.98	86.87	1560.51	13.13	11886.50	100.00
4	太湖县	14065.36	86.86	2127.93	13.14	16193.28	100.00
5	宿松县	13710.43	86.86	2074.52	13.14	15784.96	100.00
6	望江县	8611.68	87.06	1280.26	12.94	9891.94	100.00
	广德州	19386.17	94.55	1117.63	5.45	20503.80	100.00
1	本州	11815.85	94.65	668.50	5.35	12484.35	100.00
2	建平县	7601.65	94.79	417.78	5.21	8019.43	100.00
	徐州	48157.79	50.75	46743.26	49.25	94901.06	100.00
1	本州	21474.80	49.10	22264.31	50.90	43739.11	100.00
2	萧县	11788.09	55.54	9435.22	44.46	21223.30	100.00
3	沛县	7957.48	52.95	7069.55	47.05	15027.04	100.00
4	砀山县	5117.92	57.22	3826.00	42.78	8943.92	100.00
5	丰县	3289.53	55.16	2674.57	44.84	5964.10	100.00
	滁州	2714.88	41.33	3854.32	58.67	6569.20	100.00
1	本州	1122.04	43.52	1456.05	56.48	2578.09	100.00
2	全椒县	825.06	42.99	1094.02	57.01	1919.09	100.00
3	来安县	862.04	41.62	1209.25	58.38	2071.29	100.00
	和州	6309.82	79.75	1601.71	20.25	7911.53	100.00
1	本州	4792.57	79.97	1200.11	20.03	5992.69	100.00
2	含山县	1515.49	78.98	403.30	21.02	1918.80	100.00

丙表 262

山东布政司分州县及其分属田赋货币化估计值[1]

地区	钞（锭）						银（两）					
	起运	%	存留	%	总计	%	起运	%	存留	%	总计	%
济南府							603640.09	68.36	279391.05	31.64	883031.14	100.00
历城县							28313.32	68.36	13104.65	31.64	41417.97	100.00
章丘县							33975.99	68.36	15725.58	31.64	49701.57	100.00
邹平县							22650.66	68.36	10483.72	31.64	33134.38	100.00
淄川县							22650.66	68.36	10483.72	31.64	33134.38	100.00
长山县							22650.66	68.36	10483.72	31.64	33134.38	100.00
新城县							11325.33	68.36	5241.86	31.64	16567.19	100.00
齐河县							12457.86	68.36	5766.05	31.64	18223.91	100.00
齐东县							22650.66	68.36	10483.72	31.64	33134.38	100.00
济阳县							16987.99	68.36	7862.79	31.64	24850.78	100.00
禹城县							28313.32	68.36	13104.65	31.64	41417.97	100.00
临邑县							16987.99	68.36	7862.79	31.64	24850.78	100.00
长清县							22650.66	68.36	10483.72	31.64	33134.38	100.00
肥城县							16987.99	68.36	7862.79	31.64	24850.78	100.00
青城县							16987.99	68.36	7862.79	31.64	24850.78	100.00
陵县							16987.99	68.36	7862.79	31.64	24850.78	100.00
泰安县							28313.32	68.36	13104.65	31.64	41417.97	100.00
新泰县							7927.73	68.36	3669.30	31.64	11597.03	100.00
莱芜县							16987.99	68.36	7862.79	31.64	24850.78	100.00
德州							22650.66	68.36	10483.72	31.64	33134.38	100.00
德平县							16987.99	68.36	7862.79	31.64	24850.78	100.00
平原县							22650.66	68.36	10483.72	31.64	33134.38	100.00

[1]参考徐英凯、朱勇华：《聚类分析和回归分析：明代万历初年山东田赋数据的补充》，Applied Social Science, Vol. IV, Information Engineering Research Institute, USA, 2011.

1894

地名								
武定州	28313.32	68.36	13104.65	31.64	41417.97	100.00		
阳信县	28313.32	68.36	13104.65	31.64	41417.97	100.00		
海丰县	11325.33	68.36	5241.86	31.64	16567.19	100.00		
乐陵县	22650.66	68.36	10483.72	31.64	33134.38	100.00		
商河县	22650.66	68.36	10483.72	31.64	33134.38	100.00		
滨州	22650.66	68.36	10483.72	31.64	33134.38	100.00		
利津县	11325.33	68.36	5241.86	31.64	16567.19	100.00		
霑化县	11325.33	68.36	5241.86	31.64	16567.19	100.00		
蒲台县	16987.99	68.36	7862.79	31.64	24850.78	100.00		
兖州府	312513.05	69.09	139814.42	30.91	452327.47	100.00		
滋阳县	10689.92	69.09	4782.53	30.91	15472.45	100.00		
曲阜县	6514.16	69.09	2914.36	30.91	9428.52	100.00		
宁阳县	13362.40	69.09	5978.17	30.91	19340.57	100.00		
邹县	13362.40	69.09	5978.17	30.91	19340.57	100.00		
泗水县	6514.16	69.09	2914.36	30.91	9428.52	100.00		
滕县	12527.25	69.09	5604.53	30.91	18131.78	100.00		
峄县	10021.80	69.09	4483.63	30.91	14505.43	100.00		
金乡县	7599.86	69.09	3400.08	30.91	10999.94	100.00		
鱼台县	7599.86	69.09	3400.08	30.91	10999.94	100.00		
单县	16703.00	69.09	7472.71	30.91	24175.71	100.00		
城武县	13362.40	69.09	5978.17	30.91	19340.57	100.00		
曹州	20878.74	69.09	9340.89	30.91	30219.63	100.00		
曹县	16703.00	69.09	7472.71	30.91	24175.71	100.00		
定陶县	10856.94	69.09	4857.26	30.91	15714.20	100.00		
济宁州	14615.13	69.09	6538.62	30.91	21153.75	100.00		
嘉祥县	6514.16	69.09	2914.36	30.91	9428.52	100.00		
巨野县	11692.09	69.09	5230.90	30.91	16922.99	100.00		
郓城县	13362.40	69.09	5978.17	30.91	19340.57	100.00		

东平州		13362.40	69.09	5978.17	30.91	19340.57	100.00
汶上县		13362.40	69.09	5978.17	30.91	19340.57	100.00
东阿县		10689.92	69.09	4782.53	30.91	15472.45	100.00
平阴州		7599.86	69.09	3400.08	30.91	10999.94	100.00
阳谷县		13362.40	69.09	5978.17	30.91	19340.57	100.00
寿张县		8685.56	69.09	3885.81	30.91	12571.37	100.00
沂州		12527.25	69.09	5604.53	30.91	18131.78	100.00
郯城县		10021.80	69.09	4483.63	30.91	14505.43	100.00
费县		10021.80	69.09	4483.63	30.91	14505.43	100.00
东昌府		208936.24	68.88	94397.44	31.12	303333.68	100.00
聊城县		11653.81	68.88	5265.20	31.12	16919.01	100.00
堂邑县		8324.15	68.88	3760.86	31.12	12085.01	100.00
博平县		8324.15	68.88	3760.86	31.12	12085.01	100.00
茌平县		11653.81	68.88	5265.20	31.12	16919.01	100.00
清平县		8324.15	68.88	3760.86	31.12	12085.01	100.00
莘县		8324.15	68.88	3760.86	31.12	12085.01	100.00
冠县		13318.64	68.88	6017.37	31.12	19336.01	100.00
临清州		14151.07	68.88	6393.45	31.12	20544.52	100.00
丘县		13318.64	68.88	6017.37	31.12	19336.01	100.00
馆陶县		13318.64	68.88	6017.37	31.12	19336.01	100.00
高唐州		14151.07	68.88	6393.45	31.12	20544.52	100.00
恩县		14151.07	68.88	6393.45	31.12	20544.52	100.00
夏津县		16648.30	68.88	7521.71	31.12	24170.01	100.00
武城县		10821.40	68.88	4889.11	31.12	15710.51	100.00
濮州		16648.30	68.88	7521.71	31.12	24170.01	100.00
范县		8324.15	68.88	3760.86	31.12	12085.01	100.00
观城县		6659.32	68.88	3008.68	31.12	9668.00	100.00
朝城县		10821.40	68.88	4889.11	31.12	15710.51	100.00

地名					
青州府	512568.28	68.46	236143.79	31.54	748712.07	100.00
益都县	65713.88	68.46	30274.85	31.54	95988.73	100.00
临淄县	30666.48	68.46	14128.26	31.54	44794.74	100.00
博兴县	30666.48	68.46	14128.26	31.54	44794.74	100.00
高苑县	26285.55	68.46	12109.94	31.54	38395.49	100.00
乐安县	30666.48	68.46	14128.26	31.54	44794.74	100.00
寿光县	65713.88	68.46	30274.85	31.54	95988.73	100.00
昌乐县	30666.48	68.46	14128.26	31.54	44794.74	100.00
临朐县	65713.88	68.46	30274.85	31.54	95988.73	100.00
安丘县	26285.55	68.46	12109.94	31.54	38395.49	100.00
诸城县	30666.48	68.46	14128.26	31.54	44794.74	100.00
蒙阴州	26285.55	68.46	12109.94	31.54	38395.49	100.00
莒州	30666.48	68.46	14128.26	31.54	44794.74	100.00
沂水县	26285.55	68.46	12109.94	31.54	38395.49	100.00
日照县	26285.55	68.46	12109.94	31.54	38395.49	100.00
登州府	160642.26	68.21	74869.05	31.79	235511.31	100.00
蓬莱县	14874.28	68.21	6932.32	31.79	21806.60	100.00
黄县	17849.14	68.21	8318.78	31.79	26167.92	100.00
福山县	11899.43	68.21	5545.85	31.79	17445.28	100.00
栖霞县	11899.43	68.21	5545.85	31.79	17445.28	100.00
招远县	17849.14	68.21	8318.78	31.79	26167.92	100.00
莱阳县	44622.85	68.21	20796.96	31.79	65419.81	100.00
宁海州	23798.85	68.21	11091.71	31.79	34890.56	100.00
文登县	17849.14	68.21	8318.78	31.79	26167.92	100.00
莱州府	206051.16	68.15	96298.30	31.85	302349.46	100.00
掖县	25746.16	68.15	12032.51	31.85	37778.67	100.00
平度州	42200.78	68.15	19722.60	31.85	61923.38	100.00
潍县	26687.59	68.15	12472.49	31.85	39160.08	100.00

昌邑县					28856.99	68.15	13486.35	31.85	42343.34	100.00
胶州					28856.99	68.15	13486.35	31.85	42343.34	100.00
高密县					27301.57	68.15	12759.43	31.85	40061.00	100.00
即墨县					26401.07	68.15	12338.58	31.85	38739.65	100.00

田赋货币征收额排比

丙表263　全国田赋征收额分省排比[1]

全国编码	省内顺序	县名	田赋（两）
V1	1	乌程县	75111.11
V1	2	归安县	64576.60
V1	3	嘉善县	56419.88
V1	4	嘉兴县	55712.67
V1	5	秀水县	48294.60
V1	6	长兴县	39749.13
V1	7	海宁县	38127.54
V1	8	平湖县	36116.93
V1	9	仁和县	35006.80
V1	10	德清县	34880.85
V1	11	山阴县	34132.45
V1	12	鄞县	32938.25
V1	13	海盐县	31270.26
V1	14	崇德县	28899.05
V1	15	桐乡县	25772.22
V1	16	会稽县	21953.13
V1	17	余姚县	21564.47
V1	18	金华县	16633.49
V1	19	临海县	15881.20
V1	20	钱塘县	15673.52
V1	21	慈溪县	15574.81
V1	22	萧山县	15410.20
V1	23	上虞县	15324.30
V1	24	黄岩县	15265.62
V1	25	淳安县	15155.04
V1	26	诸暨县	14166.33
V1	27	平阳县	13369.91
V1	28	西安县	12363.17
V1	29	奉化县	12348.80
V1	30	兰溪县	11897.13
V1	31	富阳县	11882.18
V1	32	定海县	11687.39
V1	33	东阳县	10672.82
V1	34	永嘉县	10019.28
V1	35	瑞安县	9979.82
V1	36	江山县	9937.01
V1	37	武康县	9868.99
V1	38	龙游县	9561.01
V1	39	太平县	9328.12
V1	40	义乌县	9282.15
V1	41	余杭县	8982.23
V1	42	建德县	8414.03
V1	43	天台县	8212.89
V1	44	嵊县	8200.71
V1	45	永康县	8102.60
V1	46	常山县	8000.64
V1	47	安吉州	7714.39
V1	48	武义县	7579.25
V1	49	临安县	7386.89
V1	50	宁海县	7112.63
V1	51	桐庐县	7075.36
V1	52	孝丰县	6860.01
V1	53	乐清县	5995.87
V1	54	浦江县	5979.47
V1	55	汤溪县	5743.89
V1	56	仙居县	5536.36
V1	57	遂安县	5533.07
V1	58	龙泉县	5058.13
V1	59	寿昌县	4949.92
V1	60	开化县	4744.84
V1	61	松阳县	4508.93
V1	62	丽水县	4264.61
V1	63	象山县	3876.54
V1	64	新昌县	3241.67
V1	65	缙云县	3210.88
V1	66	新城县	2888.67
V1	67	於潜县	2813.68
V1	68	分水县	2783.06
V1	69	遂昌县	2710.85
V1	70	昌化县	1804.23
V1	71	青田县	1634.87
V1	72	宣平县	1524.92
V1	73	庆元县	1366.52
V1	74	云和县	1224.37
V1	75	泰顺县	987.00
V1	76	景宁县	506.76
V2	1	南昌县	40084.50
V2	2	丰城县	38882.29
V2	3	高安县	37359.75

[1]为了便于使用，此表对全国十五省直分别编码如下：
V1:浙江；V2:江西；V3:湖广；V4:福建；V5:山东；V6:
山西；V7:河南；V8:陕西；V9:四川；V10:广东；V11:
广西；V12:云南；V13:贵州；V14:北直隶；V15:南直隶。

V2	4	庐陵县	28844.61	V2	47	宁都县	6871.84
V2	5	临川县	23801.48	V2	48	铅山县	6805.00
V2	6	宜春县	23316.38	V2	49	安义县	6380.92
V2	7	新喻县	22732.28	V2	50	德兴县	6354.57
V2	8	吉水县	20255.13	V2	51	永丰县	6352.81
V2	9	新建县	20132.08	V2	52	赣县	5885.67
V2	10	安福县	19570.09	V2	53	弋阳县	4976.39
V2	11	萍乡县	19173.14	V2	54	南康县	4854.24
V2	12	乐安县	18913.99	V2	55	靖安县	4519.45
V2	13	永新县	18722.43	V2	56	彭泽县	4207.44
V2	14	新昌县	17718.74	V2	57	兴国县	4173.16
V2	15	鄱阳县	17713.11	V2	58	广昌县	4079.01
V2	16	万载县	17633.87	V2	59	湖口县	3825.18
V2	17	泰和县	17530.82	V2	60	永宁县	3348.79
V2	18	永丰县	17237.57	V2	61	德安县	2193.94
V2	19	清江县	17229.78	V2	62	德化县	2094.35
V2	20	新淦县	16766.09	V2	63	瑞昌县	2072.73
V2	21	奉新县	16671.59	V2	64	大庾县	1838.80
V2	22	上高县	15713.08	V2	65	星子县	1805.32
V2	23	宜黄县	15680.06	V2	66	兴安县	1610.00
V2	24	峡江县	15644.94	V2	67	石城县	1466.23
V2	25	进贤县	15551.63	V2	68	雩都县	1416.05
V2	26	崇仁县	14967.31	V2	69	崇义县	1194.48
V2	27	分宜县	13981.69	V2	70	龙南县	1172.62
V2	28	贵溪县	12957.71	V2	71	上犹县	975.09
V2	29	乐平县	12706.59	V2	72	信丰县	627.08
V2	30	金溪县	12592.72	V2	73	瑞金县	510.41
V2	31	馀干县	12526.11	V2	74	会昌县	279.29
V2	32	南城县	12163.71	V2	75	定南县	210.85
V2	33	东乡县	10992.51	V2	76	安远县	172.31
V2	34	宁州	9975.75	V3	1	湘乡县	35977.42
V2	35	建昌县	9668.57	V3	2	浏阳县	28547.88
V2	36	龙泉县	8779.03	V3	3	湘阴县	26748.24
V2	37	万安县	8310.83	V3	4	衡阳县	23359.90
V2	38	玉山县	8152.15	V3	5	江陵县	22429.30
V2	39	上饶县	8111.40	V3	6	攸县	17721.43
V2	40	都昌县	8079.94	V3	7	巴陵县	17352.16
V2	41	浮梁县	7786.23	V3	8	长沙县	17098.86
V2	42	新城县	7501.52	V3	9	黄冈县	15541.02
V2	43	万年县	7377.00	V3	10	蕲水县	15310.26
V2	44	武宁县	7302.39	V3	11	茶陵州	14943.15
V2	45	南丰县	7211.55	V3	12	平江县	14504.63
V2	46	安仁县	7132.98	V3	13	江夏县	14027.08

1900

V3	14	黄梅县	12848.19
V3	15	益阳县	12645.92
V3	16	湘潭县	12490.46
V3	17	醴陵县	11914.21
V3	18	武陵县	11341.81
V3	19	宁乡县	11336.03
V3	20	耒阳县	11161.47
V3	21	广济县	10899.94
V3	22	衡山县	10688.77
V3	23	武昌县	10618.41
V3	24	兴国州	10247.03
V3	25	蕲州	10105.33
V3	26	荆门县	9970.48
V3	27	监利县	9029.58
V3	28	善化县	8760.11
V3	29	麻城县	8708.02
V3	30	华荣县	8496.45
V3	31	安仁县	8484.80
V3	32	宁远县	8081.88
V3	33	桃源县	8051.68
V3	34	景陵县	7910.28
V3	35	汉阳县	7908.81
V3	36	桂阳州	7634.25
V3	37	公安县	7526.94
V3	38	沣州	7321.92
V3	39	石首县	7107.06
V3	40	安化县	6913.88
V3	41	邵阳县	6820.50
V3	42	蒲圻县	6764.82
V3	43	沔阳州	6748.05
V3	44	武冈县	6666.17
V3	45	大冶县	6609.99
V3	46	襄阳县	6537.49
V3	47	黄陂县	6489.32
V3	48	黄安县	6404.75
V3	49	谷城县	6062.81
V3	50	孝感县	5609.93
V3	51	溆浦县	5465.01
V3	52	石门县	5380.12
V3	53	通城县	5230.22
V3	54	松滋县	5191.39
V3	55	零陵县	5075.30
V3	56	酃县	4983.39
V3	57	沅陵县	4942.48
V3	58	龙阳县	4925.95
V3	59	慈利县	4895.67
V3	60	京山县	4610.35
V3	61	咸宁县	4321.37
V3	62	临湘县	4286.39
V3	63	道州	4051.22
V3	64	罗田县	3968.97
V3	65	临武县	3827.62
V3	66	潜江县	3810.27
V3	67	安乡县	3808.18
V3	68	崇阳县	3787.18
V3	69	随州	3734.17
V3	70	新化县	3665.27
V3	71	蓝山县	3392.29
V3	72	郴州本州	3376.80
V3	73	长宁县	3320.35
V3	74	永兴县	3239.15
V3	75	钟祥县	3200.81
V3	76	兴宁县	3106.07
V3	77	桂阳县	3021.55
V3	78	祁阳县	2990.70
V3	79	汉川县	2961.33
V3	80	嘉鱼县	2775.69
V3	81	会同县	2569.22
V3	82	沅州	2460.36
V3	83	南漳县	2448.96
V3	84	应山县	2337.36
V3	85	永明县	2321.37
V3	86	靖州本州	2240.26
V3	87	郧县	2227.37
V3	88	光化县	2155.96
V3	89	枣阳县	2130.72
V3	90	均州	2002.02
V3	91	应城县	1973.35
V3	92	黔阳县	1955.47
V3	93	东安县	1892.27
V3	94	枝江县	1782.36
V3	95	通山县	1782.05
V3	96	宜章县	1762.22
V3	97	宜城县	1748.27
V3	98	绥宁县	1704.82
V3	99	辰溪县	1682.75

V3	100	安陆县	1498.24
V3	101	新宁县	1436.88
V3	102	夷陵州	1424.37
V3	103	庐溪县	1325.85
V3	104	房县	1161.33
V3	105	巴东县	1085.25
V3	106	当阳县	1083.37
V3	107	桂东县	1080.70
V3	108	云梦县	1080.63
V3	109	宜都县	968.98
V3	110	沅江县	885.98
V3	111	竹山县	856.10
V3	112	长阳县	809.14
V3	113	城步县	777.85
V3	114	归州	773.70
V3	115	竹溪县	696.43
V3	116	麻阳县	578.36
V3	117	上津县	541.77
V3	118	永顺等处军民宣慰使司	538.68
V3	119	江华县	474.04
V3	120	郧西县	461.24
V3	121	保靖军民宣慰使司	407.86
V3	122	施州卫军民指挥使司	387.91
V3	123	通道县	370.97
V3	124	保康县	358.64
V3	125	远安县	306.47
V3	126	兴山县	284.05
V3	127	五寨蛮夷长官司	51.93
V3	128	镇远卫臻剖陆洞横玻等处长官司	26.77
V3	129	辰州卫镇溪军民千户所	24.64
V3	130	辰州卫镇溪军民千	24.64

		户所	
V3	131	箪子坪长官司	9.41
V3	132	九溪卫桑植安抚司	9.10
V4	1	建宁府缺页补值[1]	30316.53
V4	2	莆田县	16469.42
V4	3	福清县	11505.08
V4	4	晋江县	10439.70
V4	5	邵武县	9992.76
V4	6	龙溪县	9596.81
V4	7	建安县	9220.77
V4	8	长汀县	7526.58
V4	9	南安县	7124.52
V4	10	沙县	7095.77
V4	11	闽县	7067.99
V4	12	崇安县	7036.64
V4	13	南平县	6276.40
V4	14	候官县	5716.95
V4	15	仙游县	5664.88
V4	16	同安县	5662.32
V4	17	惠安县	5197.90
V4	18	漳浦县	5112.89
V4	19	宁化县	4873.14
V4	20	南靖县	4844.81
V4	21	顺昌县	4715.76
V4	22	长乐县	4619.96
V4	23	古田县	4425.01
V4	24	光泽县	4194.81
V4	25	海澄县	4192.71
V4	26	将乐县	4183.99
V4	27	连江县	4059.90
V4	28	怀安县	4057.85
V4	29	福宁州本州	3890.98
V4	30	长泰县	3687.29
V4	31	尤溪县	3622.95
V4	32	建宁县[1]	3593.64
V4	33	宁德县	3417.52
V4	34	上杭县	3397.40

---

[1] 参见丙表 75 的注 1。

V4	35	□□县	3354.16	V5	21	潍县	39160.08
V4	36	归化县	3280.36	V5	22	即墨县	38739.65
V4	37	龙岩县	3230.07	V5	23	高苑县	38395.49
V4	38	永安县	3079.78	V5	24	安丘县	38395.49
V4	39	诏安县	3035.23	V5	25	蒙阴州	38395.49
V4	40	永春县	2834.45	V5	26	沂水县	38395.49
V4	41	连城县	2700.98	V5	27	日照县	38395.49
V4	42	泰宁县	2695.45	V5	28	掖县	37778.67
V4	43	安溪县	2487.21	V5	29	宁海州	34890.56
V4	44	政和县	2448.01	V5	30	邹平县	33134.38
V4	45	福安县	2292.27	V5	31	淄川县	33134.38
V4	46	大田县	2292.03	V5	32	长山县	33134.38
V4	47	武平县	2263.66	V5	33	齐东县	33134.38
V4	48	闽清县	2165.57	V5	34	长清县	33134.38
V4	49	永定县	1966.24	V5	35	德州	33134.38
V4	50	清流县	1951.95	V5	36	平原县	33134.38
V4	51	罗源县	1737.18	V5	37	乐陵县	33134.38
V4	52	漳平县	1704.49	V5	38	商河县	33134.38
V4	53	德化县	1695.95	V5	39	滨州	33134.38
V4	54	平和县	1372.17	V5	40	曹州	30219.63
V4	55	永福县	1256.04	V5	41	黄县	26167.92
V4	56	宁洋县	926.82	V5	42	招远县	26167.92
V4	57	寿宁县	881.02	V5	43	文登县	26167.92
V5	1	益都县	95988.73	V5	44	济阳县	24850.78
V5	2	寿光县	95988.73	V5	45	临邑县	24850.78
V5	3	临朐县	95988.73	V5	46	肥城县	24850.78
V5	4	莱阳县	65419.81	V5	47	青城县	24850.78
V5	5	平度州	61923.38	V5	48	陵县	24850.78
V5	6	章丘县	49701.57	V5	49	莱芜县	24850.78
V5	7	临淄县	44794.74	V5	50	德平县	24850.78
V5	8	博兴县	44794.74	V5	51	蒲台县	24850.78
V5	9	乐安县	44794.74	V5	52	单县	24175.71
V5	10	昌乐县	44794.74	V5	53	曹县	24175.71
V5	11	诸城县	44794.74	V5	54	夏津县	24170.01
V5	12	莒州	44794.74	V5	55	濮州	24170.01
V5	13	昌邑县	42343.34	V5	56	蓬莱县	21806.60
V5	14	胶州	42343.34	V5	57	济宁州	21153.75
V5	15	历城县	41417.97	V5	58	临清州	20544.52
V5	16	禹城县	41417.97	V5	59	高唐州	20544.52
V5	17	泰安县	41417.97	V5	60	恩县	20544.52
V5	18	武定州	41417.97	V5	61	宁阳县	19340.57
V5	19	阳信县	41417.97	V5	62	邹县	19340.57
V5	20	高密县	40061.00	V5	63	城武县	19340.57

V5	64	郓城县	19340.57
V5	65	东平州	19340.57
V5	66	汶上县	19340.57
V5	67	阳谷县	19340.57
V5	68	冠县	19336.01
V5	69	丘县	19336.01
V5	70	馆陶县	19336.01
V5	71	齐河县	18223.91
V5	72	滕县	18131.78
V5	73	沂州	18131.78
V5	74	福山县	17445.28
V5	75	栖霞县	17445.28
V5	76	巨野县	16922.99
V5	77	聊城县	16919.01
V5	78	茌平县	16919.01
V5	79	新城县	16567.19
V5	80	海丰县	16567.19
V5	81	利津县	16567.19
V5	82	霑化县	16567.19
V5	83	定陶县	15714.20
V5	84	武城县	15710.51
V5	85	朝城县	15710.51
V5	86	滋阳县	15472.45
V5	87	东阿县	15472.45
V5	88	峄县	14505.43
V5	89	郯城县	14505.43
V5	90	费县	14505.43
V5	91	寿张县	12571.37
V5	92	堂邑县	12085.01
V5	93	博平县	12085.01
V5	94	清平县	12085.01
V5	95	莘县	12085.01
V5	96	范县	12085.01
V5	97	新泰县	11597.03
V5	98	金乡县	10999.94
V5	99	鱼台县	10999.94
V5	100	平阴州	10999.94
V5	101	观城县	9668.00
V5	102	曲阜县	9428.52
V5	103	泗水县	9428.52
V5	104	嘉祥县	9428.52
V6	1	蒲州	56968.22
V6	2	临晋县	54086.42

V6	3	临汾县	53309.48
V6	4	稷山县	48951.45
V6	5	平遥县	48407.51
V6	6	闻喜县	47946.11
V6	7	安邑县	46996.42
V6	8	泽州本州	44646.98
V6	9	文水县	43892.16
V6	10	汾州本州	42137.43
V6	11	曲沃县	39732.64
V6	12	长治县	39692.08
V6	13	阳曲县	39493.22
V6	14	太平县	38496.63
V6	15	猗氏县	37320.33
V6	16	绛州	37224.77
V6	17	夏县	37120.65
V6	18	榆次县	36349.25
V6	19	忻县	35374.87
V6	20	高平县	35197.12
V6	21	洪洞县	35086.94
V6	22	翼城县	34924.19
V6	23	荣河县	31783.84
V6	24	长子县	30492.64
V6	25	襄陵县	30395.66
V6	26	崞县	28365.91
V6	27	河津县	28280.11
V6	28	阳城县	27820.86
V6	29	屯留县	27803.15
V6	30	潞城县	27384.93
V6	31	太原县	26928.28
V6	32	绛县	26185.21
V6	33	万泉县	26176.83
V6	34	太谷县	25306.63
V6	35	介休县	24751.33
V6	36	永宁州	24317.15
V6	37	平陆县	23570.45
V6	38	芮城县	23441.23
V6	39	孝义县	22976.07
V6	40	壶关县	22376.34
V6	41	祁县	22268.40
V6	42	代州	22134.51
V6	43	襄垣县	20735.09
V6	44	赵城县	20435.40
V6	45	乡宁县	20252.87

V6	46	应县	19797.42
V6	47	武乡县	19605.40
V6	48	陵川县	19047.27
V6	49	隰州	18849.46
V6	50	大同县	18221.66
V6	51	沁水县	17970.22
V6	52	解州	17232.73
V6	53	浮山县	16156.09
V6	54	汾西县	15328.55
V6	55	垣曲县	15268.06
V6	56	石楼县	15249.23
V6	57	寿阳县	14986.07
V6	58	沁州本州	14453.46
V6	59	黎城县	14242.25
V6	60	吉州	14179.06
V6	61	徐沟县	14153.12
V6	62	岚县	14094.43
V6	63	蔚州	13783.11
V6	64	平定州	13397.19
V6	65	临县	13074.43
V6	66	定襄县	13059.29
V6	67	孟县	12939.15
V6	68	灵石县	12663.52
V6	69	清源县	12387.29
V6	70	五台县	12339.25
V6	71	永和县	11864.31
V6	72	霍州	11864.31
V6	73	交城县	11849.77
V6	74	静乐县	11663.97
V6	75	蒲县	11327.88
V6	76	沁源县	11087.37
V6	77	繁峙州	11000.92
V6	78	岳阳县	10509.04
V6	79	浑源州	9959.10
V6	80	榆社县	9907.88
V6	81	大宁县	9697.93
V6	82	宁乡县	9550.67
V6	83	和顺县	9085.79
V6	84	朔州	7705.16
V6	85	怀仁县	7321.73
V6	86	平顺县	7056.39
V6	87	乐平县	6912.23
V6	88	兴县	6844.14

V6	89	灵丘县	5969.57
V6	90	岢岚州	5955.09
V6	91	辽州本州	5877.01
V6	92	广灵县	5539.75
V6	93	山阴县	5381.96
V6	94	马邑县	5174.57
V6	95	广昌县	3016.11
V6	96	保德州	2102.55
V6	97	河曲县	1638.23
V7	1	洛阳县	56532.28
V7	2	河内县	55559.82
V7	3	祥符县	46385.51
V7	4	安阳县	45398.81
V7	5	禹州	37669.53
V7	6	杞县	37409.58
V7	7	灵宝县	36049.96
V7	8	武涉县	35902.66
V7	9	济源县	34507.82
V7	10	修武县	32808.97
V7	11	汝州本州	28201.34
V7	12	永宁县	26553.45
V7	13	孟县	25516.12
V7	14	宜阳县	25441.72
V7	15	汤阴县	25112.07
V7	16	偃师县	23060.94
V7	17	临漳县	22363.63
V7	18	阳武县	22189.66
V7	19	辉县	22186.54
V7	20	郏县	21945.31
V7	21	新乡县	21479.97
V7	22	林县	20976.85
V7	23	封丘县	20927.06
V7	24	陈留县	20395.94
V7	25	温县	20394.85
V7	26	磁州	20281.20
V7	27	陕州	19666.36
V7	28	登封县	19558.88
V7	29	宝丰县	19470.80
V7	30	郑州	18181.10
V7	31	中牟县	18061.21
V7	32	许州	17718.25
V7	33	嵩县	17248.22
V7	34	汲县	15546.68

V7	35	武安县	15399.69	V7	78	裕州	6028.58
V7	36	闵乡县	15071.37	V7	79	光山县	6024.84
V7	37	舞阳州	14334.54	V7	80	扶沟县	5695.25
V7	38	襄城县	14181.79	V7	81	确山县	5609.72
V7	39	叶县	13870.41	V7	82	商水县	5604.74
V7	40	巩县	13446.31	V7	83	项城县	5559.72
V7	41	新郑县	13334.62	V7	84	夏邑县	5294.32
V7	42	鲁山县	13217.87	V7	85	淅川县	5122.92
V7	43	孟津县	12891.55	V7	86	商丘县	5109.55
V7	44	密县	12404.20	V7	87	南阳县	5035.97
V7	45	延津县	12226.67	V7	88	光州	5011.24
V7	46	长葛县	11903.83	V7	89	鹿邑县	4820.85
V7	47	获嘉县	11572.55	V7	90	汝阳县	4724.09
V7	48	渑池县	11429.22	V7	91	泌阳县	4694.03
V7	49	上蔡县	10910.81	V7	92	虞城县	4217.10
V7	50	洧川县	10807.67	V7	93	罗山县	4213.47
V7	51	通许县	10661.99	V7	94	息县	4012.05
V7	52	卢氏县	10565.82	V7	95	邓州	3947.44
V7	53	兰阳县	10520.90	V7	96	新野县	3789.23
V7	54	鄢陵县	10249.80	V7	97	河阴县	3448.36
V7	55	睢州	10119.13	V7	98	唐县	2741.47
V7	56	胙城县	9871.45	V7	99	信阳州	2664.01
V7	57	尉氏县	9854.92	V7	100	镇平县	2599.15
V7	58	淇县	9829.85	V7	101	新蔡县	2215.13
V7	59	伊阳县	9402.85	V7	102	南召县	2150.80
V7	60	新安县	9347.83	V7	103	考城县	2118.92
V7	61	永城县	9311.06	V7	104	宁陵县	1929.66
V7	62	西平县	8955.33	V7	105	沈丘县	1841.19
V7	63	陈州	8648.95	V7	106	柘城县	1409.91
V7	64	郾城县	8534.21	V7	107	真阳县	1335.95
V7	65	西华县	8451.91	V7	108	桐柏县	1194.63
V7	66	原武县	8318.22	V8	1	蒲城县	68429.68
V7	67	太康县	8209.09	V8	2	渭南县	53066.49
V7	68	荥泽县	7804.18	V8	3	宁州	51355.81
V7	69	临颍县	7544.29	V8	4	富平县	49788.76
V7	70	仪封县	7455.11	V8	5	临潼县	40067.54
V7	71	商城县	7276.92	V8	6	邠州	35310.70
V7	72	内乡县	7104.14	V8	7	澄城县	34892.72
V7	73	荥阳县	7048.91	V8	8	洛川县	34791.24
V7	74	固始县	6989.21	V8	9	泾阳县	33479.34
V7	75	汜水县	6977.96	V8	10	宝鸡县	32702.64
V7	76	涉县	6966.64	V8	11	扶风县	32177.06
V7	77	遂平县	6880.72	V8	12	合阳县	32008.65

V8	13	镇原县	30381.08	V8	56	华亭县	8764.24
V8	14	凤翔县	28712.11	V8	57	甘泉县	8255.17
V8	15	安化县	27984.12	V8	58	宁远县	7764.56
V8	16	灵台县	26573.25	V8	59	伏羌县	7737.59
V8	17	华州	25067.97	V8	60	狄道县	7726.78
V8	18	三原县	23724.47	V8	61	肤施县	7488.17
V8	19	岐山县	23390.98	V8	62	绥德州	7389.38
V8	20	三水县	22645.45	V8	63	金县	7332.70
V8	21	乾州	22621.84	V8	64	安定县	7234.41
V8	22	长安县	22551.21	V8	65	会宁县	7179.22
V8	23	周至县	21958.52	V8	66	米脂县	7051.34
V8	24	泾州	21805.40	V8	67	中部县	6988.66
V8	25	韩城县	21527.69	V8	68	清涧县	6937.40
V8	26	朝邑县	20996.73	V8	69	延川县	6812.64
V8	27	宜川县	19961.15	V8	70	延长县	6619.81
V8	28	陇西县	19726.79	V8	71	洋县	6465.93
V8	29	咸宁县	19469.00	V8	72	洛南县	6443.86
V8	30	平凉县	18403.17	V8	73	咸阳县	6153.78
V8	31	白水县	17711.69	V8	74	葭州	6001.98
V8	32	淳化县	17667.79	V8	75	阶州	5912.60
V8	33	醴泉县	17020.49	V8	76	秦安县	5508.68
V8	34	同州	16709.94	V8	77	崇信县	5449.73
V8	35	华阴县	16268.30	V8	78	商州	5163.22
V8	36	宜君县	15939.81	V8	79	庄浪县	4809.72
V8	37	静宁州	15275.55	V8	80	城固县	4550.17
V8	38	耀州	14996.69	V8	81	礼县	4518.30
V8	39	兴平县	14302.55	V8	82	合水县	4371.24
V8	40	安定县	14178.35	V8	83	凤县	4249.37
V8	41	秦州	13834.94	V8	84	西和县	4236.13
V8	42	郿州	13811.24	V8	85	渭源县	3721.03
V8	43	高陵县	13723.74	V8	86	固原州	3460.12
V8	44	麟游县	13399.27	V8	87	清水县	3381.23
V8	45	河州	12996.36	V8	88	安塞县	3351.61
V8	46	陇州	12494.86	V8	89	漳县	3299.86
V8	47	眉县	12336.16	V8	90	隆德县	3150.12
V8	48	同官县	11669.91	V8	91	金州	2852.83
V8	49	通渭县	11627.03	V8	92	庆阳卫前千户所	2654.17
V8	50	户县	11464.58	V8	93	保安县	2616.32
V8	51	汧阳县	9797.16	V8	94	灵州	2601.06
V8	52	蓝田县	9702.66	V8	95	宁夏卫经历司	2525.26
V8	53	永寿县	9652.91	V8	96	成县	2517.75
V8	54	武功县	9538.32				
V8	55	真宁县	8824.52				

V8	97	兰州	2441.78	V8	136	小盐池递运所	165.74
V8	98	徽州	2235.68	V8	137	洮州卫	156.10
V8	99	南郑县	2223.92	V8	138	清平堡	148.49
V8	100	府谷县	2108.29	V8	139	小盐池驿	133.24
V8	101	岷州卫	2079.74	V8	140	波罗堡	130.78
V8	102	榆林城	1939.83	V8	141	定边营	128.16
V8	103	环县	1876.94	V8	142	青平递运所	123.54
V8	104	吴堡县	1737.13	V8	143	山城递运所	111.14
V8	105	神木县	1703.43	V8	144	青阳驿	109.92
V8	106	西乡县	1616.04	V8	145	山城驿	103.89
V8	107	文县	1585.55	V8	146	梁山驿	97.91
V8	108	洵阳县	1459.17	V8	147	宁寨堡	97.46
V8	109	褒城县	1350.40	V8	148	高家堡	96.69
V8	110	两当县	1150.65	V8	149	大沙井递运所	89.20
V8	111	沔县	1141.98	V8	150	永济堡	74.03
V8	112	镇安县	1064.91	V8	151	本钵递运所	71.38
V8	113	山阳县	945.09	V8	152	柏林驿	68.86
V8	114	汉阴县	923.21	V8	153	阜城递运所	57.93
V8	115	白河县	864.25	V8	154	龙州城	57.07
V8	116	商南县	747.29	V8	155	怀远堡	51.71
V8	117	略阳县	730.75	V8	156	青平驿	48.60
V8	118	平利县	569.75	V8	157	三岔驿	45.05
V8	119	石泉县	568.68	V8	158	新兴堡	41.53
V8	120	西固城军民千户所	556.36	V8	159	安山驿	28.10
V8	121	庆阳卫	555.68	V8	160	凉山楼驿	26.54
V8	122	威武堡	455.48	V8	161	草凉楼驿	20.55
V8	123	绥德卫	444.44	V8	162	青桥驿	14.85
V8	124	宁羌县	387.12	V8	163	武关驿	11.74
V8	125	延安卫	350.34	V8	164	双山堡	11.43
V8	126	紫阳县	324.25	V9	1	泸州本州	20425.67
V8	127	萌递运所	313.84	V9	2	巴县	18754.59
V8	128	安边营	251.66	V9	3	富顺县	15802.00
V8	129	靖边营	236.66	V9	4	永川县	11010.69
V8	130	开山驿	211.63	V9	5	江津县	10645.37
V8	131	石沟儿递运所	211.26	V9	6	大足县	10423.70
V8	132	石沟驿	197.07	V9	7	长寿县	9158.04
V8	133	灵州千户所	191.27				
V8	134	萌城驿	183.78				
V8	135	黄沙驿	177.76				

V9	8	合州	8965.49	V9	48	简州	1995.52
V9	9	铜梁县	6828.18	V9	49	梁山县	1933.64
V9	10	隆昌县	6621.22	V9	50	金堂县	1920.52
V9	11	眉州本州	6563.86	V9	51	资县	1870.43
V9	12	荣昌县	6444.29	V9	52	荣县	1769.65
V9	13	璧山县	6022.91	V9	53	犍为县	1769.31
V9	14	广安州	5459.15	V9	54	双流县	1719.42
V9	15	垫江县	4549.80	V9	55	新繁县	1701.96
V9	16	涪州	4486.75	V9	56	安居县	1666.04
V9	17	岳池县	4327.37	V9	57	新津县	1660.79
V9	18	江安县	4246.92	V9	58	南充县	1636.86
V9	19	南溪县	4237.57	V9	59	播州长官司	1602.43
V9	20	内江县	3759.16	V9	60	庆符县	1591.86
V9	21	宜宾县	3725.54	V9	61	华阳县	1524.64
V9	22	邛州本州	3512.36	V9	62	洪雅县	1516.23
V9	23	成都县	3080.71	V9	63	南川县	1494.19
V9	24	温江县	2998.49	V9	64	西充县	1443.04
V9	25	乌撒军民府	2963.00	V9	65	播州宣慰司	1427.53
V9	26	崇庆州	2959.49	V9	66	绵竹县	1398.61
V9	27	安岳县	2937.42	V9	67	丹棱县	1362.74
V9	28	邻水县	2889.73	V9	68	巴州	1360.40
V9	29	郫县	2801.37	V9	69	开县	1284.50
V9	30	长宁县	2714.54	V9	70	乌蒙军民府	1274.09
V9	31	定远县	2712.29	V9	71	镇雄府	1239.97
V9	32	嘉定州本州	2700.92	V9	72	忠州	1204.91
V9	33	峨眉县	2649.83	V9	73	彭山县	1181.64
V9	34	灌县	2641.58	V9	74	青神县	1179.55
V9	35	大竹县	2600.66	V9	75	高县	1169.29
V9	36	遂宁县	2565.08	V9	76	德阳县	1164.75
V9	37	新都县	2531.75	V9	77	威远县	1158.20
V9	38	汉州	2510.48	V9	78	南部县	1150.21
V9	39	大邑县	2407.74	V9	79	会川卫	1149.32
V9	40	合江县	2335.82	V9	80	新宁县	1115.92
V9	41	仁寿县	2321.96	V9	81	达州	1085.29
V9	42	渠县	2263.51	V9	82	雅州本州	1078.33
V9	43	资阳县	2125.52	V9	83	安县	1042.23
V9	44	夹江县	2090.52	V9	84	仪陇县	1034.14
V9	45	彭县	2062.81	V9	85	什邡县	968.97
V9	46	龙安府本府	2031.83	V9	86	建昌卫并所属威龙	962.94
V9	47	蒲江县	2014.84				

		普济昌州 等长官司			V9	123	石泉县	427.66

V9	87	阆中县	911.34
V9	88	綦江县	905.97
V9	89	崇宁县	904.55
V9	90	东川军民府	888.90
V9	91	潼川州本州	816.83
V9	92	蓬溪县	814.94
V9	93	乐至县	801.88
V9	94	万县	796.40
V9	95	中江县	790.47
V9	96	丰都县	770.06
V9	97	纳溪县	749.07
V9	98	芦山县	744.87
V9	99	蓬州	734.70
V9	100	名山县	729.63
V9	101	云阳县	719.24
V9	102	井研县	696.88
V9	103	彰明县	680.03
V9	104	建始县	677.22
V9	105	通江县	655.10
V9	106	兴文县	600.63
V9	107	江油县	596.40
V9	108	彭水县	578.77
V9	109	九姓长官司	576.08
V9	110	苍溪县	570.38
V9	111	营山县	554.30
V9	112	永宁宣抚司	550.16
V9	113	奉节县	547.84
V9	114	荣经县	529.10
V9	115	绵州	523.92
V9	116	沐川长官司	521.76
V9	117	剑州	493.39
V9	118	珙县	487.27
V9	119	大宁县	456.44
V9	120	南江县	453.73
V9	121	巫山县	452.21
V9	122	射洪县	444.03

V9	123	石泉县	427.66
V9	124	罗江县	424.07
V9	125	筠连县	420.98
V9	126	盐亭县	403.65
V9	127	东乡县	394.96
V9	128	梓潼县	390.90
V9	129	广元县	324.71
V9	130	茂州	281.17
V9	131	昭化县	266.23
V9	132	武隆县	256.26
V9	133	威州	247.04
V9	134	酉阳宣抚司	241.82
V9	135	盐井卫并所属马喇长官司	212.93
V9	136	黄平安抚司	205.00
V9	137	草塘安抚司	203.95
V9	138	大昌县	177.33
V9	139	太平长官司	168.65
V9	140	泥溪长官司	165.35
V9	141	白泥长官司	141.74
V9	142	黔江县	129.49
V9	143	保县	122.79
V9	144	真州长官司	121.91
V9	145	平夷长官司	117.86
V9	146	太平县	104.71
V9	147	陇木头长官司	96.93
V9	148	静州长官司	84.10
V9	149	汶川	83.28
V9	150	宁番卫	80.27
V9	151	平茶洞长官司	74.07

V9	152	余庆长官司	68.36
V9	153	越隽卫并所属邛部长官司	65.93
V9	154	叠溪千户所并所属叠溪爵即三长官司	60.59
V9	155	重安长官司	55.05
V9	156	岳溪蓬长官司	54.75
V9	157	黎州安抚司	51.36
V9	158	蛮夷长官司	47.61
V9	159	松潘卫	40.41
V9	160	石柱宣抚司	36.65
V9	161	容山长官司	33.86
V9	162	天坝于等寨	24.44
V9	163	马湖府亲管雷坡县并宁戎巡检司	17.37
V9	164	邑梅洞长官司	14.16
V10	1	平远等9县	47042.69
V10	2	南海县	17890.18
V10	3	番禺县	13281.04
V10	4	东莞县	11856.05
V10	5	新会县	11701.98
V10	6	顺德县	11329.17
V10	7	高要县	9690.51
V10	8	保昌县	9313.19
V10	9	海阳县	9243.36
V10	10	增城县	8532.87
V10	11	香山县	7357.41
V10	12	博罗县	5975.76
V10	13	新兴县	5940.87

V10	14	合浦县	5422.72
V10	15	阳江县	5169.90
V10	16	四会县	5055.20
V10	17	三水县	5018.60
V10	18	曲江县	4990.83
V10	19	德庆州	4742.06
V10	20	英德县	4645.93
V10	21	茂名县	4394.45
V10	22	归善县	4175.79
V10	23	恩平县	3776.11
V10	24	高明县	3588.42
V10	25	罗定州本州	3471.07
V10	26	新安县	3453.65
V10	27	清远县	3254.57
V10	28	电白县	3082.31
V10	29	儋州	2835.89
V10	30	吴川县	2755.32
V10	31	广宁县	2661.57
V10	32	新宁县	2636.01
V10	33	化州	2565.05
V10	34	龙门县	2544.14
V10	35	灵山县	2479.50
V10	36	阳春县	2436.14
V10	37	临高县	2377.22
V10	38	翁源县	2201.53
V10	39	海丰县	2094.68
V10	40	乐昌县	2076.39
V10	41	万州	1985.27
V10	42	连州	1932.15
V10	43	石城县	1916.12
V10	44	河源县	1897.20
V10	45	东安县	1846.52
V10	46	信宜县	1817.54
V10	47	兴宁县	1683.15
V10	48	封川县	1577.40
V10	49	长乐县	1535.47
V10	50	始兴县	1526.16
V10	51	龙川县	1424.21
V10	52	永安县	1302.76
V10	53	从化县	1281.08
V10	54	崖州	1228.59
V10	55	仁化县	1055.61

V10	56	长宁县	998.61	V11	31	柳城县	1261.85
V10	57	乳源县	910.55	V11	32	永淳县	1075.49
V10	58	阳山县	899.62	V11	33	富川县	1028.03
V10	59	西宁县	899.08	V11	34	昭平县	978.86
V10	60	钦州	896.56	V11	35	平乐县	942.17
V10	61	和平县	863.93	V11	36	永福县	934.19
V10	62	开建县	672.52	V11	37	象州	890.53
V10	63	乐会县	565.71	V11	38	罗城县	843.22
V10	64	昌化县	534.94	V11	39	思恩县	689.88
V10	65	陵水县	497.05	V11	40	荔浦县	655.81
V10	66	连山县	462.87	V11	41	岑溪县	613.05
V10	67	感恩县	274.55	V11	42	永宁州	601.78
V11	1	全州	8963.43	V11	43	恭城县	547.13
V11	2	临桂县	8916.65	V11	44	河池县	500.76
V11	3	灵川县	5976.33	V11	45	泗城州	487.98
V11	4	宜化县	5672.30	V11	46	天河县	476.64
V11	5	贵县	4700.10	V11	47	武宣县	417.10
V11	6	苍梧县	4462.37	V11	48	迁江县	370.72
V11	7	兴安县	4165.81	V11	49	武靖州	327.44
V11	8	宾州	3585.27	V11	50	镇安府	325.93
V11	9	桂平县	3357.23	V11	51	新宁州	314.59
V11	10	藤县	3347.09	V11	52	马平县	314.10
V11	11	贺县	3172.24	V11	53	洛容县	306.80
V11	12	郁林州	3138.14	V11	54	东兰州	300.46
V11	13	横州	2728.98	V11	55	永安州	222.53
V11	14	北流县	2645.78	V11	56	永定长官司	217.81
V11	15	武缘县	2265.04	V11	57	南丹州	216.08
V11	16	平南县	2245.42	V11	58	来宾县	208.12
V11	17	融县	2183.61	V11	59	向武州	193.82
V11	18	陆川县	1989.87	V11	60	万承州	149.42
V11	19	博白县	1948.90	V11	61	怀远县	146.83
V11	20	义宁县	1894.33	V11	62	归德州	138.33
V11	21	隆安县	1886.98	V11	63	龙州	136.94
V11	22	上林县	1882.13	V11	64	修仁县	135.66
V11	23	灌阳县	1817.65	V11	65	那地州	121.48
V11	24	怀集县	1766.97	V11	66	上林长官司	118.52
V11	25	思恩军民府九土司	1748.22	V11	67	荔波县	116.56
V11	26	阳朔县	1681.66	V11	68	龙英州	111.34
V11	27	容县	1679.92	V11	69	永顺长官司	106.51
V11	28	兴业县	1552.17	V11	70	忻城县	95.54
V11	29	宜山县	1452.56				
V11	30	田州	1441.79				

V11	71	奉议州	84.74
V11	72	思明府	73.04
V11	73	都康州	72.43
V11	74	太平州	71.45
V11	75	左州	68.89
V11	76	江州	65.19
V11	77	崇善县	63.75
V11	78	富劳县	63.65
V11	79	安平州	56.64
V11	80	思城州	55.38
V11	81	陀陵县	49.53
V11	82	凭祥州	48.89
V11	83	罗阳县	46.16
V11	84	归顺州	44.45
V11	85	忠州	44.44
V11	86	养利州	43.90
V11	87	安隆长官司	41.96
V11	88	果化州	41.48
V11	89	全茗州	35.67
V11	90	茗盈州	30.52
V11	91	上下冻州	30.47
V11	92	佶伦州	29.67
V11	93	下雷峒	29.63
V11	94	利州	29.63
V11	95	镇远州	29.39
V11	96	都结州	29.20
V11	97	思同州	26.15
V11	98	结安州	23.25
V11	99	上思州	19.85
V11	100	思明州	18.07
V11	101	永康县	11.94
V11	102	湖润寨	10.67
V11	103	迁隆峒	10.53
V11	104	上石西州	8.89
V11	105	思陵州	8.89
V11	106	下石西州	7.41
V12	1	太和县	3219.16
V12	2	嵩明州	2788.46
V12	3	昆明县	2751.93
V12	4	蒙化府	2089.93
V12	5	剑川州	2057.20
V12	6	云南县	1972.53
V12	7	浪穹县	1697.34
V12	8	楚雄县	1612.59
V12	9	腾越州	1574.46
V12	10	鹤庆军民府代征	1541.59
V12	11	赵州	1500.99
V12	12	北胜州	1481.66
V12	13	姚州	1436.43
V12	14	本邦宣慰司	1400.00
V12	15	霑益州	1257.35
V12	16	师宗州	1234.03
V12	17	景东府	1192.99
V12	18	河阳县	1189.27
V12	19	宾川州	1185.15
V12	20	大姚县	1175.59
V12	21	元江军民府所属因远罗必甸长官司	1129.07
V12	22	建水州	1124.38
V12	23	溪处甸长官司	1121.18
V12	24	晋宁州	1113.64
V12	25	弥勒州	1109.30
V12	26	安宁县	1082.94
V12	27	寻甸军民府	1069.45
V12	28	邓川州	1047.66
V12	29	蒙自县	1004.93
V12	30	保山县	942.26
V12	31	嶍峨县	941.26
V12	32	通安州	911.09
V12	33	呈贡县	907.41
V12	34	昆阳州	895.03
V12	35	石屏州	856.69
V12	36	宜良县	821.12
V12	37	河西县	782.79
V12	38	孟养宣慰司	750.00
V12	39	镇南州	737.67
V12	40	镇沅府	720.00
V12	41	阿迷州	692.06

V12	42	南宁县	677.95
V12	43	新兴州	672.20
V12	44	定远县	650.66
V12	45	禄劝州	621.80
V12	46	广通县	621.03
V12	47	宁州	615.15
V12	48	孟定府	600.00
V12	49	新化州	599.60
V12	50	富民县	583.84
V12	51	路南州	524.77
V12	52	纳楼茶甸长官司	502.63
V12	53	归化县	495.27
V12	54	罗次县	470.60
V12	55	顺宣府	450.00
V12	56	广南府代征	418.94
V12	57	云龙州	416.12
V12	58	罗雄州	403.52
V12	59	南安州	402.40
V12	60	威远州	400.00
V12	61	陇川宣抚司	400.00
V12	62	禄丰县	395.40
V12	63	元谋县	395.29
V12	64	富州	381.62
V12	65	和曲州	378.36
V12	66	车里宣慰司	375.00
V12	67	江川县	360.64
V12	68	永平县	358.28
V12	69	易门县	357.90
V12	70	通海县	354.06
V12	71	亦左县	335.37
V12	72	施甸长官司	334.27
V12	73	陆凉州	327.68
V12	74	马龙州	322.58
V12	75	定边县	318.77
V12	76	三泊县	310.35
V12	77	阳宗县	308.86
V12	78	王弄山长官司	298.19
V12	79	巨津州	273.34
V12	80	者乐甸长官司	260.84
V12	81	兰州	212.49
V12	82	教化三部长官司	204.14
V12	83	思陀甸长官司	200.97
V12	84	大候州	200.00
V12	85	孟琏长官司	200.00
V12	86	顺州	199.34
V12	87	维摩州	171.53
V12	88	宝山州	157.63
V12	89	湾甸州	150.00
V12	90	潞江安抚司	142.00
V12	91	左能寨长官司	129.82
V12	92	孟艮府	125.03
V12	93	亏容甸长官司	113.23
V12	94	永昌所	108.00
V12	95	干崖宣抚司	100.00
V12	96	南甸宣抚司	100.00
V12	97	芒市长官司	100.00
V12	98	镇康州	100.00
V12	99	（石甼）嘉县	89.98
V12	100	落恐甸长官司	75.82
V12	101	凤溪长官司	75.74
V12	102	本府代管车人寨改设纳更山巡检司	68.89
V12	103	菩蒗州	60.00
V12	104	临西县	45.14
V12	105	广西府代征	45.04

V12	106	钮兀长官司	40.00
V12	107	永宁府	35.00
V12	108	十二关长官司	8.32
V13	1	贵州宣慰使司官目下	2034.60
V13	2	普安州	1102.68
V13	3	金筑安抚司	732.40
V13	4	安顺州管下五起十三枝等寨	529.68
V13	5	宁古寨长官司	515.02
V13	6	西堡长官司	510.23
V13	7	十二营长官司	502.36
V13	8	毕节卫	330.58
V13	9	普安卫	324.46
V13	10	都匀长官司	250.97
V13	11	永宁州管下打罕等寨	243.47
V13	12	普定卫	236.54
V13	13	独山州	226.43
V13	14	慕役长官司	223.04
V13	15	铜仁长官司	222.78
V13	16	顶营长官司	213.34
V13	17	赤水卫	199.76
V13	18	平州六洞长官司	197.04
V13	19	程番长官司	190.68
V13	20	杨义长官司	186.85

V13	21	水德江长官司	186.62
V13	22	镇宁州管下火烘寨	164.30
V13	23	平浪长官司	152.89
V13	24	安南卫	147.30
V13	25	新添长官司	142.44
V13	26	卧龙番长官司	140.21
V13	27	水东长官司	137.91
V13	28	丰宁长官司	133.33
V13	29	贵州卫	131.01
V13	30	合江州陈蒙烂土长官司	130.08
V13	31	龙里卫大平伐长官司	129.93
V13	32	潭溪蛮夷长官司	129.19
V13	33	乌罗卫	120.12
V13	34	洪州泊里长官司	117.75
V13	35	永从县	110.23
V13	36	曹滴洞蛮夷长官司	107.81
V13	37	康佐长官司	105.63
V13	38	婺川县	103.86
V13	39	金石番长官司	95.85
V13	40	黄道溪长官司	95.58
V13	41	印江县	95.23
V13	42	麻哈州	92.40
V13	43	蛮夷长官司	91.40
V13	44	石阡长官司	86.71

V13	45	永宁卫	85.00
V13	46	方番长官司	83.90
V13	47	韦番长官司	83.90
V13	48	都坪峨异溪蛮夷长官司	83.45
V13	49	邦水长官司	82.82
V13	50	大龙番长官司	80.10
V13	51	乐平长官司	78.94
V13	52	平定长官司	77.93
V13	53	贵州前卫	77.51
V13	54	小龙番长官司	77.48
V13	55	古州蛮夷长官司	77.04
V13	56	洪番长官司	75.27
V13	57	镇远县	75.25
V13	58	省溪长官司	74.37
V13	59	邛水一十五洞蛮夷长官司	73.98
V13	60	卢山长官司	72.69
V13	61	偏桥长官司	72.03
V13	62	罗番长官司	71.49
V13	63	平伐长官司	71.41
V13	64	乌罗长官司	69.79
V13	65	龙泉坪长官司	63.07
V13	66	清平县	61.01
V13	67	小程番长	59.89

		官司	
V13	68	威清卫	59.01
V13	69	八舟蛮夷长官司	58.72
V13	70	都匀卫	56.14
V13	71	沿河祐溪长官司	55.59
V13	72	葛彰葛商长官司	55.35
V13	73	小平伐长官司	54.08
V13	74	安庄卫	53.94
V13	75	卢番长官司	53.28
V13	76	贵竹长官司	49.76
V13	77	白纳长官司	49.14
V13	78	平坝卫	48.07
V13	79	龙里长官司	47.83
V13	80	新添卫	47.79
V13	81	垂西蛮夷长官司	47.70
V13	82	苗民长官司	47.26
V13	83	上马桥长官司	45.46
V13	84	平越卫管下高平寨军人李整下	44.44
V13	85	亮寨蛮夷长官司	44.29
V13	86	青山长官司	40.76
V13	87	龙里蛮夷长官司	40.13
V13	88	都素蛮夷长官司	39.79
V13	89	丹平长官司	39.41
V13	90	新化蛮夷	34.84

		长官司	
V13	91	提溪长官司	32.82
V13	92	施溪长官司	30.22
V13	93	木瓜长官司	28.54
V13	94	平头着可长官司	27.21
V13	95	剖佐长官司	24.39
V13	96	把平寨长官司	24.09
V13	97	底寨长官司	23.92
V13	98	中曹蛮夷长官司	21.30
V13	99	龙里卫	21.30
V13	100	兴隆卫	21.05
V13	101	养龙坑长官司	21.01
V13	102	大华长官司	20.92
V13	103	中林验洞蛮夷长官司	18.96
V13	104	欧阳蛮夷长官司	18.68
V13	105	清平凯里安抚司	18.41
V13	106	朗溪蛮夷长官司	18.15
V13	107	施秉县	18.04
V13	108	丹行长官司	17.78
V13	109	普市卫	14.42
V13	110	湖耳蛮夷长官司	13.33
V13	111	麻响长官司	10.78
V13	112	平越卫	10.12
V13	113	赤溪湳洞长官司	5.93

		贵阳府本官寨长官司	4.69
V13	114	贵阳府本官寨长官司	4.69
V13	115	通州寨长官司	4.44
V13	116	大万山长官司	2.93
V13	117	清平卫	2.39
V13	118	黄平卫	2.36
V13	119	平夷千户所军人帅谅下	1.12
V14	1	保定府所缺6州县数据之和	48770.04
V14	2	滑县	46421.69
V14	3	开州	34280.03
V14	4	浚县	26677.67
V14	5	长垣县	24209.24
V14	6	魏县	23383.75
V14	7	清丰县	20270.26
V14	8	肥乡县	17548.34
V14	9	滦州	17120.86
V14	10	元城县	16565.45
V14	11	永年县	16227.69
V14	12	定州	14904.21
V14	13	南乐县	13739.56
V14	14	曲周县	13708.06
V14	15	邢台县	13130.14
V14	16	邯郸县	12822.59
V14	17	唐县	12280.57
V14	18	曲阳县	12254.71
V14	19	内黄县	11905.10
V14	20	文安县	11862.15
V14	21	深州	11792.59
V14	22	涿州	11321.73
V14	23	献县	10855.04
V14	24	完县	10495.98
V14	25	行唐县	10387.49
V14	26	成安县	10009.51
V14	27	广平县	9964.76
V14	28	固安县	9272.71
V14	29	任丘县	9255.39

V14	30	沙河县	9233.17	V14	72	藁城县	5713.03
V14	31	河间县	9143.08	V14	73	霸州	5630.70
V14	32	宁津县	8976.19	V14	74	丰润县	5585.62
V14	33	内丘县	8698.17	V14	75	顺义县	5577.27
V14	34	盐山县	8544.82	V14	76	宝坻县	5423.68
V14	35	冀州	8544.02	V14	77	武强县	5421.02
V14	36	乐亭县	8516.76	V14	78	无极县	5416.99
V14	37	清苑县	8509.86	V14	79	晋州	5386.90
V14	38	博野县	8321.19	V14	80	定兴县	5328.41
V14	39	易州	7600.35	V14	81	南宫县	5268.32
V14	40	安肃县	7389.95	V14	82	大名县	5258.92
V14	41	东安县	7371.31	V14	83	隆平县	5247.21
V14	42	东明县	7361.84	V14	84	遵化县	5176.96
V14	43	密云县	7349.97	V14	85	永清县	5127.64
V14	44	宁晋县	7200.62	V14	86	平乡县	5124.84
V14	45	平山县	7184.11	V14	87	新乐县	5079.34
V14	46	沧州	7016.80	V14	88	良乡县	5039.69
V14	47	枣强县	6991.48	V14	89	获鹿县	5037.92
V14	48	灵寿县	6894.52	V14	90	广宗县	4920.52
V14	49	武清县	6884.56	V14	91	满城县	4902.74
V14	50	任县	6879.27	V14	92	新河县	4870.52
V14	51	通州	6724.23	V14	93	庆都县	4863.90
V14	52	元氏县	6686.57	V14	94	赵州	4643.48
V14	53	真定县	6650.51	V14	95	阜平县	4633.50
V14	54	迁安县	6637.81	V14	96	庆云县	4539.90
V14	55	饶阳县	6529.59	V14	97	阜城县	4506.33
V14	56	青县	6495.20	V14	98	蓟州	4382.89
V14	57	延庆州本州	6488.29	V14	99	故城县	4367.74
V14	58	昌平州	6462.98	V14	100	涞水县	4341.55
V14	59	巨鹿县	6402.12	V14	101	井陉县	4332.21
V14	60	武邑县	6381.91	V14	102	涿县	4304.92
V14	61	昌黎县	6366.72	V14	103	肃宁县	4087.86
V14	62	景州	6356.78	V14	104	威县	4078.38
V14	63	新城县	6325.74	V14	105	赞皇县	4064.44
V14	64	南和县	6221.71	V14	106	临城县	4048.53
V14	65	静海县	6194.96	V14	107	南皮县	4034.26
V14	66	三河县	6098.42	V14	108	大兴县	4000.93
V14	67	宛平县	5937.23	V14	109	房山县	3991.78
V14	68	唐山县	5858.54	V14	110	栾城县	3971.74
V14	69	交河县	5748.17	V14	111	衡水县	3809.61
V14	70	大城县	5747.72	V14	112	怀柔县	3808.51
V14	71	安平县	5734.68	V14	113	抚宁县	3744.52
				V14	114	卢龙县	3378.18

V14	115	鸡泽县	3235.64	V15	26	泗州	27426.52
V14	116	吴桥县	3186.68	V15	27	盐城县	27174.61
V14	117	柏乡县	3151.01	V15	28	海州	26154.07
V14	118	高邑县	3052.49	V15	29	山阳县	25661.99
V14	119	玉田县	2875.80	V15	30	灵璧县	24696.20
V14	120	蠡县	2765.99	V15	31	歙县	23090.29
V14	121	香河县	2560.75	V15	32	萧县	21223.30
V14	122	东光县	2473.15	V15	33	沭阳县	20984.91
V14	123	保安州	2103.30	V15	34	邳州	20937.22
V14	124	兴济县	2102.88	V15	35	高淳县	20385.61
V14	125	清河县	2030.65	V15	36	上元县	19921.43
V14	126	平谷县	1896.74	V15	37	靖江县	19116.90
V14	127	容城县	1691.92	V15	38	江宁县	18403.64
V14	128	永宁县	1678.00	V15	39	安东县	18131.40
V14	129	保定县	1070.62	V15	40	桃源县	18026.70
V14	130	永平府并合属仓学驿所	7.04	V15	41	崇明县	17910.19
V15	1	华亭县	244802.33	V15	42	宿迁县	17671.35
V15	2	长洲县	212934.76	V15	43	溧水县	17516.04
V15	3	吴江县	198405.70	V15	44	江都县	17426.13
V15	4	上海县	159922.66	V15	45	太湖县	16193.28
V15	5	常熟县	156463.18	V15	46	桐城县	15991.93
V15	6	嘉定县	149936.85	V15	47	宿松县	15784.96
V15	7	昆山县	149809.44	V15	48	婺源县	15285.02
V15	8	太仓州	114326.99	V15	49	沛县	15027.04
V15	9	武进县	105665.33	V15	50	休宁县	14413.54
V15	10	青浦县	91656.52	V15	51	赣榆县	14352.44
V15	11	宜兴县	91346.37	V15	52	南陵县	14286.59
V15	12	无锡县	85886.12	V15	53	怀宁县	13675.66
V15	13	丹徒县	70145.99	V15	54	合肥县	13675.22
V15	14	吴县	69748.96	V15	55	芜湖县	13574.50
V15	15	江阴县	61458.78	V15	56	贵池县	13548.65
V15	16	泰州	45296.00	V15	57	泰兴县	13096.26
V15	17	当涂县	43861.74	V15	58	广德州本州	12484.35
V15	18	徐州本州	43739.11	V15	59	怀远县	12242.97
V15	19	金坛县	41958.93	V15	60	泾县	12050.39
V15	20	溧阳县	40179.66	V15	61	潜山县	11886.50
V15	21	宣城县	36723.32	V15	62	清河县	11593.33
V15	22	宿州	34455.93	V15	63	睢宁县	11031.35
V15	23	兴化县	34282.73	V15	64	虹县	10750.33
V15	24	丹阳县	31604.91	V15	65	无为县	10483.20
V15	25	句容县	28851.92	V15	66	望江县	9891.94
				V15	67	寿州	9386.54

V15	68	通州	9295.69
V15	69	颍州	9126.18
V15	70	铜陵县	9087.57
V15	71	宝应县	9071.67
V15	72	高邮县	9034.43
V15	73	砀山县	8943.92
V15	74	如皋县	8857.87
V15	75	青阳县	8734.00
V15	76	繁昌县	8159.85
V15	77	凤阳县	8059.61
V15	78	盱眙县	8055.80
V15	79	建平县	8019.43
V15	80	绩溪县	7998.56
V15	81	定远县	7831.65
V15	82	宁国县	7359.32
V15	83	六安州	6564.20
V15	84	黟县	6541.13
V15	85	祁门县	6404.07
V15	86	临淮县	6394.26
V15	87	和州本州	5992.69
V15	88	丰县	5964.10
V15	89	五河县	5846.47
V15	90	旌德县	5731.39
V15	91	建德县	5581.71
V15	92	江浦县	5390.16
V15	93	舒城县	5060.09
V15	94	庐江县	4830.56
V15	95	亳州	4807.99
V15	96	太平县	4743.77
V15	97	海门县	4551.14
V15	98	霍丘县	4537.65
V15	99	太和县	4237.83
V15	100	石埭县	4150.28
V15	101	巢县	4121.55
V15	102	英山县	4074.07
V15	103	东流县	3831.01
V15	104	蒙城县	3290.67
V15	105	颍上县	2808.40
V15	106	滁州本州	2578.09
V15	107	天长县	2429.49
V15	108	来安县	2071.29
V15	109	霍山县	2024.23
V15	110	全椒县	1919.09
V15	111	含山县	1918.80
V15	112	六合县	1812.13
V15	113	仪真县	1766.67

丙表264　全国田赋征收额排比

全国编码	顺序	县名	田赋（两）
V15	1	华亭县	244802.33
V15	2	长洲县	212934.76
V15	3	吴江县	198405.70
V15	4	上海县	159922.66
V15	5	常熟县	156463.18
V15	6	嘉定县	149936.85
V15	7	昆山县	149809.44
V15	8	太仓州	114326.99
V15	9	武进县	105665.33
V5	10	益都县	95988.73
V5	11	寿光县	95988.73
V5	12	临朐县	95988.73
V15	13	青浦县	91656.52
V15	14	宜兴县	91346.37
V15	15	无锡县	85886.12
V1	16	乌程县	75111.11
V15	17	丹徒县	70145.99
V15	18	吴县	69748.96
V8	19	蒲城县	68429.68
V5	20	莱阳县	65419.81
V1	21	归安县	64576.60
V5	22	平度州	61923.38
V15	23	江阴县	61458.78
V6	24	蒲州	56968.22
V7	25	洛阳县	56532.28
V1	26	嘉善县	56419.88
V1	27	嘉兴县	55712.67
V7	28	河内县	55559.82
V6	29	临晋县	54086.42
V6	30	临汾县	53309.48
V8	31	渭南县	53066.49
V8	32	宁州	51355.81
V8	33	富平县	49788.76
V5	34	章丘县	49701.57
V6	35	稷山县	48951.45
V14	36	保定府所缺6州县	48770.04

		数据之和	
V6	37	平遥县	48407.51
V1	38	秀水县	48294.60
V6	39	闻喜县	47946.11
V10	40	平远等9县	47042.69
V6	41	安邑县	46996.42
V14	42	滑县	46421.69
V7	43	祥符县	46385.51
V7	44	安阳县	45398.81
V15	45	泰州	45296.00
V5	46	临淄县	44794.74
V5	47	博兴县	44794.74
V5	48	乐安县	44794.74
V5	49	昌乐县	44794.74
V5	50	诸城县	44794.74
V5	51	莒州	44794.74
V6	52	泽州本州	44646.98
V6	53	文水县	43892.16
V15	54	当涂县	43861.74
V15	55	徐州本州	43739.11
V5	56	昌邑县	42343.34
V5	57	胶州	42343.34
V6	58	汾州本州	42137.43
V15	59	金坛县	41958.93
V5	60	历城县	41417.97
V5	61	禹城县	41417.97
V5	62	泰安县	41417.97
V5	63	武定州	41417.97
V5	64	阳信县	41417.97
V15	65	溧阳县	40179.66
V2	66	南昌县	40084.50
V8	67	临潼县	40067.54
V5	68	高密县	40061.00
V1	69	长兴县	39749.13
V6	70	曲沃县	39732.64
V6	71	长治县	39692.08
V6	72	阳曲县	39493.22
V5	73	潍县	39160.08
V2	74	丰城县	38882.29
V5	75	即墨县	38739.65
V6	76	太平县	38496.63
V5	77	高苑县	38395.49

V5	78	安丘县	38395.49
V5	79	蒙阴州	38395.49
V5	80	沂水县	38395.49
V5	81	日照县	38395.49
V1	82	海宁县	38127.54
V5	83	掖县	37778.67
V7	84	禹州	37669.53
V7	85	杞县	37409.58
V2	86	高安县	37359.75
V6	87	猗氏县	37320.33
V6	88	绛州	37224.77
V6	89	夏县	37120.65
V15	90	宣城县	36723.32
V6	91	榆次县	36349.25
V1	92	平湖县	36116.93
V7	93	灵宝县	36049.96
V3	94	湘乡县	35977.42
V7	95	武涉县	35902.66
V6	96	忻县	35374.87
V8	97	邠州	35310.70
V6	98	高平县	35197.12
V6	99	洪洞县	35086.94
V1	100	仁和县	35006.80
V6	101	翼城县	34924.19
V8	102	澄城县	34892.72
V5	103	宁海州	34890.56
V1	104	德清县	34880.85
V8	105	洛川县	34791.24
V7	106	济源县	34507.82
V15	107	宿州	34455.93
V15	108	兴化县	34282.73
V14	109	开州	34280.03
V1	110	山阴县	34132.45
V8	111	泾阳县	33479.34
V5	112	邹平县	33134.38
V5	113	淄川县	33134.38
V5	114	长山县	33134.38
V5	115	齐东县	33134.38
V5	116	长清县	33134.38
V5	117	德州	33134.38
V5	118	平原县	33134.38
V5	119	乐陵县	33134.38
V5	120	商河县	33134.38

V5	121	滨州	33134.38	V7	163	宜阳县	25441.72
V1	122	鄞县	32938.25	V6	164	太谷县	25306.63
V7	123	修武县	32808.97	V7	165	汤阴县	25112.07
V8	124	宝鸡县	32702.64	V8	166	华州	25067.97
V8	125	扶风县	32177.06	V5	167	济阳县	24850.78
V8	126	郃阳县	32008.65	V5	168	临邑县	24850.78
V6	127	荣河县	31783.84	V5	169	肥城县	24850.78
V15	128	丹阳县	31604.91	V5	170	青城县	24850.78
V1	129	海盐县	31270.26	V5	171	陵县	24850.78
V6	130	长子县	30492.64	V5	172	莱芜县	24850.78
V6	131	襄陵县	30395.66	V5	173	德平县	24850.78
V8	132	镇原县	30381.08	V5	174	蒲台县	24850.78
V4	133	建宁府缺页补值	30316.53	V6	175	介休县	24751.33
V5	134	曹州	30219.63	V15	176	灵璧县	24696.20
V1	135	崇德县	28899.05	V6	177	永宁州	24317.15
V15	136	句容县	28851.92	V14	178	长垣县	24209.24
V2	137	庐陵县	28844.61	V5	179	单县	24175.71
V8	138	凤翔县	28712.11	V5	180	曹县	24175.71
V3	139	浏阳县	28547.88	V5	181	夏津县	24170.01
V6	140	崞县	28365.91	V5	182	濮州	24170.01
V6	141	河津县	28280.11	V2	183	临川县	23801.48
V7	142	汝州本州	28201.34	V8	184	三原县	23724.47
V8	143	安化县	27984.12	V6	185	平陆县	23570.45
V6	144	阳城县	27820.86	V6	186	芮城县	23441.23
V6	145	屯留县	27803.15	V8	187	岐山县	23390.98
V15	146	泗州	27426.52	V14	188	魏县	23383.75
V6	147	潞城县	27384.93	V3	189	衡阳县	23359.90
V15	148	盐城县	27174.61	V2	190	宜春县	23316.38
V6	149	太原县	26928.28	V15	191	歙县	23090.29
V3	150	湘阴县	26748.24	V7	192	偃师县	23060.94
V14	151	浚县	26677.67	V6	193	孝义县	22976.07
V8	152	灵台县	26573.25	V2	194	新喻县	22732.28
V7	153	永宁县	26553.45	V8	195	三水县	22645.45
V6	154	绛县	26185.21	V8	196	乾州	22621.84
V6	155	万泉县	26176.83	V8	197	长安县	22551.21
V5	156	黄县	26167.92	V3	198	江陵县	22429.30
V5	157	招远县	26167.92	V6	199	壶关县	22376.34
V5	158	文登县	26167.92	V7	200	临漳县	22363.63
V15	159	海州	26154.07	V6	201	祁县	22268.40
V1	160	桐乡县	25772.22	V7	202	阳武县	22189.66
V15	161	山阳县	25661.99	V7	203	辉县	22186.54
V7	162	孟县	25516.12	V6	204	代州	22134.51
				V8	205	周至县	21958.52

V1	206	会稽县	21953.13		V5	249	汶上县	19340.57
V7	207	鄞县	21945.31		V5	250	阳谷县	19340.57
V5	208	蓬莱县	21806.60		V5	251	冠县	19336.01
V8	209	泾州	21805.40		V5	252	丘县	19336.01
V1	210	余姚县	21564.47		V5	253	馆陶县	19336.01
V8	211	韩城县	21527.69		V2	254	萍乡县	19173.14
V7	212	新乡县	21479.97		V15	255	靖江县	19116.90
V15	213	萧县	21223.30		V6	256	陵川县	19047.27
V5	214	济宁州	21153.75		V2	257	乐安县	18913.99
V8	215	朝邑县	20996.73		V6	258	隰州	18849.46
V15	216	沭阳县	20984.91		V9	259	巴县	18754.59
V7	217	林县	20976.85		V2	260	永新县	18722.43
V15	218	邳州	20937.22		V15	261	江宁县	18403.64
V7	219	封丘县	20927.06		V8	262	平凉县	18403.17
V6	220	襄垣县	20735.09		V5	263	齐河县	18223.91
V5	221	临清州	20544.52		V6	264	大同县	18221.66
V5	222	高唐州	20544.52		V7	265	郑州	18181.10
V5	223	恩县	20544.52		V5	266	滕县	18131.78
V6	224	赵城县	20435.40		V5	267	沂州	18131.78
V9	225	泸州本州	20425.67		V15	268	安东县	18131.40
V7	226	陈留县	20395.94		V7	269	中牟县	18061.21
V7	227	温县	20394.85		V15	270	桃源县	18026.70
V15	228	高淳县	20385.61		V6	271	沁水县	17970.22
V7	229	磁州	20281.20		V15	272	崇明县	17910.19
V14	230	清丰县	20270.26		V10	273	南海县	17890.18
V2	231	吉水县	20255.13		V3	274	攸县	17721.43
V6	232	乡宁县	20252.87		V2	275	新昌县	17718.74
V2	233	新建县	20132.08		V7	276	许州	17718.25
V8	234	宜川县	19961.15		V2	277	鄱阳县	17713.11
V15	235	上元县	19921.43		V8	278	白水县	17711.69
V6	236	应县	19797.42		V15	279	宿迁县	17671.35
V8	237	陇西县	19726.79		V8	280	淳化县	17667.79
V7	238	陕州	19666.36		V2	281	万载县	17633.87
V6	239	武乡县	19605.40		V14	282	肥乡县	17548.34
V2	240	安福县	19570.09		V2	283	泰和县	17530.82
V7	241	登封县	19558.88		V15	284	溧水县	17516.04
V7	242	宝丰县	19470.80		V5	285	福山县	17445.28
V8	243	咸宁县	19469.00		V5	286	栖霞县	17445.28
V5	244	宁阳县	19340.57		V15	287	江都县	17426.13
V5	245	邹县	19340.57		V3	288	巴陵县	17352.16
V5	246	城武县	19340.57		V7	289	嵩县	17248.22
V5	247	郓城县	19340.57		V2	290	永丰县	17237.57
V5	248	东平州	19340.57		V6	291	解州	17232.73

V2	292	清江县	17229.78	V3	335	蕲水县	15310.26
V14	293	滦州	17120.86	V15	336	婺源县	15285.02
V3	294	长沙县	17098.86	V8	337	静宁州	15275.55
V8	295	醴泉县	17020.49	V6	338	垣曲县	15268.06
V5	296	巨野县	16922.99	V1	339	黄岩县	15265.62
V5	297	聊城县	16919.01	V6	340	石楼县	15249.23
V5	298	茌平县	16919.01	V1	341	淳安县	15155.04
V2	299	新淦县	16766.09	V7	342	闵乡县	15071.37
V8	300	同州	16709.94	V15	343	沛县	15027.04
V2	301	奉新县	16671.59	V8	344	耀州	14996.69
V1	302	金华县	16633.49	V6	345	寿阳县	14986.07
V5	303	新城县	16567.19	V2	346	崇仁县	14967.31
V5	304	海丰县	16567.19	V3	347	茶陵州	14943.15
V5	305	利津县	16567.19	V14	348	定州	14904.21
V5	306	霑化县	16567.19	V5	349	峄县	14505.43
V14	307	元城县	16565.45	V5	350	郯城县	14505.43
V4	308	莆田县	16469.42	V5	351	费县	14505.43
V8	309	华阴县	16268.30	V3	352	平江县	14504.63
V14	310	永年县	16227.69	V6	353	沁州本州	14453.46
V15	311	太湖县	16193.28	V15	354	休宁县	14413.54
V6	312	浮山县	16156.09	V15	355	赣榆县	14352.44
V15	313	桐城县	15991.93	V7	356	舞阳州	14334.54
V8	314	宜君县	15939.81	V8	357	兴平县	14302.55
V1	315	临海县	15881.20	V15	358	南陵县	14286.59
V9	316	富顺县	15802.00	V6	359	黎城县	14242.25
V15	317	宿松县	15784.96	V7	360	襄城县	14181.79
V5	318	定陶县	15714.20	V6	361	吉州	14179.06
V2	319	上高县	15713.08	V8	362	安定县	14178.35
V5	320	武城县	15710.51	V1	363	诸暨县	14166.33
V5	321	朝城县	15710.51	V6	364	徐沟县	14153.12
V2	322	宜黄县	15680.06	V6	365	岚县	14094.43
V1	323	钱塘县	15673.52	V3	366	江夏县	14027.08
V2	324	峡江县	15644.94	V2	367	分宜县	13981.69
V1	325	慈溪县	15574.81	V7	368	叶县	13870.41
V2	326	进贤县	15551.63	V8	369	秦州	13834.94
V7	327	汲县	15546.68	V8	370	郿州	13811.24
V3	328	黄岗县	15541.02	V6	371	蔚州	13783.11
V5	329	滋阳县	15472.45	V14	372	南乐县	13739.56
V5	330	东阿县	15472.45	V8	373	高陵县	13723.74
V1	331	萧山县	15410.20	V14	374	曲周县	13708.06
V7	332	武安县	15399.69	V15	375	怀宁县	13675.66
V6	333	汾西县	15328.55	V15	376	合肥县	13675.22
V1	334	上虞县	15324.30	V15	377	芜湖县	13574.50

V15	378	贵池县	13548.65	V5	420	范县	12085.01
V7	379	巩县	13446.31	V15	421	泾县	12050.39
V8	380	麟游县	13399.27	V3	422	醴陵县	11914.21
V6	381	平定州	13397.19	V14	423	内黄县	11905.10
V1	382	平阳县	13369.91	V7	424	长葛县	11903.83
V7	383	新郑县	13334.62	V1	425	兰溪县	11897.13
V10	384	番禺县	13281.04	V15	426	潜山县	11886.50
V7	385	鲁山县	13217.87	V1	427	富阳县	11882.18
V14	386	邢台县	13130.14	V6	428	永和县	11864.31
V15	387	泰兴县	13096.26	V6	429	霍州	11864.31
V6	388	临县	13074.43	V14	430	文安县	11862.15
V6	389	定襄县	13059.29	V10	431	东莞县	11856.05
V8	390	河州	12996.36	V6	432	交城县	11849.77
V2	391	贵溪县	12957.71	V14	433	深州	11792.59
V6	392	盂县	12939.15	V10	434	新会县	11701.98
V7	393	孟津县	12891.55	V1	435	定海县	11687.39
V3	394	黄梅县	12848.19	V8	436	同官县	11669.91
V14	395	邯郸县	12822.59	V6	437	静乐县	11663.97
V2	396	乐平县	12706.59	V8	438	通渭县	11627.03
V6	397	灵石县	12663.52	V5	439	新泰县	11597.03
V3	398	益阳县	12645.92	V15	440	清河县	11593.33
V2	399	金溪县	12592.72	V7	441	获嘉县	11572.55
V5	400	寿张县	12571.37	V4	442	福清县	11505.08
V2	401	馀干县	12526.11	V8	443	户县	11464.58
V8	402	陇州	12494.86	V7	444	渑池县	11429.22
V3	403	湘潭县	12490.46	V3	445	武陵县	11341.81
V15	404	广德州本州	12484.35	V3	446	宁乡县	11336.03
V7	405	密县	12404.20	V10	447	顺德县	11329.17
V6	406	清源县	12387.29	V6	448	蒲县	11327.88
V1	407	西安县	12363.17	V14	449	涿州	11321.73
V1	408	奉化县	12348.80	V3	450	来阳县	11161.47
V6	409	五台县	12339.25	V6	451	沁源县	11087.37
V8	410	眉县	12336.16	V15	452	睢宁县	11031.35
V14	411	唐县	12280.57	V9	453	永川县	11010.69
V14	412	曲阳县	12254.71	V6	454	繁峙州	11000.92
V15	413	怀远县	12242.97	V5	455	金乡县	10999.94
V7	414	延津县	12226.67	V5	456	鱼台县	10999.94
V2	415	南城县	12163.71	V5	457	平阴州	10999.94
V5	416	堂邑县	12085.01	V2	458	东乡县	10992.51
V5	417	博平县	12085.01	V7	459	上蔡县	10910.81
V5	418	清平县	12085.01	V3	460	广济县	10899.94
V5	419	莘县	12085.01	V14	461	献县	10855.04
				V7	462	浉川县	10807.67

V15	463	虹县	10750.33	V8	506	武功县	9538.32
V3	464	衡山县	10688.77	V5	507	曲阜县	9428.52
V1	465	东阳县	10672.82	V5	508	泗水县	9428.52
V7	466	通许县	10661.99	V5	509	嘉祥县	9428.52
V9	467	江津县	10645.37	V7	510	伊阳县	9402.85
V3	468	武昌县	10618.41	V15	511	寿州	9386.54
V7	469	卢氏县	10565.82	V7	512	新安县	9347.83
V7	470	兰阳县	10520.90	V1	513	太平县	9328.12
V6	471	岳阳县	10509.04	V10	514	保昌县	9313.19
V14	472	完县	10495.98	V7	515	永城县	9311.06
V15	473	无为县	10483.20	V15	516	通州	9295.69
V4	474	晋江县	10439.70	V1	517	义乌县	9282.15
V9	475	大足县	10423.70	V14	518	固安县	9272.71
V14	476	行唐县	10387.49	V14	519	任丘县	9255.39
V7	477	鄢陵县	10249.80	V10	520	海阳县	9243.36
V3	478	兴国州	10247.03	V14	521	沙河县	9233.17
V7	479	睢州	10119.13	V4	522	建安县	9220.77
V3	480	蕲州	10105.33	V9	523	长寿县	9158.04
V1	481	永嘉县	10019.28	V14	524	河间县	9143.08
V14	482	成安县	10009.51	V15	525	颍州	9126.18
V4	483	邵武县	9992.76	V15	526	铜陵县	9087.57
V1	484	瑞安县	9979.82	V6	527	和顺县	9085.79
V2	485	宁州	9975.75	V15	528	宝应县	9071.67
V3	486	荆门县	9970.48	V15	529	高邮县	9034.43
V14	487	广平县	9964.76	V3	530	监利县	9029.58
V6	488	浑源州	9959.10	V1	531	余杭县	8982.23
V1	489	江山县	9937.01	V14	532	宁津县	8976.19
V6	490	榆社县	9907.88	V9	533	合州	8965.49
V15	491	望江县	9891.94	V11	534	全州	8963.43
V7	492	胙城县	9871.45	V7	535	西平县	8955.33
V1	493	武康县	9868.99	V15	536	砀山县	8943.92
V7	494	尉氏县	9854.92	V11	537	临桂县	8916.65
V7	495	淇县	9829.85	V15	538	如皋县	8857.87
V8	496	汧阳县	9797.16	V8	539	真宁县	8824.52
V8	497	蓝田县	9702.66	V2	540	龙泉县	8779.03
V6	498	大宁县	9697.93	V8	541	华亭县	8764.24
V10	499	高要县	9690.51	V3	542	善化县	8760.11
V2	500	建昌县	9668.57	V15	543	青阳县	8734.00
V5	501	观城县	9668.00	V3	544	麻城县	8708.02
V8	502	永寿县	9652.91	V14	545	内丘县	8698.17
V4	503	龙溪县	9596.81	V7	546	陈州	8648.95
V1	504	龙游县	9561.01	V14	547	盐山县	8544.82
V6	505	宁乡县	9550.67	V14	548	冀州	8544.02

V7	549	郾城县	8534.21	V2	592	新城县	7501.52
V10	550	增城县	8532.87	V8	593	肤施县	7488.17
V14	551	乐亭县	8516.76	V7	594	仪封县	7455.11
V14	552	清苑县	8509.86	V14	595	安肃县	7389.95
V3	553	华荣县	8496.45	V8	596	绥德州	7389.38
V3	554	安仁县	8484.80	V1	597	临安县	7386.89
V7	555	西华县	8451.91	V2	598	万年县	7377.00
V1	556	建德县	8414.03	V14	599	东安县	7371.31
V14	557	博野县	8321.19	V14	600	东明县	7361.84
V7	558	原武县	8318.22	V15	601	宁国县	7359.32
V2	559	万安县	8310.83	V10	602	香山县	7357.41
V8	560	甘泉县	8255.17	V14	603	密云县	7349.97
V1	561	天台县	8212.89	V8	604	金县	7332.70
V7	562	太康县	8209.09	V3	605	沣州	7321.92
V1	563	嵊县	8200.71	V6	606	怀仁县	7321.73
V15	564	繁昌县	8159.85	V2	607	武宁县	7302.39
V2	565	玉山县	8152.15	V7	608	商城县	7276.92
V2	566	上饶县	8111.40	V8	609	安定县	7234.41
V1	567	永康县	8102.60	V2	610	南丰县	7211.55
V3	568	宁远县	8081.88	V14	611	宁晋县	7200.62
V2	569	都昌县	8079.94	V14	612	平山县	7184.11
V15	570	凤阳县	8059.61	V8	613	会宁县	7179.22
V15	571	盱眙县	8055.80	V2	614	安仁县	7132.98
V3	572	桃源县	8051.68	V4	615	南安县	7124.52
V15	573	建平县	8019.43	V1	616	宁海县	7112.63
V1	574	常山县	8000.64	V3	617	石首县	7107.06
V15	575	绩溪县	7998.56	V7	618	内乡县	7104.14
V3	576	景陵县	7910.28	V4	619	沙县	7095.77
V3	577	汉阳县	7908.81	V1	620	桐庐县	7075.36
V15	578	定远县	7831.65	V4	621	闽县	7067.99
V7	579	荥泽县	7804.18	V6	622	平顺县	7056.39
V2	580	浮梁县	7786.23	V8	623	米脂县	7051.34
V8	581	宁远县	7764.56	V7	624	荥阳县	7048.91
V8	582	伏羌县	7737.59	V4	625	崇安县	7036.64
V8	583	狄道县	7726.78	V14	626	沧州	7016.80
V1	584	安吉州	7714.39	V14	627	枣强县	6991.48
V6	585	朔州	7705.16	V7	628	固始县	6989.21
V3	586	桂阳州	7634.25	V8	629	中部县	6988.66
V14	587	易州	7600.35	V7	630	汜水县	6977.96
V1	588	武义县	7579.25	V7	631	涉县	6966.64
V7	589	临颖县	7544.29	V8	632	清涧县	6937.40
V3	590	公安县	7526.94	V3	633	安化县	6913.88
V4	591	长汀县	7526.58	V6	634	乐平县	6912.23

V14	635	灵寿县	6894.52
V14	636	武清县	6884.56
V7	637	遂平县	6880.72
V14	638	任县	6879.27
V2	639	宁都县	6871.84
V1	640	孝丰县	6860.01
V6	641	兴县	6844.14
V9	642	铜梁县	6828.18
V3	643	邵阳县	6820.50
V8	644	延川县	6812.64
V2	645	铅山县	6805.00
V3	646	蒲圻县	6764.82
V3	647	沔阳州	6748.05
V14	648	通州	6724.23
V14	649	元氏县	6686.57
V3	650	武冈县	6666.17
V14	651	真定县	6650.51
V14	652	迁安县	6637.81
V9	653	隆昌县	6621.22
V8	654	延长县	6619.81
V3	655	大冶县	6609.99
V15	656	六安州	6564.20
V9	657	眉州本州	6563.86
V15	658	黟县	6541.13
V3	659	襄阳县	6537.49
V14	660	饶阳县	6529.59
V14	661	青县	6495.20
V3	662	黄陂县	6489.32
V14	663	延庆州本州	6488.29
V8	664	洋县	6465.93
V14	665	昌平州	6462.98
V9	666	荣昌县	6444.29
V8	667	洛南县	6443.86
V3	668	黄安县	6404.75
V15	669	祁门县	6404.07
V14	670	巨鹿县	6402.12
V15	671	临淮县	6394.26
V14	672	武邑县	6381.91
V2	673	安义县	6380.92
V14	674	昌黎县	6366.72
V14	675	景州	6356.78
V2	676	德兴县	6354.57
V2	677	永丰县	6352.81
V14	678	新城县	6325.74
V4	679	南平县	6276.40
V14	680	南和县	6221.71
V14	681	静海县	6194.96
V8	682	咸阳县	6153.78
V14	683	三河县	6098.42
V3	684	谷城县	6062.81
V7	685	裕州	6028.58
V7	686	光山县	6024.84
V9	687	璧山县	6022.91
V8	688	葭州	6001.98
V1	689	乐清县	5995.87
V15	690	和州本州	5992.69
V1	691	浦江县	5979.47
V11	692	灵川县	5976.33
V10	693	博罗县	5975.76
V6	694	灵丘县	5969.57
V15	695	丰县	5964.10
V6	696	岢岚州	5955.09
V10	697	新兴县	5940.87
V14	698	宛平县	5937.23
V8	699	阶州	5912.60
V2	700	赣县	5885.67
V6	701	辽州本州	5877.01
V14	702	唐山县	5858.54
V15	703	五河县	5846.47
V14	704	交河县	5748.17
V14	705	大城县	5747.72
V1	706	汤溪县	5743.89
V14	707	安平县	5734.68
V15	708	旌德县	5731.39
V4	709	候官县	5716.95
V14	710	藁城县	5713.03
V7	711	扶沟县	5695.25
V11	712	宣化县	5672.30
V4	713	仙游县	5664.88
V4	714	同安县	5662.32
V14	715	霸州	5630.70
V3	716	孝感县	5609.93
V7	717	确山县	5609.72
V7	718	商水县	5604.74
V14	719	丰润县	5585.62

V15	720	建德县	5581.71	V10	763	三水县	5018.60
V14	721	顺义县	5577.27	V7	764	光州	5011.24
V7	722	项城县	5559.72	V10	765	曲江县	4990.83
V6	723	广灵县	5539.75	V3	766	鄮县	4983.39
V1	724	仙居县	5536.36	V2	767	弋阳县	4976.39
V1	725	遂安县	5533.07	V1	768	寿昌县	4949.92
V8	726	秦安县	5508.68	V3	769	沅陵县	4942.48
V3	727	溆浦县	5465.01	V3	770	龙阳县	4925.95
V9	728	广安州	5459.15	V14	771	广宗县	4920.52
V8	729	崇信县	5449.73	V14	772	满城县	4902.74
V14	730	宝坻县	5423.68	V3	773	慈利县	4895.67
V10	731	合浦县	5422.72	V4	774	宁化县	4873.14
V14	732	武强县	5421.02	V14	775	新河县	4870.52
V14	733	无极县	5416.99	V14	776	庆都县	4863.90
V15	734	江浦县	5390.16	V2	777	南康县	4854.24
V14	735	晋州	5386.90	V4	778	南靖县	4844.81
V6	736	山阴县	5381.96	V15	779	庐江县	4830.56
V3	737	石门县	5380.12	V7	780	鹿邑县	4820.85
V14	738	定兴县	5328.41	V8	781	庄浪县	4809.72
V7	739	夏邑县	5294.32	V15	782	亳州	4807.99
V14	740	南宫县	5268.32	V1	783	开化县	4744.84
V14	741	大名县	5258.92	V15	784	太平县	4743.77
V14	742	隆平县	5247.21	V10	785	德庆州	4742.06
V3	743	通城县	5230.22	V7	786	汝阳县	4724.09
V4	744	惠安县	5197.90	V4	787	顺昌县	4715.76
V3	745	松滋县	5191.39	V11	788	贵县	4700.10
V14	746	遵化县	5176.96	V7	789	泌阳县	4694.03
V6	747	马邑县	5174.57	V10	790	英德县	4645.93
V10	748	阳江县	5169.90	V14	791	赵州	4643.48
V8	749	商州	5163.22	V14	792	阜平县	4633.50
V14	750	永清县	5127.64	V4	793	长乐县	4619.96
V14	751	平乡县	5124.84	V3	794	京山县	4610.35
V7	752	淅川县	5122.92	V15	795	海门县	4551.14
V4	753	漳浦县	5112.89	V8	796	城固县	4550.17
V7	754	商丘县	5109.55	V9	797	垫江县	4549.80
V14	755	新乐县	5079.34	V14	798	庆云县	4539.90
V3	756	零陵县	5075.30	V15	799	霍丘县	4537.65
V15	757	舒城县	5060.09	V2	800	靖安县	4519.45
V1	758	龙泉县	5058.13	V8	801	礼县	4518.30
V10	759	四会县	5055.20	V1	802	松阳县	4508.93
V14	760	良乡县	5039.69	V14	803	阜城县	4506.33
V14	761	获鹿县	5037.92	V9	804	涪州	4486.75
V7	762	南阳县	5035.97	V11	805	苍梧县	4462.37

V4	806	古田县	4425.01
V10	807	茂名县	4394.45
V14	808	蓟州	4382.89
V8	809	合水县	4371.24
V14	810	故城县	4367.74
V14	811	涞水县	4341.55
V14	812	井陉县	4332.21
V9	813	岳池县	4327.37
V3	814	咸宁县	4321.37
V14	815	澇县	4304.92
V3	816	临湘县	4286.39
V1	817	丽水县	4264.61
V8	818	凤县	4249.37
V9	819	江安县	4246.92
V15	820	太和县	4237.83
V9	821	南溪县	4237.57
V8	822	西和县	4236.13
V7	823	虞城县	4217.10
V7	824	罗山县	4213.47
V2	825	彭泽县	4207.44
V4	826	光泽县	4194.81
V4	827	海澄县	4192.71
V4	828	将乐县	4183.99
V10	829	归善县	4175.79
V2	830	兴国县	4173.16
V11	831	兴安县	4165.81
V15	832	石埭县	4150.28
V15	833	巢县	4121.55
V14	834	肃宁县	4087.86
V2	835	广昌县	4079.01
V14	836	威县	4078.38
V15	837	英山县	4074.07
V14	838	赞皇县	4064.44
V4	839	连江县	4059.90
V4	840	怀安县	4057.85
V3	841	道州	4051.22
V14	842	临城县	4048.53
V14	843	南皮县	4034.26
V7	844	息县	4012.05
V14	845	大兴县	4000.93
V14	846	房山县	3991.78
V14	847	栾城县	3971.74
V3	848	罗田县	3968.97

V7	849	邓州	3947.44
V4	850	福宁州本州	3890.98
V1	851	象山县	3876.54
V15	852	东流县	3831.01
V3	853	临武县	3827.62
V2	854	湖口县	3825.18
V3	855	潜江县	3810.27
V14	856	衡水县	3809.61
V14	857	怀柔县	3808.51
V3	858	安乡县	3808.18
V7	859	新野县	3789.23
V3	860	崇阳县	3787.18
V10	861	恩平县	3776.11
V9	862	内江县	3759.16
V14	863	抚宁县	3744.52
V3	864	随州	3734.17
V9	865	宜宾县	3725.54
V8	866	渭源县	3721.03
V4	867	长泰县	3687.29
V3	868	新化县	3665.27
V4	869	尤溪县	3622.95
V4	870	建宁县	3593.64
V10	871	高明县	3588.42
V11	872	宾州	3585.27
V9	873	邛州本州	3512.36
V10	874	罗定州本州	3471.07
V8	875	固原州	3460.12
V10	876	新安县	3453.65
V7	877	河阴县	3448.36
V4	878	宁德县	3417.52
V4	879	上杭县	3397.40
V3	880	蓝山县	3392.29
V8	881	清水县	3381.23
V14	882	卢龙县	3378.18
V3	883	郴州本州	3376.80
V11	884	桂平县	3357.23
V4	885	□□县[2]	3354.16
V8	886	安塞县	3351.61
V2	887	永宁县	3348.79
V11	888	藤县	3347.09

V3	889	长宁县	3320.35		V3	931	嘉鱼县	2775.69
V8	890	漳县	3299.86		V14	932	齑县	2765.99
V15	891	蒙城县	3290.67		V10	933	吴川县	2755.32
V4	892	归化县	3280.36		V12	934	昆明县	2751.93
V10	893	清远县	3254.57		V7	935	唐县	2741.47
V1	894	新昌县	3241.67		V11	936	横州	2728.98
V3	895	永兴县	3239.15		V9	937	长宁县	2714.54
V14	896	鸡泽县	3235.64		V9	938	定远县	2712.29
V4	897	龙岩县	3230.07		V1	939	遂昌县	2710.85
V12	898	太和县	3219.16		V4	940	连城县	2700.98
V1	899	缙云县	3210.88		V9	941	嘉定州本州	2700.92
V3	900	钟祥县	3200.81		V4	942	泰宁县	2695.45
V14	901	吴桥县	3186.68		V7	943	信阳州	2664.01
V11	902	贺县	3172.24		V10	944	广宁县	2661.57
V14	903	柏乡县	3151.01		V8	945	庆阳卫前千户所	2654.17
V8	904	隆德县	3150.12		V9	946	峨眉县	2649.83
V11	905	郁林州	3138.14		V11	947	北流县	2645.78
V3	906	兴宁县	3106.07		V9	948	灌县	2641.58
V10	907	电白县	3082.31		V10	949	新宁县	2636.01
V9	908	成都县	3080.71		V8	950	保安县	2616.32
V4	909	永安县	3079.78		V8	951	灵州	2601.06
V14	910	高邑县	3052.49		V9	952	大竹县	2600.66
V4	911	诏安县	3035.23		V7	953	镇平县	2599.15
V3	912	桂阳县	3021.55		V15	954	滁州本州	2578.09
V6	913	广昌县	3016.11		V3	955	会同县	2569.22
V9	914	温江县	2998.49		V9	956	遂宁县	2565.08
V3	915	祁阳县	2990.70		V10	957	化州	2565.05
V9	916	乌撒军民府	2963.00		V14	958	香河县	2560.75
V3	917	汉川县	2961.33		V10	959	龙门县	2544.14
V9	918	崇庆州	2959.49		V9	960	新都县	2531.75
V9	919	安岳县	2937.42		V8	961	宁夏卫经历司	2525.26
V9	920	邻水县	2889.73		V8	962	成县	2517.75
V1	921	新城县	2888.67		V9	963	汉州	2510.48
V14	922	玉田县	2875.80		V4	964	安溪县	2487.21
V8	923	金州	2852.83		V10	965	灵山县	2479.50
V10	924	儋州	2835.89		V14	966	东光县	2473.15
V4	925	永春县	2834.45		V3	967	沅州	2460.36
V1	926	於潜县	2813.68		V3	968	南漳县	2448.96
V15	927	颍上县	2808.40		V4	969	政和县	2448.01
V9	928	郫县	2801.37		V8	970	兰州	2441.78
V12	929	嵩明州	2788.46					
V1	930	分水县	2783.06					

V10	971	阳春县	2436.14
V15	972	天长县	2429.49
V9	973	大邑县	2407.74
V10	974	临高县	2377.22
V3	975	应山县	2337.36
V9	976	合江县	2335.82
V9	977	仁寿县	2321.96
V3	978	永明县	2321.37
V4	979	福安县	2292.27
V4	980	大田县	2292.03
V11	981	武缘县	2265.04
V4	982	武平县	2263.66
V9	983	渠县	2263.51
V11	984	平南县	2245.42
V3	985	靖州本州	2240.26
V8	986	徽州	2235.68
V3	987	郧县	2227.37
V8	988	南郑县	2223.92
V7	989	新蔡县	2215.13
V10	990	翁源县	2201.53
V2	991	德安县	2193.94
V11	992	融县	2183.61
V4	993	闽清县	2165.57
V3	994	光化县	2155.96
V7	995	南召县	2150.80
V3	996	枣阳县	2130.72
V9	997	资阳县	2125.52
V7	998	考城县	2118.92
V8	999	府谷县	2108.29
V14	1000	保安州	2103.30
V14	1001	兴济县	2102.88
V6	1002	保德州	2102.55
V10	1003	海丰县	2094.68
V2	1004	德化县	2094.35
V9	1005	夹江县	2090.52
V12	1006	蒙化府	2089.93
V8	1007	岷州卫	2079.74
V10	1008	乐昌县	2076.39
V2	1009	瑞昌县	2072.73
V15	1010	来安县	2071.29
V9	1011	彭县	2062.81
V12	1012	剑川州	2057.20
V13	1013	贵州宣慰	2034.60

		使司官目下	
V9	1014	龙安府本府	2031.83
V14	1015	清河县	2030.65
V15	1016	霍山县	2024.23
V9	1017	蒲江县	2014.84
V3	1018	均州	2002.02
V9	1019	简州	1995.52
V11	1020	陆川县	1989.87
V10	1021	万州	1985.27
V3	1022	应城县	1973.35
V12	1023	云南县	1972.53
V4	1024	永定县	1966.24
V3	1025	黔阳县	1955.47
V4	1026	清流县	1951.95
V11	1027	博白县	1948.90
V8	1028	榆林城	1939.83
V9	1029	梁山县	1933.64
V10	1030	连州	1932.15
V7	1031	宁陵县	1929.66
V9	1032	金堂县	1920.52
V15	1033	全椒县	1919.09
V15	1034	含山县	1918.80
V10	1035	石城县	1916.12
V10	1036	河源县	1897.20
V14	1037	平谷县	1896.74
V11	1038	义宁县	1894.33
V3	1039	东安县	1892.27
V11	1040	隆安县	1886.98
V11	1041	上林县	1882.13
V8	1042	环县	1876.94
V9	1043	资县	1870.43
V10	1044	东安县	1846.52
V7	1045	沈丘县	1841.19
V2	1046	大庾县	1838.80
V11	1047	灌阳县	1817.65
V10	1048	信宜县	1817.54
V15	1049	六合县	1812.13
V2	1050	星子县	1805.32
V1	1051	昌化县	1804.23
V3	1052	枝江县	1782.36
V3	1053	通山县	1782.05

V9	1054	荣县	1769.65	V9	1094	华阳县	1524.64
V9	1055	犍为县	1769.31	V9	1095	洪雅县	1516.23
V11	1056	怀集县	1766.97	V12	1096	赵州	1500.99
V15	1057	仪真县	1766.67	V3	1097	安陆县	1498.24
V3	1058	宜章县	1762.22	V9	1098	南川县	1494.19
V3	1059	宜城县	1748.27	V12	1099	北胜州	1481.66
V11	1060	思恩军民府九土司	1748.22	V2	1100	石城县	1466.23
V4	1061	罗源县	1737.18	V8	1101	洵阳县	1459.17
V8	1062	吴堡县	1737.13	V11	1102	宜山县	1452.56
V9	1063	双流县	1719.42	V9	1103	西充县	1443.04
V3	1064	绥宁县	1704.82	V11	1104	田州	1441.79
V4	1065	漳平县	1704.49	V3	1105	新宁县	1436.88
V8	1066	神木县	1703.43	V12	1106	姚州	1436.43
V9	1067	新繁县	1701.96	V9	1107	播州宣慰司	1427.53
V12	1068	浪穹县	1697.34	V3	1108	夷陵州	1424.37
V4	1069	德化县	1695.95	V10	1109	龙川县	1424.21
V14	1070	容城县	1691.92	V2	1110	雩都县	1416.05
V10	1071	兴宁县	1683.15	V7	1111	柘城县	1409.91
V3	1072	辰溪县	1682.75	V12	1112	本邦宣慰司	1400.00
V11	1073	阳朔县	1681.66	V9	1113	绵竹县	1398.61
V11	1074	容县	1679.92	V4	1114	平和县	1372.17
V14	1075	永宁县	1678.00	V1	1115	庆元县	1366.52
V9	1076	安居县	1666.04	V9	1116	丹棱县	1362.74
V9	1077	新津县	1660.79	V9	1117	巴州	1360.40
V6	1078	河曲县	1638.23	V8	1118	襄城县	1350.40
V9	1079	南充县	1636.86	V7	1119	真阳县	1335.95
V1	1080	青田县	1634.87	V3	1120	庐溪县	1325.85
V8	1081	西乡县	1616.04	V10	1121	永安县	1302.76
V12	1082	楚雄县	1612.59	V9	1122	开县	1284.50
V2	1083	兴安县	1610.00	V10	1123	从化县	1281.08
V9	1084	播州长官司	1602.43	V9	1124	乌蒙军民府	1274.09
V9	1085	庆符县	1591.86	V11	1125	柳城县	1261.85
V8	1086	文县	1585.55	V12	1126	霑益州	1257.35
V10	1087	封川县	1577.40	V4	1127	永福县	1256.04
V12	1088	腾越州	1574.46	V9	1128	镇雄府	1239.97
V11	1089	兴业县	1552.17	V12	1129	师宗州	1234.03
V12	1090	鹤庆军民府代征	1541.59	V10	1130	崖州	1228.59
V10	1091	长乐县	1535.47	V1	1131	云和县	1224.37
V10	1092	始兴县	1526.16	V9	1132	忠州	1204.91
V1	1093	宣平县	1524.92	V7	1133	桐柏县	1194.63

V2	1134	崇义县	1194.48
V12	1135	景东府	1192.99
V12	1136	河阳县	1189.27
V12	1137	宾川州	1185.15
V9	1138	彭山县	1181.64
V9	1139	青神县	1179.55
V12	1140	大姚县	1175.59
V2	1141	龙南县	1172.62
V9	1142	高县	1169.29
V9	1143	德阳县	1164.75
V3	1144	房县	1161.33
V9	1145	威远县	1158.20
V8	1146	两当县	1150.65
V9	1147	南部县	1150.21
V9	1148	会川卫	1149.32
V8	1149	沔县	1141.98
V12	1150	元江军民府所属因远罗必甸长官司	1129.07
V12	1151	建水州	1124.38
V12	1152	溪处甸长官司	1121.18
V9	1153	新宁县	1115.92
V12	1154	晋宁州	1113.64
V12	1155	弥勒州	1109.30
V13	1156	普安州	1102.68
V9	1157	达州	1085.29
V3	1158	巴东县	1085.25
V3	1159	当阳县	1083.37
V12	1160	安宁县	1082.94
V3	1161	桂东县	1080.70
V3	1162	云梦县	1080.63
V9	1163	雅州本州	1078.33
V11	1164	永淳县	1075.49
V14	1165	保定县	1070.62
V12	1166	寻甸军民府	1069.45
V8	1167	镇安县	1064.91
V10	1168	仁化县	1055.61
V12	1169	邓川州	1047.66
V9	1170	安县	1042.23
V9	1171	仪陇县	1034.14

V11	1172	富川县	1028.03
V12	1173	蒙自县	1004.93
V10	1174	长宁县	998.61
V1	1175	泰顺县	987.00
V11	1176	昭平县	978.86
V2	1177	上犹县	975.09
V3	1178	宜都县	968.98
V9	1179	什邡县	968.97
V9	1180	建昌卫并所属威龙普济昌州等长官司	962.94
V8	1181	山阳县	945.09
V12	1182	保山县	942.26
V11	1183	平乐县	942.17
V12	1184	峨县	941.26
V11	1185	永福县	934.19
V4	1186	宁洋县	926.82
V8	1187	汉阴县	923.21
V9	1188	阆中县	911.34
V12	1189	通安州	911.09
V10	1190	乳源县	910.55
V12	1191	呈贡县	907.41
V9	1192	綦江县	905.97
V9	1193	崇宁县	904.55
V10	1194	阳山县	899.62
V10	1195	西宁县	899.08
V10	1196	钦州	896.56
V12	1197	昆阳州	895.03
V11	1198	象州	890.53
V9	1199	东川军民府	888.90
V3	1200	沅江县	885.98
V4	1201	寿宁县	881.02
V8	1202	白河县	864.25
V10	1203	和平县	863.93
V12	1204	石屏州	856.69
V3	1205	竹山县	856.10
V11	1206	罗城县	843.22
V12	1207	宜良县	821.12
V9	1208	潼川州本州	816.83
V9	1209	蓬溪县	814.94

V3	1210	长阳县	809.14	V12	1251	富民县	583.84
V9	1211	乐至县	801.88	V9	1252	彭水县	578.77
V9	1212	万县	796.40	V3	1253	麻阳县	578.36
V9	1213	中江县	790.47	V9	1254	九姓长官司	576.08
V12	1214	河西县	782.79	V9	1255	苍溪县	570.38
V3	1215	城步县	777.85	V8	1256	平利县	569.75
V3	1216	归州	773.70	V8	1257	石泉县	568.68
V9	1217	丰都县	770.06	V10	1258	乐会县	565.71
V12	1218	孟养宣慰司	750.00	V8	1259	西固城军民千户所	556.36
V9	1219	纳溪县	749.07	V8	1260	庆阳卫	555.68
V8	1220	商南县	747.29	V9	1261	营山县	554.30
V9	1221	芦山县	744.87	V9	1262	永宁宣抚司	550.16
V12	1222	镇南州	737.67	V9	1263	奉节县	547.84
V9	1223	蓬州	734.70	V11	1264	恭城县	547.13
V13	1224	金筑安抚司	732.40	V3	1265	上津县	541.77
V8	1225	略阳县	730.75	V3	1266	永顺等处军民宣慰使司	538.68
V9	1226	名山县	729.63	V10	1267	昌化县	534.94
V12	1227	镇沅府	720.00	V13	1268	安顺州管下五起十三枝等寨	529.68
V9	1228	云阳县	719.24	V9	1269	荣经县	529.10
V9	1229	井研县	696.88	V12	1270	路南州	524.77
V3	1230	竹溪县	696.43	V9	1271	绵州	523.92
V12	1231	阿迷州	692.06	V9	1272	沐川长官司	521.76
V11	1232	思恩县	689.88	V13	1273	宁古寨长官司	515.02
V9	1233	彰明县	680.03	V2	1274	瑞金县	510.41
V12	1234	南宁县	677.95	V13	1275	西堡长官司	510.23
V9	1235	建始县	677.22	V1	1276	景宁县	506.76
V10	1236	开建县	672.52	V12	1277	纳楼茶甸长官司	502.63
V12	1237	新兴州	672.20	V13	1278	十二营长官司	502.36
V11	1238	荔浦县	655.81	V11	1279	河池县	500.76
V9	1239	通江县	655.10	V10	1280	陵水县	497.05
V12	1240	定远县	650.66	V12	1281	归化县	495.27
V2	1241	信丰县	627.08				
V12	1242	禄劝州	621.80				
V12	1243	广通县	621.03				
V12	1244	宁州	615.15				
V11	1245	岑溪县	613.05				
V11	1246	永宁州	601.78				
V9	1247	兴文县	600.63				
V12	1248	孟定府	600.00				
V12	1249	新化州	599.60				
V9	1250	江油县	596.40				

V9	1282	剑州	493.39		V11	1319	迁江县	370.72
V11	1283	泗城州	487.98		V12	1320	江川县	360.64
V9	1284	珙县	487.27		V3	1321	保康县	358.64
V11	1285	天河县	476.64		V12	1322	永平县	358.28
V3	1286	江华县	474.04		V12	1323	易门县	357.90
V12	1287	罗次县	470.60		V12	1324	通海县	354.06
V10	1288	连山县	462.87		V8	1325	延安卫	350.34
V3	1289	郧西县	461.24		V12	1326	亦左县	335.37
V9	1290	大宁县	456.44		V12	1327	施甸长官司	334.27
V8	1291	威武堡	455.48		V13	1328	毕节卫	330.58
V9	1292	南江县	453.73		V12	1329	陆凉州	327.68
V9	1293	巫山县	452.21		V11	1330	武靖州	327.44
V12	1294	顺宣府	450.00		V11	1331	镇安府	325.93
V8	1295	绥德卫	444.44		V9	1332	广元县	324.71
V9	1296	射洪县	444.03		V13	1333	普安卫	324.46
V9	1297	石泉县	427.66		V8	1334	紫阳县	324.25
V9	1298	罗江县	424.07		V12	1335	马龙州	322.58
V9	1299	筠连县	420.98		V12	1336	定边县	318.77
V12	1300	广南府代征	418.94		V11	1337	新宁州	314.59
V11	1301	武宣县	417.10		V11	1338	马平县	314.10
V12	1302	云龙州	416.12		V8	1339	萌递运所	313.84
V3	1303	保靖军民宣慰使司	407.86		V12	1340	三泊县	310.35
V9	1304	盐亭县	403.65		V12	1341	阳宗县	308.86
V12	1305	罗雄州	403.52		V11	1342	洛荣县	306.80
V12	1306	南安州	402.40		V3	1343	远安县	306.47
V12	1307	威远州	400.00		V11	1344	东兰州	300.46
V12	1308	陇川宣抚司	400.00		V12	1345	王弄山长官司	298.19
V12	1309	禄丰县	395.40		V3	1346	兴山县	284.05
V12	1310	元谋县	395.29		V9	1347	茂州	281.17
V9	1311	东乡县	394.96		V2	1348	会昌县	279.29
V9	1312	梓潼县	390.90		V10	1349	感恩县	274.55
V3	1313	施州卫军民指挥使司	387.91		V12	1350	巨津州	273.34
V8	1314	宁羌县	387.12		V9	1351	昭化县	266.23
V12	1315	富州	381.62		V12	1352	者乐甸长官司	260.84
V12	1316	和曲州	378.36		V9	1353	武隆县	256.26
V12	1317	车里宣慰司	375.00		V8	1354	安边营	251.66
V3	1318	通道县	370.97		V13	1355	都匀长官司	250.97
					V9	1356	威州	247.04

V13	1357	永宁州管下打罕等寨	243.47
V9	1358	酉阳宣抚司	241.82
V8	1359	靖边营	236.66
V13	1360	普定卫	236.54
V13	1361	独山州	226.43
V13	1362	慕役长官司	223.04
V13	1363	铜仁长官司	222.78
V11	1364	永安州	222.53
V11	1365	永定长官司	217.81
V11	1366	南丹州	216.08
V13	1367	顶营长官司	213.34
V9	1368	盐井卫并所属马喇长官司	212.93
V12	1369	兰州	212.49
V8	1370	开山驿	211.63
V8	1371	石沟儿递运所	211.26
V2	1372	定南县	210.85
V11	1373	来宾县	208.12
V9	1374	黄平安抚司	205.00
V12	1375	教化三部长官司	204.14
V9	1376	草塘安抚司	203.95
V12	1377	思陀甸长官司	200.97
V12	1378	大候州	200.00
V12	1379	孟琏长官司	200.00
V13	1380	赤水卫	199.76
V12	1381	顺州	199.34
V8	1382	石沟驿	197.07
V13	1383	平州六洞长官司	197.04

V11	1384	向武州	193.82
V8	1385	灵州千户所	191.27
V13	1386	程番长官司	190.68
V13	1387	杨义长官司	186.85
V13	1388	水德江长官司	186.62
V8	1389	苘城驿	183.78
V8	1390	黄沙驿	177.76
V9	1391	大昌县	177.33
V2	1392	安远县	172.31
V12	1393	维摩州	171.53
V9	1394	太平长官司	168.65
V8	1395	小盐池递运所	165.74
V9	1396	泥溪长官司	165.35
V13	1397	镇宁州管下火烘寨	164.30
V12	1398	宝山州	157.63
V8	1399	洮州卫	156.10
V13	1400	平浪长官司	152.89
V12	1401	湾甸州	150.00
V11	1402	万承州	149.42
V8	1403	清平堡	148.49
V13	1404	安南卫	147.30
V11	1405	怀远县	146.83
V13	1406	新添长官司	142.44
V12	1407	潞江安抚司	142.00
V9	1408	白泥长官司	141.74
V13	1409	卧龙番长官司	140.21
V11	1410	归德州	138.33
V13	1411	水东长官司	137.91

V11	1412	龙州	136.94
V11	1413	修仁县	135.66
V13	1414	丰宁长官司	133.33
V8	1415	小盐池驿	133.24
V13	1416	贵州卫	131.01
V8	1417	波罗堡	130.78
V13	1418	合江州陈蒙烂土长官司	130.08
V13	1419	龙里卫大平伐长官司	129.93
V12	1420	左能寨长官司	129.82
V9	1421	黔江县	129.49
V13	1422	潭溪蛮夷长官司	129.19
V8	1423	定边营	128.16
V12	1424	孟艮府	125.03
V8	1425	青平递运所	123.54
V9	1426	保县	122.79
V9	1427	真州长官司	121.91
V11	1428	那地州	121.48
V13	1429	乌罗卫	120.12
V11	1430	上林长官司	118.52
V9	1431	平夷长官司	117.86
V13	1432	洪州泊里长官司	117.75
V11	1433	荔波县	116.56
V12	1434	亏容甸长官司	113.23
V11	1435	龙英州	111.34
V8	1436	山城递运所	111.14
V13	1437	永从县	110.23
V8	1438	青阳驿	109.92
V12	1439	永昌所	108.00
V13	1440	曹滴洞蛮	107.81

		夷长官司	
V11	1441	永顺长官司	106.51
V13	1442	康佐长官司	105.63
V9	1443	太平县	104.71
V8	1444	山城驿	103.89
V13	1445	婺川县	103.86
V12	1446	干崖宣抚司	100.00
V12	1447	南甸宣抚司	100.00
V12	1448	芒市长官司	100.00
V12	1449	镇康州	100.00
V8	1450	梁山驿	97.91
V8	1451	宁寨堡	97.46
V9	1452	陇木头长官司	96.93
V8	1453	高家堡	96.69
V13	1454	金石番长官司	95.85
V13	1455	黄道溪长官司	95.58
V11	1456	忻城县	95.54
V13	1457	印江县	95.23
V13	1458	麻哈州	92.40
V13	1459	蛮夷长官司	91.40
V12	1460	（石界）嘉县	89.98
V8	1461	大沙井递运所	89.20
V13	1462	石阡长官司	86.71
V13	1463	永宁卫	85.00
V11	1464	奉议州	84.74
V9	1465	静州长官司	84.10
V13	1466	方番长官司	83.90
V13	1467	韦番长官司	83.90

V13	1468	都坪峨异溪蛮夷长官司	83.45
V9	1469	汶川	83.28
V13	1470	邦水长官司	82.82
V9	1471	宁番卫	80.27
V13	1472	大龙番长官司	80.10
V13	1473	乐平长官司	78.94
V13	1474	平定长官司	77.93
V13	1475	贵州前卫	77.51
V13	1476	小龙番长官司	77.48
V13	1477	古州蛮夷长官司	77.04
V12	1478	落恐甸长官司	75.82
V12	1479	凤溪长官司	75.74
V13	1480	洪番长官司	75.27
V13	1481	镇远县	75.25
V13	1482	省溪长官司	74.37
V9	1483	平茶洞长官司	74.07
V8	1484	永济堡	74.03
V13	1485	邛水一十五洞蛮夷长官司	73.98
V11	1486	思明府	73.04
V13	1487	卢山长官司	72.69
V11	1488	都康州	72.43
V13	1489	偏桥长官司	72.03
V13	1490	罗番长官司	71.49
V11	1491	太平州	71.45
V13	1492	平伐长官	71.41

		司	
V8	1493	本钵递运所	71.38
V13	1494	乌罗长官司	69.79
V11	1495	左州	68.89
V12	1496	本府代管车人寨改设纳更山巡检司	68.89
V8	1497	柏林驿	68.86
V9	1498	余庆长官司	68.36
V9	1499	越巂卫并所属邛部长官司	65.93
V11	1500	江州	65.19
V11	1501	崇善县	63.75
V11	1502	富劳县	63.65
V13	1503	龙泉坪长官司	63.07
V13	1504	清平县	61.01
V9	1505	叠溪千户所并所属叠溪爵即三长官司	60.59
V12	1506	菠蓑州	60.00
V13	1507	小程番长官司	59.89
V13	1508	威清卫	59.01
V13	1509	八舟蛮夷长官司	58.72
V8	1510	阜城递运所	57.93
V8	1511	龙州城	57.07
V11	1512	安平州	56.64
V13	1513	都匀卫	56.14
V13	1514	沿河祐溪长官司	55.59
V11	1515	思城州	55.38
V13	1516	葛彰葛商长官司	55.35
V9	1517	重安长官司	55.05

V9	1518	岳溪蓬长官司	54.75
V13	1519	小平伐长官司	54.08
V13	1520	安庄卫	53.94
V13	1521	卢番长官司	53.28
V3	1522	五寨蛮夷长官司	51.93
V8	1523	怀远堡	51.71
V9	1524	黎州安抚司	51.36
V13	1525	贵竹长官司	49.76
V11	1526	陀陵县	49.53
V13	1527	白纳长官司	49.14
V11	1528	凭祥州	48.89
V8	1529	青平驿	48.60
V13	1530	平坝卫	48.07
V13	1531	龙里长官司	47.83
V13	1532	新添卫	47.79
V13	1533	垂西蛮夷长官司	47.70
V9	1534	蛮夷长官司	47.61
V13	1535	苗民长官司	47.26
V11	1536	罗阳县	46.16
V13	1537	上马桥长官司	45.46
V12	1538	临西县	45.14
V8	1539	三岔驿	45.05
V12	1540	广西府代征	45.04
V11	1541	归顺州	44.45
V11	1542	忠州	44.44
V13	1543	平越卫管下高平寨军人李整下	44.44

V13	1544	亮寨蛮夷长官司	44.29
V11	1545	养利州	43.90
V11	1546	安隆长官司	41.96
V8	1547	新兴堡	41.53
V11	1548	果化州	41.48
V13	1549	青山长官司	40.76
V9	1550	松潘卫	40.41
V13	1551	龙里蛮夷长官司	40.13
V12	1552	钮兀长官司	40.00
V13	1553	都素蛮夷长官司	39.79
V13	1554	丹平长官司	39.41
V9	1555	石柱宣抚司	36.65
V11	1556	全茗州	35.67
V12	1557	永宁府	35.00
V13	1558	新化蛮夷长官司	34.84
V9	1559	容山长官司	33.86
V13	1560	提溪长官司	32.82
V11	1561	茗盈州	30.52
V11	1562	上下冻州	30.47
V13	1563	施溪长官司	30.22
V11	1564	佶伦州	29.67
V11	1565	下雷峒	29.63
V11	1566	利州	29.63
V11	1567	镇远州	29.39
V11	1568	都结州	29.20
V13	1569	木瓜长官司	28.54
V8	1570	安山驿	28.10
V13	1571	平头着可长官司	27.21
V3	1572	镇远卫臻	26.77

		剖陆洞横玻等处长官司	
V8	1573	凉山楼驿	26.54
V11	1574	思同州	26.15
V3	1575	辰州卫镇溪军民千户所	24.64
V3	1576	辰州卫镇溪军民千户所	24.64
V9	1577	天坝于等寨	24.44
V13	1578	剖佐长官司	24.39
V13	1579	把平寨长官司	24.09
V13	1580	底寨长官司	23.92
V11	1581	结安州	23.25
V13	1582	中曹蛮夷长官司	21.30
V13	1583	龙里卫	21.30
V13	1584	兴隆卫	21.05
V13	1585	养龙坑长官司	21.01
V13	1586	大华长官司	20.92
V8	1587	草凉楼驿	20.55
V11	1588	上思州	19.85
V13	1589	中林验洞蛮夷长官司	18.96
V13	1590	欧阳蛮夷长官司	18.68
V13	1591	清平凯里安抚司	18.41
V13	1592	朗溪蛮夷长官司	18.15
V11	1593	思明州	18.07
V13	1594	施秉县	18.04
V13	1595	丹行长官司	17.78

V9	1596	马湖府亲管雷坡县并宁戎巡检司	17.37
V8	1597	青桥驿	14.85
V13	1598	普市卫	14.42
V9	1599	邑梅洞长官司	14.16
V13	1600	湖耳蛮夷长官司	13.33
V11	1601	永康县	11.94
V8	1602	武关驿	11.74
V8	1603	双山堡	11.43
V13	1604	麻响长官司	10.78
V11	1605	湖润寨	10.67
V11	1606	迁隆峒	10.53
V13	1607	平越卫	10.12
V3	1608	箄子坪长官司	9.41
V3	1609	九溪卫桑植安抚司	9.10
V11	1610	上石西州	8.89
V11	1611	思陵州	8.89
V12	1612	十二关长官司	8.32
V11	1613	下石西州	7.41
V14	1614	永平府并合属仓学驿所	7.04
V13	1615	赤溪湳洞长官司	5.93
V13	1616	贵阳府本官寨长官司	4.69
V13	1617	通州寨长官司	4.44
V13	1618	大万山长官司	2.93
V13	1619	清平卫	2.39
V13	1620	黄平卫	2.36
V13	1621	平夷千户所军人帅	1.12
		谅下	

全国田赋税率

全国田赋税率

丙表 265

No.	省别	田土（亩）	人口（口）	人户（户）	田赋（两）	亩均税率（两/亩）	口均税率（两/口）	户均税率（两/户）
1	浙江	46696982.40	5153005.00	1542408.00	1148414.22	0.025	0.22	0.74
2	江西	40115127.10	5859026.00	1341005.00	833560.72	0.021	0.14	0.62
3	湖广	221619940.10	4398785.00	541310.00	768839.09	0.003	0.17	1.42
4	福建	13422500.60	1738793.00	515307.00	284479.05	0.021	0.16	0.55
5	山东	61749899.00	5664099.00	1372206.00	2841244.83	0.046	0.50	2.07
6	山西	36803927.20	5319359.00	596097.00	2118341.95	0.058	0.40	3.55
7	河南	74157951.90	5193602.00	633067.00	1490837.16	0.020	0.29	2.35
8	陕西	29292385.10	4502067.00	394423.00	1512338.61	0.052	0.34	3.83
9	四川	13482767.20	3102073.00	262694.00	325357.54	0.024	0.10	1.24
10	广东	25686513.60	2040655.00	530712.00	325328.38	0.013	0.16	0.61
11	广西	9402074.80	1186179.00	218712.00	113334.85	0.012	0.10	0.52
12	云南	17993358.80	1476692.00	135560.00	74350.40	0.041	0.05	0.55
13	贵州	516686.30	290972.00	43405.00	15246.38	0.030	0.05	0.35
14	北直隶	49256842.20	4264898.00	425463.00	1036576.32	0.021	0.24	2.44
15	南直隶	773946670.10	10502651.00	2069067.00	3305176.35	0.043	0.31	1.60

湖广田亩数调整以后的全国田赋税率

丙表 266

No.	省别	田土（亩）	人口（口）	人户（户）	田赋（两）	亩均税率（两/亩）	口均税率（两/口）	户均税率（两/户）
1	浙江	46696982.40	5153005.00	1542408.00	1148414.22	0.025	0.22	0.74
2	江西	40115127.10	5859026.00	1341005.00	833560.72	0.021	0.14	0.62
3	湖广	21619940.10	4398785.00	541310.00	768839.09	0.036	0.17	1.42
4	福建	13422500.60	1738793.00	515307.00	284479.05	0.021	0.16	0.55
5	山东	61749899.00	5664099.00	1372206.00	2841244.83	0.046	0.50	2.07
6	山西	36803927.20	5319359.00	596097.00	2118341.95	0.058	0.40	3.55
7	河南	74157951.90	5193602.00	633067.00	1490837.16	0.020	0.29	2.35

No.	府别	田土（亩）	人口（口）	人户（户）	田赋（两）	亩均税率（两/亩）	口均税率（两/口）	户均税率（两/户）
8	陕西	29292385.10	4502067.00	394423.00	1512338.61	0.052	0.34	3.83
9	四川	13482767.20	3102073.00	262694.00	325357.54	0.024	0.10	1.24
10	广东	25686513.60	2040655.00	530712.00	325328.38	0.013	0.16	0.61
11	广西	9402074.80	1186179.00	218712.00	113334.85	0.012	0.10	0.52
12	云南	1799358.80	1476692.00	135560.00	74350.40	0.041	0.05	0.55
13	贵州	516686.30	290972.00	43405.00	15246.38	0.030	0.05	0.35
14	北直隶	49256842.20	4264898.00	425463.00	1036576.32	0.021	0.24	2.44
15	南直隶	77394670.10	10502651.00	2069067.00	3305176.35	0.043	0.31	1.60

丙表267

北直隶分府田赋税率

No.	府别	田土（亩）	人口（口）	人户（户）	田赋（两）	亩均税率（两/亩）	口均税率（两/口）	户均税率（两/户）
1	顺天府	9958299.90	706861.00	101134.00	151500.77	0.02	0.21	1.50
2	保定府	9709550.80	525083.00	45713.00	133588.19	0.01	0.25	2.92
3	河间府	8287219.80	419152.00	45024.00	107898.65	0.01	0.26	2.40
4	真定府	10267506.00	1093531.00	74738.00	201297.26	0.02	0.18	2.69
5	顺德府	1420404.80	281957.00	27633.00	66471.75	0.05	0.24	2.41
6	广平府	2023838.50	264898.00	31420.00	89634.38	0.04	0.34	2.85
7	大名府	5619660.80	692058.00	71180.00	230080.66	0.04	0.33	3.23
8	永平府	1833946.50	255646.00	25094.00	45774.19	0.02	0.18	1.82
9	延庆州	105942.40	19267.00	2755.00	8227.16	0.08	0.43	2.99
10	保安州	30472.70	6445.00	772.00	2103.31	0.07	0.33	2.72

丙表268

南直隶分府田赋税率

No.	府别	田土（亩）	人口（口）	人户（户）	田赋（两）	亩均税率（两/亩）	口均税率（两/口）	户均税率（两/户）
1	应天府	6940514.00	790513.00	143597.00	152464.11	0.02	0.19	1.06
2	苏州府	9295950.50	2011985.00	600755.00	1069539.01	0.12	0.53	1.78
3	松江府	4247703.30	484414.00	218359.00	496381.51	0.12	1.02	2.27
4	常州府	6425595.10	1002779.00	254460.00	363474.98	0.06	0.36	1.43

5	镇江府	3381713.80	165589.00	69039.00	143709.84	0.04	0.87	2.08
6	庐州府	6838911.00	622698.00	47373.00	50835.71	0.01	0.08	1.07
7	凤阳府	6019196.70	1203349.00	111070.00	186391.67	0.03	0.15	1.68
8	淮安府	13082636.80	906033.00	109205.00	211723.91	0.02	0.23	1.94
9	扬州府	6108499.70	817856.00	147216.00	152679.74	0.02	0.19	1.04
10	徽州府	2547827.50	566948.00	118943.00	73732.68	0.03	0.13	0.62
11	宁国府	3033078.40	387019.00	52148.00	80894.93	0.03	0.21	1.55
12	池州府	908922.70	84851.00	18377.00	44933.33	0.05	0.53	2.45
13	太平府	1287053.30	176085.00	33262.00	65596.84	0.05	0.37	1.97
14	安庆府	2190530.80	543476.00	46609.00	82932.50	0.04	0.15	1.78
15	广德州	2167244.50	221053.00	45296.00	20503.80	0.01	0.09	0.45
16	徐州	2016716.40	345766.00	37841.00	94901.06	0.05	0.27	2.51
17	滁州	280996.00	67277.00	6717.00	6569.20	0.02	0.10	0.98
18	和州	621579.60	104960.00	8800.00	7911.53	0.01	0.08	0.90

第 八 章

田赋结构及货币化分析

说 明

本章第一节至第十一节，对于江西等十一省直的田赋结构进行了分析，本章的第十二节至第十五节是对于河南、浙江、山西、山东四省的个案分析。第十六节是全国田赋结构聚类分析。

第一节至第十一节，对于各项田赋逐项作了货币化的处理。折银标准的确定方法依次如下：

1. 原书中各省直田赋已给出折银价格的，按给出的折银标准计算。

2. 原书中已给出本省直同类物料的折银价格及其数量，依据所给出的价格与数量，计算出本省直该项物料价格的加权平均值，作为折银标准。

3. 依据本省直中同类物料的接收地的价格，作为折银标准。

4. 依据原书卷三〇《商价会估备考》、卷三十六《商价会估备考》给出的价格，以确定折银标准。

5. 在福建、陕西、四川、广东、广西、云南及贵州等七个省份的田赋记载中，绝大多数物料无折银标准，其余各省直中也有没有折银标准，并且一些物料的折银标准以上述四种方法无法确定。为此，我们在对《会计录》中田赋的数字材料进行开发性初级处理的基础上，利用统计学中的系统聚类分析方法，依据十五个省直的田赋水平进行分类。对于山东省缺失的田赋分项数据，首先以《明会典》中的相应数据补齐，再加入到聚类分析中。然后再以同类中已知折银价格省直的折银价格的加权平均值，作为折银价格未知省直的相同物料的折银价格，由此确定各省直田赋的折银标准。聚类的结果如下：福建省与江西省为一类；陕西省与山西省为一类；山东省与南直隶为一类；按照最小距离原则四川、广东两省为一类；广西省为一类；云南、贵州两省为一类。但是由于这五个省份田赋数据均无折银标准，则必须降低分类数，将这五省与山西、河南、陕西归为一类，其田赋折银标准可以由山西、河南两省折银标准的加权平均值确定。

在十一省直田赋结构及货币化分析的最后，给出了两个表格。其一是各省直田赋，按照白银为计量单位的分布表。从此表中可见该省直各项田赋的折银总数，起运、存留折银数，以及在总数中所占的百分比。由于宝钞的折银价格不易确定，故此在这些表格中将宝钞单独列出，并未折银。其二是该省直田赋货币化比例表。此表说明该省直各项田赋总计该银数、已折银田赋项目折银数、未折银田赋项目折银数及其在总数中所占的百分比。

依据《明会典》卷四二记载："隆庆元年…令南京户部查各该监局寺等衙门，米谷豆麦，如有余积足够数年之用，照依每年额派数目每石议定折色银两，行文坐派各该地方。自本年起暂征折色三年。自后以三年为率，斟酌改派。折色银两仍依原派定内府各衙门某项钱粮名色登记簿籍，其该库收贮前项折色银两，着征解户部，接济边用。"[1] 故此，在湖广以及南直

---

[1]《明会典》卷四二《南京户部》，第 299 页。

隶各府的田赋结构与货币化分析中，除上述两个表格外，又给出了第三个表格，即将该地起运南京的田赋全部折银后的货币化分析，按各府起运南京的田赋已有折银标准，作出了南直隶整体的田赋结构与货币化分析表格。

第十二节是河南省田赋结构及其货币化的个案分析。我们对《会计录》中河南田赋的大量数据进行了初步整理与研究，结合嘉靖刻本《河南赋役总会文册》的记录，突破了以往由于计算单位不统一，不能得出财政田赋全貌的局限，采用白银作为统一计算单位，重新探讨了万历初年河南田赋中的夏税结构和秋粮结构，复原河南全省田赋结构的完整面貌，并进而探求了其中的白银货币比例。研究结果表明，在万历初年，也就是所谓的全国清丈田土、一条鞭法推行全国之前，在河南财政核心田赋中，不仅已包含了大量白银货币的内容，而且在河南田赋中，白银货币已代替实物占据了主要地位，其货币化比例已经占了全部田赋的71%，从而揭示了16世纪70年代货币经济在中国财政史上取得了前所未有的支配地位的历史事实。虽然河南仅为一例，但是河南为北方一农业大省，其发生的变化应该说具有典型意义。

第十三节是浙江省田赋结构及其货币化的个案分析。

第十四节是山西省田赋结构及其货币化的个案分析。通过《会计录》卷七山西田赋资料的整理，结合其他史籍资料，采用货币计价的现代核算方法，统一以白银作为核算单位，对万历六年山西田赋结构和白银货币化程度进行了分析。初步得到如下结论：第一，财政是国家的命脉，田赋是传统社会财政的主要来源，田赋折银是我国从传统社会向现代社会过渡的重要标志之一。明代的田赋从明初征米麦丝绢等实物，到部分用白银折纳，最后到完全用白银折纳，是一个从实物税到货币税的发展过程。这个过程是漫长的、艰难的，但也是不可阻挡的。第二，万历六年山西布政司田赋起运、存留比例为31%与69%，有其特殊的原因，不可从一地财政的田赋结构想当然地认为中央集权的程度。第三，万历六年山西布政司白银货币化程度为32%，尽管白银货币尚未占据主要地位，综合各种因素考量，这个比例是正常的。在北中国这个"近边苦寒"、地狭人稠的省份，从宣德元年到万历六年，白银货币化因素在逐渐增多，程度在不断增强，虽然缓慢甚或停滞，却与整个国家的发展同步，直至完成其历史使命。

第十五节是山东省田赋结构及其货币化的个案分析。由于《会计录》卷六《山东布政司田赋》全部遗失，我们在对《会计录》中田赋的数字材料进行开发性初级处理的基础上，利用统计学中的系统聚类分析方法，依据田赋水平对十五个省直进行分类，得出了山东与南直隶为一类的结论；同时依据《会计录》、《明会典》、《嘉靖山东通志》的记载，应用统计学理论中系统聚类和线性回归方法，对万历初年山东布政司的田赋数据进行复原整理与分析，由此对《会计录》所遗失的山东省及其所辖六府十五州八十九县的田赋数据进行研究与补遗。并在白银为统一计量标准的基础上，复原万历初年山东省省府县三级的田赋结构。由回归效果分析可见，误差百分比较小，模型的拟合度R方较高，回归效果较为理想。

第十六节是为了确定全部田赋项目的折银标准，应用系统聚类分析方法，依据十五省直田赋水平选择了十六个变量，进行聚类，进而确定全部田赋折银标准。在此基础上以统一的白银为计量单位，将全国田赋折银，进而得到16世纪全国各省直田赋的分布。

各省直田赋占全国田赋总数的百分比从高到低排列如下：南直隶20.41%，山东17.55%，山西13.08%，陕西9.34%，河南9.21%，浙江7.09%，北直隶6.40%，江西5.15%，湖广4.75%，四川2.01%，广东2.01%，福建1.76%，广西0.70%，云南0.46%，贵州0.09%。

一　江西省田赋结构及其货币化分析

（一）江西省夏税收支情况分析

根据《会计录》卷三《江西布政司田赋》关于江西省田赋夏税的记载，共有六项，分别为麦米、丝绵折绢、农桑丝折绢、租钞、本色丝、苎布。

1. 麦米

全省实征麦米 88072.41 石，其中起运京库麦米 60000 石，已经标明了折银标准为每石 0.25 两，共折银 15000 两；存留麦米 28072.41 石，未注明折银标准，今仍按每石 0.25 两计，共折银 7018.10 两；全省实征麦米合计折银 22018.10 两。

2. 丝绵折绢

该项目为起运，共计 8025 匹，没有标明价格，按照《会计录》中绢的价格记载为每匹折银 0.7 两，共计折银 5617.50 两。

3. 农桑丝折绢

该项目为起运，共计 3486 匹，没有标明价格，按照《会计录》中绢的价格记载为每匹折银 0.7 两，共计折银 2440.20 两。

4. 本色丝

该项目为存留，共计 8209.23 斤，根据《会计录》卷八《河南布政司·工部织染局丝》的折银标准 0.08 两/斤，共计折银 656.74 两。

5. 苎布

该项目为起运京库，共计 1341 匹，根据《会计录》卷三〇《内库供应·商价会估备考》中苎布的折银标准 0.2 两/匹，共计折银 268.20 两。

6. 钞

该项目为存留，共计 6896 锭。

综上所述，江西全省夏税共该银 31000.74 两。而其中起运物料共该银 23325.90 两；存留物料共该银 7674.84 两。由此得到江西省全省夏税中，起运量为 75.24%，存留量为 24.76%。已经标明折银标准的折银总数为 23325.90 两，没有标明折银标准的折银总数为 7674.84 两；白银货币化程度为 75.24%。

其中丝绵折绢，农桑丝折绢与苎布三项，在此处虽未标明价格，但是因为其全部为起运项目，特别是苎布，已经注明是起运京库，而在《会计录》卷三〇《内库供应·商价会估备考》中苎布的折银标准 0.2 两/匹，因此这三项计入已经标明折银标准的折银数目。

（二）江西省秋粮收支情况分析

根据《会计录》卷三《江西布政司田赋》，关于江西省田赋秋粮的记载，共有五项，分别为米、阔白苎布、阔白棉布、牛租谷、山租钞。

1. 米

全省实征米 2528269.96 石。其中起运米 2194000 石，存留米 334269.96 石。

在起运米项下有四种情形：（1）已经标明折银标准的起运米 6 项，共计米 1634011.28 石，共计折银 440751.57 两；（2）在阔白苎布、南京库阔白棉布 3 项下，已经标明折色布的价格，其中本色布的价格使用该项折色布的价格，并且标明了折米的数量，同时这部分米已经计入起运米的总数中，共计米 184000 石，共计折银 54000 两；（3）派剩米 100563.28 石，其中内拨安庆府仓折色米的价格 0.5 两/石，其中本色米的价格使用该项折色米的价格。九江府原拨安庆府仓米，以及余米均已标明价格为 0.6 两/石，共计折银 59027.57 两；（4）南京各卫仓本色米 369436.71 石，账目中标明内原定水兑折色米每石折银 0.5 两，但是并未给出原定水兑折色米的数量，此部分计入未标明折银标准的项目，价格取 0.5 两/石，共计折银 184718.36 两。

起运米中已标明折银标准的项目共计折银 482196.77 两，未标明折银标准的项目折银 200549.16 两；总计起运米 2194000 石，共折银 682745.92 两。

根据以上的米折银标准，计算其加权平均值为 $\sum_{i=1}^{11} x_i p_i = 0.31$

以此数值计算原账目中没有注明价格的存留米 334269.96 石，则其折银共计 334269.96×0.31＝103623.69（两）。

以此数值计算原账目中没有注明价格的牛租谷 201.18 石，折米 100.59 石，则其折银共计 100.59×0.31＝31.18（两）；两项合计存留米 334370.55 石，共折银 103654.9 两。

由此得到秋粮米共计 2528269.96 石，折银 786400.79 两。

由此得到江西省全省秋粮米中，起运量为 86.82%，存留量为 13.18%。已经标明折银标准的折银总数 482196.77 两，没有标明折银标准的折银总数为 304204.03 两；白银货币化程度为 61.32%。

2. 阔白苎布、阔白棉布、牛租谷三项均已标明折米，分析见上条。

3. 山租钞 3123 锭

综上所述，再加上户口盐钞银，得到江西全省秋粮共该银 802559.99 两。而其中全部起运物料，折银 691445.56 两；全部存留物料，折银 111114.40 两。江西省全省秋粮中，起运量为 86.16%，存留量为 13.84%。已经标明折银标准的折银总数为 498355.96 两，没有标明折银标准的折银总数为 304204.03 两；白银货币化程度为 62.10%。

（三）江西省全年田赋收支情况分析

根据上述夏税、秋粮两项的分析，可知江西省全年田赋折银 833560.73 两，其中起运折银 714771.46 两，存留折银 118789.30 两。起运量为 85.75%，存留量为 14.25%。已经标明折银标准的折银总数为 521681.86 两，没有标明折银标准的折银总数为 311878.87 两；白银货币化程度为 62.58%。详见表 8—1—1、表 8—1—2。

表 8—1—1　　　　　　　　　　江西省田赋分布　　　　　　　　　　（两/银）

田赋	数额	%	起运	%	存留	%
总计	833560.70	100.00	714771.46	85.75	118789.30	14.25
夏税总计	31000.74	100.00	23325.90	75.24	7674.84	24.76
麦米	22018.10	100.00	15000.00	68.13	7018.10	31.87
丝绵折绢	5617.50	100.00	5617.50	100.00		
农桑丝折绢	2440.20	100.00	2440.20	100.00		
本色丝	656.74	100.00			656.74	100.00
苎布	268.20	100.00	268.20	100.00		
秋粮总计	802559.99	100.00	691445.56	86.16	111114.40	13.84
米	786400.80	100.00	682745.92	86.82	103654.90	13.18
户口盐钞银	14919.09	100.00	7459.54	50.00	7459.54	50.00
遇闰加银	1240.10	100.00	1240.10	100.00		

表 8—1—2　　　　　　　　　　　　　江西田赋货币比例表　　　　　　　　　　　（两/银）

项目	共计折银	已折银	%	未折银项目折银	%
麦米	22018.10	15000.00	68.13	7018.10	31.87
丝绵折绢	5617.50	5617.50	100.00		
农桑丝折绢	2440.20	2440.20	100.00		
本色丝	656.74			656.74	100.00
苎布	268.20	268.20	100.00		
米	786400.79	482196.77	61.32	304204.03	38.68
户口盐钞银	14919.09	14919.09	100.00		
遇闰加银	1240.10	1240.10	100.00		
夏税	31000.74	23325.90	75.24	7674.84	24.76
秋粮	802559.99	498355.96	62.10	304204.03	37.90
田赋总计	833560.73	521681.86	62.58	311878.87	37.42

二　湖广省田赋结构及其货币化分析

（一）湖广夏税收支情况分析

根据《会计录》卷四《湖广布政司田赋》，关于湖广田赋夏税的记载，共有六项，分别为米、小麦、大麦、税丝折绢、农桑丝折绢、棉花折布。

1. 米、小麦、大麦

全省实征大小麦米 131976.26 石，全部存留。其中米的折银标准依据：湖广米价的加权平均值计；小麦的折银标准依据：全国小麦价格的加权平均值；大麦的折银标准依据：湖广米价的加权平均值计。

全省实征大小麦米合计折银 46633.85 两。

2. 税丝折绢

该项目起运京库，共计 22893 匹，没有标明价格，按照《会计录》中绢的价格记载为每匹折银 0.7 两，共计折银 16025.1 两。

3. 农桑丝折绢

该项目为起运南京库，共计 4997 匹，没有标明价格，按照《会计录》中绢的价格记载为每匹折银 0.7 两，共计折银 3497.9 两。

4. 棉花折布

该项目为存留，共计 12 匹，没有标明价格，其折银标准依据：全国布价格的加权平均值。

综上所述，湖广全省夏税共该银 66160.45 两。而其中起运物料共该银 19523 两，存留物料共该银 46637.45 两。由此得到江西省全省夏税中，起运量为 29.51％，存留量为 70.49％。所有项目均未标明折银标准；白银货币化程度为 0％。

（二）湖广秋粮收支情况分析

根据《会计录》卷四《湖广布政司田赋》，关于湖广田赋秋粮的记载，共有八项，分别为米、阔白棉布、棉花绒、课程苎麻折米、课程棉布、瑶人粗布、地亩棉花绒折米、赁钞。

1. 米

全省实征米 2030207.7 石。其中起运米 914400 石，存留米 1115807.7 石。

内起运京库米，已经标明了折银标准 0.25 两/石，共计折银 18000 两；

内兑军米的折银标准依据：湖广米价的加权平均值；

内起运南京库阔白棉布，已经全部折算为米，并且计入米的总数中，并且已经标明了折银标准 0.3 两/石，共计折银 30000 两；

内起运南京库棉花绒，已经全部折算为米，并且计入米的总数中，并且已经标明了折银标准 0.7 两/石，共计折银 3500 两；

内起运南京各卫仓米的折银标准依据：湖广米价的加权平均值；

内起运安庆府仓米的折银标准依据：湖广米价的加权平均值；

内起运庐州府仓米的折银标准依据：湖广米价的加权平均值；

账目中注明：以上两府仓米奏留本省，以备麻阳军饷支用，但仍然计入起运总量中。

内起运广西布政司米：已经标明了折银标准 0.35 两/石，共计折银 10500 两；

内起运贵州布政司米：已经标明了折银标准 0.3 两/石，共计折银 30720 两；

内派剩米 48965 石，其中解太仓银库 38965 石，已经标明了折银标准 0.6 两/石，共计折银 23379 两；另有 10000 石存留，其折银标准仍按 0.6 两/石计；共计折银 29379 两。

全部起运米共折银 307407.84 两；存留米 1115807.7 石，今按湖广米价格的加权平均值每石 0.3332683 两计；共折银两 371863.34 两. 全府实征米合计折银 679271.17 两。

从账目上看：应天府秋粮米中，起运量为 45.26%，存留量为 54.74%。已经标明折银标准的折银总数为 116099 两，没有标明折银标准的折银总数为 563172.17 两；白银货币化程度为 17.09%。

根据《明会典》卷四二《南京户部》[1] 所述，起运南京的物料已有折银标准，则已经标明折银标准的折银总数应为 203093.69 两，没有标明折银标准的折银总数为 476177.48 两；白银货币化程度为 29.90%。

2. 课程苎麻折米

该项目全部存留，共计 551.23 石，未注明折银标准，其折银标准依据：湖广米价的加权平均值。

3. 课程棉布

该项目全部存留，共计 533 匹，未注明折银标准，其折银标准依据：全国布价格的加权平均值。

4. 瑶人粗布

该项目全部存留，共计 205 匹，未注明折银标准，其折银标准依据：全国布价格的加权平均值。

5. 地亩棉花绒折米

该项目未注明起运或存留，今按起运计，共计 143.94 石，未注明折银标准，其折银标准依据湖广米价的加权平均值。

综上所述，再加上户口盐钞银，得到湖广秋粮共该银 702678.63 两。而其中全部起运物料折银 317806.68 两；全部存留物料折银 384871.95 两。应天秋粮中，起运量为 45.23%，

[1]《明会典》卷四二《南京户部》云："隆庆元年……令南京户部查各该监局寺等衙门，米谷豆麦，如有余积足够数年之用，照依每年额派数目每石议定折色银两，行文坐派各该地方。自本年起暂征折色三年。自后以三年为率，斟酌改派。折色银两仍依原派定内府各衙门某项钱粮名色登记簿籍，其该库收贮前项折色银两。著征解户部，接济边用。"第 299 页。

存留量为 54.77％。

从账目上看：已经标明折银标准的折银总数为 139053.38 两，没有标明折银标准的折银总数为 563625.25 两；白银货币化程度为 19.79％。

根据前引《明会典》卷四二《南京户部》所述，起运南京的物料已有折银标准，则已经标明折银标准的折银总数应为 226048.07 两，没有标明折银标准的折银总数为 476630.56 两；白银货币化程度为 32.17％。

（三）湖广全年田赋收支情况分析

根据上述夏税、秋粮两项的分析，可知湖广全年田赋折银 768839.08 两，其中起运折银 337329.68 两，存留折银 431509.4 两。起运量为 43.88％，存留量为 56.12％。

从账目上看：已经标明折银标准的折银总数为 139053.38 两，没有标明折银标准的折银总数为 629785.7 两；白银货币化程度为 18.09％。

根据前引《明会典》卷四二《南京户部》所述，起运南京的物料已有折银标准，则已经标明折银标准的折银总数应为 245571.07 两，没有标明折银标准的折银总数为 523268.01 两；白银货币化程度为 31.94％。详见表 8—2—1、表 8—2—2、表 8—2—3。

表 8—2—1   **湖广田赋分布**   （两/银）

田赋	数额	％	起运	％	存留	％
总计	768839.08	100.00	337329.68	43.88	431509.4	56.12
夏税总计	66160.45	100.00	19523.00	29.51	46637.45	70.49
米	10325.57	100.00			10325.57	100.00
小麦	29835.31	100.00			29835.31	100.00
大麦	6472.97	100.00			6472.97	100.00
税丝折绢	16025.10	100.00	16025.10	100.00		
农桑丝折绢	3497.90	100.00	3497.90	100.00		
棉花折布	3.60	100.00			3.60	100.00
秋粮总计	702678.63	100.00	317806.68	45.23	384871.95	54.77
米	679271.17	100.00	307407.84	45.26	371863.34	54.74
课程苎麻折米	183.71	100.00			183.71	100.00
课程棉布	159.90	100.00			159.90	100.00
瑶人粗布	61.50	100.00			61.50	100.00
地亩棉花绒折米	47.97	100.00	47.97	100.00		
户口盐钞银	22954.38	100.00	10350.87	45.09	12603.51	54.91

表 8—2—2   **湖广田赋货币比例表（账目实录）**   （两/银）

项目	共计折银	已折银	％	未折银项目折银	％
米	10325.57			10325.57	100.00
小麦	29835.31			29835.31	100.00
大麦	6472.97			6472.97	100.00

项目	共计折银	已折银	％	未折银项目折银	％
税丝折绢	16025.10			16025.10	100.00
农桑丝折绢	3497.90			3497.90	100.00
棉花折布	3.60			3.60	100.00
米	679271.17	116099.00	17.09	563172.17	82.91
课程苎麻折米	183.71			183.71	100.00
课程棉布	159.90			159.90	100.00
瑶人粗布	61.50			61.50	100.00
地亩棉花绒折米	47.97			47.97	100.00
户口盐钞银	22954.38	22954.38	100.00		
夏税	66160.45			66160.45	100.00
秋粮	702678.63	139053.38	19.79	563625.25	80.21
田赋总计	768839.08	139053.38	18.09	629785.70	81.91

表 8—2—3　　　**湖广田赋货币比例表（视起运南京的物料为已经折银）**　　　（两/银）

项目	共计折银	已折银	％	未折银项目折银	％
米	10325.57			10325.57	100.00
小麦	29835.31			29835.31	100.00
大麦	6472.97			6472.97	100.00
税丝折绢	16025.10	16025.10	100.00		
农桑丝折绢	3497.90	3497.90	100.00		
棉花折布	3.60			3.60	100.00
米	679271.17	203093.69	29.90	476177.48	70.10
课程苎麻折米	183.71			183.71	100.00
课程棉布	159.90			159.90	100.00
瑶人粗布	61.50			61.50	100.00
地亩棉花绒折米	47.97			47.97	100.00
户口盐钞银	22954.38	22954.38	100.00		
夏税	66160.45	19523.00	29.51	46637.45	70.49
秋粮	702678.63	226048.07	32.17	476630.56	67.83
田赋总计	768839.08	245571.07	31.94	523268.01	68.06

三　福建省田赋结构及其货币化分析

（一）福建省夏税收支情况分析

根据《会计录》卷五《福建布政司田赋》，关于福建省田赋夏税的记载，共有六项，分别为麦、丝绵折绢、农桑丝折绢、零丝棉、土苎、钱钞。

1. 麦

全省实征麦 706.94 石，全部存留，未注明折银标准，今按江西省小麦价格每石 0.25 两计，共折银 176.74 两。

2. 丝绵折绢

该项目为起运，共计 280 匹，没有标明价格，今按江西省绢的价格每匹折银 0.7 两计，共计折银 196 两。

3. 农桑丝折绢

该项目为起运，共计 319 匹，没有标明价格，今按江西省绢的价格每匹折银 0.7 两计，共计折银 223.3 两。

4. 零丝绵

该项目为存留，共计 12.17 斤，根据《会计录》所载全国棉花绒价格的加权平均值每斤 0.0706656 两计，共计折银 0.86 两。

5. 土苎

该项目为存留，共计 65.82 斤，没有折银标准。

6. 钱钞

该项目为存留，共计 10778 锭。

综上所述，福建全省夏税共该银 596.9 两，其中土苎量很少，此处忽略不计。而其中起运物料共该银 419.3 两；存留物料共该银 177.6 两。由此得到江西省全省夏税中，起运量为 70.25％，存留量为 29.75％。全部未标明折银标准。白银货币化程度为 0％。

（二）福建省秋粮收支情况分析

根据《会计录》卷五，关于福建省田赋秋粮的记载，共有三项，分别为米、鱼课米、租钞。

1. 米

全省实征米 850447.77 石。其中起运京库米 314000 石，存留米 536447.77 石。

起运京库米中已标明折银标准为每石 0.25 两，共计折银 78500 两，存留米 536447.77 石没有注明折银标准，今按江西省米的价格每石折银 0.3100 两计，则其折银共计 166298.81 两。由此得到秋粮米共计 850447.77 石，折银 244798.81 两。

由此得到江西省全省秋粮米中，起运量为 32.07％，存留量为 67.93％。已经标明折银标准的折银总数为 78500 两，没有标明折银标准的折银总数为 166298.81 两；白银货币化程度为 32.07％。

2. 鱼课米

该项目为存留，共计 31966.91 石，没有注明折银标准，今按江西省米的价格每石折银 0.3100 两计，则其折银共计 9909.74 两。

3. 租钞

该项目为存留，共计 2 贯。

由此得到福建省全省秋粮中，起运量为 30.82％，存留量为 69.18％。已经标明折银标准的折银总数为 78500 两，没有标明折银标准的折银总数为 176208.55 两；白银货币化程度为 30.82％。

综上所述，再加上户口盐钞银，得到福建全省秋粮共该银 283882.14 两。而其中全部起运物料，折银 91774.15 两；全部存留物料，折银 192107.99 两。福建省全省秋粮中，起运量为 32.33％，存留量为 67.67％。已经标明折银标准的折银总数为 107673.60 两，没有标明折银标准的折银总数为 176208.55 两；白银货币化程度为 37.93％。

（三）福建省全年田赋收支情况分析

根据上述夏税、秋粮两项的分析，可知福建省全年田赋折银284479.04两，其中起运折银92193.45两，存留折银192285.59两。起运量为32.41％，存留量为67.59％。已经标明折银标准的折银总数为107673.59两，没有标明折银标准的折银总数为176805.45两；白银货币化程度为37.85％。详见表8—3—1、表8—3—2。

表8—3—1　　　　　　　　　　福建省田赋分布　　　　　　　　　　（两/银）

田赋	数额	％	起运	％	存留	％
总计	284479.04	100.00	92193.45	32.41	192285.59	67.59
夏税总计	596.90	100.00	419.30	70.25	177.60	29.75
麦	176.74	100.00			176.74	100.00
丝绵折绢	196.00	100.00	196.00	100.00		
农桑丝折绢	223.30	100.00	223.30	100.00		
零丝棉	0.86	100.00			0.86	100.00
秋粮总计	283882.14	100.00	91774.15	32.33	192107.99	67.67
米	244798.81	100.00	78500.00	32.07	166298.81	67.93
鱼课米	9909.74	100.00			9909.74	100.00
户口盐钞银	29173.59	100.00	13274.15	45.50	15899.44	54.50

表8—3—2　　　　　　　　　　福建田赋货币比例表　　　　　　　　　　（两/银）

项目	共计折银	已折银	％	未折银项目折银	％
麦	176.74			176.74	100.00
丝绵折绢	196.00			196.00	100.00
农桑丝折绢	223.30			223.30	100.00
零丝棉	0.86			0.86	100.00
米	244798.81	78500.00	32.07	166298.81	67.93
鱼课米	9909.74			9909.74	100.00
户口盐钞银	26927.12	26927.12	100.00		
遇闰加银	2246.48	2246.48	100.00		
夏税	596.90			596.90	100.00
秋粮	283882.14	107673.60	37.93	176208.55	62.07
田赋总计	284479.04	107673.59	37.85	176805.45	62.15

四　陕西省田赋结构及其货币化分析

（一）陕西省夏税收支情况分析

根据《会计录》卷九，关于陕西省田赋夏税的记载，共有三项，分别为小麦、农桑丝折绢、本色丝绵。均未注明起运或存留，今按起运计。又由聚类分析的结论，陕西与山西、河南为一类，故用山西、河南物料价格的加权平均值计算陕西的未折银项目。

1. 小麦

全省实征小麦690747.24石。未标明折银标准，今按山西省小麦价格的加权平均值每石0.7084两计，共折银489325.34两。

2. 农桑丝折绢

共计9221匹，没有标明价格，按照《会计录》中绢的价格记载为每匹折银0.7两，共计折银6454.7两。

3. 本色丝绵

共计206.24斤，没有标明价格，按照山西省棉花绒的价格为每斤折银0.12两，共计折银24.75两。

综上所述，陕西全省夏税共该银495804.79两。而其中起运物料共该银495804.79两。由此得到陕西省全省夏税中，起运量为100%，存留量为0%。没有标明折银标准的折银总数为495804.79两；白银货币化程度为0%。

（二）陕西省秋粮收支情况分析

根据《会计录》卷九《陕西布政司田赋》，关于陕西省田赋秋粮的记载，共有四项，分别为米、棉花绒、棉布、草。均未注明起运或存留，今按起运计。

1. 米

全省实征米1044943.12石。未标明折银标准，今按山西省米价格的加权平均值每石0.8513两计，共折银889560.08两。

2. 棉花绒

共计17208.22斤，未标明折银标准，按照山西省棉花绒的价格为每斤折银0.12两，共计折银2064.99两。

3. 棉布

共计128792匹，未标明折银标准，按照全国棉布价格的加权平均值为每匹折银0.3两，共计折银38637.6两。

4. 草

共计1375634束，未标明折银标准，因山西省草价格使用的是河南草价格的加权平均值，所以此处也使用河南草价格的加权平均值，每束0.0485两，共计折银66718.25两。

由此得到陕西省全省秋粮中，起运量100%。没有标明折银标准的折银总数为996980.92两；白银货币化程度为0%。

综上所述，再加上户口盐钞银，得到陕西全省秋粮共该银1016533.81两。而其中全部起运物料，折银996980.92两；全部存留物料，折银19552.9两。陕西省全省秋粮中，起运量为98.08%，存留量为1.92%。已经标明折银标准的折银总数为19552.90两，没有标明折银标准的折银总数为996980.92两；白银货币化程度为1.29%。

（三）陕西省全年田赋收支情况分析

根据上述夏税、秋粮两项的分析，可知陕西省全年田赋折银1512338.61两，其中起运折银1492785.71两，存留折银19552.9两。起运量为98.71%，存留量为1.29%。已经标明折银标准的折银总数为19552.9两，没有标明折银标准的折银总数为1492817.45两；白银货币化程度为1.29%。详见表8—4—1、表8—4—2。

田赋	数额	%	起运	%	存留	%
总计	1512338.61	100.00	1492785.71	98.71	19552.90	1.29
夏税总计	495804.79	100.00	495804.79	100.00		
麦	489325.34	100.00	489325.34	100.00		
农桑丝折绢	6454.70	100.00	6454.70	100.00		
本色丝绵	24.75	100.00	24.75	100.00		
秋粮总计	1016533.81	100.00	996980.92	98.08	19552.90	1.92
米	889560.08	100.00	889560.08	100.00		
棉花绒	2064.99	100.00	2064.99	100.00		
棉布	38637.60	100.00	38637.60	100.00		
草	66718.25	100.00	66718.25	100.00		
户口盐钞银	19552.90	100.00			19552.90	100.00

表 8—4—2   陕西田赋货币化比例表   （两/银）

项目	共计折银	已折银	%	未折银项目折银	%
麦	489325.34			489325.34	100.00
农桑丝折绢	6454.70			6454.70	100.00
本色丝绵	24.75			24.75	100.00
米	889560.08			889560.08	100.00
棉花绒	2064.99			2064.99	100.00
棉布	38637.60			38637.60	100.00
草	66718.25			66718.25	100.00
户口盐钞银	19552.90	19552.90	100.00		
夏税	495804.79			495804.79	100.00
秋粮	1016533.81	19552.90	1.92	996980.92	98.08
田赋总计	1512338.61	19552.90	1.29	1492785.71	98.71

五 四川省田赋结构及其货币化分析

（一）四川省夏税收支情况分析

由聚类分析的结论，并按最小距离原则，四川与河南为一类，故用河南物料价格的加权平均值计算四川的未折银项目。根据《会计录》卷一〇《四川布政司田赋》，关于四川省田赋夏税的记载，只有一项米。

1. 米

全省实征米 310445.63 石，含遇闰加丝折米 553.48 石，其中起运米 280050.71 石，未注明折银标准，今按河南省米价的加权平均值每石 0.2963 两计，共折银 82979.03 两；存留米 30394.92 石，未注明折银标准，今按河南省米价的加权平均值每石 0.2963 两计，共折银

9006.01 两；全省实征米合计折银 91985.04 两。

综上所述，四川全省夏税共该银 91985.04 两。而其中起运物料共该银 82979.03 两；存留物料共该银 9006.01 两。由此得到四川省全省夏税中，起运量为 90.21％，存留量为 9.79％。没有标明折银标准的折银总数为 91985.04 两；白银货币化程度为 0％。

（二）四川省秋粮收支情况分析

根据《会计录》卷一〇《四川布政司田赋》，关于四川省田赋秋粮的记载，共有三项，分别为米、地亩棉花绒、差发马。

1. 米

全省实征米 718652.96 石。其中起运米 645276.56 石，其中含原在存留米项下的拨运湖广并本省各仓米 510729.06 石与折布米 9547.5 石。未注明折银标准，今按河南省米价的加权平均值每石 0.2963 两计，共折银 191195.44 两；存留米 73376.4 石。未注明折银标准，今按河南省米价的加权平均值每石 0.2963 两计，共折银 21741.43 两。

由此得到秋粮米共计 718652.96 石，折银 212936.87 两。

由此得到四川省全省秋粮米中，起运量为 89.79％，存留量为 10.21％。没有标明折银标准的折银总数为 212936.87 两；白银货币化程度为 0％。

2. 地亩棉花绒

此项目为存留，共计 70389 斤，今按河南两省地亩棉花绒价格每斤 0.064 两计，共折银 4504.90 两；

3. 差发马

共计 5 匹，未注明起运或存留，今按起运计，其价格依据《会计录》卷一三《云南布政司》差发马价格的加权平均值每匹 4.556 两，共计折银 22.78 两。

由此得到四川省全省秋粮中，起运量为 87.93％，存留量为 12.07％。没有标明折银标准的折银总数为 217464.55 两；白银货币化程度为 0％。

综上所述，再加上户口盐钞银，得到四川全省秋粮共该银 233372.50 两。而其中全部起运物料，折银 191218.22 两；全部存留物料，折银 42154.28 两。四川省全省秋粮中，起运量为 81.94％，存留量为 18.06％。已经标明折银标准的折银总数为 15907.95 两，没有标明折银标准的折银总数为 217464.55 两；白银货币化程度为 6.82％。

（三）四川省全年田赋收支情况分析

根据上述夏税、秋粮两项的分析，可知四川省全年田赋折银 325357.55 两，其中起运折银 274197.25 两，存留折银 51160.29 两。起运量为 84.28％，存留量为 15.72％。已经标明折银标准的折银总数为 15907.95 两，没有标明折银标准的折银总数为 309449.60 两；白银货币化程度为 4.89％。详见表 8—5—1、表 8—5—2。

表 8—5—1　　　　　　　　　　四川省田赋分布　　　　　　　　　（两/银）

田赋	数额	％	起运	％	存留	％
总计	325357.55	100.00	274197.25	84.28	51160.29	15.72
夏税总计	91985.04	100.00	82979.03	90.21	9006.01	9.79
米	91985.04	100.00	82979.03	90.21	9006.01	9.79
秋粮总计	233372.50	100.00	191218.22	81.94	42154.28	18.06

米	212936.87	100.00	191195.44	89.79	21741.43	10.21
地亩棉花绒	4504.90	100.00			4504.90	100.00
差发马	22.78	100.00	22.78	100.00		
户口盐钞银	15907.95	100.00			15907.95	100.00

表 8—5—2　　　　　　　　四川田赋货币比例表　　　　　　　　（两/银）

项目	共计折银	已折银	%	未折银项目折银	%
米	91985.04			91985.04	100.00
米	212936.87			212936.87	100.00
地亩棉花绒	4504.90			4504.90	100.00
差发马	22.78			22.78	100.00
户口盐钞银	15907.95	15907.95	100.00		
夏税	91985.04			91985.04	100.00
秋粮	233372.50	15907.95	6.82	217464.55	93.18
田赋总计	325357.55	15907.95	4.89	309449.60	95.11

六　广东省田赋结构及其货币化分析

（一）广东省夏税收支情况分析

由聚类分析的结论，并按最小距离原则，广东与河南为一类，故用河南物料价格的加权平均值计算广东的未折银项目。根据《会计录》卷一一《广东布政司田赋》，关于广东省田赋夏税的记载，共有三项，分别为麦米、农桑米、零丝折米，且全部为存留。

1. 麦米

全省实征麦米 6122.89 石。其价格依据河南省小麦价格的加权平均值每石 0.6325 两计，共计折银 3872.73 两。

2. 农桑米

共计 309.89 石，其价格依据河南省米价格的加权平均值每石 0.2963 两计，共计折银 91.82 两。

3. 零丝折米

共计 0.93 石，其价格依据河南省米价格的加权平均值每石 0.2693 两计，共计折银 0.28 两。综上所述，广东省夏税共该银 3964.83 两，全部为存留。由此得到广东省夏税中，起运量 0%，存留量为 100%。没有标明折银标准的折银总数为 3964.83 两；白银货币化程度为 0%。

（二）广东省秋粮收支情况分析

根据《会计录》卷一一《广东布政司田赋》，关于广东省田赋秋粮的记载，只有一项为米。

1. 米

全省实征米 993824.81 石。其中起运米 377261.04 石，其中 314317.32 石，标明共计折银 100000 两；另外 62943.72 石，没有标明折银标准，今依据河南省米价格的加权平均值每石 0.2963 两计，共计折银 18650.22 两。起运米合计折银 118650.22 两。存留米 616563.75

石，没有标明折银标准，今依据河南省米价格的加权平均值每石 0.2963 两计，共计折银 182687.84 两。再加上改科丝折米（存留）0.94 石，仍依河南省米价格的加权平均值每石 0.2963 两计，共折银 0.28 两。

全府实征米合计折银 301338.34 两。

综上所述，广东省秋粮米中，起运量为 39.37%，存留量为 60.63%。已经标明折银标准的折银总数为 100000 两，没有标明折银标准的折银总数为 201338.34 两；白银货币化程度为 33.19%。

综上所述，再加上户口盐钞银，得到广东省秋粮共该银 321363.55 两。而其中全部起运物料折银 118650.22 两；全部存留物料，折银 202713.33 两。广东省秋粮中，起运量为 36.92%，存留量为 63.08%。已经标明折银标准的折银总数为 120025.21 两，没有标明折银标准的折银总数为 201338.34 两；白银货币化程度为 37.35%。

（三）广东省全年田赋收支情况分析

根据上述夏税、秋粮两项的分析，可知广东省全年田赋折银 325328.38 两，其中起运折银 118650.22 两，存留折银 206678.16 两。起运量为 36.47%，存留量为 63.53%。已经标明折银标准的折银总数为 120025.21 两，没有标明折银标准的折银总数为 205303.17 两；白银货币化程度为 36.89%。详见表 8—6—1、表 8—6—2。

表 8—6—1　　　　　　　广东省田赋分布　　　　　　　（两/银）

田赋	数额	%	起运	%	存留	%
总计	325328.38	100.00	118650.22	36.47	206678.16	63.53
夏税总计	3964.83	100.00			3964.83	100.00
麦米	3872.73	100.00			3872.73	100.00
农桑米	91.82	100.00			91.82	100.00
零丝折米	0.28	100.00			0.28	100.00
秋粮总计	321363.55	100.00	118650.22	36.92	202713.33	63.08
米	301338.34	100.00	118650.22	39.37	182688.12	60.63
户口盐钞银	20025.21	100.00			20025.21	100.00

表 8—6—2　　　　　　　广东省田赋货币化比例表　　　　　　　（两/银）

项目	共计折银	已折银	%	未折银项目折银	%
麦米	3872.73			3872.73	100.00
农桑米	91.82			91.82	100.00
零丝折米	0.28			0.28	100.00
米	301338.34	100000.00	33.19	201338.34	66.81
户口盐钞银	20025.21	20025.21	100.00		
夏税	3964.83			3964.83	100.00
秋粮	321363.55	120025.21	37.35	201338.34	62.65
田赋总计	325328.38	120025.21	36.89	205303.17	63.11

七　广西省田赋结构及其货币化分析

（一）广西省夏税收支情况分析

由聚类分析的结论，并按最小距离原则，广西与河南为一类，故用河南物料价格的加权平均值计算广西的未折银项目。根据《会计录》卷一二《广西布政司田赋》，关于广西省田赋夏税的记载，共有三项，分别为麦米、丝折米、丝。

1. 麦米

全省实征麦米 2494.7 石，全部为存留，未注明折银标准，今按河南省麦价格的加权平均值每石 0.6325 两计，共折银 1577.90 两。

2. 丝折米

该项目为存留，共计 499.22 石，没有标明价格，今按河南省米价格的加权平均值每石 0.2963 两计，共折银 147.92 两。

3. 丝

该项目为存留，共计 148.68 斤，折合 2378.88 两，没有标明价格，按照《会计录》卷八《河南布政司》，《工部织染局丝》的价格为每两折银 0.08 两，共计折银 190.31 两。

综上所述，广西全省夏税共该银 1916.13 两。存留物料该银 1916.13 两。由此得到广西省全省夏税中，起运量为 0%，存留量为 100%。没有标明折银标准的折银总数为 1916.13 两；白银货币化程度为 0%。

（二）广西省秋粮收支情况分析

根据《会计录》卷一二《广西布政司田赋》，关于广西省田赋秋粮的记载，共有十二项，分别为米、花利米、租钞、茶课钞、鱼课钞、椒课钞、苎麻、麻折米、麻钞、红花、桐油、税钞，全部为存留。

1. 米

全省实征米 369202.52 石。没有标明价格，今按河南省米价格的加权平均值每石 0.2963 两计，共折银 109394.71 两。

2. 花利米

共计 1888.25 石，没有标明价格，今按山西、河南两省米价格的加权平均值每石 0.2963 两计，共折银 559.49 两。

3. 麻折米

共计 3.63 石，没有标明价格，今按河南省米价格的加权平均值每石 0.2963 两计，共折银 1.08 两。

4. 红花

共计 11.84 斤，没有标明价格，今按《会计录》卷三〇《内库供应·商价会估备考》中红花的价格每斤 0.15 两计，共计折银 1.78 两。

5. 桐油

共计 1063 斤，没有标明价格，今按《会计录》卷三〇《内库供应·商价会估备考》中桐油的价格每斤 0.042 两计，共计折银 44.65 两。

6. 苎麻

在《会计录》中查找不到苎麻的价格，加之数量较少，在计算中忽略不计。

7. 钞

本省田赋中共有钞 1758 锭。

由此得到广西省全省秋粮中，起运量为 0%，存留量为 100%。没有标明折银标准的折银总数为 110001.70 两；白银货币化程度为 0%。

综上所述，再加上户口盐钞银，得到广西全省秋粮共该银 111418.71 两，全部存留。广西省全省秋粮中，起运量为 0%，存留量为 100%。已经标明折银标准的折银总数为 1417.01 两，没有标明折银标准的折银总数为 110001.70 两；白银货币化程度为 1.25%。

（三）广西省全年田赋收支情况分析

根据上述夏税、秋粮两项的分析，可知广西省全年田赋折银 113334.84 两，存留折银 113334.84 两。起运量为 0%，存留量为 100%。已经标明折银标准的折银总数为 1417.01 两，没有标明折银标准的折银总数为 111917.83 两；白银货币化程度为 1.25%。详见表 8—7—1、表 8—7—2。

表 8—7—1　　　　　　　　　　广西省田赋分布　　　　　　　　　　（两/银）

田赋	数额	%	起运	%	存留	%
总计	113334.84	100.00			113334.84	100.00
夏税总计	1916.13	100.00			1916.13	100.00
麦米	1577.90	100.00			1577.90	100.00
丝折米	147.92	100.00			147.92	100.00
丝	190.31	100.00			190.31	100.00
秋粮总计	111418.71	100.00			111418.71	100.00
米	109394.71	100.00			109394.71	100.00
花利米	559.49	100.00			559.49	100.00
麻折米	1.08	100.00			1.08	100.00
红花	1.78	100.00			1.78	100.00
桐油	44.65	100.00			44.65	100.00
钞（锭）	1758.00	100.00			1758.00	100.00
户口盐钞银	1417.01	100.00			1417.01	100.00

表 8—7—2　　　　　　　　　　广西田赋货币化比例表　　　　　　　　　　（两/银）

项目	共计折银	已折银	%	未折银项目折银	%
麦米	1577.90			1577.90	100.00
丝折米	147.92			147.92	100.00
丝	190.31			190.31	100.00
米	109394.71			109394.71	100.00
花利米	559.49			559.49	100.00
麻折米	1.08			1.08	100.00
红花	1.78			1.78	100.00

桐油	44.65				44.65	100.00
钞（锭）					1758.00	
户口盐钞银	1417.01	1417.01	100.00			
夏税	1916.13				1916.13	100.00
秋粮	111418.71	1417.01	1.27		110001.70	98.73
田赋总计	113334.84	1417.01	1.25		111917.83	98.75

八　云南省田赋结构及其货币化分析

（一）云南省夏税收支情况分析

由聚类分析的结论，并按最小距离原则，云南与河南为一类，故用河南物料价格的加权平均值计算云南的未折银项目。根据《会计录》卷一三《云南布政司田赋》，关于云南省田赋夏税的记载，只有一项为麦。

1. 麦

全省实征麦 35567.26 石，全部为存留，未注明折银标准，今按河南省小麦价格的加权平均值每石 0.6325 两计，共折银 22496.29 两。

综上所述，云南全省夏税共该银 22496.29 两。存留物料共该银 22496.29 两。由此得到云南省全省夏税中，起运量为 0%，存留量为 100%。没有标明折银标准的折银总数为 22496.29 两；白银货币化程度为 0%。

（二）云南省秋粮收支情况分析

根据《会计录》卷一三《云南布政司田赋》，关于云南省田赋秋粮的记载，共有十一项，分别为米、差发米、麦、金、银、海𧵅、棉绸、棉布、水牛、黄牛、马。

1. 米

全省实征米 107123.03 石。全部为存留，未标明折银标准，今按河南省米价格的加权平均值每石 0.2963 两计，共计折银 31740.55 两。

2. 差发米

共计 9163.19 石，未注明起运或存留，也未注明折银标准，但是在所属各府县账目中，均标明了折银价格。全部差发米按起运计，共计折银 6091.67 两。

3. 麦

共计 78.75 石，为鹤庆军民府所出，未注明起运或存留，已注明折银 47.25 两，今按起运。

4. 金

共计 66.67 两，未注明起运或存留，也未注明折银标准，今按起运计，其价格依据彭信威：《中国货币史》[1] 所载万历中的金银比价，共计折银 500.03 两。

5. 海𧵅

共计 272377 索，未注明起运或存留，今按起运计，价格按《会计录》卷一三《云南布政司》临安等府的海𧵅价格计，共计折银 3264.12 两。

6. 棉绸

共计 15 匹，未注明起运或存留，也未注明折银标准，今按起运计，价格按河南棉布价

---

[1] 彭信威：《中国货币史》，第七章《明代的货币·明代金银比价表》，上海人民出版社 2007 年版，第 526 页。

格的加权平均值每匹0.3两计，共计折银4.5两。

7. 棉布

共计1700段，计量单位"段"无处查考，今按"匹"计量，未注明起运或存留，也未注明折银标准，今按起运计，价格按河南棉布价格的加权平均值每匹0.3两计，共计折银510两。

8. 水牛、黄牛、马

共计水牛十只、黄牛二十六只、马八十五匹，未注明起运或存留，在所属各府账目内已经注明折银标准，今按起运计，共计折银766.60两。

综上所述，再加上户口盐钞银，得到云南全省秋粮共该银51854.11两。而其中全部起运物料，折银19671.30两；全部存留物料，折银32182.81两。云南省全省秋粮中，起运量为37.94%，存留量为62.06%。已经标明折银标准的折银总数为19099.03两，没有标明折银标准的折银总数为32755.08两；白银货币化程度为36.83%。

（三）云南省全年田赋收支情况分析

根据上述夏税、秋粮两项的分析，可知云南省全年田赋折银74350.40两，其中起运折银19671.30两，存留折银54679.10两。起运量为26.46%，存留量为73.54%。已经标明折银标准的折银总数为19099.03两，没有标明折银标准的折银总数为55251.37两；白银货币化程度为25.69%。详见表8—8—1、表8—8—2。

表8—8—1　　　　　　　　　云南省田赋分布　　　　　　　　（两/银）

田赋	数额	%	起运	%	存留	%
总计	74350.40	100.00	19671.30	26.46	54679.10	73.54
夏税总计	22496.29	100.00			22496.29	100.00
麦	22496.29	100.00			22496.29	100.00
秋粮总计	51854.11	100.00	19671.30	37.94	32182.81	62.06
米	31740.55	100.00			31740.55	100.00
差发米	6091.67	100.00	6091.67	100.00		
麦	47.25	100.00	47.25	100.00		
金	500.03	100.00	500.03	100.00		
银	8487.13	100.00	8487.13	100.00		
海肥	3264.12	100.00	3264.12	100.00		
棉绸	4.50	100.00	4.50	100.00		
棉布	510.00	100.00	510.00	100.00		
水牛	35.00	100.00	35.00	100.00		
黄牛	54.60	100.00	54.60	100.00		
马	677.00	100.00	677.00	100.00		
户口盐钞银	442.26	100.00			442.26	100.00

表8—8—2　　　　　　　　云南田赋货币化比例表　　　　　　　（两/银）

项目	共计折银	已折银	%	未折银项目折银	%
麦	22496.29			22496.29	100.00

米	31740.55				31740.55	100.00
差发米	6091.67	6091.67	100.00			
麦	47.25	47.25	100.00			
金	500.03				500.03	100.00
银	8487.13	8487.13	100.00			
海肥	3264.12	3264.12	100.00			
棉绸	4.50				4.50	100.00
棉布	510.00				510.00	100.00
水牛	35.00	35.00	100.00			
黄牛	54.60	54.60	100.00			
马	677.00	677.00	100.00			
户口盐钞银	442.26	442.26	100.00			
夏税	22496.29				22496.29	100.00
秋粮	51854.11	19099.03	36.83		32755.08	63.17
田赋总计	74350.40	19099.03	25.69		55251.37	74.31

九　贵州省田赋结构及其货币化分析

（一）贵州省夏税收支情况分析

由聚类分析的结论，并按最小距离原则，贵州与河南为一类，故用河南物料价格的加权平均值计算贵州的未折银项目。根据《会计录》卷一四《贵州布政司田赋》，关于贵州省田赋夏税的记载，共有两项，分别为麦莜、洞蛮麻布。

1. 麦莜

该项目为存留，共计 266.82 石，没有标明价格，今按《会计录》卷一五《北直隶田赋·顺天府》莜麦价格每石 0.7 两计，共计折银 186.77 两。

2. 洞蛮麻布

该项目为存留，共计 259 匹，没有标明价格，依据《会计录》所载棉布的价格每匹 0.3 两计，共计折银 77.70 两。

综上所述，贵州全省夏税共该银 264.47 两。存留物料共该银 264.47 两。由此得到贵州省全省夏税中，起运量为 0%，存留量为 100%。没有标明折银标准的折银总数为 264.47 两；白银货币化程度为 0%。

（二）贵州省秋粮收支情况分析

根据《会计录》卷一四《贵州布政司田赋》，关于贵州省田赋秋粮的记载，只有一项为米。

全省实征米 50541.96 石，全部存留，没有标明价格，今按河南省米价格的加权平均值每石 0.2963 两计，共计折银 14975.58 两。

由此得到贵州省全省秋粮中，起运量为 0%，存留量为 100%。没有标明折银标准的折银总数为 14975.58 两；白银货币化程度为 0%。

综上所述，再加上户口盐钞银，得到贵州全省秋粮共该银 14981.91 两。而其中全部起运物料折银 5.83 两；全部存留物料折银 14976.08 两。贵州省全省秋粮中，起运量为 0.04%，存留量为 99.96%。已经标明折银标准的折银总数为 6.33 两，没有标明折银标准的折银总数为14975.58两；白银货币化程度为0.04％。

（三）贵州省全年田赋收支情况分析

根据上述夏税、秋粮两项的分析，可知贵州省全年田赋折银15246.38两，其中起运折银5.83两，存留折银15240.55两。起运量为0.04％，存留量为99.96％。已经标明折银标准的折银总数为6.33两，没有标明折银标准的折银总数为15240.05两；白银货币化程度为0.04％。详见表8—9—1、表8—9—2。

表8—9—1 贵州省田赋分布 （两/银）

田赋	数额	％	起运	％	存留	％
总计	15246.38	100.00	5.83	0.04	15240.55	99.96
夏税总计	264.47	100.00			264.47	100.00
麦莜	186.77	100.00			186.77	100.00
洞蛮麻布	77.70	100.00			77.70	100.00
秋粮总计	14981.91	100.00	5.83	0.04	14976.08	99.96
米	14975.58	100.00			14975.58	100.00
户口盐钞银	6.33	100.00	5.83	92.10	0.50	7.90

表8—9—2 贵州田赋货币化比例表 （两/银）

项目	共计折银	已折银	％	未折银项目折银	％
麦莜	186.77			186.77	100.00
洞蛮麻布	77.70			77.70	100.00
米	14975.58			14975.58	100.00
户口盐钞银	6.33	6.33	100.00		
夏税	264.47			264.47	100.00
秋粮	14981.91	6.33	0.04	14975.58	99.96
田赋总计	15246.38	6.33	0.04	15240.05	99.96

十 北直隶田赋结构及其货币化分析

北直隶含八府二州，其中保定府项下，原书缺第五十四至五十九页，但是仅缺保定府所辖县的田赋记录，而保定府田赋数值完整。此外，永平府、延庆州、保安州的田赋数据中，均无折银以及折银标准，故此使用北直隶其他七府相关物料折银标准的加权平均值计算永平府、延庆州、保安州田赋的折银数值。

（一）顺天府田赋结构分析

1. 顺天府夏税收支情况分析

根据《会计录》卷一五《北直隶田赋》，关于顺天府田赋夏税的记载，共有三项，分别为麦、人丁丝折绢、农桑丝折绢。而其中的豌豆、大麦、棉布等项均已折成小麦，并记入小麦的总数中。

（1）小麦

全府实征小麦 18803.37 石，其中起运小麦 10900.00 石，依据起运目的地的不同，已经标明了不同的折银标准，共折银 9823.15 两；其折银标准的加权平均值为 0.9012 两/石。存留小麦 7903.37 石，未注明折银标准，今仍按每石 0.9012 两计，共折银 7122.52 两。全府实征小麦合计折银 16945.67 两。

（2）人丁丝折绢

该项目为起运，共计 2175 匹，依据起运目的地的不同，已经标明了不同的折银标准，共折银 1557.2 两。

（3）农桑丝折绢

该项目为起运，共计 1761 匹，已经标明价格为每匹折银 0.7 两，共计折银 1232.7 两。

综上所述，顺天府夏税共该银 19735.57 两。而其中起运物料共该银 12613.05 两；存留物料共该银 7122.52 两。由此得到顺天府夏税中，起运量为 63.91%，存留量为 36.09%。已经标明折银标准的折银总数为 12613.05 两，没有标明折银标准的折银总数为 7122.52 两；白银货币化程度为 63.91%。

2. 顺天府秋粮收支情况分析

根据《会计录》卷一五《北直隶田赋》，关于顺天府田赋秋粮的记载，共有四项，分别为米、地亩棉花绒、牛租谷、草。

（1）米

全府实征米 45204.8 石。其中起运米 26457.7 石，存留米 18747.1 石。而其中的芝麻、赤豆、山黄米、白豆、大青黄豆、黑豆、粟米等项均按米记算；其中的莜麦、粟谷、棉花绒等项均已折成米，并记入米的总数中。

依据起运目的地的不同，已经标明了不同的折银标准，共折银 22566.11 两；其折银标准的加权平均值为：0.8657 两/石，存留米 18747.1 石，未注明折银标准，今按每石 0.8657 两计，共折银 16229.36 两，全府米合计折银 38795.47 两。

由此得到顺天府秋粮米中，起运量为 58.17%，存留量为 41.83%。已经标明折银标准的折银总数为 22566.11 两，没有标明折银标准的折银总数为 16229.36 两；白银货币化程度为 58%。

（2）地亩棉花绒 9424.09 斤，已经标明折银标准，共计折银 753.93 两。

（3）牛租谷 3800.8 石，未标明折银标准，用顺天府秋粮账目中的外鹅房仓粟谷价格替代，共折银 4180.88 两。

（4）草

全府实征草 1958845 束，其中起运草 598162 束，依据起运目的地的不同，已经标明了不同的折银标准，并且标明每草银 1 两外加脚价银 0.2 两，由此起运草共折银 28952.85 两；其折银标准的加权平均值为：0.0403 两/石。存留草 1360682 束，未注明折银标准，今按每束 0.040336 两计，共折银 54835.48 两。全府草合计折银 83788.33 两。

由此得到顺天府秋粮中，起运量为 40.99%，存留量为 59.01%。已经标明折银标准的折银总数为 52272.89 两，没有标明折银标准的折银总数为 75245.72 两；白银货币化程度为 40.99%。

综上所述，再加上户口盐钞银，得到顺天府秋粮共该银 131765.20 两。而其中全部起运物料，折银 54559.51 两；全部存留物料，折银 77205.69 两。顺天府秋粮中，起运量为 41.41%，存留量为 58.59%。已经标明折银标准的折银总数为 56519.48 两，没有标明折银标准的折银总数为 75245.72 两；白银货币化程度为 42.89%。

3. 顺天府全年田赋收支情况分析

根据上述夏税、秋粮两项的分析，可知顺天府全年田赋折银 151500.77 两，其中起运折银 67172.56 两，存留折银 84328.21 两。起运量为 44.34%，存留量为 55.66%。已经标明折银标准的折银总数为 69132.53 两，没有标明折银标准的折银总数为 82368.24 两；白银货币化程度为 45.63%。详见表 8—10—1、表 8—10—2。

表 8—10—1　　　　　　　　　　顺天府田赋分布　　　　　　　　　　（两/银）

田赋	数额	%	起运	%	存留	%
总计	151500.77	100.00	67172.56	44.34	84328.21	55.66
夏税总计	19735.57	100.00	12613.05	63.91	7122.52	36.09
小麦	16945.67	100.00	9823.15	57.97	7122.52	42.03
人丁丝折绢	1557.20	100.00	1557.20	100.00		
农桑丝折绢	1232.70	100.00	1232.70	100.00		
秋粮总计	131765.20	100.00	54559.51	41.41	77205.69	58.59
米	38795.47	100.00	22566.11	58.17	16229.36	41.83
地亩棉花绒	753.93	100.00	753.93	100.00		
牛租谷	4180.88	100.00			4180.88	100.00
草	83788.33	100.00	28952.85	34.55	54835.48	65.45
户口盐钞银	3919.93	100.00	1959.96	50.00	1959.96	50.00
遇闰加银	326.66	100.00	326.66	100.00		

表 8—10—2　　　　　　　　　　顺天府田赋货币比例表　　　　　　　　　　（两/银）

项目	共计折银	已折银	%	未折银项目折银	%
小麦	16945.67	9823.15	57.97	7122.52	42.03
人丁丝折绢	1557.20	1557.20	100.00		
农桑丝折绢	1232.70	1232.70	100.00		
米	38795.47	22566.11	58.17	16229.36	41.83
地亩棉花绒	753.93	753.93	100.00		
牛租谷	4180.88			4180.88	100.00
草	83788.33	28952.85	34.55	54835.48	65.45
户口盐钞银	3919.93	3919.93	100.00		
遇闰加银	326.66	326.66	100.00		
夏税	19735.57	12613.05	63.91	7122.52	36.09
秋粮	131765.20	56519.48	42.89	75245.72	57.11
田赋总计	151500.77	69132.53	45.63	82368.24	54.37

（二）保定府田赋结构分析

1. 保定府夏税收支情况分析

根据《会计录》卷一五《北直隶田赋》，关于保定府田赋夏税的记载，共有四项，分别为麦、人丁丝折绢、农桑丝折绢、本色丝。

（1）麦

全府实征麦 18793.82 石，其中起运小麦 5150 石，依据起运目的地的不同，已经标明了不同的折银标准，并且标明其中 1350 石每麦银 1 两外加脚价银 0.2 两，共折银 326.7 两；由此起运麦共折银 6391.5 两；其折银标准的加权平均值为：1.1886 两/石。存留小麦 13643.82 石，未注明折银标准，今仍按每石 1.1886 两计，共折银 16217.04 两。全府实征小麦合计折银 22608.54 两。

（2）人丁丝折绢

该项目为起运，共计 2796 匹，依据起运目的地的不同，已经标明了不同的折银标准，共折银 1374.3 两；其折银标准的加权平均值为：0.7051 两/匹。存留绢 847 匹，未注明折银标准，今按每匹 0.7051 两计，共折银 597.22 两。全府人丁丝折绢合计折银 1971.52 两。

（3）农桑丝折绢

该项目为起运，共计 1611 匹，已经标明价格为每匹折银 0.7 两，共计折银 1127.7 两。

（4）本色丝

该项目为起运 224.07 斤，折合 3585.12 两，未注明折银标准，查《会计录》卷八《河南布政司·工部织染局丝》每两折银 0.08 两，今以此值计算本色丝的价格，共计折银 286.81 两。

综上所述，保定府夏税共该银 25994.57 两。而其中起运物料共该银 9180.31 两；存留物料共该银 16814.26 两。由此得到保定府夏税中，起运量为 35.32％，存留量为 64.68％。已经标明折银标准的折银总数为 8893.50 两，没有标明折银标准的折银总数为 17101.07 两；白银货币化程度为 34.21％。

2. 保定府秋粮收支情况分析

根据《会计录》卷一五《北直隶田赋》，关于保定府田赋秋粮的记载，共有四项，分别为米、地亩棉花绒、枣株课米、草。

（1）米

全府实征米 42980.3 石。其中起运米 30710 石，存留米 12270.3 石。而其中的芝麻运往供用库，依据供用库芝麻的价格 1.3 两/石计算。

依据起运目的地的不同，已经标明了不同的折银标准，且标明每米 1 石外加脚价银 0.2 两，由此起运米共折银 40689.20 两；其折银标准的加权平均值为：1.2060 两/石。存留米 12270.3 石，未注明折银标准，今按每石 1.2060 两计，共折银 14797.98 两。全府米合计折银 55487.18 两。

由此得到保定府秋粮米中，起运量为 73.33％，存留量为 26.67％。已经标明折银标准的折银总数为 40000.20 两，没有标明折银标准的折银总数为 15486.98 两；白银货币化程度为 72.09％。

（2）地亩棉花绒 9574.54 斤，未标明折银标准，查《会计录》卷三十《内库供应·商价会估备考》项下有棉花绒每斤折银 0.07 两，今以此值计算棉花绒的价格，共计折银 670.22 两。

（3）枣株课米 16.29 石，未标明折银标准，用保定府秋粮账目中米的折银标准的加权平均值为：1.2060 两/石替代，共折银 19.65 两。

（4）草

全府实征草 1117520 束，其中起运草 1061340 束，依据起运目的地的不同，已经标明了不同的折银标准，其中 347396 束标明每草银 1 两外加脚价银 0.2 两，共折银 3676.89 两，由此起运草共折银 47356.55 两；其折银标准的加权平均值为：0.0412 两/束。存留草 56180

束，未注明折银标准，今按每束 0.0412 两计，共折银 2314.62 两。全府草合计折银 49671.17 两。

由此得到保定府秋粮中，起运量为 83.81%，存留量为 16.19%。已经标明折银标准的折银总数为 87356.75 两，没有标明折银标准的折银总数为 18491.47 两；白银货币化程度为 82.53%。

综上所述，再加上户口盐钞银，得到保定府秋粮共该银 107593.62 两。而其中全部起运物料，折银 89750.67 两；全部存留物料，折银 17842.94 两。保定府秋粮中，起运量为 83.42%，存留量为 16.58%。已经标明折银标准的折银总数为 89102.15 两，没有标明折银标准的折银总数为 18491.47 两；白银货币化程度为 82.81%。

3. 保定府全年田赋收支情况分析

根据上述夏税、秋粮两项的分析，可知保定府全年田赋折银 133588.19 两，其中起运折银 98930.98 两，存留折银 34657.21 两。起运量为 74.06%，存留量为 25.94%。已经标明折银标准的折银总数为 97995.65 两，没有标明折银标准的折银总数为 35592.54 两；白银货币化程度为 73.36%。详见表 8—10—3、表 8—10—4。

表 8—10—3　　　　　　　　　　　保定府田赋分布　　　　　　　　　　　（两/银）

田赋	数额	%	起运	%	存留	%
总计	133588.19	100.00	98930.98	74.06	34657.21	25.94
夏税总计	25994.57	100.00	9180.31	35.32	16814.26	64.68
小麦	22608.54	100.00	6391.50	28.27	16217.04	71.73
人丁丝折绢	1971.52	100.00	1374.30	69.71	597.22	30.29
农桑丝折绢	1127.70	100.00	1127.70	100.00		
本色丝	286.81	100.00	286.81	100.00		
秋粮总计	107593.62	100.00	89750.67	83.42	17842.94	16.58
米	55487.18	100.00	40689.20	73.33	14797.98	26.67
地亩棉花绒	670.22	100.00	670.22	100.00		
枣株课米	19.65	100.00			19.65	100.00
草	49671.17	100.00	47356.55	95.34	2314.62	4.66
户口盐钞银	1611.17	100.00	900.46	55.89	710.70	44.11
遇闰加银	134.24	100.00	134.24	100.00		

表 8—10—4　　　　　　　　　　　保定府田赋货币比例表　　　　　　　　　　　（两/银）

项目	共计折银	已折银	%	未折银项目折银	%
小麦	22608.54	6391.50	28.27	16217.04	71.73
人丁丝折绢	1971.52	1374.30	69.71	597.22	30.29
农桑丝折绢	1127.70	1127.70	100.00		
本色丝	286.81			286.81	100.00
米	55487.18	40000.20	72.09	15486.98	27.91
地亩棉花绒	670.22			670.22	100.00

枣株课米	19.65			19.55	99.49
草	49671.17	47356.55	95.34	2314.62	4.66
户口盐钞银	1611.17	1611.17	100.00		
遇闰加银	134.24	134.24	100.00		
夏税	25994.57	8893.50	34.21	17101.07	65.79
秋粮	107593.62	89102.15	82.81	18491.47	17.19
田赋总计	133588.19	97995.65	73.36	35592.54	26.64

(三) 河间府田赋结构分析

1. 河间府夏税收支情况分析

根据《会计录》卷一五《北直隶田赋》，关于河间府田赋夏税的记载，共有三项，分别为麦、人丁丝折绢、农桑丝折绢。而其中的大麦、豌豆、棉布等项均已折成小麦，并记入小麦的总数中。

（1）麦

全府实征麦 19718.23 石，其中起运小麦 9893 石，依据起运目的地的不同，已经标明了不同的折银标准，起运麦共折银 10201 两；其折银标准的加权平均值为：1.0311 两/石。存留小麦 9825.23 石，未注明折银标准，今仍按每石 1.0311 两计，共折银 10130.79 两。全府实征小麦合计折银 20331.79 两。

（2）人丁丝折绢

人丁丝折绢共计 5046 匹，其中起运 4902 匹，依据起运目的地的不同，已经标明了不同的折银标准，共折银 3511.4 两；其折银标准的加权平均值为：0.7163 两/匹。存留绢 143 匹，未注明折银标准，今按每匹 0.7163 两计，共折银 102.43 两。全府人丁丝折绢合计折银 3613.83 两。

（3）农桑丝折绢

该项目为存留，共计 889 匹，未注明折银标准，查《会计录》卷一五《北直隶田赋》农桑丝折绢为：每匹折银 0.7 两，今以此值计算农桑丝折绢的价格，共计折银 622.3 两。

综上所述，河间府夏税共该银 24567.92 两。而其中起运物料共该银 13712.40 两；存留物料共该银 10855.53 两。由此得到河间府夏税中，起运量为 55.81%，存留量为 44.19%。已经标明折银标准的折银总数为 13712.40 两，没有标明折银标准的折银总数为 10855.53 两；白银货币化程度为 55.80%。

2. 河间府秋粮收支情况分析

根据《会计录》卷一五《北直隶田赋》，关于河间府田赋秋粮的记载，共有四项，分别为米、地亩棉花绒、枣株课米、草。

（1）米

全府实征米 46087.07 石。其中起运米 24750 石，存留米 21337.07 石。而其中的芝麻、黑豆、粟米按米记算，其中的蜀黍、棉花绒等项均已折成米，并记入米的总数中。

依据起运目的地的不同，已经标明了不同的折银标准，由此起运米共折银 26938.07 两；其折银标准的加权平均值为：1.0884 两/石，存留米 21337.07 石，未注明折银标准，今按每石 1.0884 两计，共折银 23223.27 两，全府米合计折银 50161.34 两。

由此得到河间府秋粮米中，起运量为 53.70%，存留量为 46.30%。已经标明折银标准的折银总数为 26938.07 两，没有标明折银标准的折银总数为 23223027 两；白银货币化程度

（2）地亩棉花绒

该项目为起运，共计 4647.84 斤，未标明折银标准，查《会计录》卷三〇《内库供应·商价会估备考》中有：棉花绒每斤折银 0.07 两，今以此值计算棉花绒的价格，共计折银 325.35 两。

（3）枣株课米

该项目为存留，共计 37.53 石，未标明折银标准，用河间府秋粮账目中米的折银标准的加权平均值为：1.0844 两/石替代，共折银 40.85 两。

（4）草

全府实征草 670863 束，其中起运草 646000 束，依据起运目的地的不同，已经标明了不同的折银标准，其中 346370 束标明每草银 1 两外加脚价银 0.2 两，共折银 3125.59 两，由此起运草共折银 29240.59 两；其折银标准的加权平均值为：0.0404 两/束。存留草 24863 束，未注明折银标准，今按每束 0.0404 两计，共折银 1004.47 两。全府草合计折银 30245.06 两。

由此得到河间府秋粮中，起运量为 69.95%，存留量为 30.05%。已经标明折银标准的折银总数为 56178.66 两，没有标明折银标准的折银总数为 24593.94 两；白银货币化程度为 69.55%。

综上所述，再加上户口盐钞银，得到河间府秋粮共该银 83330.71 两。而其中全部起运物料，折银 57208.01 两；全部存留物料，折银 26122.70 两。河间府秋粮中，起运量为 68.65%，存留量为 31.35%。已经标明折银标准的折银总数为 58736.78 两，没有标明折银标准的折银总数为 24593.94 两；白银货币化程度为 70.50%。

3. 河间府全年田赋收支情况分析

根据上述夏税、秋粮两项的分析，可知河间府全年田赋折银 107898.64 两，其中起运折银 70920.41 两，存留折银 36978.23 两。起运量为 65.73%，存留量为 34.27%。已经标明折银标准的折银总数为 72449.18 两，没有标明折银标准的折银总数为 35449.46 两；白银货币化程度为 67.10%。详见表 8—10—5、表 8—10—6。

表 8—10—5　　　　　　　　　河间府田赋分布　　　　　　　　　　（两/银）

田赋	数额	%	起运	%	存留	%
总计	107898.64	100.00	70920.41	65.73	36978.23	34.27
夏税总计	24567.92	100.00	13712.40	55.81	10855.53	44.19
小麦	20331.79	100.00	10201.00	50.17	10130.79	49.83
人丁丝折绢	3613.83	100.00	3511.40	97.17	102.43	2.83
农桑丝折绢	622.30	100.00			622.30	100.00
秋粮总计	83330.71	100.00	57208.01	68.65	26122.70	31.35
米	50161.34	100.00	26938.07	53.70	23223.27	46.30
地亩棉花绒	325.35	100.00	325.35	100.00		
枣株课米	40.85	100.00			40.85	100.00
草	30245.06	100.00	29240.59	96.68	1004.47	3.32
户口盐钞银	2361.35	100.00	507.22	21.48	1854.12	78.52
遇闰加银	196.78	100.00	196.78	100.00		

表 8—10—6 　　　　　　　　河间府田赋货币比例表 　　　　　　　（两/银）

项目	共计折银	已折银	%	未折银项目折银	%
小麦	20331.79	10201.00	50.20	10130.79	49.83
人丁丝折绢	3613.83	3511.40	97.20	102.43	2.83
农桑丝折绢	622.30			622.30	100.00
米	50161.34	26938.07	53.70	23223.27	46.30
地亩棉花绒	325.35			325.35	100.00
枣株课米	40.85			40.85	100.00
草	30245.06	29240.59	96.70	1004.47	3.32
户口盐钞银	2361.35	2361.35	100.00		
遇闰加银	196.78	196.78	100.00		
夏税	24567.92	13712.40	55.80	10855.53	44.19
秋粮	83330.71	58736.78	70.50	24593.94	29.51
田赋总计	107898.64	72449.18	67.10	35449.47	32.85

（四）真定府田赋结构分析

1. 真定府夏税收支情况分析

根据《会计录》卷一五《北直隶田赋》，关于真定府田赋夏税的记载，共有四项，分别为麦、屯军麦、人丁丝折绢、农桑丝折绢。

（1）麦

全府实征麦 34733.49 石，其中起运小麦 18720 石，依据起运目的地的不同，已经标明了不同的折银标准，并且标明每麦 1 石外加脚价银 0.2 两，而其中的阔白棉布项已折成小麦，并记入小麦的总数中。由此起运麦共折银 20441.76 两；其折银标准的加权平均值为：0.9231 两/石，存留小麦 16013.49 石，未注明折银标准，今仍按每石 0.9231 两计，共折银 14782.05 两，全府实征小麦合计折银 35431.30 两。

（2）屯军麦

外有深州、安平、饶阳三州县屯军麦 224.77 石，未注明折银标准，今按每石 0.9231 两计，共折银 207.49 两。

（3）人丁丝折绢

其中起运绢共计 8098 匹，依据起运目的地的不同，已经标明了不同的折银标准，共折银 5718.6 两；其折银标准的加权平均值为：0.7062 两/匹。存留绢 450 匹，未注明折银标准，今按每匹 0.7062 两计，共折银 319.5 两。全府人丁丝折绢合计折银 6038.1 两。

（4）农桑丝折绢

其中起运绢共计 6632 匹，已经标明价格为每匹折银 0.7 两，共计折银 4642.4 两。存留绢 368 匹，未注明折银标准，今按本府农桑丝折绢价格的加权平均值每匹 0.7062 两计，共折银 259.88 两，全府农桑丝折绢合计折银 4902.28 两。

综上所述，真定府夏税共该银 46371.68 两。而其中起运物料共该银 31010.25 两；存留物料共该银 15361.43 两。由此得到真定府夏税中，起运量为 66.87%，存留量为 33.13%。已经标明折银标准的折银总数为 31122.26 两，没有标明折银标准的折银总数为 15249.42 两；白银货币化程度为 67.11%。

2. 真定府秋粮收支情况分析

根据《会计录》卷一五《北直隶田赋》，关于真定府田赋秋粮的记载，共有四项，分别为米、屯军米、地亩棉花绒、草。

（1）米

全府实征米82349.27石。其中起运米45418.46石，存留米36930.81石。而其中的芝麻按米计算，并记入米的总数中。

依据起运目的地的不同，已经标明了不同的折银标准，其中16000石标明每米1石外加脚价银0.2两，由此起运米共折银51302.15两；其折银标准的加权平均值为：0.9780两/石，存留米36930.81石，未注明折银标准，今按每石0.9780两计，共折银36118.33两，全府米合计折银87933.52两。

（2）另有深州、安平、饶阳三州县屯军米524.58石，未注明折银标准，今按每石0.9780两计，共折银513.04两.

由此得到真定府秋粮米中，起运量为58.93%，存留量为41.66%。已经标明折银标准的折银总数为51302.15两，没有标明折银标准的折银总数为36631.37两；白银货币化程度为58%。

（3）地亩棉花绒35033.09斤，未标明折银标准，查《会计录》卷三十《内库供应·商价会估备考》中有：棉花绒每斤折银0.07两，今以此值计算棉花绒的价格，共计折银2452.32两。

（4）草

全府实征草1374157束，其中起运草1293526束，依据起运目的地的不同，已经标明了不同的折银标准，其中标明每草银1两外加脚价银0.2两，共折银5507.04两，由此起运草共折银58174.71两；其折银标准的加权平均值为：0.0407两/束，存留草80631束，未注明折银标准，今按每束0.0407两计，共折银3281.68两。另有深州、安平、饶阳三州县屯军草9817束，未注明折银标准，今按每束0.0407两计，共折银399.55两。全府草合计折银6185594两。

由此得到真定府秋粮中，起运量为74.12%，存留量为25.88%。已经标明折银标准的折银总数为109476.86两，没有标明折银标准的折银总数为42764.93两；白银货币化程度为71.91%。

综上所述，再加上户口盐钞银，得到真定府秋粮共该银154925.59两。而其中全部起运物料，折银114286.89两；全部存留物料，折银40638.69两。真定府秋粮中，起运量为73.77%，存留量为26.23%。已经标明折银标准的折银总数为112160.86两，没有标明折银标准的折银总数为42764.93两；白银货币化程度为72.40%。

3. 真定府全年田赋收支情况分析

根据上述夏税、秋粮两项的分析，可知真定府全年田赋折银201297.27两，其中起运折银145297.14两，存留折银56000.13两。起运量为72.18%，存留量为27.82%。已经标明折银标准的折银总数为143282.92两，没有标明折银标准的折银总数为58014.34两；白银货币化程度为71.18%。详见表8—10—7、表8—10—8。

表8—10—7　　　　　　　　　　　　真定府田赋分布　　　　　　　　　　　　（两/银）

田赋	数额	%	起运	%	存留	%
总计	201297.27	100.00	145297.14	72.18	56000.13	27.82
夏税总计	46371.68	100.00	31010.25	66.87	15361.43	33.13

小麦	35431.30	100.00	20649.25	58.28	14782.05	41.72
人丁丝折绢	6038.10	100.00	5718.60	94.71	319.50	5.29
农桑丝折绢	4902.28	100.00	4642.40	94.70	259.88	5.30
秋粮总计	154925.59	100.00	114286.89	73.77	40638.69	26.23
米	87933.52	100.00	51815.19	58.93	36118.33	41.07
地亩棉花绒	2452.32	100.00	2452.32	100.00		
草	61855.94	100.00	58574.26	94.69	3281.68	5.31
户口盐钞银	2477.36	100.00	1238.68	50.00	1238.68	50.00
遇闰加银	206.44	100.00	206.44	100.00		

表 8—10—8　　　　　　　　　　**真定府田赋货币比例表**　　　　　　　　　　（两/银）

项目	共计折银	已折银	%	未折银项目折银	%
小麦	35431.30	20441.76	57.69	14989.54	42.31
人丁丝折绢	6038.10	6038.10	100.00		
农桑丝折绢	4902.28	4642.40	94.70	259.88	5.30
米	87933.52	51302.15	58.34	36631.37	41.66
地亩棉花绒	2452.32			2452.32	100.00
草	61855.94	58174.71	94.05	3681.23	5.95
户口盐钞银	2477.36	2477.36	100.00		
遇闰加银	206.44	206.44	100.00		
夏税	46371.68	31122.26	67.11	15249.42	32.89
秋粮	154925.59	112160.66	72.40	42764.93	27.60
田赋总计	201297.27	143282.92	71.18	58014.34	28.82

（五）顺德府田赋结构分析

1. 顺德府夏税收支情况分析

根据《会计录》卷一五《北直隶田赋》，关于顺德府田赋夏税的记载，共有三项，分别为麦、人丁丝折绢、农桑丝折绢。

（1）麦

全府实征麦 12537.8 石，其中起运小麦 11480 石，依据起运目的地的不同，已经标明了不同的折银标准，而其中的大麦、芝麻、棉布、阔白棉布等项已折成小麦，并记入小麦的总数中。由此起运麦共折银 11023.75 两；其折银标准的加权平均值为：0.9603 两/石。存留小麦 1057.8 石，未注明折银标准，今仍按每石 0.9603 两计，共折银 1015.81 两。全府实征小麦合计折银 12039.56 两。

（2）人丁丝折绢

此项为起运，共计 1548 匹，已经标明价格为每匹折银 0.7 两，共折银 1083.6 两。

（3）农桑丝折绢

此项为起运，共计 351 匹，已经标明价格为每匹折银 0.7 两，共计折银 245.7 两。

综上所述，顺德府夏税共该银 13368.86 两。而其中起运物料共该银 12353.05 两；存留物料共该银 1015.81 两。由此得到顺德府夏税中，起运量为 92.40％，存留量为 7.60％。已经标明折银标准的折银总数为 12353.05 两，没有标明折银标准的折银总数为 1015.81 两；白银货币化程度为 92.40％。

2. 顺德府秋粮收支情况分析

根据《会计录》卷一五《北直隶田赋》，关于顺德府田赋秋粮的记载，共有四项，分别为米、地亩棉花绒、枣株课米、草。

（1）米

全府实征米 30461.07 石。其中起运米 24935 石，存留米 5526.07 石。而其中的芝麻、绿豆、黑豆、粟米等项均按米记算，其中的蓖秫、棉花绒、阔白棉布等项均已折成米，并记入米的总数中。

依据起运目的地的不同，已经标明了不同的折银标准，起运米共折银 24070.31 两；其折银标准的加权平均值为：0.8678 两/石。存留米 5526.07 石，未注明折银标准，今按每石 0.8678 两计，共折银 4795.52 两，全府米合计折银 28865.83 两。

由此得到顺德府秋粮米中，起运量为 83.39％，存留量为 16.61％。已经标明折银标准的折银总数为 24070.31 两，没有标明折银标准的折银总数为 4795.52 两；白银货币化程度为 83.39％。

（2）地亩棉花绒

此项为起运，共计 5005.25 斤，未标明折银标准，查《会计录》卷三十《内库供应·商价会估备考》中有：棉花绒每斤折银 0.07 两，今以此值计算棉花绒的价格，共计折银 350.37 两。

（3）枣株课米

此项为存留，共计 12.98 石，未注明折银标准，今按每石 0.8678 两计，共折银 11.26 两。

（4）草

全府实征草 545481 束，其中起运草 524000 束，依据起运目的地的不同，已经标明了不同的折银标准，由此起运草共折银 22271.59 两；其折银标准的加权平均值为：0.0382 两/束。存留草 21481 束，未注明折银标准，今按每束 0.0382 两计，共折银 820.57 两。全府草合计折银 23092.16 两。

由此得到顺德府秋粮中，起运量为 89.24％，存留量为 10.76％。已经标明折银标准的折银总数为 46341.90 两，没有标明折银标准的折银总数为 5977.89 两；白银货币化程度为 88.57％。

综上所述，再加上户口盐钞银，得到顺德府秋粮共该银 53102.90 两。而其中全部起运物料，折银 47475.38 两；全部存留物料，折银 5627.52 两。顺德府秋粮中，起运量为 89.40％，存留量为 10.60％。已经标明折银标准的折银总数为 47125.01 两，没有标明折银标准的折银总数为 5977.89 两；白银货币化程度为 88.74％。

3. 顺德府全年田赋收支情况分析

根据上述夏税、秋粮两项的分析，可知顺德府全年田赋折银 66471.75 两，其中起运折银 59828.43 两，存留折银 6643.32 两。起运量为 90.01％，存留量为 9.99％。已经标明折银标准的折银总数为 59478.06 两，没有标明折银标准的折银总数为 6993.69 两；白银货币化程度为 89.48％。详见表 8—10—9、表 8—10—10。

表 8—10—9　　　　　　　　　　　順德府田賦分布　　　　　　　　　　　（兩/銀）

田賦	數額	%	起運	%	存留	%
總計	66471.75	100.00	59828.43	90.01	6643.32	9.99
夏稅總計	13368.86	100.00	12353.05	92.40	1015.81	7.60
小麥	12039.56	100.00	11023.75	91.56	1015.81	8.44
人丁絲折絹	1083.60	100.00	1083.60	100.00		
農桑絲折絹	245.70	100.00	245.70	100.00		
秋糧總計	53102.90	100.00	47475.38	89.40	5627.52	10.60
米	28865.83	100.00	24070.31	83.39	4795.52	16.61
地畝棉花絨	350.37	100.00	350.37	100.00		
棗株課米	11.26	100.00			11.26	100.00
草	23092.16	100.00	22271.59	96.45	820.57	3.55
戶口鹽鈔銀	722.82	100.00	722.82	100.00		
遇閏加銀	60.29	100.00	60.29	100.00		

表 8—10—10　　　　　　　　　　順德府田賦貨幣比例表　　　　　　　　　（兩/銀）

項目	共計折銀	已折銀	%	未折銀項目折銀	%
小麥	12039.56	11023.75	91.56	1015.81	8.44
人丁絲折絹	1083.60	1083.60	100.00		
農桑絲折絹	245.70	245.70	100.00		
米	28865.83	24070.31	83.39	4795.52	16.61
地畝棉花絨	350.37			350.37	100.00
棗株課米	11.26			11.42	101.42
草	23092.16	22271.59	96.45	820.57	3.55
戶口鹽鈔銀	722.82	722.82	100.00		
遇閏加銀	60.29	60.29	100.00		
夏稅	13368.86	12353.05	92.40	1015.81	7.60
秋糧	53102.90	47125.01	88.74	5977.89	11.26
田賦總計	66471.75	59478.06	89.48	6993.69	10.52

（六）廣平府田賦結構分析

1. 廣平府夏稅收支情況分析

根據《會計錄》卷一五《北直隸田賦》，關於廣平府田賦夏稅的記載，共有三項，分別為麥、人丁絲折絹、農桑絲折絹。

（1）麥

全府實徵麥 17842.45 石，其中起運小麥 15183 石，依據起運目的地的不同，已經標明了不同的折銀標準，而其中的大麥、闊白棉布項均已折成米，並記入米的總數中。由此起運麥共折銀 9683.75 兩；其折銀標準的加權平均值為：0.5779 兩/石，存留小麥 2659.45 石，未注明折银标准，今按每石 0.5779 两计，共折银 1536.90 两。全府实征小麦合计折银 11220.65 两。

（2）人丁丝折绢

此项为起运，共计 2899 匹，依据起运目的地的不同，已经标明了不同的折银标准，共折银 2069.3 两；其折银标准的加权平均值为：0.713797861 两/匹。

（3）农桑丝折绢

此项为起运，共计 654 匹，已经标明价格为每匹折银 0.7 两，共计折银 457.8 两。

综上所述，广平府夏税共该银 13747.75 两。而其中起运物料共该银 12210.85 两；存留物料共该银 1536.90 两。由此得到广平府夏税中，起运量为 88.82%，存留量为 11.18%。已经标明折银标准的折银总数为 12210.85 两，没有标明折银标准的折银总数为 1536.90 两；白银货币化程度为 88.82%。

2. 广平府秋粮收支情况分析

根据《会计录》卷一五《北直隶田赋》，关于广平府田赋秋粮的记载，共有三项，分别为米、地亩棉花绒、草。

（1）米

全府实征米 41479.65 石。其中起运米 33100 石，存留米 8379.65 石。其中的芝麻运往供用库，依据供用库芝麻的价格 1.3 两/石计算，黄豆、粟米按米记算，而其中的阔白棉布项均已折成米，并记入米的总数中。依据起运目的地的不同，已经标明了不同的折银标准，由此起运米共折银 31096.91 两；其折银标准的加权平均值为：0.8056 两/石。存留米 8379.65 石，未注明折银标准，今按每石 0.8056 两计，共折银 6750.65 两。全府米合计折银 37847.56 两。

由此得到广平府秋粮米中，起运量为 82.16%，存留量为 17.84%。已经标明折银标准的折银总数为 31096.91 两，没有标明折银标准的折银总数为 6750.65 两；白银货币化程度为 82.16%。

（2）地亩棉花绒

此项为起运，共计 14584.99 斤，未标明折银标准，查《会计录》卷三十《内库供应·商价会估备考》中有：棉花绒每斤折银 0.07 两，今以此值计算棉花绒的价格，共计折银 1020.95 两。

（3）草

全府实征草 794093 束，其中起运草 764266 束，依据起运目的地的不同，已经标明了不同的折银标准，由此起运草共折银 34345.27 两；其折银标准的加权平均值为：0.0411 两/束。存留草 29826 束，未注明折银标准，今按每束 0.0411 两计，共折银 1225.85 两。全府草合计折银 35571.12 两。

由此得到广平府秋粮中，起运量为 89.28%，存留量为 10.72%。已经标明折银标准的折银总数为 65442.18 两，没有标明折银标准的折银总数为 8997.44 两；白银货币化程度为 87.91%。

综上所述，再加上户口盐钞银，得到广平府秋粮共该银 75886.62 两。而其中全部起运物料，折银 67910.13 两；全部存留物料，折银 7976.49 两。广平府秋粮中，起运量为 89.49%，存留量为 10.51%。已经标明折银标准的折银总数为 66889.18 两，没有标明折银标准的折银总数为 8997.44 两；白银货币化程度为 88.14%。

3. 广平府全年田赋收支情况分析

根据上述夏税、秋粮两项的分析，可知广平府全年田赋折银 89634.37 两，其中起运折银 80120.98 两，存留折银 9513.39。起运量为 89.39%，存留量为 10.61%。已经标明折银标准的折银总数为 79100.03 两，没有标明折银标准的折银总数为 10534.34 两；白银货币化程度为 88.25%。详见表 8—10—11、表 8—10—12。

表 8—10—11　　　　　　　　　广平府田赋分布　　　　　　　　　　（两/银）

田赋	数额	%	起运	%	存留	%
总计	89634.37	100.00	80120.98	89.39	9513.39	10.61
夏税总计	13747.75	100.00	12210.85	88.82	1536.90	11.18
小麦	11220.65	100.00	9683.75	86.30	1536.90	13.70
人丁丝折绢	2069.30	100.00	2069.30	100.00		
农桑丝折绢	457.80	100.00	457.80	100.00		
秋粮总计	75886.62	100.00	67910.13	89.49	7976.49	10.51
米	37847.56	100.00	31096.91	82.16	6750.65	17.84
地亩棉花绒	1020.95	100.00	1020.95	100.00		
草	35571.12	100.00	34345.27	96.55	1225.85	3.45
户口盐钞银	1335.70	100.00	1335.70	100.00		
遇闰加银	111.30	100.00	111.30	100.00		

表 8—10—12　　　　　　　　广平府田赋货币比例表　　　　　　　　　（两/银）

项目	共计折银	已折银	%	未折银项目折银	%
小麦	11220.65	9683.75	86.30	1536.90	13.70
人丁丝折绢	2069.30	2069.30	100.00		
农桑丝折绢	457.80	457.80	100.00		
米	37847.56	31096.91	82.16	6750.65	17.84
地亩棉花绒	1020.95			1020.95	100.00
草	35571.12	34345.27	96.55	1225.85	3.45
户口盐钞银	1335.70	1335.70	100.00		
遇闰加银	111.30	111.30	100.00		
夏税	13747.75	12210.85	88.82	1536.90	11.18
秋粮	75886.62	66889.18	88.14	8997.44	11.86
田赋总计	89634.37	79100.03	88.25	10534.34	11.75

（七）大名府田赋结构分析

1. 大名府夏税收支情况分析

根据《会计录》卷一五《北直隶田赋》，关于大名府田赋夏税的记载，共有四项，分别为麦、人丁丝折绢、农桑丝折绢、钞。

（1）麦

全府实征麦 44096.35 石，其中起运小麦 33842.7 石，依据起运目的地的不同，已经标明了不同的折银标准，其中的豌豆按小麦计算，而其中的大麦、阔白棉布、棉布等项均已折成小麦，并记入小麦的总数中。由此起运麦共折银31314.46两；其折银标准的加权平均值为：0.8697两/石，存留小麦10253.65石，未注明折银标准，今仍按每石0.8697两计，共折银8917.60两，全府实征小麦合计折银40232.06两。

（2）人丁丝折绢

此项为起运，共计6893匹，已经标明价格为每匹折银0.7两，共折银4825.1两。

（3）农桑丝折绢

此项为起运，共计810匹，已经标明价格为每匹折银0.7两，共计折银567两。

（4）钞

计1锭。

综上所述，大名府夏税共该银45624.16两。而其中起运物料共该银36706.56两；存留物料共该银8917.60两。由此得到大名府夏税中，起运量为80.45％，存留量为19.55％。已经标明折银标准的折银总数为36706.56两，没有标明折银标准的折银总数为8917.60两；白银货币化程度为80.45％。

2. 大名府秋粮收支情况分析

根据《会计录》卷一五《北直隶田赋》，关于大名府田赋秋粮的记载，共有四项，分别为米、地亩棉花绒、枣株课米、草。

（1）米

全府实征米103080.72石。其中起运米90350石，存留米12730.72石。其中的芝麻、黄豆、绿豆、黑豆、粟米按米记算，而其中的折俸布、棉花绒、阔白棉布等项均已折成米，并记入米的总数中。依据起运目的地的不同，已经标明了不同的折银标准，由此起运米共折银94991.26两；其折银标准的加权平均值为：0.9418两/石。存留米12730.72石，未注明折银标准，今按每石0.9418两计，共折银11989.79两。全府米合计折银106981.05两。

由此得到大名府秋粮米中，起运量为88.79％，存留量为11.21％。已经标明折银标准的折银总数为94991.26两，没有标明折银标准的折银总数为11989.79两；白银货币化程度为88.79％。

（2）地亩棉花绒

此项为起运，共计25125.42斤，未标明折银标准，查《会计录》卷三〇《内库供应·商价会估备考》中有：棉花绒每斤折银0.07两，今以此值计算棉花绒的价格，共计折银1758.78两。

（3）枣株课米

此项为存留，共计2111.52石，今仍按每石0.9418两计，共折银1988.63两。

（4）草

全府实征草1869838束，其中起运草1864782束，依据起运目的地的不同，已经标明了不同的折银标准，由此起运草共折银69555.39两；其折银标准的加权平均值为：0.0356两/束，存留草5056束，未注明折银标准，今按每束0.0356两计，共折银179.99两，全府草合计折银69735.38两。

由此得到大名府秋粮中，起运量为92.15％，存留量为7.85％。已经标明折银标准的折银总数为164546.65两，没有标明折银标准的折银总数为15917.20两；白银货币化程度为91.18％。

综上所述，再加上户口盐钞银，得到大名府秋粮共该银184456.51两。而其中全部起运物料，折银170298.09两；全部存留物料，折银14158.42两。大名府秋粮中，起运量为92.32％，存留量为7.68％。已经标明折银标准的折银总数为168539.31两，没有标明折银标准的折银总数为15917.20两；白银货币化程度为91.37％。

3. 大名府全年田赋收支情况分析

根据上述夏税、秋粮两项的分析，可知大名府全年田赋折银230080.66两，其中起运折银207004.65两，存留折银23076.01两。起运量为89.97%，存留量为10.03%。已经标明折银标准的折银总数为205245.87两，没有标明折银标准的折银总数为24834.79两；白银货币化程度为89.21%。详见表8—10—13、表8—10—14。

表8—10—13　　　　　　　　　　大名府田赋分布　　　　　　　　　　（两/银）

田赋	数额	%	起运	%	存留	%
总计	230080.66	100.00	207004.65	89.97	23076.01	10.03
夏税总计	45624.16	100.00	36706.56	80.45	8917.60	19.55
小麦	40232.06	100.00	31314.46	77.83	8917.60	22.17
人丁丝折绢	4825.10	100.00	4825.10	100.00		
农桑丝折绢	567.00	100.00	567.00	100.00		
秋粮总计	184456.51	100.00	170298.09	92.32	14158.42	7.68
米	106981.05	100.00	94991.26	88.79	11989.79	11.21
地亩棉花绒	1758.78	100.00	1758.78	100.00		
枣株课米	1988.63	100.00			1988.63	100.00
草	69735.38	100.00	69555.39	99.74	179.99	0.26
户口盐钞银	3611.15	100.00	3611.15	100.00		
遇闰加银	381.51	100.00	381.51	100.00		

表8—10—14　　　　　　　　　大名府田赋货币比例表　　　　　　　　　（两/银）

项目	共计折银	已折银	%	未折银项目折银	%
小麦	40232.06	31314.46	77.83	8917.60	22.17
人丁丝折绢	4825.10	4825.10	100.00		
农桑丝折绢	567.00	567.00	100.00		
米	106981.05	94991.26	88.79	11989.79	11.21
地亩棉花绒	1758.78			1758.78	100.00
枣株课米	1988.63			1988.63	100.00
草	69735.38	69555.39	99.74	179.99	0.26
户口盐钞银	3611.15	3611.15	100.00		
遇闰加银	381.51	381.51	100.00		
夏税	45624.16	36706.56	80.45	8917.60	19.55
秋粮	184456.51	168539.31	91.37	15917.20	8.63
田赋总计	230080.66	205245.87	89.21	24834.79	10.79

北直隶田赋数据除以上七府数据完整外，永平府、延庆州及保安州三地的数据中均无折银价格。以上述七府各项物料的加权平均值作为永平等三府物料的折银估计价格，进而计算

出永平等三府的田赋结构，见表8—10—15。

表8—10—15 物料折银价格的加权平均值表

项目	加权平均值，银（两）
麦（石）	0.8810
人丁丝折绢（匹）	0.7082
米（石）	0.9595
地亩棉花绒（斤）	0.0700
草（束）	0.0392

（八）永平府田赋结构分析

1. 永平府夏税收支情况分析

根据《会计录》卷一五《北直隶田赋》，关于永平府田赋夏税的记载，共有三项，分别为麦、人丁丝折绢、农桑丝折绢。

（1）麦

全府实征麦9996.19石，其中起运小麦50石，未注明折银标准，今按每石0.8810两计，由此起运麦共折银44.05两；存留小麦9946.19石，未注明折银标准，今仍按每石0.8810两计，共折银8762.59两，全府实征小麦合计折银8806.64两。

（2）人丁丝折绢

共计2050匹，其中起运京库绢174匹，今按0.7082两/匹计，折银123.23两，在《会计录》卷一《旧额见额岁入岁出总数》中，此项已经标明共计折银122.1两。另有存留绢1876匹，今按每匹0.7082两计，折银1328.58两。人丁丝折绢合计折银1451.81两。

（3）农桑丝折绢

此项为存留，共计243匹，今按每匹折银0.7两计，共折银170.1两。

综上所述，永平府夏税共该银10428.56两。而其中起运物料共该银167.28两；存留物料共该银10261.28两。由此得到永平府夏税中，起运量为1.60%，存留量为98.40%。没有标明折银标准的折银总数为10428.56两；白银货币化程度为0%。

2. 永平府秋粮收支情况分析

根据《会计录》卷一五《北直隶田赋》，关于永平府田赋秋粮的记载，共有三项，分别为米、地亩棉花绒、草。

（1）米

全府实征米23353.11石，全部存留。未注明折银标准，今按每石0.9595两计，共折银22407.31两。

由此得到永平府秋粮米中，存留量为100%；白银货币化程度为0%。

（2）地亩棉花绒

此项为起运，共计345.83斤，今按每匹0.0700两计，共计折银24.55两。

（3）草

全府实征草303742束，其中起运草1820束，存留草301922束，均未注明折银标准，今按每束0.0392两计，则起运草折银71.34两，存留草折银11835.34两，全府草合计折银11906.69两。

由此得到永平府秋粮中，起运量为2.80%，存留量为97.20%。没有标明折银标准的折银总数为 34338.55 两；白银货币化程度为 0%。

综上所述，再加上户口盐钞银，得到永平府秋粮共该银 35345.64 两。而其中全部起运物料，折银 1089.14 两；全部存留物料，折银 34256.50 两。永平府秋粮中，起运量为 3.08%，存留量为 96.92%。已经标明折银标准的折银总数为 1007.09 两，没有标明折银标准的折银总数为 34338.55 两；白银货币化程度为 2.85%。

3. 永平府全年田赋收支情况分析

根据上述夏税、秋粮两项的分析，可知永平府全年田赋折银 45774.19 两，其中起运折银 1256.41 两，存留折银 44517.78 两。起运量为 2.74%，存留量为 97.26%。已经标明折银标准的折银总数为 1007.09 两，没有标明折银标准的折银总数为 44767.11 两；白银货币化程度为 2.20%。详见表 8—10—16、表 8—10—17。

表 8—10—16　　　　　　　　　　　　永平府田赋分布　　　　　　　　　　　（两/银）

田赋	数额	%	起运	%	存留	%
总计	45774.19	100.00	1256.41	2.74	44517.78	97.26
夏税总计	10428.56	100.00	167.28	1.60	10261.28	98.40
小麦	8806.64	100.00	44.05	0.50	8762.59	99.50
人丁丝折绢	1451.81	100.00	123.23	8.49	1328.58	91.51
农桑丝折绢	170.10	100.00			170.10	100.00
秋粮总计	35345.64	100.00	1089.14	3.08	34256.50	96.92
米	22407.31	100.00			22407.31	100.00
地亩棉花绒	24.55	100.00	24.55	100.00		
草	11906.69	100.00	71.34	0.60	11835.34	99.40
户口盐钞银	925.01	100.00	911.16	98.50	13.85	1.50
遇闰加银	82.08	100.00	82.08	100.00		

表 8—10—17　　　　　　　　　　　　永平府田赋货币比例表　　　　　　　　　（两/银）

项目	共计折银	已折银	%	未折银项目折银	%
小麦	8806.64			8806.64	100.00
人丁丝折绢	1451.81			1451.81	100.00
农桑丝折绢	170.10			170.10	100.00
米	22407.31			22407.31	100.00
地亩棉花绒	24.55			24.55	100.00
草	11906.69			11906.69	100.00
户口盐钞银	925.01	925.01	100.00		
遇闰加银	82.08	82.08	100.00		
夏税	10428.56			10428.56	100.00
秋粮	35345.64	1007.09	2.85	34338.55	97.15
田赋总计	45774.19	1007.09	2.20	44767.11	97.80

(九) 延庆州田赋结构分析

1. 延庆州夏税收支情况分析

根据《会计录》卷一五《北直隶田赋》，关于延庆州田赋夏税的记载，只有一项为麦。

麦

全府实征麦 1713.75 石，全部为存留，且未注明折银标准，今仍按每石 0.8810 两计，共折银 1509.81 两。

综上所述，延庆州夏税共该银 1509.81 两。

2. 延庆州秋粮收支情况分析

根据《会计录》卷一五《北直隶田赋》，关于延庆州田赋秋粮的记载，共有两项，分别为米和草。

（1）米

全府实征米 3937.04 石。全部为存留，且未注明折银标准，今仍按每石 0.9595 两计，共折银 3777.59 两。

（2）草

全府实征草 73441 束，全部为存留，且未注明折银标准，今仍按每束 0.0392 两计，共折银 2878.89 两。

综上所述，再加上户口盐钞银，得到延庆州秋粮共该银 6717.35 两。

3. 延庆州全年田赋收支情况分析

根据上述夏税、秋粮两项的分析，可知延庆州全年田赋折银 8227.16 两，已经标明折银标准的折银总数为 60.87 两，没有标明折银标准的折银总数为 8166.29 两；白银货币化程度为 0.74%。详见表 8—10—18、表 8—10—19。

表 8—10—18　　　　　　　　延庆州田赋分布　　　　　　　　（两/银）

田赋	数额	%	起运	%	存留	%
总计	8227.16	100.00			8227.16	100.00
夏税总计	1509.81	100.00			1509.81	100.00
小麦	1509.81	100.00			1509.81	100.00
秋粮总计	6717.35	100.00			6717.35	100.00
米	3777.59	100.00			3777.59	100.00
草	2878.89	100.00			2878.89	100.00
户口盐钞银	60.87	100.00			60.87	100.00

表 8—10—19　　　　　　　　延庆州田赋货币比例表　　　　　　　　（两/银）

项目	共计折银	已折银	%	未折银项目折银	%
小麦	1509.81			1509.81	100.00
米	3777.59			3777.59	100.00
草	2878.89			2878.89	100.00
户口盐钞银	60.87	60.87	100.00		

夏税	1509.81			1509.81	100.00
秋粮	6717.35	60.87	0.91	6656.48	99.09
田赋总计	8227.16	60.87	0.74	8166.29	99.26

（十）保安州田赋结构分析

1. 保安州夏税收支情况分析

根据《会计录》卷一五《北直隶田赋》，关于保安州田赋夏税的记载，只有一项为麦。

麦

全府实征麦408.29石，全部为存留，且未注明折银标准，今仍按每石0.8810两计，共折银359.70两。

综上所述，保安州夏税共该银359.70两。

2. 保安州秋粮收支情况分析

根据《会计录》卷一五《北直隶田赋》，关于保安州田赋秋粮的记载，共有两项，分别为米和草。

（1）米

全府实征米1053.26石。全部为存留，且未注明折银标准，今仍按每石0.9595两计，共折银1010.60两。

（2）草

全府实征草18699束，全部为存留，且未注明折银标准，今仍按每束0.0392两计，共折银733.00两。

综上所述，得到保安州秋粮共该银1743.60两。

3. 保安州全年田赋收支情况分析

根据上述夏税、秋粮两项的分析，可知延庆州全年田赋折银2103.31两。详见表8—10—20、表8—10—21。

表8—10—20　　　　　　　　　保安州田赋分布　　　　　　　　　（两/银）

田赋	数额	%	起运	%	存留	%
总计	2103.31	100.00			2103.31	100.00
夏税总计	359.70	100.00			359.70	100.00
小麦	359.70	100.00			359.70	100.00
秋粮总计	1743.60	100.00			1743.60	100.00
米	1010.60	100.00			1010.60	100.00
草	733.00	100.00			733.00	100.00

表8—10—21　　　　　　　　　保安州田赋货币比例表　　　　　　　　　（两/银）

项目	共计折银	已折银	%	未折银项目折银	%
小麦	359.70			359.70	100.00
米	1010.60			1010.60	100.00
草	733.00			733.00	100.00

夏税	359.70				359.70	100.00
秋粮	1743.60				1743.60	100.00
田赋总计	2103.31				2103.31	100.00

（十一）小结：北直隶田赋收支情况分析

综上所述，可知北直隶全年田赋折银1036576.31两，其中起运折银730531.56两，存留折银306044.75两。起运量为70.48%，存留量为29.52%。已经标明折银标准的折银总数为727752.20两，没有标明折银标准的折银总数为308824.12两；白银货币化程度为70.21%。详见表8—10—22、表8—10—23。

表8—10—22 北直隶田赋分布 （两/银）

田赋	数额	%	起运	%	存留	%
总计	1036576.31	100.00	730531.56	70.48	306044.75	29.52
夏税总计	201708.58	100.00	127953.75	63.43	73754.84	36.57
小麦	169485.72	100.00	99130.91	58.49	70354.81	41.51
人丁丝折绢	22610.46	100.00	20262.73	89.62	2347.73	10.38
农桑丝折绢	9325.58	100.00	8273.30	88.72	1052.28	11.28
本色丝	286.81	100.00	286.81	100.00		
秋粮总计	834867.74	100.00	602577.82	72.18	232289.90	27.82
米	433267.45	100.00	292167.05	67.43	141100.40	32.57
地亩棉花绒	7356.47	100.00	7356.47	100.00		
牛租谷	4180.88	100.00			4180.88	100.00
枣株课米	2060.39	100.00			2060.39	100.00
草	369477.74	100.00	290367.84	78.59	79109.89	21.41
户口盐钞银	17025.36	100.00	11187.15	65.71	5838.18	34.29
遇闰加银	1499.30	100.00	1499.30	100.00		

表8—10—23 北直隶田赋货币比例表 （两/银）

项目	共计折银（两）	已折银	%	未折银项目折银	%
小麦	169485.72	98879.37	58.34	70606.35	41.66
人丁丝折绢	22610.46	20459.00	90.48	2151.46	9.52
农桑丝折绢	9325.58	8273.30	88.72	1052.28	11.28
本色丝	286.81			286.81	100.00
米	433267.45	290965.01	67.16	142302.44	32.84
地亩棉花绒	7356.47	753.93	10.25	6602.54	89.75
牛租谷	4180.88			4180.88	100.00
枣株课米	2060.39			2060.45	100.00
草	369477.74	289896.95	78.46	79580.79	21.54
户口盐钞银	17025.36	17025.36	100.00		

遇闰加银	1499.30	1499.30	100.00		
夏税	201708.58	127611.67	63.27	74096.92	36.73
秋粮	834867.74	600140.53	71.88	234727.22	28.12
田赋总计	1036576.31	727752.20	70.21	308824.12	29.79

十一　南直隶田赋结构及其货币化分析

南直隶含十四府四州。在《会计录》卷一六《南直隶田赋》账目中,对于起运南京的物料很少标明价格,查《明会典》卷四二《南京户部》有:"隆庆元年……令南京户部查各该监局寺等衙门,米谷豆麦,如有余积足够数年之用,照依每年额派数目每石议定折色银两,行文坐派各该地方。自本年起暂征折色三年。自后以三年为率,斟酌改派。折色银两仍依原派定内府各衙门某项钱粮名色登记簿籍,其该库收贮前项折色银两。著征解户部,接济边用。"[1] 查《会典》卷三七《课程六·时估》中有:"嘉靖三十二年议准。行十三布政司南北直隶所属,凡遇会派年例钱粮,务要以京估为准,有余者减,不足者增。万历九年,令九门盐法委官会同科道,将各仓场料草,及各库物料价银。参酌往年近日旧册,量加增减,著为定规,以后非物价大相悬绝,不得再行会估。"[2] 由此可知:第一、起运南京物料均已有折银标准;第二、折银价格与北京库所用的价格相同。现依此确定南直隶各府州起运南京的物料价格。

(一) 应天府田赋结构分析

1. 应天府夏税收支情况分析

根据《会计录》卷一六《南直隶田赋》,关于应天府田赋夏税的记载,共有三项,分别为小麦、丝棉折绢、农桑丝折绢。而其中的麦稳已折成小麦,并记入小麦的总数中。

(1) 小麦

全府实征小麦 11654.76 石,其中起运小麦 7580 石。

内起运光禄寺小麦与派剩小麦,已经标明了折银标准,折银 857.68 两;

内起运南京光禄寺小麦与麦稳的折银标准依据《会计录》卷一六《南直隶田赋·应天府》解太仓银库的派剩小麦价格;

内起运南京孝陵神宫监小麦的折银标准依据:起运小麦价格的加权平均值;

内起运南京酒醋面局小麦与麦稳的折银标准依据:《会计录》卷三〇《内库供应·商价会估备考》的小麦价格;

内起运南京各卫仓小麦的折银标准依据:《会计录》卷一六《南直隶田赋·常州府》解南京各卫仓的小麦价格;

全部起运小麦共折银 3859.99 两;

存留小麦 4074.76 石,今按起运小麦价格的加权平均值每石 0.5076 两计;共折银两 2068.49 两;

全府实征小麦合计折银 5928.48 两。

(2) 丝绵折绢

该项目为起运,共计 1214 匹,全部起运南京库,其中折色 607 匹,已经标明了折银标

[1]《明会典》卷四二《南京户部》,第 299 页。

[2]《明会典》卷三七《课程六·时估》,第 271 页。

准每匹 0.7 两，折银 424.9 两；本色 607 匹，仍按每匹 0.7 两的折银标准，折银 424.9 两；共计折银 849.8 两。

(3) 农桑丝折绢

该项目为起运，共计 143 匹，全部起运南京库，其中折色 71.5 匹，已经标明了折银标准每匹 0.7 两，折银 50.05 两；本色 71.5 匹，仍按每匹 0.7 两的折银标准，折银 50.05 两；共计折银 100.1 两。

综上所述，应天府夏税共该银 6878.38 两。而其中起运物料共该银 4809.89 两；存留物料共该银 2068.49 两。由此得到顺天府夏税中，起运量为 69.93%，存留量为 30.07%。已经标明折银标准的折银总数为 1332.63 两，没有标明折银标准的折银总数为 5545.75 两；白银货币化程度为 19.37%。

据前引《明会典》卷四二《南京户部》所述，在起运南京物料均已有折银标准的前提下，已经折银总数为 4809.89 两，没有折银的总数为 2068.49 两；白银货币化程度为 69.93%。

2. 应天府秋粮收支情况分析

根据《会计录》卷一六《南直隶田赋》，关于应天府田赋秋粮的记载，共有两项，分别为米、草。

(1) 米

全府实征米 215159.84 石。其中起运米 178518 石。

内起运南京孝陵神宫监芝麻的折银标准依据：《会计录》卷三〇《内库供应·商价会估备考》；

内起运南京孝陵神宫监白熟糯米的折银标准依据：《会计录》卷一五《北直隶田赋·顺天府》惜薪司白熟糯米的折银标准；

内起运南京孝陵神宫监黄豆的折银标准依据：《会计录》卷三〇《内库供应·商价会估备考》；

内起运南京孝陵神宫监已准米的稻谷的折银标准依据：本府起运米价格的加权平均值；

内起运南京孝陵神宫监绿豆的折银标准依据：《会计录》卷三〇《内库供应·商价会估备考》；

内起运南京酒醋面局绿豆的折银标准依据：《会计录》卷三〇《内库供应·商价会估备考》；

内起运南京酒醋面局已准米的稻皮的折银标准依据：本府起运米价格的加权平均值；

内起运南京供用库黑豆的折银标准依据：《会计录》卷三〇《内库供应·商价会估备考》；

内起运南京供用库黄豆的折银标准依据：《会计录》卷三〇《内库供应·商价会估备考》；

内起运南京牺牲所黄豆的折银标准依据：《会计录》卷三六《仓场·商价时估》牺牲所；

内起运南京光禄寺芝麻的折银标准依据：《会计录》卷三〇《内库供应·商价会估备考》；

内起运南京光禄寺已准米的稻谷的折银标准依据：本府起运米价格的加权平均值；

内起运南京光禄寺黄豆的折银标准依据：《会计录》卷三〇《内库供应·商价会估备考》；

内起运南京各卫仓米的折银标准依据：《会计录》卷一六《南直隶田赋·徽州府》南京各卫仓；

内起运南京各卫仓黑豆的折银标准依据：《会计录》卷三六《仓场·商价时估》京仓；

内起运南京长安四门仓米的折银标准依据：本府起运米价格的加权平均值；

内漕运兑军米的折银标准依据：本府起运米价格的加权平均值；

内起运淮安仓改兑米的折银标准依据：本府起运米价格的加权平均值；

内派剩改拨淮安府仓米的折银标准依据：本府起运米价格的加权平均值；

内起运安庆府仓米的折银标准依据：本府起运米价格的加权平均值；

内派剩米已经标明了折银标准；折银 13879.96 两。

起运各处米数的总和与起运米总数不符，为 178418 石，相差 100 石。

全部起运米共折银 110397.84 两；存留米 36641.84 石，今按起运米价格的加权平均值每石 0.6164323 两计；共折银两 22587.21 两。

全府实征米合计折银 132985.05 两。

从账目上看：应天府秋粮米中，起运量为 83.02%，存留量为 16.98%。已经标明折银标准的折银总数为 13879.96 两，没有标明折银标准的折银总数为 119105.09；白银货币化程度为 10.44%。

据前引《明会典》卷四二《南京户部》所述，南直隶各府州起运南京的物料已有折银标准，则已经标明折银标准的折银总数应为 28089.95 两，没有标明折银标准的折银总数为 104895.1 两；白银货币化程度为 21.12%。

（2）草

全府实征草 376458 包，其中起运草 365192 包，依据起运目的地的不同，已经标明了不同的折银标准，由此起运草共折银 10268.26 两；其折银标准的加权平均值为：0.0281174 两/包，存留草 11266 包，未注明折银标准，今按每包 0.0281174 两计，共折银 316.77 两，全府草合计折银 10585.03 两。

由此得到应天府秋粮中，草的起运量为 97.01%，存留量为 2.99%。已经标明折银标准的折银总数为 10268.26 两，没有标明折银标准的折银总数为 316.77 两；白银货币化程度为 97.01%。

综上所述，再加上户口盐钞银，得到应天府秋粮共该银 145585.73 两。而其中全部起运物料，并将户口盐钞银也计入起运，共折银 122681.75 两；全部存留物料，折银 22903.98 两。应天秋粮中，起运量为 84.27%，存留量为 15.73%。

从账目上看：已经标明折银标准的折银总数为 26163.87 两，没有标明折银标准的折银总数为 119421.86 两；白银货币化程度为 17.97%。

据前引《明会典》卷四二《南京户部》所述，南直隶各府州起运南京的物料已有折银标准，则已经标明折银标准的折银总数应为 40373.86 两，没有标明折银标准的折银总数为 105211.87 两；白银货币化程度为 27.73%。

3. 应天府全年田赋收支情况分析

根据上述夏税、秋粮两项的分析，可知应天府全年田赋折银 152464.11 两，其中起运折银 127491.64 两，存留折银 24972.47 两。起运量为 83.62%，存留量为 16.38%。

从账目上看：已经标明折银标准的折银总数为 27496.5 两，没有标明折银标准的折银总数为 124967.61 两；白银货币化程度为 18.03%。

据前引《明会典》卷四二《南京户部》所述，南直隶各府州起运南京的物料已有折银标准，则已经标明折银标准的折银总数应为 45183.75 两，没有标明折银标准的折银总数为 107280.36 两；白银货币化程度为 29.64%。详见表 8—11—1、表 8—11—2、表 8—11—3。

表 8—11—1　　　　　　　　　　　**应天府田赋分布**　　　　　　　　　　　（两/银）

田赋	数额	%	起运	%	存留	%
总计	152464.11	100.00	127491.64	83.62	24972.47	16.38
夏税总计	6878.38	100.00	4809.89	69.93	2068.49	30.07

小麦	5928.48	100.00	3859.99	65.11	2068.49	34.89
丝绵折绢	849.80	100.00	849.80	100.00		
农桑丝折绢	100.10	100.00	100.10	100.00		
秋粮总计	145585.73	100.00	122681.75	84.27	22903.98	15.73
米	132985.05	100.00	110397.84	83.02	22587.21	16.98
草	10585.03	100.00	10268.26	97.01	316.77	2.99
户口盐钞银	1857.19	100.00	1857.19	100.00		
遇闰加银	158.46	100.00	158.46	100.00		

表8—11—2　　　　　　　　　　**应天府田赋货币比例表**　　　　　　　　　（两/银）

项目	共计折银	已折银	%	未折银项目折银	%
小麦	5928.48	857.68	14.47	5070.80	85.53
丝绵折绢	849.80	424.90	50.00	424.90	50.00
农桑丝折绢	100.10	50.05	50.00	50.05	50.00
米	132985.05	13879.96	10.44	119105.09	89.56
草	10585.03	10268.26	97.01	316.77	2.99
户口盐钞银	1857.19	1857.19	100.00		
遇闰加银	158.46	158.46	100.00		
夏税	6878.38	1332.63	19.37	5545.75	80.63
秋粮	145585.73	26163.87	17.97	119421.86	82.03
田赋总计	152464.11	27496.50	18.03	124967.61	81.97

表8—11—3　　　　　　　　　　**应天府田赋货币比例表**[1]　　　　　　　（两/银）

项目	共计折银	已折银	%	未折银项目折银	%
小麦	5928.48	3859.99	65.11	2068.49	34.89
丝绵折绢	849.80	849.80	100.00		
农桑丝折绢	100.10	100.10	100.00		
米	132985.05	28089.95	21.12	104895.10	78.88
草	10585.03	10268.26	97.01	316.77	2.99
户口盐钞银	1857.19	1857.19	100.00		
遇闰加银	158.46	158.46	100.00		
夏税	6878.38	4809.89	69.93	2068.49	30.07
秋粮	145585.73	40373.86	27.73	105211.87	72.27
田赋总计	152464.11	45183.75	29.64	107280.36	70.36

---

[1] 根据《明会典》卷四二《南京户部》，起运南京的物料已有折银标准，故列此表。

（二）苏州府田赋结构分析

1. 苏州府夏税收支情况分析

根据《会计录》卷一六《南直隶田赋》，关于苏州府田赋夏税的记载，共有五项，分别为小麦、税丝折绢、农桑丝折绢、税丝、税钞。

1. 小麦

全府实征小麦 53665.43 石，其中起运小麦 40626.8 石。

内起运京库小麦，已经标明了折银标准为 0.25 两/石，折银 4981.7 两；

内起运镇江府仓小麦的折银标准依据：因其起运镇江府仓，考虑到镇江府在地理位置上靠近南京，故使用起运南京各卫仓小麦的价格；

内起运凤阳府仓小麦的折银标准依据：因其起运凤阳府仓，考虑到凤阳府在地理位置上靠近南京，故使用起运南京各卫仓小麦的价格；

内起运南京各卫仓小麦的折银标准依据：《会计录》卷一六《南直隶田赋·常州府》南京各卫仓；

全部起运小麦共折银 13261.7 两；

改留崇明县小麦 10073.19 石，此项因其在起运京库小麦账目下，故使用实解京库小麦的价格；折银两 2518.3 两；

存留小麦 13038.62 石，今按起运小麦价格的加权平均值每石 0.3112426 两计；折银两 4058.17 两，存留小麦共计折银 6576.47 两。

全府实征小麦合计折银 19838.17 两。

（2）税丝折绢

该项目共计 12555 匹，注明为本色，其折银标准依据：《会计录》所载绢价格的加权平均值。为每匹 0.7 两，共折银 8788.5 两。

（3）农桑丝折绢

该项目共计 640 匹，其中折色 320 匹，已经标明价格为每匹折银 0.7 两；本色 320 匹，未标明价格，今按每匹折银 0.7 两计；共计折银 448 两。

（4）税丝

该项目共计 102478.04 两，未注明折银标准，其折银标准依据：《会计录》卷八《河南布政司·工部织染局丝》，每两折银 0.08 两，今以此值计算税丝的价格，共计折银 8198.24 两。

（5）税钞

另有税钞 4392 锭。

综上所述，苏州府夏税共该银 37272.91 两。而其中起运物料，其中税丝折绢、农桑丝折绢均未注明起运或存留，今按起运计，共该银 22498.20 两；存留物料共该银 14774.71 两。由此得到苏州府夏税中，起运量为 60.36%，存留量为 39.64%。已经标明折银标准的折银总数为 5205.7 两，没有标明折银标准的折银总数为 32067.21 两；白银货币化程度为 13.97%。

据前引《明会典》卷四二《南京户部》所述，在起运南京物料均已有折银标准的前提下，已经折银总数为 9205.70 两，没有折银的总数为 28067.21 两；白银货币化程度为 24.70%。

2. 苏州府秋粮收支情况分析

根据《会计录》卷一六《南直隶田赋》，关于苏州府田赋秋粮的记载，共有两项，分别为米、草。

（1）米

全府实征米 2038894.74 石。其中起运米 1850607.23 石，其中的阔白棉布已经折米记算，其中的白熟粳米、白熟糯米已经折糙粳米记算，并记入米的总数中。

内起运京库米，已经标明了折银标准为 0.25 两/石，折银 191206.72 两；

内兑军米的折银标准依据：苏州府米价格的加权平均值；

内起运淮安府仓改兑米的折银标准依据：苏州府米价格的加权平均值；

内起运光禄寺白熟粳米的折银标准依据：此项已经折为糙粳米，今按苏州府糙粳米价格的加权平均值计；

内起运光禄寺白熟糯米的折银标准依据：此项已经折为糙粳米，今按苏州府糙粳米价格的加权平均值计；

内起运酒醋面局白熟糯米的折银标准依据：此项已经折为糙粳米，今按苏州府糙粳米价格的加权平均值计；

内起运供用库白熟糯米的折银标准依据：此项已经折为糙粳米，今按苏州府糙粳米价格的加权平均值计；

内起运内官监白熟糯米的折银标准依据：此项已经折为糙粳米，今按苏州府糙粳米价格的加权平均值计；

内起运北京公侯驸马伯并公主岁支禄米，已经标明了折银标准为：小麦 0.4 两/石，米 0.7 两/石，共折银 5895.80 两；

内起运泾府、汝府、景府养瞻禄白粳米的折银标准依据：苏州府白熟粳米、白熟糯米价格的加权平均值；

内起运德府禄米的折银标准依据：此项已经折为糙粳米，今按苏州府糙粳米价格的加权平均值计；

内起运府部院寺等衙门并神乐观糙粳米，其中折色部分已经标明了折银标准为 1 两/石，折银 4898.2 两；本色部份的折银标准同此；

内起运京库阔白棉布已经折米记算，其中折色部分已经标明了折银标准为 0.3 两/匹，折银 15000 两；本色部分的折银标准同此；

内起运南京酒醋面局白熟糯米的折银标准依据：苏州府白熟粳米、白熟糯米价格的加权平均值；

内起运南京光禄寺白熟粳米的折银标准依据：苏州府白熟粳米、白熟糯米价格的加权平均值；

内起运南京光禄寺次等白熟粳米的折银标准依据：此项已经折为糙粳米，今按苏州府糙粳米价格的加权平均值计；

内起运南京光禄寺白熟糯米的折银标准依据：此项已经折为糙粳米，今按苏州府糙粳米价格的加权平均值计；

内起运南京牺牲所绿豆的折银标准依据：《会计录》卷三六《仓场·商价时估》牺牲所。

内起运南京会同馆次等白粳米的折银标准依据：此项已经折为糙粳米，今按苏州府糙粳米价格的加权平均值计；

内起运南京神乐观糙粳米其中折色部分已经标明了折银标准为 0.6 两/石，折银 192 两；本色部份的折银标准同此；

内起运南京公侯驸马伯府部院寺俸米已经标明了折银标准为 0.7 两/石，折银 13784.40 两；

内起运南京公侯驸马伯府部院寺禄米已经标明了折银标准为 0.7 两/石，折银 2800 两；

内起运南京各卫仓米的折银标准依据：苏州府米价格的加权平均值；

内起运凤阳府、扬州府仓米、宗人府等衙门派剩米已经标明了折银标准分别为 0.6 两/

石、0.6两/石、0.7两/石，共折银37247.32两；

全部起运米共折银879450.61两；

存留米188287.5石，今按苏州府米价格的加权平均值每石0.6771两计；共折银两127486.53两。

全府实征米合计折银1006937.14两。

从账目上看：应天府秋粮米中，起运量为87.04％，存留量为12.66％。已经标明折银标准的折银总数为271024.44两，没有标明折银标准的折银总数为735912.70两；白银货币化程度为26.92％。

据前引《明会典》卷四二《南京户部》所述，南直隶各府州起运南京的物料已有折银标准，则已经标明折银标准的折银总数应为298734.98两，没有标明折银标准的折银总数为708202.16两；白银货币化程度为29.67％。

（2）草

全府实征草538414包，其中起运草511000包。

内起运京库草已经标明了折银标准为0.03两/包，折银10500两；

内起运南京内官监稻草的折银标准依据《会计录》卷三十《内库供应·商价会估备考》；

内起运南京户部定场草的折银标准依据《会计录》卷一六《南直隶田赋·应天府》南京户部定场草；

全部起运草共折银13412两；

存留草27414包，今按苏州府草价格的加权平均值每包0.0262466两计；共折银两719.52两。

全府实征草合计折银14131.52两。

苏州府秋粮草中，起运量为94.91％，存留量为5.09％。已经标明折银标准的折银总数为10500两，没有标明折银标准的折银总数为3631.52两；白银货币化程度为74.30％。

据前引《明会典》卷四二《南京户部》所述，南直隶各府州起运南京的物料已有折银标准，则已经标明折银标准的折银总数应为13412两，没有标明折银标准的折银总数为719.52两；白银货币化程度为94.91％。

由此得到苏州府秋粮中，起运量为87.04％，存留量为12.96％。已经标明折银标准的折银总数为281524.44两，没有标明折银标准的折银总数为739544.22两；白银货币化程度为27.57％。

据前引《明会典》卷四二《南京户部》所述，南直隶各府州起运南京的物料已有折银标准，则已经标明折银标准的折银总数应为312146.98两，没有标明折银标准的折银总数为708921.68两；白银货币化程度为30.57％。

综上所述，再加上户口盐钞银，得到苏州府秋粮共该银1032266.10两。而其中全部起运物料，折银898461.33两；全部存留物料，折银133804.77两。苏州府秋粮中，起运量为87.04％，存留量为12.96％。已经标明折银标准的折银总数为292721.88两，没有标明折银标准的折银总数为739544.22两；白银货币化程度为28.36％。

据前引《明会典》卷四二《南京户部》所述，南直隶各府州起运南京的物料已有折银标准，则已经标明折银标准的折银总数应为323344.42两，没有标明折银标准的折银总数为708921.68两；白银货币化程度为31.32％。

3. 苏州府全年田赋收支情况分析

根据上述夏税、秋粮两项的分析，可知苏州府全年田赋折银1069539.01两，其中起运折银920959.53两，存留折银148579.48两。起运量为86.11％，存留量为13.89％。已经标明折银标准的折银总数为297927.58两，没有标明折银标准的折银总数为771611.43两；

白银货币化程度为 27.86％。

据前引《明会典》卷四二《南京户部》所述，南直隶各府州起运南京的物料已有折银标准，则已经标明折银标准的折银总数应为 332550.12 两，没有标明折银标准的折银总数为 736988.89 两；白银货币化程度为 31.09％，详见表 8—11—4、表 8—11—5、表 8—11—6。

表 8—11—4　　　　　　　　　　苏州府田赋分布　　　　　　　　　　　　（两/银）

田赋	数额	%	起运	%	存留	%
总计	1069539.01	100.00	920959.53	86.11	148579.48	13.89
夏税总计	37272.91	100.00	22498.20	60.36	14774.71	39.64
小麦	19838.17	100.00	13261.70	66.85	6576.47	33.15
税丝折绢	8788.50	100.00	8788.50	100.00		
农桑丝折绢	448.00	100.00	448.00	100.00		
税丝	8198.24	100.00			8198.24	100.00
税钞（锭）	4392.00	100.00	4392.00	100.00		
秋粮总计	1032266.10	100.00	898461.33	87.04	133804.77	12.96
米	1006937.14	100.00	879450.61	87.34	127486.53	12.66
草	14131.52	100.00	13412.00	94.91	719.52	5.09
户口盐钞银	11197.44	100.00	5598.72	50.00	5598.72	50.00

表 8—11—5　　　　　　　　　　苏州府田赋货币比例表　　　　　　　　　　（两/银）

项目	共计折银	已折银	%	未折银项目折银	%
小麦	19838.17	4981.70	25.11	14856.47	74.89
丝绵折绢	8788.50			8788.50	100.00
农桑丝折绢	448.00	224.00	50.00	224	50.00
税丝	8198.24			8198.24	100.00
米	1006937.14	271024.44	26.92	735912.70	73.08
草	14131.52	10500.00	74.30	3631.52	25.70
户口盐钞银	11197.44	11197.44	100.00		
夏税	37272.91	5205.70	13.97	32067.21	86.03
秋粮	1032266.10	292721.88	28.36	739544.22	71.64
田赋总计	1069539.01	297927.58	27.86	771611.43	72.14

表 8—11—6　　　　　　　　　　苏州府田赋货币比例表[1]　　　　　　　　　（两/银）

项目	共计折银	已折银	%	未折银项目折银	%
小麦	19838.17	8981.70	45.27	10856.47	54.73
丝绵折绢	8788.50			8788.50	100.00

---

[1] 根据《明会典》卷四二《南京户部》，起运南京的物料已有折银标准，故列此表。

农桑丝折绢	448.00	224.00	50.00	224.00	50.00
税丝	8198.24			8198.24	100.00
米	1006937.14	298734.98	29.67	708202.16	70.33
草	14131.52	13412.00	94.91	719.52	5.09
户口盐钞银	11197.44	11197.44	100.00		
夏税	37272.91	9205.70	24.70	28067.21	75.30
秋粮	1032266.10	323344.42	31.32	708921.68	68.68
田赋总计	1069539.01	332550.12	31.09	736988.89	68.91

（三）松江府田赋结构分析

1. 松江府夏税收支情况分析

根据《会计录》卷一六《南直隶田赋》，关于松江府田赋夏税的记载，共有四项，分别为大小麦、税丝折绢、农桑丝折绢、税钞。

（1）大小麦

全府实征大小麦 92260.41 石，其中起运小麦 87700 石。

内起运京库小麦，已经标明了折银标准为 0.25 两/石，折银 15000 两；

内起运凤阳府仓小麦的折银标准依据：因其起运凤阳府仓，考虑到凤阳府在地理位置上靠近南京，故使用起运南京各卫仓小麦的价格；

内起运南京各卫仓小麦的折银标准依据：已经标明了折银标准为 0.4 两/石，折银 6000两；全部起运小麦共折银 26080 两；存留小麦 4560.41 石，今按起运小麦价格的加权平均值每石 0.29737742 两计；共折银两 1356.16 两。

全府实征小麦合计折银 27436.16 两。

（2）税丝折绢

该项目共计 697 匹，注明为存留，其折银标准依据《会计录》所载绢价格的加权平均值。为每匹 0.7 两，共折银 487.9 两。

（3）农桑丝折绢

该项目共计 179 匹，全部起运南京库，其中折色 89.5 匹，本色 89.5 匹，均已经标明价格为每匹折银 0.7 两；共计折银 125.3 两。

（4）税钞

另有税钞 3267 锭。

综上所述，松江府夏税共该银 28049.36 两。而其中起运物料共该银 26205.3 两；存留物料共该银 1844.06 两。由此得到松江府夏税中，起运量为 93.43%，存留量为 6.57%。已经标明折银标准的折银总数为 21062.65 两，没有标明折银标准的折银总数为 6986.71 两；白银货币化程度为 75.09%。

2. 松江府秋粮收支情况分析

根据《会计录》卷一六《南直隶田赋》，关于松江府田赋秋粮的记载，共有两项，分别为米、草。

（1）米

全府实征米 939226.23 石。其中起运米 869566.92 石。其中的两京库阔白三梭棉布、阔白棉布已经折米计算，其中的白熟粳米、白熟糯米、次等白粳米已经折糙粳米计算，并记入米的总数中。

内起运京库米，已经标明了折银标准为 0.25 两/石，折银 68671.82 两；

内起运光禄寺白熟粳米、白熟糯米的折银标准依据：本府糙粳米价格的加权平均值；

内起运酒醋面局白熟糯米的折银标准依据：本府糙粳米价格的加权平均值；

内起运供用库白熟粳米的折银标准依据：本府糙粳米价格的加权平均值；

内起运北京公侯驸马伯并公主岁支禄米，已经标明了折银标准为：麦 0.7 两/石，米 0.7 两/石，共折银 5974.5 两；

内起运府部院寺等衙门并神乐观糙粳米，其中折色部分已经标明了折银标准为 1 两/石，折银 3571.4 两；本色部分的折银标准同此；

内起运两京库阔白三梭棉布的折银标准依据：《会计录》卷三〇《内库供应·商价会估备考》；

内起运两京库阔白棉布，其中折色部分已经标明了折银标准为 0.3 两/石，折银 12667.8 两；本色部分的折银标准同此；

内起运南京光禄寺、会同馆次等白粳米的折银标准依据：本府糙粳米价格的加权平均值；

内起运南京神乐观糙粳米，已经标明了折银标准为：0.6 两/石，共折银 293.54 两；

内起运南京公侯驸马伯府部院寺等俸米、禄米，已经标明了折银标准为：0.7 两/石，共折银 10573 两；

内兑军米的折银标准依据：松江府米价格的加权平均值；

内起运淮安府仓改兑米的折银标准依据：松江府米价格的加权平均值；

内起运徐州仓米的折银标准依据：松江府米价格的加权平均值；

内起运扬州府仓米，已经标明了折银标准为：0.6 两/石，共折银 9000 两；

内起运南京各卫仓米的折银标准依据：松江府米价格的加权平均值；

内起运宗人府等衙门派剩米，已经标明了折银标准为 0.7 两/石，折银 18797.37 两；

全部起运米共折银 410621.21 两；存留米 69659.31 石，今按松江府米价格的加权平均值每石 0.67702018 两计；共折银两 47160.76 两。

全府实征米合计折银 457781.97 两。

从账目上看：松江府秋粮米中，起运量为 89.70%，存留量为 10.30%。已经标明折银标准的折银总数为 129549.42 两，没有标明折银标准的折银总数为 328232.54 两；白银货币化程度为 28.30%。

据前引《明会典》卷四二《南京户部》所述，南直隶各府州起运南京的物料已有折银标准，则已经标明折银标准的折银总数应为 141883.10 两，没有标明折银标准的折银总数为 315898.87 两；白银货币化程度为 30.99%。

（2）草

全府实征草 316251 包，其中起运草 283000 包。

内起运京库草已经标明了折银标准为 0.03 两/包，折银 6600 两；

内起运南京户部定场草的折银标准依据：《会计录》卷一六《南直隶田赋·应天府》南京户部定场草；

全部起运草共折银 7734 两；

存留草 33251 包，今按松江府草价格的加权平均值每包 0.02732862 两计；共折银两 908.7 两。

松江府秋粮草中，起运量为 89.49%，存留量为 10.51%。已经标明折银标准的折银总数为 6600 两，没有标明折银标准的折银总数为 2042.7 两；白银货币化程度为 76.37%。

据前引《明会典》卷四二《南京户部》所述，南直隶各府州起运南京的物料已有折银标准，则已经标明折银标准的折银总数应为 7734 两，没有标明折银标准的折银总数为 908.7

两；白银货币化程度为 89.49%。

由此得到松江府秋粮中，起运量为 89.69%，存留量为 10.31%。已经标明折银标准的折银总数为 136149.42 两，没有标明折银标准的折银总数为 330275.24 两；白银货币化程度为 29.19%。

据前引《明会典》卷四二《南京户部》所述，南直隶各府州起运南京的物料已有折银标准，则已经标明折银标准的折银总数应为 149617.10 两，没有标明折银标准的折银总数为 316807.57 两；白银货币化程度为 32.08%。

综上所述，再加上户口盐钞银，得到松江府秋粮共该银 468332.15 两。而其中全部起运物料，折银 419129.26 两；全部存留物料，折银 49202.89 两。松江府秋粮中，起运量为 89.49%，存留量为 10.51%。已经标明折银标准的折银总数为 138056.9 两，没有标明折银标准的折银总数为 330275.24 两；白银货币化程度为 29.48%。

据前引《明会典》卷四二《南京户部》所述，南直隶各府州起运南京的物料已有折银标准，则已经标明折银标准的折银总数应为 151524.58 两，没有标明折银标准的折银总数为 316807.57 两；白银货币化程度为 32.35%。

3. 松江府全年田赋收支情况分析

根据上述夏税、秋粮两项的分析，可知松江府全年田赋折银 496381.51 两，其中起运折银 445334.56 两，存留折银 51046.95 两。起运量为 89.72%，存留量为 10.28%。已经标明折银标准的折银总数为 159182.2 两，没有标明折银标准的折银总数为 337199.31 两；白银货币化程度为 32.07%。

据前引《明会典》卷四二《南京户部》所述，南直隶各府州起运南京的物料已有折银标准，则已经标明折银标准的折银总数应为 172587.23 两，没有标明折银标准的折银总数为 323794.28 两；白银货币化程度为 34.77%。详见表 8—11—7、表 8—11—8、表 8—11—9。

表 8—11—7　　　　　　　松江府田赋分布　　　　　　　（两/银）

田赋	数额	%	起运	%	存留	%
总计	496381.51	100.00	445334.56	89.72	51046.95	10.28
夏税总计	28049.36	100.00	26205.30	93.43	1844.06	6.57
大小麦	27436.16	100.00	26080.00	95.06	1356.16	4.94
税丝折绢	487.90	100.00			487.90	100.00
农桑丝折绢	125.30	100.00	125.30	100.00		
税钞（锭）	3267.00	100.00	3267.00	100.00		
秋粮总计	468332.15	100.00	419129.26	89.49	49202.89	10.51
米	457781.97	100.00	410621.21	89.70	47160.76	10.30
草	8642.70	100.00	7734.00	89.49	908.70	10.51
户口盐钞银	1907.48	100.00	774.05	40.58	1133.43	59.42

表 8—11—8　　　　　　松江府田赋货币比例表　　　　　　（两/银）

项目	共计折银	已折银	%	未折银项目折银	%
小麦	27436.16	21000.00	76.54	6436.16	23.46
丝绵折绢	487.90			487.90	100.00

农桑丝折绢	125.30	62.65	50.00	62.65	50.00
米	457781.97	129549.42	28.30	328232.54	71.70
草	8642.70	6600.00	76.37	2042.70	23.63
户口盐钞银	1907.48	1907.48	100.00		
夏税	28049.36	21062.65	75.09	6986.71	24.91
秋粮	468332.15	138056.90	29.48	330275.24	70.52
田赋总计	496381.51	159182.20	32.07	337199.31	67.93

表 8—11—9　　　　　松江府田赋货币比例表[1]　　　　　　（两/银）

项目	共计折银	已折银	%	未折银项目折银	%
小麦	27436.16	21000.00	76.54	6436.16	23.46
丝绵折绢	487.90			487.90	100.00
农桑丝折绢	125.30	62.65	50.00	62.65	50.00
米	457781.97	141883.10	30.99	315898.87	69.01
草	8642.70	7734.00	89.49	908.70	10.51
户口盐钞银	1907.48	1907.48	100.00		
夏税	28049.36	21062.65	75.09	6986.71	24.91
秋粮	468332.15	151524.58	32.35	316807.57	67.65
田赋总计	496381.51	172587.23	34.77	323794.28	65.23

（四）常州府田赋结构分析

1. 常州府夏税收支情况分析

根据《会计录》卷一六《南直隶田赋》，关于常州府田赋夏税的记载，共有四项，分别为小麦、丝绵折绢、农桑丝折绢、麻布。

（1）小麦

全府实征小麦 154393.38 石，其中起运小麦 151660 石。

内起运京库小麦，已经标明了折银标准为 0.25 两/石，折银 22500 两；

内起运凤阳府仓小麦，已经标明了折银标准为 0.4 两/石，折银 6200 两；

内起运扬州府仓小麦，已经标明了折银标准为 0.4 两/石，折银 1600 两；

内起运淮安府仓、镇江府仓小麦的折银标准依据：因其起运淮安、镇江府仓，考虑到淮安、镇江府在地理位置上靠近凤阳、扬州府，故使用起运凤阳、扬州府的价格。

内起运寿州仓小麦，已经标明了折银标准为 0.4 两/石，折银 4000 两；

内起运亳州仓小麦，已经标明了折银标准为 0.4 两/石，折银 4000 两；

内起运南京山川坛籍田祠祭署小麦的折银标准依据：与起运南京各卫仓小麦的价格相同。

内起运南京各卫仓小麦，已经标明了折银标准为 0.4 两/石，折银 4000 两；

全部起运小麦共折银 47164 两；存留小麦 2733.38 石，今按起运小麦价格的加权平均值

---

[1]根据《明会典》卷四二《南京户部》，起运南京的物料已有折银标准，故列此表。

每石 0.4 两计；共折银两 1093.35 两。

全府实征小麦合计折银 48257.35 两。

（2）丝绵折绢

该项目共计 1573 匹，已经标明价格为每匹折银 0.7 两，共折银 1101.1 两。

（3）农桑丝折绢

该项目共计 324 匹，已经标明价格为每匹折银 0.7 两，共折银 226.8 两。

（4）麻布

该项目共计 2077 匹，未注明折银标准，其折银标准依据：万历会计录中没有麻布的价格，故此参考《会计录》卷三〇《内库供应·商价会估备考》中苎布的价格。共计折银415.4 两。

综上所述，常州府夏税共该银 50000.65 两。而起运物料共该银 48907.30 两，其中丝绵折绢、农桑丝折绢、麻布均未注明起运或存留，今按起运计；存留物料共该银 1093.35 两。由此得到常州府夏税中，起运量为 97.03%，存留量为 2.97%。已经标明折银标准的折银总数为 43627.9 两，没有标明折银标准的折银总数为 6372.75 两；白银货币化程度为 87.25%。

若在起运南京物料均已有折银标准的前提下，已经折银总数为 43691.9 两，没有折银的总数为 6308.75 两；白银货币化程度为 87.38%。

2. 常州府秋粮收支情况分析

根据《会计录》卷一六《南直隶田赋》，关于常州府田赋秋粮的记载，共有三项，分别为米、租钞、草。

（1）米

全府实征米 606954.03 石。其中起运米 593871.16 石。其中的牺牲所糯稻谷、南京库阔白棉布已经折米记算，其中的白熟粳米、白熟糯米、白熟细粳米、次等白粳米已经折糙粳米记算，并记入米的总数中。

内起运京库米，已经标明了折银标准为 0.25 两/石，折银 63483.63 两；

内起运光禄寺白熟粳米、白熟糯米的折银标准依据：按本府糙粳米价格每石 0.7 两计；

内起运供用库白熟粳米的折银标准依据：按本府糙粳米价格每石 0.7 两计；

内起运内官监白熟粳米的折银标准依据：按本府糙粳米价格每石 0.7 两计；

内起运牺牲所糯稻谷的折银标准依据：本府米的加权平均值；

内起运景府、泾府白粳米的折银标准依据：先按本府白熟粳米折糙粳米的比值将其折为糙粳米，再按本府糙粳米价格每石 0.7 两计；

内起运北京公侯驸马伯并公主岁支禄米，已经标明了折银标准为：小麦 0.4 两/石，米0.7 两/石，共折银 4934.1 两；

内起运府部院寺等衙门米，其中折色部分已经标明了折银标准为 1 两/石，折银 1646两；本色部分的折银标准同此；

内起运南京库阔白棉布，其中折色部分已经标明了折银标准为 0.3 两/匹，折银 3000两；本色部份的折银标准同此；

内起运南京内官监白熟细粳米的折银标准依据：按本府糙粳米价格每石 0.7 两计；

内起运南京光禄寺次等白粳米的折银标准依据：按本府糙粳米价格每石 0.7 两计；

内起运南京长安四门仓糙粳米的折银标准依据：《会计录》卷一六《南直隶田赋·常州府》南京国子监糙粳米的价格；

内起运南京国子监糙粳米，已经标明了折银标准为 0.7 两/石，折银 700 两；

内起运南京国子监白熟粳米的折银标准依据：先按本府白熟粳米折糙粳米的比值将其折为糙粳米，再按本府糙粳米价格每石 0.7 两计；

内起运南京国子监黄豆的折银标准依据：《会计录》卷三〇《内库供应·商价会估备考》；

内起运南京公侯驸马伯府部院寺俸米、禄米，已经标明了折银标准为 0.7 两/石，折银 10307.29 两；

内兑军米的折银标准依据：常州府米价格的加权平均值；

内起运扬州府仓米，已经标明了折银标准为 0.6 两/石，折银 6000 两；

内起运南京各卫仓米的折银标准依据：《会计录》卷一六《南直隶田赋·徽州府》南京各卫仓；

内起运宗人府等衙门派剩米，已经标明了折银标准分别为 0.7 两/石，共折银 17442.64 两；

全部起运米共折银 281407.56 两；存留米 13082.86 石，今按常州府米价格的加权平均值每石 0.69130894 两计；共折银两 9044.3 两。

全府实征米合计折银 290451.86 两。

从账目上看：常州府秋粮米中，起运量为 96.89%，存留量为 3.11%。已经标明折银标准的折银总数为 107513.66 两，没有标明折银标准的折银总数为 182938.21 两；白银货币化程度为 37.02%。

据前引《明会典》卷四二《南京户部》所述，南直隶各府州起运南京的物料已有折银标准，则已经标明折银标准的折银总数应为 128174.84 两，没有标明折银标准的折银总数为 162277.03 两；白银货币化程度为 44.13%。

（2）租钞

共计 24 锭，已经标明存留。

（3）草

全府实征草 714369 包，其中起运草 690000 包。

内起运京库草已经标明了折银标准为 0.03 两/包，折银 15932.4 两；

内起运南京供用库细稻草的折银标准依据：《会计录》卷三〇《内库供应·商价会估备考》；

内起运南京酒醋面局细稻草的折银标准依据：《会计录》卷三〇《内库供应·商价会估备考》；

内起运南京户部定场草的折银标准依据：《会计录》卷一六《南直隶田赋·应天府》南京户部定场草。

全部起运草共折银 18889.98 两；存留草 24369 包，今按常州府草价格的加权平均值每包 0.027376783 两计；共折银两 667.14 两。

常州府秋粮草中，起运量为 96.59%，存留量为 3.41%。已经标明折银标准的折银总数为 15932.4 两，没有标明折银标准的折银总数为 3624.72 两；白银货币化程度为 81.47%。

据前引《明会典》卷四二《南京户部》所述，南直隶各府州起运南京的物料已有折银标准，则已经标明折银标准的折银总数应为 18889.98 两，没有标明折银标准的折银总数为 667.14 两；白银货币化程度为 96.59%。

由此得到常州府秋粮中，起运量为 96.87%，存留量为 3.13%。已经标明折银标准的折银总数为 123446.06 两，没有标明折银标准的折银总数为 186562.93 两；白银货币化程度为 39.82%。

据前引《明会典》卷四二《南京户部》所述，南直隶各府州起运南京的物料已有折银标准，则已经标明折银标准的折银总数应为 147064.82 两，没有标明折银标准的折银总数为 162944.17 两；白银货币化程度为 47.44%。

综上所述，再加上户口盐钞银，得到常州府秋粮共该银 313474.33 两。而其中全部起运物料，折银 303762.89 两；全部存留物料，折银 9711.44 两。常州府秋粮中，起运量为 96.90％，存留量为 3.10％。已经标明折银标准的折银总数为 126911.41 两，没有标明折银标准的折银总数为 186562.93 两；白银货币化程度为 40.49％。

据前引《明会典》卷四二《南京户部》所述，南直隶各府州起运南京的物料已有折银标准，则已经标明折银标准的折银总数应为 150530.17 两，没有标明折银标准的折银总数为 162944.17 两；白银货币化程度为 48.02％。

3. 常州府全年田赋收支情况分析

根据上述夏税、秋粮两项的分析，可知常州府全年田赋折银 363474.98 两，其中起运折银 352670.19 两，存留折银 10804.79 两。起运量为 97.03％，存留量为 2.97％。已经标明折银标准的折银总数为 170539.31 两，没有标明折银标准的折银总数为 192935.68 两；白银货币化程度为 46.92％。

据前引《明会典》卷四二《南京户部》所述，南直隶各府州起运南京的物料已有折银标准，则已经标明折银标准的折银总数应为 194222.07 两，没有标明折银标准的折银总数为 169252.92 两；白银货币化程度为 53.43％。详见表 8—11—10、表 8—11—11、表 8—11—12。

表 8—11—10　　　　　　　　　　常州府田赋分布　　　　　　　　　　　　　　（两/银）

田赋	数额	％	起运	％	存留	％
总计	363474.98	100.00	352670.19	97.03	10804.79	2.97
夏税总计	50000.65	100.00	48907.30	97.81	1093.35	2.19
小麦	48257.35	100.00	47164.00	97.73	1093.35	2.27
税丝折绢	1101.10	100.00	1101.10	100.00		
农桑丝折绢	226.80	100.00	226.80	100.00		
麻布	415.40	100.00	415.40	100.00		
秋粮总计	313474.33	100.00	303762.89	96.90	9711.44	3.10
米	290451.87	100.00	281407.57	96.89	9044.30	3.11
草	19557.12	100.00	18889.98	96.59	667.14	3.41
户口盐钞银	3465.35	100.00	3465.35	100.00		
税钞（锭）	24.00	100.00			24.00	100.00

表 8—11—11　　　　　　　　　　常州府田赋货币比例表　　　　　　　　　　　（两/银）

项目	共计折银	已折银	％	未折银项目折银	％
小麦	48257.35	42300.00	87.66	5957.35	12.34
丝绵折绢	1101.10	1101.10	100.00		
农桑丝折绢	226.80	226.80	100.00		
麻布	415.40			415.40	100.00
米	290451.87	107513.66	37.02	182938.21	62.98
草	19557.12	15932.40	81.47	3624.72	18.53
户口盐钞银	3465.35	3465.35	100.00		

夏税	50000.65	43627.90	87.25	6372.75	12.75
秋粮	313474.33	126911.41	40.49	186562.93	59.51
田赋总计	363474.98	170539.31	46.92	192935.68	53.08

表8—11—12　　　　　　　　　**常州府田赋货币比例表**[1]　　　　　　　　　（两/银）

项目	共计折银	已折银	%	未折银项目折银	%
小麦	48257.35	42364.00	87.79	5893.35	12.21
丝绵折绢	1101.10	1101.10	100.00		
农桑丝折绢	226.80	226.80	100.00		
麻布	415.40			415.40	100.00
米	290451.87	128174.84	44.13	162277.03	55.87
草	19557.12	18889.98	96.59	667.14	3.41
户口盐钞银	3465.35	3465.35	100.00		
夏税	50000.65	43691.90	87.38	6308.75	12.62
秋粮	313474.33	150530.17	48.02	162944.17	51.98
田赋总计	363474.98	194222.07	53.43	169252.92	46.57

（五）镇江府田赋结构分析

1. 镇江府夏税收支情况分析

根据《会计录》卷一六《南直隶田赋》，关于镇江府田赋夏税的记载，共有三项，分别为小麦、丝绵折绢、农桑丝折绢。

（1）小麦

全府实征小麦54010.91石，其中起运小麦14350石。

内起运淮安府小麦的折银标准依据：本府小麦的价格；

内起运凤阳府小麦的折银标准依据：本府小麦的价格；

内派剩小麦，已经标明价格为每石1两，共折银两335两；

全部起运小麦共折银14350两；存留小麦39660.91石，今按本府小麦的价格；共折银两39660.91两。

全府实征小麦合计折银54010.91两。

（2）丝绵折绢

该项目起运京库，共计205匹，已经标明价格为每匹折银0.7两，共折银143.5两。

（3）农桑丝折绢

该项目起运京库，共计13匹，已经标明价格为每匹折银0.7两，共计折银9.1两。

综上所述，镇江府夏税共该银54163.51两。而其中起运物料共该银14502.60两；存留物料共该银39660.91两。由此得到镇江府夏税中，起运量为26.78%，存留量为73.22%。已经标明折银标准的折银总数为547.60两，没有标明折银标准的折银总数为53615.91两；白银货币化程度为1.01%。

据前引《明会典》卷四二《南京户部》所述，南直隶各府州起运南京的物料已有折银标

---

[1] 根据《明会典》卷四二《南京户部》，起运南京的物料已有折银标准，故列此表。

准，则已经折银总数为 547.60 两，没有折银的总数为 53615.91 两；白银货币化程度为 1.01％。

2. 镇江府秋粮收支情况分析

根据《会计录》卷一六《南直隶田赋》，关于镇江府田赋秋粮的记载，共有两项，分别为米、草。

（1）米

全府实征米 143252.25 石，其中起运米 117000 石。

内兑军米的折银标准依据：镇江府米价格 0.6 两/石；

内起运徐州仓、淮安府仓改兑米的折银标准依据：镇江府米的价格；

内起运扬州府仓米，已经标明了折银标准为：0.6 两/石，共折银 6000 两；

内起运南京各卫仓米的折银标准依据：镇江府米价格的加权平均值；

内起运太仓银库的派剩米，已经标明了折银标准分别为 0.6 两/石，共折银 45 两；

全部起运米共折银 70200.00 两；存留米 26252.25 石，今按镇江府米的价格计；共折银两 15751.35 两。

全府实征米合计折银 85951.35 两。

从账目上看：镇江府秋粮米中，起运量为 81.67％，存留量为 18.33％。已经标明折银标准的折银总数为 6045 两，没有标明折银标准的折银总数为 79906.35 两；白银货币化程度为 7.03％。

据前引《明会典》卷四二《南京户部》所述，南直隶各府州起运南京的物料已有折银标准，则已经标明折银标准的折银总数应为 9000 两，没有标明折银标准的折银总数为 76951.35 两；白银货币化程度为 10.47％。

（2）草

全府实征草 119670 包，其中起运草 108000 包，

内起运京库草已经标明了折银标准为 0.03 两/包，折银 2130 两；

内起运南京户部定场草的折银标准依据《会计录》卷一六《南直隶田赋·应天府》南京户部定场草。

全部起运草共折银 2796 两；存留草 11670 包，今按苏州府草价格的加权平均值每包 0.02588889 两计；共折银两 302.25 两。

镇江府秋粮草中，起运量为 90.24％，存留量为 9.76％。已经标明折银标准的折银总数为 2130 两，没有标明折银标准的折银总数为 968.25 两；白银货币化程度为 68.75％。

据前引《明会典》卷四二《南京户部》所述，南直隶各府州起运南京的物料已有折银标准，则已经标明折银标准的折银总数应为 2796 两，没有标明折银标准的折银总数为 302.25 两；白银货币化程度为 90.24％。

由此得到镇江府秋粮中，起运量为 81.97％，存留量为 18.03％。已经标明折银标准的折银总数为 8175 两，没有标明折银标准的折银总数为 80903.31 两；白银货币化程度为 9.18％。

据前引《明会典》卷四二《南京户部》所述，南直隶各府州起运南京的物料已有折银标准，则已经标明折银标准的折银总数应为 11796.00 两，没有标明折银标准的折银总数为 77282.31 两；白银货币化程度为 13.25％。

综上所述，再加上户口盐钞银，得到镇江府秋粮共该银 89546.33 两。而其中全部起运物料，折银 73301.05 两；全部存留物料，折银 16245.27 两。镇江府秋粮中，起运量为 81.86％，存留量为 18.14％。已经标明折银标准的折银总数为 8671.73 两，没有标明折银标准的折银总数为 80874.60 两；白银货币化程度为 9.68％。

据前引《明会典》卷四二《南京户部》所述，南直隶各府州起运南京的物料已有折银标准，则已经标明折银标准的折银总数应为 12292.73 两，没有标明折银标准的折银总数为 77253.60 两；白银货币化程度为 13.73%。

3. 镇江府全年田赋收支情况分析

根据上述夏税、秋粮两项的分析，可知镇江府全年田赋折银 143709.8 两，其中起运折银 87803.65 两，存留折银 55906.18 两。起运量为 61.10%，存留量为 38.90%。已经标明折银标准的折银总数为 9219.33 两，没有标明折银标准的折银总数为 134490.51 两；白银货币化程度为 6.42%。

据前引《明会典》卷四二《南京户部》所述，南直隶各府州起运南京的物料已有折银标准，则已经标明折银标准的折银总数应为 12840.33 两，没有标明折银标准的折银总数为 130869.51 两；白银货币化程度为 8.93%。详见表 8—11—13、表 8—11—14、表 8—11—15。

表 8—11—13　　　　　　　　　**镇江府田赋分布**　　　　　　　　　　（两/银）

田赋	数额	%	起运	%	存留	%
总计	143709.84	100.00	87803.65	61.10	55906.18	38.90
夏税总计	54163.51	100.00	14502.60	26.78	39660.91	73.22
小麦	54010.91	100.00	14350.00	26.57	39660.91	73.43
税丝折绢	143.50	100.00	143.50	100.00		
农桑丝折绢	9.10	100.00	9.10	100.00		
秋粮总计	89546.33	100.00	73301.05	81.86	16245.27	18.14
米	85951.35	100.00	70200.00	81.67	15751.35	18.33
草	3098.25	100.00	2796.00	90.24	302.25	9.76
户口盐钞银	496.73	100.00	305.05	61.41	191.67	38.59

表 8—11—14　　　　　　　　　**镇江府田赋货币比例表**　　　　　　　　　（两/银）

项目	共计折银	已折银	%	未折银项目折银	%
小麦	54010.91	395.00	0.73	53615.91	99.27
税丝折绢	143.50	143.50	100.00		
农桑丝折绢	9.10	9.10	100.00		
米	85951.35	6045.00	7.03	79906.35	92.97
草	3098.25	2130.00	68.75	968.25	31.25
户口盐钞银	496.73	496.73	100.00		
夏税总计	54163.51	547.60	1.01	53615.91	98.99
秋粮总计	89546.33	8671.73	9.68	80874.60	90.32
总计	143709.80	9219.33	6.42	134490.51	93.58

表 8—11—15　　　　　　　　　　　**镇江府田赋货币比例表**[1]　　　　　　　　　　（两/银）

项目	共计折银	已折银	%	未折银项目折银	%
小麦	54010.91	395.00	0.73	53615.91	99.27
税丝折绢	143.50	143.50	100.00		
农桑丝折绢	9.10	9.10	100.00		
米	85951.35	9000.00	10.47	76951.35	89.53
草	3098.25	2796.00	90.24	302.25	9.76
户口盐钞银	496.73	496.73	100.00		
夏税总计	54163.51	547.60	1.01	53615.91	98.99
秋粮总计	89546.33	12292.73	13.73	77253.60	86.27
总计	143709.80	12840.33	8.93	130869.51	91.07

（六）庐州府田赋结构分析

1. 庐州府夏税收支情况分析

根据《会计录》卷一六《南直隶田赋》，关于庐州府田赋夏税的记载，共有两项，分别为小麦、农桑丝折绢。

（1）小麦

全府实征小麦 9885.13 石，其中起运小麦 4000 石。

内起运光禄寺小麦的折银标准依据《会计录》卷一六《南直隶田赋·应天府》派剩小麦。

内起运凤阳府仓小麦的折银标准依据《会计录》卷一六《常州府》凤阳府仓小麦；

内起运扬州府仓小麦已经标明价格：为 0.4 两/石，共计折银 160.4 两；

内派剩小麦已经标明价格：为 1 两/石，共计折银 209 两；

全部起运小麦共折银 2559.4 两；存留小麦 5885.13 石，今按起运小麦价格的加权平均值每石 0.60557377 两计；共折银两 3563.88 两。

全府实征小麦合计折银 6123.28 两。

（2）农桑丝折绢

该项目起运京库，共计 687 匹，已经标明价格为每匹折银 0.7 两，共计折银 480.9 两。

综上所述，庐州府夏税共该银 6604.18 两。而其中起运物料共该银 3040.3 两；存留物料共该银 3563.88 两。由此得到庐州府夏税中，起运量为 46.04％，存留量为 53.96％。已经标明折银标准的折银总数为 850.3 两，没有标明折银标准的折银总数为 5753.88 两；白银货币化程度为 12.88％。

2. 庐州府秋粮收支情况分析

根据《会计录》卷一六《南直隶田赋》，关于庐州府田赋秋粮的记载，共有两项，分别为米、草。

（1）米

全府实征米 67045.52 石，其中起运米 35000 石。

---

[1] 根据《明会典》卷四二《南京户部》，起运南京的物料已有折银标准，故列此表。

内兑军米的折银标准依据：庐州府米价格的加权平均值；

内起运凤阳府仓米，已经标明了折银标准为 0.6 两/石，折银 15000 两；

全部起运米共折银 21000 两；存留米 32045.52 石，今按庐州府米价格的加权平均值每石 0.6 两计；共折银两 19227.31 两。

全府实征米合计折银 40227.31 两。

从账目上看：庐州府秋粮米中，起运量为 52.20%，存留量为 47.80%。已经标明折银标准的折银总数为 15000 两，没有标明折银标准的折银总数为 25227.31 两；白银货币化程度为 37.29%。

（2）草

全府实征草 98337 包，其中起运草 80000 包。

内起运京库草已经标明了折银标准为 0.03 两/包，折银 1500 两；

内起运南京户部定场草的折银标准依据：《会计录》卷一六《南直隶田赋·应天府》南京户部定场草。

全部起运草共折银 2040 两；存留草 18337 包，今按庐州府草价格的加权平均值每包 0.0255 两计；共折银两 467.59 两。

庐州府秋粮草中，起运量为 81.35%，存留量为 18.65%。已经标明折银标准的折银总数为 1500 两，没有标明折银标准的折银总数为 1007.59 两；白银货币化程度为 59.82%。

据前引《明会典》卷四二《南京户部》所述，南直隶各府州起运南京的物料已有折银标准，则已经标明折银标准的折银总数应为 2040 两，没有标明折银标准的折银总数为 467.59 两；白银货币化程度为 81.35%。

由此得到庐州府秋粮中，起运量为 53.91%，存留量为 46.09%。已经标明折银标准的折银总数为 16500 两，没有标明折银标准的折银总数为 26234.91 两；白银货币化程度为 38.61%。

据前引《明会典》卷四二《南京户部》所述，南直隶各府州起运南京的物料已有折银标准，则已经标明折银标准的折银总数应为 17040 两，没有标明折银标准的折银总数为 25694.9 两；白银货币化程度为 39.87%。

综上所述，再加上户口盐钞银，得到庐州府秋粮共该银 44231.54 两。而其中全部起运物料，折银 23895.96 两；全部存留物料，折银 20335.57 两。庐州府秋粮中，起运量为 54.02%，存留量为 45.98%。已经标明折银标准的折银总数为 17996.63 两，没有标明折银标准的折银总数为 26234.91 两；白银货币化程度为 40.69%。

据前引《明会典》卷四二《南京户部》所述，南直隶各府州起运南京的物料已有折银标准，则已经标明折银标准的折银总数应为 18536.63 两，没有标明折银标准的折银总数为 25694.9 两；白银货币化程度为 41.91%。

3. 庐州府全年田赋收支情况分析

根据上述夏税、秋粮两项的分析，可知庐州府全年田赋折银 50835.71 两，其中起运折银 26936.26 两，存留折银 23899.45 两。起运量为 52.99%，存留量为 47.01%。已经标明折银标准的折银总数为 18846.93 两，没有标明折银标准的折银总数为 31988.79 两；白银货币化程度为 37.07%。

据前引《明会典》卷四二《南京户部》所述，南直隶各府州起运南京的物料已有折银标准，则已经标明折银标准的折银总数应为 19386.93 两，没有标明折银标准的折银总数为 31448.78 两；白银货币化程度为 38.14%。详见表 8—11—16、表 8—11—17、表 8—11—18。

表 8—11—16　　　　　　　　　　　　　　庐州府田赋分布　　　　　　　　　　　　　　（两/银）

田赋	数额	%	起运	%	存留	%
总计	50835.71	100.00	26936.26	52.99	23899.45	47.01
夏税总计	6604.18	100.00	3040.30	46.04	3563.88	53.96
小麦	6123.28	100.00	2559.40	41.80	3563.88	58.20
农桑丝折绢	480.90	100.00	480.90	100.00		
秋粮总计	44231.54	100.00	23895.96	54.02	20335.57	45.98
米	40227.31	100.00	21000.00	52.20	19227.31	47.80
草	2507.59	100.00	2040.00	81.35	467.59	18.65
户口盐钞银	1496.63	100.00	855.96	57.19	640.67	42.81

表 8—11—17　　　　　　　　　　　　　　庐州府田赋货币比例表　　　　　　　　　　　　　　（两/银）

项目	共计折银	已折银	%	未折银项目折银	%
小麦	6123.28	369.40	6.03	5753.88	93.97
农桑丝折绢	480.90	480.90	100.00		
米	40227.31	15000.00	37.29	25227.31	62.71
草	2507.59	1500.00	59.82	1007.59	40.18
户口盐钞银	1496.63	1496.63	100.00		
夏税	6604.18	850.30	12.88	5753.88	87.12
秋粮	44231.54	17996.63	40.69	26234.91	59.31
田赋总计	50835.71	18846.93	37.07	31988.79	62.93

表 8—11—18　　　　　　　　　　　　　　庐州府田赋货币比例表[1]　　　　　　　　　　　　　　（两/银）

项目	共计折银	已折银	%	未折银项目折银	%
小麦	6123.28	369.40	6.03	5753.88	93.97
农桑丝折绢	480.90	480.90	100.00		
米	40227.31	15000.00	37.29	25227.31	62.71
草	2507.59	2040.00	81.35	467.59	18.65
户口盐钞银	1496.63	1496.63	100.00		
夏税	6604.18	850.30	12.88	5753.88	87.12
秋粮	44231.54	18536.63	41.91	25694.90	58.09
田赋总计	50835.71	19386.93	38.14	31448.78	61.86

---

[1] 根据《明会典》卷四二，起运南京的物料已有折银标准，故列此表。

（七）凤阳府田赋结构分析

1. 凤阳府夏税收支情况分析

根据《会计录》卷一六《南直隶田赋》，关于凤阳府田赋夏税的记载，共有三项，分别为小麦、税丝折绢、农桑丝折绢。

（1）小麦

全府实征小麦99237.75石，其中起运小麦20000石。

内起运光禄寺小麦，已经标明了折银标准为1两/石，折银1680两；

内起运徐州仓本色小麦的折银标准依据：起运小麦价格的加权平均值；

内起运本府定仓本色小麦的折银标准依据：起运小麦价格的加权平均值；

内派剩小麦，已经标明了折银标准为1两/石，折银720两；

全部起运小麦共折银20000两；存留小麦79237.75石，今按起运小麦价格的加权平均值每石1两计；共折银两79237.75两。

全府实征小麦合计折银99237.75两。

（2）税丝折绢

该项目按起运计，共计1380匹，已经标明了折银标准为每匹0.7两，共折银966两。

（3）农桑丝折绢

该项目起运京库，共计1035匹，已经标明价格为每匹折银0.7两；共计折银724.5两。

综上所述，凤阳府夏税共该银100928.25两。而其中起运物料共该银21690.5两；存留物料共该银79237.75两。由此得到凤阳府夏税中，起运量为21.49％，存留量为78.51％。已经标明折银标准的折银总数为4090.5两，没有标明折银标准的折银总数为96837.75两；白银货币化程度为4.05％。

2. 凤阳府秋粮收支情况分析

根据《会计录》卷一六《南直隶田赋》，关于凤阳府田赋秋粮的记载，共有两项，分别为米、草。

（1）米

全府实征米113503.02石，其中起运米60300石。

内兑军米的折银标准依据：南直隶米价格的加权平均值；

内起运徐州府仓改兑米的折银标准依据：南直隶米价格的加权平均值；

全部起运米共折银39781.40两；存留米53203.02石，今按南直隶米价格的加权平均值每石0.659725两计；共折银两35099.35两。

全府实征米合计折银74880.75两。

从账目上看：凤阳府秋粮米中，起运量为53.13％，存留量为46.87％。全部未标明折银标准；白银货币化程度为0％。

（2）草

全府实征草234141包，其中起运草208000包。

内起运南京户部定场草的折银标准依据《会计录》卷一六《南直隶田赋·应天府》南京户部定场草。

全部起运草共折银5160两；存留草26147包，今按凤阳府草价格的加权平均值每包0.024807692两计；共折银两648.63两。

凤阳府秋粮草中，起运量为88.83％，存留量为11.17％。已经标明折银标准的折银总数为3540两，没有标明折银标准的折银总数为2268.63两；白银货币化程度为60.94％。

据前引《明会典》卷四二《南京户部》所述，南直隶各府州起运南京的物料已有折银标准，则已经标明折银标准的折银总数应为 5160 两，没有标明折银标准的折银总数为 648.63 两；白银货币化程度为 88.83%。

由此得到凤阳府秋粮中，起运量为 55.70%，存留量为 44.30%。已经标明折银标准的折银总数为 3540 两，没有标明折银标准的折银总数为 77149.38 两；白银货币化程度为 4.39%。

但是据前引《明会典》卷四二《南京户部》所述，南直隶各府州起运南京的物料已有折银标准，则已经标明折银标准的折银总数应为 5160 两，没有标明折银标准的折银总数为 75529.38 两；白银货币化程度为 6.39%。

综上所述，再加上户口盐钞银，得到凤阳府秋粮共该银 85463.42 两。而其中全部起运物料，折银 47179.77 两；全部存留物料，折银 38283.65 两。凤阳府秋粮中，起运量为 55.20%，存留量为 44.80%。已经标明折银标准的折银总数为 8314.04 两，没有标明折银标准的折银总数为 77149.38 两；白银货币化程度为 9.73%。

据前引《明会典》卷四二《南京户部》所述，南直隶各府州起运南京的物料已有折银标准，则已经标明折银标准的折银总数应为 9934.04 两，没有标明折银标准的折银总数为 75529.38 两；白银货币化程度为 11.62%。

3. 凤阳府全年田赋收支情况分析

根据上述夏税、秋粮两项的分析，可知凤阳府全年田赋折银 186391.67 两，其中起运折银 68870.27 两，存留折银 117521.40 两。起运量为 36.95%，存留量为 63.05%。已经标明折银标准的折银总数为 12404.54 两，没有标明折银标准的折银总数为 173987.10 两；白银货币化程度为 6.66%。

据前引《明会典》卷四二《南京户部》所述，南直隶各府州起运南京的物料已有折银标准，则已经标明折银标准的折银总数应为 14024.54 两，没有标明折银标准的折银总数为 172367.1 两；白银货币化程度为 7.52%。详见表 8—11—19、表 8—11—20、表 8—11—21。

表 8—11—19　　　　　　　　凤阳府田赋分布　　　　　　　　（两/银）

田赋	数额	%	起运	%	存留	%
总计	186391.67	100.00	68870.27	36.95	117521.40	63.05
夏税总计	100928.25	100.00	21690.50	21.49	79237.75	78.51
小麦	99237.75	100.00	20000.00	20.15	79237.75	79.85
税丝折绢	966.00	100.00	966.00	100.00		
农桑丝折绢	724.50	100.00	724.50	100.00		
秋粮总计	85463.42	100.00	47179.77	55.20	38283.65	44.80
米	74880.75	100.00	39781.40	53.13	35099.35	46.87
草	5808.63	100.00	5160.00	88.83	648.63	11.17
户口盐钞银	4774.04	100.00	2238.37	46.89	2535.67	53.11

表 8—11—20　　　　　　　　凤阳府田赋货币比例表　　　　　　　　（两/银）

项目	共计折银	已折银	%	未折银项目折银	%
小麦	99237.75	2400.00	2.42	96837.75	97.58
丝绵折绢	966.00	966.00	100.00		

农桑丝折绢	724.50	724.50	100.00		
米	74880.75			74880.75	100.00
草	5808.63	3540.00	60.94	2268.63	39.06
户口盐钞银	4774.04	4774.04	100.00		
夏税	100928.25	4090.50	4.05	96837.75	95.95
秋粮	85463.42	8314.04	9.73	77149.38	90.27
田赋总计	186391.67	12404.54	6.66	173987.10	93.34

表 8—11—21　　　　　　　　　　凤阳府田赋货币比例表[1]　　　　　　　　（两/银）

项目	共计折银	已折银	％	未折银项目折银	％
小麦	99237.75	2400.00	2.42	96837.75	97.58
丝绵折绢	966.00	966.00	100.00		
农桑丝折绢	724.50	724.50	100.00		
米	74880.75			74880.75	100.00
草	5808.63	5160.00	88.83	648.63	11.17
户口盐钞银	4774.04	4774.04	100.00		
夏税	100928.30	4090.50	4.05	96837.75	95.95
秋粮	85463.42	9934.04	11.62	75529.38	88.38
田赋总计	186391.70	14024.54	7.52	172367.10	92.48

（八）淮安府田赋结构分析

1. 淮安府夏税收支情况分析

根据《会计录》卷一六《南直隶田赋》，关于淮安府田赋夏税的记载，共有两项，分别为小麦、农桑丝折绢。

（1）小麦

全府实征小麦 228872.29 石，其中起运小麦 99350 石。

内起运扬州府仓小麦，已经标明了折银标准为 1 两/石，折银 1589 两；

内起运南京仓小麦，已经标明了折银标准为 0.4 两/石，折银 239.47 两；

内起运本府常盈仓小麦，已经标明了折银标准为 0.4 两/石，折银 22240 两；

内起运凤阳府仓小麦，已经标明了折银标准为 0.4 两/石，折银 15200 两；

内起运寿州仓小麦，已经标明了折银标准为 0.4 两/石，折银 800 两；

内起运亳州仓小麦，已经标明了折银标准为 0.4 两/石，折银 400 两；

内派剩小麦，已经标明了折银标准为 1 两/石，折银 562.32 两；

全部起运小麦共折银 41030.79 两；存留小麦 129522.29 石，今按起运小麦价格的加权平均值每石 0.41299237 两计；共折银两 53491.72 两。

全府实征小麦合计折银 94522.51 两。

（2）农桑丝折绢

该项目起运京库，共计 1461 匹，已经标明价格为每匹折银 0.7 两；共计折银

[1] 根据《明会典》卷四二《南京户部》，起运南京的物料已有折银标准，故列此表。

1022.7 两。

综上所述，淮安府夏税共该银 95545.21 两。而其中起运物料共该银 42053.49 两；存留物料共该银 53491.72 两。由此得到淮安府夏税中，起运量为 44.01％，存留量为 55.99％。已经标明折银标准的折银总数为 42053.49 两，没有标明折银标准的折银总数为 53491.72 两；白银货币化程度为 44.01％。

2. 淮安府秋粮收支情况分析

根据《会计录》卷一六《南直隶田赋》，关于淮安府田赋秋粮的记载，共有两项，分别为米、草。

（1）米

全府实征米 166423.5 石，其中起运米 133675 石。

内兑军米的折银标准依据：本府米的价格；

内起运徐州仓改兑米的折银标准依据：本府米的价格；

内起运淮安仓改兑米的折银标准依据：本府米的价格；

内起运凤阳府仓米的折银标准依据：本府米的价格；

内起运光禄寺稻谷的折银标准依据：本府米的价格；

内派剩米，已经标明了折银标准为：0.6 两/石，共折银 315 两；

全部起运米共折银 80805.00 两；存留米 32748.5 石，今按本府米的价格；每石 0.6 两计；共折银两 19649.10 两。

全府实征米合计折银 100454.10 两。

从账目上看：淮安府秋粮米中，起运量为 80.44％，存留量为 19.56％。已经标明折银标准的折银总数为 315 两，没有标明折银标准的折银总数为 100139.10 两；白银货币化程度为 0.31％。

（2）草

全府实征草 454720 包，其中起运草 402000 包。

内起运京库草已经标明了折银标准为 0.03 两/包，折银 7110 两；

内起运南京户部定场草的折银标准依据：《会计录》卷一六《南直隶田赋·应天府》南京户部定场草；

全部起运草共折银 10080 两；存留草 52720 包，今按淮安府草价格的加权平均值每包 0.025074627 两计；共折银两 1321.93 两。

淮安府秋粮草中，起运量为 88.41％，存留量为 11.59％。已经标明折银标准的折银总数为 7110 两，没有标明折银标准的折银总数为 4291.93 两；白银货币化程度为 62.36％。

据前引《明会典》卷四二《南京户部》所述，南直隶各府州起运南京的物料已有折银标准，则已经标明折银标准的折银总数应为 10080 两，没有标明折银标准的折银总数为 1321.93 两；白银货币化程度为 88.41％。

由此得到淮安府秋粮中，起运量为 81.25％，存留量为 18.75％。已经标明折银标准的折银总数为 7425 两，没有标明折银标准的折银总数为 104431.03 两；白银货币化程度为 6.64％。

据前引《明会典》卷四二《南京户部》所述，南直隶各府州起运南京的物料已有折银标准，则已经标明折银标准的折银总数应为 10395 两，没有标明折银标准的折银总数为 101461.03 两；白银货币化程度为 9.29％。

综上所述，再加上户口盐钞银，得到淮安府秋粮共该银 116178.70 两。而其中全部起运物料，折银 93216.88 两；全部存留物料，折银 22961.82 两。淮安府秋粮中，起运量为

80.24％，存留量为19.76％。已经标明折银标准的折银总数为11747.67两，没有标明折银标准的折银总数为104431.03两；白银货币化程度为10.11％。

据前引《明会典》卷四二《南京户部》所述，南直隶各府州起运南京的物料已有折银标准，则已经标明折银标准的折银总数应为14717.67两，没有标明折银标准的折银总数为101461.03两；白银货币化程度为12.67％。

3. 淮安府全年田赋收支情况分析

根据上述夏税、秋粮两项的分析，可知淮安府全年田赋折银211723.91两，其中起运折银135270.37两，存留折银76453.54两。起运量为63.89％，存留量为36.11％。已经标明折银标准的折银总数为53801.16两，没有标明折银标准的折银总数为157922.75两；白银货币化程度为25.41％。

据前引《明会典》卷四二《南京户部》所述，南直隶各府州起运南京的物料已有折银标准，则已经标明折银标准的折银总数应为56771.16两，没有标明折银标准的折银总数为154952.75两；白银货币化程度为26.81％。详见表8—11—22、表8—11—23、表8—11—24。

表8—11—22　　　　　　　　　　淮安府田赋分布　　　　　　　　　　（两/银）

田赋	数额	％	起运	％	存留	％
总计	211723.91	100.00	135270.37	63.89	76453.54	36.11
夏税总计	95545.21	100.00	42053.49	44.01	53491.72	55.99
小麦	94522.51	100.00	41030.79	43.41	53491.72	56.59
农桑丝折绢	1022.70	100.00	1022.70	100.00		
秋粮总计	116178.70	100.00	93216.88	80.24	22961.82	19.76
米	100454.10	100.00	80805.00	80.44	19649.10	19.56
草	11401.93	100.00	10080.00	88.41	1321.93	11.59
户口盐钞银	4322.67	100.00	2331.88	53.95	1990.79	46.05

表8—11—23　　　　　　　　　　淮安府田赋货币比例表　　　　　　　　　　（两/银）

项目	共计折银	已折银	％	未折银项目折银	％
小麦	94522.51	41030.79	43.41	53491.72	56.59
农桑丝折绢	1022.70	1022.70	100.00		
米	100454.10	315.00	0.31	100139.10	99.69
草	11401.93	7110.00	62.36	4291.93	37.64
户口盐钞银	4322.67	4322.67	100.00		
夏税	95545.21	42053.49	44.01	53491.72	55.99
秋粮	116178.70	11747.67	10.11	104431.03	89.89
田赋总计	211723.91	53801.16	25.41	157922.75	74.59

表 8—11—24　　　　　　　　**淮安府田赋货币比例表**[1]　　　　　　　（两/银）

项目	共计折银	已折银	%	未折银项目折银	%
小麦	94522.51	41030.79	43.41	53491.72	56.59
农桑丝折绢	1022.70	1022.70	100.00		
米	100454.10	315.00	0.31	100139.10	99.69
草	11401.93	10080.00	88.41	1321.93	11.59
户口盐钞银	4322.67	4322.67	100.00		
夏税	95545.21	42053.49	44.01	53491.72	55.99
秋粮	116178.70	14717.67	12.67	101461.03	87.33
田赋总计	211723.91	56771.16	26.81	154952.75	73.19

（九）扬州府田赋结构分析

1. 扬州府夏税收支情况分析

根据《会计录》卷一六《南直隶田赋》，关于扬州府田赋夏税的记载，共有三项，分别为小麦、农桑丝折绢、零丝。

（1）小麦

全府实征小麦 39925.73 石，其中起运小麦 10309 石。

内起运淮安府仓本色小麦的折银标准依据：扬州府小麦的价格；

内起运凤阳府亳州仓小麦，已经标明价格为每石折银 0.4 两，共计折银 123.6 两；

全部起运小麦共折银 4123.6 两；存留小麦 29616.73 石，今按扬州府小麦的价格；每石 0.4 两计；共折银两 11846.69 两。

全府实征小麦合计折银 15970.29 两。

（2）农桑丝折绢

该项目起运京库，共计 842.24 匹，已经标明价格为每匹折银 0.7 两；共计折银 589.57 两。

（3）零丝

该项目按起运计，共计 47.5 两，其折银标准依据《会计录》卷八《河南布政司·工部织染局丝》每两折银 0.08 两，今以此值计算零丝的价格，共计折银 3.8 两。

（4）另有租钞 5408 贯，按 1 锭＝5 贯计，为 1081 锭。

综上所述，扬州府夏税共该银 16563.66 两。而起运物料共该银 4716.97 两，其中零丝未注明起运或存留，今按起运计；存留物料共该银 11846.69 两。由此得到扬州府夏税中，起运量为 28.48％，存留量为 71.52％。已经标明折银标准的折银总数为 713.17 两，没有标明折银标准的折银总数为 15850.49 两；白银货币化程度为 4.31％。

2. 扬州府秋粮收支情况分析

根据《会计录》卷一六《南直隶田赋》，关于扬州府田赋秋粮的记载，共有三项，分别为米、牛租米、草。另有租钞 5408 贯。

（1）米

全府实征米 206327.91 石，其中起运米 151100 石。

---

[1]根据《明会典》卷四二《南京户部》，起运南京的物料已有折银标准，故列此表。

内本色兑军米的折银标准依据：扬州府米的价格；

内起运徐州仓本色改兑米的折银标准依据：扬州府米的价格；

内起运凤阳府仓米的折银标准依据：扬州府米的价格；

内起运本府仓米，已经标明了折银标准为：0.6两/石，共折银60两；

全部起运米共折银90660两；存留米55227.91石，今按扬州府米的价格；每石0.6两计；共折银两33136.75两。

全府实征米合计折银123796.75两。

从账目上看：扬州府秋粮米中，起运量为73.23％，存留量为26.77％。已经标明折银标准的折银总数为60两，没有标明折银标准的折银总数为123736.75两；白银货币化程度为0.05％。

（2）牛租米

牛租米的折银标准依据：扬州府米的价格。

（3）草

全府实征草348465包，其中起运草327080包。

内起运京库草已经标明了折银标准为0.03两/包，折银6180两；

内起运南京光禄寺细稻草的折银标准依据：《会计录》卷三〇《内库供应·商价会估备考》中稻草的价格；

内起运南京户部定场草的折银标准依据：《会计录》卷一六《南直隶田赋·应天府》南京户部定场草。

全部起运草共折银8415.44两；存留草21385包，今按扬州府草价格的加权平均值每包0.025728996两计；共折银两549.59两。

扬州府秋粮草中，起运量为93.87％，存留量为6.13％。已经标明折银标准的折银总数为6180两，没有标明折银标准的折银总数为2785.03两；白银货币化程度为68.93％。

据前引《明会典》卷四二《南京户部》所述，南直隶各府州起运南京的物料已有折银标准，则已经标明折银标准的折银总数应为8145.44两，没有标明折银标准的折银总数为549.59两；白银货币化程度为93.87％。

由此得到扬州府秋粮中，起运量为74.63％，存留量为25.37％。已经标明折银标准的折银总数为6240两，没有标明折银标准的折银总数为126523.28两；白银货币化程度为4.70％。

据前引《明会典》卷四二《南京户部》所述，南直隶各府州起运南京的物料已有折银标准，则已经标明折银标准的折银总数应为8475.44两，没有标明折银标准的折银总数为124287.84两；白银货币化程度为6.38％。

综上所述，再加上户口盐钞银，得到扬州府秋粮共该银136116.08两。而其中全部起运物料，折银100800.89两；全部存留物料，折银35315.19两。扬州府秋粮中，起运量为74.06％，存留量为25.94％。已经标明折银标准的折银总数为9592.8两，没有标明折银标准的折银总数为126523.28两；白银货币化程度为7.05％。

据前引《明会典》卷四二《南京户部》所述，南直隶各府州起运南京的物料已有折银标准，则已经标明折银标准的折银总数应为11828.24两，没有标明折银标准的折银总数为124287.84两；白银货币化程度为8.69％。

3. 扬州府全年田赋收支情况分析

根据上述夏税、秋粮两项的分析，可知扬州府全年田赋折银152679.74两，其中起运折银105517.86两，存留折银47161.88两。起运量为69.11％，存留量为30.89％。已经标明折银标准的折银总数为10305.97两，没有标明折银标准的折银总数为142373.77两；白银货币化程度为 6.75％。

据前引《明会典》卷四二《南京户部》所述，南直隶各府州起运南京的物料已有折银标准，则已经标明折银标准的折银总数应为 12541.41 两，没有标明折银标准的折银总数为 140138.33 两；白银货币化程度为 8.21％。详见表 8—11—25、表 8—11—26、表 8—11—27。

表 8—11—25　　　　　扬州府田赋分布　　　　　（两/银）

田赋	数额	％	起运	％	存留	％
总计	152679.74	100.00	105517.86	69.11	47161.88	30.89
夏税总计	16563.66	100.00	4716.97	28.48	11846.69	71.52
小麦	15970.29	100.00	4123.60	25.82	11846.69	74.18
农桑丝折绢	589.57	100.00	589.57	100.00		
零丝	3.80	100.00	3.80	100.00		
租钞（锭）[1]	1081.00	100.00	1081.00	100.00		
秋粮总计	136116.08	100.00	100800.89	74.06	35315.19	25.94
米	123796.75	100.00	90660.00	73.23	33136.75	26.77
牛租米	1.50	100.00	1.50	100.00		
草	8965.03	100.00	8415.44	93.87	549.59	6.13
户口盐钞银	3352.80	100.00	1723.95	51.42	1628.85	48.58

表 8—11—26　　　　　扬州府田赋货币比例表　　　　　（两/银）

项目	共计折银	已折银	％	未折银项目折银	％
小麦	15970.29	123.60	0.77	15846.69	99.23
农桑丝折绢	589.57	589.57	100.00		
零丝	3.80			3.80	100.00
米	123796.75	60.00	0.05	123736.75	99.95
牛租米	1.50			1.50	100.00
草	8965.03	6180.00	68.93	2785.03	31.07
户口盐钞银	3352.80	3352.80	100.00		
夏税	16563.66	713.17	4.31	15850.49	95.69
秋粮	136116.08	9592.80	7.05	126523.28	92.95
田赋总计	152679.74	10305.97	6.75	142373.77	93.25

表 8—11—27　　　　　扬州府田赋货币比例表[2]　　　　　（两/银）

项目	共计折银	已折银	％	未折银项目折银	％
小麦	15970.29	123.60	0.77	15846.69	99.23

---

[1] 租钞 5408 贯，1 锭＝5 贯，应是 1081 锭。

[2] 根据《明会典》卷四二《南京户部》，起运南京的物料已有折银标准，故列此表。

农桑丝折绢	589.57	589.57	100.00		
零丝	3.80			3.80	100.00
米	123796.75	60.00	0.05	123736.75	99.95
牛租米	1.50			1.50	100.00
草	8965.03	8415.44	93.87	549.59	6.13
户口盐钞银	3352.80	3352.80	100.00		
夏税	16563.66	713.17	4.31	15850.49	95.69
秋粮	136116.08	11828.24	8.69	124287.84	91.31
田赋总计	152679.74	12541.41	8.21	140138.33	91.79

（十）徽州府田赋结构分析

1. 徽州府夏税收支情况分析

根据《会计录》卷一六《南直隶田赋》，关于徽州府田赋夏税的记载，共有三项，分别为小麦、人丁丝折绢、农桑丝折绢。而起运南京阔白苎布已经折成小麦，并计入小麦总数。

（1）小麦

全府实征小麦51785.4石，其中起运小麦45900石。

内起运京库小麦，已经标明了折银标准为0.25两/石，折银5500两；

内起运南京各卫仓小麦，已经标明了折银标准为0.4两/石，折银920两；

内起运南京阔白苎布已经折成小麦，已经标明了折银标准为0.2/匹，折银6000两；

内派剩小麦，已经标明了折银标准为1/石，折银600两；

全部起运小麦共折银13020两；存留小麦5885.4石，今按起运小麦价格的加权平均值每石0.314644364两计；共折银两1851.81两。

全府实征小麦合计折银14871.81两。

（2）人丁丝折绢

该项目起运南京库，共计8779匹，其中折色4389.5匹，已经标明价格为每匹折银0.7两；本色4389.5匹，未标明价格，今按每匹折银0.7两计；共计折银6145.3两。

（3）农桑丝折绢

该项目共计15匹，其中折色7.5匹，已经标明价格为每匹折银0.7两；本色7.5匹，未标明价格，今按每匹折银0.7两计；共计折银10.5两。

综上所述，徽州府夏税共该银21027.61。而其中起运物料，共该银19175.8两；存留物料共该银1851.81两。由此得到徽州府夏税中，起运量为91.19%；存留量为8.81%。已经标明折银标准的折银总数为16097.9两，没有标明折银标准的折银总数为4929.71两；白银货币化程度为76.56%。

2. 徽州府秋粮收支情况分析

根据《会计录》卷一六《南直隶田赋》，关于徽州府田赋秋粮的记载，只有米一项。

米

全府实征米120602.2石。其中起运米103800石，其中的南京供用库芝麻已经折米记算，并记入米的总数中。

内起运京库米，已经标明了折银标准为0.25两/石，共折银17750两；

内起运南京各卫仓米，已经标明了折银标准为：0.7两/石，共折银19483.8两；

内起运南京供用库芝麻的折银标准依据《会计录》卷三〇《内库供应·商价会估备考》；

内起运安庆府仓米，已经标明了折银标准为 0.5 两/石，共折银 1150 两；

内起运派剩米，已经标明了折银标准为 0.6 两/石，共折银 1209.6 两；

全部起运米共折银 40438.4 两；存留米 16802.2 石，今按徽州府米价格的加权平均值每石 0.679421462 两计；共折银两 11415.78 两。

全府实征米合计折银 51854.18 两。

从账目上看：徽州府秋粮米中，起运量为 77.98％，存留量为 22.02％。已经标明折银标准的折银总数为 39593.4 两，没有标明折银标准的折银总数为 12260.78 两；白银货币化程度为 76.36％。

据前引《明会典》卷四二《南京户部》所述，南直隶各府州起运南京的物料已有折银标准，则已经标明折银标准的折银总数应为 40438.4 两，没有标明折银标准的折银总数为 11415.78 两；白银货币化程度为 77.98％。

由此得到徽州府秋粮中，起运量为 77.98％，存留量为 22.02％。已经标明折银标准的折银总数为 39593.4 两，没有标明折银标准的折银总数为 12260.78 两；白银货币化程度为 76.36％。

据前引《明会典》卷四二《南京户部》所述，南直隶各府州起运南京的物料已有折银标准，则已经标明折银标准的折银总数应为 40438.4 两，没有标明折银标准的折银总数为 11415.78 两；白银货币化程度为 77.98％。

综上所述，再加上户口盐钞银，得到徽州府秋粮共该银 52705.07 两。而其中全部起运物料，折银 41289.29 两；全部存留物料，折银 11415.78 两。徽州府秋粮中，起运量为 78.34％，存留量为 21.66％。已经标明折银标准的折银总数为 40444.29 两，没有标明折银标准的折银总数为 12260.78 两；白银货币化程度为 76.74％。

据前引《明会典》卷四二《南京户部》所述，南直隶各府州起运南京的物料已有折银标准，则已经标明折银标准的折银总数应为 41289.29 两，没有标明折银标准的折银总数为 11415.78 两；白银货币化程度为 78.34％。

3. 徽州府全年田赋收支情况分析

根据上述夏税、秋粮两项的分析，可知徽州府全年田赋折银 73732.67 两，其中起运折银 60465.09 两，存留折银 13267.58 两。起运量为 82.01％，存留量为 17.99％。已经标明折银标准的折银总数为 56542.19 两，没有标明折银标准的折银总数为 17190.48 两；白银货币化程度为 76.69％。

据前引《明会典》卷四二《南京户部》所述，南直隶各府州起运南京的物料已有折银标准，则已经标明折银标准的折银总数应为 57387.19 两，没有标明折银标准的折银总数为 16345.48 两；白银货币化程度为 77.83％。详见表 8—11—28、表 8—11—29、表 8—11—30。

表 8—11—28　　　　　　　　　　徽州府田赋分布　　　　　　　　　　　　（两/银）

田赋	数额	％	起运	％	存留	％
总计	73732.67	100.00	60465.09	82.01	13267.58	17.99
夏税总计	21027.61	100.00	19175.80	91.19	1851.81	8.81
小麦	14871.81	100.00	13020.00	87.55	1851.81	12.45
人丁丝折绢	6145.30	100.00	3072.65	50.00	3072.65	50.00
农桑丝折绢	10.50	100.00	5.25	50.00	5.25	50.00
秋粮总计	52705.07	100.00	41289.29	78.34	11415.78	21.66

米	51854.18	100.00	40438.40	77.98	11415.78	22.02
户口盐钞银	850.89	100.00	850.89	100.00		

表 8—11—29　　　　　　　　　　徽州府田赋货币比例表　　　　　　　　　　（两/银）

项目	共计折银	已折银	%	未折银项目折银	%
小麦	14871.81	13020.00	87.55	1851.81	12.45
人丁丝折绢	6145.30	3072.65	50.00	3072.65	50.00
农桑丝折绢	10.50	5.25	50.00	5.25	50.00
米	51854.18	39593.40	76.36	12260.78	23.64
户口盐钞银	850.89	850.89	100.00		
夏税	21027.61	16097.90	76.56	4929.71	23.44
秋粮	52705.07	40444.29	76.74	12260.78	23.26
田赋总计	73732.67	56542.19	76.69	17190.48	23.31

表 8—11—30　　　　　　　　　　徽州府田赋货币比例表[1]　　　　　　　　　（两/银）

项目	共计折银	已折银	%	未折银项目折银	%
小麦	14871.81	13020.00	87.55	1851.81	12.45
人丁丝折绢	6145.30	3072.65	50.00	3072.65	50.00
农桑丝折绢	10.50	5.25	50.00	5.25	50.00
米	51854.18	40438.40	77.98	11415.78	22.02
户口盐钞银	850.89	850.89	100.00		
夏税	21027.61	16097.90	76.56	4929.71	23.44
秋粮	52705.07	41289.29	78.34	11415.78	21.66
田赋总计	73732.67	57387.19	77.83	16345.48	22.17

（十一）宁国府田赋结构分析

1. 宁国府夏税收支情况分析

根据《会计录》卷一六《南直隶田赋》，关于宁国府田赋夏税的记载，共有四项，分别为小麦、农桑丝折绢、税丝、农桑零丝。

（1）小麦

全府实征小麦 29060.54 石，其中起运小麦 28100 石。

内起运南京各卫仓小麦，已经标明了折银标准为 0.4 两/石，共折银 4000 两；

内起运南京国子监小麦，已经标明了折银标准为 0.4 两/石，共折银 40 两；

内起运庐州府仓小麦，已经标明了折银标准为 0.4 两/石，共折银 4000 两；

内起运凤阳府仓小麦，已经标明了折银标准为 0.4 两/石，共折银 1600 两；

---

[1] 根据《明会典》卷四二《南京户部》，起运南京的物料已有折银标准，故列此表。

内起运扬州府仓小麦，已经标明了折银标准为 0.4 两/石，共折银 1600 两；

全部起运小麦共折银 11240 两；存留小麦 960.54 石，今按起运小麦价格的加权平均值每石 0.4 两计；共折银两 384.22 两。

全府实征小麦合计折银 11624.22 两。

（2）农桑丝折绢

该项目起运南京库，共计 30 匹，其中折色 15 匹，已经标明价格为每匹折银 0.7 两；本色 15 匹，未标明价格，今按每匹折银 0.7 两计；共计折银 21 两。

（3）税丝

该项目共计 5474.08 两，未注明折银标准，其折银标准依据：《会计录》卷八《河南布政司·工部织染局丝》每两折银 0.08 两，今以此值计算税丝的价格，共计折银 437.93 两。

（4）农桑零丝

该项目共计 33.3 两，未注明折银标准，其折银标准依据：《会计录》卷八《河南布政司·工部织染局丝》每两折银 0.08 两，今以此值计算农桑零丝的价格，共计折银 2.66 两。

综上所述，宁国府夏税共该银 12085.81 两。而其中起运物料共该银 11261.00 两；存留物料共该银 824.81 两。由此得到宁国府夏税中，起运量为 93.18％，存留量为 6.82％。已经标明折银标准的折银总数为 11250.5 两，没有标明折银标准的折银总数为 835.31 两；白银货币化程度为 93.09％。

2. 宁国府秋粮收支情况分析

根据《会计录》卷一六《南直隶田赋》，关于宁国府田赋秋粮的记载，共有两项，分别为米、草。

（1）米

全府实征米 74191.79 石，其中起运米 64500 石。

内兑军米的折银标准依据：宁国府米价格的加权平均值；

内起运南京供用库芝麻的折银标准依据：《会计录》卷三〇《内库供应·商价会估备考》；

内起运南京各卫仓米的折银标准依据：《会计录》卷一六《南直隶田赋·徽州府》南京各卫仓；

内起运南京各卫仓黑豆的折银标准依据：《会计录》卷三六《仓场·商价时估》京仓；

内起运滁州永宁仓米的折银标准依据：该项目分为内拨南京太仆寺米，及余米，其中余米已经标明价格为每石折银 0.6 两；南京太仆寺米，未标明价格，今按每石折银 0.6 两计。

内派剩米，已经标明价格为每石折银 0.6 两；共折银 2005.8 两。

全部起运米共折银 39761.52 两；存留米 9691.79 石，今按宁国府米价格的加权平均值每石 0.641860566 两计；共折银两 6220.78 两。

全府实征米合计折银 45982.30 两。

从账目上看：宁国府秋粮米中，起运量为 86.47％，存留量为 13.53％。已经标明折银标准的折银总数为 7681.8 两，没有标明折银标准的折银总数为 38300.49 两；白银货币化程度为 16.71％。

据前引《明会典》卷四二《南京户部》所述，南直隶各府州起运南京的物料已有折银标准，则已经标明折银标准的折银总数应为 20505.7 两，没有标明折银标准的折银总数为 25476.59 两；白银货币化程度为 44.59％。

（2）草

全府实征草 798632 包，其中起运草 770000 包。

内起运京库草已经标明了折银标准为 0.03 两/包，折银 17100 两；

内起运南京户部定场草的折银标准依据：《会计录》卷一六《南直隶田赋·应天府》南京户部定场草；

全部起运草共折银 20700 两；存留草 28632 包，今按宁国府草价格的加权平均值每包 0.026883117 两计；共折银两 769.72 两。

宁国府秋粮草中，起运量为 96.41%，存留量为 3.59%。已经标明折银标准的折银总数为 17100 两，没有标明折银标准的折银总数为 4369.72 两；白银货币化程度为 79.65%。

据前引《明会典》卷四二《南京户部》所述，南直隶各府州起运南京的物料已有折银标准，则已经标明折银标准的折银总数应为 20700 两，没有标明折银标准的折银总数为 769.72 两；白银货币化程度为 96.41%。

由此得到宁国府秋粮中，起运量为 89.63%，存留量为 10.37%。已经标明折银标准的折银总数为 24781.8 两，没有标明折银标准的折银总数为 42670.21 两；白银货币化程度为 36.74%。

据前引《明会典》卷四二《南京户部》所述，南直隶各府州起运南京的物料已有折银标准，则已经标明折银标准的折银总数应为 41205.7 两，没有标明折银标准的折银总数为 26246.31 两；白银货币化程度为 61.09%。

综上所述，再加上户口盐钞银，得到宁国府秋粮共该银 68809.11 两。而其中全部起运物料，折银 61697.01 两；全部存留物料，折银 7112.1 两。宁国府秋粮中，起运量为 89.66%，存留量为 10.34%；已经标明折银标准的折银总数为 26138.89 两，没有标明折银标准的折银总数为 42670.21 两；白银货币化程度为 37.99%。

据前引《明会典》卷四二《南京户部》所述，南直隶各府州起运南京的物料已有折银标准，则已经标明折银标准的折银总数应为 42562.79 两，没有标明折银标准的折银总数为 26246.31 两；白银货币化程度为 61.86%。

3. 宁国府全年田赋收支情况分析

根据上述夏税、秋粮两项的分析，可知宁国府全年田赋折银 80894.91 两，其中起运折银 72958.01 两，存留折银 7936.91 两。起运量为 90.19%，存留量为 9.81%。已经标明折银标准的折银总数为 37389.39 两，没有标明折银标准的折银总数为 43505.52 两；白银货币化程度为 46.22%。

据前引《明会典》卷四二《南京户部》所述，南直隶各府州起运南京的物料已有折银标准，则已经标明折银标准的折银总数应为 53813.29 两，没有标明折银标准的折银总数为 27081.62 两；白银货币化程度为 66.52%。详见表 8—11—31、表 8—11—32、表 8—11—33。

表 8—11—31　　　　　　　　　宁国府田赋分布　　　　　　　　　（两/银）

田赋	数额	%	起运	%	存留	%
总计	80894.91	100.00	72958.01	90.19	7936.91	9.81
夏税总计	12085.81	100.00	11261.00	93.18	824.81	6.82
小麦	11624.22	100.00	11240.00	96.69	384.22	3.31
农桑丝折绢	21.00	100.00	21.00	100.00		
税丝	437.93	100.00			437.93	100.00
农桑零丝	2.66	100.00			2.66	100.00
秋粮总计	68809.11	100.00	61697.01	89.66	7112.10	10.34

米	45982.30	100.00	39761.52	86.47	6220.78	13.53
草	21469.72	100.00	20700.00	96.41	769.72	3.59
户口盐钞银	1357.09	100.00	1235.49	91.04	121.6	8.96

表8—11—32　　　　　　　　　　宁国府田赋货币比例表　　　　　　　　　　（两/银）

项目	共计折银	已折银	%	未折银项目折银	%
小麦	11624.22	11240.00	96.69	384.22	3.31
农桑丝折绢	21.00	10.50	50.00	10.50	50.00
税丝	437.93			437.93	100.00
农桑零丝	2.66			2.66	100.00
米	45982.29	7681.80	16.71	38300.49	83.29
草	21469.72	17100.00	79.65	4369.72	20.35
户口盐钞银	1357.09	1357.09	100.00		
夏税	12085.81	11250.50	93.09	835.31	6.91
秋粮	68809.11	26138.89	37.99	42670.21	62.01
田赋总计	80894.91	37389.39	46.22	43505.52	53.78

表8—11—33　　　　　　　　　　宁国府田赋货币比例表[1]　　　　　　　　　（两/银）

项目	共计折银	已折银	%	未折银项目折银	%
小麦	11624.22	11240.00	96.69	384.22	3.31
农桑丝折绢	21.00	10.50	50.00	10.50	50.00
税丝	437.93			437.93	100.00
农桑零丝	2.66			2.66	100.00
米	45982.29	20505.70	44.59	25476.59	55.41
草	21469.72	20700.00	96.41	769.72	3.59
户口盐钞银	1357.09	1357.09	100.00		
夏税	12085.81	11250.50	93.09	835.31	6.91
秋粮	68809.10	42562.79	61.86	26246.31	38.14
田赋总计	80894.91	53813.29	66.52	27081.62	33.48

（十二）池州府田赋结构分析

1. 池州府夏税收支情况分析

根据《会计录》卷一六《南直隶田赋》，关于池州府田赋夏税的记载，共有五项，分别为小麦、税丝折绢、农桑丝折绢、税丝零丝、农桑零丝。

（1）小麦

全府实征小麦6906.48石，其中起运小麦5600石。

---

[1] 根据《明会典》卷四二《南京户部》，起运南京的物料已有折银标准，故列此表。

内起运南京神乐观小麦，已经标明了折银标准为 0.4 两/石，折银 111.2 两；

内起运南京各卫仓小麦，已经标明了折银标准为 0.4 两/石，折银 196.8 两；

内起运扬州府仓小麦，已经标明了折银标准为 0.4 两/石，折银 1600 两；

内派剩麦，已经标明了折银标准为 1 两/石，折银 830 两；

全部起运小麦共折银 2738 两；存留小麦 1306.48 石，今按起运小麦价格的加权平均值每石 0.488928571 两计；共折银两 638.78 两。

全府实征小麦合计折银 3376.78 两。

（2）税丝折绢

该项目起运京库，共计 16 匹，已经标明价格为每匹折银 0.7 两；共计折银 11.2 两。

（3）农桑丝折绢

该项目起运京库，共计 199 匹，已经标明价格为每匹折银 0.7 两；共计折银 139.3 两。

（4）税丝零丝

该项目共计 1.19 两，未注明折银标准，其折银标准依据《会计录》卷八《河南布政司·工部织染局丝》每两折银 0.08 两，今以此值计算税丝的价格，共计折银 0.1 两。

（5）农桑零丝

该项目共计 49.85 两，未注明折银标准，其折银标准依据《会计录》卷八《河南布政司·工部织染局丝》每两折银 0.08 两，今以此值计算税丝的价格，共计折银 3.98 两。

综上所述，池州府夏税共该银 3531.36 两。而其中起运物料共该银 2888.50 两；存留物料共该银 642.86 两。由此得到池州府夏税中，起运量为 81.80%，存留量为 18.20%。已经标明折银标准的折银总数为 2888.5 两，没有标明折银标准的折银总数为 642.87 两；白银货币化程度为 81.80%。

2. 池州府秋粮收支情况分析

根据《会计录》卷一六《南直隶田赋》，关于池州府田赋秋粮的记载，共有三项，分别为米、草、山租钞。

（1）米

全府实征米 62154.06 石。其中起运米 59300 石，其中的黑豆已经折米计算，并记入米的总数中。

内兑军米的折银标准依据：池州府米价格的加权平均值；

内起运南京各卫仓米的折银标准依据：《会计录》卷一六《南直隶田赋·徽州府》南京各卫仓米；

内起运南京各卫仓黑豆的折银标准依据：《会计录》卷三六《仓场·商价时估》京仓；

内起运飞熊卫仓黑豆的折银标准依据：《会计录》卷三六《仓场·商价时估》京仓；

内起运安庆府仓米的折银标准依据：《会计录》卷一六《南直隶田赋》安庆府仓；

内派剩米，分为光禄寺改拨米与余米，均已经标明了折银标准分别为 0.7 两/石，0.6 两/石，共折银 3100.8 两；

全部起运米共折银 36324.28 两；存留米 2854.06 石，今按池州府米价格的加权平均值每石 0.664267352 两计；共折银两 1895.86 两。

全府实征米合计折银 38220.14 两。

从账目上看：池州府秋粮米中，起运量为 95.04%，存留量为 4.96%。已经标明折银标准的折银总数为 3100.8 两，没有标明折银标准的折银总数为 35119.34 两；白银货币化程度为 8.11%。

据前引《明会典》卷四二《南京户部》所述，南直隶各府州起运南京的物料已有折银标准，则已经标明折银标准的折银总数应为 15365.42 两，没有标明折银标准的折银总数为

22854.72 两；白银货币化程度为 40.20%。

（2）草

全府实征草 98306 包，其中起运草 92000 包。

内起运京库草已经标明了折银标准为 0.03 两/包，折银 1860 两；

内起运南京户部定场草的折银标准依据：《会计录》卷一六《南直隶田赋·应天府》南京户部定场草；

全部起运草共折银 2400 两；存留草 6306 包，今按池州府草价格的加权平均值每包 0.026086957 两计；共折银两 164.5 两。

池州府秋粮草中，起运量为 93.59%，存留量为 6.41%。已经标明折银标准的折银总数为 1860 两，没有标明折银标准的折银总数为 704.5 两；白银货币化程度为 72.53%。

据前引《明会典》卷四二《南京户部》所述，南直隶各府州起运南京的物料已有折银标准，则已经标明折银标准的折银总数应为 2400 两，没有标明折银标准的折银总数为 164.5 两；白银货币化程度为 93.59%。

由此得到池州府秋粮中，起运量为 94.95%，存留量为 5.05%。已经标明折银标准的折银总数为 4960.8 两，没有标明折银标准的折银总数为 35823.85 两；白银货币化程度为 12.16%。

据前引《明会典》卷四二《南京户部》所述，南直隶各府州起运南京的物料已有折银标准，则已经标明折银标准的折银总数应为 17765.42 两，没有标明折银标准的折银总数为 23019.23 两；白银货币化程度为 43.56%。

综上所述，再加上户口盐钞银，得到池州府秋粮共该银 41401.97 两。而其中全部起运物料，折银 38999.70 两；全部存留物料，折银 2402.27 两。池州府秋粮中，起运量为 94.20%，存留量为 5.80%。已经标明折银标准的折银总数为 5578.13 两，没有标明折银标准的折银总数为 35823.85 两；白银货币化程度为 13.47%。

据前引《明会典》卷四二《南京户部》所述，南直隶各府州起运南京的物料已有折银标准，则已经标明折银标准的折银总数应为 18382.75 两，没有标明折银标准的折银总数为 23019.23 两；白银货币化程度为 44.40%。

3. 池州府全年田赋收支情况分析

根据上述夏税、秋粮两项的分析，可知池州府全年田赋折银 44933.33 两，其中起运折银 41888.20 两，存留折银 3045.13 两。起运量为 93.22%，存留量为 6.78%。已经标明折银标准的折银总数为 8466.63 两，没有标明折银标准的折银总数为 36466.71 两；白银货币化程度为 18.84%。

据前引《明会典》卷四二《南京户部》所述，南直隶各府州起运南京的物料已有折银标准，则已经标明折银标准的折银总数应为 21271.25 两，没有标明折银标准的折银总数为 23662.09 两；白银货币化程度为 47.34%。详见表 8—11—34、表 8—11—35、表 8—11—36。

表 8—11—34　　　　　　　　　　池州府田赋分布　　　　　　　　　　（两/银）

田赋	数额	%	起运	%	存留	%
总计	44933.33	100.00	41888.20	93.22	3045.13	6.78
夏税总计	3531.36	100.00	2888.50	81.80	642.86	18.20
小麦	3376.78	100.00	2738.00	81.08	638.78	18.92
税丝折绢	11.20	100.00	11.20	100.00		

农桑丝折绢	139.30	100.00	139.30	100.00		
税丝零丝	0.10	100.00			0.10	100.00
农桑零丝	3.99	100.00			3.99	100.00
秋粮总计	41401.97	100.00	38999.70	94.20	2402.27	5.80
米	38220.14	100.00	36324.28	95.04	1895.86	4.96
草	2564.50	100.00	2400.00	93.59	164.50	6.41
户口盐钞银	617.33	100.00	275.42	44.61	341.91	55.39

表 8—11—35　　　　　　　　　　池州府田赋货币比例表　　　　　　　　　　（两/银）

项目	共计折银	已折银	%	未折银项目折银	%
小麦	3376.78	2738.00	81.08	638.78	18.92
税丝折绢	11.20	11.20	100.00		
农桑丝折绢	139.30	139.30	100.00		
税丝零丝	0.10			0.10	100.00
农桑零丝	3.99			3.99	100.00
米	38220.14	3100.80	8.11	35119.34	91.89
草	2564.50	1860.00	72.53	704.50	27.47
户口盐钞银	617.33	617.33	100.00		
夏税	3531.36	2888.50	81.80	642.87	18.20
秋粮	41401.97	5578.13	13.47	35823.85	86.53
田赋总计	44933.33	8466.63	18.84	36466.71	81.16

表 8—11—36　　　　　　　　　　池州府田赋货币比例表[1]　　　　　　　　　　（两/银）

项目	共计折银	已折银	%	未折银项目折银	%
小麦	3376.78	2738.00	81.08	638.78	18.92
税丝折绢	11.20	11.20	100.00		
农桑丝折绢	139.30	139.30	100.00		
税丝零丝	0.10			0.10	100.00
农桑零丝	3.99			3.99	100.00
米	38220.14	15365.42	40.20	22854.72	59.80
草	2564.50	2400.00	93.59	164.50	6.41
户口盐钞银	617.33	617.33	100.00		
夏税	3531.36	2888.50	81.80	642.86	18.20
秋粮	41401.97	18382.75	44.40	23019.23	55.60
田赋总计	44933.33	21271.25	47.34	23662.09	52.66

---

[1] 根据《明会典》卷四二《南京户部》，起运南京的物料已有折银标准，故列此表。

(十三) 太平府田赋结构分析

1. 太平府夏税收支情况分析

根据《会计录》卷一六《南直隶田赋》，关于太平府田赋夏税的记载，共有三项，分别为小麦、税丝折绢、农桑丝折绢。

（1）小麦

全府实征小麦 16752.87 石，其中起运小麦 14600 石。

内起运南京各卫仓小麦，已经标明了折银标准为 0.4 两/石，折银 760 两；

内起运南京酒醋面局小麦，已经标明了折银标准为 0.4 两/石，折银 60 两；

内起运扬州府仓小麦，已经标明了折银标准为 0.4 两/石，折银 2400 两；

内起运凤阳府仓小麦，已经标明了折银标准为 0.4 两/石，折银 2400 两；

内派剩小麦，已经标明了折银标准为 1 两/石，折银 550 两；

全部起运小麦共折银 6170 两；存留小麦 2152.87 石，今按起运小麦价格的加权平均值每石 0.42260274 两计；共折银两 909.81 两。

全府实征小麦合计折银 7079.81 两。

（2）税丝折绢

该项目起运京库，共计 102 匹，已经标明了折银标准为 0.7 两/匹，共折银 71.4 两。

（3）农桑丝折绢

该项目起运京库，共计 116 匹，其中折色 58 匹，已经标明价格为每匹折银 0.7 两；本色 58 匹，未标明价格，今按每匹折银 0.7 两计；共计折银 81.2 两。

综上所述，太平府夏税共该银 7232.41 两。而其中起运物料共该银 6322.6 两；存留物料共该银 909.81 两。由此得到太平府夏税中，起运量为 87.42%，存留量为 12.58%。已经标明折银标准的折银总数为 6282 两，没有标明折银标准的折银总数为 950.41 两；白银货币化程度为 86.86%。

2. 太平府秋粮收支情况分析

根据《会计录》卷一六《南直隶田赋》，关于太平府田赋秋粮的记载，共有两项，分别为米、草。

（1）米

全府实征米 91418.59 石。其中起运米 23100 石，其中的黑豆、黄豆、绿豆、芝麻已经折米计算，并记入米的总数中。

内本色兑军米的折银标准依据：太平府米价格的加权平均值；

内起运南京各卫仓米，其中折色部份已经标明了折银标准为 0.5 两/石，折银 829.18 两；本色部份的折银标准同此；

内起运南京各卫仓黑豆的折银标准依据：《会计录》卷三六《仓场·商价时估》京仓；

内起运南京神乐观黄豆的折银标准依据：《会计录》卷一五《北直隶田赋·广平府》神乐观；

内起运南京国子监绿豆的折银标准依据：《会计录》卷八《河南布政司·国子监》；

内起运南京光禄寺绿豆的折银标准依据：《会计录》卷八《河南布政司·光禄寺》；

内起运南京供用库芝麻的折银标准依据：《会计录》卷三〇《内库供应·商价会估备考》；

内派剩米，已经标明了折银标准为 0.6 两/石，折银 365.1 两。

全部起运米共折银 12344.61 两；存留米 68318.59 石，今按太平府米价格的加权平均值每石 0.526843299 两计；共折银两 35993.19 两。

全府实征米合计折银 48337.8 两。

从账目上看：太平府秋粮米中，起运量为 25.54%，存留量为 74.46%。已经标明折银标准的折银总数为 1194.28 两，没有标明折银标准的折银总数为 47143.52 两；白银货币化程度为 2.47%。

据前引《明会典》卷四二《南京户部》所述，南直隶各府州起运南京的物料已有折银标准，则已经标明折银标准的折银总数应为 3388.28 两，没有标明折银标准的折银总数为 44949.53 两；白银货币化程度为 7.01%。

（2）草

全府实征草 355449 包，其中起运草 340000 包。

内起运京库草已经标明了折银标准为 0.03 两/包，折银 6900 两；

内起运南京户部定场草的折银标准依据：《会计录》卷一六《南直隶田赋·应天府》南京户部定场草；

全部起运草共折银 8880 两；存留草 15449 包，今按太平府草价格的加权平均值每包 0.026117647 两计；共折银两 403.49 两。

太平府秋粮草中，起运量为 95.65%，存留量为 4.35%。已经标明折银标准的折银总数为 6900 两，没有标明折银标准的折银总数为 2383.49 两；白银货币化程度为 74.33%。

据前引《明会典》卷四二《南京户部》所述，南直隶各府州起运南京的物料已有折银标准，则已经标明折银标准的折银总数应为 8880 两，没有标明折银标准的折银总数为 403.49 两；白银货币化程度为 95.65%。

由此得到太平府秋粮中，起运量为 36.83%，存留量为 63.17%。已经标明折银标准的折银总数为 8094.28 两，没有标明折银标准的折银总数为 49527.01 两；白银货币化程度为 14.05%。

据前引《明会典》卷四二《南京户部》所述，南直隶各府州起运南京的物料已有折银标准，则已经标明折银标准的折银总数应为 12268.28 两，没有标明折银标准的折银总数为 45353.02 两；白银货币化程度为 21.29%。

综上所述，再加上户口盐钞银，得到太平府秋粮共该银 58364.42 两。而其中全部起运物料，折银 21590.46 两；全部存留物料，折银 36773.96 两。太平府秋粮中，起运量为 36.99%，存留量为 63.01%。已经标明折银标准的折银总数为 8837.41 两，没有标明折银标准的折银总数为 49527.01 两；白银货币化程度为 15.14%。

据前引《明会典》卷四二《南京户部》所述，南直隶各府州起运南京的物料已有折银标准，则已经标明折银标准的折银总数应为 13011.41 两，没有标明折银标准的折银总数为 45353.02 两；白银货币化程度为 22.29%。

3. 太平府全年田赋收支情况分析

根据上述夏税、秋粮两项的分析，可知太平府全年田赋折银 65596.83 两，其中起运折银 27913.06 两，存留折银 37683.77 两。起运量为 42.55%，存留量为 57.45%。已经标明折银标准的折银总数为 15119.41 两，没有标明折银标准的折银总数为 50477.42 两；白银货币化程度为 23.05%。

据前引《明会典》卷四二《南京户部》所述，南直隶各府州起运南京的物料已有折银标准，则已经标明折银标准的折银总数应为 19293.41 两，没有标明折银标准的折银总数为 46303.43 两；白银货币化程度为 29.41%。详见表 8—11—37、表 8—11—38、表 8—11—39。

表 8—11—37　　　　　　　　　　　　　**太平府田赋分布**　　　　　　　　　　　　（两/银）

田赋	数额	%	起运	%	存留	%
总计	65596.83	100.00	27913.06	42.55	37683.77	57.45
夏税总计	7232.41	100.00	6322.60	87.42	909.81	12.58
小麦	7079.81	100.00	6170.00	87.15	909.81	12.85
税丝折绢	71.40	100.00	71.40	100.00		
农桑丝折绢	81.20	100.00	81.20	100.00		
秋粮总计	58364.42	100.00	21590.46	36.99	36773.96	63.01
米	48337.80	100.00	12344.61	25.54	35993.19	74.46
草	9283.49	100.00	8880.00	95.65	403.49	4.35
户口盐钞银	743.13	100.00	365.85	49.23	377.28	50.77

表 8—11—38　　　　　　　　　　　　**太平府田赋货币比例表**　　　　　　　　　（两/银）

项目	共计折银	已折银	%	未折银项目折银	%
小麦	7079.81	6170。00	87.15	909.81	12.85
丝绵折绢	71.40	71.40	100.00		
农桑丝折绢	81.20	40.60	50.00	40.60	50.00
米	48337.80	1194.28	2.47	47143.52	97.53
草	9283.49	6900.00	74.33	2383.49	25.67
户口盐钞银	743.13	743.13	100.00		
夏税	7232.41	6282.00	86.86	950.41	13.14
秋粮	58364.42	8837.41	15.14	49527.01	84.86
田赋总计	65596.83	15119.41	23.05	50477.42	76.95

表 8—11—39　　　　　　　　　　　　**太平府田赋货币比例表**[1]　　　　　　　　（两/银）

项目	共计折银	已折银	%	未折银项目折银	%
小麦	7079.81	6170.00	87.15	909.81	12.85
丝绵折绢	71.40	71.40	100.00		
农桑丝折绢	81.20	40.60	50.00	40.60	50.00
米	48337.80	3388.28	7.01	44949.53	92.99
草	9283.49	8880.00	95.65	403.49	4.35
户口盐钞银	743.13	743.13	100.00		
夏税	7232.41	6282.00	86.86	950.41	13.14
秋粮	58364.42	13011.41	22.29	45353.02	77.71
田赋总计	65596.83	19293.41	29.41	46303.43	70.59

---

[1] 根据《明会典》卷四二《南京户部》，起运南京的物料已有折银标准，故列此表。

（十四）安庆府田赋结构分析

1. 安庆府夏税收支情况分析

根据《会计录》卷一六《南直隶田赋》，关于安庆府田赋夏税的记载，共有两项，分别为小麦、农桑丝折绢。

（1）小麦

全府实征小麦 18909.3 石，其中起运小麦 15000 石。

内起运庐州府仓小麦，已经标明了折银标准为 0.4 两/石，折银 2000 两；

内起运凤阳府仓小麦，已经标明了折银标准为 0.4 两/石，折银 4000 两；

全部起运小麦共折银 6000 两；存留小麦 3909.3 石，已经标明了折银标准为 0.4 两/石；共折银两 1563.72 两。

全府实征小麦合计折银 7563.72 两。

（2）农桑丝折绢

该项目起运京库，共计 353 匹，已经标明价格为每匹折银 0.7 两；共计折银 247.1 两。

综上所述，安庆府夏税共该银 7810.82 两。而其中起运物料共该银 6247.1 两；存留物料共该银 1563.72 两。由此得到松江府夏税中，起运量为 79.98%，存留量为 20.02%。已经标明折银标准的折银总数为 7810.82 两；白银货币化程度为 100%。

2. 安庆府秋粮收支情况分析

根据《会计录》卷一六《南直隶田赋》，关于安庆府田赋秋粮的记载，共有两项，分别为米、草。

（1）米

全府实征米 112039.72 石，其中起运米 99000 石。

内兑军米的折银标准依据：安庆府米价格的加权平均值；

内起运凤阳府仓米，已经标明了折银标准为 0.6 两/石，共折银 15000 两；

内起运南京各卫仓米的折银标准依据《会计录》卷一六《南直隶田赋·徽州府》南京各卫仓；

内派剩米已经标明了折银标准为 0.6 两/石，共折银 126 两；

全部起运米共折银 60779 两；存留米 13039.72 石，用折银标准为 0.6 两/石；共折银 7823.83 两。

全府实征米合计折银 68602.83 两。

从账目上看：安庆府秋粮米中，起运量为 88.60%，存留量为 11.40%。已经标明折银标准的折银总数为 15126 两，没有标明折银标准的折银总数为 53476.83 两；白银货币化程度为 22.05%。

据前引《明会典》卷四二《南京户部》所述，南直隶各府州起运南京的物料已有折银标准，则已经标明折银标准的折银总数应为 24779 两，没有标明折银标准的折银总数为 43823.83 两；白银货币化程度为 36.12%。

（2）草

全府实征草 191973 包，其中起运草 185000 包。

内起运京库草已经标明了折银标准为 0.03 两/包，折银 3780 两；

内起运南京光禄寺草已经标明了折银标准为 0.024 两/包，折银 96 两；

内起运南京户部定场草已经标明了折银标准为 0.018 两/包，折银 990 两；

全部起运草共折银 4866 两；存留草 6973 包，今按苏州府草价格的加权平均值每包 0.026302703 两计；共折银两 183.41 两。

安庆府秋粮草中，起运量为96.37％，存留量为3.63％。已经标明折银标准的折银总数为4866两，没有标明折银标准的折银总数为183.41两；白银货币化程度为96.37％。

由此得到安庆府秋粮中，起运量为89.13％，存留量为10.87％。已经标明折银标准的折银总数为19992两，没有标明折银标准的折银总数为53660.24两；白银货币化程度为27.14％。

据前引《明会典》卷四二《南京户部》所述，南直隶各府州起运南京的物料已有折银标准，则已经标明折银标准的折银总数应为29645两，没有标明折银标准的折银总数为44007.24两；白银货币化程度为40.25％。

综上所述，再加上户口盐钞银，得到安庆府秋粮共该银75121.68两。而其中全部起运物料，折银66308.47两；全部存留物料，折银8813.21两。安庆府秋粮中，起运量为88.27％，存留量为11.73％。已经标明折银标准的折银总数为21461.44两，没有标明折银标准的折银总数为53660.24两；白银货币化程度为28.57％。

据前引《明会典》卷四二《南京户部》所述，南直隶各府州起运南京的物料已有折银标准，则已经标明折银标准的折银总数应为31114.44两，没有标明折银标准的折银总数为44007.24两；白银货币化程度为41.42％。

3. 安庆府全年田赋收支情况分析

根据上述夏税、秋粮两项的分析，可知安庆府全年田赋折银82932.50两，其中起运折银72555.57两，存留折银10376.93两。起运量为87.49％，存留量为12.51％。已经标明折银标准的折银总数为29272.26两，没有标明折银标准的折银总数为53660.24两；白银货币化程度为35.30％。

据前引《明会典》卷四二《南京户部》所述，南直隶各府州起运南京的物料已有折银标准，则已经标明折银标准的折银总数应为38925.26两，没有标明折银标准的折银总数为44007.24两；白银货币化程度为46.94％。详见表8—11—40、表8—11—41、表8—11—42。

表8—11—40　　　　　　　　　　安庆府田赋分布　　　　　　　　　　（两/银）

田赋	数额	％	起运	％	存留	％
总计	82932.5	100.00	72555.57	87.49	10376.93	12.51
夏税总计	7810.82	100.00	6247.10	79.98	1563.72	20.02
小麦	7563.72	100.00	6000.00	79.33	1563.72	20.67
农桑丝折绢	247.10	100.00	247.10	100.00		
秋粮总计	75121.68	100.00	66308.47	88.27	8813.21	11.73
米	68602.83	100.00	60779.00	88.60	7823.83	11.40
草	5049.41	100.00	4866.00	96.37	183.41	3.63
户口盐钞银	1469.44	100.00	663.47	45.15	805.97	54.85

表8—11—41　　　　　　　　　　安庆府田赋货币比例表　　　　　　　　　　（两/银）

项目	共计折银	已折银	％	未折银项目折银	％
小麦	7563.72	7563.72	100.00		
农桑丝折绢	247.10	247.10	100.00		
米	68602.83	15126.00	22.05	53476.83	78.67

草	5049.41	4866.00	96.37	183.41	3.63
户口盐钞银	1469.44	1469.44	100.00		
夏税	7810.82	7810.82	100.00		
秋粮	75121.68	21461.44	28.57	53660.24	72.09
田赋总计	82932.50	29272.26	35.30	53660.24	65.30

表8—11—42　　　　　　　安庆府田赋货币比例表[1]　　　　　　（两/银）

项目	共计折银	已折银	%	未折银项目折银	%
小麦	7563.72	7563.72	100.00		
农桑丝折绢	247.10	247.10	100.00		
米	68602.83	24779.00	36.12	43823.83	64.60
草	5049.41	4866.00	96.37	183.41	3.63
户口盐钞银	1469.44	1469.44	100.00		
夏税	7810.82	7810.82	100.00		
秋粮	75121.68	31114.44	41.42	44007.24	59.24
田赋总计	82932.50	38925.26	46.94	44007.24	53.66

（十五）广德州田赋结构分析

1. 广德州夏税收支情况分析

根据《会计录》卷一六《南直隶田赋》，关于广德州田赋夏税的记载，共有三项，分别为小麦、税丝、农桑丝折绢。

（1）小麦

全府实征小麦3636.39石，其中起运小麦3500石。

内起运扬州府仓小麦，已经标明了折银标准为0.4两/石，折银400两；

内起运南京各卫仓小麦，已经标明了折银标准为0.4两/石，折银1000两；

全部起运小麦共折银1400两；存留小麦136.39石，今按起运小麦价格的加权平均值每石0.4两计；共折银两54.56两。

全府实征小麦合计折银1454.56两。

（2）税丝

该项目为本色，共计1856.29两，未注明折银标准，其折银标准依据《会计录》卷八《河南布政司·工部织染局丝》每两折银0.08两，今以此值计算税丝的价格，共计折银148.5两。

（3）农桑丝折绢

该项目共计19匹，其中折色9.5匹，已经标明价格为每匹折银0.7两；本色9.5匹，未标明价格，今按每匹折银0.7两计；共计折银13.3两。

综上所述，广德州夏税共该银1616.36两。而其中起运物料共该银1561.8两；存留物料共该银54.56两。由此得到广德州夏税中，起运量为96.62%，存留量为3.38%。已经标明折银标准的折银总数为1406.65两，没有标明折银标准的折银总数为209.71两；白银货

---

[1]根据《明会典》卷四二《南京户部》，起运南京的物料已有折银标准，故列此表。

币化程度为 87.03％。

2. 广德州秋粮收支情况分析

根据《会计录》卷一六《南直隶田赋》，关于广德州田赋秋粮的记载，共有两项，分别为米、草。

（1）米

全府实征米 14066.29 石。其中起运米 13630 石，其中的黑豆、绿豆、芝麻已经折米记算，并记入米的总数中。

内起运淮安府仓改兑米的折银标准依据：广德州米价格的加权平均值；

内起运南京各卫仓米的折银标准依据：《会计录》卷一六《南直隶田赋·徽州府》南京各卫仓；

内起运南京各卫仓黑豆的折银标准依据：《会计录》卷三六《仓场·商价时估》京仓；

内起运南京供用库绿豆的折银标准依据：《会计录》卷三六《仓场·商价时估》京仓；

内起运南京神乐观芝麻的折银标准依据：《会计录》卷之三〇《内库供应·商价会估备考》；

内起运安庆府仓米的折银标准依据：广德州米价格的加权平均值；

内派剩米，已经标明了折银标准为：为 0.6 两/石，共折银 95.64 两；

全部起运米共折银 8260.82 两；存留米 436.29 石，今按广德州米价格的加权平均值每石 0.6 两计；共折银两 261.77 两。

全府实征米合计折银 8522.59 两。

从账目上看：广德州秋粮米中，起运量为 96.93％，存留量为 3.07％。已经标明折银标准的折银总数为 95.64 两，没有标明折银标准的折银总数为 8426.95 两；白银货币化程度为 1.12％。

据前引《明会典》卷四二《南京户部》所述，南直隶各府州起运南京的物料已有折银标准，则已经标明折银标准的折银总数应为 2138.42 两，没有标明折银标准的折银总数为 6384.17 两；白银货币化程度为 25.09％。

（2）草

全府实征草 303045 包，其中起运草 275000 包。

内起运京库草已经标明了折银标准为 0.03 两/包，折银 6938.85 两；

内起运南京光禄寺本色细稻草的折银标准依据：广德州草价格的加权平均值每包 0.028143961 两计；共折银两 38.98 两；

内起运南京户部本色定场草的折银标准依据：《会计录》卷一六《南直隶田赋·应天府》南京户部定场草；

全部起运草共折银 8528.89 两；存留草 28045 包，今按广德州草价格的加权平均值每包 0.028143961 两计；共折银两 789.3 两。

广德州秋粮草中，起运量为 90.75％，存留量为 9.25％。已经标明折银标准的折银总数为 6938.85 两，没有标明折银标准的折银总数为 1590.04 两；白银货币化程度为 81.36％。

由此得到广德州秋粮中，起运量为 93.84％，存留量为 6.16％。已经标明折银标准的折银总数为 7034.49 两，没有标明折银标准的折银总数为 10016.99 两；白银货币化程度为 41.25％。

但是据前引《明会典》卷四二《南京户部》所述，南直隶各府州起运南京的物料已有折银标准，则已经标明折银标准的折银总数应为 9077.27 两，没有标明折银标准的折银总数为 7974.21 两；白银货币化程度为 53.23％。

综上所述，再加上户口盐钞银，得到广德州秋粮共该银 18887.44 两。而其中全部起运物料，折银 17824.37 两；全部存留物料，折银 1063.07 两。广德州秋粮中，起运量为 94.37％，存留量为 5.63％。已经标明折银标准的折银总数为 8870.45 两，没有标明折银标准的折银总数为 10016.99 两；白银货币化程度为 46.96％。

但是据前引《明会典》卷四二《南京户部》所述，南直隶各府州起运南京的物料已有折银标准，则已经标明折银标准的折银总数应为 10913.23 两，没有标明折银标准的折银总数为 7974.21 两；白银货币化程度为 57.78％。

3. 广德州全年田赋收支情况分析

根据上述夏税、秋粮两项的分析，可知广德州全年田赋折银 20503.8 两，其中起运折银 19386.17 两，存留折银 1117.63 两。起运量为 94.55％，存留量为 5.45％。已经标明折银标准的折银总数为 10277.1 两，没有标明折银标准的折银总数为 10226.7；白银货币化程度为 50.12％。

据前引《明会典》卷四二《南京户部》所述，南直隶各府州起运南京的物料已有折银标准，则已经标明折银标准的折银总数应为 12319.88 两，没有标明折银标准的折银总数为 8183.92 两；白银货币化程度为 60.09％。详见表8—11—43、表8—11—44、表8—11—45。

表 8—11—43　　　　　　　　　　广德州田赋分布　　　　　　　　　　（两/银）

田赋	数额	％	起运	％	存留	％
总计	20503.80	100.00	19386.17	94.55	1117.63	5.45
夏税总计	1616.36	100.00	1561.80	96.62	54.56	3.38
小麦	1454.56	100.00	1400.00	96.25	54.56	3.75
税丝	148.50	100.00	148.50	100.00		
农桑丝折绢	13.30	100.00	13.30	100.00		
秋粮总计	18887.44	100.00	17824.37	94.37	1063.07	5.63
米	8522.59	100.00	8260.82	96.93	261.77	3.07
草	8528.89	100.00	7739.59	90.75	789.30	9.25
户口盐钞银	1835.96	100.00	1823.96	99.35	12.00	0.65

表 8—11—44　　　　　　　　　　广德州田赋货币比例表　　　　　　　　　　（两/银）

项目	共计折银	已折银	％	未折银项目折银	％
小麦	1454.56	1400.00	96.25	54.56	3.75
税丝	148.50			148.50	100.00
农桑丝折绢	13.30	6.65	50.00	6.65	50.00
米	8522.59	95.64	1.12	8426.95	98.88
草	8528.89	6938.85	81.36	1590.04	18.64
户口盐钞银	1835.96	1835.96	100.00		
夏税	1616.36	1406.65	87.03	209.71	12.97
秋粮	18887.44	8870.45	46.96	10016.99	53.04
田赋总计	20503.80	10277.10	50.12	10226.70	49.88

表 8—11—45　　　　　　　　　　**广德州田赋货币比例表**[1]　　　　　　　　　　（两/银）

项目	共计折银	已折银	%	未折银项目折银	%
小麦	1454.56	1400.00	96.25	54.56	3.75
税丝	148.50			148.50	100.00
农桑丝折绢	13.30	6.65	50.00	6.65	50.00
米	8522.59	2138.42	25.09	6384.17	74.91
草	8528.89	6938.85	81.36	1590.04	18.64
户口盐钞银	1835.96	1835.96	100.00		
夏税	1616.36	1406.65	87.03	209.71	12.97
秋粮	18887.44	10913.23	57.78	7974.21	42.22
田赋总计	20503.80	12319.88	60.09	8183.92	39.91

（十六）徐州田赋结构分析

1. 徐州夏税收支情况分析

根据《会计录》卷一六《南直隶田赋》，关于徐州田赋夏税的记载，共有三项，分别为小麦、税丝折绢、农桑丝折绢。

（1）小麦

全府实征小麦 67158 石，其中起运小麦 23150 石。

内起运亳州仓小麦，已经标明了折银标准为 0.4 两/石，折银 376.4 两；

内起运扬州府仓小麦，已经标明了折银标准为 0.4 两/石，折银 1200 两；

内起运徐州仓本色小麦的折银标准依据：本州起运扬州府仓小麦的价格；

内派剩小麦，已经标明了折银标准为 1 两/石，折银 1059 两；

全部起运小麦共折银 9895.4 两；存留小麦 44008 石，今按起运小麦价格的加权平均值每石 0.52708 两计；共折银两 23195.74 两。

全府实征小麦合计折银 33091.14 两。

（2）税丝折绢

该项目共计 3025 匹，已经标明了折银标准为每匹 0.7 两，共折银 2117.5 两。

（3）农桑丝折绢

该项目共计 2538 匹，已经标明价格为每匹折银 0.7 两；共计折银 1776.6 两。

综上所述，徐州夏税共该银 36985.24 两。而其中起运物料共该银 13789.5 两；存留物料共该银 23195.74 两。由此得到徐州夏税中，起运量为 37.28%，存留量为 62.72%。已经标明折银标准的折银总数为 6529.5 两，没有标明折银标准的折银总数为 30455.74 两；白银货币化程度为 17.65%。

2. 徐州秋粮收支情况分析

根据《会计录》卷一六《南直隶田赋》，关于徐州田赋秋粮的记载，共有两项，分别为米、草。

（1）米

全府实征米 79858.14 石，其中起运米 48000 石。

---

[1] 根据《明会典》卷四二《南京户部》，起运南京的物料已有折银标准，故列此表。

内兑军米的折银标准依据：南直隶米价格的加权平均值；

内起运本州仓改兑米的折银标准依据：南直隶米价格的加权平均值；

全部起运米共折银 31666.79 两；存留米 31858.14 石，今按南直隶米价格的加权平均值每石 0.659725 两计；共折银两 21017.60 两。

全府实征米合计折银 52684.39 两。

从账目上看：徐州秋粮米中，起运量为 60.11%，存留量为 39.89%。已经标明折银标准的折银总数为 0 两，没有标明折银标准的折银总数为 52684.39 两；白银货币化程度为 0%。

（2）草

全府实征草 100000 包，其中起运草 50000 包。

内起运京库草已经标明了折银标准为 0.03 两/包，折银 1500 两；

全部起运草共折银 1500 两；存留草 50000 包，今按徐州草价格的加权平均值每包 0.03 两计；共折银两 1500 两。

徐州秋粮草中，起运量为 50.00%，存留量为 50.00%。已经标明折银标准的折银总数为 1500 两，没有标明折银标准的折银总数为 1500 两；白银货币化程度为 50.00%。

由此得到徐州秋粮中，起运量为 59.56%，存留量为 40.44%。已经标明折银标准的折银总数为 1500 两，没有标明折银标准的折银总数为 54184.39 两；白银货币化程度为 2.69%。

综上所述，再加上户口盐钞银，得到徐州秋粮共该银 57915.81 两。而其中全部起运物料，折银 34368.29 两；全部存留物料，折银 23547.52 两。徐州秋粮中，起运量为 59.34%，存留量为 40.66%。已经标明折银标准的折银总数为 3731.42 两，没有标明折银标准的折银总数为 54184.39 两；白银货币化程度为 6.44%。

3. 徐州全年田赋收支情况分析

根据上述夏税、秋粮两项的分析，可知徐州全年田赋折银 94901.05 两，其中起运折银 48157.79 两，存留折银 46743.26 两。起运量为 50.57%，存留量为 49.25%。已经标明折银标准的折银总数为 10260.92 两，没有标明折银标准的折银总数为 84640.13 两；白银货币化程度为 10.81%。详见表 8—11—46、表 8—11—47。

表 8—11—46　　　　　　　　　　徐州田赋分布　　　　　　　　　　　　（两/银）

田赋	数额	%	起运	%	存留	%
总计	94901.05	100.00	48157.79	50.75	46743.26	49.25
夏税总计	36985.24	100.00	13789.50	37.28	23195.74	62.72
小麦	33091.14	100.00	9895.40	29.90	23195.74	70.10
税丝折绢	2117.50	100.00	2117.50	100.00		
农桑丝折绢	1776.60	100.00	1776.60	100.00		
秋粮总计	57915.81	100.00	34368.29	59.34	23547.52	40.66
米	52684.39	100.00	31666.79	60.11	21017.60	39.89
草	3000.00	100.00	1500.00	50.00	1500.00	50.00
户口盐钞银	2231.42	100.00	1201.50	53.84	1029.92	46.16

表 8—11—47　　　　　　徐州田赋货币比例表　　　　　（两/银）

项目	共计折银	已折银	%	未折银项目折银	%
小麦	33091.14	2635.40	7.96	30455.74	92.04
税丝折绢	2117.50	2117.50	100.00		
农桑丝折绢	1776.60	1776.60	100.00		
米	52684.39			52684.39	100.00
草	3000.00	1500.00	50.00	1500.00	50.00
户口盐钞银	2231.42	2231.42	100.00		
夏税	36985.24	6529.50	17.65	30455.74	82.35
秋粮	57915.81	3731.42	6.44	54184.39	93.56
田赋总计	94901.05	10260.92	10.81	84640.13	89.19

（十七）滁州田赋结构分析

1. 滁州夏税收支情况分析

根据《会计录》卷一六《南直隶田赋》，关于滁州田赋夏税的记载，共有两项，分别为小麦、农桑丝折绢。

（1）小麦

全府实征小麦 2611.29 石，其中起运小麦 2000 石。

内起运凤阳府仓小麦的折银标准依据：南直隶小麦价格的加权平均值；

全部起运小麦共折银 736.67 两；存留小麦 611.29 石，今按南直隶小麦价格的加权平均值每石 0.368335543 两计；共折银两 225.16 两。

全府实征小麦合计折银 961.83 两。

（2）农桑丝折绢

该项目共计 217 匹，已经标明价格为每匹折银 0.7 两；共计折银 151.9 两。

综上所述，滁州夏税共该银 1113.73 两。而其中起运物料共该银 888.57 两；存留物料共该银 225.16 两。由此得到滁州夏税中，起运量为 79.78%，存留量为 20.22%。已经标明折银标准的折银总数为 151.9 两，没有标明折银标准的折银总数为 961.83 两；白银货币化程度为 13.64%。

2. 滁州秋粮收支情况分析

根据《会计录》卷一六《南直隶田赋》，关于滁州田赋秋粮的记载，共有两项，分别为米、草。

（1）米

全府实征米 5985.35 石。其中起运米 1465 石，其中的糯稻谷、黑豆、黄豆已经折米记算，并记入米的总数中。

内起运南京牺牲所米的折银标准依据：南直隶米价格的加权平均值；

内起运南京牺牲所糯稻谷的折银标准依据：因为此项已经折米记算，故使用南直隶米价格的加权平均值；

内起运南京各卫仓黑豆的折银标准依据《会计录》卷三六《仓场·商价时估》京仓；

内起运南京酒醋面局黄豆的折银标准依据《会计录》卷三〇《内库供应·商价会估备考》；

全部起运米共折银 825.33 两；存留米 4520.35 石，今按南直隶米价格的加权平均值每石 0.659725 两计；共折银两 2982.19 两。

全府实征米合计折银 3807.52 两。

从账目上看：滁州秋粮米中，起运量为 21.68％，存留量为 78.32％。已经标明折银标准的折银总数为 0 两，没有标明折银标准的折银总数为 3807.52 两；白银货币化程度为 0％。

据前引《明会典》卷四二《南京户部》所述，南直隶各府州起运南京的物料已有折银标准，则已经标明折银标准的折银总数应为 825.33 两，没有标明折银标准的折银总数为 2982.19 两；白银货币化程度为 21.68％。

（2）草

全府实征草 56441 包，其中起运草 36000 包。

内起运京库草已经标明了折银标准为 0.03 两/包，折银 330 两；

内起运南京牺牲所细稻草的折银标准依据：滁州草价格的加权平均值每包 0.024285714 两计；共折银两 364.29 两。

内起运南京户部定场草的折银标准依据《会计录》卷一六《南直隶田赋·应天府》南京户部定场草。

全部起运草共折银 874.29 两；存留草 20441 包，今按滁州草价格的加权平均值每包 0.024285714 两计；共折银两 496.42 两。

滁州秋粮草中，起运量为 63.78％，存留量为 36.22％。已经标明折银标准的折银总数为 330 两，没有标明折银标准的折银总数为 1040.71 两；白银货币化程度为 24.08％。

据前引《明会典》卷四二《南京户部》所述，南直隶各府州起运南京的物料已有折银标准，则已经标明折银标准的折银总数应为 874.29 两，没有标明折银标准的折银总数为 496.42 两；白银货币化程度为 63.78％。

由此得到滁州秋粮中，起运量为 32.82％，存留量为 67.18％。已经标明折银标准的折银总数为 330 两，没有标明折银标准的折银总数为 4848.23 两；白银货币化程度为 6.37％。

据前引《明会典》卷四二《南京户部》所述，南直隶各府州起运南京的物料已有折银标准，则已经标明折银标准的折银总数应为 1699.62 两，没有标明折银标准的折银总数为 3478.61 两；白银货币化程度为 32.82％。

综上所述，再加上户口盐钞银，得到滁州秋粮共该银 5455.47 两。而其中全部起运物料，折银 1826.31 两；全部存留物料，折银 3629.16 两。滁州秋粮中，起运量为 33.48％，存留量为 66.52％。已经标明折银标准的折银总数为 607.24 两，没有标明折银标准的折银总数为 4848.23 两；白银货币化程度为 11.13％。

据前引《明会典》卷四二《南京户部》所述，南直隶各府州起运南京的物料已有折银标准，则已经标明折银标准的折银总数应为 1976.86 两，没有标明折银标准的折银总数为 3478.61 两；白银货币化程度为 36.24％。

3. 滁州全年田赋收支情况分析

根据上述夏税、秋粮两项的分析，可知滁州全年田赋折银 6569.20 两，其中起运折银 2714.88 两，存留折银 3854.32 两。起运量为 41.33％，存留量为 58.67％。已经标明折银标准的折银总数为 759.14 两，没有标明折银标准的折银总数为 5810.06 两；白银货币化程度为 11.56％。

据前引《明会典》卷四二《南京户部》所述，南直隶各府州起运南京的物料已有折银标准，则已经标明折银标准的折银总数应为 2128.76 两，没有标明折银标准的折银总数为 4440.44 两；白银货币化程度为 32.41％。详见表 8—11—48、表 8—11—49、表 8—11—50。

表 8—11—48 滁州田赋分布 （两/银）

田赋	数额	%	起运	%	存留	%
总计	6569.20	100.00	2714.88	41.33	3854.32	58.67
夏税总计	1113.73	100.00	888.57	79.78	225.16	20.22
小麦	961.83	100.00	736.67	76.59	225.16	23.41
农桑丝折绢	151.90	100.00	151.90	100.00		
秋粮总计	5455.47	100.00	1826.31	33.48	3629.16	66.52
米	3807.52	100.00	825.33	21.68	2982.19	78.32
草	1370.71	100.00	874.29	63.78	496.42	36.22
户口盐钞银	277.24	100.00	126.69	45.70	150.55	54.30

表 8—11—49 滁州田赋货币比例表 （两/银）

项目	共计折银	已折银	%	未折银项目折银	%
小麦	961.83			961.83	100.00
农桑丝折绢	151.90	151.90	100.00		
米	3807.52			3807.52	100.00
草	1370.71	330.00	24.08	1040.71	75.92
户口盐钞银	277.24	277.24	100.00		
夏税	1113.73	151.90	13.64	961.83	86.36
秋粮	5455.47	607.24	11.13	4848.23	88.87
田赋总计	6569.20	759.14	11.56	5810.06	88.44

表 8—11—50 滁州田赋货币比例表[1] （两/银）

项目	共计折银	已折银	%	未折银项目折银	%
小麦	961.83			961.83	100.00
农桑丝折绢	151.90	151.90	100.00		
米	3807.52	825.33	21.68	2982.19	78.32
草	1370.71	874.29	63.78	496.42	36.22
户口盐钞银	277.24	277.24	100.00		
夏税	1113.73	151.90	13.64	961.83	86.36
秋粮	5455.47	1976.86	36.24	3478.61	63.76
田赋总计	6569.20	2128.76	32.41	4440.44	67.59

---

[1] 根据《明会典》卷四二《南京户部》，起运南京的物料已有折银标准，故列此表。

（十八）和州田赋结构分析

1. 和州夏税收支情况分析

根据《会计录》卷一六《南直隶田赋》，关于和州田赋夏税的记载，共有两项，分别为小麦、农桑丝折绢。

（1）小麦

全府实征小麦 1435.66 石。

其价格依据南直隶小麦价格的加权平均值 0.368335543 两/石，共计折银 528.80 两。

全府实征小麦合计折银 528.80 两。

（2）农桑丝折绢

该项目共计 99 匹，已经标明价格为每匹折银 0.7 两；共计折银 69.3 两。

综上所述，和州夏税共该银 598.10 两。而其中起运物料共该银 69.3 两；存留物料共该银 528.8 两。由此得到和州夏税中，起运量为 11.59%，存留量为 88.41%。已经标明折银标准的折银总数为 69.3 两，没有标明折银标准的折银总数为 528.80 两；白银货币化程度为 11.59%。

2. 和州秋粮收支情况分析

根据《会计录》卷一六《南直隶田赋》，关于和州田赋秋粮的记载，共有两项，分别为米、草。

（1）米

全府实征米 9499.99 石，其中起运米 8720 石。

内起运南京牺牲所本色米的折银标准依据：南直隶米价格的加权平均值；

内起运滁州永盈仓本色米的折银标准依据：南直隶米价格的加权平均值；

全部起运米共折银 5752.80 两；存留米 779.99 石，今按南直隶米价格的加权平均值每石 0.659725 两计；共折银两 514.56 两。

全府实征米合计折银 6267.36 两。

从账目上看：和州秋粮米中，起运量为 91.79%，存留量为 8.21%。已经标明折银标准的折银总数为 0 两，没有标明折银标准的折银总数为 6267.36 两；白银货币化程度为 0%。

（2）草

全府实征草 26238 包，其中起运草 12440 包。

内起运京库草已经标明了折银标准为 0.03 两/包，折银 330 两；

内起运南京户部定场草的折银标准依据：《会计录》卷一六《南直隶田赋·应天府》南京户部定场草。

全部起运草共折银 355.92 两；存留草 13798 包，今按和州草价格的加权平均值每包 0.028610932 两计；共折银两 394.77 两。

和州秋粮草中，起运量为 47.41%，存留量为 52.59%。已经标明折银标准的折银总数为 330 两，没有标明折银标准的折银总数为 420.69 两；白银货币化程度为 43.96%。

据前引《明会典》卷四二《南京户部》所述，南直隶各府州起运南京的物料已有折银标准，则已经标明折银标准的折银总数应为 355.92 两，没有标明折银标准的折银总数为 394.77 两；白银货币化程度为 47.41%。

由此得到和州秋粮中，起运量为 87.04%，存留量为 12.96%。已经标明折银标准的折银总数为 330 两，没有标明折银标准的折银总数为 6688.05 两；白银货币化程度为 4.70%。

据前引《明会典》卷四二《南京户部》所述，南直隶各府州起运南京的物料已有折银标准，则已经标明折银标准的折银总数应为 355.92 两，没有标明折银标准的折银总数为

6662.13 两；白银货币化程度为 5.07%。

综上所述，再加上户口盐钞银，得到和州秋粮共该银 7313.43 两。而其中全部起运物料，折银 6240.52 两；全部存留物料，折银 1072.91 两。和州秋粮中，起运量为 85.33%，存留量为 14.67%。已经标明折银标准的折银总数为 625.38 两，没有标明折银标准的折银总数为 6688.05 两；白银货币化程度为 8.55%。

据前引《明会典》卷四二《南京户部》所述，南直隶各府州起运南京的物料已有折银标准，则已经标明折银标准的折银总数应为 651.3 两，没有标明折银标准的折银总数为 6662.13 两；白银货币化程度为 8.91%。

3. 和州全年田赋收支情况分析

根据上述夏税、秋粮两项的分析，可知和州全年田赋折银 7911.53 两，其中起运折银 6309.82 两，存留折银 1601.71 两。起运量为 79.75%，存留量为 20.25%。已经标明折银标准的折银总数为 694.68 两，没有标明折银标准的折银总数为 7216.85 两；白银货币化程度为 8.78%。

据前引《明会典》卷四二《南京户部》所述，南直隶各府州起运南京的物料已有折银标准，则已经标明折银标准的折银总数应为 720.6 两，没有标明折银标准的折银总数为 7190.93 两；白银货币化程度为 9.11%。详见表 8—11—51、表 8—11—52、表 8—11—53。

表 8—11—51　　　　　　　　　和州田赋分布　　　　　　　　　　　　（两/银）

田赋	数额	%	起运	%	存留	%
总计	7911.53	100.00	6309.82	79.75	1601.71	20.25
夏税总计	598.10	100.00	69.30	11.59	528.80	88.41
小麦	528.80	100.00			528.80	100.00
农桑丝折绢	69.30	100.00	69.30	100.00		
秋粮总计	7313.43	100.00	6240.52	85.33	1072.91	14.67
米	6267.36	100.00	5752.80	91.79	514.56	8.21
草	750.69	100.00	355.92	47.41	394.77	52.59
户口盐钞银	295.38	100.00	131.80	44.62	163.58	55.38

表 8—11—52　　　　　　　　　和州田赋货币比例表　　　　　　　　　　（两/银）

项目	共计折银	已折银	%	未折银项目折银	%
小麦	528.80			528.80	100.00
农桑丝折绢	69.30	69.30	100.00		
米	6267.36			6267.36	100.00
草	750.69	330.00	43.96	420.69	56.04
户口盐钞银	295.38	295.38	100.00		
夏税	598.10	69.30	11.59	528.80	88.41
秋粮	7313.43	625.38	8.55	6688.05	91.45
田赋总计	7911.53	694.68	8.78	7216.85	91.22

表 8—11—53　　　　　　　　　　　　和州田赋货币比例表[1]　　　　　　　　　（两/银）

项目	共计折银	已折银	％	未折银项目折银	％
小麦	528.80			528.80	100.00
农桑丝折绢	69.30	69.30	100.00		
米	6267.36			6267.36	100.00
草	750.69	355.92	47.41	394.77	52.59
户口盐钞银	295.38	295.38	100.00		
夏税	598.10	69.30	11.59	528.80	88.41
秋粮	7313.43	651.30	8.91	6662.13	91.09
田赋总计	7911.53	720.60	9.11	7190.93	90.89

（十九）小结：南直隶田赋收支情况分析

综上所述，按照各府起运南京的田赋已经全部折银计，可知南直隶全年田赋折银 3305176.30 两，其中起运折银 2623202.92 两，存留折银 681973.38 两。起运量为 79.37％，存留量为 20.63％。已经标明折银标准的折银总数为 1076228.10 两，没有标明折银标准的折银总数为 2228948.20 两；白银货币化程度为 32.56％。（详见表 8—11—54、表 8—11—55）

表 8—11—54　　　　　　　　　　　　南直隶田赋分布　　　　　　　　　　　（两/银）

田赋	数额	％	起运	％	存留	％
总计	3305176.30	100.00	2623202.92	79.37	681973.38	20.63
夏税总计	488007.55	100.00	247550.82	50.73	240456.74	49.27
小麦	451877.57	100.00	223629.55	49.49	228248.02	50.51
税丝折绢	13687.10	100.00	13199.20	96.44	487.90	3.56
人丁丝折绢	6145.30	100.00	3072.65	50.00	3072.65	50.00
丝绵折绢	849.80	100.00	849.80	100.00		
农桑丝折绢	6237.17	100.00	6231.92	99.92	5.25	0.08
税丝	8784.67	100.00	148.50	1.69	8636.17	98.31
税丝零丝	0.10	100.00			0.10	100.00
零丝	3.80	100.00	3.80	100.00		
农桑零丝	6.65	100.00			6.65	100.00
麻布	415.40	100.00	415.40	100.00		
税钞（锭）	7683.00	100.00	7659.00	99.69	24.00	0.31
租钞（锭）	1081.00	100.00	1081.00	100.00		
秋粮总计	2817168.78	100.00	2372574.20	84.22	444594.56	15.78
米	2637745.40	100.00	2220477.18	84.18	417268.22	15.82

---

[1]根据《明会典》卷四二《南京户部》，起运南京的物料已有折银标准，故列此表。

牛租米	1.50	100.00	1.50	100.00		
草	136715.21	100.00	126111.48	92.24	10603.73	7.76
户口盐钞银	42548.21	100.00	25825.59	60.70	16722.61	39.30
遇闰加银	158.46	100.00	158.46	100.00		

表 8—11—55　　　　　　　　　**南直隶田赋货币比例表**　　　　　　　　（两/银）

项目	共计折银（两）	已折银	％	未折银项目折银	％
小麦	451877.57	165291.60	36.58	286585.97	63.42
丝绵折绢	12408.20	3131.80	25.24	9276.40	74.76
税丝折绢	2128.70	2128.70	100.00		
人丁丝折绢	6145.30	3072.65	50.00	3072.65	50.00
农桑丝折绢	6237.17	5887.52	94.39	349.65	5.61
税丝零丝	0.10			0.10	100.00
税丝	8784.67			8784.67	100.00
麻布	415.40			415.40	100.00
零丝	3.80			3.80	100.00
农桑零丝	6.65			6.65	100.00
米	2637745.39	728698.42	27.63	1909046.98	72.37
牛租米	1.50			1.50	100.00
草	136715.21	125310.74	91.66	11404.47	8.34
户口盐钞银	42548.21	42548.21	100.00		
遇闰加银	158.46	158.46	100.00		
夏税	488007.60	179512.27	36.78	308495.28	63.22
秋粮	2817168.77	896715.83	31.83	1920452.96	68.17
田赋总计	3305176.29	1076228.10	32.56	2228948.20	67.44

十二　田赋结构及其货币化个案分析——以河南为例[1]

（一）问题的提出

16 世纪，是世界历史发生重大转折的时期。同样，晚明中国也发生了令人瞩目的变化，成为中国传统社会向近代社会转型和中国走向世界的开端。根据我们已有的研究，明代白银从非法到合法的白银货币化过程，经历了从民间自下而上崛起，再到官方认可自上而下推行全国的历程。伴随一系列赋役改革，白银货币化在各地铺开，白银形成社会流通领域主币，货币化趋势席卷中国社会，与制度变迁、社会变迁同步，并深刻影响了明朝兴衰。历史事实证明，中国走向近代，走向世界，是有内部强大驱动力的。沿着一条白银货币化——市场扩大发展——与世界连接的道路，中国以社会自身发展需求为依托，市场扩大到世界范围，推动了日本与美洲白银矿产的大开发，拉动了外银大量流入中国，由此中国积极参与了世界第一个经济体系，也即世界市场的建构，并深刻地影响了全球化开端时期的历史进程。[2]

明后期，白银货币化在国家与社会互动中迅速发展。笔者沿着白银货币化一学术理路，在对白银货币化与赋役改革的关系作了初步梳理以后，接下来我们面临的就是财政改革的问题。财政是以国家为主体的经济活动、社会活动和分配活动，毋庸置疑，对经济、政治、军事、文化乃至整个社会均有着深刻而复杂的影响与作用。事实上，归根结底，赋役折银的广泛推行，与财政的货币化是同一过程。明后期财政改革，主要体现在国家财政从实物经济向货币经济的转变，这无疑是中国社会经济货币化的进程，也是中国社会进步的重要指征。而对晚明货币经济在财政领域的发展进行探讨，可以深化我们对晚明这一重要的中国社会转型时期的认识。

众所周知，明朝万历初年，经历了张居正改革，全国清丈土地和一条鞭法的推行，是中国古代社会发展史上一个关键时期。万历四年至万历九年（1576—1581 年），由户部尚书张学颜主持编订成帙、十年（1582 年）刊刻的《万历会计录》[3]（下面简称《会计录》）四十三卷，是迄今为止保存下来中国古代最早的、也是唯一的一部国家财政会计总账册。其内容备载了当时全国包括十三布政司和两直隶的田赋原额、见额、岁入、岁出总数；各边镇饷额；内库和各库各监局物料额、商价、光禄寺物料供应、宗藩禄粮、官员俸禄、营卫俸粮、漕运、仓场、屯田、盐法、茶法、钞关、商税和杂课等，史料价值之高不言而喻。当时《会计录》首先刊刻一部进呈御览，另一部送史馆采录，其后陆续颁行省直边镇，要求一体遵守，

---

[1] 本文原题名《明代白银货币化再探——以〈万历会计录〉河南田赋资料分析为中心》，2007 年提交台北 "基调与变奏：7—20 世纪的中国" 国际学术研讨会，刊于《"基调与变奏" 7—20 世纪的中国》第二卷，中国史学会（日本）、台北中研院、台湾政治大学、《新史学》杂志社，2008 年 7 月。这里略有改动。

[2] 关于明代白银货币化的观点，最早发表在 2001 年庆祝香港大学创校九十周年明清史国际学术研讨会上，万明提交论文《试论货币经济与明朝统治》，经修改后更名《明代白银货币化的初步考察》，刊于《中国经济史研究》2003 年第 2 期，论文主要以 427 件徽州契约文书，全面梳理了白银崛起于民间社会的过程，提出并非是国家法令推行的结果。以后陆续发表的主要论文有：《明代白银货币化与制度变迁》（《暨南史学》第二辑，暨南大学出版社 2003 年版，第 276—309 页）、《明代白银货币化与明朝兴衰》（中国社科院历史所明史室编《明史研究论丛》第六辑，2004 年）、《明代白银货币化：中国与世界连接的新视角》（《河北学刊》2004 年第 3 期）、《明代白银货币化与社会变迁》（《中国社会历史评论》第五辑，商务印书馆 2007 年版）、万明主编《晚明社会变迁：问题与研究》第三章《白银货币化与中外变革》[（1999 年起承担的历史所重点课题、2000—2002 年国家社会科学基金项目成果），商务印书馆 2005 年版，第 143—246 页]、《晚明史七十年之回眸与再认识》（《学术月刊》2006 年第 10 期）、《白银货币化视角下的明代赋役改革》（《学术月刊》2007 年第 5—6 期）等。每篇论文均对相关的中外研究成果作了回顾和引述，这里不再赘述。

[3] 张学颜等：《万历会计录》，万历十年刻本，《北京图书馆珍本丛刊》第 52—53 册，书目文献出版社 1989 年版。

是一部具有国家经济财会法规性质的明代财务账籍，为我们研究晚明财政的变化，深入探寻白银货币化的发展历程，提供了有利条件。

《会计录》长达四十三卷，根据我们初步统计，大约包含 4.5 万以上数据。中国古代史研究最缺乏的就是系统的数据。明代为我们留下了《会计录》这样一部难得的系统而完整的国家财政数据，弥足珍贵。但是至今没有得到充分发掘利用。探寻缘由，一来由于篇幅大，内容多；二是全部是庞杂的数据；三是属于海内孤本，在以往没有计算机条件，只能凭个人之力在图书馆抄录的情形下难以全面掌握。对明代户口、田地及田赋、一条鞭法等研究做出杰出贡献的梁方仲先生，他的《中国历代户口、田地、田赋统计》[1] 一书，是数量资料收集统计方面的奠基性研究成果。其中明代各表，主要根据《明实录》、《明会典》和大量地方志等资料组成，只有乙表 56 是根据《会计录》作的《明万历六年分区起运存留米麦数及其百分比》表，以实物额数（石）为计算单位。由于书中专门收集户口、田地、田赋方面数据，计算单位以实物形态出现，白银货币化的问题没有成为关注的重点。黄仁宇（Ray Huang）先生 20 世纪 70 年代撰写了《十六世纪明代中国之财政与税收》[2]，虽然他关注的时间与主题均与《会计录》密切相关，但可惜的是，他主要利用了《明实录》、《明会典》、《明史》、地方志等数据，而将《会计录》置于参考文献的"其他的明代和清初的数据"中，书中仅利用了《会计录》中的 5 个具体数据。这不能不说是基本史料的缺陷。关于明代赋役制度的研究，日本学者的研究成果甚丰，清水泰次、山根幸夫、岩见宏、谷口规矩雄等学者发表了一系列有价值的论述[3]，内容涵盖了明代财政的诸多方面。但是，同样都没有利用《会计录》对明代财政的货币化问题进行专门研究。

以往史学界一般认为，明代财政是以实物为主，主要表现在田赋征收是以实物米麦为主，终明世没有改变。事实是否就是如此？我们认为，发展到明代后期，货币经济极大发展，在白银货币化大势所趋下，一系列的地方赋役改革全面铺开，势必导致国家的财政改革和田赋征收的变化。但是这一变化究竟有多大？达到了什么程度？尚待我们去探讨。

事实上，中国社会经济发展到明代后期，白银货币不仅进入了赋税领域，而且逐渐成为各种赋税征派所采用的统一的预算和支付手段。这样一来，各种赋税具有了统一的计算标准，这是中国历史上前所未有的，具有划时代的意义。换言之，明代白银货币化，贵金属白银作为统一的计算单位，可以作为一种普遍适用于所有项目的标准化计算手段，也为我们进行定量分析与研究提供了有利条件，使我们可以利用《会计录》中的系统数据，对于明代财政结构以及货币化程度作出估算与研究。

田赋是国家财政的核心，也最能够反映出国家财政的性质。因此，在这里我们选取从河南布政司田赋入手。[4] 需要说明的是，这是我们首次利用《会计录》数据，结合其他明代史籍数据，以定性与定量分析相结合进行研究的一个尝试，尚祈方家不吝赐正。

---

[1] 梁方仲：《中国历代户口、田地、田赋统计》，上海人民出版社 1980 年版。

[2] 黄仁宇（Ray Huang）：《十六世纪明代中国之财政与税收》（*Taxation and Governmental Finance in Sixteenth Century Ming China*），英文版 1974 年，阿风等译，生活·读书·新知三联书店 2001 年版。

[3] 日本学者对于明代赋役制度的研究成果很多，如清水泰次《明代に于ける租税银纳の发达》（《东洋学报》20 卷，1935 年第 3 期）、山根幸夫《明代徭役制度の展开》（东京女大学会 1966 年版）、岩见宏《银差の成立をめぐって——明代徭役の银纳化に关する一问题》（《明代徭役制度の研究》，同朋舍 1986 年版）、谷口规矩雄《明代徭役制度史研究》（同朋舍 1998 年版），等等。聚焦于徭役折银的较多，采用的是制度史研究的视角。

[4] 我们选取河南的考虑有两点：一是在明代它是一个仅次于湖广田地数额的第二农业大省；二是它是一个北方农业大省，对于白银货币化与财政改革也许更具有典型意义。需要说明的是，《会计录》中记载河南包括 9 府 108 州县，是万历初年河南实际上的行政区划，不同于一般采用的《明史·地理志》记载的河南8 府 102 县。

（二）河南田赋结构的分析

河南田赋是全国田赋的一个组成部分。明代田赋制度原则上沿袭唐代以来的两税法。根据洪武年间《诸司职掌》记载，明初规定田赋为夏秋两税，夏税征收曰米麦，曰钱钞，曰绢；秋粮征收，曰米，曰钱钞，曰绢。[1]

顾炎武《肇域志》云；

> 今之夏秋二税，即古所谓粟米之征，唐之所谓租；农桑丝绢即古所谓布缕之征，唐之所谓调。[2]

梁方仲先生对于明代田赋素有研究，他概括如下：

> 所谓田赋可以有广狭两义之分。从广义说来，凡随同田赋正项缴纳的税物，亦未尝不可以归入田赋之中。故一切附加的杂项（不管长久的或暂时的）都可当作田赋的一部分看待。但从狭义说来，只有对一般田地所赋的标准品物，才算是真正的田赋……狭义的田赋，在明代为米麦两项。麦是在夏天，米是在秋天收的，故叫麦作夏税，米作秋粮。[3]

明代田赋的征收，主要有本色、折色两种。米麦称作本色，各种折纳称作折色。据《明太祖实录》载，洪武九年（1376年）明太祖"令民以银、钞、钱、绢代输今年租税"，即准许各地用银、钞、钱、绢等物折合为米麦交纳租税。当时规定，银一两，钱千文，钞一贯，可折米一石，麦减值十之二，棉布、苎布一匹折米六斗或麦七斗，麻布一匹折米四斗或麦五斗。[4] 由此可知，银、钱、钞、绢、布均仅为代输之物，其价值以米麦为标准，是以米、麦为本色，银、钱、钞、绢、布为折色。洪武十八年（1385年）有令两浙及京畿官田折收税粮。[5] 洪武三十年（1399年），明太祖令户部："凡天下积年逋赋，皆许随土地所便，折收绢、布、金、银等物，以免民转运之劳。尔百司一如朕命，毋怠。"[6] 当时天下田赋征收可任各地土产所宜，折收绢、布、金、银等物。从时间上可见，尽管洪武年间已开始有折收之令，但是绢、布、金、银等物的折收，往往是暂时性的。田赋夏税、秋粮以本色为主征收，奠定于明初。

发展到万历初年，在经历了一系列地方赋役改革以后，明代财政中最重要的部分田赋的实态是怎样的？带着这个问题，我们选取了河南作为切入点，作为我们对《会计录》各省直田赋数据全面进行初步整理与研究的开始。《会计录》卷八，记载了河南布政司田赋状况。[7]

---

[1]《诸司职掌》卷三《户部·税粮》，《皇明制书》上卷，日本古典研究会1966年影印本；万历《明会典》卷二十四《会计一·税粮一》，中华书局1989年影印本。

[2]顾炎武：《肇域志》卷九，清抄本。

[3]梁方仲：《明代"两税"税目》，《梁方仲经济史论文集》，中华书局1989年版。

[4]《明太祖实录》卷一〇五，洪武九年三月己丑，台北中研院史语所校勘，1962年影印本。

[5]王圻：《续文献通考》卷四《田赋考》，现代出版社1991年影印本。

[6]《明太祖实录》卷二五五，洪武三〇年九月癸未。

[7]《万历会录》卷八《河南布政司田赋》，记载了河南布政司的田赋状况，包含原额、见额全部资料。首先是以原额列出了洪武年间、弘治年间的数额，然后列出见额，即万历六年（1578年）的田赋数据。见额项目繁多，折变不常。仅夏税麦的起运部分就有30项之多，往往有一种实物折为另一种实物后，再加以折银，非常烦琐。我们经过细致归纳整理和计算，列出表格。凡本书所用河南布政司田赋的大量资料，出自《会计录》此卷的，不另加注。

河南田赋征收项目十分复杂，经过整理，大致归纳如下：

夏税：计分为小麦（包括起运麦、存留麦），税丝（包括起运丝、工部织染局丝、存留丝），绢（全部用于起运），大致是麦、丝、绢三大类；

秋粮：计分为米（包括起运米、存留米）、枣子易米（全部用于存留）、粟米（全部用于起运）、豆类与杂粮（全部用于起运）、地亩棉花绒（全部用于起运）、草（包括起运草、存留草）、户口盐钞银（包括起运银、存留银）、遇闰加银（全部用于存留）等，主要是米、草、户口盐钞银三大类。[1]

面对繁杂的田赋征收项目，我们排除了以往统计田赋时采取的以实物简单相加并罗列的方法，采用白银为统一的计算单位，对河南田赋数据进行了初步整理。我们的步骤是：将所有《会计录》田赋征收项目中折银的实物部分作了货币额计算，得出货币化部分的货币额；再以《会计录》中标明的银价，采取加权平均值计算出价格，以此计算出没有折银的实物部分的货币额；将货币化部分与实物部分的货币额相加，得出田赋总额数字；最后，我们再分别将货币部分和实物部分进行了分割，得出各自的比例。通过初步整理和计算以后，我们得以认识万历六年（1578年）田赋中的夏税结构和秋粮结构，以及河南田赋结构的一个完整面貌。参见表8—12—1、表8—12—2、表8—12—3。[2]

表8—12—1　　　　　　　　　河南省田赋·夏税结构　　　　　　　　　（两/银）

田赋	数额	%	起运	%	存留	%
夏税总计	401946.74	100.00	227299.24	56.55	174647.50	43.45
小麦	381462.34	100.00				
起运麦			207145.10	54.30		
存留麦					174317.24	45.70
税丝	13410.40	100.00				
起运丝			9910.60	73.90		
工部织染局丝			3169.54	23.63		
存留丝					330.26	2.46
农桑丝折绢	7074.10	100.00	7074.10	100.00		

表8—12—2　　　　　　　　　河南省田赋·秋粮结构　　　　　　　　　（两/银）

田赋	数额	%	起运	%	存留	%
秋粮总计	1088890.32	100.00	893588.24	82.06	195302.07	17.94
米	951062.69	100.00				
起运米			777396.68	81.74		
存留米					173666.01	18.26

---

[1] 万历《明会典》卷二五《税粮二》记载，夏税为小麦、税丝、农桑丝折绢三类，秋粮为米、枣子易米、地亩棉花绒三类。实际上枣子易米数量不大，而地亩棉花绒仅342斤而已。
[2] 需要说明的是，《会计录》中税收数字多达小数点后7、8位。在这里无论是实物（石），还是白银（两），我们的计算数据一般保留到小数点后两位。

枣子易米	7950.71	100.00			7950.71	100.00
地亩棉花绒	21.89	100.00	21.89	100.00		
草	111391.30	100.00				
起运草			106961.66	96.02		
存留草					4429.64	3.98
户口盐钞银	17031.58	100.00				
起运银			7775.86	45.66		
存留银					9255.71	54.34
遇闰加银	1432.15	100.00	1432.15	100.00		

表8—12—3 　　　　　　　　　　河南省田赋结构　　　　　　　　　　（两/银）

田赋	数额	%	起运	%	存留	%
田赋总计	1490837.06	100.00	1120887.48	75.19	369949.57	24.81

综合上表8—12—1、表8—12—2、表8—12—3，以白银为统一计算单位，我们计算出河南田赋总计1490837.06两白银，其中起运1120887.48两，存留369949.57两，起运京师等输出明显多于留在本地的存留。田赋收入中，夏税401946.74两，秋粮1088890.32两，显然是秋粮重于夏税。为了进一步了解河南田赋的总体结构，下面就夏税和秋粮依次进行具体分析。

1. 河南夏税收入分析

小麦是夏税的主体，其中包括以棉布、豌豆、大麦准折为小麦的项目，其他的项目主要有丝和绢。丝是对于种桑的地所课的税，而绢原本是丝的折色，即丝所折纳的物品，故称为农桑丝折绢。《会计录》卷八关于夏税的数据共64个，可以说明其繁杂的程度，以下据此进行归纳分析。

（1）夏税麦

根据《会计录》卷八，河南省田赋夏税项下的记载，小麦所占数额最大，全省实征麦617322.84石，包括起运和存留两部分。

a. 起运部分

起运部分包括30项，共计341722.45石，有以下几种情况：

第一，已经注明起运目的地的小麦共有17项，共计小麦217452.4石；这17项都已经标明了折银标准，共计折银156442.4两；

第二，另有11项起运物料已经注明了折算为小麦，并且标明了原物料的折银标准，共计折小麦90470.05石，折银25902.7两；

第三，另有2项为起运原物料准小麦抵斗，也已经标明了原物料的折银标准，共计折小麦33800石，折银24800两。

以上三部分，共计30项，累计起运小麦341722.45石，共折银207145.1两。

b. 存留部分

存留小麦275600.38石，原账目中没有注明价格。因此我们根据已经标明的起运小麦的价格，计算其加权平均值 $\sum_{i=1}^{30} x_i p_i$ 为0.6325两/石。

以此数值计算原账目中没有注明价格的存留小麦275600.38石，则其折银共计：

275600.38×0.6325＝174317.24（两）。

以上全省夏税小麦 617322.84 石，起运与存留合计共折银 381462.34 两。[1] 其中，起运部分已经全部折银，占夏税小麦总数 54.30%；存留部分从账目上看，没有折银标准，故以实物计，占夏税小麦总数 45.70%。

（2）夏税丝

根据《会计录》卷八，河南省田赋夏税项下的记载，全省实征丝＝起运京库丝＋工部织染局丝＋存留丝，共计 352901.54 两。

起运京库丝（折绢）与工部织染局丝项下，原书均已注明折银价格；计丝 322795.76 两，共计银 13080.04 两。

存留丝项下没有给予折银价格。我们按照起运京库丝与工部织染局丝的价格，其加权平均值为 0.01097 两/每丝 1 两。算得存留丝共折银 330.26 两。

因此得到夏税丝 352901.54 两，共折银 13410.3 两。

我们以夏税丝总数为 100%，起运京库丝占总数 73.90%，起运工部织染局丝占 23.63%，存留丝仅占 2.46%。故夏税丝可以说已基本征收货币，实物部分已寥寥无几。

（3）夏税农桑丝折绢

根据《会计录》卷八，河南省田赋夏税项下的记载，农桑丝折绢已经给出折银价格，全省夏税农桑丝折绢 9963 匹，共折银 7074.10 两。

（4）夏税综述

河南全省夏税共该银 401946.74 两。其中全部起运部分，原已注明折银，共计 227299.24 两；原书中未标明价格的，为存留部分，依据上述加权平均值计算，共折银 174647.5 两。

经过统一计算，我们得到河南全省夏税中，起运量为 56.55%，存留量为 43.45%。基于财政的夏税征收中起运部分已经全部折银，所以夏税征收总税额中，可以认为货币税已经超过了实物税的比例。

2. 河南秋粮收入分析

米是秋粮的主体，其他有粟米、枣子易米、豆类与杂粮、地亩棉花绒、草和户口盐钞银。按照数量划分，主要是米、草、户口盐钞银三大类。相对夏税而言，秋粮项目更加繁杂，《会计录》卷八包括的秋粮数据达 102 个之多，以下据此进行归纳分析。

（1）秋粮米

根据《会计录》卷八，河南省田赋秋粮项下的记载，全省实征米 1763437.11 石。米是秋粮的最大项目，其中包括起运和存留两部分。

a. 起运部分

包括 40 个项目，共计米 650565.11 石，有以下几种情况：

第一，已经注明起运目的地，并且给出价格的米共有 6 项，计米 232841.21 石，共计折银 163542.99 两；

第二，已经注明起运目的地，但是没有给出价格的米共有 1 项，共计米 200000 石；

第三，另有 31 项起运的物料已经注明折算为米，并且标明了原物料的折银标准，共计折米 191909.65 石，折银 64512.94 两；

第四，有 2 项起运的物料已经注明折算为米，但是没有标明原物料的折银标准，共计折

---

[1] 我们以小麦价格的加权平均值 0.6325 两/石，计算全省实征麦总量 617322.84 石，得到全省夏税小麦折银共计 390456.7 两。又以小麦价格的加权平均值 0.6325 两/石，计算存留小麦的折银数后，再加上原书给出的起运小麦的折银数，得到的全省夏税小麦折银 381462.34 两的计算结果，误差仅为 2%。

米 25814.25 石。

以上四种情况共包括 40 个项目，共计米 650565.11 石，其中对于已经给出价格的①、③而言，账面共折银 228055.93 两。

我们根据已经标明的起运米价格，计算其加权平均值 $\sum\limits_{i=1}^{31} x_i p_i$ 为 0.2963 两/石。

以此数值计算原账目中未标明价格的 3 项起运米 225814.25 石，则其折银共计 225814.25×0.2963＝66908.76（两）。

第五，秋粮粟米

根据《会计录》卷八，河南省田赋秋粮项下记载，共 35 项起运粟米（含细粟米 1 项），共计 461768.49 石，均已给出价格，价银不等。我们计算粟米价格加权平均值为：0.90635 两/石，共计折银 418524.59 两。

第六，秋粮豆类与杂粮

根据《会计录》卷八，河南省田赋秋粮项下记载，豆类与杂粮共计 42 项。其价格的处理如下：

其中 40 项共计 64987.44 石，已经给出价格，共计折银 59230.66 两。

另有 2 项未给出价格，但标明了起运目的地，其中 1 项为起运供用库芝麻 2400 石，依照《会计录》卷三十《内库供应》所载"商价时估"中供用库芝麻价格 1.64 两/石计价，折银 3936 两；另 1 项为起运坝上仓黑豆 926 石，依照本卷坝上东、南、北三仓黑豆价格 0.8 两/石计价，折银 740.8 两；共计折银 4676.8 两。

这 42 项全部为起运物料，共计折银 63907.46 两。

加和后，总计起运米 1177321.65 石，共折银 777396.68 两。

b. 存留部分

存留米没有注明价格，总计 586115.46 石。

我们以上述加权平均值 $\sum\limits_{i=1}^{31} x_i p_i$ 为 0.2963 两/石，计算原账目存留米 586115.46 石，则其折银共计 586115.46×0.2963＝173666.01（两）。

由此，我们得到秋粮米共计 1763437.11 石，折银 951062.69 两。其中，起运占秋粮米总数 81.74%，存留占秋粮米总数 18.26%。

（2）秋粮枣子易米

根据《会计录》河南省田赋秋粮项下记载，有枣子易米一项。此项是对于种枣的地而课的税，原来规定交纳实物枣子，改为纳米，共计 26833.32 石。则其折银共计 26833.32×0.2963＝7950.71 两。此部分列于存留项下。

（3）秋粮地亩棉花绒

根据《会计录》河南省田赋秋粮项下记载，共 342.4 斤。这是对于种植棉花的田地所课的税，数量很少，按其加权平均值每斤折银 0.064 两计，共计折银 21.89 两。

（4）秋粮草

根据《会计录》卷八，河南省田赋秋粮项下记载，共计秋粮草 27 项。其中包括起运与存留两部分。

起运草 26 项，共计 2203825 束，均已给出价格，共计折银 106961.66 两。

存留草 1 项，计 77713 束，未标明价格，我们采用起运草价格的加权平均值 0.057 两/束为折银标准，计算存留草共折银 4429.64 两。

27 项共计草 2281538 束，总计折银 111391.3 两。起运草已经全部折银，比例达到了全部秋粮草总数的 96.02%，而存留草的比例只有总数的 3.98%。

（5）户口盐钞银

根据《会计录》河南省田赋秋粮项下记载，户口盐钞银共计 17031.58 两，分为起运和存留两部分。起运部分 7775.86 两，占总数 45.66%；存留部分 9255.71 两，占总数 54.34%。另有遇闰加银 1 项，1432.15 两，列于起运部分。

（6）秋粮综述

河南全省秋粮共该银 1088890.32 两。其中起运折银 893588.24 两；存留折银 195302.07 两。由此，我们得到河南全省秋粮中，起运量为 82.06%，存留量为 17.94%。因此，可以说比较夏税的话，秋粮的起运量比重更大，虽然起运部分并未全部折银征收，但是秋粮的货币比例也高过实物，下面还将继续探讨。

3. 全省田赋结构综论

为了清楚了解河南田赋总体结构，我们根据《会计录》记载的田赋细目，作总的田赋项目分布图如下（图 8—12—1）：

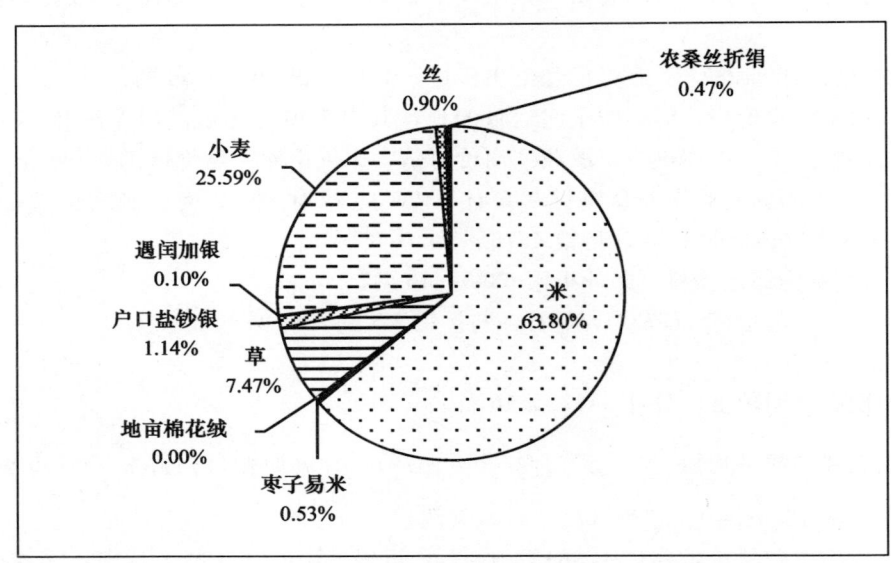

图 8—12—1　河南田赋项目分布

综合以上对于河南夏税、秋粮两类收入的具体分析，我们可以得出对河南全省田赋结构的总体认识：

首先，总观河南田赋结构分布，其中米是最大的项目，如果将所有米类总计，高达全部田赋收入的 63.79%。再依次是小麦占 25.59%，草的比例占 7.47%，税丝和户口盐钞银都各仅占 1% 左右，遇闰加银占 0.1%，农桑丝折绢占 0.47%。至于地亩棉花绒，因数目太少而无法显示比例。

其次，河南省田土全年田赋折银 1490837.06 两，其中起运折银 1120887.48 两，存留折银 369949.57 两。总计起运量为 75.19%，存留量为 24.81%。起运和存留，可以说是当时中央与地方财政的划分。明显的是，在中央与地方财政的分配关系上，中央财政获得了绝大部分的田赋收入。由此来看，明代中央集权仍然具有相当的力度。

（三）河南田赋的货币化分析

1. 明初河南田赋无货币成分

明初田赋征收中，原有货币一项内容，但是因为数量极少，甚至被后世略而不计。从税目来看，万历《明会典》所载，有洪武、弘治、万历三个时间段的两税税目，原额洪武年间见有米麦、钱钞、绢三项，而弘治年间夏税和秋粮项下的税目多至二三十种，万历年间的名目更是有增无减。[1] 在《会计录》河南田赋的记载中，首列原额洪武年间资料，其夏税和秋粮均不见"钱钞"一项。由于注明了是"诸司职掌数"，所以我们查阅了《诸司职掌》一书，却见其中"钱钞"赫然在目。[2] 由此可见，洪武时田赋中确实是有钱钞一项的，征收的是当时的法定货币宝钞。以往由于明初洪武年间规定夏税秋粮的征收以米麦为主，所以大多学者也就没有注意这一细节，一般认为明初财政一概是征收实物，没有包括货币的因素，这是不准确的，应该澄清。

根据文献记载，明初田赋中的钱钞数额不多。《明会典》记载了洪武时夏税输"钱钞"的，只有浙江、江西、福建三布政司，秋粮输钱钞的只有苏州府、松江府和扬州府；弘治时夏税秋粮输钞的地方有所增加，有浙江、江西、湖广、福建、广西布政司，以及大名府、苏州府、松江府、常州府、扬州府、池州府。[3] 所谓"钱钞"，实际上只有钞，名目有"钞"、"山租钞"、"赁钞"、"租钞"、"税钞"等5种。最多的夏税"租钞"，总计32000多锭，而最少的秋粮"赁钞"，仅175贯余。由此来看，明初田赋中包括少量钱钞，并不影响我们对于明初以来田赋征收以米麦为主，称之为实物经济的认识。需要说明的是，文献还证明，明初田赋征收以米麦实物为主，虽然也实行折征，但折征也仍以实物为主。具体到河南田赋，是一向没有钱钞征收的。

2. 河南田赋的白银化

随着社会经济发展，一条鞭法出现以前，从宣德以后算起，至万历初年，已出现一系列地方赋役改革，时间达一个半世纪之久，这些赋役改革，几乎都包括有折银的内容，这无疑不是一种巧合，而是一种带有规律的现象。正是伴随一系列地方赋役改革的折银交纳，明代白银货币化极大地扩展，逐渐普及到全国，在社会流通领域形成了主币的地位。因此白银日益渗透到国家财政之中，是一个必然的发展历程。但是，白银货币到底在明代后期财政中的地位如何？这一前贤没有具体考察过的问题，正是我们所要考察的问题所在。

根据《会计录》卷八记载，下面以河南布政司田赋为例，我们尝试对于明代田赋的货币化程度进行了初步的计算分析，先列表8—12—4于下，再依次略加分析。

表8—12—4　　　　　　　　　　河南田赋货币比例表　　　　　　　　　　（两/银）

项目	共计折银	已折银	%	未折银项目折银	%
小麦	381462.34	207145.10	54.30	174317.24	45.70
税丝	13410.30	13080.04	97.54	330.26	2.46
农桑丝绢	7074.10	7074.10	100.00		
米	951062.69	710487.98	74.70	240574.77	25.30
枣子易米	7950.71			7950.71	100.00
地亩棉花绒	21.89			21.89	100.00
草	111391.30	106961.66	96.02	4429.64	3.98
户口盐钞银	17031.58	17031.58	100.00		

---

[1] 万历《明会典》卷二四《会计一·税粮一》。

[2] 《诸司职掌》卷三《户部·税粮》。

[3] 万历《明会典》卷二四《会计一·税粮一》。

遇闰加银	1432.15	1432.15	100.00		
夏税	401946.74	227299.24	56.55	174647.50	43.45
秋粮	1088890.32	835913.37	76.77	252977.01	23.23
田赋总计	1490837.06	1063212.61	71.32	427624.51	28.68

上表可见,分项税目中,由于起运小麦、起运丝、农桑丝绢、粟米、豆类与杂粮、户口盐钞已经注明了折银,因此我们将其全部折银计算。以最大项目米麦为例,小麦共计折银381462.34两,占了总数的54.30%,而秋粮米共计折银951062.69两,折银占总数的74.70%,加上草的高达96.02%的折银数额,秋粮的货币化比重已上升到总数的76.77%。

需要说明的是,我们采用的折银标准有三种情况:第一,根据原账目已经给出的价格;第二,根据《会计录》卷三〇《内库供应·商价会估备考》的同类物品价格;第三,根据已给的该类物品价格及其数量,计算出的该项物品价格的加权平均值。

经过计算,河南夏税共计401946.74两,已折银项目折银227299.24两,未折银项目折银174647.5两,折银率为56.55%。没有折银征收的实物部分,占总数的43.45%。

河南秋粮共计1088890.32两,其中已折银项目折银835913.37两,未折银项目折银252977.01两,折银率为76.77%。没有折银征收的实物部分,占总数的23.23%。赋税中秋粮数量大于夏税,其货币化比例也相对高于夏税。

最后,让我们看河南田赋的整体:总计1490837.06两,其中已折银项目共折银1063212.61两,未折银项目共折银427624.51两,折银率为71.32%。没有折银征收的实物部分,占总数的28.68%。

上述可见,河南田赋的货币化比例已经超过了半数,居于主导地位。为了清楚地表现这样一个结果,请见图8—12—2。

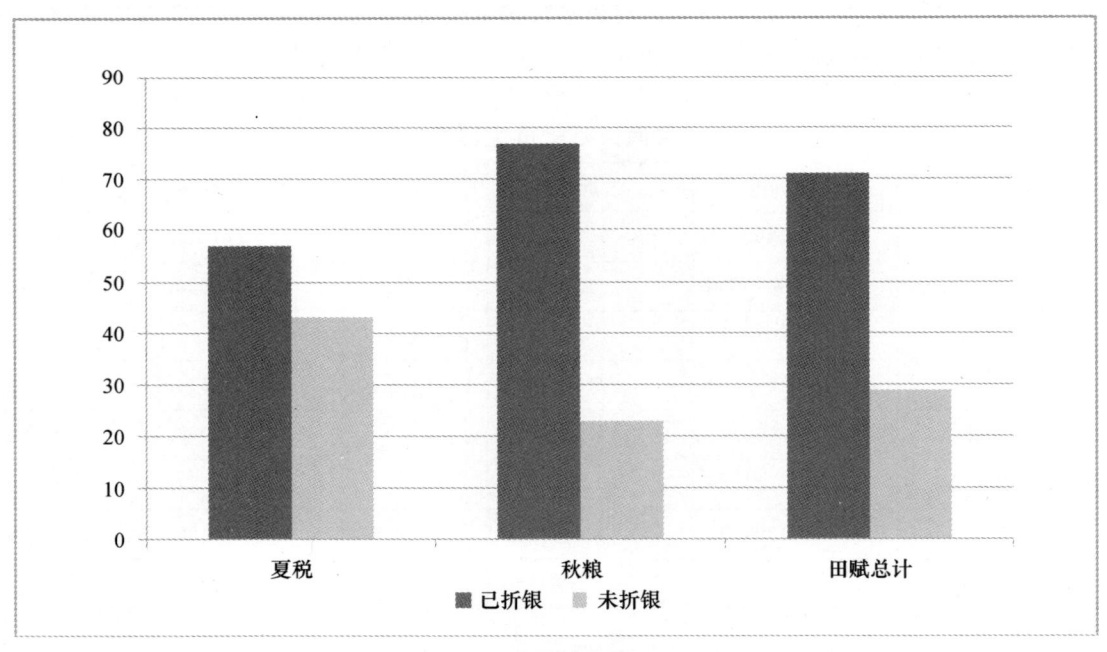

图 8—12—2 河南田赋货币化分布(%)

3. 河南田赋白银化探析

显而易见，根据《会计录》账目记载，万历初年，河南田赋中折银征收的部分已经超过了实物部分。当然，这只是一个方面；而另一个方面，实物部分仍然保持着相当的比例，这主要表现在存留部分。从河南田赋来看，存留部分远小于起运部分，而从以上分析中，我们已经得知存留部分有相对更多的实物，因此存留部分小，也就意味着实物部分也小于货币部分。这里应该说明的是，存留于地方的这部分田赋征收，事实上在以后经过一条鞭法改革广泛而更加深化的实施以后，在地方具体运作时相当部分也已折银征收了，历史正是朝着财政货币化这一趋势发展的。这方面在另文中曾经述及，在此不再赘述。

将以上田赋以白银计算列表后，我们来到一个关键的问题：即《会计录》是地方巡抚造册上报的官方统计数字，那么账目中的折银是否只是一个统一的计算单位，而不是征收的实际内容呢？关于这一点，我们认为，赋税收入是维持国家政权存在并发挥职能的经济基础，直接关系到王朝兴衰，所以在当时得到朝廷的极大重视。《明实录》记载，《会计录》先是由户部尚书王国光"辑部中前后条例编纂成书"，此后神宗又命户部"再加订证"。[1] 于是，户部尚书张学颜督率司属"备将前集复行参校《大明会典》，次考历年条例，次查本部册籍，补其缺遗，厘其讹误"，二年后才完成进呈，经皇帝御览后，"陆续印刷，颁行省直、边镇，一体遵守"。[2] 由此可见，其中田赋资料不仅是官方的表面账目，而是有一定实际依据的，古代官方的统计数字虽然具有局限性，但是毕竟是当时户部根据地方巡抚申报的统计数字所造报，是当时国家掌握的全国赋税状况，国家财政作为一种经济法规颁行全国。这些数据具有不可替代的史料价值。

根据梁方仲先生所作《明代一条鞭法年表》[3]，说明一条鞭法开始施行于嘉靖初年，至嘉靖末年已经在南方推广，此后万历元年到二十年是一条鞭法发展最为迅速的时期，至万历二十年以前已经推行全国了。关于河南一条鞭法的施行，根据地方志记载是在万历元年以后。唐文基先生曾征引民国《获嘉县志》记载，说明豫北获嘉县于嘉靖年间实行过包括赋役两方面内容改革的一条鞭法：

> 嘉靖间，总括州县赋役，量地计丁，丁粮毕输于官……名曰一条鞭法。[4]

唐文基先生说："如果这一记载是真实的话，那么，获嘉县实行赋役合并，摊丁入地的内容较为深刻，而且一条鞭法的时间也是较早的。但是，考之万历、康熙、乾隆三种《获嘉县志》，均无与上述内容近似的记载。"[5] 我们认为，虽然上述文献记载晚出，但还是有可信度的。虽然至今前贤所引和我们所见的河南方志中，记载一条鞭法实行的时间，大都在万历元年以后。例如：汝宁府信阳州罗山县[6]、南阳府邓州新野县[7]、汝宁府汝阳县[8] 在万历元年

---

[1]《明神宗实录》卷一一一，万历九年四月乙卯，台北中研院史语所校勘，1962年影印本。

[2]《万历会计录》卷一，张学颜进呈题本。

[3]梁方仲：《明代一条鞭法年表》，《梁方仲经济史论文集》，中华书局1988年版。

[4]民国《获嘉县志》卷五《赋役》，1934年本。

[5]唐文基：《明代赋役制度史》，中国社会科学出版社1991年版，第309页。

[6]万历《罗山县志》卷一《田赋》，《日本藏中国罕见地方志丛刊》本，据万历十一年（1583年）刻本影印，书目文献出版社1992年版。

[7]乾隆《新野县志》卷六《赋役》，《中国方志丛书》本，据乾隆十九年（1754年）刊本影印，台北成文出版社1976年版。

[8]万历《汝南志》卷四《食货志》，万历刻本。

（1573 年）；汝宁府新蔡县[1] 在万历三年（1575 年）以前，开封府杞县[2] 在万历六年（1578年），开封府中牟县[3]、扶沟县[4] 在万历十二年（1584 年），等等。但是，今见嘉靖刻本《河南赋役总会文册》（以下简称《文册》）卷一《税粮》已经明确记载：

> 派征钱粮。查得本省所属州县，该征起运夏税京库、大同等八仓，并税丝农桑折京库绢共拾仓；秋粮兑军马营等壹拾伍仓米、豆并宣府等柒仓草共贰拾贰仓口，各价银不等，俱作一条鞭。夏税连丝，秋粮连草。其布匹并存留亲王、郡王府、县儒学麦米及硝碱、抛荒、河塌等粮，另项分派征解，致有奸弊。议拟自嘉靖贰拾肆年以后，各州县除额派存留亲王麦米及郡王粳米、府州县学原系本色者，与纳抛荒、硝碱、河塌等项粮布，俱各照旧另派外，其余起运京边腹里并存留布匹折银者，俱作一条鞭征收。行令各属州县掌印官，分派各户于由帖内明开某户原该粮若干，本色若干，各注写某大户收，限某日完纳，各花户俱自行上柜交纳。不许催头人等揽收。[5]

上述"各价银不等，俱作一条鞭"，说明河南布政司于嘉靖年间已经实施一条鞭法，起运上述各仓实物，均已折银的历史事实。而"自行上柜交纳"，也是各地实行一条鞭法的典型做法。

《文册》十卷，今存一卷，即税粮。《文册》卷首载河南布政司"为定规则以一政令事"呈文河南巡抚，详刊《文册》的产生缘起。河南布政司呈文经巡抚批复，由左、右布政使"遵将赋役总会册内各项事宜逐一检阅"后，经巡按河南监察御史批"依拟刊行，分发各属遵行缴除遵奉外，今将赋役事宜逐一开载，刊印发行本省大小衙门一体遵守施行，须至册者"。由此可以推知，这一《文册》是河南布政司编辑上报全省赋役状况的原始文册，具有法令的性质，弥足珍贵。巡抚批文"须查明裁定，删繁举要，使可遵守，传之永久"，可见对于赋役文册的重视。考其刊布时间，见册中提及的至迟时间是在嘉靖二十四年（1545年），而对于与刊布此册相关的"钦差巡抚河南地方都察院副都御史张"、"左布政使纪"、"右布政使丘"、"巡按监察御史张"等官员姓氏，逐一考察，"钦差巡抚河南地方都察院副都御史张"即张纲，他于嘉靖二十六年九月，由河南左布政使升为都察院副都御史，巡抚河南，二十七年十二月由巡抚山东右佥都御史彭黯接任；"左布政使纪"为纪常，他于同年以河南布政司右布政使升为左布政使；"右布政使丘"即丘茂中，他于同年以河南布政司右参政升为右布政使；而"巡按监察御史张"即张坪，史载他于嘉靖二十七年九月因事被调外任，而二十八年与纪常同时免官。据此，可以推知，此文册刊布于嘉靖二十六年九月至二十七年九月之间。[6] 重要的是，根据这一具有档册性质的文册内容，我们可以确切了解到嘉靖末年河南已行一条鞭法的历史事实。

当时以钦差巡抚河南地方都察院副都御史张纲为首的地方官员，为了保证赋役的征收，刊刻发行了《文册》，让全省遵守施行。从目录来看，卷一税粮，其目二十有三，开篇是

[1] 万历《新蔡县志》卷三《田赋》，万历刻本。
[2] 乾隆《杞县志》卷七《田赋》，清刻本。
[3] 天启《中牟县志》卷二《志政》，卷五《志文》下，天启刻本。
[4] 光绪《扶沟县志》卷六《赋役》，《中国方志丛书》本，据光绪十九年（1893 年）刊本影印。
[5]《河南赋役总会文册》卷一《税粮》，《北京图书馆珍本丛刊》第 60 册，据嘉靖刻本影印，书目文献出版社 1998 年版。
[6]《明世宗实录》卷三二七，嘉靖二十六年九月己巳；卷三四〇，嘉靖二十七年九月丙申；卷三四三，嘉靖二十七年十二月乙卯，台北中研院史语所校勘 1962 年影印本。雍正《河南通志》卷三十一《职官》二，《四库全书》本。其中"张纲"作"张絧"，误。

"征收税粮起存本折规则"。上文所录，即为其中一段文字。一般而言，一条鞭法所包含的田赋改革，是田赋不分起运、存留，京粮、边镇，不分仓口，统一征纳，然后由官府分别解派。《文册》表明，"起运夏税京库、大同等八仓，并税丝农桑折京库绢共拾仓；秋粮兑军马营等壹拾伍仓米、豆并宣府等柒仓草共贰拾贰仓口"，在嘉靖末年，无论是夏税麦、税丝、农桑折京库绢，还是秋粮米、豆、草"价银不等"，都说明了均已折银，而且"起运京边腹里并存留布匹折银者，俱作一条鞭征收"，这是地方官的明文规定，无疑是经过改革后征收白银货币的实态。由此看来，上述多部方志中的记载均有滞后现象。或者所载是在嘉靖改革以后进一步推行的记录，也未可知。但这里暴露了方志不是第一手数据，且记载零散的缺陷，凸显了原始资料发掘的重要。《文册》反映了河南赋役改革的具体运行情形，也印证了《会计录》这一国家财政账目是根据各省巡抚一级上报文册汇总编纂的，不应说是表面账目，而应视为地方赋役改革进行中的直接产物。

以上《文册》记录的是河南嘉靖末年的情况。这里还可以补充的一点是，宁波天一阁现存一部万历五年（1577 年）刊刻的《催征钱粮降罚事例》，在时间上它更接近于《会计录》。虽为福建布政司所刊，但明确说明了是户部奉圣旨刊布，并以万历四年（1576 年）时任户部尚书殷正茂的"申明旧例严查催征怠玩官员以警人心以裨国储事"题本为开端，充分说明了明朝当时对于"钱粮"即税收的异常重视。殷正茂是进呈《会计录》的张学颜的前任。事例明确规定："如见年应征拖欠过于一分，而完不及九分者，将司、府、州、县掌印管粮官通行分别住俸降罚，虽升任行取，不容假贷"，由各司、府造册，"逐名咨送到吏部，照例降黜"。《事例》提醒我们关注万历初年张居正改革，推行考成法的大背景。为保证赋税征收，明朝不仅把催征钱粮作为官员考成则例，而且把钱粮完纳情况作为对官吏升转、降罚的标准。作为万历初年官员政务考核的重要法规之一，法规的基础就建立在各省册报数额之上，《会计录》的记载也清楚地反映出国家会计建立在同样的基础上。因此，我们认为当时的册报应是比较可信的，反映的是当时国家掌握的全国赋税状况，其中的货币化记载，表明了明代财政的变化实态，即由单一实物结构向实物与货币二元结构转变的历程。

（四）河南田赋变化的启示

《明会典》卷二九《户部》十六《征收》记述："国初因田制赋，税粮、草料各有定额。每年户部先行会计，将实征数目分派各司府州，照数征收。"依据《会计录》河南田赋的数据数据分析，一个历史事实清楚地摆在我们面前：发展到万历初年，明代财政已经发生了令人瞩目的变化。第一，在国家财政收支的田赋部分，货币比重的大量存在；第二，在个别省份财政主体田赋中，白银货币已居于主导地位。

具体来说，《会计录》河南田赋的数字，使我们清楚地看到了田赋发生的变化。总的变化趋势是田赋中实物转换为白银货币的部分基本稳定并呈增长态势，而实物部分呈缩小态势。换言之，明代财政收支方面的变化，主要不是表现在实物方面，变化最大的是折银交纳方面，反映了货币化的趋势。从货币与实物的比例变化，我们可以更深刻地认识到货币在明朝后期财政中地位之重要。这些数字的变化也表明，白银货币正在取代实物在明朝财政中居于重要地位，使整个财政结构发生了重大变化。

那么为什么会发生这样的变化？我们认为，在众多影响财政的因素中，货币经济是最为直接的并且起着决定性作用的因素。以往，学术界在探讨明代社会经济史的时候，有两种主要倾向，一是关注农业生产的发展，如农田亩产量、农业工具变化、农产品的商品化等，由此得出结论，为明代社会发展定性，认为明代社会发展迟缓；二是关注商品经济的发展，如城镇、商帮、地方市场、全国市场等非农业生产的扩大，因此得出结论，认为中国资本主义萌芽产生于明代，晚明社会发展迅速。实际上，两方面都忽略了货币经济。货币经济与商品经济有着紧密联系，但不是一回事。

当然，变化发生的根本原因还在于社会生产力的发展，促使商品货币经济迅速发展。白银货币化的趋势不可阻挡，伴随一系列地方赋役改革，中央财政改革也不可避免。万历初年，在河南这一北方农业大省的田赋征收中，明显出现了财政主要支柱米麦的收入减少的现象，田赋中的折纳形态最终落在了白银上，纳银不仅成为法定形态，而且在田赋这一财政的核心部分，白银货币超过了实物米麦的比例，这无疑是白银货币化迅速扩大发展的结果，是货币经济发展的重要指征。

明后期国家财政从实物税向货币税的转变，可以说是适应商品经济和货币经济的发展而产生的，在中国财政史乃至中国社会发展史上具有划时代的意义。

在中国历史上，历来是以农立国，国家依靠赋税与徭役存在，财政以农业生产为基础，以田赋为核心，财政收支的主要来源是土地上的生产品如米麦等实物，因此国家财政是以实物为主的财政。明朝建立以后继承两税法，正是建立了这样一种以田赋为核心的实物财政体系。值得注意的是，《会计录》中只有田赋记载，没有徭役记载。这是与上述地方赋役文册完全不同之处。一开始，我们对此大惑不解，继而明白了其中缘由。明初的徭役是力役征派，所以不入财政收支账目，而万历初年的财政总账目仍不列徭役，是不需要单列。因为一条鞭法就是赋役合一，统一征银。在地方不能不有徭役折银的具体账目，到中央却可省去此项。发展到万历初年以后，一条鞭法迅速推行于全国。明朝人将一条鞭法概括为："条鞭之法，总括一县之赋役，量地计丁，一概征银，官为分解，雇役应付。"[1] 从字面的意思来看，这里应该说包括了田赋和役法两方面的改革。赋役合一，摊丁入地，一概征银，就是把役的部分摊入了地亩，加入了田赋之中。于是，此时的田赋相对以往，具有了更重要的内涵。随着一条鞭法的广泛推行，在国家财政中赋役合一，普遍折银征收，这无疑只是一个时间问题。

从以上河南田赋的个案分析，说明了16世纪70年代明朝财政改革，田赋以征收实物为主转变为以征收白银货币为主，是白银货币化，即货币经济发展的明显标志。也证明了财政改革正在悄然进行，并且具有明显的过渡特征。这主要表现在两个方面：

第一，河南田赋包括了实物与货币两大部分，构成了财政的二元结构。由原本单一的财政结构转变为实物与货币共存的二元财政结构，是田赋白银化的结果，也是明代财政由实物税向货币税转变中的过渡形态。

第二，从表面上看，当时账目上维持着明初订立的田赋实物征收的项目和数额，增长的实物项目的整齐排列，似乎告诉我们仍旧保持着规范化的田赋制度；也正因为如此，大多学者为这一表面现象所蒙蔽，一般认为明代赋役制度仍以实物为主，终明世没有改变。然而，在表层之下的深层结构，却已经发生了重大变化。河南田赋实物的大部分已经折银征收，白银在田赋收入中已占据了主导地位，印证了在中央财政制度的层面已经确认了地方一系列赋役改革的结果。于是，明朝财政形成了一方面表面仍然保存实物征收形态，另一方面实际上大部分以货币形态征收这样一种财政结构。这种财政结构使明朝财政必将越来越深地卷入到货币经济之中，并导致国家财政对货币越来越重的依赖。而这种结构具有明显的过渡特征，主要表现在形式上仍然保持一种旧的财政体制，而在实质上已经具有一种新的内核。

那么财政的这种变化的性质又是什么呢？梁方仲先生曾说："从公元十六世纪，我国明代嘉靖万历间开始施行的一条鞭法，为田赋史上一绝大枢纽。它的设立，可以说是现代田赋

---

[1]《明神宗实录》卷二二〇，万历十八年二月戊子。

制度的开始。"[1] 吴承明先生对于明清市场经济的研究卓有建树。根据他的看法，明代财政货币化是 16—17 世纪中国经济的现代化因素。[2] 他们引导我们认识财政的变化是与中国走向近代/现代社会密切相关的。

从明代社会经济的发展过程来看，货币经济的发展及其对于古代国家体制基础的侵蚀，是极为明显的。明初，国家宝钞体系不能最终确立，白银崛起于民间，其由非法到合法的发展过程，与明朝财政出现危机并逐渐加剧的过程是同步的。赋役折银，是白银货币化的实现过程，明后期全社会以白银作为主要的流通手段和支付手段已成定局，货币经济迅速发展并逐步侵蚀、瓦解着自给自足的农业经济结构，明朝财政越来越深地卷入到货币经济之中，无疑将动摇传统社会国家财政赖以存在的基础。

进一步来说，在河南财政收支中，货币部分已占到了田赋总额的 65％，这个数字表明白银货币已经取代实物占居了主导地位，实物赋税向着货币赋税的转变已经明显出现。其意义就在于，明朝财政的基础与其说是建立在自给自足的农业经济之上，不如说已经逐步过渡到以发达的商品货币经济为财政的根本前提了。当折银形成了田赋总额以实物为主向货币为主的转换时，随之发生了性质的改变。田赋一向是传统社会国家财政的核心，田赋性质的改变，意味着财政性质的改变，更意味着社会的转型。因为，以自给自足小农经济为主的传统农业社会，是以实物财政为特征的；而货币财政是与商品货币经济相对发达的近代社会联系在一起的。

有学者认为，明中期后，商品经济有相当的发展，但反映到明廷的财政收入上，却和以往朝代相差不大。根据是万历六年田赋占总数的十分之九，工商税不过占十分之一，以后减额时还不到十分之一。[3] 我们认为，这是从根本上忽略了明后期田赋实物名目下的货币实态。明朝的财政收入和以往朝代相比，发生了带有根本性的变化，主要反映在财政的核心田赋发生了货币化的重要变化，是中国社会转型的重要标识之一。

（五）结语

以上我们尝试对《会计录》中河南田赋的大量数据进行了初步整理与研究，突破了以往由于计算单位不统一，不能得出财政田赋全貌的局限，采用白银作为统一计算单位，重新探讨了万历初年河南田赋中的夏税结构和秋粮结构，以及河南全省田赋结构的完整面貌，并进而探求了其中的白银货币比例。研究结果表明，在万历初年，也就是所谓的全国清丈田土、一条鞭法推行全国之前，在河南财政核心田赋中，不仅已包含了大量白银货币的内容，而且在河南田赋中，白银货币已代替实物占据了主要地位，从而揭示了 16 世纪 70 年代货币经济在中国财政史上取得了前所未有的支配地位的历史事实。虽然河南仅为一例，但是河南为北方一农业大省，其发生的变化应该说具有典型意义。需要说明的是，这是我们对《会计录》进行初步整理和研究之一，以后我们将继续对其他十二省和两直隶的数据进行整理和研究，以期对于 16 世纪明代财政整体有一个重新认识。

中国古代社会以农立国，国家财政历来建立在以实物为主的农业经济基础之上，以田赋为核心。二千多年以来，田赋是正税，正税以征收实物米麦为主，天经地义。随着时间的推移，发展到明代，白银货币化的趋势明显出现，至万历初年，伴随长达一个半世纪的地方赋役改革，白银货币化迅速扩展，白银形成社会流通领域的主币，同时也为在明朝财政中日益重要的地位奠定了基础。从河南田赋的考察我们不难看出，万历初年财政已具有变革的特征，

---

[1] 梁方仲：《一条鞭法》，《梁方仲经济史论文集》，第 36 页。

[1] 梁方仲：《一条鞭法》，《梁方仲经济史论文集》，第 36 页。

[2] 吴承明：《中国的现代化：市场与社会》，生活·读书·新知三联书店 2001 年版，第 32—34 页。

[3] 袁良义：《清一条鞭法》，北京大学出版社 1995 年版，第 75 页。

改变了明初以来田赋征收以实物为主体的结构，形成了一种新的财政结构：实物与货币并存的二元结构。这种新的结构，是适应社会经济变动现实而出现的，具有明显的过渡阶段特点：表面上没有脱离明初额定的以实物经济为基础的田赋架构，而在实际上，却已暗渡陈仓，发生了向货币经济转换的巨大变化。这种表里不一的现象，正是社会转型时期的典型例证。

十三　田赋结构及其货币化个案分析——以浙江为例[1]

（一）问题的提出

沿着白银货币化这一学术理路，在对白银货币化与赋役改革的关系作了初步梳理以后，接下来我们面临的就是财政改革的问题。

以往史学界一般认为，明代财政是以实物为主，主要表现在田赋征收是以实物米麦为主，终明世没有改变。事实是否就是如此？我们认为，发展到明代后期，货币经济极大发展，在白银货币化大势所趋下，一系列的地方赋役改革全面铺开，势必导致国家的财政改革和田赋征收的变化。但是这一变化究竟有多大？达到了什么程度？尚待我们去探讨。

事实上，中国社会经济发展到明代后期，白银货币不仅进入了国家赋税领域，而且逐渐成为各种赋税征派所采用的统一的计算和支付手段。这样一来，各种赋税具有了统一的白银货币计算标准，这是中国历史上前所未有的，具有划时代的意义。换言之，明代白银货币化，贵金属白银作为统一的计算单位，可以作为一种普遍适用于所有项目的标准化计算手段，也为我们进行定量分析与研究提供了有利条件，使我们可以利用《会计录》中的系统数据，对于明代财政结构以及货币化程度作出估算与研究。

田赋是国家财政的核心，也最能够反映出国家财政的性质。因此，在这里我们选取从浙江布政司田赋入手。[2] 需要说明的是，这是我们利用《会计录》数据，结合其他明代史籍数据，以定性与定量分析相结合进行研究的一个尝试，尚祈方家不吝赐正。

（二）浙江田赋结构的分析

浙江田赋是全国田赋的一个组成部分。明代田赋制度原则上沿袭唐代以来的两税法。根据洪武年间《诸司职掌》记载，明初规定田赋为夏秋两税，夏税征收曰米麦，曰钱钞，曰绢；秋粮征收，曰米，曰钱钞，曰绢[3]。

顾炎武《肇域志》云：

> 今之夏秋二税，即古所谓粟米之征，唐之所谓租；农桑丝绢即古所谓布缕之征，唐之所谓调。[4]

梁方仲先生对于明代田赋素有研究，他概括如下：

> 所谓田赋可以有广狭两义之分。从广义说来，凡随同田赋正项缴纳的税物，亦未尝不可以归入田赋之中。故一切附加的杂项（不管长久的或暂时的）都可当作田赋的一部分看待。但从狭义说来，只有对一般田地所赋的标准品物，才算是真正的田赋……狭义

---

[1] 本文原题名《明代财政的转型：——以《万历会计录》浙江田赋为中心的考察》，刊于《明史研究论丛》第十二辑，中国广播电视出版社 2014 年 1 月。这里有改动。

[2] 我们选取浙江的考虑有两点：一是在明代它是一个江南大省；二是今浙江省版图的历史，是自明代划分开始。这对于明代白银货币化与财政改革也许更具有典型意义。

[3] 《诸司职掌》卷三《户部·税粮》，《皇明制书》上卷，日本古典研究会，1966 年影印本。万历《明会典》卷二十四《会计》一《税粮》一，中华书局 1989 年影印本。

[4] 顾炎武：《肇域志》卷九，清抄本。

的田赋，在明代为米麦两项。麦是在夏天，米是在秋天收的，故叫麦作夏税，米作秋粮。[1]

明代田赋的征收，主要有本色、折色两种。米麦称作本色，各种折纳称作折色。据《明太祖实录》载，洪武九年（1376年）明太祖"令民以银、钞、钱、绢代输今年租税"，即准许各地用银、钞、钱、绢等物折合为米麦交纳租税。当时规定，银一两，钱千文，钞一贯，可折米一石，麦减值十之二，棉布、苎布一匹折米六斗或麦七斗，麻布一匹折米四斗或麦五斗。[2] 由此可知，银、钱、钞、绢、布均仅为代输之物，其价值以米麦为标准，是以米、麦为本色，银、钱、钞、绢、布为折色。洪武十八年（1385年）有令两浙及京畿官田折收税粮。[3] 洪武三十年（1397年），明太祖令户部："凡天下积年逋赋，皆许随土地所便，折收绢、布、金、银等物，以免民转运之劳。尔百司一如朕命，毋怠。"[4] 从地域上说，洪武末年田赋的积年逋赋征收均可任各地土产所宜，折收绢、布、金、银等物；从时间上可见，尽管洪武年间已开始有折收之令，但是绢、布、金、银等物的折收，往往是暂时性的；从税收形态而言，田赋夏税、秋粮以本色为主征收，奠定于明初，折收则具有多样性。

发展到万历初年，在经历了一系列地方赋役改革以后，明代财政中最重要部分之田赋的实态是怎样的？带着这个问题，我们选取了浙江作为切入点，作为我们对《会计录》各省直田赋数据全面进行初步整理与研究的继续。《会计录》卷二，记载了浙江布政司田赋状况。[5] 浙江田赋征收项目十分复杂，经过整理，大致归纳如下：

夏税：计分为小麦（包括起运麦、存留麦），丝绢（包括丝绵并荒丝、农桑丝折绢、农桑零丝、小绢、币帛绢），还有租钞，大致是麦、丝绢、租钞三大类；

秋粮：计分为米（包括起运米、存留米）、租丝、租绢、租布、租钞（以上全部存留）、马草（包括起运草、存留草）、户口盐钞银（包括起运银、存留银）、遇闰加银（全部用于存留）等，主要是米、草、户口盐钞银三大类。[6]

面对繁杂的田赋征收项目，我们排除了以往统计田赋时采取的以实物简单相加并罗列的方法，采用白银为统一的计算单位，对浙江田赋数据进行了初步整理。我们的步骤是：将所有《会计录》田赋征收项目中折银的实物部分做了货币额计算，得出货币化部分的货币额；再以《会计录》中标明的银价，采取加权平均值计算出价格，以此计算出没有折银的实物部分的货币额；将货币化部分与实物部分的货币额相加，得出田赋总额数字；最后，我们再分别将货币部分和实物部分进行了分割，得出各自的比例。通过初步整理和计算以后，我们得以认识万历六年（1578年）田赋中的夏税结构和秋粮结构，以及浙江田赋结构的一个完整面貌。参见表8—13—1、表8—13—2、表8—13—3。[7]

---

[1] 梁方仲：《明代"两税"税目》，《梁方仲经济史论文集》，中华书局1989年版。

[2] 《明太祖实录》卷一〇五，洪武九年三月己丑，台北中研院史语所校勘，1962年影印本。

[3] 王圻：《续文献通考》卷四《田赋考》，现代出版社1991年影印本。

[4] 《明太祖实录》卷二五五，洪武三〇年九月癸未。

[5] 《会计录》卷二《浙江布政司田赋》，记载了浙江布政司的田赋状况，包含原额、见额全部资料。首先是以原额列出了洪武年间、弘治年间的数额，然后列出见额，即万历六年（1578年）的田赋数据。见额项目繁多，折变不常。仅夏税麦的起运部分就有30项之多，往往有一种实物折为另一种实物后，再加以折银，非常烦琐。我们经过细致归纳整理和计算，列出表格。下面凡本节所用浙江布政司田赋的大量资料，均出自《会计录》卷二《浙江布政司田赋》，第75—111页，不另加注。

[6] 申时行等：《明会典》卷二五《税粮》二记载，秋粮缺少马草、户口盐钞银，第169页。

[7] 需要说明的是，《会计录》中税收数字多达小数点后7、8位以上。在这里无论是实物（石），还是白银（两），我们的计算数据一般保留到小数点后两位。

表 8—13—1 **浙江省田赋·夏税结构** （两/银）

田赋	数额	%	起运	%	存留	%
夏税总计	157809.81	100.00%	115337.45	73.09%	42472.36	26.91%
小麦	46838.30	100.00%	20000.00	42.70%	26838.30	57.30%
丝绵并荒丝	108456.36	100.00%	92881.15	85.64%	15575.21	14.36%
农桑丝折绢	2456.30	100.00%	2456.30	100.00%		
农桑零丝	55.35	100.00%			55.35	100.00%
原额小绢	2.80	100.00%			2.80	100.00%
帑帛绢	0.70	100.00%			0.70	100.00%
租钞（锭）	32588.00	100.00%			32588.00	100.00%

表 8—13—2 **浙江省田赋·秋粮结构** （两/银）

田赋	数额	%	起运	%	存留	%
秋粮总计	990604.41	100.00%	690573.69	69.71%	300030.72	30.29%
米	961707.64	100.00%	665517.18	69.20%	296190.46	30.80%
租丝	177.34	100.00%			177.34	100.00%
租绢	41.30	100.00%			41.30	100.00%
租䌷麻布	0.40	100.00%			0.40	100.00%
租苎布	1.40	100.00%			1.40	100.00%
租钞（锭）	18779.00	100.00%			18779.00	100.00%
草	26234.73	100.00%	23779.50	90.64%	2455.23	9.36%
户口盐钞银	2317.76	100.00%	1153.17	49.75%	1164.59	50.25%
遇闰加银	123.84	100.00%	123.84	100.00%		

表 8—13—3 **浙江省田赋结构** （两/银）

田赋	数额	%	起运	%	存留	%
总计	1148414.23	100.00%	805911.14	70.18%	342503.08	29.82%

综合上表 1—3，以白银为统一计算单位，我们计算出浙江田赋总计 1148414.23 两白银，其中起运 805911.14 两，存留 342503.08 两，起运京师等输出明显多于留在本地的存留。田赋收入中，夏税 157809.81 两，秋粮 990604.41 两，显然是秋粮重于夏税，而秋粮以米为主。为了进一步解析浙江田赋的总体结构，下面就夏税和秋粮依次进行具体分析。

1. 浙江夏税收入分析

根据《会计录》卷二《浙江布政司田赋》，关于浙江省田赋夏税的记载，共有七项，分别为小麦、丝绵并荒丝、农桑丝折绢、租钞、农桑零丝、小绢、帑帛绢。

（1）夏税小麦

全省实征小麦 152863.73 石，包括起运和存留两部分。

a. 起运部分

起运部分为起运京库麦，共计 80000 石，已经标明了折银标准为每石 0.25 两，共折银

20000 两。

b. 存留部分

存留小麦 72863.73 石，原账目中没有注明价格。根据聚类分析的结论，浙江是为单独一类；按照最小距离原则，以及地域相近原则，可与南直隶归为一类；因此其价格采用：南直隶麦的加权平均值每石 0.3683 两计，共折银 26838.30 两。

以上全省小麦 152863.73 石，起运与存留合计共折银 46838.30 两。其中，起运部分已经全部折银，占夏税小麦总数 42.70%；存留部分从账目上看，没有折银标准，故以实物计，占夏税小麦总数 57.30%。

（2）夏税丝绵并荒丝

根据《会计录》卷二，浙江省田赋夏税项下的记载，全省实征丝＝起运京库丝绵＋合罗丝＋串伍细丝＋荒丝＋上白棉＋中白棉＋南京库串伍丝＋南京库荒丝＋南京库中白棉＋存留丝绵，共计 2715047.04 两。

内起运京库丝绵 1962144.85 两，该项折绢 98107 匹，其中折色绢 742 匹，已经标明每匹折银 0.7 两，折银 519.4 两；本色绢 97365 匹，仍按每匹折银 0.7 两计，折银 68155.5 两，共计折银 68674.9。由此推算起运京库丝绵的价格为银 0.035 两/每丝绵两。

内起运京库合罗丝 8000 两，没有注明折银标准，其折银标准为：《会计录》卷八《河南布政司·工部织染局》[1] 丝的折银标准 0.08 两/两，共计折银 640 两。

内起运京库串伍细丝 40000 两，其折银标准为：《会计录》卷八《河南布政司·工部织染局》丝的折银标准 0.08 两/两，共计折银 3200 两。

内起运京库荒丝 170000 两，其折银标准为：《会计录》卷八《河南布政司·工部织染局》丝的折银标准 0.08 两/两，共计折银 13600 两。

内起运京库上白棉 750 斤，其折银标准为：《会计录》卷三〇《内库供应·商价会估备考》所载甲字库项下，有上白棉每斤折银 0.88 两的记载，按此标准计算，共折银 660 两；

内起运京库中白棉 5625 斤，其中折色 371 斤，已经标明每斤折银 0.5 两，折银 185.5 两，本色 5254 斤，没有折银标准，今仍按每斤 0.5 两计，折银 2627 两，共计折银 2812.5 两。

由以上分析可以得到浙江省田赋夏税丝绵并荒丝项下，起运京库部分共计折银 89587.4 两。

内起运南京库串伍丝 20000 两，其折银标准为：《会计录》卷八《河南布政司·工部织染局》丝的折银标准 0.08 两/两，共计折银 1600 两。

内起运南京库荒丝 20000 两，其折银标准为：《会计录》卷八《河南布政司·工部织染局》丝的折银标准 0.08 两/两，共计折银 1600 两。

内起运南京库中白棉 187.5 斤，已经注明了折银标准 0.5 两/斤，共计折银 93.75 两。

由以上分析可以得到浙江省田赋夏税丝绵并荒丝项下，起运南京库部分共计折银 3293.75 两。

由此，浙江省起运丝绵共计折银 92881.15 两。存留丝绵 389902.19 两，该项没有注明折银标准，采用起运京库丝绵价格的加权平均值：0.0399 两/两，共计折银 15575.21 两。

丝绵并荒丝共计折银 108456.36 两。其中起运折银 92881.15 两，存留折银 15575.21 两；起运量为 85.64%，存留量为 14.36%。

（3）夏税农桑丝折绢

该项起运南京库，共计 3509 匹，其中折色 1754.5 匹，已经标明每匹折银 0.7 两，共折银 1228.15 两；本色 1754.5 匹，未标明折银标准，仍按每匹折银 0.7 两，共折银 1228.15 两，共计折银 2456.3 两。

---

[1]《会计录》卷八《河南布政司田赋》，第 259 页。这是《会计录》中唯一注明税丝的折银标准之处。

（4）夏税租钞

该项存留，共计 32588 锭。

（5）夏税农桑零丝

该项存留，共计 691.89 两，折银标准为：《会计录》卷八《河南布政司·工部织染局》丝的折银标准 0.08 两/两，共计折银 55.35 两。

（6）夏税原额小绢

该项存留，共计 4 匹，按本省绢的价格 0.7 两/匹计算，共计折银 2.8 两。

（7）夏税帑帛绢

该项存留，共计 1 匹，按本省绢的价格 0.7 两/匹计算，共计折银 0.7 两。

（8）夏税综述

浙江全省夏税共该银 157809.81 两。而其中起运物料共该银 115337.45 两；存留物料共该银 42472.36 两。由此得到浙江省全省夏税中，起运量为 73.09%，存留量为 26.91%。已经标明折银标准的折银总数为 22026.8 两，没有标明折银标准的折银总数为 135783.02 两；白银货币化程度为 13.96%。

2. 浙江秋粮收入分析

根据《会计录》卷二《浙江布政司田赋》，关于浙江省田赋秋粮的记载，共有七项，分别为米、租钞、租丝、租绢、租䌷麻布、租苎布、草。

（1）秋粮米

全省实征米 2369764.04 石。

a. 起运部分

包括 11 个项目，共计 1615739.47 石。

其中起运米

在起运米项下有三种情形：

第一，已经起运京库米、南京各卫仓米、改兑徐州广运仓本色米、永福仓本色米、派剩米已经标明折银标准，共计折银 369020.25 两；

第二，未折银，也未折成其他物料的起运兑军米 1 项，共计米 600000 石，其折银标准采用本省米的加权平均值 0.3928 两/石，共计折银 235680 两；

第三，供用等库白熟粳米及糯米共 5 项，没有折银标准，但均折成糙粳米，共计糙粳米 76175 石，使用全国糙粳米价格的加权平均值 0.7983844 两/石，由此这 5 项共计折银 60816.93 两。

起运米共折银 665517.18 两。

b. 存留部分

存留米 754024.56 石，按起运米价格的加权平均值 0.3928 两/石计，共折银 296190.46 两。

在原账目中起运米数总值与各分项的起运米值不合，各分项值之和为 1615658.46 石。总值比各分项值之和多 81.01 石，而在原账目中南京各卫仓米内水兑折色米项下似缺失数据，今以 81.01 石补入。

由此得到秋粮米共计折银 961707.64 两。

由此得到浙江全省秋粮米中，起运量为 69.20%，存留量为 30.80%。已经标明折银标准的折银总数为 369020.25 两，没有标明折银标准的折银总数为 592687.39 两；白银货币化程度为 38.37%。

（2）秋粮租钞

此项存留，共计 18779 锭。

（3）秋粮租丝

此项存留，共计 2216.75 两，折银标准依据：《会计录》卷八《河南布政司·工部织染局》丝的折银标准 0.08 两/两；共折银 177.34 两。

（4）秋粮租绢

此项存留，共计 59 匹，已经标明了折银标准 0.7 两/匹，共折银 41.3 两。

（5）秋粮租絁麻布

此项存留，共计 2 匹，折银标准依据：《会计录》卷三〇《内库供应·商价会估备考》[1]中苎布的价格 0.2 两/匹；共折银 0.4 两。

（6）秋粮租苎布

此项存留，共计 7 匹，折银标准依据：《会计录录》卷三〇《内库供应·商价会估备考》中苎布的价格 0.2 两/匹；共折银 1.4 两。

以上四项共计折银 220.44 两。

（7）秋粮草

根据《会计录》卷二《浙江布政司田赋》，浙江省田赋秋粮项下的记载，实征草 874491 包，其中起运草 792650 包，存留草 81841 包。

起运草分为起运京库与南京定场两项，其中起运京库草 600000 包，已经标明折银标准为每包 0.03 两，共折银 18000 两；而起运南京定场草与存留草没有折银标准，这两项计草 274491 包，以每包 0.03 两为折银标准，共计折银 8234.73 两。全部草折银 26234.73 两。

由此得到浙江省全省秋粮草中，起运量为 90.64%，存留量为 9.36%。已经标明折银标准的折银总数为 18000 两，没有标明折银标准的折银总数为 8234.73 两；白银货币化程度为 68.61%。

（8）户口盐钞银

根据《会计录》浙江省田赋秋粮项下记载，户口盐钞银共计 2317.76 两，分为起运和存留两部分。起运部分 1153.17 两，占总数 49.75%；存留部分 1164.59 两，占总数 50.25%。另有遇闰加银 1 项，123.84 两，列于起运部分。

（9）秋粮综述

浙江全省秋粮共该银 990604.41 两。而其中起运折银 690573.69 两，存留折银 300030.72 两。

由此我们得到浙江全省秋粮中，起运量为 69.71%，存留量为 30.29%。已经标明折银标准的折银总数为 389503.15 两，没有标明折银标准的折银总数为 601101.26 两；白银货币化程度为 39.32%。

3. 浙江全省田赋结构综论

为了清楚了解浙江田赋总体结构，我们根据《会计录》记载的田赋细目，作浙江总的田赋项目分布图（见图 8—13—1）。

综合以上对于浙江夏税、秋粮两类收入的具体分析，我们可以得出对浙江全省田赋结构的总体认识：总观浙江田赋结构分布，其中米是最大的项目，如果将所有米类总计，高达全部田赋收入的 83.77%。再依次是丝绵并荒丝占 9.45%，小麦占 4.08%，草的比例占 2.29%，户口盐钞银仅占 0.20% 左右，其余各项目就更少了。

（三）浙江田赋的货币化分析

1. 明初浙江田赋的货币成分

明初田赋征收中，原有货币一项内容，但是因为数量极少，甚至被后世略而不计。从税目来看，万历《明会典》所载，有洪武、弘治、万历三个时间段的两税实征夏税、秋粮总数

---

[1]《会计录》卷三〇《内库供应·商价会估备考》，第 1005 页。

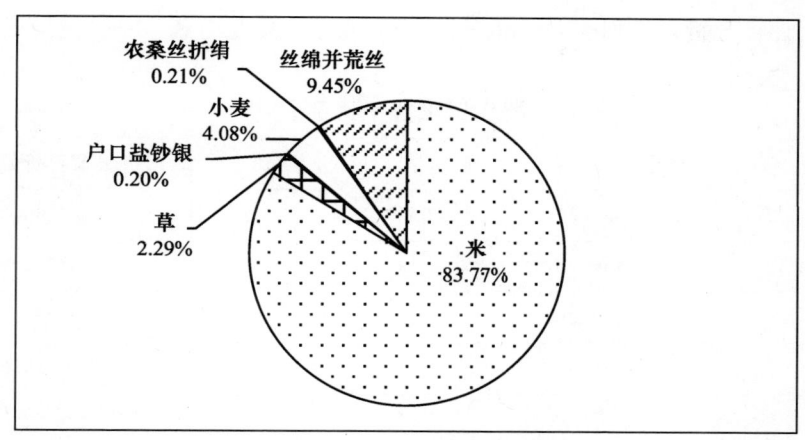

图 8—13—1　浙江田赋项目分布

税目，原额洪武年间见有米麦、钱钞、绢三项，而弘治年间夏税和秋粮项下的税目多至二十多种，万历年间的名目更是有增无减，秋粮达到 31 种之多。[1] 在《会计录》浙江田赋的记载中，首列原额洪武年间资料，其夏税和秋粮均见"钱钞"一项。由于注明了是"诸司职掌数"，所以我们查阅了《诸司职掌》一书，也见其中"钱钞"赫然在目。[2] 由此可见，洪武时田赋中确实是有钱钞一项的，征收的是当时的法定货币宝钞。以往由于明初洪武年间规定夏税秋粮的征收以米麦为主，所以大多学者也就没有注意这一细节，一般认为明初财政一概是征收实物，没有包括货币的因素，这是不准确的，应该澄清。

根据文献记载，明初田赋中的钱钞数额不多。万历《明会典》记载了洪武时夏税输"钱钞"的，只有浙江、江西、福建三布政司，秋粮输钱钞的只有苏州府、松江府和扬州府；弘治时夏税秋粮输钞的地方有所增加，有浙江、江西、湖广、福建、广西布政司，以及大名府、苏州府、松江府、常州府、扬州府、池州府。[3] 所谓"钱钞"，实际上只有钞，名目有"钞"、"山租钞"、"赁钞"、"租钞"、"税钞"等 5 种。

《会计录》中具体到浙江，洪武二十六年（1393 年）浙江夏税"钱钞"，总计 20690 锭，而秋粮"钱钞"很少，只有 86 锭；弘治十五年（1502 年）浙江夏税中"租钞"32553 锭余，秋粮中"租钞"18740 锭余；至万历六年（1578 年），浙江夏税中"租钞"32588 锭余，注明比弘治增 35 锭余，用于存留；秋粮中"租钞"18779 锭余，注明比弘治增 38 锭余，用于存留。由此来看，明初田赋中包括少量钱钞，并不影响我们对于明初以来田赋征收以米麦为主，称之为实物经济的认识。

2. 浙江田赋的白银货币化

随着社会经济发展，一条鞭法出现以前，从宣德以后算起，至万历初年，已出现一系列地方赋役改革，时间达一个半世纪之久，这些赋役改革，几乎都包括有折银的内容，这无疑不是一种巧合，而是一种带有规律的现象。正是伴随一系列地方赋役改革的折银交纳，明代白银货币化极大地扩展，逐渐普及到全国，在社会流通领域形成了主币的地位。因此白银日益渗透到国家财政之中，是一个必然的发展历程。但是，白银货币到底在明代后期财政中的地位如何？这一前贤没有具体考察过的问题，正是我们所要考察的问题所在。

[1]《明会典》卷二四《会计》一《税粮》一，卷二五《会计》二《税粮》二，第 157、161、168—169 页。
[2]《诸司职掌》卷三《户部·税粮》，张卤校订：《皇明制书》，日本古典研究会 1967 年影印本，第 243 页。
[3]《明会典》卷二四《会计》一《税粮》一，第 161—167 页。

根据《会计录》卷二记载，下面以浙江布政司田赋为例，我们尝试对于明代田赋的货币化程度进行了计算分析，先列表8—13—4于下，再依次略加分析。

表8—13—4 浙江田赋货币比例表 （两/银）

项目	共计折银	已折银	%	未折银项目折银	%
小麦	46838.30	20000.00	42.70	26838.30	57.30
丝绵并荒丝	108456.36	798.65	0.74	107657.71	99.26
绢	2456.30	1228.15	50.00	1228.15	50.00
农桑零丝	55.35			55.35	100.00
原额小绢	2.80			2.80	100.00
帑帛绢	0.70			0.70	100.00
米	961707.64	369020.25	38.37	592687.39	61.63
租丝	177.34			177.34	100.00
租绢	41.30	41.30	100.00		
租魉麻布	0.40			0.40	100.00
租苧布	1.40			1.40	100.00
草	26234.73	18000.00	68.61	8234.73	31.39
户口盐钞银	2317.76	2317.76	100.00		
遇闰加银	123.84	123.84	100.00		
夏税	157809.81	22026.80	13.96	135783.02	86.04
秋粮	990604.41	389503.15	39.32	601101.26	60.68
田赋总计	1148414.23	411529.95	35.83	736884.28	64.17

经过计算，浙江夏税共计157809.81两，已折银项目折银22026.80两，未折银项目折银135783.02两，折银率为13.96％。没有折银征收的实物部分，占总数的86.04％。

浙江秋粮共计990604.41两，其中已折银项目折银389503.15两，未折银项目折银601101.26两，折银率为39.32％。没有折银征收的实物部分，占总数的60.68％。赋税中秋粮数量大于夏税，其货币化比例也相对高于夏税。

最后，让我们看浙江田赋的整体：浙江省全年田赋总计1148414.23两，其中起运折银805911.14两，存留折银342503.08两。起运量为70.18％，存留量为29.82％。其中已经标明折银标准的已折银项目共折银总数为411529.95两，没有标明折银标准的未折银项目折银总数为736884.28两；白银货币化程度为35.83％。没有折银征收的实物部分，占总数的64.17％。为了清楚地表现这样一个结果，请见图8—13—2。

上述可见，一般认为货币经济发展活跃的江南大省浙江，田赋的货币化比例只有35.83％，而根据以往我们所作的河南个案，中原农业大省河南的田赋货币化比例却已经超过了半数以上，占据了71.32％的比例，居于主导地位。于是一个问题摆在了我们面前：这种现象应该如何解释？

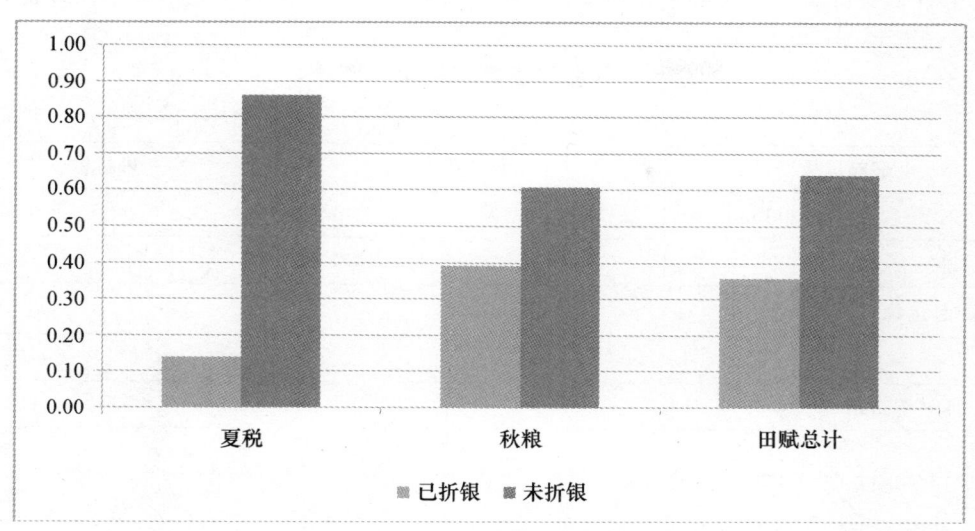

图 8—13—2　浙江田赋货币化分布（%）

■ 已折银　■ 未折银

（四）浙江田赋白银货币化程度低的原因探析

依据《会计录》各省田赋的数据分析，一个历史事实清楚地摆在我们面前：发展到万历初年，明代财政已经发生了令人瞩目的变化。第一，在国家财政收支的田赋部分，货币比重的大量存在；第二，在个别省份财政主体田赋中，白银货币已居于主导地位。但是，《会计录》记载，万历初年，浙江田赋中实物征收的部分占 64.17%，大于折银征收的部分 35.83%，这一结果的出现，令人感到困惑。这种现象一直困惑着我们，以致浙江的个案研究一直在推迟完成中。

我们在整理考察中发现，各省直田赋的一般规律是起运部分的货币化比例高，而存留部分有相对更多的实物，因此存留部分小，也就意味着实物部分也小于货币部分。具体到浙江，却出现了较大差异。浙江的个案表现出与一般规律的不同，主要就表现在起运部分的货币化比例小。

经考察，在《会计录》中浙江田赋的货币化比例低，问题是出在起运上，让我们首先来看全国田赋的起运部分货币化率的比较表（表 8—13—5）：

表 8—13—5　　全国田赋货币化率与田赋中起运部分货币化率的比较表（不含山东省）

项目	浙江	江西	湖广	福建	山西	河南
田赋货币化率（%）	35.83	62.58	31.94	37.85	31.50	71.32
田赋中起运部分的货币化率（%）	50.91	78.90	65.05	95.42	92.00	80.60

陕西	四川	广东	广西	云南	贵州	北直隶	南直隶	全国总计
1.29	4.89	36.89	1.25	25.69	0.04	70.21	32.56	37.42
0.00	0.00	82.28	0.00	100.00	0.00	98.61	40.46	52.96

这里有必要将浙江的起运单独列表，并将未折银的实物一一折银列出，以便分析。

表 8—13—6 　　　　　　　　　　　浙江田赋起运表

夏税：　　　　　　　　　　　　　　　　　　　　　　　　　　　　　　　　（两/银）

全部起运量	已折银	未折银
115337.45	22026.8	93310.65
	19.10％	80.90％

未折银的起运物料

项目	折银（两）
起运京库丝绵折绢	68155.50
合罗丝	640.00
串伍细丝	3200.00
荒丝	13600.00
上白棉	660.00
中白棉	2627.00
南京库串伍丝	1600.00
荒丝（两）	1600.00
农桑丝折绢（匹）（起运南京库）	1228.15
合计	93310.65

秋粮　　　　　　　　　　　　　　　　　　　　　　　　　　　　　　　（两/银）

全部起运量	已折银	未折银
690573.69	388297.26	302276.42
	56.23％	43.77％

未折银的起运物料

项目	折银（两）
兑军米（石）	235680.00
供用库白熟粳米（石）（本色）	28103.13
酒醋面局白熟糯米（石）（本色）	5488.89
光禄寺白熟粳米（石）（本色）	16686.23
光禄寺白熟糯米（石）（本色）	7464.89
南京供用库本色白熟粳米（石）	3073.78
南京定场草（包）	5779.50
合计	302276.42

由上表可见，浙江除去运往北京的白粮、本色丝绵、本色绢，以及运往南京的本色白粮与本色草之外，浙江田赋起运的货币化率为 100％。

对于浙江田赋起运部分折银率之所以较低的原因，我们认为：该省有大量的本色白粮与本色丝绢。其中起运米共折银 665517.18 两，其中未折银占 44.55%；各种起运丝绵共折银 92881.15 两，其中只 0.86% 已折银，而高达 99.14% 未折银。起运中有大量实物的存在，这显然与浙江的产品为朝廷特需特供直接相关。

可以作为辅证的，是南直隶田赋起运部分的折银率低的问题。[1] 其之所以较低的原因，我们认为，是有大量的本色白粮与运至京库的本色物料。例如应天府田赋起运项下，只有漕运兑军米、淮安仓改兑米、派剩改拨淮安府仓米、派剩改拨安庆府仓米四项白粮，没有折银标准。除去这些白粮，起运货币化率为 100%。可见浙江与南直隶是属于同一类型，货币化率之所以低，是由于朝廷的特殊需要，只能提供地方特产，这部分实物具有不可替代性，不能货币化。

更有力的说明，来自嘉靖四十五年（1566 年）庞尚鹏在浙江全省推行均平法改革的档案文书，是经皇帝批准国家下颁推行浙江全省的国家法令文书，是对于浙江均平法改革最基本的资料，也是迄今所见最为完整的赋役改革文书，具有不可替代的史料价值。[2]

根据梁方仲先生所作《明代一条鞭法年表》[3]，说明一条鞭法开始施行于嘉靖初年，至嘉靖末年已经在南方推广，此后万历元年到二十年是一条鞭法发展最为迅速的时期，至万历二十年以前已经推行到全国。具体到浙江，一条鞭法的施行，乃至略早的赋役改革——均平法改革，可见嘉靖末年已有浙江全省通计以白银征收的赋役改革册籍。

研究表明，均平法主要是针对里甲正役三办，包括上供物料和地方官府公费的改革。当时明代里甲正役是一种以役的方式出现的贡、赋、役的混合体，具有多元混杂的特质，因此将改革定位于赋役财政改革；统一征收均平银后，在役的层面，役以银代，官为雇役，国家劳役制走向衰亡，役部分转入了赋；在财政的层面，以实物派征和人力征调为主的财政结构发生了转变，形成了以白银货币收支为主要形态的新的地方财政体制；均平法改革是一条鞭法赋役统一征银的早期阶段，也是白银货币化的进程。表明明代是现代货币财政的开端，也是现代货币财政管理的开端。

《均平录》，是现在已知明代浙江最完整的赋役改革资料。它详细记述了浙江各府州县统一以白银为计算单位，以白银为统一的征收形态的赋役—财政改革实态。现根据《均平录》记载，将浙江各府三办，即额办、坐办、杂办征收均平银的全面情况，列表 8—13—7 如下。

表 8—13—7　　　　　　　　　　两浙各府均平银列表　　　（单位：银两，保留小数点后 7 位数）

府名	额办银	坐办银	杂办银	三办总银数
杭州府	3461.6822352	15423.1988383	22389.7618823	41274.6429558
嘉兴府	2503.5422937	18995.0313535	26090.6469722	47589.2260195
湖州府	2238.5248700	14379.1109131	14908.1791440	31525.8148641
严州府	2204.8228000	4659.7139875	8438.5937520	15303.1305395
金华府	2777.3981000	17644.0445410	16583.9285070	37005.3711481
衢州府	3511.9082000	9915.5094206	13182.9916390	22610.4092596
处州府	2815.9792500	11819.3105491	10534.4224094	25169.7122085

---

[1]《会计录》卷一六《南直隶田赋》，第 585—663 页。

[2]《钦依两浙均平录》，收藏于日本前田侯家尊经阁，即日本尊经阁文库。中国社会科学院历史研究所现已将这一明代赋役改革的重要档案文书复印回归，用于研究。

[3] 梁方仲：《明代一条鞭法年表》，《梁方仲经济史论文集》，中华书局 1988 年版。

绍兴府	2373.4994150	17134.4629635	24549.9808430	44057.9432215
宁波府	2125.4000000	13788.0689621	15222.7374993	31136.2064614
台州府	2387.0482462	8109.0933575	13046.5298062	23541.6714099
温州府	2396.4100000	10971.8903002	7502.8485280	20871.1488282

均平银的征收，是通计一府本年额、坐、杂三办一应银数共该若干，将审派人户花名银两细数揭榜并发放由帖到户，使各家喻户晓，随后按期到县投柜征收。这种浙江均平法的具体运作，使得白银货币在浙江全省地方财政中所占比重已相当可观，标志以实物征派和人力征调为主的财政结构发生了重大转变，形成了以白银货币收支为主要形态的新的地方财政体制。

重要的是，均平法的具体运作方式，印证了浙江地方赋役—财政货币化的程度已经相当高的历史事实。也可从一个侧面说明《会计录》中田赋的实态，仅仅在表面账面上仍然保存着实物征收数字，而随改革深入早已货币化的历史事实。

更能说明问题的是，从《会计录》看，福建布政司的试点清丈才完成，一般来说，在清丈田粮全面推行以后，一条鞭法水到渠成，全国各地官方普遍编纂的《赋役全书》，至明末基本上遍及全国，而清承明制，保留了这种重要财政册籍的编纂。而实际上，犹如浙江在嘉靖末已经开始实行一条鞭法，走在全国前列，浙江编纂的《两浙赋役全书》也是后来各省编纂《赋役全书》的样板。查《两浙赋役全书》，是韩邦宪于隆庆六年（1572 年）至万历三年（1575 年）在浙江衢州府知府任上的政绩，其中"司有各府之总，府有各县之总，县照册以派单，民照单以纳银，纲举目张，条分缕析，外如鱼油课钞、商税麻铁、屯粮子粒，悉附于内，至详至备，一览了然，诚全书也"。[1] 至今存世的万历三十九年编辑的《江西赋役全书》，就是完全按照《两浙赋役录》编纂而成。这可以证明浙江地方赋役早已全部货币化了的历史事实。

（五）结语

以上我们尝试对《会计录》中浙江田赋的大量数据进行了初步整理与研究，突破了以往由于计算单位不统一，不能得出财政田赋全貌的局限，采用白银作为统一计算单位，重新探讨了万历初年浙江田赋中的夏税结构和秋粮结构，以及浙江全省田赋结构的完整面貌，并进而探求了其中的白银货币比例。研究结果表明，在万历初年，也就是所谓的全国清丈田土、一条鞭法推行全国之前，在浙江财政核心田赋中，已包含了大量白银货币的内容，但是，显示的奇怪之处是：在浙江田赋的货币化比例小于河南，在河南田赋中，白银货币已代替实物占据了主要地位，而在浙江这一江南大省，在浙江财政收入中，货币部分仅占到了田赋总额的 35.83%，这个数字表明白银货币没有在浙江田赋中取代实物占据主导地位。这一个案研究，给我们的启示是：在《会计录》实物比例高的背后，我们不能忽略地方赋役实物名目下的货币实态。浙江为商品货币经济发展的江南大省，其数字的变化应该说也具有典型意义，证明事实上地方上的起运由于中央的需要，不能全部货币化，但是这不等于在地方的具体征收运作中没有货币化，而《会计录》中的地方存留部分即使已经全部折银了，但在国家财政总册中没有体现出来。就此而言，我们依据《会计录》所作的财政货币化比例统计，结果实际上是相对偏低的。

---

[1]《江西賦役全書》卷首《案照》，万历三十九年江西布政司刊本，台湾学生书局 1970 年影印本，第 2 页。

十四 田赋结构及其货币化个案分析——以山西为例[1]

16 世纪，晚明中国之财政与税收发生了以白银货币化为主要内容的变革，万历十年（1582 年）年刊刻的《万历会计录》记录了这一变革的成果。其中田赋征收的起运存留和折银情况，为我们了解明代万历时期及之前的财政结构和演进，探讨财政视角下的田赋折银以及白银货币化的发展历程提供了丰富资料。我们可以使用货币计量的方法，即用白银作为统一的计算单位而摒弃以往采取的以实物简单加总罗列的方法，对晚明财政结构和白银货币化程度进行梳理。本文通过对山西布政司万历六年的田赋资料整理计算，初步探讨了晚明中央与地方之间的财政结构及白银货币化程度不断加深的趋势。指出这一趋势与国内、国际经济发展的一致性，这个过程是漫长的，艰难的，也是不可阻挡的。

（一）问题的提出

16 世纪中后期，中国社会发生了令人瞩目的社会变迁。其中，在经济方面实行的"量地计丁，一概征银"的一条鞭法，即白银货币化下的赋役折银，结束了我国长达两千年的实物税制而实行货币税制，推动了粮食市场和劳动力市场的形成和发展，进而推动了商品经济的发展和社会转型。同时在国际贸易领域，晚明中国通过白银参与世界经济活动，进而与整个世界互动。以白银为统一计量单位的财政货币化，在中国财政史、赋役制度史和货币史上不啻是浓墨重彩的篇章。

明代的赋役折银，从宣德五年（1430 年）周忱改革算起，发展至嘉靖初年（约 1530 年左右）出现"一条鞭法"，再到万历初年（约 1580 年左右）向全国推行，经历了约一个半世纪的时间。[2] 与白银货币化的赋役改革相适应，以白银作为主要计量单位，编制统一的国家财政总账，便提到当政者的意识日程。万历九年（1581 年），反映这一改革成果的《万历会计录》[3]（下面简称《会计录》）四十三卷，由户部尚书张学颜主持定稿，次年刊刻。《会计录》对全国各项财政收支款项作了全面记载。卷一记录全国洪武、弘治旧额，万历六年（1578 年）现额岁入岁初总数；卷之二至卷之一十六，分省叙述了十三布政司和南北两直隶及各府、州、县田赋数额及沿革脉络；卷之一十七至卷之二十九，记载九边十三镇边镇粮饷，卷之三十至卷之四十三，分类记载内库供应、光禄寺供应、宗藩禄粮、屯田、盐法、茶法、钞关、杂课的具体收支情况。

尤其值得注意的是《会计录》中田赋的起运存留和折银情况，为我们了解明代万历时期及万历以前的财政结构和财政状况、探讨财政视角下的田赋折银以及白银货币化的发展历程提供了有利条件。我们可以使用货币计量的方法，即用白银作为统一的计算单位，摒弃以往采取的以实物简单加总罗列的方法，对晚明财政结构和白银货币化程度进行梳理。因为不同的实物有不同的计量单位，同一种实物在不同的时间、地点其价值也不相同。货币计量是现代财政和现代会计核算的基本前提，《会计录》所体现的历史价值不仅在于它是迄今为止保存下来的中国古代唯一的国家财政会计总册，还在于它所蕴含的价值信息能够提供以货币计量明代财政收支的标准，进而获得探讨明代经济发展实态的可能。

无疑，《会计录》是研究明代财政、赋税、货币等方面社会经济史的宝藏。而今人对

---

[1] 本节原题名《财政视角下的明代田赋折银征收——以〈万历会计录〉山西田赋资料为中心》，博士生侯官响参与合作，发表于《文史哲》2013 年第 1 期。这里略有改动。

[2] 万明：《白银货币化视角下的赋役改革》（上），《学术月刊》2007 年第 5 期，第 124 页。

[3] 张学颜：《万历会计录》，北京图书馆古籍珍本丛刊第 52、53 册，书目文献出版社 1989 年版，下同。

《会计录》的利用和研究，还比较鲜见。已故梁方仲先生对《会计录》只作过简单介绍[1]。美籍黄仁宇先生的《十六世纪明代中国之财政与税收》[2] 只提到《会计录》中的 5 个数据，而《会计录》所含数字信息则有 10 万条之巨。台湾学者赖建诚教授通过分析《会计录》中的边镇粮饷数据，得出明朝灭亡在于边防经费增加引致的财政危机的结论。[3] 以上诸贤对《会计录》赋税折银以及中央与地方财政关系、以及各布政司、府州县的财政状况均未作深入探讨。日本学者清水泰次、山根幸夫、岩见宏、谷口规矩雄等人对中国明代赋役制度研究颇深，但也未涉及财政货币化问题。

大陆学者万明和徐英凯两位先生最早注意了《会计录》所涵盖的大量的赋税折银信息，于 2008 年提交了论文《明代白银货币化再探》[4]，首次以白银为统一计量单位，以《会计录》河南田赋资料分析为中心，对明代的财政货币化问题进行了深入而有意义的探讨。我们面对《会计录》中浩瀚而又繁杂的涉及国家财政各个层面的数字，考虑的是如何以统一的货币单位，来重现明帝国国家财政机器的运转，以便从新的视角揭示社会发展的趋势。所谓财政货币化问题仍有继续探讨的必要。

在明代北方五省中，山西布政司颇具代表性，诸前贤对明代山西的财政赋役制度研究亦多有建树。日本学者寺田隆信在其专著《山西商人研究》中专设一节，对民运粮纳银的原因及条件进行探讨，指出民运粮的折纳，尤其是折银问题，在"从民便"的同时，也是政府为了解决边防经费累年拖欠的财政问题不得已而为之的，但边镇粮饷折银的稳定是以边塞地方的粮食市场的稳定为前提条件的。[5] 张海瀛先生的专著《张居正改革与山西万历清丈研究》，利用罕见的山西万历清丈记录，对一条鞭法推广前的基础工作——土地清丈进行了深入研究，但对财政白银化问题着墨甚少。对明代田赋折银作深入探讨的是李三谋先生，他于1990 年代先后发表论文[6]，集中阐发全国尤其是山西农业货币税推行的原因及其过程，但未用统一的白银为货币单位，也未利用《会计录》资料。

鉴于上述原因，本文拟以《会计录》山西布政司田赋资料为中心，结合其他明代史籍资料，采用白银为统一的货币单位，尝试对山西的田赋结构和白银货币化程度进行粗略分析，以求教于各位方家。

（二）山西布政司田赋折银背景分析
1. 明代山西布政司概况

山西布政司位于华北平原和黄土高原的结合地带，"内迫京畿，外控夷狄，实西北重地"[7]。《山西通志》亦云："山西近畿临边，等于右辅，所以经国用而裕军实者又甚周也。"[8] 其东、西两侧为山地，中部和南部地势平缓。由于高原和山地占全省面积的 72％，且"近边苦寒"，因而可耕地很少。但是在人口方面，山西却是明代北方人口最稠密者。

---

[1] 梁方仲：《评介〈万历会计录〉》，载《梁方仲经济史论文集补编》，中州古籍出版社 1984 年版，第 233 页。

[2] 黄仁宇著：《十六世纪明代中国之财政与税收》，阿风等译，生活·读书·新知三联书店 2001 年版。

[3] 赖建诚：《边镇粮饷：明代中后期的边防经费与国家财政危机》，台北：联经出版社 2008 年版。

[4] 参见万明、徐英凯《明代白银货币化再探——以〈万历会计录〉河南田赋资料为中心》，中国史学会（日本）、台北中研院、台湾政治大学、《新史学》杂志社《"基调与变奏"7—20 世纪的中国》第二卷，2008 年 7 月。

[5] ［日］寺田隆信：《山西商人研究》，山西人民出版社 1986 年版，第 25—41 页。

[6] 参见李三谋《明代农业税的推行问题》，载《中国经济史研究》1995 年第 4 期；李三谋、方配贤《明万历以前山西农业货币税的推行问题》，载《中国经济史研究》1999 年第 1 期。

[7]《明宪宗实录》卷二二八，成化十八年六月甲寅，台北中研院史语所校勘影印本，第 3907 页。

[8]（光绪）《山西通志》卷五八《田赋》略一，中华书局 1990 年版，第 4415 页。

据《明一统志》载，明初山西布政司领有太原、平阳、大同三府，泽、潞、汾、沁、辽五州，置山西都指挥使司，山西行都指挥使司[1][2]。其中太原府为省会，亦是晋王封地；大同府为山西行都司所在地，亦是代王分封之地；潞安是沈王封地。山西行都司即九边十三镇中的大同镇，另外山西镇在山西布政司辖内，宣府镇临近山西。对于山西南北社会经济状况，时人称：

> 河以北为山西，古冀都邑地，故《禹贡》不言贡。自昔饶林竹、垆斄、玉石，今有鱼盐枣柿之利。所辖四郡，以太原为省会而平阳为富饶。大同、潞安，倚边寒薄，地狭人稠，俗尚勤俭，然多玩好事末。独蒲坂一州，富庶尤甚，商贾争趋。[3]
>
> 太原迤北冈陵丘阜，硗薄难耕，乡民惟倚垦种上岭下坂，汗牛痛仆，仰天待命，无平地沃土之饶，无水泉灌溉之益，无舟车鱼米之利，兼拙于营运，终岁不出里门，甘食蔬粝，亦势使之然。[4]

而太原以南，虽田土肥沃，但地狭人稠，"本地所出之粟，不足供居民之用，必仰给于河南、陕西二省"。[5]尽管如此，在北直隶、陕西、山西、山东、河南等北方五省甚至全国各布政司中，山西布政司田赋征收额是比较高的，见表8—14—1。

表8—14—1　　明洪武、弘治、万历三朝北方五省及南直隶田赋征收额 [6]

布政司	征收米麦（石）			每亩平均征收米麦数（升）		
	洪武二十六年（1393年）	弘治十五年（1502年）	万历六年（1578年）	洪武二十六年（1393年）	弘治十五年（1502年）	万历六年（1578年）
山西	2800937.00	2274023.00	2314802.00	6.69	5.82	6.29
北直隶	1170520.00	601631.00	598628.00	2.01	3.23	1.22
陕西	1913164.00	1920058.00	1735690.00	6.07	7.40	5.93
山东	2578917.00	2851127.00	2850937.00	5.32	5.31	5.40
河南	2198909.00	2387777.00	2380760.00	1.52	5.74	3.21
南直隶	7234820.00	5942255.00	6011861.00	5.70	7.33	7.77

从表中数字可以看出，山西在洪武二十六年（1393年），田赋总额仅次于南直隶，居北方诸省之冠，弘治十五年（1502年）、万历六年（1578年），则少于北方的山东、河南两省；然而从每亩平均征收米麦数来看，山西均远超山东、河南。

再看山西所辖之太原县，洪武二十四年（1391年），全县夏税秋粮合计3223315升，田土483067亩，每亩平均征收米麦为6.67升；嘉靖二十七年（1548年），全县夏税、秋粮合

[1] 李贤：《明一统志》卷一九，《山西布政司》，三秦出版社1990年版，第285页。

[2]《明史》卷四一《地理志》载，万历十年（1582年）山西布政司领有太原、平阳、大同、潞安（嘉靖八年升为府）四府，汾州、沁州、泽州、辽州四州；万历二十三年（1595）年，汾州升为府。

[3] 张翰：《松窗梦语》卷四《商贾记》，中华书局1985年版，第82页。

[4] 康基田：《晋乘蒐略》卷二，山西古籍出版社2006年版，第131页。

[5] 孙嘉淦：《孙文定公奏疏》卷三《请开采禁疏》，清敦和堂刻本，第34页。

[6] 资料来源：梁方仲：《中国历代户口、田地、田赋统计》乙表36，中华书局2008年版，第483页。

计 3162881 升，田土 477989 亩，每亩平均征收米麦为 6.62 升。[1] 嘉靖二十七年的曲沃县，平地亩征 8 升，坡地亩征 6 升，水地则亩征 1 斗 7 合，[2] 由此可见明代山西的田赋负担之重。

"盖其土之所有，不能给半岁之食，不得不贸迁有无，取给他乡"[3]，为了生存，山西人口大量外流，弃农逐末成为农村流动人口的主要出路和就业选择。大多数外流人口生活艰难，"离父母、妻子而为商为贾者岂得已哉？资身无策，糊口是谋耳。"[4] 只有少部分逐于末作，通过纳粟开中制，经营粮食和食盐，成就了名满天下的晋商群体。

2. 山西布政司田赋折纳沿革

唐宋已降，中国经济发展的重心南移已完成。明代北方经济发展水平落后于南方，也是不争的事实。北方白银货币化的程度亦复如是，不仅低于江南诸省，而且沿革缓慢。正统时南方各地通过征收金花银，使货币税在田赋中的比重大为增加；成化至嘉靖年间为适应商品经济发展而进行的各种赋役改革，"摊丁入地"，折银征收，逐步使赋役征收白银制度化，而同时期北方诸省田赋折银主要是政府为了足额完成征收边镇粮饷的需要，当然也有"从民便"的因素。总体而言，正统前后，北方地区货币田赋仍然是偶发的、个别的[5]；嘉隆时期，北方受战争与和平条件的影响较大，田赋存留和折征变化大，货币田赋内容仍没有实质性改变。

就山西布政司而言，《明实录》、《明会典》、《会计录》等明史典籍记载了宣德元年至嘉靖三十二年全省田赋折银的沿革事例。由于其直接供应宣府、大同、山西三镇粮饷，受到边防军事活动影响较大的缘故，其折银力度居于北方诸省前列。

宣德元年（1426 年），山西监察御史于谦见大同"其地霜蚤，田薄收，当输边者，多折金银"[6]。此为山西，也是北方诸省折银的最早记录。

正统四年（1439 年），巡抚大同、宣府右佥都御使卢睿上奏：

> 山西上年拨送折粮银一十万两，每银一两，准粮四石。今宣府米价腾贵，请每银一粮，准银二石五斗。从之。[7]

五年（1440 年），解送大同粮每石折银 5 钱。[8]

八年（1443 年），"山西民运，本色米麦豆共四十一万八千八百六十石五斗，折色一十五万石，每石折银二钱五分，共银三万七千五百两。"[9]

天顺二年（1458 年），山西秋粮折收一十万石，每石折银 2 钱 5 分。[10]

成化十三年（1477 年），李敏以右副都御史巡抚山西，《明史》记载：

> 见山东、河南转饷至者，道远耗费，乃会计岁支外，悉令输银。民轻赍易达，而将士得以其赢治军装，交便之。至是并请畿辅、山西、陕西州县岁输粮各边者，每粮一石

1 据嘉靖《太原县志》卷一《田赋》有关数字计算。《天一阁藏明代方志选刊》，上海古籍出版社 1981 年版，第 21 页。

2（嘉靖）《曲沃县志》卷一《贡赋志》。《天一阁藏明代方志选刊续编》，上海书店 1990 年版，第 331 页。

3 康基田：《晋乘蒐略》卷二，第 131 页。

4（嘉靖）《曲沃县志》卷一《贡赋志》，第 333 页。

5 唐文基：《明代赋役制度史》，中国社会科学出版社 1991 年版，第 185 页。

6 倪岳：《少保兵部尚书于公神道碑铭》，徐纮《明名臣琬琰续录》卷六，《文渊阁四库全书》第 453 册，上海古籍出版社版 1987 年版，第 344 页。

7《明英宗实录》卷六一，正统四年十一月乙巳，台北中研院史语所校勘影印本，第 1159 页。

8《明英宗实录》卷六五，正统五年三月乙巳，第 1238 页。

9《会计录》下册，卷二四《山西镇额饷沿革事例》，第 850 页。

10《明英宗实录》卷二八八，天顺二年闰二月己卯，第 6172 页。

折银一两，以十九输边，依时值折军饷，有余则召籴以备军兴。帝从之。自是北方二税皆折银。[1]

成化二十三年（1487年），山西京库折银米共77000石。[2]

弘治二年（1489年），"准太原迤北与大同州县，该纳大同、宣府税粮，俱纳本色；太原迤南与平阳等处，仍照例折银。"[3]

弘治六年（1493年），《会计录》卷七记载：

> 准山西腹里起运宣大税粮，太原府迤北、迤南所属，并汾州、平遥、介休、孝义等县，可通车者，悉从民便，征运本色，草束照旧征银。其平阳府泽、潞、辽、沁四州所属，转输颇艰，减征价银，每米麦一石，折银七钱；豆一石，折银五钱；草一束，折银四分。[4]

正德十年（1515年），九边镇之一的山西镇"民运改征折色，每粮一石折银一两，岁征三十余万两"。[5]

嘉靖五年（1526年），巡抚山西右副都御使江潮建议，将各王府禄粮，夏税按每石六钱，秋粮按每石八钱折银征收，但在支放时每石折银五钱，"搏其余数，以补不敷"。[6]通过征收田赋和支出禄米之间折银的差价，以解决"宗室繁衍，禄米日增，岁征不足用"的财政亏空。

嘉靖二十三年（1544年），户部"议准山西大同、平阳等府税粮。征银多寡不均，今后止征银一两，其不系代府禄粮州县，每石量加银一二分，以补原额不敷之数。"[7]

嘉靖二十七年（1548年），御史程軏题：

> 大同所属半为沙漠，旧额禄米九万三千四百三十五石，比因王族蕃衍，加至每石征银一两一钱六分。查得平阳等府，泽、辽等州亦该禄米三万四千二百四十二石，每石多者不过九钱六分，少者七钱六分，是内郡膏腴之地反轻，而边徼反重矣，乞要均派。[8]

同年，山西平阳、太原二府，泽、沁、汾三州"自本年为始，金拨大户，一条鞭征收银两，解布政司收贮，听补王府禄米灾免不敷之用。"[9]这是山西折征银两第一次和一条鞭法联系起来。

三十二年（1553年），户部批复：

> 准代、岢二州，原派本色米豆一千四百四十二石，俱征本色；汾州、阳曲等州县，

---

[1] 张廷玉等：《明史》卷一八五《李敏传》，中华书局1974年版，第4894页。

[2]《明孝宗实录》卷八，成化二十三年十二月癸巳，台北中研院史语所校勘影印本，第181页。

[3]《会计录》上册，卷七《山西布政司田赋沿革事例》，第254页。

[4]《会计录》上册，卷七《山西布政司田赋沿革事例》，第254页。

[5]《会计录》下册，卷二四《山西镇额饷沿革事例》，第884页。

[6]《明世宗实录》卷六八，嘉靖五年九月庚戌，台北中研院史语所校勘影印本，第1566页。

[7] 申时行等：《明会典》卷二九《户部》一六《征收》，第216页。

[8]《会计录》上册，卷七《山西布政司田赋沿革事例》，第254页。

[9]《会计录》上册，卷七《山西布政司田赋沿革事例》，第255页；另见万历《明会典》卷二九《户部》一六《征收》，第218页。

该七万九千五百五十八石，姑准折征。[1]

从以上田赋沿革事例，可以看到山西布政司田赋折银主要存在两种情形。一是输往大同镇、宣府镇的边粮，"岁征本色，民不堪命。合将三百里以内地方，坐征本色，若果输运较难，将折色分数，免加脚价，其余窎远州县，俱折银一两，脚价二钱"[2]。这是因"道远耗费"、"运输颇艰"而折银。一是供应王府的禄米折银，但主要是起运边镇的税粮征银，存留地方的田赋则较少折征，并且是否折征，或临时起意，或因时而变，并无规律可循。如正统十年（1445 年），"大同蓄积粮多，恐致陈腐。除官军支用外，乞将今岁山西拨纳秋粮四十万石准收本色二十万石，余半收银货，用备易籴新粮，以抵蓄积。从之。"[3]又如弘治十年（1497 年），"将大同府原派宣府税粮三万四百石，改归大同，以便输纳本色。"[4]再如嘉靖三十三年（1554 年），"将山西民运，附近该镇三百里者，不拘分数，多派本色。太原、汾、沁、潞、辽俱纳本色，平阳等处窎远地方，增派脚价。……大同税粮，因山西该省岁荒，暂行折征，此后务要渐复本色。"[5]另外，折银标准亦颇随意，每石从 2 钱 5 分到 1 两 1 钱 6 分不等。可以说，此时山西的田赋折银仍然是为满足边防的需要。市场由于发育缓慢，对折银影响不大。

万历六年（1578 年）的江南诸省，此时明廷官员刘光济在江西、庞尚鹏在浙江、海瑞在应天府正大力推广赋役折银一条鞭法，山西的田赋结构及其货币化程度是怎样的？下面就此试作分析。

（三）山西布政司田赋结构分析

早在先秦时期，中国财政"有粟米之征，有力役之征，有布缕之征。粟米取于田上，即租法也，力役取于人力，即庸法也，布缕取于园宅，即调法也"[6]。国家对土地征收实物，按人力科派力役。在传统农业社会，这种国家财政以实物为征收内容的运行状况一直持续到明代前期。明人顾清云：

> 今之夏秋二税，即古所谓粟米之征，唐之所谓租；农桑丝绢，即古所谓布缕之征，唐之所谓调。今之甲首、均徭，即古所谓力役之征，唐之所谓庸。租出于田，调出于家，庸以身计，不相侵越者也。[7]

明初的田赋征收沿用唐代的两税法，依照田产的多少分夏秋两次征收。对此，丘濬认为：

> 土地万世而不变，丁口有时而盛衰。定税以丁，稽考为难，定税以亩，检核为易。我朝稽古定制，以天下之垦田，定天下之赋税，因其地宜，立为等则，征之以夏者谓之税，征之以秋者谓之粮。[1]

[1]《会计录》下册，卷二四《山西镇额饷沿革事例》，第 885 页。

[2]《会计录》下册，卷二四《大同镇额饷沿革事例》，第 853 页。

[3]《明英宗实录》卷一三六，正统十年十二月甲寅，第 2703 页。

[4]《会计录》下册，卷二四《大同镇额饷沿革事例》，第 852 页。

[5]《会计录》下册，卷二四《大同镇额饷沿革事例》，第 852 页。

[6]何柏斋：《何柏斋集》卷一《均徭私议·均徭》，《明经世文编》卷一四四，中华书局 1962 年版，第 1442 页。

[7]顾清：《傍秋亭杂记》卷上，孙毓修辑：《涵芬楼秘笈》第四集，第 32 册，商务印书馆民国版，第 6 页。

[1]丘濬：《大学衍义补》卷二二《贡赋之常》，京华出版社 1999 年版，第 214 页。另参见孙承泽《春明梦余录》卷三五《户部》一，北京古籍出版社 1992 年版，第 570 页。

不过，明代的夏税、秋粮从开国之初就不全是征收米麦，根据《明会典》记载，洪武时"夏税曰米麦，曰钱钞，曰绢；秋粮曰米，曰钱钞，曰绢"，计有米、麦、钱钞、绢四种，以后逐步增加，弘治有四十一项，万历有五十二种。[2]

通常夏季征收不能超过八月，秋季不能超过次年二月，以征收实物为主，兼以钞、钱、金、银、绢、布。用麦米交纳称为本色；用金、银、钱、钞、布、绢等物品折换交纳，称为折色。《诸司职掌》记载折绢、折钱钞的情况：

> 凡民间一应桑株，各照彼处官司原定则例起科丝绵等物，其丝绵，每岁照例折绢，俱以十八两为则，折绢一匹。所司差人类解到部，札付承运库收纳，以备赏赐支用。其树株果价等项并皆照例征收钱钞。[3]

"省直银粮，名色虽不一，大约田赋、均徭二项，不离起解、存留两款。"[4] 明代各地的田赋可分为两类；其一，起运；其一，存留。所谓起运，就是运到中央政府或其他省的府、州、县或各边镇、都司、卫所等军事区域的部分；存留就是留供本地开销的部分。存留的用途，因各地繁简充僻微有多寡的不同，有些特别支出，如供给本地蕃府亲王岁禄之用。[5]

《会计录》卷七记载了山西布政司田赋状况，主要包括夏税、秋粮两项。夏税分为小麦（包括阔白棉布折麦，分起运麦和存留麦）、农桑丝折绢（全部起运京库）、零丝三类；秋粮分为米（包括阔白棉布、棉花绒折米，分起运米和存留米）、马草（包括起运草和存留草）和户口盐钞银（包括遇闰加银，全部存留）。

上述项目中起运麦、米、阔白棉布、农桑丝折绢以及马草都标明了折银标准。运用货币计量的方法，首先可以将《会计录》卷七田赋征收项目中折银的实物部分折成统一的白银，得出货币化部分的货币额；再以《会计录》中标明的银价，采取加权平均法计算出折银价格，由此得出没有折银标准的实物部分的货币额。在计算中，注意了田赋征收过程中中央财政和地方财政的划分（即起运和存留额），货币化部分和实物部分各自的比例。首先得到山西田赋的总体结构。参见表8—14—2。

表8—14—2　　　　　　　　　　万历六年山西省田赋分布　　　　　　　　　　（两/银）

田赋	数额	%	起运	%	存留	%
总计	2118341.95	100.00	828835.62	39.13	1289506.33	60.87
夏税总计	422771.01	100.00	83025.70	19.64	339745.31	80.36
小麦	419365.51	100.00	79686.00	19.00	339679.51	81.00
农桑丝折绢	3339.70	100.00	3339.70	100.00		
零丝	65.80	100.00			65.80	100.00
秋粮总计	1695570.94	100.00	745809.92	43.99	949761.02	56.01
粟米	1471743.52	100.00	550170.00	37.38	921573.52	62.62

[2]《明会典》卷二四《户部》十一《会计》一，第157、161、168—169页。
[3]《诸司职掌·户部·农桑》，张卤：《皇明制书》上卷，日本古典研究会1966年版，第222页。
[4]孙承泽：《春明梦余录》卷三五《户部》一，第581页。
[5]梁方仲：《田赋史上起运存留的划分与道路远近的关系》，《梁方仲经济史论文集》，中华书局1989年版，第208页。

马草	198459.75	100.00	195639.92	98.58	2819.84	1.42
户口盐钞银	23306.05	100.00			23306.05	100.00
遇闰加银	2061.62	100.00			2061.62	100.00

万历六年（1578 年）山西田赋总计为 2118341.95 两白银。从田赋构成来看，夏税 422771.01 两，占田赋总额的 19.96％，秋粮 1695570.94 两，占田赋总额的 80.04％；从财政构成来看，起运 828835.62 两，占赋税总额的 39.13％，存留 1289506.33 两，占赋税总额的 60.87％。下面具体分析夏税、秋粮的构成。

1. 山西夏税收入分析

根据《会计录》卷七，山西田赋夏税项下记载，夏税共有四项，分别为小麦、阔白棉布、农桑丝折绢、零丝。而其中的阔白棉布已折成小麦，并记入小麦的总数中。

（1）小麦

小麦作为田赋正项，构成夏税的主要部分，万历六年山西实征小麦 591951.31 石，包括起运和存留部分。

a. 起运部分

起运部分实征小麦 112480 石，主要用于边镇粮饷。

内起运宣府镇龙门广盈等仓、怀来广阜仓、宣德等仓、新兴仓、广昌仓、万全广盈等仓、广积仓、永宁等仓、新开口堡仓、怀来广备仓小麦，已经标明了折银标准为 1.2 两/石，共计折银 19806 两。

内起运万全万亿库阔白棉布 6000 匹，已经标明了折银标准为 0.3 两/匹；并且注明折小麦 7200 石（已经计入起运小麦的总数中），相当于小麦折银标准为 0.25 两/石；共计折银 1800 两。

内起运大同镇大有仓、平房卫平房仓、石井坪堡仓、偏头关保德仓、宁武关万亿库、雁门关广济仓、代州边储仓小麦项下，已经注明：前项各仓附近三百里者，本色四分，折色六分；五百里者，本色三分，折色七分，其折色俱免征脚价；如系五百里之外者，俱每石折银 1 两，外加脚价银 0.2 两。由此无法说明有多少是三百里、五百里内外者。故均采用 1 两/石，外加脚价银 0.2 两计算；共计折银 45330 两。

内起运银亿库阔白棉布 42500 匹；已经标明了折银标准为 0.3 两/匹；并且注明折小麦 51000 石（已经计入起运小麦的总数中），相当于小麦折银标准为 0.25 两/石；共计折银 12750 两。

以上全部起运小麦共折银 79686 两。

b. 存留部分

存留小麦 479471.31 石，因《会计录》未注明折银价格，可按起运小麦价格的加权平均值每石 0.7084 两/石计，共折银两 339679.51 两。

总计起运和存留，山西全省实征小麦合计 591951.31 石，折银 419365.51 两。

（2）农桑丝折绢

该项目原应征收农桑丝，现改为征收折色，共计 4771 匹，全部起运京库，其中折色 967 匹，已经标明了折银标准每匹 0.7 两，折银 676.9 两；本色 3804 匹，仍按每匹 0.7 两的折银标准，折银 2662.8 两；共计折银 3339.7 两。

（3）零丝

该项目为存留，共计 51.41 斤，折合 822.55 两。[1]

---

[1]其折银标准依据：《万历会计录》上册，卷八《河南布政司·夏税·工部织染局丝》，第 259 页。

综上所述，山西省夏税共该银 422771.01 两，其中起运物料共该银 83025.7 两；存留物料共该银 339745.31 两。由此得到山西全省夏税起运量为 19.64%，存留量为 80.36%。

2. 山西布政司秋粮收支情况分析

根据《万历会计录》卷七，关于山西省田赋秋粮的记载，共有三项，分别为粟米、马草、户口盐钞银和遇闰加银。其中，粟米是正项，马草和户口盐钞银及遇闰加银是杂项。

（1）粟米

全省实征米 1722851.38 石，包括起运和存留部分。

a. 起运部分

起运米 640350 石，主要包括以下几项：

全部起运米，账目中原注明：前项各仓附近三百里者，本色四分，折色六分；五百里者，本色三分，折色七分，其折色俱免征脚价；如系五百里之外者，俱每石折银 1 两，外加脚价银 0.2 两。由此无法说明有多少是三百里、五百里内外者。故均采用 1 两/石，外加脚价银 0.2 两计算，共计折银 465120 两。

内起运万全万亿库阔白棉布 102500 匹，已经标明了折银标准为 0.3 两/匹；并且注明折米 102500 石（已经计入起运米的总数中），相当于小麦折银标准为 0.3 两/石；共计折银 30750 两。

内起运大同银亿库阔白棉布 140000 匹，已经标明了折银标准为 0.3 两/匹；并且注明折米 140000 石，（已经计入起运米的总数中）相当于小麦折银标准为 0.3 两/石；共计折银 42000 两；

内起运万全万亿库棉花绒，未标明折银标准，但是已经标明折米 2250 石，今依据本省起运米价格 1.2 两/石计，共计折银 2700 两；

内起运大同银亿库棉花绒，未标明折银标准，但是已经标明折米 8000 石，今依据本省起运米价格 1.2 两/石计，共计折银 9600 两；

以上合计全省起运米共折银 550170 两。

b. 存留部分

存留米 1082501.38 石，今按起运米价格的加权平均值每石 0.851337035 两计，共折银两 921573.52 两。

合计起运和存留部分，全省实征米合计折银 1471743.52 两。

从表 2 可知：山西省秋粮米中，起运量为 37.38%，存留量为 62.62%。

（2）马草

全省实征草 3602991 束，其中起运草 3544850 束。

账目内所有起运草均未给出折银标准，但是在聚落堡草场草项目后注明：前项草束照旧例征收每价银 1 两，外加脚价银 0.2 两，故可以认为这部分草已经折银，而其余草按未折银计；草的价格依据系统聚类分析方法 [1] 所得结论 2,[2] 应取陕西草价格的加权平均值，但是陕西没有草的价格，故根据最小距离原则，选取河南草价格的加权平均值 0.0485 两/束。由此起运草共折银 195639.92 两。

---

[1] 系统聚类法是聚类分析中用得最多的方法。首先将 m 个样本看成 m 类，计算 m 个样本两两间的距离，合并距离最近的两类为一个新类，得到 m−1 类，再从中找出最接近的两类加以合并变成 m−2 类，如此下去，最后所有的样本全在一类。上述过程可以画出聚类图，从图上很容易决定分多少类，每类各有什么样本。

[2] 徐英凯、陈秋华：《聚类分析方法在晚明田赋结构分析中的应用》一文结论，陕西省的田赋折银标准与山西省的折银标准属于一类。见 Xu Yingkai, Chen Quhua：Application of Cluster Analysis in National Land Tax Structure in the Sixteenth Century, *Comprehensive Evaluation and Society with Statistical Science*, Aussino Academic Publishing House Sydney Australia, 2009.

存留草 58141 束，未注明折银标准，今按河南草价格的加权平均值计，共折银 2819.84 两，全省草合计折银 198459.75 两。

由此得到山西省秋粮中，草的起运量为 98.58％，存留量为 1.42％。

（3）户口盐钞银

山西省各府、县的户口盐钞银，以及遇闰加银，均未标明存留，但依据山西各府田赋记录，山西省的户口盐钞银全部存留，其中户口盐钞银 23306.54 两，遇闰加银 2061.63 两。

综上所述，山西省秋粮共该银 1695570.94 两。而其中全部起运物料折银 745809.92 两；全部存留物料，折银 949761.02 两。山西省秋粮中，起运量为 43.99％，存留量为 56.01％。

3. 山西布政司万历六年田赋结构分析

根据上述夏税、秋粮两项的分析，可知山西省全年田赋折银 2118341.95 两，其中起运折银 828835.62 两，存留折银 1289506.33 两。夏税起运粮仅占 20％，秋粮起运粮上升至 44％，全年夏税秋粮起运量为 39.13％，存留量为 60.87％（具体财政结构见图 8—14—1）。这与某些研究人员所认为的明代中央集权高度强化，作为中央财政的起运与作为地方财政的存留八二分成比例相差甚远。[1]

考察明代田赋的结构，起运与存留并没有统一的比例。富庶的江南地区，"天下财赋，东南居其半"，起运远大于存留。[2] 如苏州府宣德 4 年起运粮 2164000 余石，存留粮仅有 377500 石，起运与存留的比例分别为 87.6％和 12.4％。[3] 贫瘠的边远地区，其赋税并不能满足本省需求。如万历六年（1578 年）广西、云南、贵州三布政司，夏税、秋粮俱存留本省备用。[4]

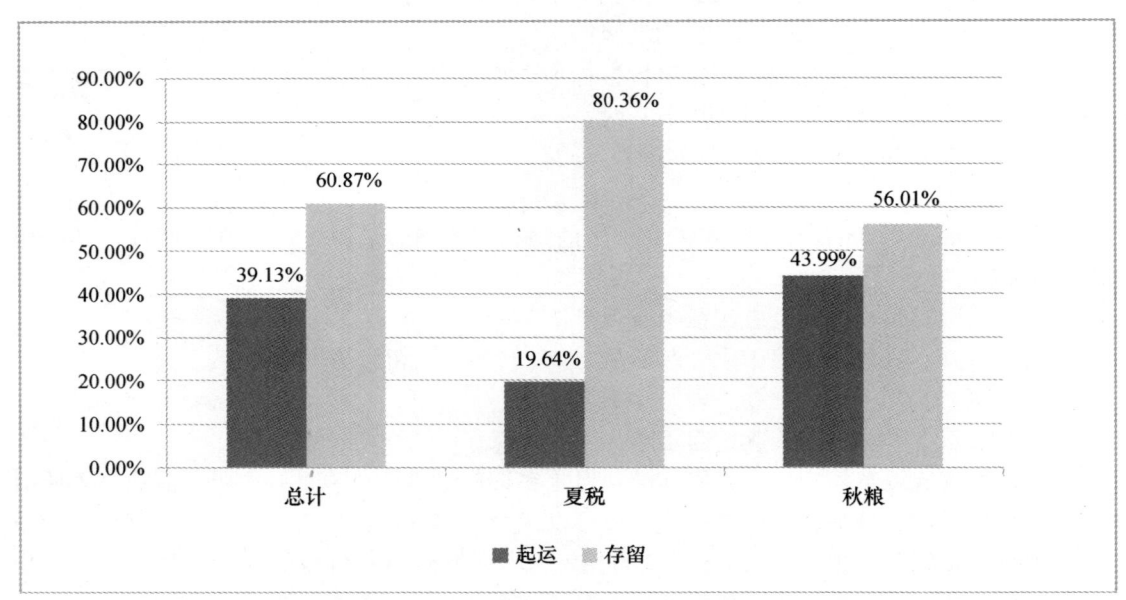

图 8—14—1　山西布政司万历六年财政结构

[1] 财政部财科所 2005 年研究报告认为，明代中央政府与地方政府的财力分配，由于受高度集中的财政体制的影响，大约 80％的赋税收入归中央政府支配，20％的赋税留归地方，参见赵云旗《中国历史上中央与地方官俸发放原则》，http://www.crifs.org.cn crifs/html/default/caizhengshihua/ _ history/138，2005 年 5 月 20 日。

[2]《明神宗实录》卷一七六，万历十四年七月己酉，第 3245 页。

[3] 唐文基：《明代赋役制度史》，中国社会科学出版社 1991 年版，第 64 页。

[4] 参见《会计录》卷一二《广西布政司田赋》，第 427 页；卷一三《云南布政司田赋》，第 444 页；卷一四《贵州布政司田赋》，第 460—461 页田赋的相关记载。

梁方仲先生认为：江西、浙江、河南数省，因为与两京距离较近，并且交通便利，地富民庶，其缴纳的田赋最多；反之，如四川、广东、山西等省，起运的百分比最低。[1]

山西布政司"近边苦寒"，地狭人稠，如前所述每亩赋税额居北方五省之冠。

> 山西一省，地当中原之脊，山冈居半，民俗尚俭，率重本业。然以四府四州之民，供三藩三镇之赋，百司岁用，又复丛焉，其繁重可知矣。[2]

曾任山西按察使的吕坤指出："山西钱粮，非王禄则军饷。"[3] 根据前述起运和存留的定义，输入大同、宣府、山西三镇之赋，应列入起运范畴，起运数量与边境战事关系甚大。成化十八年（1482年），巡抚山西右副都御使何乔新在上书中对此有很好的阐释：

> 山西所属夏税秋粮计二百二十七万三千一百六十七石。洪武、永乐间，自存留外，仅输给大同各卫并雁门、偏头二关。正统末年，虏寇犯边，乃以太原等府、泽潞等州税粮输之宣府。成化二年，官军欲捣河套，乃以各税粮输之榆林。自此存留数少。[4]

三藩之赋指的是从存留粮中支付的晋王、代王、沈王的禄米，由于生齿日繁，宗禄支出恶性膨胀。[5] 嘉靖八年（1529年）六月，副总裁詹事霍韬重修《会典》时上书曰：

> 洪武初年，山西惟封晋府一王，岁支禄米一万石。今增郡王、镇辅、奉国将军、中尉而下共二千八百五十一位矣，岁支禄米八十七万石，则加八十七倍矣。臣考山西额田，初年四十一万顷，弘治十五年存额三十八万顷，减额者三万顷矣。禄米则由一万石增而八十七万石，额田则由四十一万顷减而三十八万顷，此山西额数也。举山西而推之，天下可知也。[6]

时任户部尚书梁材亦深有同感：

> 王府禄米，查得洪武年间，如山西初封晋府一王，岁支禄米一万石，今增郡王、镇辅、奉国将军、中尉、郡县等主君，并仪宾等至一千八百五十一位员，共岁支禄米八十七万二千三百六石零。[7]

《明世宗实录》卷一六七记载嘉靖十三年（1534年）九月，户科都给事中管怀礼在上书中言及宗禄问题：

[1] 梁方仲：《田赋史上起运存留的划分与道路远近的关系》，《梁方仲经济史论文集》，中华书局1989年版，第217页。
[2] 《会计录》卷七《山西布政司田赋沿革事例》，第256页。
[3] 吕坤：《吕新吾先生文集》卷三《停止砂锅潞绸疏》，《明经世文编》卷四一五，第4502页。
[4] 《明宪宗实录》卷二二八，成化十八年六月甲寅，第3907页。
[5] 傅衣凌主编，杨国桢、陈支平著：《中国历史》十三《明史》，人民出版社2006年版，第170页。
[6] 霍韬：《霍敏文公文集》卷三《修书陈言疏》，《明经世文编》卷一八七，第1921页。
[7] 梁材：《梁端肃公奏议》卷二《会议王禄军粮及内府收纳疏》，《明经世文编》卷一〇三，中华书局影印本，第921页。

及查天下粮额岁率不给，如山西晋、代、沈三府岁用禄粮九十五万六千有奇，而岁派不过八十四万二千余石，即此一省，天下可知！

从嘉靖八年到十三年，仅仅五年的时间，山西宗藩的岁用禄粮就由 872306 石增至 956000 余石，较原来禄粮数增加了 10%。

嘉靖四十一年（1562 年），御史林润奏曰：

天下财赋，岁供京师米四百万石，而各藩禄岁至八百五十三万石。山西、河南存留米二百三十六万三千石，而宗室禄米五百四万石。既无灾伤蠲免，岁输亦不足供禄米之半。年复一年，愈加蕃衍，势穷弊极，将何以支？[1]

查万历《明会典》卷二四和《会计录》卷七可知，洪武二十六年（1393 年）山西布政司夏税秋粮为 2800937 石，弘治十五年（1502 年）为 2274022 石，万历六年（1578 年）年为 2314802 石，田赋收入不增反降，而供给三藩的禄粮却由洪武初年占田赋岁入的 0.36%，变为弘治时期的 40%。

不仅如此，如前所述，供给山西境内除大同、山西两边镇外的军饷，则由当地存留粮额度内支用。存留各地的粮储，应以足供本处卫所官军俸粮为原则。对此，《诸司职掌》明确记载如下：

凡所在有司，仓廪储积粮斛，除存留彼处卫所三年官军俸粮外，务要会计周岁关支数目，分豁见在若干，不敷若干，余剩若干，每岁开报合干上司，转达本部，定夺施行。仍将次年实在粮米及该收该用之数，一体分豁旧管、新收、开除、实在上报。[2]

另外万历六年（1578 年）三镇之赋除宣府、大同镇粮饷从起运粮支付外，另从存留麦中拨付山西镇所辖偏头、雁门、宁武三关各仓 35860.70 石，从存留米中拨付三关 84017.20 石。[3] 并且存留粮内，还须预备不时之需。如"景泰三年，将太原府仓存留粮内，摘拨粮二十万石，运送大同。正统十年，于大同所属州县存留夏税内，摘拨豌豆六万石，运赴本镇应用"[4]。

如果考虑上述因素，则万历六年山西田赋起运和存留的比例应属正常，这与明代中央集权力度的强弱没有太大关系。为进一步直观地了解山西田赋总体结构，根据《会计录》卷七记载的的田赋细目制作的田赋结构如图 8—14—2、图 8—14—3。

如图 8—14—2 所示，山西田赋夏税占近 20%，秋粮占 80%。夏税中，小麦在图 8—14—3 中显示占田赋总额的 20%，农桑丝折绢和零丝因数额太小，在图中无法显示。秋粮中，图 8—14—3 显示，粟米占田赋总额的 70%，小麦占 20%，马草占 9%，户口盐钞银和遇闰加银仅占 1%。

明代田赋夏季征收的小麦和秋季征收的粟米为田赋正项，遍及全国，构成田赋的主要部分。故梁方仲有"狭义的田赋，在明代为麦米两项"之说。[5] 北方诸省田地所产品种比南方

[1]《明史》卷一一六《诸王传》一，第 3568 页。
[2]《诸司职掌·户部·会计粮储》，《皇明制书》上卷，第 277 页。
[3]《会计录》卷七《山西布政司田赋沿革事例》，上册，第 185 页。
[4]《会计录》卷二四《大同镇额饷沿革事例》，上册，第 853 页。
[5] 梁方仲：《明代"两税"税目》，《梁方仲经济史论文集》，第 26 页。

少，其田赋麦米成分则更大。就山西而言，万历六年小麦、粟米占田赋总额的近90%，反映了上述特点。农桑丝折绢（绢是折纳的物品，即折色），几遍全国，万历六年仅川、云、贵、两广、延庆州、保安州及太平府没有输纳。但就山西而言，因非主要产区，征收数额甚少。

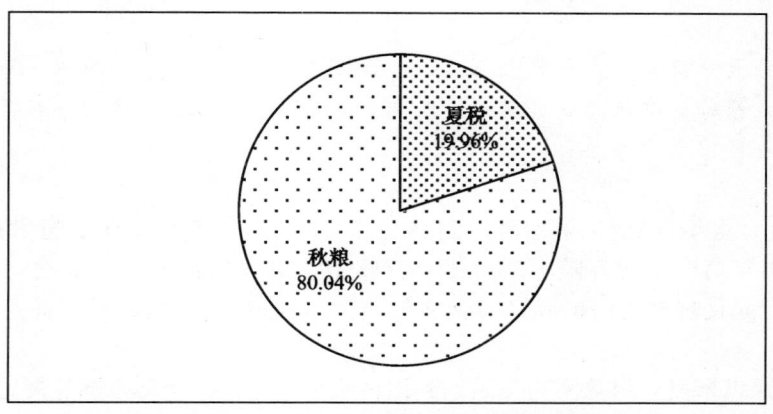

图 8—14—2　万历六年山西布政司田赋总体结构

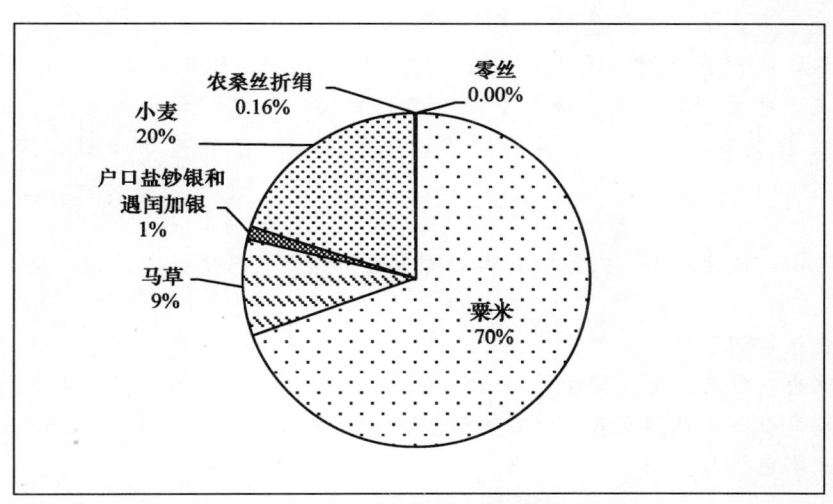

图 8—14—3　山西布政司田赋细目结构

"夏税为轻，秋粮为重"[1]，不论税率还是税额，明代两税，秋粮远重于夏税。

山西所征户口盐钞、起运马草都并入了秋粮。其中户口盐钞银和遇闰加银占1%，马草由于供应边镇的原因，征收量较大，占9%。

（四）山西布政司田赋货币化分析

在自然经济占统治地位的传统社会中，田赋制度建立在实物财政的基础之上。早在先秦时期，中国财政"有粟米之征，有力役之征，有布缕之征。粟米取于田上，即租法也，力役取于人力，即庸法也，布缕取于园宅，即调法也"[2]。国家对土地征收实物，按人力科派力

[1] 万历《华阴县志》卷四，万历四十二年刻本，第40页。
[2] 何柏斋：《何柏斋集》卷一《均徭私议·均徭》，《明经世文编》卷一四四，第1442页。

役。在传统农业社会，这种国家财政以米麦等实物为征收内容的运行状况一直持续到明代前期。

然而，征收实物并不能满足政府的需求，于是就有了田赋征收"本色"与"折色"的设计。洪武九年（1376年）四月明太祖令户部："天下郡县税粮，除诏免外，余处令民以银、钞、钱、绢代输今年税粮。"[1]王圻《续文献通考》载：

> 令两浙及京畿官田凡折收税粮，钞每五贯准米一石，绢每匹准米一石二斗，金每两准米十石，银每两准米二石，绵布每匹准米一石，苎布每匹准米七斗，夏税农桑丝每十八两准绢一匹重十八两。[2]

此为洪武十八年（1385年）事。洪武三十年（1397年）又有了逋赋折银的征收记录："凡各处积年逋赋，皆许随土地所便，折收布、绢、棉花及金银等物……银一两折二石。"[3]逋赋折合是用轻便价高的物品折换实物田赋，被称之为"轻赍"，并不是一种经常性的行为。

从明初征课以米麦丝绢等实物交纳，到用白银折纳，是一个动态的发展过程，其间充满了矛盾和争议。反对折色，主张赋税征收本色的代表人物丘濬曾说：

> 粟生于地，非一日所能致，钱出于人力，可旬月间而办也。自古识治体者，恒重粟而轻钱，盖以钱可无而粟不可无故地。后世以钱物代租赋，可谓失轻重之宜，违缓急之序矣。故为国家长久计者，宁以菽粟当钱物，使其腐于仓庾之中，备之于无用，不肯以钱物当菽粟，恐一旦天为之灾，地无所出，金银布帛不可以充饥，坐而待毙也。[4]

在倡导折色者中，成化时湖广按察司佥事尚褫反对折银而主张折钞，其理由是：

> 凡钱粮均储等项，洪武、宣德间，应本色者征本色，应折色者征钱钞。顷来凡遇征输，动辄折收银两。然乡间小民何由得银？不免临时展转易换，以免逋责。有司收纳既重，其权衡以多。及其交官，又杂铜铅以为伪。民既受其言（害），而官又受其弊。臣请自今凡本色折收之例，一遵旧典。[5]

总的说来，明宣德、正统年之前的田赋折银，大多是属于临时性的。宣德末年，周枕改革江南税粮变卖银两，成为正统以后逐渐形成的金花银的起源。成弘以后，各种田赋折银明显增多。到嘉隆万年间，随着一系列的赋役改革和一条鞭法在全国各地的展开，从而使白银在田赋收入中占居了主导地位，可以说，田赋的白银货币化至此基本完成。

根据梁方仲先生的研究，一条鞭法初施行于嘉靖初年，至嘉靖末年转趋积极，在万历二十年以前在全国通行。一条鞭法推广至全国前的一系列赋役改革，虽同称一条鞭，但内容不一。明人于慎行云：

---

[1]《明太祖实录》卷一〇五，洪武九年四月丁亥，第1756页。
[2]王圻：《续文献通考》卷四《田赋考》，现代出版社1986年版，第63页。
[3]《明太祖实录》卷二五五，洪武三十年九月癸未，第3682页。
[4]丘濬：《大学衍义补》卷二二《贡赋之常》，第290页。
[5]《明宪宗实录》卷九三，成化七年秋己卯，第1785页。

夫条鞭者，一切之名，而非一定之名也。粮不分厫口，总收类解，亦谓之条鞭；差不分户则，以丁为准，亦谓之条鞭；粮差合而为一，皆出于地，亦谓之条鞭；丁不分上下，一体出银，此丁之条鞭；地不分上下，一体出银，此地之条鞭。其名虽同，而其实不相盖也。敝邑所谓条鞭者，税粮不分厫口，总收起解；差役则除去三等九则之名，止照地编排；丁不论贫富，每丁出银若干；地不论厚薄，每亩出银若干；上柜征收，招募应役，而里甲之银附焉。此敝邑条鞭之略也。[1]

张居正向全国推行的一条鞭法，工科右给事中曲迁概括为：

条编之法，总括一县之赋役，量地计丁，一概征银，官为分解，雇役应付。[2]

这是比较中肯全面的总结。

就山西布政司而言，将万历六年（1578年）田赋折银计算整理，可以得到山西田赋货币化比例，见表8—14—3。

表8—14—3　　　　　　　　万历六年山西省田赋货币化比例表　　　　（两/银）

项目	共计折银	已折银	%	未折银项目折银	%
小麦	419365.51	79686.00	19.00	339679.51	81.00
农桑丝折绢	3339.70	676.90	20.27	2662.80	79.73
零丝	65.80			65.80	100.00
粟米	1471743.52	537870.00	36.55	933873.52	63.45
马草	198459.75	142290.16	71.70	56169.60	28.30
户口盐钞银	23306.05	23306.05	100.00		
遇闰加银	2061.62	2061.62	100.00		
夏税	422771.01	80362.90	19.01	342408.11	80.99
秋粮	1695570.94	586952.70	34.62	1108618.24	65.38
田赋总计	2118341.95	667315.60	31.50	1451026.35	68.50

从上表可看出：夏税已经标明折银标准的折银总数为80362.9两，没有标明折银标准的为342408.11两，白银货币化程度为19.01%。

秋粮中，粟米已经标明折银标准的折银总数为537870两，没有标明折银标准的是933873.52两，白银货币化程度为36.55%；马草已经标明折银标准的折银总数为142290.16两，没有标明折银标准的为56169.60两，白银货币化程度为71.70%。两者合计计算，秋粮已经标明折银标准的折银总数为586952.70两，没有标明折银标准的折银总数为1108618.24两；白银货币化程度为34.62%。

---

[1]于慎行：《谷城山馆文集》卷三四《与抚台宋公论赋役书》，万历年间于纬刻本，第17页。
[2]《明神宗实录》卷二二○，万历十八年二月戊子，第4124页。

将夏税、秋粮加总计算,已经标明折银标准的折银总数为667315.60两,没有标明折银标准的1451026.35两,白银货币化程度为31.50%,实物征收额为68%。该比例与起运存留39%与61%之比似有较高依存度。为直观显示夏税秋粮货币化程度,绘制柱状图(图8—14—4)。

考虑到明代山西人从事商业贸易的人数众多,并形成了闻名天下的晋商群体,这个比率似乎与山西商人在全国的地位很不相称。众所周知,山西商人和徽州商人是明代后期商界的两大巨子,他们以雄厚的财力称名于时,明人谢肇淛曾形象地写道:

> 富室之称雄者,江南则推新安,江北则推山右,新安大贾鱼盐为业,藏银有至百万者,其它二、三十万则中贾耳,山右或盐或丝或转贩或窖粟,其富甚于新安。[1]

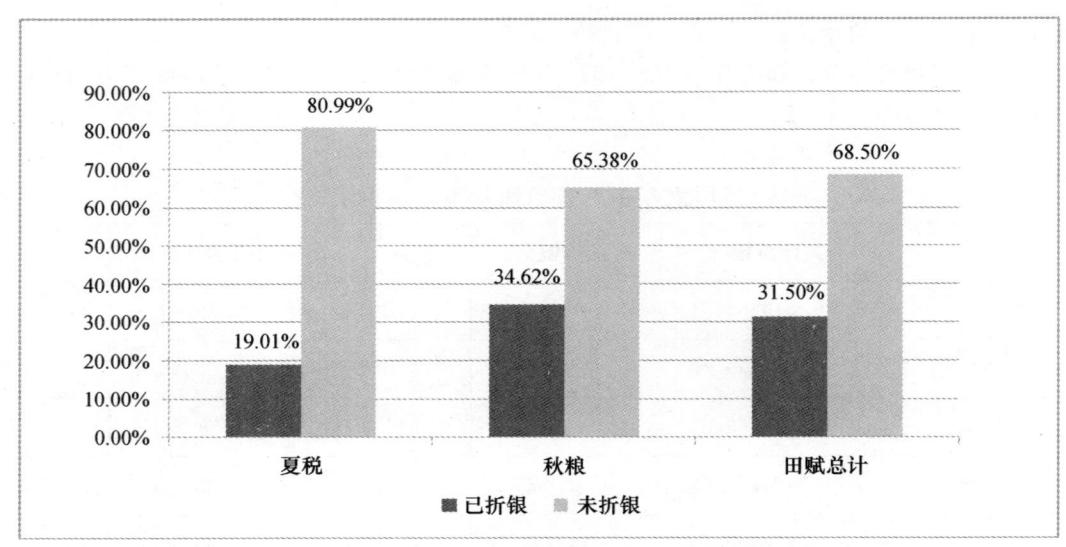

图8—14—4 山西布政司万历六年货币化程度

冯梦龙在"三言"中,有大量的使用银两的情节,其中描述山西平阳府洪洞县商人沈洪"拿有整万的银子,来北京贩马"[2],尤其给人留下深刻印象。

然而,晋商的商业活动只是民间交易而已,江南"民间交易惟用金银"与地方官员推行赋役折银改革相得益彰,而在江北则未必行得通,原因在于明代南北气候、土质、亩产以及经济发展水平存在很大差异,官民对赋役折银的认识也大相径庭。对此,顾炎武有中肯的评论:

> 盖条编主田为算,而每丁折田二亩。江南土地渥饶,以田为富,故赋役一出于田,赋重而役轻,以轻丽重,且捐妄费,安得不利!齐鲁土瘠而寡产,其富在末,故赋主田而役主户,赋轻而役重,以轻带重,田不足供,安得不困![3]

山西比之山东,尤为土瘠少产,更是富在商业。主政北方诸省的地方官员,在万历之

---

[1]谢肇淛:《五杂俎》卷四《地部》二,上海书店出版社2001年版,第74页。
[2]冯梦龙:《警世通言》卷二四《玉堂春落难逢夫》,人民文学出版社1956年版,第342页。
[3]顾炎武:《天下郡国利病书》第七册《常镇》,《四部丛刊三编》本,上海商务印书馆1935—1936年版,第17—18页。

前，鲜有赋役折银改革之举。即使有此举动，也很难推广开来。梁方仲认为，推行条鞭法最有功绩的人物都来自国际贸易较盛，有大量银元输入的南方沿海各省，如蔡克廉、潘季驯、周如斗、刘光济、王宗沐、庞尚鹏和海瑞。而反对条鞭法的多是北方人，如葛守礼、于慎行。嘉靖、隆庆时期的王宗沐，先后在任江西提学副使、山东左布政使时，推行一条鞭法的赋役折银改革。其在江西的改革虽不甚顺利，但最终在隆庆时期刘光济主政江西时即获得全面成功，而王宗沐在山东的改革则以失败告终。对此，明人黄景昉总结如下：

> 一条鞭赋法，议始于庞尚鹏，远迩称便。而葛端肃乃极非之，诋为宽富累贫，徒滋吏弊。览于东阿《笔尘》，亦言条鞭即唐两税法，以资产为宗，不以丁身为本，其弊至商宽农困，岂南北俗殊耶？抑或奉行之过。[1]

上文提到的葛端肃即隆庆时户部尚书葛守礼，于东阿即万历时礼部尚书于慎行。

不仅如此，明代南方诸省白银货币化程度高于北方诸省，与其多银矿和得外贸之先白银大量涌入亦有很大关系。隆庆之前，银矿的开采主要集中在云南、浙江、福建、四川等省。其中尤以云南产量最大，宋应星《天工开物》卷下云："合八省所生，不敌云南之半。"白银虽然很早就成为货币，但其属性多囿于贮藏，流通媒介作用并未取得应有地位，明代中后期美洲白银大量流入中国后，加之政府在税收中征收白银的政策，致使白银在大额交易和政府财政上起着纸币和铜钱无法取代的作用。南方诸省赋役的普遍折银，反过来促进了商品经济的发展。隆庆开关之后，对外贸易量猛增，大量的贸易顺差使得原产日本、美洲白银输入中国。梁方仲先生估计，自万历元年至崇祯十七年（1573—1644年），葡萄牙、西班牙、日本等国由于同中国贸易输入的银元，至少在一亿元以上。[2] 吴承明先生谨慎估计，16世纪后叶和17世纪前叶流入白银近1.5亿两。[3] 据万明估计，在1540—1644年的100年间，日本流入白银有7500吨左右，1570—1644年，美洲白银共有12620吨流入了中国。[4] 南方诸省银矿的开采更兼海外银元的大量输入，为赋役折银的改革提供了成熟的条件。例如广东"银多从番舶而来"，广东赋役得以普遍折银。

更有甚者，山西布政司在田赋折银过程中，不能像江南征收金花银地区那样得到折纳金花银的好处，反而存在着损害百姓利益的情况。在通常情况下，明代粮食市场的市价高于税粮的折银价，市场粮价愈高，如果金花银折粮价不变，或变动后折价银低于市价，纳税者实际负担就会减轻。[5] 成化十六年，山西行省市场粮价1石仅值银三四钱，但闻喜县百姓"岁输阳曲、灵丘、怀仁、山阴四王府并各镇国等将军禄米，每一石勒银三两"[6]。这必将桎梏田赋折银的推广和百姓缴纳银两的积极性，以致户部"令自成化十七年为始，悉依旧例收纳，不许折银及倍收巧取"[7]。

尽管如此，万历六年山西全省的田赋白银货币化程度毕竟已达到32%，这与嘉靖之前山西田赋折银的偶发性、随意性相比，显然有了进步。应该指出的是，此时，田赋以外，山西对其他各种徭役、商税、杂泛普遍征收银两或纳银代役，白银已越来越深地介入到社会生活的各个方面。

---

[1] 黄景昉：《国史唯疑》卷九，上海古籍出版社2002年版，第253页。

[2] 梁方仲：《明代粮长制度》，上海人民出版社1957年版，第127页。

[3] 吴承明：《现代化与中国十六、十七世纪的现代化因素》，《中国经济史研究》1998年第4期，第7页。

[4] 万明：《明代白银货币化：中国与世界连接的新视角》，《河北学刊》2004年第2期。

[5] 唐文基：《明代赋役制度史》，第196—197页。

[6]《明宪宗实录》卷二一〇，成化十六年十二月庚午，第3668页。

[7] 同上书，第3669页。

（五）从万历清丈到一条鞭法——山西田赋折银改革的继续

明代嘉靖至万历初年，整个国家和社会都发生了深刻变化。从财政经济的角度看，一方面商品经济的发展推动了以田赋折银为核心的货币赋税的发展，另一方面，边镇粮饷耗费巨大，皇室贵族的奢侈消费恶性膨胀，土地兼并严重，政府财政入不敷出，以至于社会矛盾空前激化，统治危机加剧。这是张居正在全国进行清丈土地和推广一条鞭法改革的经济原因，目的是"民不加赋而国用饶"。

此阶段，山西白银货币化程度虽不算高，商品经济却有了长足发展，城市繁荣，百姓竞奢。就连"九边如大同，其繁华富庶不下江南，其妇女之美丽，什物之精好，皆边塞之所无者"[1]。又如平阳府之曲沃县，"其齐民服饰恣所好美，僭侈无度，男子冠巾丝履，女子珠翠金饰，但有财尽能索矣"[2]。这是一方面，另一方面三镇三藩之赋，已成为广大人民的沉重负担。《会计录》卷七云：

> 今边饷日广，宗室日蕃，一切供亿自民输外，则仰给于河东之盐课，不足岁发内帑百余万，以充边储费用孔殷，后将难继。近议修屯政，纾民力，诚为良策。若当事诸臣实心干理，持之有终，核荒占、抚流移、宽征敛，行之数年，即未能如国初之旧，三晋之民亦庶乎其息肩有期矣。[3]

可见，户部认为"核荒占、抚流移、宽征敛，纾民力"亦是解决山西财政矛盾之良策。

由于前述经济发展方面的原因，更由于改革人物的缺乏，山西的赋役折银改革在万历八年（1580年）之前一直裹步不前，史籍上也鲜有记载。而在南方，江西、浙江、南直隶实行一条鞭法的同时，即嘉靖末年至隆庆三四年，福建和两广在万历清丈前也已实行；张居正执政时期，整顿吏治、抑制豪强、编查户口、清丈田地与一条鞭法相互配合，河南、山东、湖广、北直隶推行了一条鞭法；万历十五年至十七年（1587—1589年），贵州、云南、四川、陕西、山西及甘、肃二州卫相继在清丈的基础上普行一条鞭法。山西终于赶上了最后的班车。

如果说江西、浙江和南直隶是赋役改革的先驱，福建则是万历清丈的试点。《会计录》卷五云：

> 福建田赋自京库折银之外，余皆存留，以待岁用，民鲜称疲。自嘉靖中，海夷山寇骚动，兵食不足，始议加征折粮，括寺田，又于常赋之外，计丁计粮，量行加派。今山海宁谧，而兵饷不减，闽人何时可息肩耶？[4]

万历六年（1578）十一月，张居正"以福建田粮不均，偏累小民，命抚按着实清丈。"[5]

福州府"万历七年正月，丈量官民田土"。方法是"履亩丈量，均匀摊补，其亩视田高下为差，其则以县原额为定，截长补短，彼此适均"。[6]

---

[1] 谢肇淛：《五杂俎》卷四《地部》二，上海书店出版社 2001 年版，第 80 页。

[2] 万历《沃史》卷十三《风俗考》，万历四十年刻本，第 5 页。

[3] 《会计录》卷七《山西布政司田赋沿革事例》，第 256 页。

[4] 《会计录》卷五《福建布政司田赋沿革事例》，第 215 页。

[5] 《明神宗实录》卷八一，万历六年十一月，第 1732 页。

[6] （万历）《福州府志》卷七《食货》，万历二十四年刻本，第 5 页。

万历八年九月，"巡抚劳勘题：清丈过田土，均摊补足过浮粮，造册到部。"[1] 至此，福建清丈完毕。"苟利社稷，生死以之"，福建清丈的成功，坚定了张居正在全国范围进行清丈的决心。

山西清丈是在万历九年（1581 年）正月开始进行的，其与福建清丈相比有很大不同。首先，山西地亩和税粮的管辖，隶属于三个不同的系统，即由户部统一管理的布政司系统（行政系统）、由后军都督府统领的山西都司及山西行都司（驻大同）系统（军事系统）、王府系统。其次，山西清丈是分两大块进行的，大同府并所属州县，山西行都司并所属卫、所及代王府庄田的清丈，由贾应元主持；大同府外的清丈和山西都司的清丈由辛应乾负责。由于行政系统、军事系统、王府系统互不隶属，关系错综复杂，因而清丈困难远比行政关系单一的福建要多。

丈田以清丈隐田、均平赋税为目的，有利于普通劳动者，必然引起勋贵、官宦、豪绅等既得利益者的反抗。在山西布政司清丈过程中，饶阳王府、潞成王府、大同代王府先后群起闹事，最终受到明廷官员的果断处置。

万历十年（1582 年）正月，贾应元主持的大同府及山西行都司清丈事竣。丈后民地为31539 顷 79 亩，屯地 47811 顷 4 亩，官民屯地及实征粮"比旧各增三分之一"[2]，则新增土地将至少增加（31539＋47811）/3＝26450 顷。同年二月，贾应元主持的山西布政司（大同府除外）及山西都司清丈圆满结束，山西布政司新增地亩 88546 顷 52 亩 2 分[3]，山西都司新增丈地共 3533 顷 34 亩 7 分[4]。

山西布政司清丈完成后撰写的《山西丈地文册》（下面简称文册）五册，157000 余字，是山西清丈总结和记录。万历清丈遍及全国十三布政司、两直隶，而把全省清丈记录并保存下来的却很罕见。《文册》为研究山西万历清丈、地亩和税粮管辖系统以及山西都司卫所提供了第一手资料。同时，《文册》也是山西布政司进行田赋征收的依据和进行一条鞭法赋役折银改革的逻辑起点。

上述各系统清丈新增地亩数字即出自《文册》。按照《文册》记录，我们可计算山西清丈新增地亩至少为 26450＋88546＋3533＝118529 顷。学术界常把《明神宗实录》卷一二二记载的清丈结果 5100 余顷，作为山西万历清丈后全省新增地亩数额，无疑是天壤之悬殊，这是应当澄清的。

山西万历清丈完成后，布政司所辖地亩增加 88546 余顷，而税粮总额，依然不变，既减轻了纳粮税亩的负担，也保证了政府的财政收入。万历清丈是山西赋役折银改革的继续。从此，山西布政司一条鞭法改革明显加快了步伐。

在抚臣沈子木主持下，"万历十六年，山西行一条鞭法，将每岁额征税粮、马草酌定银数，分限征收，以省纷纷头绪，致滋里书飞洒之奸。"[5] 这表明山西赋役折银终于在国家财政制度层面上的确立。从宣德元年（1426 年）大同"输边折银"始，到万历十六年（1588 年）山西举省"行一条鞭法"，时间已经过去了 163 年。如前所述，从全国来看，明代赋役折银改革也持续了一个半世纪。可见在由传统社会向近代社会转变之艰难。

此后，在万历清丈，普行一条鞭法的前提条件下，山西各地在数年内行条鞭法，进行白银货币化改革。下面从地方志中撷取几例如下：

---

[1]《会计录》卷五《福建布政司田赋沿革事例》，第 215 页。
[2] 张海瀛：《张居正改革与万历山西清丈研究》，山西人民出版社 1993 年版，第 202 页。
[3]《张居正改革与万历山西清丈研究》，第 215 页。
[4]《张居正改革与万历山西清丈研究》，第 314 页。
[5]《明神宗实录》卷二〇〇，万历十六年闰六月乙未，第 3755 页。

保德州"万历十九年行一条鞭法……共征银四百二十九两三钱二分七厘五毫，俱解本府。"[1]

太原府榆次县知县卢传元行条鞭之法，"遂著为令"。[2]

沂州，"近行一条鞭法，管粮官专督之"。[3]

万历二十四年（1596年），大同巡抚梅如桢"定编徭，行条鞭法"[4]。

大同应州"今日举十岁者编之，而通为一，名条编"[5]。

大同府浑源州"一条鞭通共夏秋马草脚价伞菜俸廪银募马共征银若干两"。

万历清丈后，一条鞭法在全国普遍推广。吴承明先生估计万历中期，包括地方财政，田赋已有40%—50%纳银，货币化成为不可逆之趋势，这时的货币化已非如宋以前之纳钱钞，而是白银化，我国确立贵金属本位，实在16世纪。[6]

崇祯年间，白银在货币领域的统治地位更加稳固。《春明梦余录》作者孙承泽说：

> 今天下自京师达四方，无虑皆用白银。乃国家经赋，专以收花文银为主，而银遂踞其极重之势，一切中外公私咸取给焉。[7]

康熙《保德州志》概括了山西白银货币化的过程："弘治以前，征力不征银"、"万历元年以后，银力兼征"、"万历十七年以后，征银不征力"。[8]在明代，白银从非法货币到法定货币，赋税从征收实物到普遍征收银两，标志着中国传统社会的转型。

制度经济学认为，制度的演进和制度的效率取决于单位交易费用的降低，某种货币的单位交易给人们带来了便利，或曰费用低，货币制度本身就会发生变化。赋役折银征收冲击了传统的社会经济关系，白银作为贵金属货币，能够保证货币制度的长期稳定，松弛了自给自足的小农经济的束缚和封建生产、交换关系的桎梏，推动了市场经济的发展。同时，白银货币化完成后，国家不能左右货币的比价和取舍，也无法象印造纸币那样轻易把社会财富据为己有。更为重要的是白银货币化促使中国与世界联系起来，在中国与世界之间，建立了一种互动关系。[9]银元成为中国通货，造成了中国对银元的大量需求，也使中国商品具有国际性，使中国成为世界市场的一个组成部分。

（六）结语

明代一条鞭法的实行，既是白银货币化完成的标志，又是白银货币化的一个结果。[10]以上通过《会计录》卷七山西田赋资料的整理，结合其他史籍资料，采用货币计价的现代核算方法，统一以白银作为核算单位，对万历六年山西田赋结构和白银货币化程度进行了初步分析。初步可以得到如下结论：

第一，财政是国家的命脉，田赋是传统社会财政的主要来源，田赋折银是我国从传统社

---

[1] 康熙《保德州志》卷四《田赋》，台北成文出版社1976年版，第222页。

[2] 顾炎武：《天下郡国利病书》原编第十七册《山西》，第47页。

[3]《天下郡国利病书》原编第十七册《山西》，第70页。

[4] 谈迁：《国榷》卷七七，中华书局版，第4771页。

[5] 万历《应州志》卷三《食货志》，山西应县县志办公室1984年重印本，第84页。

[6] 吴承明：《现代化与中国十六、十七世纪的现代化因素》，《中国经济史研究》1998年第4期。但其中没有说明田赋纳银比例如何计算得来。

[7] 孙承泽：《春明梦余录》卷三八《户部尚书侯恂条陈鼓铸事宜》，第666页。

[8] 康熙《保德州志》卷四《田赋》，第229—230页。

[9] 万明：《明代白银货币化：中国与世界连接的新视角》，《河北学刊》2004年第2期。

[10] 万明主编：《晚明社会变迁——问题与研究》，商务印书馆2005年版，第148页。

会向现代社会过渡的重要标志之一。明代的田赋从明初主要征米麦丝绢等实物，到部分用白银折纳，最后规定普遍用白银征收，是一个从实物税到货币税的发展过程。这个过程是漫长的、艰难的，但也是不可阻挡的。白银不是贡赋经济的产物，是货币经济的代表，即市场产物。

第二，万历六年山西布政司田赋起运、存留比例为31％与69％。一方面，万历时期北部边境处于和平时期，所需粮饷较战事频仍时大为减少；另一方面由于供应本地官吏俸禄、境内卫所军饷，尤其是宗藩岁禄等原因，田赋存留比例超过三分之二，在此，我们必须对惯常形成的起运，存留比例以中央为大宗重新认识。

第三，万历六年（1578年）山西布政司白银货币化程度为32％，尽管白银货币尚未占据主要地位，综合各种因素考量，在中国北方这个"近边苦寒"、地狭人稠的省份，从宣德元年到万历六年，白银货币化因素在逐渐增多，程度在不断增强，虽然缓慢甚或停滞，却与整个国家货币经济的发展同步，直至完成其历史使命。

十五　田赋结构及其货币化个案分析——以山东为例[1]

（一）问题的提出

由于历史的原因，《万历会计录》（以下简称《会计录》）卷六的全部缺失，使得《会计录》中除了卷之一中保存了山东布政司田赋岁额数据外，山东省全部田赋数据都已经遗失，这不能不说是《会计录》的最大的缺憾。本文试图根据《会计录》、《明会典》及《嘉靖山东通志》的记载，在应用统计学中系统聚类分析与线性回归方法的基础上，以白银作为统一的计量标准，对万历初年山东布政司的田赋数据进行补遗和分析，以便于《会计录》在经济史、明代晚期国家经济、财政结构等研究中的应用。

（二）研究方法简介

《会计录》所收集的田赋方面的数据，其计算单位是以实物形态出现，没有统一的计量标准。而仅仅以实物单位作为计量单位，就只能作单项的对比分析，很难对田赋结构的整体状况进行综合、深入的分析研究。

明代晚期货币经济极大发展，在白银货币化趋势下，一系列的地方赋役改革全面铺开，白银货币不仅进入了赋税领域，而且逐渐成为各种赋税征派所采用的统一的预算和支付手段，这导致了国家的财政改革和田赋征收的变化。[2]当然，货币化的程度究竟有多大？尚待我们去探讨。然而这并不妨碍我们以白银作为统一的计量标准对于田赋水平与结构进行分析与研究[3]。

由于万历年间正是国家财政由实物税制向货币税制过渡的时期，因此《会计录》中不可能，也没有给出所有田赋物料的折银标准。这对于欲以白银作为统一的计量标准，进而讨论田赋的结构带来很大的困难。

我们在对《会计录》中的田赋数字材料进行开发性初级处理的基础上，利用统计学中的系统聚类分析方法，依据田赋水平对十五个省直进行了分类，得到了山东与南直隶为一类的结论[4]，同时依据《会计录》、《明会典》、《嘉靖山东通志》的记载，应用统计学理论中系统聚类和线性回归方法，对万历初年山东布政司的田赋数据进行整理、分析，由此对《会计录》所遗失的山东省及其所辖六府、十五州、八十九县的田赋数据进行研究与补遗。并且在以白银为统一计量标准的基础上，给出万历初年山东省省、府、县三级的田赋结构。

（三）山东省田赋数据以及所辖六府田赋数据的补遗

《会计录》卷之一中保存了山东布政司田赋的岁额，但是《会计录》没有山东省田赋以及所辖六府田赋数据，同时也没有田赋中各个项目的折银标准。万历《明会典》卷二十五、

---

[1] 本节原题目《聚类分析和回归分析：明代万历初年山东田赋数据的补充》，*Applied Social Science*，Vol. Ⅳ，Information Engineering Research Institute，USA，2011.，与朱勇华合作。

[2] 万明：《晚明社会变迁：问题与研究》第三章《白银货币化与中外变革》，商务印书馆 2005 年版，第 143—246 页。

[3] 万明、徐英凯：《明代白银货币化再探：以〈万历会计录〉河南田赋资料分析为中心》，《"基调与变奏" 7—20 世纪的中国》第二卷，中国史学会（日本）、台北中研院、台湾政治大学、《新史学》杂志社 2008 年 7 月，第 105—127 页。

[4] Xu Yingkai，Chen Qiuhua，"Application of Cluster Analysis in National Land Tax Structure Analysis in the Sixteenth Century，" *Comprehensive Evaluation of Economy and Society with Statistical Science*，Aussino Academic Publishing House Sydney Australia，2009.

二十六、二十七，分别给出了万历六年山东布政司田赋的岁额数、田赋的起运数以及山东漕运米数，对于个别的田赋项目，《明会典》还给出了折银的价格。对比分析这两部历史典籍所载数据，对于研究山东田赋的分布是有帮助的。

　　将《会计录》与《明会典》所给出的数值进行分类对比，我们可以看到，除去个别笔误外，这两组数据所包含的内容是一致的。将这两组数据结合起来，在校对两组数据所记载的各项田赋的总数后，从各项田赋的总数中减去《明会典》所载的各项田赋的起运数，就得到了山东省一级田赋的总额、起运及存留的全部数据。根据应用系统聚类分析方法，得到的山东与南直隶为一类的结论，应用南直隶田赋某些项目的折银标准，以及《明会典》所载的山东省某些田赋项目的折银标准，即可确定山东省各项田赋的折银标准，进而将山东布政司项下的田赋全部折银。

　　在将山东省的田赋全部折银后，在白银这一统一的计量标准下，补遗了《会计录》所缺失的山东省省一级的田赋数据（表 8—15—1）。

表 8—15—1　　　　　　　　　　山东省田赋起运与存留分布表　　　　　　（单位：两/银）

	总数	%	起运	%	存留	%
田赋总计	2841244.83	100.00	1936879.63	68.00	904365.20	32.00
夏税总计	763176.55	100.00	551094.39	72.00	212082.16	28.00
麦	721531.56	100.00	512671.00	71.00	208860.56	29.00
丝绵折绢	15697.25	100.00	15595.27	99.00	101.98	10.00
农桑丝折绢	23246.67	100.00	22828.12	98.00	418.55	20.00
本色丝	26.10	100.00			26.10	100.00
税丝	2674.97	100.00			2674.97	100.00
秋粮总计	2078068.28	100.00	1385785.24	67.00	692283.04	33.00
米	1888399.84	100.00	1224229.21	65.00	664170.63	35.00
牛租米	15.83	100.00	15.83	100.00		
地亩棉花绒	3146.98	100.00	3146.98	100.00		
草	141335.10	100.00	139722.45	99.00	1612.65	10.00
户口盐钞银	45170.53	100.00	18670.77	41.00	26499.76	59.00

　　接下来的问题是，对于山东布政司所辖各府的田赋数据的分析与补遗。

　　山东省共辖济南、兖州、东昌、青州、登州、莱州等六府[1]。在《嘉靖山东通志》卷之八（天一阁藏《明代方志选刊续编》·第五十一册·P.515）中，也较为详尽地记载有嘉靖五年（1526 年）山东布政所辖济南等六府的田赋数据。

　　那么能不能直接用《嘉靖山东通志》记载的嘉靖五年（1526 年）山东布政司所辖济南等六府的田赋数据，补充并替代《万历会计录》所缺失的山东布政司所辖各府的田赋数据呢？这是行不通的。

---

[1]《明会典》卷一五《户部二》，中华书局 1989 年版。

首先，《嘉靖山东通志》没有任何田赋项目折银标准的记载，这就使得我们不能在白银——这一统一的计量标准下讨论山东布政司所辖济南等六府的田赋结构；其次，自嘉靖五年到万历六年（1526—1578年）有五十年左右的时间间隔，即使在不折银的条件下，以其记载的田赋数据补充万历六年山东各府的田赋数据也是不合理的。最后，《嘉靖山东通志》所载田赋的项目与《会计录》和《明会典》的田赋项目亦有所不同。

虽然有以上三个不利因素，但是《嘉靖山东通志》毕竟与《会计录》的成书时间只相差五十年左右，这在中国发展与变革都十分缓慢的农业经济社会条件下，并不是一个很长的时期。同时《嘉靖山东通志》所载的主要田赋项目与《会计录》和《明会典》的田赋项目基本吻合。由此可见，只要方法选择适当，它仍然可以作为《会计录》山东田赋数据补遗的重要资料。

为了补遗万历初年山东布政司所辖六府的田赋数据，我们首先确定《嘉靖山东通志》中所记载的山东各府各项田赋占全省相应各项田赋的百分比，再将万历六年全省各项田赋的折银数，按此百分比分配到各府对应的田赋项目下，就得到了以白银作为计量标准的山东六府的田赋数据。并且以此田赋数据作为万历初年山东布政司所辖济南等六府的田赋数据估计值。

此外，《嘉靖山东通志》所载的山东各府各项田赋项目，与《会计录》及《明会典》所载的山东各项田赋项目并不完全一致的问题。我们做如下的处理：第一，在《嘉靖山东通志》中没有"户口盐钞银"一项，只有"盐钞"，我们将盐钞在全省田赋中所占的百分比数据用在《会计录》中"户口盐钞银"项目上；第二，《嘉靖山东通志》中所记载的"药物"、"皮张"、"禽畜"、"杂色翎"、"杂料价银"、"课钞"与"大引盐"这七个项目在《会计录》中找不到对应的内容，故略去不计[1]；虽然被略去的几项在整个田赋中所占的比率不是很大，却仍然会不可避免的造成误差，但是由于我们所要补遗的对象是《会计录》，因此对于《会计录》所没有的内容可以不予考虑。由此而产生的误差，对于我们的最后结论影响不大。第三，其余项目均可在《会计录》中找到相应的项目。

最后，再将其与前面所确定的山东省一级的田赋数据结合起来，在白银这一统一的计量标准下，就得到了山东布政司省一级与其所辖六府府一级的田赋数据（表8—15—2）。

表8—15—2　　　　　　　　　山东布政司所辖六府田赋结构分布表　　　　　　（单位：两）

项目	全省总数	％	济南府	％	兖州府	％	东昌府	％
夏税总计	763176.55	100.00	230549.42	30.21	123706.03	16.21	83607.99	10.96
起运	551094.39		167201.96		91674.18		60981.29	
存留	212082.16		63347.47		32031.84		22626.69	
秋粮总计	2078068.28	100.00	619258.24	29.80	335083.86	16.12	232797.68	11.20
起运	1385785.24		413746.255		225293.45		156955.97	
存留	692283.04		205512		109790.42		75841.71	
全年总计	2841244.83	100.00	849807.66	29.91	458789.89	16.15	316405.67	11.14
起运	1936879.63		580948.21		316967.63		217937.26	
存留	904365.2		268859.46		141822.26		98468.4	

---

[1]此处药物：岁办杂药8661斤9两9钱；皮张：獐鹿羊狐等皮25848张；禽畜：獐鹿天鹅鹚鹋雁兔野鸡304只，肥猪1160口，羯羊1366只，祭猪30口，羊□14只，鹅1700只，鸡2900只，翎毛：杂色翎32680根；杂料：价银24167两；课钞：1171699锭4贯983文。永利等十九场盐课司岁办本折色大引盐共145614引6斤有畸。

项目	青州府	%	登州府	%	莱州府	%		
夏税总计	177041.64	23.20	63154.77	82.80	85114.38	11.15		
起运	129453.69		46335.02		62176.33			
存留	47587.96		16819.76		22938.05			
秋粮总计	486804.18	23.43	171600.31	82.60	232508.5	11.19		
起运	325020		113798.85		154272.05			
存留	161784.18		57801.46		78236.46			
全年总计	663845.82	23.36	234755.08	82.60	317622.88	11.18		
起运	454473.69		160133.87		216448.37			
存留	209372.14		74621.22		101174.5			

（四）山东省县一级田赋数据的补遗

山东布政司所辖六府共领十五州、八十九县，共计一〇四个县级单位，即济南府（领四州、二十六县），兖州府（领四州、二十三县），东昌府（领三州、十五县），青州府（领一州、十三县），登州府（领一州、七县），莱州府（领二州、五县），《会计录》中这部分数据完全缺失。不仅如此，《会计录》中除了"积谷"外，没有任何一个田赋项目包含有这全部一〇四个县的内容。

为此我们在对全国十五省直田赋数据聚类分析的基础上，对南直隶与山东的田赋与积谷进行再次聚类分析，得到效果较好的聚类结果如下（表8—15—3）：

表8—15—3

类别	聚类结果
1	苏州府、松江府（南直隶）、济南府、青州府（山东省）
2	常州府、滁州、和州（南直隶）、莱州府（山东省）
3	应天府、镇江府、淮安府（南直隶）、登州府（山东省）
4	凤阳府、扬州府（南直隶）、兖州府、东昌府（山东省）

根据上述分析结果，按田赋为因变量，积谷为预测变量，对于以上四类分别进行线性回归分析，在显著性水平 α＝0.01 下，模型回归效果显著（表8—15—4）。

表8—15—4

No.	府别	回归方程	显著性
1	济南府	田赋＝16.114×积谷	α＝0.01
2	青州府	田赋＝58.954×积谷	α＝0.01
3	莱州府	田赋＝51.825×积谷	α＝0.01
4	登州府	田赋＝39.252×积谷	α＝0.01
5	兖州府	田赋＝11.622×积谷	α＝0.01
6	东昌府	田赋＝11.622×积谷	α＝0.01

由此在白银这一统一的计量标准下，预测出山东省所辖 104 个县田赋数据的估计值（表 8—15—5）。

表 8—15—5　　　　　　　　　山东所辖六府一百四县田赋数据分布表　　　　　　　（单位：两/银）

No.	府县	田赋估计值	No.	府县	田赋估计值	No.	府县	田赋估计值	No.	府县	田赋估计值
	济南府	883031.14	28	利津县	16567.19	53	黄县	26167.92	80	东阿县	15472.45
1	历城县	41417.97	29	霑化县	16567.19	54	福山县	17445.28	81	平阴州	10999.94
2	章丘县	49701.57	30	蒲台县	24850.78	55	栖霞县	17445.28	82	阳谷县	19340.57
3	邹平县	33134.38		青州府	748712.07	56	招远县	26167.92	83	寿张县	12571.37
4	淄川县	33134.38	31	益都县	95988.73	57	莱阳县	65419.81	84	沂州	18131.78
5	长山县	33134.38	32	临淄县	44794.74	58	宁海州	34890.56	85	郯城县	14505.43
6	新城县	16567.19	33	博兴县	44794.74	59	文登县	26167.92	86	费县	14505.43
7	齐河县	18223.91	34	高苑县	38395.49		兖州府	452327.47		东昌府	303333.68
8	齐东县	33134.38	35	乐安县	44794.74	60	滋阳县	15472.45	87	聊城县	16919.01
9	济阳县	24850.78	36	寿光县	95988.73	61	曲阜县	9428.52	88	堂邑县	12085.01
10	禹城县	41417.97	37	昌乐县	44794.74	62	宁阳县	19340.57	89	博平县	12085.01
11	临邑县	24850.78	38	临朐县	95988.73	63	邹县	19340.57	90	茌平县	16919.01
12	长清县	33134.38	39	安丘县	38395.49	64	泗水县	9428.52	91	清平县	12085.01
13	肥城县	24850.78	40	诸城县	44794.74	65	滕县	18131.78	92	莘县	12085.01
14	青城县	24850.78	41	蒙阴州	38395.49	66	峄县	14505.43	93	冠县	19336.01
15	陵县	24850.78	42	莒州	44794.74	67	金乡县	10999.94	94	临清州	20544.52
16	泰安县	41417.97	43	沂水县	38395.49	68	鱼台县	10999.94	95	丘县	19336.01
17	新泰县	11597.03	44	日照县	38395.49	69	单县	24175.71	96	馆陶县	19336.01
18	莱芜县	24850.78		莱州府	302349.46	70	城武县	19340.57	97	高唐州	20544.52
19	德州	33134.38	45	掖县	37778.67	71	曹州	30219.63	98	恩县	20544.52
20	德平县	24850.78	46	平度州	61923.38	72	曹县	24175.71	99	夏津县	24170.01
21	平原县	33134.38	47	潍县	39160.08	73	定陶县	15714.20	100	武城县	15710.51
22	武定州	41417.97	48	昌邑县	42343.34	74	济宁州	21153.75	101	濮州	24170.01
23	阳信县	41417.97	49	胶州	42343.34	75	嘉祥县	9428.52	102	范县	12085.01
24	海丰县	16567.19	50	高密县	40061.00	76	巨野县	16922.99	103	观城县	9668.00
25	乐陵县	33134.38	51	即墨县	38739.65	77	郓城县	19340.57	104	朝城县	15710.51
26	商河县	33134.38		登州府	235511.31	78	东平州	19340.57			
27	滨州	33134.38	52	蓬莱县	21806.60	79	汶上县	19340.57			

（五）检验与结论

至此我们已经在白银这一统一的计量标准下，给出了山东省、府二级的田赋数据和县一级田赋数据的估计值。

最后，对于使用线性回归方法所确定的县一级田赋数据的估计值进行检验。即将山东六府下辖各县的田赋估计值按所属府治加和，得到六府田赋的估计值，将此值与表 8—15—2

所给出的山东六府的田赋值进行对比。由以下的回归效果分析表可见，除了青州府的误差百分比为 12.78％外，其余五府的误差百分比均小于 5％。误差百分很小。同时模型的拟合度 R 方较高，回归效果较为理想（表 8—15—6）。

因此，使用线性回归方法所计算出的山东省县一级田赋数据的估计值，来对山东省所辖一百零四县田赋数据进行补遗是可行的。

表 8—15—6　　　　　　　　　回归效果分析表

No.	府别	积谷	田赋实际值	田赋估计值	田赋误差	误差％	模型	估计值的标准误差
1	济南府	54800.00	849807.66	883031.14	33223.48	3.91	线性	136248.00
	青州府	12700.00	663845.82	748712.07	84866.25	12.78	线性	45219.74
2	莱州府	5834.00	317622.88	302349.46	15273.42	4.81	线性	43869.43
3	登州府	6000.00	234755.08	235511.31	756.23	0.32	线性	10101.82
4	兖州府	38920.00	458789.89	452327.47	6462.42	1.41	线性	15539.95
	东昌府	26100.00	316405.67	303333.68	13071.99	4.13	线性	15539.95

为了使山东省县一级的田赋数据更加完整。在对山东省县一级田赋数据补遗的基础上，再以每个府田赋起运、存留在全府田赋总数中所占的百分比，作为该府下辖县的田赋起运、存留在该县田赋总数中所占的百分比，在白银这一统一的计量标准下，来估算该府所属各县田赋起运、存留的田赋值（表 8—15—7）。

表 8—15—7　　　山东布政司所辖一百零四县田赋数据起运、存留分布表

	银（两）					
	起运	％	存留	％	总计	％
济南府	603640.09	68.36％	279391.05	31.64％	883031.14	100.00％
历城县	28313.32	68.36％	13104.65	31.64％	41417.97	100.00％
章丘县	33975.99	68.36％	15725.58	31.64％	49701.57	100.00％
邹平县	22650.66	68.36％	10483.72	31.64％	33134.38	100.00％
淄川县	22650.66	68.36％	10483.72	31.64％	33134.38	100.00％
长山县	22650.66	68.36％	10483.72	31.64％	33134.38	100.00％
新城县	11325.33	68.36％	5241.86	31.64％	16567.19	100.00％
齐河县	12457.86	68.36％	5766.05	31.64％	18223.91	100.00％
齐东县	22650.66	68.36％	10483.72	31.64％	33134.38	100.00％
济阳县	16987.99	68.36％	7862.79	31.64％	24850.78	100.00％
禹城县	28313.32	68.36％	13104.65	31.64％	41417.97	100.00％
临邑县	16987.99	68.36％	7862.79	31.64％	24850.78	100.00％
长清县	22650.66	68.36％	10483.72	31.64％	33134.38	100.00％
肥城县	16987.99	68.36％	7862.79	31.64％	24850.78	100.00％

青城县	16987.99	68.36%	7862.79	31.64%	24850.78	100.00%
陵县	16987.99	68.36%	7862.79	31.64%	24850.78	100.00%
泰安县	28313.32	68.36%	13104.65	31.64%	41417.97	100.00%
新泰县	7927.73	68.36%	3669.3	31.64%	11597.03	100.00%
莱芜县	16987.99	68.36%	7862.79	31.64%	24850.78	100.00%
德州	22650.66	68.36%	10483.72	31.64%	33134.38	100.00%
德平县	16987.99	68.36%	7862.79	31.64%	24850.78	100.00%
平原县	22650.66	68.36%	10483.72	31.64%	33134.38	100.00%
武定州	28313.32	68.36%	13104.65	31.64%	41417.97	100.00%
阳信县	28313.32	68.36%	13104.65	31.64%	41417.97	100.00%
海丰县	11325.33	68.36%	5241.86	31.64%	16567.19	100.00%
乐陵县	22650.66	68.36%	10483.72	31.64%	33134.38	100.00%
商河县	22650.66	68.36%	10483.72	31.64%	33134.38	100.00%
滨州	22650.66	68.36%	10483.72	31.64%	33134.38	100.00%
利津县	11325.33	68.36%	5241.86	31.64%	16567.19	100.00%
霑化县	11325.33	68.36%	5241.86	31.64%	16567.19	100.00%
蒲台县	16987.99	68.36%	7862.79	31.64%	24850.78	100.00%
兖州府	312513.05	69.09%	139814.42	30.91%	452327.47	100.00%
滋阳县	10689.92	69.09%	4782.53	30.91%	15472.45	100.00%
曲阜县	6514.16	69.09%	2914.36	30.91%	9428.52	100.00%
宁阳县	13362.4	69.09%	5978.17	30.91%	19340.57	100.00%
邹县	13362.4	69.09%	5978.17	30.91%	19340.57	100.00%
泗水县	6514.16	69.09%	2914.36	30.91%	9428.52	100.00%
滕县	12527.25	69.09%	5604.53	30.91%	18131.78	100.00%
峄县	10021.8	69.09%	4483.63	30.91%	14505.43	100.00%
金乡县	7599.86	69.09%	3400.08	30.91%	10999.94	100.00%
鱼台县	7599.86	69.09%	3400.08	30.91%	10999.94	100.00%
单县	16703	69.09%	7472.71	30.91%	24175.71	100.00%
城武县	13362.4	69.09%	5978.17	30.91%	19340.57	100.00%
曹州	20878.74	69.09%	9340.89	30.91%	30219.63	100.00%
曹县	16703	69.09%	7472.71	30.91%	24175.71	100.00%
定陶县	10856.94	69.09%	4857.26	30.91%	15714.2	100.00%
济宁州	14615.13	69.09%	6538.62	30.91%	21153.75	100.00%
嘉祥县	6514.16	69.09%	2914.36	30.91%	9428.52	100.00%
巨野县	11692.09	69.09%	5230.9	30.91%	16922.99	100.00%
郓城县	13362.4	69.09%	5978.17	30.91%	19340.57	100.00%
东平州	13362.4	69.09%	5978.17	30.91%	19340.57	100.00%

汶上县	13362.4	69.09%	5978.17	30.91%	19340.57	100.00%
东阿县	10689.92	69.09%	4782.53	30.91%	15472.45	100.00%
平阴州	7599.86	69.09%	3400.08	30.91%	10999.94	100.00%
阳谷县	13362.4	69.09%	5978.17	30.91%	19340.57	100.00%
寿张县	8685.56	69.09%	3885.81	30.91%	12571.37	100.00%
沂州	12527.25	69.09%	5604.53	30.91%	18131.78	100.00%
郯城县	10021.8	69.09%	4483.63	30.91%	14505.43	100.00%
费县	10021.8	69.09%	4483.63	30.91%	14505.43	100.00%
东昌府	208936.24	68.88%	94397.44	31.12%	303333.68	100.00%
聊城县	11653.81	68.88%	5265.2	31.12%	16919.01	100.00%
堂邑县	8324.15	68.88%	3760.86	31.12%	12085.01	100.00%
博平县	8324.15	68.88%	3760.86	31.12%	12085.01	100.00%
茌平县	11653.81	68.88%	5265.2	31.12%	16919.01	100.00%
清平县	8324.15	68.88%	3760.86	31.12%	12085.01	100.00%
莘县	8324.15	68.88%	3760.86	31.12%	12085.01	100.00%
冠县	13318.64	68.88%	6017.37	31.12%	19336.01	100.00%
临清州	14151.07	68.88%	6393.45	31.12%	20544.52	100.00%
丘县	13318.64	68.88%	6017.37	31.12%	19336.01	100.00%
馆陶县	13318.64	68.88%	6017.37	31.12%	19336.01	100.00%
高唐州	14151.07	68.88%	6393.45	31.12%	20544.52	100.00%
恩县	14151.07	68.88%	6393.45	31.12%	20544.52	100.00%
夏津县	16648.3	68.88%	7521.71	31.12%	24170.01	100.00%
武城县	10821.4	68.88%	4889.11	31.12%	15710.51	100.00%
濮州	16648.3	68.88%	7521.71	31.12%	24170.01	100.00%
范县	8324.15	68.88%	3760.86	31.12%	12085.01	100.00%
观城县	6659.32	68.88%	3008.68	31.12%	9668	100.00%
朝城县	10821.4	68.88%	4889.11	31.12%	15710.51	100.00%
青州府	512568.28	68.46%	236143.79	31.54%	748712.07	100.00%
益都县	65713.88	68.46%	30274.85	31.54%	95988.73	100.00%
临淄县	30666.48	68.46%	14128.26	31.54%	44794.74	100.00%
博兴县	30666.48	68.46%	14128.26	31.54%	44794.74	100.00%
高苑县	26285.55	68.46%	12109.94	31.54%	38395.49	100.00%
乐安县	30666.48	68.46%	14128.26	31.54%	44794.74	100.00%
寿光县	65713.88	68.46%	30274.85	31.54%	95988.73	100.00%
昌乐县	30666.48	68.46%	14128.26	31.54%	44794.74	100.00%
临朐县	65713.88	68.46%	30274.85	31.54%	95988.73	100.00%
安丘县	26285.55	68.46%	12109.94	31.54%	38395.49	100.00%

诸城县	30666.48	68.46%	14128.26	31.54%	44794.74	100.00%
蒙阴州	26285.55	68.46%	12109.94	31.54%	38395.49	100.00%
莒州	30666.48	68.46%	14128.26	31.54%	44794.74	100.00%
沂水县	26285.55	68.46%	12109.94	31.54%	38395.49	100.00%
日照县	26285.55	68.46%	12109.94	31.54%	38395.49	100.00%
登州府	160642.26	68.21%	74869.05	31.79%	235511.31	100.00%
蓬莱县	14874.28	68.21%	6932.32	31.79%	21806.6	100.00%
黄县	17849.14	68.21%	8318.78	31.79%	26167.92	100.00%
福山县	11899.43	68.21%	5545.85	31.79%	17445.28	100.00%
栖霞县	11899.43	68.21%	5545.85	31.79%	17445.28	100.00%
招远县	17849.14	68.21%	8318.78	31.79%	26167.92	100.00%
莱阳县	44622.85	68.21%	20796.96	31.79%	65419.81	100.00%
宁海州	23798.85	68.21%	11091.71	31.79%	34890.56	100.00%
文登县	17849.14	68.21%	8318.78	31.79%	26167.92	100.00%
莱州府	206051.16	68.15%	96298.3	31.85%	302349.46	100.00%
掖县	25746.16	68.15%	12032.51	31.85%	37778.67	100.00%
平度州	42200.78	68.15%	19722.6	31.85%	61923.38	100.00%
潍县	26687.59	68.15%	12472.49	31.85%	39160.08	100.00%
昌邑县	28856.99	68.15%	13486.35	31.85%	42343.34	100.00%
胶州	28856.99	68.15%	13486.35	31.85%	42343.34	100.00%
高密县	27301.57	68.15%	12759.43	31.85%	40061	100.00%
即墨县	26401.07	68.15%	12338.58	31.85%	38739.65	100.00%

至此，我们已经以白银作为统一的计量标准，将万历初年山东省省、府、县三级田赋数据全部补遗。

十六　聚类分析方法在 16 世纪全国田赋结构分析中的应用[1]

（一）问题的提出

16 世纪后期刊刻的《万历会计录》（下面简称《会计录》）是一部具有国家经济财会法规性质的明代财务账籍。

对明代户口、田地及田赋等研究做出杰出贡献的梁方仲先生，他的《中国历代户口、田地、田赋统计》一书，是数量资料收集统计方面奠基性的研究成果。但是书中所收集田赋方面的数据，其计量单位是以实物形态出现，没有统一的计量标准。然而，仅仅以实物单位作为计量单位，就只能做单项的对比分析，很难对整体田赋结构进行综合的、深入的分析研究。

中国社会经济发展到明代晚期，货币经济极大发展，在白银货币化趋势下，一系列的地方赋役改革全面铺开，白银货币不仅进入了赋税领域，而且逐渐成为各种赋税征派所采用的统一的预算和支付手段，这导致了国家的财政改革和田赋征收的变化。当然，变化到底有多大？尚待我们去探讨。然而这并不妨碍我们以白银作为统一的计量标准对于田赋水平与结构进行分析与研究。

《会计录》中给出了大量田赋项目的折银标准。但是，由于万历年间正是国家财政由实物税制向货币税制过渡的时期，因此《会计录》中没有也不可能给出所有田赋物料的折银标准。在《会计录》所载的十三布政司、两直隶的各项田赋记录中，其中有近一半的省直给出了绝大多数物料的折银标准，而其余的省直仅给出了部份物料的折银标准；并且由于历史的原因，山东省的田赋分项数据全部缺失（《会计录》卷六缺失）。这对于欲以白银作为统一的计量标准，进而讨论田赋的结构带来很大的困难。

本文在对《会计录》中田赋的数字材料进行开发性初级处理的基础上，首次将统计学中的系统聚类分析方法应用于历史学研究领域，对当时各省直的田赋水平进行定量分析。而后依据各省直田赋水平的分类，以同一类中物料折银标准已知省直的物料折银标准的加权平均值，作为折银标准未知省直的相同物料的折银标准，由此确定各省直田赋项目的折银标准。以统一的白银为计量单位，将全国田赋折银，进而得到十六世纪全国各省直田赋的分布。

（二）研究方法简介

《会计录》的特点：编排井然有序，数据先后可循，并突出了财政收支项目的对比关系，便于研究分析，这为定量分析提供了现实可能性。现代数学工具之一的统计学中的各种思想和方法，不仅已经广泛应用于理工等领域，而且随着对定量分析越来越高的要求，也逐渐应用在社会、经济、历史等方面。聚类分析是统计学中简单又常用的一种方法，即研究"物以类聚"的一种方法。由于面临的问题是一些省直的田赋项目没有折银标准，所以如果把相似的省直归类，就可以用同类省直的折银标准作为折银标准未知省直的相同物料的参照。

聚类分析有很多种方法，我们采用系统聚类法。系统聚类法是聚类分析中用得最多的方法。首先将 m 个样本看成 m 类，计算 m 个样本两两之间的距离，合并距离最近的两类为一个新类，得到 m−1 类；再从中找出最接近的两类加以合并变成 m−2 类；如此下去，最后所有的样本全在一类。上述过程可以画出聚类图，从图上很容易决定分多少类，每类各有什么样本。

本文将十五个省直看成样本，按照它们田赋水平上的紧密程度进行分类。然后再以同一

---

[1]本节英文原题目为 "Application of Cluster Analysis in National Land Tax Structure Analysis in the Sixteenth Century," *Comprehensive Evaluation of Economy and Society with Statistical Science*，Aussino Academic Publishing House Sydney Australia，2009. 与陈秋华合作。

类中已知物料折银标准省直的折银标准的加权平均值，作为折银标准未知省直的相同物料的折银标准，由此确定各省直田赋的折银标准。这样一来，各种田赋项目便具有了统一的白银作为计量标准，这就为进一步进行定量分析与研究提供了有利条件，同时更方便深入探讨晚明时期的国家财政结构。

（三）系统聚类分析方法在 16 世纪全国田赋结构分析中的应用

1. 数据介绍

《会计录》在十三布政司、两直隶罗列的各项田赋记录中有以下三种情形。

其一：浙江、江西、湖广、山西、河南、南直隶、北直隶这七个省份的田赋中的大部分物料均有折银标准，数据较为完整。对于这七个省份，我们依据以下标准确定其田赋各项物料的折银标准：（1）原账目中已经给出的折银标准；（2）依据本省中所给出的该类物料的折银价格及其数量，计算出的本省该项物料价格的加权平均值；（3）依据本省中其他已知的同类物料的折银标准，起运物料接收地的标准，卷之三十《内库供应·商价时估》与卷之三十一《光禄寺供应·商价会估备考》给出的价格。

其二：福建、陕西、四川、广东、广西、云南及贵州等七个省份的田赋记载中，或者绝大多数物料无折银标准，或者所有物料全无折银标准。

其三：由于《会计录》卷之六的缺失，使得山东布政司田赋数据全部缺失，而且除了《明会典》外，目前没有发现同时期、同层次（《会计录》是由户部负责编纂的中央财政账册）的相关史料。在对这两部史料中，除山东省外的十二省及两直隶田赋数据进行校对，可以看出这两部史料的记载相同。因此，我们确定使用《明会典》中所载山东省的田赋数据参与分析。

在此基础上，将十五个省直根据田赋水平进行分类。

2. 十五个省直的聚类

在《会计录》中，田赋项目繁多，在做聚类分析时，需要综合考虑各种因素的影响，对于苎麻、红花这些只是在个别省直的田赋中出现的项目，不具备一般性与可比性，故此在分析中忽略了这类项目。确定考虑的主要项目有以下十六项，并且定义变量名如下：即田土（X1）、人户（X2）、人口（X3）、麦米（X4）、丝（X5）、绢（X6）、夏税钞（X7）、米（X8）、棉花绒（X9）、布（X10）、秋粮钞（X11）、马草（X12）、户口盐钞银（X13）、起运银（X14）、存留银（X15）、遇闰共加银（X16），共计 16 个变量。这里没有注明单位是因为数据要进行归一化处理。

同时，将需要分类的十五省直：浙江、江西、湖广、福建、山东、山西、河南、陕西、四川、广东、广西、云南、贵州、南直隶、北直隶按照第 1 至 15 编号。即：论域 V＝｛V1＝浙江，V2＝江西，V3＝湖广，V4＝福建，V5＝山东，V6＝山西，V7＝河南，V8＝陕西，V9＝四川，V10＝广东，V11＝广西，V12＝云南，V13＝贵州，V14＝南直隶，V15＝北直隶｝。

数据归一化处理后，得到下列表 8—16—1（只列出的部分省份）：

表 8—16—1 　　　　　　　　　　　　　　数据归一化表

	浙江	江西	湖广	福建	⋯	北直隶
X1	0.066577	0.057193	0.315969	0.019137	⋯	0.110344
X2	0.145217	0.126255	0.050964	0.048516	⋯	0.194801
X3	0.084903	0.096536	0.072476	0.028649	⋯	0.173046
X4	0.033184	0.019119	0.02865	0.000153	⋯	0.204863

X5	0.809708	0.039162	0	5.81E−05	⋯	0.032779
X6	0.017043	0.055827	0.135264	0.002905	⋯	0.186509
X7	0.562611	0.119055	0	0.186075	⋯	0.132228
X8	0.107198	0.114368	0.091863	0.039917	⋯	0.229262
X9	0.919314	0	0	0.080686	⋯	0
X10	0.923564	0	0	0	⋯	0
X11	0.753753	0.125351	0.001405	1.61E−05	⋯	0.046504
X12	0.033864	0	0	0		0.19877
X13	0.008855	0.056996	0.080964	0.102871	⋯	0.155597
X14	0.006931	0.044836	0.051626	0.066283	⋯	0.144289
X15	0.01221	0.078207	0.132137	0.166691	⋯	0.175322
X16	0.007479	0.074894	0.106391	0.135672	⋯	0.119471

应用 SPLUS 统计软件计算的聚类结果为：

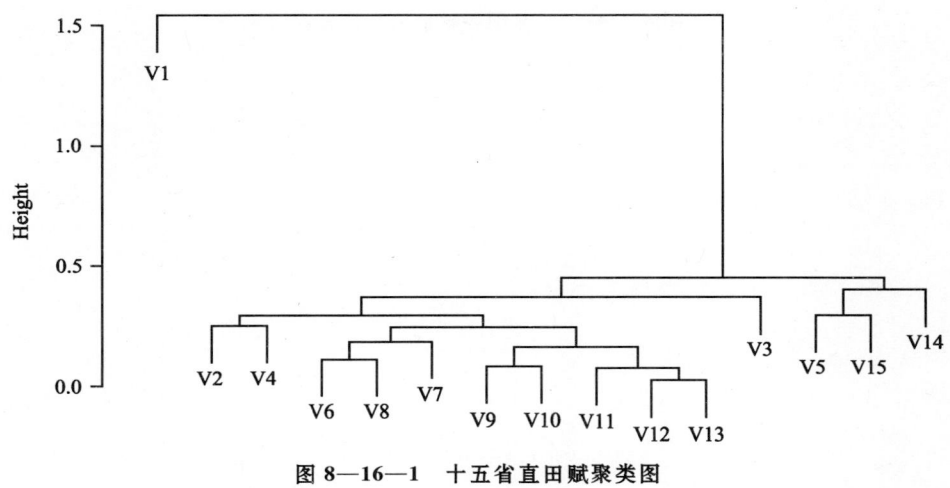

图 8—16—1　十五省直田赋聚类图

（四）结论

依照此聚类结果得到以下结论：

第一，福建省的田赋折银标准由江西省的折银标准确定；

第二，陕西省的田赋折银标准由山西省的折银标准确定；

第三，山东省的田赋折银标准由南直隶折银标准确定；

第四，按照最小距离原则四川、广东两省为一类；广西省为一类；云南、贵州两省为一类。

但是由于这五个省份田赋数据均无折银标准，则必须降低分类数，将这五省与山西、河南、陕西归为一类，其田赋折银标准可以由山西、河南两省折银标准的加权平均值确定。

由此，我们确定了全国十五个省直田赋中各项物料的折银标准，在此基础上以统一的白银货币为计算单位，将全国田赋折银。进而得到 16 世纪全国各省直田赋占全国田赋总数的百分比从高到低排列的分布如下：南直隶 20.41％，山东 17.55％，山西 13.08％，陕西

9.34%，河南 9.21%，浙江 7.09%，北直隶 6.40%，江西 5.15%，湖广 4.75%，四川 2.01%，广东 2.01%，福建 1.76%，广西 0.70%，云南 0.46%，贵州 0.09%。

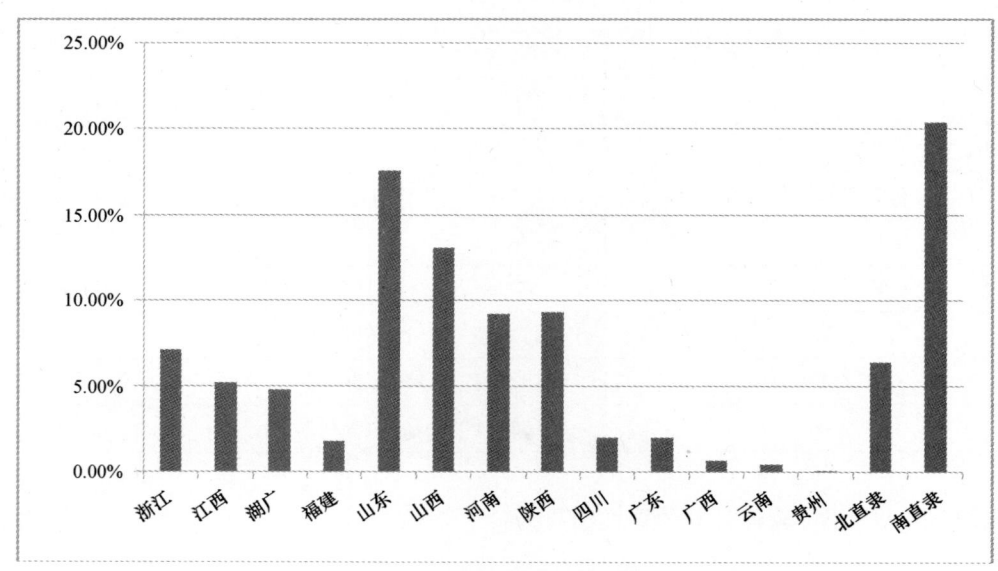

图 8—16—2　全国各省直田赋分布比例

第 九 章

全国财政结构及其货币化统计分析

说　明

　　原书残缺的田赋数据，在各省、府、州、县田赋的折银明细中（丙表1—丙表232）都已经作了相应的处理，本章使用其结果。

全国财政收入与支出统计

　　丙表269是全国十五省直田赋，按照白银为计量单位的分布表。从此表中可见各省直各项田赋的折银总数，起运、存留折银数及其在总数中所占的百分比。原书在田赋数据中有宝钞的记录，共计1254499.00锭，其中起运1136.00锭，占0.09%；存留1253364.00锭，占99.91%。但是没有给出宝钞的折银标准，而宝钞的价格又不易确定，实际上自弘治以后，宝钞在流通中已经不用了。[1] 故此在丙表269与丙表271中将宝钞单独列出，并未折银。

　　从十五省直田赋水平来看，以白银所表示的田赋计，除宝钞外，田赋数量由多到少的排列顺序如下：南直隶20.41%、山东17.55%、山西13.08%、陕西9.34%、河南9.21%、浙江7.09%、北直隶6.40%、江西5.15%、湖广4.75%、四川2.01%、广东2.01%、福建1.76%、广西0.70%、云南0.46%、贵州0.09%。

　　各省直起运量由多到少的排列顺序如下：陕西98.71%；江西85.75%；四川84.28%；南直隶79.37%；河南75.18%；北直隶70.48%；浙江70.18%；山东68.17%；湖广43.87%；山西39.13%；广东36.47%；福建33.81%；云南26.46%；广西与贵州为零。

　　各省直田赋的起运总量占田赋总量的68.55%，而存留总量占田赋总量的31.45%。

　　丙表270是全国（不含山东省）田赋货币化率与田赋中起运部分货币化率的比较表。除去田赋中起运部分的货币化率为0的陕西、四川、广西和贵州四省外，其他各省直田赋中起运部分的货币化率从小到大排列如下：南直隶40.46%；浙江50.91%；湖广65.05%；江西78.90%；河南80.60%；广东82.28%；山西92.00%；福建95.42%；北直隶98.61%；云南100.00%。

　　丙表271是全国各省分府田赋，按照白银为计量单位的分布表。从此表中可见该省直及其所辖府州的各项田赋折银总数，起运、存留折银数及其在总数中所占的百分比。

　　从省一级田赋水平来看，以白银所表示的田赋计，除宝钞外，田赋数量最多的前三位省直为南直隶、山东、山西，占了全国田赋的51.04%。而排在最后的云南与贵州两省田赋仅占了全国田赋的0.56%。

　　田赋起运最多的省直是南直隶、山东、陕西，占了全国田赋起运量的54.52%。而田赋总额排在第三位的山西省，其起运量仅排在全国十五省直的第五位。广西、贵州的起运量

---

[1] 彭信威：《中国货币史》第七章《明代的货币·货币的购买力》，上海人民出版社2007年版，第493页。

为零。

但是就每个单独的省直来看，田赋起运量占该省田赋总量最多的是陕西、江西和四川，其起运量分别占该省田赋总量的98.71％、85.75％、84.28％。起运量占该省田赋总量一半以上的省直有八个，从多到少依次为陕西、江西、四川、南直隶、河南、北直隶、浙江和山东。

田赋存留量最多的是山西、山东、南直隶三省直，其总存留量占了全国田赋存留量的56.46％。存留量最少的是四川、陕西和贵州，其存留量的总和是全国田赋存留量的1.69％。

从各省直下辖的府州一级来看，每省田赋总量排在前三位的府州分别是：

浙江省：嘉兴、湖州、绍兴；江西省：南昌、吉安、抚州；湖广省：广信、承天、建昌；福建省：建宁、福州、泉州；山东省：济南、青州、兖州；山西省：平阳、太原、潞安；河南省：开封、河南、怀庆；陕西省：西安、延安、凤翔；四川省：重庆、成都、叙州；广东省：广州、潮州、肇庆；广西省：桂林、梧州、柳州；云南省：云南、大理、临安；贵州省：贵州宣慰使司、贵阳、安顺州；北直隶：大名、真定、顺天；南直隶：苏州、松江、常州。

本表中，在起运折银项及存留折银项上，各省直总数与由各府州数据加和得到的总数之间存在误差；但是在田赋折银总计数上，这些误差大部分相互抵消，只剩有少量的计算误差，误差最大的南直隶，其误差仅占田赋总数的0.01％，误差最少的北直隶，其误差仅占田赋总数的百万分之0.039。这主要是因为各省直与各府州田赋分别折银造成的，参见丙表16至丙表30。

丙表272为全国盐课统计。由于原书陕西灵州盐课司，广东、海北盐课二提举司以及四川盐课提举司的全部内容残缺，故仅以《会计录》存留的两淮等六盐运司及云南黑、白、安宁、五井盐课四提举司的数据进行统计。盐课分为岁解太仓余盐银和其他银两项，诸如福建盐运司的泉州军饷银，河东盐运司的宣府镇银、大同代府禄粮银、山西布政司抵补民粮银均列入其他银两项目内。

全国盐课共计银1168638.13两，遇闰共计银1171619.73两。以闰年计，其中起运太仓银库白银最多的盐运司依次为两淮、两浙和长芦盐运司，其起运数分别占总数的61.53％、14.36％、12.31％，合计占了总数的88.19％。但是征银最多的盐运司与起运太仓银库白银最多的盐运司并不完全一致，征银数排在前三位的盐运司分别为两淮、河东与两浙，而长芦盐运司排在第四位。如河东盐运司项下含有宣府镇银、大同代府禄粮银、山西布政司抵补民粮银合计194150.56两，这部分白银并不运往太仓银库。

丙表273为全国钞关统计。原书给出了各个钞关征收的宝钞与铜钱的部分折银标准，同时也有部分宝钞、铜钱没有折银标准。对于没有给出折银标准的宝钞与铜钱，其折银标准分别取该钞关宝钞与铜钱已知折银价格的算术均值。

全国七个钞关共计征银402308.96两，其中实征银243186.00两，宝钞与铜钱共折银159122.96两，白银货币化比例为60.45％。征银最多的前三个钞关为临清、浒墅与北新钞关；白银货币化程度由高到低分别为：河西务钞关81.44％，北新钞关76.76％，浒墅钞关61.66％，扬州钞关56.58％，淮安钞关56.36％，九江钞关55.23％，临清钞关52.45％。七钞关的货币化程度均超过了50％。

宝钞征收最多的钞关是临清、浒墅与淮安钞关，这三个钞关征收的宝钞占宝钞总数的73.57％。

铜钱征收最多的钞关是临清、浒墅与九江钞关，这三个钞关征收的铜钱占铜钱总数的73.35％。

丙表 274 是全国各省直的杂课统计。《会计录》中所记录的各地杂课，有"额征"、也有"岁征"，均在表中标出。对于杂课，《会计录》并没有给出折银标准，故此对于宝钞和铜钱两项，分别记录。其中浙江、河南、广西、贵州四省只征宝钞，没有征银的记录；北直隶银、钞、钱都征；其他各省直只征银。征银最多的前三个省直为北直隶、湖广与广东，这三地征银数占总数的 60.35％，紧随其后的是南直隶，占总数的 14.72％。至于其他省的征银数均低于总数 13％。

丙表 275、丙表 276 分别为北直隶与南直隶的杂课明细。

对于漕运、仓场（马房牧地）、茶课及钱课相关数据的处理。漕运的粮米数据已经包含在田赋数据中，故不再另列；仓场与马房牧地的数据虽属收入，但是收入并不归户部，属于太仆寺或存储地方，故此在讨论国家财政收入时，不与列入。

《会计录》卷四〇是茶法，其中记载了极少量的茶课数据，关于万历年间的茶课数据仅有"陕西见今茶课五万一千三百八十四斤一十三两四钱；四川见今茶课本色一十五万八千八百五十九斤零，存彼处衙门听候支用；折色三十三万六千九百六十三斤，共征银四千七百二两八分，内三千一百五两五钱五分，存本省赏番，实解陕西巡茶衙门易马银一千五百九十六两五钱三分"。陕西的茶课没有给出折银价格，而四川的茶课除留本处外，皆解送陕西。故此在讨论国家财政收入时，不与列入。

《会计录》卷四一是钱法，其中没有数据记录。

丙表 277 是边镇军费支出统计。这里将十三镇的军费支出全部用白银表示，共计8267512.78 两，其中排在前三位的是宣府镇、大同镇与延绥镇，分别占总数的 15.81％、15.36％与 9.29％，三镇合计占总数的 40.45％。

丙表 278 是宗藩禄粮与官俸的统计。包括了宗藩禄粮、官员俸禄与营卫官军俸粮三项。分为本色米、本色料、本色棉花、布、草、银和铜钱七类。宗藩禄粮有本色米与银两项，其中银 94524.92 两。

官员俸禄有本色米、白银与铜钱三项。其中有退出银 37348.01 两，实该银 11542.25 两。

营卫官军俸粮项目最多，涵盖了全部七项。

丙表 279 是内府供用统计（仅为与户部有关的收入）。包含了内承运库等十四司、库、监、局以及光禄寺，将光禄寺的数据放在内府供用项目中，主要是考虑到光禄寺的收入也是服务于皇室的，放在一起可使表格的排列不至于太零散。这些司、库、监、局、寺均有实物与白银收入。按照白银收入多少，排在前三位的是内承运库、光禄寺、甲字库，其中内承运库一库就占了全部总数的 57.64％，这三库合计占了总数的 78.68％。各库收入的货币化程度也大小不同，其中丁字库、内官监、司苑局和惜薪司的货币化程度是 100％，宝钞司、内承运库的货币化程度分别为 99.74％与 99.05％，这十四司、库、监、局以及光禄寺平均的货币化程度为 78.51％。承运库、丙字库、尚膳监货币化率为零。广惠库与天财库则只有宝钞与铜钱。

由上述分析归总，列出丙表 280，为全国财政收入统计表。分为田赋、盐课、钞关与杂课四项，并以白银作为统一的计量单位。由此表可见全国财政收入共计银 18100167.73 两，其中田赋 16197189.70 两，是最多的一项，占总数的近 90％。

丙表 281 是全国财政支出统计，包含了边镇粮饷、宗藩禄粮、官员俸禄、营卫官军俸粮以及内府供用五项。其中宫庄子粒是为皇室支出，其数据已经计入在内府供用中。在原书官员俸禄中还有少量的备边银，由于均属支出，所以未单独列出。就全国来看，总支出白银18544545.37 两，其中边镇粮饷占了 44.58％，宗藩禄粮占了 29.76％，官员俸禄占了0.63％，营卫官军俸粮占了 14.02％，内府供用占了 11.01％。最大的支出是边镇粮饷，几乎占有半数的比重，如果加上营卫官军俸粮，军事开支高达 58.6％。

《会计录》卷一天下各项钱粮见额一节中，有"顷荷明旨，清丈田粮，原额可冀渐复。但今每年所入本折各色，通计14610000有奇，钱钞不与焉。所出除入内府者600万余，数莫可稽。他如俸禄、月粮、料草、商价、边饷等项，踰931万有奇，是一岁之入不足供一岁之出"。

最终，我们计算出晚明全国财政收入总额共计白银18100167.73两，全国财政支出总额共计白银18544545.37两；收不抵支，两者相差444377.60两。其中，实银收入为7589182.91两，实银支出为9163098.67两，在实银收支上有高达1573915.76两的赤字。

我们计算出的财政收入总额共计白银18100167.73两，计算出的财政支出总额折合白银18544545.37两。

我们的计算工作会有误差出现，主要由以下原因造成：其一，原书所记录的收入有本折各色，其中本色的折银标准并未全部明言，我们至今无法知晓明朝人是如何计算的，我们将全部实物折银的标准会与之有不相符之处。其二，原书卷六全部遗失，我们是通过聚类分析推测计算出山东全省具体数据的，会产生误差。其三，《会计录》记载每年所入本折各色通计有"钱钞不与"，其他还有"数莫可稽"，我们则力图对其中部分钱钞和所有实物都进行了白银货币折算。其四，有些数据存在重复计算，而又无法将其剥离。例如《会计录》卷三二《宗藩禄粮》的数据，与各省田赋的"存留"数据存在着交集。其五，由于原书没有告知所有物品的折银标准，我们所使用的某些物品的折银标准，是加权平均值，折算本身会有一定的误差。

全国财政货币化比例统计

丙表282是全国田赋货币化比例统计。全国田赋货币化程度排在前三位的是河南71.32％、北直隶70.21％与江西62.58％三省直。其余各省直田赋的货币化程度均低于50％，最低的三个省份是陕西、广西和贵州。而由于山东省田赋数据缺失，根据本篇第八章十六《聚类分析方法在十六世纪全国田赋结构分析中的应用》所作的分析，山东与南直隶是为一类，故此在本表中，将南直隶的货币化比例应用于山东省，并按此比例估算出山东的夏税、秋粮及田赋总数的货币化数值。全国十五省直田赋货币化程度平均为36.57％。

丙表283需要特别说明，由于山东省的田赋数据是估算出来的，为此我们排除了山东省的数据，仅就其他十四省直作出丙表283。显示当不计山东省田赋数据时，其他十四省直货币化程度的平均值为37.42％。

对于田赋总数而言，丙表282中的货币化比例36.57％与丙表283中的货币化比例37.42％，非常接近，仅差0.85％。从夏税、秋粮两个分项看，其货币化比例也仅差2.01％与1.20％。由此可见，用南直隶的数据替代已经遗失的山东省的数据，是基本合理的。

丙表284是杂课货币化比例。湖广为93.76％，北直隶为66.47％，而浙江、河南、广西、贵州四省杂课的货币化比例为零，其余九省直杂课的货币化比例为100％。全国十五省直合计为76.75％。

丙表285是内府各库货币化比例。丁字库、内官监、司苑局和惜薪司的白银货币化程度为100％，宝钞司为99.74％，内承运库为99.05％，光禄寺为75.51％，供用库为68.80％，甲字库为37.47％，酒醋面局为33.62％，其余均为零。

丙表286是全国财政收入货币化比例表，此表分为五栏：田赋、盐课、钞关、杂课和总数，田赋的货币化比例为36.57％，盐课的货币化比例为100％，钞关的货币化比例为60.45％，杂课的货币化比例为76.53％。全国财政收入平均货币化比例为41.93％。

丙表287是全国财政支出货币化比例表。此表分为六栏：边镇粮饷、宗藩禄粮、官员俸禄、营卫官军俸粮、内府供用和总数。边镇粮饷的货币化比例为82.01％，宗藩禄粮的货币化比例为 1.70%，官员俸禄的货币化比例为 41.67%，营卫官军俸粮为 29.96%，在丙表 279 中内府十四司、库、监、局以及光禄寺平均的货币化程度为 78.51%，再将宝钞与铜钱折银计入总量后，内府供用的货币化比例为 71.57%。全国财政支出平均货币化比例为 49.41%。

丙表 288 综合统计了全国财政货币化比例。此表可见，全国财政支出货币化比例超过了全国财政收入的货币化比例，全国财政实银收入为 7589182.91 两，而实银支出为 9163098.67 两，在收支上有高达 1573915.76 两的赤字。万历初年财政危机状况明显可见。

全国财政收入与支出统计

丙表 269

全国各省田赋起运、存留统计

序号	省	钞（锭）起运	%	钞（锭）存留	%	钞（锭）总计	%	银（两）起运	%	银（两）存留	%	银（两）总计	%
	全国总计	1136.00	0.09	1253364.00	99.91	1254499.00	100.00	11099787.39	68.55	5093638.10	31.45	16193425.53	100.00
1	浙江			51367.00	100.00	51367.00	100.00	805911.14	70.18	342503.08	29.82	1148414.22	100.00
2	江西			10019.00	100.00	10019.00	100.00	714771.46	85.75	118789.25	14.25	833560.72	100.00
3	湖广							337281.71	43.87	431557.38	56.13	768839.09	100.00
4	福建			10778.00	100.00	10778.00	100.00	96181.38	33.81	188297.66	66.19	284479.05	100.00
5	山东			1171699.00	100.00	1171699.00	100.00	1936879.63	68.17	904365.20	31.83	2841244.83	100.00
6	山西							828835.62	39.13	1289506.34	60.87	2118341.95	100.00
7	河南							1120887.48	75.19	369949.57	24.81	1490837.06	100.00
8	陕西							1492785.71	98.71	19552.90	1.29	1512338.61	100.00
9	四川							274197.26	84.28	51160.29	15.72	325357.54	100.00
10	广东							118650.22	36.47	206678.16	63.53	325328.38	100.00
11	广西			1758.00	100.00	1758.00	100.00			113334.85	100.00	113334.85	100.00
12	云南			60.00	100.00	60.00	100.00	19671.30	26.46	54679.10	73.54	74350.40	100.00
13	贵州									15246.38	100.00	15246.38	100.00
14	北直隶							730531.56	70.48	306044.56	29.52	1036576.16	100.00
15	南直隶	1136.00	12.88	7683.00	87.13	8818.00	100.00	2623202.92	79.37	681973.38	20.63	3305176.29	100.00

丙表270

全国田赋货币化率与田赋中起运部分货币化率的比较表（不含山东省）

项目	浙江[1]	江西	湖广	福建	山西	陕西	河南	四川	广西	云南	贵州	北直隶	南直隶[2]	全国总计
田赋货币化率（%）	35.83	62.58	31.94	37.85	31.50	1.29	71.32	4.89	1.25	25.69	0.04	70.21	32.56	37.42
田赋中起运部分的货币化率（%）	50.91	78.90	65.05	95.42	92.00	0.00	80.60	0.00	0.00	100.00	0.00	98.61	40.46	52.96

丙表271

全国各省分府田赋统计

		钞（锭）				银（两）					
		起运	存留	总计	%	存留	%	起运	%	总计	%
	浙江总计		51367.00	51367.00	100.00	342503.08	29.82	805911.14	70.18	1148414.22	100.00
1	杭州府		103.00	103.00	100.00	24971.28	20.05	99603.00	79.95	124574.28	100.00
2	嘉兴府		1391.00	1391.00	100.00	23756.21	8.41	258735.65	91.59	282491.87	100.00
3	湖州府		16012.00	16012.00	100.00	15597.21	6.53	223163.87	93.47	238764.40	100.00
4	宁波府		4817.00	4817.00	100.00	54455.21	71.39	21974.34	28.81	76278.51	100.00
5	绍兴府		18184.00	18184.00	100.00	79382.70	59.23	54637.65	40.77	134020.03	100.00
6	台州府		6581.00	6581.00	100.00	42854.72	69.86	18485.65	30.14	61340.39	100.00
7	金华府		56.00	56.00	100.00	25253.51	33.28	50639.80	66.72	75893.32	100.00
8	衢州府					10415.41	23.35	34196.58	76.65	44612.01	100.00
9	严州府					5238.05	11.93	38675.83	88.07	43913.88	100.00
10	温州府		2605.00	2605.00	100.00	40072.81	99.30	282.08	0.70	40354.90	100.00
11	处州府		1612.00	1612.00	100.00	25693.05	98.76	323.79	1.24	26016.86	100.00
	江西总计		10019.00	10019.00	100.00	118789.25	14.25	714771.46	85.75	833560.72	100.00
1	南昌府		16.00	16.00	100.00	19618.47	12.81	133503.41	87.19	153121.89	100.00
2	饶州府		26.00	26.00	100.00	11441.43	15.98	60157.34	84.02	71598.78	100.00
3	广信府		4155.00	4155.00	100.00	6398.07	13.07	42570.66	86.93	48968.75	100.00

[1]浙江田赋起运部分的折银率之所以较低的原因是：该省有大量的本色白粮与本色丝绢。其中起运米共折银665517.18两，其中未折银44.55%；其中未折银92881.15两，其中只用0.86%已折银，而高达99.14%未折银。

[2]南直隶田赋起运部分的折银率之所以较低的原因是：有大量的本色白粮与本色米运至京库的本色物料。例如应天府田赋起运项下，只有漕运起运兑军米，只有漕运运兑军米，准安改运兑军米，派剩改拨安庆府仓改庆府仓米，派剩改拨准安府仓米，派剩改拨准安府仓

序号	府				额	比(%)	额	比(%)	总额	总比(%)
4	南康府				22593.69	87.11	3342.49	12.89	25936.18	100.00
5	九江府				10774.98	74.85	3620.08	25.15	14395.07	100.00
6	建昌府				24507.75	79.17	6448.78	20.83	30956.54	100.00
7	抚州府				79722.38	82.23	17225.15	17.77	96947.53	100.00
8	临江府	100.00	997.00	100.00	66949.06	92.50	5425.44	7.50	72374.51	100.00
9	吉安府				128239.87	89.93	14361.63	10.07	142601.50	100.00
10	瑞州府	100.00	3107.00	100.00	63448.01	89.63	7344.28	10.37	70792.30	100.00
11	袁州府				66293.95	89.46	7811.88	10.54	74105.84	100.00
12	赣州府	100.00	1717.00	100.00	12835.35	56.12	10037.09	43.88	22872.43	100.00
13	南安府	100.00	175.00	100.00	3314.66	37.39	5549.35	62.61	8864.01	100.00
	湖广总计				337281.71	43.87	431557.38	56.13	768839.09	100.00
1	武昌府				33098.09	50.02	33072.86	49.98	66170.95	100.00
2	汉阳府				5205.38	47.88	5665.48	52.12	10870.87	100.00
3	承天府	100.00	175.00	100.00	14992.40	40.16	22343.38	59.84	37335.78	100.00
4	襄阳府				2303.75	9.98	20783.94	90.02	23087.69	100.00
5	郧阳府				645.99	10.25	5658.37	89.75	6304.36	100.00
6	德安府				7473.42	46.03	8762.43	53.97	16235.85	100.00
7	黄州府				48778.88	54.03	41504.76	45.97	90283.64	100.00
8	荆州府				21083.69	35.90	37640.00	64.10	58723.69	100.00
9	岳州府				23228.19	35.17	42821.64	64.83	66049.84	100.00
10	长沙府				132548.71	64.62	72556.71	35.38	205105.42	100.00
11	宝庆府				446.73	2.31	18921.38	97.69	19368.12	100.00
12	衡州府				30574.64	39.78	46280.40	60.22	76855.05	100.00
13	常德府				6209.55	24.63	18998.00	75.37	25207.55	100.00
14	辰州府	—		—	3656.71	19.86	14754.34	80.14	18411.05	100.00
15	永州府				3958.03	15.90	20930.94	84.10	24888.97	100.00
16	靖州				396.45	5.76	6490.25	94.24	6886.70	100.00
17	郴州	—		—	987.69	6.34	14600.96	93.66	15588.67	100.00

序号	名称										
18	施州卫军民指挥使司							387.91	100.00	387.91	100.00
19	辰州卫镇溪军民千户所							24.64	100.00	24.64	100.00
20	五寨蛮夷长官司							51.93	100.00	51.93	100.00
21	九溪卫桑植安抚司							9.10	100.00	9.10	100.00
22	永顺等处军民宣慰使司							538.68	100.00	538.68	100.00
23	镇远卫臻剖陇洞横坡等处长官司							26.77	100.00	26.77	100.00
24	保靖军民宣慰使司							407.86	100.00	407.86	100.00
25	算子坪长官司							9.41	100.00	9.41	100.00
	福建总计	10778.00	100.00	10778.00	100.00	96181.38	33.81	188297.66	66.19	284479.05	100.00
1	福州府					18835.05	39.34	28276.58	60.66	46611.64	100.00
2	泉州府					9137.41	25.78	26304.71	74.22	35442.13	100.00
3	建宁府	10778.00	100.00	10778.00	100.00	21742.81	40.83	31514.32	59.17	53257.14	100.00
4	延平府					11530.78	36.88	19735.95	63.12	31266.74	100.00
5	汀州府					11475.81	41.04	16484.59	58.96	27960.39	100.00
6	兴化府					8291.72	37.46	13842.57	62.54	22134.31	100.00
7	邵武府					8268.28	40.38	12208.41	59.62	20476.70	100.00
8	漳州府					15581.55	41.33	22121.85	58.67	37703.41	100.00
9	福宁州					2873.30	29.93	6727.48	70.07	9600.79	100.00
	山东总计[1]	1171699.00	100.00	1171699.00	100.00	1936879.63	68.17	904365.20	31.83	2841244.83	100.00
1	济南府	252695.00	100.00	252695.00	100.00	580948.21	68.36	268859.46	31.64	849807.66	100.00
2	兖州府	145287.00	100.00	145287.00	100.00	316967.63	69.09	141822.26	30.91	458789.89	100.00
3	东昌府	475728.00	100.00	475728.00	100.00	217937.26	68.88	98468.40	31.12	316405.67	100.00
4	青州府	188230.00	100.00	188230.00	100.00	454473.69	68.46	209372.14	31.54	663845.82	100.00
5	登州府	42571.00	100.00	42571.00	100.00	160133.87	68.21	74621.22	31.79	234755.08	100.00

[1]此表"总计"项为《明会典》数据，其余由嘉靖《山东通志》计算出，其计算细节参考徐英凯、朱勇华《聚类分析和回归分析：明代万历初年山东田赋数据的补充》，Applied Social Science, Vol. IV, Information Engineering Research Institute, USA, 2011. 其中钞未注明起运与存留，今暂按"存留"计。

序号	府/州					数额	比例	数额	比例	合计	比例
6	莱州府	100.00	67185.00	67185.00	100.00	216448.37	68.15	101174.50	31.85	317622.88	100.00
	山西总计					828835.62	39.13	1289506.34	60.87	2118341.95	100.00
1	太原府					237161.49	48.17	255213.54	51.83	492375.03	100.00
2	平阳府					442483.00	45.09	538857.43	54.91	981340.43	100.00
3	大同府					14710.44	14.44	87160.24	85.56	101870.68	100.00
4	潞安府					75859.25	39.97	113923.98	60.03	189783.24	100.00
5	汾州					70459.43	50.96	67813.05	49.04	138272.52	100.00
6	辽州					10331.13	41.54	14539.63	58.46	24870.82	100.00
7	沁州					19294.18	42.74	25852.11	57.26	45146.29	100.00
8	泽州					52176.13	36.06	92506.52	63.94	144682.64	100.00
	河南总计[1]					1120887.48	75.19	369949.57	24.81	1490837.06	100.00
1	开封府					315588.20	69.17	140661.19	30.83	456239.39	100.00
2	归德府					30984.90	69.89	13348.67	30.11	44333.58	100.00
3	彰德府					107977.22	68.99	48524.06	31.01	156501.29	100.00
4	卫辉府					59406.03	65.65	31083.28	34.35	90489.30	100.00
5	怀庆府					124695.44	60.92	79997.17	39.08	204692.62	100.00
6	河南府					175114.55	58.99	121756.24	41.01	296870.79	100.00
7	南阳府					56307.94	77.54	16310.75	22.46	72618.69	100.00
8	汝宁府					59134.07	76.97	17696.30	23.03	76830.37	100.00
9	汝州					55204.53	59.85	37035.16	40.15	92239.69	100.00
	陕西总计					1492785.71	98.71	19552.90	1.29	1512338.61	100.00
1	西安府					738699.21	98.68	9872.39	1.32	748571.60	100.00
2	延安府					164712.28	98.75	2093.07	1.25	166805.35	100.00
3	平凉府					137256.82	99.41	817.33	0.59	138074.15	100.00
4	庆阳府					93398.44	98.92	1015.57	1.08	94414.01	100.00
5	临洮府					34110.83	99.68	108.60	0.32	34219.43	100.00

1河南总计田赋数据与各府田赋数据之和有误差，其原因是河南省的地亩棉花统只在省田赋数据中有记录，并未标明属于哪一个府。参见甲表25、甲表26。

序号	地名					数值	百分比	数值	百分比	数值	百分比
6	巩昌府					114780.81	98.61	1614.58	1.39	116395.39	100.00
7	凤翔府					163017.32	98.73	2101.11	1.27	165118.43	100.00
8	汉中府					29164.46	93.79	1930.19	6.21	31094.65	100.00
9	三十七卫所					17645.66	100.00			17645.66	100.00
	四川总计					274197.26	84.28	51160.29	15.72	325357.54	100.00
1	成都府					40044.07	78.42	11020.80	21.58	51064.87	100.00
2	保宁府					4185.40	63.64	2391.09	36.36	6576.49	100.00
3	顺庆府					19898.40	86.73	3045.33	13.27	22943.73	100.00
4	叙州府					32624.28	87.31	4741.69	12.69	37365.97	100.00
5	重庆府					101527.04	91.28	9695.34	8.72	111222.38	100.00
6	夔州府					7123.24	72.82	2659.19	27.18	9782.45	100.00
7	马湖府							869.97	100.00	869.97	100.00
8	龙安府					639.84	20.94	2416.06	79.06	3055.90	100.00
9	镇雄府					1212.57	97.79	27.40	2.21	1239.97	100.00
10	乌撒军民府					2785.22	94.00	177.78	6.00	2963.00	100.00
11	东川军民府					859.30	96.67	29.60	3.33	888.90	100.00
12	乌蒙军民府					1229.62	96.51	44.47	3.49	1274.09	100.00
13	潼川州					6747.44	70.47	2826.89	29.53	9574.40	100.00
14	眉州					8882.31	85.85	1455.50	14.15	10287.81	100.00
15	嘉定州					11128.25	81.49	2527.07	18.51	13655.32	100.00
16	邛州					6773.39	85.36	1161.61	14.64	7935.00	100.00
17	泸州					26001.48	93.67	1756.02	6.33	27757.50	100.00
18	雅州					1931.56	62.67	1150.41	37.33	3081.96	100.00
19	永宁宣抚司							550.16	100.00	550.16	100.00
20	九姓长官司					433.14	75.19	142.95	24.81	576.09	100.00
21	太平长官司							168.65	100.00	168.65	100.00
22	黎州安抚司							51.36	100.00	51.36	100.00
23	建昌卫井所属咸龙普济昌					198.39	20.60	764.56	79.40	962.94	100.00

序号	州长官司									100.00
24	越巂卫并所属邛部长官司						65.93	100.00	65.93	100.00
25	宁番卫						80.27	100.00	80.27	100.00
26	会川卫						1149.32	100.00	1149.32	100.00
27	盐井卫并所属马喇长官司	22.78				10.70	190.15	89.30	212.93	100.00
	广东总计	118650.22				36.47	206678.16	63.53	325328.38	100.00
1	广州府	27358.71				26.45	76072.83	73.55	103431.53	100.00
2	韶州府	2441.91				15.38	13439.02	84.62	15880.94	100.00
3	南雄府	3758.99				34.68	7080.36	65.32	10839.35	100.00
4	惠州府	4938.38				22.50	17013.30	77.50	21951.68	100.00
5	潮州府	27682.83				49.18	28603.22	50.82	56286.04	100.00
6	肇庆府	12966.41				28.62	32344.39	71.38	45310.81	100.00
7	高州府	3031.38				18.34	13499.46	81.66	16530.85	100.00
8	廉州府	3391.68				38.55	5407.14	61.45	8798.82	100.00
9	琼州府[1]	3933.40				38.19	6365.83	61.81	10299.23	100.00
10	罗定州	1679.42				27.01	4537.09	72.98	6216.69	100.00
11	残缺数据之和[2]	23206.19				77.92	6576.77	22.08	29782.67	100.00
	广西总计		1758.00	100.00	100.00		113334.85	100.00	113334.85	100.00
1	桂林府		248.00	100.00	100.00		34951.76	100.00	34951.76	100.00
2	柳州府		586.00	100.00	100.00		12410.36	100.00	12410.36	100.00
3	庆远府						4294.33	100.00	4294.33	100.00
4	平乐府		359.00	100.00	100.00		7682.45	100.00	7682.45	100.00
5	梧州府		2.00	100.00	100.00		23144.29	100.00	23144.29	100.00
6	浔州府		566.00	100.00	100.00		10630.19	100.00	10630.19	100.00
7	南宁府	—	3.00	100.00	100.00		11962.77	100.00	11962.77	100.00

[1] 因原书缺第三十五至三十八页，据谭其骧《中国历史地图集》第七册《广东》（第72—73页），此处缺雷州府及琼州府属定安、澄迈、文昌县数据，琼州府总数为现存各县数据的加和。

[2] 因原书中雷州府及琼州府属定安、澄迈、文昌县数据残缺，此项为雷州府及琼州府属定安、澄迈、文昌县数据之和。

下表为云南各府税粮起运与存留统计表（数值及百分比）：

序号	地区				起运额	起运%	存留额	存留%	合计额	合计%
8	太平府						962.73	100.00	962.73	100.00
9	思恩军民府						4013.27	100.00	4013.27	100.00
10	直隶土司衙门	60.00		100.00			3282.73	100.00	3282.73	100.00
	云南总计¹	60.00	100.00	100.00	19671.30	26.46	54679.10	73.54	74350.40	100.00
1	云南府						12973.95	100.00	12973.95	100.00
2	大理府				607.12	5.50	10440.18	94.50	11047.30	100.00
3	临安府				3731.90	41.07	5354.37	58.93	9086.27	100.00
4	楚雄府				1131.43	25.52	3301.69	74.48	4433.12	100.00
5	澂江府				187.15	6.12	2868.62	93.88	3055.77	100.00
6	景东府				852.13	71.43	340.86	28.57	1192.99	100.00
7	广南府				502.60	62.78	297.96	37.22	800.56	100.00
8	广西府				1543.09	60.28	1016.82	39.72	2559.91	100.00
9	镇沅府	60.00		100.00	720.00	100.00			720.00	100.00
10	永宁府			100.00	35.00	100.00			35.00	100.00
11	顺宁府			100.00	450.00	100.00			450.00	100.00
12	曲靖军民府				557.35	16.77	2767.12	83.23	3324.47	100.00
13	姚安军民府				689.79	26.41	1922.25	73.59	2612.04	100.00
14	鹤庆军民府				494.68	13.02	3303.45	86.98	3798.13	100.00
15	武定军民府				233.50	16.73	1161.96	83.27	1395.46	100.00
16	寻甸军民府				51.03	4.77	1018.42	95.23	1069.45	100.00
17	丽江军民府				333.31	20.84	1266.40	79.16	1599.71	100.00
18	元江军民府所属因远罗必甸长官司				557.15	49.35	571.92	50.65	1129.07	100.00
19	蒙化府						2089.94	100.00	2089.94	100.00
20	永昌军民府				709.83	20.92	2683.20	79.08	3393.03	100.00
21	北胜州				352.20	23.77	1129.46	76.23	1481.66	100.00

¹云南钞未注明起运与存留，今暂按"存留"计。

序号	名称													
22	新化州							450.00	75.05	149.60	24.95	599.60	100.00
23	濮漠州							60.00	100.00			60.00	100.00
24	者乐甸长官司							240.00	92.01	20.84	7.99	260.84	100.00
25	威远州							400.00	100.00			400.00	100.00
26	干崖宣抚司							100.00	100.00			100.00	100.00
27	南甸宣抚司							100.00	100.00			100.00	100.00
28	本邦宣慰司							1400.00	100.00			1400.00	100.00
29	陇川宣抚司							400.00	100.00			400.00	100.00
30	芒市长官司							100.00	100.00			100.00	100.00
31	孟定府							600.00	100.00			600.00	100.00
32	潞江安抚司							142.00	100.00			142.00	100.00
33	湾甸州							150.00	100.00			150.00	100.00
34	大侯州							200.00	100.00			200.00	100.00
35	孟琏长官司							200.00	100.00			200.00	100.00
36	镇康州							100.00	100.00			100.00	100.00
37	车里宣慰司							375.00	100.00			375.00	100.00
38	孟养宣慰司							750.00	100.00			750.00	100.00
39	孟艮府							125.03	100.00			125.03	100.00
40	钮兀长官司							40.00	100.00			40.00	100.00
	贵州总计									15246.38	100.00	15246.38	100.00
1	贵阳府									2053.46	100.00	2053.46	100.00
2	思南府									552.73	100.00	552.73	100.00
3	石阡府									252.78	100.00	252.78	100.00
4	思州府									249.23	100.00	249.23	100.00
5	铜仁府									430.88	100.00	430.88	100.00
6	镇远府									239.53	100.00	239.53	100.00
7	都匀府									1483.98	100.00	1483.98	100.00
8	黎平府									777.36	100.00	777.36	100.00

序号	地区												
9	安顺州	100.00	1555.03	100.00	1555.03								
10	镇宁州	100.00	772.36	100.00	772.36								
11	永宁州	100.00	679.96	100.00	679.96								
12	普安州	100.00	1102.68	100.00	1102.68								
13	贵州宣慰使司	100.00	2448.83	100.00	2448.83								
14	龙里卫大平伐长官司	100.00	129.93	100.00	129.93								
15	新添卫	100.00	277.80	100.00	277.80								
16	平越卫	100.00	231.29	100.00	231.29								
17	清平凯里安抚司	100.00	18.41	100.00	18.41								
18	贵州等21卫所	100.00	1990.02	100.00	1990.02								
	北直隶	100.00	1036576.16	29.52	306044.56	70.48	730531.56	8818.00	100.00	7683.00	87.13	1136.00	12.88
1	顺天府	100.00	151500.77	55.66	84328.20	44.34	67172.56						
2	保定府	100.00	133588.20	25.94	34657.21	74.06	98930.98						
3	河间府	100.00	107898.65	34.27	36978.23	65.73	70920.41						
4	真定府	100.00	201297.26	27.82	56000.12	72.18	145297.14						
5	顺德府	100.00	66471.59	9.99	6643.16	90.01	59828.43						
6	广平府	100.00	89634.38	10.61	9513.40	89.39	80120.98						
7	大名府	100.00	230080.66	10.03	23076.01	89.97	207004.65						
8	永平府	100.00	45774.19	97.26	44517.77	2.74	1256.41						
9	延庆州	100.00	8227.16	100.00	8227.16								
10	保安州	100.00	2103.30	100.00	2103.30								
	南直隶	100.00	3305176.29	20.63	681973.38	79.37	2623202.92						
1	应天府	100.00	152464.11	17.70	26988.12	82.30	125475.99						
2	苏州府	100.00	1069539.01	13.89	148579.48	86.11	920959.53	4392.00	100.00	4392.00	100.00		
3	松江府	100.00	496381.51	10.28	51046.95	89.72	445334.56	3267.00	100.00	3267.00	100.00		
4	常州府	100.00	363474.98	2.97	10804.79	97.03	352670.19	24.00	100.00	24.00	100.00		
5	镇江府	100.00	143709.84	38.90	55906.18	61.10	87803.65						
6	庐州府	100.00	50835.71	47.01	23899.45	52.99	26936.26						

No.	地名								
7	凤阳府			68870.27	36.95	117521.40	63.05	186391.67	100.00
8	淮安府			135270.37	63.89	76453.54	36.11	211723.91	100.00
9	扬州府	1082.00	100.00	105517.86	69.11	47161.88	30.89	152679.74	100.00
10	徽州府			60465.09	82.01	13267.59	17.99	73732.68	100.00
11	宁国府			72958.01	90.19	7936.91	9.81	80894.93	100.00
12	池州府	53.00	100.00	41888.20	93.22	3045.13	6.78	44933.33	100.00
13	太平府			27913.06	42.55	37683.77	57.45	65596.84	100.00
14	安庆府			72555.57	86.97	10870.89	13.03	83426.46	100.00
15	广德州			19386.17	94.55	1117.63	5.45	20503.80	100.00
16	徐州			48157.79	50.75	46743.26	49.25	94901.06	100.00
17	滁州			2714.88	41.33	3854.32	58.67	6569.20	100.00
18	和州			6309.82	79.75	1601.71	20.25	7911.53	100.00

丙表272

盐课统计

	总数	两淮盐运司	两浙盐运司	长芦盐运司	山东盐运司	福建盐运司	河东盐运司	云南黑、白、安宁、五井盐课四提举司
太仓余盐银(两)	1010672.34	600000.00	140000.00	120000.00	50000.00	22200.10	4395.90	35547.37
遇闰太仓余盐银(两)	975124.97	600000.00	140000.00	120000.00	50000.00	22200.10	4395.90	38528.97
其他银(两)	196494.76					2344.20	194150.56	
合计	1168638.13	600000.00	140000.00	120000.00	50000.00	24544.30	198546.46	35547.37
遇闰合计	1171619.73	600000.00	140000.00	120000.00	50000.00	24544.30	198546.46	38528.97

丙表273

钞关统计

No.	钞关	实银(两)	钞(贯)	铜线(文)	钞折银(两)	钱折银(两)	共计银(两)	%
1	河西务钞关	31600.00	1190000.00	2730000.00	3570.00	3630.90	38800.90	9.64
2	临清钞关	83800.00	12600000.00	25200000.00	36918.00	39060.00	159778.00	39.72
3	浒墅钞关	40086.00	5860000.00	11730000.00	3516.00	21407.25	65009.25	16.16

4	九江钞关	15300.00	2930000.00	6270.20	6690000.00	6132.10	27702.30	6.89
5	北新钞关	36800.00	1900000.00	5700.00	3810000.00	5444.49	47944.49	11.92
6	淮安钞关	22700.00	3000000.00	9000.00	6000000.00	8574.00	40274.00	10.01
7	扬州钞关	12900.00	1690000.00	5070.00	3380000.00	4830.02	22800.02	5.67
	合计	243186.00	29170000.00	70044.20	59740000.00	89078.76	402308.96	100.00

丙表 274

杂课统计

	实银（两）	有闰银（两）	钞（贯）	铜钱（文）
北直隶（岁征）	64664.74	64664.74	587808.00	22040600.00
南直隶（见征）	37136.15	37569.95		
浙江（额征）			11417215.00	
江西（见征）	5030.73	5263.73		
湖广（见征）	44598.12	44598.12	989032.00	
福建（见征）	18400.00	18400.00		
山东（见征）	6425.30	6841.90		
山西（见征）	2014.00	2014.00		
河南（额征）			2034100.00	
陕西（见征）	11204.65	11204.65		
四川（见征）	4685.56	4685.56		
广东（额征）	43000.00	43000.00		
广西（额征）			122830.00	
云南（岁征）	15135.20	15135.20		
贵州（额征）		148363.00		
合计	252294.45	253377.85	15299948.00	22040600.00

丙表 275

北直隶杂课统计

	实银（两）	钞（贯）	铜钱（文）	抽分曲折银（两）[1]	共计折银（两）
顺天府	51325.30	175290.00	22040600.00	9779.20	61104.50
永平府	740.00				740.00
保定府		106291.00			
河间府	2820.24				2820.24
真定府		117569.00			
顺德府		29539.00			
广平府		43571.00			
大名府		115548.00			
合计	54885.54	587808.00	22040600.00	9779.20	64664.74

丙表 276

南直隶杂课统计

	银（两）
安庆府	331.40
宁国府	272.83
池州府	74.62
太平府	402.24
苏州府	134.44
松江府	557.46
常州府	104.33
镇江府	19.01
庐州府	576.88
凤阳府	2262.94
淮安府	30000.00
扬州府	2400.00

1 顺天府抽分曲由内酒醋面局本色 108800.00 斤，光禄寺折色 44000 斤，依据沈榜《宛署杂记》卷十四《以字·经费上》（北京古籍出版社 1980 年版，第 124 页）红曲每斤价银 0.064 两计算。

合计 | 37136.15

丙表277

边镇军费支出统计

No.	各镇	银（两）	各镇所占比例%
1	辽东镇	692596.05	8.38%
2	蓟州镇	590315.6	7.14%
3	永平镇	323842.33	3.92%
4	密云镇	539086.29	6.52%
5	昌平镇	196320.36	2.37%
6	易州镇	384165.58	4.65%
7	宣府镇	1307110.92	15.81%
8	大同镇	1269604.27	15.36%
9	山西镇	708301.77	8.57%
10	延绥镇	767757.78	9.29%
11	宁夏镇	307012.66	3.71%
12	甘肃镇	628968.23	7.61%
13	固原镇	552430.94	6.68%
	合计	8267512.78	100.00%

丙表278

宗藩禄粮与官俸

No.		本折色米（石）	本色棉花（斤）	本色料（石）	布（匹）	草（束）	银（两）	铜钱（文）
1	宗藩禄粮[1]	7137673.94					94524.92	3337600.00
2	官员俸禄[2]	83913.90					48890.26	
	退出（备边）[3]						37348.01	

[1] 宗藩禄粮分为本折色，但是《会计录》仅给出了部分本折比例（甲表79、80、81），没有各类具体人员数目（甲表82），故此无法分区本折色禄米的数字。

[2] 资料来源：甲表86、甲表87；官员俸禄各公侯驸马伯岁支本折色（已经区分了本折色），与各衙门官吏等役俸禄（没有区分本折色），因此只能将官员禄米全部计入本折色米一栏。

[3] 退出备边地银中有7787.46两拨给寿阳长公主，此表已将此项自银从退出备边地银中减去，并加到官员俸禄中。

3	营卫官军俸粮¹	2301476.79	263759.50	24430.92	800628.00	4164.00	778820.09	
	合计	9523064.63	263759.50	24430.92	800628.00	4164.00	884887.26	3337600.00

丙表279

内府供用

No.	库别	总计银（两）	实银（两）	%	未折银项目折银（两）	%	钞（贯）	铜钱（文）	%
1	内承运库	1072303.56	1062154.76	99.05	10148.80	0.95			57.64%
2	承运库	103690.30			103690.30	100.00			5.57%
3	供用库	171778.59	118184.77	68.80	53593.83	31.20		1208333.40	9.23%
4	甲字库	172905.68	64782.38	37.47	108123.30	62.53			9.29%
5	丙字库	48568.83			48568.83	100.00			2.61%
6	丁字库	26960.60	26960.60	100.00					1.45%
7	广惠库						29261340.00	59777100.00	0.00%
8	天财库						665180.00	2432850.00	0.00%
9	内官监	8651.25	8651.25	100.00				672500.00	0.47%
10	尚膳监	174.14			174.14	100.00			0.01%
11	酒醋面局	33011.60	11098.40	33.62	21913.20	66.38			1.77%
12	司苑局	3112.55	3112.55	100.00					0.17%
13	惜薪司	172.61	172.61	100.00					0.01%
14	宝钞司	515.86	514.50	99.74	1.36	0.26			0.03%
15	光禄寺	218509.20	164999.20	75.51	53510.00	24.49		772000.00	11.75%
	合计	1860354.77	1460631.02	78.51	399723.76	21.49	29926520.00	64862783.40	100.00%

¹资料来源：甲表106，营卫官军俸粮中的米是本色米。

2122

丙表 280

全国财政收入统计

	总数	%	田赋[1]	%	盐课	%	钞关	%	杂课[2]	%
银（两）	18100167.73	100.00	16197189.70	89.49	1171619.73	6.47	402308.96	2.22	329049.33	1.82

丙表 281

全国财政支出统计

	总数	%	边镇粮饷	%	宗藩禄粮	%	官员俸禄[3]	%	营卫官军俸粮	%	内府供用[4]	%
银（两）	18544545.37	100.00	8267512.78	44.58	5519157.11	29.76	117337.46	0.63	2599595.78	14.02	2040942.24	11.01

[1] 田赋中有宝钞 1254674.00 贯，其折银标准为 0.003 两/贯，此标准参考各钞关宝钞折银标准确定。
[2] 杂课中有宝钞 15299348.00 贯，铜钱 22040600.00 文，宝钞的折银标准为 0.003 两/贯，铜钱的折银标准为 0.0014 两/文，此标准参考各钞关宝钞与铜钱的折银标准确定。
[3] 官员俸禄中铜钱的折银标准为 0.0014 两/文，此标准参考各钞关铜钱折银标准确定。
[4] 内府供用中宝钞的折银标准为 0.003 两/贯，铜钱的折银标准为 0.0014 两/文，此标准参考各钞关宝钞与铜钱的折银标准确定。

丙表 282

全国财政货币化比例统计

全国田赋货币化比例[1]

地区	夏税					秋粮					田赋总计				
	共计折银（两）	已折银（两）	已折%	未折银项目折银（两）	未折%	共计折银（两）	已折银（两）	已折%	未折银项目折银（两）	未折%	共计折银（两）	已折银（两）	已折%	未折银项目折银（两）	未折%
浙江	157809.81	22026.80	13.96	135783.02	86.04	990604.41	389503.15	39.32	601101.26	60.68	1148414.23	411529.95	35.83	736884.28	64.17
江西	31000.74	23325.90	75.24	7674.84	24.76	802559.99	498355.96	62.10	304204.03	37.90	833560.73	521681.86	62.58	311878.87	37.42
湖广	66160.45	19523.00	29.51	46637.45	70.49	702678.63	226048.07	32.17	476630.56	67.83	768839.08	245571.07	31.94	523268.01	68.06
福建	596.90			596.90	100.00	283882.14	107673.59	37.93	176208.55	62.07	284479.04	107673.59	37.85	176805.45	62.15
山东	763176.55	280696.34	36.78	482480.21	63.22	2078068.28	661449.13	31.83	1416619.15	68.17	2841244.83	925109.32	32.56	1916135.51	67.44
山西	422771.01	80362.90	19.01	342408.11	80.99	1695570.94	586952.70	34.62	1108618.24	65.38	2118341.95	667315.60	31.50	1451026.35	68.50
河南	401946.74	227299.24	56.55	174647.50	43.45	1088890.32	833913.37	76.77	252977.01	23.23	1490837.06	1063212.61	71.32	427624.51	28.68
陕西	495804.79			495804.79	100.00	1016533.81	19552.90	1.92	996980.92	98.08	1512338.61	19552.90	1.29	1492785.71	98.71
四川	91985.04			91985.04	100.00	233372.50	15907.95	6.82	217464.55	93.18	325357.55	15907.95	4.89	309449.60	95.11
广东	3964.83			3964.83	100.00	321363.55	120025.21	37.35	201338.34	62.65	325328.38	120025.21	36.89	205303.17	63.11
广西	1916.13			1916.13	100.00	111418.71	1417.01	1.27	110001.70	98.73	113334.84	1417.01	1.25	111917.83	98.75
云南	22496.29			22496.29	100.00	51854.11	19099.03	36.83	32755.08	63.17	74350.40	19099.03	25.69	55251.37	74.31
贵州	264.47			264.47	100.00	14981.91	6.33	0.04	14975.58	99.96	15246.38	6.33	0.04	15240.05	99.96
北直隶	201708.58	127611.67	63.27	74096.92	36.73	834867.74	600140.53	71.88	234727.22	28.12	1036576.31	727752.20	70.21	308824.12	29.79
南直隶	488007.60	179512.27	36.78	308495.28	63.22	2817168.77	896715.83	31.83	1920452.96	68.17	3305176.29	1076228.10	32.56	2228948.20	67.44
总计	3149609.93	960358.12	30.49	2189251.78	69.51	13043815.81	4978760.76	38.17	8065055.15	61.83	16193425.68	5922082.73	36.57	10271343.03	63.43

[1]本表中全国田赋宝钞 1254674.00 贯，因田赋中宝钞价格不易确定，故不计在内。

丙表283

全国田赋货币化比例¹（不含山东省估算）

地区	夏税					秋粮					田赋总计				
	共计折银（两）	已折银（两）	已折%	未折银项目折银（两）	未折%	共计折银	已折银（两）	已折%	未折银项目折银（两）	未折%	共计折银	已折银（两）	已折%	未折银项目折银（两）	未折%
浙江	157809.81	22026.80	13.96	135783.02	86.04	990604.41	389503.15	39.32	601101.26	60.68	1148414.23	411529.95	35.83	736884.28	64.17
江西	31000.74	23325.90	75.24	7674.84	24.76	802559.99	498355.96	62.10	304204.03	37.90	833560.73	521681.86	62.58	311878.87	37.42
湖广	66160.45	19523.00	29.51	46637.45	70.49	702678.63	226048.07	32.17	476630.56	67.83	768839.08	245571.07	31.94	523268.01	68.06
福建	596.90			596.90	100.00	283882.14	107673.59	37.93	176208.55	62.07	284479.04	107673.59	37.85	176805.45	62.15
山西	422771.01	80362.90	19.01	342408.11	80.99	1695570.94	586952.70	34.62	1108618.24	65.38	2118341.95	667315.60	31.50	1451026.35	68.50
河南	401946.74	227299.24	56.55	174647.50	43.45	1088890.32	835913.37	76.77	252977.01	23.23	1490837.06	1063212.61	71.32	427624.51	28.68
陕西	495804.79			495804.79	100.00	1016533.81	19552.90	1.92	996980.92	98.08	1512338.61	19552.90	1.29	1492785.71	98.71
四川	91985.04			91985.04	100.00	233372.50	15907.95	6.82	217464.55	93.18	325357.55	15907.95	4.89	309449.60	95.11
广东	3964.83			3964.83	100.00	321363.55	120025.21	37.35	201338.34	62.65	325328.38	120025.21	36.89	205303.17	63.11
广西	1916.13			1916.13	100.00	111418.71	1417.01	1.27	110001.70	98.73	113334.84	1417.01	1.25	111917.83	98.75
云南	22496.29			22496.29	100.00	51854.11	19099.03	36.83	32755.08	63.17	74350.40	19099.03	25.69	55251.37	74.31
贵州	264.47			264.47	100.00	14981.91	6.33	0.04	14975.58	99.96	15246.38	6.33	0.04	15240.05	99.96
北直隶	201708.58	127611.67	63.27	74096.92	36.73	834867.74	600140.53	71.88	234727.22	28.12	1036576.31	727752.20	70.21	308824.12	29.79
南直隶	488007.60	179512.27	36.78	308495.28	63.22	2817168.77	896715.83	31.83	1920452.96	68.17	3305176.29	1076228.10	32.56	2228948.20	67.44
总计	2386433.38	679661.78	28.48	1706771.57	71.52	10965747.53	4317311.63	39.37	6648436.00	60.63	13352180.85	4996973.41	37.42	8355207.52	62.58

¹本表中全国田赋宝钞 1254674.00 贯，因田赋中宝钞价格不易确定，故未计在内。

丙表 284

杂课货币化比例

地区	合计银（两）	有闰合计银（两）	银（两）	有闰银（两）	未折银项目折银（两）	白银货币化比例（%）	有闰白银货币化比例（%）
北直隶	97285.00	97285.00	64664.74	64664.74	32620.26	66.47	66.47
南直隶	37136.15	37569.95	37136.15	37569.95		100.00	100.00
浙江（额征）	34251.65	34251.65			34251.65	0.00	0.00
江西（岁征）	5030.73	5263.73	5030.73	5263.73		100.00	100.00
湖广（额征）	47565.22	47565.22	44598.12	44598.12	2967.10	93.76	93.76
福建（额征）	18400.00	18400.00	18400.00	18400.00		100.00	100.00
山东（额征）	6425.30	6841.90	6425.30	6841.90		100.00	100.00
山西（额征）	2014.00	2014.00	2014.00	2014.00		100.00	100.00
河南（额征）	6102.30	6102.30			6102.30	0.00	0.00
陕西（额征）	11204.65	11204.65	11204.65	11204.65		100.00	100.00
四川（额征）	4685.56	4685.56	4685.56	4685.56		100.00	100.00
广东（额征）	43000.00	43000.00	43000.00	43000.00		100.00	100.00
广西（额征）	368.49	368.49			368.49	0.00	0.00
云南（岁征）	15135.20	15135.20	15135.20	15135.20		100.00	100.00
贵州（额征）	445.09	445.09			445.09	0.00	0.00
合计	329049.34	330132.74	252294.45	253377.85	76754.89	76.67	76.75

丙表 285

内库供用货币化比例

	总数（两）	已折银（两）	%	未折银项目折银（两）	%	钞（贯）	铜钱（文）
内承运库	1072303.56	1062154.76	99.05	10148.80	0.95		
承运库	103690.30	103690.30		103690.30	100.00		1208333.40
供用库	171778.59	118184.77	68.80	53593.83	31.20		
甲字库	172905.68	64782.38	37.47	108123.30	62.53		
丙字库	48568.83			48568.83	100.00		
丁字库	26960.60	26960.60	100.00				
广惠库						292613340.00	597771100.00

项目	实银（两）	（%）	未折银项目折银（两）	（%）	合计银（两）	（两）	（两）
天财库						2432850.00	665180.00
内官监	8651.25	100.00			8651.25		
尚膳监	174.14	100.00			174.14	672500.00	
酒醋面局	11098.40	33.62	21913.20	66.38	33011.60		
司苑局	3112.55	100.00			3112.55		
惜薪司	172.61	100.00			172.61		
宝钞司	514.50	99.74	1.36	0.26	515.86		
光禄寺	164999.20	75.51	53510.00	24.49	218509.20	772000.00	
合计	1460631.02	78.51	399723.76	21.49	1860354.77	29926520.00	64462783.40

全国财政货币化比例

丙表286

全国财政收入货币化比例

项目	合计银（两）	实银（两）	未折银项目折银（两）	白银货币化比例（%）
田赋	16197189.70	5922082.73	10275107.05	36.57
盐课	1171619.73	1171619.73		100.00
钞关	402308.96	243186.00	159122.96	60.45
杂课	329049.33	252294.45	76754.88	76.53
总数	18100167.72	7589182.91	10510984.89	41.93

丙表287

全国财政支出货币化比例

项目	合计银（两）	实银（两）	未折银项目折银（两）	白银货币化比例（%）
边镇粮饷	8267512.78	6780232.38	1487280.45	82.01
宗藩禄粮	5519157.11	94524.92	5424632.19	1.70
官员俸禄	117337.46	48890.26	68447.20	41.67
营卫官军俸粮	2599595.78	778820.09	1820775.69	29.96
内府供用	2040942.24	1460631.02	580311.22	71.57
总数	18544545.37	9163098.67	9381446.75	49.41

丙表288

全国财政货币化比例

	合计银（两）	实银（两）	未折银项目折银（两）	白银货币化比例（%）
财政收入	18100167.72	7589182.91	10510984.89	41.93%
财政支出	18544545.37	9163098.67	9381446.75	49.41%

第 十 章

统 计 图

说 明

本章根据第二篇与第三篇的部分表格，列出了二十八个示图。每个图中均标出了所依据的表格编号，以便于查对。

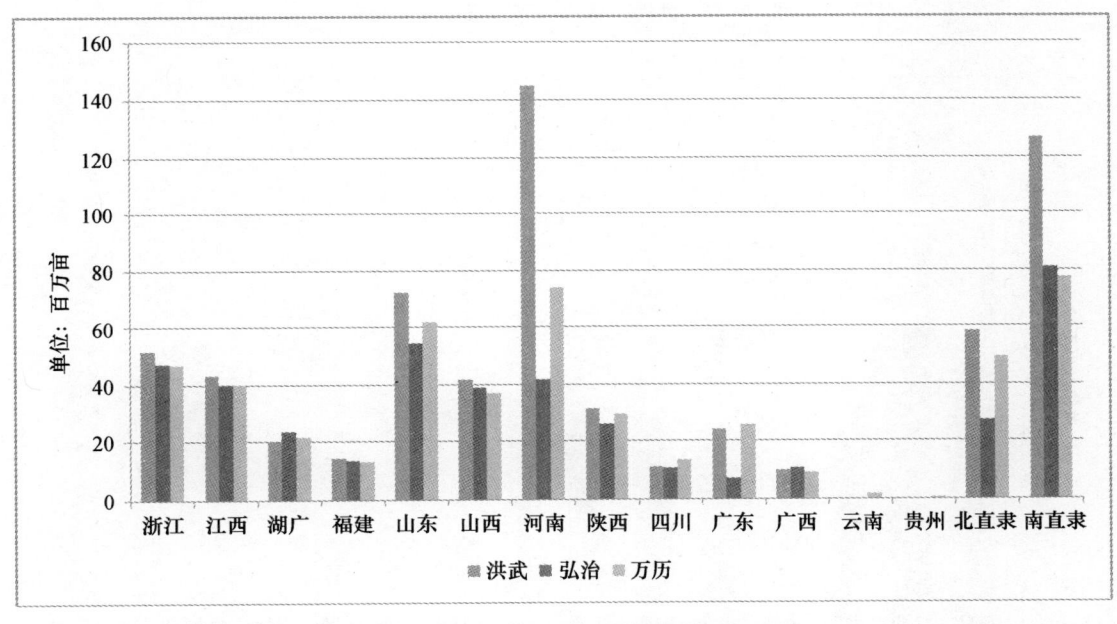

图 10—1　洪武、弘治、万历三朝田土比较[1]

---

[1]资料来源：本书第二篇，乙表 4。

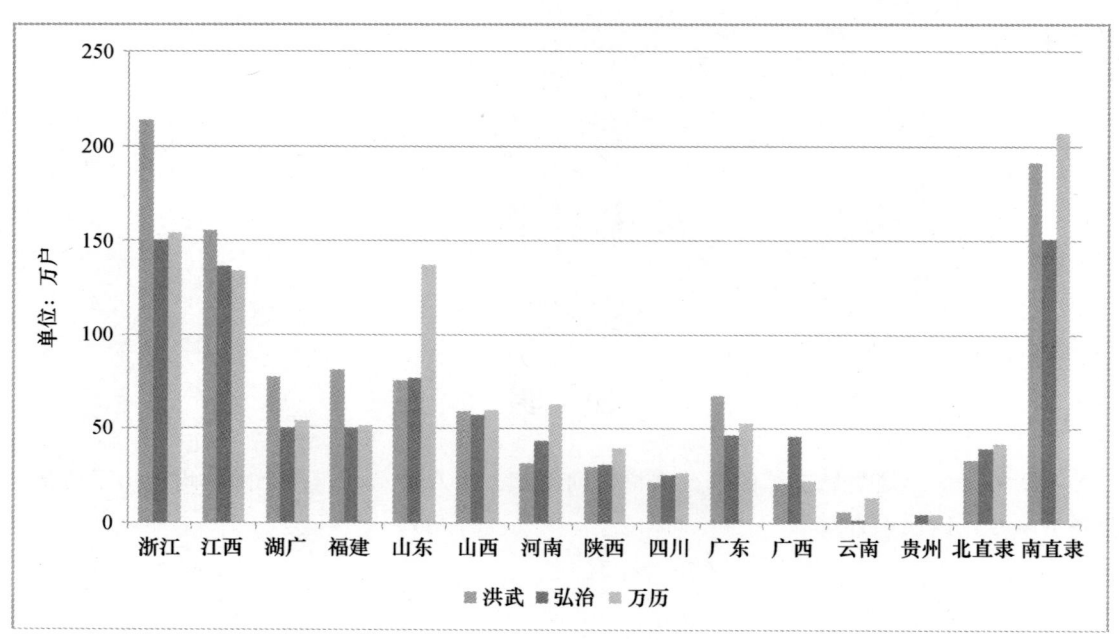

图 10—2 洪武、弘治、万历三朝人户比较[1]

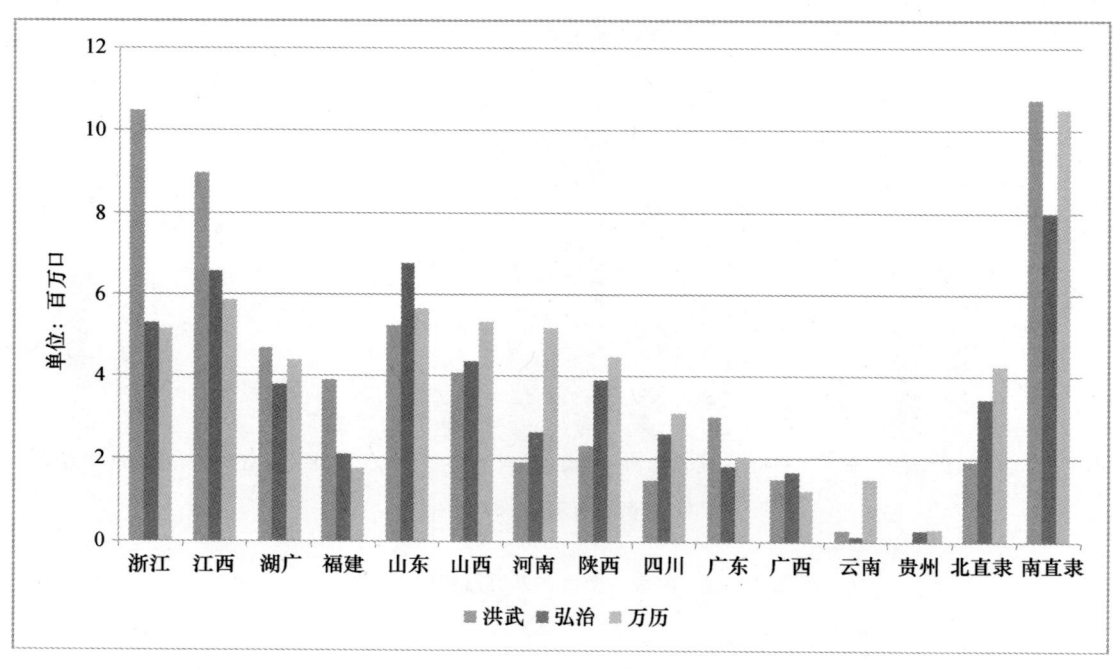

图 10—3 洪武、弘治、万历三朝人口比较[2]

[1] 资料来源：本书第二篇，乙表 4。
[2] 资料来源：本书第二篇，乙表 4。

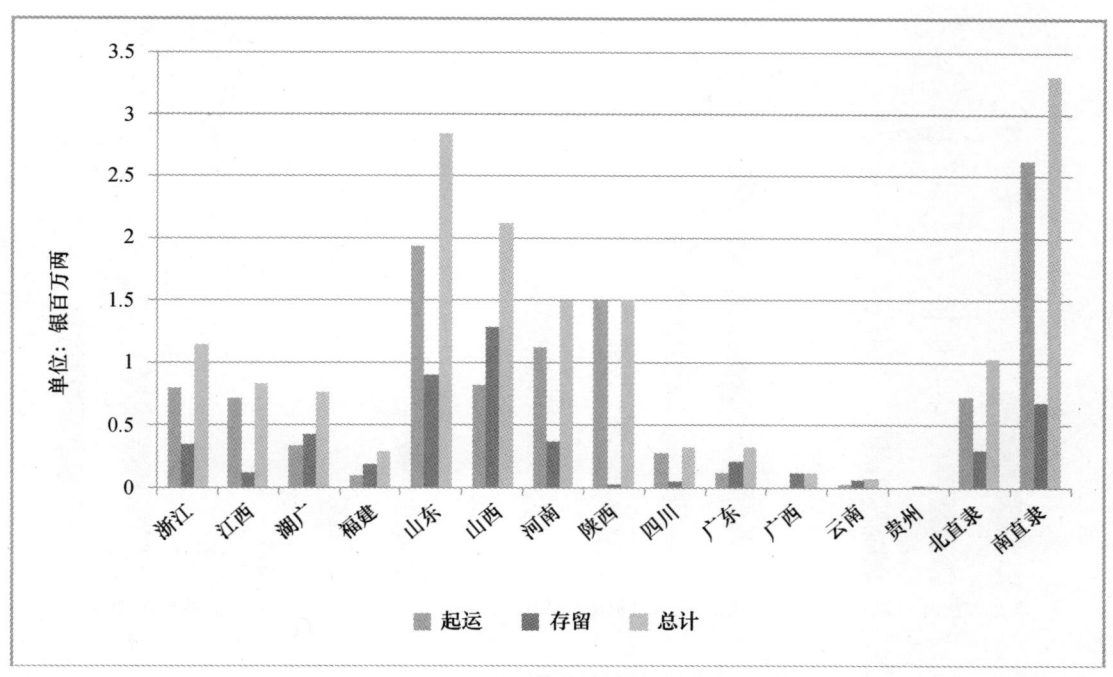

图10—4　全国各省田赋折银统计分布[1]

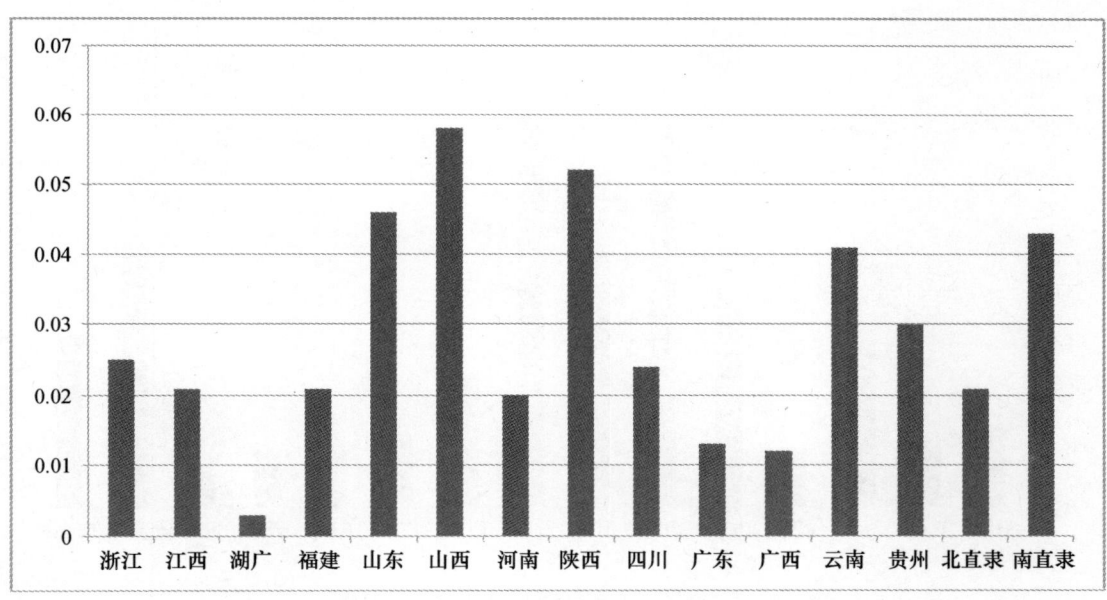

图10—5　全国各省田赋亩均税率统计分布[2]（单位：白银两/亩）

---

[1] 资料来源：本书第三篇，丙表269。

[2] 资料来源：本书第三篇，丙表265。

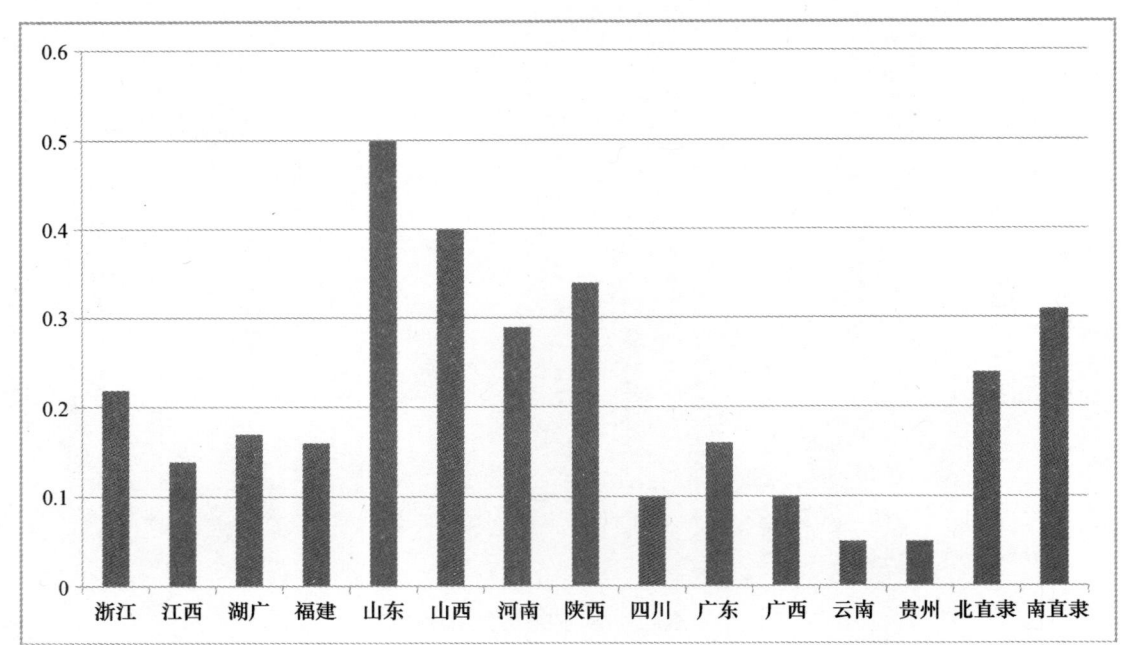

图 10—6 全国田赋口均税率[1]（单位：白银两/口）

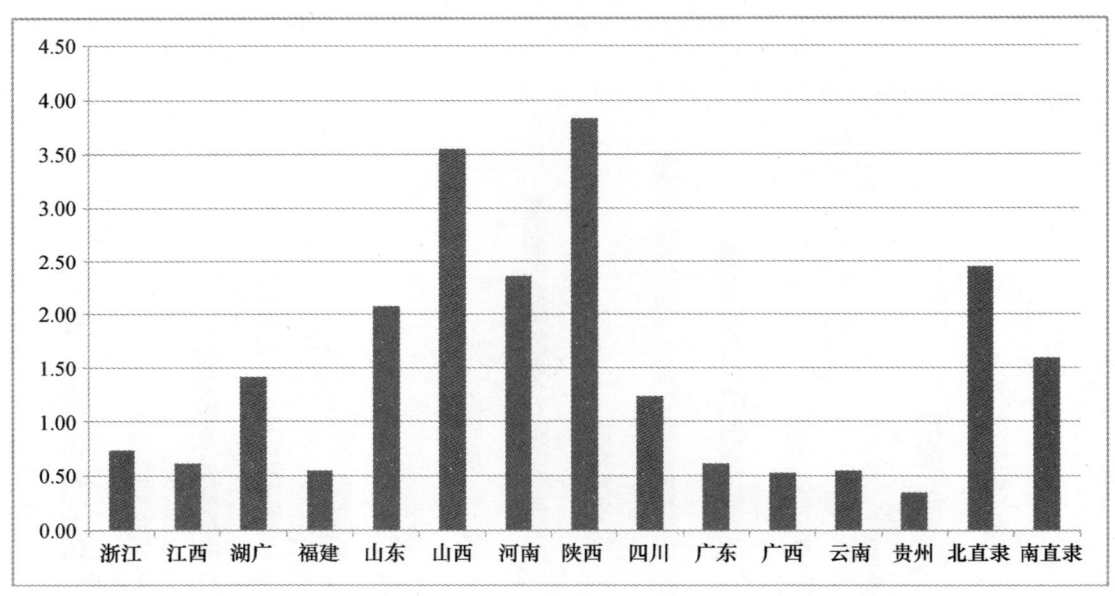

图 10—7 全国田赋户均税率[2]（单位：白银两/户）

[1]资料来源：本书第三篇，丙表 265。
[2]资料来源：本书第三篇，丙表 265。

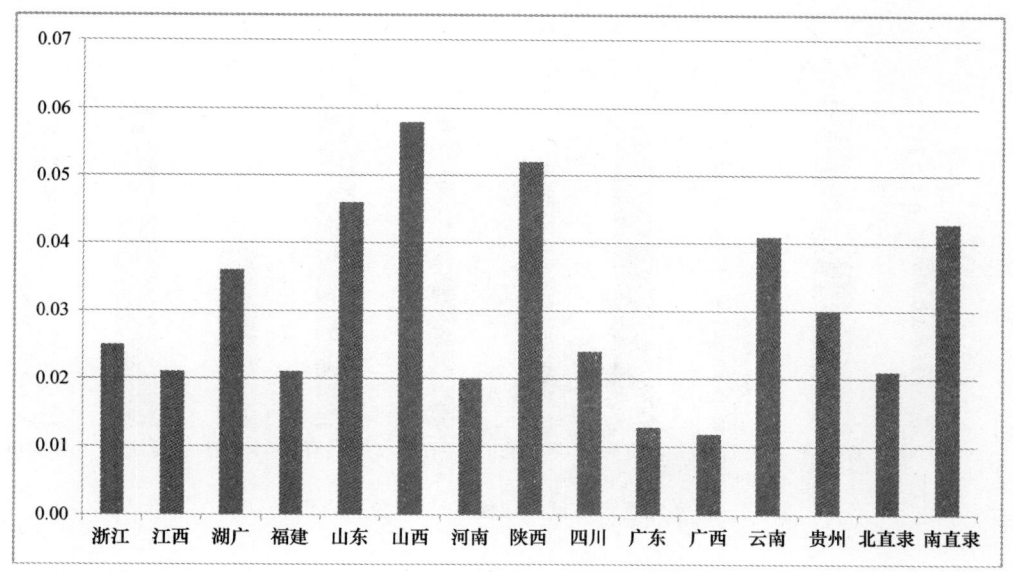

图 10—8　湖广田亩数调整以后的全国田赋亩均税率[1]（单位：白银两/亩）

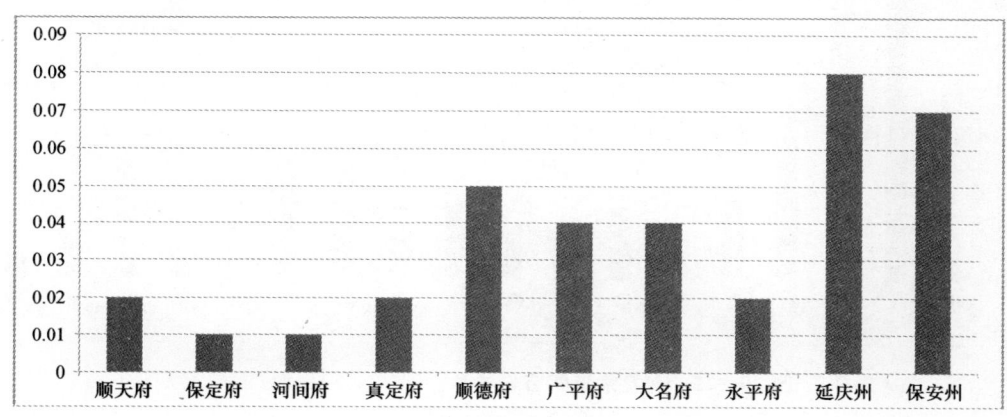

图 10—9　北直隶田赋亩均税率[2]（单位：白银两/亩）

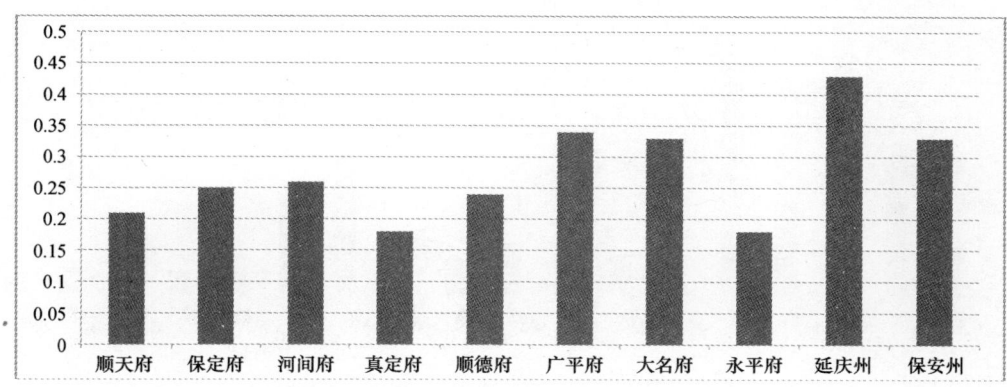

图 10—10　北直隶田赋口均税率[3]（单位：白银两/口）

---

[1] 资料来源：本书第三篇，丙表 266。
[2] 资料来源：本书第三篇，丙表 267。
[3] 资料来源：本书第三篇，丙表 267。

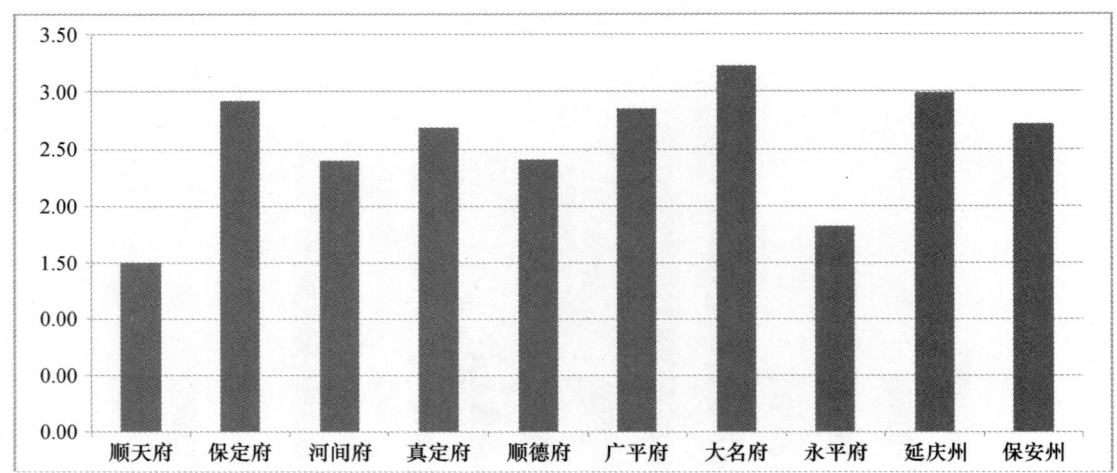

图 10—11　北直隶田赋户均税率[1]（单位：白银两/户）

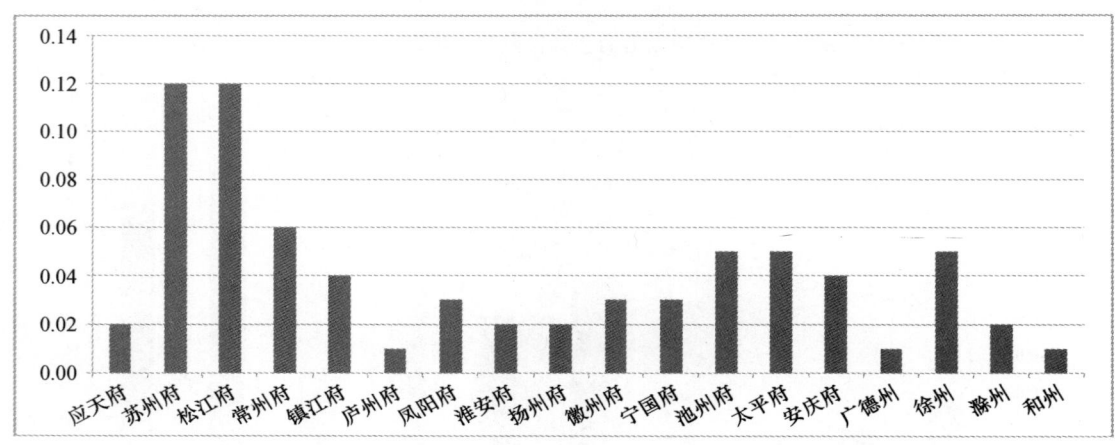

图 10—12　南直隶田赋亩均税率[2]（单位：白银两/亩）

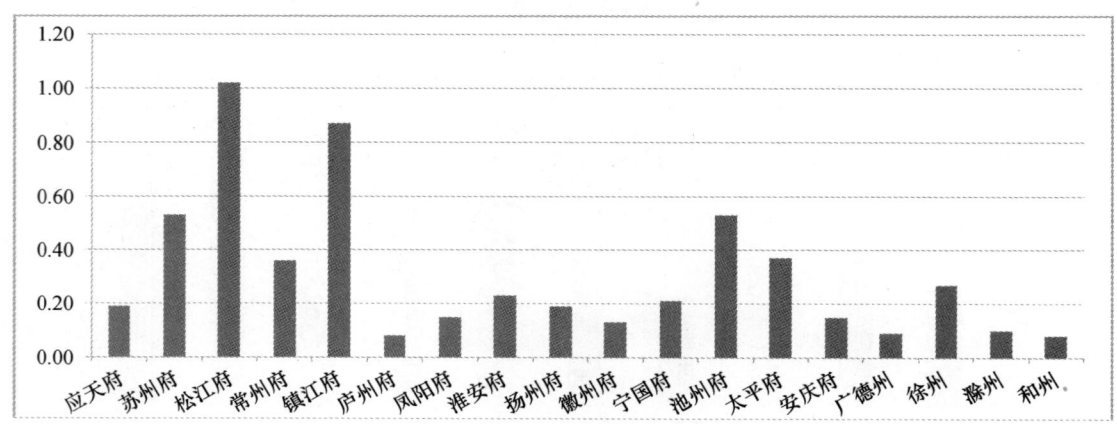

图 10—13　南直隶田赋口均税率[3]（单位：白银两/口）

---

[1] 资料来源：本书第三篇，丙表 267。
[2] 资料来源：本书第三篇，丙表 268。
[3] 资料来源：本书第三篇，丙表 268。

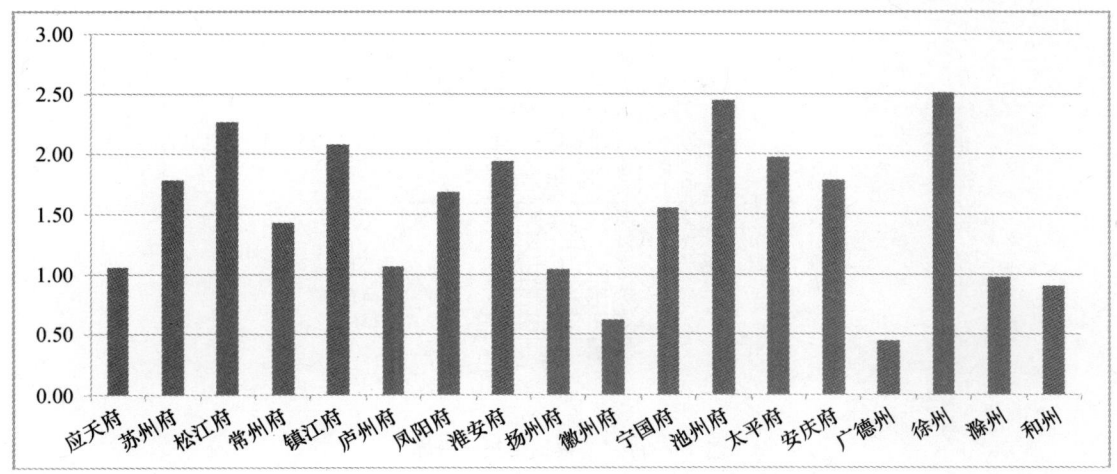

图 10—14　南直隶田赋户均税率[1]（单位：白银两/户）

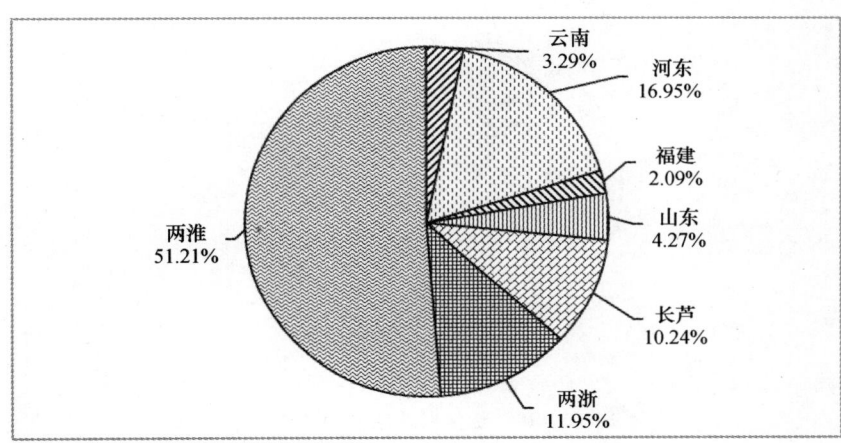

图 10—15　盐课统计分布[2]

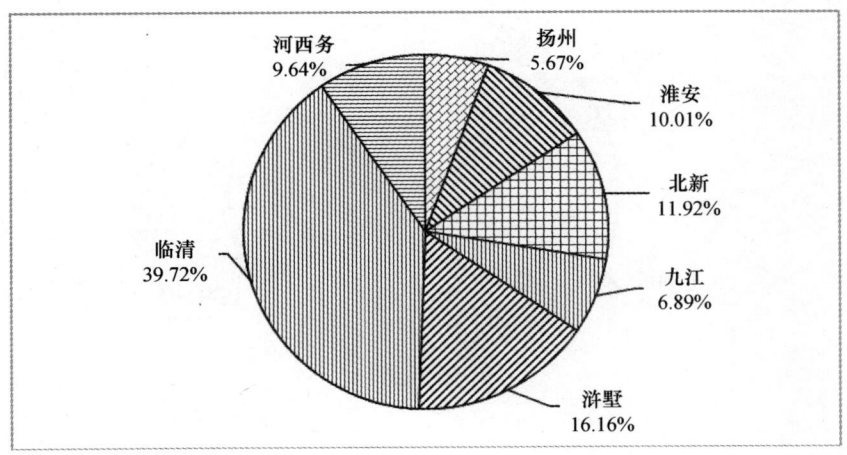

图 10—16　钞关统计分布[3]

[1] 资料来源：本书第三篇，丙表 268。
[2] 资料来源：本书第三篇，丙表 272。
[3] 资料来源：本书第三篇，丙表 273。

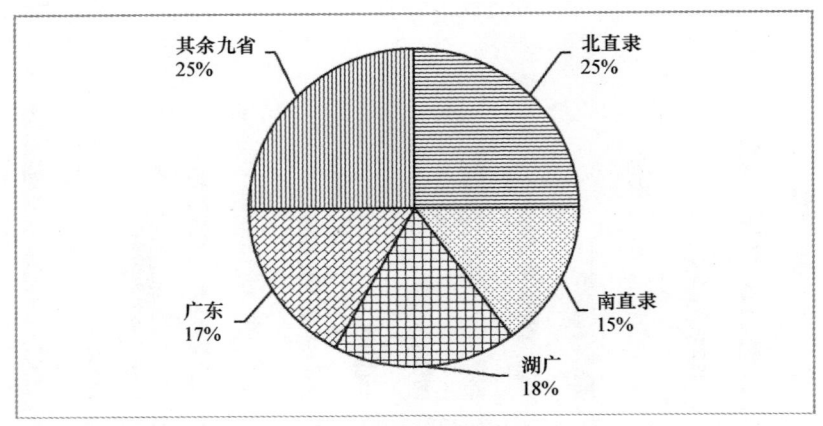

图 10—17 杂课征银统计分布[1]

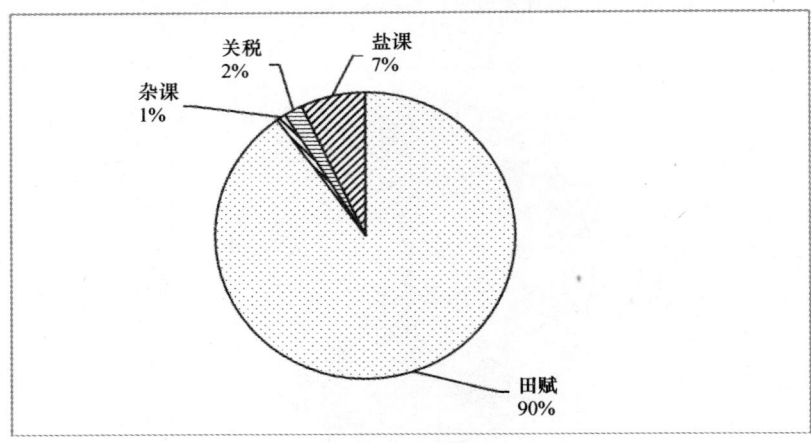

图 10—18 全国财政收入统计分布[2]

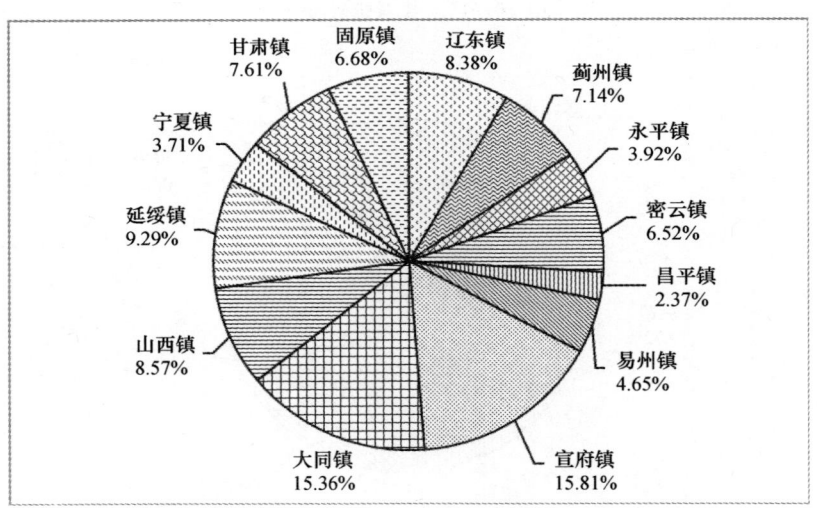

图 10—19 边镇粮饷分布[3]

[1] 资料来源：本书第三篇，丙表 274。
[2] 资料来源：本书第三篇，丙表 280。
[3] 资料来源：本书第三篇，丙表 277。

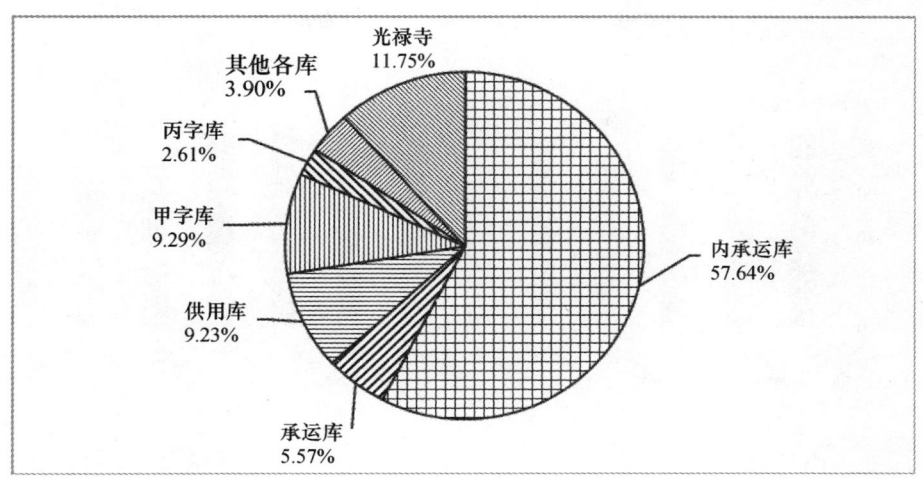

图 10—20 内府供用分布[1]

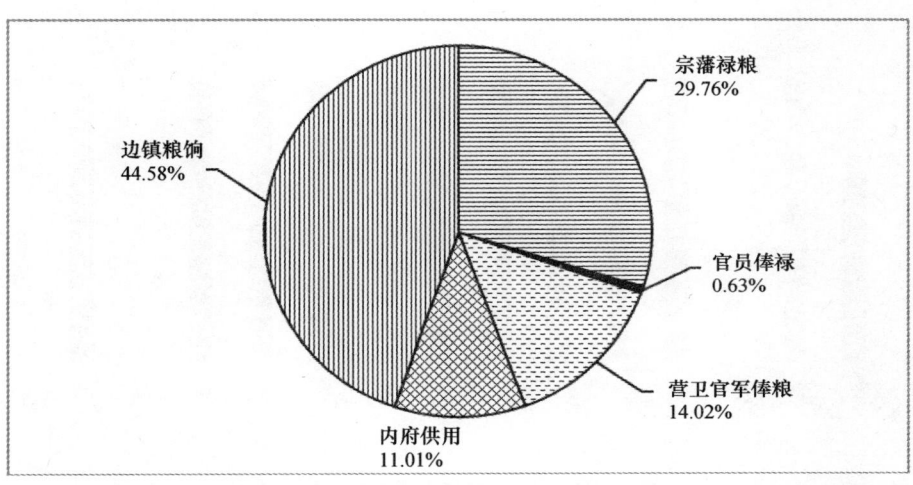

图 10—21 全国财政白银支出分布[2]

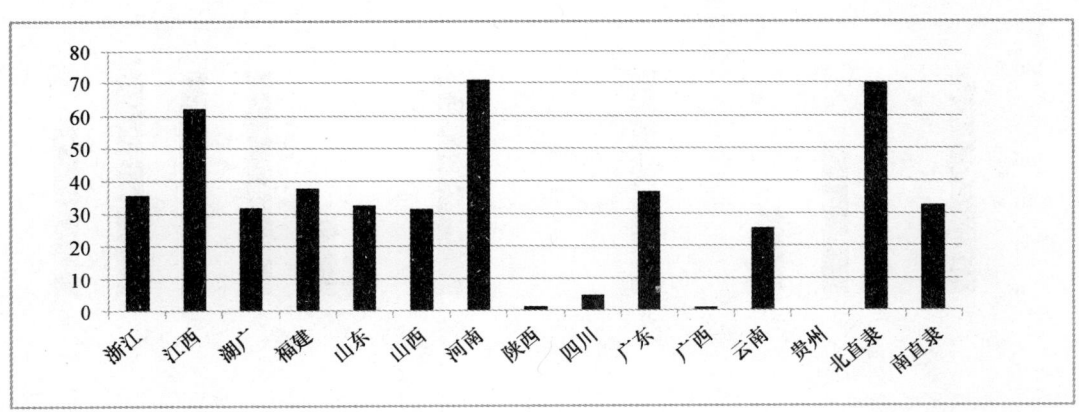

图 10—22 全国各省田赋货币化比例[3]（单位％）

[1] 资料来源：本书第三篇，丙表 279。
[2] 资料来源：本书第三篇，丙表 281。
[3] 资料来源：本书第三篇，丙表 282。

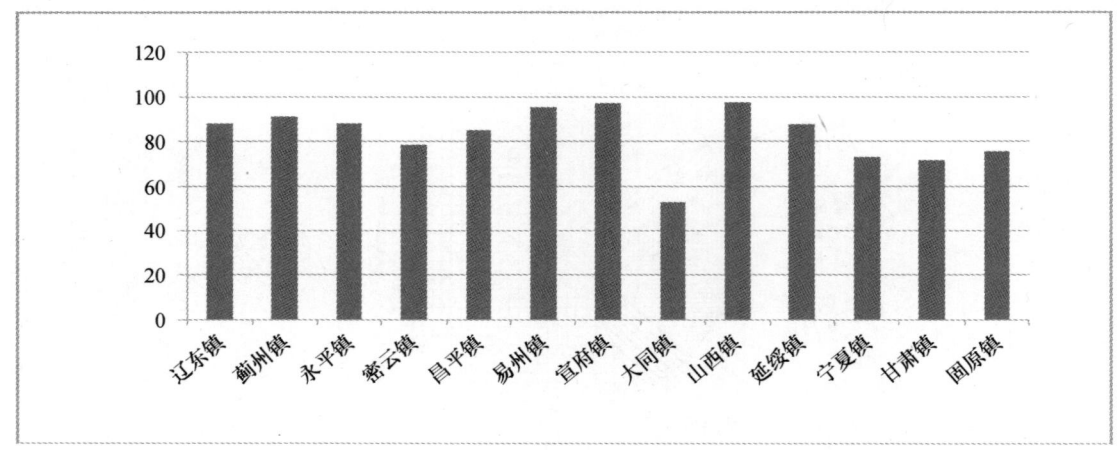

图 10—23　边镇粮饷货币化比例[1]（单位％）

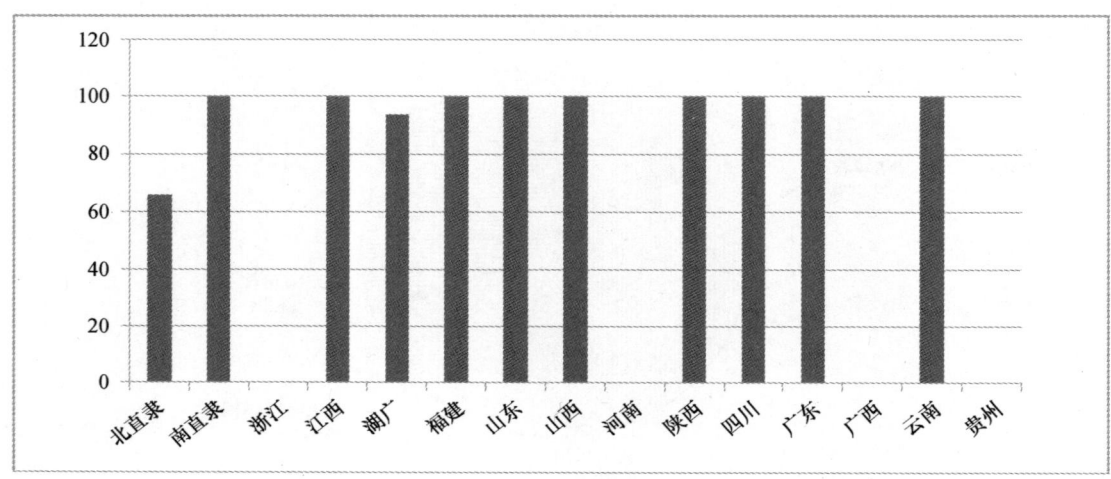

图 10—24　杂课货币化比例[2]（单位％）

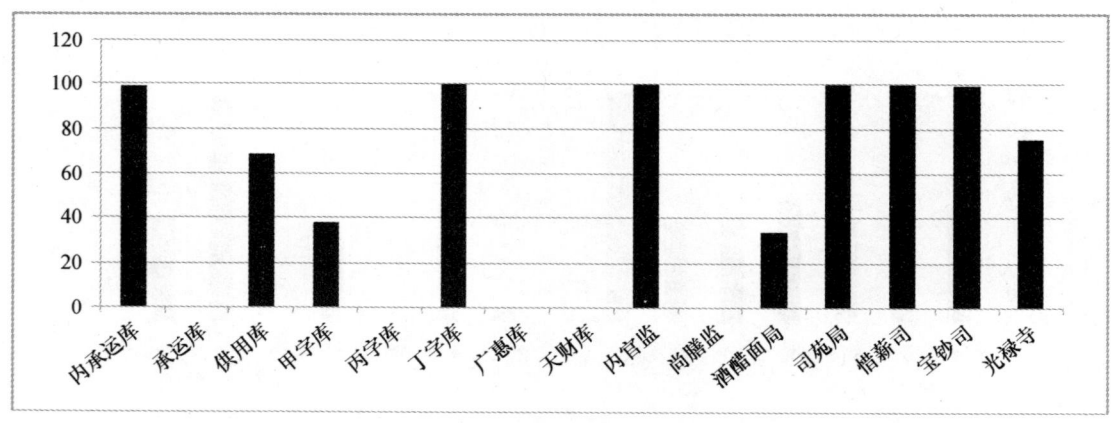

图 10—25　内府供用货币化比例[3]（单位％）

---

[1] 资料来源：本书第三篇，丙表 246。

[2] 资料来源：本书第三篇，丙表 284。

[3] 资料来源：本书第三篇，丙表 285。

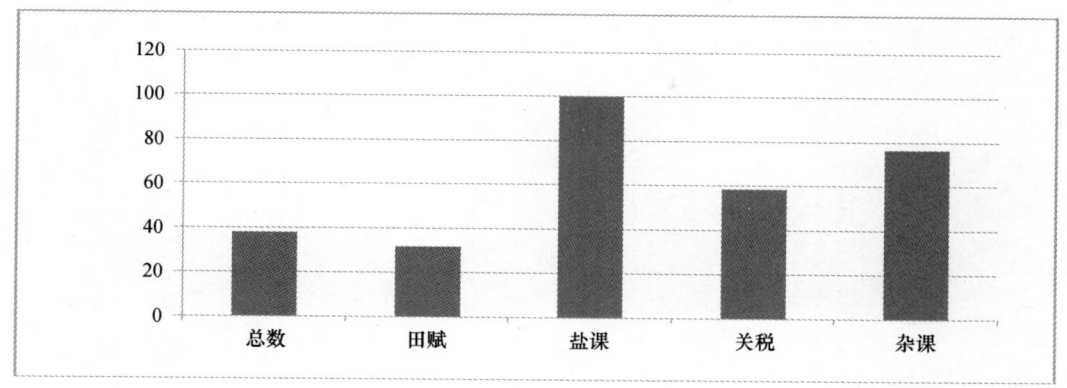

图 10—26　全国财政收入货币化比例[1]（单位％）

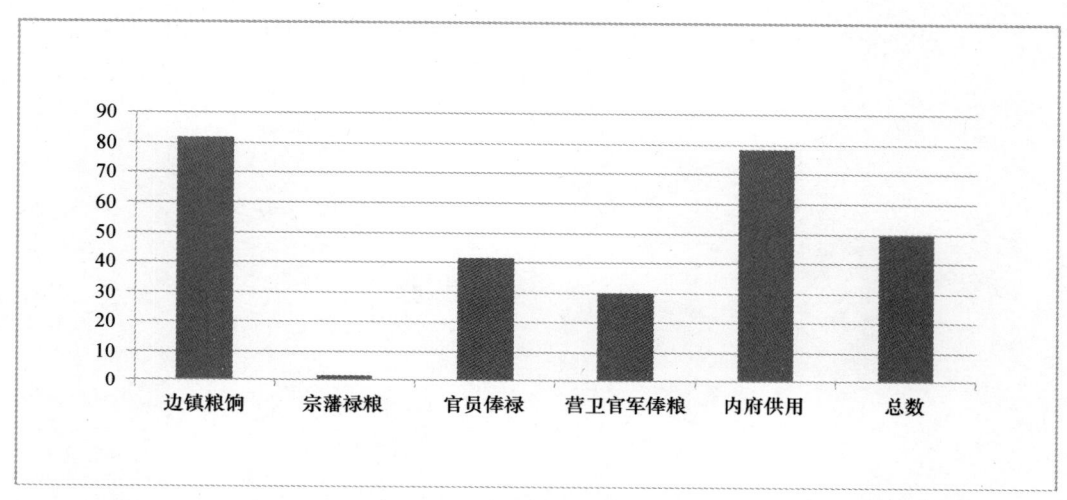

图 10—27　全国财政支出货币化比例[2]（单位％）

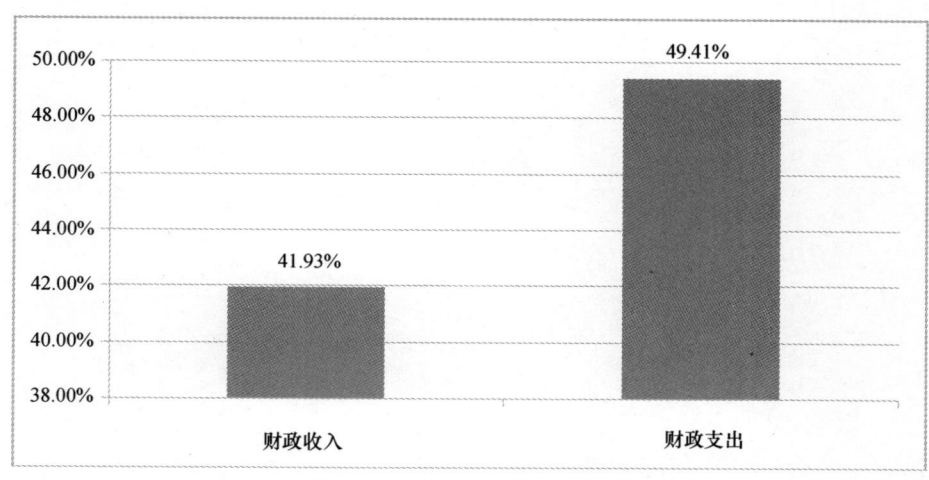

图 10—28　全国财政货币化比例[3]（单位％）

[1]资料来源：本书第三篇，丙表 286。

[2]资料来源：本书第三篇，丙表 287。

[3]资料来源：本书第三篇，丙表 288。

附　录

明代皇帝世系表

庙号	谥号	年号
太祖	高皇帝	洪武（1368——1398 年）
惠宗	让皇帝（又谥惠帝）	建文（1399——1402 年）
成祖（原为太宗）	文皇帝	永乐（1403——1424 年）
仁宗	昭皇帝	洪熙（1424——1425 年）
宣宗	章皇帝	宣德（1426——1435 年）
英宗	睿皇帝	正统（1436——1449 年）
代宗	景皇帝	景泰（1450——1457 年）
英宗	睿皇帝	天顺（1457——1464 年）
宪宗	纯皇帝	成化（1465——1487 年）
孝宗	敬皇帝	弘治（1488——1505 年）
武宗	毅皇帝	正德（1506——1521 年）
世宗	肃皇帝	嘉靖（1522——1566 年）
穆宗	庄皇帝	隆庆（1567——1572 年）
神宗	显皇帝	万历（1573——1620 年）
光宗	贞皇帝	泰昌（1620 年）
熹宗	悊皇帝	天启（1621——1627 年）
毅宗（又为思宗）	烈皇帝	崇祯（1628——1644 年）

万历初年行政区划表[1]

表1

浙江等處承宣布政使司[2]
（府十一，州一，縣七十五，鹽運司一）
杭州府（領縣九）
錢塘縣
仁和縣
海寧縣
富陽縣
餘杭縣
臨安縣
於潛縣
新城縣
昌化縣
嘉興府（領縣七）
嘉興縣
秀水縣
嘉善縣
海鹽縣
崇德縣
平湖縣
桐鄉縣
湖州府（領州一、縣六）
烏程縣
歸安縣
長興縣
德清縣
武康縣
安吉州[3]

孝豐縣[4]
寧波府（領縣五）
鄞縣
慈谿縣
奉化縣
定海縣
象山縣
紹興府（領縣八）
山陰縣
會稽縣
蕭山縣
諸暨縣
餘姚縣
上虞縣
嵊縣
新昌縣
台州府（領縣六）
臨海縣
黃巖縣
天台縣
仙居縣
寧海縣
太平縣[5]
金華府（領縣八）
金華縣
蘭谿縣
東陽縣
義烏縣
永康縣
武義縣

[1] 资料来源：《明会典》卷一五《州县》一、卷一六《州县》二，第90—109页。现依《会计录》省直次序排列，全部用当时地名及繁体写法，以便参考。

[2] 旧有市舶提举司一，隆庆元年革。

[3] 旧为安吉县，正德元年升。

[4] 成化二十三年添设。

[5] 成化五年添设。

浦江縣	武寧縣
湯谿縣[1]	寧州
衢州府（領縣五）	**饒州府**（領縣七）
西安縣	鄱陽縣
龍遊縣	餘干縣
常山縣	樂平縣
江山縣	浮梁縣
開化縣	德興縣
嚴州府（領縣六）	安仁縣
建德縣	萬年縣[3]
淳安縣	**廣信府**（領縣七）
桐廬縣	上饒縣
遂安縣	玉山縣
壽昌縣	弋陽縣
分水縣	貴谿縣
溫州府（領縣五）	鉛山縣
永嘉縣	永豐縣
瑞安縣	興安縣[4]
樂清縣	**南康府**（領縣四）
平陽縣	星子縣
泰順縣	都昌縣
處州府（領縣十）	建昌縣
麗水縣	安義縣[5]
青田縣	**九江府**（領縣五）
縉雲縣	德化縣
松陽縣	德安縣
遂昌縣	瑞昌縣
龍泉縣	湖口縣
慶元縣	彭澤縣
雲和縣	**建昌府**（領縣五）
宣平縣	南城縣
景寧縣[2]	新城縣
江西等處承宣布政使司	南豐縣
（府一十三，州一，縣七十七）	廣昌縣
南昌府（領州一、縣七）	瀘谿縣[6]
南昌縣	**撫州府**（領縣六）
新建縣	臨川縣
豐城縣	崇仁縣
進賢縣	金谿縣
奉新縣	
靖安縣	

[1]成化七年添设。
[2]景泰二年添设。

[3]正德七年添设。
[4]嘉靖三十九年添设。
[5]正德十三年添设。
[6]万历六年添设。

宜黃縣	**南安府**（領縣四）
樂安縣	大庾縣
東鄉縣[1]	南康縣
臨江府（領縣四）	上猶縣
清江縣	崇義縣[5]
新淦縣	**湖廣等處承宣布政使司**[6]
峽江縣[2]	（府一十五，州一十六，縣一百七）
新喻縣	**武昌府**（領州一、縣九）
吉安府（領縣九）	江夏縣
廬陵縣	武昌縣
泰和縣	嘉魚縣
吉水縣	蒲圻縣
永豐縣	咸寧縣
安福縣	崇陽縣
龍泉縣	通城縣
萬安縣	興國州
永新縣	大冶縣
永寧縣	通山縣
瑞州府（領縣三）	**漢陽府**（領縣二）
高安縣	漢陽縣
上高縣	漢川縣
新昌縣	**承天府**[7]（領州二、縣五）
袁州府（領縣四）	鍾祥縣[8]
宜春縣	京山縣
分宜縣	潛江縣[9]
萍鄉縣	沔陽州[10]
萬載縣	景陵縣
贛州府（領縣十二）	荊門州[11]
贛縣	當陽縣
雩都縣	**襄陽府**（領州一、縣六）
信豐縣	襄陽縣
興國縣	宜城縣
會昌縣	南漳縣
安遠縣	棗陽縣
長寧縣[3]	穀城縣
寧都縣	
瑞金縣	
龍南縣	
石城縣	
定南縣[4]	

[1] 正德七年添设。
[2] 嘉靖五年添设。
[3] 万历四年设。

[4] 万历六年添设。
[5] 正德十四年设。
[6] 外有宣慰二，宣抚四，安抚九，长官司二十，蛮夷长官司五。
[7] 旧为安陆州，嘉靖十年升。
[8] 嘉靖十年添设。
[9] 旧隶荆州府，嘉靖十一年改隶。
[10] 旧直隶布政司，嘉靖十一年改隶。
[11] 旧隶荆州府，嘉靖十一年改隶。

光化縣
均州
鄖陽府[1]（領縣七）
鄖縣[2]
房縣
竹山縣
上津縣[3]
竹谿縣[4]
保康縣[5]
鄖西縣[6]
德安府（領州一、縣五）
安陸縣
雲夢縣
應城縣
孝感縣
隨州
應山縣
黃州府（領州一、縣八）
黃岡縣
黃安縣[7]
蘄水縣
羅田縣
麻城縣
黃陂縣
蘄州
廣濟縣
黃梅縣
荊州府（領州二、縣十一）
江陵縣
公安縣
石首縣
監利縣
松滋縣
枝江縣
夷陵州
長陽縣
宜都縣

遠安縣
歸州
興山縣
巴東縣
岳州府（領州一、縣七）
巴陵縣
臨湘縣
華容縣
平江縣
澧州
石門縣
慈利縣
安鄉縣
長沙府（領州一、縣十一）
長沙縣
善化縣
湘潭縣
湘陰縣
寧鄉縣
瀏陽縣
醴陵縣
益陽縣
湘鄉縣
攸縣
安化縣
茶陵州[8]
寶慶府（領州一、縣四）
邵陽縣
城步縣[9]、
新化縣
武岡州
新寧縣
衡州府（領州一、縣八）
衡陽縣
衡山縣
耒陽縣
常寧縣
安仁縣
酃縣
桂陽州
臨武縣

[1]成化十二年开设。
[2]旧隶襄阳府均州，今改隶。
[3]以上三县俱旧隶襄阳府，今改隶。
[4]成化十二年添设。
[5]弘治十年添设。
[6]成化十二年添设。
[7]嘉靖四十二年添设。

[8]旧为茶陵县，成化十八年升。
[9]添设。

藍山縣	羅源縣
常德府（領縣四）	永福縣
武陵縣	福清縣
桃源縣	**泉州府**（領縣七）
龍陽縣	晉江縣
沅江縣	南安縣
辰州府（領州一、縣六）	惠安縣
沅陵縣	德化縣
廬谿縣	安谿縣
辰谿縣	同安縣
漵浦縣	永春縣
沅州	**建寧府**（領縣八）
黔陽縣	建安縣
麻陽縣	甌寧縣
永州府（領州一、縣六）	建陽縣
零陵縣	崇安縣
祁陽縣	浦城縣
東安縣	政和縣
道州	松谿縣
寧遠縣	壽寧縣
永明縣	**延平府**（領縣七）
江華縣	南平縣
靖州（領縣三）	將樂縣
會同縣	大田縣[3]
通道縣	沙縣
綏寧縣	尤谿縣
郴州（領縣五）	順昌縣
永興縣	永安縣
宜章縣	**汀州府**（領縣八）
興寧縣	長汀縣
桂陽縣	寧化縣
桂東縣	上杭縣
福建等處承宣布政使司[1]、	武平縣
（府八，州一，縣五十七，鹽運司一）	清流縣
福州府[2]（領縣九）	連城縣
閩縣	歸化縣[4]
侯官縣	永定縣[5]
古田縣	**興化府**（領縣二）
閩清縣	莆田縣
長樂縣	仙遊縣
連江縣	

[1]旧有市舶提举司，万历八年裁革。
[2]旧有怀安县，今并入侯官县。

[3]嘉靖十五年添设。
[4]成化七年添设。
[5]成化十四年添设。

邵武府（領縣四）	泰安州
邵武縣	新泰縣
光澤縣	萊蕪縣
泰寧縣	德州
建寧縣	德平縣
漳州府（領縣十）	平原縣
龍溪縣	武定州[8]
漳浦縣	陽信縣
龍巖縣	海豐縣
南靖縣	樂陵縣
長泰縣	商河縣
漳平縣[1]	濱州
平和縣[2]	利津縣
詔安縣[3]	霑化縣
海澄縣[4]	蒲臺縣
寧洋縣[5]	**兗州府**（領州四、縣二十三）
福寧州[6]（領縣二）	滋陽縣
福安縣	曲阜縣
寧德縣[7]	寧陽縣
山東等處承宣布政使司	鄒縣
（府六，州一十五，縣八十九，鹽運司一）	泗水縣
濟南府（領州四、縣二十六）	滕縣
歷城縣	嶧縣
章丘縣	金鄉縣
鄒平縣	魚臺縣
淄川縣	單縣
長山縣	城武縣
新城縣	曹州[9]
齊河縣	曹縣
齊東縣	定陶縣[10]
濟陽縣	濟寧州
禹城縣	嘉祥縣
臨邑縣	鉅野縣
長清縣	鄆城縣
肥城縣	東平州
青城縣	汶上縣
陵縣	東阿縣
	平陰州
	陽穀縣
	壽張縣

[1]成化六年添设。
[2]正德十四年添设。
[3]嘉靖九年添设。
[4]嘉靖四十五年添设。
[5]嘉靖四十五年添设。
[6]旧为福宁县，成化十九年升，直隶布政司。
[7]旧俱隶福州府，今改隶。

[8]旧为乐安州，宣德元年改。
[9]正统十一年添设。
[10]二县旧俱隶济宁州，今改隶。

沂州	棲霞縣
郯城縣	招遠縣
費縣	萊陽縣
東昌府（領州三、縣十五）	寧海州
聊城縣	文登縣
堂邑縣	**萊州府**（領州二、縣五）
博平縣	掖縣
荏平縣	平度州
清平縣	濰縣
莘縣	昌邑縣
冠縣	膠州
臨清州[1]	高密縣
丘縣	即墨縣
館陶縣	**遼東都指揮使司**
高唐州	自在州
恩縣	安樂州
夏津縣	**山西等處承宣布政使司**
武城縣	（府四，州二十，縣七十七，鹽運司一）
濮州	**太原府**（領州六、縣二十二）
范縣	陽曲縣
觀城縣	太原縣
朝城縣	榆次縣
青州府（領州一、縣十三）	太谷縣
益都縣	祁縣
臨淄縣	徐溝縣
博興縣	清源縣
高苑縣	交城縣
樂安縣	文水縣
壽光縣	壽陽縣
昌樂縣	臨縣
臨朐縣	盂縣
安丘縣	靜樂縣
諸城縣	河曲縣
蒙陰縣	平定州
莒州	樂平縣
沂水縣	忻州
日照縣	定襄縣
登州府（領州一、縣七）	代州
蓬萊縣	五臺縣
黃縣	繁峙縣
福山縣	崞縣
	岢嵐州
	嵐縣

---

[1]旧为临清县，弘治二年升。

興縣	大同縣
保德州	懷仁縣
永寧州[1]	渾源州
寧鄉縣	應州
平陽府（領州六、縣二十九）	山陰縣
臨汾縣	朔州
襄陵縣	馬邑縣
洪洞縣	蔚州
浮山縣	廣靈縣
趙城縣	廣昌縣
太平縣	靈丘縣
岳陽縣	**潞安府**[2]（領縣八）
曲沃縣	長治縣[3]
翼城縣	長子縣
汾西縣	屯留縣
蒲縣	襄垣縣
蒲州	潞城縣
臨晉縣	壺關縣
榮河縣	平順縣[4]
猗氏縣	黎城縣
萬泉縣	**汾州**（領縣三）
河津縣	孝義縣
解州	平遙縣
安邑縣	介休縣
夏縣	**遼州**（領縣二）
聞喜縣	榆社縣
平陸縣	和順縣
芮城縣	**沁州**（領縣二）
絳州	沁源縣
稷山縣	武鄉縣
絳縣	**澤州**（領縣四）
垣曲縣	高平縣
霍州	陽城縣
靈石縣	陵川縣
吉州	沁水縣
鄉寧縣	**河南等處承宣布政使司**
隰州	（府八，州一十二，縣九十六，河渠提舉司一）
大寧縣	**開封府**（領州四、縣三十）
石樓縣	祥符縣
永和縣	
大同府（領州四、縣七）	

---

[1]旧为石州，隆庆年改。

---

[2]旧为潞州，嘉靖十一年升。

[3]嘉靖十一年添设。

[4]嘉靖八年添设。

陳留縣	永城縣
杞縣	虞城縣
通許縣	睢州
太康縣	考城縣
尉氏縣	柘城縣
洧川縣	**彰德府**（領州一、縣六）
鄢陵縣	安陽縣
扶溝縣	湯陰縣
中牟縣	臨漳縣
陽武縣	林縣
原武縣	磁州
封丘縣	武安縣
延津縣	涉縣
蘭陽縣	**衛輝府**（領縣六）
儀封縣	汲縣
新鄭縣[1]	胙城縣
陳州	新鄉縣
商水縣	獲嘉縣
西華縣	淇縣
項城縣	輝縣
沈丘縣[2]	**懷慶府**（領縣六）
許州	河內縣
臨潁縣	濟源縣
襄城縣	修武縣
郾城縣	武陟縣
長葛縣	孟縣
禹州[3]	溫縣
密縣	**河南府**（領州一、縣十三）
鄭州	洛陽縣
滎陽縣	偃師縣
滎澤縣	鞏縣
河陰縣	孟津縣
汜水縣	宜陽縣
歸德府[4]（領州一、縣八）	登封縣
商丘縣[5]	永寧縣
寧陵縣	新安縣
鹿邑縣	澠池縣
夏邑縣	嵩縣
	盧氏縣[6]
	陝州
	靈寶縣

[1]旧隶禹州，隆庆中改隶府。
[2]弘治十年添设。
[3]旧为均州，万历三年改。
[4]旧为归德州，嘉靖二十四年升。
[5]嘉靖二十四年添设。

[6]旧隶陕州，后改隶。

2152

閿鄉縣	**西安府**（領州六、縣三十一）
南陽府（領州二、縣十一）	長安縣
南陽縣	咸寧縣
鎮平縣	咸陽縣
唐縣	興平縣
泌陽縣	臨潼縣
洞柏縣	高陵縣
南召縣	鄠縣
鄧州	藍田縣
內鄉縣	涇陽縣
新野縣	三原縣[8]
淅川縣[1]	盩厔縣
裕州	渭南縣[9]
舞陽縣	醴泉縣[10]
葉縣	商州
汝寧府[2]（領州二、縣十二）	鎮安縣[11]
汝陽縣	洛南縣
真陽縣[3]	山陽縣
上蔡縣	商南縣
新蔡縣	同州
西平縣	朝邑縣
遂平縣	郃陽縣
確山縣	澄城縣
信陽州[4]	白水縣
羅山縣	韓城縣
光州	華州
光山縣	華陰縣
固始縣	蒲城縣
息縣	耀州
商城縣[5]	同官縣
汝州[6]（領縣四）	富平縣
魯山縣	乾州
郟縣	武功縣
寶豐縣[7]	永壽縣
伊陽縣	邠州
陝西等處承宣布政使司	三水縣[12]
（府八，州二十一，縣九十五）	淳化縣
	長武縣[13]

---

[1]成化六年添设。
[2]汝州应有州二、县十二；现只有十一个县，据《万历会计录》卷四三记载，应有确山县，今补上。
[3]弘治十八年添设。
[4]旧为信阳县，成化十三年升。
[5]成化十六年添设。
[6]州并所属县旧隶南阳府，成化十二年改隶布政司。
[7]成化十一年添设。

[8]旧隶耀州，弘治四年改隶。
[9]旧隶华州，嘉靖三十八年改隶。
[10]旧隶干州，嘉靖三十八年改隶。
[11]景泰三年添设。
[12]成化十四年添设。
[13]万历十一年添设。

鳳翔府（領州一、縣七）
鳳翔縣
岐山縣
寶雞縣
扶風縣
郿縣
麟遊縣
汧陽縣[1]
隴州
漢中府（領州二、縣十四）
南鄭縣
襃城縣
城固縣
洋縣
西鄉縣
鳳縣
沔縣[2]
石泉縣[3]
漢陰縣[4]
寧羌州
略陽縣
興安州[5]
平利縣
洵陽縣
白河縣[6]
紫陽縣[7]
平涼府（領州三、縣七）
平涼縣
崇信縣
華亭縣
鎮原縣
隆德縣[8]
固原州[9]
涇州
靈臺縣

靜寧州
莊浪縣
鞏昌府[10]（領州三、縣十四）
隴西縣
安定縣
會寧縣
通渭縣
漳縣
寧遠縣
伏羌縣
西和縣
成縣
秦州
秦安縣
清水縣
禮縣[11]
階州
文縣[12]
徽州
兩當縣
臨洮府（領州二、縣三）
狄道縣
渭源縣
蘭州[13]
金縣
河州[14]
慶陽府（領州一、縣四）
安化縣
合水縣
環縣
寧州
真寧縣
延安府（領州三、縣十六）
膚施縣
安塞縣
甘泉縣
安定縣
保安縣

[1]旧隶陇州，嘉靖三十八年改隶。
[2]旧隶宁羌州，嘉靖三十八年改隶。
[3]旧隶金州，嘉靖三十八年改隶。
[4]旧隶金州，嘉靖三十八年改隶。
[5]旧为金州，万历十一年以大水迁治，改今名。
[6]成化十三年添设。
[7]正德七年添设。
[8]旧隶静宁州，嘉靖三十八年改隶。
[9]旧为开城县，弘治十五年升改今名。

[10]嘉靖二十四年添设岷州，四十年革。
[11]成化九年添设。
[12]成化九年添设。
[13]旧为兰县，成化十四年升。
[14]成化九年开设。

宜川縣	崇慶州
延川縣	新津縣
延長縣	漢州
清澗縣[1]	什邡縣
鄜州	綿竹縣
洛川縣	德陽縣
中部縣	綿州
宜君縣	彰明縣
綏德州	羅江縣
米脂縣	茂州
葭州	汶川縣
吳堡縣	威州
神木縣	保縣
府谷縣	**保寧府**（領州二、縣八）

四川等處承宣布政使司[2]

（府八，州二十，縣一百六，鹽課提舉司一，軍民府四，宣撫司一[3]，宣慰司一，安撫司三[4]長官司十六[5]

成都府（領州六、縣二十五）

成都縣	閬中縣
華陽縣	蒼谿縣
雙流縣	南部縣
溫江縣	廣元縣
新繁縣	昭化縣
金堂縣	巴州[8]
仁壽縣	通江縣[9]
新都縣	南江縣[10]
井研縣	劍州
郫縣	梓潼縣
資縣	**順慶府**（領州二、縣八）
灌縣	南充縣
彭縣	西充縣
安縣	蓬州
內江縣	營山縣
崇寧縣	儀隴縣
資陽縣[6]	廣安州
簡州[7]	渠縣
	大竹縣
	岳池縣
	鄰水縣[11]
	敘州府（領縣十）
	宜賓縣
	慶符縣

[1]舊隸綏德州，嘉靖四十一年改隸。
[2]宣撫、宣慰、安撫、長官隸布政司者見此，其不隸者見兵部。
[3]外有二，見兵部。
[4]外有四，見兵部。
[5]外有二十九，見兵部。
[6]成化元年添設。

[7]舊為簡縣，正德九年升。
[8]舊為巴縣，正德九年升。
[9]舊隸府，今改隸。
[10]正德九年添設。
[11]成化二年添設。

富順縣	建始縣
南谿縣	達州[5]
長寧縣	東鄉縣[6]
高縣	太平縣[7]
筠連縣	**馬湖府**（領長官司四）
珙縣	泥溪長官司
興文縣[1]	平夷長官司
隆昌縣[2]	蠻夷長官司
重慶府（領州三、縣十七）	沐川長官司
巴縣	**龍安府**[8]（領縣二）
江津縣	江油縣[9]
長壽縣	石泉縣[10]
大足縣	**鎮雄軍民府**[11]（領長官司四）
永川縣	歸化長官司
榮昌縣	懷德長官司
綦江縣	威信長官司
南川縣	安靜長官司
黔江縣	**烏撒軍民府**
安居縣[3]	**東川軍民府**
璧山縣[4]	**烏蒙軍民府**
合州	**潼川州**（領縣七）
銅梁縣	射洪縣
定遠縣	鹽亭縣
忠州	中江縣
酆都縣	遂寧縣
墊江縣	蓬谿縣
涪州	安岳縣
武隆縣	樂至縣[12]
彭水縣	**眉州**（領縣三）
夔州府（領州一、縣十二）	彭山縣
奉節縣	丹稜縣
巫山縣	青神縣
大昌縣	**嘉定州**（領縣六）
雲陽縣	峨眉縣
大寧縣	
萬縣	
開縣	
新寧縣	
梁山縣	

[1] 旧为戎县，万历四年改今名。
[2] 嘉靖四十五年添设。
[3] 成化十七年添设。
[4] 成化十九年添设。

[5] 旧为达县，正德九年升。
[6] 旧隶府，今改隶。
[7] 正德九年添设。《明会典》载为"太平府"，《万历会计录》卷四十三记为"太平县"，今依《万历会计录》。
[8] 旧为龙州宣抚司，嘉靖四十五年改。
[9] 旧隶保宁府，嘉靖四十五年改隶。
[10] 旧隶成都府，嘉靖四十五年改隶。
[11] 旧为芒部军民府，嘉靖五年改流，今复土。
[12] 成化二年添设，正德九年改隶简州，嘉靖九年仍隶本州岛。

洪雅縣[1]
夾江縣
犍爲縣
榮縣
威遠縣
邛州[2]（領縣二）
大邑縣
蒲江縣
瀘州（領縣三）
納谿縣
合江縣
江安縣
雅州（領縣三）
名山縣
榮經縣
蘆山縣
播州宣慰使司（領長官司六、安撫司二）
播州長官司
餘慶長官司
白泥長官司
容山長官司
真州長官司
重安長官司
草塘安撫司
黃平安撫司
永寧宣撫司（領長官司一）
九姓長官司
黎州安撫司
平茶洞長官司
廣東等處承宣布政使司
（府十，州八，縣七十五，市舶提舉司一，鹽課提舉司二）
廣州府（領州一、縣十五）
南海縣
番禺縣
順德縣
東莞縣
從化縣[3]
龍門縣[4]

新寧縣[5]
增城縣
香山縣
新會縣
三水縣[6]
清遠縣
新安縣[7]
連州
陽山縣
連山縣
韶州府（領縣六）
曲江縣
樂昌縣
仁化縣
乳源縣
翁源縣
英德縣
南雄府（領縣二）
保昌縣
始興縣
惠州府（領縣十）
歸善縣
博羅縣
長寧縣[8]
永安縣[9]
海豐縣
河源縣
龍川縣
長樂縣
興寧縣
和平縣[10]
潮州府（領縣十）
海陽縣
潮陽縣
揭陽縣
程鄉縣
饒平縣[11]

[1]成化十八年添设。
[2]旧为邛县，成化十九年升。
[3]弘治二年添设。
[4]弘治六年添设。

[5]弘治十一年添设。
[6]嘉靖五年添设。
[7]隆庆六年添设。
[8]隆庆三年添设。
[9]隆庆三年添设。
[10]嘉靖九年添设。
[11]成化十二年添设。

惠來縣[1]	定安縣
大埔縣[2]	文昌縣
澄海縣[3]	會同縣
普寧縣[4]	樂會縣
平遠縣[5]	臨高縣
肇慶府（領州一、縣十）	儋州
高要縣	昌化縣
四會縣	萬州
新興縣	陵水縣
陽春縣	崖州
陽江縣	感恩縣
高明縣[6]	**羅定州**[10]（領縣二）
恩平縣[7]	東安縣
廣寧縣[8]	西寧縣[11]
德慶州	**廣西等處承宣布政使司**
封川縣	（府十[12]，州四十七[13]，縣五十三[14]，軍民府一，長官司四
開建縣	
高州府（領州一、縣五）	**桂林府**（領州二、縣七）
茂名縣	臨桂縣
電白縣	興安縣
信宜縣	靈川縣
化州	陽朔縣
吳川縣	永寧州[15]
石城縣	永福縣
廉州府[9]（領州一、縣二）	義寧縣[16]
合浦縣	全州
欽州	灌陽縣
靈山縣	**柳州府**（領州二、縣十）
雷州府（領縣三）	馬平縣
海康縣	洛榮縣
遂谿縣	羅城縣
徐聞縣	柳城縣
瓊州府（領州三、縣十）	懷遠縣
瓊山縣	融縣
澄邁縣	來賓縣
	象州
	武宣縣

[1] 嘉靖十三年添设。
[2] 嘉靖四年添设。
[3] 嘉靖四十二年添设。
[4] 嘉靖四十二年添设。
[5] 隆庆三年添设。
[6] 成化十四年添设。
[7] 成化十四年添设。
[8] 嘉靖三十八年添设。
[9] 旧有石康县革。

[10] 万历五年，以泷水县改设。
[11] 俱万历五年添设。
[12] 内土官知府二。
[13] 内土官知州三十六。
[14] 内土官知县六。
[15] 旧为古田县，隆庆五年升改今名。
[16] 二县旧径隶府，隆庆五年改隶。

賓州	平南縣
遷江縣	貴縣
上林縣	武靖州
慶遠府（領州四、縣五、長官司二）	**南寧府**（領州三、縣三）
宜山縣	宣化縣
天河縣	隆安縣[8]
忻城縣	新寧州[9]
河池州[1]	橫州
思恩縣	永淳縣
荔波縣[2]	上思州
東蘭州	**太平府**（領州十五、縣四）
那地州	太平州
南丹州	鎮遠州
永安長官司[3]	茗盈州
永順長官司	安平州
平樂府（領州一、縣七）	思同州
平樂縣	養利州[10]
恭城縣	萬承州
富川縣	全茗州
賀縣	結安州
荔浦縣[4]	龍英州
修仁縣[5]	結倫州
昭平縣[6]	都結州
永安州[7]	上下凍州
梧州府（領州一、縣九）	思城州
蒼梧縣	左州[11]
藤縣	崇善縣
容縣	羅陽縣
岑谿縣	陀陵縣
懷集縣	永康縣
欝林州	**思明府**[12]（領州五）
博白縣	思明州
北流縣	上石西州
陸川縣	忠州
興業縣	下石西州
潯州府（領州一、縣三）	憑祥州[13]
桂平縣	**思恩軍民府**[14]（領縣一）

[1]旧为县，今升。
[2]旧隶南丹州，今改隶。
[3]弘治九年添设。
[4]旧隶桂林府，弘治四年改隶。
[5]隶改同上。
[6]万历四年添设。
[7]弘治五年添设。

[8]嘉靖十二年添设。
[9]隆庆六年添设。
[10]流官。
[11]流官。
[12]旧有禄州、四平州，后革。
[13]旧为凭祥县，成化十八年升。
[14]旧为思恩州，隶田州府，正统五年升为府，寻改军民府。

武緣縣[1]
鎮安府
田州[2]（領縣一）
上林縣
歸順州[3]
向武州（領縣一）
富勞縣
都康州
奉議州
泗城州（領縣一）
程縣
龍州
利州
江州（領縣一）
羅白縣
上林長官司
安隆長官司
上隆州
果化州
恩城州
歸德州
思陵州
雲南等處承宣布政使司
（府十一[4]，州四十一[5]，縣三十[6]，鹽課提舉司四，軍民府八[7]，宣慰司七，宣撫司三，長官司二十一[8]）
雲南府[9]（領州四、縣九）
昆明縣
富民縣
宜良縣
嵩明州
晉寧州
歸化縣
呈貢縣
安寧州

羅次縣
祿豐縣
昆陽州
三泊縣
易門縣
大理府（領州三、縣三、長官司一）
太和縣
趙州
雲南縣
鄧川州
浪穹縣
賓川州[10]
十二關長官司
臨安府（領州四、縣四、長官司九）
建水州
石屏州
阿迷州
寧州
通海縣
河西縣
嶍峨縣
蒙自縣
納樓茶甸長官司
教化三部長官司
谿處甸長官司
左能寨長官司
王弄山長官司
虧容甸長官司
思陀甸長官司
落恐甸長官司
安南長官司
楚雄府（領州二、縣五）
楚雄縣
定邊縣
廣通縣
定遠縣
碥嘉縣
南安州
鎮南州
澂江府[11]（領州二、縣三）
河陽縣

---

[1]旧隶南宁府，万历五年改隶。
[2]旧为田州府，改田宁后复为州。
[3]弘治九年添设。
[4]内土官知府七。
[5]内土官知州九。
[6]内土官知县一。
[7]内土官知府二。
[8]外有三，见兵部。
[9]旧有杨林县革。

[10]弘治六年添设。
[11]旧有邑市县革。

江川縣	巨津州
陽宗縣	元江軍民府（領長官司一）
新興州	因遠羅必甸長官司
路南州	**蒙化府**[3]（領州一）
景東府	雲龍州[4]
廣南府（領州一）	**永昌軍民府**[5]（領州一、縣二、長官司二）
富州	保山縣[6]
廣西府（領州三）	永平縣
師宗州	騰越州[7]
彌勒州	鳳豁長官司
維摩州	施甸長官司
鎮沅府（領長官司一）	新化州[8]
祿谷寨長官司	**車里軍民宣慰使司**
永寧府（領長官司四）	**緬甸軍民宣慰使司**
剌次和長官司	**孟定府**（領安撫司一）
瓦魯之長官司	耿馬安撫司[9]
革甸長官司	**孟艮府**
香羅長官司	**南甸宣撫司**
順寧府	**干崖宣撫司**
曲靖軍民府（領州四、縣二）	**隴川宣撫司**[10]
南寧縣	**猛密宣撫司**[11]
亦左縣	**威遠州**
霑益州	**灣甸州**
陸涼州	**鎮康州**
馬龍州	**大侯州**
羅雄州	鈕兀長官司
姚安軍民府（領州一、縣一）	**本邦軍民宣慰使司**
姚州	**孟養軍民宣慰使司**
大姚縣	**老撾軍民宣慰使司**
鶴慶軍民府（領州二）	**八百大甸軍民宣慰使司**
劍川州	芒市長官司
順州	**北勝州**[12]
武定軍民府[1]（領州二、縣一）	者樂甸長官司
和曲州	**瀾滄衛軍民指揮使司**（領州一）
元謀縣	
祿勸州	
尋甸軍民府	
麗江軍民府[2]（領州四）	
通安州	
寶山州	
蘭州	

[3]旧为蒙化州隶大理府，正统间升。
[4]旧隶大理府，正统间改隶。
[5]旧为金齿军民指挥使司，嘉靖元年改。
[6]嘉靖三年添设。
[7]旧为腾冲卫军民指挥使司，嘉靖三年添设。
[8]以马龙他郎甸长官司改设。
[9]万历十三年添设。
[10]旧为陇川平缅宣慰使司，正统三年革。十一年改置三宣抚司。
[11]旧为安抚司，隶湾甸州，万历十三年改隶布政司。
[12]旧隶澜沧卫，正统中改隶布政司。

[1]旧有南甸，石旧二县革。
[2]旧有临西县革。

浪藥州
貴州等處承宣布政使司
（府八，州六，縣六，宣慰司一，安撫司二，長官司七十五¹）
貴陽府²（領安撫司一，長官司十八）
金築安撫司
貴竹長官司³
麻響長官司
木瓜長官司
大華長官司⁴
程番長官司
韋番長官司
方番長官司
洪番長官司
臥龍番長官司
金石番長官司
小龍番長官司
羅番長官司
大龍番長官司
小程番長官司
上馬橋長官司
盧番長官司
盧山長官司⁵
平伐長官司⁶
貴州宣慰使司⁷（領長官司九）
水東長官司
中曹蠻夷長官司
青山長官司
劄佐長官司
龍里長官司
白納長官司
底寨長官司
乖西蠻夷長官司
養龍坑長官司
思州府（領長官司四）
都坪峨異谿蠻夷長官司
都素蠻夷長官司
施谿長官司
黃道谿長官司
思南府（領長官司四、縣二）
水德江長官司
蠻夷長官司
朗谿蠻夷長官司
沿河祐谿長官司
婺川縣
印江縣⁸
鎮遠府（領長官司三、縣二）
鎮遠縣
施秉縣
鎮遠金容金達蠻夷長官司
邛水一十五洞蠻夷長官司
偏橋長官司
石阡府（領長官司四）
石阡長官司
苗民長官司
龍泉坪長官司
葛彰葛商長官司
銅仁府（領長官司六）
銅仁長官司
提谿長官司
烏羅長官司
省谿長官司
平頭著可長官司
大萬山長官司
黎平府（領長官司十三、縣一）
永從縣
潭谿蠻夷長官司
八舟蠻夷長官司
洪州泊里蠻夷長官司
曹滴洞蠻夷長官司
古州蠻夷長官司
西山陽洞蠻夷長官司
湖耳蠻夷長官司
亮寨蠻夷長官司

¹外七，見兵部。
²舊為程番長官司，成化十三年升府，隆慶六年改今名，移治省城。
³舊隸貴州宣慰司，隆慶六年改隸。
⁴以下三司并金筑舊隸布政司，今隸府。
⁵以上十三司舊隸貴州宣慰司，成化十三年改。
⁶舊隸龍里衛，今改隸。
⁷舊領長官司十，正統十四年以貴州衛長官司十三增入，共領長官司二十三，成化十三年，革上馬橋等長官司隸程番府。隆慶六年又以貴竹長官司隸程番，今仍領長官司九。

⁸舊為印江長官司，弘治七年改設。

歐陽蠻夷長官司	固安縣
新化蠻夷長官司	永清縣
中林驗洞蠻夷長官司	東安縣
赤谿南洞蠻夷長官司	香河縣
龍里蠻夷長官司	通州
普安州	三河縣
永寧州[1]（領長官司二）	武清縣
慕役長官司	寶坻縣
頂營長官司	漷縣
鎮寧州[2]（領長官司二）	昌平州[10]
十二營長官司	順義縣
康佐長官司	密雲縣
安順州[3]（領長官司二）	懷柔縣
寧古長官司	涿州
西堡長官司	房山縣
都勻府[4]（領州二、縣一、長官司八）	霸州
清平縣[5]	文安縣
都勻長官司	大城縣
平浪長官司[6]	保定縣
邦水長官司	薊州
平州陸洞長官司	玉田縣
九名九姓獨山州長官司[7]	豐潤縣
麻哈州	遵化縣
樂平長官司	平谷縣
平定長官司	**直隸**
獨山州[8]	**永平府**[11]（領州一、縣五）
豐寧長官司	盧龍縣
凱里安撫司[9]	遷安縣
京師並直隸地方	撫寧縣
（府八，州一十九，縣一百二十六，鹽運司一）	昌黎縣
順天府（領州五、縣二十二）	灤州
大興縣	樂亭縣
宛平縣	**保定府**（領州三、縣十七）
良鄉縣	清苑縣
	滿城縣
	安肅縣
	定興縣
	新城縣
	唐縣
	博野縣
	慶都縣

[1]旧隶四川，正统三年改隶。
[2]旧隶四川，正统三年改隶。
[3]旧隶四川，正统三年改隶。
[4]弘治七年开设。
[5]旧为清平长官司。
[6]旧隶都司，今隶府。
[7]旧隶都司，今隶府。
[8]为合江陈蒙烂土长官司。
[9]旧隶四川，嘉靖九年改隶。

[10]旧为昌平县，正德九年升。
[11]《明会典》中仅记永平府领州一，缺领县五，今补上。

容城縣	新樂縣
完縣	曲陽縣
蠡縣	行唐縣
雄縣	冀州
祁州	南宮縣
深澤縣	新河縣
束鹿縣	棗強縣
安州	武邑縣
高陽縣	晉州
新安縣	安平縣
易州	饒陽縣
淶水縣	武強縣
河間府（領州二、縣十六）	趙州
河間縣	柏鄉縣
獻縣	隆平縣
阜城縣	高邑縣
肅寧縣	臨城縣
任丘縣	贊皇縣
交河縣	寧晉縣
青縣	深州
興濟縣	衡水縣
靜海縣	**順德府**（領縣九）
寧津縣	邢臺縣
景州	沙河縣
吳橋縣	南和縣
東光縣	平鄉縣
故城縣	廣宗縣
滄州	鉅鹿縣
南皮縣	唐山縣
鹽山縣	內丘縣
慶雲縣	任縣
真定府（領州五、縣二十七）	**廣平府**（領縣九）
真定縣	永年縣
井陘縣	曲周縣
獲鹿縣	肥鄉縣
元氏縣	雞澤縣
靈壽縣	廣平縣
藁城縣	邯鄲縣
欒城縣	成安縣
無極縣	威縣
平山縣	清河縣
阜平縣	**大名府**（領州一、縣十）
定州	元城縣

大名縣	潁州
南樂縣	潁上縣
魏縣	太和縣
清豐縣	亳州[4]
內黃縣	**廬州府**（領州二、縣六）
濬縣	合肥縣
滑縣	廬江縣
東明縣[1]	舒城縣
開州	無爲州
長垣縣	巢縣
延慶州[2]（領州一、縣一）	六安州
永寧縣	英山縣
保安州	霍山縣[5]
南京並直隸地方	**淮安府**（領州二、縣九）
（府一十四，州一十七，縣九十六，鹽運司一）	山陽縣
應天府（領縣八）	鹽城縣
上元縣	清河縣
江寧縣	安東縣
句容縣	桃源縣
溧陽縣	沭陽縣
溧水縣	海州
江浦縣	贛榆縣
六合縣	邳州
高淳縣[3]	宿遷縣
直隸	睢寧縣
鳳陽府（領州五、縣十三）	**揚州府**（領州三、縣七）
鳳陽縣	江都縣
臨淮縣	儀真縣
懷遠縣	泰興縣
定遠縣	高郵州
五河縣	興化縣
虹縣	寶應縣
壽州	泰州
霍丘縣	如皋縣
蒙城縣	通州
泗州	海門縣
盱眙縣	**蘇州府**（領州一、縣七）
天長縣	吳縣
宿州	長州縣
靈璧縣	崑山縣
	常熟縣

---

[1]弘治四年添设。
[2]旧为隆庆州，隆庆元年改。
[3]弘治四年添设。

[4]旧为亳县，弘治九年升。
[5]弘治七年添设。

吳江縣	當塗縣
嘉定縣	蕪湖縣
太倉州[1]	繁昌縣
崇明縣	**安慶府**[4]（領縣六）
松江府（領縣三）	懷寧縣
華亭縣	桐城縣
上海縣	潛山縣
清浦縣[2]	太湖縣
常州府（領縣五）	宿松縣
武進縣	望江縣
無錫縣	**廣德州**（領縣一）
江陰縣	建平縣
宜興縣	**和州**（領縣一）
靖江縣[3]	含山縣
鎮江府（領縣三）	**滁州**（領縣二）
丹徒縣	全椒縣
丹陽縣	來安縣
金壇縣	**徐州**（領縣四）
徽州府（領縣六）	蕭縣
歙縣	碭山縣
休寧縣	豐縣
婺源縣	沛縣
祁門縣	
黟縣	
績溪縣	
寧國府（領縣六）	
宣城縣	
寧國縣	
涇縣	
太平縣	
旌德縣	
南陵縣	
池州府（領縣六）	
貴池縣	
青陽縣	
銅陵縣	
石埭縣	
建德縣	
東流縣	
太平府（領縣三）	

[1] 弘治十年开设
[2] 嘉靖一十一年添设，后革。隆庆六年复设。
[3] 成化十四年添设

[4]《明会典》中安庆府数据完全缺失，今依《万历会计录》卷四十三补齐。

表2

万历初年行政区划分布

省直	府	州	县	宣抚司	宣慰司	安抚司	长官司	盐运司	河渠提举司	盐课提举司	市舶提举司
浙江	11	1	75					1			
江西	13	1	77								
湖广	15	16	107								
福建	8	1	57					1			
山东	6	15	89					1			
山西	4	20	77								
河南	8	12	96						1		
陕西	8	21	96							1	
四川	8	22	106	1	1	3	16				
广东	10	8	75							2	1
广西	10	47	53		6		4				
云南	11	41	30	4	1	2	14			4	
贵州	8	6					75				
京师并直隶地方	8	19	116								
南京并直隶地方	14	17	96					1			
辽东指挥使司		2									
合计	142	249	1150	5	8	5	109	4	1	7	1

附 录 三

户部十三司职掌[1]

万历《明会典》卷一四 户部

尚书、左右侍郎，掌天下户口田粮之政令。其属初曰民部、曰度支部、曰金部、曰仓部，后改为十三清吏司，曰浙江、江西、湖广、福建、山东、山西、河南、陕西、四川、广东、广西、云南、贵州。建置沿革详见吏部官制中

十三司职掌

浙江等十三司，各设郎中、员外郎、主事，分掌钱谷诸务。有注差者，从吏部选授。有题差者，疏名上请。有部差者，本部札委。其限或三年、或一年、或一季而代。散见别款。其各司分辖，万历三年议准，以北直隶府州卫所归并福建司。南直隶府州卫所归并四川司。盐政，并山东司。在外临德诸仓，并云南司。在内御马象房等仓，归广西司。崇文门及浒墅等关税、归贵州司。其在京卫分及各衙门分属仍旧。今备列于后。

浙江清吏司
分管
浙江布政司　　浙江都司
带管在京衙门及各仓
留守左卫　　　龙虎卫
义勇右卫　　　羽林右卫
应天卫　　　　龙骧卫
康陵卫　　　　神机营
龙虎卫仓　　　义勇右卫仓
龙骧卫仓
康陵卫仓

旧有果勇营，嘉靖二十九年并五军营内。旧管神武中卫，万历三年归福建司。南京龙骧卫、龙虎卫、龙虎左卫、应天卫、羽林右卫、留守左卫、水军左卫、直隶神武中卫，归四川司。

江西清吏司
分管
江西布政司　　江西都司
带管在京衙门及各仓
金吾左卫　　　金吾前卫

---

[1] 资料来源：万历《明会典》卷一四《户部》一，中华书局 1989 年版。

金吾后卫	旗手卫
济阳卫	金吾左卫仓
金吾前卫仓	金吾后卫仓
旗手卫仓	济阳卫仓

旧有振威营，嘉靖二十九年并五军营内。神机营左哨并神机营内。旧管河间府、河间卫、浡阳中屯卫、大同中屯卫、沧州守御千户所，万历三年归福建司。应天府、旗手卫、济川卫、金吾左卫、金吾后卫、江淮卫、金吾前卫归四川司。南赣盐税归山东司。

湖广清吏司

分管

湖广布政司	湖广都司

湖广行都司（后革）

兴都留守司

带管在京衙门及各仓

羽林前卫	通州卫
豹韬卫	和阳卫
永陵卫	羽林前卫仓
昭陵卫	国子监

教坊司

通州卫仓

永陵卫仓

昭陵卫仓

旧有扬威营、五军营左掖，嘉靖二十九年并五军营内。旧管太医院，万历二年归陕西司。南京豹韬卫、豹韬左卫、和阳卫、直隶广德州归四川司。

福建清吏司

分管

福建布政司	福建都司

福建行都司

带管在京衙门并各仓，及直隶府州都司卫所并各仓

顺天府	骁骑右卫
虎贲右卫	武成中卫
留守后卫	通州右卫
茂陵卫	武骧左卫
燕山左卫	武成中卫仓
武骧右卫	燕山左卫仓
留守后卫仓	五军营
茂陵卫仓	勇士营

通州右卫仓

巡捕营

四卫营（顺天府及巡捕以下三营，俱万历三年归本司）

永平府	保定府

河间府	真定府
顺德府	广平府
大名府	通州左卫
神武中卫	神武右卫
涿鹿卫	涿鹿左卫
涿鹿中卫	东胜左卫
大同中屯卫	沈阳中屯卫
河间卫	兴州左屯卫
兴州右屯卫	兴州中屯卫
兴州前屯卫	兴州后屯卫
开平中屯卫	德州卫
定州卫	定边卫
德州左卫	忠义中卫
真定卫	武清卫
永平卫	山海卫
密云中卫	密云后卫
镇朔卫	遵化卫
东胜右卫	卢龙卫
抚宁卫	延庆卫
蓟州卫	宁山卫
天津卫	天津左卫
天津右卫	保定左卫
保定右卫	保定中卫
保定前卫	保定后卫
营州左屯卫	营州右屯卫
营州中屯卫	营州前屯卫
营州后屯卫	保安卫
茂山卫	平定千户所
梁城守御千户所	
广昌千户所	渤海守御千户所
居庸关千户所	宽河守御千户所
紫荆关千户所	倒马关千户所
沧州千户所	顺德守御百户所
万全都司	武定守御千户所
大宁都司	山口仓
永盈仓	通济仓
保安州	延庆州（自永平府以下、万历三年、归本司）

旧管南京水军右卫、龙江右卫、虎贲右卫、骁骑右卫、庐州府、安庆府、庐州卫、六安卫、安庆卫，万历三年归四川司。长安、东安、西安、北安等四门仓归云南司。金盏兒甸仓、明智坊草场归广西司。福建盐运司归山东司。

山东清吏司

分管

山东布政司　　山东都司

山东盐运使司　辽东都司

带管在京各卫、各仓、及直隶等处盐课衙门

锦衣卫　　　　大宁中卫

大宁前卫　　　锦衣卫仓

大宁中卫仓　　大宁前卫仓

两淮盐运使司　河间长芦盐运使司

两浙盐运使司　河东陕西盐运使司

福建盐运使司　四川提举司

陕西灵州盐课司、并西和、漳县

广东、海北、二提举司

云南黑、白、安宁、五井、四提举司

江西南赣盐税（自两浙盐运司以下，万历三年并本司）

旧有鼓勇营，嘉靖二十九年并五军营内。旧管在京象房，万历三年归广西司。直隶德州卫、德州左卫、武定守御千户所归福建司。南京锦衣卫、扬州府、扬州卫、仪真卫、高邮卫、沂州卫归四川司。

山西清吏司

分管

山西布政司　　山西都司

山西行都司

带管在京各卫、各仓及各边镇

燕山前卫　　　永清左卫

永清右卫　　　兴武卫

镇南卫　　　　燕山前卫仓

永清左卫仓　　永清右卫仓

山西镇　　　　宣府镇

大同镇

旧有立威营、神机营左哨，嘉靖二十九年并神机营内。旧管在京北草场仓，万历三年归广西司。直隶保安州、延庆州、保安卫、宁山卫、平定千户所、广昌千户所归福建司。南京龙江左卫、兴武卫、镇南卫、江阴卫、苏州府、苏州卫、镇海卫、太仓卫、嘉兴千户所归四川司。河东盐运司归山东司。

河南清吏司

分管

河南布政司　　河南都司

带管在京卫所、各仓及直隶卫所

裕陵卫　　　　大兴左卫

燕山右卫　　　府军前卫

牧马千户所　　大兴左卫仓

裕陵卫仓　　　北府军前卫仓

燕山右卫仓

府军前卫南新仓

潼关卫　　　　蒲州千户所

旧有效勇营、五军营右哨，嘉靖二十九年并五军营内。旧管南京飞熊卫、英武卫、孝陵卫、广武卫、松江千户所、汝宁千户所、松江府、凤阳府、睢阳卫、归德卫、颍川卫、泗州卫、寿州卫、宿州卫、中都留守司、凤阳卫、凤阳右卫、凤阳中卫、留守左卫、留守中卫、长淮卫、怀远卫、皇陵卫，万历三年归四川司。汤山草场仓归广西司。

陕西清吏司

分管

陕西布政司　　陕西都司

陕西行都司

带管在京各衙门俸粮并各仓及各边镇（俸粮，旧系各衙门收纳，嘉靖四十二年题准，总归禄米仓关支）

宗人府	中军都督府
左军都督府	右军都督府
前军都督府	后军都督府
吏部	户部
礼部	兵部
刑部	工部
都察院	通政使司
大理寺	翰林院
詹事府	太仆寺
尚宝司	鸿胪寺
六科	中书舍人
行人司	钦天监
太医院（嘉靖四十二年并本司）	
中兵马司	东城兵马司
西城兵马司	南城兵马司
北城兵马司	京卫武学
文思院	皮作局（以上二衙门嘉靖四十年归本司）
留守右卫	随侍营
长陵卫	神枢营
献陵卫	延绥镇
景陵卫	甘肃镇
献陵卫仓	宁夏镇
景陵卫仓	固原镇

旧有奋武营，嘉靖二十九年并五军营内。三千营，改神枢营。旧管直隶定边卫归福建司。南京横海卫、留守右卫、宁国府、滁州、徐州、滁州卫、徐州卫、宣州卫、徐州左卫，万历三年归四川司。陕西灵州、盐课司、并西和漳县归山东司。

四川清吏司

分管

四川布政司　　四川都司

四川行都司

带管两京衙门并各仓及直隶府州卫所

彭城卫	武德卫
腾骧左卫	腾骧右卫
府军后卫	武功左卫
武功右卫	武功中卫
神策卫	忠义后卫
金吾右卫	忠义后卫仓
府军后卫仓	金吾右卫仓
彭城卫仓	彭城卫南新仓
应天卫	天策卫
神策卫	武德卫
府军后卫	金吾右卫
龙骧卫	龙虎卫
应天卫	羽林右卫
留守左卫	水军左卫
龙虎左卫	豹韬卫
豹韬左卫	和阳卫
飞熊卫	英武卫
广武卫	旗手卫
孝陵卫	金吾左卫
济川卫	金吾后卫
金吾前卫	府军卫
江淮卫	府军右卫
府军左卫	横海卫
虎贲左卫	留守前卫
留守右卫	沔阳右卫
沔阳左卫	龙江左卫
锦衣卫	镇南卫
兴武卫	广洋卫
江阴卫	鹰扬卫
羽林左卫	水军右卫
留守中卫	虎贲右卫
龙江右卫	

骁骑右卫（自天策卫以下俱万历三年归本司）

安庆府	苏州府
松江府	常州府
镇江府	徽州府
宁国府	池州府（旧止有此府）
太平府	庐州府
凤阳府	淮安府
扬州府	广德州

徐州	和州
滁州	苏州卫
镇海卫	太仓卫
金山卫	安庆卫
新安卫	建阳卫
宣州卫	庐州卫
六安卫	宿州卫
高邮卫	沂州卫
徐州卫	徐州左卫
寿州卫	睢阳卫
归德卫	颍川卫
邳州卫	仪真卫
泗州卫	留守左卫
留守中卫	凤阳卫
凤阳右卫	凤阳中卫
中都留守司	滁州卫
淮安卫	大河卫
扬州卫	长淮卫
怀远卫	镇江卫
皇陵卫	神武中卫
汝宁千户所	洪塘千户所
松江千户所	兴化千户所

崇明沙守御千户所

嘉兴千户所（自安庆府以下、俱万历三年、归本司）

旧有耀武营，嘉靖二十九年并五军营内。张家湾批验所，万历三年革。旧管顺德府，万历三年归福建司。河间长芦盐运司归山东司。在京㽙石桥仓、㽙石桥南仓归广西司。

广东清吏司

分管

广东布政司	广东都司

带管在京各卫所各仓

神武左卫	义勇前卫
羽林左卫	留守中卫
蕃牧千户所	奠清千户所
神武左卫仓	义勇前卫仓
义勇后卫仓	羽林左卫仓

旧有显武营、五军千二营，嘉靖二十九年并五军营内。神机营左掖并神机营。旧管保定府、大名府、延庆卫、茂山卫、居庸关、紫荆关，万历三年归福建司。南京广洋卫、羽林左卫、鹰扬卫、留守中卫、镇江府、太平府、和州、建阳卫、镇江卫归四川司。坝上仓、黄土仓、郑家庄马房仓归广西司。广东盐课提举司归山东司。

广西清吏司

分管

广西布政司　　广西都司
带管在京衙门、及各仓场
光禄寺　　　　太常寺
牺牲所　　　　司牲司
太仓银库　　　内府十库
宽河卫　　　　蔚州左卫
留守前卫　　　沈阳左卫
沈（沈）阳右卫　　　宽河卫仓
蔚州左卫仓　　留守前卫仓
西城坊草场　　安仁坊草场
北新草场　　　明智坊草场
台基厂草场　　中府草场
天师庵草场　　御马仓
坝上仓　　　　坝上东马房仓
坝上北马房仓　坝上南仓
金盏儿甸仓　　北高仓
义河仓　　　　湖渠马房仓
坝上北仓　　　黄土仓
郑家庄马房仓　汤山草场仓
北草场仓哱石桥仓
哱石桥南仓　　峪口张家庄马房仓
南石渠仓　　　南石渠西仓
峪口官庄马房仓
峪口杨家桥马房仓
东直门里牛房仓
东直门外牛房仓
吴家驼牛房仓　内象房仓
外象房仓　　　神乐观
通州草场（自明智坊草场以下、万历三年、并本司）
旧有东安门仓，万历八年革。并明智坊草场。又有鸣玉坊草场、崇教坊草场，弘治九年革。旧管真定府、真定卫、神武右卫、定州卫，万历三年归福建司。南京留守前卫、沈阳左卫、沈阳右卫、淮安府、徽州府、淮安卫、大河卫、邳州卫、新安卫，归四川司。

云南清吏司

分管
云南布政司　　云南都司
漕运
带管在京衙门各仓及在外各仓
忠义右卫　　　忠义前卫
府军卫　　　　府军左卫
府军右卫　　　虎贲左卫
泰陵卫　　　　忠义右卫仓
大军仓　　　　府军卫仓

忠义前卫仓	府军右卫仓
府军左卫仓	虎贲左卫仓
泰陵卫仓	军器局
内府各监局	临清仓
皇城四门仓	徐州仓
德州仓	
淮安仓	天津仓（自临清仓以下、俱万历三年、并本司）

旧有花园草场，弘治九年革。旧有五军营右掖、敢勇营，嘉靖二十九年并五军营内。旧管顺天府古北口仓、山口仓、永盈仓、居庸仓、延庆仓、蓟州仓、蓟州卫、镇朔卫、遵化卫、武清卫、东胜右卫、兴州前屯卫、兴州左屯卫、兴州右屯卫、兴州中屯卫、密云中卫、忠义中卫、涿鹿卫、涿鹿左卫、涿鹿中卫、天津卫、天津左卫、天津右卫、密云后卫、梁城守御千户所、通济库，万历三年归福建司。御马仓、东马房坝上南仓、坝上北仓、官庄马房、张家庄马房、杨家桥马房、南石渠仓，归广西司。南京府军卫、府军右卫、府军左卫、虎贲左卫、常州府，归四川司。云南盐课提举司归山东司。

贵州清吏司

分管

贵州布政司	贵州都司

带管在京各衙门、各仓、及各边镇钞关

会州卫	富峪卫
济州卫	会州卫仓
富峪卫仓	济州卫仓
宝钞提举司	上林苑监
崇文门分司	正阳门宣课司
安定门税课司	德胜门税课司
都税司	批验茶引所
张家湾宣课司（自崇文门分司以下，万历三年归本司）	
蓟州镇	永平镇
密云镇	昌平镇
易州镇（以上边镇、俱万历三年归本司）	
临清钞关	浒墅钞关
九江钞关	淮安钞关
北新钞关	扬州钞关
河西务钞关（以上钞关、俱万历三年归本司）	

旧有练勇营、五军营左哨，嘉靖二十九年并五军营内。旧管义河仓、台基厂，万历三年归广西司。广平府、永平府、山海卫、卢龙卫、抚宁卫、东胜左卫、开平中屯卫、兴州右屯卫、通州左卫、永平卫，归福建司。

附 录 四

度量衡说明

  《万历会计录》是一部大型的数据资料文献，其中的数据根据所表示内容不同，使整理所用的度量衡与数据的精确程度也不相同。说明如下。

  一、常用度量衡的换算关系

  长度：1 丈＝10 尺，1 尺＝10 寸，1 寸＝10 分，1 分＝10 厘；

  重量：1 斤＝16 两，1 两＝10 钱，1 钱＝10 分，1 分＝10 厘，1 厘＝10 毫，1 毫＝10 丝，1 丝＝10 忽，1 忽＝10 微；

  容积：1 石＝10 斗，1 斗＝10 升，1 升＝10 合，1 合＝10 勺，1 勺＝10 撮；

  面积：1 顷＝100 亩，1 亩＝10 分，1 分＝10 厘。

  二、《会计录》中所见度量衡

  白银：1 两＝10 钱，1 钱＝10 分，1 分＝10 厘，1 厘＝10 毫，1 毫＝10 丝，1 丝＝10 忽，1 忽＝10 微；

  宝钞[1]：1 锭＝5 贯，1 贯＝1000 文；

  金：1 两＝10 钱，1 钱＝10 分，1 分＝10 厘，1 厘＝10 毫；

  盐引：1 大引＝400 斤，1 小引＝200 斤；

  草[2]：1 束＝15 斤。

  三、整理数据精度

  为了便于整理与应用，在一般情况下，将数据保留小数点后两位。个别数值过小的数据，为了使其能够便于识别和比较，保留了小数点后三、四位。

---

[1] 彭信威：《中国货币史》第七章《明代的货币》："明代的纸币，是太祖洪武八年（1375 年）发行的……每贯等于铜钱一千文，或白银一两；四贯合黄金一两。""实际上自弘治以后，宝钞在货币经济上，已没有任何意义，人民在日常生活方面，所支付的是银和铜钱，钞票早已不用了。"第 465、493 页。

[2] 《会计录》卷三六《仓场》。原书注：收放草束本折正耗则例：每年二月、十月、十一月俱放本色，余月折色；原额每秤 25 斤为一束放支，内以 10 斤为浥烂附余。后商人具告要比照外马房例，每束进草 18 斤秤收正草 15 斤，部议每 10 束正耗共 180 斤为 1 秤，秤收共 150 斤为一背放支。隆庆四年，又议耗草除京五草场照旧收纳，其坝上牛羊象房等仓，随收随放，每草定耗 2 斤减去 1 斤，第 1144 页。

主要参考文献[1]

古籍文献

《明太祖实录》，台北中研院史语所校印 1962 年版。

《明太宗实录》，台北中研院史语所校印 1962 年版。

《明宣宗实录》，台北中研院史语所校印 1962 年版。

《明英宗实录》，台北中研院史语所校印 1962 年版。

《明宪宗实录》，台北中研院史语所校印 1962 年版。

《明孝宗实录》，台北中研院史语所校印 1962 年版。

《明武宗实录》，台北中研院史语所校印 1962 年版。

《明世宗实录》，台北中研院史语所校印 1962 年版。

《明穆宗实录》，台北中研院史语所校印 1962 年版。

《明神宗实录》，台北中研院史语所校印 1962 年版。

《明光宗实录》，台北中研院史语所校印 1962 年版。

《明熹宗实录》，台北中研院史语所校印 1962 年版。

《崇祯实录》，台北中研院史语所校印 1962 年版。

张学颜等：《万历会计录》，万历十年刻本，《北京图书馆古籍珍本丛刊》第 52—53 册，书目文献出版社 1989 年版。

《明太祖御制文集》，明内府本，台湾学生书局 1965 年版。

《明朝开国文献》（一——四），台湾学生书局 1966 年版。

《皇明诏令》，明嘉靖刊本，《四库全书存目丛书》史部第 58 册，齐鲁书社 1995 年版。

翟善等编：《诸司职掌》，《续修四库全书》第 748 册，上海古籍出版社 2002 年版。

张卤校订：《皇明制书》，日本古典研究会 1967 年版。

李东阳等：《正德大明会典》，东京汲古书院 1989 年版。

申时行等：《明会典》，北京：中华书局 1989 年版。

南炳文、吴彦玲辑校：《辑校万历起居注》，天津古籍出版社 2010 年版。

李贤等：《大明一统志》，三秦出版社 1990 年版。丘浚：《大学衍义补》上中下，京华出版社 1999 年版。

焦竑：《国朝献征录》，台湾学生书局 1965 年版。

王圻：《续文献通考》，现代出版社 1991 年版。

陈子龙等编：《明经世文编》，中华书局 1962 年版。

《大明律》，怀效锋点校，法律出版社 1999 年版。

严嵩：《钤山堂集》，嘉靖二十四年刻增修本。

---

[1] 此主要参考文献目录中，现代论著部分以引用文献的出版版本与发表年代先后排序，特此说明。

刘斯洁等：《太仓考》，北京图书馆出版社 1999 年版。

张居正：《张太岳集》，上海古籍出版社 1984 年版。

霍韬：《渭崖文集》，万历四年霍与瑕刻本。

赵世卿：《司农奏议》，《续修四库全书》第 479—480 册，上海古籍出版社 2002 年版。

庞尚鹏：《百可亭摘稿》，《四库全书存目丛书》集第 129 册，齐鲁书社 1995 年版。

张翰：《松窗梦语》，中华书局 1985 年版。

沈榜：《宛署杂记》，北京古籍出版社 1980 年版。

沈德符：《万历野获编》，中华书局 1959 年版。

何柏斋：《何柏斋集》，《明经世文编》卷一四四，中华书局 1976 年版。

田生金：《徽州赋役全书》，台湾学生书局 1970 年版。

《江西赋役全书》，台湾学生书局 1970 年版。

《河南赋役总会文册》，书目文献出版社 1988 年版。

《四川重刊赋役全书》，书目文献出版社 2000 年版。

《江南简明赋役全书》，书目文献出版社 2001 年版。

明官撰《钦依两浙均平录》，日本尊经阁文库藏。

《天一阁藏明代政书珍本丛刊》54 种，22 册，线装书局 2010 年版。

宋祁，欧阳修等：《新唐书》，中华书局 1975 年版。

马端临：《文献通考》，中华书局 1986 年版。

脱脱等：《宋史》，中华书局 1974 年版。

顾炎武著，黄汝成辑：《日知录集释》，花山文艺出版社 1990 年版。

张廷玉等：《明史》，中华书局 1974 年版。

《明清历科进士题名碑录》，台北华文书局，1969 年据美国夏威夷大学藏清光绪三十年（1904 年）本《国朝历科题名碑录初集》版。

《清世祖实录》，中华书局 1985 年版。

黄景昉：《国史唯疑》，上海古籍出版社 2002 年版。

康基田：《晋乘蒐略》，山西古籍出版社 2006 年版。

孙嘉淦：《孙文定公奏疏》，清政和堂刻本。

顾清：《傍秋亭杂记》，孙敏修《涵芬楼秘笈》第 32 册，上海商务印书馆民国间版。

徐𤊹：《明名臣琬琰续录》，《文渊阁四库全书》第 453 册，上海古籍出版社 1987 年版。

于慎行：《谷城山馆文集》，万历年间于纬刻本。

黄暐《蓬窗类纪》，《涵芬楼秘笈》。

吕坤：《吕新吾先生文集》，《明经世文编》卷四一五，中华书局 1976 年版。

霍韬：《霍敏文公文集》，《明经世文编》卷一八七，中华书局 1976 年版。

梁材：《梁端肃公奏议》，《明经世文编》卷一〇三，中华书局 1976 年版。

郭棐：《粤大记》，中山大学出版社 1998 年版。

谢肇淛：《五杂俎》，上海书店出版社 2001 年版。

何乔远：《名山藏》，江苏广陵古籍刻印社 1993 年版。

孙承泽：《春明梦余录》，北京古籍出版社 1992 年版。

顾炎武：《天下郡国利病书》，《四部丛刊三编》，上海商务印书馆 1935—36 年版。

谈迁：《国榷》，中华书局 1958 年版。

嘉靖《山东通志》，嘉靖刻本，《天一阁藏明代方志选刊续编》第 51—52 册，上海书店 1990 年版。

嘉靖《浙江通志》，台北成文出版社 1983 年版。

嘉靖《太原县志》，《天一阁藏明代方志选刊》，上海古籍书店 1981 年版。

嘉靖《曲沃县志》，《天一阁藏方志选刊续编》四，上海书店 1990 年版。

嘉靖《浦江县志》，《天一阁藏明代方志选刊》，上海古籍书店 1981 年版。

嘉靖《山阴县志》，嘉靖刻本。

嘉靖《浦江志略》，《天一阁藏明代方志选刊》，上海古籍书店 1981 年版。

万历《金华府志》，台湾学生书局 1965 年版。

万历《会稽县志》，万历刊本。

万历《绍兴府志》，万历刻本。

万历《新昌县志》，万历刻本。

万历《杭州府志》，台湾学生书局 1965 年版。

万历《应州志》，山西应县县志办公室重印 1984 年版。

万历《福州府志》，万历二十四年刻本。

万历《沃史》，万历四十年刻本。

万历《华阴县志》，万历四十二年刻本。

崇祯《嘉兴县志》，崇祯十年刻本，《日本藏中国罕见地方志丛刊》，北京图书馆出版社 2002 年版。

康熙《新城县志》，台北成文出版社 1976 年版。

康熙《保德州志》，台北成文出版社 1976 年版。

光绪《山西通志》，中华书局 1990 年版。

现代论著

胡钧：《中国财政史讲义》，商务印书馆 1920 年版。

徐式庄：《中国财政史略》，商务印书馆 1926 年版。

常乃德：《中国财政制度史》，世界书局 1930 年版。

刘秉麟：《中国财政小史》，商务印书馆 1933 年版。

万国鼎：《中国田赋史》，正中书局 1933 年版。

徐士圭：《中国田赋史略》，商务印书馆 1935 年版。

杨志濂：《中国财政史辑要》，大公图书馆 1936 年版。

陈登原：《中国田赋史》，商务印书馆 1936 年版。

程滨遗等：《田赋史》上册；马大英等：《田赋史》下册，正中书局 1934 年版。

吴兆莘：《中国税制史》，商务印书馆 1937 年版。

陈翊林：《张居正评传》，中华书局 1937 年版。

［日］清水泰次：《中国近世社会経済史》，東京西野書店 1950 年版。

傅衣凌：《明清时代商人及商业资本》，人民出版社 1956 年版。

傅衣凌：《明代江南市民经济试探》，上海人民出版社 1957 年版。

朱东润：《张居正大传》，湖北人民出版社 1957 年版。

梁方仲：《明代粮长制度》，上海人民出版社 1957 年版。

彭信威：《中国货币史》，上海人民出版社 1958 年版。

秦佩珩：《明代经济史述论丛初稿》，河南人民出版社 1959 年版。

李剑农：《宋元明经济史稿》，生活·读书·新知三联书店 1959 年版。

傅衣凌：《明清农村社会经济》，生活·读书·新知三联书店 1961 年版。

［日］山根幸夫：《明代徭役制度の展開》，東京女子大学会 1966 年版。

吴缉华：《明代社会经济史论丛：睿斋论史存稿》，台湾学生书局 1970 年版。

傅衣凌：《明清农村社会经济》，人民出版社 1972 年版。

马克思、恩格斯：《马克思恩格斯全集》第 23 卷，人民出版社 1972 年版。

马克思：《资本论》第 2 卷，人民出版社 1975 年版。

［日］加藤繁著，吴杰译：《中国经济史考证》，商务印书馆 1978 年版。

中央财政金融学院财政教研室编：《中国财政简史》，中国财政经济出版社 1978 年版。

Ray Huang：*Taxation and Governmental Finance in Sixteenth-Century Ming China*，New
York，N. Y.，Cambridge Univ. Pr.，1974.

王梓坤：《概率论基础及其应用》，科学出版社 1976 年版。

［日］川胜守：《中国封建国家の支配构造——明清赋役制度史の研究》，东京大学出版会
1980 年版。

梁方仲：《中国历代户口、田地、田赋统计》，上海人民出版杜 1980 年版。

朱保炯、谢沛霖：《明清进士题名碑录索引》上、中、下，上海古籍出版社 1980 年版。

周伯棣编著：《中国财政史》，上海人民出版社 1981 年版。

谭其骧：《中国历史地图集》第七册，地图出版社 1982 年版。

傅衣凌：《明清社会经济史论文集》，人民出版社 1982 年版。

伍丹戈：《明代土地制度和赋役制度的发展》，福建人民出版社 1982 年版。

陈秀夔：《中国财政史》台北正中书局 1983 年版。

赖惠敏：《明代南直隶赋役制度的研究》，台湾大学出版委员会 1983 年版。

梁方仲：《梁方仲经济史论文集补编》，中州古籍出版社 1984 年版。

项观奇：《历史计量研究法》，山东教育出版社 1985 年版。

［日］寺田隆信：《山西商人研究——明代的商人和商业资本》，张正明、阎守诚译，山西人
民出版社 1986 年版。

［日］岩見宏《明代徭役制度の研究》，同朋舍，1986 年。

中国财政史编写组：《中国财政史》，中国财政经济出版社 1987 年版。

项观奇编：《历史计量研究法》，山东教育出版社 1987 年版。

郭道扬编著：《中国会计史稿》下，中国财经出版社 1988 年版。

孙翊刚主编：《简明中国财政史》，中国财政经济出版社 1988 年版。

何炳棣：《中国古今土地数字的考释和评价》，中国社会科学出版社 1988 年版。

李龙潜：《明清经济史》，广东高等教育出版社 1988 年版。

梁方仲：《梁方仲经济史论文集》，中华书局 1989 年版。

傅衣凌：《明清社会经济变迁论》，人民出版社 1989 年版。

李三谋：《明清财经史新探》，山西经济出版社 1990 年版。

唐文基：《明代赋役制度史》，中国社会科学出版社 1991 年版。

罗承忠：《模糊集引论》，北京师范大学出版社 1991 年版。

全汉昇：《中国经济史研究》上下册，台北：稻乡出版社 1991 年版。

［英］罗德里克·费拉德：《计量史学方法导论》，上海译文出版社 1991 年版。

［美］约瑟夫·熊彼特著，朱泱等译：《经济分析史》第一、二、三卷，商务印书馆 1991、
1992、1994 年版。

王天有：《明代国家机构研究》，北京大学出版社 1992 年版。

姜守鹏：《明清社会经济结构》，东北师大出版社 1992 年版。

丘光明：《中国历代度量衡》，科学出版社 1992 年版。

刘俊文主编，栾成显、南炳文译：《日本学者研究中国史论著选译》（第六卷，明清），中华
书局 1993 年版。

张海瀛：《张居正改革与山西万历清丈》，山西人民出版社 1993 年版。

田昌五、漆侠先生主编：《中国封建社会经济史》（明清卷），齐鲁书社 1994 年版。

郑学檬：《中国赋役制度史》，厦门大学出版社 1994 年版。

鲍彦邦：《明代漕运研究》，暨南大学出版社 1995 年版。

汪圣铎：《两宋财政史》上下，中华书局 1995 年版。

胡健颖、冯泰：《实用统计学》，北京大学出版社 1996 年版。

［日］和田清编：《明史食货志译注》2 册，東京：汲古書院 1996 年补订版。

黄仁宇：《万历十五年》，生活·读书·新知三联书店 1997 年版。

黄仁宇：《赫逊河畔谈中国历史》，生活·读书·新知三联书店 1997 年版。

孙文学主编：《中国财政史》，东北财经大学出版社 1997 年版。

刘志伟：《在国家与社会之间——明清广东里甲赋役制度研究》，中山大学出版社 1997 年版。

吴承洛：《中国度量衡史》，商务印书馆 1998 年重印。

［日］谷口规矩雄：《明代徭役制度史研究》，同朋舍，1998 年。

［美］威廉·H. 格林：《经济计量分析》，中国社会科学出版社 1998 年版。

栾成显：《明代黄册研究》，中国社会科学出版社 1998 年版。

黄天华编著：《中国财政史纲》，上海财经大学出版社 1999 年版。

王毓铨主编：《中国经济通史·明代经济卷》，经济日报出版社 2000 年版。

李炜光：《中国财政史述论稿》，中国财政经济出版社 2000 年版。

［法］孟德斯鸠：《论法的精神》，陕西人民出版社 2001 年版。

南炳文：《辉煌、曲折与启示：20 世纪中国明史研究回顾》，天津人民出版社 2001 年版。

王文成：《宋代白银货币化研究》，云南大学出版社 2001 年版。

吴承明：《中国的现代化——市场与社会》，生活·读书·新知三联书店 2001 年版。

黄仁宇著，阿风等译：《十六世纪明代中国之财政与税收》，生活·读书·新知三联书店 2001 年版。

黄仁宇著，张逸安译：《黄河青山：黄仁宇回忆录》，生活·读书·新知三联书店 2001 年版。

李志贤：《杨炎及其两税法研究》，中国社会科学出版社 2002 年版。

全汉昇：《中国经济史论丛》，台北：稻香出版社 2003 年版。

樊树志：《晚明史》，复旦大学出版社 2003 年版。

汪圣铎：《两宋货币史》上下，社会科学文献出版社 2003 年版。

［美］蒋中一：《数理经济学的基本方法》，商务印书馆 2003 年版。

［日］岸本美绪著，刘迪瑞译：《清代中国的物价与经济变动》，社会科学文献出版社 2004 年版。

［日］岩井茂樹：《中国近世财政史の研究》，京都大學學術出版會 2004 年版；付勇译：《中国近代财政史研究》，社会科学文献出版社 2011 年版。

万明主编：《晚明社会变迁：问题与研究》，商务印书馆 2005 年版。

黄仁宇：《明代的漕运》，新星出版社 2005 年版。

吴建华：《明代江南人口社会史研究》，群言出版社 2005 年版。

叶振鹏：《20 世纪中国财政史研究概要》，湖南人民出版社 2005 年版。

［美］道格拉斯·诺斯著，厉以宁译：《经济史上的结构和变革》，商务印书馆 2005 年版。

吴承明：《经济史：历史观与方法论》，上海财经大学出版社 2006 年版。

彭凯翔：《清代以来的粮价——历史学的解释与再解释》，上海人民出版社 2006 年版。

陈其焱：《中国财政通史·明代卷》，中国财经出版社 2006 年版。

［英］崔瑞德、［美］牟复礼编，杨品泉等译：《剑桥中国明代史·1368—1644》，中国社会科

学出版社 2006 年版。

何朝晖：《明代县政研究》，北京大学出版社 2006 年版。

彭信威：《中国货币史》，上海人民出版社 2007 年版。

王毓铨主编：《中国经济通史·明代经济卷》，经济日报出版社 2007 年版。

邓智华：《封疆大吏与社会变革：庞尚鹏及其时代 1524—1581》，兰州大学出版社 2007 年版。

梁方仲：《梁方仲文集》8 册，中华书局 2008 年版。

唐文基：《16—18 世纪中国商业革命》，社会科学文献出版社 2008 年版。

黄冕堂：《中国历代物价问题考述》，齐鲁书社 2008 年版。

李德甫：《明代人口与经济发展》，中国社会科学出版社 2008 年版。

［美］王业健：《清代田赋刍论（1750—1911）》，人民出版社 2008 年版。

赵轶峰：《明代的变迁》，生活·读书·新知三联书店 2008 年版。

李卫东：《应用多元统计分析》，北京大学出版社 2008 年版。

赖建诚：《边镇粮饷：明代中后期的边防经费与国家财政危机，1531—1602》，台北中研院联
  经出版事业股份有限公司 2008 年版。

［英］亚当·斯密著，郭大力、王亚南译：《国富论》2 册，生活·读书·新知三联书店 2009
  年版。

史志宏：《清代户部银库收支和库存统计》，福建人民出版社 2009 年版。

［英］亚当斯密著，郭大力、王亚南译：《国富论》，生活·读书·新知三联书店 2009 年版。

陈共编著：《财政学》，中国人民大学出版社 2009 年版。

刘逖：《近代中国总量经济研究（1600—1840）——兼论安格斯·麦迪森对明清 GDP 的估
  算》，上海世纪出版集团 2010 年版。

王曙光主编：《财政学》，科学出版社 2010 年版。

梁方仲：《梁方仲文集》八册，中华书局 2011 年版。

付志宇编著：《中国财政史》，对外经济贸易大学出版社 2011 年版。

边俊杰：《明代财政制度变迁》，经济管理出版社 2011 年版。

万明主编：《明史研究论丛》第九辑，紫禁城出版社 2011 年版。

万明主编：《明史研究论丛》第十辑，故宫出版社 2012 年版。

万明主编：《明史研究论丛》第十一辑，故宫出版社 2013 年版。

论文

汤象龙：《中国近代经济史研究集刊发刊词》，《中国近代经济史研究集刊》第一卷第一期，
  1932 年。

梁方仲：《明代田赋初制定额之年代小考》，《清华周刊》40 卷 3、4 期，1933 年。

梁方仲：《明代粮长制度》，《益世报·史学》1935 年 5 月 28 日；又载《中国社会经济史集
  刊》7 卷 2 期，1944 年。

梁方仲：《近代田赋史中的一种奇异制度及其原因》，《史地周刊》1935 年第 23 期。

梁方仲：《评介〈万历会计录〉》，《中国近代经济史研究集刊》3 卷 2 期，1935 年。

赵其芳：《明代之赋役制度》，《中国经济》3 卷 3 期，1935 年。

戴博荣：《明代的田赋制度与垦荒政策》，《现代史学》2 卷 3 期，1935 年。

［日］清水泰次：《明代に於ける租税銀納の發達》，《東洋學報》20 卷 3 期，1935 年。

［日］清水泰次著，张锡纶译：《明初田赋考》，《食货》4 卷 2 期，1936 年。

梁方仲：《明代户口田地及田赋统计》，《中国近代经济史研究集刊》3 卷 1 期，1936 年。

梁方仲：《明代"两税"税目》，《中国近代经济史研究集刊》3 卷 1 期，1936 年。

梁方仲：《一条鞭法》，《中国近代经济史研究集刊》4 卷 1 期，1936 年。

梁方仲：《一条鞭法的名称》，《中央日报》1936 年 4 月 23 日。

梁方仲：《一条鞭法的争论》，《益世报·史学》1936 年 9 月 13 日。

［日］堀井一雄：《金花銀の展开》，《東洋史研究》第 5 卷 2 期，1939 年。

［日］岩见宏：《明の嘉靖前后に於ける赋役改革 について》，《東洋史研究》10 卷 10 号 1949 年。

梁方仲：《明代一条鞭法年表》，《岭南学报》第 12 卷，1952 年第 1 期。

［日］佐久间重男：《明代における商税と財政上の关系》，《史学杂志》65 卷 1—2 期，1956 年。

Alfred Conrad and John Meyer，"The Economics of Slavery in the Antebellum South"，*Journal of Political Economy*，vol. 66，no. 2，Apr. 1958，pp. 95—130.

［日］栗林宣夫：《一条鞭法の形成 について》，《清水博士追悼纪念明代史论丛》，东京：大安株式会社 1962 年版。

［日］森正夫：《十五世纪前半期苏州府的徭役制改革》，《名古屋大学文学部研究论集》41，1966 年；全汉升、李龙华：《明中叶后太仓岁入银两的研究》和《明代中叶后太仓岁出银两的研究》，香港中文大学《中国文化研究所学报》5 卷 1 期，1972 年；《中国文化研究所学报》6 卷 1 期，1973 年。

［日］滨岛敦俊：《围绕均田均役法の实施》，《東洋史研究》33 卷 3 号，1974 年。

徐泓：《明代中期食盐运销制度的变迁》，《台大历史学系学报》1975 年第 2 期。

徐泓：《明代前期的食盐生产组织》，《台大文史哲学报》第 24 期，1975 年。

徐泓：《明代后期盐业生产组织与生产形态的变迁》，《沈刚伯先生八秩荣庆论文集》，台北：联经出版公司 1976 年版。

徐泓：《明代后期的盐政改革与商专卖制度的建立》，《台大历史学系学报》1977 年第 4 期。

伍丹戈：《明代中叶的赋税改革和社会矛盾》，《社会科学战线》1979 年第 4 期。

黄仁宇：《〈万历十五年〉和我的"大"历史观》，《万历十五年》，中华书局 1982 年版。

秦佩珩：《明代赋役制度考释》，《郑州大学学报》1983 年第 3 期。

［日］森正夫：《明中叶江南租税征收制度的改革》，《明清时代的政治和社会》，京都大学人文科学研究所 1983 年版。

［日］小野和子：《東林黨と張居正——考成法を中心に—》，《明清時代の社会と文化》，京都大学人文社会科学研究所 1983 年版。

［日］新宫学有：《明代北京铺户の徭役及其银纳化》，《歷史》62，1984 年。

赵轶峰：《试论明代货币制度的演变及其历史影响》，《东北师大学报》1985 年第 4 期。

高王凌：《关于明代的田赋改征》，《中国史研究》1986 年第 3 期。

王兴亚：《明初河南耕地面积辨正》，《河南大学学报》1987 年第 4 期。

［日］渡边信一郎、宫泽知之、足立启二：《日本关于前近代社会经济史的研究》，《中国经济史研究》1987 年第 2 期。

Mi Chu Wiens：Changes in the fiscal and rural contral systems in the fourteenth and fif-teenthcenturies，*Ming Studies*，No. 3，Fall，1976；Social changes and fiscal reform in the fifteenth century，*Ming Studies*，No. 26,，Fall，1988.

王毓铨：《明朝徭役编审与土地》，《历史研究》1988 年第 1 期。

傅衣凌：《中国传统社会：多元的结构》，《中国社会经济史研究》1988 年第 3 期。

吴晗：《记大明通行宝钞》，《吴晗选集》，天津人民出版社 1988 年版。

［日］森正夫：《宣德—成化时期苏州府的徭役赋课》，《名古屋大学东洋史研究报告》13，

1988 年。

［日］岩井茂樹：《張居正財政の課題と方法》，岩見宏、谷口規矩雄編《明末清初期の研究》，京都大學人文科學研究所 1989 年版。

王毓铨：《纳粮也是当差》，《史学史研究》1989 年第 1 期。

徐蜀：《明代重要经济文献〈万历会计录〉》，《文献》1989 年第 4 期。

［日］岩見宏：《晚明財政の一考察》，岩見宏、谷口規矩雄編《明末清初期の研究》，京都大學人文科學研究所 1989 年版。

［日］足立啟二《初期銀財政の歳出入構造》，《山根幸夫教授退休紀念明代史論叢》下卷，汲古书院 1990 年版。

吴慧：《明清（前期）财政结构性变化的计量分析》，《中国社会经济史研究》1990 年第 3 期。

王毓铨：《明朝的配户当差制》，《中国史研究》1991 年第 1 期。

王毓铨：《明朝田地赤契与赋役黄册》，《中国经济史研究》1991 年第 1 期。

王毓铨：《户役田述略》，《明史研究》，黄山书社 1991 年版。

袁良义：《从明一条鞭法到清一条鞭法》，《中国社会科学院研究生院学报》1993 年第 3 期。

［日］岩见宏：《明代地方财政之一考察》，栾成显译，《日本学者研究中国史论著选译》第 6 卷明清，中华书局 1993 年版。

姜晓萍：《明代的商税与管理》，《西南师范大学学报》1994 年第 4 期。

李龙潜：《明代钞关制度述评——明代商税研究之一》，《明史研究》1994 年。

黄仁宇：《为什么称为大历史》，《读书》1994 年第 11 期。

赖建诚：《〈万历会计录〉初探》，台湾《汉学研究》第 12 卷 2 期，1994 年。

杨一凡：《明代中后期重要条例版本略述》，《法学研究》1994 年第 3 期。

吴承明：《16 与 17 世纪的中国市场》，《货殖：商业与市场研究》第 1 辑，1995 年。

李三谋：《明代农业税的推行问题》，《中国经济史研究》1995 年第 4 期。

邢铁：《中国古代专制集权体制下的财政预算和决算》，《中国经济史研究》1996 年第 4 期。

王宇博、俞荣生：《计量史学研究评述》，《江苏教育学院学报》1996 年第 1 期。

肖立军：《明代财政制度中的起运与存留》，《南开学报》1997 年第 4 期。

李龙潜：《明代税课司、局和商税的征收——明代商税研究之二》，《中国经济史研究》1997 年第 4 期。

张民服等：《明代国家会计运作方法》，《中州学刊》1998 年第 4 期。

Richard Bonney：*The Rise of the Fiscal State in Europe c. 1200 − 1815.* Oxford：Oxford University Press，1999.

李三谋、方配贤：《明万历以前山西农业税的推行问题》，《中国经济史研究》1999 年第 1 期。

秦晖：《农民"减赋"要防止"黄宗羲定律"的陷阱》，《中国经济时报》2000 年 11 月 3 日。

董郁奎：《明中叶的财政危机与浙江的赋税制度改革》，《浙江学刊》2000 年第 4 期。

林枫：《明代中后期的盐税》，《中国经济史研究》2000 年第 2 期。

林枫：《试析明万历前期的营业税》，《厦门大学学报》2000 年第 3 期。

刘志玲：《解读黄仁宇的技术、道德与数目字管理》，《武汉交通管理干部学院学报》第 2 卷 4 期，2000 年。

林枫：《明代中后期的市舶税》，《中国社会经济史研究》2001 年第 2 期。

张永理：《黄仁宇大历史观析论》，《江西社会科学》2001 年第 10 期。

李伯重：《历史上的经济革命与经济史的研究方法》，《中国社会科学》2001 年第 6 期。

林丽月：《读〈明史纪事本末·江陵柄政〉——兼论明末清初几种张居正传的史论》，《台湾师范大学历史学报》第 24 期。

［日］田口宏二郎：《畿辅矿税初探——帝室财政、户部财政、州县财政》，《中国社会经济史研究》2002 年第 1 期。

曹钦白：《洪武型财政的历史剖面——介绍美籍华人黄仁宇的〈十六世纪明代中国之财政与税收〉》，《税收与社会》2002 年第 4 期。

陈明光：《20 世纪中国古代财政史评述》，《中国史研究动态》2002 年第 12 期。

秦晖：《并税制改革与"黄宗羲定律"》，《农村合作经济经营管理》2002 年第 3 期。

万明：《明代白银货币化的初步考察》，《中国经济史研究》2003 年第 2 期。

万明：《明代白银货币化与制度变迁》，《暨南史学》第 2 辑，2003 年。

万明：《明代白银货币化与与明朝兴衰》，《明史研究论丛》第 6 辑，2004 年。

林延清：《论明朝财政监督体制》，《江南大学学报》2004 年第 1 期。

陈锋：《20 世纪的清代财政史研究》，《史学月刊》2004 年第 1 期。

万明：《明代白银货币化：中国与世界连接的新视角》，《河北学刊》2004 年第 2 期。

万明：《晚明社会变迁：研究视角的转换》，《中国文化研究》，2004 年春之卷。

万明：《晚明史研究七十年之回眸与再认识》，《学术月刊》2006 年第 10 期。

万明：《明代白银货币化视角下的赋役改革》上下，《学术月刊》2007 年第 5、6 期。

万明、徐英凯《明代白银货币化再探：以〈万历会计录〉河南田赋资料分析为中心》，《基调与变奏：7—20 世纪的中国》第二卷，台北政治大学历史学系、中国史学会（日本）、台北中研院史语所、新史学杂志社 2008 年版。

高寿仙：《明万历年间北京的物价与工资》，《清华大学学报》2008 年第 3 期。

陆连超：《新财政史：解读欧洲历史的新视角》，《天津师范大学学报》2008 年第 4 期。

陈锋：《晚清财政预算的酝酿与实施》，《江汉论坛》2009 年第 1 期。

李龙潜：《也评黄仁宇著〈十六世纪明代中国之财政与税收〉》，《明清论丛》第九辑，紫禁城出版社 2009 年版。

马金生、李宏：《中国大陆"计量史学"现状的本土化反思》，《广播电视大学学报》2009 年第 2 期。

财政部办公厅、财政部财政科学研究所课题组：《中外财政史研究—惊心动魄的财政史（总报告）》，《经济研究参考》2009 年第 40 期。

刘利平：《明代户部财政决策权新探》，《史学月刊》2009 年第 7 期。

Xu Yingkai, Chen Qiuhua: Application of Cluster Analysis in National Land Tax Structure-Analysis in the Sixteenth Century, *Comprehensive Evaluation of Economy and Society with Statistical Science*, Aussino Academic Publishing House Sydney Australia, 2009.

王文成：《两宋"以银计价"史料考释——宋代白银价值尺度职能补论之一》，《云南社会科学》2009 年第 5 期。

黄壮钊：《明代白银货币的滥觞》，《中山大学研究生学刊》第 30 卷 4 期，2009 年。

刘利平：《明代中后期太仆寺的财政管理初探》，《历史教学》（下半月刊）2010 年第 8 期。

刘利平：《赋役折银与明代中后期太仆寺的财政收入》，《故宫博物院院刊》2010 年第 3 期。

徐英凯、朱勇华：《聚类分析和回归分析：明代万历初年山东田赋数据的补充》，*Applied Social Science*，Volume Ⅳ，Information Engineering Research Institute，USA，2011.

苏新红：《明代"太仓库"称谓考》，《东北师范大学学报》2011 年第 1 期。

万明：《明初政治新探——以诏令为中心》，《明史研究论丛》第九辑，2011 年。

万明：《明令新探》，杨一凡主编《中国法律基本形式研究》，社会科学文献出版社 2011 年版。

万明：《明代珍稀文书的回归：〈钦依两浙均平录〉》，《中国社会科学报》2012 年 4 月 25 日。

万明：《明代财政体系的转型——张居正改革的重新诠释》，《中国社会科学报》2012 年 7 月 4 日。

万明：《明代税票探微——以所见徽州文书为中心》，《明史研究论丛》第十辑，故宫出版社 2012 年版。

万明、侯官响：《财政视角下的明代赋役折银征收——以〈万历会计录〉山西田赋资料为中心》，《文史哲》2013 年第 1 期。

万明：《明代赋役改革新证——〈钦依两浙均平录〉解读之一》，《明史研究论丛》第十一辑，故宫出版社 2013 年版。

苏新红：《张居正当国时期的中央财政制度改革——以太仓库为核心》，《古代文明》2013 年第 1 期。

万明：《明代两浙均平法考》，《中国史研究》2013 年第 2 期。

附 录 六

万历《明会典》户部数据

目 录

表1 全国十三布政司、两直隶田土[1] 单位：亩

省直名	洪武二十六年	弘治十五年	万历六年
浙江布政司	51705151.00	47234271.77	46696982.48
江西布政司	43118601.00	40235246.67	40115127.11
北平布政司	58249951.00		
湖广布政司	220217575.00	223612846.62	221619940.10
福建布政司	14625969.00	13516617.79	13422500.67
山东布政司	72403562.00	54292937.64	61749899.68
山西布政司	41864248.00	39080933.93	36803927.21
河南布政司	144946982.00	41609968.47	74157951.99
陕西布政司	31525175.00	26066281.80	29292385.10
四川布政司	11203256.00	10786962.65	13482767.23
广东布政司	23734056.00	7232446.16	25686513.66
广西布政司	10240390.00	10784801.70	9402074.80
云南布政司[2]		363135.00	1799358.80
贵州布政司[3]			516686.30
北直隶		26971391.90	49256842.20
南直隶	126927452.00	81018033.03	77394670.35
总计	850762368.00	622805875.13[4]	701397627.68[5]

表2 北直隶所辖各府州田土[6] 单位：亩

	洪武二十六年	弘治十五年	万历六年
顺天府		6872013.50	9958299.90
永平府		1484457.60	1833946.50
保定府		3552950.80	9709550.80
河间府		2422071.80	8287219.80
真定府		3898065.40	10267506.00
顺德府		1382255.90	1420404.80
广平府		2023814.20	2023838.50
大名府		5199362.60	5619660.80
延庆州		105942.40	105942.40
保安州		30457.70	30472.70
总计		26971391.90	49256842.20

---

[1] 资料来源：《明会典》卷一七《户部》四，第110页。

[2] 原书在洪武二十六年云南布政司田土项下注："原无数目"。

[3] 原书在弘治十五年贵州布政司田土项下注："自来原无丈量顷亩，每岁该纳粮差，俱于土官名下总行认纳，如洪武年间例"。在万历六年贵州布政司田土项下注："除思南、石阡、铜仁、黎平等府、贵州宣慰司、清平凯里安抚司额无顷亩外，贵阳府、平伐长官司、思州、镇远、都匀等府，安顺、普安等州，龙里、新添、平越三军民卫，共五千一百六十六顷八十六亩三分零"。

[4] 原书此数据为622805881亩零。

[5] 原书此数据为701397628亩零。

[6] 资料来源：《明会典》卷一七《户部》四，第110页。

2190

	洪武二十六年	弘治十五年	万历六年
应天府	7270125.00	6997408.00	6940514.00
苏州府	9850671.00	15524997.83	9295950.53
松江府[2]	5132290.00	4715661.89	4247703.38
常州府	7973188.00	6177775.56	6425595.16
镇江府	3845270.00	3272235.10	3381713.80
庐州府	1622399.00	2543045.90	6838911.00
凤阳府	41749390.00	6126266.70	6019196.70
淮安府	19333025.00	10107373.40	13082636.80
扬州府	4276734.00	6229707.15	6108499.70
徽州府	3534977.00	2527752.09	2547827.50
宁国府	7751611.00	6068291.06	3033078.40
池州府	2284445.00	891963.15	908922.70
太平府	3621179.00	1624383.20	1287053.30
安庆府	2102937.00	2189066.10	2190530.80
广德州	3004784.00	1540429.80	2167244.50
徐州	2834154.00	3001222.80	2016716.40
滁州	315045.00	291283.80	280996.08
和州	425228.00	1189169.50	621579.60
总计	126927452.00	81018033.03	77394670.35

表3 　　　　　　　　　　　　**南直隶所辖各府州田土**[1] 　　　　　　单位：亩

[1]资料来源：《明会典》卷一七《户部》四，第110页。
[2]原书在洪武二十六年南直隶项下，将"松江府"误记为"林江府"。

2191

表4

屯田[1]

	原额屯田（亩）	见额屯田（亩）	粮（石）	新增并塔出还官首地银（两）	钞（贯）	秋青草（束）	谷草（束）	银（两）	花园仓基（所）	牛具地（亩）	草折粮（石）	地亩粮（石）
在京锦衣等五十四卫 并后军都督府[2]	633851.82	505285.74	28002.65	21791.24	56940.00							
北直隶各卫所	1006425.68	4367846.17	219781.57	40462.72		221453.00	187.00					
南京锦衣等四十二卫	936879.37	2269666.35	151525.75					10266.48				
南直隶各卫所	2704104.80	4881836.16	427437.52					6.38				
浙江都司[3]	227419.60	239060.96	68296.35									
江西都司	562341.25	547138.43	21546.42									
湖广都司并留守司行都司	1131525.00	5074972.61	387545.44									
福建都司并行都司	538137.00	869322.31	151804.91									
山东都司	206000.00	1848749.22	80348.46									
河南都司	3639017.32	5559823.48	333589.40									
广东都司	7233.76	633879.88	150129.47									
广西都司[4]	51340.00	291337.00	34695.44									
四川都司并行都司	65954526.73	4880410.35	294339.49						1938.00			
山西都司[5]	1296308.55	3371488.70	101098.16			1240.00		1027.81				
山西行都司[6]	1011820.50	2859034.45	122438.15					8322.51		1296629.91		
万全都司[7]	1906572.60	4789247.00	198061.68								1972.55	
陕西都司并行都司[8]	4245672.35	16840404.10	823204.65			2378052.00		11157.65				2462.68

[1] 资料来源：《明会典》卷一八《户部》五，第119页。
[2] 在锦衣等五十四卫并后军都督府见额屯田为嘉靖四十一年查数；新增并塔出还官首地银与钞为万历七年屯田清吏册报数。
[2] 在京锦衣等五十四卫并后军都督府的见额屯田数内，包含地山园池荡兜娄罩塘滩沟。
[3] 浙江都司的见额屯田数内，包含地山园池荡兜娄罩塘滩沟。
[4] 广西都司的见额屯田与粮是在任屯田 461034.60亩，粮 55054.34 石内，除去民里征收及荒划停征屯田后的实在屯田数与实在粮数。
[5] 山西都司的见额屯田为山西镇屯田；另秋青草项为"草 1240束，折银 16.20 两"。
[6] 山西行都司的见额屯田为大同镇屯田；另银 8322.51 两是"牛具地银"。
[7] 万全都司的见额屯田为宣府镇屯田。
[8] 陕西都司并行都司银 11157.65 两内含地荒粮草折银 119.58 两；草价银 258.59 两；地亩银 10779.48 两。

云南都司	1087743.30	1117154.18	389992.33						
贵州都司	933929.30	392111.61	93811.74						
辽东都司	1238600.00	2915866.10	253201.03						

表5 户口[1]

	洪武二十六年		弘治四年		万历六年	
	人户（户）	人口（口）	人户（户）	人口（口）	人户（户）	人口（口）
浙江布政司	2138225.00	10487567.00	1503124.00	5305843.00	1542408.00	5153005.00
江西布政司	1553923.00	8982481.00	1363629.00	6549800.00	1341005.00	5859026.00
湖广布政司	775851.00	4702660.00	504870.00	3781714.00	541310.00	4398785.00
福建布政司	815527.00	3916806.00	506039.00	2106060.00	515307.00	1738793.00
北平布政司	334792.00	1926595.00				
山东布政司	753894.00	5255876.00	770555.00	6759675.00	1372206.00	5664099.00
山西布政司	595444.00	4072127.00	575249.00	4360476.00	596097.00	5319359.00
河南布政司	315617.00	1912542.00	436843.00	2614398.00	633067.00	5193602.00
陕西布政司	294526.00	2316569.00	306644.00	3912370.00	394423.00	4502067.00
四川布政司	215719.00	1466778.00	253803.00	2598460.00	262694.00	3102073.00
广东布政司	675599.00	3007932.00	467390.00	1817384.00	530712.00	2040655.00
广西布政司	211263.00	1482671.00	459640.00	1676274.00	218712.00	1186179.00
云南布政司	59576.00	259270.00	15950.00	125955.00	135560.00	1476692.00
贵州布政司			43367.00	258693.00	43405.00	290972.00
顺天府			100518.00	669033.00	101134.00	706861.00
永平府			23539.00	228944.00	25094.00	255646.00
保定府			50639.00	582482.00	45713.00	525083.00
河间府			42548.00	378658.00	45024.00	419152.00
真定府			59439.00	597673.00	74738.00	1093531.00
顺德府			21614.00	181825.00	27633.00	281957.00
广平府			27764.00	212846.00	31420.00	264898.00
大名府			66207.00	574972.00	71180.00	692058.00
延庆州[2]			1787.00	2544.00	2755.00	19267.00
保安州			445.00	1560.00	772.00	6445.00
应天府	163915.00	1193620.00	144368.00	711003.00	143597.00	790513.00
苏州府	491514.00	2355030.00	535409.00	2048097.00	600755.00	2011985.00
松江府	249950.00	1219937.00	200520.00	627313.00	218359.00	484414.00
常州府	152164.00	775513.00	50121.00	228363.00	254460.00	1002779.00
镇江府	87364.00	522383.00	68344.00	171508.00	69039.00	165589.00
庐州府	48720.00	367200.00	36548.00	486549.00	47373.00	622698.00
凤阳府	79107.00	427303.00	95010.00	931108.00	111070.00	1202349.00
淮安府	80689.00	632541.00	27978.00	237527.00	109205.00	906033.00
扬州府	123097.00	736165.00	104104.00	656547.00	147216.00	817856.00
徽州府	125548.00	592364.00	7251.00	65861.00	118943.00	566948.00
宁国府	99732.00	532259.00	60364.00	371543.00	52148.00	387019.00
池州府	35826.00	198574.00	14091.00	69478.00	18377.00	84851.00
太平府	39290.00	259937.00	29466.00	173699.00	33262.00	176085.00
安庆府	55573.00	422804.00	46050.00	606089.00	46609.00	543476.00

---

[1]资料来源：《明会典》卷一九《户部》六，第123页。
[2]旧为隆庆。

广德州	44267.00	247979.00	45043.00	127795.00	45296.00	221053.00
徐州	22683.00	180821.00	34886.00	354311.00	37841.00	345766.00
滁州	3944.00	24797.00	4840.00	49712.00	6717.00	67277.00
和州	9531.00	66711.00	7450.00	67016.00	8800.00	104960.00
总计	10652870.00	60545812.00	9113446.00	53281158.00	10621436.00	60691856.00[1]

表 6　　　　　　　　　　　　　　　　　　税粮[2]

	洪武二十六年	弘治十五年	万历六年
夏税			
米麦（石）	4712900.00		
大小米麦（石）		4625594.38	4605242.87
麦荍（石）		255.45	266.82
农桑并丝折米（石）			810.05
钞（锭）	39800.00	17795.00	17674.00
租钞（锭）		32553.00	32588.00
税钞（锭）		6534.00	7659.00
丝绵并荒丝（两）		2701361.83	2715047.04
又丝（两）		104628.65	
税丝（两）		353643.36	455380.78
又丝（两）		40773.04	40767.51
本色丝（两）		135170.55	137638.14
农桑零丝（两）		292.35	1097.94
又丝（两）		1903.86	4041.58
折色丝（两）		3114.45	
绢（匹）	288487.00		
丝绵折绢（匹）		34962.00	34261.00
税丝折绢（匹）		4420.00	39869.00
农桑丝折绢（匹）		91104.00	91327.00
人丁丝折绢（匹）		40576.00	40734.00
改科绢（匹）		25.00	
原额小绢（匹）		4.00	4.00
币帛绢（匹）		1.00	1.00
本色绢（匹）		2.00	
绢（匹）		22989.00	
棉花折布（匹）		12.00	12.00
苎布（匹）		1341.00	1341.00
土苎（两）		1053.16	1053.16
麻布（匹）		2077.00	2077.00
洞蛮麻布（条）			259.00
红花（两）		189.50	

[1]《明会典》记载总计为 60692856 口。但各地总和为 60691856 口，经查《会计录》亦为 60691856 口。疑《明会典》总计数据错误。

[2] 资料来源：《明会典》卷二四《户部》十一，第 157 页；卷二五《户部》十二，第 168 页。

秋粮			
米（石）	24729450.00	22166665.90	22033170.69
牛租米谷（石）		220.18	19.00
牛租谷（石）			4001.98
枣子易米（石）		25584.16	26833.32
枣株课米（石）		2225.62	2178.32
课程苎麻折米（石）		57.01	551.53[1]
鱼课米（石）		31960.68	31966.91
改科丝折米（石）		12.54	0.94
棉花绒折米（石）			143.94
花利米（石）			1888.25
麻折米（石）			3.63
钱钞（锭）	5730.00		
租钞（锭）		18806.00	18827.00
又（贯）		5204.00	5408.00
赁钞（贯）		175.00	175.00
山租钞（锭）		3123.00	3123.00
又（贯）		244.00	265.00
茶课钞（锭）			1183.00
鱼课钞（锭）			347.00
椒课钞（锭）			42.00
麻钞（锭）			2.00
税钞（锭）			160.00
租丝（两）		2216.75	2216.75
绢（匹）	59.00		
租绢（匹）		59.00	59.00
租粗麻布（匹）		2.00	2.00
课程绵布（匹）		738.00	533.00
租苎布（匹）		7.00	7.00
地亩绵花绒（两）		3945115.60	3906079.20
苎麻（两）			28718.50
棉布（匹）		128770.00	128792.00
瑶人粗布（匹）			205.00
桐油（斤）			1063.00
红花（两）			189.50
差发马（匹）			5.00
浙江布政司			
夏税			
麦（石）	85520.00		
小麦（石）		152772.93	152863.73
钱钞（锭）	20690.00		

[1]原书记载为：551石52斗3升5合9勺，似误。

租钞（锭）		32553.00	32588.00
丝绵并荒丝（两）		2701361.83	2715047.04
农桑零丝（两）		691.89	691.89
绢（匹）	139140.00		
农桑丝折绢（匹）		3509.00	3509.00
原额小绢（匹）		4.00	4.00
币帛绢（匹）		1.00	1.00
秋粮			
米（石）	2667207.00	2357526.70	2369764.04
钱钞（锭）	86.00		
租钞（锭）		18740.00	18779.00
租丝（两）		2216.75	2216.75
绢（匹）	59.00		
租绢（匹）		59.00	59.00
租粗麻布（匹）		2.00	2.00
租苎布（匹）		7.00	7.00
北平布政司			
夏税			
麦（石）	353280.00		
绢（匹）	32962.00		
秋粮			
米（石）	817240.00		
江西布政司			
夏税			
小麦（石）[1]	79050.00	87635.67	88072.41
钱钞（锭）	6405.00	6856.00	6896.00
本色丝（两）		131259.11	131347.71
绢（匹）	15477.00		
丝绵折绢（匹）		8029.00	8025.00
农桑丝折绢（匹）		3486.00	3486.00
苎布（匹）		1341.00	1341.00
秋粮			
米（石）	2585256.00	2528269.96	2528269.96
牛租谷（石）		201.18	201.18
山租钞（锭）		3123.00	3123.00
湖广布政司			
夏税			
米麦（石）	138766.00	131400.40	131976.26
绢（匹）	26478.00	22989.00	
税丝折绢（匹）			22893.00
农桑丝折绢（匹）		4992.00	4997.00

---

[1] 此项洪武朝数据为"米"，弘治朝为"小麦"，万历朝为"麦米"。

棉花折布（匹）		12.00	12.00
秋粮			
米（石）	2323670.00		
米豆芝麻（石）		2036102.16	2030207.70
课程苎麻折米（石）		57.01	551.23
地亩棉花绒折米（石）			143.94
赁钞（贯）		175.00	175.00
课程棉布（匹）		738.00	533.00
瑶人粗布（匹）			205.00
福建布政司			
夏税			
麦（石）	665.00	706.59	706.94
钱钞（锭）	12705.00	10778.00	10778.00
绢（匹）	273.00		
丝绵折绢（匹）		280.00	280.00
农桑丝折绢（匹）		319.00	319.00
零丝绵（两）		194.59	194.59
土苎（两）		1053.16	1053.16
秋粮			
米（石）	977420.00	850447.77	850447.77
鱼课米（石）		31960.67	31966.91
租钞（贯）		2.00	2.00
山东布政司			
夏税			
麦（石）	773297.00	855246.47	855172.14
本色丝（两）		326.31	326.31
税丝（两）		33464.81	33437.14
绢（匹）	23932.00		
丝绵折绢（匹）		22165.00	22165.00
农桑丝折绢（匹）		32825.00	32825.00
秋粮			
米（石）	1805620.00	1995881.02	1995764.91
牛租米（石）		16.50	16.50
地亩棉花绒（两）		839194.71	839194.71
山西布政司			
夏税			
麦（石）	707367.00	578889.67	591951.31
农桑零丝（两）		805.87	822.55
农桑丝折绢（匹）		4777.00	4771.00
秋粮			
米（石）	2093570.00	1695132.86	1722851.38
河南布政司			
夏税			

麦（石）	556059.00	618645.14	617322.84
税丝（两）		353643.36	352901.54
绢（匹）	17226.00		
农桑丝折绢（匹）		9959.00	9963.00
人丁丝折绢（匹）		65.00	
秋粮			
米（石）	1642850.00	1769131.86	1763437.11
枣子易米（石）		25584.16	26833.32
枣株科米（石）		47.28	
地亩绵花绒（两）		5472.40	5472.40
陕西布政司			
夏税			
麦（石）	676986.00	725796.73	690747.24
农桑丝折绢（匹）		9218.00	9221.00
本色丝绵（两）		3297.65	3299.84
秋粮			
米（石）	1236178.00	1203260.52	1044943.12
棉花绒（两）		274755.10	275331.20
棉布（匹）		128770.00	128792.00
四川布政司			
夏税			
麦（石）	325550.00	309594.19	309892.16
荒丝（两）		101331.00	
秋粮			
米（石）	741278.00	717078.35	718652.96
地亩棉花绒（两）		1165631.72	1126224.24
差发马（匹）			5.00
广东布政司			
夏税			
麦（石）[1]	5320.00	5978.34	6122.89
农桑米（石）			309.89
零丝折米（石）			0.93
零丝（两）		214.11	
农桑丝折绢（匹）		110.00	
改科绢（匹）		25.00	
秋粮			
米（石）	1044078.00	1010786.17	993824.81
改科丝折米（石）		12.54	0.94
广西布政司			
夏税			
麦（石）[2]	1869.00	3390.88	2494.70

[1] 此项洪武朝数据为"小麦"，弘治朝为"米"，万历朝为"麦米"。
[2] 此项洪武朝数据为"小麦"，弘治朝为"米豆"，万历朝为"麦米"。

丝折米（石）			499.22
税钞（贯）		1.00	
钞（锭）		161.00	
零丝（两）		142.14	
折色丝（两）		3114.45	
本色丝（两）			2378.95
农桑丝折绢（匹）		497.00	
本色绢（匹）[1]		2.00	
红花（两）		189.50	
秋粮			
米（石）	492355.00	426636.08	369202.52
花利米（石）			1888.25
麻折米（石）			3.63
租钞（锭）		42.00	24.00
茶课钞（锭）			1183.00
鱼课钞（锭）			347.00
椒课钞（锭）			42.00
麻钞（锭）			2.00
税钞（锭）			160.00
苎麻（两）			28718.05
红花（两）			189.50
桐油（斤）			1063.00
云南布政司			
夏税			
麦（石）	18730.00	33708.28	35567.26
秋粮			
米（石）	58349.00	106913.00	107123.03
贵州布政司			
夏税			
麦荍（石）		255.45	266.82
洞蛮麻布（条）			259.00
秋粮			
米（石）		47442.25	50541.96
顺天府			
夏税			
小麦（石）		19603.43	18803.37
人丁丝折绢（匹）		2175.00	2175.00
农桑丝折绢（匹）		1764.00	1761.00
秋粮			
米（石）		47134.23	45204.80
牛租谷（石）			3800.80

---

[1] 并零丝 5.58 两。

地亩绵花绒（两）		150990.56	150785.50
永平府			
夏税			
大小麦（石）		9996.19	9996.19
人丁丝折绢（匹）		2050.00	2050.00
农桑丝折绢（匹）		243.00	242.00
秋粮			
米（石）		23353.11	23353.11
地亩棉花绒（两）		5533.20	5533.20
保定府			
夏税			
小麦（石）		18793.82	18793.82
本色丝（两）		3585.13	3585.13
人丁丝折绢（匹）		2796.00	2796.00
农桑丝折绢（匹）		1611.00	1611.00
秋粮			
米（石）		42980.30	42980.30
枣株课米（石）		16.29	16.29
地亩绵花绒（两）		153192.56	153192.56
河间府			
夏税			
小麦（石）		19801.18	19718.23
人丁丝折绢（匹）		4902.00	5046.00
农桑丝折绢（匹）		889.00	889.00
秋粮			
米（石）		46280.62	46087.07
枣株课米（石）		37.55	37.53
地亩棉花绒（两）		74365.50	74365.50
真定府			
夏税			
小麦（石）		34733.49	34733.49
人丁丝折绢（匹）		8548.00	8548.00
农桑丝折绢（匹）		7000.00	7000.00
秋粮			
米（石）		82346.96	82349.27
地亩棉花绒（两）		560529.48	560529.48
顺德府			
夏税			
小麦（石）		12537.08	12537.80
人丁丝折绢（匹）		1548.00	1548.00
农桑丝折绢（匹）		351.00	351.00
秋粮			
米（石）		30461.07	30461.07

枣株课米（石）		12.98	12.98
地亩棉花绒（两）		80084.00	80084.00
广平府			
夏税			
小麦（石）		17842.45	17842.45
人丁丝折绢（匹）		2885.00	2899.00
农桑丝折绢（匹）		654.00	654.00
秋粮			
米（石）		41479.65	41479.65
地亩棉花绒（两）		233359.81	233359.81
大名府			
夏税			
小麦（石）		44096.35	44096.35
钞（贯）		9.00	9.00
人丁丝折绢（匹）		6828.00	6893.00
农桑丝折绢（匹）		810.00	810.00
秋粮			
米（石）		103080.72	103080.72
枣株课米（石）		2111.52	2111.51
地亩棉花绒（两）		402006.64	402006.64
隆庆州[1]			
夏税			
小麦（石）		1713.75	1713.75
秋粮			
米（石）		3937.04	3937.04
保安州			
夏税			
小麦（石）		408.29	408.29
秋粮			
米（石）		1053.26	1053.26
应天府			
夏税			
麦（石）	11260.00	11654.44	11654.76
绢（匹）	1406.00		
丝绵折绢（匹）		1214.00	1214.00
农桑丝折绢（匹）		143.00	143.00
秋粮			
米（石）	320616.00	215159.84	215159.84
苏州府			
夏税			
麦（石）	63500.00	53663.91	53665.43

---

[1]今改延庆州。

税钞（锭）		3267.00	4392.00
税丝（两）			102478.04
绢（匹）	14157.00		
丝绵折绢（匹）		697.00	
税丝折绢（匹）			12555.00
农桑丝折绢（匹）		167.00	640.00
秋粮			
米（石）	2746990.00	2038323.15	2038894.74
钱钞（锭）	2321.00		
松江府			
夏税			
麦（石）	107496.00	92258.61	92260.41
税钞（锭）		3267.00	3267.00
绢（匹）	666.00		
丝绵折绢（匹）		697.00	697.00
农桑丝折绢（匹）		167.00	179.00
秋粮			
米（石）	1112400.00	939226.23	939226.23
钱钞（锭）	3072.00		
常州府			
夏税			
麦（石）	119320.00	154387.14	154393.38
麻布（匹）		2077.00	2077.00
绢（匹）	1394.00		
丝绵折绢（匹）		1573.00	1573.00
农桑丝折绢（匹）		324.00	324.00
秋粮			
米（石）	533515.00	606954.03	606954.03
租钞（锭）		24.00	24.00
镇江府			
夏税			
麦（石）	80896.00	54958.75	54958.75
绢（匹）	357.00		
丝绵折绢（匹）		205.00	205.00
农桑丝折绢（匹）		13.00	13.00
秋粮			
米（石）	243150.00	134876.57	143252.25
庐州府			
夏税			
麦（石）	15830.00	9872.14	9885.13
农桑丝折绢（匹）		687.00	687.00
秋粮			
米（石）	75360.00	66837.21	67045.52

凤阳府			
夏税			
麦（石）	93315.00	99358.77	99837.26
绢（匹）	1447.00		
税丝折绢（匹）		1380.00	1380.00
农桑丝折绢（匹）		1035.00	1035.00
秋粮			
米（石）	137160.00	113508.65	113503.02
淮安府			
夏税			
麦（石）	201220.00	228872.29	228872.29
农桑丝折绢（匹）		1461.00	1461.00
秋粮			
米（石）	153490.00	166423.50	166423.50
扬州府			
夏税			
麦（石）	57710.00	39922.02	39925.73
农桑零丝（两）		64.50	47.50
农桑丝折绢（匹）		841.00	842.00
秋粮			
米（石）	240096.00	206603.86	206603.86
牛租米（石）		2.50	2.50
钱钞（锭）	251.00		
租钞（贯）		5204.00	5408.00
徽州府			
夏税			
麦（石）	48750.00	51498.71	51785.40
绢（匹）	9718.00		
人丁丝折绢（匹）		8779.00	8779.00
农桑丝折绢（匹）		15.00	15.00
秋粮			
米（石）	116654.00	120133.86	120602.20
宁国府			
夏税			
麦（石）	62610.00	29052.36	29065.54
农桑零丝（两）		33.30	33.30
税丝（两）		5450.74	5474.08
绢（匹）	311.00		
农桑丝折绢（匹）		30.00	30.00
秋粮			
米（石）	182050.00	74262.67	74191.79
池州府			
夏税			

麦（石）	17016.00	6824.75	6906.48
农桑零丝（两）		49.85	49.85
税丝零丝（两）		1.19	1.19
绢（匹）	27.00		
税丝折绢（匹）		15.00	16.00
农桑丝折绢（匹）		198.00	199.00
秋粮			
米（石）	111945.00	61372.89	62154.06
山租钞（贯）		244.00	265.00
太平府			
夏税			
麦（石）	21390.00	16276.56	16752.87
绢（匹）	217.00		
丝绵折绢（匹）		102.00	102.00
农桑丝折绢（匹）			116.00
秋粮			
米（石）¹	46290.00	33636.74	91418.59
安庆府			
夏税			
麦（石）	19478.00	18909.30	18909.30
农桑丝折绢（匹）		353.00	353.00
秋粮			
米（石）	112158.00	112862.98	112862.98
广德州			
夏税			
麦（石）	6070.00	3632.38	3636.39
税丝（两）		1856.29	1856.29
绢（匹）	157.00		
农桑丝折绢（匹）		19.00	19.00
秋粮			
米（石）	24500.00	14066.29	14066.29
徐州			
夏税			
麦（石）	62300.00	67158.00	67158.00
绢（匹）	3142.00		
税丝折绢（匹）		3025.00	3025.00
农桑丝折绢（匹）		2538.00	2538.00
秋粮			
米（石）	79340.00	79858.14	79858.14
滁州			
夏税			

---

¹此项万历六年为"熟荒米"。

麦（石）		1405.00	2578.05	2611.29
农桑丝折绢（匹）				217.00
秋粮				
米（石）		4106.00	5892.91	5985.35
和州				
夏税				
麦（石）		875.00	1424.66	1435.66
农桑丝折绢（匹）			99.00	99.00
秋粮				
米（石）		3959.00	9950.54	9950.54

表7 马草[1]

各司府州实征马草（束）		
	弘治十五年	万历六年
浙江布政司[2]	874391.00	874491.00
山东布政司	3819513.00	3819469.00
山西布政司	3544448.00	3602991.00
河南布政司	2288396.00	2281538.00
陕西布政司	1514712.00	1375634.00
顺天府	2007923.00	1958845.00
永平府	303742.00	303742.00
保定府	1117506.00	1117520.00
河间府	674553.00	670863.00
真定府	1374153.00	1374157.00
顺德府	545481.00	545481.00
广平府	794089.00	794093.00
大名府	1869838.00	1869838.00
隆庆州[3]	73441.00	73441.00
保安州	17754.00	18699.00
应天府[4]	376458.00	376458.00
苏州府	537809.00	538414.00
松江府	316225.00	316251.00
常州府	714343.00	714369.00
镇江府	120784.00	120784.00
庐州府	97775.00	98337.00
凤阳府	234293.00	234293.00
淮安府	454720.00	454720.00
扬州府	349236.00	349226.00
宁国府	798492.00	798632.00

[1]资料来源：《明会典》卷二五《税粮》二《草料》，第175页。
[2]浙江布政司马草的单位为：包。
[3]今改延庆。
[4]南直隶各府马草的单位为：包。

	池州府	96311.00	98306.00
	太平府	354974.00	355449.00
	安庆府	191949.00	191973.00
	广德州	302952.00	303045.00
	徐州	100000.00	100000.00
	滁州	55908.00	56441.00
	和州	26090.00	26138.00
	总数	25948259.00	25813638.00

表 8   **起运[1]**

	弘治十五年	万历六年
浙江布政司		
夏税		
京库折银麦（石）	80000.00	80000.00
每石折银（两）	0.25	0.25
共折银（两）	20000.00	20000.00
丝绵（两）	320000.00	320000.00
丝绵折绢[2]（匹）	98000.00	98107.00
秋粮		
京库折银米（石）		598543.65
每石折银（两）		0.25
共折银（两）		149635.91
派剩折银米（石）		38530.81
内		19500.00
每石折银（两）		0.70
共折银（两）		13650.00
内		19030.81
每石折银（两）		0.60
共折银（两）		11418.48
京库白熟糯米（石）	100.00	
准糙米（石）	110.00	
折银米（石）	600500.00	
每石折银（两）	0.25	
共折银（两）	150125.00	
供用库白熟粳米（石）	23000.00	32000.00
准糙米（石）	25300.00	
酒醋面局白熟糯米（石）	2700.00	6250.00
准糙米（石）	2970.00	
惜薪司白熟糯米（石）	15.10	
准糙米（石）	16.61	
光禄寺白熟粳米（石）	25000.00	19000.00

---

[1]资料来源：《明会典》卷二六《户部》十三，第 180 页。
[2]共计丝棉 1960000 两，每 20 两折绢 1 匹。

准糙米（石）	27500.00	
光禄寺白熟糯米（石）	4385.70	8500.00
准糙米（石）	4824.27	
京仓兑军偿运米（石）	600000.00	
漕运兑军米（石）		600000.00
徐州仓改兑米（石）		45000.00
京库折银草（包）		600000.00
每包折银（两）		0.03
共折银（两）		18000.00
户口盐钞银（两）		1153.17
江西布政司		
夏税		
京库折银米麦（石）	60000.00	60000.00
每石折银（两）	0.25	0.25
共折银（两）	15000.00	15000.00
丝绵折绢（匹）	8029.00	8025.00
农桑丝折绢（匹）	3486.00	3486.00
苎布（匹）		1341.00
秋粮		
京库折银米（石）	970000.00	970000.00
每石折银（两）	0.25	0.25
共折银（两）	242500.00	242500.00
阔白苎布（匹）	50000.00	50000.00
准米（石）	35000.00	35000.00
京仓兑军偿运米（石）	400000.00	
派剩折银米（石）		74354.28
每石折银（两）		0.60
共折银（两）		44612.57
漕运兑军米（石）		400000.00
淮安仓改兑米（石）		170000.00
湖广布政司		
夏税		
京库丝折绢（匹）	22921.00	22893.00
秋粮		
京库折银米（石）	72000.00	72000.00
每石折银（两）	0.25	0.25
共折银（两）	18000.00	18000.00
派剩折银米（石）		38965.00
每石折银（两）		0.60
共折银（两）		23379.00
户口盐钞银（两）		8589.23
漕运兑军米（石）		250000.00
福建布政司		

夏税		
京库丝绵折绢（匹）		280.00
农桑丝折绢（匹）		319.00
秋粮		
京库折银米（石）	364000.00	314000.00
每石折银（两）	0.25	0.25
共折银（两）	91000.00	78500.00
户口盐钞银（两）		11027.67
山东布政司		
夏税		
京仓小麦（石）	34075.00	7929.01
派剩折银小麦（石）		5902.58
每石折银（两）		1.00
共折银（两）		5902.58
光禄寺小麦（石）		8000.00
酒醋面局小麦（石）		2350.00
京库丝绵折绢（匹）		22021.00
农桑丝折绢（匹）		32234.00
京库棉布[1]（匹）	20000.00	20000.00
准小麦（石）	24000.00	24000.00
红花（斤）		30000.00
准小麦（石）		7500.00
临德二仓小麦（石）		80000.00
内改拨天津仓（石）		5800.00
丝折绢（匹）	54990.00	
边仓小麦（石）	18775.00	32800.00
钞（照例折银）（锭）	500000.00	
准小麦（石）	50000.00	
棉布（匹）	132418.00	193891.00
准小麦（石）	159901.60	232669.20
钞（锭）		1800000.00
准小麦（石）		180000.00
通州通济库阔白棉布（匹）		6000.00
准小麦（石）		7200.00
河间府沧州静海等库阔白棉布（匹）		30416.00
准小麦（石）		36499.20
俱每疋折银（两）		0.30
共折银（两）		9124.80
秋粮		
京仓米[2]（石）	555060.00	25511.77
派剩折银米（石）		17578.57

---

[1] 此项在万历年间为"阔白棉布"。
[2] 此项在万历年间为"京仓米豆"。

内（石）		10000.00
每石折银（两）		0.70
共折银（两）		7000.00
内（石）		7578.57
每石折银（两）		0.60
共折银（两）		4547.14
光禄寺米豆芝麻（石）		33780.00
供用库芝麻豆（石）		3639.10
草（束）		16000.00
酒醋面局黄豆（石）		2300.00
司苑局黑豆（石）		700.00
草（束）		10000.00
漕运兑军米（石）		280000.00
临德二仓改兑米（石）		95600.00
京库地亩棉花绒（两）		839194.71
棉花绒（两）		928560.00
准米（石）		5803.50
棉花绒（两）		4344000.00
准米（石）		27150.00
户口盐钞银（两）		13970.38
京库棉布（匹）	15000.00	
准米（石）	15000.00	
棉花（斤）	62000.00	
准米（石）	6200.00	
折银草（束）	1075100.00	1997163.00
每束折银（两）		0.035
共折银（两）		69900.71
边仓本色米（石）	208800.00	
边仓米豆（石）		454867.04
棉布（匹）	129000.00	349630.00
准米（石）	129000.00	349630.00
棉花（斤）	77000.00	
准米（石）	7700.00	
河间府巨盈仓粟米（石）		5000.00
每石折银（两）		0.60
共折银（两）		3000.00
通州通济库阔白棉布（匹）		2000.00
准米（石）		2000.00
每匹折银（两）		0.30
共折银（两）		600.00
边库户口盐钞银（两）		4700.39
京场草（束）	2124380.00	1311826.00
边场草（束）	320000.00	443341.00

山西布政司		
夏税		
京库农桑丝折绢（匹）	4777.00	4771.00
边仓小麦（石）		90140.00
棉布（匹）		48500.00
准小麦（石）		58200.00
拨运三关镇各仓麦（石）		35860.70
大同麦（石）	29300.00	
大同府银亿库布（匹）	42500.00	
准麦（石）	51000.00	
宣府麦（石）	17800.00	
万全万亿库布（匹）	6000.00	
准小麦（石）	7200.00	
雁门等三关麦（石）	12000.00	
秋粮		
边仓米豆（石）		471617.20
棉布（匹）		242500.00
准米（石）		242500.00
拨运三关镇米（石）		84017.20
边场草（束）		3544850.00
大同米（石）	296500.00	
宣府米（石）	25000.00	
大同府银亿库棉布（匹）	180000.00	
准米（石）	180000.00	
棉花绒（两）	1280000.00	1640000.00
准米（石）	8000.00	10250.00
万全都司万亿库棉布（匹）	62500.00	
准米（石）	62500.00	
棉花绒（两）	360000.00	
准米（石）	2250.00	
大同在城并在外草场草（束）	2444448.00	
偏头等三关米（石）	81000.00	
偏头关并代州草场草（束）	1100000.00	
边库户口食盐钞（锭）	1507390.00	
河南布政司		
夏税		
京仓粮[1]（石）	17950.00	6300.00
派剩折银麦（石）		2352.40
每石折银（两）		1.00
共折银（两）		2352.40
光禄寺小麦（石）		6600.00

---

[1] 此项在万历年间为"京仓小麦"。

酒醋面局小麦（石）		2000.00
京库税丝折绢（匹）		14158.00
农桑丝折绢（匹）		8963.00
棉布（匹）		3800.00
准小麦（石）		4560.00
染织局本色丝（两）		39619.19
临德凤阳等仓小麦（石）		88050.00
边仓小麦（石）	9600.00	148450.00
棉布（匹）		69509.00
准小麦（石）		83410.05
农桑丝折绢（匹）		1000.00
秋粮		
京仓米[1]（石）	292065.30	48301.63
派剩折银米（石）		24458.52
每石折银（两）		0.60
共折银（两）		14675.11
光禄寺米豆芝麻（石）		38760.00
供用库芝麻豆（石）		3400.00
草（束）		17000.00
京库绢（匹）	25750.00	
酒醋面局黄豆（石）		2400.00
司苑局黑豆（石）		800.00
草（束）		20000.00
国子监绿豆（石）		300.00
漕运兑军米（石）		270000.00
临德二仓改兑米（石）		110000.00
京库绵布（匹）		83837.00
准米（石）		81837.00
棉布（匹）	81837.00	
棉花绒（两）	2085472.40	2080000.00
准米（石）		13000.00
地亩棉花绒（两）		5472.40
户口食盐钞（贯）	6147110.00	
户口盐钞银（两）		2962.95
京场草（束）	1537896.00	1195562.00
边场草（束）		220000.00
折银草（束）		751262.00
每束折银（两）		0.035
共折银（两）		26294.17
边仓粟米（石）	71690.00	
边仓米豆（石）		463176.99

---

[1] 此项在万历年间为"京仓米豆"。

棉布（匹）		103704.00
准米（石）		103704.25
棉花绒（两）		2429224.00
准米（石）		15182.65
边库户口盐钞银（两）		4812.91
广东布政司		
秋粮		
京仓折银米（石）	400000.00	400000.00
每石折银（两）	0.25	0.25
共折银（两）	100000.00	100000.00
广西布政司		
云南布政司		
贵州布政司		
顺天府		
夏税		
京仓小麦[1]（石）	2110.00	1547.50
边仓喜峰口等仓小麦（石）	8740.00	
派剩折银麦（石）		1501.70
每石折银（两）		1.00
共折银（两）		1501.70
光禄寺小麦（石）		2430.00
酒醋面局小麦（石）		650.00
太常寺小麦（石）		50.00
京库人丁丝折绢（匹）		1820.00
农桑丝折绢（匹）		1761.00
边仓小麦（石）		4170.00
棉布（匹）		459.00
准小麦（石）		550.80
人丁丝折绢（匹）		355.00
秋粮		
京仓米豆（石）	737.00	5640.01
派剩折银米（石）	3846.14	
每石折银（两）		0.60
共折银（两）		2307.68
供用库芝麻（石）		423.01
光禄寺米豆（石）		691.00
惜薪司白糯米（石）		15.10
司苑局草（束）		10272.00
京库地亩棉花绒（两）		150785.50
京库人丁丝折绢（匹）	21075.00	
农桑丝折绢（匹）	1764.00	

---

[1]此项在万历年间为"京仓小麦豆"。

棉花绒（两）	150990.56	4912.00
准米（石）		30.70
折银草（束）		291720.00
每束折银（两）		0.035
共折银（两）		10210.20
内良乡县轻则草（束）		5415.00
每束折银（两）		0.015
共折银（两）		81.23
户口食盐钞（贯）	490593.00	
户口盐钞银（两）		1959.96
边仓山海等仓米豆（石）	23720.70	
边仓米豆（石）		19506.37
棉花绒（两）		24000.00
准米（石）		150.00
京场草（束）		141170.00
边场草（束）		155000.00
永平府		
夏税		
京库绢（匹）	174.00	
京场草（束）	30000.00	
太常寺小麦（石）		50.00
京库人丁丝折绢（匹）		174.00
秋粮		
边库地亩棉花绒（两）		5533.20
户口盐钞银（两）		911.16
宝钞司稻草（束）		1820.00
保定府		
夏税		
京仓小麦（石）	2750.00	360.00
京库人丁丝折绢（匹）	1156.00	1156.00
农桑丝折绢（匹）	1611.00	1611.00
本色丝（两）	3585.12	3585.13
户口食盐钞（贯）	450936.00	
边仓小麦（石）	1350.00	4790.00
人丁丝折绢（匹）		793.00
秋粮		
京仓米（石）	3425.00	
京库棉花绒（两）	153192.56	
京库地亩棉花绒（两）		153192.56
折银草（束）	360000.00	471946.00
每束折银（两）	0.03	0.035
共折银（两）	10800.00	16518.11
户口盐钞银（两）		900.46

供用库芝麻（石）		530.00
酒醋面局草（束）		11000.00
京场草（束）	689290.00	276396.00
边仓米（石）	21500.00	30180.00
边场草（束）		301997.00
河间府		
夏税		
京仓小麦[1]（石）	6668.00	1300.00
派剩折银麦（石）		1503.00
每石折银（两）		1.00
共折银（两）		1503.00
光禄寺小麦（石）		2170.00
酒醋面局小麦（石）		250.00
京库人丁丝折绢（匹）	4902.00	2602.00
边仓小麦（石）	3175.00	4310.00
棉布（匹）		300.00
准小麦（石）		360.00
人丁丝折绢（匹）		2300.00
秋粮		
京仓米[2]（石）	15900.00	731.04
派剩折银米（石）		2234.95
内（石）		1687.99
每石折银（两）		0.70
共折银（两）		1181.59
内（石）		546.96
每石折银（两）		0.60
共折银（两）		328.18
供用库芝麻（石）		350.00
光禄寺芝麻（石）		600.00
酒醋面局稻皮（石）		150.00
草（束）		11000.00
京库地亩棉花绒（两）	74365.50	74365.50
棉花绒（两）	160000.00	480000.00
准米（石）	3000.00	3000.00
折银草（束）		299630.00
每束折银（两）		0.035
共折银（两）		10487.05
户口盐钞银（两）		507.22
钞（贯）	144670.00	
京场草（束）	606900.00	206310.00

---

[1] 此项在万历年间为"京仓小麦豆"。
[2] 此项在万历年间为"京仓米豆"。

边仓米[1]（石）	8850.00	17834.01
边场草（束）	50000.00	129060.00
真定府		
夏税		
京仓粮（石）	9250.00	991.20
京库人丁丝折绢（匹）		7598.00
农桑丝折绢（匹）		6632.00
京库绢（匹）	14133.00	
边仓粮[2]（石）	5570.00	15808.80
棉布（匹）		1600.00
准小麦（石）		1920.00
人丁丝折绢（匹）		500.00
秋粮		
供用库芝麻（石）		820.00
草（束）		12970.00
酒醋面局草（束）		11000.00
司苑局草（束）		15000.00
京仓米（石）	25918.46	
京库棉花绒（两）	560529.00	560529.48
户口食盐钞（贯）	1240568.00	
户口盐钞银（两）		1238.68
折银草（束）	389000.00	718071.00
每束折银（两）	0.03	0.035
共折银（两）	11670.00	25132.49
边仓米（石）	12500.00	44598.46
京场草（束）		308764.00
边场草（束）		217720.00
顺德府		
夏税		
京仓麦豆（石）	11450.00	650.00
派剩折银米（石）		705.00
每石折银（两）		1.00
共折银（两）		705.00
光禄寺麦豆（石）		2775.00
酒醋面局小麦（石）		550.00
京库农桑丝折绢（匹）	351.00	351.00
人丁丝折绢（匹）	1548.00	1548.00
地亩棉花绒（两）	80084.00	
户口食盐钞（贯）	357354.00	
边仓麦豆[3]（石）	5420.00	5240.00

---

[1]此项在万历年间为"边仓米豆"。
[2]此项在万历年间为"边仓小麦"。
[3]此项在万历年间为"边仓小麦"。

棉布（匹）		1300.00
准小麦（石）		1560.00
秋粮		
京仓米豆芝麻[1]（石）	16975.00	293.31
派剩折银米（石）		2176.02
内（石）		1912.01
每石折银（两）		0.70
共折银（两）		1338.41
内（石）		264.01
每石折银（两）		0.60
共折银（两）		158.41
供用库芝麻（石）		450.00
光禄寺芝麻米豆（石）		1775.00
司苑局黑豆（石）		450.00
京库地亩棉花绒（两）		80084.00
棉花绒（两）		5600.00
准米（石）		35.00
折银草（束）		252098.00
每束折银（两）		0.035
共折银（两）		8823.43
户口盐钞银（两）		722.82
真定府库阔白棉布（匹）		1200.00
准米（石）		1200.00
边场草（束）		119960.00
京库折银草（束）	170300.00	
京场草（束）	349100.00	151942.00
边仓米豆（石）	5960.00	18555.67
广平府		
夏税		
京仓麦（石）	10550.00	350.00
派剩折银米（石）		346.00
每石折银（两）		1.00
共折银（两）		346.00
光禄寺小麦豆（石）		777.00
酒醋面局小麦（石）		410.00
国子监小麦（石）		200.00
京库人丁丝折绢（匹）		2499.00
农桑丝折绢（匹）		654.00
边仓小麦（石）		4700.00
棉布（匹）		7000.00
准小麦（石）		8400.00

---

[1]此项在万历年间为"京仓豆"。

人丁丝折绢（匹）		400.00
京库绢（匹）	3140.00	
户口食盐钞（贯）	663018.00	
边仓麦（石）	4600.00	
秋粮		
京仓米（石）	11800.00	600.00
供用库芝麻（石）		350.00
光禄寺芝麻（石）		400.00
神乐观黄豆（石）		346.12
内官监草（束）		266.00
京库棉花绒[1]（两）	233359.81	233359.81
折银草（束）	244000.00	482833.00
每束折银（两）	0.04	0.035
共折银（两）	8540.00	16899.16
户口盐钞银（两）		1335.70
边仓米[2]（石）	21300.00	23403.87
棉布（匹）		8000.00
准米（石）		8000.00
京场草（束）	539800.00	211166.00
边场草（束）		70000.00
大名府		
夏税		
京仓小麦[3]（石）	8525.00	2382.50
派剩折银麦（石）		6440.70
每石折银（两）		1.00
共折银（两）		6440.70
光禄寺小麦（石）		6220.00
酒醋面局小麦（石）		1090.00
太常寺小麦（石）		100.00
京库阔白布（匹）	2400.00	
人丁丝折绢（匹）	6828.00	
京库人丁丝折绢（匹）		6893.00
农桑丝折绢（匹）	810.00	810.00
边仓小麦（石）	9100.00	13386.70
棉布（匹）		3519.00
准小麦（石）		4222.00
真定府库阔白棉布（匹）		1600.00
准小麦（石）		1920.00
边库阔白布（匹）	1300.00	
户口食盐钞（贯）	781131.00	

---

[1] 此项在万历年间为"京库地亩棉花绒"。
[2] 此项在万历年间为"边仓米豆"。
[3] 此项在万历年间为"京仓麦豆"。

秋粮		
京仓米（石）	30400.00	3342.66
派剩折银米（石）		4422.47
内（石）		1800.00
每石折银（两）		0.70
共折银（两）		1260.00
内（石）		2622.47
每石折银（两）		0.60
共折银（两）		1573.48
供用库芝麻（石）		1958.03
草（束）		12000.00
光禄寺芝麻豆（石）		4710.00
酒醋面局绿黑豆（石）		2500.00
草（束）		11000.00
司苑局草（束）		15000.00
京库地亩棉花绒（两）		402006.00
折银草（束）		1418867.00
每束折银（两）		0.035
共折银（两）		49660.35
户口盐钞银（两）		3611.15
京库折银草（束）	455000.00	
边仓米豆（石）		70366.93
棉布（匹）		2900.00
准米（石）		2900.00
棉花绒（两）		23984.00
准米（石）		149.90
真定府库棉布（匹）		900.00
准米（石）		900.00
京场草（束）	1061782.00	323973.00
边仓米（石）	41450.00	
边库阔白布（匹）	2000.00	
边仓草（束）	290000.00	83940.00
应天府		
夏税		
京库派剩折银小麦（石）		449.68
每石折银（两）		1.00
共折银（两）		449.68
光禄寺小麦（石）		408.00
秋粮		
京库派剩折银米（石）		22516.60
内（石）		3700.00
每石折银（两）		0.70
共折银（两）		2590.00

内（石）		18816.60
每石折银（两）		0.60
共折银（两）		11289.96
折银草（包）		307900.00
每包折银（两）		0.03
共折银（两）		9237.00
漕运兑军米（石）		100000.00
淮安仓改兑米（石）		28000.00
京仓兑军僧运米（石）	100000.00	
京库折银草（包）	303900.00	
每包折银（两）	0.03	
共折银（两）	9117.00	
苏州府		
夏税		
京仓麦（石）	30000.00	
每石折银（两）	0.25	
共折银（两）	7500.00	
京库折银麦（石）		19926.80
每石折银（两）		0.25
共折银（两）		4981.70
税丝折绢（匹）		12555.00
秋粮		
京仓兑军僧运米（石）	655000.00	
在京各衙门白粳米（石）	54800.00	
京库折银米（石）	766000.00	764826.88
每石折银（两）	0.25	0.25
共折银（两）	191500.00	191206.72
派剩折银米（石）		35909.03
每石折银（两）		0.70
共折银（两）		25136.32
棉布（匹）		190000.00
准米（石）		190000.00
阔白布（匹）	190000.00	
准米（石）	190000.00	
丝折绢（匹）	12555.00	
折银草（包）	370000.00	350000.00
每包折银（两）	0.03	0.03
共折银（两）	11100.00	10500.00
户口食盐钞（锭）	808464.00	
户口盐钞银（两）		5598.72
供用库白熟粳米（石）		15900.00
内官监白熟粳米（石）		4250.00
光禄寺白熟粳米（石）		15000.00

光禄寺白熟糯米（石）		2500.00
酒醋面局白熟糯米（石）		3150.00
泾府养赡白粳米（石）		500.00
汝府养赡白粳米（石）		1000.00
景府养赡白粳米（石）		750.00
德府禄米（石）		1000.00
公侯驸马伯禄米（石）		8516.00
府部等衙门俸米递年增减不一，约该米（石）		24491.00
漕运兑军米（石）		655000.00
淮安仓改兑米（石）		42000.00
凤阳扬州二仓米（石）		20185.00
松江府		
夏税		
京仓麦（石）	60000.00	
每石折银（两）	0.25	
共折银（两）	15000.00	
京库折银麦（石）		60000.00
每石折银（两）		0.25
共折银（两）		15000.00
凤阳府仓小麦（石）		12000.00
秋粮		
京仓米（石）	47065.50	
京库折银米（石）	280000.00	274687.26
每石折银（两）	0.25	0.25
共折银（两）	70000.00	68671.82
派剩折银米（石）		26853.38
每石折银（两）		0.70
共折银（两）		18797.37
阔白棉布（匹）		332000.00
准米（石）		332000.00
阔白三梭布（匹）		33000.00
准米（石）		66000.00
棉布（匹）	175000.00	
折银草（包）	220000.00	220000.00
每包折银（两）	0.03	0.03
共折银（两）	6600.00	6600.00
户口食盐钞（贯）	463065.00	
户口盐钞银（两）		774.05
供用库白熟粳米（石）		17352.04
光禄寺白熟粳米（石）		13600.00
光禄寺白熟糯米（石）		2200.00
酒醋面局白熟糯米（石）		2100.00

公侯驸马伯禄米（石）		8535.00
府部等衙门俸米（石）		17857.00
漕运兑军米（石）		203000.00
淮安仓改兑米（石）		29950.00
扬州徐州仓米（石）		30000.00
常州府		
夏税		
京库折银麦（石）	90000.00	90000.00
每石折银（两）		0.25
共折银（两）		22500.00
丝绵折绢（匹）		1573.00
农桑丝折绢（匹）		324.00
凤阳、扬州、淮安、镇江、寿、亳州仓小麦（石）		51500.00
秋粮		
京仓兑军攒运米（石）	175000.00	
在京吏部等衙门米（石）	43472.73	
京库折银米（石）	256000.00	253934.50
每石折银（两）	0.25	0.25
共折银（两）	64000.00	63483.63
派剩折银米（石）		24918.06
每石折银（两）		0.70
共折银（两）		17442.64
阔白棉布（匹）		50000.00
准米（石）		50000.00
人丁丝折绢（匹）	1573.00	
农桑丝折绢（匹）	324.00	
折阔白布米（石）	50000.00	
每石折布（匹）	1.00	
共折布（匹）	50000.00	
折银草（包）	530000.00	531080.00
每包折银（两）	0.03	0.03
共折银（两）	15900.00	15932.40
户口食盐钞（贯）	2361039.00	
户口盐钞银（两）		3465.35
供用库白熟粳米（石）		17200.00
内官监白熟细粳米（石）		1700.00
内官监白熟糯米（石）		6875.00
光禄寺白熟粳米（石）		5400.00
光禄寺白熟糯米（石）		800.00
景府养赡白熟粳米（石）		750.00
泾府养赡白熟粳米（石）		500.00
公侯驸马伯禄米（石）		7119.00

府部等衙门俸米（石）		8230.00
牺牲所糯稻谷（石）		250.00
准米（石）		125.00
漕运兑军米（石）		175000.00
扬州府仓米（石）		10000.00
镇江府		
夏税		
京库人丁丝折绢（匹）	205.00	
京库派剩折银麦（石）		395.00
每石折银（两）		1.00
共折银（两）		395.00
农桑丝折绢（匹）	13.00	13.00
丝绵折绢（匹）		205.00
户口食盐钞（贯）	247365.00	
淮安凤阳仓小麦（石）		13955.00
秋粮		
京库派剩折银米（石）		75.00
每石折银（两）		0.60
共折银（两）		45.00
折银草（包）		71000.00
每包折银（两）		0.03
共折银（两）		2130.00
户口盐钞银（两）		305.05
漕运兑军米（石）		80000.00
徐淮二仓改兑米（石）		22000.00
扬州仓米（石）		10000.00
庐州府		
夏税		
京仓小麦（石）	1000.00	
京库派剩折银麦（石）		209.00
每石折银（两）		1.00
共折银（两）		209.00
农桑丝折绢（匹）		687.00
光禄寺小麦（石）		1390.00
凤阳扬州仓小麦（石）		2401.00
京库农桑丝折绢（匹）	687.00	
折银草（包）	50000.00	
每包折银（两）	0.03	
共折银（两）	1500.00	
户口食盐钞（贯）	199642.00	
秋粮		
京库折银草（包）		50000.00
每包折银（两）		0.03

共折银（两）		1500.00
户口盐钞银（两）		740.79
漕运兑军米（石）		10000.00
凤阳仓米（石）		25000.00
凤阳府		
夏税		
京仓粮（石）	3000.00	
京库绢（匹）	1380.00	
折银草（包）	118000.00	
每包折银（两）	0.03	
共折银（两）	3540.00	
户口食盐钞（贯）	956025.00	
京库派剩折银麦（石）		720.00
每石折银（两）		1.00
共折银（两）		720.00
农桑丝折绢（匹）		1035.00
税丝折绢（匹）		1380.00
光禄寺小麦（石）		1680.00
徐州仓小麦（石）		10000.00
秋粮		
京库折银草（包）		118000.00
每包折银（两）		0.03
共折银（两）		3540.00
户口盐钞银（两）		1868.39
漕运兑军米（石）		30000.00
徐州仓改兑米（石）		30300.00
淮安府		
夏税		
京仓粮（石）	3000.00	
京库绢（匹）	1461.00	
京库派剩折银麦（石）		562.32
每石折银（两）		1.00
共折银（两）		562.32
农桑丝折绢（匹）		1461.00
凤阳等仓小麦（石）		42589.00
秋粮		
京仓米（石）	26000.00	
京库派剩折银米（石）		525.00
每石折银（两）		0.60
共折银（两）		315.00
京库绢（匹）	1441.00	
折银草（包）	237000.00	237000.00
每包折银（两）	0.03	0.03

共折银（两）	7110.00	7110.00
户口食盐钞（贯）	1968390.00	
户口盐钞银（两）		1990.79
光禄寺稻谷（石）		2000.00
淮米（石）		1000.00
漕运兑军米（石）		25000.00
徐淮二仓改兑米（石）		79150.00
凤阳仓米（石）		28000.00
扬州府		
夏税		
京仓小麦（石）	200.00	
京库农桑丝折绢（匹）		842.00
淮安等仓小麦（石）		10390.00
秋粮		
京仓米（石）	60100.00	
京库丝绵折绢（匹）	841.00	
折银草（包）	220000.00	
每包折银（两）	0.03	
共折银（两）	6600.00	
京库折银草（包）		206000.00
每包折银（两）		0.03
共折银（两）		6180.00
户口盐钞银（两）		1465.31
漕运兑军米（石）		60000.00
徐州仓改兑米（石）		37000.00
凤阳仓米（石）		54000.00
安庆府		
夏税		
京库农桑丝折绢（匹）	353.00	353.00
折银草（包）	120000.00	
每包折银（两）	0.03	
共折银（两）	3600.00	
户口食盐钞（贯）	145276.00	
凤阳等仓小麦（石）		15000.00
秋粮		
京库派剩折银米（石）		210.00
每石折银（两）		0.60
共折银（两）		126.00
京库折银草（包）		126000.00
每包折银（两）		0.03
共折银（两）		3780.00
户口盐钞银（两）		550.44
漕运兑军米（石）		60000.00

徽州府		
夏税		
京库折银粮[1]（石）	22000.00	22000.00
每石折银（两）	0.25	0.25
共折银（两）	5500.00	5500.00
派剩折银麦（石）		600.00
每石折银（两）		1.00
共折银（两）		600.00
秋粮		
京库折银粮[2]（石）	71000.00	71000.00
每石折银（两）	0.25	0.25
共折银（两）	17750.00	17750.00
户口食盐钞（贯）	779700.00	
派剩折银米（石）		2016.00
每石折银（两）		0.60
共折银（两）		1209.60
户口盐钞银（两）		785.54
安庆仓米（石）		2300.00
宁国府		
夏税		
拨运庐凤等仓小麦（石）		18000.00
秋粮		
京仓兑军攒运米（石）	30000.00	
京库派剩折银米（石）		3343.00
每石折银（两）		0.60
共折银（两）		2005.80
京库折银草（包）	570000.00	570000.00
每包折银（两）	0.03	0.03
共折银（两）	17100.00	17100.00
户口食盐钞（贯）	515993.00	
户口盐钞银（两）		1140.53
漕运兑军米（石）		30000.00
滁州仓米（石）		10000.00
池州府		
夏税		
京库丝折绢（匹）	15.00	
京库派剩折银麦（石）		830.00
每石折银（两）		1.00
共折银（两）		830.00
农桑丝折绢（匹）	198.00	199.00
税丝折绢（匹）		16.00

[1] 此项在万历年间为"京库折银麦"。
[2] 此项在万历年间为"京库折银米"。

扬州仓小麦（石）		4000.00
秋粮		
京仓兑军偿运米（石）	25000.00	
京场草（包）	62000.00	
京库户口食盐钞（贯）	129938.00	
京库派剩折银米（石）		4668.00
内（石）		3000.00
每石折银（两）		0.70
共折银（两）		2100.00
内（石）		1668.00
每石折银（两）		0.60
共折银（两）		1000.80
折银草（包）		62000.00
每包折银（两）		0.03
共折银（两）		1860.00
户口盐钞银（两）		227.94
漕运兑军米（石）		25000.00
太平府		
夏税		
京库人丁丝折绢（匹）	102.00	
农桑丝折绢（匹）	116.00	
户口食盐钞（贯）	178845.00	
京库派剩折银麦（石）		550.00
每石折银（两）		1.00
共折银（两）		550.00
丝绵折绢（匹）		102.00
扬州凤阳仓小麦（石）		12000.00
秋粮		
京库派剩折银米（石）		608.50
每石折银（两）		0.60
共折银（两）		365.10
折银草（包）		230000.00
每包折银（两）		0.03
共折银（两）		6900.00
户口盐钞银（两）		308.69
漕运兑军米（石）		17000.00
广德州		
夏税		
扬州府仓小麦（石）		1000.00
秋粮		
京库折银草（包）	230000.00	
每包折银（两）	0.03	
共折银（两）	6900.00	

户口食盐钞（贯）	882084.00	
京库派剩折银米（石）		159.40
每石折银（两）		0.60
共折银（两）		95.64
折银草（包）		231295.00
每包折银（两）		0.03
共折银（两）		6938.85
户口盐钞银（两）		1682.74
淮安仓改兑米（石）		8000.00
滁州		
夏税		
京库农桑丝折绢（匹）	217.00	217.00
折银草（包）	11000.00	
每包折银（两）	0.03	
共折银（两）	330.00	
户口食盐钞（贯）	52695.00	
凤阳府仓小麦（石）		2000.00
秋粮		
京库折银草（包）		11000.00
每包折银（两）		0.03
共折银（两）		330.00
户口盐钞银（两）		105.39
徐州		
夏税		
京库派剩折银麦（石）		1059.00
每石折银（两）		1.00
共折银（两）		1059.00
税丝折绢（匹）		3025.00
酒醋面局小麦（石）	1000.00	
京库丝折绢（匹）	3025.00	
农桑丝折绢（匹）	2558.00	2538.00
扬州亳州等仓小麦（石）		22041.00
秋粮		
京仓兑军米（石）	30000.00	
京库折银草（包）	50000.00	50000.00
每包折银（两）	0.03	0.03
共折银（两）	1500.00	1500.00
户口食盐钞（贯）	514398.00	
户口盐钞银（两）		1029.92
漕运兑军米（石）		30000.00
本州仓改兑米（石）		18000.00
和州		
夏税		

京库农桑丝折绢（匹）	99.00		99.00
户口食盐钞（贯）	59910.00		
秋粮			
京库折银草（包）			11000.00
每包折银（两）			0.03
共折银（两）			330.00
户口盐钞银（两）			109.01
滁州仓米（石）			8000.00

表9　　　　　　　　　　　　　　　漕运[1]

	兑运米（石）	改兑米（石）	支运米（石）	预备米（石）
浙江	600000.00	30000.00		
江西	400000.00	170000.00		
湖广	250000.00			
内折色	37734.70			
应天府	100000.00	28000.00		
苏州府	655000.00	42000.00		
松江府	203000.00	29950.00		
广德州		8000.00		
常州府	175000.00			
镇江府	80000.00	22000.00		
宁国府	30000.00			
池州府	25000.00			
庐州府	10000.00			
淮安府	25000.00	79150.00		
太平府	17000.00			
安庆府	60000.00			
凤阳府	30000.00	30300.00		
扬州府	60000.00	37000.00		
徐州	30000.00	18000.00		
山东	280000.00	95600.00		110400.00
内折色	70000.00			
河南	270000.00	110000.00		80000.00
内折色	70000.00			
天津仓			60000.00	
蓟州仓（本色米）			100000.00	
蓟州仓（折色米）			140000.00	
密云镇			154810.80	
昌平镇			189272.50	
合计	3300000.00	700000.00	644083.30	190400.00[2]

---

[1]资料来源：《明会典》卷二七《户部》一四，第199页。
[2]原书预备米总数为194400石，似误。

表 10   边粮[1]

	原饷额	现饷额	
		主兵	客兵
蓟州			
屯粮（石）	116600.00		
民运粮（石）	110000.00		
布（匹）	100000.00		
棉花（斤）	100000.00		
漕粮（石）	240000.00	50000.00	
盐引银（两）	13581.30		13581.35
京运粮（石）	50000.00		
民运银（两）		9731.49	18024.85
京运年例银（两）		216126.10	208766.28
屯粮料（石）			53568.63
折色地亩马草银（两）			16448.63
山东民兵工食银（两）			56000.00
遵化营民壮工食银（两）			4464.00
抚夷银（两）			15000.00
赏军银（两）			13800.00
永平			
屯粮料（石）	35782.52		
折色银（两）	5627.95		
民运粮料（石）	27713.00	27713.40	
折色银（两）	77617.80	28090.47	
漕粮（石）	56000.00		
折银（两）	41600.00		
京运银（两）	28672.89		119136.93
盐引（引）	42500.00		
屯粮料（石）		33521.04	
民壮工食银（两）		12618.00	
京运年例银（两）		122721.67	
屯草折银（两）			3229.56
民运本色草（束）			301922.00
密云			
屯粮（石）	4627.55		
民运粮（石）	55000.00		
漕粮（石）	15000.00	104810.80	50000.00
京运银（两）	15000.00		233961.69
屯粮料（石）		6646.75	
地亩银（两）		290.24	
民运银（两）		10953.16	

[1]资料来源：《明会典》卷二八《户部》一五，第 210 页。

京运年例银（两）		160075.49	
民运税粮改征黑豆银（两）			16345.66
归农民壮工食银（两）			918.00
昌平			
屯粮（石）	3232.55		
民运粮（石）	13000.00		
漕粮（石）	20000.00	39272.50[1]	
屯粮折色银（两）		2428.46	
地亩银（两）		557.69	
秋青草折银（两）		128.08	
民运银（两）		20704.90	
京运年例银（两）		96373.54	47066.04
易州			
屯粮（石）	13637.72		
折色银（两）	4469.58		
秋青草（束）	27250.00		
折银（两）	544.10		
民运粮（石）	68050.00		
屯粮料（石）		23077.83	
地亩银（两）		664.70	
民运银（两）		327129.13	
京运银（两）			59000.00
井陉			
屯粮（石）		14689.17	
屯豆（石）		24.55	
地亩银（两）		8198.08	
民运本色米麦（石）		17832.56	
折色银（两）		48545.92	
京运年例银（两）			3970.00
辽东			
屯粮（石）	700000.00		
民运布（匹）	310000.00		
花绒（斤）	140000.00		
盐引（引）	141548.00	111402.00	
该银（两）		39076.05	
京运银（两）	10000.00		
屯粮料（石）		279212.31	
荒田粮折银（两）		431.94	
民运银（两）		159842.59	
京运年例银（两）		307925.41	102058.95
宣府			

---

[1] 隆庆六年，添拨 150000 石。

屯粮（石）	254000.00	132038.20	
折色银（两）		22826.17	
民运本色米麦（石）	270000.00		
折色银（两）	60000.00		
盐引（引）	200000.00		
京运银（两）	50000.00		
民运折色银（两）		787233.28	
淮芦盐（引）		145113.00	70000.00
该银（两）		58299.12	26600.00
河东运司盐价银（两）		76778.56	
京运年例银（两）		125000.00	171000.00
大同			
屯粮（石）	513904.55	126744.59	
草（束）	169190.00	251296.00	
秋青草（束）	1760000.00	191960.00	
民运山西米麦豆（石）	418860.00		
草（束）	600000.00		
京运年例银（两）	50000.00	269638.00	
盐引（引）	80000.00		
牛具银（两）		8332.51	
户口盐钞银（两）		1079.00	
民运粮（石）		586475.50	
草（束）		2444850.00	
荒草银（两）		21600.00	
淮芦盐（引）		43804.00	70000.00
京运银（两）			181000.00
山西			
屯粮（石）	800.00	28592.85	
折色银（两）		1030.44	
民运本色米豆（石）	68033.00	21522.24	
折色银（两）		362120.55	
草（束）	600000.00		
盐引（引）	120000.00		
京运银（两）	20000.00	133300.00	73000.00
秋青草（束）		95086.00	
淮浙山东盐（引）		164391.00	
共银（两）		57832.06	
河东盐课银（两）		64259.20	
延绥			
屯粮料（石）	65845.00	56487.38	
草（束）	43372.00	61505.00	
地亩银（两）	1124.00	1046.16	
民运粮（石）	280000.00	97826.89	

草（束）		7942.00	
折色银（两）		197433.00	
淮浙盐（引）	200000.00	156482.00	70000.00
该银（两）		67625.52	29750.00
京运银（两）	100000.00		
京运年例银（两）		357265.21	20250.00
宁夏			
屯粮料（石）	107497.00	148303.80	
草（束）	1687474.00		
屯草并秋青草（束）		1807358.00	
折色粮草银（两）		1745.04	
地亩银（两）		1290.17	
民运粮（石）	200000.00		
民运本色粮（石）		1349.29	
本色草（束）		25295.00	
折色粮草银（两）		108719.52	
盐引（引）	108000.00		
京运银（两）	40000.00		
淮浙盐（引）		196994.00	
该银（两）		81694.90	
京运年例银（两）		25000.00	10000.00
甘肃[1]			
屯粮料（石）	603188.41	232434.23	
屯草（束）	549703.00		
草（束）		1753292.00	
秋青草（束）		1797545.00	
折色草价银（两）		2194.79	
湖荡草（束）		759413.00	
民运粮（石）	246744.00		
民运粮布折银（两）		294959.58	
京运银（两）	60000.00	51497.81	
盐引（引）	75000.00		
淮浙盐（引）		277000.00	
该银（两）		102150.00	
固原			
屯粮料（石）	324622.42	319406.55	
屯草（束）	229705.00	186002.00	
秋青草（束）	14227.00	14227.00	
粮折布（匹）		105.00	
折色粮料草银（两）	38333.16	41240.59	
牛具银（两）		196.15	

---

[1] 甘肃、固原现饷额不分主、客兵，今将现饷额记载主兵项下。

地亩银（两）	6773.94	7000.30	
民运本色粮料（石）	42103.80	45325.20	
草（束）	10696.00	8063.00	
布（匹）	65846.00		
花（斤）	29110.50		
折色粮料布花银（两）	283631.27	279296.61	
盐引（引）	72857.00		
淮浙盐（引）		60856.00	
该银（两）		25371.65	
京运银（两）	48871.20	63721.82	
犒赏银（两）	588.82	199.13	

表 11　　　内府库[1]

内承运库	
夏秋麦米（石）	4050919.11
每石折银（两）	0.25
共折金花银（两）	1012729.78
年例金（两）	2000.00
朱砂（斤）	46.50
慈宁宫子粒银（两）	27218.14
慈庆宫子粒银（两）	7289.69
乾清宫子粒银（两）	10976.04
未央宫改进乾清宫子粒银（两）	3941.14
承运库	
夏税丝绵农桑本色绢（匹）	148129.00
供用库	
白熟粳米（石）	82452.04
绿豆（石）	1603.10
黑豆（石）	1939.10
黄豆（石）	154.93
芝麻（石）	8223.10
黄蜡（斤）	110000.00
白蜡（斤）	35816.00
芽茶（两）	767355.00
叶茶（两）	641488.00
谷草（束）	57970.00
灯草（斤）	2000.00
蒲杖（斤）	3500.00
盐（两）	3866667.00
折色黄蜡（斤）	90000.00
共银（两）	18000.00
折色白蜡（斤）	125812.00
共银（两）	50324.80
甲字库	
颜料（斤）	412222.31
银朱（斤）	34122.18
乌梅（斤）	39309.06
靛花（斤）	20090.31
黄丹（斤）	42000.00
绿矾（斤）	15000.00
紫草（斤）	1400.00
明矾（斤）	40200.00
光粉（斤）	14600.75

黑铅（斤）	21000.00
水胶（斤）	80000.00
槐花（斤）	70000.00
蓝靛（斤）	31000.00
五倍子（斤）	3500.00
阔白三梭布（匹）	33000.00
阔白棉布（匹）	360411.00
苎布（匹）	47774.00
红花（斤）	30000.00
水银（斤）	229.00
丙字库	
丝绵（两）	314064.00
丝（两）	3585.13
棉花绒（两）	5998062.00
丁字库	
颜料（斤）	302687.50
内生漆（斤）	107561.50
桐油（斤）	94735.43
黄蜡（斤）	18962.18
黄熟铜（斤）	22616.06
红熟铜（斤）	24408.31
锡（斤）	19503.00
牛筋（斤）	4000.00
黄牛皮（张）	983.00
生铜（斤）	9878.00
广惠库	
本色钞（贯）	29204400.00
折色铜钱（文）	59777100.00
树株屯钞（贯）	56940.00
内官监	
白熟细粳米（石）	1700.00
白熟粳米（石）	11125.00
藁荐稻草（斤）	50000.00
草纸稻草（斤）	100000.00
青白盐（斤）	134500.00
尚膳监	
川椒（两）	16020.00
粟谷（石）	100.00
蜀秫（石）	116.00
酒醋面局	
白熟糯米（石）	11500.00
小麦（石）	7300.00
黄豆（石）	4600.00

[1] 资料来源：《明会典》卷三〇《户部》一七，第 220 页。

黑豆（石）	1800.00
绿豆（石）	700.00
谷草（束）	44000.00
稻皮（石）	500.00
曲（斤）	108800.00
司苑局	
黑豆（石）	1950.00
谷草（束）	70272.00
惜薪司	
白熟糯米（石）	15.10
红枣（斤）	15570.00
宝钞司	
稻草（斤）	245000.00
香油（两）	735.00

表 12	盐法[1]		
	洪武间岁办	弘治间岁办	万历六年岁办
两淮			
盐（引）	352576.00		
小引盐（引）		705180.00	705180.00
内本色常股盐（引）[2]		391825.00	493626.00
内存积盐（引）		250829.00	211554.00
内折色盐（引）		62485.00	
岁解太仓余盐银（两）			600000.00
两浙			
盐（引）	220457.00		
小引盐（引）		444769.00	444769.00
内本色常股盐（引）		133896.00	311338.00
内存积盐（引）		89264.00	133430.00
内折色盐（引）		221608.00	
岁解太仓余盐银（两）			140000.00
长芦			
盐（引）	63153.00		
小引盐（引）		180807.00	180808.00
内本色常股盐（引）		99614.00	126565.00
内存积盐（引）		36161.00	54242.00
内折色盐（引）		45032.00	
岁解太仓余盐银（两）			120000.00
山东			
盐（引）	143387.00		
小引盐（引）		284124.00	96110.00
内本色常股盐（引）[3]		149897.00	86110.00
内存积盐（引）			10000.00
内折色盐（引）		134227.00	
岁解太仓余盐银（两）			50000.00
福建			
盐（引）	104572.00		
大引盐（引）		105340.00	104340.00
内本色盐（引）		47456.00	
内折色盐（引）		57883.00	
岁解太仓余盐银（两）			22200.10
泉州军饷银（两）			2344.20
河东			
盐（斤）	60800000.00		
小引盐（引）[4]		420000.00	620000.00

[1]资料来源：《明会典》卷三二《户部》一九，第 226 页。
[2]弘治年间项目"本色常股盐"，在万历年间为"常股盐"。
[3]山东弘治年间项目"本色常股盐"为"本色盐"，万历年间为"常股盐"。

内常股盐（引）		294000.00	
内存积盐（引）		126000.00	
岁解太仓银（两）			4395.90
宣府镇银（两）			76778.56
大同代府禄粮银（两）			43113.00
山西布政司抵补民粮银（两）			74259.00
陕西			
盐（斤）			12577668.00
西和县岁办盐（斤）	131520.00		
漳县岁办盐（斤）	515670.00		
灵州岁办盐（斤）	2867407.00		
三县合计（斤）	3514597.00	3514607.00	
岁解宁夏镇年例银（两）			13242.00
岁解延绥镇年例银（两）			13714.24
岁解固原镇客兵银（两）			2059.00
固原军门犒赏银（两）			7120.44
广东			
广东盐场盐（引）	46855.00	46855.00	
海北盐场盐（引）	27040.00	19483.00	
内本色盐（引）		13380.00	
内折色盐（引）		6103.00	
广东小引生盐（引）			30229.00
广东小引熟盐（引）			34601.00
海北小引正耗盐（引）			12486.00
岁解太仓银（两）			11178.00
存留本处备用银（两）			4790.94
四川			
上流等九井盐课司（斤）	1919570.00	2794045.00	
永通等七井盐课司（斤）	844770.00	2618841.00	
郁山井盐课司（斤）	226800.00	732208.00	
涂甘井盐课司（斤）	164200.00	287815.00	
云安场等五井盐课司（斤）	2124620.00	2498491.00	
通海等三井盐课司（斤）	244330.00	921330.00	
福兴等六井盐课司（斤）	490770.00	490770.00	
广福等三井盐课司（斤）	224470.00	556325.00	
华池等三井盐课司（斤）	224220.00	634532.00	
新罗等二井盐课司（斤）	725500.00	995878.00	
富义等一十三井盐课司（斤）	1888000.00	3679272.00	
罗泉等五井盐课司（斤）	321300.00	1244127.00	
黄市等二井盐课司（斤）	690040.00	1075601.00	
仙泉井盐课司（斤）	38850.00	2137615.00	

---

¹河东弘治年间项目"小引盐"为"盐"。

盐（斤）			9861140.00
岁解陕四镇盐课银（两）			71464.00
云南			
五井盐课提举司（斤）	272137.00	无定数	
又折棉布（段）	720.00		
黑盐井盐课提举司（斤）	572340.00	616370.00	
安宁盐井盐课提举司（斤）	772680.00	无定数	
白盐井盐课提举司（斤）	210720.00	334314.00	
盐（斤）			1827877.00
岁解太仓盐课银（两）			35547.37
遇闰该银（两）			38528.97

表 13 钞关[1]

河西务	
钞（贯）	1190000.00
船铺牙行税银（两）	4000.00
商税正余银（两）	4000.00
条船二税银（两）	14900.00
临清	
本色钞（贯）	12600000.00
钱（文）	25200000.00
折色船料商税正余银（两）	83800.00
浒墅	
本色钞（贯）	5860000.00
钱（文）	11730000.00
折色船料正余银（两）	39900.00
九江	
本色钞（贯）	2930000.00
钱（文）	6890000.00
折色船料正余银（两）	15000.00
杭州	
本色钞（贯）	1900000.00
钱（文）	2810000.00
折色船料商税正余银（两）	36800.00
淮安	
本色钞（贯）	3000000.00
钱（文）	6000000.00
折色船料正余银（两）	22700.00
扬州	
本色钞（贯）	1690000.00
钱（文）	3380000.00
折色船料正余银（两）	12900.00

表 14 税课[2]

弘治间课钞（贯）	46180090.00
嘉靖二十三年课钞（贯）	52068109.00
万历六年课钞	
顺天府九门并都税等司门摊	
课钞（贯）	665120.00
铜钱（文）	2432850.00
崇文门宣课分司	
商税银（两）	19816.00
铜钱（文）	18877700.00

条税银（两）	15996.00
船税银（两）	4515.00
通州张家湾宣课司	
商税银（两）	3009.00
铜钱（文）	2887760.00
条税银（两）	155.60
船税银（两）	22.70
麴（斤）	152800.00
通州盐牙税银（两）	555.00
永平府	
钞（贯）	40855.00
保定府	
钞（贯）	177429.00
河间府	
钞（贯）	115342.00
真定府	
钞（贯）	117569.00
顺德府	
钞（贯）	29539.00
广平府	
钞（贯）	43571.00
大名府	
钞（贯）	107838.00
应天府商税门摊等	
钞（贯）	3366382.00
余钞（贯）	9639350.00
江东瓜埠巡检司	
船料钞（贯）	121524.00
南京五城兵马司	
房钞（贯）	1618438.00
龙江、石灰山、大胜三关	
船料钞（贯）	503608.00
安庆府	
钞（贯）	352326.00
苏州府	
钞（贯）	692108.00
松江府	
钞（贯）	427162.00
常州府	
钞（贯）	242866.00
铜钱（文）	485739.00
镇江府	
钞（贯）	330856.00

[1]资料来源：《明会典》卷三五《户部》二二，第 245 页。
[2]资料来源：《明会典》卷三五《户部》二二，第 254 页。

庐州府	
钞（贯）	273767.00
凤阳府	
钞（贯）	530446.00
淮安府	
钞（贯）	2269863.00
扬州府	
钞（贯）	867276.00
徽州府	
钞（贯）	140570.00
宁国府	
钞（贯）	193229.00
池州府	
钞（贯）	69237.00
太平府	
钞（贯）	142352.00
广德州	
钞（贯）	91487.00
徐州	
钞（贯）	343917.00
滁州	
钞（贯）	53956.00
铜钱（文）	53958.00
和州	
钞（贯）	62909.00
浙江	
钞（贯）	3005239.00
江西	
商税银（两）	3295.69
湖广	
钞（贯）	557914.00
山东	
税课钞折银（两）	8861.30
河南	
钞（贯）	2034102.00
福建	
商税课等钞（锭）	267336.00
陕西	
钞（贯）	1721606.00
小麦（石）	2493.40
课银（两）	4.66
山西	
钞（贯）	447064.00

广东南雄府太平桥	
南北抽盘商税铁课银（两）	43000.00
广西	
钞（贯）	80793.00
四川	
钞（贯）	544718.00
云南	
税课钞银（两）	13764.25
米麦（石）	944.88
海𧵅（索）	5769.00
贵州	
钞（贯）	148363.00

表 15　　　　　鱼课[1]

弘治十五年课钞（贯）	3175370.00
嘉靖二十三年课钞（贯）	3177110.00
万历六年课钞	
直隶永平府	
钞（贯）	10073.00
保定府	
钞（贯）	4771.00
河间府	
钞（贯）	15717.00
大名府	
钞（贯）	7710.00
应天府	
钞（贯）	99049.00
直隶苏州府	
钞（贯）	2174.00
松江府	
银（两）	557.46
常州府	
钞（贯）	34981.00
铜钱（文）	69964.00
镇江府	
钞（贯）	5164.00
庐州府	
钞（贯）	26382.00
扬州府	
钞（贯）	121501.00
太平府	

[1]资料来源：《明会典》卷三六《户部》二三，第264页。

银（两）	117.24
浙江	
钞（贯）	182969.00
江西	
银（两）	1480.53
湖广	
钞（贯）	1265424.00
福建	
银（两）	7100.00
山东	
钞（贯）	344.00
河南	
钞（贯）	7268.00
陕西	
钞（贯）	23912.00
广西	
钞（贯）	2079.00
四川	
银（两）	337.57
云南	
银（两）	1253.70
米麦（石）	350.50

应天府江东瓜埠巡检司	
钞（贯）	100000.00
苏州府	
钞（贯）	2915.00
常州府	
钞（贯）	4129.00
铜钱（文）	8258.00
镇江府	
钞（贯）	1602.00
徽州府	
钞（贯）	70568.00
广德州	
钞（贯）	503280.00
浙江	
钞（贯）	2134.00
河南	
钞（贯）	1280.00
广西	
钞（锭）	1183.00
云南	
银（两）	17.31
贵州	
钞（贯）	81.00

表 16　　　　茶课[1]

陕西	
国初（斤）	26862.96
弘治十八年（斤）	51026.96
万历（斤）	51384.83
四川	
国初（斤）	1000000.00
后减为（斤）	843060.00
正统九年（斤）	421530.00
景泰二年（斤）	停止
成化十九年（斤）	100000.00
万历	
本色（斤）	158859.00
折色（斤）	336963.00
共征银（两）	4702.08
内存本省赏番银（两）	3105.55
实解陕西巡茶衙门易马银（两）	1596.53
各处茶课钞数	

表 17　　　　宗藩禄米[2]

	米（石）
亲王	10000.00
郡王	2000.00
镇国将军	1000.00
辅国将军	800.00
奉国将军	600.00
镇国中尉	400.00
辅国中尉	300.00
奉国中尉	200.00
公主及驸马	2000.00
郡主及仪宾	800.00
县主及仪宾	600.00
郡君及仪宾	400.00
县君及仪宾	300.00
乡君及仪宾	200.00

[1] 资料来源：《明会典》卷三七《户部》二四，第265页。

[2] 资料来源：《明会典》卷三八《户部》二五，第271页。

表 18 　　　　　　　　　　　宗藩禄米本折色比例[1]

	禄米（石）	内本色（石）	内折色（石）
秦王	9000.00	4000.00	5000.00
晋王	9000.00	9000.00	
周王	9000.00	9000.00	
楚王	9000.00	9000.00	
鲁王	8000.00	5000.00	3000.00
蜀王	9000.00	9000.00	
代王	6000.00	3000.00	3000.00
肃王	800.00	240.00	560.00
辽王（国除）	2000.00		
庆王	9000.00	7000.00	2000.00
宁王（国除）	10000.00	5000.00	5000.00
岷王	1500.00	1500.00	
韩王	3000.00	2000.00	1000.00
沈王	9000.00	5500.00	3500.00
唐王	6000.00	4000.00	2000.00
伊王（国除）	2000.00	2000.00	
赵王	9000.00	7000.00	2000.00
郑王	10400.00	10400.00	
襄王	10000.00	10000.00	
荆王	9500.00	9500.00	
淮王	10000.00	5000.00	5000.00
德王	9000.00	9000.00	
秀王（国绝）	10000.00	10000.00	
崇王	9500.00	9500.00	
吉王	9000.00	9000.00	
徽王（国除）	10000.00	10000.00	
岐王（国绝）	10000.00	10000.00	
益王	8000.00	8000.00	
衡王	8000.00	8000.00	
雍王（国绝）	10000.00	10000.00	
寿王（国绝）	10000.00	10000.00	
汝王（国绝）	10000.00	10000.00	
泾王（国绝）	10000.00	10000.00	
荣王	9000.00	9000.00	
景王（国绝）	10000.00	10000.00	
靖江王	1000.00	500.00	500.00
各府(二十六府)郡王	1000.00	300.00	700.00
岷府郡王	500.00	250.00	250.00

[1]资料来源：《明会典》卷三八《户部》二五，第 271 页。各王禄米沿袭各有增减，本表仅计现额数据。

表 19 公侯驸马伯禄米[1]

	禄米（石）	内本色（石）	内折色（石）
魏国公	5000.00	2000.00	3000.00
黔国公	3000.00	1500.00	1500.00
成国公	4200.00	1400.00	2800.00
英国公	3200.00	1500.00	1700.00
定国公	2500.00	1500.00	1000.00
武定侯	1000.00	500.00	500.00
镇远侯	1000.00	500.00	500.00
武安侯	1000.00	700.00	300.00
泰宁侯	1000.00	500.00	500.00
永康侯	1000.00	500.00	500.00
隆平侯[2]	1000.00	700.00	300.00
宁阳侯	1000.00	500.00	500.00
丰城侯	500.00	200.00	300.00
西宁侯	1100.00	1100.00	
安远侯	1000.00	500.00	500.00
阳武侯	800.00	400.00	400.00
恭顺侯	1500.00	700.00	800.00
保定侯	800.00	400.00	400.00
定西侯	1500.00	750.00	750.00
抚宁侯	1200.00	840.00	360.00
怀宁侯	1000.00	400.00	600.00
临淮侯	1000.00	500.00	500.00
怀远侯	1000.00	500.00	500.00
定远侯	1000.00	500.00	500.00
灵璧侯	1000.00	500.00	500.00
驸马都尉[3]	1000.00	700.00	300.00
成安伯	1000.00	400.00	600.00
兴安伯	1000.00	300.00	700.00
襄城伯	1000.00	500.00	500.00
新宁伯	1000.00	700.00	300.00
应城伯	1000.00	500.00	500.00
平江伯	1000.00	500.00	500.00
成山伯	1000.00	400.00	600.00
安乡伯	1000.00	500.00	500.00
遂安伯	1000.00	500.00	500.00
忻城伯	1000.00	500.00	500.00
武进伯	800.00	400.00	400.00
广宁伯	700.00	350.00	350.00

[1] 资料来源：《明会典》卷三八《户部》二五，第 274 页。
[2] 原书中隆平侯禄米折色 200 石，似应为 300 石。
[3] 驸马都尉禄米 1000 石，本色 700 石，小麦 300，每石折银 0.4 两。

清平伯	800.00	400.00	400.00
崇信伯	1000.00	400.00	600.00
彭城伯	1000.00	400.00	600.00
惠安伯[1]	1100.00	550.00	550.00
靖远伯	1000.00	500.00	500.00
南宁伯	1000.00	500.00	500.00
南和伯	800.00	400.00	400.00
宣城伯	1000.00	500.00	500.00
彰武伯	1000.00	500.00	500.00
武平伯	1000.00	400.00	600.00
丰润伯	1000.00	500.00	500.00
怀柔伯	1000.00	400.00	600.00
东宁伯	800.00	350.00	450.00
宁晋伯	800.00	400.00	400.00
伏羌伯	1000.00	400.00	600.00
武靖伯	1000.00	500.00	500.00
诚意伯	700.00	300.00	400.00
新建伯	1000.00	600.00	400.00
宁远伯	800.00	500.00	300.00
合计	68600.00	33840.00	34760.00

表20　　　　　　　　　　　　　　　　　　　俸给[2]

	正一品	从一品	正二品	从二品	正三品	从三品	正四品	从四品	正五品
岁该俸（石）	1044.00	888.00	732.00	576.00	420.00	312.00	288.00	252.00	192.00
内本色俸（石）	331.20	284.40	237.60	190.80	144.00	111.60	104.40	93.60	75.60
支米（石）	12.00	12.00	12.00	12.00	12.00	12.00	12.00	12.00	12.00
折银俸（石）	266.00	227.00	188.00	149.00	110.00	83.00	77.00	68.00	53.00
折绢俸（石）	53.20	45.40	37.60	29.80	22.00	16.60	15.40	13.60	10.60
共该银（两）	204.82	174.79	144.76	114.72	84.70	63.91	59.29	52.36	40.81
内折色俸（石）	712.80	603.60	494.40	385.20	276.00	200.40	183.60	158.40	116.40
折布俸（石）	356.40	301.80	247.20	192.60	138.00	100.20	91.80	79.20	58.20
该银（两）	10.69	9.05	7.41	5.77	4.14	3.00	2.75	2.37	1.74
折钞俸（石）	356.40	301.80	247.20	192.60	138.00	100.20	91.80	79.20	58.20
该本色钞（贯）	7128.00	6036.00	4944.00	3852.00	2760.00	2004.00	1836.00	1584.00	1164.00
	从五品	正六品	从六品	正七品	从七品	正八品	从八品	正九品	从九品
岁该俸（石）	168.00	120.00	96.00	90.00	84.00	78.00	72.00	66.00	60.00
内本色俸（石）	68.40	66.00	56.40	54.00	51.60	49.20	46.80	44.40	42.00
支米（石）	12.00	12.00	12.00	12.00	12.00	12.00	12.00	12.00	12.00
折银俸（石）	47.00	45.00	37.00	35.00	33.00	31.00	29.00	27.00	25.00
折绢俸（石）	9.40	9.00	7.40	7.00	6.60	6.20	5.80	5.40	5.00
共该银（两）	36.19	34.65	28.49	26.95	25.41	23.87	22.33	20.79	19.25

---

[1] 嘉靖元年加本色 30 石。
[2] 资料来源：《明会典》卷三九《户部》二六，第 276 页。

内折色俸（石）	99.60	54.00	39.60	36.00	32.40	28.80	25.20	21.60	18.00
折布俸（石）	49.80	27.00	19.80	18.00	16.20	14.40	12.60	10.80	9.00
该银（两）	1.49	0.81	0.59	0.54	0.48	0.43	0.38	0.32	0.27
折钞俸（石）	49.80	27.00	19.80	18.00	16.20	14.40	12.60	10.80	9.00
该本色钞（贯）	996.00	540.00	396.00	360.00	324.00	288.00	252.00	216.00	180.00

表 21 岁支俸给[1]

	米（石）	银（两）	钞（贯）
正一品	12.00	215.51	7128.00
从一品	12.00	183.84	6036.00
正二品	12.00	152.18	4944.00
从二品	12.00	120.50	3852.00
正三品	12.00	88.84	2760.00
从三品	12.00	66.92	2004.00
正四品	12.00	62.04	1836.00
从四品	12.00	54.74	1584.00
正五品	12.00	42.56	1164.00
从五品	12.00	37.68	996.00
正六品	12.00	35.46	540.00
从六品	12.00	29.08	396.00
正七品	12.00	27.49	360.00
从七品	12.00	25.90	324.00
正八品	12.00	24.30	288.00
从八品	12.00	22.71	252.00
正九品	12.00	21.11	216.00
从九品	12.00	19.52	180.00

表 22 屯粮[2]

	原额（石）	现额（石）
水军左卫	8489.01	8124.19
留守左卫	1630.76	1677.35
龙虎左卫	2804.47	2638.15
龙骧卫	3534.94	4041.83
龙虎卫	810.50	861.07
应天卫	3410.53	3296.57
府军卫	421.98	425.61
府军左卫	2304.70	3093.49
府军右卫	586.46	486.08
虎贲左卫	1737.19	2916.63
羽林左卫	745.16	854.84
鹰扬卫	3248.04	3253.36

[1] 资料来源：《明会典》卷三九《户部》二六，第 276 页。
[2] 资料来源：《明会典》卷四二《户部》二九，第 295 页。

广洋卫	7363.84	8807.12
留守中卫	1295.19	941.66
虎贲右卫	3767.07	4307.48
水军右卫	5580.72	6150.83
龙江右卫	1192.51	2896.83
骁骑右卫	1661.44	2078.39
留守后卫	998.50	950.80
羽林右卫	1165.50	1551.40
留守右卫	2009.47	2102.48
横海卫	7295.24	9391.11
豹韬左卫	1872.00	1881.72
豹韬卫	1704.46	1925.85
和阳卫	6752.06	6230.26
龙江左卫	10776.02	12226.01
兴武卫	4585.23	5260.74
镇南卫	7423.14	7048.38
江阴卫	5021.72	5754.94
金吾前卫	448.47	477.96
旗手卫	898.97	973.78
金吾后卫	374.62	109.04
沈阳右卫	3222.54	2978.28
留守前卫	3043.75	2955.21
锦衣卫水军亲军驯象千户三所	8199.40	8697.56
神策卫	886.57	1163.55
天策卫	4459.89	5174.53
府军后卫	1113.82	1050.53
武德卫	648.92	724.86
飞熊卫	5209.04	5288.84
广武卫	5346.44	5975.30
英武卫	4564.25	4679.92
合计	138604.53	151424.53

表 23　　　南京户部[1]

浙江布政司	
南京各卫仓	
原额秋粮米（石）	300000.00
现额秋粮米（石）	257409.00
南京供用库	
原额白熟粳米（石）	4000.00
现额白熟粳米（石）	3500.00
准糙粳米（石）	3850.00
南京丙字库	
夏税串五丝（两）	20000.00
荒丝（两）	20000.00
中白棉（两）	3000.00
南京承运库	
原农桑绢（匹）	3500.00
现农桑绢（匹）	3509.00
南京定场马草	
原额（包）	190000.00
现额（包）	192650.00
江西布政司	
南京各卫仓	
原额米（石）	470000.00
现额米（石）	369436.71
南京库	
阔白棉布（匹）	100000.00
准米（石）	100000.00
阔白苎布（匹）	70000.00
准米（石）	49000.00
苎布（匹）	1341.00
每匹折银（两）	0.20
南京原额户口钞（贯）	4279584.00
钱（文）	8556227.00
今收钞银（两）	7459.54
福建布政司	
南京承运库	
夏税农桑绢（匹）	600.00
南京宝钞广惠库	
原额钱钞（贯）	6068743.00
现额钱钞（锭）（存留本省）	267336.00
南京内府速香（斤）[2]	1137.50

湖广布政司	
南京各卫仓	
原额米（石）	310000.00
现额米（石）	261035.00
南京甲字库	
白棉布（匹）	100000.00
准米（石）	100000.00
南京丙字库	
棉花绒（斤）	50000.00
准米（石）	5000.00
南京承运库	
原额农桑绢（匹）	4992.00
现额农桑绢（匹）	4997.00
南京广惠库	
原额钱钞（贯）	3472743.00
现额钱钞（贯）（解北京）	2698641.00
南京国子监	
供用干鱼（斤）	22125.00
应天府	
孝陵神宫监	
原额粗粳米（石）[3]	500.00
原额白熟糯米（石）	60.00
准糙粳米（石）	66.00
现额白熟糯米（石）	50.00
准糙粳米（石）	55.00
原额芝麻（石）	50.00
现额芝麻（石）	20.00
原额黄豆（石）	300.00
现额黄豆（石）	200.00
原额绿豆（石）	40.00
现额绿豆（石）	60.00
原额稻皮（石）[4]	40.00
准米（石）	2.00
原额稻谷（石）	600.00
准米（石）	300.00
现额稻谷（石）	400.00
准米（石）	200.00
南京酒醋面局	
原额绿豆（石）	20.00
现额绿豆（石）	30.00
稻皮（石）	200.00

[1] 资料来源：《明会典》卷四二《户部》二九，第 299 页。

[2] 原注：五年一次会计，今停征。

[3] 原注：今无征。

[4] 原注：今无征。

准米（石）	10.00
南京光禄寺	
原额黄豆（石）	1553.00
现额黄豆（石）	432.40
原额芝麻（石）	60.00
原额稻谷（石）	840.00
准米（石	420.00
现额稻谷（石）	330.00
准米（石）	165.00
粟谷（石）[1]	10.00
准米（石）	5.00
稻皮（石）[2]	200.00
准米（石）	10.00
南京国子监	
原额绿豆（石）[3]	100.00
长安四门仓	
原额糙粳米（石）	14500.00
现额糙粳米（石）	6000.00
南京各卫仓	
原额米（石）	32592.00
现额米（石）	11855.00
黑豆（石）	2691.00
南京供用库	
黑豆（石）	130.00
黄豆（石）	20.00
南京牺牲所	
黄豆（石）	200.00
孝陵神宫监	
原额小麦（石）	60.00
现额小麦（石）	45.00
南京酒醋面局	
原额小麦（石）	700.00
现额小麦（石）	500.00
原额麦稳（石）	100.00
准小麦（石）	10.00
今额麦稳（石）	150.00
准小麦（石）	15.00
南京库	
丝绵折绢（匹）	1214.00
南京各卫仓	

原额小麦（石）	6200.00
现额小麦（石）	6000.00
南京光禄寺	
原额小麦（石）	600.00
现额小麦（石）	161.00
麦稳（石）	13.20
准小麦（石）	1.32
南京库	
农桑丝折绢（匹）	143.00
南京供用库	
原额黄白蜡（斤）	2000.00
现额黄蜡（斤）	1100.00
现额白蜡（斤）	150.00
原额颣草（斤）	2000.00
现额颣草（斤）	1000.00
原额蒲杖（斤）	2000.00
现额蒲杖（斤）	500.00
南京光禄寺	
原额蜂蜜（斤）	1000.00
现额蜂蜜（斤）	1200.00
原额黑砂糖（斤）	120.00
现额黑砂糖（斤）	110.00
孝陵神宫监	
细稻草（包）[4]	10000.00
南京定场马草	
原额（包）	52292.00
现额（包）	57292.00
苏州府	
南京公侯驸马伯并五府六部都察院等衙门	
原额俸米（石）	27952.00
现额俸米（石）	19692.00
原额禄米（石）	33000.00
现额禄米（石）	4000.00
南京光禄寺	
原额白熟粳米（石）	66.00
现额白熟粳米（石）	68.00
准糙粳米（石）	74.80
次等白粳米（石）	6000.00
准糙粳米（石）	6600.00
原额白熟糯米（石）	1300.00
现额白熟糯米（石）	127.00

准糙粳米（石）	139.70
南京酒醋面局	
原额白熟糯米（石）	800.00
现额白熟糯米（石）	700.00
准糙粳米（石）	770.00
南京各卫仓	
原额米（石）	59412.00
现额米（石）	28757.00
南京神乐观	
原额粳米（石）	800.00
现额糙粳米（石）	640.00
南京牺牲所	
绿豆（石）	600.00
南京会同馆	
次等白粳米（石）	225.00
准糙粳米（石）	247.50
南京各卫所仓	
折银小麦（石）	10000.00
每石折银（两）	0.40
南京承运库	
农桑丝折绢（匹）	640.00
南京光禄寺	
蜂蜜（斤）	1900.00
黑砂糖（斤）	150.00
南京定场	
原额马草（包）	140000.00
现额马草（包）	160000.00
南京御马监	
细稻草（包）[1]	20000.00
南京内官监	
齐头稻草（束）	1000.00
南京供用库	
原额灯草（斤）	300.00
现额灯草（斤）	150.00
茶叶（斤）	2000.00
南京宝钞广惠库	
原额鱼课钞（锭）	22853.00
现额鱼课银（两）	68.55
松江府	
南京公侯驸马伯并五府六部都察院等衙门	
原额俸米（石）	57000.00

现额俸米（石）	12104.29
原额禄米（石）	25000.00
现额禄米（石）	3000.00
南京光禄寺	
原额次等白粳米（石）	7000.00
现额次等白粳米（石）	6000.00
准糙粳米（石）	6600.00
原额白熟糯米（石）[2]	1000.00
准糙粳米（石）	1100.00
南京神乐观	
原额糙粳米（石）	700.00
现额糙粳米（石）	489.23
南京会同馆	
次等白粳米（石）	225.00
准糙粳米（石）	247.50
南京各卫所仓	
小麦（石）	15000.00
每石折银（两）	0.40
南京库	
丝绵折绢（匹）	697.00
现存农桑丝折绢（匹）	179.00
南京各卫仓	
原额米（石）	9058.00
现额米（石）	9466.00
南京光禄寺	
蜂蜜（斤）	1500.00
黑砂糖（斤）	140.00
南京定场	
马草（包）	63000.00
常州府	
南京各卫仓	
原额米（石）	4727.27
现额米（石）	1649.00
南京光禄寺	
原额次等白粳米（石）	6000.00
现额次等白粳米（石）	5000.00
准糙粳米（石）	5500.00
南京神乐观	
糙粳米（石）[3]	500.00
长安四门仓	
糙粳米（石）	4000.00

[1] 原注：今无征。

[2] 原注：今无征。
[3] 原注：今无征。

2250

南京国子监	
原额白熟粳米（石）	3500.00
现额白熟粳米（石）	1000.00
准糙粳米（石）	1100.00
原额糙粳米（石）	2500.00
现额糙粳米（石）	1000.00
每石折银（两）	0.70
黄豆（石）	100.00
南京牺牲所	
绿豆（石）[1]	600.00
南京内官监	
白熟细粳米（石）	44.00
准糙粳米（石）	48.40
南京公侯驸马伯并五府六部都察院等衙门	
原额米（石）	43000.00
每石折银（两）	0.70
现额俸米（石）	11724.70
每石折银（两）	0.70
原额禄米（石）	22000.00
每石折银（两）	0.70
现额禄米（石）	3000.00
每石折银（两）	0.70
南京各卫仓	
小麦（石）	10000.00
每石折银（两）	0.40
南京山川坛耤田祠祭署	
小麦（石）	160.00
南京库	
麻布（匹）	2077.00
南京供用库	
原额细稻草（包）	15000.00
现额细稻草（包）	4320.00
南京定场	
原额马草（包）	130000.00
现额马草（包）	152080.00
南京酒醋面局	
原额白熟粳米（石）	500.00
黄豆（石）[2]	100.00
原额细稻草（包）	15000.00
现额细稻草（包）	2520.00
南京光禄寺	

蜂蜜（斤）	1500.00
黑砂糖（斤）	140.00
南京广惠宝钞库	
原额商税鱼茶课钞（贯）	263089.00
原额钱（文）	526182.00
现额商税鱼茶课钞（锭）	56790.00
现额钱（文）	567809.00
镇江府	
南京各卫仓	
秋粮米（石）	5000.00
内派剩米（石）（今折银解太仓银库）	75.00
南京光禄寺	
蜂蜜（斤）	500.00
黑砂糖（斤）	110.00
南京定场	
马草（包）	37000.00
南京库	
鱼课银（两）	19.01
庐州府	
南京御马监	
细稻草（包）	10000.00
南京定场	
马草（包）	20000.00
凤阳府	
南京定场	
马草（包）	90000.00
淮安府	
南京各卫仓	
原额米（石）	625.00
现额米（石）（折银解太仓银库）	525.00
南京定场	
细稻草（包）	165000.00
扬州府	
南京库	
折银草（包）[3]	220000.00
每包折银（两）	0.03
南京光禄寺	
细稻草（包）	4000.00
南京定场	
马草（包）	117080.00
徽州府	

[1] 原注：今无征。
[2] 原注：今无征。

[3] 原注：今无征。

南京光禄寺	
小麦（石）[1]	600.00
南京各卫仓	
小麦（石）	2300.00
每石折银（两）	0.40
南京承运库	
人丁丝折绢（匹）	8779.00
农桑丝折生绢（匹）	15.00
南京供用库	
原额芝麻（石）	800.00
现额芝麻（石）	650.00
原额黄蜡（斤）	2000.00
现额黄蜡（斤）	2200.00
白蜡（斤）	350.00
原额芽茶（斤）	4000.00
现额芽茶（斤）	3000.00
原额叶茶（斤）	4000.00
现额叶茶（斤）	2000.00
南京各卫仓	
原额米（石）	32000.00
现额米（石）	27834.00
南京光禄寺	
原额蜂蜜（斤）	1200.00
现额蜂蜜（斤）	1250.00
黑砂糖（斤）	120.00
南京甲字库	
阔白苎布（匹）	20000.00
准小麦（石）	21000.00
每匹折银（两）	0.20
宁国府	
南京酒醋面局	
黄豆（石）[2]	520.00
南京御马监	
黑豆（石）[3]	100.00
南京各卫仓	
原额黑豆（石）	13980.00
现额黑豆（石）	11000.00
原额米（石）	10000.00
现额米（石）	9607.00
南京供用库	

原额芝麻（石）	600.00
现额芝麻（石）	550.00
南京国子监	
小麦（石）	100.00
南京光禄寺	
原额蜂蜜（斤）	1000.00
现额蜂蜜（斤）	1200.00
黑砂糖（斤）	120.00
南京各卫仓	
小麦（石）	10000.00
每石折银（两）	0.40
南京库	
农桑丝折绢（匹）	30.00
南京库	
折银草（包）	570000.00
每包折银（两）	0.03
南京定场	
马草（包）	200000.00
池州府	
南京御马监	
豆（石）[4]	500.00
长安四门仓	
米（石）[5]	4276.00
南京各卫仓	
原额米（石）	15000.00
现额米（石）	11142.00
原额黑豆（石）	14524.00
现额黑豆（石）	9707.00
南京飞熊卫仓	
黑豆（石）	983.00
南京神乐观	
原额小麦（石）	600.00
现额小麦（石）	278.00
南京各卫仓	
小麦（石）	492.00
南京供用库	
原额芽茶（斤）	1000.00
现额芽茶（斤）	2000.00
原额黄蜡（斤）	575.00
现额黄蜡（斤）	500.00
南京光禄寺	

[1] 原注：今无征。
[2] 原注：今无征。
[3] 原注：今无征。

[4] 原注：今无征。
[5] 原注：今无征。

原额蜂蜜（斤）	300.00		绿豆（石）	100.00
现额蜂蜜（斤）	400.00		安庆府	
黑砂糖（斤）	110.00		南京各卫仓	
南京定场			秋粮米（石）	14000.00
马草（包）	30000.00		内派剩米（石）（折银解太仓银库）	210.00
太平府			**南京光禄寺司牲司**	
南京御马监			原额马草（包）	30000.00
黑豆（石）¹	500.00		现额马草（包）	4000.00
绿豆（石）²	200.00		**南京御马监**	
细稻草（包）³	10000.00		细稻草（包）⁶	5000.00
南京各卫仓			**南京定场**	
原额米（石）	2600.00		原额马草（包）	30000.00
今本折米（石）	3769.00		现额马草（包）	55000.00
黄豆（石）⁴	2000.00		**广德州**	
原额黑豆（石）	1638.47		**南京各卫仓**	
现额黑豆（石）	1180.00		原额米（石）	5000.00
南京神乐观			现额米（石）	1884.00
原额黄豆（石）	160.00		黑豆（石）	1060.00
现额黄豆（石）	122.50		原额小麦（石）	2500.00
南京光禄寺			每石折银（两）	0.40
原额绿豆（石）	440.00		**南京神乐观**	
现额绿豆（石）	20.00		原额芝麻（石）	30.00
南京牺牲所			现额芝麻（石）	22.60
黄豆（石）⁵	200.00		**南京供用库**	
南京各卫仓			原额黄豆（石）⁷	300.00
原额小麦（石）	2500.00		绿豆（石）	300.00
现额小麦（石）	1900.00		原额黄蜡（斤）	830.00
南京酒醋面局			现额黄蜡（斤）	500.00
原额小麦（石）	100.00		原额叶茶（斤）	800.00
现额小麦（石）	150.00		现额叶茶（斤）	300.00
南京库			**南京承运库**	
农桑绢（匹）	116.00		夏税丝（斤）	116.00
南京定场			农桑绢（匹）	19.00
马草（包）	110000.00		**南京光禄寺**	
南京供用库			原额细稻草（包）	25000.00
原额芝麻（石）	100.00		现额细稻草（包）	1385.00
现额芝麻（石）	300.00		**南京各场**	
南京国子监			原额草（包）	20000.00
			现额草（包）	42320.00
			徐州	
			南京库	

---

¹ 原注：今停征。
² 原注：今停征。
³ 原注：今停征。
⁴ 原注：无征。
⁵ 原注：今停征。

⁶ 原注：今无征。
⁷ 原注：今无征。

折银草（包）[1]	50000.00
南京供用库	
黄蜡（斤）	200.00
叶茶（斤）	200.00
滁州	
南京牺牲所	
原额糙粳米（石）	730.00
现额糙粳米（石）	580.00
稻谷（石）	50.00
准米（石）	25.00
南京供用库	
芝麻（石）[2]	700.00
黄蜡（斤）	300.00
南京各卫仓	
原额米（石）	20.00
现额黑豆（石）	452.00
南京库	
折银草（包）[3]	11000.00
每包折银（两）	0.03
南京定场	
马草（包）	10000.00
南京酒醋面局	
原额黄豆（石）	600.00
现额黄豆（石）	408.00
南京牺牲所	
细稻草（包）	15000.00
南京御马监	
黑豆（石）[4]	50.00
绿豆（石）[5]	50.00
叶茶（斤）[6]	200.00
和州	
南京牺牲所	
糙粳米（石）	720.00
南京供用库	
原额黄蜡（斤）	170.00
现额黄蜡（斤）	200.00
原额叶茶（石）	200.00
现额叶茶（石）	300.00

南京定场	
草（包）	1440.00
南京锦衣卫驯象千户所	
南京光禄寺	
夏税番麦（石）	60.48

[1]原注：今停征。
[2]原注：今停征。
[3]原注：今停征。
[4]原注：今无征。
[5]原注：今无征。
[6]原注：今无征。

表24

洪武、弘治、万历三朝田土、人户、人口比较

田土（亩）

	洪武	%	弘治	%	万历	%
总数	850762368.00	121.30	622805875.13	88.79	701397627.68	100.00
浙江布政司	51705151.00	110.72	47234271.77	101.15	46696982.48	100.00
江西布政司	43118601.00	107.49	40235246.67	100.29	40115127.11	100.00
湖广布政司	220217575.00	99.37	223612846.62	100.90	221619940.10	100.00
福建布政司	14625969.00	108.97	13516617.79	100.70	13422500.67	100.00
山东布政司	72403562.00	117.25	54292937.64	87.92	61749899.68	100.00
山西布政司	41864248.00	113.75	39080933.93	106.19	36803927.21	100.00
河南布政司	144946982.00	195.46	41609968.47	56.11	74157951.99	100.00
陕西布政司	31525175.00	107.62	26066281.80	88.99	29292385.10	100.00
四川布政司	11203256.00	83.09	10786962.65	80.01	13482767.23	100.00
广东布政司	23734056.00	92.40	7232446.16	28.16	25686513.66	100.00
广西布政司	10240390.00	108.92	10784801.70	114.71	9402074.80	100.00
云南布政司			363135.00	20.18	1799358.80	100.00
贵州布政司					516686.30	100.00
北直隶	58249951.00	118.26	26971391.90	54.76	49256842.20	100.00
南直隶	126927452.00	164.00	81018033.03	104.68	77394670.35	100.00
北平布政司						

人户（户）

	洪武	%	弘治	%	万历	%
总数	10652870.00	100.30	9113446.00	85.80	10621436.00	100.00
浙江布政司	2138225.00	138.63	1503124.00	97.45	1542408.00	100.00
江西布政司	1553923.00	115.88	1363629.00	101.69	1341005.00	100.00
湖广布政司	775851.00	143.33	504870.00	93.27	541310.00	100.00
福建布政司	815527.00	158.26	506039.00	98.20	515307.00	100.00
山东布政司	753894.00	54.94	770555.00	56.15	1372206.00	100.00

户

	洪武	%	弘治	%	万历	%
山西布政司	595444.00	99.89	575249.00	96.50	596097.00	100.00
河南布政司	315617.00	49.86	436843.00	69.00	633067.00	100.00
陕西布政司	294526.00	74.67	306644.00	77.74	394423.00	100.00
四川布政司	215719.00	82.12	253803.00	96.62	262694.00	100.00
广东布政司	675599.00	127.30	467390.00	88.07	530712.00	100.00
广西布政司	211263.00	96.59	459640.00	210.16	218712.00	100.00
云南布政司	59576.00	43.95	15950.00	11.77	135560.00	100.00
贵州布政司			43367.00	99.91	43405.00	100.00
北直隶			394500.00	92.72	425463.00	100.00
南直隶	1912914.00	92.45	1511843.00	73.07	2069067.00	100.00
北平布政司	334792.00					

人口（口）

	洪武	%	弘治	%	万历	%
总数	60545812.00	99.76	53281158.00	87.79	60691856.00	100.00
浙江布政司	10487567.00	203.52	5305843.00	102.97	5153005.00	100.00
江西布政司	8982481.00	153.31	6549800.00	111.79	5859026.00	100.00
湖广布政司	4702660.00	106.91	3781714.00	85.97	4398785.00	100.00
福建布政司	3916806.00	225.26	2106060.00	121.12	1738793.00	100.00
山东布政司	5255876.00	92.79	6759675.00	119.34	5664099.00	100.00
山西布政司	4072127.00	76.55	4360476.00	81.97	5319359.00	100.00
河南布政司	1912542.00	36.82	2614398.00	50.34	5193602.00	100.00
陕西布政司	2316569.00	51.46	3912370.00	86.90	4502067.00	100.00
四川布政司	1466778.00	47.28	2598460.00	83.77	3102073.00	100.00
广东布政司	3007932.00	147.40	1817384.00	89.06	2040655.00	100.00
广西布政司	1482671.00	125.00	1676274.00	141.32	1186179.00	100.00
云南布政司	259270.00	17.56	125955.00	8.53	1476692.00	100.00
贵州布政司			258693.00	88.91	290972.00	100.00
北直隶			3430537.00	80.44	4264898.00	100.00

	麦（石）				
南直隶	10755938.00	102.42	7983519.00	76.02	10501651.00	100.00
北平布政司	1926595.00				

表25　洪武二十六年各布政司并直隶府州实征夏税秋粮分布

	夏税			秋粮		
	麦（石）	钞（锭）	绢（匹）	米（石）[1]	钱钞（锭）	绢（匹）
总数	4712900.00	39800.00	288487.00	24729450.00	5730.00	59.00
浙江布政司	85520.00	20690.00	139140.00	2667207.00	86.00	59.00
北平布政司	353280.00		32962.00	817240.00		
江西布政司	79050.00	6405.00	15477.00	2585256.00		
湖广布政司	138766.00		26478.00	2323670.00		
福建布政司	665.00	12705.00	273.00	977420.00		
山东布政司	773297.00			1805620.00		
山西布政司	707367.00		23932.00	2093570.00		
河南布政司	556059.00		17226.00	1642850.00		
陕西布政司	676986.00			1236178.00		
四川布政司	325550.00			741278.00		
广东布政司	5320.00			1044078.00		
广西布政司	1869.00			492355.00		
云南布政司	18730.00			58349.00		
南直隶	990441.00		32999.00	6243779.00	5644.00	

[1] 米总数比各地数值之和多出600石。

表26

弘治十五年各布政司并直隶府州实征夏税秋粮分布

夏税

	麦（石）	麦钞（石）	钞（锭）	丝（两）	绢（匹）	布（匹）	苎布（匹）	土苎（两）	麻布（匹）	红花（两）
总数	4625594.38	255.45	56882.00	3340888.09	194083.00	12.00	1341.00	1053.16	2077.00	189.50
浙江布政司	152772.93		32553.00	2702053.72	3514.00					189.50
江西布政司	87635.67		6856.00	131259.11	11515.00		1341.00			
湖广布政司	131400.40				27981.00	12.00				
福建布政司	706.59		10778.00	194.59	599.00			1053.16		
山东布政司	855246.47			33791.12	54990.00					
山西布政司	578889.67			805.87	4777.00					
河南布政司	618645.14			353643.36	10024.00					
陕西布政司	725796.73			3297.65	9218.00					
四川布政司	309594.19			101331.00						
广东布政司	5978.34			214.11	135.00					
广西布政司	3390.88		161.00	3256.59	499.00					
云南布政司										
贵州布政司	33708.28	255.45								
北直隶2	179526.03			3585.13	45054.00				2077.00	
南直隶	942302.84		6534.00	7455.87	25777.00					

秋粮

	米（石）	钱钞（锭）	丝（两）	绢（匹）	粗麻布（匹）	绵布（匹）	苎布（匹）	棉花绒（两）	棉布（匹）
总数	22226726.09	23004.80	2216.75	59.00	2.00	738.00	7.00	3945115.60	128770.00
浙江布政司	2357526.70	18740.00	2216.75	59.00	2.00	7.00	7.00		
江西布政司	2528471.14	3123.00				738.00			
湖广布政司	2036159.17	35.00							
福建布政司	882408.44								2077.00
山东布政司	1995897.52							839194.71	
山西布政司	1695132.86								

河南布政司	1794763.30				5472.40
陕西布政司	1203260.52			128770.00	274755.10
四川布政司	717078.35				116563.72
广东布政司	1010798.71				
广西布政司	426636.08	42.00			
云南布政司	106913.00				
贵州布政司	47442.25				
北直隶¹	424285.30				166061.75
南直隶	499952.56	1113.60			

表27　万历六年各布政司并直隶府州实征夏税秋粮分布

	麦（石）	麦收（石）	钞（锭）	丝（两）	绢（匹）	棉布（匹）	苎布（匹）	夏税 土苎（两）	麻布（匹）	洞蛮麻布（条）	红花（两）
总数	4606052.92	266.82	57921.00	3353972.99	206196.00	12.00	1341.00	1053.16	2077.00	259.00	
浙江布政司	152863.73		32588.00	2715738.93	3514.00						
江西布政司	88072.41		6896.00	131347.71	11511.00		1341.00				
湖广布政司²	131976.26				27890.00	12.00					
福建布政司	706.94		10778.00	194.59	599.00						
山东布政司	855172.14			33763.45	54990.00						
山西布政司	591951.31			822.55	4771.00						
河南布政司	617322.84			352901.54	9963.00						
陕西布政司	690747.24			3299.84	9221.00						
四川布政司	309892.16							1053.16			
广东布政司	6433.71										
广西布政司	2993.92			2378.95							

¹ 大名府省略钞9贯。

² 省略钞2贯。

秋粮

	米（石）	钱钞（锭）	丝（两）	绢（匹）	粗麻布（匹）	布（匹）	苎布（匹）	棉花绒（两）	苎麻（两）	棉布（匹）	瑶人粗布（匹）	桐油（斤）	红花（两）	差发马（匹）
总数	22100758.51	24853.60	2216.75	59.00	2.00	533.00	7.00	3906079.20	28718.50	128792.00	205.00	1063.00	189.50	5.00
浙江布政司	2369764.04	18779.00	2216.75	59.00	2.00		7.00							
江西布政司	2528471.14	3123.00												
湖广布政司	2030902.87	35.00				533.00								
福建布政司	882414.68													
山东布政司	1995781.41							839194.71						
山西布政司	1722851.38													
河南布政司	1790270.43							5472.40						
陕西布政司	1044943.12							275331.20		128792.00				
四川布政司	718652.96							1126224.24						
广东布政司	993825.75										205.00			
广西布政司	371094.40	1758.00							28718.05			1063.00	189.50	5.00
云南布政司	107123.03													
贵州布政司	50541.96													
北直隶	425965.41							1659856.69						
南直隶	5068155.43	1158.60												

（夏税，续）

	米（石）	钱钞（锭）	丝（两）	绢（匹）	粗麻布（匹）	布（匹）	苎布（匹）	棉花绒（两）	苎麻（两）	棉布（匹）	瑶人粗布（匹）	桐油（斤）	红花（两）	差发马（匹）
云南布政司	35567.26									259.00				5.00
贵州布政司	178643.74	266.82												
北直隶[1]				3585.13	45273.00									
南直隶	943714.07		7659.00	109940.25	38456.00				2077.00					

[1] 大名府省略钞9贯。

表 28	弘治十五年	%	万历六年	%
浙江布政司[1]	874391.00	3.37	874491.00	3.39
山东布政司	3819513.00	14.72	3819469.00	14.80
山西布政司	3544448.00	13.66	3602991.00	13.96
河南布政司	2288396.00	8.82	2281538.00	8.84
陕西布政司	1514712.00	5.84	1375634.00	5.33
顺天府	2007923.00	7.74	1958845.00	7.59
永平府	303742.00	1.17	303742.00	1.18
保定府	1117506.00	4.31	1117520.00	4.33
河间府	674553.00	2.60	670863.00	2.60
真定府	1374153.00	5.30	1374157.00	5.32
顺德府	545481.00	2.10	545481.00	2.11
广平府	794089.00	3.06	794093.00	3.08
大名府	1869838.00	7.21	1869838.00	7.24
隆庆州[2]	73441.00	0.28	73441.00	0.28
保安州	17754.00	0.07	18699.00	0.07
应天府[3]	376458.00	1.45	376458.00	1.46
苏州府	537809.00	2.07	538414.00	2.09
松江府	316225.00	1.22	316251.00	1.23
常州府	714343.00	2.75	714369.00	2.77
镇江府	120784.00	0.47	120784.00	0.47
庐州府	97775.00	0.38	98337.00	0.38
凤阳府	234293.00	0.90	234293.00	0.91
淮安府	454720.00	1.75	454720.00	1.76
扬州府	349236.00	1.35	349226.00	1.35
宁国府	798492.00	3.08	798632.00	3.09
池州府	96311.00	0.37	98306.00	0.38
太平府	354974.00	1.37	355449.00	1.38
安庆府	191949.00	0.74	191973.00	0.74
广德州	302952.00	1.17	303045.00	1.17
徐州	100000.00	0.39	100000.00	0.39
滁州	55908.00	0.22	56441.00	0.22
和州	26090.00	0.10	26138.00	0.10
总数	25948259.00	100.00	25813638.00	100.00

---

[1]浙江布政司草的单位为：包。
[2]今改延庆。
[3]南直隶各府草的单位为：包。

表29 边粮（原额）统计

	银（两）	粮料（石）	布（匹）	棉花或花绒（斤）	草（束）	盐引（引）
蓟州	13581.30	516600.00	100000.00	100000.00		
永平	153518.64	63495.52				42500.00
密云	15000.00	74627.55				
昌平		36232.55				
易州	5013.68	81687.72				
辽东	10000.00	700000.00	310000.00	140000.00		141548.00
宣府	110000.00	524000.00				200000.00
大同	50000.00	932764.55			2529190.00	80000.00
山西	20000.00	68833.00			600000.00	120000.00
延绥	101124.00	345845.00			43372.00	200000.00
宁夏	40000.00	307497.00			1687474.00	108000.00
甘肃	60000.00	849932.41			549703.00	75000.00
固原	378198.39	366726.22	65846.00	29110.50	254628.00	72857.00
总数	956436.01	4868241.52	475846.00	269110.50	5664367.00	1039905.00

表30 边粮（现额）统计

	银（两）	粮料（石）	布（匹）	草（束）	盐引（引）
蓟州	571942.70	103568.63			
永平	285796.63	61234.44		301922.00	
密云	422544.24	56646.75			
昌平	167258.71	189272.50			
易州	386793.83	23077.83			
井陉	60714.00	32546.28			
辽东	609334.94	279212.31			
宣府	1267737.13	132038.20			
大同	481649.51	713220.09		2888106.00	113804.00
山西	691542.25	50115.09		95086.00	
延绥	673369.89	154314.27		69447.00	
宁夏	228449.63	149653.09		1832653.00	
甘肃	450802.18	232434.23		4310250.00	
固原	417026.25	364731.75	105.00	208292.00	
总数	6714961.89	2542065.46	105.00	9705756.00	113804.00

表31 盐课统计

	两淮	两浙	长芦	山东	福建
盐（小引）	705180.00	444769.00	180808.00	96110.00	208680.00
银（两）	600000.00	140000.00	120000.00	50000.00	24544.30
	河东	陕西	广东	四川	云南（遇闰）
盐（小引）	620000.00	62888.34	77316.00	49305.70	9139.39
银（两）	198546.46	36135.68	15968.94	71464.00	38528.97

表 32 　　　　　　　　　　　　　　　　　钞关统计

	船钞商税		
	钞（贯）	铜钱（文）	银（两）
河西务	1190000.00		22900.00
临清	12600000.00	25200000.00	83800.00
浒墅	5860000.00	11730000.00	39900.00
九江	2930000.00	6890000.00	15000.00
杭州	1900000.00	2810000.00	36800.00
淮安	3000000.00	6000000.00	22700.00
扬州	1690000.00	3380000.00	12900.00
总数	29170000.00	56010000.00	234000.00

表 33 　　　　　　　　　　　　　　　　　税课统计

	课钞（贯）	铜钱（文）	银（两）	米麦（石）	海䖻（索）	曲（斤）
弘治	46180090.00					
嘉靖二十三年	52068109.00					
万历六年	33507376.00	24684049.00	112995.19	3438.28	5769.00	152800.00
顺天府九门并都税等司门摊	665120.00	2432850.00				
崇文门宣课分司		18877700.00	40327.00			
通州张家湾宣课司		2887760.00	3742.30			152800.00
永平府	40855.00					
保定府	177429.00					
河间府	115342.00					
真定府	117569.00					
顺德府	29539.00					
广平府	43571.00					
大名府	107838.00					
应天府商税门摊等	13005732.00					
江东瓜埠巡检司	121524.00					
南京五城兵马司	1618438.00					
龙江、石灰山、大胜三关	503608.00					
安庆府	352326.00					
苏州府	692108.00					
松江府	427162.00					
常州府	242866.00	485739.00				
镇江府	330856.00					
庐州府	273767.00					
凤阳府	530446.00					
淮安府	2269863.00					
扬州府	867276.00					
徽州府	140570.00					
宁国府	193229.00					
池州府	69237.00					

太平府	142352.00				
广德州	91487.00				
徐州	343917.00				
滁州	53956.00				
和州	62909.00				
浙江	3005239.00				
江西			3295.69		
湖广	557914.00				
山东			8861.30		
河南	2034102.00				
福建（锭）	267336.00				
陕西	1721606.00		4.66	2493.40	
山西	447064.00				
广东南雄府太平桥			43000.00		
广西	80793.00				
四川	544718.00				
云南			13764.25	944.88	5769.00
贵州	148363.00				

表34 鱼课统计

	鱼课			
	课钞（贯）	铜钱（文）	银（两）	米麦（石）
弘治十五年	3175370.00			
嘉靖二十三年	3177110.00			
万历六年	1809518.00	69964.00	10846.50	350.50
直隶永平府	10073.00			
保定府	4771.00			
河间府	15717.00			
大名府	7710.00			
应天府	99049.00			
直隶苏州府	2174.00			
松江府			557.46	
常州府	34981.00	69964.00		
镇江府	5164.00			
庐州府	26382.00			
扬州府	121501.00			
太平府			117.24	
浙江	182969.00			
江西			1480.53	
湖广	1265424.00			
福建			7100.00	
山东	344.00			
河南	7268.00			

陕西	23912.00			
广西	2079.00			
四川			337.57	
云南			1253.70	350.50

表 35　　　　　　　　　　　　　　　　茶课统计

	陕西	四川
国初	26862.96	1000000.00
后减为		843060.00
正统九年		421530.00
景泰二年		停止
成化十九年		100000.00
弘治十八年	51026.96	
万历	51384.83	
本色		158859.00
折色		336963.00
共征银（两）		4702.08
内存本省赏番银（两）		3105.55
实解陕西巡茶衙门易马银（两）		1596.53

表 36　　　　　　　　　　　　　　　各地茶课钞数统计

各地茶课钞数			
	钞（贯）	铜钱（文）	银（两）
应天府江东瓜埠巡检司	100000.00		
苏州府	2915.00		
常州府	4129.00	8258.00	
镇江府	1602.00		
徽州府	70568.00		
广德州	503280.00		
浙江	2134.00		
河南	1280.00		
广西（锭）	1183.00		
云南			17.31
贵州	81.00		

附 录 七

《明实录》户口、田地、田赋数据[1]

目 录

表1　　　　　　　　　　　　　　　　　　　　太祖朝分区户口

区域	洪武十四年（1381年）		资料来源	洪武二十四年（1391年）		资料来源
	户	口		户	口	
直隶	1935045.00	10241002.00		1876638.00	10061873.00	
浙江	2150412.00	10550238.00		2282404.00	8661640.00	
江西	1553924.00	8982481.00		1566613.00	8105610.00	
北平	338517.00	1893403.00		340523.00	1980895.00	
湖广	785549.00	4593070.00		739478.00	4091905.00	
福建	811369.00	3840250.00		816830.00	3293444.00	
山东	752365.00	5196715.00	《明太祖实录》卷一四〇第2216-2218页	720282.00	5672543.00	《明太祖实录》卷二一四第3166-3168页
山西	596240.00	4030454.00		593065.00	4413437.00	
河南	314785.00	1891087.00		330294.00	2106991.00	
陕西	285355.00	2155001.00		294503.00	2489805.00	
四川	214900.00	1464515.00		232854.00	1567654.00	
广东	705632.00	3171950.00		607241.00	2581719.00	
广西	210267.00	1463119.00		208040.00	1392248.00	
云南	—	—		75690.00	354797.00	
实录合计数	10654362.00	59873305.00		10684435.00	56774561.00	

表2　　　　　　　　　　　　　　　　　太祖朝全国田赋

年度	公元	田地（顷）	田赋			资料来源
（洪武十四年、二十四年，1381年、1391年）						
			麦米豆谷（石）	绸绢布（匹）	钱钞（锭）	
洪武十四年	1381	3667715.00	26105251.00	—	222036.00	《明太祖实录》卷一四〇第2218页
二十四年	1391	3874746.00	32278983.00	646870.00	4052764.00	《明太祖实录》卷二一四第3166页

[1]资料来源：表1—表23数据个别脱漏数据除外，均来自台北中研院史语所校勘影印1962年版。

表 3

成祖朝全国户口及税粮

(洪武三十五年至永乐二十一年，1402-1424)

年度	公元	户	口	田赋				资料来源
				粮（石）	丝绵（斤）	布帛（匹）	棉花绒（斤）	
洪武三十五年	1402	10626779.00	56301026.00	30459823.00	269400.00	56744.00	14821.00	《明太宗实录》卷一五 第289页
永乐元年	1403	11415829.00	66598337.00	31299704.00	379215.00	105426.00	162249.00	《明太宗实录》卷二六 第488页
二年	1404	9685020.00	50950470.00	31874371.00	241283.00	396195.00	276352.00[1]	《明太宗实录》卷三七 第637页
三年	1405	9689260.00	51618500.00	31133993.00	—	1329563.00	514113.00	《明太宗实录》卷四九 第743页
四年	1406	9687859.00	51524656.00	30700569.00	299133.00	1363593.00	195952.00	《明太宗实录》卷六二 第898页
五年	1407	9822912.00	—	29824436.00	262415.00	1303925.00	446069.00	《明太宗实录》卷七四 第1027页
六年	1408	9443876.00[2]	51502077.00	30469293.00	257811.00	1607903.00	220981.00	《明太宗实录》卷八六 第1149页
七年	1409	9637261.00	51694769.00	31005458.00[3]	299870.00	1020904.00	237511.00	《明太宗实录》卷九九

[1] 梁方仲：《中国历代户口、田地、田赋统计》甲表 52 作 276852，中华书局 2008 版，第 257 页。
[2] 原文为 9443876。
[3] 原文为 310005458 石。

2268

年	西元							出处
八年	1410	9605755.00	51795255.00	30623138.00	250897.00	1034638.00	636111.00	《明太宗实录》卷一一一 第1301页 第1426页
九年	1411	9533692.00	51446834.00	30718814.00	254065.00	1330968.00	169370.00	《明太宗实录》卷一二三 第1554页
十年	1412	10992436.00	65377633.00	34612692.00	382970.00	292519.00	138156.00	《明太宗实录》卷一三五 第1651页
十一年	1413	9684916.00	50950244.00	32352244.00	226968.00	1878828.00	389370.00	《明太宗实录》卷一四六 第1723页
十二年	1414	9689052.00	56618209.00[1]	32574248.00	226960.00	1186784.00	240371.00	《明太宗实录》卷一五九 第1812页
十三年	1415	9887729.00	51524436.00	32640828.00	226992.00	1535837.00[2]	241568.00	《明太宗实录》卷一七一 第1907页
十四年	1416	9822757.00	51878172.00	32511270.00	227035.00	1723902.00	241715.00	《明太宗实录》卷一八三 第1974页
十五年	1417	9443766.00	51501867.00	32695864.00	128759.00	240251.00	410544.00	《明太宗实录》卷一九六 第2051页

[1] 梁方仲:《中国历代户口、田地、田赋统计》甲表52作51618209,第256页。
[2] 梁方仲:《中国历代户口、田地、田赋统计》甲表52作1585837,第257页。

年份							
十六年	9637061.00	51694549.00	31804385.00	246751.00	1143365.00	412286.00	《明太宗实录》卷二〇七 第2116页
十七年	9605553.00	51794935.00	22248673.00	246507.00	1206887.00	583324.00	《明太宗实录》卷二一九 第2182页
十八年	9533492.00	51446434.00	32399206.00	246560.00	1211883.00	583340.00	《明太宗实录》卷三三二 第2244页
十九年	9703360.00	51794228.00	32421831.00	223342.00	225417.00	69159.00	《明太宗实录》卷二四四 第2300页
二十年	9665133.00	58688691.00[1]	32426739.00	223693.00	224666.00	69310.00	《明太宗实录》卷二五四 第2363页
二十一年	9972125.00	52763178.00	32373741.00	223696.00	225183.00	69575.00	《明太宗实录》卷二六六 第2421页
二十二年	10066080.00	52468152.00	32601206.00	223697.00	140352.00	69575.00	《明仁宗实录》卷五下 第193页
平均数	9854422.00	53724211.00	31381414.00	253092.00	903728.00	277905.00	

[1] 梁方仲：《中国历代户口、田地、田赋统计》甲表52作52688691，第256页。

表 4

仁宗朝全国户口及税粮

(洪熙元年, 1425年)

年度	公元	户	口	田地（顷）	田赋							资料来源
					米麦（石）	丝（斤）	绵（斤）	布（匹）	绢（匹）	绵花（斤）	折色钞（锭）	
洪熙元年	1425	9940566.00	52083651.00	4167707.00	31800234.00[1]	179133.00	232734.00	129720.00	94569.00	242147.00	434168.00	《明宣宗实录》卷一二 第341页

表 5

宣宗朝全国户口及税粮

(宣德元年至九年, 1426-1434)

年度	公元	户	口	田地（顷）	田赋							资料来源
					米麦（石）	丝（斤）	绵（斤）	布（匹）	绵花（斤）	绢（匹）	折色钞（锭）	
宣德元年	1426	9918649.00	51960119.00	4124626.00	31312839.00	178300.00	230396.00	129720.00	240911.00	94599.00	74113.00	《明宣宗实录》卷二三 第624页
二年	1427	9909906.00	52070885.00	3943343.00	31250110.00	179144.00	230378.00	129720.00	237968.00	91179.00	77133.00	《明宣宗实录》卷三四 第871页
三年	1428	9916837.00	52144021.00	4113137.00	30249936.00	174034.00	224984.00	128393.00	239087.00	95364.00	75459.00	《明宣宗实录》卷四九 第1196页
四年	1429	9848393.00	53184816.00	4501565.00	31331351.00[2]	179315.00	230416.00	129852.00	238221.00	95457.00	77319.00	《明宣宗实录》卷六〇 第1440页
五年	1430	9778419.00	51365851.00[3]	4140680.00	30610898.00	179628.00	230440.00	129847.00	242234.00	94138.00	77391.00	《明宣宗实录》

[1]梁方仲：《中国历代户口、田地、田赋统计》甲表 53 作 31800243，第 258 页。
[2]梁方仲：《中国历代户口、田地、田赋统计》甲表 54 作 81331351，第 258 页。
[3]梁方仲：《中国历代户口、田地、田赋统计》甲表 54 作 51365351，第 258 页。

（表 宣宗朝 续）

年度	户	口	田地（顷）	米麦（石）	丝（斤）	绵（斤）	布（匹）	棉花（斤）	绢（匹）	折色钞（锭）	资料来源
六年	9705397.00	50565259.00	4180462.00	30300315.00	178662.00	221718.00	129754.00	242482.00	94027.00	76962.00	卷七四 第 1732 页
七年	9633294.00	50667805.00	4244928.00	29102685.00	187007.00	303368.00	129983.00	243399.00[1]	89164.00	105671.00	《明宣宗实录》卷八五 第 1977 页
八年	9635862.00	50628346.00	4278934.00	28957227.00	180867.00	231987.00	133003.00	242754.00	91627.00	74253.00	《明宣宗实录》卷九七 第 2201 页
九年	9702322.00	50627456.00	4270161.00	28524732.00	175084.00	232068.00	130006.00	242809.00	100631.00	25360.00	卷一〇七 第 2405 页
平均数	9783231.00	51468284.00	4199760.00	30182233.00	179116.00	237306.00	130031.00	241096.00	94021.00	73740.00	《明宣宗实录》卷一一五 第 2594 页

表 6

英宗朝全国户口及税粮

（宣德十年至正统十四年，1435—1449）

年度	公元	户	口	田地（顷）	田赋							资料来源
					米麦（石）	丝（斤）	绵（斤）	布（匹）	棉花（斤）	绢（匹）	折色钞（锭）	
宣德十年	1435	9702495.00	50627569.00	4270172.00	28499160.00	152281.00	231834.00	130571.00	242268.00	140890.00	25360.00	《明英宗实录》卷一二 第 227 页
正统元年	1436	9713407.00	52323998.00[2]	4373187.00	26713057.00	55293.00	186108.00	143898.00	188029.00	190704.00	76885.00	《明英宗实录》卷二五 第 513 页

[1] 梁方仲：《中国历代户口、田地、田赋统计》甲表 54 作 242399，第 259 页。
[2] 梁方仲：《中国历代户口、田地、田赋统计》甲表 55 作 52323993，第 260 页。

年号	公元											资料来源
二年	1437	9623510.00	51790316.00	4323180.00	26979143.00	57470.00	186115.00	143898.00	187996.00	187447.00	76900.00	《明英宗实录》卷三七 第727页
三年	1438	9704145.00	51841182.00	4322125.00	27036776.00	56887.00	186129.00	143904.00	188015.00	187978.00	76877.00	《明英宗实录》卷四九 第955页
四年	1439	9697890.00	51740390.00	4323150.00	27066285.00	56968.00	186159.00	143907.00	188012.00	186228.00	77644.00	《明英宗实录》卷六一 第1193页
五年	1440	9686707.00	51811758.00	4322468.00	27079421.00	17000.00	184929.00	143907.00	188014.00	186319.00	77132.00	《明英宗实录》卷七四 第1450页
六年	1441	9667440.00	52056290.00	4317742.00	27069361.00	57726.00	185035.00	143908.00	188026.00	185971.00	77184.00	《明英宗实录》卷八七 第1756页
七年	1442	9552737.00	53949951.00	4242118.00	27085921.00	57726.00	185036.00	143918.00	189088.00[1]	187040.00	77780.00	《明英宗实录》卷九九 第2008页
八年	1443	8557650.00	52993882.00	4242818.00	27100926.00	57735.00	185267.00	143918.00	189252.00	192681.00	77391.00	《明英宗实录》卷一一一 第2244页
九年	1444	9549058.00	53655066.00	4249516.00	27134213.00	57716.00	185297.00	143978.00	189243.00	192479.00	77533.00	《明英宗实录》卷一二四 第2490页
十年	1445	9537454.00	53772934.00	4247239.00	27155958.00	57571.00	185372.00	144003.00	189536.00	192867.00	77668.00	《明英宗实录》卷一三六 第2714页

[1] 梁方仲:《中国历代户口、田地、田赋统计》甲表 55 作 188088，第 261 页。

	公元	户	口	田地(顷)	米麦(石)	丝(斤)	绵(斤)	布(匹)	绵花(斤)	绢(匹)	折色钞(锭)	资料来源
十一年	1446	9528443.00	53740321.00	4245699.00	27014779.00	64109.00	185406.00	158179.00	206182.00	192813.00	202392.00	《明英宗实录》卷一四八 第2919页
十二年	1447	9496265.00	53949787.00	4248705.00	26197238.00	64520.00	185035.00	130814.00	173252.00	188008.00	202379.00	《明英宗实录》卷一六一 第3137页
十三年	1448	9530933.00	53534498.00	4153218.00	26722902.00	113767.00	185461.00	405271.00[1]	189712.00	188128.00	78160.00	《明英宗实录》卷一七三 第3340页
十四年	1449	9447175.00	53171070.00	4350763.00	24212143.00	64379.00	185562.00	392043.00	189731.00	191791.00	178347.00	《明英宗实录》卷一八六 第3766页
平均数		9533021.00	52730601.00	4282140.00	26871152.00	66077.00	188583.00	177074.00	192424.00	186090.00	97309.00	

表7

代宗朝全国户口及税粮

（景泰元年至七年，1450—1456）

年度	公元	户	口	田地(顷)	田赋							资料来源
					米麦(石)	丝(斤)	绵(斤)	布(匹)	绵花(斤)	绢(匹)	折色钞(锭)	
景泰元年	1450	9588234.00	53403954.00	4256303.00	22720360.00	64272.00	185612.00	130819.00	245110.00	189123.00	177925.00	《明英宗实录》卷一九九 第4329页
二年	1451	9504954.00	53433830.00	4156375.00	23320780.00	64385.00	185630.00	144541.00	461371.00	191745.00	161798.00	《明英宗实录》卷二一一 第4555页
三年	1452	9540966.00	53507730.00	4266862.00	26469679.00	64365.00	185683.00	305296.00	190202.00	189360.00	78380.00	《明英宗实录》卷二二四

[1]梁方仲：《中国历代户口、田地、田赋统计》甲表55作450271，第261页。

年度	公元	户	口	田地（顷）	米麦（石）	丝（斤）	绢（斤）	布（匹）	棉花（斤）	绢（匹）	折色钞（锭）	资料来源
												第 4886 页
四年	1453	9384334.00	53369460.00	4267036.00[1]	26602618.00	64229.00	185710.00	131106.00	185016.00	192483.00	78324.00	《明英宗实录》卷二三六 第 5155 页
五年	1454	9406347.00	54811196.00[2]	4627341.00[3]	26840653.00	64673.00	186106.00	197747.00	190263.00	193234.00	79448.00	《明英宗实录》卷二四八 第 5382 页
六年	1455	9405390.00	53807470.00	4263339.00	26853931.00	64148.00[4]	186189.00[5]	406924.00	191175.00	192847.00	79434.00	《明英宗实录》卷二六一 第 5590 页
七年	1456	9404655.00	53712925.00	4267449.00	26849159.00	64141.00	186197.00	131370.00	245481.00	193303.00	79470.00	《明英宗实录》卷二七三 第 5779 页
平均数		9462126.00	53720938.00	4301244.00	25665311.00	64316.00	185875.00	206829.00	244088.00	191728.00	104968.00	

表 8

英宗朝全国户口及税粮

（天顺元年至七年，1457—1463）

年度	公元	户	口	田地（顷）	米麦（石）	丝（斤）	绢（斤）	布（匹）	棉花（斤）	绢（匹）	折色钞（锭）	资料来源
天顺元年	1457	9406288.00	54338476.00	4241403.00	26848464.00	113706.00	186119.00	131373.00	245080.00	194489.00	79475.00	《明英宗实录》卷二八五 第 6116 页

1 梁方仲：《中国历代户口、田地、田赋统计》甲表 56 作 4627036，第 260 页。
2 梁方仲：《中国历代户口、田地、田赋统计》甲表 56 作 53811196，第 260 页。
3 梁方仲：《中国历代户口、田地、田赋统计》甲表 56 作 4267341，第 260 页。
4 梁方仲：《中国历代户口、田地、田赋统计》甲表 56 作 64184，第 260 页。
5 原文为"一十八万六千一百八十九"。

											资料来源
二年	1458	9469340.00	54205069.00	4263599.00	16852695.00	64320.00	186219.00	131458.00	262186.00	193728.00	79463.00	《明英宗实录》卷二九八 第6345页
三年	1459	9410339.00	53710308.00	4199028.00	26845117.00	57844.00	186240.00	131483.00	262188.00	193847.00	79438.00	《明英宗实录》卷三一〇 第6523页
四年	1460	9420033.00	53747400.00	4262748.00	26852575.00	58013.00	186241.00	131496.00	262289.00	193580.00	79403.00	《明英宗实录》卷三二三 第6699页
五年	1461	9422323.00	53748160.00	4242010.00	26287376.00	113634.00	186190.00	131534.00	245240.00	193434.00	79451.00	《明英宗实录》卷三三五 第6859页
六年	1462	9309966.00	54160634.00	4245983.00	24716887.00	57833.00	186191.00	123533.00	245636.00	193390.00	78806.00	《明英宗实录》卷三四七 第7004页
七年	1463	9385213.00	56370250.00	4293503.00	26629492.00	114139.00	178721.00	131550.00	345794.00	194210.00	78952.00	《明英宗实录》卷三六〇 第7164页
平均数		9403357.00	54325757.00	4249753.00	25004658.00	82784.00	185132.00	130347.00	266916.00	193811.00	79255.00	

表9

宪宗朝全国户口及税粮

(天顺八年至成化二十二年，1464-1486)

年度	公元	户	口	田地（顷）	田 米（石）	麦（石）	丝（斤）	绵（斤）	赋 布（匹）	棉花（斤）	绢（匹）	折色钞（锭）	资料来源
天顺八年	1464	9107205.00	60499330.00	4724302.00	22028485.00	4320175.00	92762.00	105000.00	827554.00	300565.00	293170.00	1210832.00[1]	《明宪宗实录》卷二二 第274页
成化元年	1465	9105960.00	60472540.00	4727426.00	22028465.00	4321533.00	92781.00	105000.00	827554.00	300540.00	293170.00	857418.00	《明宪宗实录》卷二四 第479页
二年	1466	9202718.00	60653724.00	4727185.00	22301154.00	4350189.00	92763.00	105000.00	637514.00	296465.00	289196.00	313952.00	《明宪宗实录》卷三七 第748页
三年	1467	9111688.00	59929455.00	4778706.00	21956921.00	4553010.00	90955.00	105000.00	827514.00	285918.00	270187.00	313552.00	《明宪宗实录》卷四九 第1011页
四年	1468	9113648.00	61615850.00	4755031.00	22047907.00	4610064.00	92596.00	105000.00	862737.00	281128.00	284476.00	834521.00[2]	《明宪宗实录》卷六一 第1256页
五年	1469	9119888.00	61727584.00	4776572.00	22057281.00	4328444.00	92681.00	105000.00	850739.00	282312.00	284891.00	834521.00[3]	《明宪宗实录》卷七四 第1434页
六年	1470	9119891.00	6819814.00	4776721.00	22048578.00	4256293.00	92686.00	105000.00	861002.00	283120.00	284910.00	834520.00	《明宪宗实录》卷八六 第1681页

[1] 梁方仲：《中国历代户口、田地、田赋统计》甲表58作1210833，第263页。
[2] 梁方仲：《中国历代户口、田地、田赋统计》甲表58作824521，第263页。
[3] 梁方仲：《中国历代户口、田地、田赋统计》甲表58作824521，第263页。

干支	公元												资料来源
七年	1471	9119912.00	61819945.00	4778931.00	22059870.00	4312196.00	92691.00	105000.00	861220.00	283280.00	285100.00	834630.00	《明宪宗实录》卷九〇 第1927页
八年	1472	9119970.00	61821232.00	4778950.00	22070560.00	4313610.00	92690.00	105000.00	879100.00	202108.00	285210.00	834320.00	《明宪宗实录》卷一一一 第2168页
九年	1473	9120161.00	61823480.00	4778980.00	22076860.00	4332190.00	92700.00	105000.00	879200.00	282300.00	285210.00	835030.00	《明宪宗实录》卷一二三 第2369页
十年	1474	9120195.00	61852810.00	4778990.00	21597810.00	4341270.00	92700.00	105000.00	879250.00	282390.00	283300.00	835030.00	《明宪宗实录》卷一三六 第2566页
十一年	1475	9120251.00	61852891.00	4778990.00	22044550.00	4352428.00	92703.00	105000.00	879250.00	282390.00	285290.00	835030.00	《明宪宗实录》卷一四八 第2722页
十二年	1476	9120263.00	61853281.00	4778995.00	22131337.00	4330060.00	92730.00	105000.00	879250.00	282390.00	285310.00	835030.00	《明宪宗实录》卷一六〇 第2944页
十三年	1477	9120278.00	61853581.00	4778997.00	22126480.00	4344540.00	92730.00	105000.00	879360.00	282393.00	285319.00	835030.00	《明宪宗实录》卷一七三 第3135页
十四年	1478	9126272.00	61832198.00[1]	4778980.00	22076860.00	4332196.00	92701.00	105000.00	879200.00	282300.00	285213.00	835030.00	《明宪宗实录》卷一八五 第3330页
十五年	1479	9210690.00	71850132.00	4778950.00	22075012.00	4313611.00	92692.00	105000.00	879100.00	281798.00[2]	285210.00	834330.00	《明宪宗实录》卷一九八

[1] 梁方仲:《中国历代户口、田地、田赋统计》甲表58作61832193,第262页。
[2] 原文为:"二千八万一千七百九十八斤"。

2278

													资料来源
													第3488页
十六年	1480	9127928.00	62456993.00	4779972.00	22139858.00	4342580.00	92777.00	105000.00	825194.00	259712.00	286110.00	844200.00	《明宪宗实录》卷二一〇 第3672页
十七年	1481	9128119.00	62457997.00	4779985.00	22135760.00	4345986.00	92777.00	105000.00	825186.00	259810.00	286225.00	844300.00	《明宪宗实录》卷二二二 第3832页
十八年	1482	9222389.00	62452677.00	4781688.00¹	22146277.00	4316287.00	92778.00	105000.00	616063.00	259818.00	286634.00	842291.00	《明宪宗实录》卷二三五 第4014页
十九年	1483	9202389.00	62452806.00	4782081.00	22146695.00	4634020.00	92824.00	105000.00	693697.00	282682.00	286633.00	842606.00	《明宪宗实录》卷二四七 第4192页
二十年	1484	9205711.00	62885829.00	4861498.00	22157263.00	4621998.00	96440.00	105000.00	571663.00	258248.00	288446.00	514368.00	《明宪宗实录》卷二五九 第4384页
二十一年	1485	9205860.00	62885930.00	4881121.00	22159490.00	4422094.00	96705.00	105000.00	643710.00	281810.00	288449.00	514390.00	《明宪宗实录》卷二七三 第4609页
二十二年	1486	9211144.00	65442680.00	4881900.00	22160445.00	4622899.00	96762.00	105000.00	641663.00	273317.00	288876.00	734358.00	《明宪宗实录》卷二八五 第4827页
平均数		9146327.00	62361424.00	4783694.00	22077127.00	4392073.00	93158.00	105000.00	800292.00	276817.00	286023.30	776056.00	

¹梁方仲：《中国历代户口、田地、田赋统计》甲表58 作4780688，第264页。

表10

孝宗朝全国户口及税粮

（成化二十三年至弘治十七年，1487-1504）

年度	公元	户	口	田地（顷）	米（石）	麦（石）	丝（斤）	绵（斤）	布（匹）	绵花（斤）	绢（匹）	资料来源
								田　赋				
成化二十三年	1487	9102630.00	50207134.00	1253821.00[1]	19563967.00	6757362.00	37801.00	2703550.00[2]	1151779.00	246300.00	190749.00	《明孝宗实录》卷八第183页
弘治元年	1488	9113630.00	50207934.00	8253881.00	19566856.00	6779453.00	36703.00	2652964.00	1151779.00	231200.00	178697.00	《明孝宗实录》卷二一第503页
二年	1489	9406393.00	50302769.00	8254881.00	18767984.00	7986264.00	36703.00	2652946.00	1151779.00	231200.00	178697.00	《明孝宗实录》卷三三第731页
三年	1490	9503890.00	50307843.00	8254881.00	19848994.00	7995376.00	36705.00	2652946.00	1151779.00	231200.00	178697.00	《明孝宗实录》卷四六第941页
四年	1491	9807173.00	50503356.00	8255881.00	18946897.00	7986358.00[3]	36705.00	2652946.00[4]	1151779.00	231200.00	178697.00	《明孝宗实录》卷五八第1129页
五年	1492	9901965.00	50506325.00	8255881.00	19786949.00	7898459.00	36703.00	2652946.00	1151779.00	231200.00	178697.00	《明孝宗实录》卷七〇第1328页
六年	1493	9906937.00	50539561.00	8255881.00	18987694.00	7947659.00	36703.00	2652946.00	1151779.00	131200.00	178697.00	《明孝宗实录》卷八三

[1] 数字突兀，与前后不衔接，不计入合计数和平均数。

[2] 原文计量单位为两，不计入合计数和平均数。

[3] 梁方仲：《中国历代户口、田地、田赋统计》甲表59作7988358，第264页。

[4] 梁方仲：《中国历代户口、田地、田赋统计》甲表59作2652946，第265页。

2280

												出处
七年	1494	9909725.00	50614196.00	8256881.00	19879784.00	8945964.00	36703.00	2652946.00	1151779.00	131200.00	178697.00	《明孝宗实录》卷九五 第1756页
八年	1495	10100279.00	50678953.00	8266781.00	18986894.00	8764894.00	36703.00	2652946.00	1151779.00	131200.00	178697.00	《明孝宗实录》卷一○七 第1972页
九年	1496	10201183.00	50727539.00	8267881.00	19878964.00	8965978.00	36703.00	2652946.00	1151779.00	131200.00	178697.00	《明孝宗实录》卷一二○ 第2165页
十年	1497	10205358.00	50765185.00	8267881.00	17989687.00	8796798.00	36703.00	2552946.00	1151779.00	131200.00	178697.00	《明孝宗实录》卷一三二 第2341页
十一年	1498	10304374.00	50805375.00	8267981.00	18978797.00	8697849.00	36703.00	2652946.00	1151779.00	131200.00	178697.00	《明孝宗实录》卷一四五 第2554页
十二年	1499	10306285.00	50827568.00	8268987.00	19698698.00	8879867.00	36703.00	1652946.00	1151779.00	131200.00	178697.00	《明孝宗实录》卷一五七 第2835页
十三年	1500	10402519.00	50858937.00	8269981.00	18969789.00	8978979.00	36703.00	1652946.00	1151779.00	131200.00	178697.00	《明孝宗实录》卷一六九 第3075页
十四年	1501	10405831.00	50895236.00	8269992.00	19897979.00	8989798.00	26703.00	1652946.00	1151079.00	131200.00	178697.00	《明孝宗实录》卷一八二 第3369页
十五年	1502	10409788.00	50908672.00	8357485.00	18965496.00	8978969.00	36703.00	1652946.00	1151779.00	131200.00	178697.00	《明孝宗实录》卷一九四 第3584页

第1570页

年度	公元	户	口	田地（顷）	米（石）	麦（石）	丝（斤）	绵（斤）	布（匹）	棉花（斤）	绢（匹）	资料来源
十六年	1503	10503874.00	50981289.00	8307489.00	19897689.00	8989897.00	36703.00	1652946.00	1151779.00	131200.00	178697.00	《明孝宗实录》卷二〇六 第3840页
十七年	1504	10508935.00	60105835.00	8416862.00	18989897.00	8798989.00	36703.00	1652946.00	1151779.00	131200.00	178697.00	《明孝宗实录》卷二一九 第4139页
平均数		10000043.00	51152428.00	8279382.00	19311279.00	8396606.00	36209.00	2294124.00	1151740.00	165372.00	179367.00	

表11

武宗朝全国户口及税粮

（弘治十八年至正德十五年，1505—1520）

年度	公元	户	口	田地（顷）	米（石）	麦（石）	丝（斤）	绵（斤）	布（匹）	棉花（斤）	绢（匹）	资料来源
弘治十八年	1505	12972974.00	59919822.00	4697233.00	22167376.00	4626648.00	31553.00	169600.00	1666460.00	112894.00	126767.00	《明武宗实录》卷八 第267页
正德元年	1506	9151773.00	46802050.00	4697233.00	22167376.00	4626648.00	31553.00	169600.00	1666460.00	112894.00	126767.00	《明武宗实录》卷二〇 第592页
二年	1507	9144056.00	55906806.00	1697233.00	22167376.00	4626648.00	31553.00	169600.00	1666460.00	112894.00	126767.00	《明武宗实录》卷三三 第819页
三年	1508	9143709.00	59425208.00	4697233.00	22167376.00	4626648.00	31553.00	169600.00	1666460.00	112894.00	126767.00	《明武宗实录》卷四五 第1039页
四年	1509	9143919.00	59514145.00	4697233.00	22167376.00	4626648.00	31553.00	169600.00	1666460.00	112894.00	126767.00	《明武宗实录》卷五八 第1302页
五年	1510	9144095.00	59497759.00	4697233.00	22167376.00	4626648.00	31553.00	169600.00	1666460.00	112894.00	126767.00	《明武宗实录》

												来源
											112894.00	126767.00	卷七〇 第1560页
六年	1511	9152180.00	60446135.00	4697233.00	22167376.00	4626648.00	31553.00	169600.00	1666460.00	112894.00	126767.00	《明武宗实录》卷八二 第1790页
七年	1512	9181754.00	60590309.00	4697233.00	22167376.00	4626648.00	31553.00	169600.00	1666460.00	112894.00	126767.00	《明武宗实录》卷九五 第2019页
八年	1513	9370452.00	63284203.00	4697233.00	22167376.00	4626648.00	31553.00	169600.00	1666460.00	112894.00	126767.00	《明武宗实录》卷一〇七 第2196页
九年	1514	9383552.00	62123334.00	4697233.00	22167376.00	4626648.00	31553.00	169600.00	1666460.00	112894.00	126767.00	《明武宗实录》卷一一九 第2412页
十年	1515	9383148.00	62573730.00	4697233.00	22167376.00	4626648.00	31553.00	169600.00	1666460.00	112894.00	126767.00	《明武宗实录》卷一三二 第2636页
十一年	1516	9380123.00	62573736.00	4697432.00	22167376.00	4626648.00	31553.00	169600.00	1666460.00	112894.00	126767.00	《明武宗实录》卷一四四 第2828页
十二年[1]	1517	9379090.00	62627810.00	4697233.00	22167376.00	4626648.00	31553.00	169600.00	1666460.00	112894.00	126767.00	梁方仲考证数
十三年	1518	9379182.00	62664295.0	1697233.00	22167376.00	4626648.00	31553.00	169600.00	1666460.00	112894.00	126767.00	《明武宗实录》卷一六九 第3281页
十四年	1519	9379081.00	62695812.00	4697233.00	22167376.00	4626648.00	31553.00	169600.00	1666460.00	112894.00	126767.00	《明武宗实录》卷一八一 第3517页

[1] 台北中研院史语所1962年版校印本正德十二年（1517）数据缺页。此据梁方仲考证数据，见梁方仲：《中国历代户口田地田赋统计》，中华书局2008版，第267页。

十五年	1520	9399979.00	60606220.00	1697233.00[1]	4626648.00	31553.00	169600.00	1666460.00	112894.00	126767.00	《明武宗实录》卷一九四 第3641页
平均数		9274406.00	60078336.00	4697248.00	4626648.00	31553.00	169600.00	1666460.00	112894.00	126767.00	

表 12

世宗朝全国户口及税粮

（嘉靖元年至四十一年，1522-1562）

年度	公元	户	口	田地（顷）	田赋									户口钞（锭）	资料来源
					米（石）	麦（石）	丝绵（斤）	布（匹）	棉花绒（斤）	绢（匹）	土苎（斤）	草（束）			
嘉靖元年	1522	9721652.00	60861273.00	4387526.00	18224670.00	4625773.00	73170.00	133206.00	246559.00	320459.00	65.00	25909442.00	17556050.00	《明世宗实录》卷二 第628页
十一年	1532	9443229.00	61712993.00	4288284.00	18224670.00	4625773.00	73170.00	133206.00	246559.00	320459.00	65.00	25909689.00	17556050.00	《明世宗实录》卷一四五 第3377页
二十一年	1542	9599258.00	63401252.00	4289284.00	18224777.00	4625822.00	73172.00	133206.00	246559.00	320459.00	65.00	25909828.00	19030364.00	《明世宗实录》卷二六六 第5314页
三十一年	1552	9609305.00[2]	63344107.00	4280358.00	18224774.00	4635821.00[3]	73172.00	133206.00	246559.00	320459.00	65.00	25909828.00	17556050.00	《明世宗实录》卷三九二 第6890页
四十一年	1562	9638396.00	63654248.00	4311694.00	18214774.00	4625821.00	73172.00	123206.00	246559.00	320459.00	65.00	25903433.00	17556050.00	《明世宗实录》卷五一六 第8481页
平均数		9602368.00	62594775.00	4311429.00	18222733.00	4627802.00	73171.00	131206.00	246559.00	320459.00	65.00	25908444.00	17850913.00	

[1] 原文为："百六十九万七千二百六十九万二百三十三顷。"
[2] 原文为："户凡百六十九万三千三百五。"
[3] 梁方仲：《中国历代户口、田地、田赋统计》甲表61作4625821，第268页。

表13

穆宗朝全国户口及税粮

（隆庆元年至五年，1567-1571）

年度	公元	户	口	田地（顷）	田赋								资料来源
					米（石）	麦（石）	丝（斤）	棉（两）	布（匹）	棉花绒（斤）	绢（匹）	折色钞（锭）	
隆庆元年	1567	10008805.00	62537419.00	4677750.00	13098609.00[1]	2320313.00	36943.00	192937.00	312845.00	123314.00	160199.00	4798001.00	《明穆宗实录》卷一五 第425页
二年	1568	10008805.00	62537419.00	4677750.00	19847864.00	4620626.00	73886.00	385874.00	625690.00	246628.00	320398.00	9596002.00	《明穆宗实录》卷二七 第734页
三年	1569	10008805.00	62537419.00	4677750.00	22197219.00	4620626.00	73886.00	383874.00	625690.00	246628.00	130398.00	9596002.00	《明穆宗实录》卷四〇 第1006页
四年	1570	10008805.00	62537419.00	4677550.00[2]	22197219.00[4]	4620626.00	73886.00	385874.00	625690.00[3]	246628.00	320398.00	9596002.00	《明穆宗实录》卷五二 第1311页
五年	1571	10008805.00	62537419.00	4677750.00	22197219.00	4620626.00	73886.00	385874.00	625690.00	246628.00	320398.00	9596002.00	《明穆宗实录》卷六四 第1554页
平均数		10008805.00	62537419.00	4677710.00	19907626.00	4160563.00	66497.00	346887.00	563121.00	221965.00	250358.00	8636402.00	

---

[1] 原文为："一千三百九万八十六百九石"。

[2] 梁方仲《中国历代户口、田地、田赋统计》甲表62作4677650，第268页。

[3] 原文为："六千二万五千六百九十匹"。

[4] 原文为："二千二百一十九万七千二百一十九万九千二百一十九万六斗"。

2285

表14

神宗朝全国户口及税粮

（万历三十年，1602）

年度	公元	户	口	田地（顷）	夏税米（石）	麦（石）	秋粮米（石）	丝绵（斤）	丝（斤）	棉布（匹）	棉花绒（斤）	绢（匹）	阔梭布（匹）	土苎（匹）	草（束）	户口钞折银（两）	资料来源
								田赋									
万历三十年	1602	10030241.00	56305050.00	11618948.00	133403.0	4534043.00	23701801.00	314644.00	224.00	362411.00	374878.00	148129.00	33000.00	47774.00	25813751.00	46974.00	《明神宗实录》卷三七九 第7148页

表15

熹宗朝全国户口及税粮

（泰昌元年至天启六年，1620—1626）

年度	公元	户	口	田地（顷）	米（石）	麦（石）	丝绢（斤）	棉花绒（斤）	布（匹）	苎麻（斤）	苎麻布（匹）	洞蛮麻布（条）	租税钞（锭）	资料来源
							田赋							
泰昌元年	1620	9835426.00	51655459.00	7439319.00[1]	21493563.00	4300082.00	11197.00	121216.00	129521.00	96.00	3428.00	259.00	81137.00	《明熹宗实录》卷四 第224页
天启元年	1621	9835426.00	51655459.00	7439319.00	21493563.00	4300082.00	11197.00	121216.00	129521.00	96.00	3428.00	259.00	81137.00	《明熹宗实录》卷一七 第893页
三年	1623	9835426.00	51655459.00	7439319.00	21493563.00	4300082.00	11197.00	121216.00	129521.00	96.00	3428.00	259.00	81137.00	《明熹宗实录》卷二二 第2223页
五年	1625	9835426.00	51655459.00	7439319.00	21493563.00	4300082.00	11197.00	121216.00	129521.00	96.00	3428.00	259.00	81130.00	《明熹宗实录》卷六六 第3164页

[1]梁方仲：《中国历代户口、田地、田赋统计》甲表64作7439819，第270页。疑为排版错误，天启元年、三年、五年、六年同。

六年	1626	9835426.00	51655459.00	7439319.00	21493563.00	4300082.00	11197.00	129521.00	121216.00	96.00	3428.00	259.00	81130.00	《明熹宗实录》卷七九 第3865页
平均数		9835426.00	51655459.00	7439319.00	21493563.00	4300082.00	11197.00	129521.00	121216.00	96.00	3428.00	259.00	81134.00	

表 16 　　　　　　　　　　　《明太祖实录》所载垦田数

年度	公元	描述	垦田数（亩）	资料来源
元年	1368	天下州县垦田	77000.00	卷三七第 753 页
二年	1369	天下州郡县垦田	89800.00	卷四七第 945 页
三年	1370	山东、河南、江西府州县垦田	213520.00	卷五九第 1166 页
四年	1371	天下郡县垦田	10662242.00	卷七〇第 1312 页
六年	1373	天下垦田	35398000.00	卷八六第 1541 页
七年	1374	天下郡县垦荒田	92112400.00	卷九五第 1647 页
八年	1375	直隶宁国诸府、山西、陕西、江西、浙江各省垦地	6230828.00	卷一〇二第 1729 页
九年	1376	天下垦田地	2756027.00	卷一一〇第 1836 页
十年	1377	垦田	151379.00	卷一一六第 1905 页
十二年	1379	开垦田土计	27310433.00	卷一二八第 2042 页
十三年	1380	天下开垦荒闲田地	5393100.00	卷一三四第 2134 页
十六年	1383	垦荒田	126544.00	卷一五八第 2450 页
		内：直隶应天、镇江、太平、常州四府	73833.00	
		山西平阳府	52712.00	

表 17 　　　　　　　　　　　《明太宗实录》所载屯田子粒数[1]

（1403-1421）				
年度	公元	屯田子粒（石）	资料来源	备注
永乐元年	1403	23450799.00	卷二六第 489 页	梁著卷二五
二年	1404	12760300.00	卷三七第 638 页	梁著卷三二
三年	1405	22467700.00	卷四九第 744 页	梁著卷三九
四年	1406	19792050.00	卷六二第 899 页	梁著卷四七
五年	1407	14374240.00	卷七四第 1028 页	梁著卷五四数值为 14374270
六年	1408	13718400.00	卷八六第 1149 页	梁著卷六〇数值为 718400，十万位以上数字缺
七年	1409	12229600.00	卷九九第 1302 页	梁著卷六七
八年	1410	10368550.00	卷一一一第 1426 页	梁著卷七三
九年	1411	12660970.00	卷一二三第 1554 页	梁著卷八〇
十年	1412	11781030.00	卷一三五第 1652 页	梁著卷八六数值为 11781000
十一年	1413	9109110.00	卷一四六第 1724 页	梁著卷九〇
十二年	1414	9738690.00	卷一五九第 1813 页	梁著卷九四
十三年	1415	10358250.00	卷一七一第 1908 页	梁著卷九九
十四年	1416	9031970.00	卷一八三第 1975 页	梁著卷一〇三数值为 1970，千位以上数字缺
十五年	1417	9282180.00	卷一九五第 2052 页	梁著卷一〇八
十六年	1418	8119670.00	卷二〇七第 2117 页	梁著卷一一二

[1] 梁著数据来自 1940 年影印江苏图书馆传钞本《明实录》，梁方仲《中国历代户口、田地、田赋统计》乙表 46，中华书局 2008 版，第 503 页。

十七年	1419	7930920.00	卷二一九第 2182 页	梁著卷一一五
十八年	1420	5158040.00	卷二三二第 2245 页	梁著卷一一八
十九年	1421	5169120.00	卷二四四第 2301 页	梁著卷一二一
二十年	1422	5175345.00	卷二五四第 2364 页	梁著卷一二四数值为 5715315
二十一年	1423	5171218.00	卷二六六第 2421 页	梁著卷一二七

表 18　　　　　　　　　　　　《明宣宗实录》所载屯田子粒数

(1425-1434)				
年度	公元	屯田子粒（石）	资料来源	备注
洪熙元年	1425	6130699.00	卷一二第 343 页	
宣德元年	1426	7221858.00	卷二三第 625 页	
二年	1427	4600092.00	卷三四第 872 页	梁著卷三五，《中国历代户口、田地、田赋计》乙表 46，中华书局 2008 版，第 504 页。
三年	1428	5552057.00	卷四九第 1197 页	
四年	1429	6826847.00	卷六〇第 1441 页	
五年	1430	8430217.00	卷七四第 1733 页	
六年	1431	9366420.00	卷八五第 1978 页	
七年	1432	8570542.00	卷九七第 2202 页	
八年	1433	7209461.00	卷一〇七第 2406 页	
九年	1434	2307807.00	卷一一五第 2595 页	

表 19　　　　　　　　　　　　《明英宗实录》所载屯田子粒数

(1435-1463)				
年度	公元	屯田子粒（石）	资料来源	备注
宣德十年	1435	2776141.00	卷一二第 228 页	
正统元年	1436	2772627.00	卷二五第 514 页	1940 年江苏图书馆钞本无记载
二年	1437	2791007.00	卷三七第 728 页	
三年	1438	2786046.00	卷四九第 956 页	
四年	1439	2792146.00	卷六二第 1194 页	
五年	1440	2693776.00	卷七四第 1451 页	
六年	1441	2796046.00	卷八七第 1757 页	
七年	1442	2791152.00	卷九九第 2009 页	梁著作 2791852，见《中国历代户口、田地、田赋统计》，中华书局 2008 版，第 504 页。
八年	1443	2762770.00	卷一一一第 2245 页	梁著作 2762777，见《中国历代户口、田地、田赋统计》，中华书局 2008 版，第 504 页。
九年	1444	2789845.00	卷一二四第 2491 页	
十年	1445	2804020.00	卷一三六第 2714 页	

年度	公元	屯田子粒（石）	资料来源	备注
十一年	1446	2776439.00	卷一四八第2920页	梁著作卷一四九，见《中国历代户口、田地、田赋统计》，中华书局2008版，第504页。
十二年	1447	2765336.00	卷一六一第3138页	
十三年	1448	2723630.00	卷一七三第3341页	
十四年	1449	2792254.00	卷一八六第3767页	梁著作2792250，见《中国历代户口、田地、田赋统计》，中华书局2008版，第504页。
景泰元年	1450	2660673.00	卷一九九第4240页	
二年	1451	2580455.00	卷二一一第4556页	
三年	1452	2878214.00	卷二二四第4887页	
四年	1453	2879569.00	卷二三六第5156页	
五年	1454	2760563.00	卷二四八第5383页	
六年	1455	2779341.00	卷二六一第5591页	
七年	1456	2795359.00	卷二七三第5779页	
天顺元年	1457	2852920.00	卷二八五第6117页	梁著作2,85，以下缺6位，见《中国历代户口、田地、田赋统计》，中华书局2008版，第504页。
二年	1458	2852920.00	卷二九八第6346页	
三年	1459	2966139.00	卷三一〇第6524页	
四年	1460	2856585.00	卷三二三第6700页	
五年	1461	2957475.00	卷三三五第6859页	
六年	1462	2974990.00	卷三四七第7005页	
七年	1463	3056919.00	卷三六〇第7165页	

表20　　　　　　　　　　《明宪宗实录》所载屯田子粒数

（1464—1486）				
年度	公元	屯田子粒（石）	资料来源	备注
天顺八年	1464	—	—	无记载
成化元年	1465	3812188.00	卷二四第480页	梁著作3812180，见《中国历代户口、田地、田赋统计》，中华书局2008版，第505页。
二年	1466	3888931.00	卷三七第749页	梁著作3888911，见《中国历代户口、田地、田赋统计》，中华书局2008版，第505页。
三年	1467	3876193.00	卷四九第1012页	

四年	1468	3899084.00	卷六一第 1257 页	
五年	1469	3948610.00	卷七四第 1435 页	
六年	1470	3953740.00	卷八六第 1682 页	
七年	1471	3957180.00	卷九九第 1928 页	
八年	1472	3957390.00	卷一一一第 2169 页	
九年	1473	3958180.00	卷一二三第 2370 页	
十年	1474	3958290.00	卷一三六第 2567 页	梁著作 2958190，见《中国历代户口、田地、田赋统计》，中华书局 2008 版，第 505 页。
十一年	1475	3958319.00	卷一四八第 2723 页	
十二年	1476	3958320.00	卷一六〇第 2944 页	
十三年	1477	3958359.00	卷一七三第 3136 页	
十四年	1478	3958180.00	卷一八五第 3330 页	
十五年	1479	3957390.00	卷一九八第 3489 页	
十六年	1480	3828393.00	卷二一〇第 3673 页	
十七年	1481	3837601.00	卷二二二第 3833 页	
十八年	1482	3463611.00	卷二三五第 4015 页	
十九年	1483	3699325.00	卷二四七第 4193 页	
二十年	1484	3699940.00	卷二五九第 4385 页	
二十一年	1485	3699956.00	卷二七三第 4610 页	
二十二年	1486	3799960.00	卷二八五第 4828 页	梁著作 37□9960，见《中国历代户口、田地、田赋统计》，中华书局 2008 版，第 505 页。

表 21   **《明孝宗实录》所载屯田子粒数**

		(1487-1504)			
年度	公元	屯田（顷）	屯田子粒（石）	资料来源	备注
成化二十三年	1487	285481.09	2932700.00	卷八第 184 页	
弘治元年	1488	289481.09	2936070.00	卷二一第 504 页	
二年	1489	289481.09	2936070.00	卷三三第 732 页	
三年	1490	289481.09	2936070.00	卷四六第 942 页	
四年	1491	289481.09	2936070.00	卷五八第 1130 页	
五年	1492	289895.09	2939470.00	卷七〇第 1328 页	
六年	1493	289895.09	2939470.00	卷八三第 1571 页	
七年	1494	289895.09	2939470.00	卷九五第 1757 页	
八年	1495	289895.09	2939470.00	卷一〇七第 1973 页	
九年	1496	289895.09	2939470.00	卷一二〇第 2166 页	

十年	1497	289895.09	2939470.00	卷一三二 第 2342 页	
十一年	1498	289895.09	2939470.00	卷一四五 第 2555 页	
十二年	1499	289895.09	2939470.00	卷一五七 第 2835 页	
十三年	1500	289895.09	2939970.00	卷一六九 第 3076 页	
十四年	1501	289998.09	2939585.00	卷一八二 第 3370 页	梁著屯田籽粒作2989585，见《中国历代户口、田地、田赋统计》，中华书局2008版，第 506 页。
十五年	1502	296783.09	2944159.00	卷一九四 第 3585 页	梁著屯田作294159，见《中国历代户口、田地、田赋统计》，中华书局2008版，第 506 页，屯田籽粒1940年江苏图书馆钞本无记载
十六年	1503	296783.09	2944159.00	卷二〇六 第 3841 页	梁著屯田作296763，见《中国历代户口、田地、田赋统计》，中华书局2008版，第 506 页。
十七年	1504	308181.09	2974078.00	卷二一九 第 4140 页	梁著屯田作308191，见《中国历代户口、田地、田赋统计》，中华书局2008版，第 506 页。

表 22　　　　　　　　　　　　**《明武宗实录》所载屯田子粒数**

(1505-1520)					
年度	公元	屯田（顷）	屯田子粒（石）	资料来源	备注
弘治十八年	1505	161327.18	1040158.00	卷八第 269 页	
正德元年	1506	161327.18	1040158.00	卷二〇第 594 页	
二年	1507	161327.18	1040158.00	卷三三第 820 页	
三年	1508	161327.18	1040158.00	卷四五第 1040 页	
四年	1509	161327.18	1040158.00	卷五八第 1304 页	梁著空缺
五年	1510	161327.18	1040158.00	卷七〇第 1561 页	
六年	1511	161327.18	1040158.00	卷八二第 1792 页	
七年	1512	161327.18	1040158.00	卷九五第 2021 页	
八年	1513	161327.18	1040158.00	卷一〇七 第 2198 页	梁著空缺

九年	1514	161327.18	1040158.00	卷一一九 第 2413-14 页	
十年	1515	161327.18	1040158.00	卷一三二 第 2637 页	
十一年	1516	161327.18	1040158.00	卷一四四 第 2830 页	
十二年	1517	161327.18	1040158.00	卷一五七 第 3018 页	
十三年	1518	161327.18	1040158.00	卷一六九 第 3282 页	
十四年	1519	161337.18	1040158.00	卷一八一 第 3519 页	
十五年	1520	161327.18	1040158.00	卷一九四 第 3643 页	

表 23 　　　　　　　　　　世宗、穆宗、神宗朝屯田子粒数

(1522-1602)					
年度	公元	屯田（顷）	屯田子粒（石）	屯牧地银(两)	资料来源	备注
嘉靖 元年	1522		3742550.00	148145.00	《世宗实录》卷二一 第 629 页	
十一年	1532		3742550.00	148145.00	卷一四五 第 3378 页	
二十一年	1542		3742550.00	148145.00	卷二六九 第 5315 页	
三十一年	1552		3742550.00	148145.00	卷三九二 第 6891 页	
四十一年	1562		3710581.00	147765.00	卷五一六 第 8482 页	新增牧地银 11053 两 有奇。
隆庆 元年	1567		1864369.00	24116.00	《穆宗实录》 卷一五第 426 页	
二年	1568		3728739.00	48243.00	卷二七第 735 页	屯牧地银梁著空缺
三年	1569		3728739.00	48243.00	卷四〇第 1007 页	
四年	1570		3728739.00	48266.00	卷五二第 1312 页	
五年	1571		3728739.00	48883.00	卷六四第 1555 页	
万历 三十年	1602	635343.07			《神宗实录》 卷三七九 第 7149 页	